科学出版社"十四五"普通高等教育本科规划教材

教育部普通高等教育"十一五"国家级规划教材

医学免疫学与病原生物学

第5版

郝 钰　万红娇　邝枣园　主编

科学出版社

北　京

内 容 简 介

本教材为第5版,是科学出版社"十四五"普通高等教育本科规划教材之一,是教育部普通高等教育"十一五"国家级规划教材。根据高等中医药院校的培养目标和教学计划安排,由全国约20所中医药院校和医学院校中长期从事医学免疫学、医学微生物学和医学寄生虫学教学工作,具有丰富教学经验的一线教师在前四版基础上编写而成。本书共分为三部分:上编为医学免疫学,中编为医学微生物学,下编为医学寄生虫学。在保持各学科知识的系统性和完整性的基础上,本书突出基本理论、基本知识和基本技能(三基)的内容,贯彻理论联系实际、基础与临床结合、中西医结合的原则,适当地引入各学科的新进展及中西医结合的研究成果。在章节设置、内容编排、插图绘制、版式设计上均做了改进,尤其是增加了数字化内容。在内容上由浅入深,难点之处辅以示意图,并可扫描二维码观看相应的动画,以增强直观感;为了配合教与学,教材每章都配有数字化授课演示文稿(含课程思政)与知识思维导图等内容。本教材条理清晰、重点突出、文字简明流畅,便于教学;同时内容丰富,实用性强,拓展相应知识领域,利于学生自学参考。

本教材为全国高等医药院校五年制及长学制(七年制、八年制、九年制)中医药类专业学生学习的通用教材,也可作为相关学科研究生、大专学生、成人教育学生、临床工作者及实验研究者的参考书。

图书在版编目(CIP)数据

医学免疫学与病原生物学 / 郝钰,万红娇,邝枣园主编. —5版. —北京:科学出版社,2022.4

科学出版社"十四五"普通高等教育本科规划教材

ISBN 978-7-03-070920-2

Ⅰ. ①医… Ⅱ. ①郝… ②万… ③邝… Ⅲ. ①医药–免疫学–高等学校–教材②病原微生物–高等学校–教材 Ⅳ. ①R392②R37

中国版本图书馆CIP数据核字(2021)第261896号

责任编辑:郭海燕 / 责任校对:申晓焕
责任印制:霍 兵 / 封面设计:蓝正设计

版权所有,违者必究。未经本社许可,数字图书馆不得使用

科学出版社 出版
北京东黄城根北街16号
邮政编码:100717
http://www.sciencep.com

北京中科印刷有限公司印刷
科学出版社发行 各地新华书店经销

*

2004年8月第 一 版	开本:787×1092 1/16
2022年4月第 五 版	印张:25 1/4 插页:4
2025年12月第三十七次印刷	字数:764 000

定价:65.00 元
(如有印装质量问题,我社负责调换)

《医学免疫学与病原生物学》第5版编委会

主　　编　郝　钰　万红娇　邝枣园
副 主 编　汪长中　韩晓伟　王旭丹　王志刚　杨志伟　张颖颖
编　　委　（以姓氏笔画为序）

万巧凤	宁夏医科大学	万红娇	江西中医药大学
王　垚	黑龙江中医药大学	王　倩	湖北中医药大学
王　琦	宁夏医科大学	王旭丹	北京中医药大学
王志刚	湖北中医药大学	王宏敏	广州中医药大学
孔庆利	首都医科大学	叶荷平	江西中医药大学
邝枣园	广州中医药大学	毕　静	湖北中医药大学
朱金华	江西中医药大学	刘　琪	山西中医药大学
江　华	河南中医药大学	苏　韫	甘肃中医药大学
李　丹	天津中医药大学	李　欣	长春中医药大学
杨志伟	宁夏医科大学	吴大强	安徽中医药大学
汪长中	安徽中医药大学	张军峰	南京中医药大学
张颖颖	山东中医药大学	陈　辉	首都医科大学
陈伶利	湖南中医药大学	郝　钰	北京中医药大学
胥　冰	陕西中医药大学	贾　翎	北京中医药大学
顾　园	首都医科大学	陶方方	浙江中医药大学
彭桂英	北京中医药大学	韩晓伟	辽宁中医药大学
曾郁敏	北京中医药大学	雷　萍	辽宁中医药大学
廖永翠	江西中医药大学		

秘　　书　彭桂英（兼）

《医学免疫学与病原生物学》第5版数字教材编委会

主　　编　郝　钰　王旭丹
副 主 编　贾　翎　曾郁敏　彭桂英
编　　委　（以姓氏笔画为序）
　　　　　王　晴　北京中医药大学
　　　　　王旭丹　北京中医药大学
　　　　　李　娜　北京中医药大学
　　　　　杨明锐　北京中医药大学
　　　　　邱宗林　北京中医药大学
　　　　　郝　钰　北京中医药大学
　　　　　贾　翎　北京中医药大学
　　　　　彭桂英　北京中医药大学
　　　　　曾郁敏　北京中医药大学

秘　　书　杨明锐（兼）

第5版前言

《医学免疫学与病原生物学》第5版是在2017年出版的第4版基础上,由全国约20所中医药院校和医学院校中长期从事医学免疫学、医学微生物学和医学寄生虫学教学工作,具有丰富教学经验的一线骨干教师共同编写完成。《医学免疫学与病原生物学》自2005年至今已出四版,在大多数中医药院校及医学院校的中医学及中西医结合临床等专业使用,受到使用院校广大师生的好评。本教材是科学出版社"十四五"普通高等教育本科规划教材之一,是教育部普通高等教育"十一五"国家级规划教材,由新组建的编委会进行修编。第5版编委会新增了教学、科研第一线的中青年骨干教师参加。

本教材共分为三编:上编为医学免疫学,中编为医学微生物学,下编为医学寄生虫学。在保持各学科知识的系统性和完整性的基础上,反映这三门学科之间的相互关系及发展规律,使三门学科既相互独立又相互联系,既适合将三门课分开的学校或专业使用,也适合将三门课合为一门课程的学校或专业使用。教材编写突出基本理论、基本知识和基本技能(三基)的内容,贯彻理论联系实际、基础与临床结合、中西医结合的原则。考虑到中医院校的培养对象和培养目标的特殊性,教材重点介绍经典的基本理论和知识,适当介绍学科的新进展。本版教材对内容进行了更新和修订,每章增加了思考题,以明确重点内容,并启发学生拓展思考。

本版教材保留了上版的纸质教材和数字教学资源一体化设计,在纸质教材相应位置插入二维码,请读者用手机扫描即可观看动画中相关知识点内容;且在各编首新增了数字化授课演示文稿(含课程思政)与知识思维导图等内容。数字教学资源部分由北京中医药大学《医学免疫学与病原生物学》教学团队编写和制作。动画制作生动形象,使抽象难懂的知识易于理解;数字化授课演示文稿制作精美,提供大量图片,可供教师教学和学生自主学习;思政内容有机融入专业知识,落实立德树人的根本任务;思维导图总结知识框架、知识点及相互关系。

本教材是中医药类五年制和长学制(七年制、八年制、九年制)专业的通用教材,也可作为中医药院校研究生教材,可用做医学免疫学与病原生物学、医学免疫学与微生物学、医学免疫学、临床免疫学、医学微生物学、医学寄生虫学等课程的教学。学生的涉及面广、层次不等,各专业的培养目标和教学计划安排不同,但对于基础课的基本需求是一致的。因此,我们在编写时,强调共同性,注意特殊性。内容的深度与广度不但能够满足专业教学大纲的要求,还便于学生进行自主拓展学习。

对本教材的使用做以下说明:①对于三门学科的前后安排、章节内容选择及讲授顺序,请根据教学计划自行调整;②属于扩展性的内容本书以小5号字体表示,请各院校根据培养目标和教学计划要求，自行取舍；③常用词英汉对照索引在书末扫描二维码可查。

  本教材是在前四版的基础上修编完成的，我们由衷地向前四版编委会全体老师及参与教材编写工作的其他老师和研究生致谢！向前主审杨贵贞教授、陈道新教授致敬！向为提携、培养中青年教师而退出编委会的邱全瑛教授、关洪全教授、邹樟教授、罗晶教授、刘文泰教授、顾立刚教授、周娅教授、石玉娥教授、王亚贤教授、程惠娟教授、李文教授、马彦平教授、范虹教授、汤冬生教授等表示由衷的感谢！

  在知识不断更新的时代，教材中难免存在遗漏和不足，敬请读者和同道批评指正。诚挚欢迎使用了本教材的教师和学生为其进一步改进提出宝贵意见和建议，恳请各位直接反馈给主编（haoy@bucm.edu.cn），以便今后修正、完善和提高。

编委会

2022 年 3 月

目 录

第5版前言

上编 医学免疫学

第一篇 医学免疫学概论

第1章 医学免疫学绪论 ………………… 2
　第一节 概述 …………………………… 2
　第二节 免疫学发展简史 ……………… 5
第2章 抗原 ……………………………… 9
　第一节 抗原的性质 …………………… 9
　第二节 影响抗原诱导免疫应答的因素
　　　　　……………………………… 11
　第三节 抗原的种类及其医学意义 …… 12
　第四节 非特异性免疫刺激剂 ………… 14

第二篇 免疫系统

第3章 免疫器官和组织 ………………… 16
　第一节 中枢免疫器官 ………………… 16
　第二节 外周免疫器官和组织 ………… 18
第4章 免疫球蛋白 ……………………… 23
　第一节 免疫球蛋白的结构 …………… 23
　第二节 免疫球蛋白的血清型 ………… 25
　第三节 免疫球蛋白的主要功能 ……… 26
　第四节 各类免疫球蛋白的特性和功能
　　　　　……………………………… 27
　第五节 抗体的人工制备 ……………… 29
第5章 补体系统 ………………………… 31
　第一节 概述 …………………………… 31
　第二节 补体系统的激活途径 ………… 32
　第三节 补体激活的调节因素 ………… 35
　第四节 补体的生物学作用及临床意义
　　　　　……………………………… 36
第6章 细胞因子 ………………………… 38
　第一节 概述 …………………………… 38
　第二节 细胞因子的共同特性 ………… 39
　第三节 细胞因子的生物学作用与临床
　　　　　意义 ………………………… 41

第7章 白细胞分化抗原与黏附分子 …… 43
　第一节 白细胞分化抗原 ……………… 43
　第二节 黏附分子 ……………………… 44
　第三节 白细胞分化抗原和黏附分子与
　　　　　临床 ………………………… 47
第8章 主要组织相容性复合体及其编码
　　　分子 ……………………………… 49
　第一节 MHC的基因组成 …………… 49
　第二节 MHC分子的结构、分布与
　　　　　功能 ………………………… 50
　第三节 MHC的遗传特征 …………… 52
　第四节 HLA与临床医学的关系 …… 54
第9章 固有免疫细胞 …………………… 56
　第一节 吞噬细胞 ……………………… 56
　第二节 抗原提呈细胞 ………………… 57
　第三节 NK细胞 ……………………… 59
　第四节 固有样淋巴细胞 ……………… 60
　第五节 肥大细胞、嗜酸性粒细胞、
　　　　　嗜碱性粒细胞 ……………… 61
第10章 T淋巴细胞和B淋巴细胞 …… 62
　第一节 T淋巴细胞 …………………… 62
　第二节 B淋巴细胞 …………………… 66

第三篇 免疫应答

第11章 固有免疫应答 ………………… 68
　第一节 固有免疫系统的构成 ………… 68
　第二节 固有免疫的识别机制 ………… 69
　第三节 固有免疫细胞的效应 ………… 71
　第四节 固有免疫应答与适应性免疫应
　　　　　答的关系 …………………… 73
第12章 适应性免疫应答 ……………… 74
　第一节 T细胞介导的细胞免疫 ……… 74
　第二节 B细胞介导的体液免疫 ……… 83
　第三节 适应性免疫应答的一般规律… 88

第13章 免疫耐受 90
第一节 诱导免疫耐受的条件 90
第二节 免疫耐受产生的机制 91
第三节 诱导和打破免疫耐受的临床意义及方法 92

第14章 免疫调节 93
第一节 抗原、抗体和补体的免疫调节作用 93
第二节 免疫细胞的免疫调节作用 94
第三节 独特型网络调节 96
第四节 基因水平的免疫调节 96
第五节 神经-内分泌-免疫网络的调节 96

第四篇 临床免疫学

第15章 超敏反应 98
第一节 Ⅰ型超敏反应 98
第二节 Ⅱ型超敏反应 102
第三节 Ⅲ型超敏反应 104
第四节 Ⅳ型超敏反应 106

第16章 自身免疫和自身免疫病 108
第一节 概述 108
第二节 自身免疫病的发病机制 109
第三节 自身免疫病的治疗原则 112

第17章 免疫缺陷病 115
第一节 概述 115
第二节 原发性免疫缺陷病 115
第三节 继发性免疫缺陷病 119

第18章 移植免疫 121
第一节 同种异型抗原的提呈与识别机制 121
第二节 临床移植排斥反应的类型及损伤机制 123
第三节 同种异型移植排斥反应的防治原则 123
附：异种移植与组织工程 126

第19章 肿瘤免疫 127
第一节 肿瘤抗原 127
第二节 机体抗肿瘤的免疫效应机制 128
第三节 肿瘤的免疫逃逸机制 130
第四节 肿瘤的免疫诊断 131
第五节 肿瘤的免疫治疗 131

第20章 免疫学在医学中的应用 134
第一节 免疫诊断 134
第二节 免疫预防 137
附：国家免疫规划 139
第三节 免疫治疗 140

中编 医学微生物学

医学微生物学概论 144

第一篇 细菌学

第1章 细菌的形态与结构 149
第一节 细菌的形态 149
第二节 细菌的结构 150
第三节 细菌的形态与结构检查法 156

第2章 细菌的生理 158
第一节 细菌的理化性状 158
第二节 细菌的营养和生长繁殖 158
第三节 细菌的新陈代谢 161
第四节 细菌的人工培养 163
附：细菌的分类与命名 164

第3章 消毒灭菌与生物安全 167
第一节 物理消毒灭菌法 167
第二节 化学消毒灭菌法 168
第三节 生物安全 170

第4章 噬菌体 172

第5章 细菌的遗传与变异 174
第一节 细菌的变异现象 174
第二节 细菌遗传变异的物质基础 175
第三节 细菌变异的机制 175
第四节 细菌遗传变异的应用 176

第6章 细菌的感染与抗菌免疫 178
第一节 细菌的感染 178
第二节 机体抗细菌感染免疫 181

第7章 细菌感染的检查方法及防治原则 183
第一节 细菌感染的检查方法 183
第二节 细菌感染的防治原则 184

第8章 球菌 185
第一节 葡萄球菌属 185
第二节 链球菌属 188

第三节 奈瑟菌属·················192
附：肠球菌属··················195
第9章 肠杆菌科·····················196
第一节 埃希菌属·················197
第二节 志贺菌属·················199
第三节 沙门菌属·················201
第四节 其他菌属·················204
第10章 弧菌属······················206
第一节 霍乱弧菌·················206
第二节 副溶血性弧菌·············208
第11章 厌氧性细菌·················209
第一节 厌氧芽孢梭菌·············209
第二节 无芽孢厌氧菌·············214
第12章 分枝杆菌属·················216
第一节 结核分枝杆菌·············216
第二节 麻风分枝杆菌·············219
第13章 动物源性细菌···············221
第一节 耶尔森菌属···············221
第二节 芽孢杆菌属···············223
第三节 布鲁菌属·················225
第四节 弗朗西丝菌属·············226
第五节 贝纳柯克斯体·············226
第14章 其他细菌····················228
第一节 弯曲菌属·················228
第二节 螺杆菌属·················228
第三节 假单胞菌属···············229
第四节 棒状杆菌属···············230
第五节 嗜血杆菌属···············232
第六节 军团菌属·················233
第七节 鲍特菌属·················233
第15章 放线菌属与诺卡菌属········235
第一节 放线菌属·················235
第二节 诺卡菌属·················236
第16章 其他原核细胞型微生物·····237
第一节 支原体···················237
第二节 立克次体·················238
第三节 衣原体···················240
第四节 螺旋体···················242

第二篇 真菌学

第17章 概论·······················246
第一节 真菌的生物学性状·········246
第二节 真菌的致病性与免疫性·····248
第三节 真菌感染的微生物学检查···249
第四节 真菌性疾病的防治原则·····250
第五节 真菌与中药···············250
第18章 常见病原性真菌············252
第一节 皮肤感染真菌·············252
第二节 皮下组织感染真菌·········253
第三节 深部感染真菌·············253

第三篇 病毒学

第19章 病毒的基本性状············258
第一节 病毒的形态与化学组成·····258
第二节 病毒的增殖和培养·········259
第三节 病毒的遗传与变异·········261
第四节 病毒的分类···············262
第20章 病毒的感染与免疫··········263
第一节 病毒的致病作用···········263
第二节 抗病毒感染免疫···········265
第21章 病毒感染的检查方法与防治原则···268
第一节 病毒感染的检查方法·······268
第二节 病毒感染的防治···········269
第22章 呼吸道感染病毒············271
第一节 流行性感冒病毒···········271
附：禽流感病毒··················273
第二节 副黏病毒·················274
第三节 其他呼吸道感染病毒·······275
第23章 胃肠道病毒················278
第一节 肠道病毒·················278
第二节 急性胃肠炎病毒···········280
第24章 肝炎病毒····················282
第一节 甲型肝炎病毒·············282
第二节 乙型肝炎病毒·············283
第三节 丙型肝炎病毒·············286
第四节 丁型肝炎病毒·············287
第五节 戊型肝炎病毒·············288
第25章 虫媒病毒和出血热病毒·····289
第一节 流行性乙型脑炎病毒······289
第二节 登革病毒·················290
第三节 汉坦病毒·················290
第四节 克里米亚-刚果出血热病毒···291
第五节 其他重要虫媒病毒和出血热病毒···291
第26章 疱疹病毒···················293
第一节 单纯疱疹病毒·············293
第二节 水痘-带状疱疹病毒········294
第三节 其他疱疹病毒·············295

第 27 章　反转录病毒 …………………… 298
　　第一节　人类免疫缺陷病毒 ………… 298
　　第二节　人类嗜 T 细胞病毒 ………… 301
第 28 章　其他病毒 ……………………… 303
　　第一节　狂犬病毒 …………………… 303
　　第二节　人乳头瘤病毒 ……………… 304
　　第三节　细小病毒 B19 ……………… 305
　　附：朊粒 ……………………………… 306

下编　医学寄生虫学

绪论 ………………………………………… 308

第一篇　医学原虫

第 1 章　概论 …………………………… 317
第 2 章　根足虫 ………………………… 319
　　第一节　溶组织内阿米巴 …………… 319
　　第二节　其他人体非致病阿米巴 …… 321
　　附：致病性自生生活阿米巴 ………… 322
第 3 章　鞭毛虫 ………………………… 324
　　第一节　杜氏利什曼原虫 …………… 324
　　附：锥虫 ……………………………… 327
　　第二节　蓝氏贾第鞭毛虫 …………… 327
　　第三节　阴道毛滴虫 ………………… 328
　　附：其他毛滴虫 ……………………… 329
第 4 章　孢子虫 ………………………… 331
　　第一节　疟原虫 ……………………… 331
　　第二节　刚地弓形虫 ………………… 338
　　附：隐孢子虫 ………………………… 341

第二篇　医学蠕虫

第 5 章　线虫 …………………………… 343
　　第一节　似蚓蛔线虫 ………………… 344
　　第二节　毛首鞭形线虫 ……………… 346
　　第三节　钩虫 ………………………… 347
　　第四节　蠕形住肠线虫 ……………… 349
　　第五节　丝虫 ………………………… 350
　　第六节　旋毛形线虫 ………………… 353
　　附：其他线虫 ………………………… 355
第 6 章　吸虫 …………………………… 358
　　第一节　华支睾吸虫 ………………… 358
　　第二节　布氏姜片吸虫 ……………… 359
　　第三节　卫氏并殖吸虫 ……………… 361
　　附：斯氏狸殖吸虫 …………………… 363
　　第四节　日本裂体吸虫 ……………… 363
第 7 章　绦虫 …………………………… 368
　　第一节　链状带绦虫 ………………… 368
　　第二节　肥胖带绦虫 ………………… 371
　　第三节　细粒棘球绦虫 ……………… 372
　　附：多房棘球绦虫、曼氏迭宫绦虫 … 375

第三篇　医学节肢动物

第 8 章　概论 …………………………… 379
第 9 章　蛛形纲 ………………………… 382
　　第一节　蜱 …………………………… 382
　　第二节　螨 …………………………… 383
第 10 章　昆虫纲 ………………………… 386
　　第一节　蚊 …………………………… 386
　　第二节　蝇 …………………………… 388
　　第三节　常见其他医学昆虫 ………… 388

参考文献 …………………………………………………………………………………………… 391
附录 1　主要细胞因子 …………………………………………………………………………… 392
附录 2　常用词英汉对照索引 …………………………………………………………………… 394

彩图

上编
医学免疫学

本编授课演示文稿

本编思维导图

第一篇　医学免疫学概论

第1章　医学免疫学绪论

免疫学是研究机体免疫系统结构和功能的科学，包括免疫系统的组织结构，免疫系统对"自己"和"非己"的识别，对"非己"产生应答及清除的效应机制，对"自己"产生免疫耐受及其维持、破坏的机制等。医学免疫学还研究免疫功能异常所致的病理损伤及其机制，以及免疫学理论、方法和技术在疾病预防、诊断和治疗中的应用等。免疫学已渗透到医学、生物学的多个学科，形成广泛交叉，并成为生命科学的支柱学科之一，极大地推动了医学和生物学的发展。医学免疫学是医学领域的重要基础课之一。

第一节　概　　述

一、免疫的概念和功能

免疫即为免除疫病，疫病指传染性疾病。免疫的英文"immunity"一词源于拉丁文"immunitas"，意为免除劳役和税赋，在医学领域则寓意机体对感染性疾病具有抵抗力。历史上，免疫一度被认为仅是抵抗病原生物感染而保护机体的一种功能。然而，随着人们对更多现象的观察，发现非感染性异物也能引起免疫反应。而且，在某些情况下，机体对病原体的防御或对异物的清除作用也能引起组织损伤和疾病。因此，现代免疫学认为，免疫是机体识别"自己"和"非己"，对"非己"产生免疫应答加以清除，对"自己"产生免疫耐受的一种生理功能。正常情况下，免疫对机体产生保护作用，以维持机体内环境的稳定；异常情况下，免疫对机体产生损伤作用，导致疾病的发生和发展。

机体的免疫功能由免疫系统执行，免疫系统的功能可表述为以下三个方面（表1-1-1）：

表 1-1-1　免疫系统的功能

功能	正常情况下	异常情况下
免疫防御	防止病原生物侵害	超敏反应或免疫缺陷
免疫自稳	清除损伤或衰老的自身细胞	自身免疫病
免疫监视	清除突变细胞/被感染细胞	细胞癌变或持续感染

1. **免疫防御**（immune defence）　是指机体抵抗病原生物的入侵并将其清除的免疫保护作用，即抗感染免疫。若此种反应过强或持续时间过长，则在清除病原生物的同时，也可能引起组织损伤或功能异常，发生超敏反应；若反应过低或缺失，则可发生免疫缺陷病。

2. **免疫自稳**（immune homeostasis）　是指免疫系统具有自身精细的网络调节，通过对"自己"耐受和清除体内损伤、衰老和死亡的细胞，维持机体内环境相对稳定。此调节功能紊乱，免疫系统将"自己"视为"非己"，对自身成分产生免疫应答，则引起自身免疫病。

3. **免疫监视**（immune surveillance）　是指免疫系统识别体内不断出现的畸变和突变细胞及被病原体感染的细胞，并将其清除。此种功能减弱，将会发生肿瘤或持续性感染。

免疫系统履行这三项功能，有赖于免疫系统的四种能力。一是进行免疫识别，免疫细胞通过识别受体探测到体内出现的"非己"物质（包括外来的病原体和体内产生的肿瘤细胞等）；二是发生免疫反应，免疫系统对识别信号做出应答，通过多种细胞和分子的作用清除"非己"物质；三是进行免疫调节，免疫应答必须受到严密的调控，若免疫调节紊乱则导致相关疾病；四是产生免疫记忆，免疫细胞对再次感染的病原体发生快速和增强的应答,有效预防相同病原体再次感染引起疾病。

二、免疫系统的组成

机体的免疫系统(immune system)是执行免疫功能的组织系统,由免疫器官、免疫细胞和免疫分子三部分组成。

1. **免疫器官** 分为中枢免疫器官和外周免疫器官,中枢免疫器官包括骨髓、胸腺(禽类有腔上囊),是免疫细胞发生和分化发育的场所;外周免疫器官和组织包括淋巴结、脾脏和黏膜相关淋巴组织等,是成熟免疫细胞定居的部位,也是适应性免疫应答发生的主要场所。

2. **免疫细胞** 是免疫应答的主要执行者,其中绝大多数来源于骨髓造血干细胞。免疫细胞可分为固有免疫细胞和介导适应性免疫应答的细胞。固有免疫细胞包括吞噬细胞(单核/巨噬细胞、中性粒细胞等)、树突状细胞、自然杀伤细胞(NK)、固有样淋巴细胞(NKT细胞、γδT细胞、B1细胞)、固有淋巴样细胞(ILC)及肥大细胞、嗜酸性/嗜碱性粒细胞等,履行固有免疫功能。其中,树突状细胞、巨噬细胞又是抗原提呈细胞,也参与适应性免疫应答。介导适应性免疫应答的细胞主要是T淋巴细胞(简称T细胞)和B淋巴细胞(简称B细胞)。各类细胞间相互协作,共同完成机体的免疫功能。此外,从广义上讲,红细胞、血小板、上皮细胞、内皮细胞、脂肪细胞等多种细胞均具有免疫功能。

3. **免疫分子** 种类繁多,包括由免疫细胞分泌的可溶性分子和表达于免疫细胞表面的膜分子。前者包括多种免疫效应分子如抗体、补体和细胞因子等;后者包括T细胞、B细胞表面的抗原受体(TCR、BCR),某些固有免疫细胞的模式识别受体(PRR),CD分子,黏附分子,主要组织相容性分子和各类受体分子(如补体受体、细胞因子受体)等。它们参与对"非己"物质的识别,介导免疫细胞之间的相互协作,具有极其广泛的作用。

在神经-内分泌-免疫网络的调节下,免疫系统各成分的功能协调,维持机体内环境的相对稳定。否则,将引起各种免疫性疾病。

三、免疫的类型

根据种系和个体免疫系统的进化、发育及免疫效应机制和作用特点,机体的免疫可分为固有免疫和适应性免疫两种类型(图1-1-1)。从种系进化上,低等生物仅具有固有免疫,至脊椎动物才出现适应性免疫(近期研究认为无脊椎动物存在适应性免疫的基本框架);从个体反应上,接触异物先由固有免疫发挥作用,后发生适应性免疫。固有免疫是适应性免疫的基础,参与适应性

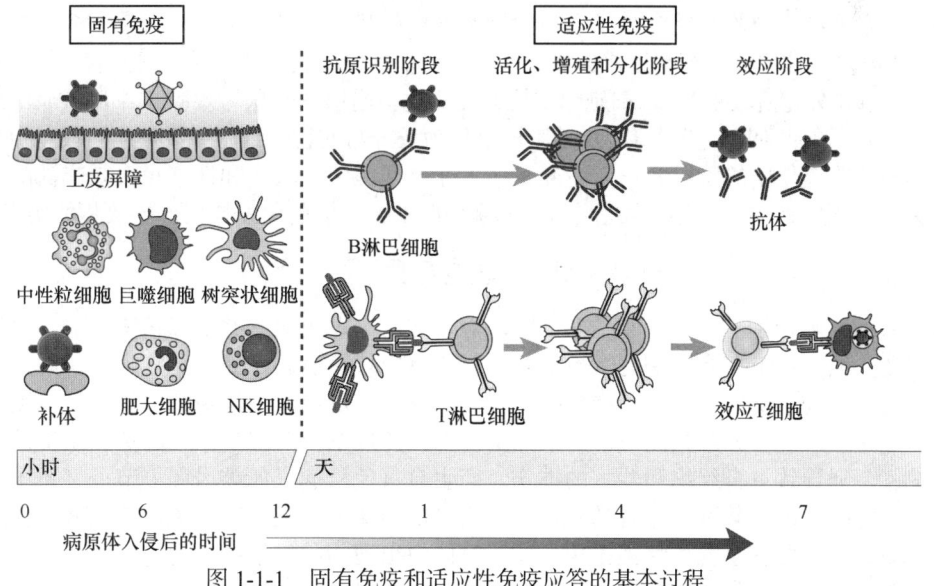

图 1-1-1 固有免疫和适应性免疫应答的基本过程

免疫的启动、效应和调节；适应性免疫是固有免疫的延续，进一步加强和优化固有免疫的效应。两者协同发挥机体的免疫功能（表1-1-2）。

表1-1-2 固有免疫与适应性免疫的区别

	固有免疫	适应性免疫
识别的分子及特点	模式识别受体（PRR）；有限的多样性	TCR、BCR；高度多样性
被识别的分子	病原/损伤相关分子模式（PAMP/DAMP）	抗原
作用时相	即刻至96小时内	96小时后
细胞反应	无须进行克隆增殖	特异性细胞克隆增殖和分化
作用特点	非特异性，无免疫记忆	特异性，有免疫记忆
主要参与细胞和分子	皮肤和黏膜上皮细胞，吞噬细胞，树突状细胞、NK细胞、NKT细胞、γδT细胞、B1细胞、ILCs；抑菌、杀菌物质，补体，细胞因子	T细胞、B细胞、抗原提呈细胞；抗体

1. **固有免疫**（innate immunity） 在个体出生时就具备，可以遗传，故又称为天然免疫（natural immunity）或先天免疫（native immunity）。其主要特点是：①非特异性，固有免疫的识别方式是模式识别，识别的是一类病原体的共有组分，而不能精细区别不同的病原体，故其作用范围广，亦称为非特异性免疫（nonspecific immunity）。②发挥效应迅速，固有免疫在接触病原体后即刻发挥作用，最先由各种屏障和体内预存的免疫分子发挥作用，随后固有免疫细胞如巨噬细胞等介导炎症反应以清除病原体。因细胞无须进行克隆增殖，故发挥效应快，是机体抵抗病原体感染的第一道防线。③无免疫记忆，病原体的反复感染并不改变固有免疫的应答模式和强度。近年发现，某些固有免疫细胞存在训练性记忆，二次刺激后炎症反应出现增强性应答。

2. **适应性免疫**（adaptive immunity） 非遗传获得，是个体在生活过程中接触抗原物质后产生的，故又称为获得性免疫（acquired immunity）。其主要特点是：①特异性，适应性免疫的识别方式是抗原特异性识别，由T、B细胞表面高度多样性的抗原识别受体TCR/BCR对抗原进行精细识别，仅针对特定抗原发挥免疫效应，故又称为特异性免疫（specific immunity）。②发挥效应较迟，适应性免疫在接触病原体后，需经历淋巴细胞的活化、增殖和分化产生效应细胞和效应分子，才能发挥免疫效应。③有免疫记忆，免疫系统再次接触相同抗原时，产生比初次快速、强烈的免疫效应。

适应性免疫应答分为T细胞介导的细胞免疫（cellular immunity）和B细胞介导的体液免疫（humoral immunity），两者有不同的效应机制，负责清除不同性质的抗原性异物。适应性免疫应答是一个由多种免疫细胞和免疫分子参与的极为复杂的过程，其基本过程大致可分为三个阶段。①抗原识别阶段：抗原提呈细胞摄取、加工处理和提呈抗原，T、B细胞抗原受体特异性识别抗原。②活化、增殖和分化阶段：T、B细胞识别抗原后活化、增殖并分化为效应T细胞或浆细胞，产生各种效应分子。在此阶段，部分T、B细胞可分化为长寿命的记忆细胞。③效应阶段：免疫效应细胞和效应分子发挥作用的阶段。正常情况下，可通过细胞免疫效应和体液免疫效应清除"非己"抗原或诱导自身耐受，维持机体生理平衡；病理情况下也可引起免疫损伤，导致相关疾病。

四、免疫与疾病

免疫系统能够识别"自己"和"非己"，对"非己"发生应答并加以清除，对"自己"则处于免疫耐受。免疫系统拥有严密的调控机制，以维持内环境稳定。如果免疫失调，则可能发生免疫相关疾病。免疫系统对"非己"物质的应答常伴随炎症反应；如果免疫应答失控，则导致病理损伤而产生超敏反应，如结核病等。在某些情况下，免疫系统对"自己"的免疫耐受被打破而发生免疫应答，则导致自身组织和器官的损伤，产生自身免疫病，如类风湿关节炎、系统性红斑狼疮等。如果免疫系统的某种成分有缺陷，则影响机体的免疫功能，产生免疫缺陷病。免疫系统对来自异体的组织和器官会发生移植排斥反应；对体内出现的肿瘤细胞发生抗肿瘤免疫反应，但肿瘤细胞可通过各种方式进行免疫逃逸。现已发现许多临床疾病的发生发展都与免疫有关。

五、免疫学与疾病的预防、诊断和治疗

随着医学免疫学的快速发展，应用免疫学的原理、技术和方法进行疾病的预防、诊断和治疗也愈加广泛。根据特异性免疫及免疫记忆的原理，通过接种疫苗等生物制品预防某些感染性疾病卓有成效；应用免疫学技术诊断疾病具有特异性强、灵敏度高及快速简便等优点，已成为临床疾病的重要诊断手段之一；采用抗体、细胞因子、体外扩增的免疫细胞、治疗性疫苗等调节机体的免疫功能以达到治疗疾病的目的，这种免疫生物疗法已应用于肿瘤、自身免疫病、移植排斥反应等疾病的治疗，并有更广泛的应用前景。

第二节　免疫学发展简史

免疫学建立历史不长，但免疫在抗感染领域的运用却已有上千年历史。为便于理解将其分为几个时期。

一、免疫学的经验时期

我国现存最早的中医理论著作《黄帝内经》中记载："正气存内，邪不可干"，表明三千多年前的中国人已认识到，疾病（包括传染病）的发生发展与机体内在的抵抗力（包括免疫力）密切相关，在治疗中亦非常注重调节和加强机体的抵抗力。

有关传染病的防治方法，我国晋代葛洪所著《肘后方》中记载了治疗狂犬病可"杀犬取脑敷之则后不发"。唐代王焘的《外台秘要·卷40》中记述："取所咬犬脑以涂疮大佳"或"取大虫牙齿末或大虫脂涂之便佳"。唐代孙思邈的《千金备急要方》亦记载有："取犬脑敷上后不复发"。用现代免疫学的观点来看，可以说是人工免疫方法的萌芽。

关于天花的预防，我国最早记载了用人痘苗预防天花的方法。明代（1628年）的《治痘十全》和清代（1687年）的《痘疹定论》均描述了宋真宗时代（998～1022年）在民间已广泛使用天花患者的痘痂末吸入鼻内或穿天花患者的衣服预防天花。在清代俞天池所著《痘科金镜赋集解》（1722年）的种痘说中记载："又闻种痘法起于明朝隆庆年间（1567～1572年）宁国府太平县……由此蔓延天下至今种花者宁国人居多"。可见我国明代就已有较安全的人痘苗使用，并一直沿用至清代。同时，明代（1628年）《种痘心法》中记载了人痘苗有时苗（生苗）和种苗（熟苗）两种。《医宗金鉴》中的种痘要旨更详细记载："水苗为上，旱苗次之，痘衣多不应验，痘浆太涉残忍，故古法独用水苗"。可见，通过在人体的长期使用，选择出了较安全的人痘苗。在我国流传几百年的人痘苗，后传至俄国、朝鲜、日本、土耳其和英国等国家。人痘接种预防天花有一定的危险性，但为以后牛痘苗和减毒活疫苗的发明提供了非常宝贵的经验。

公元18世纪，英国医师Jenner观察到，因接触患有牛痘的牛而手臂长牛痘的挤奶女工不会得天花，因此他把牛痘给一个男孩接种，证明可预防天花。1798年，Jenner发表了相关论文，为人类传染病的预防开创了人工免疫的先河。牛痘苗安全、可靠，接种后不会引起人与人之间的传播。牛痘苗的发明，使人类免遭天花的灾难，1980年世界卫生组织（WHO）宣布：天花在全球绝迹。

二、经典免疫学时期（19世纪中叶至20世纪中叶）

从19世纪末开始，法国科学家Pasteur、德国科学家Koch等先后发现多种病原菌。为控制危害严重的传染性疾病的蔓延，人们应用灭活及减毒的病原体制成多种疫苗，分别预防不同传染性疾病，如预防鸡霍乱、炭疽、狂犬病等的疫苗，开创了人工自动免疫方法。此时，人们对"免疫"的认识仅限于对病原微生物的抵抗力。而免疫学在此期的发展也一直与微生物学密切相关，并成为微生物学的一个重要组成部分。同时，也进入到更深一步的科学实验时期。此阶段取得的主要进展还包括：19世纪末俄国科学家И.И.Мечников发现了细胞吞噬作用，提出了细胞免疫理论；德国细菌学家Behring和Ehrlich发现和证明了免疫血清中的抗体具有抵抗外毒素的作用，研制出破伤风抗毒素和白喉抗毒素，提出了体液免疫理论并开始了人工被动免疫方法；1910年Landsteiner等研究了抗原抗体及其反应具有特异性的化学基础；1938年Kabat等研究了抗体的理化性质，使免疫化学的研究获得重要突破；20世纪初，Pirquet根据免疫血清应用中出现的与免疫防御不同的现

象,以及其他如结核分枝杆菌感染后的结核菌素反应、Arthus 现象,提出了"变态反应"的概念。与此同时,有关抗体生成理论也出现了 Ehrlich 的侧链学说、Haurowitz 和 Pauling 的模板学说。在此阶段对许多基本免疫学现象的本质有了更深一步的认识。

三、近代和现代免疫学时期（20世纪中叶至今）

1957 年澳大利亚学者 Burnet 提出了克隆选择学说,为免疫生物学发展奠定了理论基础,并使免疫学超越了抗感染免疫领域,从而开启了现代免疫学新阶段。

50 余年来,人们从整体、器官、细胞、分子和基因水平研究了免疫系统的结构与功能,初步阐明了免疫的本质及其机制。在免疫学基础理论和实际应用方面的研究取得了不少突破性进展,免疫学已发展为涉及多学科的新兴前沿学科,进一步推动了生物学和医学的发展,成为现代生物医学的支柱学科之一。近半个世纪以来,免疫学取得的主要进展简述如下：

（一）免疫化学方面

1959~1962 年,Porter 和 Edelman 等证明抗体分子是以二硫键相连的四肽链结构组成,并可分为不同的功能区,各发挥其免疫功能。同时,将抗体统一命名为免疫球蛋白（immunoglobulin,Ig）,其可分为 IgG、IgM、IgA、IgD、IgE 五类。

（二）细胞免疫学方面

1. **免疫系统的解剖组织学基础** 20 世纪 50~60 年代,建立了高等动物免疫系统的组织学和细胞学基础。其主要成就有：1957 年发现禽类动物腔上囊的免疫功能,20 世纪 60 年代初证明了胸腺的免疫功能,1965 年证明了淋巴细胞的免疫功能,1969 年提出了 T 细胞和 B 细胞亚群的概念；20 世纪 60 年代末证明了淋巴细胞在周围淋巴组织的分布与定位,以及主要的免疫细胞均来源于骨髓多能造血干细胞。

近 20 年来,对淋巴细胞分化、发育和死亡方式的微环境及其信号转导,淋巴细胞的类别、亚类及其功能,NK 细胞的表面受体及其生物学特征,以树突状细胞（dendritic cell,DC）为代表的抗原提呈细胞及其生物学功能等进行了深入研究。

2. **T 细胞生物学特征** T 细胞是 20 世纪 70~80 年代的重要研究领域。70 年代证明体内存在辅助性 T 细胞和抑制性 T 细胞,两者对免疫应答发挥重要的调节作用；1983 年证实小鼠和人 T 细胞表面均表达 T 细胞受体（T cell receptor,TCR）,此受体由异二聚体肽链组成,可特异性识别抗原和 MHC 分子。80 年代证明人 TCR 基因与 Ig 基因相似,亦由多个基因片段组成,也存在基因重排现象,由此阐明了 TCR 多样性和免疫应答特异性的遗传学基础。近 30 年来,陆续发现了新的 T 细胞亚群,如 Th1、Th2、Th17、Tfh、Treg 等,为阐明免疫应答机制提供了重要依据。

3. **细胞免疫和体液免疫应答** 1942 年发现结核菌素反应是由致敏 T 细胞引起的,与抗体无关,从而证实机体除能产生体液免疫外还能形成细胞免疫。至 20 世纪 70 年代,逐步阐明了免疫应答的机制,发现 B 细胞表达的 B 细胞受体（B cell receptor,BCR）,是一种膜表面免疫球蛋白,并证明是 B 细胞的特征性表面标志；证明 T 细胞和 B 细胞在抗体产生中的相互作用；发现巨噬细胞是参与免疫应答的重要细胞,从而证明免疫应答涉及多细胞的相互作用,并初步揭示了 B 细胞识别、活化、分化和效应的机制。

4. **免疫耐受及其细胞学机制** 1945 年 Owen 发现了二卵双生小牛体内发生血型嵌合的现象,证明了天然耐受的存在。1953 年通过动物实验发现了对抗原特异性不应答的免疫耐受。1957 年,Burnet 提出的克隆选择学说,对耐受的形成做如下解释：胚胎期个体的免疫系统与自身抗原接触,自身抗原特异性的细胞克隆可被清除或处于禁闭状态,使成熟抗原特异性细胞失去对"自身"抗原的反应性,即产生自身耐受。

5. **抗体生成的理论** 19 世纪末至 20 世纪中叶,提出过许多有关抗体生成的理论,在前人研究成果的基础上,Burnet 提出了抗体生成的克隆选择（clonal selection）学说。其基本论点为：体内存在随机形成的多样性 B 细胞克隆,每一克隆的细胞表达同一特异性抗原受体,抗原进入体内后,与其特异结合,即选择表达特异性受体的免疫细胞与之反应,致该细胞发生克隆扩增,产生大量子代细胞,合成大量具有相同特异性的抗体。该学说被视为免疫学发展史上一个里程碑式的成就,它不仅阐明了抗体产生机制,同时解释了抗原识别、免疫记忆、自身耐受及自身免疫应答等重要的免疫生物学现象。

此理论被1975年发明的单克隆抗体技术所证实。

6. 模式识别理论及树突状细胞　1989年美国免疫学家Janeway提出了模式识别理论，将固有免疫针对的主要靶分子信号称作病原相关分子模式（PAMP），相对应的识别受体称为模式识别受体（PRR）。随后Beutler和Hoffman揭示了固有免疫中重要的模式识别受体（Toll样受体）及其功能。Steinman发现并证实树突状细胞在启动适应性免疫中的关键作用等。

（三）分子免疫学方面

近40年来，在分子水平阐明诸多免疫学现象的本质是免疫学取得的最重要成就。

1. **抗体多样性的遗传学基础**　20世纪70年代，通过克隆出编码Ig分子V区和C区的基因，证明编码Ig肽链的基因由胚胎期彼此隔离的基因群组成，它们在B细胞分化发育过程中通过重排和拼接才能编码并表达产物（即产生Ig），由此阐明了Ig分子抗原结合部位多样性的缘由以及遗传和体细胞突变在抗体多样性形成中发挥的关键作用。

2. **细胞因子及其应用**　自20世纪80年代以来，陆续发现了一系列细胞因子，深入研究其生物学特征，证实了细胞因子具有广泛的生理功能，并参与多种疾病的发生和发展，现已开始用于临床治疗。

3. **T细胞的特异性识别、激活和效应机制**　20世纪80年代发现了T细胞识别抗原的MHC限制性。至90年代，发现T细胞活化需要双信号作用，即TCR与抗原肽-MHC分子结合产生第一信号；CD28/B7等共刺激分子的相互作用产生第二信号。其后，还逐渐发现了T、B细胞激活和发挥效应的胞内信号转导途径。至90年代，证实细胞毒性T细胞（CTL）可通过Fas/FasL途径诱导靶细胞发生凋亡（apoptosis），从而对CTL的效应机制有了深入了解。

4. **抗原提呈的机制**　20世纪90年代中期以来，逐渐弄清了抗原提呈细胞摄取、加工、处理和提呈抗原的主要环节及其机制，从而初步阐明适应性免疫应答启动的本质。

5. **T细胞负调节分子及其应用**　20世纪末以来，发现了多种T细胞负调节分子，如CTLA-4、PD-1等，与相应配体结合抑制T细胞的活化与增殖。针对负调节分子的"免疫检测点治疗"（CTLA-4抗体、PD-1抗体等）已在临床应用。

（四）免疫学应用

免疫学理论和技术在生命科学研究及临床医学中广泛应用。

1. **疫苗的发展**　多种疫苗的面市，使一些危害巨大的传染病得以有效控制或消灭（如天花），是免疫学对人类的最大贡献。近年的肺炎链球菌荚膜多糖疫苗、脑膜炎奈瑟菌荚膜多糖疫苗、百日咳血凝素组分疫苗、乙型肝炎基因工程疫苗及核酸疫苗等，为免疫学在防治疾病中开辟了广阔的前景。

2. **免疫学技术的建立和发展**

（1）血清学技术和免疫标记技术：自20世纪初建立了各种体外检测抗原-抗体反应的血清学技术（如沉淀反应、凝集反应、补体结合反应等），为鉴定病原菌和检查血清中抗体提供了可靠方法，并被广泛用于传染病诊断和流行病学调查。相继建立的各种免疫标记技术，极大地促进了免疫学基础研究和应用。

（2）细胞融合技术：1975年建立了小鼠骨髓瘤细胞和致敏小鼠脾细胞的融合细胞（杂交瘤），并用于制备针对单一抗原表位的单克隆抗体。此项突破性的生物技术为生物医学研究和应用开拓了广阔的前景。

（3）T细胞克隆技术：1976年建立了T细胞克隆技术，直接应用于研究T细胞受体（TCR）、细胞因子分泌及细胞间相互作用等，有力地推动了细胞免疫学的发展。

（4）分子生物学技术：近30年来，核酸杂交、聚合酶链反应（PCR）、基因工程、转基因动物等技术极大地促进了分子免疫学发展。由此，逐步揭示了免疫球蛋白、T细胞抗原受体、补体、细胞因子及MHC分子等的基因结构、功能及其表达机制。

3. **免疫生物治疗**　近年来，在分子生物学理论和技术发展的基础上，免疫治疗得以迅速发展。单克隆抗体制剂已应用于临床多种疾病；以基因工程抗体为主要导向分子的免疫导向疗法、基因工程细胞因子和其他肽类免疫分子等均已开始在临床应用；包括造血干细胞及某些效应细胞（如CAR-T细胞、树突状细胞）在内的细胞过继免疫疗法已开始用于多种血液病及肿瘤的治疗。

(郝 钰)

1. 简述免疫的类型及特点。
2. 如何理解"免疫是一把双刃剑"。
3. 试述我国古代医家以"以毒攻毒"思想所做的预防疫病的实践及对免疫预防的贡献。

第2章 抗 原

抗原（antigen，Ag）是一类能被 T、B 细胞的特异性抗原受体（TCR、BCR）识别和结合，促使 T、B 细胞产生免疫应答，并能与相应免疫应答产物（即效应 T 细胞和抗体）发生特异性结合的物质。

抗原刺激是引起机体产生适应性免疫应答的先决条件。抗原曾经也被称为免疫原（immunogen），但根据现代免疫学的概念，多数学者认为，免疫原应指所有能启动和激发免疫应答（包括固有免疫和适应性免疫）的物质，即免疫原包括启动固有免疫应答的病原/损伤相关分子模式和启动适应性免疫应答的抗原。

第一节 抗原的性质

一、抗原的基本特性

抗原的基本特性包括免疫原性（immunogenicity）和反应原性（reactogenicity）。免疫原性，即能刺激特定的免疫细胞，使之活化、增殖、分化，最终产生免疫效应物质（效应 T 细胞和抗体）的特性；反应原性或抗原性（antigenicity），即可与相应的免疫效应物质发生特异性结合的特性。

兼具免疫原性和反应原性的物质称为完全抗原（complete antigen），只有反应原性而无免疫原性的物质称为半抗原（hapten）或不完全抗原（incomplete antigen）。结构复杂的蛋白质大分子通常是完全抗原，而某些小分子物质（分子质量小于 4 kDa）属半抗原。半抗原若与大分子蛋白质或非抗原的物质如多聚赖氨酸等载体（carrier）交联或结合，则成为完全抗原。例如，青霉素的降解产物即为半抗原，如与体内蛋白质结合则成为完全抗原，可诱发机体免疫应答而引起过敏反应。

二、抗原的异物性

异物性（foreignness）是决定物质能否成为抗原的首要条件。在正常情况下，淋巴细胞具有高度精确地识别"自己"和"非己"物质的能力，异物即"非己"物质。异物的传统概念指化学结构与机体自身成分相异的物质，异物的现代概念是胚胎期或新生期未与发育中的不成熟淋巴细胞充分接触的物质。

异种蛋白质、各种病原生物及其代谢产物，对人体而言是异种物质，均为良好抗原。从生物进化过程来看，物种间的亲缘关系越远，其组织成分的化学结构差异越大，免疫原性也越强。如灵长动物的组织成分对啮齿动物而言为强抗原，对人是弱抗原。高等动物同种不同个体之间，由于遗传基因不同，其某些组织成分的化学结构也有差异，因此同种异体物质也是抗原。

自身组织成分在正常情况下通常无免疫原性，其机制是在胚胎期针对自身成分的免疫活性细胞已被清除或被抑制。但在某些特定情况下，自身成分也可成为抗原物质，称为自身抗原（详见本编第 16 章）。

三、抗原的特异性

抗原的特异性（specificity）表现在两个方面，即免疫原性的特异性和反应原性的特异性。一种特定的抗原只能激活能特异性识别该抗原的淋巴细胞克隆，该克隆产生的抗体或效应 T 细胞仅可与该抗原发生特异性结合。抗原的特异性是适应性免疫的核心,是免疫学诊断与防治的理论依据。决定抗原特异性的物质基础是抗原分子中的抗原表位。

(一) 抗原表位

抗原表位(epitope)是抗原分子上决定抗原特异性的特殊化学基团,它是与抗体及 TCR/BCR 特异结合的部位,又称为抗原决定簇(antigenic determinant)。通常 5～15 个氨基酸残基、5～7 个多糖残基、6～8 个核苷酸即可构成一个抗原表位。天然抗原的化学成分及结构十分复杂,由多种多个抗原表位组成。抗原表位中所含化学基团的性质、数目、位置和空间构象决定着抗原表位的特异性(表 1-2-1)。

表 1-2-1 抗原表位中化学基团的性质、空间位置对抗原抗体反应特异性的影响

抗血清	基团的组成	邻	间	对
抗间位氨基苯磺酸血清	R=SO₃H 苯磺酸	++	+++	±
	R=AsO₃H₂ 苯砷酸	−	+	−
	R=COOH 苯甲酸	−	±	−

注:抗间位氨基苯磺酸抗体,与间位氨基苯磺酸发生强烈反应(+++),与邻位和对位氨基苯磺酸发生中等和弱反应(++/±),而与氨基苯砷酸和氨基苯甲酸发生弱反应或不反应(±/−)。

抗原表位在结构上有两类,即构象表位(conformational epitope)和线性表位(linear epitope)。前者指序列上不相连续的氨基酸在空间上形成的特定构象,一般位于分子表面;后者指一段序列相连续的氨基酸片段,又称为顺序表位(sequential epitope),大多位于抗原分子的内部。

(二) T 细胞表位与 B 细胞表位

TCR 和 BCR 所识别的抗原表位不同,分别称为 T 细胞表位和 B 细胞表位。T 细胞表位是线性表位,抗原必须经抗原提呈细胞(antigen presenting cell,APC)加工处理为小分子多肽并与 MHC 分子结合,才能被 TCR 识别。B 细胞表位大多为构象表位,也可是线性表位,主要位于抗原分子表面,无须经 APC 加工处理及提呈,可直接被 B 细胞的 BCR 或 B 细胞分泌的特异性抗体识别(图 1-2-1)。T 细胞表位和 B 细胞表位的不同特点见表 1-2-2。

表 1-2-2 T、B 细胞表位特性的比较

类别	T 细胞表位	B 细胞表位	类别	T 细胞表位	B 细胞表位
识别受体	TCR	BCR	表位的位置	抗原任意部位	抗原分子表面
表位的化学特性	多肽	多肽,多糖,脂类等	APC 及 MHC 分子	需要	不需要
表位的类型	线性表位	构象表位,线性表位			

(三) 共同抗原表位和交叉反应

天然抗原一般是复杂的大分子,表面有多种抗原表位,每种表位都能刺激机体产生一种相应的特异性抗体。在两种或两种以上的天然抗原中,可能既有相同或构型相似的抗原表位,

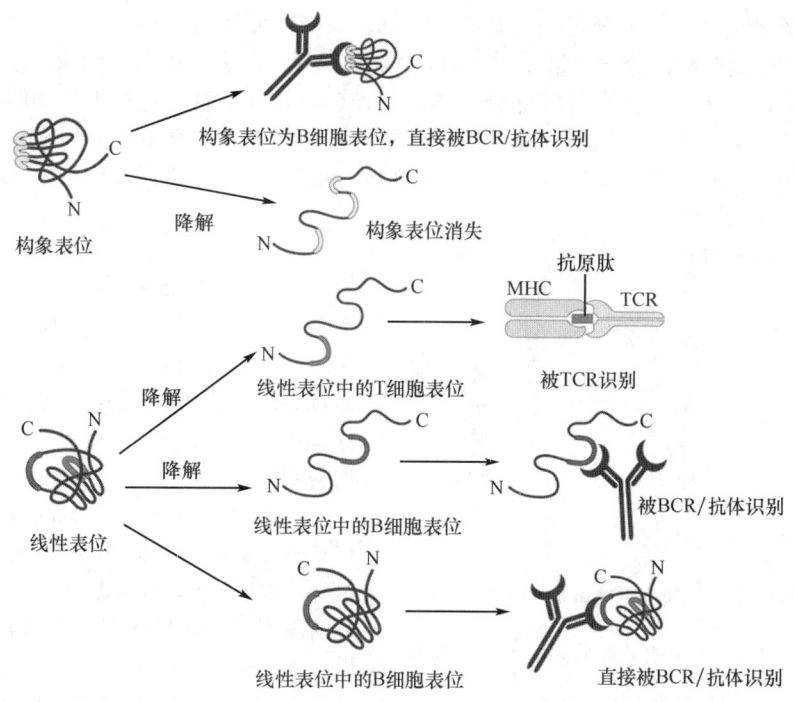

图 1-2-1　抗原分子中的 T、B 细胞表位及降解后的抗原分子表达

也有各自特有的抗原表位，前者称为共同抗原表位（common epitope），而后者为特异性抗原表位（specific epitope）。一种抗原诱生的抗体，不仅可与该抗原特异性结合，还可与其他和该抗原具有共同抗原表位的抗原结合，此为交叉反应（cross reaction）。例如，甲、乙两菌间具有共同抗原表位（C、D 表位），因此由甲菌刺激机体产生的抗体（其中含 c 抗体、d 抗体），可以和乙菌中的相应表位（C、D）结合（图 1-2-2）。

具有共同抗原表位的不同抗原称为共同抗原（common antigen）或交叉抗原（cross antigen）。交叉反应对阐明某些疾病的发病机制及在血清学诊断和疫苗研制中均具有意义。

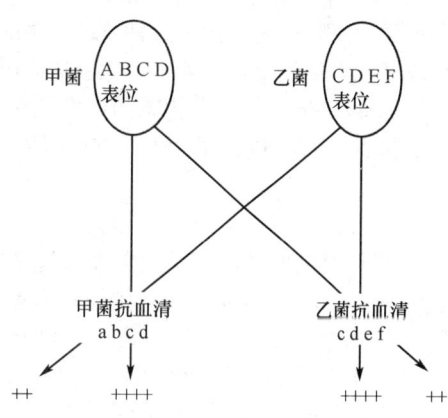

图 1-2-2　共同抗原表位和交叉反应示意图

第二节　影响抗原诱导免疫应答的因素

抗原诱导机体发生免疫应答的类型和强度，一方面取决于抗原本身的性质，另一方面取决于接受抗原刺激的机体因素以及抗原进入机体的方式。

一、抗原的理化性质

1. 化学性质　大多数的蛋白质为大分子胶体，具有复杂的结构，是良好的抗原，其他如糖蛋白、脂蛋白、多糖、脂多糖都有免疫原性。核酸、类脂等均为半抗原。

2. 分子质量大小　具有免疫原性的物质分子质量一般在 10kDa 以上。分子质量越大，免疫原性越强，大于 100kDa 为强抗原，小于 10kDa 为弱抗原（有例外），甚至无免疫原性。抗原需是大分子物质的原因为：①分子质量越大，其抗原表位越多，对淋巴细胞的激活作用越强；②大分子物质的化学结构稳定，不易被破坏和清除，能持续刺激淋巴细胞。

3. 化学结构的复杂性 大分子物质并不一定都具有免疫原性，还必须有一定的化学组成和结构。例如，明胶是蛋白质，分子质量达100kDa以上，但其免疫原性很弱。因明胶所含成分为直链氨基酸，不稳定，在体内易被水解成低分子物质。若在明胶分子表面连接少量酪氨酸，则能增强其免疫原性。凡含有芳香族氨基酸（尤其是酪氨酸等）的蛋白质，其免疫原性较强。某些多糖的免疫原性乃由单糖的数目和类型所决定，如血型物质和肺炎链球菌荚膜多糖等抗原表面均有较复杂的结构，故免疫原性较强。

4. 分子构象和易接近性

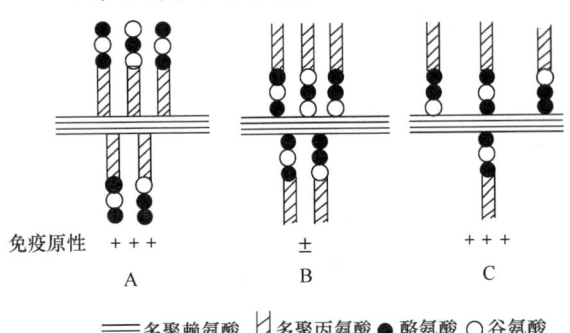

图 1-2-3 氨基酸残基在合成多肽骨架侧链上的位置与其免疫原性的关系

（1）分子构象（conformation）：是指抗原分子中一些特殊化学基团的三维结构，抗原分子的立体构象是决定其能否与相应B细胞表面抗原受体（BCR）分子构象结合启动免疫应答的分子基础。抗原分子表面分子构象的轻微改变，将会导致免疫原性的改变。

（2）易接近性（accessibility）：是指抗原分子表面的抗原表位与相应淋巴细胞表面BCR结合的难易程度。因抗原分子中抗原表位所处侧链间距不同，与BCR的易接近性不同，故免疫原性也不同。人工合成的多聚丙氨酸、多聚赖氨酸复合物，其分子质量超过10kDa，但缺乏免疫原性。若将酪氨酸和谷氨酸残基连接在多聚丙氨酸外侧，即可表现出较强的免疫原性；若连接在内侧，则免疫原性并不增强，这是因为抗原分子内部的氨基酸残基不易与淋巴细胞表面的BCR靠近，不能启动免疫应答；若将抗原侧链的间距增大，造成较理想的易接近性，则又可表现出免疫原性（图1-2-3）。

5. 物理状态 聚合状态的蛋白质较其单体免疫原性强，颗粒性抗原的免疫原性强于可溶性抗原。因此，常将免疫原性弱的物质吸附在某些大颗粒表面，以增强其免疫原性。

二、宿主因素

机体对抗原的应答是受免疫应答基因（主要是MHC）调控的。对同一抗原物质，不同物种的免疫应答强弱有很大差别。例如，多糖抗原对人和小鼠具有免疫原性，而对豚鼠则无免疫原性。因个体遗传基因不同，同一物种不同个体对同一抗原也可有高、中、低不同程度的免疫应答。

年龄、性别、健康状态和应激（stress）也影响机体的免疫应答能力。一般来说，免疫应答能力在青壮年时比幼年时和老年时强，新生动物或婴儿对多糖类抗原不应答，故易发生细菌感染。雌性动物比雄性动物抗体生成水平高，但妊娠期除外。手术、有创检查、精神打击、心理创伤等应激刺激可降低机体对抗原的免疫应答能力。

三、抗原进入机体的方式

抗原进入机体的量、途径、次数、间隔时间及佐剂的应用等均影响其诱导免疫应答的强弱和类型。动物实验显示，同一抗原物质经不同途径进入机体，所产生的免疫应答强度依次为皮内注射＞皮下注射＞肌内注射＞腹腔注射＞静脉注射。口服蛋白质类抗原，可因消化道内酶的降解作用而失去免疫原性。有的抗原经口服可引起免疫耐受。

第三节 抗原的种类及其医学意义

一、抗原的分类

抗原种类繁多，目前一般用以下几种方法分类。

1. 根据抗原刺激 B 细胞产生抗体时是否需要 Th 细胞参与分类

(1) 胸腺依赖抗原（thymus dependent antigen，TD-Ag）：又称为 T 细胞依赖抗原，刺激 B 细胞产生抗体时依赖 Th 细胞的辅助。TD-Ag 属完全抗原，兼具 B 细胞表位和 T 细胞表位。绝大多数的蛋白质抗原为 TD-Ag，如病原微生物、血细胞、血清蛋白等。

(2) 胸腺非依赖抗原（thymus independent antigen，TI-Ag）：又称为 T 细胞非依赖抗原，刺激 B 细胞产生抗体时无须 Th 细胞的辅助。TI-Ag 又分为 TI-1 Ag 和 TI-2 Ag。TI-1 Ag 含有 B 细胞丝裂原和 B 细胞表位，能使不成熟及成熟的 B 细胞应答，如细菌脂多糖；而 TI-2 Ag 仅含多个重复 B 细胞表位，仅使成熟的 B 细胞应答，如荚膜多糖、聚合鞭毛素等。

2. 根据抗原与机体的亲缘关系分类　可分为异种抗原、同种异型抗原、自身抗原、独特型抗原等。

3. 其他分类方法　根据抗原提呈细胞内抗原的来源分为外源性抗原（exogenous antigen）、内源性抗原（endogenous antigen）；根据抗原产生的方式分为天然抗原和人工抗原；根据抗原的化学组成可分为蛋白质抗原、多糖抗原和核酸抗原等；根据抗原来源与疾病的关系可分为移植抗原、肿瘤抗原、自身抗原、变应原和耐受原等。

二、医学上重要的抗原

1. 病原生物及其代谢产物　各种病原生物对人体均有较强的免疫原性，可刺激机体发生免疫应答而清除病原生物或导致免疫病理损伤。

微生物虽结构简单，但化学组成复杂，是有多种抗原表位的天然抗原，如细菌有表面抗原、鞭毛抗原、菌毛抗原及菌体抗原等。抗原组成的分析可作为微生物分型和临床上病原微生物鉴定的依据。

外毒素是蛋白质，为细菌的合成代谢产物，是良好的完全抗原。外毒素可刺激机体产生抗体即抗毒素，对再次感染有预防作用。外毒素经 0.3% ~ 0.4% 的甲醛处理后，失去毒性，保留免疫原性，称为类毒素。类毒素注入机体，可刺激机体产生相应的抗体（即抗毒素），在预防相应疾病中起重要作用。

寄生虫的抗原组成极其复杂，可分为虫体抗原、分泌抗原和代谢抗原等，它们在体内可致保护性或病理性的免疫应答，在体外可用于寄生虫病的免疫学诊断。

2. 动物免疫血清　用类毒素免疫动物后，动物血清中可产生大量的抗毒素，即动物免疫血清，临床上用于相应疾病的特异性治疗和紧急预防，如破伤风抗毒素用于治疗和预防破伤风。这种来源于动物（常为马）的免疫血清对人具有两重性，既是特异性抗体，可中和相应外毒素的毒性，又是异种抗原，可刺激机体产生抗马血清抗体，导致超敏反应的发生。

3. 同种异型抗原　在同一种属不同个体之间存在的抗原称为同种异型抗原（allogenic antigen）。常见的人类同种异型抗原有红细胞血型抗原（ABO 抗原系统和 Rh 抗原系统等）、人类白细胞抗原（HLA）（详见本编第 8 章）。

4. 自身抗原　能引起免疫应答的自身成分称为自身抗原（autoantigen）。在正常情况下，机体对自身组织细胞不产生免疫应答，即自身耐受。但在某些情况下，自身成分可成为抗原，诱发自身免疫应答。例如：①眼晶状体蛋白、甲状腺球蛋白等处于"免疫赦免区"，与免疫系统相对隔绝，因此免疫细胞从未与其接触过，当感染、外伤或服用某些药物等使相关部位屏障破坏，被隔离的隐蔽抗原释放，即成为自身抗原；②物理、化学和生物（如感染）因素使自身组织的成分、结构发生改变和修饰而成为自身抗原（详见本编第 16 章）。

5. 异嗜性抗原　一类存在于不同种属动物、植物、微生物之间的共同抗原称为异嗜性抗原（heterophilic antigen），最初由 Forssman 发现，又称为 Forssman 抗原。异嗜性抗原参与某些自身免疫病的发生，如 A 族链球菌表面成分与人肾小球基膜及心肌组织间具有共同抗原，故 A 族链球菌感染机体所产生的抗体可与肾、心组织发生交叉反应，导致肾小球肾炎或心肌炎；大肠埃希菌 O14 型的脂多糖与人结肠黏膜具有共同抗原，可能导致溃疡性结肠炎。

6. 肿瘤抗原 有肿瘤特异性抗原（tumor specific antigen，TSA）和肿瘤相关抗原（tumor associated antigen，TAA）两类。肿瘤特异性抗原只存在于某种癌变细胞表面，而肿瘤相关抗原并非肿瘤细胞所特有，在正常细胞上也可存在，但在细胞癌变时，其含量明显增加（详见本编第19章）。

7. 其他抗原 某些药物如抗生素、磺胺以及油漆、染料、塑料等化学物质作为半抗原，进入机体与蛋白质结合成为完全抗原，可刺激机体发生超敏反应。植物花粉、某些中药也是重要的抗原，可引起超敏反应。

第四节 非特异性免疫刺激剂

除能诱导特异性 T、B 细胞产生应答的抗原外，还有其他一些能非特异性激活 T、B 细胞的物质，称为非特异性免疫刺激剂，如超抗原、免疫佐剂、丝裂原等。

一、超 抗 原

1. 超抗原的概念 超抗原（super antigen，SAg）属多克隆激活剂，是一类用极少量（1～10ng/ml）即能非特异性活化大量（2%～20%）的 T 细胞或 B 细胞，并诱导强烈免疫应答的物质。而普通抗原只能活化少数 T 细胞或 B 细胞。

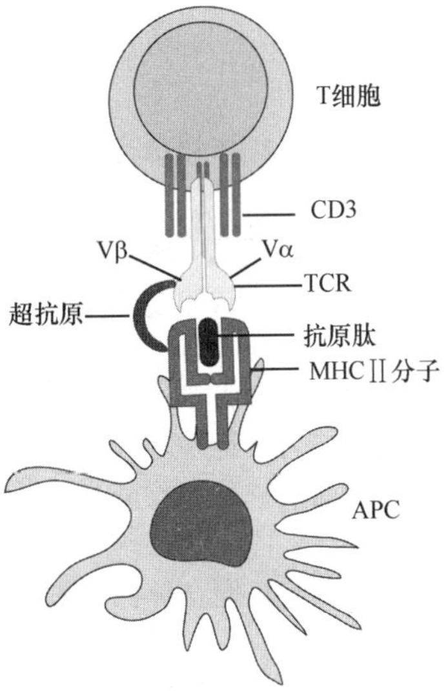

2. 超抗原激活 T、B 细胞的特点 T 细胞超抗原主要与 $CD4^+$ T 细胞结合。其作用特点是既能与 APC 细胞上的 MHC Ⅱ 类分子结合，也能与 TCR Vβ 链结合。例如，T 细胞超抗原热休克蛋白（heat shock protein，HSP）一端直接与 TCR 的某些 Vβ 区的互补决定区（complementarity determining region，CDR）CDR2 及 CDR1 结合，不涉及 Vβ 的 CDR3 及 TCRα 的识别；另一端和 APC 表面的 MHC Ⅱ 类分子非多态区外侧结合，而不是与抗原肽结合槽结合。故 T 细胞超抗原无须经 APC 加工，可直接与 MHC Ⅱ 类分子结合，不受 MHC Ⅱ 类分子型别的限制，故无 MHC 限制性（图 1-2-4）。超抗原诱导的 T 细胞应答产生的效应并非针对超抗原的特异性反应，而是通过非特异性激活多克隆 T 细胞分泌大量细胞因子，从而参与某些病理过程。

B 细胞超抗原如金黄色葡萄球菌蛋白 A（staphylococcus protein A，SPA）和人类免疫缺陷病毒 gp120 可直接结合 BCR H 链的 V_H 区。一种 B 细胞超抗原只能选择性地结合一到数种 V_H 亚型，激活具有该亚型 BCR V_H 的 B 细胞，产生大量的抗体。

图 1-2-4 T 细胞超抗原作用机制示意图

3. 超抗原的生物学意义 SAg 可能参与了机体的多种病理和生理效应。例如，SAg 可大量激活 T 细胞并诱导产生促炎细胞因子，引起休克、多器官功能衰竭等严重临床表现；SAg 可激活体内的自身反应性 T 细胞，诱发自身免疫病；大量 T 细胞受 SAg 刺激过度增殖而耗竭，诱导机体的免疫抑制状态；内源性 SAg 作用于胸腺细胞，可通过克隆选择清除 SAg 反应细胞，从而建立免疫耐受；CTL 被 SAg 刺激而大量激活，发挥对肿瘤细胞的杀伤效应，可用于抗肿瘤生物治疗。

二、免疫佐剂

某些物质若先于抗原或与抗原一起注入机体，能非特异地增强抗原的免疫原性和机体对该抗原的特异性免疫应答或改变免疫应答类型，此类物质称为免疫佐剂（immunoadjuvant），简称佐剂（adjuvant）。

1. 佐剂的种类 ①无机佐剂：如氢氧化铝、明矾等；②有机佐剂：包括微生物及其代谢产物，如卡介苗、短小棒状杆菌、百日咳杆菌、革兰氏阴性杆菌的内毒素等；③合成佐剂：如人工合成的双链多聚肌胞苷酸（poly I：C）、双链多聚腺尿苷酸（poly A：U）及胞壁酰二肽（MDP）等；④油剂：如弗氏佐剂、花生油乳化佐剂、矿物油、植物油等。

目前在研的有多种新型佐剂，如人工合成的含 CpG 序列的寡核苷酸、免疫刺激复合物（ISCOM）、TLR 激动剂及纳米佐剂等。新型佐剂因其作用强、易制备、对机体无不良反应等优点，有着广阔的应用前景。

2. 佐剂的作用原理　佐剂增强免疫应答的机制尚未完全阐明，不同佐剂的作用也不尽相同。其作用机制可能是：①改变抗原的物理性状，形成抗原储存库，有利于抗原缓慢释放，延长抗原在体内的停留时间；②被佐剂吸附的抗原（尤其是可溶性抗原）易被巨噬细胞吞噬，局部形成炎症反应，促进对抗原的处理和提呈；③增强免疫细胞激活所需的协同刺激信号；④刺激淋巴细胞增殖和分化，从而增强和扩大免疫效应。

3. 佐剂的应用　由于佐剂的综合效应能够增强机体的免疫功能，因此佐剂的应用范围很广。其主要用于：①免疫动物获得高效价的抗体，故在制备抗血清时常用弗氏佐剂；②预防接种时增强机体细胞和体液免疫应答，如新冠灭活疫苗中使用的氢氧化铝；③用于肿瘤或慢性感染患者的辅助治疗，如临床上常将卡介苗作为非特异性免疫增强剂。

三、丝　裂　原

丝裂原（mitogen）亦称为有丝分裂原，是非特异的淋巴细胞多克隆激活剂，能使某一群淋巴细胞的所有克隆被激活而转化为淋巴母细胞，并发生有丝分裂而增殖。常用的 T 细胞有丝分裂原有植物血凝素（phytohemagglutinin，PHA）、刀豆蛋白 A（concanavalin A，ConA），可用于测定 T 细胞功能；B 细胞有丝分裂原有 SPA 和脂多糖，分别可用于测定人和小鼠的 B 细胞功能。美洲商陆是 T、B 细胞的有丝分裂原，可用于同时测定 T、B 细胞的免疫功能。对丝裂原的反应下降，表明 T 细胞或 B 细胞功能障碍。

（吴大强）

1. 试述抗原的特性及完全抗原与半抗原的区别。
2. 什么是抗原表位？T 细胞表位和 B 细胞表位有何不同？
3. 试述共同抗原和交叉反应及其医学意义。
4. 简述 TD 抗原和 TI 抗原的区别。
5. 现有新冠疫苗能否预防新出现的变异新冠病毒感染主要取决于什么？

第二篇 免疫系统

第 3 章 免疫器官和组织

免疫器官根据其功能不同，分为中枢免疫器官和外周免疫器官，两者通过血液循环和淋巴循环互相联系（图1-3-1）。

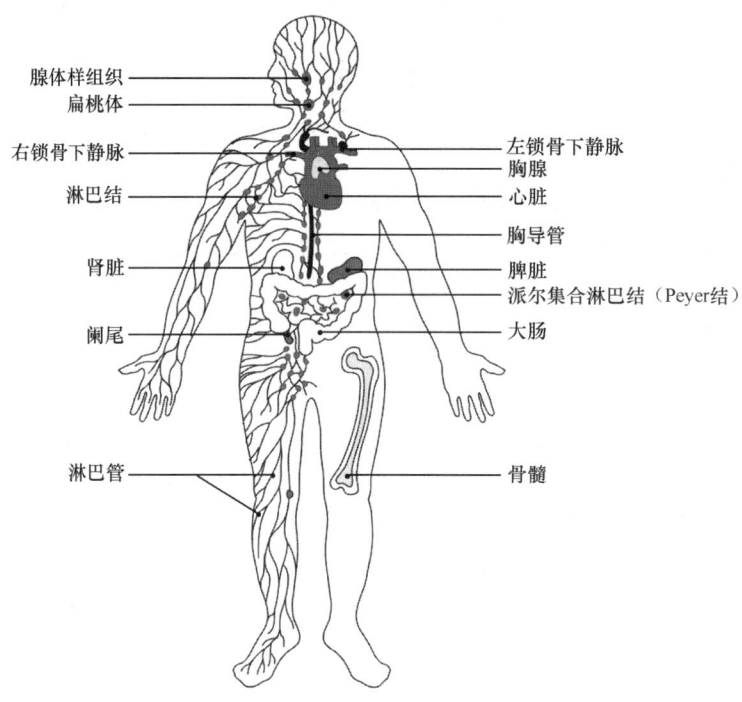

图 1-3-1 人体的免疫器官和组织

第一节 中枢免疫器官

中枢免疫器官（central immune organ）是免疫细胞发生、分化、发育、成熟的场所，对外周免疫器官的发育也起主导作用。人和其他哺乳动物的中枢免疫器官包括骨髓和胸腺，禽类还有腔上囊（法氏囊）。

一、骨　髓

骨髓（bone marrow）是重要的免疫器官，也是造血器官。

1.骨髓的结构和细胞组成　骨髓位于骨髓腔内，分为红骨髓和黄骨髓。红骨髓由造血组织和血窦构成，具有活跃的造血功能。造血组织由基质细胞和造血细胞构成。基质细胞主要包括网状细胞、成纤维细胞、巨噬细胞、血管内皮细胞等，这些细胞所表达的表面分子和分泌的细胞因子为造血细胞的分化发育提供了微环境。骨髓微环境是介导造血干细胞黏附、分化发育，参与淋巴细胞迁移和成熟的必需条件。

2.骨髓的功能

（1）各类免疫细胞发生的场所：骨髓中的造血干细胞（hematopoietic stem cell，HSC）具有分化成不同血细胞的能力，故又称为多能造血干细胞。在骨髓微环境中，HSC分化为髓样干细胞（myeloid stem cell）和淋巴样干细胞（lymphoid stem cell）。髓样干细胞最终分化成熟为各种粒细胞、单核细胞、树突状细胞（DC）、红细胞、血小板等；淋巴样干细胞则经不同途径分化为T、B细胞，NK细胞和树突状细胞（图1-3-2）。

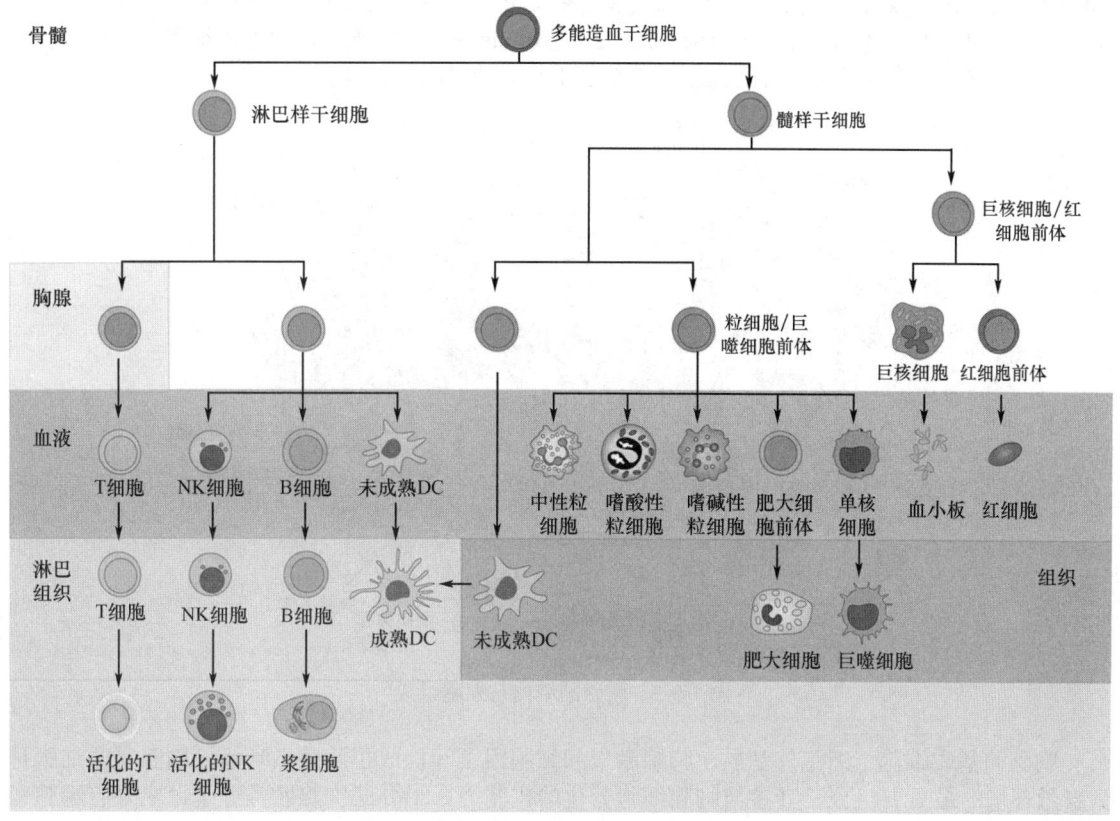

图1-3-2 主要免疫细胞的来源及分化

（2）B细胞分化发育的主要场所：骨髓中的淋巴样干细胞，一部分直接在骨髓微环境内继续分化，经祖B细胞、前B细胞发育成为未成熟B细胞。其发育过程中可发生B细胞抗原识别受体（BCR）等表面分子的表达及选择性发育（或凋亡）等（详见本编第10章）。未成熟B细胞进入脾脏，发育为成熟B细胞，最终定居在外周免疫器官的非胸腺依赖区。

（3）抗体产生的重要场所：体液免疫应答中，在生发中心发育成熟的抗原特异性B细胞分化为浆细胞，经淋巴循环和血液循环迁入骨髓，在骨髓长期生存并持续产生抗体，成为血清中抗体的主要来源。因此，骨髓兼有中枢免疫器官和外周免疫器官的功能。

二、胸　　腺

人胸腺（thymus）由胚胎期第Ⅲ、Ⅳ对咽囊的内胚层分化而来，位于胸骨柄之后，其大小和结构随年龄不同而有明显差别。新生儿期胸腺重量为15～20g，以后逐渐增大，至青春期可达30～40g，其后随年龄增长而逐渐退化。老年期的胸腺明显缩小，大部分被脂肪组织取代。胸腺是T细胞分化、成熟的场所，其功能状态直接决定机体的细胞免疫水平，并间接影响体液免疫功能。

1.胸腺的结构与细胞组成　胸腺的外表面由一层结缔组织被膜覆盖，其实质被深入其内的结缔组织分隔成许多小叶。小叶的外层为皮质（cortex），内层为髓质（medulla），皮、髓质交界处含大量血管。胸腺内的细胞有两类：①胸腺细胞（thymocyte），骨髓来源的前 T 细胞经血流在皮、髓质交界处进入胸腺，成为胸腺细胞。不同分化阶段的胸腺细胞其形态、表面标志等各异。皮质中有大量密集的胸腺细胞，为不成熟 T 细胞；髓质中有稀疏分布的胸腺细胞，多为成熟 T 细胞。②胸腺基质细胞（thymus stromal cell，TSC），以胸腺上皮细胞（thymus epithelial cell，TEC）为主，还有巨噬细胞、树突状细胞及成纤维细胞等。TSC 互相连接成网，并表达多种表面分子、分泌多种胸腺激素及细胞因子，参与构成胸腺微环境，为胸腺细胞的发育提供必需的信号。在外皮质层，特化的上皮细胞称为抚育细胞，形成多细胞复合物，可以封装多达 50 个成熟中的胸腺细胞。髓质有呈环状的胸腺小体（thymic corpuscle，Hassall's corpuscle）。胸腺小体由上皮细胞、巨噬细胞和细胞碎片形成，是胸腺正常发育的标志，其功能不甚清楚（图 1-3-3）。

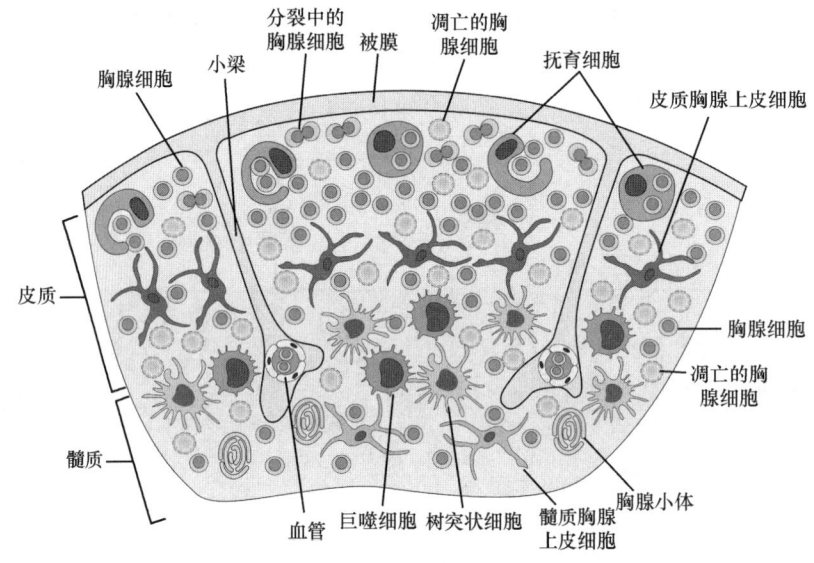

图 1-3-3　胸腺的结构与细胞组成

胸腺的基质细胞、细胞外基质、胸腺激素和细胞因子等构成了胸腺微环境。胸腺基质细胞是胸腺微环境的最重要组分，其参与胸腺细胞分化的机制为：①分泌胸腺肽类分子，主要有胸腺素（thymosin）、胸腺生成素（thymopoietin，TP）等，具有促进胸腺细胞增殖和分化发育等功能；②分泌细胞因子，通过与胸腺细胞表面相应受体结合，调节胸腺细胞发育和细胞间相互作用；③与胸腺细胞密切接触，通过两者间表面分子的相互作用，诱导胸腺细胞的分化发育。此外，细胞外基质可促进上皮细胞与胸腺细胞接触，并参与胸腺细胞在胸腺内移行和成熟。

2. 胸腺的功能　胸腺的最主要功能是 T 细胞发育成熟的主要场所。来源于骨髓的早期 T 细胞系前体，经血流在皮、髓质交界处进入胸腺，迁移至被膜下皮质，并向髓质移行，在此过程中经历复杂的选择性发育，约 95% 的胸腺细胞发生以凋亡（apoptosis）为主的死亡，仅不足 5% 的细胞分化为成熟 T 细胞。其特征为：①表达功能性 T 细胞抗原受体（TCR）的 $CD4^+$ 或 $CD8^+$ 单阳性细胞；②获得 MHC 限制性的抗原识别能力；③获得自身耐受性（自身反应性 T 细胞发生克隆清除）。发育成熟的 T 细胞进入血液循环，最终定居于外周免疫器官的胸腺依赖区。

第二节　外周免疫器官和组织

外周免疫器官（peripheral immune organ）包括淋巴结、脾脏。此外，还包括黏膜免疫系统和皮肤免疫系统。外周免疫器官是成熟 T、B 细胞等免疫细胞定居的部位，也是产生适应性免疫应答的场所。

一、淋巴结

人体有 500~600 个淋巴结（lymphnode），广泛分布于全身的淋巴通道上，可截获来自组织液和淋巴液的抗原（图 1-3-1）。

1. **淋巴结的结构**　淋巴结有输入淋巴管和输出淋巴管，表面由结缔组织被膜覆盖，被膜深入实质形成小梁。淋巴结分为皮质和髓质两部分，彼此通过淋巴窦相通。被膜下为皮质，包括浅皮质区、深皮质区和皮质淋巴窦（图 1-3-4）。

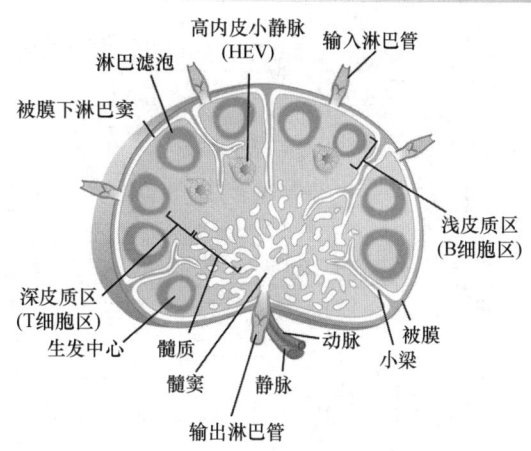

图 1-3-4　淋巴结的结构

浅皮质区又称为非胸腺依赖区（thymus-independent area），是 B 细胞定居的场所，该区内有淋巴滤泡（或称淋巴小结）。未受抗原刺激的淋巴小结无生发中心，称为初级滤泡（primary follicle），主要含静止的初始 B 细胞和滤泡树突状细胞（follicular dendritic cell，FDC）；受抗原刺激的淋巴小结内出现生发中心（germinal center），称为次级滤泡（secondary follicle），内含大量增殖分化的 B 淋巴母细胞及滤泡辅助性 T 细胞（Tfh）和 FDC。浅皮质区和髓质之间为深皮质区（即副皮质区），切除新生动物的胸腺，该区出现萎缩，故又称为胸腺依赖区（thymus-dependent area）。深皮质区为 T 细胞定居的场所，还有树突状细胞和少量巨噬细胞。该区有许多由高柱状内皮细胞组成的毛细血管后微静脉，又称为高内皮小静脉（high endothelial venule，HEV），在淋巴细胞再循环中起重要作用。髓质由髓索和髓窦组成。髓索内含有 B 细胞、T 细胞、浆细胞、肥大细胞及巨噬细胞；髓窦内巨噬细胞较多，有较强的滤过作用。

2. **淋巴结的功能**

（1）免疫细胞定居的场所：分化成熟的 T 细胞定居于淋巴结的深皮质区，而 B 细胞分布在浅皮质区。T 细胞占淋巴结内淋巴细胞总数的 75% 左右，B 细胞占 25% 左右。

（2）适应性免疫应答发生的主要场所：被淋巴结截获的抗原或被树突状细胞带至淋巴结的抗原，在此被 T 细胞或 B 细胞识别，通过 T 细胞与 DC、B 细胞与 FDC、T 细胞与 B 细胞、B 细胞与 Tfh 间的相互作用，T 细胞或 B 细胞分别活化、增殖、分化为效应 T 细胞或分泌抗体的浆细胞，效应 T 细胞和抗体随输出淋巴管经胸导管进入血流，在抗原存在部位发挥免疫效应。

（3）参与淋巴细胞再循环：淋巴细胞在血液、淋巴液、淋巴器官和组织间周而复始循环的过程称为淋巴细胞再循环。淋巴结深皮质区的 HEV 在淋巴细胞再循环中发挥重要作用。血液循环中的淋巴细胞以其膜上的淋巴细胞归巢受体（homing receptor）与 HEV 上的地址素（addressin）结合，穿越 HEV 间隙，进入淋巴结实质，然后经输出淋巴管进入胸导管，入上腔静脉，再回到血液循环，血液循环中的淋巴细胞也可进入局部组织。完成一次循环需 24～48 小时（图 1-3-5）。淋巴细胞再循环使淋巴细胞在全身合理分布，增加淋巴细胞接触抗原的机会，并将免疫信息传递给全身各处的淋巴细胞和其他免疫细胞。淋巴细胞再循环是维持机体正常免疫应答并发挥免疫功能的必要条件。

（4）滤过作用：组织中的病原微生物及毒素等进入淋巴液，流经淋巴结时，可被巨噬细胞吞噬或通过其他机制被清除。因此，淋巴结具有重要的滤过作用。

二、脾脏

脾脏（spleen）是胚胎时期的造血器官，自骨髓开始执行造血功能后，脾脏成为人体最大的免疫器官。

1. **脾脏的结构**　脾脏分为白髓、红髓和边缘区三部分。白髓由密集的淋巴组织构成，包括动脉周围淋巴鞘和淋巴滤泡。动脉周围淋巴鞘为 T 细胞居住区；鞘内的淋巴滤泡为 B 细胞居住区，未受抗原刺激时为初级滤泡，受抗原刺激后出现生发中心，为次级滤泡。红髓分布于白髓周围，包括髓索和髓窦，前者主要含淋巴细胞、浆细胞、巨噬细胞和树突状细胞；髓窦内为循环的血液。白髓与红髓交界处为边缘区（marginal zone），是血液及淋巴细胞进出的重要通道（图 1-3-6）。

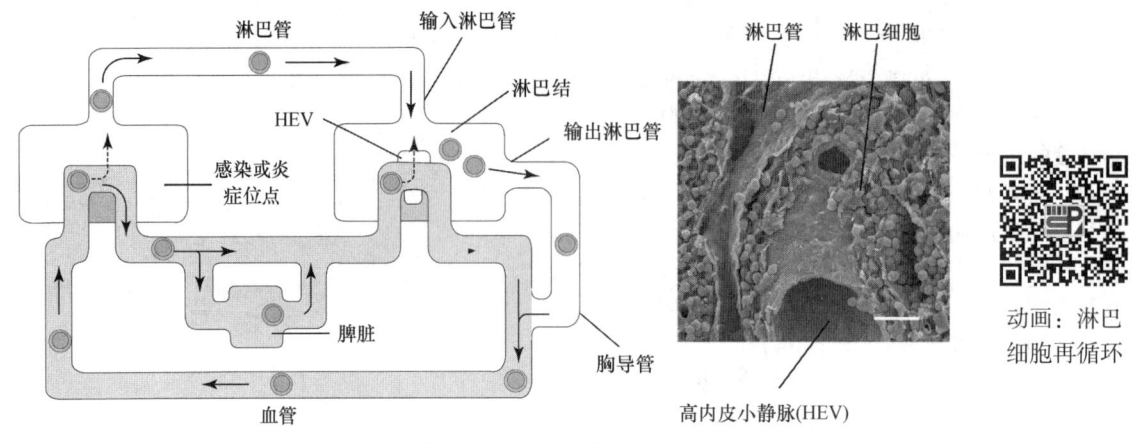

图 1-3-5 淋巴细胞再循环示意图

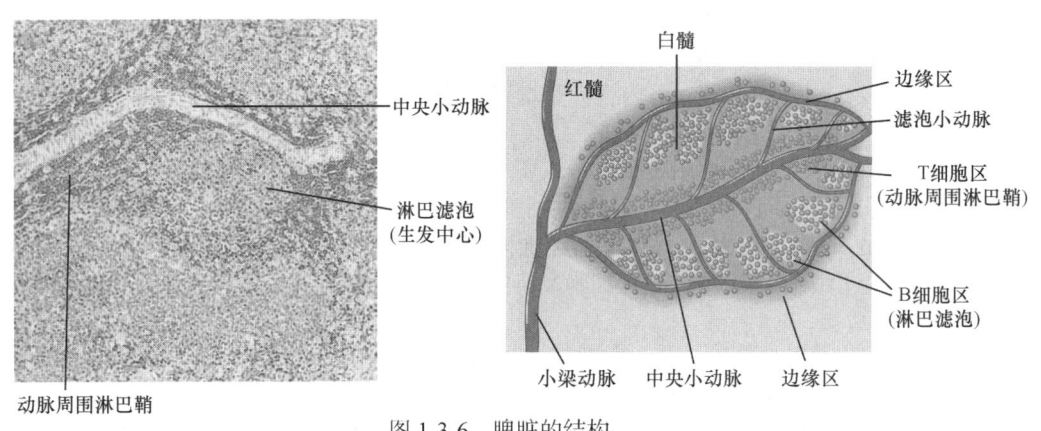

图 1-3-6 脾脏的结构

2. 脾脏的功能

（1）免疫细胞定居的场所：成熟的淋巴细胞可定居于脾脏。B 细胞约占脾脏中淋巴细胞总数的 60%，T 细胞约占 40%。

（2）适应性免疫应答发生的场所：脾脏是对血液来源的抗原发生免疫应答的重要部位。脾脏切除的个体对血液中病原菌导致的菌血症和败血症易感。

（3）合成多种生物活性物质：脾脏可合成并分泌补体、细胞因子等多种生物活性物质。

（4）滤过作用：脾脏中有具较强吞噬能力的巨噬细胞和树突状细胞，可清除血液中的病原体、衰老死亡的自身细胞、某些蜕变细胞及免疫复合物等。

此外，脾脏也是机体储存红细胞的血库。

三、黏膜免疫系统

黏膜免疫系统（mucosal immune system，MIS）也称为黏膜相关淋巴组织（mucosal-associated lymphoid tissue，MALT），包括呼吸道、肠道及泌尿生殖道黏膜固有层和上皮细胞下散在的无被膜淋巴组织，以及某些有生发中心的器官化的淋巴组织，如扁桃体、小肠的派尔集合淋巴结（Peyer's patches）、阑尾等。

黏膜免疫系统是机体重要的免疫防御屏障，其机制是：①人体近 50% 淋巴组织存在于黏膜系统；②人体黏膜表面积巨大，仅小肠黏膜表面积即达 400m^2，能有效阻止病原微生物等的侵入。

1. 黏膜免疫系统的组成

（1）肠相关淋巴组织（gut-associated lymphoid tissue，GALT）：包括派尔集合淋巴结、孤立淋巴滤泡、肠系膜淋巴结、上皮内淋巴细胞和固有层淋巴组织等（图 1-3-7），其主要作用是防止经肠道入侵的感染。肠壁的器官化淋巴组织（派尔集合淋巴结、孤立淋巴滤泡）由黏膜上皮细胞包被，肠系膜淋巴结通过输入淋巴管与派尔集合淋巴结、孤立淋巴滤泡及肠黏膜相连，它们是肠黏膜免疫应答发生的部位；上皮间淋巴细胞和固有层淋巴细胞多为效应 T 细胞和分泌抗体的浆细胞，存在于黏膜表面和固有层等黏膜免疫的效应部位（图 1-3-7）。肠道黏膜摄取抗原有两条途径：①通过黏膜上皮间散在分布的 M 细胞 [（膜性细胞，membranous cell）又称为微皱褶细胞（microfold cell）] 将抗原转运给树突状细胞。M 细胞的基底部凹陷成小袋，其中容纳 T 细胞、B 细胞、树突状细胞等。M 细胞可通过胞饮或内吞等方式摄入抗原，并将未经降解的抗原转运给小袋中的树突状细胞，由其将抗原提呈给 T 细胞（图 1-3-8）。②黏膜上皮及固有层的树突状细胞可通过其突起直接跨越上皮摄取抗原，通过肠壁输入淋巴管，将抗原转运至肠系膜淋巴结。

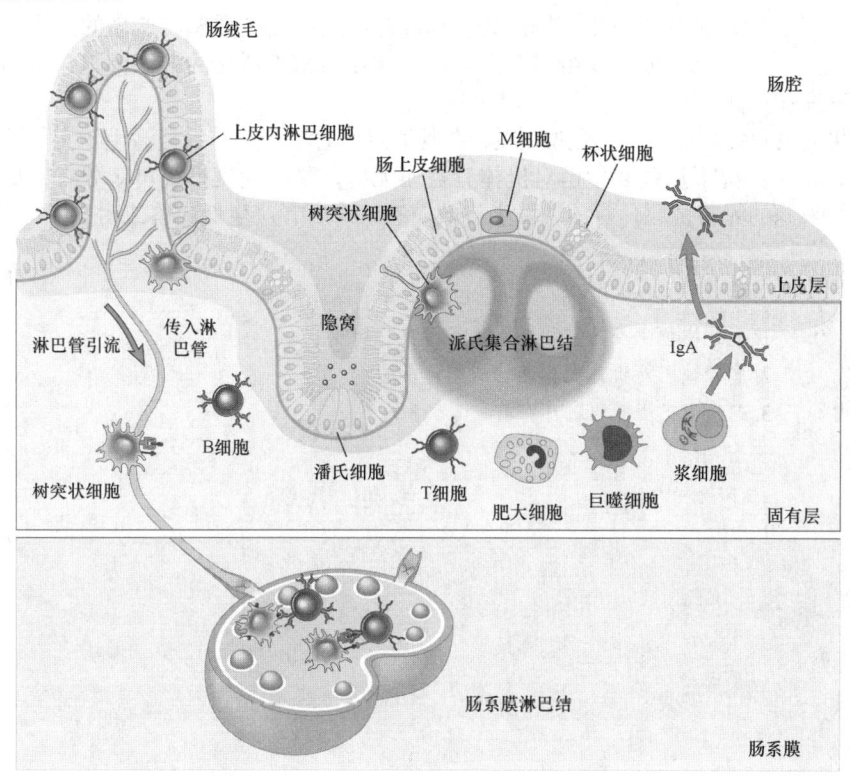

图 1-3-7　肠相关淋巴组织的构成

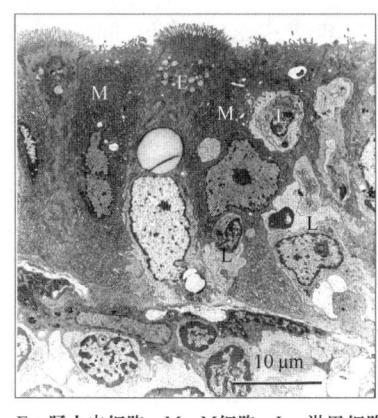

E：肠上皮细胞；M：M细胞；L：淋巴细胞

A

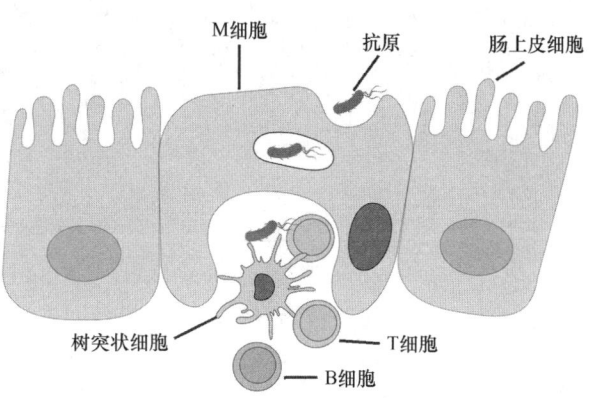

B

图 1-3-8　肠黏膜 M 细胞示意图

(2) 鼻相关淋巴组织（nasal-associated lymphoid tissue，NALT）：包括咽扁桃体、腭扁桃体、舌扁桃体及鼻后淋巴组织。其主要作用是防御经空气侵入的感染。

(3) 支气管相关淋巴组织（bronchial-associated lymphoid tissue，BALT）：主要分布于支气管上皮下，其结构与派尔集合淋巴结相似，滤泡中淋巴细胞受抗原刺激而增殖形成生发中心产生免疫应答。

2. 黏膜免疫系统的功能和特点

(1) 黏膜局部免疫应答发生的场所：黏膜固有层有巨噬细胞、树突状细胞等固有免疫细胞，当病原体突破黏膜屏障进入机体后，迅速发生固有免疫应答，引起局部炎症反应，并启动黏膜局部适应性免疫应答，最终清除病原体。分泌型 IgA（sIgA）在防御黏膜局部病原微生物感染中发挥重要作用。

(2) 共同黏膜免疫系统的作用：机体任一局部黏膜组织受抗原刺激产生的抗原特异性效应和记忆淋巴细胞，可迁移至其他黏膜组织发挥效应。如在 GALT 活化的淋巴细胞，可到达泌尿生殖道黏膜组织发挥作用。

(3) 对共生菌和食物低应答或免疫耐受：在肠道定居着上千种非致病微生物（大部分是细菌），称为共生菌，正常情况下这些共生菌对机体有益而无害。黏膜免疫系统可区分有害病原体抗原及共生菌和食物来源的无害抗原，对前者发生有效应答，对后者产生低应答或耐受。

（郝　钰）

1. 简述中枢免疫器官和外周免疫器官的功能。
2. 胸腺缺陷对机体的免疫功能有何影响？
3. 何谓淋巴细胞再循环？有何意义？

第4章 免疫球蛋白

1890年，德国学者Behring用白喉外毒素免疫动物后，在其血清中发现能够中和这种外毒素的物质，称为抗毒素，其后人们将血清中这类能够发生特异性反应的组分称为抗体（antibody，Ab）。1939年，Tiselius等在对血清蛋白电泳时，发现抗体活性主要存在于γ区（图1-4-1），故认为抗体即是γ球蛋白。1968年和1972年，WHO和国际免疫学会联合会的专门委员会决定，将具有抗体活性或化学结构与抗体相似的球蛋白统称为免疫球蛋白（immunoglobulin，Ig）。免疫球蛋白可分为分泌型（secreted Ig，sIg）和膜型（membrane Ig，mIg），前者主要存在于血液及组织液中，具有抗体的功能；后者构成B细胞表面的抗原受体（BCR）。抗体是体液免疫的重要效应分子，是B细胞接受抗原刺激后增殖分化为浆细胞所产生的糖蛋白。

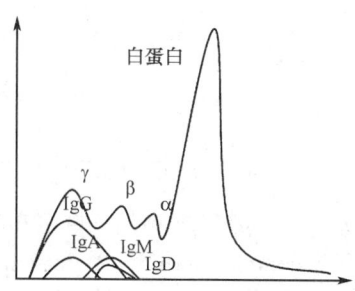

图1-4-1 正常人血清蛋白电泳扫描示意图

第一节 免疫球蛋白的结构

免疫球蛋白的分子质量大，结构复杂，导致免疫球蛋白在被发现的很长时间内，人们对其的结构都知之甚少。直到20世纪50年代，美国洛克菲勒大学的Gerald M. Edelman设法打开了免疫球蛋白的二硫键使其分成几条多肽链，同时英国医学研究中心的Rodney R. Porter用木瓜蛋白酶将免疫球蛋白酶解成小片段，由此获得了免疫球蛋白的结构信息。由于Gerald M. Edelman和Rodney R. Porter在解析免疫球蛋白结构上的贡献，他们同时获得了1972年的诺贝尔生理学或医学奖。

一、免疫球蛋白基本结构

免疫球蛋白的基本结构是Y形四肽链结构（图1-4-2），由两条完全相同的重链（heavy chain，H）和两条完全相同的轻链（light chain，L），以链间二硫键连接而成。四条肽链两端游离的氨基或羧基的方向一致，分别命名为氨基端（N端）和羧基端（C端）。

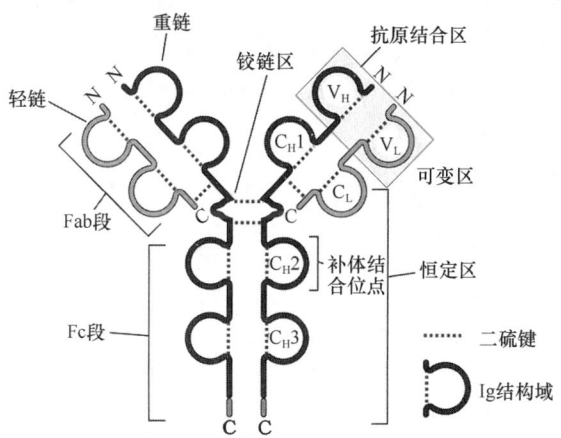

图1-4-2 免疫球蛋白的基本结构示意图

（一）重链和轻链

1. **重链** Ig重链由450～550个氨基酸残基组成，分子质量为50～75kDa。根据重链恒定区结构和免疫原性的差异，将其分为μ、δ、γ、α和ε五种链，据此将Ig分为五类（class），即IgM、IgD、IgG、IgA和IgE。每类Ig根据其重链恒定区氨基酸残基组成的较小差异和二硫键数目、位置的不同，又可分为不同亚类（subclass）。如人IgG有IgG1～IgG4四个亚类；IgA有IgA1和IgA2两个亚类；IgM、IgD和IgE尚未发现亚类。

2. **轻链** Ig轻链由约210个氨基酸残基组

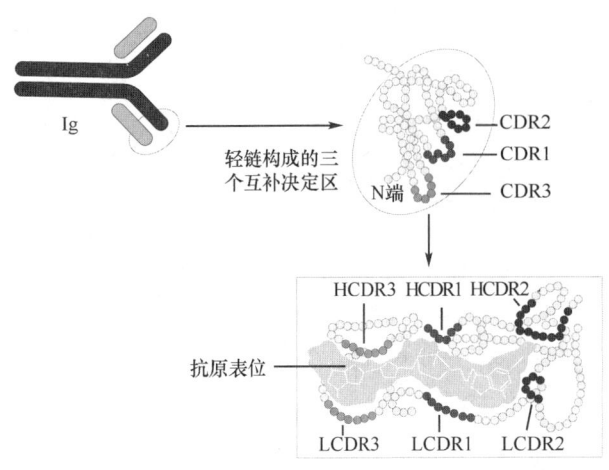

图 1-4-3　Ig 的互补决定区与抗原表位结合示意图

成，分子质量约 25kDa。根据轻链恒定区的不同将 Ig 分为 κ 和 λ 两型（type）。正常人血清中 κ 型和 λ 型 Ig 的比例约为 2∶1。同一型 Ig 中，根据其 C 区 N 端氨基酸排列的差异，又可分为亚型（subtype）。如根据 λ 链 C 区个别氨基酸残基的差异，可以分为 λ1、λ2、λ3 和 λ4 四个亚型。

（二）可变区和恒定区

1. 可变区　Ig 重链和轻链近 N 端约 110 个氨基酸序列的变化很大，称为可变区（variable region，V 区），占重链的 1/4（或 1/5）和轻链的 1/2。重链和轻链的 V 区分别称为 V_H 和 V_L，其中各有 3 个区域的氨基酸组成和排列顺序具有更高的可变性，称为高变区（hypervariable region，HVR）或互补决定区（complementarity determining region，CDR），分别称为 CDR1、CDR2 和 CDR3。一条轻链和一条重链的 CDR 共同组成 Ig 的抗原结合部位，其立体构型与抗原表位的三维结构互补，可特异性结合抗原表位，而发挥免疫效应（图 1-4-3）。高变区的高度异质性决定了 Ig 的多样性，即可识别不同的抗原表位。单体 Ig 分子具有 2 个抗原结合位点（antigen binding site），二聚体分泌型 IgA 具有 4 个抗原结合位点，五聚体 IgM 可有 10 个抗原结合位点。V 区 CDR 以外区域的氨基酸组成和排列顺序相对不易变化，主要发挥稳定空间构象作用，故称为骨架区（framework region，FR），V_H 和 V_L 各有 FR1、FR2、FR3 和 FR4 四个骨架区。

2. 恒定区　Ig 轻链和重链中氨基酸数量、种类、排列顺序及糖含量均较稳定的区域称为恒定区（constant region，C 区），位于肽段的羧基端，占重链的 3/4（或 4/5）和轻链的 1/2。重链和轻链的 C 区分别称为 C_H 和 C_L。同一种属内所有个体的同一类 Ig 的 C 区具有相同的抗原特异性，称为 Ig 同种型抗原。

（三）铰链区

铰链区（hinge region）位于 C_H1 与 C_H2 之间。该区含较多脯氨酸残基，不易构成氢键，易伸展弯曲，能改变"Y"形两个臂之间的距离，有利于两臂同时结合两个不同空间位置的抗原表位。当抗体与抗原结合时，Ig 分子 C_H1、C_H2 间发生变构，暴露 Ig 的补体结合位点。铰链区对蛋白酶敏感，易被水解。五类 Ig 中，IgM 和 IgE 无铰链区。

（四）免疫球蛋白的其他成分

除轻链和重链组成的基本结构以外，某些类别 Ig 还含有其他辅助成分（图 1-4-4）。

1. 连接链（joining chain，J 链）　是一富含半胱氨酸的多肽链，由浆细胞合成，主要功能是将单体 Ig 分子连接为多聚体。IgA 二聚体和 IgM 五聚体均含 J 链；IgG、IgD 和 IgE 常为单体，无 J 链。

2. 分泌片（secretory piece，SP）　又称为分泌成分（secretory component，SC），为一含糖肽链，由黏膜上皮细胞合成和分泌，以非共价键形式结合于 IgA 二聚体上，使其成为分泌型 IgA

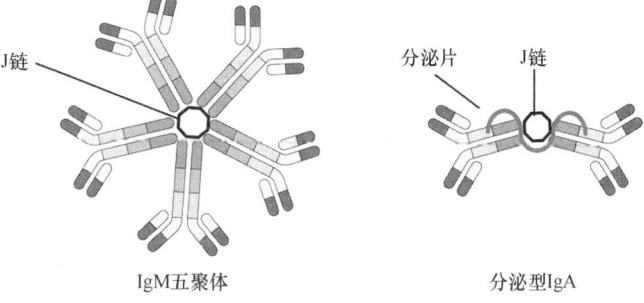

图 1-4-4　免疫球蛋白多聚体的 J 链和 SP 示意图

（sIgA）。SP 的作用是：介导 IgA 从黏膜下通过黏膜上皮细胞转运到黏膜表面并保护 sIgA 使其免遭蛋白酶降解，从而使 IgA 发挥黏膜免疫作用。

二、免疫球蛋白的功能区

Ig 的功能区为蛋白质的三级结构，也称为结构域（domain）。功能区为肽链反复折叠，由链内二硫键连接形成的立体结构，这些结构在机体内担负着不同的生物学功能。L 链有两个功能区（V_L 和 C_L），IgG、IgD 和 IgA 的 H 链有四个功能区（V_H、C_H1、C_H2 和 C_H3），IgM 和 IgE 的 H 链有五个功能区（V_H、C_H1、C_H2、C_H3 和 C_H4）。

Ig 功能区的功能分别是：① V_H 和 V_L 是特异性识别和结合抗原的部位；② C_H1 和 C_L 有 Ig 遗传标志，同种异体间的 Ig 在该区存在着个别氨基酸的差异；③ IgG 的 C_H2 和 IgM 的 C_H3 含有补体结合位点，可启动补体活化的经典途径，IgG 的 C_H2 与穿过胎盘屏障相关；④ IgG 的 C_H3 及 IgE 的 C_H2 和 C_H3 具有亲细胞性，能与多种细胞表面的 Fc 受体结合，产生不同的免疫效应。

三、免疫球蛋白的水解片段

在一定条件下，Ig 分子的某些部分易被蛋白酶水解为不同的片段（图 1-4-5），可用以研究 Ig 的结构和功能，也可用以分离纯化 Ig 特定功能片段。

木瓜蛋白酶（papain）作用于 IgG 铰链区两条重链间二硫键的近 N 端一侧，将 Ig 裂解为两个完全相同的 Fab 段和一个 Fc 段。Fab 即抗原结合片段（fragment of antigen binding），由一条完整的轻链和部分重链（V_H 和 C_H1）组成。一个 Fab 片段为单价，可与抗原结合，但不形成凝集反应或沉淀反应；Fc 片段即可结晶片段（crystallizable fragment），相当于 IgG 的 C_H2 和 C_H3 功能区，无抗原结合活性，是 Ig 与效应分子或细胞表面 Fc 受体相互作用的部位。

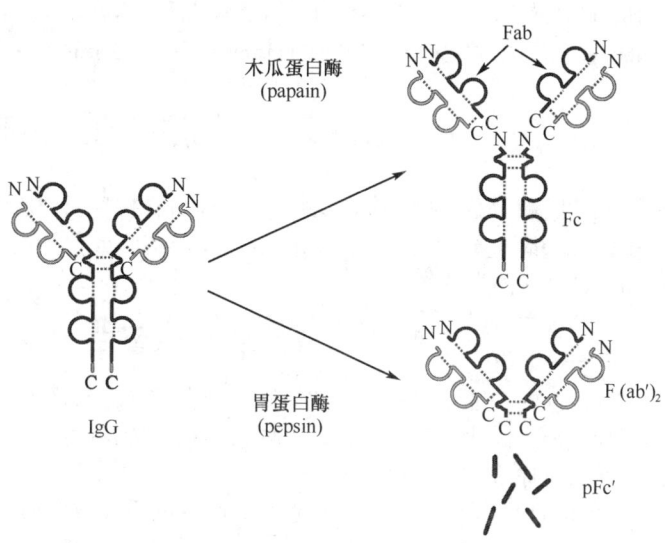

图 1-4-5　IgG 的水解片段示意图

胃蛋白酶（pepsin）作用于 IgG 铰链区两条重链间二硫键的近 C 端一侧，可将 Ig 水解为一个大片段 F(ab')$_2$ 和一些小片段 pFc'。F(ab')$_2$ 由两个 Fab 及铰链区组成，可同时结合两个抗原表位，为双价，能形成凝集反应或沉淀反应。pFc' 最终被降解，无生物学作用。如果利用 Ig（抗体）对细胞表面受体进行封闭，则可用其 F(ab')$_2$ 与受体抗原结合，而不需要 Fc 介导下游的效应。

第二节　免疫球蛋白的血清型

Ig 是蛋白质，具有免疫原性，在不同种属动物之间及同种异体动物之间甚至在自身体内都可作为抗原引起适应性免疫应答，产生相应抗体，这种免疫原性可用血清学方法测定和分析，故称其为 Ig 的血清型。根据 Ig 引起的是异种、同种异体还是自身性免疫应答，将 Ig 的分子分为三种不同的抗原表位，即同种型、同种异型和独特型抗原表位（图 1-4-6）。

1. 同种型（isotype）　指同一种属内所有个体的 Ig 分子共有的抗原特异性，不同的种属，其同种型抗原特异性不同。用同种型抗原免疫机体而产生的抗体可与同种属所有个体的同类 Ig 结合，但不能与其他种属个体的同类 Ig 结合。同种型抗原表位位于 Ig 分子的 C 区，表现在 Ig 的类、亚类、型和亚型上。

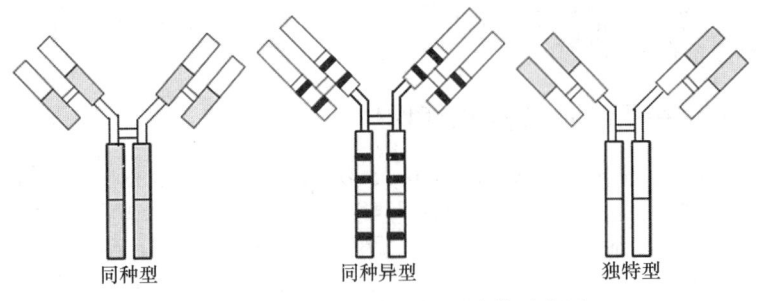

图 1-4-6 免疫球蛋白的抗原表位示意图

2. 同种异型（allotype） 指同一生物物种的不同个体间的 Ig 分子免疫原性的差异，其抗原表位广泛存在于 Ig 的 C 区，由同一基因座的不同等位基因所编码，均为共显性，如 IgG 的 Gm 因子、IgA 的 Am 因子、IgE 的 Em 因子、κ 型轻链的 Km 因子等。同种异型抗原为个体型标志。

3. 独特型（idiotype） 指同一个体内各 Ig 分子的 V 区具有的抗原特异性，这种抗原特异性主要由 V_L 和 V_H 中的高变区的氨基酸排列顺序和构型决定。不同 B 细胞克隆产生的 Ig 分子结合抗原的特异性不同，其独特型也各不相同。独特型的抗原表位称为独特位（idiotope），Ig 分子每一 Fab 段均含 5～6 个独特位。独特型不仅存在于分泌型 Ig 分子中，也存在于 B 细胞和 T 细胞的抗原受体（BCR 和 TCR）上。独特型在异种、同种异体，甚至在自体内也可引起特异性免疫应答，产生相应抗体，即抗独特型抗体（anti-idiotype antibody，AId）。独特型和抗独特型抗体构成了一个复杂的网络，对免疫应答的调节发挥着重要作用。

第三节　免疫球蛋白的主要功能

Ig V 区和 C 区各具不同的功能，V 区结合抗原，C 区结合其他免疫细胞或分子。V 区的功能不能达到清除抗原的目的，需 C 区诱导其他细胞或分子产生效应以清除抗原，但只有 V 区结合抗原后，C 区才能发挥作用。

一、免疫球蛋白 V 区的功能

Ig V 区的功能主要是特异性识别、结合抗原。V 区的 CDR 组成其特异性的抗原结合位点，可与相应抗原上的表位互补结合，这种结合具有特异性和可逆性。由于 Ig 有单体、二聚体和五聚体，故其结合抗原表位的数目不同。

BCR 的 V 区结合抗原，决定了识别该抗原表位的 B 细胞克隆可以活化，启动 B 细胞介导的免疫应答；抗体的 V 区在体内与病原体（如细菌、病毒）及其产物（如外毒素）结合后，发挥阻抑细菌黏附、中和病毒、中和毒素等免疫防御功能。抗体与抗原在体外结合可出现凝集、沉淀等反应，可用于免疫学检测。

二、免疫球蛋白 C 区的功能

1. **激活补体** IgG1～IgG3 和 IgM 与相应抗原结合后形成抗原抗体的复合物，导致抗体构型改变而使其 C_H2/C_H3 功能区内的补体结合点暴露，从而与补体 C1q 结合位点结合，激活补体经典途径。IgG4、IgA 和 IgE 的凝聚物可激活补体旁路途径。活化的补体产生多种生物学效应。

2. **结合细胞表面 Fc 受体** 不同类别 Ig 通过其 Fc 段与表面具有相应 Fc 受体的细胞结合，产生不同的生物学效应。

（1）调理作用（opsonization）：抗体和补体等调理素（opsonin）能够覆盖于细菌等颗粒性抗原表面，促进吞噬细胞对颗粒性抗原发挥吞噬作用，此即调理作用（图 1-4-7）。如 IgG 的 Fab 段与细菌抗原特异性结合，其 Fc 段与吞噬细胞表面的 Fc 受体结合，从而介导调理吞噬作用。

（2）抗体依赖细胞介导的细胞毒作用（antibody dependent cell mediated cytotoxicity，ADCC）：IgG 的 Fab 段与靶细胞（如肿瘤细胞、病毒感染的细胞）上相应抗原结合后，其 Fc 段与具有杀伤作用的效应细胞（如 NK 细胞、中性粒细胞）表面相应 Fc 受体结合，从而触发和增强效应细胞对靶细胞的杀伤作用（图 1-4-8）。

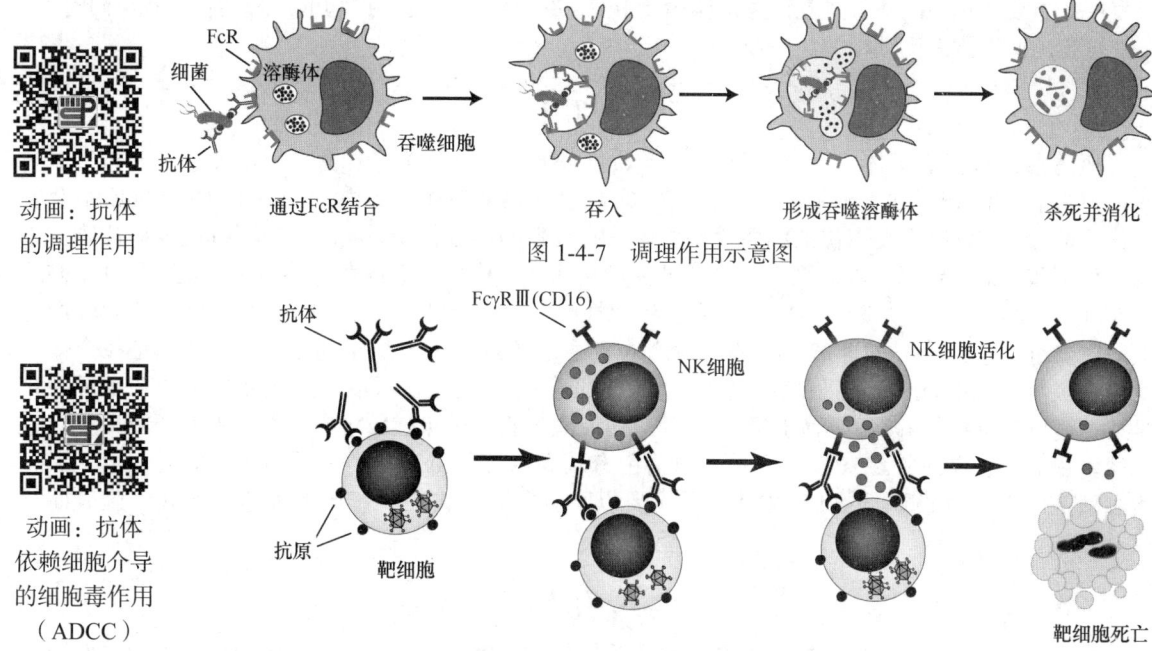

图 1-4-7 调理作用示意图

图 1-4-8 ADCC 作用示意图

(3) 介导 I 型超敏反应：IgE 的 Fc 段可与肥大细胞和嗜碱性粒细胞表面 IgE Fc 受体（FcεRI）高亲和力结合，使细胞致敏。若相同变应原再次进入机体，会立即与致敏细胞表面 IgE 特异性结合，使细胞脱颗粒，释放组胺等生物活性介质，引起 I 型超敏反应（详见本编第 15 章）。

3. 通过胎盘和黏膜　IgG 可选择性与胎盘母体一侧滋养层细胞表面的新生 Fc 受体（neonatal Fc receptor，FcRn）结合，转移入滋养层细胞内，通过细胞外排作用，进入胎儿血液循环中，使胎儿被动获得特异性免疫力。分泌型 IgA 通过其 Fc 段，与表达于黏膜上皮细胞基底面的多聚免疫球蛋白受体（poly- Ig receptor，pIgR）结合，黏膜上皮细胞通过转运小体将 IgA 转运到黏膜表面，此后 pIgR 裂解，其膜外区即 SP 仍然结合在 IgA 上，保护 IgA 不受黏膜表面的酶降解，从而发挥黏膜抗感染的免疫作用。

第四节　各类免疫球蛋白的特性和功能

免疫球蛋白分为五类。针对同一抗原表位的不同种类的 Ig 具有相同的可变区，即相同的抗原识别特异性，但具有不同的恒定区，诱导不同的免疫学效应。不同的 Ig 在体内含量、分子结构、主要功能等方面均不相同，显示出各自特征。

一、IgG

IgG 主要由脾脏、淋巴结中的浆细胞合成和分泌，以单体形式存在，人 IgG 有四个亚类（IgG1～IgG4）。个体出生后 3 个月开始合成，3～5 岁接近成年人水平，半衰期相对较长，为 20～30 天。IgG 是血清和胞外液中含量最高的 Ig 成分，分布于全身所有组织及体液（包括脑脊液）中，在血清和组织液中约各占 50%，在血清中约占总 Ig 的 75%。IgG 是机体抗感染的主要抗体，在抗感染过程中发挥主力作用，同时也是机体再次免疫应答产生的主要抗体。IgG 与外毒素结合能中和其毒性；IgG1～IgG3 与抗原形成免疫复合物，通过经典途径活化补体，发挥溶菌、溶细胞等作用；通过 Fc 段可与吞噬细胞、NK 细胞等表面的 FcR 结合，发挥调理作用及 ADCC 作用。IgG 是唯一能够通过胎盘的 Ig，形成新生儿的天然被动免疫，在新生儿抗感染免疫中起重要作用。此外，许多自身抗体属于 IgG，参与自身免疫性疾病的病理损伤过程。同时，IgG 与 Ⅱ、Ⅲ 型超敏反应相关。

二、IgM

血清中 IgM 是五聚体，为五类 Ig 中分子质量最大者，又称为巨球蛋白。IgM 主要分布于血液中，占血清总 Ig 的 5%～10%，具有较强的抗全身感染的作用。由于 IgM 有 10 个抗原结合位置，对大多数具有重复表位的细菌等病原体具有较强的结合作用，故属高效能抗微生物抗体。IgM 可中和毒素和病毒，具有强大的激活补体经典途径的作用，其溶菌、溶血及凝集作用比 IgG 高 500～1000 倍。人体缺乏 IgM 可能发生致死性败血症。IgM 是初次体液免疫应答早期阶段产生的主要 Ig，在感染早期即产生，所以检测 IgM 水平可用于传染病早期诊断。IgM 也是在个体发育中最早出现的抗体，胚胎晚期已能合成，且不能通过胎盘，所以新生儿脐带血中若出现针对某种病原微生物的 IgM，表示胚胎期有相应病原微生物的感染。IgM 参与 Ⅱ、Ⅲ 型超敏反应。巨球蛋白血症、系统性红斑狼疮等患者血清中有较高浓度的 IgM。类风湿因子、冷凝集素、天然血型抗体等也为 IgM。IgM 的单体分子主要以膜蛋白的形式在 B 细胞上表达，为 B 细胞表面的 BCR。

三、IgA

1. **血清型 IgA** 为单体结构，由在淋巴结活化并分化后进入骨髓的浆细胞合成，含量占血清总 Ig 的 10% 左右，半衰期为 5～6 天。其具有抗菌、抗毒素、抗病毒作用，对支原体和某些真菌可能也有作用。近年研究发现，IgA 与组织抗原具有特殊结合力，从而可消除进入循环中的此类抗原，防止其诱导炎症或自身免疫应答。

2. **分泌型 IgA**（secretory IgA，sIgA） 由呼吸道、消化道、泌尿生殖道等处黏膜固有层中浆细胞产生，主要存在于初乳、唾液、泪液、胃肠液、支气管分泌液等外分泌液中，是由 J 链连接形成的多聚体，但绝大部分为二聚体。其通过黏膜或浆膜上皮细胞向外分泌时，与上皮细胞所产生的 SP 连接成完整的 sIgA，释放到分泌液中。sIgA 能阻抑黏附、中和毒素和病毒、调理吞噬等，是机体黏膜防御感染的重要因素。sIgA 水平较低的幼儿呼吸道或消化道易被感染，老年性支气管炎也可能与呼吸道 sIgA 合成功能降低有关。产妇初乳中 sIgA 含量很高，新生儿可通过母乳喂养获得母体 sIgA，形成自然被动免疫。

四、IgD

人血清中 IgD 含量很低，不到血清总 Ig 的 1%，半衰期很短，仅 2.8 天。目前血清 IgD 功能尚不清楚。已知膜 IgD 为 B 细胞表面的 BCR，是 B 细胞发育分化成熟的重要标志。未成熟 B 细胞仅表达 mIgM，成熟 B 细胞同时表达 mIgM 与 mIgD，称为初始 B 细胞。B 细胞活化后其表面的 mIgD 逐渐消失。

五、IgE

IgE 主要由鼻咽部、扁桃体、支气管、胃肠等处黏膜固有层的浆细胞产生，血清中含量极低，仅占血清总 Ig 的 0.002%，但在过敏患者中 IgE 的水平可以升高数倍。IgE 在个体发育中合成较晚。IgE 具有很强的亲细胞性，其 C_H2 和 C_H3 可与肥大细胞、嗜碱性粒细胞表面高亲和力的 FcεR Ⅰ 结合，在一定条件下促使细胞脱颗粒释放生物活性介质，引起 Ⅰ 型超敏反应（详见本编第 15 章）。此外，IgE 与机体抗寄生虫免疫有关。

人各类 Ig 的主要理化性质和生物学功能见表 1-4-1。

表 1-4-1　人各类免疫球蛋白的主要理化性质和生物学功能

性质	IgM	IgD	IgG	IgA	IgE
重链	μ	δ	γ	α	ε
分子质量（kDa）	970	184	150	160	188
亚类数	无	无	4	2	无
其他成分	J 链	无	无	J 链，SP	无
主要存在形式	五聚体	单体	单体	单体/二聚体	单体
开始合成时间	胚胎后期	任何时间	出生后 3 个月	出生后 4~6 个月	较晚
血清含量（mg/ml）	0.7~1.7	0.03	9.5~12.5	1.5~2.6	0.0003
血清中半衰期（天）	10	3	23	6	2.5
抗原结合价	10	2	2	2，4	2
通过胎盘	−	−	+	−	−
调理作用	−	−	+	−	−
结合嗜碱性粒细胞	−	−	−	−	+
结合肥大细胞	−	−	−	−	+
结合 SPA	−	−	+	−	−
介导 ADCC	−	−	+	±	−
经典途径激活补体	+	−	+	−	−
旁路途径激活补体	−	−	IgG4+	IgA1+	+
免疫作用	初次应答反应 早期防御	B 细胞成熟标志	再次应答 抗感染	黏膜免疫	I 型超敏反应 抗寄生虫感染

第五节　抗体的人工制备

抗体在疾病诊断和免疫防治中发挥重要作用，人工制备抗体是获得大量抗体的重要途径。目前，人工制备的抗体有三大类，即多克隆抗体（polyclonal antibody）、单克隆抗体（monoclonal antibody，mAb）和基因工程抗体（genetic engineering antibody）。

一、多克隆抗体

在含多种抗原表位的抗原物质刺激下，体内多个 B 细胞克隆被激活并产生针对各种不同抗原表位的抗体，这种抗体混合物即为多克隆抗体。早年人工制备抗体的方法主要是以抗原免疫动物，从其血清中获得特异性抗体。由于天然抗原常含多种不同抗原表位，故其血清是含多种相应抗体混合物的多克隆抗体。

多克隆抗体多用于感染性疾病的预防、治疗及临床诊断，主要来源于动物免疫血清、恢复期患者血清或免疫接种人群。将这种含有多克隆抗体的抗血清输给其他个体，受者会产生短期的免疫力，这种方式称为被动免疫（passive immunity），在临床上可以快速中和患者体内的毒素，如破伤风毒素、白喉毒素、蛇毒等，发挥急救作用。多克隆抗体的特点是来源广泛、制备容易。缺点是特异性不高、易发生交叉反应，也不易大量制备，从而在应用上受到一定限制。

二、单克隆抗体

由单一 B 细胞克隆产生的、识别相应同一抗原表位的同源抗体，称为单克隆抗体。机体的一个 B 细胞克隆仅分泌一种抗体，多克隆抗体实际上是针对某一抗原的不同抗原表位产生的抗体混合物。如果能将这些分泌抗体的 B 细胞各个分开，就可以得到只分泌某一抗体的细胞，从而制备出抗原表位高度特异性的抗体。1975 年，Kohler 和 Milstein 建立了体外细胞融合技术，获得免疫小鼠脾细胞与恶性浆细胞瘤细胞融合的杂交瘤细胞,从而可以规模化制备高特异性、均质性的单克隆抗体。两人由此获得诺贝尔生理学或医学奖。

单克隆抗体技术的基本原理:将经抗原免疫后小鼠的脾细胞(含能分泌特异性抗体的 B 细胞,寿命短)与骨髓瘤细胞(不能产生抗体,但可无限增殖)在聚乙二醇(PEG)作用下进行细胞融合,由此形成的杂交细胞称为杂交瘤(hybridoma)。该杂交瘤细胞既有骨髓瘤细胞大量扩增和永生的特性,又具有 B 细胞合成和分泌特异性抗体的能力。每个杂交瘤细胞由一个 B 细胞与骨髓瘤细胞融合而成,而每个 B 细胞仅识别一种抗原表位,故经筛选和克隆化的每一杂交瘤细胞仅能合成及分泌一种同源抗体,这种由单一抗原表位特异性 B 细胞融合、筛选和克隆化获得的单克隆杂交瘤细胞所产生的同源抗体即为单克隆抗体。

单克隆抗体(mAb)的特点是纯度高、特异性强、效价高、少或无交叉反应、可大量生产,已广泛应用于生物医学各领域。例如,用于检测各种抗原,包括肿瘤抗原、细胞表面抗原及受体、激素、神经递质及细胞因子等活性物质;mAb 与放射性物质、抗癌药物或毒素偶联,用于肿瘤患者的肿瘤体内定位诊断和免疫导向治疗;应用抗 T 细胞的 mAb 可防治器官移植排斥反应等。其缺点在于目前用于临床的均为鼠源性 mAb,可引起超敏反应。

三、基因工程抗体

尽管单克隆抗体和多克隆抗体已被广泛应用,但由于动物源性的抗体对人而言为异种蛋白,在人体中直接应用会产生超敏反应。为解决这一问题,催生了自 20 世纪 80 年代开始的利用分子生物学技术的基因工程抗体。基因工程抗体是应用 DNA 重组和蛋白质工程技术,在基因水平上对 Ig 分子进行切割、拼接或修饰,重新组装而成的新型抗体。基因工程抗体既保留了单克隆抗体均一性及特异性高的优点,又赋予了其一些新功能或减少不良反应,在临床已用于治疗肿瘤、病毒性疾病、自身免疫病和某些神经系统疾病等。

迄今已成功构建的基因工程抗体有人鼠嵌合抗体、改型抗体、双特异性抗体、Fv 抗体、单链抗体、小分子抗体、噬菌体抗体和胞内抗体等。例如,将在人体内容易引起免疫应答的鼠源性单克隆抗体进行改造,减少其异种蛋白的成分,降低其免疫原性。一种比较简单的方法即为制备人鼠嵌合抗体(chimeric antibody),即将鼠源性抗体的 V 区与人抗体的 C 区融合而成的抗体,此类抗体保留了鼠源性抗体的特异性和亲和力,显著减少了其对人体的免疫原性,并可对抗体进行不同亚类的转换,从而产生特异性相同,但可介导不同效应的抗体分子。改型抗体(reshaping antibody)也称为人源化抗体(humanized antibody),是将鼠源性抗体 CDR 植入人源抗体的 V 区,取代人源抗体的 CDR 而重构的抗体,此类抗体分子中异源性蛋白质的含量较低,免疫原性比嵌合抗体显著减弱。小分子抗体(minimolecule antibody)是由 Fab 或 Fv(由 V_H 和 V_L 组成)或单一肽链构成的抗体,其大小仅为 IgG 分子的 1/12~1/3,免疫原性低,穿透能力强。双特异性抗体(bispecific antibodies,BsAbs)是一种独特的具有两个不同抗原结合位点的抗体。例如,将抗 CD3 抗体与肿瘤靶向抗体进行组合,所构建的双特异性抗体可招募 T 细胞接近肿瘤细胞,起到介导 T 细胞杀伤肿瘤细胞的作用。双特异性抗体已被评估为癌症、慢性炎症性疾病、自身免疫病、神经退行性变、出血性疾病和感染等多种疾病的潜在治疗方法。

(李 欣)

1. 试述免疫球蛋白的结构及其功能。
2. 试比较各类免疫球蛋白分子生物学特点的异同点。
3. 思考抗体在传染病的诊断和治疗中的可能应用。

第5章 补体系统

补体（complement，C）是存在于人和脊椎动物血清、组织液的一组经活化后具有酶活性的蛋白质。19世纪末，在研究免疫溶菌和免疫溶血反应中，认为补体是辅助特异性抗体溶菌作用的补充物质，故而得名。后发现它是由30余种可溶性蛋白和膜结合蛋白组成的、具有精密调控机制的蛋白质反应系统，被称为补体系统。

正常情况下，多数补体成分是以无活性的形式存在的。在某些激活物（如抗原抗体复合物、某些微生物成分及其他外源性和内源性物质）的参与下，补体蛋白依次被激活，其活化过程表现为一系列丝氨酸蛋白酶的级联酶解反应。补体活化产物广泛参与机体抗微生物防御反应和免疫调节，也可介导免疫病理反应，与多种疾病的发生和发展密切相关，是体内具有重要生物学作用的效应系统。

第一节 概 述

一、补体系统的组成和命名

1. **补体系统的组成** 补体系统由30余种成分组成，按其生物学功能可以分为三类。

（1）补体固有成分：是存在于血浆和体液中、参与补体激活（活化）级联反应的基本成分，包括经典激活途径的C1（C1q、C1r、C1s）、C4和C2，凝集素激活途径的甘露糖结合凝集素（MBL）、纤维胶原素（FCN）和某些MBL相关的丝氨酸蛋白酶，旁路激活途径的B因子和D因子，以及上述三条途径的共同组分C3，共同末端通路的C5、C6、C7、C8和C9。

（2）补体调节蛋白：包括可溶性调节蛋白，如C1抑制物、I因子、C4结合蛋白（C4bp）、H因子、S蛋白等；膜结合的调节蛋白，如膜辅助因子蛋白、促衰变因子、膜反应溶解抑制因子等，主要通过调节补体激活途径中的关键酶而调控补体的活化强度和范围。

（3）补体受体（CR）：是存在于不同细胞膜表面，介导补体活性片段或调节蛋白生物学效应的受体分子，包括CR1～CR5、C3aR、C5aR、C4aR等。

2. **补体系统的命名** 参与补体经典激活途径的固有成分，按其被发现的先后分别命名为C1（q、r、s）、C2～C9；参与补体旁路途径起始的成分以因子（英文大写字母）表示，如D因子、P因子、B因子；补体调节蛋白多按其功能命名，如C1抑制物、促衰变因子、C4结合蛋白等；补体活化后的裂解片段，以本成分的符号后附加小写英文字母，如C3a、C3b等，一般以a和b分别表示小片段和大片段（C2例外），同时有的b片段（如C4b）还可进一步裂解（如C4c、C4d）；具有酶活性的成分或复合物，可在其符号上画一横线表示，如$\overline{C4b2a}$；灭活的补体片段，在其符号前加英文字母i表示，如iC3b。

二、补体的生物合成

人类胚胎发育早期即可合成补体，出生后3～6个月达到成人水平。成人血清补体蛋白总量占血清总蛋白的5%～6%。补体蛋白可由体内多种组织细胞合成，出生后肝细胞和巨噬细胞是产生补体的主要细胞，约90%的血浆补体成分由肝脏合成。在感染、组织损伤急性期及炎症状态下，局部和血清补体水平升高，其机制可能为急性期促炎性细胞因子（如TNF-α、IL-1、IL-6等）促进肝细胞及局部浸润的单核吞噬细胞等补体基因的转录与表达。

三、补体的理化性质

补体成分均为球蛋白,大多为β球蛋白,少数为α球蛋白或γ球蛋白。血清中补体蛋白约占总球蛋白的10%,其中含量最高为C3,D因子含量最低。补体某些成分性质极不稳定,对热敏感,56℃ 30分钟即可灭活,室温下也易失去活性,用于检测或研究的补体标本应保存在-20℃以下。此外,紫外线照射、机械振荡或某些添加剂均可破坏补体。

第二节 补体系统的激活途径

生理情况下,血清中补体成分大多是以无活性的形式存在。只有在某些活化物的参与下或在特定的固相表面,补体各成分才依次被激活。被激活的前一组分,具备了裂解下一组分的活性,由此形成了一系列放大的级联反应,最终发挥溶细胞效应。在补体活化过程中同时可产生多种水解片段,它们共同参与了机体的炎症反应与免疫调节等。

补体的激活主要有三条途径,即经典途径、旁路途径和凝集素途径。在进化和发挥抗感染作用的过程中,最先出现或发挥作用的依次是旁路激活途径、凝集素激活途径,最后出现的是依赖抗体的经典激活途径。三条途径前期启动机制各异,但具有共同的末端通路(terminal pathway)。

一、经 典 途 径

补体活化的经典途径(classical pathway)主要是指由C1q与激活物(抗原抗体复合物)结合后,顺序活化C1r、C1s、C4、C2、C3,形成C3转化酶($\overline{C4b2a}$)与C5转化酶($\overline{C4b2a3b}$),从而启动补体活化的级联酶促反应过程。因该途径的激活有赖于特异性抗体的形成,故主要在感染的中晚期或抵抗病原体再次入侵时发挥作用。

1. **激活物与激活条件** 免疫复合物(immune complex,IC)是经典途径的主要激活物。C1与IC中抗体分子的Fc段结合是经典途径的始动环节,C1q分子有6个能与Ig分子上的补体结合位点结合的部位,每一个C1q分子必须同时与免疫复合物中两个以上Ig分子的Fc段(如IgM的C_H3区或IgG1、IgG2、IgG3的C_H2区)结合后才能活化。IgM分子为五聚体,含5个Fc段,故单个IgM分子即可激活C1q;而IgG是单体,与抗原结合后需要相邻两个或两个以上IgG分子与C1q分子桥联,才能活化C1q。此外,如肝素、多核苷酸等多聚分子,脂质体,C反应蛋白等也可激活经典途径,其意义尚不清楚。

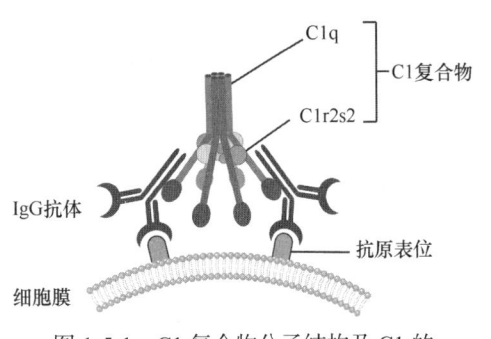

图1-5-1 C1复合物分子结构及C1的识别示意图

2. **激活过程** 参与经典激活途径的固有成分包括C1(C1q、C1r、C1s)、C2、C3、C4、C5~C9,整个激活过程可分为识别阶段、活化阶段和膜攻击阶段。

(1) 识别阶段:抗原和抗体结合后,抗体发生构象改变,其Fc段的补体结合部位暴露,C1q与之结合并被激活,即为补体激活的识别阶段。C1q为六聚体,其每一亚单位的头部是C1q与Ig结合的部位,C1r和C1s与C1q相连。当两个以上的C1q头部被IC中IgM或IgG Fc段的补体结合点结合后,C1q的分子构象即发生改变,导致C1r裂解而活化,后者可进而激活C1s,活化的C1s具有丝氨酸蛋白酶活性(图1-5-1)。

(2) 活化阶段:活化的C1s依次酶解C4、C2,形成具有酶活性的C3转化酶$\overline{C4b2a}$,后者进一步酶解C3并形成C5转化酶$\overline{C4b2a3b}$,即为经典途径的活化阶段。

在Mg^{2+}存在的情况下,$\overline{C1s}$将C4裂解为两个片段,小片段C4a释放入液相,大片段的C4b(仅5%左右)可与胞膜或IC共价结合,未结合的C4b在液相中很快被灭活。C2为丝氨酸蛋白酶原,血浆浓度很低,为补体活化级联酶促反应的限速成分。C2与固相的C4b有较高的亲和力,C2与C4b形成Mg^{2+}依赖性复合物,继而被$\overline{C1}$裂解,所产生的小片段C2b被释放入液相,而大片段C2a

可与C4b形成稳定的C4b2a复合物，此即经典途径C3转化酶。

C3的裂解是补体活化级联反应中的枢纽性步骤。C4b2a中的C4b可与C3结合，其中具有丝氨酸蛋白酶活性的C2a可水解C3形成C3a和C3b，前者释放入液相，10%左右的C3b分子可与细胞表面的C4b2a结合，形成C4b2a3b复合物，即经典途径的C5转化酶，继而进入补体激活的膜攻击阶段。

（3）膜攻击阶段：为膜攻击复合体（membrane attack complex，MAC）形成，引起细胞溶解的阶段。C5与C5转化酶中的C3b结合，继而被裂解成C5a和C5b。裂解产物C5a释放入液相，是重要的炎症介质；C5b仍结合在细胞表面，并可依次与C6、C7结合，形成C5b67复合物，插入胞膜脂质双层中。结合在膜上的C5b67可与C8结合形成C5b678，后者继而与12~15个C9分子（poly-C9）结合，并形成C5b6789n，即MAC。插入膜上的MAC可通过破坏局部磷脂双层而形成"渗漏斑"或形成穿膜的亲水性孔道。可溶性小分子物质、离子可自由透过细胞膜，从胞内释出，而蛋白质类大分子滞留在细胞内，大量水分子内流致使细胞渗透压改变，导致细胞肿胀破裂。此外，末端补体成分插入细胞膜，可使致死量钙离子被动地向胞内弥散，亦导致靶细胞死亡。经典激活途径的全过程见图1-5-2。

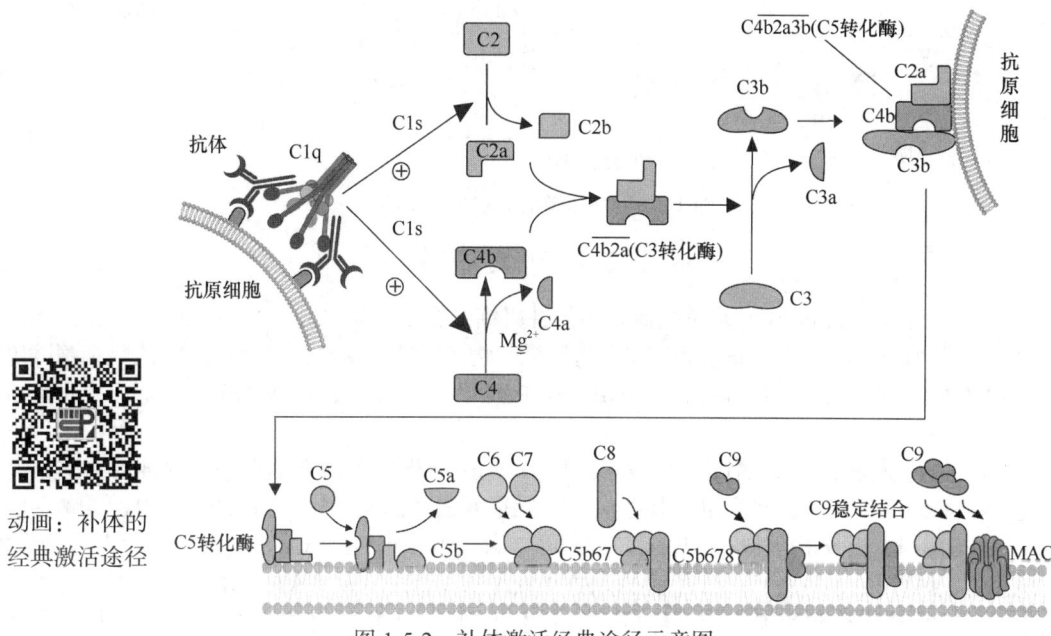

图1-5-2 补体激活经典途径示意图

二、旁路途径

补体激活的旁路途径（alternative pathway）是指在B因子、D因子、P因子等参与下，直接由微生物或其他激活物提供接触表面，从C3开始激活，形成C3与C5转化酶，激活补体级联酶促反应的活化途径。本激活方式不依赖于特异性抗体的形成，故在感染早期为机体提供了有效的防御机制，也是补体主要的效应放大机制。

1. *激活物* 主要是可为补体激活提供接触表面或保护性环境的成分，如某些细菌、内毒素、酵母多糖、葡聚糖、凝聚的IgG4和IgA等。

2. *激活过程* C3是启动旁路途径并参与后续级联反应的关键分子。正常情况下，体内可缓慢而持久地自发产生低水平的C3b。绝大多数C3b在液相中很快失活，少数C3b可与邻近颗粒表面分子形成共价键结合。若结合在自身细胞表面，C3b可被I因子、H因子、MCP等调节蛋白迅速灭活，并终止级联反应。反之，若与缺乏调节蛋白的微生物表面结合，则C3b可以Mg^{2+}依赖性方式与B因子结合。血清中D因子继而可将结合状态的B因子裂解成Ba和Bb。Ba释放入液相，Bb仍附着于C3b，形成C3bBb复合物，即旁路途径C3转化酶。若C3bBb与血清中备解素（P因子）结合形成C3bBbP，可进一步增强其稳定性。其中的Bb片段具有丝氨酸蛋白酶活性，催化产生更多的

C3b 分子，部分新生的 C3b 可再次激活旁路途径，形成更多的 C3 转化酶，从而构成了旁路途径的反馈性放大机制。部分新生的 C3b 沉积在颗粒表面并与C3bBb结合，进而形成C3bBb3b（或称为C3bnBb），即旁路途径 C5 转化酶，后者裂解 C5，引起与经典途径相同的膜攻击效应（图 1-5-3）。

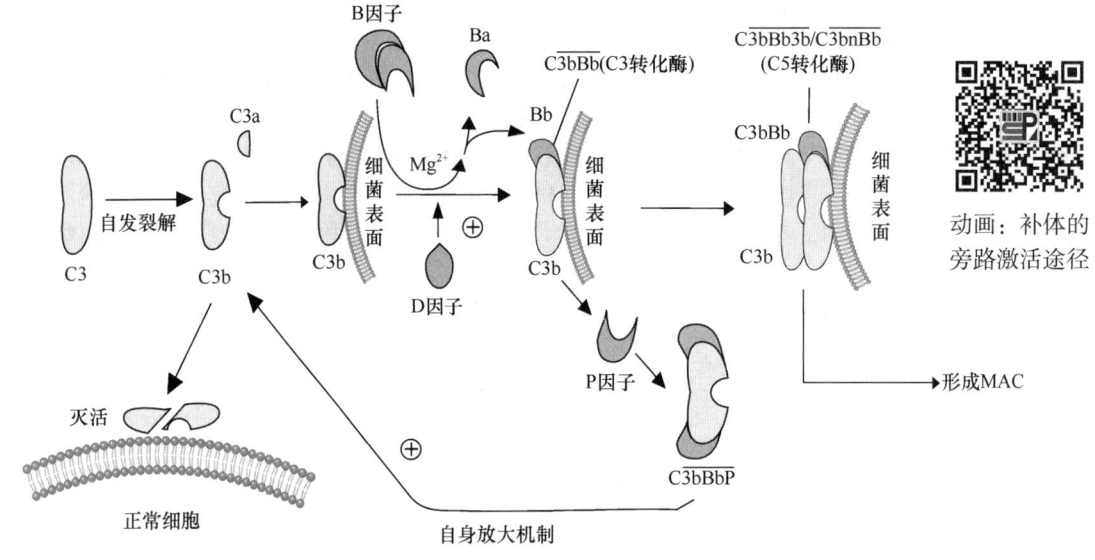

图 1-5-3　补体激活旁路途径示意图

三、凝集素途径

凝集素途径（lectin pathway）是指血浆中的甘露糖结合凝集素（mannose-binding lectin，MBL）及纤维胶原素（ficolin，FCN）直接识别多种病原微生物表面的甘露糖、岩藻糖、N-乙酰葡萄糖胺等残基，继而使 MBL 相关的丝氨酸蛋白酶（MBL-associated serine protease，MASP）活化，从而激活补体级联酶促反应。

表面表达特殊糖结构（以甘露糖、岩藻糖、N-乙酰葡糖胺等为末端糖基，脊椎动物中罕见）的病原体，如细菌、真菌、寄生虫和某些病毒为凝集素途径的激活物。血浆中的 MBL（属急性期蛋白）和 FCN 与 C1q 结构类似，MBL 和 FCN 可与病原体表面的特殊糖基结合，并发生构象改变，使 MASP-1 和 MASP-2 被激活。活化的 MASP-2 以类似于C1s的方式水解 C4 和 C2，形成 C3 转化酶C4b2a，后续补体级联酶促反应与经典途径基本相同。MASP-1 可直接裂解 C3，参与形成旁路途径的 C3 转化酶C3bBb，加强旁路途径的正反馈环路。但 MASP-1 的作用比 MASP-2 弱得多。凝集素激活途径对补体激活的经典途径及旁路途径均具有交叉促进效应。

除以上三条途径外，近年又发现了备解素途径和蛋白酶解途径。

补体三条激活途径及其特征比较见图 1-5-4 和表 1-5-1。

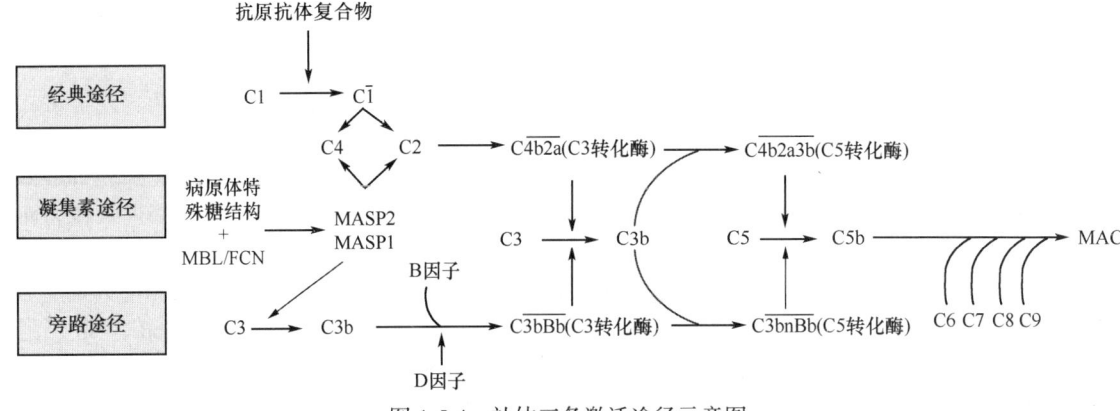

图 1-5-4　补体三条激活途径示意图

表 1-5-1　补体三条激活途径的特征比较

	经典途径	旁路途径	凝集素途径
主要激活物	抗原抗体复合物	某些细菌内毒素、真菌等	病原体表面特殊糖结构
起始成分	C1q	C3	MBL/FCN
参与补体成分	C1～C9	C3，C5～C9，B，D，P	MBL/FCN，MASP，C2～C9
C3 转化酶	$\overline{C4b2a}$	$\overline{C3bBb}$	$\overline{C4b2a}$，$\overline{C3bBb}$
C5 转化酶	$\overline{C4b2a3b}$	$\overline{C3bnBb}$	$\overline{C4b2a3b}$，$\overline{C3bnBb}$
作用	适应性体液免疫的效应机制	固有免疫的效应机制	固有免疫的效应机制
意义	感染后期或再次感染有抗体时发挥重要作用	感染早期或初次感染中发挥重要作用	感染早期或初次感染中发挥重要作用

第三节　补体激活的调节因素

机体对补体系统活化存在着精密的调控机制，严格控制补体激活的强度和持续时间，使其既能有效杀灭病原体，又能防止补体过度激活造成的消耗和自身损伤。

（一）补体固有成分的自身调节

补体固有成分在激活过程中产生的具有酶活性的片段极不稳定，成为级联酶促反应的重要自限性因素。例如，C3 转化酶、C5 转化酶若不与下游底物相结合，即发生衰变；只有与固相结合的 C4b、C3b 及 C5b 才能触发经典途径，而旁路途径 C3 转化酶则仅在特定的细胞或颗粒表面才具有稳定性，故人体血液循环中一般不会发生过强的自发性补体激活效应。

（二）补体调节蛋白的作用

体内存在多种补体调节蛋白，包括体液中的可溶性调节蛋白和细胞膜表面的膜结合调节蛋白。补体调节蛋白通过调控补体激活途径的关键环节（如 C3 转化酶、MAC 形成）而调控补体的活化。

1.可溶性调节蛋白

（1）C1 抑制物（C1-inhibitor，C1-INH）：C1-INH 与 C1 复合物结合，可防止 C1 自发性的活化；当 C1-INH 与活化的 C1r 及 C1s 牢固结合，则可抑制 C1r/C1s 的酶活性或使 C1s 灭活。此外，C1-INH 还可通过抑制 MASP 的活性，参与凝集素途径的调节。

（2）C4 结合蛋白（C4 binding protein，C4bp）：C4bp 与 C2a 竞争结合 C4b，抑制 C3 转化酶$\overline{C4b2a}$的组装，并可加速其分解。C4bp 还能促进 I 因子对 C4b 的蛋白水解作用。

（3）I 因子：具有丝氨酸蛋白酶活性，可将 C4b 降解为 C4c 和 C4d，而使其灭活；且在 H 因子、CR1 等的辅助下可将 C3b 裂解为无活性的 iC3b 和 C3f，iC3b 可进一步裂解形成 C3dg。

（4）H 因子：可竞争性抑制 B 因子或 Bb 与 C3b 的结合，抑制旁路途径 C3 转化酶$\overline{C3bBb}$的组装。

（5）P 因子：对旁路激活途径具有正调节作用。它与$\overline{C3bBb}$结合后发生构象改变，能使$\overline{C3bBb}$的半衰期延长 10 倍，加强 C3 转化酶裂解 C3 的效应。

2.膜结合调节蛋白

（1）补体受体 1（CR1）：CR1 与 C2a 竞争结合 C4b，抑制 C3 转化酶$\overline{C4b2a}$的组装，并可加速其分解；亦能促进 I 因子对 C4b 的蛋白水解作用。

（2）促衰变因子（decay accelerating factor，DAF，CD55）：DAF 可竞争性抑制 B 因子与 C3b 结合，阻止旁路途径 C3 转化酶的形成；同时，也可竞争性抑制 C2a 与 C4b 结合，阻止经典途径和凝集素途径 C3 转化酶的形成。

（3）膜辅助因子蛋白（membrane cofactor protein，MCP）：可与结合于细胞表面的 C3b/C4b 结合，协助 I 因子将 C3b/C4b 降解，抑制后续补体成分的活化。

（4）C8 结合蛋白（C8 binding protein，C8bp）和 CD59：C8bp 可干扰 C9 与 C8 结合；CD59 即膜反应性溶解抑制物（membrane inhibitor of reactive lysis，MIRL），也称为保护素（protectin），可阻碍 C7、C8 与 C5b6 结合，从而抑制 MAC 形成。

靶细胞与补体来源于同一种属时，补体溶细胞效应受到抑制，称为补体调节的同源限制（homologous restriction）。以上膜结合调节分子的效应均有严格的种属限制，广泛分布于机体多种组织细胞，是保护正常细胞免受自身补体所介导溶细胞反应的重要因子，称为同源限制因子（homologous restriction factor，HRF）。

第四节 补体的生物学作用及临床意义

补体具有多种生物学作用，不仅参与固有免疫，也参与适应性免疫；既参与机体的保护性免疫，也可能导致免疫病理损伤。

一、补体的生物学功能

1. 溶细胞、溶菌及抗病毒作用　亦称为细胞毒作用。补体激活后形成的 MAC，插入靶细胞膜磷脂双层，使细胞膜表面形成许多穿膜的亲水性通道，最终导致靶细胞溶解，发挥补体依赖的细胞毒作用（complement dependent cytotoxicity，CDC），包括溶解细胞、细菌（主要是革兰氏阴性菌）、有包膜的病毒等。此种效应是机体抗微生物感染和溶细胞的免疫病理损伤的重要机制。

2. 调理作用　C3b、C4b 和 iC3b 与细菌或其他颗粒结合，再通过与吞噬细胞表面相应的补体受体（CR1 和 CR3）结合，可促进吞噬细胞的吞噬作用，此为补体的调理作用，是补体抗细菌、抗真菌感染的最主要机制之一。

3. 引起炎症反应

（1）趋化作用（chemotaxis）：C3a、C5a 可吸引吞噬细胞向炎症部位移行、聚集，从而增强局部炎症反应，此即趋化作用。此外，趋化作用也加速了摄取了抗原的抗原提呈细胞向淋巴结的迁移，促进适应性免疫的发生。

（2）过敏毒素样作用：C3a、C5a 可激活肥大细胞、嗜碱性粒细胞脱颗粒，释放组胺等血管活性介质，引起毛细血管扩张、血管通透性增加，促进吞噬细胞等进入"肇事"局部组织，介导局部炎症反应。因高浓度时可诱导类似过敏性休克的反应，故被称为过敏毒素（anaphylatoxins）。

C3a、C5a 的其他效应机制还包括：引起器官平滑肌收缩；诱导血管内皮细胞表达黏附分子；C5a 还能增强吞噬细胞与血管内皮细胞的黏附，促进它们向异物存在部位移动，增强其吞噬能力以及促进吞噬细胞表达 CR1 和 CR3，加速对病原体的消灭。

4. 清除免疫复合物　循环的可溶性 IC 活化补体后，产生的 C3b 一端结合于复合物中抗体分子上，另一端通过与表达 CR1 和 CR3 的红细胞、血小板结合，经血液循环被带至肝脏、脾脏内，被吞噬细胞吞噬清除，此为免疫黏附（immune adherent）（图 1-5-5）。因表达 CR1 的红细胞数量众多，故红细胞为清除循环 IC 的主要参与者。

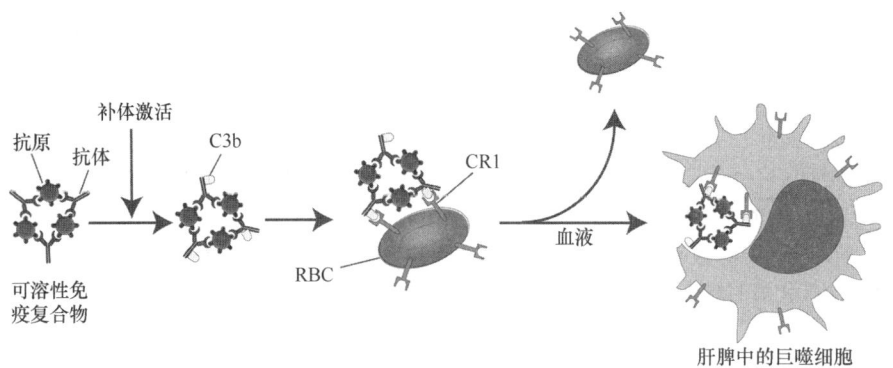

图 1-5-5　免疫黏附作用示意图

二、补体的生物学意义

1. **连接固有免疫与适应性免疫** 病原体侵入机体后,首先依赖固有免疫机制发挥抗感染效应,补体系统通过MBL途径或旁路途径识别病原体表面的成分而触发级联反应,产生的产物通过细胞毒作用、调理作用、炎症介质作用发挥抗感染能力;在抗体产生之后,补体系统经过经典途径活化,配合抗体发挥有效的抗感染机制。补体不仅参与固有免疫,也参与适应性免疫应答的各个环节,包括抗原提呈、免疫细胞的活化增殖及免疫效应的发挥等,所以补体是连接固有免疫和适应性免疫的桥梁。例如,经典途径将非特异的补体与特异的适应性免疫效应有机结合,成为体液免疫应答的重要效应机制。

2. **免疫自稳与免疫记忆** 多种补体成分可识别和结合凋亡细胞,并通过与吞噬细胞表面相应受体的相互作用而清除这些细胞,从而发挥免疫自稳作用。滤泡树突状细胞表面CR1和CR2可将IC固定于生发中心,从而诱生和维持记忆性B细胞。

3. **与其他酶系统相互作用** 补体与体内其他蛋白酶系统相互联系。例如,补体系统、凝血系统、纤溶系统和激肽系统的活化均有赖于多种成分级联的蛋白酶裂解作用,且均借助丝氨酸蛋白酶结构域发挥作用。上述四种系统的活化成分间存在交叉效应,如C1-INH不仅调节C1的酶活性,也可抑制激肽释放酶、血浆纤溶酶、凝血因子Ⅵ和凝血因子Ⅶ的活性。

三、补体系统异常与疾病

补体系统的异常包括先天性缺陷、补体含量的改变等,补体系统任一成分的异常均可能导致对某些疾病易感性增加或直接导致相应疾病的发生。

1. **补体成分先天性缺陷** 几乎所有补体系统的成分,包括补体固有成分、调节蛋白、补体受体都可能发生遗传缺陷。补体某些成分的缺陷,使补体不能激活,导致患者对病原体易感;或免疫复合物清除障碍,可诱发自身免疫病。补体调节蛋白发生缺陷,可使补体活化异常,导致相关疾病。例如,C1-INH缺乏导致遗传性血管神经性水肿,HRF缺陷者发生阵发性夜间血红蛋白尿(详见本编第17章)。

2. **补体含量改变** 人体补体含量基本稳定,但在多种急性感染引起的炎症及恶性肿瘤等疾病中,患者的C4、C3和C9水平常升高,比正常人高2~3倍。甲状腺炎、急性风湿热、心肌梗死等疾病亦可使补体总量升高。补体含量的下降既可由发生重型肝炎或肝硬化等疾病引起合成不足所致,也可因重症感染或发生Ⅱ型、Ⅲ型超敏反应,补体过度消耗而导致。补体含量的下降,可能导致反复发作、难以控制的感染。血清可溶性CR1(sCR1)水平的升高与机体某些重要脏器损害(如晚期肾衰竭、肝硬化等)的程度呈正相关。故补体的检测对某些临床疾病具有重要的诊断意义。

3. **补体相关疾病的防治** 对于遗传性补体缺陷可采用抗感染、纠正补体缺陷等措施;对于补体异常活化,近年来逐渐采用如C1-INH、CR1调控补体激活,用抗C5a抗体等抑制补体活化或相应补体片段的活性,用C5aR拮抗剂阻断相应受体活化等措施防治补体异常活化诱发的疾病。

(廖永翠)

1. 试述补体三条激活途径的特点。
2. 补体的生物学功能有哪些?
3. 当机体发生细菌感染时,先后通过哪些途径激活补体系统,补体系统如何发挥对感染细菌的清除作用?

第6章 细胞因子

细胞因子（cytokines，CK）是由免疫原、丝裂原或其他因子刺激多种机体细胞（免疫细胞、非免疫细胞）合成、分泌的具有生物学活性的小分子蛋白质。细胞因子为生物信息分子，具有非特异调节免疫应答和介导炎症反应、刺激造血、参与组织修复等多种功能，与人体多种生理和病理过程的发生和发展有关。因此，细胞因子在抗肿瘤、抗感染、抗排异反应、自身免疫病治疗以及恢复造血功能等方面具有良好的应用前景，是当今免疫学研究最为活跃的领域之一。

第一节 概　　述

1.细胞因子的分类和命名　目前，已发现300余种人类细胞因子，随着生物技术的飞速发展，新的细胞因子不断被发现，许多重组细胞因子也相继问世。

根据结构和功能，细胞因子可分为白细胞细胞介素、干扰素、肿瘤坏死因子超家族、集落刺激因子、生长因子和趋化性细胞因子等多种类型（见附录1）。

（1）白细胞介素（interleukin，IL）：简称白介素，最初是指来源于白细胞，并主要在白细胞间发挥作用的细胞因子。现已证实白介素也可由其他细胞产生，并可作用于其他细胞。目前已发现的白介素有30余种（IL-1～IL-39）。其生物学功能包括：促进免疫细胞生长、分化与增殖，调节免疫应答类型和强度，调控造血，诱导急性期反应，促进炎症反应等。

（2）干扰素（interferon，IFN）：因具有干扰病毒复制的作用而得名，是最早发现的细胞因子。根据来源和理化性质的不同，干扰素可分为Ⅰ型、Ⅱ型和Ⅲ型。Ⅰ型干扰素包括IFN-α、IFN-β、IFN-ω和IFN-κ等，Ⅱ型干扰素即IFN-γ，Ⅲ型干扰素为IFN-λ。其中，IFN-α、IFN-β、IFN-γ已被成功应用于临床某些疾病的治疗，有关这三种干扰素的产生细胞和功能见表1-6-1。干扰素主要具有抗病毒、抗肿瘤、免疫调节等生物学活性（表1-6-1）。

表1-6-1　干扰素的主要类型及其主要功能

名称	类型	主要产生细胞	主要功能
IFN-α	Ⅰ型干扰素	浆细胞样树突状细胞（pDC），单核/巨噬细胞，淋巴细胞	抗病毒，抗肿瘤，免疫调节，促进MHC分子表达
IFN-β	Ⅰ型干扰素	成纤维细胞	抗病毒，抗肿瘤，抗细胞增殖，免疫调节，促进MHC分子的表达
IFN-γ	Ⅱ型干扰素	活化T细胞，NK细胞	激活巨噬细胞，促进MHC分子表达和抗原提呈，诱导Th1细胞分化，抑制Th2细胞分化

（3）肿瘤坏死因子（tumor necrosis factor，TNF）超家族：因最初发现TNF能引起肿瘤的出血坏死而得名，其家族成员众多，既有分泌型，如TNF-α、TNF-β等；又有膜结合型，如CD40L、CD95L（FasL）等。其中，TNF-α主要由单核/巨噬细胞产生，激活的T细胞、NK细胞、肥大细胞、血管内皮细胞和星形胶质细胞等也可分泌。TNF-β又称为淋巴毒素（lymphotoxin，LT），主要由抗原激活的T细胞、NK细胞等产生。TNF具有极为广泛的生物学活性，可活化巨噬细胞、粒细胞、CTL，参与免疫应答，抗肿瘤，诱导炎症急性期反应，参与内毒素性休克，引起恶病质等。

（4）集落刺激因子（colony stimulating factor，CSF）：是一组能够刺激多能造血干细胞及不同发育分化阶段的造血干细胞增殖分化，并在半固体培养基中形成相应细胞集落的细胞因子。包括巨噬细胞 CSF（macrophage-CSF，M-CSF）、粒细胞 CSF（granulocyte-CSF，G-CSF）、粒细胞-巨噬细胞 CSF（GM-CSF）及干细胞因子（stem cell factor，SCF）、红细胞生成素（erythropoietin，EPO）、血小板生成素（thrombopoietin，TPO）等。另外，IL-3 因可刺激多谱系细胞集落形成，被称为多能集落刺激因子（multi-CSF）。

(5) 生长因子（growth factor，GF）：是具有刺激不同类型细胞生长和分化作用的细胞因子，包括转化生长因子-β（transforming growth factor，TGF-β）、神经生长因子（nerve growth factor，NGF）、表皮生长因子（epithelial growth factor，EGF）、成纤维细胞生长因子（fibroblast growth factor，FGF）、血小板源生长因子（platelet-derived growth factor，PDGF）、血管内皮细胞生长因子（vascular endothelial growth factor，VEGF）等。其中 TGF-β 具有很强的免疫抑制作用，可抑制多种免疫细胞（如造血干细胞、淋巴细胞、单核/巨噬细胞等）的增殖与功能。某些肿瘤细胞可分泌 TGF-β，是肿瘤免疫逃逸的机制之一。

(6) 趋化性细胞因子（chemokine）：是一类对不同靶细胞具有趋化效应的细胞因子家族，已发现 60 余个成员。根据其分子氨基端半胱氨酸（以 C 代表）的数目及其排列方式，可分为 C-X-C、C-C、C 和 C-X3-C 四个亚家族（X 代表半胱氨酸以外的其他氨基酸）。

趋化性细胞因子主要由白细胞及造血微环境中的基质细胞分泌，对多种细胞具有趋化和激活作用。如 IL-8（CXCL8）属 C-X-C 亚家族，对中性粒细胞具有趋化和激活作用；单核细胞趋化蛋白-1（monocyte chemoattractant protein-1，MCP-1，CCL2）和 T 细胞激活上调性表达分泌因子（regulated upon activation normal T expression and secretion，RANTES，CCL5）为 C-C 亚家族代表，主要对单核/巨噬细胞具有趋化和激活作用；淋巴细胞趋化蛋白（lymphotactin，XCL1）是 C 亚家族代表，对淋巴细胞具有趋化效应。

2. 细胞因子受体（cytokine receptor，CKR） 细胞因子需与靶细胞表面的相应受体结合才能发挥生物学功能。即细胞因子受体的细胞分布和表达影响着细胞因子的生物学效应。

细胞因子受体分子由胞膜外区、跨膜区和胞内区三部分构成。胞膜外区是识别结合细胞因子的部位，胞内区启动受体激活后的信号转导。

细胞因子受体根据其胞膜外区结构和信号转导途径分为以下家族：

(1) Ⅰ型 CKR 家族：该家族胞外区有 4 个保守半胱氨酸及色氨酸-丝氨酸-任一氨基酸-色氨酸-丝氨酸结构域（WSXWS）。包括 IL-2R、IL-3R、IL-5R、IL-7R、IL-9R、IL-12R、EPOR、G-CSFR、GM-CSFR 等。

(2) Ⅱ型 CKR 家族：该家族胞外区有 4 个保守半胱氨酸，但无 WSXWS。主要为各型干扰素受体和 IL-10R 等。

(3) Ⅲ型 CKR 家族（TNF 受体超家族）：这类受体有若干个由 40 个氨基酸组成的富含半胱氨酸的结构域。主要包括 TNF 受体、神经生长因子受体等。

(4) Ⅳ型 CKR 家族（免疫球蛋白超家族）：其胞外区有 1 个或多个 Ig 样结构域，包括 IL-1R、IL-6R、M-CSFR、SCFR 等。

(5) 趋化因子受体：为 G 蛋白偶联受体，含 7 个疏水性跨膜 α 螺旋结构，如 IL-8R（CXCR1）等。

细胞因子受体主要表达于细胞膜表面，在某些情况下（如受强免疫原等刺激），部分细胞因子受体可从膜表面脱落，游离于血液或组织液，即为可溶性细胞因子受体。它们仍可与相应细胞因子特异结合，与膜受体竞争，从而负向调节相应细胞因子的生物学作用。它们在体液中的水平多与某些疾病的发生、发展密切相关。

第二节　细胞因子的共同特性

绝大多数细胞因子是低分子质量（8～30kDa）的蛋白质或糖蛋白，以单体形式存在，少数细胞因子如 IFN-γ 以二聚体形式存在，TNF 呈三聚体。它们多数是以可溶性蛋白形式分布于体液和

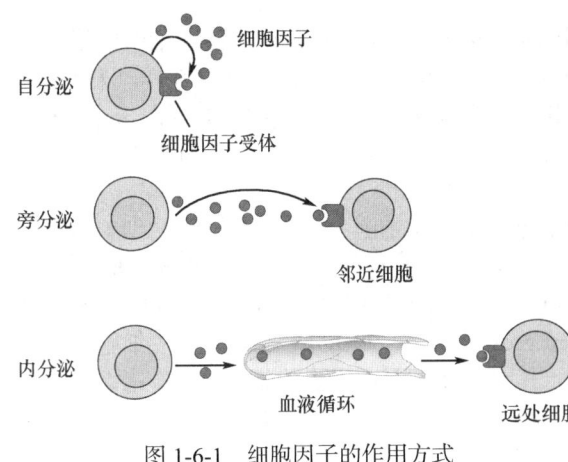

图 1-6-1 细胞因子的作用方式

组织间质中,通过结合细胞表面高亲和力受体发挥生物学效应。

从生物学效应看,各类细胞因子功能各异,但其作用存在许多共同特征。

1. **以自分泌、旁分泌或内分泌的形式发挥作用** 通常把作用于产生细胞本身的效应方式称为自分泌效应;作用于产生细胞旁邻细胞者称旁分泌效应。多数细胞因子可以自分泌、旁分泌形式在局部发挥作用,少数细胞因子在高浓度时也通过血液循环作用于远处细胞,称为内分泌效应(图 1-6-1)。细胞因子是免疫细胞间或免疫细胞与其他细胞间相互作用的主要信息分子。

2. **分泌的自限性和效应的短暂性** 活化细胞分泌细胞因子是短暂的自限过程,当细胞接收信号后,启动基因转录,合成并迅速分泌相应细胞因子;信号停止,合成即终止。同时细胞因子的半衰期又很短,故其效应是短暂性的。

3. **作用的高效性和多效性** 细胞因子与膜受体有极高亲和力,极微量(pmol/L)细胞因子即可发挥很强的生物学效应,此为高效性。多效性是指一种细胞因子可作用于多种细胞(因为一种细胞因子受体广泛地分布在多种细胞表面),引起多种生物学效应,如 IFN-γ 可使有核细胞 MHC Ⅰ 类分子表达增多,活化巨噬细胞,抑制 Th2 细胞。

4. **作用的复杂性**

(1)重叠性:不同细胞因子可能对同一种细胞产生相同或相似的生物学效应。如 IL-4、IL-5 和 IL-6 等都可促进 B 细胞分化。

(2)双向性:同一细胞因子,在不同微环境中或作用于不同靶细胞时,可能显示出完全相反的生物学效应。如 TGF-β 促进成纤维细胞增殖,但抑制多种免疫细胞的增殖。

(3)拮抗性和协同性:拮抗性表现为一种细胞因子可抑制其他细胞因子的功能,如 IL-4 抑制 IFN-γ 诱导 Th 细胞向 Th1 细胞分化。协同性则表现为一种细胞因子可增强另一细胞因子的功能,如 IL-3 可协同多种集落刺激因子刺激造血干细胞分化成熟。

(4)网络性:一种细胞因子不是单一地发挥作用,而是与其他细胞因子互相联系而发挥综合作用,众多细胞因子在体内相互促进或相互制约,形成十分复杂的细胞因子调节网络。细胞因子还可与激素、神经肽、神经递质共同组成复杂的细胞间信号分子系统,形成神经-内分泌-免疫网络,参与机体各系统间的调控。

细胞因子的表达及其效应的发挥受到多因素调节。细胞因子与靶细胞表面受体结合,通过激活胞内信号途径介导多种生物学效应。机体通过严密的机制调控细胞因子信号转导的强度和持续时间,以避免对机体造成损伤。如细胞因子信号通路的激活可诱导细胞因子信号转导抑制因子(suppressor of cytokine signaling,SOCS)表达,后者可负向调节细胞因子信号转导,形成负反馈调节环。另外,体内存在可溶性 CK 受体,其与相应 CK 结合阻止后者与靶细胞膜上相应受体的特异性结合,从而对相应 CK 的生物学作用呈现负向调节;在正常人体内存在着一些天然 CK 受体拮抗物,如 IL-1Ra(IL-1 受体拮抗剂),可与 IL-1R 结合,不转导信号,但可阻止 IL-1 与 IL-1R 结合,发挥负调节效应(图 1-6-2)。

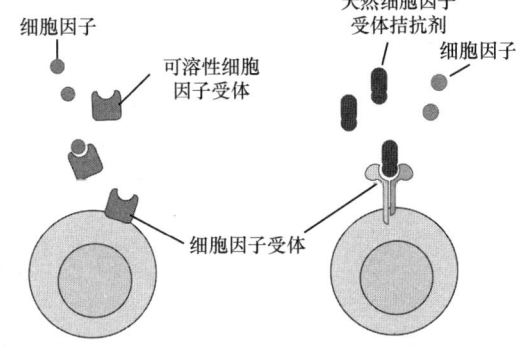

图 1-6-2 细胞因子生物学作用的抑制性调节

第三节　细胞因子的生物学作用与临床意义

（一）细胞因子的生物学作用

1. 刺激造血、促进免疫细胞分化发育　多种细胞因子（如 IL-3、GM-CSF、M-CSF、S-CSF、EPO 等）参与构成中枢免疫器官局部微环境，调控多能造血干细胞分化为不同谱系的成熟血细胞（包括免疫细胞），影响淋巴细胞的分化、发育（图 1-6-3）。

2. 介导固有免疫和炎症反应　细胞因子在机体抗感染的固有免疫机制中发挥重要作用。如细菌感染时，感染部位的巨噬细胞活化，释放的 IL-1、TNF-α、IL-6、IL-8 等可进一步激活血管内皮细胞，增加血管通透性，趋化中性粒细胞、单核细胞、淋巴细胞等进入感染部位，增强机体的吞噬杀菌等防卫功能。病毒感染可刺激机体细胞产生 IFN-α、IFN-β，作用于病毒感染细胞，使其产生抗病毒蛋白而抑制病毒的增殖。IFN 还可刺激病毒感染细胞表达 MHC I 类分子，提高其抗原提呈作用，有利于杀伤性 T 细胞的识别并对其杀伤。

IL-1、IL-6、IFN-γ、TNF-α 和趋化因子（如 CXCL8，CCL2）等，是炎症反应的关键因子。因它们能激活吞噬细胞，诱导血管内皮细胞表达黏附分子以及激活炎

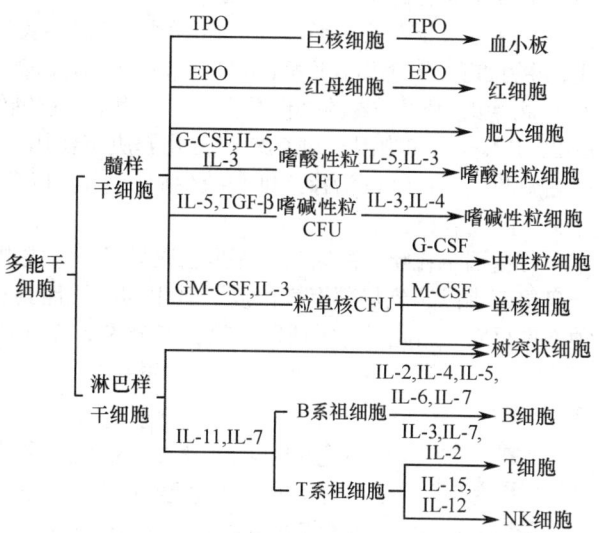

图 1-6-3　细胞因子在造血干细胞分化过程中的作用
CFU（colony forming unit），克隆形成单位

性细胞游走和增强其功能，故又称为促炎性细胞因子（proinflammatory cytokine）。不同的细胞因子可介导不同的炎症效应，如趋化性细胞因子可促进炎症细胞激活并向炎症灶集聚；IL-1、IL-6、TNF-α 等可促进肝脏产生如 MBL 等急性期蛋白（acute phase protein）；IL-1、IL-6、TNF 还是内源性致热原，可作用于体温调节中枢，引起发热。适当的促炎症反应有利于增强机体抵抗致病微生物的侵袭。但在细菌感染数小时后，如果细菌内毒素刺激巨噬细胞产生过量的 IL-1 和 TNF-α 则可能导致内毒素性休克。

3. 参与和调节适应性免疫应答　细胞因子是免疫细胞间的信号分子，不同种类细胞因子在免疫应答的不同阶段分别发挥促进或抑制作用。如 IFN 可诱导 APC 表达 MHC 分子，从而促进抗原提呈作用，而 IL-10 可抑制抗原提呈。IL-12、IFN-γ 可促进 $CD4^+Th$ 细胞向 Th1 分化，增强细胞免疫应答；IL-4 能促进 $CD4^+Th$ 细胞向 Th2 分化，并促使 B 细胞增殖、抗体产生，介导体液免疫应答；TGF-β 表现为抑制作用，对细胞免疫、体液免疫均有负调控效应。

4. 其他作用　多种细胞因子在组织损伤的修复中担负重要作用。如 VEGF 可促进血管和淋巴管的生成，TGF-β 刺激成纤维细胞和成骨细胞增殖，EGF 促进上皮细胞、成纤维细胞和内皮细胞增殖，均有利于皮肤溃疡和创伤的愈合。此外，细胞因子还可作用于神经-内分泌系统，传递相关信息，调节神经-内分泌系统的功能。如 IL-1、IL-6、TNF-α 可通过下丘脑-垂体-肾上腺轴刺激皮质激素合成。

（二）细胞因子与临床

1. 细胞因子与疾病的发生　细胞因子参与许多疾病尤其是免疫相关疾病的发生发展。如 IL-4 可诱导 IgE 的产生，IFN-γ 则可抑制 IL-4 对 IgE 的诱生作用。IL-4 分泌过度和（或）IFN-γ 产生不

足可能是诱导 I 型超敏反应的重要因素。TNF、IL-1、IL-6、IFN-γ 等均参与某些自身免疫病的发病过程。在病原体、癌症、自身免疫性疾病以及某些免疫疗法等因素刺激下，机体在短期内分泌大量的细胞因子，引发全身炎症反应综合征以及继发多器官功能障碍甚至死亡，这一现象被称为细胞因子风暴（cytokine storm）。在病毒感染性疾病中，如禽流感、SARS、MERS 和 COVID-19 等，均有细胞因子风暴发生。目前认为，参与细胞因子风暴的免疫细胞主要有中性粒细胞、巨噬细胞、NK 细胞和活化的 T 细胞等，起关键作用的细胞因子是 IL-1、IL-6、IL-18、TNF 和 IFN-γ 等。针对 IFN-γ 和 IL-6 的单克隆抗体依帕伐单抗（emapalumab）、西妥昔单抗（siltuximab）已获批用于治疗某些发生细胞因子风暴的疾病。

2. 细胞因子与疾病的治疗　细胞因子及其相关制剂作为新型免疫治疗剂已有多种获准临床应用，举例如下。①感染性疾病：IFN 已被用于病毒性感染如乙型肝炎、丙型肝炎、尖锐湿疣等的治疗。②肿瘤：细胞因子诱导的杀伤细胞（CIK）为临床过继细胞免疫治疗的主要方法。在体外诱导过程中，IL-2、IFN-γ 等细胞因子对 CIK 的分化起决定作用。③血细胞减少症：用 GM-CSF 和 G-CSF 治疗白细胞减少症；EPO 治疗红细胞减少症。④自身免疫性疾病：TNF-α 单克隆抗体、IL-1Ra 用于治疗类风湿关节炎。

细胞因子在疾病的防治方面虽已取得了一定成果，但仍存在诸多问题，如细胞因子半衰期短，全身给药难以达到局部有效浓度；其生物学活性具有非特异性，并存在网络性效应，可能诱发多种不良反应。因此，急需研制有效、安全的新型细胞因子治疗药物。

（彭桂英）

1. 试述细胞因子的概念以及细胞因子发挥效应有哪些特征。
2. 结合第 11 章固有免疫应答，思考参与固有免疫应答的细胞因子有哪些作用。
3. 何谓细胞因子风暴？已知哪些疾病中可发生细胞因子风暴？可能的治疗策略有哪些？

第 7 章 白细胞分化抗原与黏附分子

免疫应答过程有赖于免疫系统中细胞间的相互作用，免疫细胞之间相互识别及传递信息的物质基础是细胞膜分子。细胞膜分子又称为细胞表面标记，包括细胞表面多种抗原、受体及其他分子。白细胞分化抗原及黏附分子是两类重要的细胞膜分子。

第一节 白细胞分化抗原

白细胞分化抗原（leukocyte differentiation antigen，LDA）是指不同谱系（lineage）白细胞在分化成熟的不同阶段及活化过程中，出现或消失的细胞表面标记分子。LDA 除表达在白细胞表面之外，还表达在红细胞系、巨核细胞/血小板谱系及非造血细胞（如血管内皮细胞、成纤维细胞、上皮细胞等）表面。LDA 大都是跨膜的蛋白质或糖蛋白，含胞膜外区、跨膜区和胞质区。

1982 年起，人们应用以单克隆抗体鉴定为主的方法，将来自不同实验室的单克隆抗体所识别的同一白细胞分化抗原归为一个分化群（cluster of differentiation，CD）。人类 CD 的序号已从 CD1 命名至 CD371，它们广泛参与细胞的分化、发育、成熟、迁移和激活。同时，白细胞分化抗原的改变还与某些疾病的发生、发展有关。本章仅简单介绍与免疫细胞识别、活化及效应有关的 CD 分子，详见本教材相关章节。

一、T 细胞表面与其识别和活化有关的主要 CD 分子

T 细胞对抗原的识别和活化依赖于 T 细胞与 APC、T 细胞与靶细胞间的相互作用和信号转导，T 细胞表面 CD 分子是 T 细胞与其他细胞间作用及进行信号转导的分子基础（表 1-7-1）。

表 1-7-1　T 细胞表面与其识别和活化有关的主要 CD 分子

CD 分子	功能
CD2	即 LFA-2，与 LFA-3（CD58）结合，参与 T 细胞黏附与活化
CD3	与 TCR 形成 TCR-CD3 复合物，转导 TCR 识别抗原产生的活化信号
CD4	TCR 识别抗原的共受体，与 MHC Ⅱ类分子结合，介导黏附和辅助 TCR 识别抗原的信号转导，为 HIV 受体
CD8	TCR 识别抗原的共受体，与 MHC Ⅰ类分子结合，介导黏附和辅助 TCR 识别抗原的信号转导
CD28	与 CD80 或 CD86 结合，提供 T 细胞活化的共刺激信号
CD45	酪氨酸磷酸酶（PTP），调节信号转导，在 TCR 介导的细胞活化中有重要作用
CD58	即 LFA-3，与 CD2（LFA-2）结合，参与 T 细胞黏附与活化
CD152	即 CTLA-4，与 CD80 或 CD86 结合使其封闭、阻断其与 CD28 结合产生的共刺激信号，负调节 T 细胞应答

注：LFA-2，淋巴细胞相关功能抗原 2（lymphocyte function associated antigen 2）；LFA-3，淋巴细胞相关功能抗原 3（lymphocyte function associated antigen 3）；CTLA-4，细胞毒性 T 细胞抗原 4（cytotoxic T lymphocyte antigen 4）。

二、B 细胞表面与其识别和活化有关的主要 CD 分子

B 细胞的活化依赖于抗原、B 细胞及 T 细胞间的相互作用和信号转导，B 细胞表面 CD 分子是其识别抗原、转导信号及与 T 细胞相互作用的分子基础（表 1-7-2）。

表 1-7-2 B 细胞表面与其识别和活化有关的主要 CD 分子

CD 分子	功能
CD79a/ CD79b	又称为 Igα/ Igβ，与 BCR 结合形成 BCR 复合物，转导 BCR 识别抗原产生的活化信号
CD19/CD21/CD81	形成复合物，为 B 细胞活化的共受体，CD21 识别抗原上的 C3d，使 BCR 与共受体靠近，CD19 传递活化信号；CD21 为 EB 病毒受体，CD81 为 HCV 受体
CD20	Ca^{2+} 通道，调节 B 细胞活化和增殖
CD22	与 CD45RO（CD45 的一种变构体）、CD75 结合，介导 B-B、T-B 细胞相互作用，调节 B 细胞活化
CD40	与活化的 $CD4^+$T 细胞的 CD154（CD40L）结合，介导 T-B 细胞相互作用，提供 B 细胞活化的协同刺激信号
CD45	PTP，调节信号转导，在 BCR 介导的细胞活化中有重要作用

三、参与免疫效应的主要 CD 分子

此类 CD 分子包括凋亡相关分子、免疫球蛋白 Fc 受体、补体受体、细胞因子受体等参与免疫效应的分子。本章主要介绍前两类（表 1-7-3）。

表 1-7-3 参与免疫效应的主要 CD 分子

CD 分子	功能
构成 IgFc 受体的 CD 分子	
CD64（FcγⅠ）	高亲和力 IgG-FcR，主要表达于单核/巨噬细胞及 DC，可介导 ADCC，促进吞噬细胞吞噬及释放促炎性细胞因子（IL-1、IL-6、TNF-α 等）
CD32（FcγⅡ）	低亲和力 IgG-FcR，主要表达于单核/巨噬细胞、粒细胞、B 细胞及 DC，促进吞噬细胞吞噬和氧化性呼吸爆发，反馈性抑制 B 细胞活化（FcγⅡB）
CD16（FcγⅢ）	低亲和力 IgG-FcR，主要表达于 NK 细胞、吞噬细胞，促进吞噬和介导 ADCC 作用
CD89（FcαR）	中亲和力 IgA-FcR，主要表达于外周血和黏膜组织中的吞噬细胞，促进吞噬和介导 ADCC 作用
FcεRⅠ	高亲和力 IgE-FcR，主要表达于肥大细胞、嗜碱性粒细胞和部分嗜酸性粒细胞，可介导Ⅰ型超敏反应
CD23（FcεRⅡ）	低亲和力 IgE-FcR，主要表达于 B 细胞、嗜酸性粒细胞、单核/巨噬细胞，与 IgE 或 IgE-抗原复合物结合，可抑制 B 细胞合成 IgE；可溶性 CD23 与 B 细胞 CD21 结合可促进 IgE 的合成
细胞凋亡相关 CD 分子	
CD95（Fas）	又称为 APO-1，广泛表达于多种细胞，为重要的死亡受体，与配体 FasL 结合后，可启动致死性信号转导，使细胞凋亡
CD178（FasL）	Fas 配体，主要表达于活化的 T 细胞（特别是活化的 CTL）和 NK 细胞。FasL 与靶细胞表面 Fas 结合，可诱导靶细胞凋亡，在淋巴细胞分化发育、增殖、细胞毒效应、免疫调节中起重要作用；还参与移植排斥、肿瘤、自身免疫病等免疫病理过程

第二节 黏附分子

黏附分子（adhesion molecules，AM）是介导细胞间或细胞与细胞外基质（extracellular matrix，ECM）间相互接触和结合的分子的统称，多以跨膜糖蛋白形式广泛分布于几乎所有的细胞表面，亦可从细胞表面脱落至体液中，成为可溶性分子。它们以受体-配体结合的形式发挥黏附作用，参与细胞的识别、信号转导及活化，细胞的增殖分化、伸展与移动等，是免疫应答、炎症反应、肿瘤转移、创伤修复以及凝血和血栓形成等生理病理过程的分子基础。

一、黏附分子的分类

黏附分子根据其结构特点可分为整合素家族、选择素家族、免疫球蛋白超家族、黏蛋白样家族、钙黏素家族。此外，有某些尚未归类的黏附分子，如 CD44、CD36 等。大部分 CD 分子也属于黏附分子。

1. 整合素家族（integrin family） 是一组细胞表面的糖蛋白，可介导细胞与细胞外基质的黏附，因能使细胞附着形成整体而得名。整合素家族成员由 α、β 两条链（亚单位）经非共价键连接组成

异源二聚体，目前至少发现有 18 种 α 亚单位和 8 种 β 亚单位。按 β 亚单位的不同将现有的整合素分为 8 组（β1～β8），每组中 β 亚单位相同，而 α 亚单位不同。

整合素家族成员分布广泛，一种整合素可分布于多种细胞，同一种细胞可表达多种整合素。整合素家族可通过介导细胞与 ECM 的相互黏附，参与细胞活化、增殖、分化、吞噬与炎症形成等多种功能（表 1-7-4）。

表 1-7-4　整合素家族 β1、β2、β3 组成员举例

分组	名称	α/β 亚单位	分布	配体	功能
VLA 组（β1 组）	VLA-4	α4/β1（CD49d/CD29）	L, Thy, Mo, Eos	FN, VCAM-1, MadCAM-1	参与免疫细胞黏附，为 T 细胞活化提供协同刺激信号
白细胞黏附受体组（β2 组）	LFA-1	αL/β2（CD11a/CD18）	L, My	ICAM-1, ICAM-2, ICAM-3	参与淋巴细胞再循环和炎症，为 T 细胞活化提供协同刺激信号
	Mac-1/CR3	αM/β2（CD11b/CD18）	NK, My	iC3b, Fg, ICAM-1	参与免疫细胞黏附、炎症和调理吞噬
血小板糖蛋白组（β3 组）	gpⅡbⅢa	αⅡbβ3（CD41/CD61）	Pt, En, Meg	Fg, FN, vWF, TSP	参与血小板活化和凝集

注：En，内皮细胞；Eos，嗜酸性粒细胞；Fg，血纤维蛋白原；FN，纤连蛋白；ICAM，细胞间黏附分子；L，淋巴细胞；MadCAM-1，黏附地址素细胞黏附分子-1；Meg，巨核细胞；Mo，单核细胞；My，髓样细胞；NK，自然杀伤细胞；Pt，血小板；Thy，胸腺细胞；TSP，血小板反应蛋白；VCAM-1，血管细胞黏附分子-1；VLA，迟现的抗原；vWF，冯·维勒布兰德因子。

2. **选择素家族（selectin family）**　均为单链分子，包括 L-选择素（CD62L）、P-选择素（CD62P）和 E-选择素（CD62E）。L、P 和 E 分别表示白细胞、血小板和内皮细胞，是最初发现表达相应选择素的细胞。选择素配体均为寡糖基团，主要是唾液酸化的路易斯寡糖（CD15s）或类似结构分子，主要表达于白细胞、血小板、血管内皮细胞和某些肿瘤细胞表面。选择素家族能使淋巴细胞和其他白细胞与血管内皮细胞发生黏附，影响白细胞的定居、迁移和分布及炎症的发生（表 1-7-5）。

表 1-7-5　选择素家族成员的分布、配体和功能

选择素	分布	配体	功能
L-selectin（CD62L）	PMN、单核细胞、淋巴细胞	CD15s（sLe^x）、MadCAM-1、CD34、GlyCAM-1、PSGL-1	白细胞与内皮细胞的黏附，参与炎症发生、淋巴细胞归巢
P-selectin（CD62P）	血小板、巨核细胞、活化内皮细胞	CD15s（sLe^x）、CD15、PSGL-1	白细胞与血小板和内皮细胞的黏附
E-selectin（CD62E）	活化内皮细胞	CD15s（sLe^x）、PSGL-1、CLA、ESL-1	白细胞与内皮细胞的黏附，向炎症部位游走，肿瘤细胞迁移

注：CLA，皮肤淋巴细胞相关抗原；ESL-1，选择素配体-1；PMN，多形核中性粒细胞；PSGL-1，选择素糖蛋白配体-1；sLe^x，唾液酸化的路易斯寡糖；GlyCAM-1，糖酰化依赖的细胞黏附分子-1；MadCAM-1，黏附地址素细胞黏附分子-1。

3. **免疫球蛋白超家族（immunoglobulin superfamily，IgSF）**　是具有类似于 Ig V 区或 C 区折叠结构、其氨基酸组成也与 Ig 有一定同源性的黏附分子。IgSF 种类多，分布广泛，功能多样，其配体主要是细胞表面的各种黏附分子，主要介导 T 细胞-B 细胞、T 细胞-APC/靶细胞间的相互识别与作用。免疫球蛋白超家族成员主要有抗原特异性受体（TCR 和 BCR）、MHC Ⅰ类分子、MHC Ⅱ类分子、LFA-2（CD2）、LFA-3（CD58）、CD4、CD8、CD28、B7-1（CD80）、B7-2（CD86）、CD152（CTLA-4）、细胞间黏附分子 1～3（ICAM-1～ICAM-3）、血管细胞黏附分子 1（VCAM-1）、黏膜地址素细胞黏附分子-1（MadCAM-1）、血小板内皮细胞黏附分子 1（PECAM-1，CD31）、神经细胞黏附分子（NCAM，CD56）、免疫球蛋白超家族 NK 细胞受体（IgSF-NKR）等。

详见本教材相关章节。

4. 黏蛋白样家族（mucin-like family） 为一组富含丝氨酸和苏氨酸的糖蛋白，包括 CD34、糖酰化依赖的细胞黏附分子-1（GlyCAM-1）和选择素糖蛋白配体-1（PSGL-1）三个成员，它们的膜外区均可为选择素提供唾液酸化的糖基配位，可与选择素结合。

CD34 主要分布于造血干细胞和某些淋巴结的内皮细胞表面，为 L-选择素的配体，参与调控早期造血和介导淋巴细胞归巢；GlyCAM-1 表达于某些淋巴结的内皮细胞表面，亦为 L 选择素的配体；PSGL-1 主要分布于中性粒细胞（PMN）表面，是 E-选择素和 P-选择素的配体，介导 PMN 向炎症部位迁移。

5. 钙黏素家族（cadherin family） 又称为钙黏蛋白家族，是一类钙离子依赖的黏附分子。多数钙黏素膜外区结构相似，主要介导相同分子的相互黏附，即同型黏附作用。目前已发现 20 多个成员，在体内有各自独特的分布，可随细胞生长、发育状态不同而改变。其中，上皮、神经、胚胎相关钙黏素（依次称为 E-cadherin、N-cadherin、P-cadherin）与免疫学关系密切，在调节胚胎形态发育、实体组织形成与维持中具有重要作用。另外，肿瘤细胞的钙黏素表达的改变与肿瘤细胞浸润和转移有关。

6. 未分类黏附分子 皮肤淋巴细胞相关抗原（CLA）、外周淋巴结地址素（PNAd）、CD44 等为尚未归类的黏附分子，参与炎症反应及介导淋巴细胞归巢。其中，CD44 分布广泛，其配体为透明质酸、FN、胶原蛋白等，除有上述作用外，还参与肿瘤浸润与转移。

二、黏附分子的生物学作用

黏附分子参与机体多种重要的生理功能和病理过程，以下仅举例简要加以介绍。

1. 参与免疫细胞的发育和分化 T 细胞在胸腺的发育成熟需依赖与胸腺基质细胞的相互作用，其过程涉及多种黏附分子。例如，T 细胞表面 CD4、CD8 分别与胸腺基质细胞表面 MHC Ⅱ类、MHC Ⅰ类分子间的相互作用对 T 细胞的发育成熟起到了重要作用。

2. 参与免疫应答和免疫调节 T 细胞、B 细胞在接受抗原刺激时，还有赖于部分黏附分子作为辅助受体为其提供辅助活化信号才能被活化。如通过配体-受体的结合（CD4/MHC Ⅱ类分子、CD8/MHC Ⅰ类分子、CD28/CD80 或 CD86、LFA-1/ICAM-1 等）为 T 细胞活化提供共刺激信号，促进 T 细胞活化。而活化的 T 细胞又可利用 CD40/CD40L、LFA-1/ICAM-1 等黏附分子与 B 细胞紧密结合，向 B 细胞提供活化信号。

3. 参与淋巴细胞归巢 淋巴细胞归巢（lymphocyte homing）是淋巴细胞的定向游动，包括淋巴干细胞向中枢淋巴器官的归巢、成熟淋巴细胞向外周淋巴器官的归巢，以及淋巴细胞向炎症部位的迁移等。其分子基础是淋巴细胞表面的淋巴细胞归巢受体（lymphocyte homing receptor, LHR）与血管内皮细胞上相应地址素（addressin）黏附分子的相互作用，如淋巴细胞向淋巴结归巢就是通过二者介导淋巴细胞黏附并穿越淋巴结高内皮小静脉（HEV）管壁回归至淋巴结。LHR 有 LFA-1、L-选择素、CD44 等，地址素有外周淋巴细胞地址素（PNAd）、黏膜地址素黏附分子-1（MadCAM-1）、ICAM-1、ICAM-2 等。

4. 参与炎症反应 白细胞通过黏附分子与血管内皮细胞黏附，继而穿越血管内皮细胞向血管外渗出，是炎症过程的关键环节之一。以中性粒细胞（PMN）为例，在炎症发生初期，微生物激活的巨噬细胞分泌 TNF、IL-1 等细胞因子，激活血管内皮细胞表达选择素，PMN 表面的唾液酸化的路易斯寡糖与血管内皮细胞表面 E 选择素相互作用，介导了 PMN 沿血管壁的滚动和最初的结合；继而，在趋化因子（如 C5a、IL-8）作用下，中性粒细胞表面 LFA-1 和 Mac-1 等整合素分子表达上调且亲和力增强，与内皮细胞上由促炎因子诱导表达的 ICAM-1 结合，促进了中性粒细胞与内皮细胞紧密黏附，使之穿出内皮细胞而迁移到炎症部位（图 1-7-1）。

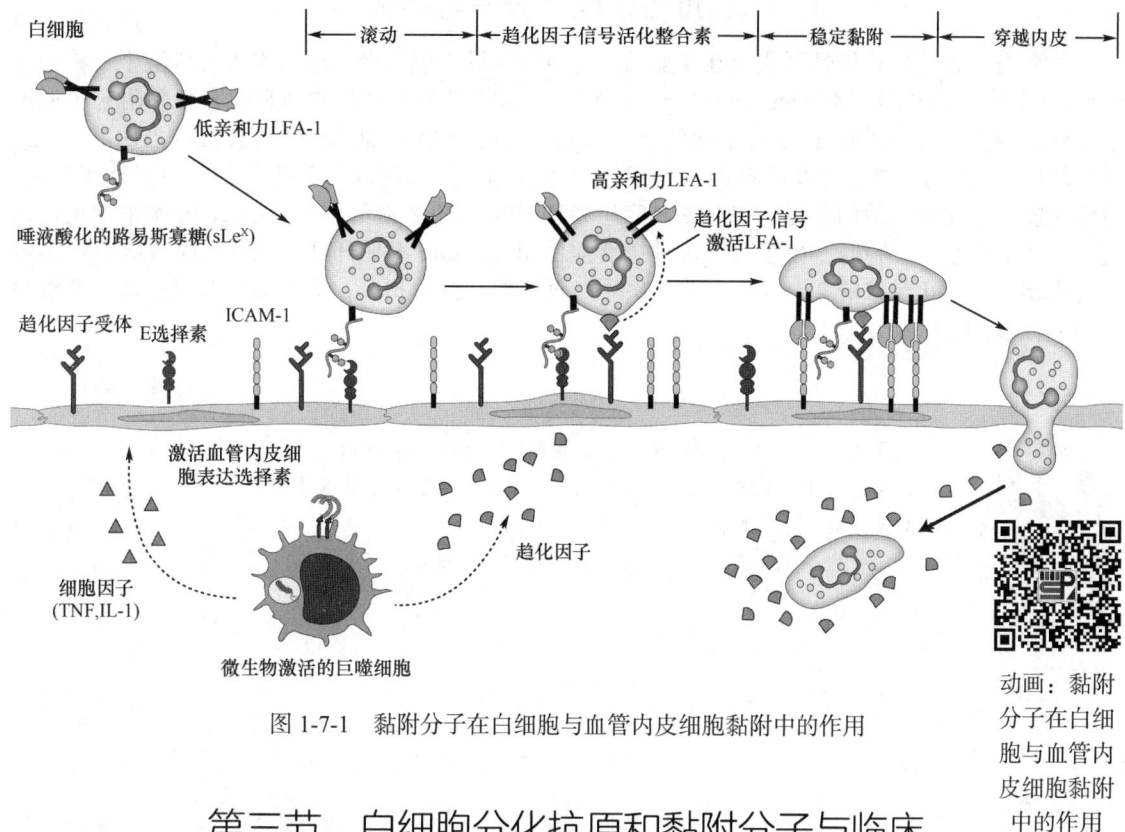

图 1-7-1　黏附分子在白细胞与血管内皮细胞黏附中的作用

第三节　白细胞分化抗原和黏附分子与临床

CD 分子和黏附分子及其单克隆抗体已广泛应用于临床医学，如阐明疾病的发病机制、辅助疾病的诊断及预防和治疗某些疾病。此处仅举例简介。

一、白细胞分化抗原和黏附分子及其单克隆抗体与临床

1. 在疾病发生中的作用　CD 分子和黏附分子可参与介导多种疾病发生。

人类 CD4 分子是人类免疫缺陷病毒（HIV）的主要受体，其胞膜外区第一个结构域是 HIV 外壳蛋白 gp120 识别的部位。HIV 感染 $CD4^+$ 细胞后，选择性地使 $CD4^+$ 细胞数量锐减和功能降低，临床上表现为获得性免疫缺陷综合征（acquired immunodeficiency syndrome，AIDS）。此外，整合素 LFA-1 也参与了 AIDS 的免疫损伤过程。LFA-1 可促进 HIV 对 $CD4^+$ 细胞感染和细胞融合，有助于病毒在细胞间的传播。CD18（β2 整合素）基因缺陷导致 LFA-1（CD11a/CD18）、Mac-1（CD11b/CD18）等整合素分子功能不全，白细胞不能黏附和穿过血管内皮细胞，引起严重免疫缺陷病，称为白细胞黏附缺陷症，表现为反复发生难以治愈的感染。

2. 在疾病诊断中的应用　检测 HIV 感染者外周血 $CD4^+/CD8^+$ T 细胞值和 $CD4^+$ T 细胞绝对数，对于辅助诊断和判断病情有重要作用。正常人 $CD4^+/CD8^+$ T 细胞值为 1.7～2.0，HIV 感染后 $CD4^+/CD8^+$ T 细胞值迅速降低甚至倒置。若 $CD4^+$ T 细胞数目降至 200 个 /μl 以下，则为疾病恶化的先兆，感染者免疫功能缺陷，进入 AIDS 阶段。

CD 单克隆抗体为白血病、淋巴瘤的免疫学分型提供了精确的手段，用单克隆抗体免疫荧光染色和流式细胞术分析可进行常规免疫学分型。

3. 在疾病防治中的应用　抗 CD3、CD25 及抗 ICAM-1 等单克隆抗体作为免疫抑制剂，在临床上防治移植排斥反应和多种自身免疫病已取得明显疗效。

二、可溶性黏附分子与临床

黏附分子也可以可溶性形式存在于血清、脑脊液、肺泡灌洗液、尿及腹水等体液中，称为可溶性黏附分子（soluble adhesion molecule，sAM）。sAM 来源于脱落的细胞膜表面黏附分子或由于某些黏附分子的 mRNA 存在着不同的剪切形式，有的 mRNA 翻译产物可直接进入体液。sAM 可反映局部黏附分子的表达及代谢状况。在某些疾病状态下，血清或局部组织中 sAM 的水平升高，可作为疾病监测和预后的指标。如在败血症患者和 HIV 感染者血清中，sL-selectin 水平比正常人高 2～3 倍；感染、肿瘤、糖尿病等多种患者血清 sE-selectin 水平升高，尤其是脓毒败血症患者最为突出，可达正常人的 2～3 倍，并与疾病严重程度和预后相关；类风湿关节炎患者关节滑膜液中多种 sAM 升高。

（贾 翎）

1. 简述白细胞分化抗原、CD 分子和黏附分子的基本概念。
2. 简述与 T、B 细胞识别、黏附及活化有关的 CD 分子及其作用。
3. 试述黏附分子如何参与炎症反应。

第 8 章　主要组织相容性复合体及其编码分子

组织相容性抗原（histocompatibility antigen）又称为移植抗原（transplantation antigen），是指在器官或组织移植后能引起排斥反应的抗原。组织相容性抗原是一个复杂的抗原系统，目前已发现 20 余种，其中能引起迅速而强烈排斥反应的组织相容性抗原称为主要组织相容性抗原，诱导缓慢而较弱排斥反应的组织相容性抗原称为次要组织相容性抗原。

编码主要组织相容性抗原的基因群称为主要组织相容性复合体（major histocompatibility complex，MHC），它位于哺乳动物的某一染色体上，由一组紧密连锁的基因群组成。现已证实，MHC 的生物学意义远远超出移植排斥反应的范畴，其编码的分子具有提呈抗原、制约免疫细胞间的相互作用、参与免疫应答和免疫调节等重要功能。MHC 还与某些疾病的发生、发展密切相关，在医学研究领域和医疗实践中具有重要意义。

各种哺乳动物均有 MHC，其组成、结构、分布和功能相似，但名称不同。大多数动物的 MHC 以白细胞抗原（leukocyte antigen，LA）命名，分别称为 HLA（人）、RhLA（恒河猴）、ChLA（黑猩猩）、DLA（狗）、GPLA（豚鼠）、RLA（家兔）等，而小鼠 MHC 称为 H-2。HLA 指人类白细胞抗原（human leukocyte antigen），系基因产物。为避免混淆，现在一般将人类的 MHC 称为 *HLA* 基因或 *HLA* 复合体，其编码的产物称为 HLA 分子或 HLA 抗原。

第一节　MHC 的基因组成

MHC 由众多基因组成，不同动物 MHC 的组成和定位也有所不同。对人类 MHC 的认识主要来自于对小鼠 H-2 复合体的研究。本章仅介绍人类 HLA 复合体的基因组成。

人类的 HLA 复合体位于第 6 号染色体短臂一个窄小的区域内（6p21.31），全长约为 3600kb，共有 200 多个基因座位。根据其在染色体上的分布及其所编码 HLA 分子的功能特点，可将 *HLA* 基因分为 I 类基因、II 类基因和 III 类基因，其中 I 类基因和 II 类基因均有经典的 *HLA* 基因（图 1-8-1）。所谓经典的 *HLA* 基因是指其编码的产物直接参与抗原提呈，并决定个体组织相容性的基因。

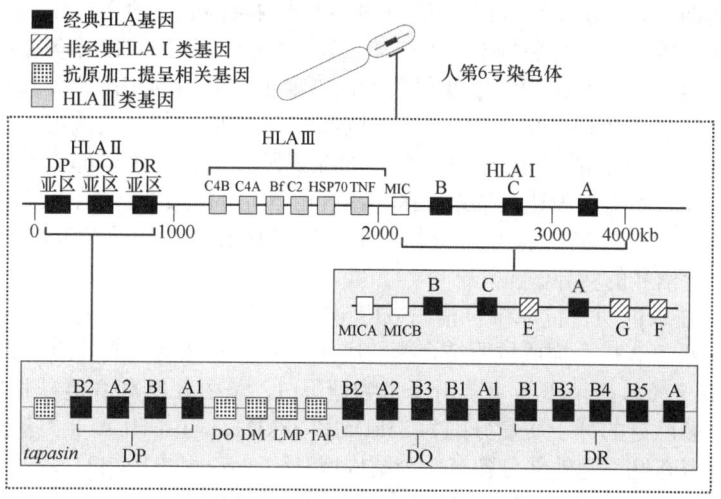

图 1-8-1　人类 HLA 复合体结构示意图

1. **HLA Ⅰ类基因** 位于远离着丝点的一端，由数十个基因座位组成。其中，经典的 HLA Ⅰ类基因包括 *A*、*B*、*C* 三个座位，编码 HLA Ⅰ类分子的重链（α链）。非经典的 HLA Ⅰ类基因含有 *E*、*F*、*G* 等座位，其编码产物与免疫调控相关。MHC Ⅰ类链相关基因（MHC class Ⅰ chain related，*MIC*）编码的 MIC-A 分子和 MIC-B 分子是 NK 细胞和 CTL 细胞上激活性受体 NKG2D 的配基，参与细胞毒作用。

2. **HLA Ⅱ类基因** 位于靠近着丝点一侧，经典的 HLA Ⅱ类基因包括 *DP*、*DQ* 和 *DR* 三个亚区，每个亚区又包含两个或两个以上的功能性基因座位和一些假基因，功能性基因座位 *A*、*B* 分别编码 HLA Ⅱ类分子的 α 链和 β 链，形成双肽链分子。

除经典 HLA Ⅱ类基因外，HLA Ⅱ类基因区还有抗原加工提呈相关基因。包括：① *HLA-DM* 基因（*DMA* 和 *DMB* 基因座），其编码产物 HLA-DM 分子参与 APC 对外源性抗原的加工提呈；② *HLA-DO* 基因（*DOA* 和 *DOB* 基因座），其编码的 HLA-DO 分子参与对 HLA-DM 功能的负向调节；③ β 型蛋白酶体亚单位（proteasome subunit，beta type，PSMB）基因，旧称低分子质量多肽（low molecular weight polypeptide，LMP）基因，包括 *PSMB9* 和 *PSMB8*（旧称 *LMP7* 和 *LMP2*），其编码产物为蛋白酶体成分，参与内源性抗原的酶解；④ 抗原加工相关转运体（transporter associated with antigen processing，TAP）基因，编码的 TAP 分子参与内源性抗原肽由胞质溶胶向内质网腔转运；⑤ TAP 相关蛋白（TAP-associated protein）基因又称为 *tapasin* 基因，编码的分子参与 HLA Ⅰ类分子在内质网腔的装配，进行内源性抗原的加工和提呈。

3. **HLA Ⅲ类基因** 位于 HLA Ⅰ类和Ⅱ类基因之间，含有很多基因座位，其编码产物的功能尚不完全清楚，但大多数与固有免疫和炎症有关。其包括编码补体（如 C4、C2 和 B 因子）、肿瘤坏死因子（TNF）、热休克蛋白 70（heat shock protein 70，HSP70）的基因等。近期还发现另一些炎症相关基因，如转录调节（IκB）基因/转录因子基因家族等。

此外，在 HLA 复合体中，还有一些与免疫无关的基因，如位于 HLA Ⅰ类基因区的 *HLA-H* 基因（与铁代谢有关）等。

第二节　MHC 分子的结构、分布与功能

本节将以 HLA 分子为例，介绍经典 MHC Ⅰ类和Ⅱ类分子的结构、分布与功能。

一、HLA 分子的结构与分布

1. **HLA Ⅰ类分子的结构** HLA Ⅰ类分子为糖蛋白，由 α 和 β 两条多肽链以非共价键连接而成。α 链又称为重链（45kDa），由 HLA Ⅰ类基因编码，其胞外部分有 α1、α2 和 α3 三个结构域；β 链又称为轻链（12kDa）或 β2 微球蛋白（β2m），由第 15 号染色体相应基因编码。

Ⅰ类分子分为四个区：① 肽结合区，由 α1 和 α2 结构域构成长约 2.5nm、宽 1.0nm、深 1.1nm 的抗原结合槽，其凹槽纵向的两端封闭，能与加工处理后的、由 8～12 个氨基酸残基组成的抗原肽结合。该区氨基酸的组成和排列顺序变化较大，决定Ⅰ类分子的多态性及其与抗原肽结合的选择性和亲和力。② 免疫球蛋白样区，由 α3 结构域和 β2m 构成，其氨基酸组成保守。在抗原提呈过程中，α3 结构域是与 T 细胞表达的 CD8 分子相互识别和结合的主要部位。β2m 有助于Ⅰ类分子的结构稳定及在细胞膜上的表达。③ 跨膜区，该区由 α 链的约 25 个氨基酸组成，以螺旋状穿过胞膜，并将Ⅰ类分子锚定在胞膜上。④ 胞质区，由 α 链羧基末端约 30 个氨基酸组成，位于胞质中，可能参与胞外向胞内信号的转导。

X 线晶体衍射技术证明，抗原结合槽由 α1、α2 结构域共同构成，每个结构域各含四条 β 折叠和一条 α 螺旋，八条 β 折叠构成抗原结合槽的底面，两条 α 螺旋组成其两个侧壁（图 1-8-2）。

2. **HLA Ⅱ类分子的结构** HLA Ⅱ类分子也为糖蛋白，是由 α 链和 β 链以非共价键连接组成的异源二聚体。两条多肽链的分子质量分别为 35kDa 和 28kDa，均由 HLA Ⅱ类基因编码；两者的基本结构相似，均具多态性，胞外部分各有 2 个结构域（α1、α2 和 β1、β2）。

HLA Ⅱ类分子也可分为四个区：① 肽结合区，由 α1 和 β1 构成，是与抗原肽结合的部位，该

区决定 HLA II 类分子的多态性。②免疫球蛋白样区，由 α2 和 β2 组成，在抗原提呈过程中，α2 和 β2 是 T 细胞 CD4 分子识别结合的部位。③跨膜区，两条肽链各有 25 个氨基酸残基穿过细胞膜脂质双层，借此将 HLA II 类分子锚定在细胞膜上。④胞质区，两条肽链羧基端各有 10～15 个氨基酸残基位于胞质中，可能参与跨膜信号转导。

X 射线晶体衍射技术证明，α1 和 β1 区各自盘绕成 1 个 α 螺旋和 8 条平行 β 片层的一半。由于它的末端是开放的，故可容纳较长的多肽（为 12～20 个氨基酸）。该沟槽与多肽结合的特点基本与 I 类分子相似，但被结合的多肽一般来自外源性抗原经加工处理降解后的产物（图 1-8-3）。

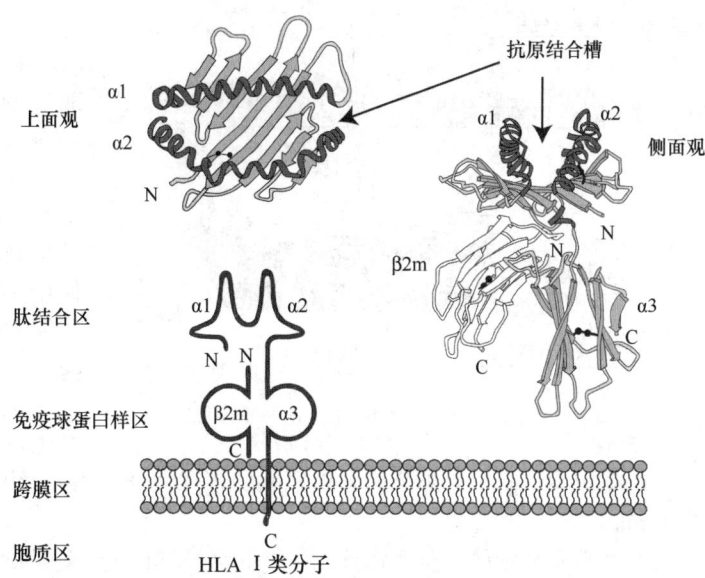

图 1-8-2　HLA I 类分子结构与抗原结合槽示意图

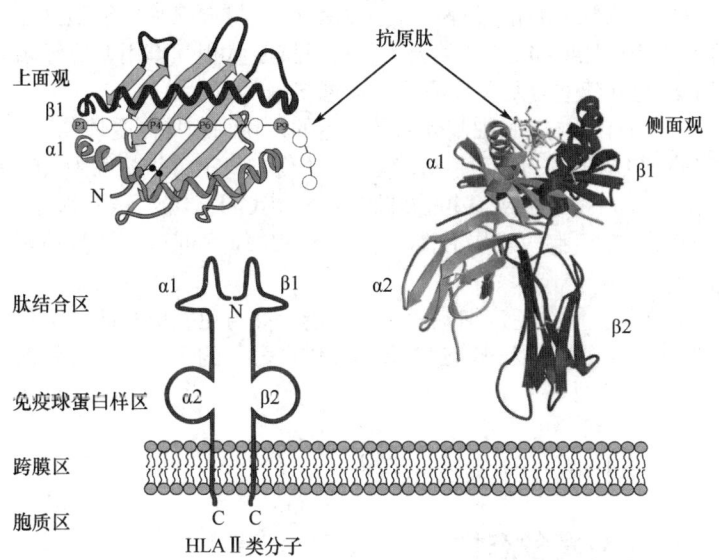

图 1-8-3　HLA II 类分子结构与抗原结合槽示意图

3. HLA 分子的分布　HLA I 类分子分布于几乎所有有核细胞及血小板的表面（包括网织红细胞）。不同细胞表面表达的数量不同，淋巴细胞表面最多，其次为肝、肾及心脏的细胞，肌肉和神经组织细胞表达较少，成熟红细胞和滋养层细胞表面一般不表达。

HLA II 类分子的分布范围较小，主要表达于 B 细胞、巨噬细胞、树突状细胞等 APC 以及胸腺上皮细胞、血管内皮细胞、活化的 T 细胞等细胞的表面。

此外，血清、尿液、乳汁、唾液、精液等体液中也有可溶性的 HLA I 类和 HLA II 类分子存在。

二、MHC 分子的功能

MHC 分子是参与免疫应答和免疫调控的重要分子，具有多种重要功能。

1. 参与抗原的加工处理并提呈抗原　MHC 分子最主要的生物学功能是参与抗原的加工处理并提呈抗原，从而激活 T 细胞启动适应性免疫应答。内源性抗原和外源性抗原在 APC 内被加工成抗原肽后，分别与 MHC I 类分子和 MHC II 类分子的抗原结合槽结合，形成抗原肽-MHC 分子复合物（pMHC），进而转运至 APC 表面，分别被提呈给 $CD8^+$T 细胞和 $CD4^+$T 细胞的 TCR 识别。

抗原结合槽与抗原肽的结合虽有一定选择性，但并不像抗原和抗体结合那样高度特异，只要抗原肽上有 2～3 个关键的氨基酸（抗原肽锚定残基）能与槽内特定的部位结合，抗原肽即可结合到抗原结合槽上，对抗原肽上其他序列氨基酸的要求并不严格，所以每种 MHC 分子能结合并提呈多种抗原肽（图 1-8-4）。

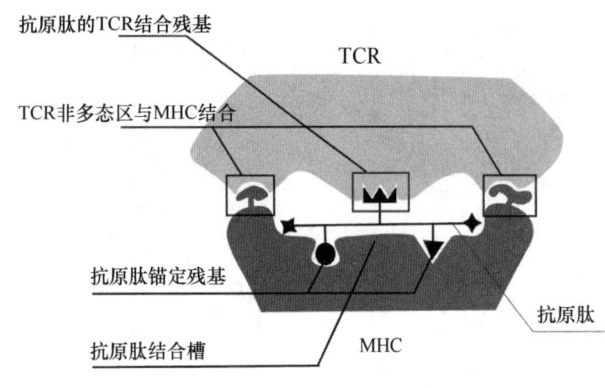

图 1-8-4 MHC 分子提呈抗原肽被 TCR 识别

2. 参与免疫应答的遗传控制　不同个体对某种抗原能否产生免疫应答及应答的强弱受 *MHC* 基因调控。一般认为受遗传控制的免疫应答基因（immune response gene，Ir）位于经典 MHC Ⅱ 类基因区。有证据显示，某些 Ⅰ 类基因也参与免疫应答的遗传控制。其机制可能是：MHC 呈现高度多态性，群体中不同个体携带的 MHC 型别不同，其所编码的 MHC 分子上抗原结合槽的结构、与抗原肽的亲和力也有差别。若 MHC 分子的抗原结合槽能与某种抗原肽结合，则机体可对该抗原发生免疫应答，反之则不发生免疫应答；若抗原结合槽与抗原肽的亲和力强，则介导的免疫应答也强，否则介导的免疫应答也弱。

3. 制约免疫细胞间相互作用　在免疫应答过程中，T 细胞与 APC 之间、B 细胞与 Th 细胞之间以及 CTL 细胞与靶细胞之间的相互作用，都具有 MHC 限制性。$CD8^+$T 细胞和 $CD4^+$T 细胞的 TCR 除识别抗原肽外，同时还需分别识别与抗原肽结合的 MHC Ⅰ 类分子和 MHC Ⅱ 类分子，即 $CD8^+$T 细胞与靶细胞的相互作用受 MHC Ⅰ 类分子限制，而 $CD4^+$T 细胞与 APC 的相互作用受 MHC Ⅱ 类分子限制。

4. 参与免疫细胞的分化发育　T 细胞在胸腺发育的过程中，通过其 TCR 与胸腺基质细胞（如胸腺上皮细胞、树突状细胞）表面的 MHC Ⅰ 类或 MHC Ⅱ 类分子及自身抗原肽相互作用，历经阳性选择和阴性选择，才能发育为成熟 T 细胞并建立自身免疫耐受（详见本编第 10 章）。

5. 参与调控自然杀伤细胞　MHC Ⅰ 类分子可与 NK 细胞表面所表达的杀伤细胞抑制受体（killer inhibitory receptor，KIR）结合，启动杀伤抑制信号，从而使 NK 细胞不杀伤自身正常组织细胞（均表达 MHC Ⅰ 类分子）。由于病毒感染细胞、肿瘤细胞或移植物细胞表面 MHC Ⅰ 类分子表达减少、缺失或结构改变，KIR 的识别受阻，导致 NK 细胞的杀伤活性不被抑制，从而发生对靶细胞的杀伤效应或移植排斥反应。

6. 参与免疫调节　MHC 分子是提呈抗原、制约免疫细胞间相互作用、参与免疫应答的关键分子，其表达水平的高低也直接影响免疫应答的强弱。因此，通过调控 MHC 分子的表达，可有效发挥免疫调节作用。

第三节　MHC 的遗传特征

一、高度多态性

1. MHC 多态性的基本概念　位于一对同源染色体上对应位置的一对基因称为等位基因（allele）。对一个个体来说，染色体上的任一基因座位只能有两个等位基因，分别来自父母双方的同源染色体。MHC 的多态性是对群体而言，指染色体上的同一基因座位有两个以上的等位基因，可编码两种以上的产物。MHC 复合体具有极为复杂的多态性。

MHC 的多基因性和多态性是从不同角度对 MHC 的多样性进行描述：多基因性指在同一个体中，其 MHC 复合体上的基因座位在数量和结构上的多样性；而多态性是指在一群体中，MHC 复合体上各基因座位的等位基因及其产物在数量上的多样性。

2. MHC 多态性形成的机制　至今尚未完全清楚。一般认为，是生物体在长期进化的过程中，通过 MHC 复合体的基因突变、基因重组和基因转换等机制，导致其基因结构发生变异，再通过自然选择在群体中积累而成。多态性现象的表现是由于 MHC 复合体的多数基因座位存在复等位基因（multiple alleles）及等位基因为共显性（codominance）表达所致。

（1）复等位基因众多：在群体中，位于同一基因座位的不同基因系列称为复等位基因。表现

MHC 多态性的主要原因是 MHC 复合体的多数基因座位存在为数众多的复等位基因。例如，截至 2022 年 4 月的统计，整个 HLA 复合体中已发现的等位基因的总数为 32897 个，其中 HLA-B 座位数量最多，为 8756 个（表 1-8-1）。

表 1-8-1 经典 HLA Ⅰ类和Ⅱ类基因的等位基因数

基因类别	Ⅰ类基因			Ⅱ类基因					
	A	B	C	DRA	DRB	DQA1	DQB1	DPA1	DPB1
等位基因数*	7354	8756	7307	32	3902	383	2193	373	1909

* 截至 2022 年 4 月的统计数据（http://www.ebi.ac.uk/imgt/hla）。

对 HLA 复合体的基因座位和同一座位不同等位基因的命名原则是：星号（*）前表示基因座位，星号后表示等位基因；再根据等位基因的结构，将其分为若干主型。例如，HLA-A*0103 代表 HLA Ⅰ类基因 A 座位第 1 主型的第 3 号等位基因。

（2）等位基因共显性表达：共显性是指一对等位基因同为显性，均能编码表达出相应的产物。在 HLA 复合体中，每一对等位基因均为共显性。例如，在杂合状态下，一个个体的细胞表面最多可表达 6 种不同的 HLA Ⅰ类分子。等位基因的共显性表达大大增加了人群中 HLA 表型的多样性。

3. MHC 多态性的生物学意义

（1）导致不同个体免疫应答能力的差别：由于不同 MHC 等位基因编码产物的分子结构不同，提呈抗原肽的能力也不一样，所以个体的遗传背景决定其对特定抗原是否发生应答以及应答能力的强弱。

（2）赋予种群适应环境变化的潜在能力：MHC 的多态性使种群具有极大的基因储备，造就了对病原体等抗原具有不同应答能力的个体。这一现象的群体效应，使种群可以有效应对各种病原体的侵袭和适应环境条件的变化。

（3）使 MHC 成为个体的一种遗传标志：由于 MHC 具有极为复杂的多态性，在无血缘关系的个体之间 MHC 型别完全相同的可能性极小，且每个个体的 MHC 等位基因型别一般终身不变，故可把其作为个体的一种终身遗传标志。

此外，由于 MHC 及其编码分子具有高度多态性，不同个体的 *MHC* 基因型和表型不同，因此在器官移植过程中，给选择合适的器官供者带来极大的困难。

二、单元型遗传

连锁在一条染色体上的 MHC，其若干基因座位的基因组合称为单元型（haplotype）。组成两个同源单元型的全部等位基因构成 MHC 的基因型（genotype），由其基因编码产生的抗原特异性型别称为表型（phenotype）。据粗略估算，人群中单元型的数目超过 5×10^8，而由两个单元型所编码的表型更为复杂。一条染色体上 MHC 各座位之间的距离很近，在遗传过程中一般不发生同源染色体的交换。在亲代的遗传信息传给子代时，把单元型作为一个基本单位传给下一代。在子女的 *HLA* 基因型中，两个单元型分别来自父母，所以亲代与子代之间有一个单元型是相同的。在同胞之间，两个单元型完全相同或完全不同的概率均为 25%，一个单元型相同的概率为 50%（图 1-8-5）。单元型遗传的规律已应用于从家庭内寻找器官移植的供者以及亲子关系的鉴定。

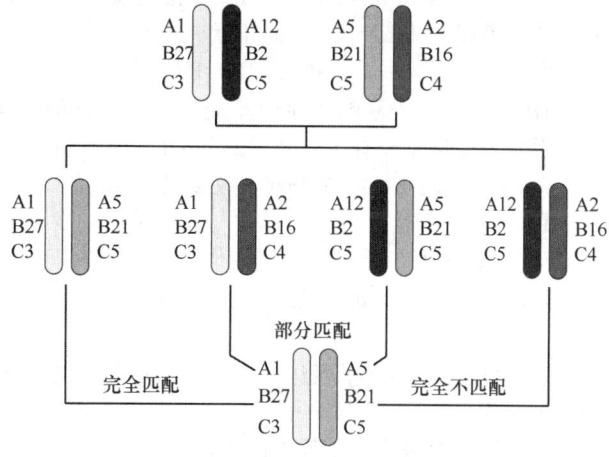

图 1-8-5 HLA 单元型遗传示意图

三、连锁不平衡

两个或两个以上基因座位的等位基因同时出现在一条染色体上的概率高于或低于随机出现频率的现象称为连锁不平衡（linkage disequilibrium）。例如，HLA-A1 和 HLA-B8 在北欧白人中出现的频率分别为 0.17 和 0.11，若随机组合，这两个等位基因同时出现在一条染色体上，其单元型 A1-B8 的预期频率应为两者频率的乘积，即 0.17×0.11=0.019。然而实际两者同时出现的频率是 0.088，为理论值的 4.63 倍，即 HLA-A1 和 HLA-B8 并非随机组合分布，此即连锁不平衡。这表明，MHC 各等位基因并非完全随机地组成单元型。在 HLA 复合体中，已发现有 50 余对等位基因表现为连锁不平衡。

由于存在连锁不平衡，某些单元型在群体中出现的频率较高，可显示人种和地域的特点。例如，在中国汉族人中，具有特征性的 HLA 单元型主要是 A2-B46-Cw3-DR9-DQ9-Dw23 和 A33-B17-Cw2-DR3-DQ2-Dw3；汉族群体中常见的 A30-B13-DRB1*07 单元型频率呈北高南低分布，而 A2-B46-DRB1*09 单元型频率则呈北低南高分布。

第四节 HLA 与临床医学的关系

1. HLA 与移植排斥反应 器官移植是近代医学上重要的治疗手段之一，但其最大的障碍是 HLA 抗原诱发的移植排斥反应。器官移植术后，是否发生排斥反应主要取决于供者和受者之间 HLA 型别匹配的程度。找到合适供者的概率由高到低的人群是：同卵双胎 > 同胞兄弟姐妹 > 有血缘关系的亲属 > 无血缘关系者。

为了降低移植物的免疫原性，器官移植前要做好 HLA 配型，尽可能选择与受者 HLA 型别匹配程度高的供者（详见本编第 18 章）。由于 HLA 的高度多态性，故除同胞兄弟姐妹外，HLA Ⅰ 类和 Ⅱ 类基因型与表型完全相符的供受者极为少见。目前，主要从家庭成员中和无血缘关系骨髓库中选择符合 HLA 配型要求的供者。

2. HLA 与疾病的关联 HLA 是与某些疾病有明确关联的遗传因素。携带特定 *HLA* 基因的个体易患某种疾病则称为阳性关联；而携带特定 *HLA* 基因的个体若对某种疾病有较强的抵抗力则称为阴性关联。关联的程度常用相对危险性（relative risk，RR）来表示，其计算公式为

$$RR = \frac{\text{HLA-X 阳性患者人数} / \text{HLA-X 阴性患者人数}}{\text{HLA-X 阳性对照人数} / \text{HLA-X 阴性对照人数}}$$

RR=1 时，表示两者无关联；若 RR>1 时，说明此病与某种 HLA 抗原呈正关联，RR 值越大，表示携带此抗原者患该病的危险性越大；若 RR<1 时，表示携带某种 HLA 抗原者对该病有抵抗性，在某种程度上不易患该种疾病。

至今已发现 60 余种疾病与 HLA 相关联，其中大部分为自身免疫病。例如，约 90% 的强直性脊柱炎患者携带 HLA-B27，而正常人群携带者仅有 9% 左右；RR 值为 87.4，说明 HLA-B27 与强直性脊柱炎呈强关联，即携带 HLA-B27 的人易患强直性脊柱炎。

HLA 与疾病关联的机制尚不完全清楚，推测可能与某些 HLA 分子可提呈致病性抗原肽，进而诱发自身免疫反应有关。常见的与 HLA 关联的疾病及其相关程度见表 1-8-2。

3. HLA 表达异常与某些疾病发生的关系

（1）HLA Ⅰ 类分子表达异常与恶性肿瘤的发生、发展：在正常情况下，几乎所有的有核细胞表面均表达 HLA Ⅰ 类分子。但人们在研究中发现，小鼠及许多人类肿瘤细胞表面的 MHC Ⅰ 类分子表达缺失或密度降低，以致不能有效地激活特异性 $CD8^+$ 细胞毒性 T 细胞，从而导致肿瘤的免疫逃逸。

（2）HLA Ⅱ 类分子表达异常与自身免疫病的发病：除免疫细胞外，正常组织、器官的细胞表面一般不表达 HLA Ⅱ 类分子。但由于感染等因素的影响，使其表面异常表达 HLA Ⅱ 类分子，从而把自身抗原提呈给自身反应性 T 细胞并使之活化，可诱发自身免疫应答而导致自身免疫病。

表 1-8-2　HLA 抗原频率与某些疾病的相关性

疾病	HLA 型别	HLA 抗原频率（%）		相对危险性 (RR)
		患者	对照	
特发性血色素沉着病	A3	76	28.2	8.2
强直性脊柱炎	B27	90	9.4	87.4
急性前葡萄膜炎	B27	52	9.4	10.4
亚急性甲状腺炎	B35	70	14.6	13.7
疱疹性皮炎	DR3	85	26.3	15.4
乳糜泻	DR3	79	26.3	10.8
特发性阿迪森病	DR3	69	26.3	6.8
胰岛素依赖型糖尿病	DR3	56	28.2	3.3
	DR4	75	32.2	6.4
重症肌无力	DR3	50	28.2	2.5
	B8	47	24.6	2.7
系统性红斑狼疮	DR3	70	28.2	5.8
天疱疮	DR4	87	3.2	14.4
类风湿关节炎	DR4	50	19.4	4.2
桥本甲状腺炎	DR5	19	6.9	3.2
多发性硬化症	DR2	59	25.8	4.1
恶性贫血	DR5	25	5.8	5.4

4. HLA 与输血反应　多次接受输血的患者体内可产生抗 HLA 抗原的抗体，进而导致非溶血性输血反应，临床主要表现为发热、白细胞和血小板计数降低等。因此，对多次接受输血的患者，还应注意尽量选择 HLA 相符的供血者。

5. HLA 与法医学　由于 HLA 具有极为复杂的多基因性和多态性，故在无血缘关系的个体之间，其 HLA 基因型完全相同的人几乎没有；且 HLA 以单元型的方式遗传，其型别终身不变，因而在法医学上，常检测 HLA 的基因型和（或）表型进行个体识别和亲子鉴定。

（韩晓伟）

1. HLA Ⅰ类分子和Ⅱ类分子的结构和分布有何不同？功能有何异同点？
2. 试述 MHC 分子的生物学功能。
3. 请举例说明 HLA 表达异常与疾病发生的关系。
4. 为何 *HLA* 基因或表型测定可用于亲子鉴定？

第9章 固有免疫细胞

固有免疫细胞是执行固有免疫的主要成分，包括吞噬细胞、NK 细胞、肥大细胞、树突状细胞、固有样淋巴细胞和固有淋巴样细胞等。自病原体或异物进入机体数小时至数天内，部分固有免疫细胞即识别病原体相关分子模式及损伤相关分子模式，迅速活化，分泌促炎性细胞因子及抗病毒蛋白质，杀死微生物及感染细胞，阻断感染。有些固有免疫细胞可启动适应性免疫应答，并参与适应性免疫应答效应。

第一节　吞噬细胞

吞噬细胞包括中性粒细胞和单核/巨噬细胞。吞噬细胞在固有免疫中的作用如下：迁移到感染位点，识别病原体并活化，吞噬、杀灭病原体。此外，吞噬细胞通过与其他细胞直接接触及分泌细胞因子而调节免疫反应。吞噬细胞效应是机体固有免疫的重要组成部分，在部分适应性免疫中也发挥效应作用。

一、单核/巨噬细胞

单核/巨噬细胞包括血液中的单核细胞（monocyte，Mon）和组织器官中的巨噬细胞（macrophage，Mφ）。

1. **来源和分布**　外周血中的 Mon 来源于骨髓的造血干细胞，在某些细胞因子作用下，经单核母细胞、前单核细胞分化成 Mon 进入血液。Mon 在血液中停留 8 小时左右，然后穿过血管内皮，到达各组织器官，继续发育为 Mφ，如肝脏中的库普弗细胞、肺泡和肺脏间质中的尘细胞、骨中的破骨细胞、神经组织中的小胶质细胞以及淋巴结、脾脏等组织器官中的 Mφ 等。Mφ 的寿命可达数月以上。

2. **主要生物学特征**　Mon 是血液白细胞中体积最大的细胞，Mφ 体积是 Mon 的数倍，胞质中含有大量溶酶体及其他各种细胞器，具有更强的功能。不同组织器官中巨噬细胞形态不尽相同，但其主要生物学特征及功能相似。此外，它们均有较强的黏附于玻璃或塑料表面的特性，可借此进行分离和纯化。

（1）表面标志：单核/巨噬细胞可表达 Fc 受体（如 FcγR）、细胞因子受体（如 IL-1R、TNF-αR、M-CSFR、IFN-α/βR）、模式识别受体（pattern recognition receptor，PRR，如甘露糖受体、清道夫受体、Toll 样受体）以及 MHC 分子（Ⅰ类和Ⅱ类）、黏附分子（如 LFA-3、ICAM-1）、共刺激分子（如 B7、CD40）、补体受体（如 CR1、CR3、CR4）等，在机体的免疫应答、免疫防御、炎症反应、组织修复等过程中发挥重要作用。

（2）产生多种酶和生物活性物质：活化的单核/巨噬细胞可产生髓过氧化物酶、蛋白酶、溶菌酶等多种酶类；可分泌近百种生物活性物质，其中包括细胞因子、活性氧（reactive oxygen species，ROS）、NO、补体成分和凝血因子等。

3. **主要生物学功能**

（1）吞噬消化功能：Mφ 有很强的吞噬和杀伤功能，可吞噬和消化各类病原微生物、大颗粒抗原以及机体衰老死亡的细胞，是机体固有免疫防御及维持自身稳定的重要细胞（详见本编第 11 章）。

（2）介导炎症反应：Mφ 在趋化因子等的作用下可向炎症部位移行，参与炎症反应，是炎症灶中浸润的重要细胞类型；另外，Mφ 分泌的各种酶和炎症介质也可增强局部炎症反应。

（3）抗原提呈功能：Mφ通过吞噬、胞饮（pinocytosis）和受体介导的胞吞作用（receptor-mediated endocytosis）摄取抗原，进行加工处理，并形成抗原肽-MHC复合物，提呈给效应T细胞或记忆T细胞，参与适应性免疫应答。

（4）免疫调节功能：Mφ能合成、分泌多种生物活性介质，发挥免疫调节作用。例如，分泌多种具有免疫增强作用的细胞因子（如IL-1、IL-12、IFN-γ和TNF-α等），发挥正调节作用；过度活化的Mφ可分泌抑制性因子（如PGE、TGF-β等），发挥负调节作用。

（5）杀伤肿瘤细胞：Mφ分泌的TNF-α、蛋白酶等可直接杀伤或抑制肿瘤细胞生长；也可通过提呈肿瘤抗原，由活化T细胞产生TNF-β、IFN-γ、穿孔素协同杀伤肿瘤细胞。另外，抗肿瘤抗体也可与Mφ表面的FcR结合，通过ADCC效应发挥抗肿瘤作用。

根据Mφ的功能不同，现将其分为M1型和M2型，两者分泌不同的细胞因子，具有不同的生物学功能。M1型Mφ以吞噬杀伤病原体、促炎症反应及抗肿瘤等作用为主；M2型Mφ则以参与组织修复和重建、抑制炎症反应及促肿瘤等效应为主。

二、中性粒细胞

中性粒细胞也被称为多形核白细胞（polymorphonuclear leukocyte，PMN），来源于骨髓，与单核/巨噬细胞属于同一谱系。G-CSF促进中性粒细胞的分化成熟。中性粒细胞是血液中数量最多的白细胞，占外周血中白细胞总数的50%～70%。成人每天产生超过1×10^{11}个的中性粒细胞，中性粒细胞在外周循环中停留约6小时。微生物入侵后的数小时之内，中性粒细胞迁移至感染位点。如果在此期间中性粒细胞未被募集至感染位点，即发生凋亡，并被肝脏和脾脏中的巨噬细胞吞噬。进入组织后的中性粒细胞，其生物学作用可持续数小时，然后死亡。

中性粒细胞胞质中有大量中性颗粒，含溶菌酶、胶原酶及弹性蛋白酶等多种酶类；还有嗜苯胺蓝颗粒，含有过氧化物酶及多种酸性水解酶等其他杀菌物质，如防御素和抗菌肽等。中性粒细胞的杀菌能力强于单核/巨噬细胞。

中性粒细胞通过趋化、吞噬、杀伤等一系列过程发挥抗菌和炎症作用。中性粒细胞表面表达IgG Fc受体和补体受体，可通过抗体和补体发挥吞噬和杀伤作用。中性粒细胞还能形成中性粒细胞胞外陷阱（neutrophil extracellular trap，NET）抑制病原体感染。NET由DNA网状结构和镶嵌其中的颗粒蛋白组成，网状结构形成的物理屏障和支架可限制病原的活动范围，增强抗微生物蛋白的协同作用。NET可捕获并杀灭多种微生物，包括细菌、真菌、病毒和寄生虫。NET也被形象地称为中性粒细胞诱捕网。

第二节 抗原提呈细胞

抗原提呈细胞（antigen presenting cell，APC）是指能捕获抗原，将抗原信息提呈给淋巴细胞，刺激淋巴细胞增殖和分化的一类细胞。根据APC表达的分子及功能的不同可分为专职APC和非专职APC两类。前者包括固有免疫的树突状细胞和单核/巨噬细胞以及适应性免疫的B细胞，它们组成性表达MHC II类分子和T细胞活化必需的共刺激分子；后者包括血管内皮细胞、成纤维细胞、上皮细胞等，它们在正常情况下不表达但在某些因素作用下可表达MHC II类分子并有抗原提呈功能。另外，表达MHC I类分子并能提呈内源性抗原的细胞，属于广义的APC范围。

一般认为APC是给T细胞提呈抗原的细胞。例如，树突状细胞（DC）向初始T细胞提呈抗原，巨噬细胞和B细胞则向效应T细胞或记忆T细胞提呈抗原。此外，滤泡树突状细胞（FDC）则在体液免疫应答的特定阶段展示抗原供B细胞识别。专职APC是联系固有免疫与适应性免疫的枢纽，因此也可以认为它们是适应性免疫系统的成分。

一、树突状细胞

树突状细胞（dendritic cell，DC）是目前已知抗原提呈功能最强的APC。因成熟DC具有许多树枝状的细长突起而得名。DC 最突出的特点是能激活初始 T 细胞，而其他专职 APC 仅能激活效应 T 细胞或记忆 T 细胞，故 DC 是机体适应性免疫应答的启动者。

1. 树突状细胞的来源、分化和发育　DC 来源于骨髓，分为两个不同谱系，其中由髓样干细胞分化而来的称为髓样 DC（myeloid DC，MDC），由淋巴样干细胞分化而来的称为淋巴样 DC（lymphoid DC，LDC）。

2. 树突状细胞的分类和分布　DC 包括占大多数的常规树突状细胞（conventional dendritic cell，cDC）和少数浆细胞样树突状细胞（plasmacytoid dendritic cell，pDC）。cDC 吞噬抗原后将其加工处理并提呈给 T 细胞，启动适应性免疫应答，是固有免疫和适应性免疫之间的桥梁。pDC 是最重要的产生 I 型干扰素的细胞，在固有免疫阶段的抗病毒效应中发挥重要作用。

根据 DC 的表面标志不同可分为未成熟 DC 和成熟 DC。

（1）未成熟 DC：体内绝大多数 DC 均处于未成熟状态，主要分布于表皮和胃肠道上皮，即朗格汉斯细胞（Langerhans cell，LC）。其主要特征是：①高表达与吞噬有关的受体（如 Fc 受体、补体受体、甘露糖受体等），具有很强的吞噬、加工处理抗原的能力；②低表达共刺激分子和黏附分子，如 CD54、CD80 和 CD40 等，提呈抗原的能力弱；③ MHC Ⅱ分子密度较低，半衰期较短。

（2）成熟 DC：未成熟 DC 摄取抗原后，向淋巴结迁移，在此过程中逐渐转变为成熟 DC，如分布于淋巴组织胸腺依赖区的并指状 DC（interdigitating DC，IDC）。其主要特征是：①低表达吞噬相关的受体，摄取、加工处理抗原的能力显著降低；②高表达与活化 T 细胞相关的共刺激分子及黏附分子，如 CD54、CD80 和 CD40 等；③ MHC Ⅱ分子密度显著升高，约为表型未成熟 DC 的 7 倍且半衰期显著延长。表型成熟 DC 具有很强的提呈抗原和激活初始 T 细胞的能力。

3. 树突状细胞的主要生物学功能

（1）提呈抗原并激活初始 T 细胞：DC 通过胞饮、吞噬及受体介导的内吞等方式摄取并加工处理抗原，最终形成抗原肽-MHC 分子复合物（pMHC）提呈给相应的 T 细胞，提供 T 细胞活化的第一信号；DC 识别病原体相关分子模式后通过 TLR 等模式识别受体向胞内转导信号，诱导 DC 表达多种共刺激分子和细胞因子，提供 T 细胞活化的第二信号。在双信号作用下，初始 T 细胞被激活（详见本编第 12 章）。

（2）参与免疫调节：DC 可分泌多种细胞因子，参与调节免疫细胞的分化发育、活化、迁移及效应。根据所识别的微生物的特征不同，DC 还可确定初始 T 细胞的分化方向，如 Th1、Th2、Th17 等，进而影响免疫应答的效应和结局。

（3）参与 T 细胞在胸腺内的分化发育（详见本编第 10 章）。

（4）诱导免疫耐受：胸腺髓质中的 DC 参与 T 细胞的阴性选择，排除自身反应性克隆，发挥中枢免疫耐受作用。未成熟 DC 可不断摄取自身抗原，诱导相应 T 细胞产生外周免疫耐受。

二、巨噬细胞和 B 细胞

Mφ 和 B 细胞主要为效应 T 细胞或记忆 T 细胞提呈抗原。在感染位点，Mφ 提呈抗原给 Th 细胞，Th 活化并分泌激活 Mφ 的细胞因子，激活的 Mφ 杀灭胞内寄生病原体。B 细胞的抗原提呈发生在外周免疫器官或组织的 T 细胞区，B 细胞通过其膜表面的 BCR 摄取蛋白抗原，经加工后向 Th 细胞提呈，其目的是获得 Th 细胞对 B 细胞活化、增殖、分化的辅助作用（详见本编第 12 章）。

三、滤泡树突状细胞

滤泡树突状细胞（follicular dendritic cell，FDC）位于淋巴结、脾脏和黏膜淋巴组织中的淋巴滤泡。FDC 具有较长的胞质突起，表达大量的补体受体和 Fc 受体。虽然 FDC 被命名为滤泡树突状细胞，但与 DC 功能完全不同。FDC 也并非从骨髓起源，也没有类似 DC 的加工处理抗原并向 T 细胞提呈的功能。FDC 的作用在于收集结合了抗体或补体片段的抗原分子，并将这些抗原展示在细胞表面，供 B 细胞识别。这一作用的生物学意义在于选择能产生高亲和力抗体的 B 细胞（详见本编第 12 章）。

第三节 NK 细 胞

自然杀伤细胞（NK 细胞）是一群缺乏特异性抗原识别受体的淋巴细胞，因其不需要克隆增殖和分化即可发挥细胞毒作用而得名。NK 细胞占血液和脾脏中单个核细胞的 5%～15%，其他淋巴器官中则少见，但在肝脏及妊娠子宫中含量较高。NK 细胞来源于骨髓淋巴样干细胞，体积较大，胞质中含有颗粒，故又被称为大颗粒淋巴细胞。目前，主要通过细胞表面标志 $CD16^+CD56^+CD3^-$ 作为鉴定 NK 细胞的依据。

1. NK 细胞的识别和活化机制　与吞噬细胞不同，NK 细胞几乎不表达模式识别受体，不能通过识别模式分子确定靶细胞。NK 细胞通常通过识别正常情况下细胞表面自身分子的变化或异常状态下表达的某些分子来判断对方是否为杀伤对象。参与识别这些分子的 NK 细胞受体很多，能激活 NK 细胞的称为活化性受体，抑制 NK 细胞活化的称为抑制性受体。大部分活化性受体胞质区有免疫受体酪氨酸激活基序（immunoreceptor tyrosine-based activation motif，ITAM），参与信号转导并促进 NK 细胞的杀伤和分泌细胞因子作用。抑制性受体的胞质区均有免疫受体酪氨酸抑制基序（immunoreceptor tyrosine-based inhibition motif，ITIM），当与配基结合后，其 ITIM 的酪氨酸磷酸化，导致磷酸酶募集

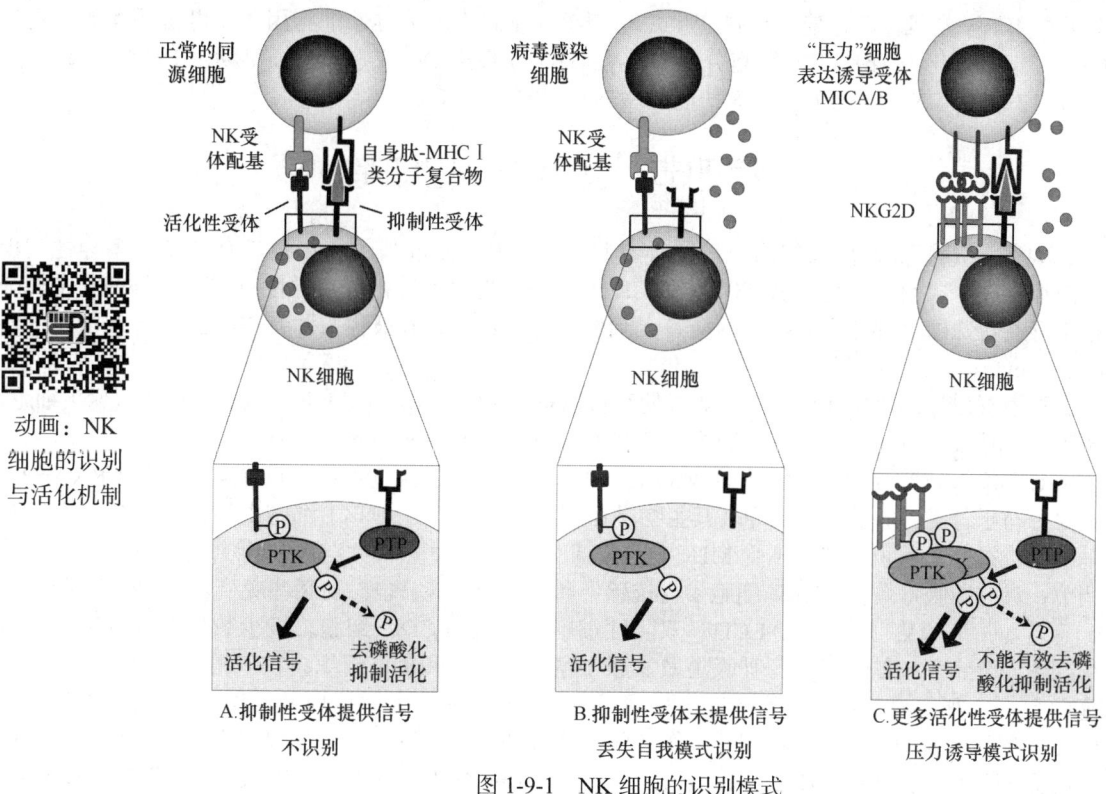

图 1-9-1　NK 细胞的识别模式

和活化，磷酸酶将 NK 细胞活化性受体信号途径产生的信号蛋白或脂类去磷酸化，结果活化信号被封闭。因此，NK 细胞是否活化，取决于活化信号和抑制信号之间的整合效应（图 1-9-1）。

（1）识别自身分子改变：NK 细胞的活化性受体可识别正常细胞的表面分子，也可识别异常细胞的表面分子，两者均能为 NK 细胞提供活化信号。NK 细胞的抑制性受体则只识别所有细胞（除成熟红细胞外）均表达的 MHC Ⅰ类分子（包括经典的和非经典的），同时为 NK 细胞提供抑制信号，这是 NK 细胞对正常组织细胞耐受的重要保障。如果 MHC Ⅰ类分子减少或异常，则导致抑制信号不足，NK 细胞活化。如某些病毒感染细胞和肿瘤细胞 MHC Ⅰ类分子缺失或表达下调，即成为 NK 细胞的杀伤对象。这一识别模式被称为"丢

"失自我"(missing self)模式。

(2) 识别自身细胞表达的异常分子：NK 细胞也能直接识别细胞在应激状态下所表达的分子。这些分子的受体都是活化性受体，其中最重要的是 NKG2D。人类 NKG2D 的配基是 MHC Ⅰ 类链相关基因的产物，如 MIC-A 和 MIC-B。此类分子由受到"压力"的细胞表达，如被胞内病原体感染的细胞和发生恶性转化的早期肿瘤细胞。这一识别模式被称为"压力诱导"模式。NKG2D 与配体结合，此时 NK 细胞的活化信号远大于抑制信号，从而诱导 NK 细胞活化。NK 细胞表面除了具有识别自身异常分子的活化性受体外，也表达可识别某些病原体分子的活化性受体，如某些称为天然细胞毒受体（natural cytotoxicity receptor, NCR）的活化性受体可识别病毒感染细胞表面的病毒血凝素。在适应性免疫阶段，NK 细胞还可通过 CD16（FcγR Ⅲ A）识别和杀伤被抗体 IgG 结合的靶细胞，发挥 ADCC 作用。

2. NK 细胞的生物学作用

(1) 抗感染和抗肿瘤作用：NK 细胞通过杀伤被病毒或胞内菌感染的细胞，清除病原体的储备库及功能异常的细胞，其效应远早于特异性的 CTL。NK 细胞可杀伤肿瘤细胞，尤其是血源性肿瘤细胞。其细胞毒机制为释放胞内颗粒（穿孔素和颗粒酶），穿孔素作用到靶细胞有利于其他颗粒进入，颗粒酶进入靶细胞内诱导靶细胞凋亡。此外，还可通过 Fas/FasL 途径和 TNF-α/TNF 受体途径诱导靶细胞的凋亡。

(2) 免疫调节作用：活化的 NK 细胞分泌大量的细胞因子对免疫应答发挥调节作用。NK 细胞分泌的 IFN-γ 是机体在适应性免疫产生之前用于控制感染的关键性细胞因子，可激活 Mφ、促进 CD4$^+$T 细胞分化为 Th1。NK 细胞分泌 IFN-γ、TNF-α 促进 DC 成熟。感染早期由 DC 和 Mφ 产生的 IL-12 也可与 Mφ 产生的 IL-18 协同刺激 NK 细胞分泌 IFN-γ。

第四节 固有样淋巴细胞

大部分 T 细胞和 B 细胞的抗原受体（TCR、BCR）经过基因重排，具有高度的多样性，但体内还存在一类淋巴细胞，其 TCR 或 BCR 虽也经历基因重排，但多样性有限。这群细胞主要分布于某些特殊组织部位，对抗原的应答无须经历克隆扩增，故被称为固有样淋巴细胞（innate like lymphocyte, ILL）。

固有样淋巴细胞中属于 T 细胞亚群的有自然杀伤 T 细胞（natural killer T cell, NKT）、γδT 细胞，属于 B 细胞亚群的有 B-1 细胞和边缘区 B 细胞（marginal zone B cell）。

1. NKT 细胞 同时表达 NK 细胞标志（小鼠 NK1.1 和人 CD56）和 T 细胞标志（TCR-CD3），主要分布于骨髓、肝脏和胸腺等。其生物学作用尚未完全阐明。NKT 细胞主要识别由 CD1 分子提呈的脂类抗原，其识别作用不受 MHC 限制；激活后分泌大量 IL-4、IFN-γ 等细胞因子，参与免疫调节；具有细胞毒效应。NKT 细胞参与抗感染和抗肿瘤效应，也参与某些免疫相关的病理过程。

2. γδT 细胞 多为 CD4$^-$CD8$^-$ 双阴性细胞，少数为 CD8$^+$ 细胞，极少数为 CD4$^+$ 细胞。γδT 细胞主要分布于皮肤、肠道、呼吸道及泌尿生殖道的黏膜和皮下组织，在末梢血中仅占成熟 T 细胞的 2%～7%。γδT 细胞可直接识别未经 APC 加工提呈的多肽抗原及 CD1 提呈的脂类抗原，主要发挥细胞毒效应。γδT 细胞可杀伤某些被病毒和胞内菌感染的细胞及某些肿瘤细胞。活化的 γδT 细胞可释放细胞因子 IL-2、IL-4、IL-5、IL-6、GM-GSF、TNF-α 及 IFN-γ 等，发挥免疫效应。

3. B1 细胞 是一类 B 细胞亚群，在个体发育过程中出现较早，由胚胎期或出生后早期的前体细胞分化而来。B1 细胞在人和小鼠仅占 B 细胞总数的 5%～10%，主要分布于胸腔、腹腔和肠壁固有层中。B1 细胞主要识别属于 TI-2 抗原的多糖类物质，一般不发生体细胞突变，无抗体类别转换，主要产生 IgM 类的低亲和力抗体，不产生免疫记忆。B1 细胞参与对多种细菌的抗感染免疫。

近年又发现了一类细胞，称为固有淋巴样细胞（innate lymphoid cell, ILC）。ILC 缺乏抗原特异性受体，无须克隆扩增即可产生效应，效应机制类似 T 细胞。ILC 分为 ILC1、ILC2 和 ILC3 三个亚群。ILC1 主要分泌 IFN-γ，ILC2 主要分泌 IL-5、IL-13，ILC3 主要分泌 IL-17、IL-22。ILC1、ILC2 和 ILC3 分别与效应 T 细胞亚群 Th1、Th2 和 Th17 协作，分别在抗胞内病原体、抗寄生虫和抗胞外菌及真菌中起作用,并介导炎症反应、过敏反应和组织修复等。

第五节 肥大细胞、嗜酸性粒细胞、嗜碱性粒细胞

在固有和适应性免疫反应中,肥大细胞、嗜碱性粒细胞和嗜酸性粒细胞均有重要的效应。这三种细胞均有胞质颗粒,颗粒中含有多种炎症因子和抗菌物质。它们均参与抗寄生虫免疫防御并与超敏反应性疾病有关。

1. 肥大细胞(mast cell) 来源于骨髓干细胞,在其祖细胞时期便迁移至外周组织中,并就地发育成熟,主要分布于皮肤和黏膜上皮的血管周围,循环中几乎没有成熟的肥大细胞。肥大细胞胞质富含嗜碱性颗粒,内含细胞因子、组胺、中性蛋白酶及其他生物介质;其表面表达 IgE Fc 段受体、补体受体及某些微生物产物的受体等,通过这些受体与相应配体的结合,可诱导肥大细胞活化,释放胞质颗粒内容物,诱导血管改变,促进急性炎症反应。肥大细胞参与机体对蠕虫的防御及 I 型超敏反应。

2. 嗜碱性粒细胞(basophil) 来源于骨髓中的前体细胞,并在骨髓内发育成熟。成熟的嗜碱性粒细胞位于血液,占血液中白细胞的比例少于 1%。发生炎症时,受趋化因子诱导被募集至炎症组织。嗜碱性粒细胞的结构和功能与肥大细胞相似,但由于其在组织中的数量极少,故在宿主防御和超敏反应中的重要性仍不明确。

3. 嗜酸性粒细胞(eosinophil) 来源于骨髓,存在于血液和外周组织中,在组织中的含量是外周血的 100 倍左右,主要分布于呼吸道、胃肠道及泌尿生殖道黏膜层。嗜酸性粒细胞胞质中有大量嗜酸性颗粒,其中富含多种酶类,如过氧化物酶、酸性磷酸酶、组胺酶、碱性蛋白等。这些酶对寄生虫细胞有破坏作用,对宿主自身细胞也有损伤作用。嗜酸性粒细胞主要参与抗寄生虫免疫反应,并参与 I 型超敏反应的调节。

(韩晓伟)

1. 固有免疫细胞包括哪些种类?
2. 简述单核/巨噬细胞的主要生物学功能。
3. 三种专职 APC 在摄取、加工处理和提呈抗原时有何异同点?
4. NK 细胞杀伤靶细胞的机制有哪些?

第 10 章　T 淋巴细胞和 B 淋巴细胞

淋巴细胞（lymphocyte）是构成免疫系统的主要细胞，健康成人体内约有 10^{12} 个淋巴细胞。按表型与功能可分为不同的群体，包括 T 淋巴细胞（简称 T 细胞）、B 淋巴细胞（简称 B 细胞）和 NK 细胞等，它们还可进一步分为若干亚群。T、B 细胞是主要的两大淋巴细胞群体，均具有特异性的抗原受体，接受抗原刺激后发生活化、克隆扩增和分化，并产生效应，介导适应性免疫应答。

第一节　T 淋巴细胞

T 细胞即胸腺依赖性淋巴细胞（thymus-dependent lymphocyte）。骨髓中的淋巴样前体细胞进入胸腺中发育、分化，成熟后离开胸腺经血液定居于外周免疫器官，并循血液→组织→淋巴途径进行淋巴细胞再循环，这有利于淋巴细胞广泛接触进入体内的抗原，以发挥免疫作用。T 细胞在外周血液中占淋巴细胞总数的 70%～80%，在胸导管中达 90% 以上，淋巴结和脾脏中也大量存在。T 细胞介导细胞免疫应答，并在 B 细胞针对 TD-Ag 的体液免疫应答中发挥重要的辅助作用。

一、T 细胞的分化发育

T 细胞由源于骨髓多能造血干细胞的淋巴样干细胞经胸腺发育分化而来。在胸腺中发育分化的 T 细胞统称为胸腺细胞（thymocyte），在胸腺基质细胞及其表达的黏附分子和分泌的细胞因子及胸腺激素构成的胸腺微环境内，胸腺细胞经历复杂的抗原受体表达及选择过程，逐渐分化成熟，建立起能特异性识别各种抗原的 T 细胞库。成熟 T 细胞的特性为：①表达功能性 TCR，能特异性识别抗原；②具有识别抗原的 MHC 限制性；③对自身抗原具有耐受性。

1. T 细胞受体的发育　早期胸腺细胞位于胸腺皮质，因不表达 CD4 和 CD8 分子，故称为双阴性细胞（double negative cell，DN）。此时 T 细胞不表达 TCR，不能识别抗原。随着 DN 细胞向深皮质区迁移，TCR 进行发育和成熟。在此过程中，发生一系列基因的有序表达和关闭。以 αβT 细胞（TCR 由 α 链和 β 链组成）为例。DN 细胞在 RAG（recombination activation gene）的作用下发生 *TCRβ* 基因重排，同时通过等位基因排斥作用抑制 TCRβ 另一等位基因的重排。TCRβ 链与前 TCR 的 α 链（pre-Tα）组成 pre-TCR，后者激活 CD4 和 CD8 基因，DN 细胞分化为同时表达 CD4 分子和 CD8 分子的双阳性细胞（double positive cell，DP）并快速增殖。DP 停止增殖后，TCR 的 α 链基因开始重排，其表达的 TCRα 链取代 pre-Tα，形成功能性 TCR。*TCR* 基因重排使 TCR 具有高度多样性，等位基因排斥使每个 T 细胞克隆仅表达一种特异性 TCR。

2. T 细胞发育的阳性选择　DP 细胞继而经历阳性选择（positive selection）过程。若 T 细胞 TCRαβ 能与胸腺皮质上皮细胞表面结合了自身肽的 MHC Ⅱ类或 MHC Ⅰ类分子以适当的亲和力结合，T 细胞克隆即被选择，分别继续分化为 CD4⁺ 或 CD8⁺ 单阳性细胞（single positive cell，SP）。不能结合或以高亲和力结合 MHC Ⅰ类或 MHC Ⅱ类分子的 T 细胞则发生细胞凋亡（apoptosis）而被克隆清除。

经过阳性选择的 CD4⁺CD8⁻ T 细胞和 CD4⁻CD8⁺ T 细胞分别获得 MHC Ⅱ类和 MHC Ⅰ类分子限制性的识别能力。

3. T 细胞发育的阴性选择　在经历阳性选择后的 SP 细胞中，既包括识别非己抗原的特异性克隆，也包括针对自身抗原的自身反应性克隆，此时 T 细胞需经历阴性选择（negative selection）过程。离开深皮质区的 SP 细胞若能识别胸腺皮质与髓质交界处的髓质上皮细胞和树突状细胞（DC）表面的自身肽-MHC Ⅰ类或自身肽-MHC Ⅱ类分子复合物，即发生凋亡（apoptosis）而致克隆清除。不能识别该复合物的 T 细胞则能继续发育。由此，T 细胞通过阴性选择而获得对自身抗原的耐受性。

只有经历阳性选择和阴性选择后的 T 细胞，才能分化为成熟的、具有 MHC 限制性、仅识别异物抗原的 CD4$^+$CD8$^-$ 或 CD4$^-$CD8$^+$ 单阳性细胞，即具有免疫功能的成熟 T 细胞，进而离开胸腺迁移到外周血液，并进入外周免疫器官（图 1-10-1）。

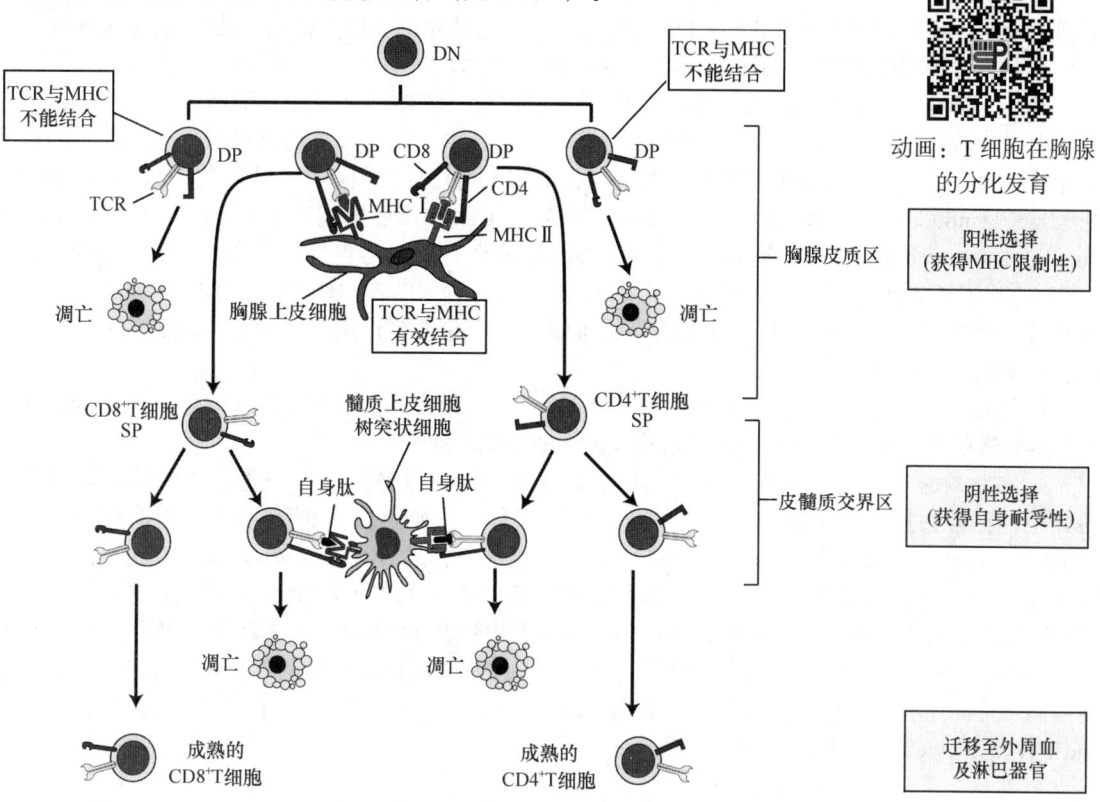

图 1-10-1　T 细胞在胸腺中发育的阳性选择和阴性选择

二、T 细胞表面分子及其作用

T 细胞表面分子不仅是鉴别和分离 T 细胞的重要依据，也是与其他免疫细胞相互作用、接受信号刺激并产生应答的物质基础。

1. TCR-CD3 复合物　T 细胞受体（T cell receptor, TCR）和 CD3 均为成熟 T 细胞的特征性表面标志。TCR 是 T 细胞特异性识别和结合抗原的受体，是由 α 和 β 链或 γ 和 δ 链组成的异二聚体。TCRαβ 膜外部分折叠成膜远端的可变区（V 区）和膜近端的恒定区（C 区），与免疫球蛋白的 Fab 结构相似。两条链的可变区分别由基因重排后所编码，形成特异性各不相同的 TCR 分子，由此决定 TCR 的多样性（群体数目高达 $10^{15}\sim10^{18}$）和 T 细胞识别抗原的特异性，可对环境中千变万化的抗原产生特异性免疫应答。TCRγδ 的多样性有限。

多数 T 细胞的 TCR 为 TCRαβ，其与 CD3 分子以非共价键结合为 TCR-CD3 复合物（图 1-10-2）。

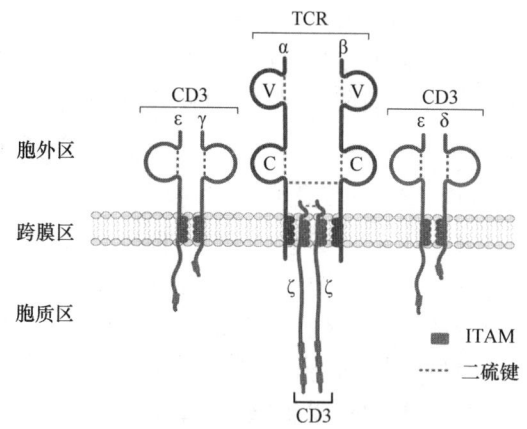

图 1-10-2　CD3 分子结构及 TCR-CD3 复合物

CD3分子是由γ、δ、ε、ζ、η五种肽链组成的六聚体，均为跨膜蛋白，多以γε、δε、ηη（ζζ）形式存在。在CD3胞质区含ITAM，TCR识别并结合由MHC分子提呈的抗原肽，导致ITAM所含酪氨酸磷酸化，活化相关激酶，将抗原识别信号传入胞内。另外，CD3还可稳定TCR的表达和结构。

2. TCR识别抗原的共受体 CD4为单链分子，胞外区有4个Ig样结构域；CD8为α和β链构成的异二聚体，胞外区各含一个Ig样结构域。T细胞的CD4和CD8分别可与APC表达的MHC Ⅱ类分子和MHC Ⅰ类分子的非多态区结合，稳定TCR-抗原肽-MHC分子结构，并参与T细胞活化信号转导。因此，CD4和CD8也被称为T细胞活化的辅助受体或共受体（co-receptor）。CD4也是人类免疫缺陷病毒（HIV）包膜上gp120的受体。

3. 共刺激分子 T细胞活化需要双信号，第一信号由TCR-CD3识别抗原肽-MHC产生，第二信号由T细胞和APC上多种黏附分子的相互作用产生。第二信号又称为共刺激信号，参与的分子称为共刺激分子。T细胞最重要的共刺激分子为CD28，此外参与提供共刺激信号的还有可诱导共刺激分子（inducible costimulatory molecule，ICOS）、CD2、淋巴细胞功能相关抗原1（lymphocyte function associated antigen-1，LFA-1）等。CD28为同源二聚体，胞外区各含一个Ig样结构域。CD28的配体是APC表面的B7家族成员CD80（B7-1）和CD86（B7-2）。CD28与APC表面B7结合后，产生共刺激信号，在初始T细胞的激活启动中起重要作用。如缺乏共刺激信号，T细胞则进入无能（anergy）状态。

活化的$CD4^+$T细胞可表达CD40L（CD154），与B细胞相应受体CD40结合，为B细胞活化提供共刺激信号，促进B细胞分化、增殖及抗体的类别转换。

4. 共抑制分子 T细胞表面与相应配体结合产生抑制信号，对T细胞活化发挥负调节作用的分子，称为共抑制分子或抑制性受体。CD152又称为细胞毒性T细胞相关抗原4（cytotoxic T lymphocyte-associated antigen-4，CTLA-4），主要表达于活化T细胞，其配体与CD28相同，也是APC上B7分子（CD80/86），但亲和力显著高于CD28，可与CD28竞争性结合B7，从而阻断CD28提供给T细胞的共刺激信号；同时CTLA-4与B7结合介导B7内化降解，进一步减少APC上B7的表达量，减少共刺激信号的产生，最终对T细胞的活化发挥负调节作用。此外，参与提供共抑制信号的还有细胞程序性死亡受体1（programmed death-1，PD-1）、B和T细胞弱化因子（B and T lymphocyte attenuator，BTLA）等。

5. 其他分子

（1）细胞因子受体（cytokine receptor，CKR）：多种细胞因子通过与T细胞表面相应受体（IL-1R、IL-2R、IL-4R、IL-6R及IL-7R等）结合而参与调节T细胞活化、增殖和分化。静止和活化的T细胞其表面CKR的种类、密度及亲和力差别很大。例如，静止T细胞仅表达中等亲和力的IL-2R，而活化T细胞可表达高亲和力IL-2R，因此激活的T细胞能接受较低水平IL-2的刺激而增殖。

（2）丝裂原受体：丝裂原（mitogen）可使静止状态的T细胞活化、增殖，转化为淋巴母细胞。植物血凝素（phytohemagglutinin，PHA）和刀豆蛋白A（concanavalin A，Con A）为最常用的T细胞丝裂原。应用PHA等作为刺激剂，通过淋巴细胞增殖试验可以判定机体T细胞的免疫功能状态。

（3）其他：T细胞表达MHC Ⅰ类分子，激活后的T细胞还可表达MHC Ⅱ类分子。T细胞表面还有抗体受体（FcR）、补体受体（CR1）等。

三、T细胞亚群及其功能

T细胞是高度异质性的细胞群体，根据其表面标志及功能特点，可分为不同亚群。

（一）αβT细胞和γδT细胞

根据TCR双肽链的构成不同，可分为αβT细胞和γδT细胞。αβT细胞多为$CD4^+$或$CD8^+$单阳性细胞，占外周血成熟T细胞的90%～95%，是体内参与适应性免疫应答的主要T细胞类型。γδT细胞归为固有免疫细胞（详见本编第9章）。

（二）$CD4^+$T细胞和$CD8^+$T细胞

αβT细胞按CD分子的表型不同可分为$CD2^+CD3^+CD4^+CD8^-$T细胞和$CD2^+CD3^+CD4^-CD8^+$T

细胞,简称为 CD4$^+$T 细胞和 CD8$^+$T 细胞。CD4$^+$T 细胞在功能上具有异质性,主要亚群是辅助性 T 细胞(Th),识别 APC 提呈的抗原肽 -MHC Ⅱ 类分子复合物,活化后分化为不同的 Th 亚群。具有调节作用的 Treg 细胞也为 CD4$^+$T 细胞。CD8$^+$T 细胞识别 APC 提呈的抗原肽 -MHC Ⅰ 类分子复合物,分化为细胞毒性 T 细胞(CTL 或 Tc),具有特异性细胞毒作用。

(三)辅助性 T 细胞(Th)、细胞毒性 T 细胞(CTL)和调节性 T 细胞(Treg)

根据 αβT 细胞的功能特点,分为 Th、CTL、Treg 等。

1. 辅助性 T 细胞(helper T lymphocyte,Th) 具有辅助 CTL 细胞、B 细胞活化,促进巨噬细胞功能等作用。受抗原性质、微环境细胞因子及 APC 的调控,Th 细胞可分化为 Th1、Th2、Th17、Tfh、Th9、Th22 等不同亚群,分泌不同的细胞因子,发挥不同的免疫效应。

(1)Th1 细胞:主要分泌 IFN-γ、IL-2、TNF 等 Th1 型细胞因子,参与细胞免疫,介导与 Ⅲ 型和 Ⅳ 型超敏反应及炎症有关的应答。Th1 细胞在抗胞内病原体感染中发挥重要作用。Th1 细胞持续性强应答,可能与器官特异性自身免疫病、接触性皮炎、某些慢性炎症性疾病、急性同种异体移植排斥反应等的发生有关。

(2)Th2 细胞:主要分泌 IL-4、IL-5、IL-13 和 IL-10 等 Th2 型细胞因子,可增强体液性免疫应答。在蠕虫感染和针对环境变应原的应答中,主要是 Th2 细胞参与。过度的 Th2 细胞应答可能在过敏性疾病中起重要作用。

局部微环境中的细胞因子是调控 Th 细胞分化方向的关键因素。例如,IFN-γ 和 IL-12 促进 Th 细胞分化为 Th1 细胞,Th1 分泌的 IFN-γ 抑制 Th2 细胞增殖;IL-4 诱导 Th 细胞分化为 Th2 细胞,Th2 细胞分泌的 IL-4 和 IL-10 可抑制 Th1 细胞的分化和功能,从而间接促进 Th2 细胞分化。

(3)Th17 细胞:主要分泌 IL-17、IL-21、IL-22 等细胞因子,可刺激多种细胞产生促炎性细胞因子,募集中性粒细胞形成炎症反应,是参与抗感染应答的效应细胞之一,在抗胞外菌和真菌感染中起重要作用。

(4)滤泡辅助性 T 细胞(follicular helper T cell,Tfh):定位于淋巴滤泡,可分泌具有 Th1/Th2/Th17 特征的细胞因子,如 IL-4、IFN-γ、IL-21 等。目前认为,Tfh 细胞是辅助 B 细胞产生抗体的重要 T 细胞亚群。

2. 细胞毒性 T 细胞(cytotoxic T lymphocyte,CTL 或 cytotoxic T cell,Tc) 大多为 CD8$^+$T 细胞,是细胞免疫应答的主要效应细胞,可特异性杀伤靶细胞,在肿瘤免疫、抗病毒感染、同种异体移植排斥反应中发挥重要作用(详见本编第 12 章)。体内还存在 CD4$^+$CTL 细胞,主要对免疫应答进行负调节。

3. 调节性 T 细胞(regulatory T cell,Treg) 通常所称的 Treg 的表型特征为 CD4$^+$CD25$^+$Foxp3$^+$。其在胸腺形成的称为天然调节性 T 细胞(nTreg),在外周由抗原诱导产生的称为诱导型调节性 T 细胞(iTreg)。Treg 通过细胞直接接触或分泌具有免疫抑制作用的细胞因子(如 TGF-β、IL-10)对多种免疫细胞发挥免疫抑制效应。此外,也存在一群 CD8$^+$Treg,对自身反应性 CD4$^+$T 细胞具有抑制活性。

(四)初始 T 细胞、效应 T 细胞和记忆 T 细胞

1. 初始 T 细胞(naive T cell) 指从未接受过抗原刺激的成熟 T 细胞,高表达 CD62L 和 CD45RA,受抗原刺激后,活化、增殖并分化为效应 T 细胞。

2. 效应 T 细胞(effector T cell) 指具有免疫效应功能的 T 细胞,高表达 IL-2 受体及 CD45RO。在外周免疫器官产生后,向炎症组织迁移。包括 Th1、Th2、Th17、Tfh、CTL、Treg 等。

3. 记忆 T 细胞(memory T cell,Tm) 指可维持机体免疫记忆的 T 细胞。在免疫应答后期,部分活化的 T 细胞分化为 Tm,Tm 是一种长寿命细胞。Tm 可自发增殖,使其数量维持在一定水平。当 Tm 接受相同抗原刺激后可迅速活化,并分化为效应 T 细胞和新生记忆性 T 细胞。

第二节 B 淋巴细胞

B 细胞来源于骨髓,在哺乳动物的骨髓(禽类在腔上囊)中分化成熟,因而称为骨髓依赖性淋巴细胞(bone marrow-dependent lymphocyte)或囊依赖性淋巴细胞(bursa-dependent lymphocyte)。B 细胞在脾脏和淋巴结中大量存在,在外周血中占淋巴细胞总数的 10%~15%。B 细胞是体内产生抗体的细胞,主要执行体液免疫,也是专职抗原提呈细胞之一。

一、B 细胞的分化发育

B 细胞来源于骨髓淋巴样前体细胞。早期 B 细胞的增殖分化与骨髓造血微环境密切相关,骨髓基质中的细胞因子和黏附分子是 B 细胞发育的必要条件。B 细胞发育分为两个阶段。第一阶段主要发生于骨髓,围绕功能性 BCR 表达和自身耐受形成进行。经历 Ig 基因重排,前 B 细胞胞质内首先出现 μ 链,随后产生轻链,装配成 IgM,插入细胞膜表面形成 SmIgM(BCR),发育为不成熟 B 细胞。不成熟 B 细胞若能以其 BCR(mIgM)与骨髓中出现的自身抗原发生结合,则通过受体编辑而改变 BCR 使之成为非自身反应性 B 细胞而发育成熟,如受体编辑失败则发生细胞凋亡或失能,其生物学意义类似于 T 细胞成熟过程中的阴性选择,清除自身反应性 B 细胞克隆。不与自身抗原结合的 B 细胞克隆则迁出骨髓进入脾脏,进一步表达 mIgD,分化为成熟 B 细胞(未接触抗原前称为初始 B 细胞)。此过程不需抗原刺激,被称为 B 细胞分化的非抗原依赖期。在第二阶段,成熟 B 细胞进入外周免疫器官,受抗原刺激后活化增殖并形成生发中心,在生发中心经历 Ig 可变区体细胞高频突变、亲和力成熟、类别转换等复杂事件,最终分化为浆细胞,产生特异性抗体,少数 B 细胞分化为记忆性 B 细胞,此阶段称为 B 细胞分化的抗原依赖期(详见本编第 12 章)(图 1-10-3)。

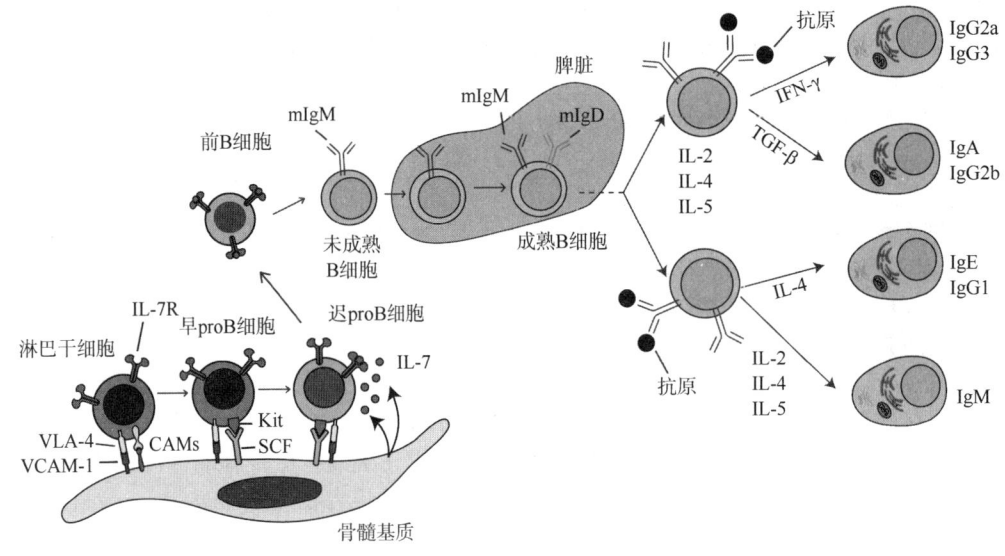

图 1-10-3　B 细胞分化和成熟的两个阶段示意图

二、B 细胞的表面分子及其功能

1. BCR-Igα/Igβ 复合物　B 细胞受体(B cell receptor,BCR)又称为表面膜免疫球蛋白(surface membrane immunoglobulin,SmIg),是 B 细胞识别和结合抗原的结构。其化学本质是免疫球蛋白(Ig),其羧基端位于 B 细胞膜胞质侧,Fab 段向外暴露以结合抗原,可直接识别抗原分子的天然构象表位。BCR 的群体种类高达 $1 \times 10^9 \sim 1 \times 10^{12}$,形成 BCR 的高度多样性,赋予机体识别各种抗原的巨大潜能。

Igα(CD79a)和 Igβ(CD79b)以二聚体形式存在于成熟的 B 细胞表面,其胞质段含 ITAM 基序。

2个Igα、Igβ异二聚体与mIg相连,形成BCR-Igα/Igβ复合物。BCR特异性识别抗原分子中的B细胞表位,Igα/Igβ将BCR的抗原特异性识别信号转导至胞内。BCR-Igα/Igβ复合物的功能类似于T细胞的TCR-CD3复合物。

2. B细胞活化的共受体　B细胞表面的CD19、CD21和CD81以非共价键结合,形成CD19/CD21/CD81复合物,辅助B细胞的活化,是B细胞活化的共受体。CD21是补体受体2(CR2),通过结合BCR所识别的抗原上包被的补体成分,介导CD19与BCR交联。CD19是一种跨膜蛋白,其胞质区可辅助转导BCR的抗原识别信号。

3. 共刺激分子　CD40是B细胞表面最重要的共刺激分子,其与活化T细胞表面CD40L结合,为B细胞活化提供共刺激信号,也是生发中心形成的必要条件。

CD80/CD86表达在活化B细胞表面,是重要的共刺激分子。CD80/CD86与CD28结合,促进T细胞激活;若与CTLA-4结合,则阻断T细胞活化的共刺激信号,抑制T细胞活化。

4. 抑制性受体　FcγRⅡB表达于多数B细胞表面,胞质段有ITIM基序,其与BCR所结合的抗原抗体复合物中的抗体IgG Fc段结合,使FcγRⅡB与BCR发生交联,从而抑制B细胞的分化与抗体生成。此外,CD22也是B细胞的抑制性受体。

5. 其他分子

(1)细胞因子受体:B细胞表面表达IL-1R、IL-2R、IL-4R、IL-5R、IL-6R、IL-7R及IFN-γR等多种细胞因子受体,通过与细胞因子结合而参与或调节B细胞活化、增殖和分化。

(2)补体受体(CR):多数B细胞表面表达CR1(CD35)和CR2(CD21)。CR1也称为C3b受体,主要见于成熟B细胞,在B细胞活化后表达升高,CR1与相应配体结合可促进B细胞活化。CR2即CD21,为某些C3裂解片段(如C3dg、C3d)的受体,也是EB病毒受体。

(3)丝裂原受体:美洲商陆(PWM)对T细胞和B细胞均有致有丝分裂作用,脂多糖(LPS)是常用的小鼠B细胞丝裂原,金黄色葡萄球菌A蛋白(SPA)可刺激人B细胞分裂增殖。

(4)MHC分子:B细胞可表达MHCⅠ类分子和MHCⅡ类分子,MHCⅡ类分子可与Th细胞表面CD4结合,增强B细胞与Th细胞间的黏附作用,参与抗原提呈和淋巴细胞激活。

三、B细胞亚群及功能

根据是否表达CD5分子,可将人B细胞分为B1(CD5$^+$)细胞和B2(CD5$^-$)细胞两个亚群。B1细胞归属固有免疫细胞(详见本编第9章),B2细胞即通常所称的B细胞,由骨髓中多能造血干细胞分化而来,是介导体液免疫应答的主要细胞。在Th细胞辅助下,B2细胞才能被完全激活并介导对TD-Ag的免疫应答,产生特异性抗体。B2细胞介导的免疫应答特点是:可发生体细胞突变,有免疫球蛋白类别的转换,产生高亲和力抗体,可产生免疫记忆细胞。B2细胞作为一类专职性APC可借其表面的BCR结合可溶性抗原,有效地提呈可溶性抗原。此外,活化的B细胞可产生多种细胞因子,参与免疫调节、炎症反应等过程。

对B细胞功能亚群的认识相对滞后,近年的重要发现是,体内存在调节性B细胞,主要通过分泌IL-10发挥免疫负调节作用,亦将其称为B10细胞。

(陶方方)

1. 试述T、B细胞主要的表面分子及其功能。
2. 试述T细胞亚群及其功能。
3. 谈谈你对T细胞胸腺选择的过程及意义的认识。
4. 试述B细胞分化和成熟的两个阶段(非抗原依赖阶段和抗原依赖阶段)。

第三篇 免疫应答

第 11 章 固有免疫应答

固有免疫应答是机体最早启动的抗微生物的反应，是抗病原体感染的第一道防线。固有免疫也能识别并清除受损和死亡的宿主细胞及启动组织修复。固有免疫还能启动后续的适应性免疫，影响其反应类型并参与其效应。

第一节 固有免疫系统的构成

机体多种成分参与了固有免疫应答。第一，皮肤黏膜屏障阻挡了微生物的入侵；第二，当微生物突破了皮肤黏膜屏障后，固有免疫分子即刻发挥识别及清除作用；第三，固有免疫细胞通过受体识别微生物后活化，产生清除病原体的效应。

1. 组织屏障 体内与外界环境之间的交界面是皮肤及胃肠道、呼吸道和泌尿生殖道黏膜，这层交界面构成了机体内环境的组织屏障，是机体抗感染的第一道防线。皮肤黏膜通过以下几种方式发挥作用：①物理屏障：皮肤黏膜细胞间的紧密连接阻止了微生物从细胞间进入体内，皮肤表面不断脱落的角质细胞可以去除皮肤表面的微生物并阻止其进入真皮层。黏膜上皮中的杯状细胞分泌的黏液增加了微生物入侵的难度并利于微生物的排出。肠蠕动、呼吸道上皮细胞纤毛的定向摆动以及尿液的冲洗等生理功能，均有利于排出病原体。②化学屏障：皮肤和黏膜的附属器可分泌多种抑菌和杀菌物质。例如，汗腺分泌的乳酸，皮脂腺分泌的不饱和脂肪酸，胃液中的胃酸，以及呼吸道、消化道和泌尿生殖道分泌液中的溶菌酶、抗菌肽等。③微生物屏障：皮肤和黏膜表面定植的 500 种以上的共生微生物可抑制病原微生物定居和侵袭。此外，某些共生微生物可分泌抑制其他微生物生长的化学物质，如过氧化氢、细菌素等。

除了隔离内外环境的皮肤黏膜屏障外，体内一些重要器官和组织也有屏障结构，如血脑屏障和胎盘屏障等。血脑屏障由软脑膜、脉络膜的毛细血管壁及包绕在壁外由星形胶质细胞形成的胶质膜构成，可阻止血液中的病原微生物及其他大分子物质进入脑组织。婴幼儿血脑屏障发育不完善，故易发生颅内感染。胎盘屏障由母体子宫内膜的基蜕膜和胎儿的绒毛膜滋养层细胞构成，可阻止母体内的病原微生物进入胎儿体内。妊娠早期（3～4 个月内）胎盘屏障发育不完善，母体感染的风疹病毒、巨细胞病毒等可通过胎盘进入胎儿体内，引起流产、死胎或胎儿畸形等。

2. 固有免疫分子 病原体或异物进入机体数小时之内，机体体液中预存的以及即刻生成的效应分子即发挥清除作用，也称之为体液因子。参与固有免疫的体液因子有补体、防御素、溶菌酶、急性期蛋白等，其中最为重要的是补体系统（详见本编第 5 章）。

防御素（defensins）为小分子阳离子多肽，由黏膜上皮细胞和某些含颗粒的细胞如中性粒细胞、NK 细胞及 CTL 分泌，对细菌、真菌和有包膜病毒有防御作用。人类防御素有 α、β 两个家族。小肠潘氏细胞是 α 防御素的主要产生细胞。细胞因子或微生物代谢产物能增强某些防御素的分泌。防御素的作用机制包括：①直接杀伤作用：能与病原体上带负电荷成分（如 G^+ 菌的磷壁酸、G^- 菌的脂多糖及病毒包膜脂质等）结合，使其膜通透性升高而破裂，导致病原体死亡；②诱导炎症反应：可促进 IL-8、IL-6、IFN-γ、白三烯 B4（leukotriene B4，LTB4）和 IL-10 产生，发挥趋化作用和致炎作用。

溶菌酶（lysozyme）为不耐热碱性蛋白，主要来源于吞噬细胞，广泛存在于体液、外分泌液和吞噬细胞的溶酶体中，可溶解 G⁺ 菌细胞壁的主要成分肽聚糖，使细菌溶解死亡。

急性期蛋白（acute phase protein，APP）是由巨噬细胞分泌的细胞因子诱导肝细胞产生的一组血清蛋白，包括甘露聚糖结合凝集素（MBL）、C 反应蛋白（C reactive protein，CRP）、纤维蛋白原等。MBL 和 CRP 均可结合病原体并活化补体。

此外，还有多种细胞因子参与固有免疫。

3. 固有免疫细胞　自病原体或异物进入机体数小时至数天内，多种固有免疫细胞（详见本编第 9 章）识别病原体，活化并产生清除病原体的效应。固有免疫细胞一般处于活化或近活化状态，一旦识别病原体，不需经过克隆增殖和分化过程，即可迅速产生效应。

第二节　固有免疫的识别机制

1. 固有免疫识别的物质　固有免疫识别的分子结构是微生物特有的（哺乳动物不具有），结构保守且是微生物生存必要的分子结构，这种结构被称为病原体相关分子模式（pathogen associated molecular pattern，PAMP）。不同的病原体表达不同的 PAMP。常见的 PAMP 包括：微生物特有的核酸（如病毒的 dsRNA），细菌的非甲基化 CpG DNA 序列，以 N- 甲酰甲硫氨酸开头的细菌蛋白质，细菌合成而哺乳动物没有的脂类和糖类如 LPS、磷壁酸、富含甘露糖的寡糖等。PAMP 是固有免疫区分"自己"和"非己"的重要结构标志。

固有免疫也可识别损伤或死亡的自身细胞释放的内源性物质，这些物质被称为损伤相关分子模式（damage associated molecular pattern，DAMP）。因微生物感染而受损的细胞可产生 DAMP，无菌性损伤也能产生 DAMP，如化学毒素、烧伤、创伤、供血减少等。主要的 DAMP 包括高迁移率组蛋白 B1（high mobility group box 1 protein B1，HMGB1）、热休克蛋白（heat shock protein，HSP）、尿酸结晶、ATP 等。

2. 固有免疫的识别受体　识别 PAMP/DAMP 的受体被称为模式识别受体（pattern recognition receptor，PRR）。固有免疫的模式识别受体由胚系基因编码，其种类较适应性免疫抗原识别受体少得多。据估计，固有免疫系统仅可识别 10^3 种分子模式；而适应性免疫抗原受体的基因由多基因片段的重组产生，至少可识别 10^7 种抗原。因此，固有免疫一般仅能区分微生物的类别或区分受损和健康的细胞，但不能区分微生物的种类或细胞的类型。固有免疫系统不与正常的、健康的自身细胞或组织反应。

固有免疫细胞（主要是中性粒细胞、单核/巨噬细胞和未成熟 DC）表达数量众多且不同类别的 PRR，表明其在固有免疫中具有重要作用。大多数 PRR 和细胞内信号系统相关联，通过胞内信号激活多种细胞反应。

PRR 包括细胞相关型 PRR 和分泌型 PRR。细胞相关型 PRR 可表达于细胞膜、内体或溶酶体膜上，如 TLR；也可存在于细胞质中，如 NLR 和 RLR（图 1-11-1）。分泌型 PRR 则存在于体液及外分泌液中，如补体蛋白、C 反应蛋白、MBL、胶原凝集素等。

（1）Toll 样受体（Toll like receptor，TLR）：是进化上保守的 PRR，主要表达于吞噬细胞和上皮细胞等细胞膜上，识别多种微生物结构。人类中已发现 9

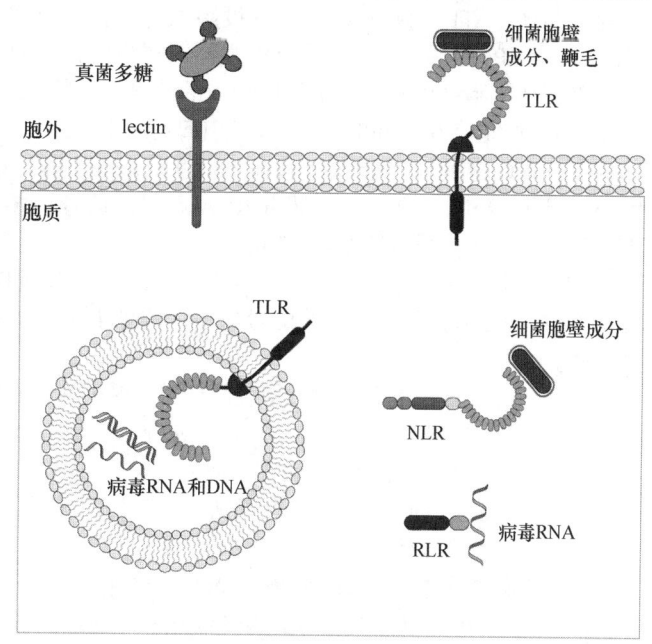

图 1-11-1　固有免疫的细胞相关型识别受体

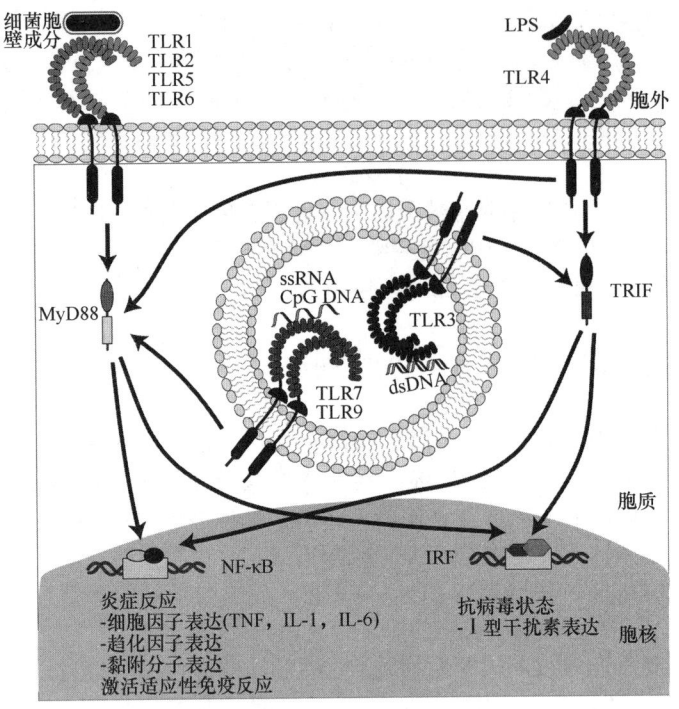

图 1-11-2 TLR 的信号反应

种 TLR（TLR1～TLR9）。TLR 以二聚体形式表达于膜上。TLR1、TLR2、TLR4、TLR5 和 TLR6 表达于细胞膜上，识别胞外环境中的 PAMP，如 TLR1/TLR2 和 TLR2/TLR6 识别革兰氏阳性菌的磷壁酸，TLR4 识别革兰氏阴性菌的脂多糖（LPS），TLR5 识别细菌鞭毛。TLR3、TLR7、TLR8 和 TLR9 表达于细胞的内体膜上，可探测内膜系统中的核酸，如 TLR3 识别病毒 dsRNA，TLR7 和 TLR8 识别病毒 ssRNA，TLR9 识别非甲基化的 CpG 序列。TLR 也能识别由损伤细胞产生的 DAMP，如细胞死亡或损伤过程中释放到胞外的 HSP（监视各种细胞压力）和 HMGB1（参与转录和 DNA 修复），可被巨噬细胞和树突状细胞的 TLR2 和 TLR4 识别。

识别 PAMP 和 DAMP 后，TLR 活化几种信号途径并产生多种转录因子。一组转录因子是 NF-κB 和 AP-1，两者促进促炎性细胞因子（如 TNF、IL-1 等）、趋化因子（如 CCL2、CXCL8 等）和黏附分子（如 E-选择素）的表达，介导炎症效应；另一组转录因子是干扰素调节因子 3（interferon regulatory factor 3，IRF3）和干扰素调节因子 7（interferon regulatory factor 7，IRF7），两者促进 I 型 IFN（IFN-α 和 IFN-β）的产生，介导抗病毒反应（图 1-11-2）。

（2）NOD 样受体（nucleotide oligomerization domain like receptor，NLR）：作为胞质内受体，主要用于探测细胞质中感染或细胞损伤的信号，如胞壁酰二肽、LPS、细菌与病毒的 RNA、内源性的结晶体、ATP、胞内 K^+ 离子浓度降低等。目前已发现的 NLR 有 20 余种。重要的有 NOD1、NOD2、NLRP3 等。NOD1 和 NOD2 主要识别胞质相关分子模式，激活 NF-κB，促进炎症基因的表达。NLRP3 对胞质内模式分子反应形成的信号复合物，称为炎性体（inflammasome），炎性体激活 caspase-1，进而使 IL-1 和 IL-18 成熟，引起炎症反应。

（3）RIG 样受体（retinoic acid inducible gene I like receptor，RLR）：可识别来自病毒的双链 RNA 和单链 RNA。RLR 结合病毒 RNA 后启动信号转导，激活转录因子 IRF3 和 IRF7，诱导 I 型 IFN 产生。RLR 信号也能激活 NF-κB。

（4）细胞质 DNA 感受器（cytosolic DNA sensor，CDS）：可探测细胞质中各种胞内感染病原体所释放的 DNA，并激活相关信号途径，诱导 I 型干扰素产生，启动自吞噬途径，最终清除胞内病原体。

（5）糖类受体：可识别微生物表面糖类，促进细胞吞噬微生物并刺激后续的适应性免疫应答。这些受体属于 C 型凝集素受体（C type lectin receptor，CTLR）家族。一般而言，这些细胞表面的凝集素只识别微生物而非哺乳动物表面的糖类，如甘露糖受体、Dectin。甘露糖受体参与对微生物的吞噬。Dectin 是 DC 的受体，可识别真菌表面的糖类。Dectin 诱导 DC 产生多种细胞因子、增强炎症并促进 T 细胞分化为 Th17。

（6）清道夫受体（scavenger receptor）：是吞噬细胞表面的一组异质性蛋白，可识别 G^+ 菌磷壁酸、G^- 菌脂多糖及凋亡细胞表面的磷脂酰丝氨酸，通过受体介导的内吞作用，将病原体或凋亡细胞吞入细胞内杀伤清除。此外，某些清道夫受体还参与脂蛋白代谢。

TLR、NLR、RLR 及 CDS 是信号转导型受体，与 PAMP 或 DAMP 结合后，通过启动特定的信号转导通路，诱导不同的基因表达，活化细胞并产生一系列免疫效应分子；糖类受体和部分清道夫受体则是吞噬型受体，识别 PAMP 或 DAMP，介导对微生物及衰老/凋亡细胞的吞噬作用。

第三节　固有免疫细胞的效应

吞噬细胞识别 PAMP 和 DAMP 后，启动细胞内信号途径，激活转录因子，继而释放大量细胞因子，其固有免疫效应主要表现为炎症和抗病毒反应，DC 则还有抗原提呈效应。NK 细胞和固有样淋巴细胞通过各自识别模式活化，其效应主要表现为细胞毒作用、释放细胞因子及产生天然抗体。

1. **炎症反应**　固有免疫系统处理感染和组织损伤的最主要的方式是急性炎症反应。炎症的基本作用是：①传输效应细胞和分子进入感染部位；②激活局部凝血反应以阻止病原体通过血液扩散；③促进损伤的组织修复。以下主要介绍固有免疫效应细胞和分子在炎症反应中发挥的作用。

（1）释放炎症性细胞因子：在固有免疫的早期，组织中的巨噬细胞、肥大细胞及未成熟 DC 通过其 PRR 识别 PAMP 和 DAMP 后，通过胞内信号转导激活转录因子 NF-κB、AP-1 或形成炎性体，导致大量炎性细胞因子的产生。最主要的炎性细胞因子是 TNF、IL-1 和 IL-6。它们通过以下机制介导炎症反应：①加快局部血流，增加血管通透性，促进白细胞、血浆蛋白（含补体、抗体）及体液渗出；②促进血管内皮细胞表达促凝血蛋白，形成局部小血管凝血，阻止病原体扩散；③诱导肝脏合成多种急性期蛋白，如 MBL、CRP，激活补体；④作用于下丘脑体温调节中枢，升高体温，抑制病原体繁殖；⑤诱导 DC 向淋巴结迁移，促进抗原提呈并启动适应性免疫应答。

（2）募集吞噬细胞：血液中的中性粒细胞、单核细胞等被募集至感染或组织损伤部位是炎症反应的重要特征。感染或损伤部位产生的细胞因子，是募集吞噬细胞的主要分子。其作用为：① TNF 和 IL-1 诱导炎症部位的毛细血管内皮细胞表达黏附分子 E-选择素并增加 ICAM-1 和 VCAM-1 的表达；②趋化因子 CXCL8（IL-8）和 CCL2（MCP-1）可分别增加中性粒细胞和单核细胞上整合素黏附分子与其配基 ICAM-1 和 VCAM-1 的亲和力；③趋化因子可指导白细胞沿其浓度梯度迁移并聚集到感染或损伤部位；④ TNF、IL-1 和 IL-6 与 CSF 协同作用刺激骨髓中白细胞的产生。在上述细胞因子的作用下，血液中的白细胞与血管内皮细胞黏附并穿越血管内皮向血管外移行，聚集到炎症部位。中性粒细胞是首先到达炎症部位的效应细胞。

（3）吞噬细胞的吞噬和杀伤作用：被募集到感染部位的中性粒细胞、单核/巨噬细胞及 DC 等通过表面受体（主要是 C 型凝集素受体和清道夫受体）识别并结合微生物。被结合到吞噬细胞受体上的微生物随即被内化形成吞噬体，吞噬体和溶酶体融合后形成吞噬溶酶体，微生物被杀死，同时产生的肽段被提呈给 T 细胞启动适应性免疫应答。其他信号型受体通过识别 PAMP 传递信号增强吞噬细胞杀菌作用。覆盖了抗体、补体片段的微生物也可通过相应的调理素受体被吞噬细胞吞噬。

吞噬溶酶体中主要有三种杀菌机制。

1）活性氧（reactive oxygen species，ROS）：活性氧是具有很强杀菌能力的氧化物，由 NADPH 氧化酶（吞噬细胞氧化酶）利用氧分子产生。静息状态的中性粒细胞颗粒中及巨噬细胞溶酶体中的 NADPH 氧化酶因未完成组装而无活性。当存在 IFN-γ 和 TLR 的信号时，NADPH 氧化酶组装后活化，可在短时间消耗大量的氧分子，在吞噬溶酶体腔内产生超氧阴离子（O_2^-）。这一过程被称为呼吸爆发。超氧阴离子经超氧化物歧化酶转化为 H_2O_2，再进一步反应生成大量具有强烈杀菌作用的物质，如 ·OH、OCl^-、OBr^- 等。

2）NO：活化巨噬细胞也可通过 iNOS 酶产生活性氮，主要是 NO。在吞噬溶酶体内，NO 与过氧化氢或超氧化物一起产生高反应性的过氧化亚硝酸盐自由基杀死微生物（图 1-11-3）。

3）蛋白酶：在活化的中性粒细胞和巨噬细胞的吞噬溶酶体中，可产生数种蛋白酶破坏微生物。

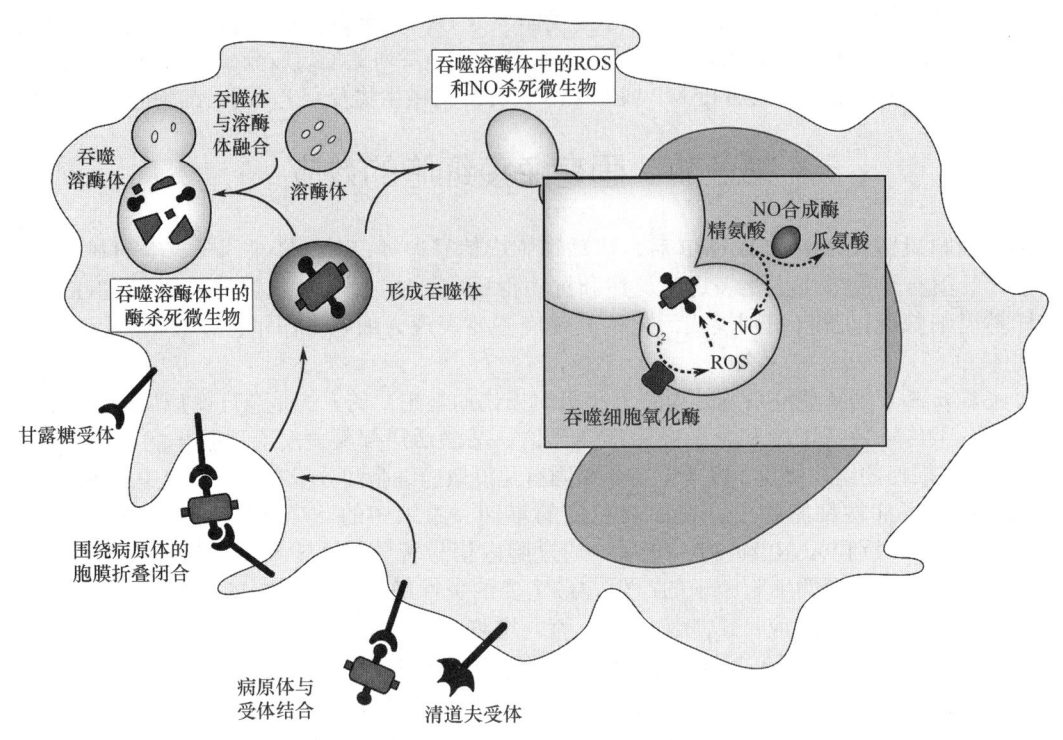

图 1-11-3 吞噬细胞杀菌机制

如具有广谱杀菌作用的弹性蛋白酶、组织蛋白酶 G 等。

当巨噬细胞和中性粒细胞高度活化时,产生的溶酶体酶、ROS 和 NO 如果进入胞外环境,可导致正常组织的损伤。

2. 抗病毒反应 固有免疫在抗病毒感染中的主要作用是诱导 Ⅰ 型 IFN 的表达。Ⅰ 型 IFN 是一组介导早期固有免疫抗病毒反应的细胞因子,主要包括 IFN-α 和 IFN-β。几乎所有的细胞都可产生 Ⅰ 型 IFN,但 pDC 更擅长产生 Ⅰ 型 IFN,其产量约为其他细胞的 1000 倍以上。病毒核酸与细胞内病毒感受器(某些 TLR 和 RLR)结合,激活 IRF3 和 IRF7,进而产生 Ⅰ 型 IFN。

Ⅰ 型 IFN 的抗病毒作用机制:①由病毒感染细胞分泌的 Ⅰ 型 IFN 通过与邻近未感染细胞表面 Ⅰ 型 IFN 受体结合,启动胞内信号途径,使细胞进入抗病毒状态,遏制病毒在细胞内的复制。例如,Ⅰ 型 IFN 激活丝氨酸/苏氨酸蛋白激酶(PKR),可封闭病毒转录和翻译,激活 2′,5′-寡腺苷酸合成酶促进病毒 RNA 的降解。②促进病毒感染细胞 MHC Ⅰ 类分子表达,从而增加其被 CTL 识别和攻击的概率。③促进 NK 细胞和 CTL 的细胞毒作用,杀伤病毒感染细胞。

3. NK 细胞及固有样淋巴细胞的效应

(1)细胞毒作用:NK 细胞、γδT 细胞及 NKT 细胞均可通过细胞毒作用破坏病原体感染的细胞及肿瘤细胞,甚至对病原体本身也具有细胞毒作用。

(2)分泌细胞因子:NK 细胞、γδT 细胞及 NKT 细胞活化后可分泌多种细胞因子参与固有免疫反应。NK 细胞活化后分泌 IFN-γ 可激活巨噬细胞并促进 T 细胞分化。NKT 细胞受到抗原刺激后能迅速产生 IL-4、IL-10 和 IFN-γ,辅助淋巴滤泡边缘区 B 细胞产生抗脂类抗体。γδT 细胞可分泌 IL-2、IL-3、IL-4、INF-γ、GM-CSF 和 TNF 参与免疫调节。

(3)天然抗体(natural antibody):是 B1 细胞在没有明显抗原暴露的情况下产生的具有有限多样性的抗体。天然抗体大部分是 IgM,识别病原体、"压力"细胞及濒死细胞表面的糖类或脂类。例如,病原体细胞膜及凋亡细胞表面暴露的磷脂基团(如溶血磷脂酰胆碱和磷酸胆碱)可被天然抗体识别,因而有利于清除病原体和凋亡细胞。健康的宿主细胞则不会暴露这些磷脂基团。ABO 血型抗体也是一类天然抗体,可导致输血反应及超急性排斥反应。

第四节　固有免疫应答与适应性免疫应答的关系

1. **启动适应性免疫应答**　在固有免疫应答阶段，APC（主要为 DC）摄取并加工处理抗原，将抗原肽 -MHC 分子复合物表达于细胞表面，提呈给 T 细胞；同时，固有免疫应答诱导 APC 表面共刺激分子（如 B7 等）表达上调，为特异性 T 细胞的活化提供双信号，从而启动适应性免疫应答。

2. **影响适应性免疫应答的类型和强度**　固有免疫细胞分泌不同的细胞因子，决定不同的免疫应答类型。例如，胞内菌感染时，APC 分泌 IL-12 诱导 T 细胞分化为 Th1，发生以细胞免疫为主的反应；蠕虫感染时，活化的肥大细胞释放 IL-4，促进 T 细胞分化为 Th2，发生以体液免疫为主的反应。固有免疫产生的细胞因子也可刺激适应性免疫中淋巴细胞的增殖和分化，如 IL-6 促进活化的 B 细胞产生抗体。

3. **参与适应性免疫应答的效应**　大多适应性免疫应答的效应细胞和分子并无直接杀伤病原体的作用，需依赖固有免疫细胞和分子协同发挥作用。例如，抗体需通过对吞噬细胞的调理作用和激活补体才能有效清除病原体；Th1 细胞需通过分泌细胞因子激活巨噬细胞才能发挥其效应。

（王旭丹）

1. 固有免疫系统识别的物质成分是什么？固有免疫识别这些物质的受体有哪些？
2. 固有免疫应答的炎症效应中，吞噬细胞如何传输到感染部位？又如何发挥抗感染效应？
3. 固有免疫阶段，机体抵御病毒感染的主要方式有哪些？

第12章 适应性免疫应答

适应性免疫应答是指 T 细胞和 B 细胞识别抗原后活化、增殖、分化为效应细胞，并产生免疫效应的全过程。固有免疫应答是机体最早启动的抗感染防御机制，但某些病原体能突破这一早期防御，在体内持续增殖。机体的淋巴细胞在体细胞阶段通过多基因片段重组和突变形成了高度多样性的抗原受体（TCR、BCR），利用这些受体可感知几乎无限的抗原结构，从而建立适应性免疫应答（adaptive immune response）。适应性免疫应答具有抗原特异性和免疫记忆性，能够有针对性地对病原体发挥强有力的免疫效应，并建立对再次感染的免疫力。

适应性免疫应答的启动者是抗原，其本质是机体识别"自己"与"非己"，排除"非己"抗原，维持机体内环境稳定的保护性反应。但在某些情况下，免疫应答的结果可表现为功能障碍和组织损伤甚至引起疾病，如超敏反应性疾病、自身免疫病等。

适应性免疫应答可分为 T 细胞介导的细胞免疫（cellular immunity）和 B 细胞介导的体液免疫（humoral immunity）。外周免疫器官和组织（淋巴结、脾脏、黏膜相关淋巴组织等）是适应性免疫应答发生的主要场所，免疫细胞（主要是 APC 和 T、B 细胞）在此发生复杂的相互作用并彼此协作进行免疫应答。整个过程可分为三个阶段，即抗原识别阶段、活化增殖和分化阶段及效应阶段。抗原被清除后，活化增殖的淋巴细胞发生凋亡，免疫系统恢复稳态，同时形成抗原特异性记忆细胞（图 1-12-1）。

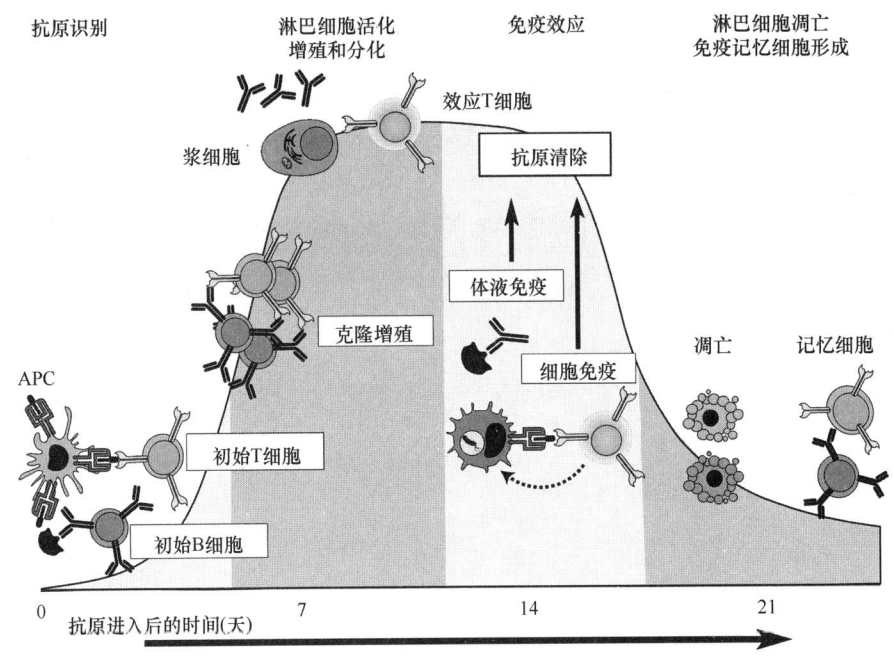

图 1-12-1　适应性免疫应答的基本过程

第一节　T 细胞介导的细胞免疫

发育成熟的初始 T 细胞从胸腺进入血液循环，到达外周免疫器官和组织，并在血液和淋巴组织间进行再循环,以便随时识别特异性抗原。T 细胞识别抗原后,活化并增殖分化为效应 T 细胞,由效应 T 细胞发挥免疫效应,故称为细胞免疫。抗胞内寄生病原体感染和抗肿瘤主要依靠细胞免疫。

一、抗原的加工提呈与识别

T 细胞通过 TCR 识别抗原,但 TCR 不能直接与抗原分子结合,只能识别由 APC 加工处理后形成的抗原肽 -MHC 分子复合物(p-MHC)。

(一)抗原的加工处理与提呈

根据 APC 处理和提呈的抗原来源不同,可将抗原分为两类:一类为外源性抗原(exogenous antigen),指通过吞噬或吞饮等方式被 APC 从细胞外摄入的抗原,如胞外寄生菌、细胞等;另一类为内源性抗原(endogenous antigen),指在 APC 及宿主细胞内产生的抗原,如病毒蛋白、肿瘤抗原等(图 1-12-2)。这两类抗原的加工提呈途径不同:外源性抗原一般经 MHC Ⅱ类分子途径提呈,内源性抗原一般经 MHC Ⅰ类分子途径提呈。

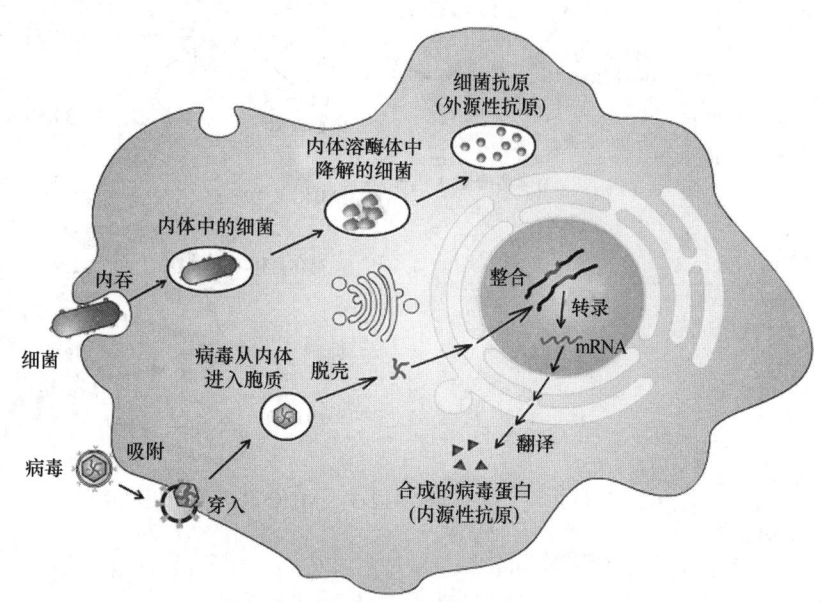

图 1-12-2　内源性抗原和外源性抗原的形成示意图

1. MHC Ⅱ类分子提呈途径　外源性抗原进入机体后,经淋巴液引流至淋巴结或经血液转运入脾脏等外周免疫器官,被 APC 摄取;也可在感染部位被 APC 摄取,并带往局部淋巴结。抗原在 APC 的内体中被加工处理成小分子多肽,以 p-MHC Ⅱ类分子复合物的形式提呈给 $CD4^+$T 细胞识别,此途径也称为内体途径(图 1-12-3)。

(1)抗原的加工和处理:APC 通过吞噬、吞饮及受体介导的内吞等方式摄取外源性抗原。抗原在胞质中被胞膜包裹,内化形成内体(endosome)。内体从胞膜下逐渐向胞质深部移动,与溶酶体融合成吞噬溶酶体,最终形成晚期内体。胞质内蛋白质也可以通过自噬途径进入到内体。在晚期内体的酸性环境中,抗原被蛋白酶降解成含 13 ~ 18 个氨基酸的抗原肽。

(2)MHC Ⅱ类分子的合成与组装:MHC Ⅱ类分子在内质网中合成,由 α 链和 β 链折叠成二聚体,与内质网膜上一种称为 Ia 相关恒定链(Ia associated invariant chain,Ii)的辅助分子结合形成 $(\alpha\beta Ii)_3$ 九聚体。Ii 可促进 MHC Ⅱ类分子形成,并阻止 MHC Ⅱ类分子与内源性多肽结合,促进 MHC Ⅱ类分子在细胞内转运。

(3)p-MHC Ⅱ类分子复合物的形成和提呈:$(\alpha\beta Ii)_3$ 九聚体被高尔基体转运至内体,其中的 Ii 链被逐级降解,但 MHC Ⅱ类分子的肽结合槽中仍保留一小段 Ii 链的残基,称为Ⅱ类相关恒定链短肽(class Ⅱ associated invariant chain peptide,CLIP)。随后,在 HLA-DM 分子的协助下,CLIP 与 MHC 分子解离,暴露出 MHC Ⅱ类分子抗原结合槽,晚期内体内的抗原肽与 MHC Ⅱ类分子结合形成复合物,向细胞表面移行,最后通过胞吐作用表达于 APC 表面,供 $CD4^+$T 细胞识别。

2. MHC Ⅰ类分子提呈途径　内源性抗原在胞质中经加工处理后,以 p-MHC Ⅰ类分子复合物的形式提呈给 $CD8^+$T 细胞识别,此途径也称为胞质溶胶途径(图 1-12-4)。

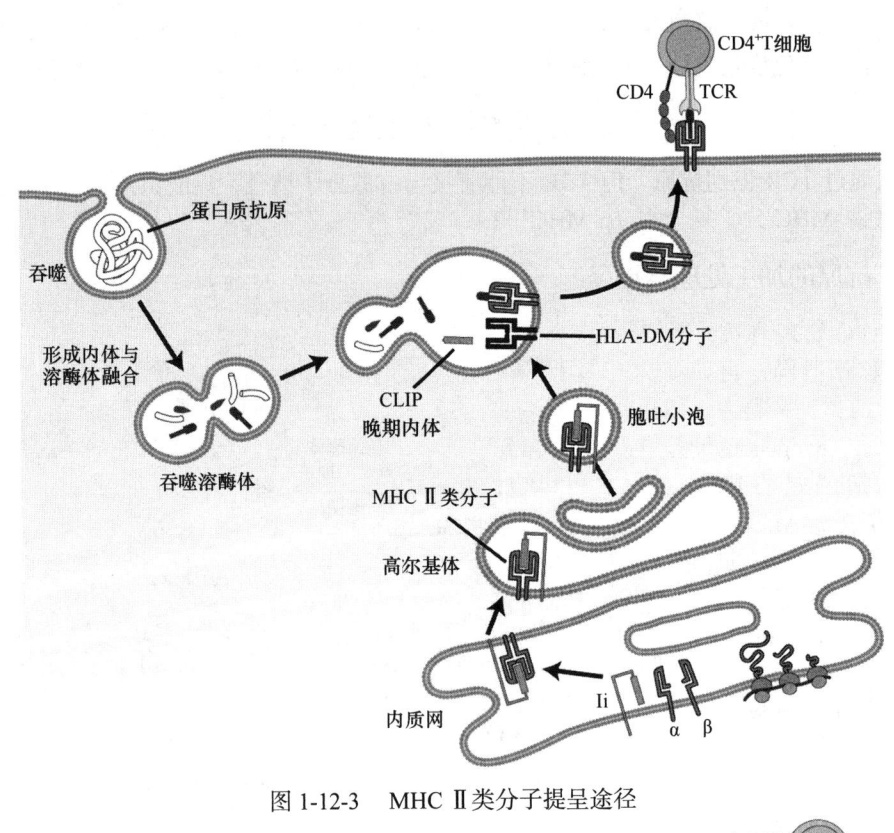

图 1-12-3　MHC Ⅱ类分子提呈途径

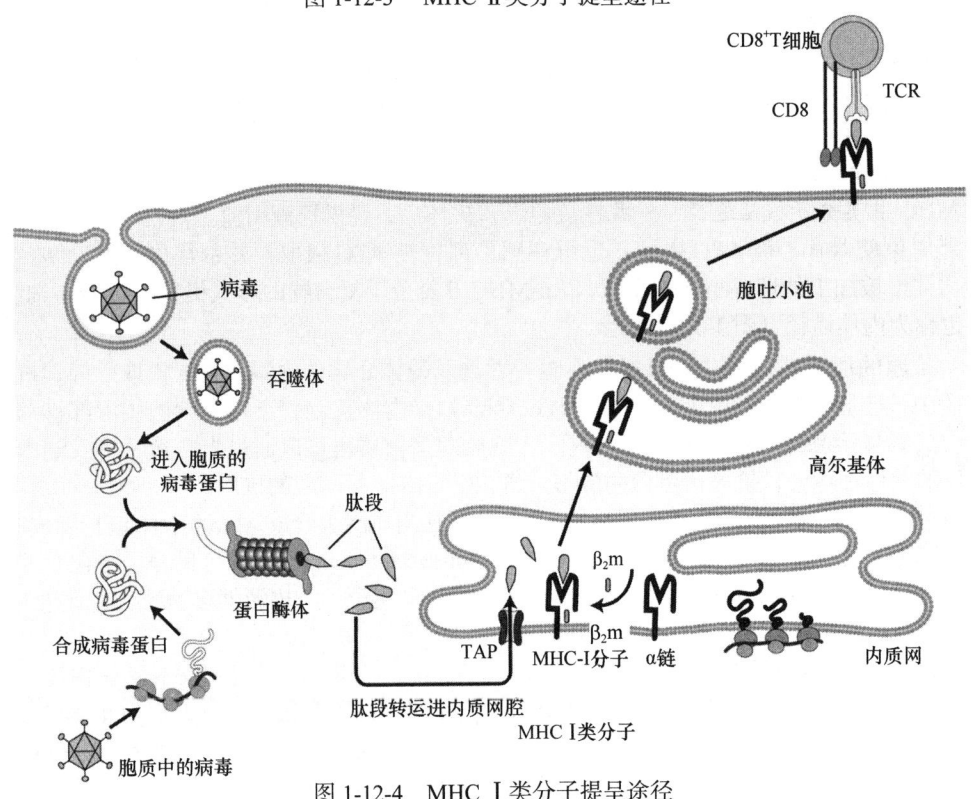

图 1-12-4　MHC Ⅰ类分子提呈途径

(1) 抗原的加工处理与转运：内源性抗原经泛素化后，在胞质中被蛋白酶体中的蛋白酶降解成含 5～15 个氨基酸的肽段，此类肽段更易与 MHC Ⅰ类分子结合。降解的肽段经抗原加工相关转运体（transporter associated with antigen processing，TAP）转运至内质网腔。

（2）MHC Ⅰ类分子的合成与组装：在内质网新合成的 MHC Ⅰ类分子 α 链进行部分折叠，继而与新合成的 β2 微球蛋白组装成完整的 MHC Ⅰ类分子。

（3）p-MHC Ⅰ类分子复合物的形成和提呈：被 TAP 转运至内质网的抗原肽与 MHC Ⅰ类分子的抗原结合槽结合，组成 p-MHC Ⅰ类分子复合物，由高尔基体转运至细胞膜表面，供 $CD8^+$ T 细胞识别。

3. 交叉提呈途径　部分 DC 亚群摄入的外源性抗原可通过 MHC Ⅰ类分子途径提呈给 $CD8^+$ T 细胞，这种提呈方式称为交叉提呈。交叉提呈在初始 $CD8^+$ T 细胞活化及免疫耐受等过程中具有重要意义。例如，病毒感染的细胞被 DC 摄入，病毒抗原以 MHC Ⅰ类分子途径被提呈给 $CD8^+$ T 细胞（交叉提呈），同时病毒抗原以 MHC Ⅱ类分子途径被提呈给 $CD4^+$ Th 细胞（非交叉提呈），由此，$CD8^+$ T 细胞在 $CD4^+$ Th 细胞辅助下活化。

4. 脂类抗原的 CD1 分子提呈途径　CD1 为 MHC Ⅰ类样分子，主要提呈糖脂或脂质抗原。例如，脂质抗原（如分枝杆菌的细胞壁成分）与 CD1 分子结合后循内体途径表达于 APC 表面，被提呈给 CD1 限制性 T 细胞（如 γδT 细胞、NKT 细胞等）。CD1 无 MHC 分子样的多态性，主要参与固有免疫应答。

（二）T 细胞识别抗原

T 细胞的 TCR 识别 APC 提呈的抗原肽时，必须同时识别与抗原肽结合形成复合物的 MHC Ⅰ/Ⅱ分子，此特性被称为 MHC 限制性（MHC restriction）识别。

1. T 细胞与 APC 非特异性可逆结合　进入外周淋巴器官 T 细胞区的初始 T 细胞与集中在此处的 DC 接触时，T 细胞表面黏附分子（LFA-1、CD2 等）首先与 DC 表面相应配体（ICAM-1、LFA-3 等）发生可逆性的结合，这种结合有利于 TCR 筛选能特异性结合的 p-MHC 复合物。

2. T 细胞与 APC 特异性稳定结合　TCR 能与 p-MHC 发生特异性结合的 T 细胞被截留，不再进入循环，但此时 TCR 与 p-MHC 分子复合物之间的亲和力较低。T 细胞表面 CD4 或 CD8 分子作为 TCR 识别抗原的共受体（co-receptor）分别与 MHC Ⅱ/MHC Ⅰ类分子的非多态区结合，增强了 TCR 与 p-MHC 分子复合物间的亲和力，提高 T 细胞识别抗原的敏感性约 100 倍。TCR 的抗原识别信号由 CD3 分子向胞内转导，此时 T 细胞表面的 LFA-1 变构为高亲和力构型，使其与 ICAM-1 等配基的亲和力大大增强，进一步增强了 T 细胞与 APC 之间的结合。

3. 免疫突触的形成　T 细胞表面多组 TCR 结合了特异性的 p-MHC 复合物后，原本分散的多组 TCR-p-MHC 分子移动并集中，最终稳定在 T 细胞和 APC 接触处的中央。与此同时，APC 和 T 细胞表达的一系列黏附分子对相互结合，并向中心部位移动，最终形成一圈包围 TCR-p-MHC 的环状结构，这种结构被称为免疫突触（immunological synapse）。免疫突触的形成不仅增强 TCR 与 p-MHC 分子相互作用的亲和力、延长接触时间、促进 T 细胞信号转导，同时也将免疫突触中心与外环境隔离开（图 1-12-5）。

二、T 细胞活化、增殖和分化

（一）T 细胞的活化

初始 T 细胞活化需要双信号。第一活化信号为抗原识别信号，第二活化信号为共刺激信号。只有 DC 才能活化初始 T 细胞。效应 T 细胞和记忆 T 细胞的活化对第二信号的要求较低，甚至没有第二信号也可被活化。它们可被包括 DC 在内的所有专职 APC 及广义的 APC 活化。

1. $CD4^+$T 细胞的活化　APC 将其表面 p-MHC Ⅱ类分子复合物提呈给 $CD4^+$T 细胞，TCR 与 p-MHC Ⅱ类分子复合物特异性结合使 TCR 交联，该抗原识别信号经 CD3 转导入胞内，即 $CD4^+$T 细胞活化的第一信号。同时，共受体分子 CD4 结合 MHC Ⅱ类分子增强了第一信号的转导。

$CD4^+$T 细胞活化的第二信号（共刺激信号）由 APC 和 T 细胞表面黏附分子提供。T 细胞表面的 CD28 与 APC 表达的 B7-1（CD80）/B7-2（CD86）是最重要的一对共刺激分子（co-stimulatory molecule）。CD28 与 B7 结合发出的第二信号转导入胞内，可明显增强 T 细胞 IL-2 基因转录和稳定 IL-2 mRNA，促进 IL-2 合成。共刺激信号对 T 细胞活化至关重要。T 细胞识别抗原后，如果没有共

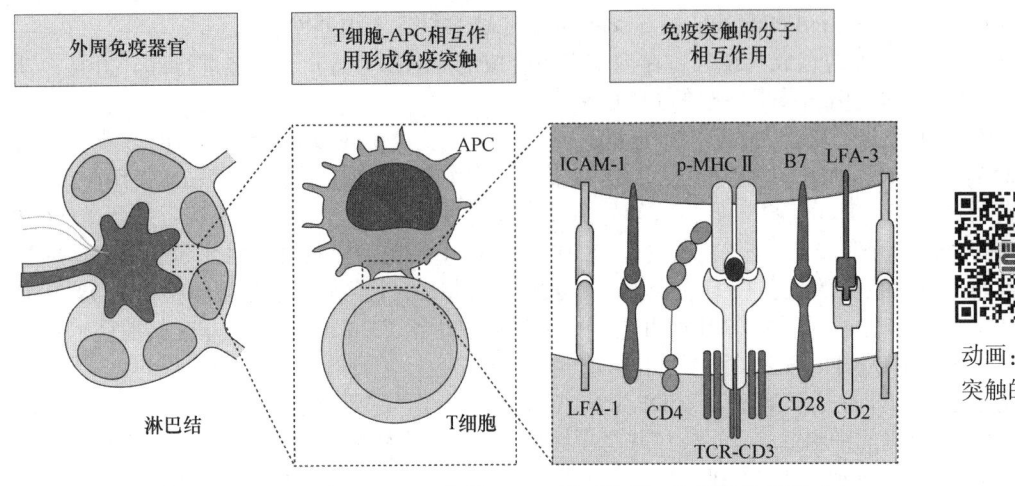

图 1-12-5 T 细胞-APC 相互作用-免疫突触的形成

刺激分子提供第二信号,则呈无能状态(anergy)或者凋亡,不能进入增殖、分化阶段(图 1-12-6)。

T 细胞活化后可表达 ICOS 分子,与其配基 ICOSL 结合可为效应 T 细胞提供共刺激信号,并有助于 T 细胞分化为 Tfh。此外,活化的 T 细胞还可以表达一种与 CD28 高度同源的 CTLA-4 分子。CTLA-4 也可与 B7-1 或 B7-2 结合,而且与 B7 的亲和力比 CD28 高约 20 倍。由于 CTLA-4 与 B7 结合后阻止了 CD28 与 B7 的结合,从而限制了特异性 T 细胞的应答强度,避免克隆过度增殖(详见本编第 14 章)。活化的 T 细胞还表达 PD-1,与相应配体 PD-L1 或 PD-L2 结合,可抑制 T 细胞活化增殖。PD-1 和 PD-L1 的单克隆抗体已应用于肿瘤的免疫治疗(详见本编第 19 章)。

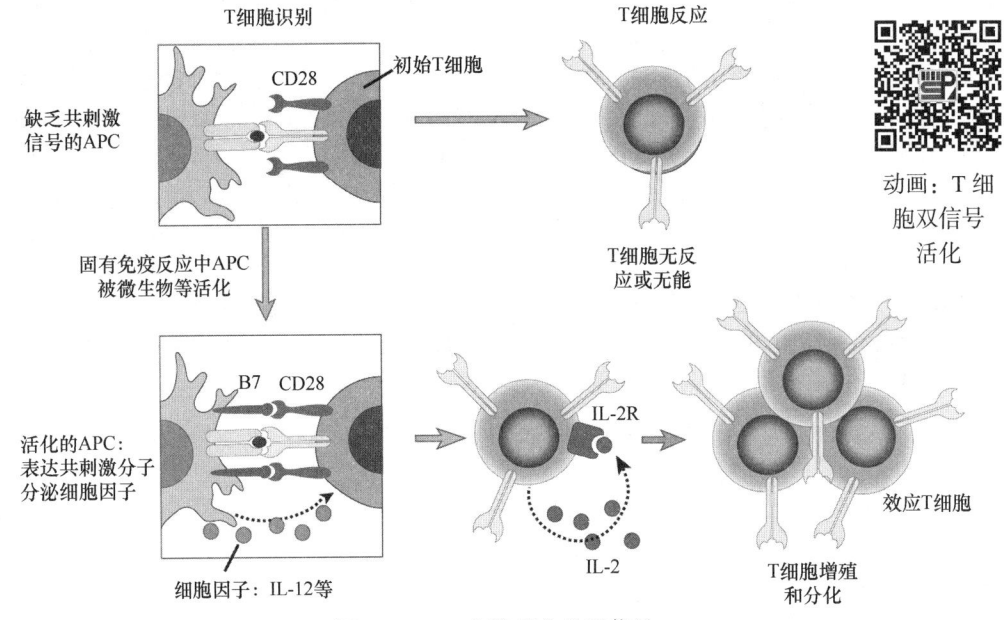

图 1-12-6 T 细胞活化的双信号

2. CD8⁺T 细胞的活化　CD8⁺T 细胞的活化同样也需要双信号。CD8⁺T 细胞识别的抗原主要来自病毒感染细胞、肿瘤细胞等,这些细胞因缺乏第二信号不能活化初始 CD8⁺T 细胞。初始 CD8⁺T 细胞的活化必须依赖 DC。来自病毒或肿瘤细胞的抗原经过 DC 加工处理,通过胞质溶胶途径或交叉提呈途径形成 p-MHC I 类分子复合物,表达于 DC 膜上。初始 CD8⁺T 细胞的 TCR 与 p-MHC I 类分子复合物特异性结合,则获得活化的第一信号。

初始 CD8⁺T 细胞活化需要比初始 CD4⁺T 细胞更强的共刺激信号。初始 CD8⁺T 细胞活化有两种方式：①Th细胞非依赖性（直接活化），成熟DC能高表达共刺激分子，可直接为CD8⁺T细胞提供共刺激信号。例如，某些病毒感染DC，使其活化而表达高水平的共刺激分子，能直接诱导CD8⁺T细胞产生IL-2，并通过自分泌作用促进CD8⁺T细胞增殖和分化。②Th细胞依赖性（间接活化），多数情况下，DC不能提供足够强烈的共刺激信号，初始CD8⁺T细胞的活化必须得到CD4⁺效应T细胞的辅助。过程如下：DC捕获病毒感染细胞等靶细胞，经内体提呈途径及交叉提呈途径将抗原进行加工处理，其表面表达p-MHC Ⅰ类和p-MHC Ⅱ类分子复合物，分别被相应的初始CD8⁺T细胞和效应CD4⁺T细胞识别。DC表达的B7分子刺激效应CD4⁺T细胞活化，分泌IL-2和表达CD40L。效应CD4⁺T细胞产生的IL-2可作为生长因子直接促进CD8⁺T细胞活化；CD40L与DC表面CD40结合，转导信号促进DC表达大量的B7等共刺激分子，进而为初始CD8⁺T细胞提供足够的共刺激信号（图1-12-7）。

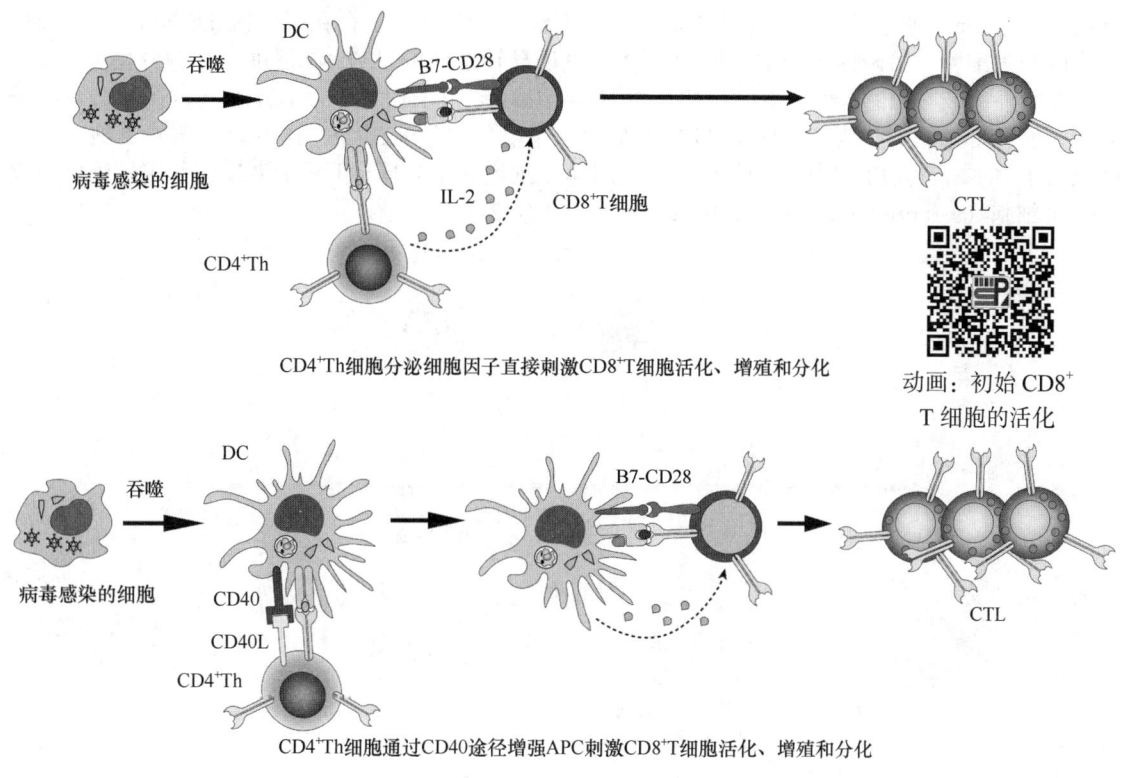

图1-12-7　CD4⁺T细胞辅助CD8⁺T细胞的活化、增殖和分化

正常情况下，机体组织细胞及静止的APC不表达或低表达共刺激分子，故当自身反应性T细胞识别这些细胞表面的自身抗原肽时，因缺乏共刺激信号而不能活化，处于无能状态甚至发生凋亡，以维持自身免疫耐受，避免引起免疫病理损伤。在病原体感染时，APC通过其模式识别受体识别病原体的PAMP，从而被激活并高表达共刺激分子，激活病原体抗原特异性的T细胞。因此，固有免疫应答能使适应性免疫应答在正确的时间与部位启动。但机体因感染或炎症诱导自身组织细胞表达共刺激分子或刺激APC的活化，则有可能导致自身反应性T细胞活化，出现自身免疫反应。

（二）T细胞的增殖和分化

T细胞从APC获得的双信号通过胞内的多种信号转导，最终诱导抗原特异性T细胞的克隆增殖与分化。

1. T细胞的增殖　通常体内识别某一特异性抗原的初始T细胞数量甚少，只占T细胞总数的$1/10^6 \sim 1/10^5$。活化信号转导至T细胞内后，激活相关基因，使T细胞表达多种细胞因子及其受体，通过自分泌和旁分泌作用，推动T细胞进入有丝分裂周期。在数天之内，抗原特异性CD8⁺T细胞克隆扩增到 T 细胞总数的 1/10～1/3，CD4⁺T 细胞克隆扩增到 T 细胞总数的 $1/10^3$～$1/10^2$，达到免疫应答所需的数量。

T 细胞增殖过程有多种细胞因子参与，其中最重要的是 IL-2。激活的 T 细胞可表达大量高亲和力 IL-2R 并分泌 IL-2，IL-2 与 T 细胞表面 IL-2R 结合，活化的 T 细胞即迅速增殖。

2. T 细胞的分化　T 细胞迅速增殖 4～5 天后，分化为功能各异、高表达各种效应分子、分泌不同细胞因子的效应 T 细胞亚群。部分活化的 T 细胞可分化为记忆性 T 细胞，在再次免疫应答中发挥作用。

(1) CD4⁺T 细胞的分化：CD4⁺T 细胞分化的效应细胞主要在辅助其他免疫细胞应答中起作用，故被称为辅助性 T 细胞（T helper，Th）。CD4⁺T 细胞的分化途径依赖于它与 APC 及其他免疫细胞相互作用时所接收的信号。若存在微生物感染，尤其是胞内菌感染时，APC 分泌的 IL-12 和 NK 细胞分泌的 IFN-γ 通过激活转录因子 T-bet 诱导 T 细胞分化为 Th1；若存在蠕虫感染或变应原进入时，活化的肥大细胞、嗜碱性粒细胞释放的 IL-4 通过诱导转录因子 GATA-3 促进 T 细胞分化为 Th2；若存在胞外菌或真菌感染时，炎症反应产生 IL-6、IL-1 以及未知来源的 TGF-β 通过诱导转录因子 RORγt 促进 T 细胞分化为 Th17；若与 B 细胞相互作用，并存在 IL-21、IL-6 时，诱导 T 细胞表达转录因子 Bcl-6，可分化为 Tfh。此外，一些 CD4⁺T 细胞分化为具有下调免疫反应作用的诱导型调节性 T 细胞（induced regulatory T cell，iTreg）（图 1-12-8）。

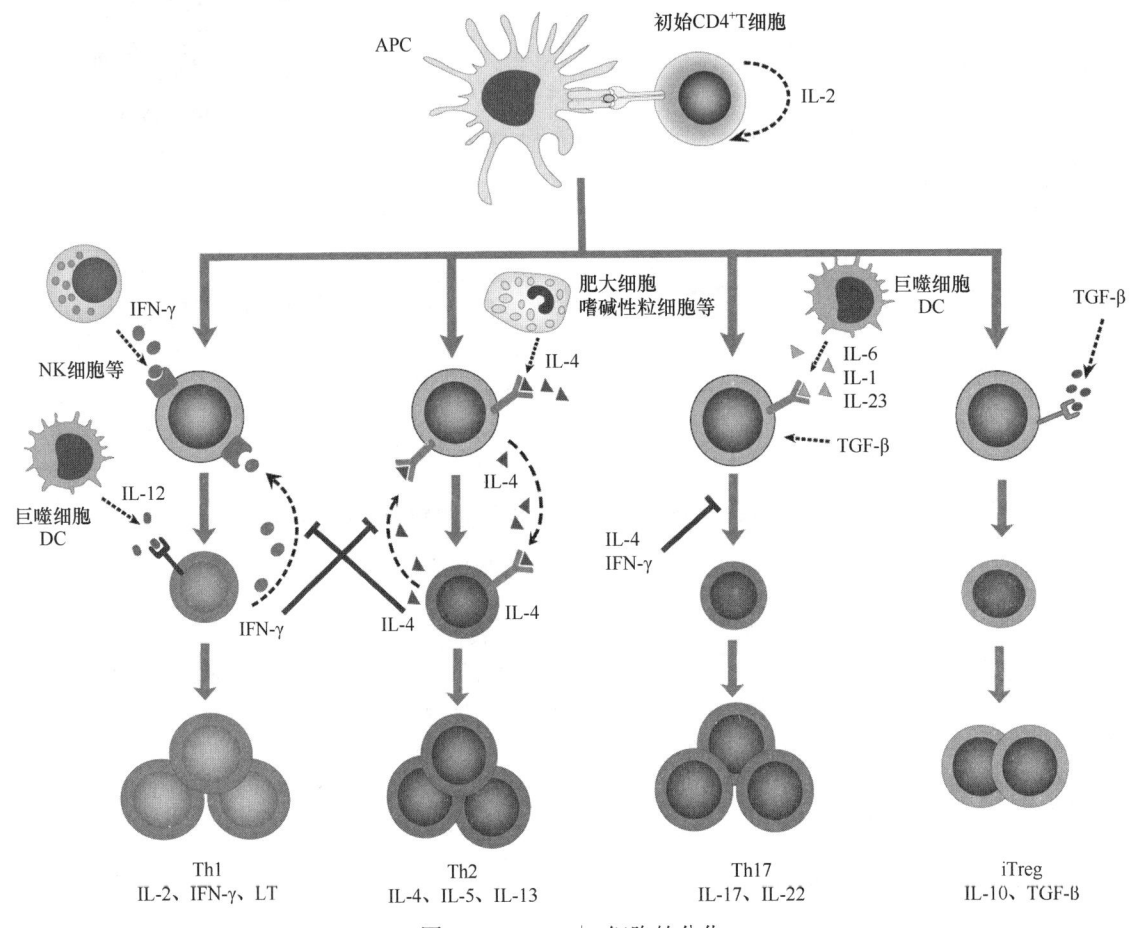

图 1-12-8　CD4⁺T 细胞的分化

(2) CD8⁺CTL 的分化：初始 CD8⁺T 细胞只分化为细胞毒性 T 细胞（CTL）。CTL 遇到带有相应抗原的靶细胞时，发挥特异性杀伤靶细胞的效应。

(3) 形成记忆 T 细胞：在 T 细胞分化过程中，部分 T 细胞分化为记忆 T 细胞。记忆 T 细胞处于静息状态，遇到再次进入体内的相同抗原则产生快速和增强的免疫应答。记忆细胞具有抗凋亡和自我更新能力，可长期维持记忆细胞库。根据归巢特点和功能不同，CD4$^+$ 和 CD8$^+$ 记忆 T 细胞均可分为中央记忆 T 细胞（central memory T cell）和效应记忆 T 细胞（effector memory T cell）两类。中央记忆 T 细胞主要归巢到外周免疫器官，遇到抗原后发挥效应的能力有限，但能快速增殖产生更多的效应细胞；效应记忆 T 细胞主要归巢到外周组织（尤其在黏膜），遇到抗原后快速产生效应，但增殖不明显。因此，完全清除抗原更需要中央记忆 T 细胞增殖后产生的效应细胞。记忆 T 细胞是预防接种及机体抵抗病原微生物再感染的细胞学基础。

随着免疫反应的进行，抗原逐渐得到清除，此时大量活化的 T 细胞需要通过适时的凋亡来控制免疫应答强度。此负向免疫调节作用主要依赖于激活的 T 细胞所高表达的 Fas 配体（Fas ligand，FasL），FasL 与自身及邻近 T 细胞上表达的死亡受体 Fas 结合，从而启动 caspase 级联反应而诱导这些细胞凋亡，称为活化诱导的细胞死亡（activation induced cell death，AICD）。此外，机体还通过其他多种机制调控免疫应答的强度（详见本编第 14 章）。

三、T 细胞应答的效应

在外周免疫器官和组织产生的效应 CD4$^+$Th 细胞和 CD8$^+$CTL 细胞进入血液循环。感染部位的血管内皮细胞被固有免疫应答产生的细胞因子激活而高表达黏附分子，效应 T 细胞在此处与内皮细胞黏附，穿越血管内皮进入感染组织发挥效应。

（一）Th 细胞介导的免疫效应

Th 细胞通过分泌的细胞因子和表达的膜分子激活其他免疫细胞以发挥免疫效应。

1. **Th1 的免疫效应**　Th1 核心的免疫效应是激活巨噬细胞，增强巨噬细胞效应。此外，还具有辅助 CD8$^+$T 细胞、NK 细胞的作用。

（1）激活巨噬细胞：寄生在吞噬细胞吞噬体内的病原体可逃避抗体和 CTL 的攻击，Th1 细胞可激活巨噬细胞并诱导炎症反应以清除胞内寄生病原体。Th1 细胞进入感染部位，与巨噬细胞所提呈的抗原特异性结合，主要以两种方式诱导巨噬细胞活化：一是释放细胞因子 IFN-γ 等，激活巨噬细胞；二是通过细胞表面表达 CD40L 与巨噬细胞表面 CD40 结合，最终诱导巨噬细胞活化。活化巨噬细胞的吞噬和杀菌能力均大为增强，从而杀伤胞内寄生的病原体。

此外，Th1 细胞分泌的细胞因子还可募集巨噬细胞，增强感染局部杀伤病原体的效应。例如，Th1 细胞分泌的 IL-3 和 GM-CSF 可促进骨髓造血干细胞分化为单核细胞；TNF-α/β 可使血管内皮细胞高表达黏附分子，有助于单核细胞和淋巴细胞黏附于血管内皮，并在 CCL2 等趋化因子作用下穿越血管壁，趋化至感染灶，吞噬消灭病原体。活化巨噬细胞分泌的 TNF、IL-1、IL-6 和趋化因子等炎性细胞因子可募集白细胞，加强炎症反应。

某些胞内菌感染巨噬细胞后，可抑制巨噬细胞活化，使细菌得以在胞内繁殖。活化的 Th1 细胞可通过其表达的 FasL，诱导表达 Fas 分子的巨噬细胞凋亡，死亡巨噬细胞释放出来的胞内菌则可由新募集来的白细胞吞噬清除（图 1-12-9）。

（2）促进抗体的类别转换：Th1 产生的 IFN-γ 作用于 B 细胞，促进某些 IgG 亚类生成，如 IgG2a；Ig2a 通过调理作用促进巨噬细胞对病原体的吞噬。

（3）辅助其他免疫细胞：Th1 细胞产生 IL-2 等细胞因子，可促进 Th1、CTL 等增殖，从而放大免疫效应。Th1 细胞通过分泌 IFN-γ 及表达 CD40L，可增强 APC 表达 MHC、B7 等分子，促进抗原提呈。Th1 细胞分泌的细胞因子还具有活化 NK 细胞、中性粒细胞等作用。

2. **Th2 的免疫效应**　Th2 在机体防御中的作用主要为抗寄生虫感染，尤其是蠕虫感染，并参与 I 型超敏反应（详见本编第 15 章）。

因蠕虫体积大，不能被吞噬细胞吞噬，故需特殊的清除机制。Th2 分泌的 IL-4 能刺激 B 细胞产生 IgE，IgE Fab 段与蠕虫抗原结合，其 Fc 段与嗜酸性粒细胞（EOS）表面 FcεR 结合发挥

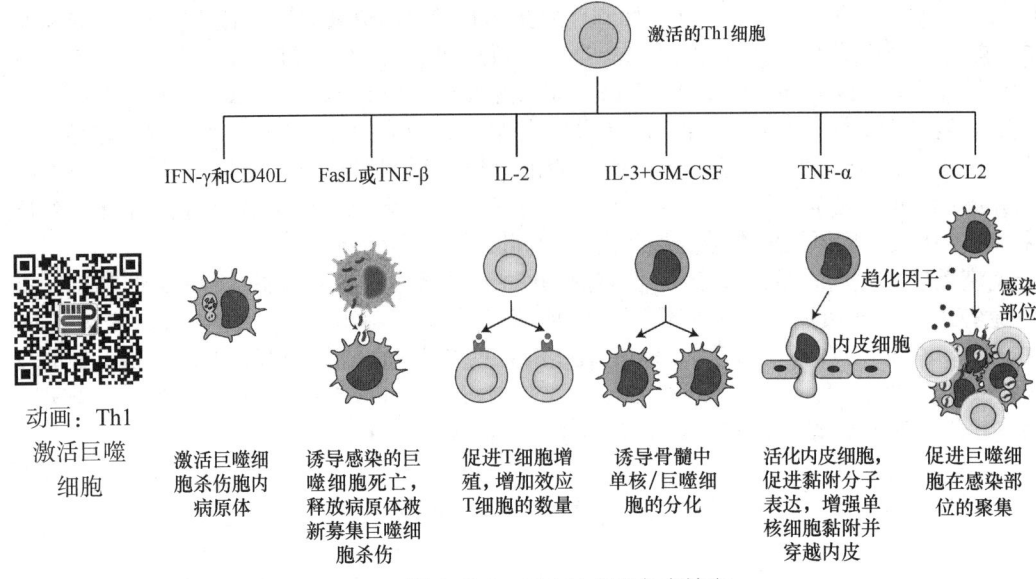

图 1-12-9　Th1 的主要免疫效应

ADCC 作用。Th2 分泌的 IL-5 激活 EOS 释放多种毒性蛋白杀伤蠕虫。IL-4 和 IL-13 能增加黏液分泌和肠蠕动，促进蠕虫排出。结合了蠕虫的 IgE 也可与肥大细胞表面高亲和力的 FcεR 结合，使肥大细胞活化，诱导局部炎症反应，有助于抗蠕虫感染。Th2 产生的细胞因子还与慢性寄生虫感染和过敏性疾病的组织修复、纤维化相关。

3. **Th17 的免疫效应**　Th17 的主要效应为诱导中性粒细胞炎症，以清除胞外细菌和真菌。

Th17 可分泌多种细胞因子，其中最重要的为 IL-17（IL-17A）、IL-22 和 IL-21。IL-17 刺激多种细胞产生趋化因子和其他细胞因子（如 TNF），募集中性粒细胞；通过刺激 G-CSF 产生及其受体的表达促进中性粒细胞的产生。IL-22 可促进上皮细胞分泌抗菌肽杀伤微生物并促进损伤的上皮修复，因而增强了上皮的屏障功能。Th17 对早期感染中由固有免疫系统产生的炎症反应具有放大作用。此外，Th17 也出现在许多炎症性疾病的病理过程中，如银屑病、炎症性肠病、类风湿关节炎和多发性硬化症等。

（二）CTL 介导的免疫效应

CD8+ CTL 对靶细胞的杀伤作用具有 MHC Ⅰ 类分子限制性，即只杀伤表达特异性 p-MHC Ⅰ 类分子复合物的靶细胞。CTL 细胞杀死靶细胞的过程如下。

1. **效 - 靶细胞结合**　CTL 在趋化因子作用下到达表达抗原的靶细胞所在部位。CTL 表达的黏附分子（如 LFA-1、CD2 等）以低亲和力结合靶细胞表达的相应配体（ICAM、LFA-3 等），随之 CTL 表面的 TCR 特异性扫描靶细胞表面的 p-MHC Ⅰ 类分子复合物。一旦发生特异性结合，CTL 与靶细胞之间黏附分子对的结合亲和力即由低变高，效 - 靶细胞紧密接触。之后 TCR 及黏附分子对向效 - 靶细胞接触部位聚集，形成免疫突触。CTL 内细胞骨架系统（如肌动蛋白、微管）及胞质颗粒均朝向与靶细胞结合部位重新排列，使 CTL 的胞质颗粒内容物只向免疫突触中释放，以保证 CTL 只杀伤靶细胞而不损伤邻近的正常细胞。此时，效应 CTL 执行杀伤功能不依赖共刺激信号。

2. **攻击靶细胞**　CTL 细胞毒途径主要有以下几种：

（1）穿孔素 / 颗粒酶途径：效应 CTL 识别抗原并与之特异性结合后，释放储存于胞质颗粒中的穿孔素 / 颗粒酶。穿孔素（perforin）的结构与补体 C9 相近，可以聚合并在靶细胞膜上形成水性孔道。根据目前认识，这些孔的大小可能不足以让颗粒酶进入，但穿孔素的插入可引起靶细胞膜的修复过程，从而导致穿孔素和颗粒酶内化到靶细胞内体中。穿孔素作用于内体膜，促进颗粒酶释放到靶细胞胞浆中。

颗粒酶（granzyme）属丝氨酸蛋白酶。一旦进入胞浆，可通过激活凋亡相关的酶系统诱导靶细胞凋亡。

（2）Fas/FasL 途径：CTL 活化后高表达 FasL，FasL 和靶细胞表面的 Fas 分子结合，转导一系列死亡信号，引起 caspase 级联反应，导致靶细胞凋亡。

效应 CTL 还可通过分泌 INF-γ、TNF-α、TNF-β，发挥活化巨噬细胞、活化内皮细胞、杀伤肿瘤细胞等作用。

CTL 效应机制的意义：靶细胞凋亡过程中激活内源性 DNA 内切酶，在裂解靶细胞 DNA 的同时也可降解靶细胞内复制的病原体 DNA，从而阻止细胞死亡所释放的病原体再度感染邻近的正常细胞。而且在清除靶细胞时，因凋亡细胞无细胞内容物（如溶酶体酶等）外漏，可保护正常细胞免遭损伤。效应 CTL 杀死靶细胞后即与其分离，并再次识别结合表达相同抗原的靶细胞，通过上述机制将其杀伤。一个 CTL 可循环往复，连续、高效地杀伤靶细胞而自身不受损伤（图 1-12-10）。

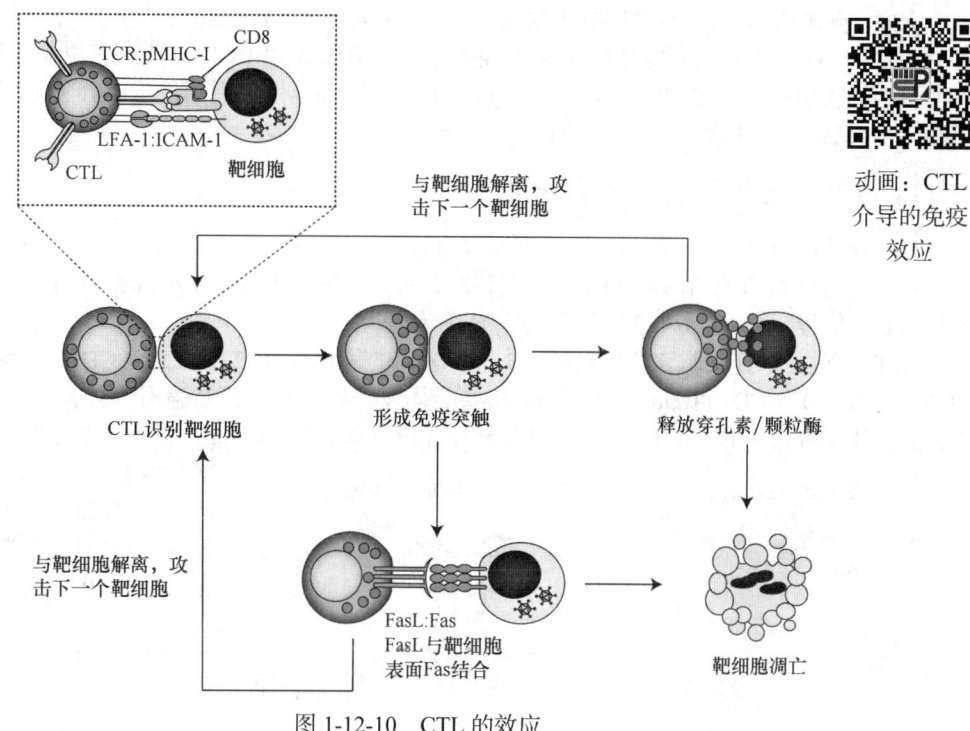

图 1-12-10　CTL 的效应

（三）细胞免疫应答的生物学意义

1. **抗感染**　细胞免疫应答是清除多种病原体的主要防御机制，包括病毒、细菌、真菌和寄生虫。

2. **抗肿瘤**　T 细胞介导的细胞免疫在抗肿瘤免疫中发挥重要作用，可通过 CTL 的特异性细胞毒作用、细胞因子直接杀伤瘤细胞、活化巨噬细胞和 NK 细胞等发挥杀瘤效应。

3. **免疫损伤作用**　Ⅳ型超敏反应、移植排斥反应、某些（器官特异性）自身免疫病等的发生、发展均主要由细胞免疫应答介导。

第二节　B 细胞介导的体液免疫

B 细胞既可识别 TD 抗原，也可识别 TI 抗原。

循环中的初始 B 细胞不断经过各个外周免疫器官和组织（淋巴结、脾脏、黏膜相关淋巴组织等）寻找可结合的抗原。初始 B 细胞进入淋巴滤泡后会滞留数天，若遇到相应抗原并发生特异性结合，则启动 B 细胞的活化和增殖分化，最终产生浆细胞和记忆 B 细胞；如无可结合抗原，则再次进入循环。由于浆细胞分泌的抗体主要存在于体液中，故将此类应答称为体液免疫应答。

一、B 细胞对 TD 抗原的应答

B 细胞对胸腺依赖性抗原（TD 抗原）的应答需要 T 细胞的辅助，介导此类应答的 B 细胞是 B2 亚群。B2 细胞参与淋巴细胞再循环，因在淋巴滤泡内识别抗原，也称为滤泡 B 细胞。

（一）B 细胞识别抗原并加工处理抗原

抗原可直接进入淋巴滤泡，也可经巨噬细胞、DC 捕获后转入淋巴滤泡，在此被初始 B 细胞的 BCR 识别。与 TCR 不同，BCR 能直接识别位于天然抗原表面的抗原表位，无须 APC 加工和提呈。

B 细胞以 BCR 特异性结合抗原可向 B 细胞内转导抗原刺激信号；同时，通过内化作用将抗原摄入胞内，降解为肽段，形成抗原肽-MHC Ⅱ 类分子复合物，供抗原特异性 Th 细胞识别。B 细胞对 TD 抗原的应答需要抗原特异性 T 细胞辅助，尽管 B 细胞以 BCR 识别的表位与它提呈的供 Th 细胞识别的表位不同，但两者来自同一抗原分子。只有特异性识别同一抗原分子上不同表位的 B 细胞与 Th 细胞之间才能发生相互作用。

（二）B 细胞的活化、增殖和分化

1. B 细胞的活化　B 细胞活化同样需要双信号。

（1）特异性抗原识别信号：BCR 识别并结合特异性抗原表位，发出抗原识别信号，即 B 细胞活化的第一信号，并由 Igα/Igβ 将信号传入 B 细胞内。

BCR 识别抗原 B 细胞表位的同时，B 细胞表面的复合分子 CD21/CD19/CD81 也参与了对抗原的结合，故 CD21/CD19/CD81 被称为 BCR 共受体复合物。对表面覆盖有补体片段的天然抗原而言，共受体复合物中的 CD21（CR2）可与补体片段（如 C3d，C3dg）结合，这一识别信号与 BCR 信号联合后，可使 B 细胞对抗原刺激的敏感性增强 1000～10 000 倍。CD21 与补体的结合引起了 BCR 与共受体复合物交联，使 CD19 胞内段相连的酪氨酸激酶和 Igα/Igβ 相关的酪氨酸激酶发生磷酸化，通过一系列级联反应，促进相关基因表达，有利于 B 细胞的激活。此外，某些微生物的 PAMP 可通过结合 B 细胞的 TLR，增强 B 细胞活化。例如，TLR5 结合鞭毛，TLR7 结合 ssRNA 等均能促进 B 细胞活化（图 1-12-11）。

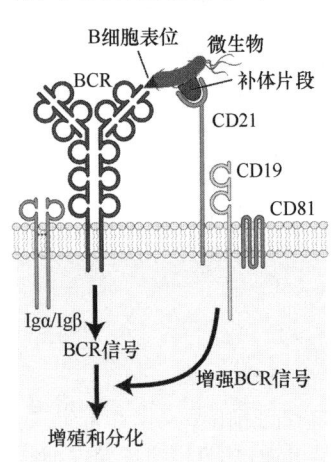
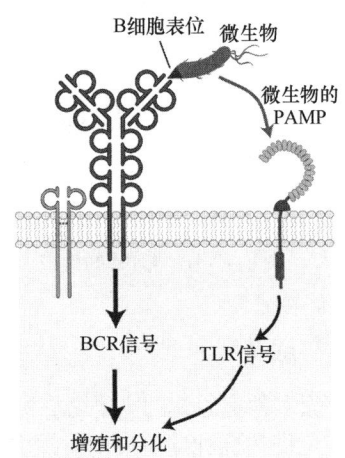

图 1-12-11　B 细胞活化的特异性抗原识别信号

（2）共刺激信号：B 细胞激活所必需的共刺激信号是由 B 细胞与 Th 细胞之间多对黏附分子结合产生，以 Th 细胞表面 CD40L 与 B 细胞表面 CD40 的结合最为重要。

初始 T 细胞在再循环中不断进入 T 细胞区，其中能够特异性识别 DC 提呈的抗原肽-MHC Ⅱ 类分子复合物的初始 T 细胞即与之结合并被激活，增殖和分化为效应 Th 细胞。效应 Th 细胞在滤泡中 DC 等细胞释放的趋化因子作用下，向淋巴滤泡迁移。与此同时，滤泡中结合了抗原的初始 B 细胞，因获得 BCR 信号而离开滤泡，向 T 细胞区迁移。迁移的同时初始 B 细胞将结合的抗原内化，经加工处理抗原，形成 p-MHC Ⅱ 类分子复合物表达在细胞表面。效应 Th 细胞和 B 细胞在 T 细胞区与滤泡的边缘相遇。如果此 Th 细胞的 TCR 能识别 B 细胞表面的 p-MHC Ⅱ类分子复合物，则发生两者的特异性结合，继而 Th 细胞表面高表达 CD40L，并分泌多种细胞因子。Th 细胞的 CD40L 与 B 细胞表面的 CD40 结合，为 B 细胞进一步活化提供最强的共刺激信号。在此信号作用下，B 细胞活化，进入增殖周期（图 1-12-12）。同时，活化的 B 细胞表达 ICOSL 与 Th 表面 ICOS 作用，诱导 Th 分化为滤泡辅助 T 细胞（follicular helper T cell，Tfh）（图 1-12-13）。

动画：识别 TD 抗原的 B 细胞的活化

动画：识别 TD 抗原的 B 细胞的增殖与分化

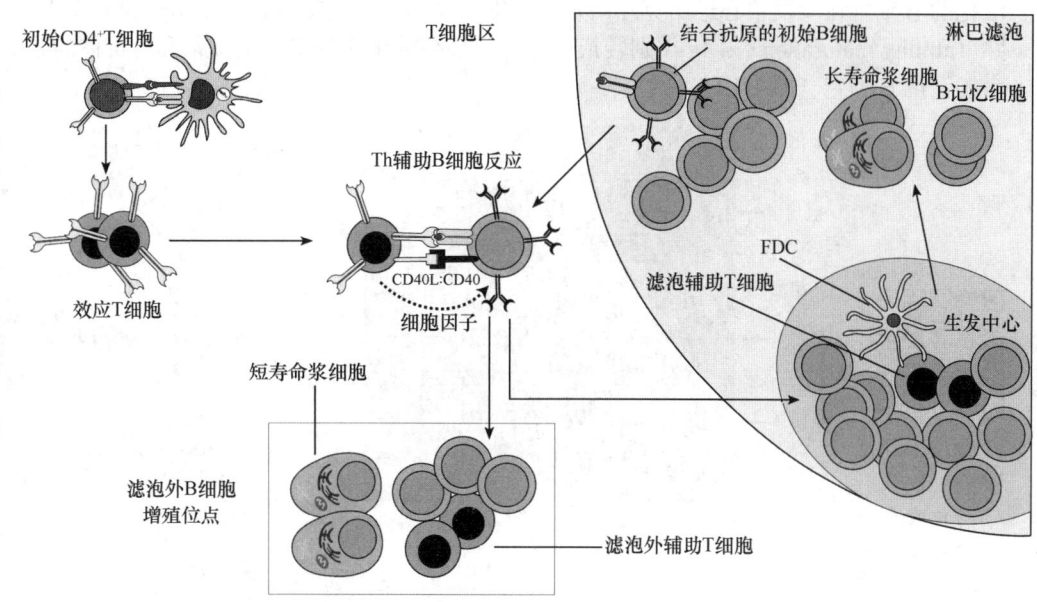

图 1-12-12　B 细胞对 TD 抗原应答的基本过程

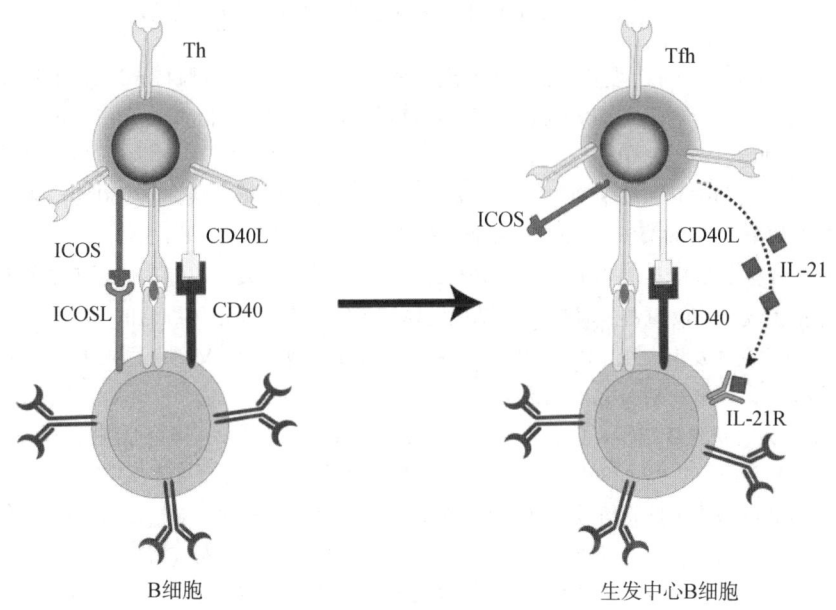

图 1-12-13　B 细胞辅助 Th 分化为 Tfh

（3）细胞因子：Tfh 分泌 IL-21。IL-21 参与 B 细胞活化并促进生发中心形成。Tfh 也分泌少量 IL-4 和 IFN-γ，参与 B 细胞活化过程。

2. B 细胞的增殖和分化　B 细胞在获得 CD40 信号及细胞因子信号后，进入增殖周期并分化为相应的效应细胞。活化 B 细胞在以下两个部位、循不同途径进行增殖和分化，并有不同的转归。

（1）在滤泡外的增殖和分化：部分活化 B 细胞与 Tfh 集中在滤泡外的特定区域，如淋巴结的髓质区，形成 B 细胞滤泡外增殖位点，每个位点产生 100～200 个浆细胞并分泌抗体。这些浆细胞是短寿命的，可经历低水平的类别转换和体细胞突变，主要分泌 IgM 类抗体，在适应性免疫应答早期发挥短时的免疫效应。

（2）在生发中心的分化成熟：滤泡外增殖的部分 B 细胞与 Tfh 一起迁移进滤泡，形成生发中心。活化的 B 细胞在生发中心经历克隆增殖、体细胞高频突变（somatic hypermutation）与 Ig 亲和力成熟（affinity maturation）、Ig 类别转换等过程，最终分化为分泌各类高亲和力抗体的浆细胞及长寿命的记忆 B 细胞（图 1-12-14）。

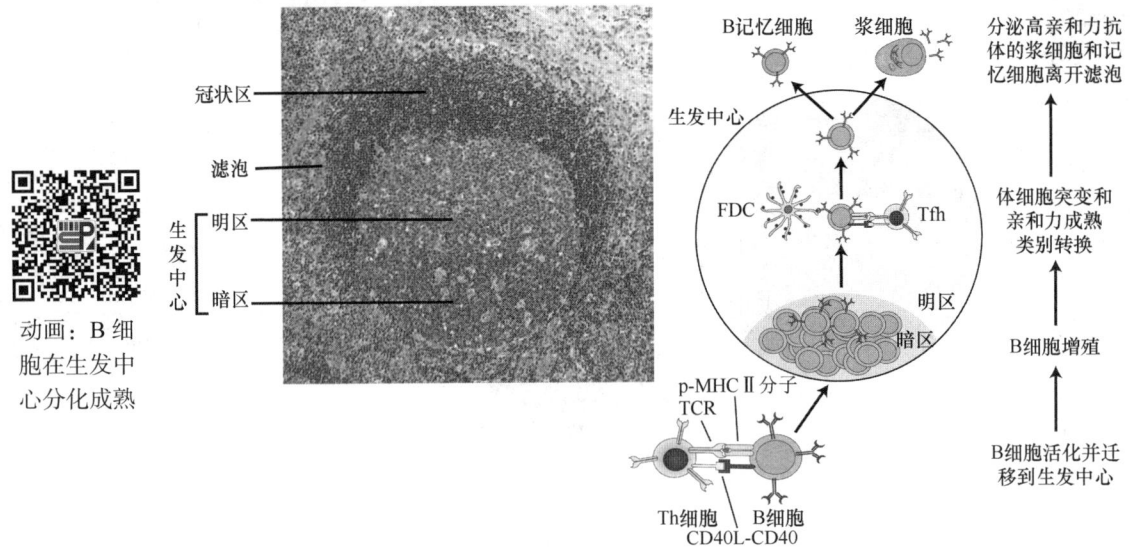

图 1-12-14　B 细胞在生发中心的分化成熟

1）形成生发中心：每个充分发育的生发中心最初来源于 1 个或几个抗原特异性 B 细胞克隆。生发中心的组织学结构由内向外分为暗区（dark zone）、明区（light zone）和冠状区（mantle zone）。暗区为快速增殖且排列紧密的 B 细胞（即生发中心母细胞），其 6～12 小时分裂 1 次。明区为经过快速增殖后增殖较慢的 B 细胞（即生发中心细胞），其中细胞排列疏松且分布有大量滤泡树突状细胞（FDC）和 Tfh。生发中心的形成及后续反应依赖 Tfh 和 FDC。冠状区为被推至边缘的初始 B 细胞。

2）体细胞高频突变和 Ig 亲和力成熟：体细胞高频突变是指在生发中心暗区内增殖中的 B 细胞 Ig V 区基因发生高频率的点突变。Ig 重链和轻链 V 区基因的体细胞突变率是其他体细胞的 10^3～10^4 倍，每次分裂约 50% B 细胞的抗原受体发生突变，由此形成极其多样性的 B 细胞克隆。V 区基因发生突变依赖 Tfh 提供的 CD40L 信号。体细胞高频突变是 Ig 亲和力成熟的基础。

经历体细胞高频突变的 B 细胞要免于凋亡，必须要接受两类信号刺激，即抗原刺激信号和共刺激信号。生发中心的 FDC 表面富含 Fc 受体和补体受体，可将抗原或滤泡外早期抗原抗体反应中形成的免疫复合物长期滞留于表面，向 B 细胞提供抗原信号。由于体细胞高频突变使子代 B 细胞对抗原的亲和力出现差异，其中 BCR 与抗原低亲和力结合者，由于缺乏有效的抗原刺激信号，均发生凋亡而被清除。随着免疫应答的进行，抗原浓度下降，只有极少数 B 细胞能与抗原高亲和力结合，同时 B 细胞也能提呈抗原给 Tfh 细胞，促使 Tfh 为 B 细胞提供共刺激信号。由此，具有高亲和力 BCR 的 B 细胞被选择出来，进入下一轮增殖和突变。经历如此反复选择，最终存活的是表达高亲和力 BCR 的抗原特异性 B 细胞。

3）抗体类别转换（class switching）：又称为同种型转换，指抗体 V 区不变（即结合抗原的特异性相同），但其重链类别（C 区）发生转变，从而导致 Ig 类型的改变。通过类别转换可由最初的 IgM 得到具有相同抗原特异性的 IgG、IgA 和 IgE。类别转换依赖 CD40 信号和细胞因子信号。生发中心的 Tfh 表达 CD40L，为 B 细胞提供 CD40 信号；Tfh 分泌 IL-21、IL-4 和少量 IFN-γ，促进 Ig 类别转换。IL-21 诱导抗体向 IgG1、IgG3 和 IgA 转换，IL-4 诱导抗体向 IgE 和 IgG1 转换，IFN-γ 诱导 IgG2a 和 IgG3 的产生。针对不同病原体的免疫反应能通过类别转换得到最有利于该病原体清除的抗体类型。例如，IgM 对富含荚膜多糖的细菌感染即为有效抗体，较少发生类别转换；针对大多数病毒或细菌感染，则向 IgG 转换；蠕虫感染，则向 IgE 转换；黏膜的抗体反应则倾向于转换为 IgA。

4）生发中心中成熟 B 细胞的转归：在生发中心经历上述过程存活下来的 B 细胞分化为浆细胞或记忆 B 细胞，离开生发中心。浆细胞迁移至骨髓，其寿命较长，但停止分化，可高效率、长时间、持续性分泌高亲和力抗体。记忆 B 细胞（memory B cell）离开生发中心后多数进入淋巴细胞再循环，介导再次体液免疫应答。记忆 B 细胞寿命长，可在体内较长时间存在，当其再次遇到同一抗原时，可迅速活化、增殖、分化，产生大量高亲和力特异性抗体。

（三）B 细胞应答的效应

抗体是体液免疫应答的效应分子。抗体分子识别结合抗原后，通过中和作用、调理作用、激活补体、ADCC 作用等，在其他免疫细胞或免疫分子的协同下清除抗原（详见本编第 4 章）。此外，抗体也参与多种免疫病理过程的发生，如 I 型、II 型、III 型超敏反应，某些自身免疫病、移植排斥反应，以及作为封闭因子阻碍 CTL 杀伤肿瘤细胞，促进肿瘤生长等。

二、B 细胞对 TI 抗原的应答

TI 抗原（如细菌多糖、LPS 和多聚鞭毛蛋白等）能直接激活初始 B1 细胞并产生抗体。根据 TI 抗原结构和激活 B 细胞方式的不同，可将其分为 TI-1 和 TI-2 两种抗原。

1. B 细胞对 TI-1 抗原的应答 TI-1 抗原结构中除了抗原表位外，还含有 B 细胞丝裂原，主要是细菌壁成分如 LPS。高剂量 TI-1 抗原是 B 细胞的多克隆激活剂，其表位与 B 细胞表面的抗原受体结合，其丝裂原结构（M）与 B 细胞表面的丝裂原受体（M 受体）结合，通过丝裂原的作用，非特异性地激活多克隆 B 细胞，从而产生非特异性的低亲和力 IgM 类抗体。但是，低剂量 TI-1 抗原只能激活表达特异性 BCR 的 B 细胞。这是因为，当其浓度为多克隆激活剂量的 $10^{-5} \sim 10^{-3}$ 时，只有特异性 B 细胞的 BCR 才能竞争性结合到低浓度 TI-1 而被激活，产生特异性的低亲和力 IgM 类抗体。

2. B 细胞对 TI-2 抗原的应答 TI-2 抗原的结构特点是其表位重复显现并呈线性排列，如细菌荚膜多糖、多聚鞭毛蛋白。此类抗原与 BCR 亲和力强，在体内不易降解，可持久存在，使特异性 B 细胞的 BCR 广泛交联而引起 B 细胞活化，产生特异性抗体（图 1-12-15）。

3. B 细胞对 TI 抗原应答的意义 TI 抗原主要激活 CD5$^+$B1 细胞。B 细胞对 TI 抗原的应答不需 Th 细胞辅助。由于无特异性

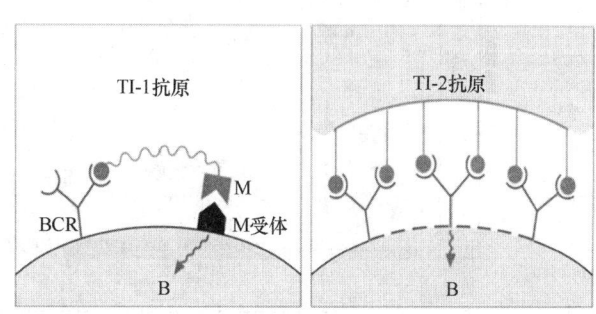

图 1-12-15 B 细胞对 TI 抗原的识别

T 细胞辅助，故不能诱导抗体类别转换、亲和力成熟及记忆 B 细胞形成，所产生的抗体主要为低亲和力 IgM，不能引起再次应答。因为不需 Th 参与，所以 B 细胞对 TI 抗原的应答发生迅速，使机体在感染初期、Th 效应细胞出现之前就能产生特异性抗体，发挥抗感染作用。

某些胞外菌的荚膜多糖使细菌能够抵抗吞噬细胞的吞噬，不仅逃避了吞噬细胞的吞噬清除，也不利于抗原加工处理，从而阻断了 T 细胞应答。而 B1 细胞针对此类 TI-2 抗原所产生的抗体，可发挥调理作用，促进吞噬细胞对细菌的吞噬消化，从而有利于将抗原提呈给特异性 T 细胞，促进细胞免疫应答的发生。

第三节 适应性免疫应答的一般规律

在适应性免疫应答中,当抗原首次进入机体,初始 T、B 细胞活化至最终产生免疫效应称为初次应答(primary response);初次应答中所形成的记忆淋巴细胞再次接触相同抗原,经历活化、增殖、分化的过程,并产生较初次应答更为迅速、高效和持久的应答反应,称为再次应答(secondary response)或回忆应答(anamnestic response)。

用某种抗原免疫动物,一定时间后再次以相同抗原免疫动物,检测体内特异性抗体出现的时间、种类和含量的变化,可观察到 B 细胞初次应答和再次应答的不同,这种不同即抗体产生的一般规律(表 1-12-1,图 1-12-16)。T 细胞介导的细胞免疫应答具有类似的应答规律。

表 1-12-1 初次应答和再次应答抗体产生特性的比较

特性	初次应答	再次应答
抗原提呈	树突状细胞	记忆 B 细胞
所需抗原量	高	低
抗体产生的潜伏期	长	短
高峰浓度	低	高
维持时间	短	长
Ig 类别	主要为 IgM	IgG、IgE、IgA
亲和力	低	高
特异性	低	高

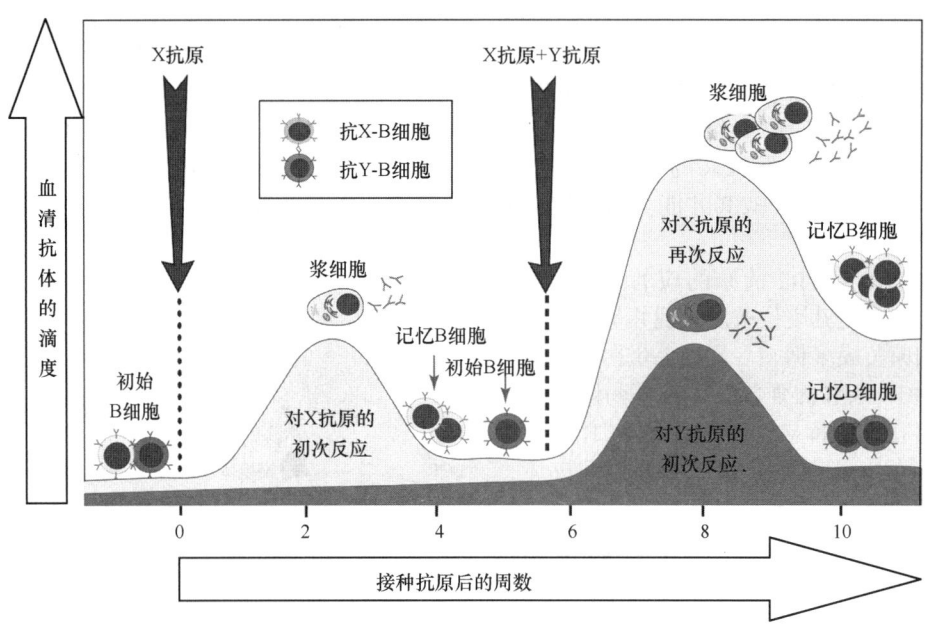

图 1-12-16 抗体产生的一般规律

初次应答和再次应答的特点比较如下:

初次应答:①识别该抗原的淋巴细胞为初始 T、B 细胞;②细胞活化的阈值较高,对双信号的要求较为严格,只有 DC 才能活化初始 T 细胞;③细胞活化、增殖、分化的时间较长;④细胞克隆较少、效应较弱;⑤抗体特异性低、亲和力低,主要效应抗体为 IgM,效应维持时间短。

再次应答:①识别抗原的细胞为记忆 T、B 细胞;②细胞活化的阈值较低,对协同刺激信号的要求并不严格,除 DC 外的其他抗原提呈细胞也能活化记忆 T 细胞等;③记忆和效应细胞活化、增殖、分化迅速;④细胞克隆较多、效应强;⑤抗体特异性高、亲和力高,主要效应抗体为 IgG、IgE、IgA,效应维持时间长。

上述免疫应答规律在医学实践中得到广泛应用。例如,制订最佳免疫方案,指导预防接种;检测特异性 IgM 类抗体可作为传染病早期诊断的指标;利用疾病早期及晚期血清中抗体类别及含量的变化,进行血清学试验诊断传染病等。在制备细菌多糖疫苗时,将其与蛋白质偶联,以激活 Th 细胞并引起抗体亲和力成熟和记忆细胞产生,可增强疫苗效果。

(王旭丹)

1. MHC Ⅰ 类和 MHC Ⅱ 类分子在提呈抗原上有什么区别?
2. 初始 T 细胞活化为什么需要双信号?双信号是如何产生的?
3. $CD4^+$ T 细胞活化后可分化为不同亚群的机制是什么?有何生物学意义?
4. Th1 如何激活巨噬细胞,激活后的巨噬细胞有哪些效应?
5. 呼吸道病毒感染人体呼吸道上皮细胞后,$CD8^+$ CTL 如何发现并杀死这些被感染的细胞?
6. 在 B 细胞的活化过程中,Th 如何与抗原特异性 B 细胞相互作用?这些相互作用主要发生在淋巴结的何处?

第13章 免疫耐受

机体免疫系统最基本的功能是识别异物并产生免疫应答，包括固有免疫和适应性免疫。前述的适应性免疫应答是对抗原的特异性免疫排斥，排除"非己"抗原，维持机体的自身稳定（homeostasis）。然而，在特定条件下，机体免疫系统接触某种抗原（如自身抗原）刺激后，表现为特异性免疫低应答或无应答，称为免疫耐受（immunological tolerance）。免疫耐受属于特异性免疫应答，具有抗原特异性、记忆性、诱导性和非遗传性等特点。诱导免疫耐受的抗原统称为耐受原（tolerogen）。同一抗原在不同情况下，既可以是耐受原，也可以是免疫原。

第一节 诱导免疫耐受的条件

免疫耐受的形成需要一定的条件，是机体免疫系统和耐受原相互作用的结果。因此，免疫耐受的产生取决于机体与抗原两方面因素。

一、机体因素

1. *免疫系统发育成熟的程度* 一般情况下，在免疫系统发育不成熟时（胚胎期或某些动物新生期）接受抗原刺激易形成免疫耐受，而在免疫系统成熟时则易诱导免疫应答。1945年，Owen观察到遗传背景不同的异卵双生小牛，由于胎盘血管相互融合，血液自由交流。出生后两头小牛体内同时存在着两种不同血型抗原的红细胞，构成红细胞嵌合体，且彼此皮肤移植也不排斥，但对无关小牛的皮肤移植依然存在排斥反应。这种现象表明，动物在胚胎期接触同种异体抗原可诱导免疫耐受。Medawar等将CBA（H-2^K）系小鼠的骨髓输给新生期A系小鼠，在A系小鼠8周龄时，移植CBA系小鼠的皮肤，移植的皮肤能长期存活而不被排斥。提示在机体的免疫系统尚未成熟的早期阶段接受抗原刺激可诱导免疫耐受。

2. *机体免疫功能状态* 机体免疫功能被抑制时，接受抗原刺激容易诱导免疫耐受。动物研究发现，移植同种异体组织器官的同时或预先注射免疫抑制剂（如环磷酰胺等），即使移植后不再应用免疫抑制剂，移植物的存活期也显著延长，表明免疫耐受可以后天诱导产生即获得性免疫耐受（acquired tolerance）。

3. *动物种属与品系的遗传差异* 不同种属动物对抗原刺激所产生的免疫应答存在着一定差异。例如，鼠类动物（如仓鼠、大鼠、小鼠等）在新生期接受抗原刺激，可以诱导免疫耐受，但有蹄类动物（如牛、马等）在新生期则很难诱导免疫耐受。同种动物不同个体间也存在着差异，不同品系实验动物对抗原免疫耐受的诱导与维持，存在着显著差异。例如，好发自身免疫病的（NZB×NZW）F1小鼠较难诱导耐受，即使产生免疫耐受，耐受的维持时间也较短。

二、抗原因素

1. *抗原的性质* 抗原的性质不同，刺激机体免疫应答的反应类型也不相同。一般而言，小分子、可溶性、非聚合单体物质以及与机体遗传背景接近的抗原，易诱导免疫耐受。例如，多聚鞭毛素（分子质量10^{4}kDa）、单体鞭毛素（分子质量40kDa）及由单体鞭毛素提取的成分A（分子质量18kDa）的耐受原性依次递增，而免疫原性依次递减。

2. *抗原的表位和抗原的变异* 抗原分子中抗原表位的数量和结构影响免疫耐受的诱导和维持。例如，鸡卵溶菌酶（hen egg lysosome，HEL）N端氨基酸构成的表位能诱导Treg细胞活化，C端氨基酸构成的表位则诱导Th细胞活化。用天然HEL免疫H-2^{b}小鼠可活化Treg细胞，但抑制Th

细胞，导致免疫耐受。如果去除 HEL N 端的 3 个氨基酸（即活化 Treg 细胞的表位），即可活化 Th 细胞，产生免疫应答。

3. 抗原剂量 抗原的剂量过高或过低均易诱导免疫耐受。1964 年，Mitchison 发现不同剂量的牛血清白蛋白（BSA）免疫小鼠，低剂量（10^{-8} mol/L）和高剂量（10^{-5} mol/L）均不诱导抗体产生，而可诱导免疫耐受；只有中剂量（10^{-7} mol/L）才能诱导高水平抗体产生。这种抗原剂量太低及太高引起的免疫耐受分别称为低带耐受（low-zone tolerance）和高带耐受（high-zone tolerance）。

4. 抗原的持续存在 持续存在于体内的抗原易导致免疫耐受并可维持较长时间。在实验性免疫耐受模型中，停止抗原刺激可使免疫耐受逐渐消失，恢复抗原刺激可使免疫耐受得以维持和加强。因此，持续存在的抗原是维持免疫耐受的首要因素。有生命的抗原（如自身细胞、某些病毒、细菌等）可长期在体内存在，故已建立的免疫耐受不易消退；无生命的抗原在体内降解较快，故免疫耐受维持的时间短，需要多次重复给予才能维持耐受。

5. 抗原进入途径 一般而言，口服抗原易导致全身耐受，其次为静脉注射、腹腔注射、肌内注射，皮下或皮内注射最难诱导免疫耐受。

第二节 免疫耐受产生的机制

免疫耐受的产生机制复杂，根据免疫耐受产生的部位不同，可分为中枢耐受（central tolerance）和外周耐受（peripheral tolerance）。中枢耐受是指胚胎期及出生后未成熟 T、B 细胞在中枢免疫器官（骨髓和胸腺）内发育的过程中，遭遇自身抗原刺激后所引起的免疫耐受。外周耐受是指外周 T、B 细胞遭遇抗原刺激后，由于克隆失活或功能被抑制而形成的免疫耐受。两者发生的诱因及形成机制有所不同。

一、中枢耐受机制

在中枢免疫器官中未成熟的 T 细胞或 B 细胞，接受自身抗原刺激，引发细胞程序性死亡，导致克隆清除（clonal deletion）。以 T 细胞自身耐受为例，T 细胞在胸腺中经历阴性选择，TCR 与胸腺基质细胞表达的自身抗原肽-MHC 分子结合，引发细胞程序性死亡，导致针对自身抗原的 T 细胞克隆清除（详见本编第 10 章）。同理，若外来抗原通过某种机制进入中枢免疫器官，刺激未成熟的 T、B 细胞时，也可诱导类似的细胞克隆清除。如果胸腺及骨髓微环境细胞功能缺陷，阴性选择功能障碍，针对自身抗原的 T、B 细胞克隆则可进入外周，增加自身免疫病发生的风险。此外，也有研究发现中枢耐受也存在克隆无能现象，这可能与胸腺中存在 nTreg 细胞有关。

二、外周耐受机制

由于 T、B 细胞在胸腺和骨髓微环境遭遇的是机体组织细胞普遍存在的自身抗原，而针对某些组织特异性抗原的自身反应性 T、B 细胞未能在中枢免疫器官被清除。这些细胞进入外周免疫器官和组织后，主要通过以下机制诱导免疫耐受。

1. 克隆无能或清除 T 细胞活化需要双信号刺激，若缺乏共刺激信号则不能活化而成为无能细胞，产生免疫耐受。某些自身反应性 T 细胞进入外周后，所针对的自身抗原表达于不携带 MHC Ⅱ 类分子的细胞表面，不能形成 T 细胞可识别的抗原肽-MHC 分子复合物，则 T 细胞不被激活而呈现无能状态。某些自身抗原虽然形成抗原肽-MHC 分子复合物，但这些组织细胞低表达或不表达协同刺激分子，也不能激活自身反应性 T 细胞，使 T 细胞呈无能状态，部分无能细胞易发生凋亡，引起外周克隆清除。

2. 调节性 T 细胞（Treg）的作用 自身抗原特异性 Treg 细胞可来自胸腺，也可在外周识别自身抗原后诱导产生。Treg 通过产生抑制性细胞因子 TGF-β、IL-10 等，抑制自身反应性 T 细胞的功能。用天然 HEL 免疫 H-2^b 小鼠活化 Treg 细胞，抑制 Th 细胞，可导致免疫耐受。表明机体在某些特殊情况下，接受抗原刺激后优先活化 Treg 细胞可诱导免疫耐受。

3. 调节性 DC 的作用 调节性 DC（DCreg）是一群可以抑制免疫反应、诱导并维持免疫耐受的细胞，可以与 Treg 细胞相互作用，协同调控体内免疫应答的强度、范围和持续时间。体外研究证实，未成熟DC具有较强的抗原摄取能力，激活Th细胞的能力很弱，用单核细胞衍生的不成熟DC反复刺激初始CD4$^+$ T细胞，可以诱导产生分泌IL-10的Treg细胞，参与静息状态的免疫耐受。

4. **免疫细胞抑制性受体** 免疫细胞表达许多抑制性受体，这些受体与相应配体结合后，可产生抑制性信号，控制免疫应答发生的强度，或诱导T、B细胞无能，导致免疫耐受。免疫抑制受体胞内段含多个ITIM基序，介导免疫抑制信号，诱导细胞免疫抑制作用。目前比较明确的抑制性受体有CTLA-4、PD-1等、T细胞还可通过Fas/Fas L介导的活化诱导的细胞死亡（AICD）产生免疫耐受（详见本编第14章）。

第三节 诱导和打破免疫耐受的临床意义及方法

免疫系统对"自己"和"非己"的有效识别是其发挥正常功能的核心，建立对"自己"的免疫耐受和对"非己"的免疫应答对维持机体免疫稳定和正常生理功能至关重要。免疫耐受与临床疾病的发生、发展及转归密切相关，诱导或打破免疫耐受，对移植排斥反应、超敏反应性疾病、自身免疫病、肿瘤和感染性疾病的防治具有重要的临床意义。

一、诱导免疫耐受的临床意义和方法

1. **防止移植排斥反应** 依据经静脉大剂量给予抗原可以诱导免疫耐受的原理，在组织器官移植前，给受者大剂量静脉输注供者血液或可溶性HLA分子，诱导对移植物的免疫耐受，使移植的组织器官长期存活而不被排斥。还可以给受者胸腺内注射供者的有核细胞或可溶性HLA分子，并同时大剂量静脉输注供者有核细胞或可溶性HLA分子和免疫抑制剂，在诱导中枢免疫耐受的同时，也抑制了外周Th细胞活化，导致外周克隆无能和克隆清除，延长移植物在受体内的存活时间。

2. **防治超敏反应** 对某些已知变应原的I型超敏反应患者，可通过小剂量、长间隔、反复多次皮下注射相应变应原的方法进行脱敏治疗。有研究表明，通过婴幼儿期逐步接触少量变应原食物，易建立免疫耐受，预防超敏反应性疾病的发生。

3. **防治自身免疫病** 通过阻断T、B细胞活化的第二信号、拮抗性抗原肽诱导、口服自身抗原等方法，可重建自身免疫耐受。经口服抗原诱导全身免疫耐受，为临床治疗或控制自身免疫性疾病提供了新思路。

二、打破免疫耐受的临床意义和方法

1. **治疗肿瘤** 肿瘤微环境具有强烈的免疫抑制特性，对肿瘤抗原的耐受成为肿瘤逃避免疫清除的关键因素。如果打破这种耐受，就可激活自身抗瘤免疫。近年来，受到广泛关注的肿瘤免疫生物疗法，有望成为继手术治疗、化学治疗、放射治疗、靶向治疗后肿瘤治疗领域的一场革新。例如，利用PD-1或PD-L1的单克隆抗体，阻断肿瘤细胞对免疫细胞的抑制作用，激活肿瘤微环境中的免疫细胞，发挥抗肿瘤作用，已经开始进入肺癌、肠癌等多种恶性肿瘤的临床治疗指南。

2. **防治感染性疾病** 慢性持续性感染是严重的公共卫生问题，机体缺少有效的免疫应答（免疫耐受）是导致持续感染的重要原因。因此，打破机体对持续感染的病原的免疫耐受，对治疗慢性感染具有重要作用。例如，对HBV的免疫耐受是HBV表面抗原携带状态的重要原因之一，因此在设计和制备疫苗时，人工修饰HBV表面抗原中发挥载体作用的表位，保留天然HBV表面抗原中诱导中和抗体产生的表位，则有可能打破HBV表面抗原携带者对HBV的免疫耐受。

目前，打破或建立免疫耐受日益受到关注，在大规模的肿瘤免疫治疗实践中，针对免疫抑制性分子的抗体治疗显示出令人鼓舞的进展。因此，深入研究免疫耐受的产生及调节机制，可以为恶性肿瘤和慢性感染性疾病提供新的策略和方法。

（张军峰）

1. 简述诱导免疫耐受发生的条件。
2. 简述免疫耐受产生的机制。
3. 试述建立和打破免疫耐受的临床意义。

第14章 免疫调节

免疫调节（immune regulation）是指在免疫应答过程中，免疫细胞和免疫分子之间，以及免疫系统与其他系统之间相互作用，从而使免疫应答维持在适度水平，以保证机体免疫功能稳定的生理过程。免疫调节包括正调节和负调节两个方面，其中负调节机制发挥主导作用。免疫调节功能异常，将会导致机体发生自身免疫病、肿瘤、超敏反应或严重感染等病理反应。

第一节 抗原、抗体和补体的免疫调节作用

一、抗原对免疫应答的调节

抗原的性质、剂量及进入机体的途径直接影响免疫应答反应的类型、强度和维持时间。免疫应答的强度和维持时间取决于抗原的持续存在，免疫应答随着抗原在体内分解、中和、清除而逐渐减弱并消失。

可溶性和单体抗原较易诱导免疫耐受，颗粒性和多聚体抗原则易激发免疫应答；过高或过低剂量抗原刺激，易诱导免疫耐受，而中剂量的抗原刺激，则易诱发免疫应答；经口服、静脉给入抗原易形成免疫耐受，而经皮下则易产生免疫应答。

多种抗原物质先后或同时刺激机体会发生抗原竞争。在一定时间内先进入机体的抗原抑制后进入抗原诱导的免疫应答；免疫原性较强的抗原表位抑制免疫原性较弱的抗原表位诱导的应答。

二、抗体和抗原抗体复合物对免疫应答的调节

通过注入免疫血清，人为地提高动物体内某一特异性抗体的数量，则该动物产生同一特异性抗体的能力迅速下降，表明抗体本身对特异性免疫应答具有负反馈调节功能。此负反馈调节，是因为抗体量的增加，加速了抗原的清除，从而降低了抗原浓度；同时，抗原抗体复合物通过抗原表位和抗体 Fc 段分别与 B 细胞的 BCR 和 FcγR Ⅱ-B 结合，使细胞表面的相应受体发生交联，引发抑制性信号，阻止 B 细胞的进一步活化和分化（图 1-14-1）。

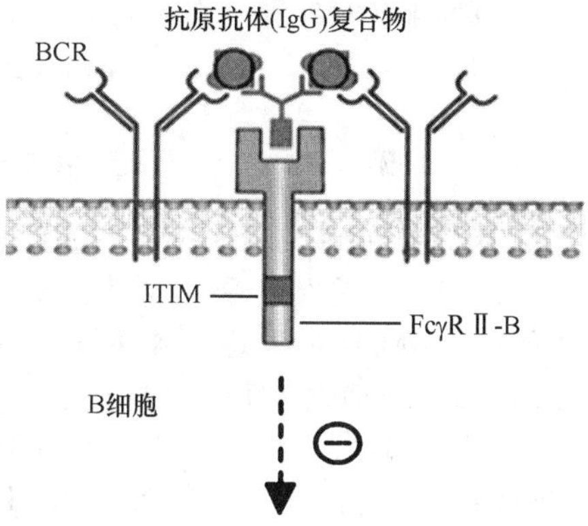

图 1-14-1 抗原抗体（IgG）复合物对 B 细胞抑制作用示意图

三、补体对 B 细胞激活的调节

补体成分通过与细胞表面的补体受体结合而调节免疫应答。滤泡树突状细胞（FDC）表面大量表达 C3b 受体（CR1），Ag-Ab-C3b 复合分子通过 C3b 结合于 FDC 表面，起着持续活化 B 细胞的作用。另外，B 细胞表面的 CD21（CR2）分子与补体激活过程中产生的 C3d、C3dg 结合，通过 CD19 分子活化胞内的蛋白酪氨酸激酶，促使 B 细胞激活。这种方式可明显降低 B 细胞激活的阈值（详见本编第 12 章）。

第二节 免疫细胞的免疫调节作用

一、免疫细胞直接参与的免疫调节作用

1. **抗原提呈细胞的免疫调节作用** 不同的 APC 亚群以及处于不同成熟阶段的 APC 所表达的特征性免疫分子或分泌的不同细胞因子决定了机体发生免疫应答的类型。一般地说,成熟的 APC 主要激发免疫应答,而不成熟的 APC 主要诱导免疫耐受。

2. **Treg 细胞的免疫调节作用** Treg 细胞是一类具有负调节作用的 T 细胞,包括自然调节 T 细胞和诱导性调节 T 细胞。Treg 细胞活化后,通过释放 TGF-β 和 IL-10 等抑制性细胞因子,抑制 T 细胞活化或者使活化的 Th 细胞转为静止状态,从而抑制免疫应答的强度。

3. **T 细胞亚群间的相互调节作用** 免疫应答过程中,免疫细胞间可通过分泌细胞因子而相互刺激、彼此约束,从而对免疫应答进行调节。无感染时,Treg 细胞分泌的 TGF-β 抑制初始 T 细胞活化,Th1、Th2 和 Th17 均不能分化;Th1 分泌的 IFN-γ 可抑制 Th2 的分化,Th2 分泌的 IL-4 可抑制 Th1 的分化;Th1 分泌的 IFN-γ 和 Th2 分泌的 IL-4 均抑制 Th17 的分化。Th1/Th2 平衡、Th17/Treg 平衡是维持机体自身稳定的重要机制,其平衡失调与多种疾病的发生发展有关(图 1-14-2)。

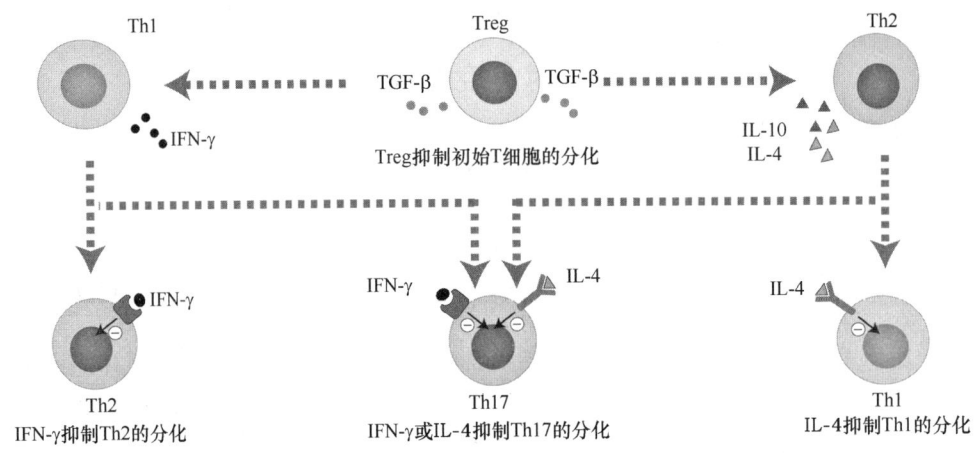

图 1-14-2 T 细胞亚群间的相互调节作用

二、免疫细胞表面受体的反馈调节

免疫细胞表面存在着多种功能性受体,包括激活性受体和抑制性受体,对免疫应答起调节作用。

1. **激活性受体** 受体与其配基结合后转导激活细胞的信号。多种激活性受体胞质区存在 ITAM,ITAM 中的酪氨酸被磷酸化后,通过招募和活化蛋白酪氨酸激酶(PTK),启动激活信号,激活免疫细胞。使用 ITAM 的分子有 TCR-CD3、BCR-Igα/Igβ、FcεRI 等。有些受体并不使用 ITAM 激活细胞,如 CD28 则是通过胞内 YMNM 基序被激酶磷酸化后激活细胞的。此外,未使用 ITAM 转导活化信号的受体分子还有 TNF 受体家族成员,如 CD40。

2. **抑制性受体** 受体与其配基结合后转导抑制信号或阻断激活信号的转导,从而起到信号的反馈抑制作用。多种抑制性受体胞质区存在 ITIM,当 ITIM 中的酪氨酸发生磷酸化后,通过招募和活化蛋白酪氨酸磷酸酶(PTP),抑制由 PTK 引起的激活信号,发挥负调节作用,抑制免疫细胞活化。利用 ITIM 的分子主要有 CD22、BTLA、FcγRⅡ-B 等。但有些抑制性受体则是通过阻断活化性受体发挥抑制作用,如 CTLA-4。近年来,还发现有些分子胞内区存在特定的酪氨酸基序,称为免疫受体酪氨酸开关基序(immunoreceptor tyrosine-based switch motif,ITSM),与 ITAM 和 ITIM 基序不同的是其根据所结合的蛋白的缺失或存在,介导从抑制功能到激活功能的变化。PD-1 分子胞内区就包含一个 ITAM 和一个 ITSM,从而使其对细胞带来多种效应。

T 细胞、B 细胞、NK 细胞和肥大细胞均能表达功能相反的激活性受体和抑制性受体(表 1-14-1)。不同配体分别与激活性受体或抑制性受体结合,对免疫细胞起着正、负调节作用。以

T 细胞的激活性受体 CD28 和抑制性受体 CTLA-4 为例。CD28 与 CTLA-4 高度同源，配体均为 B7 分子。当 CD28 与 B7 分子结合后，其胞内区结构域中信号基序上的酪氨酸残基即被磷酸化，随后激活 PI3K 激酶，介导一系列导致 T 细胞活化的信号。一旦 T 细胞开始活化，CTLA-4 表达于细胞表面。由于 CTLA-4 与 B7 分子的亲和力远高于 CD28，因而阻断了 CD28 的共刺激信号，同时通过内化 CTLA4-B7 复合物从而减少 APC 上 B7 的量，从而使 T 细胞活化受阻，对 T 细胞产生负反馈调节作用（图 1-14-3）。重要的是，受到抑制的是已激活的 T 细胞，从而下调已出现的、高强度的特异性免疫应答；对无关 T 细胞不产生抑制作用。

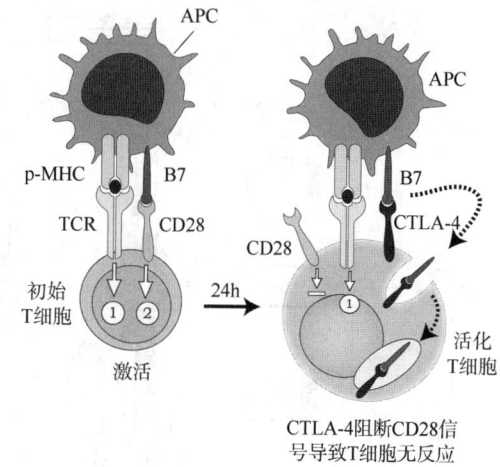

图 1-14-3 CD28 和 CTLA-4 对 T 细胞活化的调节

表 1-14-1 免疫细胞表面的激活性受体和抑制性受体

免疫细胞种类	激活性受体	抑制性受体
T 细胞	TCR-CD3、CD28、ICOS、4-1BB	CTLA-4、PD1
B 细胞	BCR-Igα/Igβ	FcγR Ⅱ-B、CD22
NK 细胞	KIR2DS/DAP-12、CD94/NKG2C/DAP-12*	KIR2DL、KIR3DL、CD94/NKG2A
肥大细胞	FcεR Ⅰ	FcεR Ⅱ-B

注：*DAP-12 为连接分子，与 KIR2DS、CD94/NKG2C 偶联后构成激活性受体。

三、免疫细胞的自身调节

Fas/FasL 介导的免疫细胞凋亡在免疫调节中起重要作用。在抗原反复刺激下活化的 T 细胞高表达 FasL 和 Fas，活化 T 细胞通过表面 FasL 或脱落的 FasL 与自身表面 Fas 分子结合，导致自身细胞凋亡；活化 T 细胞还可通过表面 FasL 与相邻的活化 T 细胞表面 Fas 结合，诱导后者凋亡；活化 T 细胞也可通过表面 FasL 与活化 B 细胞表面 Fas 结合，诱导 B 细胞凋亡。诱导凋亡的效应细胞和靶细胞均为活化的抗原特异性淋巴细胞，故称为活化诱导的细胞死亡（activation-induced cell death，AICD）。通过 AICD，被抗原活化并发生克隆扩增的 T、B 细胞发生凋亡，适时终止免疫应答，使免疫系统恢复稳态。AICD 也是维持自身免疫耐受的重要机制之一（图 1-14-4）。*Fas/FasL* 基因突变，可引起自身免疫性淋巴细胞增生综合征。

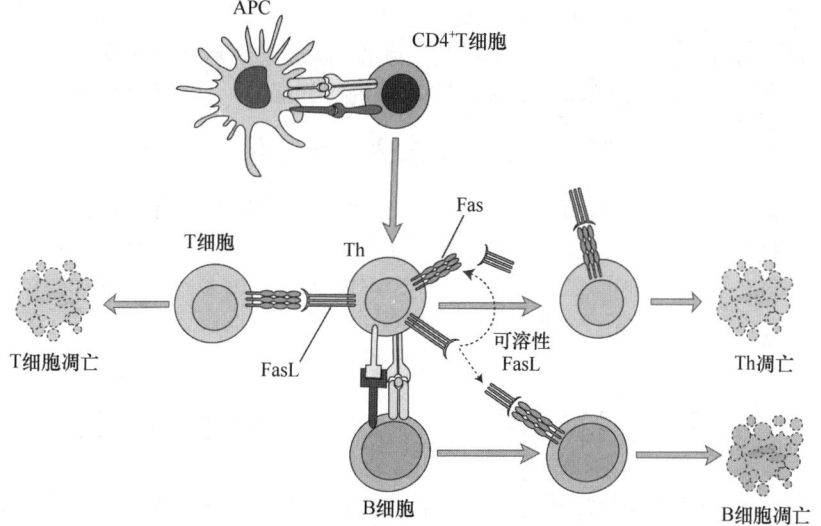

图 1-14-4 Fas 与 FasL 诱导活化的 T、B 细胞凋亡

第三节 独特型网络调节

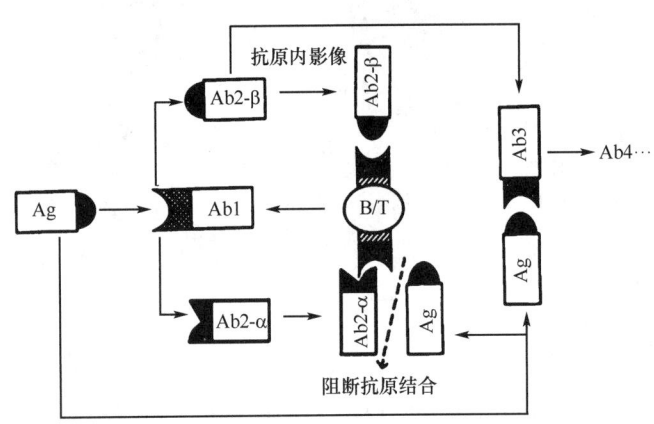

图 1-14-5 独特型 - 抗独特型网络调节示意图

1972 年，Jerne 根据现代免疫学对抗体分子独特型的认识，提出了免疫网络学说。在此基础上 Richter（1975 年）又进一步提出了独特型 - 抗独特型网络学说。其主要观点是：在抗原刺激发生之前，机体处于一种相对的免疫稳定状态，当抗原进入机体后打破了这种平衡，导致了特异性抗体（即图 1-14-5 中的 Ab1）的产生，当达到一定量时将引起针对 Ab1 分子独特型（即 Ig 可变区）的免疫应答，产生抗独特型抗体 Ab2。抗独特型抗体分为两种，分别为针对 V 区支架部位的 α 型抗体（Ab2α）和针对 V 区抗原结合部位的 β 型抗体（Ab2β）。Ab2β 与抗原表位结构相似，并能与抗原竞争性地和 Ab1 结合，因而 β 型抗独特型抗体被称为抗原的内影像（internal image）。抗独特型抗体作为一种负反馈因素，对特异性抗体的分泌起抑制作用。然后，大量抗体 Ab2 的产生又可诱发出抗体（Ab3）。同样，T、B 细胞表面的 TCR/BCR 分子亦可被另一组相应的 T、B 细胞表面的 TCR/BCR 分子所识别，它们彼此之间存在着相互调节作用。这样，在体内就形成了淋巴细胞和抗体分子所组成的独特型网络结构，独特型网络在免疫应答的调节中起着重要作用。制备某种自身抗体骨架区的 α 型抗体（Ab2α）用于临床相关自身免疫病的治疗，有可能获得较好疗效。

第四节 基因水平的免疫调节

一、TCR/BCR 多样性与免疫调节

T、B 细胞的抗原识别受体 TCR/BCR 均由肽链组成，其结构均包括恒定区（C 区）和可变区（V 区）两部分。V 区实际上是由少数胚系基因片段，在 T、B 细胞发生过程中通过重排、拼接而成，从而形成了针对巨大数量抗原的特异性的 TCR/BCR。然而，对于不同种属、不同个体来说，这种重排和拼接不可能完全一致，可能存在着缺乏针对某一抗原表位的 TCR/BCR。这就是所谓的免疫识别盲区，即对某一抗原表位的天然免疫无反应性。

不同个体可能存在着不同的免疫识别盲区。因此，亲缘关系越远的男女通婚，就越可能减少或避免其后代对抗原的免疫识别盲区，从而提高免疫应答能力，提高健康水平。

二、MHC 多态性与免疫调节

MHC 是参与抗原提呈的关键分子，其与被 APC 处理的抗原肽结合为复合物，将此复合物提呈给 T 细胞诱导免疫应答。由于 MHC 具有高度多态性，不同个体的细胞所表达的 MHC 分子不同，因而对不同抗原的提呈能力不同。若个体所拥有的 MHC 分子可与某一抗原肽结合，则机体可对该抗原发生免疫应答，反之则不能产生应答；若 MHC 分子与抗原肽高亲和力结合，则介导高强度免疫应答，反之则介导低强度应答。因此，MHC 多态性在群体水平可实现对免疫应答的基因调控。

第五节 神经 - 内分泌 - 免疫网络的调节

机体是一个有机的整体，免疫系统行使功能时，必然受到其他系统的影响和调节，其中影响

最大的是神经系统和内分泌系统。几乎所有的免疫细胞上都存在着神经递质和内分泌激素受体。因此,可以说神经递质、内分泌激素与各种免疫细胞及免疫分子之间构成了调节性网络(图1-14-6)。

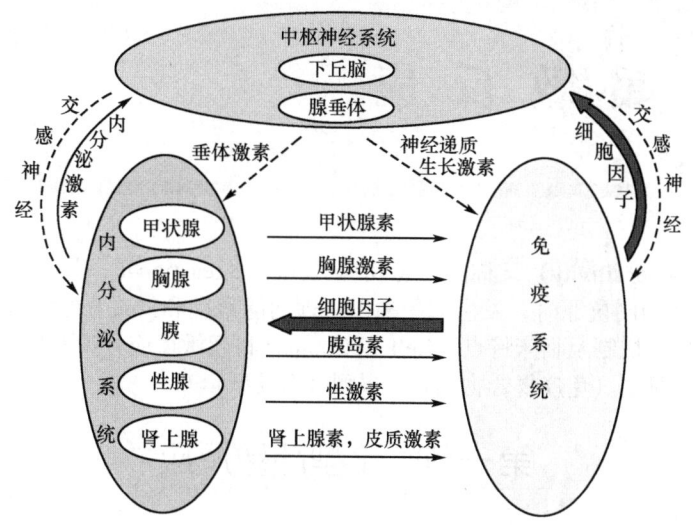

图 1-14-6 神经-内分泌-免疫网络调节示意图

一、神经内分泌系统对免疫系统的调节

免疫细胞可表达多种神经递质受体和激素受体,神经内分泌系统产生的神经递质和激素,能作用于免疫细胞,对免疫系统发挥正、负调节作用。例如,儿茶酚胺、皮质类固醇和雄激素等抑制免疫反应;而雌激素、生长激素、甲状腺素、胰岛素等可增强免疫应答。

二、免疫系统对神经内分泌系统的调节

神经内分泌系统组织细胞可表达不同的细胞因子受体,免疫细胞分泌的细胞因子可作用于相应细胞,调节神经内分泌系统的功能。例如,IFN-α/β 促进肾上腺类固醇生成,IL-1 促进垂体 ACTH 和内啡肽释放等。

此外,免疫细胞也可分泌激素、神经肽,而神经、内分泌细胞也可分泌细胞因子。

三个系统协调形成神经-内分泌-免疫网络,进行整体调节。例如,IL-1、IL-6 和 TNF-α 可通过下丘脑-垂体-肾上腺轴,刺激皮质激素的合成,后者可下调 Th1 和巨噬细胞活性,使相应细胞因子的分泌减少,降低了对皮质激素合成的刺激,从而解除了皮质激素对免疫细胞的抑制。之后细胞因子含量又会增加,再次促进皮质激素的合成。如此循环,构成调节网络。

(孔庆利)

1. 简述抗体和抗原抗体复合物对免疫的调节作用。
2. 简述 T 细胞亚群之间的负向免疫调节作用。
3. 简述 Fas 与 FasL 诱导活化的 T、B 细胞凋亡。
4. 简述 T 细胞、B 细胞、NK 细胞和肥大细胞表面的激活受体和抑制性受体及其功能。

第四篇 临床免疫学

第15章 超敏反应

超敏反应（hypersensitivity）又称为变态反应（allergic reaction），是指机体受到某些抗原的持续刺激或再次接触相同抗原时，发生的一种以生理功能紊乱和（或）组织细胞损伤为主的病理性免疫应答。根据发生机制及临床特点，Gell 和 Coombs 将超敏反应分为四型：Ⅰ型（速发型）、Ⅱ型（细胞毒型）、Ⅲ型（免疫复合物型）、Ⅳ型（迟发型）。

第一节 Ⅰ型超敏反应

Ⅰ型超敏反应（type Ⅰ hypersensitivity）又称为过敏反应（allergy），主要由 Th2 细胞活化和针对环境中抗原的 IgE 抗体介导，肥大细胞和嗜碱性粒细胞是关键的效应细胞，其释放的生物活性介质是引起各种临床表现的重要分子基础。其特点是：①发作快，消退亦快，故又称为速发型超敏反应；②常引起机体生理功能紊乱，少部分可发生组织细胞损伤；③有明显的个体差异和遗传倾向，患者对某些抗原易产生 IgE 抗体，称其为特应性个体或过敏性体质。

一、发生机制

Ⅰ型超敏反应的发生过程可分为致敏阶段和发敏阶段（图 1-15-1、图 1-15-2）。

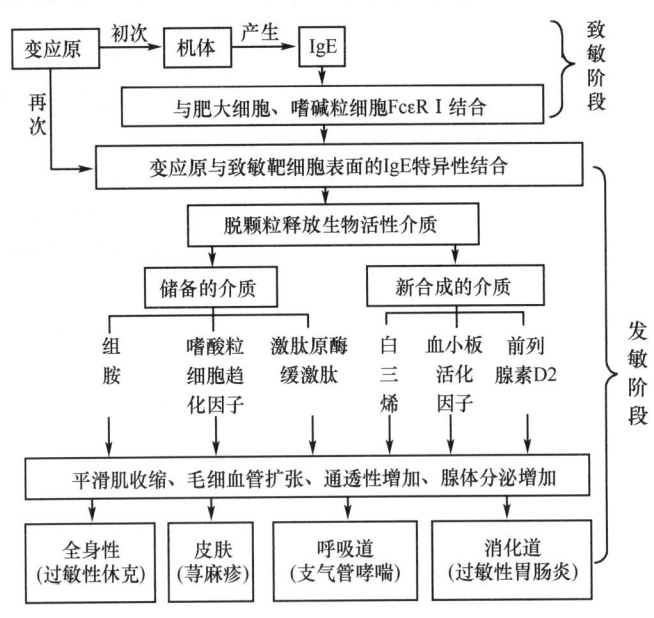

图 1-15-1　Ⅰ型超敏反应发生过程示意图

（一）致敏阶段

过敏原诱导 B 细胞产生 IgE 抗体，IgE 立即与肥大细胞和嗜碱性粒细胞表面的 IgE Fc 受体（FcεRⅠ）结合，此时机体处于致敏状态。

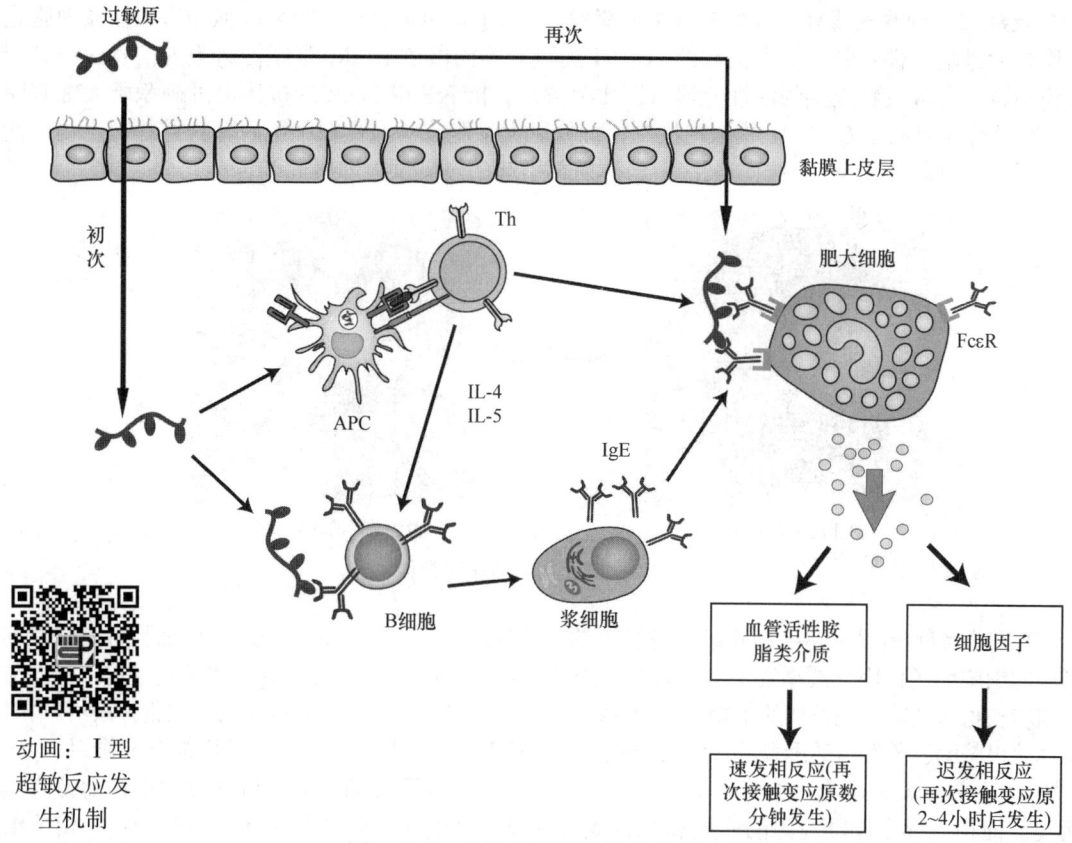

图 1-15-2　Ⅰ型超敏反应发生过程示意图

1. **过敏原**　引起Ⅰ型超敏反应的抗原称为过敏原（allergen），主要有以下几类：①吸入性过敏原，如植物花粉、真菌孢子和菌丝、螨类及其排泄物、动物皮毛等；②食入性过敏原，如牛奶、鸡蛋、海产品、坚果及食品中某些添加剂等；③药物，如青霉素、磺胺等，可在体内与某些蛋白质结合而成为完全抗原。空气中的污染物，如 NO、SO 等能作为佐剂促进过敏反应的发生。

2. **IgE 抗体的产生**　多数个体接触过敏原后不发生免疫应答，或通过产生 IgM、IgG 或 IgA 类抗体将抗原清除。当过敏原进入过敏体质机体，可诱导 B 细胞产生 IgE 类抗体。IgE 主要由呼吸道及消化道等处黏膜固有层淋巴组织中的浆细胞合成，这些部位是过敏原易于侵入引发超敏反应的部位。正常人血清中 IgE 水平极低，而过敏症患者血清 IgE 可高于正常人 1000～10 000 倍。

IgE 的产生受遗传因素、细胞因子等调控。Tfh 辅助 B 细胞经历类别转换产生 IgE 抗体，而 Th2 分泌的细胞因子 IL-4 和 IL-13 可促进 IgE 类抗体的转换和合成；Th1 型细胞因子 IFN-γ 能拮抗 IL-4 诱导 IgE 合成的作用，调节这两类细胞因子对防治过敏反应均有应用前景。近年来发现 ILC2 可分泌 IL-5 和 IL-13，在过敏性疾病发生中起重要作用。

3. **IgE 与效应细胞表面 FcεRⅠ结合**　IgE 以高亲和力结合肥大细胞或嗜碱性粒细胞表面 IgE Fc 受体（FcεRⅠ），使机体处于致敏状态。表面结合 IgE 的肥大细胞或嗜碱性粒细胞称为致敏靶细胞，IgE 在细胞表面停留数月或数年后逐渐消失，过敏性也随之消退，致敏状态消失。

（二）发敏阶段

致敏机体再次接触相同过敏原即发生超敏反应，此为发敏阶段。

1. **过敏原与肥大细胞、嗜碱性粒细胞表面 IgE 结合**　肥大细胞主要分布于黏膜下层和皮下结缔组织，嗜碱性粒细胞存在于血液中。处于致敏状态的机体再次接触相同过敏原时，过敏原与结合在肥大细胞或嗜碱性粒细胞表面的两个以上 IgE 分子交叉结合，导致 FcεRⅠ构型改变而聚集，发生交联反应，从而启动激活信号。

2. **致敏肥大细胞或嗜碱性粒细胞活化和脱颗粒（degranulation）** 肥大细胞和嗜碱性粒细胞胞质中均含大量嗜碱性颗粒。发生交联的FcεRⅠ通过其胞内段的ITAM基序传递胞内信号，诱导靶细胞脱颗粒，合成及释放生物活性介质（图1-15-3）。抗IgE或FcεR的抗体也可刺激肥大细胞脱颗粒。机体还可通过IgE/FcεR非依赖机制，促使肥大细胞或嗜碱性粒细胞脱颗粒并释放生物活性介质，引起类过敏样反应。例如，某些中药注射剂引起的过敏反应即属此类。

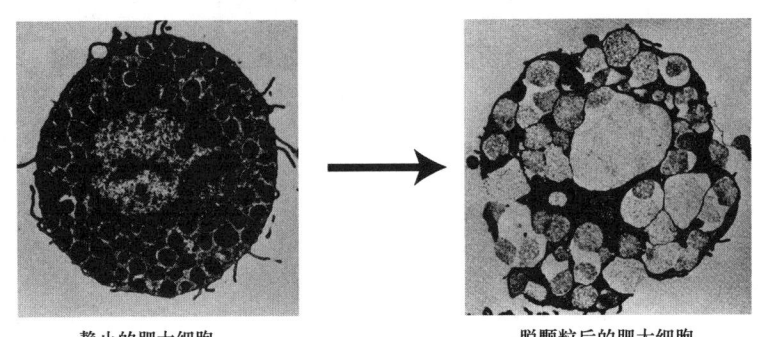

图1-15-3 肥大细胞活化脱颗粒

嗜酸性粒细胞也是参与Ⅰ型超敏反应发生的重要效应细胞。一方面，嗜酸性粒细胞可在肥大细胞释放的细胞因子作用下被募集至炎症局部，诱导性表达FcεRⅠ，也可被IgE诱导脱颗粒，释放与肥大细胞和嗜碱性粒细胞类似的生物活性介质；另一方面，嗜酸性粒细胞能吞噬肥大细胞释放的颗粒，并能释放组胺酶、芳香硫酸酯酶等，灭活组胺、白三烯等生物活性介质，发挥负反馈调节作用。

3. **释放生物活性介质产生生物学效应** 肥大细胞和嗜碱性粒细胞活化后释放的生物活性介质有两类，即预先存在于颗粒内的介质和新合成的介质。这些介质的主要生物学活性为：①使毛细血管扩张并增加其通透性；②刺激平滑肌收缩；③促进黏膜腺体分泌；④趋化炎症细胞和促进局部炎症反应。

（1）预存于颗粒内的介质

1）组胺（histamine）：与组胺受体结合后，使毛细血管扩张、通透性增加，平滑肌收缩，黏膜腺体分泌增多。其作用短暂，很快被血浆中或嗜酸性粒细胞释放的组胺酶灭活。

2）激肽原酶（kininogenase）：可将血浆中激肽原转变成激肽类物质，其中缓激肽能引起平滑肌（尤其是支气管平滑肌）缓慢收缩、血管强烈扩张和局部毛细血管通透性增加，并趋化嗜酸性粒细胞和中性粒细胞。

3）嗜酸性粒细胞趋化因子（eosinophil chemotactic factor，ECF）：为低分子质量多肽，能趋化嗜酸性粒细胞。

（2）新合成的介质：主要是细胞膜磷脂代谢产物。

1）前列腺素D_2（prostaglandin D_2，PGD_2）：主要作用是刺激支气管平滑肌收缩，使血管扩张、通透性增加。

2）白三烯（leukotriene，LT）：主要有LTC4、LTD4和LTE4三种。LT引起支气管平滑肌收缩的作用比组胺强100～1000倍，且效应持续时间长，是引起支气管持续痉挛的主要介质。LT还能促进腺体分泌，使毛细血管扩张和通透性增加。

3）血小板活化因子（platelet activating factor，PAF）：可凝集和活化血小板，使之释放活性胺类（如组胺和5-羟色胺），增强和扩大Ⅰ型超敏反应。PAF还可活化炎性白细胞，在迟发相反应中起重要作用。

4）细胞因子：主要有IL-4、IL-5、IL-6及IL-13等，可分别促进Th2细胞应答和B细胞发生IgE类别转换，进一步诱导淋巴细胞、单核/巨噬细胞及粒细胞释放多种细胞因子和其他炎症介质。IL-5是嗜酸性粒细胞最重要的激活剂，主要来自Th2和ILC2。

生物活性物质作用于效应组织和器官，引起局部或全身的过敏反应。

根据效应发生的时相和持续时间的长短，可分为速发相和迟发相。速发相又称为速发相反应（immediate phase reaction），发生在机体再次接触相同抗原后数秒至数十分钟内，主要由组胺等引起，以血管扩张和通透性增加、平滑肌收缩、腺体分泌增加为特点。一般在数小时后可消退，但严重时发生过敏性休克则可致死。迟发相又称为迟发相反应（late phase reaction），在抗原再次刺激后2～4小时发生，持续1～2天或更长，主要由新合成的细胞因子引起。其特点是局部出现以嗜酸性粒细胞为主的炎性细胞浸润，同时还有中性粒细胞、嗜碱性粒细胞和淋巴细胞等。活化的此类细胞释放多种生物活性物质和酶，导致炎症反应和组织损伤。因此，又称为Ⅰ型超敏反应性炎症（allergic inflammation，AI）。

Ⅰ型超敏反应的发生与遗传因素密切相关，已发现多个与过敏发病相关的候选易感基因。近年来，环境因素与过敏性疾病发生的关系受到高度关注，并提出了"卫生假说"。该学说认为，卫生条件的改善和医疗措施的应用使人们暴露于各种病原体的机会减少，造成免疫系统功能失调，如Th1/Th2失衡、Treg细胞分化不足等，导致易发生过敏性疾病。

二、临床常见疾病

1. **过敏性休克** 多于再次注射药物或抗毒素血清后数秒至数分钟之内发生，可导致死亡。

（1）药物过敏性休克：以青霉素引发最为常见，此外头孢菌素、链霉素、普鲁卡因等也可引起。药物半抗原进入体内与蛋白质结合为完全抗原，诱导机体产生IgE而致敏，再次应用相同药物即可发生过敏性休克。青霉素为半抗原，无免疫原性，但其降解产物（青霉噻唑醛酸、青霉烯酸等）可与体内蛋白质结合成为完全抗原；青霉素制剂中的大分子杂质也可能成为过敏原，导致过敏性休克的发生。

（2）血清过敏性休克：临床上在用破伤风抗毒素和白喉抗毒素等动物免疫血清进行治疗或紧急预防时，部分患者可能出现过敏性休克。近年来，由于纯化免疫血清的应用，血清过敏性休克的发生已大为减少。

昆虫叮咬或通过上皮表面（如肠黏膜）吸收引入的过敏原亦可导致过敏性休克。

2. **呼吸道过敏反应** 支气管哮喘和过敏性鼻炎最常见。支气管哮喘多为吸入或食入过敏原后发生的支气管平滑肌痉挛、黏液分泌增多、气道变应性炎症。支气管哮喘的急性发作属速发相反应，发作快，消退也快；而迟发相反应发生慢，持续时间长，出现典型的以嗜酸性粒细胞和中性粒细胞浸润为主的气道炎症。炎症细胞释放细胞因子及其他炎症介质，损伤呼吸道黏膜上皮，导致气道高反应性，加重临床症状。临床有30%的哮喘由非过敏原因素诱发，如寒冷、运动等，其机制可能是通过其他途径（如神经递质等）激活肥大细胞脱颗粒。

3. **胃肠道过敏反应** 少数人可由食入性过敏原诱发胃肠道过敏症，出现恶心、呕吐、腹痛和腹泻等症状。由于胃肠道sIgA减少、局部黏膜防御功能下降及肠道蛋白酶缺乏，食入的异种蛋白不能完全被分解而通过损伤的黏膜进入机体引起致敏，发生胃肠道局部过敏反应。

4. **皮肤过敏反应** 可由药物性、食入性或吸入性过敏原诱发，也可由某些肠道寄生虫感染或冷热刺激引起。主要有急性荨麻疹、湿疹和血管性水肿。慢性荨麻疹可能由抗IgE或FcεRI的自身抗体刺激肥大细胞脱颗粒而导致发病。

三、防治原则

Ⅰ型超敏反应的防治原则主要从过敏原和发病机制两方面着手。

1. **寻找过敏原并避免再接触** 通过询问过敏史或借助皮肤试验检出过敏原，也可用放射过敏原吸附实验（RAST）检测患者血清中特异性IgE以检出过敏原。对过敏原应避免再接触，对某些无法避免者可行脱敏疗法。

2. **切断或干扰中间环节，终止发病或减轻过敏症状**

（1）特异性脱敏疗法

1）异种免疫血清脱敏疗法：对皮试阳性又需注射免疫血清者，可采用小剂量、短间隔（20～30分钟）多次注射的方法。其原理可能是：少量过敏原仅引起少量致敏靶细胞释放微量生物活性介质，不足以引起明显临床症状；短时间内多次注射使致敏靶细胞分批脱敏，从而消除机体致敏状态，再注射大量免疫血清时则不发生过敏反应。此种脱敏是暂时的，经一定时间后，机体又可重新致敏。

2）特异性过敏原脱敏疗法：对某些已查明但难以避免接触的过敏原，可应用低剂量、长间隔、多次皮下注射的方法进行脱敏。其原理可能是诱生 IgG 类循环抗体，降低 IgE 抗体水平；IgG 抗体与致敏靶细胞上 IgE 竞争性结合过敏原，作为封闭性抗体阻断过敏原与 IgE 结合。

(2) 药物防治

1）抑制活性介质合成与释放：如阿司匹林、色甘酸钠、酮替芬、肾上腺素、儿茶酚胺等。

2）拮抗活性介质作用：氯苯那敏、苯海拉明、西替利嗪、曲吡那敏、氯雷他定、赛庚啶等可拮抗组胺的作用；孟鲁司特可拮抗白三烯的作用；阿司匹林可拮抗缓激肽的作用。

3）改善效应器官反应性：肾上腺素可解除支气管痉挛，还可使外周毛细血管收缩，升高血压，因此在抢救过敏性休克时具有重要作用。葡萄糖酸钙、氯化钙、维生素 C 等可解痉，并降低毛细血管通透性，减轻皮肤黏膜的炎症反应。

4）免疫生物疗法：人们试图通过调控 IgE 的产生治疗 I 型超敏反应性疾病，在动物实验和初步临床研究已取得效果。例如，将起佐剂作用的 IL-12 等分子与过敏原共同使用，使 Th2 型免疫应答向 Th1 型转换，下调 IgE 的产生；针对 IgE 分子上与 FcεR 结合部位的单抗，与循环中 IgE 结合，阻止其与肥大细胞、嗜碱性粒细胞结合，目前针对 IgE 的奥马珠单抗（omalizumab）已应用于支气管哮喘的治疗；重组可溶性 IL-4 受体（sIL-4R）与 IL-4 结合，阻断其生物学效应，减少 IgE 产生。

第二节　Ⅱ型超敏反应

Ⅱ型超敏反应（type Ⅱ hypersensitivity）又称为细胞溶解型超敏反应或细胞毒型超敏反应，特点是抗体（IgG 或 IgM）直接与靶细胞表面抗原结合，在补体、吞噬细胞和 NK 细胞参与下，导致靶细胞溶解。

一、发 生 机 制

1. 抗原诱导机体产生特异性抗体　引起Ⅱ型超敏反应的抗原主要有以下几类：

(1) 同种异型抗原：正常存在于细胞表面的同种异型抗原，如 ABO 血型抗原、Rh 抗原和 HLA 抗原。

(2) 某些共同抗原：某些外来抗原与自身成分间存在共同抗原，如 A 群链球菌的某些组分与人心肌、心瓣膜、肾小球基膜间存在共同抗原。

(3) 自身抗原：自身组织受外伤、感染、药物等影响可发生抗原性质改变，或使某些隐蔽的自身抗原进入血流，成为自身抗原（详见本编第 16 章）。

(4) 外来抗原或半抗原：此类抗原进入机体后，可非特异性黏附或结合于细胞表面，诱导针对该抗原的免疫应答。

以上抗原诱导机体发生适应性免疫应答，主要产生 IgG 和 IgM 类抗体。

2. 抗体介导靶细胞破坏的机制

(1) 激活补体溶解细胞：抗体与细胞表面抗原结合，激活补体经典途径而溶解细胞。

(2) 促进吞噬细胞吞噬：抗体和补体裂解片段 C3b 通过与吞噬细胞表面相应的 FcR 或补体受体结合而介导调理吞噬作用，促进吞噬细胞吞噬、杀伤靶细胞。

(3) ADCC 作用：IgG 与靶细胞表面抗原结合，其 Fc 段与 NK 细胞和吞噬细胞表面 FcγR 结合，从而介导 ADCC 作用，杀伤靶细胞（详见本编第 4 章、第 12 章）。

以上效应导致靶细胞大量溶解、死亡，并出现相应的病变；但某些抗细胞表面受体的自身抗体与相应受体结合并不引起靶细胞破坏，而表现为刺激或阻断作用，导致靶细胞功能紊乱（图 1-15-4）。

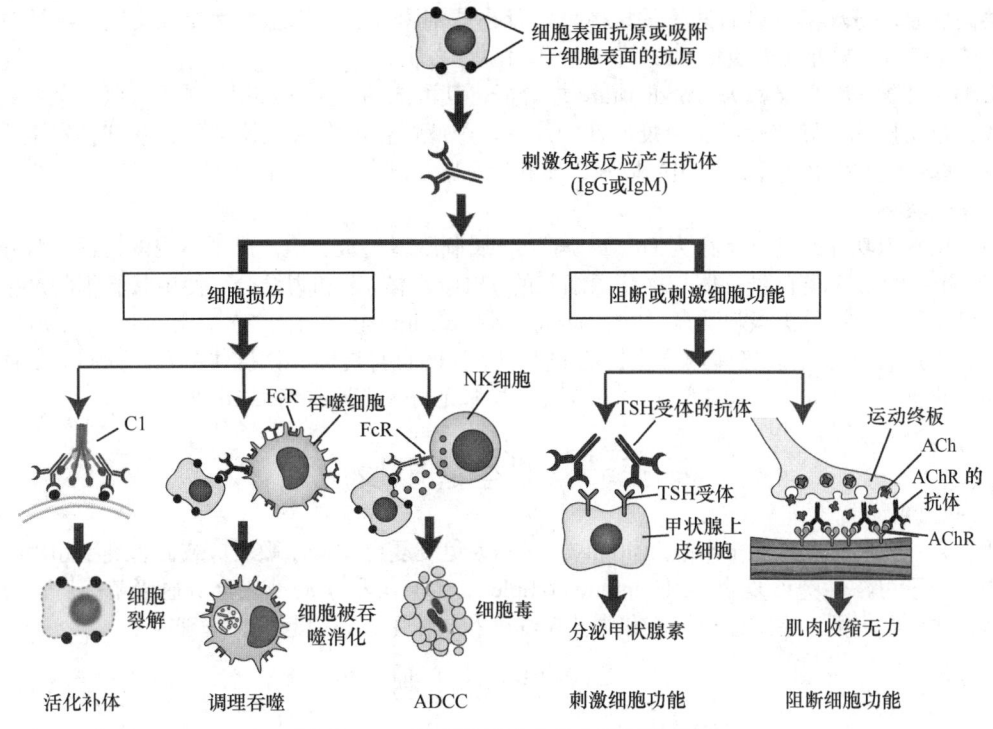

图 1-15-4　Ⅱ型超敏反应发生机制示意图

二、临床常见疾病

1. 输血反应　ABO 血型不符的输血，可导致红细胞大量破坏，此为溶血性输血反应。反复输入含异型 HLA 和血浆蛋白抗原的血液，可在受者体内诱生抗白细胞、血小板和血浆蛋白的抗体，通过与相应血液成分结合而导致非溶血性输血反应。

2. 新生儿溶血症

（1）母胎 Rh 血型不符：多发生于妊娠妇女为 Rh^- 血型、胎儿为 Rh^+ 血型者。母亲初次妊娠时因流产、胎盘出血或分娩时胎盘剥离，胎儿少量 Rh^+ 红细胞可进入母体，刺激母体产生抗 Rh 的 IgG 类抗体。再次妊娠胎儿仍为 Rh^+ 时，母体抗 Rh 血型抗原的抗体通过胎盘进入胎儿体内，并与 Rh^+ 红细胞结合，激活补体及相关细胞，导致胎儿红细胞破坏，引起流产、死胎或新生儿溶血症。在产妇分娩后 72 小时内注射抗 Rh 抗体，可阻断 Rh^+ 红细胞对母体的致敏，从而预防再次妊娠时发生新生儿溶血症。

（2）母胎 ABO 血型不符：多发生于母亲为 O 型、胎儿为 A 型、B 型或 AB 型。此型新生儿溶血症较常见，但症状较轻，其原因为：母亲天然血型抗体属 IgM 类，不能通过胎盘；进入母体的少量胎儿红细胞虽能诱生 IgG 类抗体，此类抗体可通过胎盘进入胎儿血流，但 ABO 血型抗原也可表达于其他组织细胞和血清中，因抗体与红细胞外的血型抗原结合而减少了对胎儿红细胞的影响。

3. 免疫性血细胞减少症

（1）药物过敏性血细胞减少症：药物半抗原与血细胞膜结合成为完全抗原，刺激机体产生针对药物的特异性抗体。此种抗体与结合于血细胞表面的药物（如青霉素、磺胺、奎宁等）结合，通过激活补体、调理吞噬及促进 ADCC 作用，导致血细胞溶解，发生溶血性贫血、粒细胞减少症及血小板减少性紫癜等。

（2）自身免疫性溶血性贫血：甲基多巴、吲哚美辛等药物或病毒等感染可造成红细胞膜成分改变，成为自身抗原，通过诱生自身抗体而引起红细胞溶解。

4. 抗基膜型肾小球肾炎和风湿性心肌炎　某些型别的 A 群链球菌与人类肾小球基膜或心肌细

胞有共同抗原，链球菌感染后诱生的抗体可与肾小球基膜或心肌细胞发生交叉反应，导致抗基膜型肾小球肾炎（占肾小球肾炎的 15% 左右）或风湿性心肌炎。

5. 肺－肾综合征　又称为 Goodpasture 综合征，其可能的机制是：病毒感染或吸入某些有机溶剂造成肺组织损伤，导致肺组织免疫原性的改变，由此诱生的自身抗体与肺泡壁基膜发生反应，并与肾小球基膜发生交叉反应，引起以肺出血和严重肾小球肾炎为特征的疾病。

6. 受体抗体类疾病

（1）甲状腺功能亢进（又称为 Graves 病）：属刺激型超敏反应。患者体内的抗促甲状腺激素（TSH）受体的 IgG 类自身抗体与甲状腺细胞的 TSH 受体高亲和力结合，使甲状腺细胞产生大量甲状腺素，称为长效甲状腺刺激素（long-acting thyroid stimulator，LATS），导致甲状腺功能亢进。

（2）重症肌无力：患者体内产生抗乙酰胆碱受体的自身抗体，该抗体结合乙酰胆碱受体后，使乙酰胆碱受体数量减少、功能降低，以致肌肉收缩无力（详见本编第 16 章）。

第三节　Ⅲ型超敏反应

Ⅲ型超敏反应（type Ⅲ hypersensitivity）又称为免疫复合物型超敏反应或血管炎型超敏反应，是由中等分子可溶性免疫复合物（immune complex，IC）沉积于局部或全身血管基膜后，通过激活补体，并在血小板、嗜碱性粒细胞和中性粒细胞参与作用下，引起炎性病理改变。

一、发 生 机 制

1. **免疫复合物的形成**　内源性抗原（包括变性 DNA、核抗原、肿瘤抗原等）和外源性抗原（包括病原微生物抗原、异种血清以及药物半抗原与组织蛋白质结合形成的完全抗原等）诱导机体产生 IgG 或 IgM 类抗体，两者结合形成 IC。

2. **免疫复合物沉积的条件**

（1）免疫复合物分子的大小：抗原与抗体比例不同，所形成 IC 的大小亦不同。大分子 IC，易被吞噬细胞吞噬清除；小分子 IC，可通过肾小球滤出；中分子可溶性 IC 既不易被吞噬细胞吞噬，又不能通过肾小球排出，可随血液循环播散，并沉积在不同组织部位。

（2）组织学结构与血流动力学因素：IC 易沉积在细胞因子和血管活性介质等引起毛细血管通透性增加的部位，或血管内皮细胞表达特定受体（C3bR 或 FcR）的部位。此外，血流缓慢的血管分叉处、血流量大而易产生涡流的部位、血流静水压力较高的部位等，也易发生沉积。

3. **免疫复合物引起炎症损伤的机制**（图 1-15-5、图 1-15-6）　IC 沉积或镶嵌于血管基膜是造成血管基膜炎症和组织损伤的始动因素。

（1）激活补体：沉积的 IC 可通过经典途径激活补体，产生过敏毒素和趋化因子等，使趋化至局部的肥大细胞、嗜碱性粒细胞释放活性介质，共同导致局部血管扩张和通透性增加，引起白细胞渗出和局部水肿。

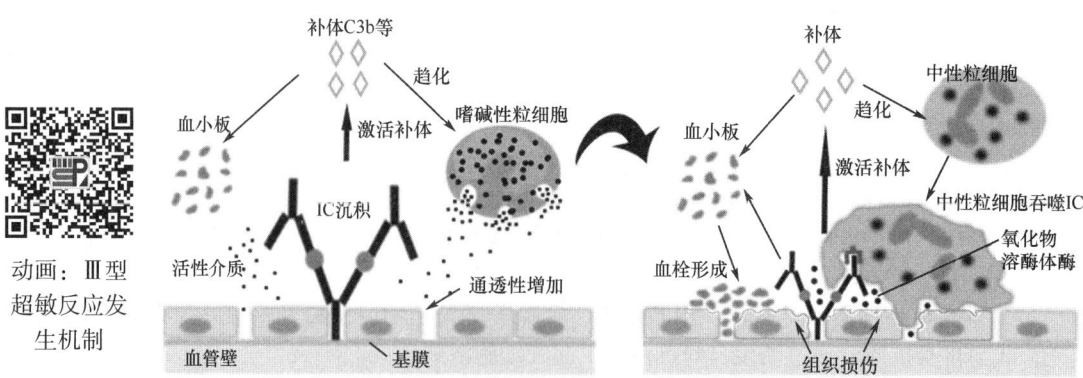

动画：Ⅲ型超敏反应发生机制

图 1-15-5　免疫复合物导致组织损伤的机制示意图

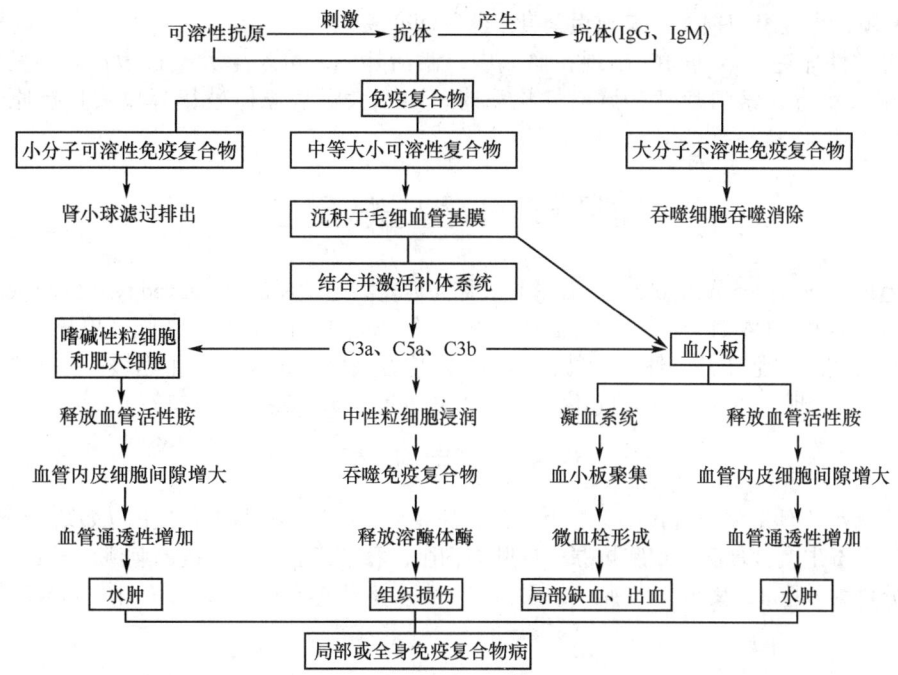

图 1-15-6　Ⅲ型超敏反应的发生机制示意图

（2）白细胞浸润和集聚：中性粒细胞趋化至 IC 沉积的局部，在吞噬 IC 时释放活性氧化物和各种溶酶体酶，损伤邻近组织。单核吞噬细胞浸润主要参与 IC 引起的慢性组织损伤。

（3）活化血小板：免疫复合物和 C3b 可使血小板活化释放血管活性胺类物质，导致血管扩张、通透性增加，加剧局部渗出和水肿；并激活凝血系统，形成微血栓，引起局部缺血、出血和组织坏死。

二、临床常见疾病

1. 局部免疫复合物病

（1）Arthus 反应：给家兔皮下多次注射马血清，局部出现剧烈炎症反应。其机制是多次注射异种蛋白刺激机体产生大量抗体，局部注射的抗原与相应抗体结合形成 IC，沉积在局部血管基膜，导致病理损伤。

（2）人类局部 ICD：胰岛素依赖型糖尿病患者反复注射胰岛素后，体内可产生相应的抗胰岛素抗体，抗体与胰岛素结合为 IC，可在注射局部出现类似 Arthus 反应的变化。长期大量吸入的植物性或动物性蛋白质及真菌孢子，与其诱导机体产生的抗体结合为 IC 并沉积于肺泡壁，可引起变态反应性肺泡炎或间质性肺炎（农民肺），也属此类反应。

2. 全身免疫复合物病

（1）血清病（serum sickness）：初次注射大剂量抗毒素（马血清）7～14 天后，可发生血清病。这是由于患者产生的抗抗毒素抗体与体内尚存的抗毒素结合，形成中等分子 IC，随血流运行至全身多处沉积，引起发热、皮疹、淋巴结肿大、关节肿痛等临床症状。此外，大剂量使用青霉素、磺胺药等也可出现血清病样反应。

（2）急性免疫复合物型肾小球肾炎：常发生于 A 群链球菌感染 2～3 周后，由抗链球菌抗体与链球菌可溶性抗原结合形成循环 IC，沉积在肾小球基膜所致。此型肾小球肾炎约占急性肾小球肾炎的 80%，也可由多种其他微生物感染、某些药物、异种血清或自身抗原等引起。

（3）系统性红斑狼疮（systemic lupus erythematosus，SLE）：患者体内出现多种自身抗体，如抗核抗体（乃抗各种核酸和核蛋白抗体的总称）。自身抗体与自身成分结合形成 IC，沉积在全身多处血管基膜,导致组织损伤,表现为全身多器官病变。

(4) 过敏性休克:大量 IC 出现在血流中,激活补体,可产生大量过敏毒素而发生过敏性休克,如用大量青霉素治疗某些感染性疾病时,由于大量病原体破坏释放大量抗原形成大量 IC 而发生。

第四节 Ⅳ型超敏反应

Ⅳ型超敏反应(type Ⅳ hypersensitivity)又称为迟发型超敏反应(delayed type hypersensitivity, DTH),是由致敏 CD4$^+$Th 和 CD8$^+$CTL 细胞介导的,表现为以单个核细胞(单核/巨噬细胞、淋巴细胞)浸润和细胞变性、坏死为特征的超敏反应性炎症。该反应发生迟缓,一般在接触抗原 18~24 小时后出现,48~72 小时达高峰。Ⅳ型超敏反应属于细胞免疫应答。

一、发生机制

1. **抗原致敏 T 细胞** 引起Ⅳ型超敏反应的抗原主要包括病毒、胞内寄生菌(如结核分枝杆菌、麻风杆菌)、寄生虫、真菌、细胞抗原(如肿瘤细胞、移植细胞)等。抗原刺激后,T 细胞活化、增殖,并分化为效应 Th 及 CTL 细胞(致敏淋巴细胞),机体形成致敏状态(图 1-15-7)。

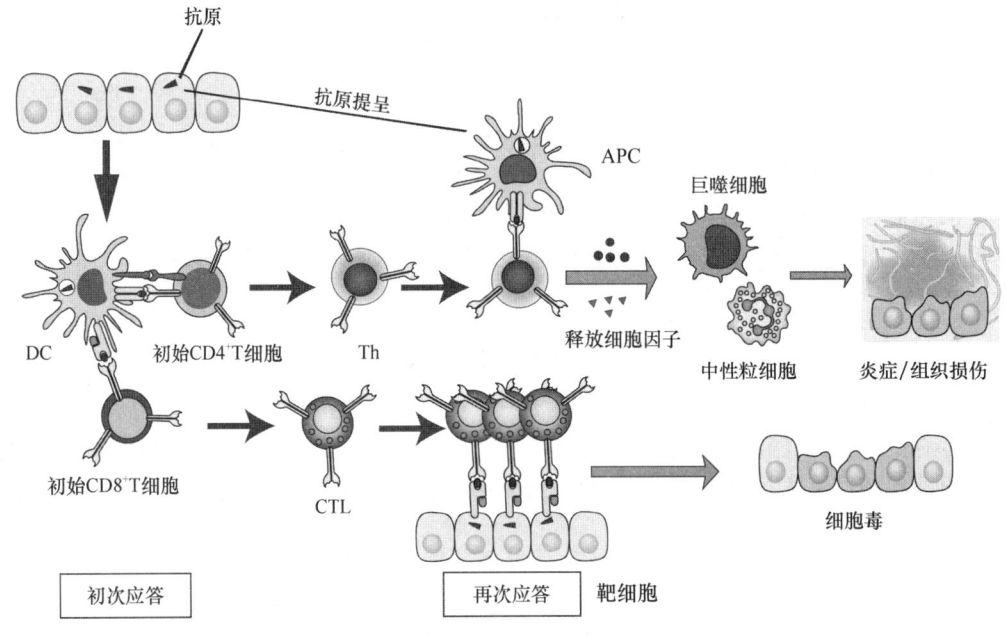

图 1-15-7 Ⅳ型超敏反应发生机制示意图

2. **致敏 T 细胞介导 DTH** CD4$^+$Th 和 CD8$^+$CTL 通过识别 APC 或靶细胞表面抗原肽-MHC Ⅱ类或抗原肽-MHC Ⅰ类分子复合物而被活化,并发生反应。

(1) Th 细胞介导的炎症损伤:效应 Th1 细胞受相同抗原再次刺激后,可大量释放 IFN-γ、TNF-β、IL-2、IL-3、GM-CSF、趋化因子等。这些细胞因子可直接发挥致炎作用,也可使单核/巨噬细胞和淋巴细胞在局部聚集并被激活,进一步分泌炎症介质,产生以单个核细胞浸润为主的炎症反应,并造成组织损伤。效应 Th17 细胞产生的 IL-17 可募集单核细胞和中性粒细胞到达抗原部位参与组织损伤(详见本编第 12 章)。

(2) CTL 介导的细胞毒作用:效应 CTL 细胞识别并结合靶细胞表面相应抗原而被激活,通过穿孔素/颗粒酶途径,或通过 Fas/FasL 途径,使靶细胞凋亡(详见本编第 12 章)。

若抗原持续存在,可致单核/巨噬细胞呈慢性活化状态,局部组织出现纤维化和肉芽肿。

二、临床常见疾病

1. **传染性超敏反应** 机体对胞内感染的病原体（如胞内寄生菌、病毒、某些寄生虫和真菌等）主要产生细胞免疫应答，但在清除病原体或阻止病原体扩散的同时，可因产生DTH而致组织炎症损伤，因此称为传染性超敏反应。例如，肺结核患者对结核分枝杆菌产生DTH可出现肺空洞、干酪样坏死等。同时，借助结核菌素试验可以判定机体是否对结核分枝杆菌具有细胞免疫力。该试验是将结核菌素（OT或PPD）注入受试者皮内，若为阳性反应，表明该个体对结核分枝杆菌具有细胞免疫力，也表明该个体曾感染过结核分枝杆菌或接种过卡介苗。

2. **接触性皮炎** 油漆、染料、化妆品、农药、药物或某些化学物质等小分子半抗原，与皮肤角蛋白、胶原蛋白或细胞结合成为完全抗原，皮肤DC摄取抗原，迁移至局部淋巴结提呈抗原给T细胞，刺激致敏淋巴细胞产生；当机体再次接触此类物质，即诱发DTH，出现皮肤损伤。严重时，可发生剥脱性皮炎。

3. **DTH参与的其他疾病** DTH在同种急性移植排斥反应、自身免疫性脑脊髓炎、甲状腺炎、多发性硬化症、类风湿关节炎等疾病的发生、发展中也起重要作用。

临床上的超敏反应性疾病并非仅由单一机制所致，常表现为以某一型损伤机制为主的混合型，如肾小球肾炎的发生与Ⅱ型、Ⅲ型、Ⅳ型超敏反应均相关。同一抗原在不同条件下也可引起不同类型的超敏反应，如青霉素可诱发Ⅰ型超敏反应，出现过敏性休克；还可诱发Ⅱ型、Ⅲ型、Ⅳ型超敏反应而分别引起血细胞减少症、休克、接触性皮炎。四种类型超敏反应的特点比较见表1-15-1。

表1-15-1 四种类型超敏反应特点的比较

类型	参与反应的主要成分	发生机制	疾病举例
Ⅰ型（速发型）	IgE（少数为IgG4）肥大细胞 嗜碱性粒细胞 嗜酸性粒细胞	过敏原与肥大细胞、嗜碱性粒细胞表面IgE结合，使细胞释放活性介质，引起过敏反应	青霉素过敏性休克、支气管哮喘、食物过敏症、荨麻疹等
Ⅱ型（细胞毒型）	IgG、IgM 补体 吞噬细胞 NK细胞	抗体与靶细胞表面抗原结合，在补体、吞噬细胞和NK细胞参与下破坏靶细胞	免疫性血细胞减少症、新生儿溶血症、输血反应及Graves病等
Ⅲ型（免疫复合物型）	IgG、IgM 补体 中性粒细胞 肥大细胞	中等大小的IC沉积于血管基膜，激活补体，吸引中性粒细胞、诱导嗜碱性粒细胞脱颗粒、活化血小板等，引起炎症	免疫复合物型肾小球肾炎、血清病、系统性红斑狼疮等
Ⅳ型（迟发型）	致敏Th细胞 致敏CTL细胞 单核/巨噬细胞	致敏Th、CTL细胞再次与抗原相遇，产生多种细胞因子或直接杀伤靶细胞，引起以单个核细胞浸润为主的炎症反应	接触性皮炎、传染性超敏反应、急性移植排斥反应、类风湿关节炎等

（彭桂英）

1. 青霉素引起的过敏性休克属于哪一类型超敏反应？试述其发病机制以及防治措施。
2. 杨女士的血型是O型，Rh阴性，而她丈夫血型是B型，Rh阳性。杨女士的第一个孩子出生时健康，如她计划三年后孕育二胎，试阐述二胎出生时可能会有什么风险及其发生机制和预防措施。
3. 请阐述链球菌上呼吸道感染并发肾小球肾炎的机制，如何进行预防？
4. Ⅳ型超敏反应和其他三型超敏反应的发生机制有何不同？

第16章 自身免疫和自身免疫病

第一节 概　述

一、自身免疫与自身免疫病

1. **自身免疫**　正常情况下，机体将自身组织成分识别为"自己"，一般不对其产生免疫应答，或仅产生微弱的免疫应答，此为自身耐受（self tolerance）。某些情况下，自身耐受遭到破坏，机体免疫系统对自身成分发生免疫应答，产生自身抗体（autoantibody）或自身反应性T细胞（autoreactive T lymphocyte），称为自身免疫（autoimmunity）。目前认为自身免疫属于正常生理现象，健康个体内存在一定量的自身抗体和自身反应性T细胞，它们在清除微量自身抗原（如衰老蜕变的自身成分）、维持免疫系统自稳状态中发挥作用。大多数自身抗体的效价较低，不足以造成自身组织的损伤，故又称为"生理性自身抗体"。

2. **自身免疫病**　当自身耐受机制遭破坏，自身免疫应答过强或时间过长，以致破坏自身正常组织结构并引起相应临床症状时，才导致自身免疫病（autoimmune disease，AID）。

所有AID患者体内均存在针对自身抗原的自身抗体和（或）自身反应性T细胞。某些自身抗体（如抗血小板、甲状腺球蛋白、乙酰胆碱受体和肾上腺皮质细胞的抗体等）可直接导致疾病发生；另一些自身抗体（如抗DNA、核蛋白的抗体等）则通过形成免疫复合物而导致组织损伤。自身反应性T细胞通过炎症或细胞毒效应导致自身组织细胞损伤。

二、自身免疫病的分类

（1）根据自身免疫应答所针对的靶抗原分为器官特异性自身免疫病（organ-specific autoimmune disease）和系统性自身免疫病（systemic autoimmune disease）（表1-16-1）。前者靶抗原定位于

表1-16-1　自身免疫病及其相应的自身抗原

自身免疫病	病变组织器官或细胞	已知的自身抗原
器官特异性自身免疫病		
慢性甲状腺炎	甲状腺	甲状腺球蛋白、甲状腺过氧化酶
弥漫性甲状腺肿（Graves病）	甲状腺	甲状腺细胞表面TSH受体
原发性肾上腺皮质功能减退症（Addison病）	肾上腺	肾上腺皮质细胞、ACTH受体
自身免疫性胃炎（autoimmune gastritis）	胃	胃壁细胞腺苷酸环化酶、内因子
青少年型胰岛素依赖型糖尿病	胰岛	胰岛B细胞，谷氨酸脱羧酶（GAD）、酪氨酸磷酸酶（IA）
多发性硬化症	脑、脊髓	髓鞘碱性蛋白（MBP）
重症肌无力	肌肉	乙酰胆碱受体
自身免疫性溶血性贫血	红细胞	红细胞膜表面分子
特发性血小板减少性紫癜	血小板	血小板膜蛋白
系统性自身免疫病		
类风湿关节炎	关节、肺、心脏等	IgG，中间丝相关蛋白，纤维蛋白
多发性肌炎（polymyositis）	骨骼肌	肌肉抗原，氨酰tRNA
系统性红斑狼疮	皮肤、关节、肾、肺、心、脑等	核抗原（DNA、组蛋白、核糖核蛋白等）、细胞质成分（线粒体、微粒体）

特定的组织器官或细胞类型，病变常局限于特定器官，如胰岛素依赖型糖尿病（insulin dependent diabetes mellitus，IDDM）、多发性硬化症（multiple sclerosis，MS）和慢性甲状腺炎等；后者的靶抗原为多种器官或组织所共有，多为细胞核成分或线粒体等，病变可发生于多种器官及结缔组织，故又称为结缔组织病或胶原病，如系统性红斑狼疮（SLE）、类风湿关节炎（RA）及各种类型的血管炎等。但上述分类并不适用于所有自身免疫病，有的属于中间型（如原发性胆汁性肝硬化）。

（2）根据自身免疫病发病原因分为原发性自身免疫病（可为器官特异性、非器官特异性和中间型）和继发性自身免疫病（多为器官特异性，如外伤后交感性眼炎）。

（3）根据病程长短分为急性自身免疫病（如特发性血小板减少性紫癜、自身免疫性溶血性贫血）和慢性自身免疫病（如 SLE、RA），多数自身免疫病为慢性。

三、自身免疫病的主要特征

目前已明确的 AID 达近百种，常见者为甲状腺疾病（包括甲状腺炎和 Graves 病）、类风湿关节炎、系统性红斑狼疮、多发性硬化症、胰岛素依赖型糖尿病等。上述疾病占 AID 发病率的 94% 以上，其共同特点如下：①多数自身免疫病的病因不清，患者以女性多见，发病率随年龄增长而升高，有遗传倾向。②患者体内可检出高效价自身抗体和（或）自身反应性 T 细胞，应用患者血清或淋巴细胞可使疾病被动转移。尽管患者体内存在高水平自身抗体，但对外源性抗原的免疫应答降低。③疾病常有重叠性，患者可出现多种自身免疫病的特征。④病情转归与自身免疫应答的强度密切相关。⑤除某些病因明确的继发性自身免疫病可随原发疾病治愈而消退外，多数病因不明的自身免疫病常呈反复发作和慢性迁延趋势。

第二节　自身免疫病的发病机制

在自身耐受机制正常的情况下，机体免疫系统对自身组织成分保持无应答或低应答状态。自身耐受的产生和维持有赖于中枢和外周耐受机制的共同作用（详见本编第 13 章），其异常和破坏是 AID 发生的根本原因。导致自身耐受破坏的因素多种多样，相互影响，相互制约，在不同的自身免疫病中，致病因素不尽相同，其作用机制尚未完全阐明。

一、自身免疫病发生的相关因素

（一）遗传因素与 AID

个体遗传背景从两方面影响机体对 AID 的易感性：①机体对特定（自身）抗原能否产生免疫应答及应答的强度受遗传控制，尤以 MHC 的作用最为重要；此外，自身反应特异性 TCR 和 BCR 的表达也与遗传背景有关。②多种免疫分子参与免疫应答、免疫耐受、免疫细胞凋亡或炎症反应，若编码这些分子的基因发生异常，可影响自身耐受的维持，表现为对 AID 易感。例如，*Fas/FasL* 基因缺陷的患者，其 AICD（活化诱导的细胞死亡）机制出现障碍，使自身反应性淋巴细胞的凋亡受阻，易发生自身免疫性淋巴细胞增生综合征、SLE 等多种 AID；补体 C1、C4 或 C2 基因突变可导致免疫复合物清除障碍，易患 SLE 等疾病。

在诸多遗传因素中，人们对 HLA 与 AID 的关联进行了最深入的研究。现已发现，特定 *HLA* 基因型阳性个体患某些自身免疫病的危险性大于该基因型阴性的个体。此现象的机制可能是：不同型别 HLA 等位基因所编码的产物（HLA 分子），其抗原结合槽与特定抗原肽结合的能力（或亲和力）存在差异，某些型别的 HLA 分子更适合提呈特定的自身抗原肽，故易患相应自身免疫病。大样本群体调查提供了较可信的证据，如携带 HLA-DR3 者易患重症肌无力、SLE、胰岛素依赖型糖尿病（IDDM）和 Graves 病；携带 HLA-DR4 者易患类风湿关节炎、IDDM 和寻常性天疱疮；携带 HLA-B27 者易患强直性脊柱炎和急性前葡萄膜炎。

诱发 AID 的因素十分复杂，环境因素与遗传因素在 AID 发生中均发挥重要作用，缺一不可。

例如，单卵双生子发生 AID 的一致性为 50%，提示除遗传因素外，环境因素的参与也极其重要。同时，虽然风湿热与 A 群链球菌感染有关，但对于不具备相应遗传背景的个体，链球菌感染并不导致风湿热的发生。因此，AID 是在个体遗传背景的基础上，由异常环境因素所诱发的一类疾病。

感染、创伤、药物、物理及化学物质等环境因素均与 AID 发病密切相关，它们可诱发自身抗原产生，影响自身免疫的抗原提呈、应答与调节等，由此导致 AID 的发生，并决定其类型。

（二）自身抗原产生与 AID

1. 隐蔽抗原释放　在手术、外伤或感染等情况下，体内某些位于特定解剖位置而与免疫系统隔绝的隐蔽抗原（sequestered antigen）成分释放入血液或淋巴液。由于这些抗原在胚胎期未曾与免疫系统接触，其高亲和力的自身反应性淋巴细胞克隆依然存在，并具有免疫活性，从而引发针对隐蔽抗原的自身免疫应答，导致 AID 的发生。例如，眼外伤导致眼晶状体蛋白（隐蔽抗原）释放，刺激机体产生相应的自身抗体或激活特异性淋巴细胞，抗体或淋巴细胞与健侧眼发生反应，从而导致健侧眼发生交感性眼炎。

2. 自身抗原性质改变　生物（细菌、病毒、寄生虫），物理（光、热、辐射），化学（化合物、化学药物）等因素均可改变自身抗原性质，刺激机体产生免疫应答，引起 AID。例如，自身变性 IgG 与相应自身抗体（RF）结合形成的免疫复合物可引起类风湿关节炎等疾病。此外，多种药物与血细胞或其他组织细胞结合后，也能通过改变细胞的免疫原性引起 AID。

3. 分子模拟（molecular mimicry）　许多病原体具有与宿主正常细胞或细胞外基质相似的抗原表位，宿主针对病原体产生的免疫应答产物能与被模拟的宿主自身成分发生交叉反应，引发炎症和组织破坏，导致 AID 的发生。例如，多种微生物的热休克蛋白（HSP）与人 HSP 及多种组织有共同抗原，可因交叉反应而引发人肾小球肾炎、慢性活动性肝炎、类风湿关节炎、系统性红斑狼疮等。针对外来抗原（尤其是病原体）的抗体与自身抗原发生的交叉反应是诱发自身免疫异常的重要因素。

4. 表位扩展（epitope spreading）　正常情况下，自身抗原的隐蔽表位并不暴露或水平极低，故相应的 T 细胞克隆可能逃逸胸腺的阴性选择，出现在外周成熟 T 细胞库中。在 AID 发生过程中，APC 摄取组织损伤的碎片，并可能将自身抗原的隐蔽表位提呈给机体自身反应性淋巴细胞克隆，此现象称为"表位扩展"。随着疾病的发展，免疫系统不断扩大所识别的自身抗原表位的范围，使更多的自身抗原遭受免疫攻击，导致疾病迁延不愈，并不断加重。表位扩展与系统性红斑狼疮、类风湿关节炎、多发性硬化症和胰岛素依赖型糖尿病的发病相关。

（三）免疫功能异常与 AID

1. 自身反应性淋巴细胞产生和活化

（1）自身反应性淋巴细胞逃避"克隆清除"：T 细胞（或 B 细胞）在胸腺（或骨髓）内分化成熟的过程中，自身反应性淋巴细胞发生凋亡，此即阴性选择所致的"克隆清除"。由于胸腺（或骨髓）功能障碍或微环境发生改变，某些自身反应性淋巴细胞可能逃避阴性选择，免于被"排除"，该克隆进入外周可针对相应自身抗原产生应答，引起 AID。

（2）淋巴细胞突变：理化、生物或某些原发因素导致淋巴细胞发生突变，使其抗原识别能力异常，可对自身抗原产生免疫应答。

（3）多克隆 T 细胞、B 细胞活化：许多病原体组分属多克隆激活剂或超抗原，可激活大量淋巴细胞克隆，其中针对自身物质的淋巴细胞产生自身抗体或自身反应性 T 细胞。例如，脂多糖（LPS）可非特异性活化大量 B 细胞，其中有自身反应性 B 细胞，产生自身抗体；EB 病毒也可活化多克隆 B 细胞，除产生特异性抗病毒抗体外，还可产生抗平滑肌、核蛋白、淋巴细胞和红细胞等的自身抗体；某些超抗原可激活大量 T 细胞，其中包括自身反应性 T 细胞。

（4）T 细胞旁路活化：在免疫耐受的诱导中，T 细胞和 B 细胞具有不同特点，通常 T 细胞比 B 细胞更易产生耐受。现已发现，机体对某些自身 TD 抗原的耐受主要是由于 Th 细胞耐受所致，此时 B 细胞仍保持对该自身抗原 B 细胞表位的应答能力。

某些微生物抗原具有与特定自身抗原相似或相同的 B 细胞表位，但具有不同的 T 细胞表位，这些微生物感染机体后，可激活针对微生物抗原 T 细胞表位的特异性 Th 细胞，从而绕过原已耐受的 Th 细胞，使由于缺乏 Th 细胞辅助信号而处于失活状态的自身抗原特异性 B 细胞克隆激活，产生自身免疫应答。此途径称为 T 细胞旁路（T cell bypass）活化。

2. 免疫分子表达异常

（1）MHC Ⅱ类分子表达异常：正常细胞（除专职抗原提呈细胞外）几乎不表达 MHC Ⅱ类分子，因而不能提呈自身抗原给自身反应性 T 细胞，这是 T 细胞对自身抗原产生外周耐受的机制之一。IFN-γ 等细胞因子可诱导组织细胞表达 MHC Ⅱ类分子，从而终止自身反应性 T 细胞的外周耐受，引发 AID。例如，胰岛素依赖性糖尿病患者的胰岛 B 细胞高表达 MHC Ⅱ类分子，而健康人的胰岛 B 细胞不表达该分子。

（2）T 细胞活化的共刺激分子表达异常：APC 表面共刺激分子表达下降或缺失，导致 T 细胞失能（anergy），是 T 细胞对自身抗原产生外周耐受的机制之一。多种病原体的组分（如 LPS、细菌 DNA 和病毒核酸等）具有免疫佐剂效应，可直接刺激固有免疫细胞产生细胞因子，使 APC 表达共刺激分子和黏附分子等，从而使自身反应性 T 细胞活化，引发 AID。

3. 免疫调节失衡

（1）Th1 细胞和 Th2 细胞功能失衡：病原体感染或组织损伤等因素所导致的炎症反应，能通过分泌的细胞因子影响 Th 细胞向 Th1 细胞或 Th2 细胞分化。Th1 细胞和 Th2 细胞功能失衡与 AID 发生相关。一般而言，Th1 细胞功能增强，多发生器官特异性 AID，而 Th2 细胞及其分泌的细胞因子可拮抗此类疾病的发生；Th2 细胞功能增强，则多发生非器官特异性 AID。但是，Th1 细胞也参与 SLE 和类风湿关节炎的发生。

（2）Th17 细胞和 Treg 细胞失衡：Th17 细胞是人体内最重要的致炎效应细胞之一，与 AID 的发生、发展密切相关。例如，在银屑病患者皮肤损伤处获得的 T 细胞显示出明显的 Th17 表型；Th17 细胞可以诱导类风湿关节炎患者的破骨细胞形成，促进软骨和骨头破坏/再吸收。另外，研究发现，Th17 细胞在病灶中的浸润程度与疾病严重程度呈正相关。已证实，神经脊髓型多发性硬化症患者脑脊液中 IL-17 的水平与脊髓损伤有显著关联。

$CD4^+CD25^+$ 调节性 T 细胞（Treg）可抑制自身免疫性疾病的发生。非肥胖型糖尿病（non-obese diabetic，NOD）小鼠自发出现 1 型糖尿病，但过继转移同品系小鼠的 Treg 细胞后则可抑制该疾病的发生；出生 3 天的小鼠切除胸腺可引发多器官的自身免疫病，过继输入 Treg 细胞则可防止这些自身免疫病的发生。

研究证实，Treg 细胞和 Th17 细胞的动态平衡在维持机体免疫自稳的过程中发挥着重要的作用，两者失衡可导致 AID 的发生。

二、自身免疫病的组织损伤机制

AID 是由自身抗体和（或）自身反应性 T 细胞攻击破坏自身细胞和组织所致。AID 中自身组织损伤多由Ⅱ型、Ⅲ型、Ⅳ型超敏反应引起。

（一）自身抗体介导组织损伤（Ⅱ型超敏反应）

1. 抗细胞表面或细胞外基质抗原的自身抗体介导组织损伤　针对细胞表面或细胞外基质抗原的自身抗体直接与靶抗原结合，通过激活补体、趋化中性粒细胞和单核细胞、促进吞噬作用及 ADCC 作用等导致靶细胞的溶解破裂。另外，局部释放的炎症介质，引起肥大细胞活化、血小板聚集、血管平滑肌扩张和凝血途径活化等，可也导致细胞和组织损伤。例如，在自身免疫性溶血性贫血、自身免疫性血小板减少性紫癜、中性粒细胞减少症等疾病中，自身抗体与血细胞结合并激活补体系统，可直接导致细胞溶解破裂；同时，与抗体或 C3b、C4b 片段结合的细胞经过脾、肝和肺时，由 FcR 和补体受体 CR1、CR2 等介导调理作用，促进巨噬细胞吞噬和清除相应自身细胞。

2. 抗细胞表面受体的自身抗体介导细胞和组织功能障碍 自身抗体与细胞表面特异性受体结合后，可通过以下机制导致该受体功能障碍。

1) 模拟配体作用：自身抗体与受体结合，模拟其配体的作用，刺激靶细胞功能亢进。例如，Graves 病患者血清中存在抗促甲状腺激素受体（thyroid stimulating hormone receptor，TSHR）的自身 IgG 抗体，此 IgG 与 TSHR 结合，可模拟促甲状腺激素的作用，刺激甲状腺细胞分泌过量甲状腺激素，导致甲状腺功能亢进；某些低血糖症患者体内产生抗胰岛素受体（激活剂样）的自身抗体，此类抗体与胰岛素受体结合，可发挥类似于胰岛素样的效应，引起低血糖。

2) 竞争性阻断效应：自身抗体与受体结合，可阻断天然配体与受体结合；或改变受体结构，从而抑制受体功能。例如，某些胰岛素耐受性糖尿病患者体内产生抗胰岛素受体（拮抗剂样）的自身抗体，此类抗体可竞争性抑制胰岛素与受体结合，引发糖尿病。

3) 介导受体内化与降解：自身抗体与受体结合后，介导受体内化并降解，或通过激活补体系统而引发细胞损伤。例如，重症肌无力患者体内存在抗神经肌肉接头部位乙酰胆碱受体的自身抗体，该抗体与乙酰胆碱受体结合，促进乙酰胆碱受体内化、降解，从而降低骨骼肌细胞对运动神经元所释放乙酰胆碱的反应性，出现以骨骼肌无力为特征的临床表现。

（二）自身抗原抗体复合物介导组织损伤（Ⅲ型超敏反应）

可溶性自身抗原与相应抗体结合可形成循环免疫复合物，并随血流沉积于某些组织部位，造成组织损伤。SLE 是此类疾病的代表，其机制是：患者体内持续产生针对自身细胞核抗原（如核小体、剪接体和胞质小核糖蛋白复合体）的自身 IgG 抗体，形成大量循环免疫复合物，沉积在肾小球、关节、皮肤及其他器官的毛细血管，进而引起肾小球肾炎、关节炎、皮肤红斑及多部位脉管炎等多器官、多系统病变，最终导致广泛而严重的小血管炎性损伤（尤其在肾、脑部）。

（三）自身反应性 T 细胞介导组织炎性损伤（Ⅳ型超敏反应）

自身反应性 T 细胞在多种 AID（尤其是器官特异性 AID）的免疫损伤中起重要作用。$CD8^+CTL$ 和 $CD4^+Th1$ 细胞均可介导自身组织细胞损伤，其机制为Ⅳ型超敏反应，主要引起单个核细胞浸润为主的炎性病变。例如，在 IDDM 中，$CD8^+T$ 细胞和 $CD4^+T$ 细胞浸润胰岛组织，CTL 特异性杀伤胰岛 B 细胞，Th1 细胞产生细胞因子引起炎症反应，并损伤胰岛细胞；在实验性自身免疫性脑脊髓炎（EAE）中，髓鞘碱性蛋白（MBP）特异性的 Th1 细胞介导中枢神经系统损害，过继转移 MBP 特异性 Th1 细胞克隆给正常动物，可成功诱发 EAE。此外，自身反应性 T 细胞在慢性淋巴细胞性甲状腺炎、恶性贫血及自身免疫性心肌炎等 AID 发病中也起重要作用。

第三节 自身免疫病的治疗原则

治疗自身免疫病的理想方法是重新恢复免疫系统对自身抗原的耐受。但迄今尚未实现这一目标。目前，临床干预措施仅限于缓解或减轻 AID 患者临床症状。近几十年来，针对免疫机制研究免疫生物治疗以调节免疫应答的不同环节，阻断疾病发展进程，取得了一些进展，但目前国际上仅有几种应用于临床，有数十种进入临床研究。

一、常 规 治 疗

1. 对症治疗

(1) 抗炎疗法：用皮质激素、水杨酸制剂、前列腺素抑制剂及补体拮抗剂等抑制炎症反应，减轻 AID 症状。

(2) 替代治疗：对由于自身免疫而致某些重要生物活性物质减少的 AID，可进行替代疗法。例如，对重症自身免疫性贫血患者进行输血；对甲状腺炎患者补充甲状腺素；对糖尿病患者给予胰岛素等。

(3) 胸腺切除（thymectomy）和血浆置换（plasmapheresis）：重症肌无力患者通常伴有胸腺

病理改变（如胸腺功能异常或胸腺瘤），部分患者经胸腺切除可改善症状。Graves 病、重症肌无力、类风湿关节炎和 SLE 等发病与自身抗体相关，可进行血浆置换，以清除血浆中自身抗体和免疫复合物，从而缓解病情。

2. **非特异性免疫抑制治疗**

（1）抑制细胞代谢：用硫唑嘌呤、环磷酰胺、甲氨蝶呤等抑制细胞代谢的药物（常与皮质激素联合应用），可抑制快速增殖的细胞，从而抑制自身反应性淋巴细胞增殖和分化。但此类药物对正常细胞也有毒性作用。

（2）免疫抑制剂：环孢素和 FK506 均可阻断 TCR 介导的信号转导，干扰 IL-2 基因转录，选择性抑制 T 细胞活化和增殖。此类药物一般用于治疗由自身反应性 T 细胞介导的 AID，如 IDDM、EAE 和银屑病等。其不良反应是导致免疫功能低下，引发感染、肿瘤等。

二、免疫生物疗法

在动物实验中，目前已尝试多种特异性免疫治疗方案，其方法与原理如下。

（一）针对自身抗原的治疗

1. **口服自身抗原诱导耐受**　口服抗原易诱导免疫耐受，可用于预防 AID 发生。目前，已获准进行临床实验研究的有：口服重组胰岛素，用于防治糖尿病；口服 Ⅱ 型胶原，用于防治类风湿关节炎；口服特定自身抗原，用于治疗多发性硬化症、葡萄膜炎等。但应用此法防治人类自身免疫病尚存在诸多待解决的问题。

2. **拮抗肽阻断 TCR 与自身抗原肽的结合**　通过对自身抗原进行鉴定及序列分析，可设计出与 TCR 具有高亲和力的短肽，用于阻断 TCR 和自身抗原肽-MHC 分子间的特异性结合。据此原理，可对某些自身免疫病进行干预。例如，根据与 MHC 分子结合的致脑炎 MBP 短肽的序列，可设计出与该 MHC 分子有高亲和力的 MBP 衍生肽，阻断 TCR 和自身 MBP 的结合，用于 EAE 实验动物可有效阻断疾病的发生。

（二）针对淋巴细胞的治疗

1. **阻断淋巴细胞活化**　抗 CD4 和抗 CD25 单克隆抗体可抑制自身反应性 T 细胞活化及其功能，用于治疗 EAE、IDDM、SLE 和 RA 等疾病。CTLA-4 Ig 是 CTLA-4 与 Ig Fc 段构成的可溶性融合蛋白，可与 B7-1、B7-2 高亲和力结合，阻止它们与 T 细胞表面 CD28 分子相互作用，从而抑制 T 细胞激活。实验研究已证明，反复注射 CTLA-4 Ig 可抑制 MBP 诱发的 EAE。此外，应用 CTLA-4 Ig 及抗 CD40L 单克隆抗体治疗多发性硬化症、银屑病、SLE 等也取得了良好疗效。

2. **清除自身反应性淋巴细胞**　使用导向技术，将各种毒素和放射性物质与自身抗原偶联，以此偶联物选择性杀灭自身反应性淋巴细胞。用抗自身反应性 T 细胞 TCR 的单抗，特异性清除相关细胞；用抗 CD20、抗 CD22 的单抗，可清除自身反应性 B 细胞。

（三）针对细胞因子的治疗

由于致炎因子在自身免疫病的免疫损伤中有重要作用，因此成为免疫生物治疗的主要靶分子。可利用致炎因子的单克隆抗体、重组细胞因子受体、重组细胞因子受体拮抗剂等阻断细胞因子的致炎作用。例如，TNF-α 单抗可抑制 TNF-α 及其表达细胞的致病作用，可用于 Crohn 病和类风湿关节炎的治疗；IL-1 受体拮抗剂（IL-1Ra）通过干扰 IL-1 与其受体的结合而阻断其生物学作用，可用于治疗类风湿关节炎。动物实验证明，应用 Th2 型细胞因子 IL-4、IL-10 或 IL-13 可抑制 EAE 发展；IFN-β 可抑制 IL-12 的作用，用于治疗多发性硬化症。

（四）其他治疗

1. **同种异体造血干细胞移植**　由于自身免疫病的发生与患者免疫细胞异常有关，故应用同种异体造血干细胞移植以重建患者的免疫系统，有可能治愈某些 AID。

2. **免疫球蛋白**　临床使用静脉输注免疫球蛋白（ivIg）治疗 AID（如 SLE、血小板减少性紫癜等）取得了一定的疗效，其作用机制可能是 ivIg 消除了患者体内某些能够引起 AID 的感染病原体、封闭 Ig Fc 受体及加速病理性抗体的清除等。

此外，还有抑制性 CpG 基序、T 细胞疫苗等方法尚在研究中。自身免疫病免疫生物治疗的研究显示出其具有良好的应用前景。

（江　华）

1. 自身免疫病有什么特征？
2. 哪些因素与自身免疫病的发生相关？
3. 自身免疫病发生时，导致自身组织损伤的机制是什么？

第17章 免疫缺陷病

第一节 概 述

免疫缺陷病（immunodeficiency disease，IDD）是免疫系统因先天发育不全或后天因素所致的免疫功能低下或缺乏，以感染为主要临床表现。一般按其发病原因可分为原发性免疫缺陷病（primary immunodeficiency disease，PIDD）和继发性免疫缺陷病（secondary immunodeficiency disease，SIDD）两大类。自1952年Bruton报道首例IDD患者以来，已发现数十种IDD。

IDD的表现形式多样，与所缺陷的成分、程度和范围有关，其主要临床特点如下：

1. **感染** IDD最常见的临床表现是反复感染，且病情严重，难以控制，是患者死亡的主要原因。B细胞缺陷、吞噬细胞缺陷及补体系统缺陷导致的感染，以化脓性细菌和条件致病菌感染为主，常为多重性机会感染。T细胞缺陷主要导致病毒、真菌等细胞内寄生性感染。T、B细胞联合免疫缺陷则以机会感染为特点，患者不但易感各种病原体，且对体内寄生的某些无致病力或致病力弱的微生物（如大肠埃希菌、某些真菌和弓形虫等）也易感。

2. **肿瘤** IDD（尤其T细胞缺陷）患者易发生肿瘤，主要为病毒所致肿瘤和淋巴系统肿瘤，其发生率比正常人高100～300倍。

3. **自身免疫病和超敏反应** IDD常伴发自身免疫病（如系统性红斑狼疮和类风湿关节炎）和超敏反应性疾病。正常人群自身免疫病的发病率仅0.001%～0.01%，而IDD患者却高达14%。

IDD的诊断除依据临床表现外，还需进行全面的免疫学检查，以确定缺陷的成分和程度。主要的免疫学指标为：各类免疫细胞的数量、比例、功能和表面标志，各种免疫细胞产物（补体、抗体、细胞因子、酶或其他分子）的含量、类型和活性，体内或体外的其他免疫功能指标等。

IDD的治疗原则是控制感染和恢复免疫功能。除应用抗生素和抗肿瘤药物控制感染和抑制肿瘤外，可输入丙种球蛋白、新鲜血浆、血细胞等，或进行骨髓移植以重建免疫功能。近年来借助基因转移疗法治疗IDD，已显示良好应用前景。基因治疗的原理是：将正常的外源基因转移至取自患者的淋巴细胞或脐血干细胞，再回输患者体内，使正常基因的表达产物补充缺失成分，或替代异常成分，从而恢复免疫功能。

对IDD进行研究具有如下意义：①确定IDD缺陷基因及遗传学特点，从而为临床诊断和治疗提供线索；②发现新基因及其产物，并阐明其在免疫应答中的作用；③揭示某些已知基因编码产物的新功能，从而深入阐明免疫应答的分子机制。

第二节 原发性免疫缺陷病

PIDD是免疫系统的遗传缺陷或先天性发育不全，常伴其他组织器官的发育异常或畸形，故又称为先天性免疫缺陷病（congenital immunodeficiency disease）。缺陷可发生于免疫系统发育成熟的各环节，多为X连锁遗传或常染色体隐性遗传，多见于婴幼儿，严重者可危及生命。根据发生缺陷的免疫系统组分，可将PIDD分为B细胞缺陷（50%）、联合免疫缺陷（20%）、T细胞缺陷（18%）、吞噬细胞缺陷（10%）、补体系统缺陷（2%），常见病症及特点见表1-17-1。

表 1-17-1 原发性免疫缺陷病的分类及特点

病名	发病机制	免疫功能缺陷	缺陷基因位点	遗传方式
B 细胞缺陷病				
性联无丙种球蛋白血症	Btk 缺陷	无成熟 B 细胞	Xq21.3-22	XL
选择性 IgA 缺陷病	不明,可能与 MHC 关联	无 IgA 分泌		AR 或 AD
性联高 IgM 综合征	CD40L 缺陷	无同型转换	Xq26.3-27.1	XL
选择性 IgG 亚类缺陷	不明	无某种 IgG 亚类		不明
常见变异型免疫缺陷病	不明,可能与 MHC 关联	多类		AR 或 AD 或不明
T 细胞缺陷病				
DiGeorge 综合征	胸腺发育不全	无 T 细胞		不明
T 细胞信号转导缺陷	TCR 缺失	T 细胞功能障碍		不明
	CD 3ε 或 γ 链缺失			AR
	NF-AT 基因缺陷			不明
	ZAP-70 缺陷	$CD8^+T$ 细胞减少	2p12	AR
联合免疫缺陷病				
严重联合免疫缺陷 (SCID)				
腺苷脱氨酶缺乏症	ADA 缺陷	无 T 细胞及 B 细胞	20q13-ter	AR
嘌呤核苷磷酸化酶缺乏症	PNP 缺陷	无 T 细胞及 B 细胞	14q13.1	AR
性联严重联合免疫缺陷病	IL-2 受体 γ 链缺陷	无 T 细胞	Xq13.11-13.3	XL
MHC I 类分子缺陷	*TAP* 基因突变	无 $CD8^+T$ 细胞		AR
MHC II 类分子缺陷 (裸淋巴细胞综合征)	C II TA 缺陷或 RFX5、RFXAP 缺陷	无 $CD4^+T$ 细胞 MHC II 类分子表达缺陷		AR
Wiskott-Aldrich 综合征	*WASP* 基因缺陷	对多糖的抗体应答缺陷	Xp11.22-11.3	XL
共济失调毛细血管扩张综合征	同源 PI-3 激酶基因异常	T 细胞减少	11q23.1	AR
吞噬细胞缺陷病				
慢性肉芽肿病 (CGD)	NADPH 氧化酶系统基因缺陷	吞噬细胞杀菌功能降低		
X 连锁隐性遗传 CGD	电子传递蛋白 gp91phox 基因缺陷		Xp21.1	XL
常染色体隐性遗传 CGD	电子传递蛋白 p22phox、衔接蛋白 p47phox、活化蛋白 p67phox 基因缺陷		16q24, 7q11.23, 1q25	AR
白细胞黏附缺陷病 (LAD)		白细胞黏附功能降低		
LAD-1	β2 链 (CD18) 缺陷		21q22.3	AR
LAD-2	岩藻糖转移酶基因突变			AR
Chediak-Higashi 综合征	不明	吞噬细胞杀菌功能降低	1q42-43	AR
补体系统缺陷				
补体固有成分缺陷	各补体固有成分缺陷	免疫复合物病和反复感染		AR
阵发性夜间血红蛋白尿	DAF 和 CD59 缺陷	红细胞易被补体溶解		XL
遗传性血管神经性水肿	C1INH 缺陷	C2b 过多		AD
补体受体缺陷	CR1 缺陷	SLE		AR
	CR3、CR4 缺陷	白细胞黏附功能降低		AR

注:XL,X-连锁;AR,常染色体隐性遗传;AD,常染色体显性遗传。

一、原发性 B 细胞缺陷病

原发性 B 细胞缺陷病乃因 B 细胞发育、分化、增殖受阻,或 B 细胞功能异常,引起抗体合成分泌缺陷,亦称原发性体液免疫缺陷病。免疫球蛋白缺陷可有 3 种形式:各类免疫球蛋白均缺陷,血清丙种球蛋白在 3000~4000mg/L 以下;选择性缺乏某类或某亚类免疫球蛋白;血清总免疫球蛋白含量正常或稍低，但特异性抗体反应低下。

1. 性联无丙种球蛋白血症（X-linked agammaglobulinemia，XLA） 又称 Bruton 病，属 X 连锁遗传病，由 Bruton 于 1952 年首次报道而得名，是最常见的先天性 B 细胞缺陷病。该病的发病机制是 Bruton 酪氨酸激酶（Bruton's tyrosine kinase，Btk）基因异常。

在 B 细胞分化发育过程中，Btk 启动的胞内信号转导，参与前 B 细胞发育为成熟 B 细胞的过程。*Btk* 基因缺陷导致前 B 细胞分化发育障碍，成熟 B 细胞数量减少或缺失。患儿一般在出生 6～8 个月时发病，临床多表现为反复持久的细菌感染，但对病毒、真菌等胞内感染仍有一定抵抗力。血清 Ig 含量明显降低，IgG<2g/L，其他 Ig 难以测出，血液循环和淋巴组织中缺少或无成熟 B 细胞，淋巴结中缺乏生发中心和浆细胞，对抗原刺激无抗体应答，但骨髓中前 B 细胞数量正常，外周血 T 细胞数量及功能亦正常。约 20% 患儿伴自身免疫病。XLA 的治疗主要是注射丙种球蛋白，合并细菌感染时加用抗生素。若不积极治疗，约半数患儿于 10 岁前死亡。

2. 选择性免疫球蛋白缺陷

（1）选择性 IgA 缺陷：是最常见的选择性 Ig 缺陷，其确切发病机制尚不清楚。患者血清 IgA 水平异常低下（<50mg/L），分泌型 IgA 含量也很低，而 IgG 和 IgM 正常或升高。临床上约半数患者可无临床症状，极少数患者出现严重反复感染。常伴自身免疫病和超敏反应。该病目前尚无满意的治疗方法，但一般预后良好，少数患者可自行恢复合成 IgA 的能力。

（2）选择性 IgG 亚类缺陷：一般是由于 B 细胞分化为分泌 IgG 抗体的浆细胞异常所致，极少数是因 IgG 恒定区基因（Cγ）的纯合子缺失造成。患者 B 细胞不能分泌 IgG 的某种亚类，虽然血清中总 IgG 水平正常，但某一种或几种 IgG 亚类缺如，其中以 IgG3 亚类缺乏较常见。大多数患者无临床表现，少数可发生反复化脓性感染。

（3）性联高 IgM 综合征（X-linked hyperimmunoglobulin M syndrome，XL-HIM）：该病的发病机制是 T 细胞 CD40L 基因突变或缺失，使 T 细胞表达 CD40L 低下，其与 B 细胞 CD40 相互作用受阻，导致 B 细胞不能发生增殖和 Ig 类型转换，只能产生 IgM。表现为血清 IgM 升高，而 IgG、IgA、IgE 水平低下，IgD 正常或增高，B 细胞数正常。该病通常为 X 连锁遗传，多见于男性，也有非 X 连锁的高 IgM 综合征。患者临床表现为反复发生化脓性感染。

（4）常见变异型免疫缺陷病（common variable immunodeficiency，CVID）：是成人最常见的产生症状的原发性体液免疫缺陷病，呈散发性或家族性发病，有家族史的患者呈常染色体显性或隐性遗传。临床表现多变，幼年和成年均可发病，多为反复发作的呼吸系统和消化系统细菌感染，部分患者常伴有慢性肉芽肿和自身免疫病。部分 CVID 患者有 T 细胞功能异常，不能有效辅助 B 细胞合成抗体。

二、原发性 T 细胞缺陷病

原发性 T 细胞缺陷病亦称原发性细胞免疫缺陷病，患者细胞免疫功能低下，临床表现为对病毒、真菌、原虫和胞内寄生菌易感性增高，往往病情严重，感染不易控制，常导致死亡，肿瘤发病率也明显增高。若 T 细胞不能辅助 B 细胞发挥作用，则损害体液免疫功能，产生联合免疫缺陷，患者对各类病原体均易感。

1. DiGeorge 综合征 亦称先天性胸腺发育不全，是因为妊娠早期胚胎第Ⅲ、Ⅳ对咽囊发育障碍，导致来源于第Ⅲ、Ⅳ咽囊的胸腺、甲状旁腺、主动脉弓发育异常和面部器官畸形，病因尚不明确。免疫缺陷的严重程度与胸腺受累程度相关。由于胸腺发育不全，患者 T 细胞重度减少，B 细胞和抗体水平正常或偏低，易被胞内寄生病原体感染。若不慎接种卡介苗、牛痘、麻疹等减毒活疫苗，可造成全身感染甚至死亡。对移植物无排斥反应，常伴有低钙血症。进行胚胎胸腺移植有一定疗效。

2. T 细胞信号转导缺陷 由于 T 细胞表面分子或细胞内信号转导分子缺陷，使 T 细胞识别和信号转导异常，功能障碍，患者出现细胞免疫缺陷的各种症状，严重时可发生联合免疫缺陷。例如，TCRαβ 缺陷可严重影响细胞免疫功能；CD3 分子 γ、ε、δ 链缺失可使胞内信号转导受阻，T 细胞活化异常；细胞内参与信号转导的分子如 *NF-AT* 基因缺陷，可致 NF-AT 结构异常，使 T 细胞激活信号转导障碍,患者表现为免疫应答能力降低,并伴 IL-2 及其他细胞因子生成减少;*ZAP-70* 基因发生突变,使 CD8$^+$T 细胞发育受阻。

三、联合免疫缺陷病

联合免疫缺陷病(combined immunodeficiency disease,CID)是由于 T 细胞和 B 细胞都缺陷而导致的细胞免疫和体液免疫功能联合缺陷,包括多种不同疾病,发病机制各异。该症共同临床特点为:全身淋巴组织发育不良,淋巴细胞减少,易反复发生细菌、病毒及真菌感染,且常为机会性感染;若接种某些减毒活疫苗可发生严重的全身感染而导致死亡;骨髓移植或输血有一定疗效,但可能发生移植物抗宿主反应。患者多因难以控制的感染而在 1~2 岁内死亡。

1. **重症联合免疫缺陷病** 重症联合免疫缺陷病(severe combined immunodeficiency disease,SCID)包括一组临床表现和发病机制各异的疾病,一般由于 T 细胞和 B 细胞均发育缺陷所致。

(1) 性联严重联合免疫缺陷病(X-linked SCID,XLSCID):约占 SCID 的 50%,呈 X 连锁遗传。该病发生机制是 IL-2 受体 γ 链(IL-2Rγ)基因发生突变,导致多种细胞因子受体表达异常,使 T 细胞和 B 细胞成熟受阻和功能障碍。患者表现为外周血 T 细胞和 NK 细胞数减少,B 细胞数量正常但功能障碍,对抗原和丝裂原刺激无增殖反应和抗体生成。

1971 年生于美国得克萨斯州的男孩 David 创造了人类 XLSCID 患者存活 12 年的记录,但他的 12 年全部都是在无菌隔离环境里度过的,后因骨髓移植失败而去世。

(2) 酶缺陷引起的 SCID

1) 腺苷脱氨酶缺乏症:腺苷脱氨酶(adenosine deaminase,ADA)缺陷引起的 SCID 约占 SCID 的 20%,为常染色体隐性遗传。*ADA* 基因突变或缺失导致 ADA 缺乏,使腺苷和脱氧腺苷分解障碍,细胞内 dATP、dAMP 等大量积聚,抑制 DNA 合成所需的核糖核苷酸还原酶,从而影响淋巴细胞 DNA 复制,尤其是未成熟淋巴细胞更易受影响,以致淋巴细胞成熟和分化被抑制。该病一般发病缓和,成熟淋巴细胞数目减少,B 细胞受损较小,有些患者 T 细胞数接近正常水平,但缺乏对抗原的应答能力。该症是基因治疗的适应证,可通过转移 *ADA* 基因重建 SCID 患儿免疫功能。

2) 嘌呤核苷磷酸化酶缺乏症:嘌呤核苷磷酸化酶(purine necotidi phosphorylase,PNP)缺陷导致的 SCID 约占 SCID 的 4%,也是常染色体隐性遗传。*PNP* 基因突变或缺失引起 PNP 缺乏,使脱氧鸟苷转化为鸟嘌呤以及肌苷转化为次黄嘌呤的通路受阻,鸟苷、脱氧鸟苷和 dGTP 等积聚在细胞内,抑制 DNA 合成所需的核糖核苷酸还原酶,影响淋巴细胞的分化和成熟。dGTP 对 T 细胞的毒性作用大于 B 细胞,故细胞免疫功能受损明显。

(3) MHC I 类分子或 MHC II 类分子缺乏症

1) MHC I 类分子缺乏症:是常染色体隐性遗传。由于 *TAP* 基因突变,内源性抗原不能经 TAP 转运至内质网中,影响 MHC I 类分子与抗原肽结合,而未结合抗原肽的 MHC I 类分子在细胞表面极不稳定。胸腺基质细胞表面 MHC I 类分子密度降低,可影响胸腺 T 细胞的阳性选择,致使外周血 CD8$^+$T 细胞数量减少和功能障碍。患者表现为慢性呼吸道感染。

2) MHC II 类分子缺乏症:亦称裸淋巴细胞综合征(bare lymphocyte syndrome,BLS),属常染色体隐性遗传。其发病机制是:II 类反式活化子(C II TA)等基因缺陷,导致 MHC II 类分子表达障碍。由于胸腺基质细胞 MHC II 类分子表达缺陷,影响 CD4$^+$T 细胞阳性选择,使外周血中成熟 CD4$^+$T 细胞数量显著减少。APC 表面 MHC II 类分子表达缺陷,不能向 CD4$^+$T 细胞提呈抗原。患者表现为迟发型超敏反应和对 TD 抗原的抗体应答缺陷,对各类病原体易感,但 CD8$^+$T 细胞发育和 B 细胞数量正常。

2. **共济失调毛细血管扩张症**(ataxia telangiectasia,AT) 为常染色体隐性遗传病,其发病可能是 DNA 修复缺陷所致。患者各类细胞对电离辐射极其敏感,淋巴细胞出现染色体断裂,*TCR* 基因、Ig 重链基因倒置或转位,磷脂酰肌醇 -3 激酶基因异常,可造成不同程度免疫功能缺陷。患者血清 IgA、IgG2、IgG4 等减少或缺乏,体液免疫应答能力降低,自身抗体增多;外周血 T 细胞数量和功能下降,迟发型超敏反应减弱,肿瘤发生率增高。

四、吞噬细胞缺陷病

吞噬细胞缺陷包括吞噬细胞数量减少和功能障碍。此类患者易患各种化脓菌感染，特别是机会菌感染。

1. *原发性粒细胞减少症* 包括婴儿先天性粒细胞减少症、家族性重症中性粒细胞减少症和周期性粒细胞缺乏症。

2. *吞噬细胞功能障碍*

（1）慢性肉芽肿病（chronic granulomatous disease，CGD）：此病的发病机制是编码还原型辅酶Ⅱ（NADPH）氧化酶系统的基因缺陷，使吞噬细胞不能产生足量的过氧化氢、超氧离子及单态氧离子，杀灭细菌的功能减弱。被吞噬的细菌能在细胞内继续存活和繁殖，并随吞噬细胞游走播散至其他组织器官；持续的慢性感染可引起吞噬细胞在局部聚集，形成肉芽肿。患者对过氧化氢酶阳性细菌易感，表现为反复发生化脓性感染，在淋巴结、脾、肺、肝、骨髓等多个器官中形成化脓性肉芽肿或伴有瘘管形成。

（2）白细胞黏附缺陷（leukocyte adhesion deficiency，LAD）：呈常染色体隐性遗传，分为LAD-1和LAD-2两种类型。LAD-1是由于 *CD18* 基因突变或转录缺陷，使中性粒细胞、巨噬细胞、T细胞和NK细胞表面β2整合素家族成员表达缺陷，导致吞噬细胞趋化、黏附和吞噬作用障碍，NK细胞、T细胞趋化、激活和杀伤作用受损。患者出现反复细菌或真菌感染。LAD-2的遗传缺陷为一种岩藻糖转移酶基因突变，该酶参与选择素家族的寡糖配体 Sialyl-Lewis^x（SLe^x）的生成，酶缺陷使白细胞和内皮细胞表面缺乏能与选择素家族成员结合的 SLe^x，影响白细胞与内皮细胞的黏附作用。LAD-2临床表现与LAD-1相似。

五、补体系统缺陷

补体系统中的补体固有成分、补体调控蛋白及补体受体均可发生遗传缺陷。大多数补体缺陷属常染色体隐性遗传，少数为常染色体显性遗传。

1. *补体固有成分缺陷* 补体的固有成分C1q、C1r、C1s、C4、C2、C3、C5、C6、C7、C8、C9、P因子、D因子等均可发生遗传缺陷。经典途径的早期成分C1、C4、C2缺陷常引发肾小球肾炎、系统性红斑狼疮、类风湿关节炎等免疫复合物病。C3、P因子、D因子缺陷多致反复化脓性细菌感染。C5～C9缺陷易出现反复奈瑟菌属感染。

2. *补体调控蛋白缺陷*

（1）C1INH缺陷：可引起C2裂解产物C2b增多，使血管通透性增高，发生遗传性血管神经性水肿。此病属常染色体显性遗传，表现为反复发作的皮下组织和黏膜水肿，当发生会厌水肿时可窒息死亡。

（2）促衰变因子（DAF）和CD59缺陷：两者均属保护机体细胞免遭MAC攻击的膜结合型补体调控蛋白，且都是借助糖基化的磷脂酰肌醇（GPI）锚着于细胞膜上。当编码N-乙酰葡糖胺转移酶的 *PIG-A* 基因发生突变时，细胞不能合成GPI，红细胞因缺乏DAF和CD59的保护作用而发生补体介导的溶血，此症称为阵发性夜间血红蛋白尿（paroxysmal nocturnal hemoglobinuria，PNH）。

3. *补体受体缺陷* 红细胞或吞噬细胞表达CR1缺陷，其清除免疫复合物的作用减弱，可发生SLE等自身免疫病。

第三节 继发性免疫缺陷病

继发性免疫缺陷病是出生后由某些原因引起的免疫功能低下，比原发性免疫缺陷病多见。

1. *继发性免疫缺陷的常见原因* 多种原因可以继发免疫缺陷。①感染：病毒、胞内寄生菌、寄生虫感染常损伤细胞免疫功能，长期慢性感染也使免疫功能下降；②肿瘤：由于肿瘤本身对免疫系统的损伤，以及化疗、放疗、营养不良、消耗等原因，恶性肿瘤患者多伴免疫功能缺陷；③营养不良：由于蛋白质、脂肪、糖类、维生素及微量元素等摄入不足，免疫细胞发育和成熟障碍，产生免疫分子的能力降低；④蛋白质合成不足或消耗增加：慢性肝炎、慢性肾炎、慢性胃肠道疾病、糖尿病等慢性消耗性疾病，以及大面积烧伤、严重创伤等，均可使蛋白质合成不足或消耗和丢失增加，导致不同程度的免疫功能缺陷；⑤药物：抗肿瘤化疗药、免疫抑制剂（糖皮质激素、环孢素A等）、某些抗生素均抑制免疫功能；⑥其他：电离辐射、手术和麻醉、脾切除、中毒、妊娠、衰老等均可引起免疫功能低下。

上述原因造成的继发性免疫缺陷多为暂时性，消除原因后多能恢复，少数则不易恢复，如辐射损伤免疫功能和由人类免疫缺陷病毒（human immunodeficiency virus，HIV）引起的获得性免疫缺陷综合征（AIDS）。

2. 获得性免疫缺陷综合征　AIDS是由HIV感染引起的一组临床综合征，包括细胞免疫严重缺陷、机会性感染、恶性肿瘤和神经系统病变（见中编第30章）。其主要免疫损伤机制包括：

（1）T细胞：HIV感染可引起$CD4^+$T细胞数量显著减少和功能严重障碍。其机制可能为：①病毒在被感染的$CD4^+$T细胞内大量复制，最终导致细胞死亡；②针对HIVgp120的特异性抗体和CTL攻击HIV感染的$CD4^+$T细胞，造成损伤；③感染HIV的细胞表面表达gp120分子，可与旁邻T细胞CD4分子连接，导致细胞融合形成多核巨细胞，加速细胞死亡；④gp120或gp120抗原-抗体复合物与T细胞CD4分子结合，诱导细胞凋亡；⑤*HIV*基因的长末端重复（long terminal repeat，LTR）序列的V3结合$CD4^+$T细胞内转录因子NF-κB，使其不能与相应DNA位点结合，从而抑制T细胞增殖和细胞因子分泌。

（2）B细胞：HIVgp120属超抗原，能激活多克隆B细胞（包括自身应答性B细胞），并产生多种自身抗体。由于B细胞功能紊乱和缺乏Th细胞辅助作用，患者抗体应答能力降低。

（3）抗原提呈细胞：HIV可感染单核/巨噬细胞，损伤其提呈抗原、杀菌、分泌细胞因子等功能，但不易杀死单核/巨噬细胞。而单核/巨噬细胞常常成为HIV的隐蔽所，并携带HIV播散至其他组织。HIV感染DC，使DC数量和功能下降继而导致记忆T细胞缺乏，再次应答能力降低。淋巴结和脾脏的FDC可通过表面Fc受体或补体受体结合HIV-抗体或HIV-抗体-补体复合物，成为HIV的储藏所，通过与$CD4^+$T细胞或单核/巨噬细胞结合并传播HIV，不断感染淋巴结和脾脏内$CD4^+$T细胞或单核/巨噬细胞，致使外周免疫器官功能和结构损坏。

宿主产生TNF-α、TNF-β、IL-1、IL-3、IL-6、IFN-γ及GM-CSF等细胞因子，能促进*HIV*基因在细胞中表达，进一步加重上述损害作用，最终造成严重的细胞和体液免疫缺陷。

（邝枣园）

1. 免疫缺陷病的主要临床特点有哪些？
2. 原发性免疫缺陷病主要包括哪些疾病？
3. 简述继发性免疫缺陷病的常见原因。
4. 结合中编"医学微生物学"第27章内容，谈谈艾滋病的发生机制。

第18章 移植免疫

在临床医学中，应用正常的细胞、组织或器官[移植物（graft）]，置换或替代病变的或功能缺损的对应物称为移植（transplantation）。提供移植物的个体称为供者（donor），而接受移植物者称为受者（recipient）或宿主（host）。目前，细胞和器官等移植已成为最重要的医学治疗手段之一（广义的移植尚包括基因移植——基因治疗）。根据移植物的来源及其遗传背景差异，移植可分为四类：①自体移植（autograft），指移植物取自受者自身；②同种同基因移植（syngraft），指遗传基因背景完全相同的个体间的移植，如同卵孪生或近交系动物个体间的移植；③同种异基因移植（allograft），指同种属遗传基因背景不同的个体间的移植，习惯上又称为同种异体移植或同种移植；④异种移植（xenograft），指不同动物种属个体间的移植。已证明同种和异种移植中常见的移植物被（受者）排斥现象是一种适应性免疫应答反应，移植物表达的抗原与受体不同是排斥反应的引发因素。自体移植和同种同基因移植因移植物的抗原与受者的相同，一般不出现排斥反应；故主要是同种异基因移植和异种移植出现移植排斥反应。前者出现的排斥反应通常称为同种异型反应或同种型反应（alloreaction），其有关抗原称为同种异型抗原或同种抗原（alloantigen）；后者则称为异种反应（xenoreaction）和异种抗原（xenoantigen）。移植免疫学研究移植中的各种免疫学现象及其发生机制，不仅对免疫学的发展有重要的理论意义，而且会极大地促进临床移植工作。

第一节 同种异型抗原的提呈与识别机制

移植排斥的核心是免疫应答。引起移植排斥反应的抗原统称为移植抗原，在同种异体移植中移植抗原是同种属不同个体间由等位基因差异而表达的多态性产物，即同种异型抗原。研究表明，T细胞是导致同种异体移植排斥反应的关键细胞，也是主要的效应细胞，其中以 CD4$^+$T 细胞的作用更为重要。

一、引起同种移植排斥反应的抗原

研究表明主要的一些特殊（在哺乳类已知超过 40 个）基因座位编码的同种异型抗原又称为组织相容性抗原。此外，ABO 血型抗原等亦参与。

1. **主要组织相容性抗原**（major histocompatibility antigen，MHA） 是能引起强烈排斥反应的抗原。小鼠的 MHC 抗原称为 H-2 抗原，人类的 MHC 抗原则称为 HLA（详见本编第 8 章），它们在供者、受者间的差异是发生移植排斥反应的主要原因。

2. **次要组织相容性抗原**（minor histocompatibility antigen，mHA） 是能引起较弱排斥反应的抗原。mHA 可在 MHA 完全相同的情况下导致排斥反应。最典型的 mHA 是 Y 染色体编码的 H-Y 抗原，它是仅存于雄性个体的特殊抗原肽段，可导致雌性受体排斥同系雄性供体移植物；比较重要的还有一些常染色体编码的有关抗原，如小鼠的 H-1 抗原、H-3 抗原，人类的 HA-1 抗原等。多个 mHA 的叠加作用也可导致强烈排斥反应。

3. **其他参与排斥反应的抗原** 一些同种异型抗原可因受体内存在相应的抗体而导致移植排斥反应，如人类 ABO 血型抗原不仅分布在红细胞表面，也存在于血管内皮细胞，肝、肾等组织细胞表面，与受者血清中的天然血型抗体结合，激活补体，可在极短时间内导致超急性排斥反应。

二、同种异型抗原的识别机制

根据抗原提呈细胞的来源将 T 细胞识别同种异型抗原的机制分为直接识别和间接识别两种。

1. **直接识别**（direct recognition）　是指受者 T 细胞识别供者 APC 表面的抗原肽 - 同种异型 MHC 分子复合物，并产生免疫应答。此种识别是同种异基因移植免疫特有的，其基础为哺乳动物个体内存在着占 T 细胞总数的 1% ～ 10% 的同种异型抗原反应 T 细胞（比针对一种其他异源性抗原的特异性 T 细胞多 1000 倍以上）。其过程为：移植物中的过客白细胞（主要是 DC 和巨噬细胞等 APC）与受者 T 细胞接触，将供者 APC 表面的外来抗原肽 - 供者 MHC 分子或供者自身肽 - 供者 MHC 分子提呈给受者的同种异型抗原反应 T 细胞，诱发移植排斥反应。直接识别所引发的排斥反应具有速度快、强度大的特点，在移植早期的急性排斥反应中起重要作用。

直接识别的机制尚不明确，可能机制是 TCR 识别 MHC- 抗原肽复合物具有简并性（degeneracy）或包容性（flexibility）的特点（除能识别构象相同的复合物之外，也可通过构型改变识别不同的 p-MHC 复合物）。TCR 识别抗原肽和 MHC 分子的复合结构（p-MHC），而不区分这种复合物的个别成分。当供者同种异型 MHC 分子提呈的抗原肽与受者自身 MHC 分子提呈的非自身肽的复合结构相似时，受者的 T 细胞即对之发生应答。换句话说，供者 APC 提呈的抗原肽 - 供者 MHC 分子复合物可模拟外来抗原肽 - 受者 MHC 分子复合物，进而被受者体内同种反应 T 细胞所识别。故将直接识别称为交叉识别或交叉反应。具有直接识别能力的同种反应性 T 细胞主要是记忆 T 细胞。

通过直接识别而被激活的 T 细胞，易被强效免疫抑制药物如环孢素等所抑制。

2. **间接识别**（indirect recognition）　是受者初始 CD4$^+$T 细胞识别自身 APC 的 MHC Ⅱ类分子提呈的同种异型抗原肽（来自移植物的 MHA、mHA 等）而引发的免疫效应。一般认为，间接识别机制在急性排斥反应中的中晚期和慢性排斥反应中起较重要作用。

直接识别和间接识别途径见图 1-18-1，两种识别途径的比较见表 1-18-1。

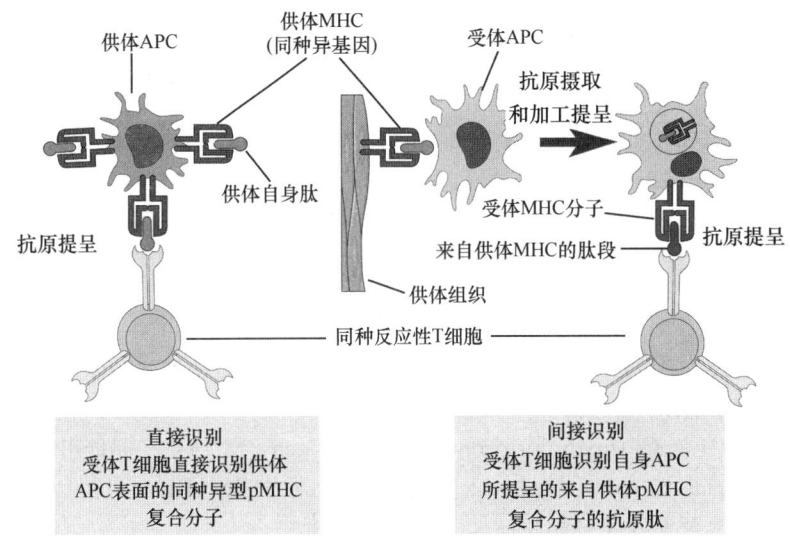

图 1-18-1　直接识别和间接识别途径示意图

表 1-18-1　受者 T 细胞识别同种异型抗原的两种途径比较

项目	直接识别	间接识别
被识别的关键分子	供者异型 MHC 分子	受者 MHC 分子提呈的供者移植抗原
抗原提呈细胞	供者 APC	受者 APC
被激活的 T 细胞	同种异型反应 T 细胞	初始 CD4$^+$T 细胞为主
反应特点	速度快、强度大	速度慢、反应较弱或未知
主要作用	急性排斥（早期）	急性排斥（中、晚期），慢性排斥
对环孢素的敏感性	敏感	相对不敏感

第二节 临床移植排斥反应的类型及损伤机制

同种异体移植排斥反应包括宿主抗移植物反应（host versus graft reaction，HVGR）和移植物抗宿主反应（graft versus host reaction，GVHR）两类，前者在实质器官移植中普遍存在，后者主要见于宿主免疫抑制情况下的骨髓移植或免疫细胞移植。

一、宿主抗移植物反应

HVGR为受者体内的免疫效应细胞和抗体对移植物进行攻击，导致移植物被排斥。一般根据排斥反应发生的快慢、强度、发生机制及病理表现，可分为超急性排斥反应、急性排斥反应和慢性排斥反应三种类型。

1. 超急性排斥反应（hyperacute rejection） 发生于移植器官与受者的血管接通后数分钟至24小时内，其机制是受者体内有预存抗体，如抗供者ABO血型抗原、HLA及血管内皮细胞（vascular endothelial cell，VEC）表面抗原的抗体（后两类抗原的抗体多与以前多次接触有关，如输血、多次妊娠等）。这些抗体与移植器官血管内皮细胞表面的相应抗原结合，激活补体而破坏靶细胞，补体活性片段可引起血管通透性增加和中性粒细胞浸润，大量血小板聚集及凝血系统激活等效应，导致出血、水肿和血管内血栓等，使移植器官发生不可逆性缺血、变性和坏死。超急性排斥反应可见于反复输血、多次妊娠、长期血液透析或再次移植的个体，也与供者器官灌流不畅或缺血时间过长等有关，一旦启动难以控制，临床上应避免其发生。

2. 急性排斥反应（acute rejection） 一般出现于移植后数天至2周，绝大多数发生于移植后1个月内。其机制是以细胞免疫为主，直接识别和间接识别途径激活的$CD4^+$T细胞分化为Th1和Th17，分泌细胞因子、诱导炎性细胞募集、活化等导致迟发型超敏反应是主要损伤机制；$CD8^+$CTL则可直接杀伤表达异型抗原的移植物细胞。随后机体产生的针对同种异型抗原的抗体，与血管内皮细胞表面的抗原结合，通过补体依赖的细胞毒作用损伤移植物血管。急性排斥反应是临床同种异体器官移植中最常见、导致移植器官功能丧失的最主要排斥反应。一般而言，急性排斥反应发生越早，其临床症状也越严重。

3. 慢性排斥反应（chronic rejection） 通常发生于移植后数月至数年，以血管内增生性损伤、纤维化，伴器官组织结构破坏、功能退行性丧失为病变特征。其发生机制是免疫因素和非免疫因素的综合作用，其中反复发作的急性排斥反应是主要原因之一。慢性排斥过程中，移植物细胞受损、慢性炎症、血管损伤与平滑肌增生、某些并发症（如高血压、高脂血症、巨细胞病毒感染等）、免疫抑制剂的毒性作用、移植器官的状态（供者与受者年龄偏差过大、缺血时间过长等）和手术过程（损伤及麻醉剂使用）等均有影响。目前，对慢性排斥反应尚无有效治疗手段，它是目前移植物长期存活的主要障碍。

二、移植物抗宿主反应

GVHR是由移植物中的淋巴细胞识别宿主同种异型抗原而发生的一种排斥反应。由于一般移植器官中的淋巴细胞数量很少、寿命有限，可很快被宿主清除，故GVHR难于出现；但在受者免疫缺陷或免疫功能被抑制、移植物中含有足够数量的T细胞情况下，HLA错配的移植就会发生明显的GVHR。临床上GVHR主要见于骨髓、胸腺、脾脏移植，以及新生儿接受大量输血者。其机制为移植物（如供者骨髓）中的成熟T细胞，识别宿主的同种异型抗原（MHA和mHA），增殖分化为效应T细胞，在宿主体内移行并对其组织或器官发动免疫攻击，并导致移植失败，全身反应严重时可致受者死亡。通过免疫抑制剂环孢素等处理仅部分病例的GVHR可减轻。

第三节 同种异型移植排斥反应的防治原则

防止移植排斥反应是取得器官移植成功的关键，目前同种异型移植排斥反应防治的主要原则是选择适当的供者、应用免疫抑制疗法、移植后的免疫监测及诱导移植耐受等。

一、选择适当的供者

1. **适当的组织配型** 现已证明供者、受者间组织相容性与器官移植成败有密切关系，故选择组织型别极其重要。

(1) 血型抗原配型：供者和受者的 ABO、Rh 血型需相配或至少符合输血原则，否则将导致超急性排斥反应。

(2) HLA 配型：MHC 等位基因产物的匹配程度与移植物（尤其是肾）存活相关。不同 MHC 基因座位对排斥反应的影响有一定差异，如在人类肾移植中，供者与受者间 HLA-DR 抗原的配合对移植物存活影响最大，其次为 HLA-B 和 HLA-A。由于 HLA-DQ 和 HLA-DR 通常有很强的连锁性，如果 HLA-DR 匹配，HLA-DQ 多能匹配，其错配是影响再次移植存活期的重要因素；而 HLA-C 错配在移植排斥中的重要性不明显。

由于强效免疫抑制剂的广泛持续应用，极大地改善了移植器官的存活情况，在无法获得 HLA 完全配合的供体器官时，在 HLA-DR 匹配基础上，其他 HLA 部分匹配的器官也常采用。但在骨髓移植中，若 HLA 不相配，可致强烈的 GVHR，故应有较高的 HLA 匹配要求。

(3) 次要组织相容性抗原配型：对某些器官和组织移植尤其是骨髓移植，也应适当考虑 mHA 的匹配。例如，尽可能进行同性别个体间移植，骨髓移植时还应考虑进行 mHA 分型。

(4) 交叉配型：常将供者和受者的淋巴细胞互为应答细胞，进行两组单向混合淋巴细胞培养，两组中任一组反应过强，均提示供者选择不当。在骨髓移植中尤为重要。

2. **选择适当的移植部位** 机体不同部位的免疫应答特性不同，有的移植甚至可不发生或仅发生轻微的排斥反应，这些现象称为免疫特赦（immunological privilege），它们通常与抗原免疫原性弱或特殊屏障有关，如免疫原性弱的角膜、软骨移植一般不产生排斥反应。免疫活性细胞无法接近或受到阻止的部位，如眼前房、脑等处移植易于成功。现已发现高表达 FasL 的组织区，可使激活的 T 细胞凋亡，与形成免疫特赦有关，如有学者将供者胰岛细胞与高表达 FasL 的睾丸支持细胞（sertoli cell）进行联合移植，可以提高移植物的存活率和降低免疫排斥反应。目前研究发现，胸腺是一个极好的免疫特赦器官，将供体细胞（如胰岛细胞）移植在胸腺中，可避免排斥，展现了良好应用前景。Starzl 认为肝脏中过客细胞中不成熟 DC 较多，易于诱导耐受，是肝移植易于成活的原因。

3. **移植时的预处理** 对移植物的预处理常用措施为：实质脏器移植时，尽可能清除移植物中过客白细胞（passenger leukocyte），有助于减轻或延缓 HVGD 的发生；在同种骨髓移植中，清除骨髓移植物中的 T 细胞，有助于预防 GVHD 的发生。有时因受者存在抗 HLA 抗体或移植物与受者 ABO 血型抗原不匹配，也需对受者进行预处理（如血浆置换等），以去除或减少受者体内的预存抗体。在实验性动物骨髓移植中，为使受者完全丧失对骨髓移植物的免疫应答能力，术前常使用大剂量放射线照射或化学药物，以摧毁受者体内的造血组织。

二、免疫抑制疗法

应用免疫抑制剂是防治同种异型移植排斥反应最有效的手段，20世纪70年代末，环孢素（CsA）的发现与应用，极大地促进了移植工作。应用免疫抑制剂已成为同种异体器官移植患者的常规疗法。临床上常用的免疫抑制药物有以下几类：

1. **化学类免疫抑制剂** 包括糖皮质激素、硫唑嘌呤、CsA、FK506、西罗莫司等。糖皮质激素兼有抗炎和较弱的免疫抑制作用，硫唑嘌呤可阻止淋巴细胞增殖。CsA 是真菌来源的小环肽，可干扰 T 细胞活化过程中细胞因子（主要为 IL-2）基因活化途径，抑制 IL-2 及其受体的表达，阻断 IL-2 依赖性 T 细胞的生长和分化，目前 CsA 已成为抗移植排斥反应的主要药物。FK506、西罗莫司为在 CsA 之后发现的强效的免疫抑制剂，具有与 CsA 类似或互补的抑制 T 细胞功能效应，但靶点不同，毒性作用也不一样。

2. 生物制剂　目前已有不少抗T细胞膜抗原的抗体试用于临床，如抗淋巴细胞球蛋白，抗CD3、CD4和CD8单抗，抗高亲和力IL-2R单抗，抗TCR单抗等，主要借助补体依赖的细胞毒作用，可清除体内的对应T细胞，而起到抗排斥作用。一些可抑制或干扰T细胞功能的生物制剂也在试用，如某些细胞因子与毒素组成的融合蛋白、抗细胞因子抗体、CTLA-4 Ig融合蛋白、人工合成的MHC分子关键性基序短肽、某些细胞因子或黏附分子基因的反义寡核苷酸等。

3. 中草药类免疫抑制剂　某些中草药也有明显的免疫抑制效应，已有报道雷公藤、冬虫夏草等可用于器官移植后排斥反应的治疗。

三、移植后的免疫监测

移植后的免疫监测不仅有助于对移植排斥反应进行早期诊断和鉴别诊断，而且可用以评估抗排斥治疗的效果，为合理应用免疫抑制剂和其他防治排异的措施提供依据。常用的免疫学检测指标有：①淋巴细胞亚群百分比及其功能；②免疫分子水平检测（抗体、补体、细胞因子、可溶性HLA等）。上述指标均非特异，判断排斥反应发生及强度的关键指标还是移植物的生理功能。

四、诱导移植耐受

由于免疫抑制药物本身的毒性，加之对慢性移植排斥反应尚无有效的控制方法等，目前移植效果有所欠缺。理论上最佳方法是诱导移植物特异性免疫耐受，这也一直是移植免疫学研究热点之一。

目前，比较有前景的诱导移植免疫耐受策略有的已显示了可减少或停用免疫抑制剂的应用价值。

1. 建立嵌合体　研究显示，在受者体内建立含供者血细胞的共存状态（嵌合体），可形成对供者移植物的耐受。20世纪90年代初，Starzl等利用PCR技术在停用免疫抑制剂的多例长期存活肝移植患者的多种器官内发现有供者来源的细胞（遗传物质），并在其后的研究中发现其他器官移植长期存活患者也可有同样情况。他们称此为微嵌合现象（micro-chimerism），认为在应用免疫抑制剂情况下，供者与受者的免疫细胞（干细胞）可形成共存，并诱发免疫调节机制，导致耐受。目前，公认嵌合现象（主要是大嵌合现象macro-chimerism，供体细胞超过1%）的出现是一种诱导耐受的重要机制，1945年Owen发现的牛异卵双生个体间耐受实际可能是一种先天性嵌合现象。目前已明确在大型动物（包括非人灵长类）大嵌合现象均伴随着对移植物的耐受，展现了潜在的临床应用前景。

临床资料显示，肝脏移植、供体多器官联合移植、骨髓（干细胞）移植后器官移植、供者特异性输血（donor-specific transfusion，DST）联合实体器官移植等排斥反应较弱或可诱导耐受，其机制可能与此有关。

2. 调节性T细胞应用　20世纪90年代中期，Sakaguchi等明确调节性$CD4^+CD25^+T$（Treg）细胞是自身免疫耐受的关键，可提供针对有关特异性免疫原的耐受，为免疫耐受提供了新机制。已有证据表明，Treg细胞发育不仅在胸腺内进行，也可在外周发育，为解决移植排斥问题提供了重要途径。

目前提出的有关方案涉及体内和体外处理，如通过胸腺内注射供体细胞或异型MHC分子，可诱导形成有关特异性Treg；或在体外利用供者抗原结合特殊细胞因子（如TGF-β、IL-2等）刺激，使受者Treg发生克隆活化、扩增并回输，以形成对移植器官的耐受。

3. 适应性免疫应答干预　免疫系统通过各种反馈性调节机制控制具体应答的强度和类型，在理论上或实验中可通过这些机制控制特异性排斥反应。目前，利用免疫无能或调节等机制的多种方案均在摸索。例如，利用可溶性CTLA-4、协同刺激信号阻断剂（抗B7抗体、抗CD40L抗体等）、不成熟DC等诱导T细胞无能；应用针对同种抗原反应T细胞TCR的单克隆抗体或供者可溶性MHC分子，封闭或清除同种异型抗原反应T细胞；定向调控Th细胞亚群分化（阻断Th1细胞及其效应有利于建立移植耐受）等。

附：异种移植与组织工程

因同种器官来源的限制，异种实体器官移植和组织工程被考虑为解决有关问题的重要战略之一。

一、异种移植

异种移植除动物器官大小及功能（生理学相容性）、可能的疾病传播、伦理学等问题外，涉及的免疫学问题也很难解决。由于异种动物间遗传背景差异甚大，异种反应严重，此类移植物难以长期存活，仅有一些经处理的特殊异种皮肤、血管（瓣）等在过渡性治疗中试用，实质器官移植尚无成功报道。

异种移植物通常很快被超急性排斥反应和急性排斥反应所排斥。

1. 超急性排斥反应　人体内存在针对远缘动物细胞表面分子（如猪血管内皮细胞表面的 α-半乳糖成分）的天然抗体，这类天然抗体多为 IgM 型，与 ABO 抗原不匹配的同种异基因移植所引发的超急性排斥机制相同；补体也可能由非经典途径活化对异种移植物血管内皮攻击。目前已有了一些前瞻性防治策略：①通过亲和层析技术或应用抗 μ 链单克隆抗体清除受者的对应天然抗体；②阻断受者补体激活途径，如利用转基因猪，使其血管内皮细胞表达人补体调节蛋白（如 CD59 等）或采用其他抑制补体活性的措施；③应用纯化的 α-乳糖酶破坏、清除异种供者细胞表面的半乳糖抗原等。

2. 急性排斥反应　异种移植排斥反应的强度与同种异型排斥反应相当或更强，且不易被免疫抑制剂控制。

二、组织工程

借助组织工程培育人类器官、组织，可能是扩展人器官移植物来源的重要途径之一。目前，正在尝试通过细胞工程或组织工程手段培育出符合需要的移植物。远景策略涉及利用同种同基因干细胞诱导分化形成功能性组织、器官等，目前取得重大实质性应用的主要是经处理的细胞移植，包括自身细胞、干细胞增殖后异位移植（如利用神经干细胞治疗脊髓损伤），经基因工程改造的自体细胞回输（回体法基因治疗）或异体细胞移植等。

（李　丹）

1. 引起同种移植排斥反应的抗原有哪些？
2. 简述机体对同种异型抗原的识别机制。
3. 试述移植排斥反应的临床类型及其机制。
4. 器官移植成功的关键是什么？其基本原则和措施有哪些？

第19章 肿瘤免疫

肿瘤免疫学（tumor immunology）是研究肿瘤的免疫原性，机体对肿瘤的免疫应答，机体的免疫功能与肿瘤发生、发展的相互关系，肿瘤的免疫学诊断和免疫学防治的科学。

第一节 肿瘤抗原

肿瘤抗原（tumor antigen）是指在肿瘤发生、发展过程中新出现或过度表达的抗原物质。肿瘤抗原的存在是机体对肿瘤产生适应性免疫应答的基础，也是开展特异性肿瘤免疫防治的关键因素。肿瘤抗原产生的分子机制主要包括：①细胞转化和癌变过程中产生了新的蛋白质分子；②基因突变或重排使正常蛋白质分子结构改变；③蛋白质的异常糖基化等原因导致异常蛋白产物的产生；④隐蔽的自身抗原暴露；⑤细胞癌变使某些基因异常、异位表达，如胚胎抗原或分化抗原的异常表达；⑥细胞膜蛋白的异常聚集。肿瘤抗原的分类简述如下。

一、根据肿瘤抗原特异性分类

1. **肿瘤特异性抗原**（tumor specific antigen, TSA） 是只存在于肿瘤细胞，而不存在于正常组织细胞的抗原。

通过同系小鼠的移植排斥实验发现，化学致癌剂甲基胆蒽（methylcholanthrene, MCA）可诱发皮肤肿瘤，切除此肿瘤并移植给正常同系小鼠后可生长出肿瘤；若将此肿瘤移植回切除肿瘤后的小鼠，或植入预先用经放射线灭活的此肿瘤细胞免疫过的同系小鼠，则不发生肿瘤。结果表明，该肿瘤具有特异性抗原，可诱导机体产生免疫排斥反应（图1-19-1）。由于此类抗原是通过动物肿瘤移植排斥实验所证实，故又称其为肿瘤特异性移植抗原（tumor specific transplantation antigen, TSTA）或肿瘤排斥抗原（tumor rejection antigen, TRA）。

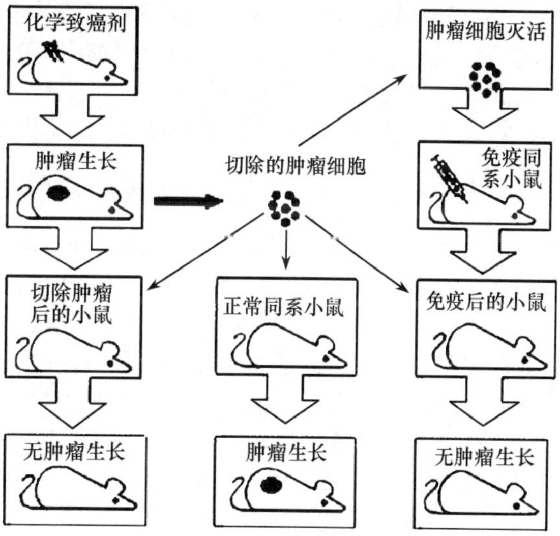

图1-19-1 移植排斥实验证实肿瘤特异性抗原示意图

移植排斥实验敏感性低，只能检出免疫原性强的肿瘤抗原，无法发现不足以诱导排斥反应的弱免疫原性的肿瘤抗原。人们也曾用肿瘤细胞免疫后制备的抗体去分析肿瘤细胞表面的抗原分子，以期发现新的肿瘤抗原，但此途径发现的TSA很少。近年来，应用肿瘤特异性CTL克隆结合分子生物学技术，从基因水平证实了TSTA的存在。借助这一原理已发现了多种肿瘤特异性抗原，如黑色素瘤特异性抗原。

2. **肿瘤相关抗原**（tumor associated antigen, TAA） 是非肿瘤细胞所特有的、正常组织或细胞也可表达的抗原，其含量在细胞癌变中明显升高。TAA仅表现为量的变化，而无严格的肿瘤特异性。例如，胚胎抗原、组织特异性肿瘤分化抗原等。TAA多为正常细胞的组分，免疫原性较弱，难以刺激机体产生有效的抗肿瘤免疫。但可用于某些肿瘤的免疫诊断，且对预后判断、复发转移和疗效的监测有一定意义。有的 TAA 作为免疫治疗的靶抗原以及在研制肿瘤疫苗中有重要的意义。

(1) 胚胎抗原：是在胚胎发育阶段由胚胎组织产生的正常成分，在胚胎后期减少，出生后逐渐消失或仅存微量；当细胞恶性变时，又可重新合成，且含量增加，可表达在肿瘤细胞表面或分泌到血清中。例如，甲胎蛋白（alpha-fetoprotein，AFP）是一种分泌性抗原，在原发性肝细胞癌等恶性肿瘤患者血清中明显升高；癌胚抗原（carcinoembryonic antigen，CEA）可由结肠癌细胞产生，疏松地结合在细胞膜表面，容易脱落，在血清中可以查到。

现认为胚胎抗原的编码基因在出生后由于基因阻遏而表达减少，甚至消失；当细胞癌变时，基因脱阻遏，此类抗原可重新合成。

(2) 组织特异性分化抗原：是组织细胞在分化、发育的不同阶段表达的正常分子。不同来源或处于不同分化阶段的细胞可表达不同的分化抗原。恶性肿瘤细胞通常停留在细胞发育的某个幼稚阶段，其形态和功能均类似于未分化的细胞，称为肿瘤细胞的去分化（dedifferentiation）或逆分化（retro-differentiation）。因此，肿瘤细胞可能高表达该组织自身的胚胎期分化抗原（如 T 细胞白血病细胞表达胸腺白血病抗原）或高表达其他正常组织的分化抗原（如胃癌细胞可表达 ABO 血型抗原）。其他组织特异性分化抗原有黑色素瘤细胞中的 Melan-A 和酪氨酸酶（tyrosinase）抗原、前列腺癌的特异性抗原等。

(3) 异常糖基化产生的肿瘤抗原：某些肿瘤细胞表达高水平或异于正常的糖蛋白或糖脂，如黏蛋白、神经节苷脂等，可作为肿瘤诊断和靶向治疗的标志。其中，CA125、CA19-9、MUC-1 已用于卵巢癌、胰腺癌、乳腺癌的诊断和治疗。

(4) 突变基因或癌基因的表达产物：目前，已经鉴别到很多突变基因，如最受关注的 *p53*、*ras*、*β-catenin*、*caspase 8* 等，可导致基因产物的异常表达，使细胞的生长和分化异常，向恶性化演变。另外，15%～30% 的乳腺癌、宫颈癌和绝大多数的腺癌，有癌基因产物 HER-2/neu 过表达。

(5) 异常表达的细胞蛋白：此类抗原的产生原因并非基因突变，而是正常细胞也表达但肿瘤细胞异常高表达。例如，人正常黑色素细胞可表达抗原 MART，而人黑色素瘤细胞会高表达。这类抗原能引起机体产生免疫应答反应，可能是因为正常细胞表达此类抗原的水平极低，机体尚未形成对这类抗原的免疫耐受。通过特异性细胞毒 T 细胞（CTL）或单克隆抗体可鉴定此类抗原。

二、根据诱发肿瘤产生的机制分类

1. 化学或物理因素诱发的肿瘤抗原　化学致癌剂（如甲基胆蒽、氨基偶氮染料）或物理因素（如紫外线、X 线）可诱发肿瘤，并诱导新抗原产生，其机制可能是化学因素或物理因素导致基因突变。抗原特点是：特异性高；免疫原性弱；有明显的个体特异性，即用同一化学致癌剂或同一物理方法诱发的肿瘤，在不同的宿主体内，甚至在同一宿主不同部位，各具有互不相同的抗原特异性。由于抗原间很少出现交叉反应，故这类肿瘤抗原很难用于免疫学诊断和作为治疗的靶点。

2. 生物因素诱发的肿瘤抗原　某些病毒与肿瘤的发生有关。例如，EB 病毒（EBV）与 B 细胞淋巴瘤和鼻咽癌的发生有关；人乳头瘤病毒（HPV）与人宫颈癌的发生有关；乙型及丙型肝炎病毒（HBV、HCV）与原发性肝癌有关；人类嗜 T 细胞病毒 1（HTLV-1）可导致成人 T 细胞白血病（ATL）的发生。病毒诱发的肿瘤抗原特点是：有较强的免疫原性和病毒特异性，即同一种病毒诱发的肿瘤，无论其组织来源或动物种系如何不同，均可表达相同的抗原。此类抗原是由病毒基因编码、但又不同于病毒本身的抗原，故又称为病毒相关的肿瘤抗原。

3. 自发性肿瘤抗原　自发性肿瘤是指一些无明确诱因的肿瘤，大多数人类肿瘤属于这一类。自发性肿瘤的发生机制不明，所表达的肿瘤抗原可以是 TAA 和（或）TSA，以 TAA 常见。

第二节　机体抗肿瘤的免疫效应机制

机体的免疫功能与肿瘤的发生发展关系密切，其机制十分复杂，包括固有免疫和适应性免疫。

对于大多数免疫原性较强的肿瘤，通常以适应性免疫应答为主；对于免疫原性弱的肿瘤，固有免疫应答可能具有更重要的意义。不同组织来源和不同方式诱发产生的肿瘤细胞，其免疫原性的强弱有所不同，它们诱导机体产生抗肿瘤免疫应答的能力也有所差异。机体抗肿瘤免疫应答能力的强弱不仅取决于肿瘤细胞的免疫原性，还与宿主免疫功能和其他因素密切相关。

一、固有免疫的抗肿瘤效应

固有免疫细胞是抗肿瘤的重要效应细胞，包括巨噬细胞、NK 细胞、γδT 细胞及 NKT 细胞等。此外，中性粒细胞、嗜酸性粒细胞、补体和多种细胞因子也参与抗肿瘤的固有免疫。同时，固有免疫效应分子如 IFN、TNF 等细胞因子，补体分子及多种酶类也具有非特异抑制或杀伤肿瘤细胞的作用。基于这些分子的抗肿瘤作用，目前已研制出多种抗肿瘤的药物用于临床治疗肿瘤患者，部分药物正在进行临床试验，有望在临床推广应用。

1. 巨噬细胞　在肿瘤免疫中具有双重作用。根据其活化状态不同，可表现为抑制或促进肿瘤细胞生长和播散。M1 型巨噬细胞具有抗肿瘤功能，可作为抗原提呈细胞，加工提呈肿瘤抗原，激发机体的适应性免疫应答；也可通过细胞毒作用发挥杀瘤效应。其杀瘤机制为：ADCC 作用；非特异性吞噬作用杀伤肿瘤细胞；借助其非特异性膜受体直接与肿瘤细胞结合，发挥杀瘤效应；通过 Mφ 介导的细胞毒作用（Mφ-mediated cytotoxicity，MMC）杀伤肿瘤细胞，即活化的 Mφ 可分泌蛋白酶、TNF、IL-1、IFN-γ 和氧自由基等细胞毒性分子，直接或间接杀伤肿瘤细胞。而 M2 型巨噬细胞可通过分泌血管内皮细胞生长因子（vascular endothelial growth factor，VEGF）、转化生长因子 β（transforming growth factor-β，TGF-β）等促进肿瘤血管生成和肿瘤生长。

2. NK 细胞　可直接杀伤肿瘤细胞，且杀伤作用无肿瘤特异性，无 MHC 限制性，是机体抗肿瘤的第一道防线。其杀瘤机制可能为：通过丢失自我识别及压力诱导模式识别肿瘤细胞，NK 细胞活化产生细胞毒作用；此外，通过 Fas/FasL 途径亦可杀伤肿瘤细胞。

3. γδT 细胞　主要分布于黏膜和皮下组织，可直接杀伤肿瘤细胞，不受 MHC 限制，作用机制类似 CTL 和 NK 细胞，还可分泌 IL-2、IL-4、IL-5、TNF 等，发挥抗肿瘤作用。

二、适应性免疫的抗肿瘤效应

适应性抗肿瘤免疫效应机制包括细胞免疫和体液免疫两方面，一般认为抗肿瘤免疫是以细胞免疫为主，体液免疫仅在某些情况下起协同作用。有些抗体具有封闭抗体（blocking antibody）效应，能与肿瘤细胞表面抗原结合，阻碍效应细胞对肿瘤细胞的作用，有利于肿瘤细胞的生长。

1. 抗肿瘤的细胞免疫机制　T 细胞介导的细胞免疫应答在抗肿瘤免疫中起主要作用。肿瘤抗原致敏的 CTL 细胞能特异地杀伤带有相应抗原的肿瘤细胞，并受 MHC 限制。

（1）$CD4^+$T 细胞：可溶性肿瘤抗原及从肿瘤细胞表面脱落的肿瘤抗原经 APC 摄取加工后，与 MHC Ⅱ 类分子形成复合物并表达于 APC 表面，由 $CD4^+$T 细胞识别，进而激活 T 细胞。具体机制包括以下几方面：分泌 IL-2 等多种细胞因子，激活 CTL、NK 细胞和巨噬细胞，增强其杀伤能力；使 B 细胞活化、增殖、分化，产生抗体；释放一些具有直接杀伤作用的细胞因子，如 TNF；Th1 还有直接杀伤肿瘤细胞的作用，这种作用受 MHC Ⅱ 类分子限制。

（2）$CD8^+$CTL 细胞：CTL 细胞是抗肿瘤免疫的主要效应细胞。$CD8^+$T 细胞通过其抗原受体识别肿瘤细胞上的特异性抗原与 MHC Ⅰ 类分子形成的复合物，通过 T 细胞非依赖的直接激活或 T 细胞依赖的间接激活后，增殖分化为具有高效杀伤肿瘤细胞作用的 CTL，通过穿孔素 - 颗粒酶途径或死亡受体途径特异性杀死肿瘤细胞。

2. 抗肿瘤的体液免疫机制

（1）补体依赖的细胞毒作用（CDC）：肿瘤抗原刺激机体产生的特异性抗体与肿瘤细胞表面抗原结合，通过激活补体经典途径溶解肿瘤细胞。

（2）抗体依赖的细胞介导的细胞毒作用（ADCC）：肿瘤细胞特异性抗体 IgG 通过 Fab 结合肿瘤抗原，Fc 结合 NK 细胞、巨噬细胞和中性粒细胞表面的 FcγR，启动 ADCC，杀伤肿瘤细胞。

(3) 抗体和补体的免疫调理作用：抗肿瘤抗体 IgG 与吞噬细胞表面 FcγR 结合，增强吞噬细胞对肿瘤细胞的吞噬作用。此外，抗肿瘤抗体与肿瘤抗原结合能活化补体，借助所产生的 C3b 与吞噬细胞表面 CR1 结合，促进其吞噬作用。

(4) 抗体的封闭作用：抗体可通过封闭肿瘤细胞表面某些受体而影响肿瘤细胞。例如，某些乳腺癌细胞高表达 *HER/neu* 基因产物 P185，抗 P185 的抗体与癌细胞表面 P185 结合，可抑制乳腺癌细胞增殖；转铁蛋白可促进某些肿瘤细胞生长，抗转铁蛋白及其受体的抗体可阻断转铁蛋白与瘤细胞表面转铁蛋白受体结合，抑制肿瘤细胞生长。

(5) 抗体干扰黏附作用：某些抗体可阻断肿瘤细胞与血管内皮细胞（或其他细胞）表面黏附分子间的相互作用，从而阻止肿瘤细胞生长、黏附和转移。

由于肿瘤抗原的免疫原性普遍较弱，肿瘤患者体内自然产生的抗体并不是抗肿瘤免疫的重要效应物质。在某些情况下，抗体反而会干扰 CTL 对肿瘤细胞的杀伤作用，这种具有促进肿瘤生长作用的抗体称为增强抗体（enhancing antibody）（详见本章第三节）。

第三节　肿瘤的免疫逃逸机制

机体免疫系统有多种抗肿瘤免疫机制，但仍有肿瘤在机体内发生发展。肿瘤细胞如何逃避宿主的免疫监视，通过何种机制使机体不能产生有效的抗肿瘤免疫，一直是肿瘤免疫学研究的焦点。研究结果表明，其机制涉及机体免疫应答过程的各个环节。

一、肿瘤细胞逃避免疫细胞的识别、阻止免疫细胞的活化及效应

1. 肿瘤抗原的免疫原性弱及抗原调变　多数肿瘤细胞不表达肿瘤特异性抗原；少数肿瘤细胞虽有特异性抗原，但表达量较低，免疫原性非常弱，难以诱发机体产生有效的抗肿瘤免疫应答，某些肿瘤细胞能表达 TAA，属胚胎期正常成分，机体对其已形成免疫耐受。某些情况下，肿瘤抗原可发生表位减少或丢失，从而逃逸免疫系统识别和杀伤，称为"抗原调变"（antigen modulation）。

2. 肿瘤细胞表面"抗原覆盖"或"抗原封闭"　有些肿瘤细胞可高表达唾液黏蛋白物质或肿瘤激活凝聚系统（可活化凝血系统，使肿瘤细胞外形成纤维蛋白外壳），将肿瘤细胞表面抗原覆盖，干扰机体免疫细胞对肿瘤细胞的识别和杀伤，这种现象称为抗原覆盖。血清中存在封闭因子（blocking factor），可封闭肿瘤细胞表面的抗原表位或效应细胞的抗原识别受体，使肿瘤细胞逃脱免疫细胞的识别和杀伤。封闭因子可能是：①封闭抗体（blocking antibody），可与肿瘤细胞膜抗原结合并封闭之；②可溶性肿瘤抗原，可与效应细胞表面受体结合；③抗原抗体复合物，其中的抗体组分可与肿瘤抗原结合，而抗原组分可封闭淋巴细胞表面抗原识别受体。

3. 肿瘤抗原提呈障碍　某些肿瘤细胞不能将抗原肽-MHC Ⅰ类分子复合物转运至细胞表面；某些肿瘤细胞内 LMP 和 TAP 表达低下，导致肿瘤抗原提呈发生障碍，使其逃避 T 细胞的识别。

4. MHC 分子表达异常　某些肿瘤细胞表面经典的 MHC Ⅰ类分子表达减少或缺失，其特异性 CTL 不能识别肿瘤细胞表面抗原，因此逃避 CTL 的免疫攻击。某些肿瘤细胞可异常表达非经典 MHC Ⅰ类分子（如 HLA-G、HLA-E 等），此类分子被 NK 细胞表面抑制性受体识别，从而抑制 NK 细胞的细胞毒作用。

5. 共刺激分子表达异常　某些肿瘤表面细胞 B7、ICAM-1、LFA-3 等共刺激分子表达低下或缺乏，不能为 T 细胞活化提供共刺激信号，从而使肿瘤细胞逃避 T 细胞的免疫监视。

6. 肿瘤细胞抗凋亡　肿瘤细胞往往高表达多种癌基因产物（如 Bcl-2 等），这些分子能抵抗由活化 CTL 介导的肿瘤细胞凋亡。

二、肿瘤细胞抑制机体免疫功能

1. 肿瘤细胞诱导免疫细胞凋亡　某些肿瘤细胞可表达 FasL，而活化的肿瘤特异性 T 细胞可高表达 Fas，两者结合诱导肿瘤抗原特异性 T 细胞凋亡。有些肿瘤细胞通过表达 TNF 相关凋亡诱导

配体（TRAIL），诱导被激活的 T 细胞凋亡。

2. **肿瘤细胞分泌免疫抑制性因子** 肿瘤细胞可分泌多种抑制免疫功能的细胞因子，如 IL-10、TGF-β、VEGF 等。

3. **肿瘤诱导的抑制性免疫细胞** 近年来逐渐认识到，肿瘤间质中的一些免疫细胞并非发挥抗肿瘤作用，而是促进了肿瘤发生、生长、侵袭和转移，这些细胞包括调节性 T 细胞、髓系来源抑制细胞、肿瘤相关巨噬细胞和调节性树突状细胞等。调节性 T 细胞（Treg）在荷瘤机体中数量增多，导致免疫应答抑制。髓系来源抑制细胞（myeloid-derived suppressor cell，MDSC）是一群异质性的免疫细胞。在荷瘤小鼠和肿瘤患者中，随着肿瘤的生长，MDSC 在肿瘤、脾脏等部位聚集，通过抑制 T 细胞的功能、诱导 Treg 产生、分泌 IL-10 等抑制性细胞因子，影响机体的抗肿瘤免疫。肿瘤相关巨噬细胞（tumor-associated macrophages，TAM）有 M1 型和 M2 型，小鼠和人类肿瘤中的 TAM 多为 M2 型，起着促进肿瘤生长、促血管形成和抑制适应性免疫应答的作用。

近年来提出的肿瘤"免疫编辑"理论进一步阐明了肿瘤发生的机制。其要点为：免疫系统在清除肿瘤细胞的同时，也对肿瘤细胞如肿瘤抗原的免疫原性等某些生物学特性进行重塑（reshape）；经历免疫编辑的肿瘤细胞，其恶性程度及对免疫攻击的抵抗能力增强，反而促进了肿瘤的生长，最终摧毁机体免疫系统，导致肿瘤细胞恶性生长并扩散。总之，肿瘤细胞在体内的发生、发展是其与免疫系统相互作用的动态过程。此外，机体突变的细胞，如果周围的微环境内有能促进肿瘤生长、增殖和转移的多种成分，便会使突变细胞不断生长和增殖，从而形成肿瘤。肿瘤微环境能促进肿瘤细胞生长，并使肿瘤细胞免受免疫效应细胞的清除。

第四节 肿瘤的免疫诊断

肿瘤的免疫诊断包括肿瘤标志物检测和肿瘤患者免疫功能状态评估。

1. **肿瘤标志物的检测** 肿瘤标志物是指细胞癌变过程中产生的、正常细胞含量极低或缺乏且有一定特异性的物质。这类物质在一定程度上能反映肿瘤发生、发展状况，可存在于肿瘤细胞表面或血清中，如 TAA、TSA、激素、糖链抗原（carbohydrate antigen，CA）等。已用于临床的主要肿瘤标志物有：① AFP，主要出现在原发性肝癌患者血清中。畸胎瘤、肺癌、胃癌患者中亦可见。② CEA，在结直肠癌等消化道肿瘤患者血中增加，其他一些肿瘤（如乳腺癌、胰腺癌和宫颈癌）也可出现阳性，肿瘤切除后，观察 CEA 水平可用作监测该肿瘤复发的指标。③前列腺特异抗原（prostate specific antigen，PSA），是存在于前列腺导管上皮细胞的一种糖蛋白，是前列腺组织特异性分化抗原。90% 的晚期前列腺癌症甚至无明确转移病灶的患者中血清 PSA 水平均有升高，但在良性前列腺肥大症中 PSA 也可升高，缺乏肿瘤特异性，可用作前列腺癌在诊断和治疗后监测复发的检测指标。④ CA19-9，可用于辅助诊断胰腺癌及胆管癌等。⑤ CA 125，临床用于卵巢癌的诊断和监测治疗。⑥ CA50，主要用于胃肠癌、胰腺癌的辅助诊断。检测细胞表面某些 CD 分子用于淋巴瘤和白血病的诊断和组织分型。

检测肿瘤标志物的临床意义为：早期诊断和发现肿瘤，提示肿瘤发生的部位和组织来源，判定肿瘤恶性程度，监测临床治疗效果及肿瘤复发等。

2. **肿瘤患者免疫功能状态评估** 肿瘤患者的免疫功能状态与肿瘤的发展及预后有一定的关系。一般早期肿瘤患者免疫功能可能变化不大，肿瘤晚期或转移者多有免疫功能低下。常用的检测肿瘤患者免疫功能的指标有 T 细胞亚群及功能、巨噬细胞功能、NK 细胞功能、某些细胞因子水平（如 TNF、IL-2、IFN-γ）等。

第五节 肿瘤的免疫治疗

肿瘤的免疫治疗是指应用免疫学原理和方法，激发和增强机体抗肿瘤免疫应答，以达到控制和杀灭肿瘤细胞的目的。抗肿瘤免疫治疗主要包括主动免疫治疗、被动免疫治疗、基因治疗等。

免疫疗法只能清除少量的、播散的肿瘤细胞，对于晚期的实体肿瘤疗效有限。因此，其常作为传统手术、化学药物、放射治疗的辅助疗法。

一、肿瘤的主动免疫治疗

1. **非特异性主动免疫治疗** 详见本编第 20 章的相关内容。

2. **特异性主动免疫治疗** 肿瘤特异性主动免疫治疗（specific active immunotherapy，SAIT）指应用肿瘤抗原或模拟肿瘤抗原的疫苗，激发或增强机体的抗肿瘤特异性免疫应答。

(1) 细胞性疫苗

1) 肿瘤细胞疫苗：包括以下几方面。①自体的肿瘤细胞，用理化或生物方法处理灭活后，使其失去致癌性，保留免疫原性；②肿瘤细胞提取物；③肿瘤细胞与树突状细胞融合后回输，肿瘤抗原可以被更有效地加工提呈；④基因修饰的肿瘤细胞，改变了肿瘤细胞的遗传背景，降低致瘤性并提高其免疫原性，如用 MHC 分子、共刺激分子、细胞因子及其受体、肿瘤抗原等分子的基因修饰的肿瘤细胞。

2) 抗原提呈细胞疫苗：应用灭活的肿瘤细胞或人工合成的肿瘤特异性抗原肽激活 DC；或将肿瘤抗原肽基因转染 DC，并在 DC 表面表达；或用通用肿瘤抗原基因修饰 DC。经上述肿瘤抗原肽或基因修饰的 DC 作为疫苗，激发机体产生针对肿瘤抗原的特异性免疫应答。

(2) 抗原分子疫苗：包括病毒相关的肿瘤抗原疫苗、癌基因产物疫苗、人工合成的肿瘤多肽疫苗、抗独特型抗体疫苗等。这些疫苗可模拟肿瘤抗原，诱导机体产生抗肿瘤免疫应答。

(3) 基因疫苗：将携带肿瘤抗原基因（含有特定编码序列及必要表达调控元件）的表达型质粒，通过基因枪注射，使之直接在体内表达，诱导特异性的抗肿瘤免疫应答，称为基因疫苗、核酸疫苗或裸 DNA 疫苗。将表达 TAA 的质粒 DNA 直接注射到肌肉等部位，比蛋白质或肽疫苗免疫效果好，且保护反应持续的时间长。其原因之一就是质粒 DNA 骨架结构中存在的某些特征性序列能起到免疫佐剂的作用，可使免疫反应强度增加。

二、肿瘤的被动免疫治疗

肿瘤的被动免疫治疗是指给机体输入免疫效应物质，发挥治疗肿瘤的作用。

1. **基于抗体的肿瘤治疗** 肿瘤 TSA 或 TAA、独特型表位、某些细胞因子受体、肿瘤多药耐药分子、激素、血管生长因子及某些癌基因产物等均可作为肿瘤治疗的靶分子，针对这些靶分子制备的各种抗体可应用于肿瘤的免疫治疗。

基于抗体的治疗方案主要有：①抗肿瘤单克隆抗体，如 Herceptin 是抗 HER-2/neu 的单克隆抗体，已用于转移性乳腺癌的治疗。②人源化的抗肿瘤单克隆抗体，如 Rituxan 是以 B 细胞表面 CD20 分子为靶点的人鼠嵌合抗体，对 B 细胞淋巴瘤有疗效。③抗肿瘤单克隆抗体和抗效应细胞表面分子的抗体组成双特异性抗体，可引导杀瘤效应细胞向肿瘤灶集中。④抗肿瘤单克隆抗体及基因工程抗体可与抗肿瘤药物、生物毒素、细胞因子或放射性核素结合，利用高度特异性的抗体为载体，将效应分子带到肿瘤病灶处，可特异地杀伤肿瘤细胞（参见本编第 20 章）。⑤针对 T 细胞共抑制分子如 CTLA-4、PD-1/PD-L1 等的单抗可促进 T 细胞持续激活并延长 T 细胞存活时间，进而提升 T 细胞对肿瘤细胞的免疫效应，如这些抗体与化学治疗联合或单药用于某些肿瘤的治疗均显示出良好的疗效，使免疫治疗在肿瘤治疗中的地位不断提升。

2. **过继免疫治疗（adoptive immunotherapy）** 是将具有抗肿瘤活性的免疫细胞输注给肿瘤患者，使其在患者体内发挥抗肿瘤作用。过继免疫疗法的效应细胞包括淋巴因子激活的杀伤细胞（lymphokine-activated killer cells，LAK）、细胞因子诱导的杀伤细胞（cytokine induced killer cells，CIK）和肿瘤浸润性淋巴细胞（tumor-infiltrating lymphocytes，TIL）等。CIK 是目前临床上应用较多的方法，其实际疗效有待进一步评价。近年来兴起的嵌合抗原受体 T 细胞免疫疗法 CAR-T 疗法（chimeric antigen receptor T-cell immunotherapy，CAR-T）是具有极大发展前景的恶性肿瘤的治疗方式之一。CAR-T 是将可以识别肿瘤抗原的抗体基因片段与 T 细胞活化所需的信号分子胞内段基因结合，构建出嵌合抗原受体（CAR），再通过基因导入的方式导入 T 细胞，这样既可以使 CAR-T 识别肿瘤抗原并迅速活化杀伤肿瘤细胞的能力，又避免了 MHC 限制性。目前，该疗法主要用于非实体瘤的治疗。

3. **细胞因子治疗**　某些细胞因子具有免疫调节作用，如 IL-2 可促进免疫细胞活化增殖，TNF 可直接杀伤肿瘤细胞，IFN-γ 可增强 NK 细胞、巨噬细胞活性等，故细胞因子治疗成为肿瘤免疫治疗的重要组成。目前采取的策略主要有：①将具有抗瘤活性的细胞因子直接注入荷瘤体内，细胞因子可在局部直接发挥作用；②细胞因子与抗肿瘤药物、生物毒素或放射性核素等效应分子偶联，通过细胞因子将效应分子引导至表达相应细胞因子受体的肿瘤细胞局部；③将细胞因子基因直接导入肿瘤细胞，使之自行分泌细胞因子，在肿瘤局部发挥作用。

4. **清除抑制性细胞**　由于肿瘤细胞可诱导产生抑制性免疫细胞，抑制宿主的抗肿瘤免疫功能，因此人们尝试通过清除抑制性免疫细胞以辅助治疗，如清除 Treg、诱导 M2 型巨噬细胞转化为 M1 型。

三、肿瘤的基因治疗

应用分子生物学技术将相关基因导入肿瘤细胞或效应细胞内，或借助外源基因及其产物的效应，以抑制肿瘤细胞生长或直接杀伤肿瘤。例如，采用反义技术和核酶技术等，抑制突变的原癌基因、过度表达的癌基因和通用肿瘤抗原基因；用野生型抑癌基因置换突变的基因；将肿瘤化疗药物前体酶的基因导入肿瘤细胞，其表达产物能在肿瘤局部将无毒性的药物前体转化为有毒性的抗肿瘤药物，从而杀伤肿瘤细胞；将化疗药耐药基因导入造血干细胞，提高造血干细胞的耐药性，避免化学治疗对造血干细胞的损伤。

四、中药及其制剂

现已发现许多中药提取物对肿瘤有很强的抑制作用，如紫杉醇及其类似物、喜树碱及其衍生物、苦参碱、小檗碱等。此外，在肿瘤的治疗中，常配合使用中药或中药制剂以减轻不良反应，提高肿瘤患者的远期生存率。中药多糖类（如灵芝多糖、金针菇多糖、冬虫夏草多糖、枸杞多糖等）具有调节 IL-2、IL-6 活性，提高 NK 细胞和 LAK 细胞活性的作用。黄芩提取物具有抗氧化、抗肿瘤作用，常用于提高肿瘤的化疗效果。茶叶中的茶多酚和儿茶素对多种癌细胞有直接杀伤作用。

除了免疫治疗外，免疫预防也是抗击肿瘤的有效武器。已知某些感染性疾病与肿瘤的发生密切相关，因此制备相关的病原体疫苗或探索新的干预方式可降低这些肿瘤在易感人群中的发生率。目前成功应用的有人乳头瘤病毒（HPV）疫苗预防宫颈癌，乙肝疫苗有助于减少肝癌的发生等。

（雷　萍）

1. 简述肿瘤抗原的分类。
2. 试述肿瘤的免疫逃逸机制。
3. 常见的肿瘤标志物有哪些？分别有哪些具体的临床意义？
4. 简述肿瘤免疫治疗的可能方法。

第 20 章　免疫学在医学中的应用

随着免疫学的飞速发展，免疫学理论和技术在医学领域中的应用越来越广泛，在免疫相关疾病的诊断、预防及治疗中均发挥了重要作用。

第一节　免疫诊断

免疫诊断是指应用免疫学检测技术，通过对免疫相关物质（抗原、抗体、免疫细胞、免疫分子等）的定性及定量测定，协助诊断有关疾病的一种实验诊断方法。相对于其他类型的实验室诊断方法，免疫诊断具有特异性强、敏感性高、简便易行等特点。

一、抗原或抗体的检测

1. **抗原或抗体检测的原理**　是基于抗原与相应抗体在体内外可特异性结合的特性，用已知抗原（抗体）和待检样品混合，经过一段时间，若有免疫复合物形成，说明待检样品中有相应的抗体（抗原）存在。

2. **抗原或抗体的检测方法**　根据抗原的性质、出现的结果、参与反应的成分不同，可将抗原抗体反应分为凝集反应、沉淀反应、免疫标记技术等。

（1）凝集反应：颗粒性抗原（如细菌、红细胞或吸附在反应颗粒上的可溶性抗原）与相应抗体结合后，出现肉眼可见的凝集物的现象称为凝集反应（agglutination reaction）。凝集反应的类型主要有：

1）直接凝集反应：指颗粒性抗原与相应抗体直接反应出现的凝集现象。直接凝集反应包括玻片法和试管法。前者为定性试验，可用于 ABO 血型鉴定和细菌的诊断与分型；后者为定量检测，可用于病原微生物感染的诊断，如肥达反应用于肠热症（伤寒和副伤寒）的特异性诊断。

2）间接凝集反应：指将可溶性抗原（抗体）结合在惰性载体颗粒表面，与相应抗体（抗原）结合出现的凝集现象。将已知抗原吸附在载体上的称为正向间接凝集试验（"正向"二字通常省略）（图 1-20-1）；反之，将已知抗体吸附在载体上的称为反向间接凝集试验。例如，临床上用已知的人 IgG 致敏乳胶颗粒检测患者血清中的类风湿因子。

3）间接凝集抑制反应：是将能够形成间接凝集反应的合适浓度的抗原吸附颗粒与相应抗体制成诊断试剂，在两者结合之前，加入待检的可溶性抗原，使原来可形成的凝集现象被抑制，这类反应称为间接凝集抑制反应（图 1-20-2），如临床应用的妊娠免疫试验等。

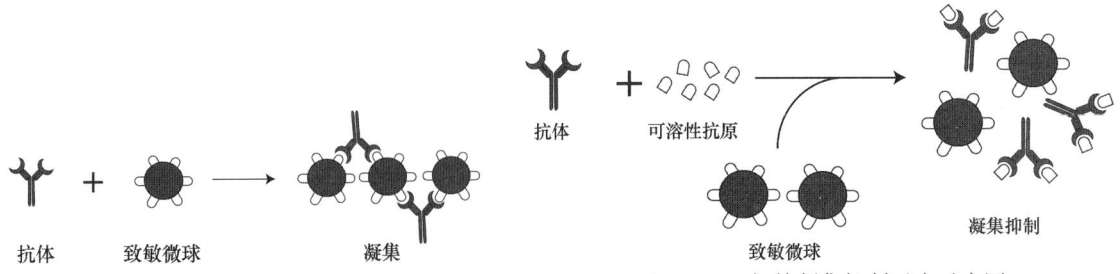

图 1-20-1　间接凝集反应示意图　　　　图 1-20-2　间接凝集抑制反应示意图

(2) 沉淀反应：可溶性抗原与相应抗体在两者比例合适时，可结合形成较大的不溶性免疫复合物沉淀，称为沉淀反应（precipitation）。其主要方法有：

1) 单向免疫扩散（single immunodiffusion）：是将一定量已知抗体混于琼脂凝胶中制成琼脂板，等间距打孔后将抗原稀释成不同浓度依次加入各孔中。抗原在扩散过程中与凝胶中的抗体相遇，形成以抗原孔为中心的沉淀环，环的直径与抗原含量呈正相关。取已知量标准抗原制订标准曲线，待检标本的抗原含量可根据沉淀环直径大小从标准曲线中查到。本法为定量实验，常用于测定血清 IgG、IgM、IgA 等的含量。

2) 双向免疫扩散（double immunodiffusion）：是将抗原与抗体分别加入琼脂凝胶的对应孔中，两者自由向四周扩散，在比例合适处相遇并形成肉眼可见的沉淀线。如果反应体系中含两种以上的抗原抗体，则小孔间可出现两条以上的沉淀线。本法常用于抗原或抗体的定性检测、组成和两种抗原相关性分析等。

3) 免疫电泳（immunoelectrophoresis）：是沉淀反应与电泳技术的结合，它既能加快沉淀反应的速度，又提高了对不同抗原成分的分辨程度。通常在电泳后，在血清蛋白琼脂电泳带的侧面槽内加入抗体，对出现的沉淀线进行种类分析。其主要应用于抗原、抗体成分的分析和异常体液蛋白的识别。

(3) 免疫标记技术（immunolabeling technique）：是用荧光素、酶或放射性核素等标志物标记抗体或抗原进行的抗原抗体反应，是目前应用最广泛的免疫检测技术。此法的优点是灵敏度高、快速、可定性或定量，甚至可定位。广泛应用于各种病原微生物和免疫细胞表面分子的检测。常用的技术有：

1) 免疫荧光法（immunofluorescence）：用荧光素（常用异硫氰酸荧光素或罗丹明）标记抗体，与待检标本中抗原反应，然后将标本置于荧光显微镜下观察。借助荧光素散发的荧光，可定性或定位检测标本中的抗原。常用的技术有：

A. 直接荧光法：用荧光素标记抗体，直接与标本中的抗原反应。该法的优点是特异性强，缺点是每检查一种抗原必须制备相应的荧光抗体。

B. 间接荧光法：用"一抗"与标本中的抗原结合，再用荧光素标记的"二抗"与结合在抗原上的"一抗"结合。此法的敏感性比直接法高，制备一种荧光素标记的"二抗"可用于多种抗原的检测。

2) 酶免疫测定（enzyme immunoassay，EIA）：是将抗原抗体反应的特异性与酶对底物催化的高效性结合起来的一种微量分析技术，敏感度可达纳克（ng）水平。抗原抗体复合物上标记的酶可催化底物显色，其颜色的深浅与待检标本中抗原或抗体的量相关。常用的方法有：

A. 酶联免疫吸附试验（enzyme linked immunosorbent assay，ELISA）：是酶免疫测定技术中应用最广的技术。其基本方法是将已知抗原或抗体预先吸附在固相载体（聚苯乙烯微量板）表面，加入标本，使抗原抗体反应在固相表面进行，通过洗涤除去未结合的游离成分，利用抗原抗体复合物上标记的酶催化底物显色测定。常用的方法有间接法（测抗体）、双抗体夹心法（测抗原）、竞争法（既可测抗原，也可测抗体）等（图 1-20-3）。

ELISA 测定法程序规范，操作简便，敏感性和稳定性高，用途广泛。目前临床多用于检测多种病原体的抗原或抗体、血液及其他体液中的微量蛋白、细胞因子等。

B. BAS-ELISA：生物素 - 亲和素系统（biotin-avidin system，BSA）是一种放大系统。生物素（biotin，B）与亲和素（avidin，A）之间有极高的亲和力，亲和素有 4 个相同的可结合亲和素的亚单位，通过亲和素作为桥梁，联结生物素化的抗体及生物素化的过氧化物酶，有极高的敏感性。

C. 酶联免疫斑点法（enzyme linked immunospot，ELISPOT）：用已知细胞因子的抗体包被固相，加入待检效应细胞，温育一定时间后洗去细胞，如细胞在温育

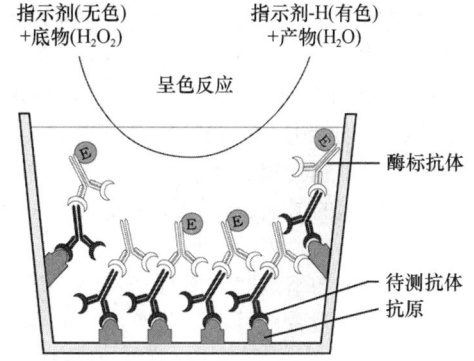

图 1-20-3　ELISA 间接法示意图

过程中有相应的细胞因子产生,加入酶标二抗及底物后则显色。该法用于效应细胞分泌的单一细胞因子的测定,可避免生物活性测定法中多种细胞因子相同生物学活性的干扰。

3) 放射免疫测定法(radioimmunoassay, RIA):用放射性核素标记抗原(或抗体)与相应抗体(或抗原)结合,通过测定抗原抗体结合物的放射活性判断结果。本方法的敏感度可达到皮克(pg)水平,用于微量物质如激素、药物及IgE等的测定。缺点是有放射性,需注意防护。

4) 免疫组化技术(immunohistochemistry technique):是用标志物标记抗体,与组织或细胞的抗原反应,结合形态学检查,对抗原做定性、定量、定位检测的技术。现广泛应用的有酶免疫组化(辣根过氧化物酶标记)、免疫金组化(胶体金颗粒标记)、免疫电镜(铁蛋白、胶体金、过氧化物酶标记)等。

5) 免疫印迹法(Western blotting):将凝胶电泳与固相免疫结合,把电泳区分的蛋白质转移至固相载体,再用酶免疫、放射免疫等技术测定。例如,检测血清HIV抗体。

3. **蛋白质芯片技术** 又称为蛋白质微阵列(protein microarray),可实现快速、准确、高通量地检测不同蛋白质(即靶蛋白),探针具有多样性。例如,检测抗体基本原理是将各种蛋白质抗原有序地固定于介质载体上为待检芯片,用标记特定荧光物质的抗体样本与芯片作用,与芯片上蛋白质匹配的抗体将与之结合。再将未与芯片上蛋白质结合的抗体洗去,最后用荧光扫描仪或激光共聚扫描技术测定芯片上各点的荧光强度。抗体芯片是将抗体固定到芯片表面以检测相应的抗原。抗原、抗体芯片在微生物感染检测和肿瘤抗原初筛中具有广泛的应用价值。

除上述常用抗原抗体检测技术外,还有其他方法,如化学发光免疫分析法、免疫PCR、免疫金标记技术等。

二、免疫细胞的检测

免疫细胞是机体免疫反应的直接参与成分,检测各种免疫细胞的数量和功能是判断机体免疫状态的重要手段。其主要检测方法有:

(一)免疫细胞的分离技术

免疫细胞的分离主要依据各类免疫细胞理化性质、生物学特性的差异等进行。较常用的方法有:①密度梯度离心分离法;②黏壁分离法;③免疫磁珠分离法;④尼龙毛柱分离法;⑤流式细胞分选法;⑥E花环分选法;⑦淘选法等。

(二)免疫细胞功能的检测

1. **吞噬细胞功能检测** 吞噬细胞功能测定主要检测其趋化功能和吞噬功能。

(1) 趋化功能检测:原理是吞噬细胞具有趋化因子的受体,在趋化因子的作用下可定向运动。常用的方法有琼脂糖凝胶法和Boyden小室法。

(2) 吞噬功能检测:吞噬细胞吞噬功能检测主要针对中性粒细胞和巨噬细胞。前者常用硝基四氮唑蓝(NBT)还原法测定,主要检测中性粒细胞的胞内杀菌能力。原理是中性粒细胞在杀菌过程中耗氧量与杀伤活性呈正相关,葡萄糖6-磷酸氧化所脱的氢可被NBT所接受,使原先呈淡黄色的NBT还原成点状或块状甲䐶颗粒并沉积在细胞质内。计数NBT阳性细胞数,可反映中性粒细胞的杀伤能力。检测巨噬细胞的吞噬功能,常选用鸡红细胞、酵母菌等作为吞噬颗粒。可将待测的巨噬细胞与鸡红细胞于体外37℃温育一定时间,然后取细胞涂片染色,镜下观察巨噬细胞吞噬鸡红细胞的情况,并计算吞噬百分率和吞噬指数。

2. **T细胞的功能检测**

T细胞增殖试验的原理是:体外培养的T细胞经植物血凝素(PHA)、刀豆蛋白A(ConA)等丝裂原刺激后,可活化并增殖。主要方法有:

(1) ^{3}H-TdR掺入法:在T细胞培养液中,加入PHA共同培养,终止培养前8~15小时,加入放射性核素氚标记的胸腺嘧啶核苷(^{3}H-TdR),由于^{3}H-TdR能掺入细胞新合成的DNA中,所以细胞增殖水平越高，掺入的氚越多，可借此反映细胞的增殖水平。该法灵敏可靠，应用广泛，但易造成放射性污染。

(2) MTT法：MTT[3-（4，5-二甲基-2-噻唑）-2,5-二苯基溴化四唑]是一种噻唑盐，在细胞培养终止前数小时加入MTT，可作为细胞内线粒体琥珀酸脱氢酶的底物参与反应，形成蓝紫色的甲臜颗粒，沉积于细胞内或细胞周围，甲臜的生成量与细胞增殖水平呈正相关。在培养终止时加入盐酸异丙醇或二甲亚砜使甲臜颗粒溶解，用酶标仪测定光密度（OD）值。MTT法敏感性虽不及 ^{3}H-TdR 掺入法，但操作简便且无放射性污染。

3. B细胞的功能检测

(1) B细胞增殖试验：B细胞受PWM（美洲商陆蛋白）等刺激后，可发生增殖反应，孵育一定时间后检测抗体形成细胞的数量。

(2) 抗体形成细胞检测：溶血空斑试验是体外检测B细胞抗体形成功能的一种方法。其原理是用绵羊红细胞免疫家兔或小鼠，取家兔淋巴结或小鼠脾脏制成细胞悬液，与高浓度的绵羊红细胞混合后加入琼脂凝胶中，每个释放溶血性抗体的细胞可致敏其周围的绵羊红细胞，在补体的作用下，抗体形成细胞周围的绵羊红细胞会溶解，形成一个肉眼可见的空斑。空斑的数量可反映机体的体液免疫功能。

4. 细胞毒试验

CTL、NK细胞对靶细胞有直接杀伤作用，可根据待检效应细胞的性质，选用相应的靶细胞（如肿瘤细胞等）测定其杀伤活性。该试验用于肿瘤免疫、移植排斥反应、病毒感染等方面的研究。主要方法有：

(1) ^{51}Cr释放法：用 $Na_2^{51}CrO_4$ 标记靶细胞，若待检效应细胞能杀伤靶细胞，则 ^{51}Cr 从靶细胞内释出。以γ计数仪测定释出的 ^{51}Cr 放射活性，放射活性与待检效应细胞的杀伤活性呈正相关。

(2) 凋亡细胞检查法：靶细胞被细胞毒性细胞杀伤后，可发生细胞凋亡。凋亡后细胞的DNA片段被核酸水解酶切断，产生180～200bp及其倍数的片段，在琼脂糖电泳中呈现阶梯状DNA区带图谱，借此可反映细胞凋亡程度。

(3) 乳酸脱氢酶法：乳酸脱氢酶（LDH）在胞质内含量丰富，正常情况下不能通过细胞膜，但当细胞受损或死亡时可释放至细胞外，此时细胞培养液中的LDH活性与死亡细胞数成正比，用比色法与靶细胞对照孔LDH活性比较，可计算效应细胞对靶细胞的杀伤活性。

（三）细胞因子的检测

检测细胞因子有助于了解其在免疫调节中的作用或鉴定分离的淋巴细胞，监测某些疾病状态下的细胞免疫功能。其主要检测方法有：

1. 免疫学检测法　常用的有ELISA、RIA、免疫印迹法等（见前述相关内容）。

2. 生物活性检测法　是根据细胞因子特定的生物学活性而设计的检测法。原理是各种细胞因子具有不同的活性，如IL-2可促进淋巴细胞增殖，TNF可杀伤肿瘤细胞等，因此可选择其独特的生物学活性进行检测。选用细胞因子依赖的细胞株（这类细胞株只有在加入特定细胞因子后才能增殖），其增殖反应与细胞因子的量呈正相关，根据细胞株的增殖水平可确定样品中细胞因子的含量。主要包括细胞增殖法、直接杀伤法等。

3. 分子生物学检测法　利用cDNA探针或寡聚核苷酸探针，检测选定细胞因子的基因表达，常用的有斑点杂交、细胞或组织原位杂交、Northern blot、PCR、RT-PCR等。例如，根据细胞因子的核苷酸序列，设计特定的细胞因子引物，利用RT-PCR测定待检细胞中特异的mRNA的表达。该法可检测多种细胞因子基因的表达。

第二节　免疫预防

根据特异性免疫原理，采用人工方法将免疫原或免疫效应物质注入机体使其获得特异性免疫力，以达到预防疾病的目的称为免疫预防（immunoprophylaxis）。免疫预防是控制和消灭传染病的重要手段。机体获得免疫保护有两条途径:第一种是自然免疫,如感染某种病原体后,机体可获得相应的特异性免疫保护;或者胎儿及新生儿经胎盘、乳汁从母体获得抗体。第二种是人工免疫(artificial immunization),是以人为方式输注抗原或免疫效应物质使机体建立免疫保护。依其输注的成分不同可分为人工主动免疫(artificial active immunization)和人工被动免疫(artificial passive immunization)。

一、人工主动免疫

人工主动免疫是指给机体接种抗原类物质(疫苗或类毒素),使之产生特异性免疫,从而预防感染的措施。人工主动免疫的特点是:免疫力出现较慢,一般在输注抗原后1~4周才能产生,但免疫力维持时间较长,可达数月至数年。常用于人工主动免疫的制剂有:

(一)疫苗

1. 灭活疫苗(死疫苗)(inactivated vaccine) 是用理化方法将免疫原性强的病原体灭活制成。灭活疫苗的优点是安全、易保存;缺点是接种剂量大,需多次接种,有时不良反应较重,免疫维持时间较短。常用的灭活疫苗有乙脑疫苗、百日咳疫苗、狂犬病疫苗等。

2. 减毒活疫苗(live-attenuated vaccine) 是用无毒或弱毒的活病原体制成的制剂,又称为活疫苗。例如,卡-介二氏用牛型结核分枝杆菌在人工培养基上经13年230次传代后制成的卡介苗等。因活疫苗在体内可生长繁殖,一般只需接种一次,且免疫效果良好、维持时间长。但缺点是不安全,且不易保存。常用的活疫苗有卡介苗、脊髓灰质炎疫苗、麻疹疫苗等。

3. 亚单位疫苗(subunit vaccine) 是提取病原体有效免疫原组分制成的疫苗。例如,用乙肝病毒表面抗原制备乙肝疫苗。亚单位疫苗可减少无效组分所致的不良反应,毒性显著降低。此类疫苗的免疫原性较弱,使用时需加佐剂。

4. 合成肽疫苗(synthetic peptide vaccine) 是根据有效免疫原的氨基酸序列设计和合成的免疫原性多肽,以最小的免疫原性肽来激发有效的特异性免疫应答,如依据疟原虫子孢子表位制成的疟疾疫苗等。

5. 结合疫苗 细菌的荚膜多糖属于TI抗原,无须T细胞辅助即可刺激B细胞产生IgM抗体,免疫效果差。而结合疫苗是将细菌荚膜抗原与其他抗原或类毒素连接,使其成为TD抗原,可引起T、B细胞的联合免疫应答,产生IgG类抗体,提高免疫效果。目前已得到应用的有肺炎球菌疫苗、脑膜炎球菌疫苗和b型流感杆菌疫苗。

6. 基因工程疫苗 是利用基因工程技术研制开发的一类新型疫苗。

(1)重组抗原疫苗(recombinant antigen vaccine):是利用DNA重组技术制备的只含保护性抗原的纯化疫苗。目前,获准使用的有重组乙肝病毒表面抗原疫苗、口蹄疫疫苗和莱姆病疫苗等。

(2)重组载体疫苗(recombinant vector vaccine):是将编码病原体有效抗原的基因插入至载体(减毒的病毒或细菌)的基因组中。接种后,疫苗株在体内增殖并表达出大量所需的抗原。目前应用最广的载体是痘苗病毒,已用于甲型肝炎、乙型肝炎、麻疹、单纯疱疹等疫苗的研制中。

(3)核酸疫苗:包括DNA疫苗和RNA疫苗,是用编码病原体有效抗原的DNA或RNA与细菌质粒构建出重组体,再将其导入宿主细胞,或直接导入宿主细胞,使其表达有效蛋白抗原的疫苗。

(4)转基因植物疫苗:应用转基因技术,将编码有效抗原的基因导入可食用植物的基因组中,抗原即可在植物的可食用部分稳定地表达,通过摄食达到免疫接种的目的。例如,用番茄、马铃薯、香蕉表达乙肝病毒表面抗原已有报道。

疫苗除用于预防传染病,还可预防肿瘤,如人乳头瘤病毒疫苗可预防宫颈癌,EB病毒疫苗可预防鼻咽癌。此外,还可用于其他领域,如最新研制的避孕疫苗、自身免疫病及肿瘤的治疗性疫苗等。

(二)类毒素

类毒素(toxoid)是将细菌的外毒素经0.3%~0.4%的甲醛处理,使其失去毒性但保留免疫原性,接种后能诱导机体产生抗毒素。常用的类毒素有破伤风类毒素、白喉类毒素等。

附：国家免疫规划

国家免疫规划是指按照国家或者省、自治区、直辖市确定的疫苗品种、免疫程序或者接种方案，在人群中有计划地进行预防接种，以预防和控制特定传染病的发生和流行。有效的疫苗接种已成功地消灭了曾经是人类头号杀手的天花；全球无脊髓灰质炎行动的最重要手段，就是强化脊髓灰质炎疫苗的免疫。我国自1978年起在全国范围内开始实行计划免疫，使得绝大多数疫苗针对的传染病得到了有效控制。自2001年开始进入免疫规划时期，一方面，不断将安全有效的疫苗纳入国家免疫规划；另一方面，扩大预防接种的受益人群。免疫规划是对计划免疫的完善与发展，有利于更好地控制疫苗可预防的传染病。

我国目前执行的国家免疫规划疫苗接种程序见表1-20-1（常规疫苗免疫程序，不包括应急接种和强化免疫）。

表1-20-1　国家免疫规划疫苗儿童免疫程序表（2021年版）

可预防疾病	疫苗种类	接种途径	剂量	英文缩写	出生时	1月	2月	3月	4月	5月	6月	8月	9月	18月	2岁	3岁	4岁	5岁	6岁
乙型病毒性肝炎	乙肝疫苗	肌内注射	10或20μg	HepB	1	2					3								
结核病[①]	卡介苗	皮内注射	0.1ml	BCG	1														
脊髓灰质炎	脊髓灰质炎灭活疫苗	肌内注射	0.5ml	IPV				1	2										
	脊髓灰质炎减毒活疫苗	口服	1粒或2滴	bOPV													4		
百日咳、白喉、破伤风	百白破疫苗	肌内注射	0.5ml	DTaP					1	2	3			4					
	白破疫苗	肌内注射	0.5ml	DT															5
麻疹、风疹、流行性腮腺炎	麻腮风疫苗	皮下注射	0.5ml	MMR								1		2					
流行性乙型脑炎[②]	乙脑减毒活疫苗	皮下注射	0.5ml	JE-L								1			2				
	乙脑灭活疫苗	肌内注射	0.5ml	JE-I								1、2			3				4
流行性脑脊髓膜炎	A群流脑多糖疫苗	皮下注射	0.5ml	MPSV-A							1		2						
	A群C群流脑多糖疫苗	皮下注射	0.5ml	MPSV-AC												3			4
甲型病毒性肝炎[③]	甲肝减毒活疫苗	皮下注射	0.5或1.0ml	HepA-L										1					
	甲肝灭活疫苗	肌内注射	0.5ml	HepA-I										1	2				

注：①主要指结核性脑膜炎、粟粒性肺结核等。
　　②选择乙脑减毒活疫苗接种时，采用两剂次接种程序。选择乙脑灭活疫苗接种时，采用四剂次接种程序；乙脑灭活疫苗第1，2剂间隔7～10天。
　　③选择甲肝减毒活疫苗接种时，采用一剂次接种程序。选择甲肝灭活疫苗接种时，采用两剂次接种程序。

二、人工被动免疫

人工被动免疫是给机体输注特异性抗体或细胞因子等免疫效应物质，直接发挥免疫作用，多用于治疗或紧急预防。人工被动免疫的制剂主要有：

1. **抗毒素（antitoxin）** 是用细菌外毒素或类毒素免疫动物制备的免疫血清，具有中和外毒素毒性的作用。一般临床所用抗毒素为免疫马血清，该制剂对人来说是异种蛋白，可诱发Ⅰ型超敏反应，使用前应做皮试。常用的有破伤风抗毒素及白喉抗毒素等。

2. **人免疫球蛋白制剂**

（1）非特异性丙种球蛋白制剂：是从大量混合血浆和胎盘血中分离制成的免疫球蛋白浓缩剂。其主要用于甲型肝炎、丙型肝炎、麻疹、脊髓灰质炎等病毒性疾病的紧急预防。

（2）特异性免疫球蛋白制剂：来源于恢复期患者，含有针对某种病原体的高效价抗体，用于特定病原体感染的预防和治疗，如抗乙型肝炎病毒免疫球蛋白。

第三节 免疫治疗

免疫治疗（immunotherapy）是指通过人工的方式使机体的免疫功能增强或抑制，以达到治疗疾病的目的。本章主要介绍常用的免疫治疗剂。

一、生物制剂

1. **抗体**

（1）抗毒素（antitoxin）：用于特异性免疫治疗，如白喉抗毒素、破伤风抗毒素。

（2）人丙种球蛋白：包括人胎盘丙种球蛋白和血浆丙种球蛋白。前者由健康产妇胎盘血液中提取（主要含IgG），后者来自正常人血清（含IgG和IgM），主要用于治疗丙种球蛋白缺乏症。

（3）抗病毒免疫血清：由病毒免疫或自然感染痊愈后产生的血清，如抗狂犬病免疫血清、抗麻疹免疫血清、抗乙型脑炎免疫血清和SARS患者恢复期血清等。这些血清可用于特定传染病的紧急预防和治疗。

（4）抗淋巴细胞丙种球蛋白（anti-lymphocyte-globulin，ALG）：是用人外周血淋巴细胞作为抗原，免疫动物后获得的针对人淋巴细胞表面抗原的抗体。当注入人体后，在补体的协同下，可将淋巴细胞溶解。ALG主要用于器官移植的受者，阻止移植排斥反应，可延长移植物的存活时间。此外，还可用于治疗多种自身免疫病。

（5）单克隆抗体：因单克隆抗体结构均一、特异性高、少或无交叉反应等优点，目前已获应用，且前景广阔。单克隆制剂主要有三种。

1）抗细胞表面分子的单抗：这种抗体能识别免疫细胞表达的特定表面分子，在补体的参与下使细胞溶解。例如，临床上用抗CD3的单克隆抗体特异性破坏T细胞，以抑制器官移植时的急性排斥反应。近年来还有针对免疫检查点（immune checkpoint）分子PD-1和CTLA-4的单抗，可通过阻断这些分子对免疫应答的抑制，成为抗肿瘤（非小细胞癌、晚期黑色素瘤、头颈鳞癌等实体瘤）的有效免疫治疗手段。

2）抗细胞因子的单抗：如抗TNF-α的单抗可特异性阻断TNF-α与其受体的结合，用于治疗类风湿关节炎等慢性炎症性疾病。

3）抗体靶向治疗：以高度特异性的单抗作为载体，将细胞毒性物质靶向性地携带至病灶局部，特异性杀伤肿瘤细胞，也称为抗体导向治疗。目前，根据单抗所连接的细胞毒性物质不同，该疗法可分为：①放射免疫疗法（radioimmuno therapy），指将放射性核素（^{131}I，^{125}I）等与单抗连接，被带至瘤灶处杀死肿瘤细胞。②抗体导向化学疗法（antibody-guided chemotherapy），指用化疗药物（如甲氨蝶呤、长春新碱等）与特异性单抗交联，用于肿瘤的靶向治疗。③免疫毒素导向疗法

(immunotoxin therapy），将毒素与单抗相连，形成的偶联物称为免疫毒素。常用的毒素有两类，一类是植物毒素，如蓖麻毒素、相思子毒素、苦瓜毒素等；另一类是细菌毒素，如白喉外毒素、铜绿假单胞菌外毒素等。

2. 细胞因子及细胞因子拮抗剂

（1）细胞因子：①干扰素（IFN），用于抗病毒、抗肿瘤等。②白细胞介素 2（IL-2），最早被批准用于治疗肾细胞瘤、黑色素瘤，与化疗药物合用治疗恶性肿瘤效果较好。③集落刺激因子（CSF），主要应用粒细胞-巨噬细胞集落刺激因子（GM-CSF）和粒细胞集落刺激因子（G-CSF）治疗化学治疗后各种粒细胞低下患者，提高机体对化疗药物的耐受剂量；在骨髓移植中可尽快恢复中性粒细胞的数量，以降低感染率。

（2）细胞因子拮抗剂：主要是通过抑制细胞因子的产生、阻断细胞因子与其受体的结合等抑制细胞因子的病理性作用，如炎症反应、自身免疫病、移植排斥等，从而产生治疗作用。例如，IL-1 受体拮抗剂对炎症、自身免疫病具有较好的疗效。

3. 免疫细胞及器官　免疫细胞治疗是将自体或异体的造血细胞、免疫细胞或经处理的肿瘤细胞给机体输注，以激活或增强机体的免疫应答。

（1）造血干细胞移植：已经成为癌症、造血系统疾病、自身免疫病等的重要治疗手段。移植所用的干细胞来自于 HLA 型别相同的供者，可通过采集骨髓、外周血或脐血，分离出 $CD34^+$ 干/祖细胞。也可进行自体干细胞移植。

（2）骨髓、胸腺移植：在一些原发性免疫缺陷病患者的治疗中有重要意义。例如，在动物器官移植前，植入供体骨髓、胚胎胸腺，可预防移植物抗宿主反应，延长移植物的存活；人的自身免疫病（如 SLE）病程较长，易导致造血干细胞的缺陷及造血微环境、胸腺微环境的损害，如给患者移植骨髓、骨（保持造血微环境）及胚胎胸腺，可部分建立正常免疫系统的网络调节功能，恢复免疫耐受，减轻或缓解自身免疫病。

（3）过继细胞免疫治疗：取自体淋巴细胞经体外激活或增殖后回输患者，直接杀伤肿瘤或激活机体抗肿瘤免疫效应的治疗方法，称为过继免疫疗法。现已用于原发性免疫缺陷病和肿瘤的治疗（详见本编第 19 章）。

（4）细胞疫苗：是一种新型的治疗肿瘤的方法（详见本编第 19 章）。

4. 免疫调节剂

（1）转移因子（transfer factor）：是由致敏的淋巴细胞经反复冻融或超滤获得的低分子质量混合物，用于治疗一些细胞免疫功能低下疾病，如某些胞内寄生菌、病毒和真菌的感染以及系统性红斑狼疮、恶性肿瘤、免疫缺陷病等。

（2）免疫核糖核酸：是从抗原致敏的淋巴组织中提取的核糖核酸。例如，用抗原（肿瘤细胞或乙型肝炎表面抗原等）免疫动物，然后分离被免疫动物的脾脏、淋巴结中的淋巴细胞，提取其中的核糖核酸给患者注射，可使患者获得体液免疫及细胞免疫。目前试用于治疗肿瘤及慢性乙型肝炎等疾病。

（3）胸腺肽：是从小牛或猪胸腺中提取的可溶性多肽混合物，包括胸腺素和胸腺生成素，可提高细胞免疫功能，常用于感染性疾病的治疗。

（4）微生物制剂：某些微生物或其成分可发挥免疫治疗作用。例如，卡介苗（BCG）和短小棒状杆菌可活化 Mφ，增强其吞噬、杀伤能力，促进 IL-1、IL-2、IFN-γ 等细胞因子的产生，提高 APC 的抗原提呈能力，促进 T 细胞的活化，在抗肿瘤中有确切疗效。CpG DNA 是细菌 DNA 片段中具有免疫激活作用的特定序列，可用于某些肿瘤的治疗。

（5）真菌代谢产物：真菌代谢产物中也能提取出免疫抑制剂，例如：①环孢素（CsA）对 T 细胞，尤其是 Th 细胞有较好的选择性抑制作用，在抗移植排斥反应中取得了很好的疗效，也可用于自身免疫病的治疗。②他克莫司（FK-506）可选择性作用于 T 细胞，且作用比 CsA 强 10～200 倍，两者联用具有明显的协同作用。③西罗莫司（rapamycin）有选择性抑制 T 细胞的作用，用于降低移植排斥反应。

二、化学合成药物

1. **左旋咪唑**（Levamisole） 能促进 T 细胞产生 IL-2 等细胞因子、增强吞噬细胞和 NK 细胞的活性等，对免疫功能低下的机体具有较好的免疫增强作用，但对正常机体作用不明显。

2. **烷化剂** 常用的烷化剂包括氮芥、苯丁酸氮芥、环磷酰胺等。它们的作用主要是抑制 DNA 复制，导致细胞死亡。增殖的细胞对烷化剂比较敏感。T、B 细胞活化后进入增殖、分化阶段，对烷化剂的作用就较敏感，因此可起到抑制免疫应答的作用。

3. **抗代谢药** 用于免疫抑制的抗代谢药主要有嘌呤和嘧啶衍生物及叶酸拮抗剂两大类。前者如硫唑嘌呤，其机制主要是干扰 DNA 复制；后者如甲氨蝶呤，其主要机制是干扰蛋白质合成。硫唑嘌呤对淋巴细胞有较强的选择性抑制作用，因此多用于抑制器官移植排斥反应。

4. **激素** 糖皮质激素具有明显的抗炎和免疫抑制作用，对单核/巨噬细胞、中性粒细胞、T 细胞、B 细胞均有较强的抑制作用，因此在临床广泛应用于炎症及超敏反应性疾病的治疗，在器官移植中也是常用的免疫抑制剂。

三、天然产物及中药

1. **真菌多糖** 如香菇、灵芝等的多糖成分有明显的非特异免疫增强作用，可以促进淋巴细胞的增殖并产生多种细胞因子。目前，许多真菌多糖已在临床作为传染病和恶性肿瘤的辅助治疗药物。

2. **药用植物及其有效成分** 许多药用植物如黄芪、人参、枸杞子、刺五加及其有效成分（黄芪多糖、人参皂苷、枸杞子多糖、刺五加多糖等）都有明显的免疫增强作用。从中提取的多糖也具有免疫增强作用。雷公藤及其有效成分雷公藤总苷则具有明确的免疫抑制作用，临床已用于治疗多种免疫性疾病。

3. **中药方剂** 常用的补肾益精、活血化瘀、健脾益气类的中药方剂均有一定的免疫增强作用。

（雷　萍）

1. 抗原或抗体检测的原理是什么？有哪些方法？
2. 人工主动免疫和人工被动免疫有哪些不同特点？
3. 常用的人工主动免疫制剂和人工被动免疫制剂各有哪些？
4. 减毒活疫苗和灭活疫苗各有哪些优点和缺点？
5. 试述单克隆抗体在免疫治疗中的应用。

中 编
医学微生物学

本编授课演示文稿

本编思维导图

医学微生物学概论

一、微生物的特征和种类

微生物（microorganism）是一大群体积微小、结构简单、肉眼看不见的微小生物。常以微米（μm）或纳米（nm）计算其大小。因此，必须借助光学显微镜或电子显微镜放大数百倍甚至数万倍才能看到。

微生物种类繁多，难以计数。按其结构、组成等特征，可分为三大类。

1. 非细胞型微生物　无细胞结构，无产生能量的酶系统，只能在代谢旺盛的活细胞内复制增殖的一类微生物。病毒属之。一种病毒只含一种核酸类型（DNA 或 RNA），根据病毒核酸类型可分为 DNA 病毒或 RNA 病毒两类。比病毒结构更简单的亚病毒（卫星病毒、类病毒、朊粒）也暂归于此类。

2. 原核细胞型微生物　无典型的细胞结构，有核质，为环状裸露的 DNA 团块，无核膜和核仁，细胞器亦不完善，只有核糖体。DNA 和 RNA 同时存在。属于此类的微生物有细菌、放线菌、支原体、衣原体、立克次体和螺旋体。

3. 真核细胞型微生物　细胞结构完整，核分化程度高，有核膜、核仁和各种细胞器。真菌属于此类。

二、微生物的分布

微生物在自然界的分布极为广泛。江河、湖泊、海洋、土壤、矿层、空气等都有数量不等、种类不一的微生物存在。其中，以土壤中的微生物最多，例如，1g 肥沃土壤中可有几亿到几十亿个。

在人类、动物和植物的体表以及人和动物体内的一定部位，亦有大量的微生物存在。正常情况下，在人类和动物体表及呼吸道、消化道和泌尿生殖道中寄生的一大群微生物，其种类和数量保持相对稳定，它们与机体之间保持相对平衡，称其为正常微生物群或正常菌群（normal flora）。人体各部位常见正常菌群的分布见表 2-0-1。

表 2-0-1　人体常见的正常菌群分布

部位	主要微生物群
皮肤	葡萄球菌、类白喉棒状杆菌、铜绿假单胞菌、丙酸杆菌、白假丝酵母菌、非致病性分枝杆菌
口腔	葡萄球菌、甲型和丙型链球菌、肺炎链球菌、非致病性奈瑟菌、乳杆菌、类白喉棒状杆菌、放线菌、螺旋体、白假丝酵母菌、梭菌
鼻咽腔	葡萄球菌、甲型和丙型链球菌、肺炎链球菌、非致病性奈瑟菌、类杆菌
外耳道	葡萄球菌、类白喉棒状杆菌、铜绿假单胞菌、非致病性分枝杆菌
眼结膜	葡萄球菌、干燥棒状杆菌、非致病性奈瑟菌
胃	一般无菌
肠道	大肠埃希菌、产气肠杆菌、变形杆菌、铜绿假单胞菌、葡萄球菌、肠球菌、类杆菌、产气荚膜梭菌、破伤风梭菌、双歧杆菌、乳杆菌、白假丝酵母菌
尿道	葡萄球菌、类白喉棒状杆菌、非致病性分枝杆菌
阴道	乳杆菌、类白喉棒状杆菌、非致病性奈瑟菌、白假丝酵母菌

正常菌群是在生物进化过程中，微生物与宿主环境之间形成一种相对稳定、协同进化的共生状态。在这种共生状态下，微生物与人体之间相互依存、相互制约，一般对机体不致病，有的对

机体有益，主要表现为：①拮抗作用，对侵入的某些致病菌有一定的生物拮抗作用。②参与宿主体内某些物质代谢、营养转化和合成，如肠道中的大肠埃希菌能合成维生素 K 和维生素 B 等，乳杆菌和双歧杆菌可产生烟酸、叶酸等供人体利用。③免疫作用，正常菌群作为异种抗原能促进宿主免疫器官的发育成熟。亦可刺激机体产生抗体，对具有交叉抗原的致病菌有一定程度的抑制或杀灭作用，如双歧杆菌能诱导产生 sIgA，可阻止某些肠道致病菌对肠黏膜的黏附作用。④抗衰老作用，肠道正常菌群中的双歧杆菌、乳杆菌有抗衰老作用，可能与其产生过氧化物歧化酶，催化自由基歧化，以清除自由基的毒性有关。⑤抗癌作用，正常菌群可使某些致癌物质转化成非致癌性物质，还能激活巨噬细胞等，具有一定的抑瘤杀瘤作用。

但是，正常菌群中有的微生物在某些条件下也可以引起疾病，故称其为条件致病菌（微生物）。例如，大肠埃希菌在肠道不致病，但进入伤口、泌尿道或腹腔中可引起感染。临床上将由条件致病菌引起的感染统称为机会性感染（详见本编第 6 章）。

另外，正常微生物群不仅与感染性疾病有关，而且与其他很多疾病的发生、发展亦有密切关系。当正常微生物群的组成发生变化时，其功能可能会发生改变，进而影响到人体健康。已发现代谢性疾病、消化系统疾病、呼吸系统疾病、心脑血管疾病、神经精神疾病及肿瘤等多种疾病与肠道菌群的组成改变密切相关。人体微生物群，尤其是肠道菌群与疾病发生、发展及治疗的关系是医学研究的热点之一。

三、微生物与人类的关系

绝大多数微生物对人类和动物、植物是有益的，而且有些是必需的。自然界中 N、C、S 等元素的循环要靠有关微生物的代谢活动来进行。例如，土壤中的微生物能将死亡动物、植物的有机氮化物转化为无机氮化物，以供植物生长的需要，而植物又为人类和动物所食用；空气中的大量游离氮，也依靠土壤中的固氮菌等作用后才能被植物吸收。因此，没有微生物，植物就不能进行代谢，人类和动物将难以生存。但是，有少数微生物能引起人类、动物和植物的感染或疾病，这些具有致病性的微生物称为致病微生物或病原微生物。例如，结核分枝杆菌引起结核病、乙型肝炎病毒引起乙型肝炎、人类免疫缺陷病毒（HIV）引起艾滋病（AIDS）等。又如，禽、兽的鸡霍乱、牛炭疽，水稻的白叶枯病、小麦赤霉病等均由病原微生物引起。有些微生物还可使中药材及中成药霉变、腐烂等。

在农业方面，可应用微生物制造细菌肥料、植物生长激素等，也可利用微生物感染昆虫来杀死害虫。例如，苏云金杆菌能在一些农作物害虫的肠腔中生长繁殖并分泌毒素，导致寄生昆虫的死亡。此为农业开辟了新的增产途径。

在工业方面，微生物广泛应用于食品、皮革、纺织、石油、化工、冶金等行业。例如，采用盐酸水解法生产 1000kg 味精需要小麦 30 000kg，改用微生物发酵法只需薯粉 3000kg，既降低了生产成本，又节约了粮食；在炼油工业中，利用多种微生物进行石油脱蜡，可以提高石油的质量和产量。

在医药工业方面，多种抗生素是微生物的代谢产物；可利用微生物制造维生素、辅酶、ATP 等。在中医药领域，直接使用某些微生物作中药，如灵芝、银耳、冬虫夏草等。现已采用工业生产方式制造中药菌体制剂，用于防治疾病。

随着分子生物学的发展，微生物在基因工程技术中的作用更为重要，不仅提供了必不可少的多种工具酶和载体系统，还能有目的地创建有益的工程菌新品种，用以制备大量的生物活性物质，如干扰素、胰岛素、乙肝疫苗等。

四、微生物学与医学微生物学

1. *微生物学*（microbiology） 是研究微生物的形态、结构、代谢、生长繁殖、遗传、进化、类型、分布，以及与人类、动物、植物等相互关系的一门科学，是生命科学的一个重要分支。

由于研究范围的不同，微生物学又形成了许多分支。着重研究微生物学基础理论的有普通微生物学、微生物分类学、微生物生理学、微生物生态学、微生物遗传学、分子微生物学等；按研究对象又分为细菌学、病毒学、真菌学等；根据应用的领域，又可分为农业微生物学、工业微生物学、医学微生物学、兽医微生物学、食品微生物学、海洋微生物学、石油微生物学、土壤微生物学等。近年又有一门由细胞生物学与微生物学融合的细胞微生物学（cellular microbiology）的新分支学科，其发展将有利于病原微生物致病机制的研究。

2. 医学微生物学（medical microbiology） 是微生物学的一个分支，主要研究与医学有关的病原微生物的生物学特性、致病和免疫机制，微生物学诊断及防治措施，以及与感染性疾病有关的免疫损伤性疾病。医学微生物学是一门基础医学课程，尤其与传染病密切相关。

目前，病原微生物引起的多种传染病仍严重威胁着人类的健康。据世界卫生组织（WHO）报道，近年全球平均每年有1700多万人死于传染病。新病原体的不断出现，造成新现（emerging）传染病；过去流行的病原体因变异、耐药等重新流行，导致再现（reemerging）传染病。近些年发生了来源于畜禽病原体感染人类的事件。例如，1996年日本爆发的大肠埃希菌 O157：H7 食物中毒，发病1万余人，死亡11例。1997年我国香港有18人因感染H5N1型禽流感病毒而患病，死亡4人。1998年英国有数十万头牛患牛海绵状脑病（疯牛病，BSE），死亡10万余头，至少有10名青年死于不典型的克-雅病（Creutzfeldt-Jakob disease，CJD）。2002年底至2003年春夏，由新型冠状病毒引起的严重急性呼吸综合征（severe acute respiratory syndrome，SARS）在我国和东南亚一些地区流行，造成严重的影响。2009年发生的新型甲型H1N1流感病毒所致的流感波及200多个国家和地区，感染者达30余万例。2014年西非爆发埃博拉病毒疫情，截至2014年12月17日，世界卫生组织（WHO）发表数据显示，埃博拉出血热疫情肆虐的西非三国的感染病例（包括疑似病例）达19 031人，其中死亡人数达到7373人。2019年末发生的新型冠状病毒肺炎（COVID-19）在全球广泛流行，截至2022年1月，全球累计确诊超过3亿人，累计死亡人数超过550万。新冠肺炎疫情严重危害人类健康，并严重影响全球政治和经济的发展。至今仍有一些感染性疾病的病原体还未发现，有些病原体的致病和免疫机制有待阐明，不少微生物所致的疾病尚缺乏有效防治措施。因此，医学微生物学仍面临极为艰巨的任务。

五、微生物学发展简史

1. 微生物学经验时期 公元前两千多年，我国夏禹时代就有仪狄作酒的记载。北魏（386～534年）贾思勰《齐民要术》一书中，详细记载了制造酒曲、醋曲的方法，并利用豆类的发酵制成了酱。民间常用的盐腌、糖渍、烟熏、风干等保存食物的方法，实际上都是防止食物因微生物生长繁殖而腐烂变质的有效措施。可见远在人们发现微生物以前，就已经利用微生物了。

我国两千多年前的《素问》描述了传染病的情景："五疫之至，皆相染易，无问大小，症状相似。"东晋（265～341年）葛洪在《肘后方》中对恙虫病、天花、肺结核等传染病也有记载。11世纪时，北宋末年刘真人就有肺痨（肺结核）由虫引起之说。宋真宗年代已认识到天花是一种烈性传染病，一旦与患者接触，几乎都将受染，且病死率极高。但用患者的痘衣痘痂可预防天花，并开创了预防天花的人痘接种法。据明、清两代众多医书记载，明代隆庆年间（1567～1572年），人痘苗已经广泛使用，并先后传至俄国、朝鲜、日本、土耳其、英国等国家。人痘苗预防天花是我国对预防医学的一大贡献。在我国明朝末年有了吴又可的第一部专著《瘟疫论》。中医的瘟疫是中医温病中专指有强烈传染性和流行性的一类疾病，后世诸多医家进一步发展和丰富，形成中医的温病学派，其专著有刘松峰的《松峰说疫》、余师愚的《疫疹一得》、戴天章的《广瘟疫论》、杨栗山的《伤寒瘟疫条辨》等，他们从不同角度记述了温病的病因病机、诊断、辨证及治疗，对传染病的防治起到了重要作用。

意大利 Fracastoro（1483～1553年）认为传染病的传播有直接、间接和通过空气传播等数种途径。奥地利 Plenciz（1705～1786年）主张每种传染病都由独特的活物体所引起。18世纪清乾隆年间，我国师道南在《天愚集·鼠死行》中写道："东死鼠，西死鼠，人见死鼠如见虎，鼠死不几日，人死如坵堵……"。生动地描述了鼠疫的流行规律及其极高的病死率。

在预防医学方面，我国自古以来就有将水煮沸后饮用的习惯。明李时珍在《本草纲目》中指出，对患者的衣服蒸过再穿就不会感染到疾病，表明已有消毒的记载。此外，还详细地总结了多种防治感染性疾病的植物药和矿物药，如黄连、黄柏、苦参、水银、生砒等。

2. 实验微生物学时期

（1）微生物的发现：1676年，荷兰人列文虎克（Antony van Leeuwenhoek，1632～1723年）用自制的原始显微镜首先观察到微生物有球形、杆状和螺旋样等，为微生物的存在提供了科学依据。

19世纪60年代，法国科学家巴斯德（Louis Pasteur，1822～1895年）首先实验证明酒类变质是污染了空气中的微生物所致，并用加温处理法防止酒类发酵酸败，即至今仍用于酒类和牛奶消毒的巴氏消毒法。英国外科医师李斯特（Joseph Lister，1827～1912年）用苯酚喷洒手术室和煮沸手术用具，可防止术后感染，为防腐、消毒及无菌操作奠定了基础。

德国学者郭霍（Robert Koch，1843～1910年）创用固体培养基，使将细菌从环境或患者的排泄物等标本中分离出进行纯培养成为可能，并进一步对各种细菌的特性进行深入研究。他还创用了染色和实验动物感染等方法，为发现多种传染病的病原菌提供了实验手段。在19世纪的最后20年中，郭霍及一大批学者相继发现并分离培养成功许多传染病的病原菌，如炭疽芽孢杆菌、伤寒沙门菌、结核分枝杆菌、霍乱弧菌、白喉棒状杆菌、葡萄球菌、破伤风梭菌、脑膜炎奈瑟菌、鼠疫耶尔森菌、肉毒梭菌、痢疾志贺菌等。

郭霍根据对炭疽芽孢杆菌的研究提出的著名郭霍法则（Koch's postulates，1884年）认为：①特殊的病原菌应在同一种疾病中查见，在健康人中不存在；②该特殊病原菌能被分离培养得到纯种；③该纯培养物接种至易感动物，能产生同样病症；④自人工感染的实验动物体内能重新分离得到该病原菌。郭霍法则在当时鉴定一种新病原体时确有重要的指导意义，但并不完善。例如，带菌者的存在；有的病原体如麻风分枝杆菌迄今尚未能在体外人工培养成功；有的病原体还未发现有易感动物等。

1892年，俄国伊凡诺夫斯基（Ивановский Д И）首先发现了病毒，即烟草花叶病病毒。1897年，Loeffler和Frosch发现动物口蹄疫病毒。黄热病毒是首先被证实的对人致病的病毒。细菌病毒（噬菌体）分别由Twort（1915年）和d'Herelle（1917年）发现。随后相继分离出许多人类和动物、植物致病性病毒。

（2）免疫学的发展：为认识和防治传染病提供了理论和方法（详见"医学免疫学"部分）。

（3）化学治疗剂和抗生素的发明：1910年，德国欧立希（Paul Ehrlich）化学合成了治疗梅毒的砷凡纳明，后又合成新砷凡纳明，开创了微生物性疾病的化学治疗时代。1935年，Domagk发现百浪多息（protosil）可以治疗致病性球菌感染后，一系列磺胺药物相继合成，广泛应用于感染性疾病的治疗中。

1929年，Fleming发现青霉菌产生的青霉素能抑制金黄色葡萄球菌的生长。直到1940年，Florey等将青霉菌的培养液予以提纯，才获得可供临床使用的青霉素纯品。此后，链霉素、金霉素、土霉素、红霉素等相继问世，使许多细菌性感染得到控制和治愈。

3. 现代微生物学时期 近40年来，随着化学、物理学、生物化学、遗传学、细胞生物学、免疫学和分子生物学等学科的进展，电子显微镜技术、细胞培养、组织化学、标记技术、核酸杂交、色谱技术和电子计算机等新技术的建立，微生物学得到极为迅速的发展。

（1）新病原微生物的发现：自1973年以来，新发现的病原微生物已有30多种，其中主要的有军团菌，幽门螺杆菌，霍乱弧菌O139血清群，大肠埃希菌O157∶H7血清型，肺炎衣原体，伯氏疏螺旋体，人类免疫缺陷病毒（HIV），人疱疹病毒6型、7型、8型，丙型、丁型、戊型、庚型肝炎病毒，汉坦病毒，轮状病毒，西尼罗病毒，SARS冠状病毒及朊粒等。

1967～1971年，美国植物学家Diener等从马铃薯纺锤形块茎病中发现一种不具有蛋白质组分的RNA致病因子，称为类病毒（viroid）。后来在研究类病毒时又发现一种引起苜蓿等植物病害的拟病毒（virusoid）。1983年，有关国际会议将这些微生物统称为亚病毒（subvirus）。

（2）致病机制的研究：近年来，应用分子生物学技术，对病原微生物致病机制的研究已深入到分子水平和基因水平。例如，对一些主要病原菌的外毒素、内毒素、侵袭性蛋白、黏附素等的分子结构和致病作用的研究，对病毒的结构蛋白和非结构蛋白等的组成和功能以及相应的编码基因和调控基因的研究等，为诊断和防治感染性疾病提供了新的科学依据。

对病原微生物基因组的研究已取得重要进展。迄今已完成大量病原微生物基因组的测序工作，使人们得以发现病原微生物的致病基因或特异核酸序列，在阐明其致病机制及与宿主的相互关系，研发新的诊断方法、疫苗及抗微生物药物等方面均有重要意义。

（3）诊断技术：细菌的鉴定和分类，过去以表型方法为主，现则侧重于基因型方法来分析待检菌的遗传学特征。后者包括 DNA 的（G+C）mol% 测定、DNA×DNA 杂交、重组、基因探针、聚合酶链反应（PCR）、限制性片段长度多态性（RFLP）分析等。这些分子生物学技术在分类、新种鉴定和流行病学中尤为重要，如现已普遍为学术界接受的将生物分成真核生物、真细菌和古细菌（Archaeobacteria）三个域（domain），也就是 Woese 等用 16S rRNA 寡核苷酸序列分析技术，获得了大量原核生物和真核生物的序列谱后创立的。

临床微生物学检验中，快速诊断方法发展较快，免疫荧光、放射核素和酶联三大标记技术中，以酶联免疫吸附试验（ELISA）快速测定微生物抗原（或抗体）技术较为普遍。放射性核素标记因有辐射危害，已逐渐被地高辛、光敏生物素等非放射性物质标记所替代。

细菌检验中的微量化和自动化，已应用于常规的临床细菌学诊断之中。

（4）防治措施：除使用灭活疫苗和减毒活疫苗外，近年来采用分子生物学技术等方法制备出多种新型疫苗，如肺炎链球菌荚膜多糖疫苗、脑膜炎奈瑟菌荚膜多糖疫苗、乙型肝炎基因工程疫苗等。疫苗的种类也向多联疫苗、黏膜疫苗、缓释疫苗等多样化发展。1993 年，Ulmer 等开创的核酸疫苗被誉为疫苗学的新纪元，具有广阔的发展前景。抗微生物新药物的研究亦取得了很大进展。

我国学者在医学微生物学的研究中取得过一定成就。例如，发现旱獭也是鼠疫耶尔森菌的储存宿主；首先应用鸡胚培养立克次体等。新中国成立后，较快地消灭了天花，而鼠疫、白喉、脊髓灰质炎、新生儿破伤风等也得到了控制。1956 年我国学者汤飞凡等首先成功地分离出沙眼衣原体；1959 年我国分离出麻疹病毒，并成功地制成减毒活疫苗，控制了麻疹的流行；1972～1973 年分离出流行性出血性角膜结膜炎的病原体，并证明是肠道病毒 70 型。近 30 年来，先后建立了甲型、乙型、丙型、戊型、庚型肝炎病毒和 HIV 的诊断方法，并广泛用于临床；甲型肝炎病毒已分离培养建株成功，并制成疫苗用于预防；流行性出血热的病因学和流行病学研究已进入世界前列；发现了 EB 病毒和鼻咽癌间有密切联系，并建立了鼻咽癌的早期诊断方法。在病原菌方面，军团菌、幽门螺杆菌、伯氏疏螺旋体等陆续分离成功。中医中药领域，已发现多种中草药有抑制或杀死某些病原微生物及抑制炎症反应的作用，为防治感染性疾病提供了实验依据。

虽然人类对病原微生物的研究取得了巨大成就，但距达到控制和消灭其所致疾病的目标尚任重道远。今后，需进一步加强感染性疾病的病原学、病原微生物的生物学性状与致病机制、抗感染免疫的分子机制、新的疫苗与微生物检测技术及抗微生物药物等方面的研究，促进医学微生物学的发展，为提高人类的健康水平服务。

（邝枣园）

1. 微生物根据结构、分化程度、组成等特征可分为几类？每类的特点如何？
2. 什么是正常微生物群？其对机体有哪些有益的作用？
3. 什么是条件致病菌？

第一篇　细菌学

第 1 章　细菌的形态与结构

细菌（bacterium）是一类具有细胞壁的单细胞原核细胞型微生物，体积微小、结构简单，仅有原始的核质，除核糖体外无其他细胞器。在适宜条件下，各种细菌均有相对恒定的形态与结构。了解细菌的形态与结构，不仅有助于鉴别细菌、诊断和防治细菌性感染，而且对研究其生理活动、致病性和免疫性及消毒灭菌等有着重要的理论和实际意义。

第一节　细菌的形态

细菌体积微小，其大小一般以微米（1μm = 1/1000mm）为测量单位，通常用光学显微镜来观察。不同种类细菌的大小、形态和排列各不相同，同一种类细菌也因菌龄和生存环境不同而有差异。细菌按其外形可分为球菌、杆菌和螺形菌三大类（图 2-1-1）。

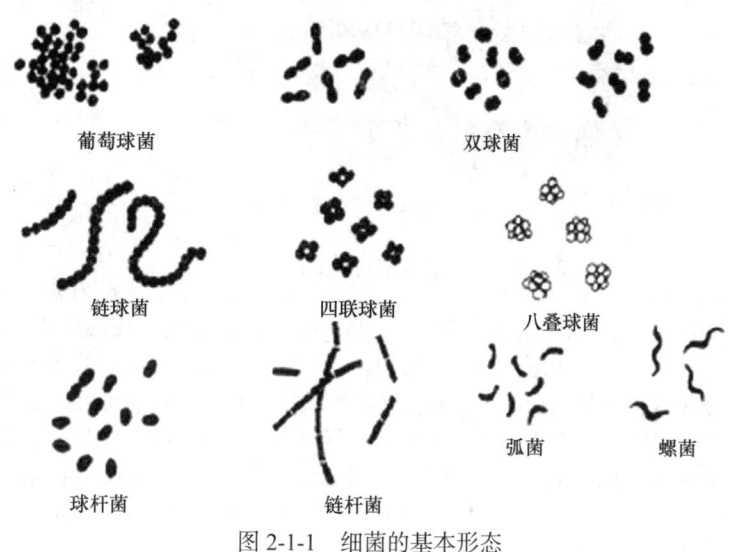

图 2-1-1　细菌的基本形态

1. **球菌（coccus）**　大多数球菌的直径在 1μm 左右，外观呈球形或近似球形，呈矛头状、肾形或豆形等。根据球菌在繁殖时分裂平面不同、分裂后菌体之间相互黏附程度及排列方式的差异，可将球菌分为不同的种类。这对一些球菌的鉴别有一定意义。

（1）双球菌（diplococcus）：在一个平面上分裂，分裂后两个菌体成双排列，如肺炎链球菌、脑膜炎奈瑟菌。

（2）链球菌（streptococcus）：在一个平面上分裂，分裂后多个菌体排列成链状，如乙型溶血性链球菌。

（3）葡萄球菌（staphylococcus）：在多个不同角度的平面上分裂，分裂后菌体无规则地排列在一起似葡萄串状，如金黄色葡萄球菌。

（4）四联球菌（tetrads）：在两个互相垂直的平面上分裂，分裂后四个菌体黏附在一起呈正方形，如四联加夫基菌。

（5）八叠球菌（sarcina）：在三个互相垂直的平面上分裂，分裂后八个菌体黏附成包裹状立方体，如藤黄八叠球菌。

2. **杆菌（bacillus）**　在细菌中种类最多。各种杆菌的大小、长短、粗细差异很大，大的杆菌如炭疽芽孢杆菌长 3～10μm，中等杆菌如大肠埃希菌长 2～3μm，小的杆菌如布鲁菌长仅 0.6～1.5μm。

杆菌多数呈直杆状，也有的菌体稍弯。一般呈分散存在，排列无一定规律。有的杆菌呈链状排列，如链杆菌；也有的呈栅栏状排列，如白喉棒状杆菌，具有鉴别意义。菌体两端大多呈钝圆形，少数两端平齐（如炭疽芽孢杆菌）或两端尖细（如梭杆菌），也有的杆菌末端膨大成棒状（如白喉棒状杆菌）；有的菌体短小，近似椭圆形，称为球杆菌；有的常呈分枝生长趋势，称为分枝杆菌。

3. 螺形菌（spiral bacterium） 菌体呈弯曲螺旋状，可分为三类：

（1）弧菌（vibrio）：菌体短小（2～3μm），只有一个弯曲，呈弧形或逗点状，如霍乱弧菌。

（2）螺菌（spirillum）：菌体较长（3～6μm），有数个弯曲，如鼠咬热螺菌。

（3）螺杆菌（helicobacterium）：菌体细长弯曲呈弧形或螺旋形，如幽门螺杆菌。

细菌的形态可受培养温度、pH、培养基成分和培养时间等多种环境因素影响。一般而言，在适宜条件下培养至对数生长期，形态比较典型。当环境条件不利或菌龄老化时，其形态可发生改变，呈现多形态（如梨形、气球状、丝状等）或细胞壁缺陷（如细菌 L 型）。因此，观察细菌的大小和形态，应选择适宜条件下的对数生长期为宜。

第二节　细菌的结构

细菌的结构包括基本结构和特殊结构两种，前者包括细胞壁、细胞膜、细胞质、核质，是所有细菌所共有的；后者包括荚膜、鞭毛、菌毛、芽孢，为某些细菌所特有（图 2-1-2）。

一、基 本 结 构

（一）细胞壁

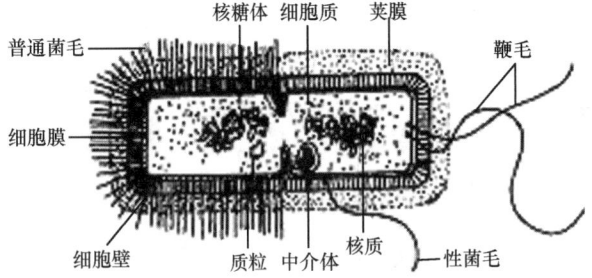

图 2-1-2　细菌细胞结构模式图

细胞壁（cell wall）位于细菌基本结构的最外层，紧紧包裹在细胞膜外，坚韧而富有弹性。细胞壁的主要功能是：①维持细菌的外形；②保护细菌，承受菌细胞内外巨大的渗透压差（5～25 个大气压*），抵抗低渗环境，使细菌不会破裂和变形；③细胞壁上有许多微细小孔，与细胞膜共同完成菌体内外的物质交换；④细菌细胞壁上有多种抗原决定簇，决定着细菌菌体的抗原性。此外，细胞壁与细菌的染色性、致病性及对某些药物的敏感性等也有一定的关系。

用革兰氏染色法（Gram stain）可将细菌分为革兰氏阳性菌和革兰氏阴性菌两大类。这两大类细菌细胞壁的结构和化学组成差异很大，只有肽聚糖（peptidog-lycan）为其共同组分，但其含量、结构、组成各不相同（图 2-1-3）。肽聚糖，又称黏肽（mucopeptide）、糖肽（glycopeptide）或胞壁

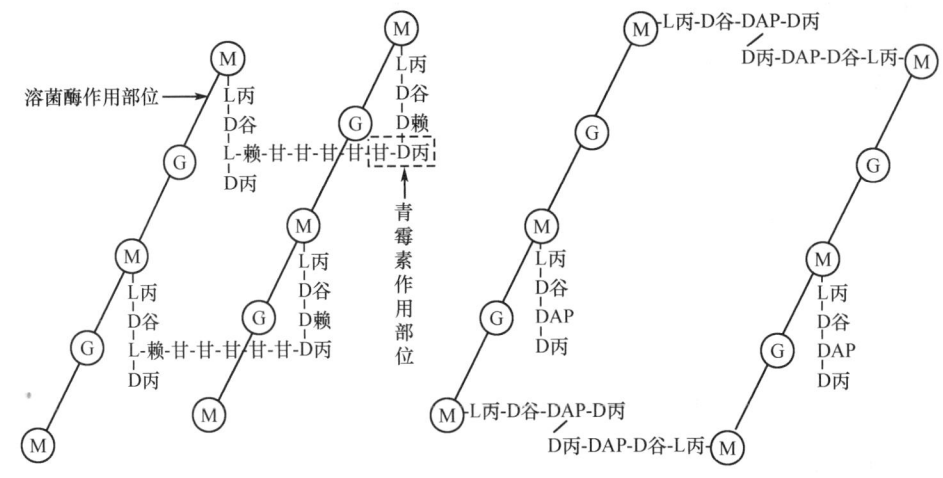

图 2-1-3　细菌细胞壁肽聚糖结构示意图

A. 葡萄球菌（革兰氏阳性）；B. 大肠埃希菌（革兰氏阴性）；M. N- 乙酰胞壁酸；G. N- 乙酰葡糖胺

---

* 1 个标准大气压 =101.325kPa，后同。

质（murein），是原核细胞生物的特有成分。

1. 革兰氏阳性菌细胞壁的化学组成　革兰氏阳性菌的细胞壁较厚，为 20～80nm，由肽聚糖及穿插于其中的磷壁酸组成（图 2-1-4）。

（1）肽聚糖：是构成革兰氏阳性菌细胞壁的主要成分。革兰氏阳性菌的肽聚糖由聚糖骨架、四肽侧链和五肽交联桥三部分组成。聚糖骨架由 N-乙酰葡糖胺（N-acetylglucosamine）和 N-乙酰胞壁酸（N-acetylmuramic acid）交替间隔排列，经 β-1,4 糖苷键连接而成。各种细菌细胞壁的聚糖骨架均相同。在 N-乙酰胞壁酸分子上连接有四肽侧链。不同细菌四肽侧链的氨基酸残基组成和连接方式不同。以葡萄球菌为例，氨基酸依次为 L-丙氨酸、D-谷氨酸、L-赖氨酸和 D-丙氨酸，其第 3 位的 L-赖氨酸的氨基通过五肽（五个甘氨酸）交联桥连接到相邻肽聚糖四肽侧链第 4 位的 D-丙氨酸羟基上，形成具有高机械强度的三维空间结构，即肽

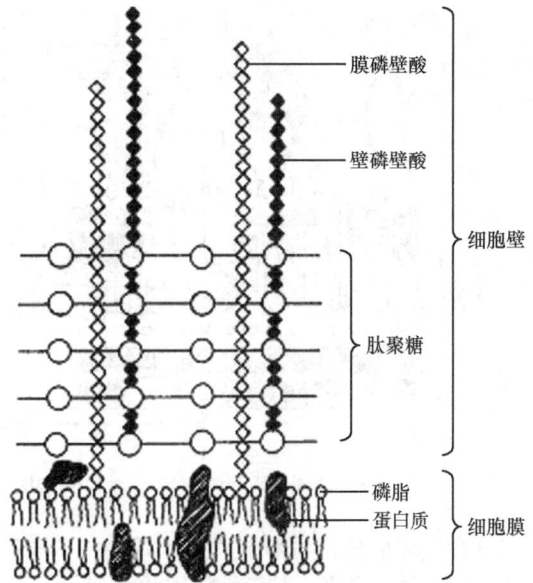

图 2-1-4　革兰氏阳性菌细胞壁结构示意图

聚糖层。革兰氏阳性菌细胞壁肽聚糖层可多达 50 层，是抵抗胞内高渗透压、保护细胞结构和功能完整的主要成分。因此，凡能破坏肽聚糖分子结构或抑制其合成的物质都有杀菌或抑菌作用。例如，溶菌酶能裂解 N-乙酰葡糖胺和 N-乙酰胞壁酸之间的 β-1,4-糖苷键，破坏聚糖骨架，引起细菌裂解。青霉素可抑制五肽交联桥和四肽侧链的交联，使之不能合成完整的细胞壁。

（2）磷壁酸（teichoic acid）：是革兰氏阳性菌特有的成分，由核糖醇或甘油残基经磷酸二酯键互相连接而成的多聚物，其结构中少数基团被氨基酸或糖所取代，多个磷壁酸分子组成长链穿插于肽聚糖层中。按其结合部位不同，分为壁磷壁酸和膜磷壁酸（又称脂磷壁酸）两种。壁磷壁酸一端结合于聚糖骨架上的 N-乙酰胞壁酸分子，另一端游离于细胞外。膜磷壁酸一端结合于细胞膜，另一端穿过肽聚糖层，延伸至细胞外。磷壁酸是革兰氏阳性菌重要的菌体抗原，与血清学分型有关。近年来发现，A 族溶血性链球菌的膜磷壁酸能黏附在宿主细胞表面，其作用类似菌毛，与致病性有关。

此外，某些革兰氏阳性菌细胞壁表面尚有一些特殊的表面蛋白质，如金黄色葡萄球菌的 A 蛋白，A 群链球菌的 M 蛋白等。

2. 革兰氏阴性菌细胞壁的化学组成　革兰氏阴性菌细胞壁较薄（10～15nm），化学组成及结构较为复杂，在肽聚糖层外侧还有外膜。

（1）肽聚糖：革兰氏阴性菌肽聚糖含量较少，仅 1～2 层，占细胞壁干重的 5%～20%，其聚糖骨架与革兰氏阳性菌相同，但其他成分和结构有较大差异，如大肠埃希菌的肽聚糖中，四肽侧链的第 3 位 L-赖氨酸由二氨基庚二酸（diaminopimelic acid，DAP）代替，并由此与相邻聚糖骨架的四肽侧链上第 4 位 D-丙氨酸直接交联，且交联率低，不超过 25%。没有五肽交联桥，只有二维结构，形成单层平面网络，故其结构较疏松。

（2）外膜（outer membr-ane）：由脂蛋白、脂质双层和脂多糖三部分组成（图 2-1-5），为革兰氏阴性菌细胞壁特有的结构。

1）脂蛋白（lipoprotein）：由脂质和蛋白质构成，是连接外膜与肽聚糖层的结构。其内端由蛋白质连接在肽聚糖四肽侧链中的 DAP 上，其外端由脂质以非共价键结合于脂质双层，使外膜和肽聚糖层构成一个整体。

2）脂质双层：其组成类似细胞膜，而外缘的磷脂多被脂多糖分子所取代。在磷脂基质中镶嵌有多种蛋白质称为外膜蛋白（outer membrane protein，OMP），可贯穿外膜形成通道，调控糖类、氨基酸、某些离子等亲水性小分子物质的出入，而对抗生素等大分子物质的透过则有一定的屏障

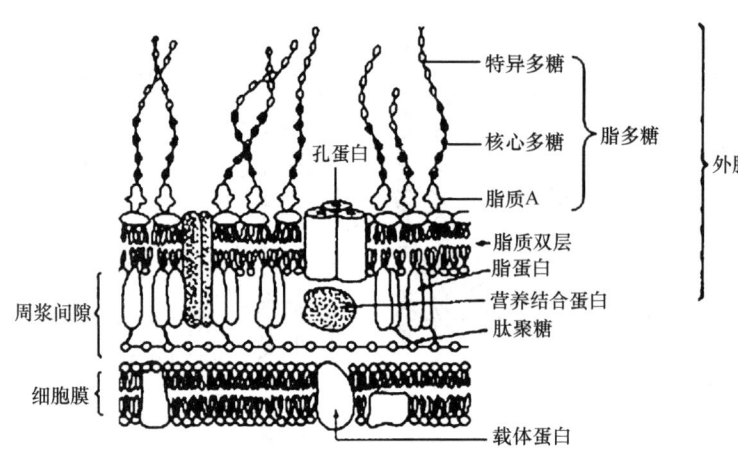

图 2-1-5 革兰氏阴性菌细胞壁结构示意图

作用。

3) 脂多糖（lipopolysaccharide，LPS）：位于细胞壁最外层，自内而外由脂质A、核心多糖和特异多糖三部分组成。LPS具有毒性作用，可引起机体的发热反应等，故被称为内毒素或致热原。

A. 脂质A（lipid A）：为一种糖磷脂，常取代脂质双层外缘的磷脂分子而位于脂质双层外侧。其上的游离羟基和氨基可结合多种长链脂肪酸和磷酸基团。脂质A是内毒素的毒性部分和主要成分，与细菌致病性有关。不同种属细菌的脂质A基本相似，无种属特异性，故各种细菌产生的内毒素，其毒性作用均相似。

B. 核心多糖（core polysaccharide）：位于脂质A的外层。由己糖、庚糖、2-酮基-3-脱氧辛酸（KDO）、磷酸乙醇胺等组成，通过KDO与脂质A共价连接。核心多糖有属特异性，同一属细菌的核心多糖相同。

C. 特异多糖（specific polysaccharide）：位于脂多糖分子的最外层，是由几个至几十个单糖组成的低聚糖（3～5个单糖）重复单位所构成的多糖链。特异多糖为革兰氏阴性菌的菌体抗原（O抗原），有种特异性，可根据细菌特异多糖中单糖的种类、位置、排列和空间构型的不同鉴别不同种的革兰氏阴性菌。细菌如缺失特异多糖，其菌落则由光滑（smooth，S）型变为粗糙（rough，R）型。

在革兰氏阴性菌的细胞膜和细胞壁外膜之间有一空隙，称为周浆间隙（periplasmic space）。该间隙具有多种蛋白酶、核酸酶、解毒酶和特殊结合蛋白等，在细菌获得营养、解除有害物质毒性方面具有重要作用。

革兰氏阴性菌和革兰氏阳性菌的细胞壁显著不同（表2-1-1），导致这两类细菌在染色性、抗原性、毒性及对药物的敏感性等方面都有很大的差异。

表 2-1-1 革兰氏阳性菌和革兰氏阴性菌的细胞壁比较

细胞壁	革兰氏阳性菌	革兰氏阴性菌
强度	较坚硬	较疏松
厚度	20~80nm	10~15nm
肽聚糖层数	可多达50层	1~2层
肽聚糖含量	占细胞壁干重的50%~80%	占细胞壁干重的5%~20%
脂类含量	1%~4%	11%~22%
磷壁酸	+	-
外膜	-	+
对青霉素和溶菌酶的敏感性	+	-

3. 细菌细胞壁缺陷型（细菌L型） 在某些情况下，细菌细胞壁的肽聚糖结构受到理化或生物因素的直接破坏或合成受到抑制，细胞壁受损，但细菌在高渗环境下仍可存活而成为细胞壁缺陷型或L型（bacterial L form），因Klieneberger于1935年首先在英国Lister研究院发现而得名。

细菌L型的形态因缺少细胞壁而呈高度多形性，大小不一，有球形、杆状或丝状等。着色不匀，无论其原为革兰氏阳性菌或革兰氏阴性菌，形成L型后大多呈革兰氏阴性。细菌L型体外人工培养，需在高渗低琼脂含血清的培养基中才能生长，一般培养2～7天后在软琼脂平板上形成菌落，多呈油煎蛋状，有的呈颗粒状或丝状。某些细菌 L 型仍有一定的致病力，可引起慢性感染。临床观察发现，患有尿路感染、骨髓炎、心内膜炎的患者在使用作用于细胞壁的抗菌药物治疗过程中易于产生细菌 L 型。患者具有明显的临床症状，但是采集患者标本做常规细菌培养时往往是阴性结果，此时应考虑有细菌 L 型感染的可能性，应做细菌 L 型的培养，并选择有效的抗菌药物。

（二）细胞膜

细胞膜（cell membrane）又称为质膜（plasma membrane），位于细胞壁内侧，紧包着细胞质。厚 5~10nm，占细胞干重的 10%~30%。细菌细胞膜的结构和功能与真核细胞膜基本相同，由磷脂和蛋白质组成，但不含固醇类物质（图 2-1-6）。

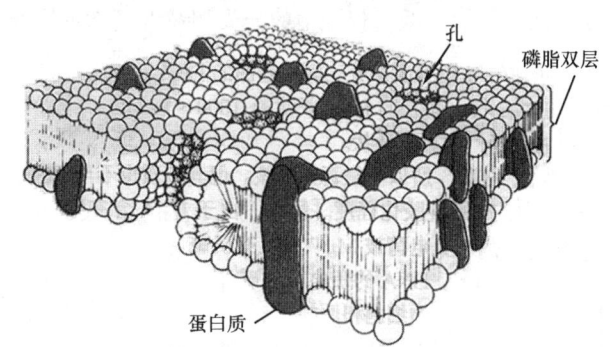

图 2-1-6　细菌细胞膜结构示意图

1. 细胞膜的功能

（1）物质转运：细菌细胞膜具有选择性通透作用，控制营养物质及代谢产物进出细胞。细胞膜上有许多小孔，允许小分子可溶性物质（如水、O_2、CO_2、某些单糖、离子等）通过，而细胞膜中镶嵌的载体蛋白则能选择性结合大分子营养物质，使其转运到细胞内。细菌通过细胞膜小孔分泌出的水解酶，可将胞外的大分子营养物质分解为小分子化合物，使其能通过细胞膜进入胞内，作为营养物质的来源。菌体内代谢产物也能通过细胞膜排出体外。

（2）呼吸作用：需氧菌和兼性厌氧菌细胞膜上的各种呼吸酶可转运电子，完成氧化磷酸化作用，参与呼吸的过程，并与能量的产生、储存和利用有关。

（3）生物合成作用：细胞膜上含有合成多种物质的酶类，细胞壁的许多成分（肽聚糖、磷壁酸、脂多糖等）及胞膜磷脂都在细胞膜上合成。此外，细胞膜上还有一些与 DNA 复制相关的蛋白质。

2. 中介体（mesosome）　为细胞膜向细胞质内陷形成的囊状或管状结构，多见于革兰氏阳性菌。一个菌体内可有一个或多个中介体。中介体的化学组成与细胞膜相同，由于它扩大了细胞膜的表面积，相应地增加了酶的数量和代谢场所，可为细菌提供大量能量，故有"拟线粒体"之称。中介体还与细菌的 DNA 复制、细胞分裂有密切关系（图 2-1-2）。

（三）细胞质

细胞质（cytoplasm）是包裹于细胞膜内的溶胶状物质，其中水分约占 80%，此外，还有蛋白质、脂质、核酸及少量糖类和无机盐。细胞质中含有多种酶系统和许多重要结构，是细菌合成蛋白质和核酸的场所。

1. 核糖体（ribosome）　是细菌合成蛋白质的场所，游离于细胞质中，是由 RNA 和蛋白质组成的颗粒状结构，每个菌体内可达数万个。细菌核糖体沉降系数为 70S，由 50S 和 30S 两个亚基组成，其化学组成约 70% 为 RNA，30% 为蛋白质。核糖体常与正在转录的 mRNA 相连呈"串珠"状，称为多聚核糖体（polysome），使转录和翻译偶联在一起。在生长活跃的细菌体内，几乎所有的核糖体都以多聚核糖体的形式存在。

细菌核糖体常常是抗菌药物选择性作用的靶点，如链霉素、庆大霉素作用于 30S 亚基，氯霉素和红霉素则作用于 50S 亚基，干扰细菌蛋白质的合成，从而杀死细菌。由于真核细胞核糖体的沉降系数为 80S，两个亚基分别为 60S 和 40S，与原核细胞核糖体不同，故这些抗生素能杀死细菌却不会影响人体细胞与其他真核细胞生物。

2. 质粒（plasmid）　是细菌染色体外的遗传物质，存在于细胞质中。质粒为闭合环状双链 DNA，携带遗传信息，可独立复制，编码细菌的耐药性、毒素、细菌素及性菌毛等性状。质粒并不是细菌生长所必不可少的，可自行丢失或经人工处理而消失，失去质粒的细菌仍能正常存活。在自然条件下，质粒能通过接合、转导等方式将某些遗传性状传递给另一细菌，因而与细菌的遗传变异密切相关。

3. **胞质颗粒** 大多为细菌储藏的营养物质，包括多糖、脂类、多磷酸盐等。颗粒的数量随菌种、菌龄和环境条件的不同而异。当环境有利、营养充足时，数量较多；养料或能源短缺时，数量减少，甚至消失。某些胞质颗粒嗜碱性强，用亚甲蓝染色时着色较深呈紫色，称为异染颗粒（metachromatic granule），如白喉棒状杆菌的异染颗粒常见于菌体两端，有助于细菌的鉴别。

（四）核质

细菌属原核生物，无核膜和核仁。其遗传物质为一闭合环状的双链 DNA 分子反复缠绕、折叠形成的超螺旋结构，称为核质（nuclear material）或拟核（nucleoid）。核质集中于细胞质的某一区域，多在菌体的中央。核质的功能与真核细胞的染色体相似，故习惯上亦称为细菌的染色体，是细菌遗传变异的物质基础。

二、特殊结构

细菌的特殊结构是指某些细菌所特有的结构，包括荚膜、鞭毛、菌毛和芽孢。

（一）荚膜

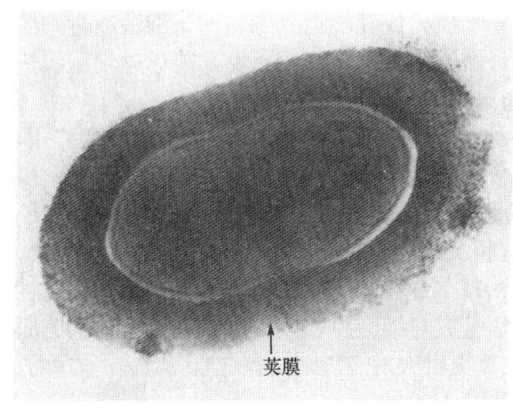

图 2-1-7 肺炎链球菌荚膜，42 000×

某些细菌在细胞壁外包裹的一层黏液性物质，其厚度达到 0.2μm 以上、边界清晰者称为荚膜（capsule）。若其厚度小于 0.2μm，则称为微荚膜（microcapsule）。荚膜通常在人或动物体内或含有丰富营养物质如血清的培养基中易形成，而在普通培养基中则易消失（图 2-1-7）。

1. **荚膜的化学成分** 随菌种而异，大多数细菌的荚膜成分为多糖，如肺炎链球菌、脑膜炎奈瑟菌等；少数细菌的荚膜成分为多肽，如炭疽芽孢杆菌、鼠疫耶尔森菌等的荚膜由 D-谷氨酸聚合而成的多肽组成；个别细菌的荚膜为透明质酸，如溶血性链球菌。荚膜的折光性较强，且不易着色，普通染色法仅能见到菌体周围有一层透明带，用荚膜染色法或墨汁负染法观察时，荚膜较清晰。在固体培养基上，有荚膜的细菌形成黏液（M）型或光滑（S）型菌落，失去荚膜后则变为粗糙（R）型菌落。

2. **荚膜的功能**

（1）抗吞噬作用：荚膜与细菌的致病力有关，可保护细菌抵抗吞噬细胞的吞噬和消化，使细菌大量繁殖。失去荚膜的细菌致病力往往减弱或消失。

（2）黏附作用：荚膜多糖可使细菌黏附于宿主组织细胞表面，参与生物被膜的形成，是引起感染的重要因素。荚膜菌株在住院患者的各种导管内黏附定居，是医院内感染发生的重要因素。

（3）抗有害物质的损害作用：荚膜可保护细菌免受补体、溶菌酶、抗菌抗体、抗菌药物等杀菌物质的损伤作用，使病菌侵入人体后不被杀灭，大量繁殖而引起病理损害。

（4）抗干燥作用。

（5）具有抗原性：可作为细菌分型和鉴定的依据。

（二）鞭毛

许多细菌表面附着有数目不等的细长弯曲的丝状物，称为鞭毛（flagellum）。鞭毛长 5～20μm，直径 12～30nm，需用电子显微镜观察或经特殊染色使鞭毛增粗后可在光学显微镜下观察。鞭毛是细菌的运动器官。在微生物学检查中，通常采用观察细菌在半固体培养基中的运动能力，来了解该细菌是否有鞭毛。

1. **鞭毛的分类** 根据鞭毛着生部位和数量的不同可将有鞭毛的细菌分为四类（图 2-1-8，图 2-1-9）。

(1) 单毛菌：菌体一端有一根鞭毛，如霍乱弧菌。

(2) 双毛菌：菌体两端各有一根鞭毛，如空肠弯曲菌。

(3) 丛毛菌：菌体一端或两端有一束鞭毛，如铜绿假单胞菌、幽门螺杆菌。

(4) 周毛菌：菌体四周有多根数量不等的鞭毛，如大肠埃希菌、伤寒沙门菌。

2. **鞭毛的化学组成** 鞭毛的主要成分是蛋白质，由数千个蛋白质亚基（称为鞭毛蛋白，flagellin）聚集而成，形成中空的螺旋结构，其氨基酸组成与骨骼肌中的肌动蛋白相似。

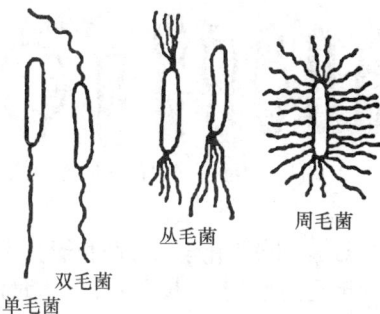

图 2-1-8　细菌鞭毛的各种类型

3. **鞭毛的功能** ①鞭毛是细菌的运动器官，有鞭毛的细菌能在液体环境中自由游动；②有些细菌的鞭毛与致病性有关，如霍乱弧菌可以通过其鞭毛的运动穿过小肠黏液层，到达细胞表面生长繁殖，产生毒素而致病；③鞭毛具有抗原性，称为 H 抗原，可用于鉴别细菌。

（三）菌毛

许多革兰氏阴性菌和少数革兰氏阳性菌菌体表面存在着一种比鞭毛短而细直的蛋白质丝状物，称为菌毛（pilus 或 fimbriae），必须用电子显微镜才可观察到。根据功能不同，菌毛可分为普通菌毛和性菌毛两种（图 2-1-2）。

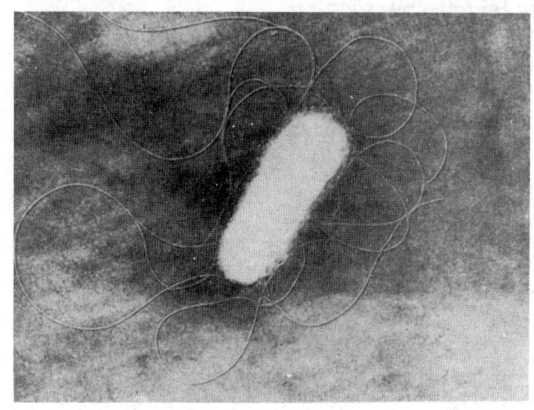

图 2-1-9　周毛菌

1. **普通菌毛**（ordinary pilus）遍布菌体表面，主要起黏附作用，可使细菌牢固地黏附在呼吸道、消化道和泌尿道黏膜细胞表面，与细菌的致病性有关。一旦细菌失去菌毛，便失去黏附能力。

2. **性菌毛**（sex pilus）仅见于少数革兰氏阴性菌，比普通菌毛略长稍粗，一个菌体只有 1～4 根，中空呈管状，通常由质粒编码。带有性菌毛的细菌具有致育（fertility）能力，称为 F^+ 菌或雄性菌。F^+ 菌的遗传物质可通过性菌毛传递给 F^- 菌，这一过程称为接合（conjugation）。细菌可以通过此种方式传递耐药性及毒力。此外，性菌毛还是某些噬菌体感染宿主菌的受体。

（四）芽孢

某些细菌在一定环境条件下，细胞质脱水浓缩，在菌体内形成一个圆形或椭圆形的小体，称为芽孢（spore）。

1. **芽孢的结构和形成机制** 成熟的芽孢具有多层结构，芽孢核心是原生质体，含有细菌原有的核质和核糖体、酶类等主要生命成分，以及芽孢所特有的成分——吡啶二羧酸。芽孢核心依次被内膜、芽孢壁、皮质层、外膜、芽孢壳和芽孢外壁所包裹，形成一个致密的多层膜结构（图 2-1-10）。芽孢形成一般是在机体外，当环境对某些细菌生长繁殖不利时，如在土壤或无营养物质的环境中，特别是氮、碳源缺乏时，能保护细菌度过不良环境。在环境适宜的条件下芽

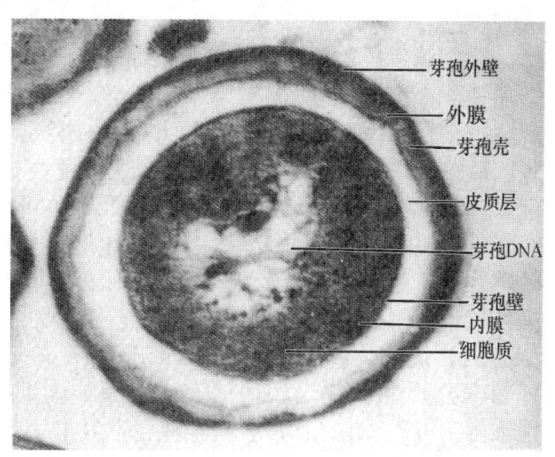

图 2-1-10　细菌芽孢的结构

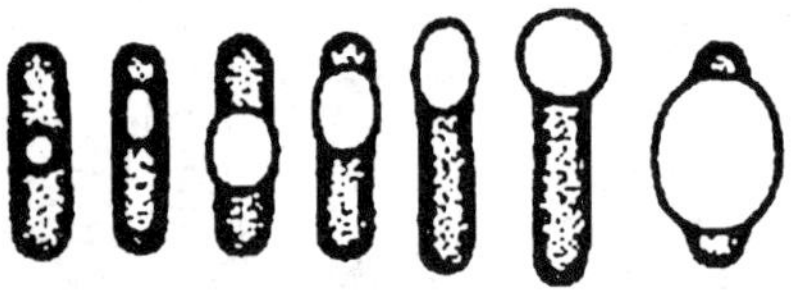

图 2-1-11 细菌芽胞的各种形态和位置示意图

孢又可复苏成为繁殖体。一个繁殖体只能形成一个芽胞，而芽胞发芽也只能形成一个繁殖体，因此芽胞只是细菌的休眠状态而非繁殖方式。

2. 芽胞的功能　①细菌的芽胞可位于菌体中心、末端或次极端，直径可小于、等于或大于菌体横径。其大小及在菌体内的位置因菌种不同而异，因此可用于鉴别细菌（图 2-1-11）。②芽胞对热、干燥、化学消毒剂和辐射等理化因素有很强的抵抗力，这是因为芽胞含水量少，包膜厚而致密、芽胞壳无通透性、核心中含有大量的吡啶二羧酸钙盐能使芽胞中各种酶具有很高的稳定性和耐热性，从而对细菌起保护作用。在自然界中芽胞可存活数十年。土壤中破伤风梭菌或产气荚膜梭菌的芽胞一旦随泥土进入深部创口，在适宜的条件下即可发芽成繁殖体，产生外毒素而致病。

芽胞用一般的方法很难将其杀死。杀灭芽胞最可靠的方法是高压蒸汽灭菌法，并以是否杀死芽胞作为判断灭菌效果的指标。

第三节　细菌的形态与结构检查法

细菌体积微小，无法用肉眼直接观察，必须用显微镜放大 1000 倍以上才能看清，菌体内部的超微结构则需借助于电子显微镜放大到数万倍才能看清楚。

一、不染色标本检查法

细菌标本采用压滴法或悬滴法不经染色直接放在显微镜下，能观察到细菌的形态、排列和有无动力，但不能进一步鉴别细菌。不染色标本在暗视野显微镜（darkfield microscope）或相差显微镜下观察效果更好。

二、染色标本检查法

未经染色的细菌在普通光学显微镜下呈半透明状态，难以清晰地观察其形态和结构。因此，观察细菌常采用染色法。细菌染色一般采用碱性染料，如结晶紫、亚甲蓝、碱性品红等。这是由于细菌的等电点较低（pI 2～5），在中性环境中带负电荷，易与带正电荷的碱性染料结合而着色。细菌染色法可分为以下三种：

1. 单染色法　仅用一种染料染色，可以观察细菌的大小、形态与排列，但各种细菌均染成同一种颜色，不能鉴别细菌。

2. 复染色法　用两种或两种以上的染料染色，可将细菌染上不同颜色。除可观察细菌大小、形态和排列外，还能对细菌进行鉴别，又称为鉴别染色法。最常用的复染色法有革兰氏染色法和抗酸染色法。

（1）革兰氏染色法：是将细菌涂片标本固定后，先用结晶紫初染，再经碘液媒染，使之生成结晶紫 - 碘复合物，细菌被染成深紫色，然后用 95% 乙醇脱色处理，最后用稀释复红复染后进行观察。根据颜色可将细菌分为两大类：一类是不被脱色仍保留紫色者为革兰氏阳性菌；另一类是脱色后被复红复染成红色者为革兰氏阴性菌。

革兰氏染色的临床意义：①革兰氏染色可将细菌分为革兰氏阳性菌和革兰氏阴性菌两大类，对细菌的鉴别有重要意义。②指导临床选择药物。大多数革兰氏阳性菌对青霉素、红霉素等药物敏感，而革兰氏阴性菌多对链霉素等敏感。③研究细菌致病性。大多数革兰氏阳性菌的致病物质为外毒素，而革兰氏阴性菌的致病物质主要为内毒素，两类细菌的致病机制不同。

（2）抗酸染色法（acid-fast staining）：是用于鉴别分枝杆菌和其他细菌的染色方法。分枝杆菌（抗酸性细菌）经苯酚复红着色后，能抵抗盐酸乙醇的脱色保持红色，而其他细菌（非抗酸性细菌）可被盐酸乙醇脱色再经亚甲蓝复染呈蓝色。

3. 特殊染色法　不同细菌结构由于组成不同，对染料的亲和力也有所不同。采用特殊的染色法可分辨不同的菌体结构,如荚膜染色法、鞭毛染色法、芽孢染色法、异染颗粒染色法等。

(曾郁敏)

1. 试述细菌的基本形态和排列方式。
2. 列举细菌的基本结构和特殊结构。
3. 试述革兰氏阳性菌和革兰氏阴性菌的细胞壁结构及化学组成的异同(列表比较)。
4. 试述细菌特殊结构在医学上的意义。
5. 革兰氏染色有何重要意义?

第 2 章　细菌的生理

细菌的生理活动包括营养物质的摄取、新陈代谢、获得能量及生长繁殖。细菌生理活动的中心是新陈代谢，其具有代谢活跃且多样化、繁殖迅速的特点。细菌在代谢过程中可产生多种对人类生活及医学实践有重要意义的代谢产物。研究细菌的生理活动不仅是基础生物学科的范畴，而且与医学、环境卫生、工农业生产等密切相关。

细菌是一大类能够独立生活的单细胞微生物。根据细菌利用的能源和碳源的不同，细菌分为两种营养类型：①自养菌：以简单的无机物为原料，通过无机物的氧化或光合作用获得能量，合成菌体成分的细菌；②异养菌：需要利用多种蛋白质、糖类等有机物质作为营养和能量合成菌体成分的细菌。异养菌中从活体内的有机物质中获得营养和能量的细菌称为寄生菌，大部分病原菌属于寄生菌。以动物尸体、腐败物作为营养物质的细菌称为腐生菌。

第一节　细菌的理化性状

一、细菌的化学组成

细菌和其他生物细胞相似，含有多种化学成分，包括水、无机盐、蛋白质、糖类、脂质和核酸等。其中，水是细菌细胞的重要组成成分，占细胞总重量的75%～90%。此外，碳、氢、氮、氧和硫等元素和少量的钾、钠、铁、镁、钙、氯等无机离子，用以构成细菌各种成分及维持酶的活性。细菌还含有一些原核细胞型微生物特有的化学物质，如肽聚糖、磷壁酸、胞壁酸、吡啶二羧酸、D型氨基酸和二氨基庚二酸等。

二、细菌的物理性状

1. *光学性质*　细菌为半透明体，当光线照射至细菌，部分被吸收，部分被折射，因此细菌悬液呈混浊状态，菌数越多，浊度越大，可用比浊法估计细菌的数量。
2. *表面积*　细菌体积微小，相对表面积较大，这有利于进行物质交换，因而细菌代谢旺盛，繁殖迅速。
3. *带电现象*　细菌固体成分的50%～80%是蛋白质，蛋白质由兼性离子氨基酸组成。一般革兰氏阳性菌等电点（pI）为2～3，革兰氏阴性菌pI为4～5，在中性或弱碱性环境中带负电荷。
4. *半透性*　细菌的细胞壁和细胞膜都有半透性，有利于水及小分子营养物质的吸收和排出代谢产物。
5. *渗透压*　细菌细胞内含有高浓度营养物质和无机盐，一般革兰氏阳性菌渗透压为2026.5～2533.1kPa（20～25atm），革兰氏阴性菌为506.6～608.0kPa（5～6atm）。细菌一般所处为低渗环境，但有细胞壁的保护不致崩裂。

第二节　细菌的营养和生长繁殖

一、细菌的营养物质

人工培养细菌时，需供给其生长必需的各种成分，如水、碳源、氮源、无机盐和生长因子等。

1. 水　细菌所需营养物质必须先溶于水，营养的吸收与各种代谢均需有水才能进行。
2. 碳源　各种含碳化合物几乎都能被细菌吸收和利用，是合成菌体组分和获得能量的主要来源。病原菌主要从糖类获得碳源。
3. 氮源　细菌对氮源的需要量仅次于碳源，是提供菌体成分的原料。大多数细菌可以利用有机氮化物，病原性微生物主要从氨基酸、蛋白胨等获得氮。少数病原菌如克雷伯菌亦可利用硝酸盐甚至氮气，但利用率较低。
4. 无机盐　细菌需要各种无机盐以提供细菌生长的各种元素，如磷、硫、钾、钠、镁、钙、铁及钴、锌、锰、铜、钼等。各类无机盐的功用如下：①构成有机物，成为菌体成分；②作为酶的组成部分，维持酶的活性；③参与能量的储存与转运；④调节菌体内外的渗透压；⑤某些元素与细菌的生长繁殖和致病作用密切相关。
5. 生长因子　许多细菌的生长还需一些自身不能合成的生长因子（growth factor），通常为有机化合物，包括维生素、某些氨基酸、嘌呤、嘧啶等。少数细菌还需特殊的生长因子，如流感嗜血杆菌需要X因子、V因子两种因子，X因子是高铁血红素，V因子是烟酰胺腺嘌呤二核苷酸（辅酶Ⅰ）或烟酰胺腺嘌呤二核苷酸磷酸（辅酶Ⅱ），两者为细菌呼吸所必需。

二、细菌生长繁殖的条件

细菌生长繁殖的必要条件是营养物质、能量和适宜的环境。

1. 营养物质　一般细菌所需的营养物质有水分、无机盐类、蛋白胨（或氨基酸）和糖类等。营养要求高的细菌还需要某些生长因子。这些营养物质是细菌进行新陈代谢的物质基础，为细菌的生长繁殖提供必要的原料和能量。人工培养细菌时需满足细菌对营养物质的需要。
2. 酸碱度　营养物质的吸收、分解及能量的产生都需要酶来参与反应。酶活性必须在一定的酸碱度和温度下才能发挥。绝大多数细菌和放线菌生长最适pH为7.0～7.6。个别细菌需在偏酸或偏碱的条件下生长，如结核分枝杆菌的最适pH为6.5～6.8，而霍乱弧菌则在pH 8.4～9.2中生长良好。
3. 温度　根据各类细菌生长时对温度的要求不同，可将细菌分为嗜热菌、嗜温菌和嗜冷菌，分别在50～60℃、37℃和10～20℃生长最好。大多数病原菌为嗜温菌，在10～45℃均能生长，最适生长温度为人体体温，即37℃。但也有例外情况，如耶尔森菌的最适生长温度为28℃，而弯曲菌属则为42℃。
4. 气体环境　与细菌生长有关的气体是O_2和CO_2。大部分细菌需要O_2来氧化营养物质，产生能量，供生长繁殖之用。但厌氧菌必须在无氧环境中才能生长。

根据细菌代谢时对氧气的需要与否分为四类：

（1）专性需氧菌（obligate aerobe）：具有完善的呼吸酶系统，需要分子氧作为受氢体以完成需氧呼吸，在无游离氧的环境中不能生长，如结核分枝杆菌、铜绿假单胞菌。

（2）微需氧菌（microaerophilic bacterium）：在低氧压（5%～6%）条件下生长最好，氧压大于10%对其有抑制作用，如空肠弯曲菌、幽门螺杆菌。

（3）兼性厌氧菌（facultative anaerobe）：兼有需氧呼吸和发酵两种酶系统，不论在有氧环境或无氧环境中都能生长，但以有氧时生长较好。大多数病原菌属兼性厌氧菌。

（4）专性厌氧菌（obligate anaerobe）：缺乏完善的呼吸酶系统，利用氧以外的物质作为受氢体，只能在无氧的环境中产生能量。在有游离氧存在时，不但不能利用分子氧，且还将受其毒害，甚至死亡。细菌在有氧环境中进行物质代谢常产生超氧阴离子（O_2^-）与H_2O_2，两者都有强烈的杀菌作用。厌氧菌因缺乏过氧化氢酶与过氧化物酶和氧化还原电势（Eh）高的呼吸酶等三种酶。因此，在有氧时受到有毒氧基团的影响而不能生长繁殖，如破伤风梭菌、脆弱类杆菌。

CO_2对细菌的生长也很重要。大部分细菌在新陈代谢过程中产生的CO_2已可满足需要。有些细菌（如脑膜炎奈瑟菌和布鲁杆菌）在从标本初次分离时，需人工供给5%～10%的CO_2才能生长良好。

5. 渗透压　一般培养基的盐浓度和渗透压对大多数细菌是安全的，少数细菌[如嗜盐菌

（halophilic bacterium）]需要在高浓度（3%）的 NaCl 环境中生长良好。

三、细菌摄取营养物质的机制

水和水溶性物质可以通过具有半透膜性质的细胞壁和细胞膜进入细胞内，蛋白质、多糖等大分子营养物质需经细菌分泌的胞外酶作用分解成小分子物质才能被吸收。

营养物质进入菌体内的方式有被动扩散和主动运输。

1. 被动扩散　指营养物质从浓度高向浓度低的一侧扩散，其驱动力是浓度梯度，不需提供能量。将不需要任何细菌组分的帮助，亦不消耗能量，营养物质就可进入细胞质内的过程称为简单扩散。如果需要菌细胞的特异性蛋白来帮助或促进营养物的跨膜转运则称为促进扩散。如甘油的转运就属于后者。

2. 主动运输　是细菌吸收营养物质的主要方式，其特点是营养物质从浓度低的一侧向浓度高的一侧转运，并需要提供能量。细菌主要有以下三种主动运输方式：①依赖于周浆间隙结合蛋白的转运系统；②化学渗透驱使转运系统；③基团转移。

需要指出的是，各种细菌转运营养物质的方式不同，即使对同一种物质，不同细菌的摄取方式也不一样。

四、细菌的生长繁殖

1. 生长方式　细菌以简单的二分裂方式（binary fission）繁殖。细菌在各种条件适宜的情况下，其繁殖速度是相当快的。细菌繁殖一代所需时间称为代时（generation time）。大多数细菌的代时为 20～30 分钟，少数细菌代时较长，如结核分枝杆菌的代时为 18～20 小时。

2. 生长曲线　细菌生长速度很快，随着细菌分裂数量的倍增，营养物质逐渐耗竭，有害代谢物逐渐积累，导致细菌繁殖速度渐减，死菌数量增加，活菌增长率随之下降并趋于停滞。将一定量的细菌接种于合适的液体培养基中，在适宜的温度培养时，细菌的生长过程具有规律性。以细菌数目的对数为纵坐标，生长时间为横坐标，绘制出的曲线称为生长曲线（growth curve）（图 2-2-1）。生长曲线可分为四期。

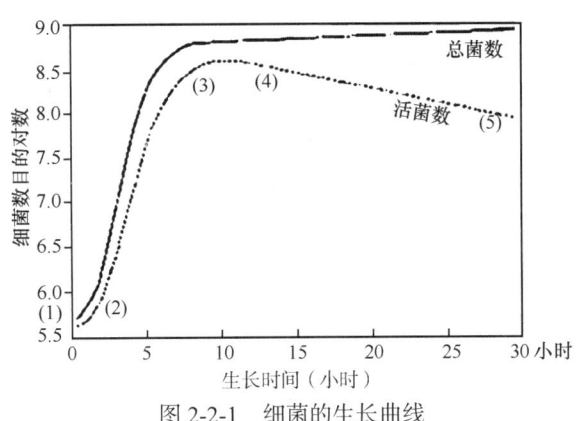

图 2-2-1　细菌的生长曲线

（1）～（2）迟缓期；（2）～（3）对数生长期；（3）～（4）稳定期；（4）～（5）衰退期

（1）迟缓期（lag phase）：是细菌被接种于培养基后最初的一段时间，也是细菌为适应新环境，并为持续不断的增殖做准备所需要的时间。处于迟缓期的细菌，其代谢活跃，体积增大，胞质内储积了足够量的酶、辅酶和中间代谢产物，分裂迟缓，繁殖较少。迟缓期的长短随接种菌种类、菌龄和数量而异，一般为 1～4 小时。

（2）对数生长期（logarithmic phase）：是细菌分裂繁殖最快的时期。进入对数期的菌数以几何级数增长，活菌数的对数呈直线上升。此期细菌的形态、染色性及生理活动都较典型，对外界环境的影响也较为敏感。研究细菌的性状时应选用该期的细菌。此期一般在培养后 8～18 小时。

（3）稳定期（stationary phase）：由于培养基中营养物质的消耗，酸性产物及 H_2O_2 等的积聚，此时细菌的繁殖数与死亡数几乎相等,故活菌数保持稳定。在这个时期中,细菌形态、染色性和生理性状常有改变。一些细菌的芽孢、外毒素和抗生素等代谢产物大多在稳定期产生。

(4)衰退期(decline phase):此期细菌的繁殖越来越慢,活菌数急剧减少,死菌数超过活菌数。此期细菌形态显著改变,出现衰退形或菌体自溶,细菌的生理活动也趋于停滞,因此陈旧培养的细菌难以鉴定。

细菌生长曲线只有在体外人工培养的条件下才能观察到。在研究工作和生产实践中细菌的生长曲线都有指导意义。掌握细菌生长规律,可以人为地改变培养条件,调整细菌的生长繁殖阶段,更为有效地利用对人类有益的细菌。例如,在培养过程中,不断地更新培养液和对需氧菌进行通气,使细菌长时间地处于生长旺盛的对数期,这种培养称为连续培养。

第三节 细菌的新陈代谢

细菌的新陈代谢包括分解代谢与合成代谢,其显著特点是代谢旺盛和代谢类型多样化。

细菌的代谢过程以胞外酶水解外环境中的大分子营养物质开始,产生亚单位分子(单糖、短肽、脂肪酸),经主动或被动转运机制进入胞质内。这些亚单位分子在一系列酶的催化作用下,经过一种或多种途径转变为通用的中间产物丙酮酸;再从丙酮酸进一步分解产生能量或合成新的糖类、氨基酸、脂类和核酸。在上述过程中,底物分解和转化为能量的过程称为分解代谢;所产生的能量用于细胞组分的合成称为合成代谢;将两者紧密结合在一起的称为中间代谢。伴随代谢过程细菌还产生许多在医学上有重要意义的代谢产物。

一、细菌的能量代谢

生物体能量代谢的基本生化反应是生物氧化。各种细菌的生物氧化过程、代谢产物和产生能量的多少有所不同。底物脱氢后电子经过呼吸链产能的称为呼吸,其中以分子氧为受体氢的是需氧呼吸,以其他无机氧化物(个别是有机氧化物)为受氢体的是厌氧呼吸;电子不经过呼吸链,直接交给代谢中间产物的称为发酵。需氧呼吸在有氧条件下进行,厌氧呼吸和发酵必须在无氧条件下进行。病原菌合成细胞组分和获得能量的基质主要是糖类,通过糖的氧化或酵解释放能量,并以高能磷酸键的形式(ADP、ATP)储存能量。现以葡萄糖为例,简述细菌的能量代谢。

1. 呼吸

(1)需氧呼吸:1分子葡萄糖在有氧条件下彻底氧化,生成CO_2、H_2O,并产生38分子ATP。需氧呼吸中,葡萄糖生成的丙酮酸脱羧产生乙酰辅酶A后进入三羧酸循环彻底氧化。然后将脱出的氢和电子进入电子传递链进行氧化磷酸化,最终以分子氧作为受氢体。需氧菌和兼性厌氧菌进行需氧呼吸。

(2)厌氧呼吸:在无氧条件下,经电子传递链,最终将电子传递给外源的无机氧化物(CO_2、SO_4^{2-}、NO_3^-等),某些专性厌氧菌和兼性厌氧菌在无氧条件下进行,所产生的能量不如需氧呼吸。

2. 发酵

(1)糖酵解途径:又称为恩-迈-帕途径(Embden-Meyerhof-Parnas pathway,EMP pathway),这是大多数细菌共有的基本代谢途径,反应最终的受氢体为未彻底氧化的中间代谢产物,产生能量远比需氧呼吸少。1分子葡萄糖可生成2分子丙酮酸,产生2分子ATP和2分子$NADH+H^+$。丙酮酸以后的代谢途径因细菌的种类不同而异。

(2)磷酸戊糖途径:又称为一磷酸己糖(hexose monophosphate,HMP)途径,是EMP途径的分支,由己糖生成戊糖的循环途径。其主要功能是为生物合成提供前体和还原力,反应获得的12分子($NADPH+H^+$)可供进一步利用,产能效果仅为EMP途径的一半。

二、细菌的代谢产物

1. 分解代谢产物和细菌的生化反应　检测细菌对各种基质的代谢作用及代谢产物,借以区别和鉴别细菌种类的生化试验,称为细菌的生化反应。细菌的生化反应是鉴别细菌的重要依据,尤其对菌形、革兰氏染色反应和菌落形态相同或相似的细菌更为重要。

常用的生化反应有:

(1) 糖(醇、苷)发酵试验:是鉴别细菌的重要方法,不同细菌分解糖类的能力和代谢产物不同。观察细菌对乳糖、葡萄糖、麦芽糖、甘露醇、蔗糖的发酵情况,有助于鉴别细菌。如大肠埃希菌分解乳糖,而致病性肠道杆菌多数不分解乳糖。即使两种细菌均可发酵同一糖类,其结果也可能不尽相同。例如,大肠埃希菌、伤寒沙门菌都能发酵葡萄糖,大肠埃希菌有甲酸脱氢酶,产酸并产气,而伤寒沙门菌缺乏该酶,发酵葡萄糖仅产酸不产气。

(2) 吲哚(indol, I)试验:有些细菌(如大肠埃希菌、变形杆菌、霍乱弧菌等)能分解培养基中的色氨酸生成吲哚(靛基质),与试剂对二甲基氨基苯甲醛作用,生成玫瑰吲哚而呈红色,此为吲哚试验阳性。

(3) 甲基红(methyl red, M)试验:产气肠杆菌分解葡萄糖产生丙酮酸,经脱羧后生成中性乙酰甲基甲醇,故培养液 pH>5.4,甲基红指示剂呈橘黄色,为甲基红试验阴性。大肠埃希菌分解葡萄糖产生丙酮酸,培养液 pH≤4.5,甲基红指示剂呈红色,为甲基红试验阳性。

(4) 沃-普(Voges-Proskauer, V-P)试验:大肠埃希菌和产气肠杆菌均能发酵葡萄糖,产酸产气,两者不能区别。产气肠杆菌能使 2 分子丙酮酸缩合成中性的乙酰甲基甲醇。后者在碱性溶液中被氧化生成二乙酰,二乙酰与培养基中的胍基化合物发生反应生成红色化合物,为 V-P 试验阳性。大肠埃希菌不能生成乙酰甲基甲醇,V-P 试验阴性。

(5) 枸橼酸盐利用(citrate utilization, C)试验:当某些细菌利用枸橼酸盐作为唯一碳源时,可在枸橼酸盐培养基上生长,分解枸橼酸盐生成碳酸盐,并分解铵盐生成氨,使培养基变成碱性,而使指示剂变色,为该试验阳性。大肠埃希菌不能利用枸橼酸盐,在该培养基上不能生长,为枸橼酸盐利用试验阴性。

吲哚(I)、甲基红(M)、V-P(V)和枸橼酸盐利用(C)四种试验,常用于鉴定肠道杆菌,合称 IMViC 试验。例如,大肠埃希菌的结果是 ++--,而产气肠杆菌则为 --++。

(6) 硫化氢试验:有些细菌(如乙型副伤寒沙门菌和变形杆菌等)能分解培养基中的含硫氨基酸生成硫化氢,硫化氢遇铅或铁离子生成黑色的硫化物,此为硫化氢试验阳性。

(7) 脲酶试验:变形杆菌有脲酶,能分解尿素产氨,使培养基变碱性,为脲酶试验阳性。

现代临床细菌学已普遍采用微量、快速的生化鉴定方法,形成以细菌生化反应为基础的各种数值编码鉴定系统。用细菌鉴定软件分析细菌的生化反应谱,使细菌生化鉴定自动化,能够快速确定细菌的种类。

2. 合成代谢产物及其在医学上的意义 细菌在新陈代谢过程中,除合成菌体自身成分和酶类外,还能合成产生一些特殊产物。在医学上具有重要意义的产物如下:

(1) 热原质:是细菌合成的注入人体或动物体内能引起发热反应的物质,产生热原质的细菌大多为革兰氏阴性菌,其细胞壁的脂多糖即为热原质。热原质耐高温,高压蒸汽灭菌(121.3℃,20 分钟)亦不被破坏,250℃高温干烤才能破坏热原质。用吸附剂和特殊石棉滤板可除去液体中大部分热原质,蒸馏法效果最好。因此,制备生物制品或注射用制剂时应严格遵守无菌操作,防止细菌污染。

(2) 毒素和侵袭性酶:毒素是病原性细菌合成的对人和动物有毒性作用的物质。革兰氏阴性菌细胞壁的脂多糖是一种毒素,因其是菌体裂解后释放出来,故称为内毒素(endotoxin)。革兰氏阳性菌和少数革兰氏阴性菌在代谢过程中可释放出对组织细胞有毒性作用的蛋白质,称为外毒素(exotoxin)。也有部分细菌能产生一些酶类:如产气荚膜梭菌产生的卵磷脂酶、金黄色葡萄球菌产生的血浆凝固酶等,都与细菌的致病性有关,对人体有损伤作用,统称为侵袭性酶。

(3) 色素:某些细菌产生不同颜色的色素,如铜绿假单胞菌产生的色素能溶于水,使培养基或感染的脓液呈绿色,为水溶性色素。而金黄色葡萄球菌产生的色素是脂溶性色素,不溶于水,培养基不着色,仅能使菌落显色。色素有助于鉴别细菌。

(4) 抗生素：某些微生物代谢过程中产生的一类能抑制或杀死某些其他微生物的物质，称为抗生素。细菌产生的抗生素种类少，只有多黏菌素（polymyxin）、杆菌肽（bacitracin）等。

(5) 维生素：细菌合成某些维生素，除供自身需要外，还能分泌至周围环境中。例如，人体肠道内的大肠埃希菌，能合成维生素 B 族和维生素 K，可被人体吸收利用。

(6) 细菌素（bactericin）：是某些菌株产生的一类具有抗菌作用的蛋白质，只对有近缘关系的细菌有杀伤作用，如大肠菌素，其编码基因位于 Col 质粒上。细菌素无治疗上的应用价值，但由于细菌素具有种和型的特异性，可用于细菌分型和流行病学追踪调查。

第四节 细菌的人工培养

一、细菌的培养方法

人工培养细菌，除需要提供充足的营养物质使细菌获得生长繁殖所需要的原料和能量外，尚要有适宜的环境条件，如酸碱度、渗透压、温度和必要的气体等。

根据不同标本及不同培养目的，可选用不同的接种和培养方法。常用的有细菌的分离培养和纯培养两种方法。

病原菌的人工培养一般采用 35～37℃，培养时间多数为 18～24 小时。

二、培 养 基

培养基（culture medium）是用人工方法将适合细菌生长繁殖需要的各种营养物质按一定比例进行配制，经灭菌后制成。培养基的 pH 一般为 7.2～7.6，少数细菌需按生长要求调整 pH 至偏酸或偏碱。许多细菌在代谢过程中分解糖类产酸，故常用缓冲剂来配制培养基，以维持培养环境的 pH。

1. 培养基按其营养组成和用途不同分为以下几类

(1) 基础培养基（basic medium）：能满足多数细菌生长繁殖所需的基本营养要求。它是配制特殊培养基的基础，也可作为一般培养基用，如营养肉汤（nutrient broth）、营养琼脂（nutrient agar）、蛋白胨水等。

(2) 营养培养基（enrichment medium）：在基础培养基中加入一些特殊的营养物质，以满足对营养要求较高的某些特殊细菌生长繁殖的需要，如化脓性链球菌、肺炎链球菌需在含血液或血清的培养基中生长良好。

(3) 选择培养基（selective medium）：在培养基中加入某种特殊的营养物质或化学物质，使之抑制某些细菌生长，而有利于另一些细菌生长，从而将后者从混杂的标本中分离出来，这种培养基称为选择培养基。例如，培养肠道致病菌的 SS 琼脂，其中的胆盐能抑制革兰氏阳性菌，枸橼酸钠和煌绿能抑制大肠埃希菌，因而使致病的沙门氏菌和志贺氏菌容易生长而分离。

(4) 鉴别培养基（differential medium）：用于培养和区分不同细菌种类的培养基称为鉴别培养基。利用各种细菌的分解能力及其代谢产物不同，在培养基中加入特定的作用底物和指示剂，观察细菌在其中生长后对底物的作用如何，从而鉴别细菌。例如，常用的糖发酵管、三糖铁培养基、伊红-亚甲蓝琼脂等。

(5) 厌氧培养基（anaerobic medium）：专供厌氧菌的分离、培养和鉴别用的培养基，称为厌氧培养基。这种培养基营养成分丰富，含有特殊生长因子，氧化还原电势低，并加入亚甲蓝作为氧化还原指示剂。其中，心、脑浸液和肝块、肉渣含有不饱和脂肪酸，能吸收培养基中的氧；硫乙醇酸盐和半胱氨酸是较强的还原剂；维生素 K_1、氯化血红素可促进某些类杆菌的生长。常用的有疱肉培养基（cooked meat medium）、硫乙醇酸盐肉汤等，并在液体培养基表面加入凡士林或液体石蜡以隔绝空气。

2. 根据物理状态的不同，培养基又可分为液体培养基、固体培养基和半固体培养基三大类 在液体培养基中加入 1.5%～2.5% 的琼脂粉，即凝固成固体培养基；琼脂粉含量在 0.3%～0.5%

时,则为半固体培养基。琼脂在培养基中起赋形剂作用,对细菌不具营养意义。液体培养基可用于大量繁殖细菌,但必须种入纯种细菌;固体培养基常用于细菌的分离和纯化;半固体培养基则用于观察细菌的动力和短期保存细菌。

三、细菌在培养基中的生长现象

1. 在液体培养基中的生长现象　大多数细菌在液体培养基中生长繁殖后呈现均匀混浊状态;少数链状的细菌呈沉淀生长;枯草芽孢杆菌、结核分枝杆菌等专性需氧菌则呈表面生长,常形成菌膜。

2. 在半固体培养基中的生长现象　半固体培养基黏度低,有鞭毛的细菌仍可在其中自由游动,沿穿刺线呈羽毛状或云雾状混浊生长;无鞭毛细菌只能沿穿刺线呈明显的线状生长。

3. 在固体培养基中的生长现象　将标本或培养物划线接种在固体培养基的表面,因划线的分散作用,使许多原先混杂的细菌在固体培养基表面上散开,称为分离培养。一般经过18～24小时培养后,在适宜的培养基中,单个细菌分裂繁殖成一个肉眼可见的细菌集团,称为菌落(colony)。挑取一个菌落移种到另一培养基中,生长出来的细菌均为纯种,称为纯培养(pure culture)。这是从临床标本中检查鉴定细菌很重要的第一步,主要用于分离鉴定细菌、做病原学诊断和生产菌苗用于预防。各种细菌在固体培养基上形成的菌落,在大小、形状、颜色、气味、透明度、表面光滑或粗糙、湿润或干燥、边缘整齐与否以及在血琼脂平板上的溶血情况等均有不同表现,这些有助于检查和鉴定细菌。此外,取一定量的液体标本或培养液均匀接种于琼脂平板上,可计数菌落,推算标本中的活菌数。这种菌落计数法常用于检测自来水、饮料、污水、药物和临床标本的活菌数量。

细菌的菌落一般分为三型:

(1) 光滑型菌落(smooth colony,S型菌落):新分离的细菌大多呈光滑型菌落,表面光滑、湿润、边缘整齐。

(2) 粗糙型菌落(rough colony,R型菌落):菌落表面粗糙、干燥、呈皱纹或颗粒状,边缘大多不整齐。R型细菌多由S型细菌变异失去菌体表面多糖或蛋白质形成。R型细菌抗原不完整,毒力和抗吞噬能力都比S型细菌弱。但也有少数细菌新分离的毒力株就是R型,如炭疽芽孢杆菌、结核分枝杆菌等。

(3) 黏液型菌落(mucoid colony,M型菌落):黏稠、有光泽,似水珠样,多见于有厚荚膜或丰富黏液层的细菌,如肺炎克雷伯菌等。

四、人工培养细菌的用途

1. 在医学中的应用　细菌培养对疾病的诊断、预防、治疗和科学研究都具有重要的作用。

(1) 感染性疾病的病原学诊断:明确感染性疾病的病原菌必须取患者有关标本进行细菌分离培养、鉴定和药物敏感试验,其结果可指导临床用药。

(2) 细菌学的研究:有关细菌生理、遗传变异、致病性和耐药性等研究都离不开细菌的培养和菌种的保存等。

(3) 生物制品的制备:供防治用的疫苗、类毒素、抗毒素、免疫血清及供诊断用的菌液、抗血清等均来自培养的细菌或其代谢产物。

2. 在制药工业和农业生产中的应用　细菌培养和发酵过程中多种代谢产物可制成抗生素、维生素、氨基酸、有机溶剂、酒、酱油、味精等产品。细菌培养物还可生产酶制剂,处理废水和垃圾,制造菌肥和农药等。

3. 在基因工程中的应用　将带有外源性基因的重组DNA转染给受体菌,使其在菌体内能获得表达。细菌培养操作简便容易,繁殖快,基因表达产物易于提取纯化,故可以大大地降低成本。例如,应用基因工程技术已成功地制备了胰岛素、干扰素、乙型肝炎疫苗等。

附:细菌的分类与命名

细菌学是一个古老的、传统的学科,又是一个现代化的、发展的学科,分类比较复杂,原则上分为传分类和种系分类两种。

1. **传统分类** 主要依据表型特征分类，分类依据是形态和生理特征。选择一些较为稳定的生物学性状，如细菌的形态与结构、染色性、培养特性、生化反应、抗原性等作为分类的标记。用电泳、色谱、质谱等方法，对细菌组分、代谢产物组成进行分析，通过计算机对细菌的各种生物学性状进行比较，分析各菌间的相似度，划分细菌的属和种，称为数值分类。

2. **种系分类** 主要根据遗传型特征分类，在数值分类的基础上，引入核酸分析，包括DNA碱基组成（G+Cmol%）、核酸分子杂交（DNA-DNA同源性、DNA-rRNA同源性）和16S rRNA同源性分析，比较细菌大分子（核酸、蛋白质）结构的同源程度进行分类，揭示细菌进化的信息。这种分类称为种系分类。

细菌分类的层次与其他生物相同，也是界、门、纲、目、科、属、种。在细菌学中常用的是属和种。如金黄色葡萄球菌和表皮葡萄球菌同属于葡萄球菌属，细球菌科；大肠埃希菌属于埃希菌属、肠杆菌科；而细球菌科和肠杆菌科皆属于真细菌目、裂殖菌纲、菌门。

种（species）是细菌分类的基本单位。生物学性状基本相同的细菌群体构成一个菌种；性状相近关系密切的若干菌种组成一个菌属。同一菌种的各个细菌，虽性状基本相同，但在某些方面仍有一定差异，差异较明显的称为亚种或变种，差异小的则为型（type）。按抗原结构分为不同血清型；按噬菌体和细菌素的敏感性不同而分噬菌体型和细菌素型；按生化反应和其他某些生物学性状不同而分生物型。对不同来源的同一菌种的细菌称为该菌的不同菌株（strain）。具有某种细菌典型特征的菌株称为该菌的标准菌株（standard strain）或模式菌株（type strain）。

细菌用拉丁双名法命名，第一个为属名，用名词，第一个字母大写，可简写为第一个大写字母。第二个为种名，不用大写，用形容词，全名用斜体字印刷，不可简写。例如，大肠埃希菌的学名用 *Escherichia*（属名） *coli*（种名）表示。大肠埃希菌可简写为 *E. coli*。中文名称则为种名在前，属名在后。

与医学有关的细菌分类见表2-2-1。

表2-2-1 与医学有关的细菌分类表

类别	属	类别	属
Ⅰ.革兰氏阴性有细胞壁的真细菌		厌氧革兰氏阴性直、弯或螺旋形杆菌	类杆菌属
螺旋体	密螺旋体属		梭杆菌属
	疏螺旋体属	厌氧革兰氏阴性球菌	韦荣球菌属
	钩端螺旋体属	立克次体与衣原体	立克次体属
需氧/微需氧、有动力、螺旋体/弧形革兰氏阴性菌	螺菌属		考克斯体属
	弯曲菌属		衣原体属
	螺杆菌属	非光合滑行细菌	二氧化碳嗜纤维菌属
需氧/微需氧、革兰氏阴性杆菌与球菌	假单胞菌属	Ⅱ.革兰氏阳性有细胞壁的真细菌	
	军团菌属	革兰氏阳性球菌	肠球菌属
	奈瑟菌属		葡萄球菌属
	莫拉菌属		链球菌属
	产碱杆菌属		消化链球菌属
	布鲁菌属	可形成芽胞的革兰氏阳性杆菌与球菌	芽胞杆菌属
	罗卡利马体属		梭菌属
	鲍特菌属	形态规则的无芽胞革兰氏阳性杆菌	李斯特菌属
	弗朗西丝菌属		丹毒丝菌属

续表

类别	属	类别	属
兼性厌氧革兰氏阴性杆菌	埃希菌属（和大肠埃希菌状相关细菌）	形态不规则的无芽孢革兰氏阳性杆菌	棒状杆菌属
	志贺菌属		放线菌属
	沙门菌属		动弯杆菌属
	克雷伯菌属	分枝杆菌	分枝杆菌属
	变形杆菌属	放线菌	诺卡菌属
	普罗威登斯菌属		链霉菌属
	耶尔森菌属		红球菌属
	弧菌属	Ⅲ.无细胞壁的真细菌	支原体属
	巴氏杆菌属		脲原体属
	嗜血杆菌属	Ⅳ.古细菌	（未发现病原菌）

（毕　静）

1. 简述细菌生长繁殖的基本条件有哪些？为什么专性厌氧菌在有氧环境中不能生长繁殖？
2. 简述细菌的合成代谢产物种类及其在医学上的意义。
3. 细菌的生长曲线可分为几期？各自的主要特点是什么？
4. 按物理性状不同可将培养基分哪几种？各有何主要用途？
5. 按用途不同可将培养基分为哪几种？请各列出一种常用的培养基。
6. 根据细菌代谢时对分子氧的需求与否，可将细菌分为哪几类？

第3章 消毒灭菌与生物安全

微生物广泛存在于自然环境中，与外界环境接触的物品上都可能存有微生物。有些物品由于直接或间接接触来自人或动物的分泌物、排泄物，可能被不同种类的病原微生物污染。防止微生物进入机体的重要措施就是消毒灭菌，即利用物理或化学方法抑制或杀灭微生物，以防止微生物污染或病原微生物传播。以下是关于消毒灭菌的常用术语。

消毒（disinfection） 是指杀灭物体上病原微生物的方法。

灭菌（sterilization） 是指杀灭物体上所有微生物（包括病原微生物和非病原微生物，细菌的繁殖体和芽孢）的方法。

防腐（antisepsis） 是指防止或抑制微生物生长繁殖的方法。

无菌（asepsis） 是指物体（或环境）中没有任何活的微生物存在。

无菌操作（aseptic technique） 防止微生物进入人体或其他物品上的操作技术称为无菌操作。

第一节　物理消毒灭菌法

一、热力灭菌法

热力灭菌法是利用高温杀菌的方法。高温能破坏细菌的蛋白质和核酸，从而造成细菌细胞损伤或死亡。热力灭菌法有干热灭菌法和湿热灭菌法两种方法。湿热灭菌法可引起菌体蛋白质变性和凝固、核酸降解、细胞膜损伤等。干热灭菌除使细菌蛋白质变性外，还可使电解质浓缩从而对细菌产生毒害作用。因此，热力灭菌法是常用而可靠的灭菌方法。细菌对热力的抵抗因菌种、生长时期及有无芽孢的不同而异。几种常用热力灭菌法见表2-3-1。

表2-3-1　几种常用热力灭菌法

种类	方法	设备及要求	效果	用途
干热灭菌	1. 焚烧法	焚烧	灭菌	废弃的污物、尸体
	2. 烧灼法	在火焰上进行	灭菌	接种环、试管口灭菌
	3. 干烤法	干烤箱，160~170℃，1~2小时	灭菌	玻璃器皿等
	4. 红外线法	红外线灭菌器，常用820℃，5秒	灭菌	小件医疗器械，玻璃注射器快速灭菌
湿热灭菌	1. 煮沸法	煮沸锅，100℃，5~10分钟	消毒	手术器械、注射器，人类免疫缺陷病毒污染物需煮沸20分钟
	2. 间歇灭菌法	流动蒸汽灭菌器或蒸笼，100℃，15~30分钟，移入37℃孵箱中过夜，每天一次，连续3天	灭菌	不耐高温的物品
	3. 巴氏消毒法	加热61.1~62.8℃，30分钟；或72℃，15秒	消毒	消毒牛奶、酒类等营养丰富且不耐热物品
	4. 高压蒸汽灭菌法	高压蒸汽灭菌器，通常蒸汽压力为103.4kPa（1.05kg/cm^2），温度121.3℃，15~30分钟	灭菌	耐高温物品，如普通培养基、生理盐水、敷料、手术衣帽、手术器械、注射器等
	5. 预真空压力蒸汽灭菌法	预真空压力蒸汽灭菌器，高真空、132℃，4分钟	灭菌	同高压蒸汽灭菌法，灭菌快速，在密闭容器内的物品也可放入灭菌，开锅后即可应用

二、辐射杀菌法

1. **日光与紫外线** 日光是天然有效的杀菌因素，其有效杀菌光波为紫外线。紫外线有效杀菌波长为 200～300nm，其中以 265～266nm 作用最强，这与 DNA 的吸收光谱范围一致。紫外线杀菌原理是可使一条 DNA 链上相邻的两个胸腺嘧啶共价结合形成嘧啶二聚体，从而干扰了 DNA 的复制与转录，导致细菌变异或死亡。紫外线除对细菌有杀菌作用外，还对病毒、酶类、毒素和抗体有灭活作用。紫外线穿透力较弱，普通玻璃、纸张、尘埃、水蒸气等均能阻挡紫外线通过，故常用于无菌操作室、外科换药室、病房、手术室及实验室的空气消毒或一定距离的物品表面消毒，通常照射 20～30 分钟。紫外线直接照射能损伤人的皮肤、眼角膜和结膜，分解空气中的氧气形成的臭氧除有杀菌作用外，还可促使人体细胞衰老，使用中要注意防护。

2. 电离辐射　是一切能引起物质电离的辐射总称，包括高速带电粒子、X 射线及 γ 射线等。在足够剂量时，对各种细菌均有致死作用。其机制在于干扰 DNA 合成、破坏细胞膜、引起酶系统紊乱及产生游离基。电离辐射常用于中药和一次性医用塑料制品的灭菌。电离辐射具有放射性损害，使用时注意放射性防护。

3. 微波　是利用微波发生器产生的微波（即波长为 1mm～1m 的电磁波）进行杀菌。微波被基质吸收后引起分子之间的摩擦，产生热能，加热迅速均匀。微生物因菌体蛋白受热变性而被杀死。微波可穿透玻璃、塑料、陶瓷等物质，但不能穿透金属。常用于药品及食品的杀菌。

三、超声波杀菌法

频率高于 20 000Hz、不被人耳感受的声波称为超声波。多数细菌对超声波敏感，特别是革兰氏阴性菌。超声波杀菌的机制是它通过水时发生的空（腔）化作用，在液体中造成压力改变，应力薄弱区形成许多小空腔，逐渐增大，最后崩破。崩破时的压力可高达 1000 个大气压。但此种方法常有活菌残存，因此不用于灭菌，目前主要用于裂解菌体细胞，以分离细胞组分和制备抗原。

四、滤过除菌法

滤过除菌法是利用物理阻留的方法将液体或空气中的细菌除去。滤菌器有细微小孔，允许液体和空气通过，大于孔径的细菌不能通过。常用的除菌滤器有薄膜滤器（0.45μm 和 0.22μm 孔径）、石棉滤器和玻璃滤器等。一些不耐高温的液体如血清、抗生素、细胞培养液及空气等常用滤过法除菌。

对空气滤过除菌一般采用不同级别的空气过滤器，可以滤过空气中直径为 0.5～5μm 的尘埃颗粒，滤过率为 50%～99.99%。由于微生物通常附着在尘埃上，滤过了空气中的尘埃也就同时除去了细菌等微生物。空气过滤通常用于生物安全柜、超净工作台及生物洁净室等的空气除菌。

五、干燥与低温抑菌法

1. 干燥　可使细菌繁殖体脱水、蛋白质变性和盐类浓缩，从而阻碍细菌的代谢，影响细菌生长、繁殖，最后导致细菌死亡。细菌种类不同，对干燥的抵抗力也有区别，有芽孢的细菌对干燥的抵抗力强。用高浓度糖或盐处理过的食物，由于细菌脱水而不能在其中生长，从而食物可久存不变质，此种方法称为生理性干燥。

2. 低温　细菌对寒冷有较强的耐受性，仅少数病原菌如脑膜炎奈瑟菌、淋病奈瑟菌等耐受性较低。在低温条件下，细菌的代谢缓慢，但仍保持其生命，故常用于菌种保存。一旦温度等条件适宜，又可恢复生长繁殖。为了避免解冻时对细菌的损伤，可在低温状态下真空抽去水分，此法称为冷冻真空干燥法（lyophilization），该法是目前保存菌种和病毒的最好办法。

第二节　化学消毒灭菌法

一、化学消毒剂的作用机制

具有消毒作用的化学药物称为化学消毒剂。化学消毒剂对微生物的作用机制随消毒剂种类不同而有差异。其作用机制归纳如下：

（1）使细菌细胞中的蛋白质变性、凝固，如酚类、醇类、重金属盐类、酸碱类、醛类。

(2) 破坏细菌的细胞膜，如酚类、表面活性剂、脂溶剂。
(3) 干扰细菌的酶系统，如氧化剂、重金属盐类。

二、化学消毒剂的应用

常用化学消毒剂的应用见表 2-3-2。

表 2-3-2 常用化学消毒剂的应用

类别	消毒剂名称	主要性状与特点	用法	用途
醇类	乙醇	消毒力一般，对芽孢无效	70%~75%	皮肤、体温表消毒，HIV 浸 30 分钟
酚类	苯酚（石炭酸）	杀菌力强，对皮肤有一定刺激性	3%~5%	地面、家具、器皿等表面消毒
	甲酚（煤酚皂，来苏）	杀菌力强，气味较大	3%~5% 2%	地面、家具、器皿等表面消毒 皮肤消毒
	氯己定（洗必泰）	稳定	0.02%~0.05% 0.01%~0.025%	术前洗手 膀胱、阴道冲洗
氧化剂	高锰酸钾	强氧化剂，稳定	0.1%	皮肤及尿道消毒，冲洗蛇咬伤创口，水果消毒
	过氧化氢	新生氧杀菌，不稳定	3%	冲洗创伤伤口、口腔黏膜消毒，冲洗蛇咬伤创口
	过氧乙酸	原液对皮肤有强刺激性，对金属有腐蚀性	0.2%~1%	塑料、玻璃器材、玩具等消毒，洗手
	碘酊	对皮肤刺激性强，涂后用乙醇拭净	2.5%	皮肤消毒
	聚维酮碘（碘伏）	对皮肤刺激性弱，涂后不用乙醇擦拭	250~5000mg/ml	皮肤、黏膜消毒
	氯	刺激性强	$(0.2\sim0.5)\times10^{-6}$	饮水消毒
	含氯石灰（漂白粉）	利用其有效氯	10%~20%	饮水消毒，地面、厕所、排泄物消毒
	次氯酸钠	对金属有腐蚀性，对皮肤有刺激性	0.05%~0.1%	医疗器械消毒，HIV 用 0.5% 溶液浸 30 分钟
重金属盐类	红汞	杀菌力弱，对芽孢无效，不能与碘酒同时用	2%	小创伤消毒
	硫柳汞	杀菌力弱、抑菌力强	0.1%	生物制品防腐，手术部位消毒
重金属盐类	硝酸银	有腐蚀性	1%	新生儿滴眼，预防淋病奈瑟菌感染
	蛋白银	银有机化合物，刺激性小	1%~5%	新生儿滴眼，预防淋病奈瑟菌感染
表面活性剂	苯扎溴铵（新洁尔灭）	刺激性小，稳定，对芽孢无效，遇肥皂作用减弱	0.05%~0.1%	皮肤黏膜消毒，外科手术洗手，浸泡器械消毒
	杜灭芬	稳定，易溶于水，遇肥皂作用减弱	0.05%~0.1%	冲洗皮肤创伤，橡胶、塑料、金属、棉织物等制品消毒
烷化剂	甲醛	刺激性强、杀菌作用强，对细菌和毒素均有作用	10%	物品表面消毒，甲醛蒸气可用于空气消毒
	戊二醛	刺激性小、碱性溶液有强大杀菌作用	2%	可消毒不耐热物品，HIV 浸 30 分钟
	环氧乙烷	易爆、易燃、有毒	50mg/1000ml 置于密闭塑料袋内	对多种医疗器械和设备进行消毒，如人工心脏瓣膜、内镜、照相机、麻醉器材等
酸碱类	醋酸	有浓醋味	5~10ml/m³ 加等量水，加热使其蒸发	消毒房间，控制呼吸道感染
	生石灰	杀菌力强，腐蚀性大	加水 1:4~1:8	地面及排泄物消毒
染料	甲紫	对葡萄球菌作用强	2%~4%	浅表创伤消毒，不宜久用

三、影响消毒剂作用的因素

化学消毒剂的作用效果受多种因素影响,主要包括以下几点:

1. *消毒剂的性质、浓度及作用时间* 由于消毒剂性质不同,对微生物的作用也有差异,如表面活性剂对革兰氏阳性菌的杀灭效果比对革兰氏阴性菌好,甲紫对葡萄球菌作用较强。多数消毒剂在低浓度只能抑制细菌生长,在高浓度下可杀死细菌。但乙醇例外,其最佳的消毒效果浓度是70%～75%。当消毒剂浓度固定时,作用时间越长,消毒效果越好。

2. *微生物的种类、数量与生理状态* 不同种类微生物对消毒剂的敏感度不同,其敏感度由高到低排序大致为:真菌、细菌繁殖体、有包膜病毒、无包膜病毒、分枝杆菌、细菌芽孢,如70%乙醇可杀死多数细菌繁殖体,但不能杀灭细菌的芽孢。因此,必须根据消毒对象选择消毒剂种类。一般认为细菌数量越多,消毒剂浓度应越高,消毒时间也应延长。细菌消毒灭菌前的生长情况也显著影响它们的抵抗力,如微生物在营养丰富条件下的抵抗力比在营养缺陷条件下的抵抗力要强。

3. *温度及酸碱度* 温度升高时消毒剂的化学反应速度加快,杀菌效果提高。有资料证明,2%戊二醛杀灭每毫升含10^4个炭疽芽孢杆菌的芽孢,20℃时需15分钟,56℃时则需1分钟。杀菌效果亦受酸碱度影响,如戊二醛在pH等于7.5～8.5时杀灭细菌和芽孢作用最强,在pH小于5时对病毒灭活作用好;苯扎溴铵则在偏酸条件时杀菌效果好。

4. *环境* 如消毒环境中存在某些有机物,可与化学消毒剂发生反应,从而降低其杀菌作用,故应选用不易受有机物影响的消毒剂,如酚类消毒剂等。

第三节 生 物 安 全

生物安全(biosafety)是指避免危险生物因子造成实验室人员伤害,或避免危险生物因子污染环境、危害公众的综合措施,主要包括病原微生物实验室生物安全及对突发性公共卫生事件的正确处理。

一、病原微生物实验室生物安全

(一)病原微生物危害程度分类

1983年,世界卫生组织出版了《实验室生物安全手册》(*Laboratory Biosafety Manual*),该手册指出每个国家(地区)应该按照危险度等级,并考虑微生物的致病性、微生物的传播方式和宿主范围、当地所具备的有效预防措施及有效治疗措施等因素来制订各自的微生物分类目录。据此,中华人民共和国第424号国务院令《病原微生物实验室生物安全管理条例》中将病原微生物分为四类,并在我国卫生部于2006年制定颁布的《人间传染的病原微生物名录》中具体明确了适合我国国情的一至四类致病微生物类别(表2-3-3),其中第一类、第二类病原微生物统称为高致病性病原微生物。

表2-3-3 我国病原微生物危险度分类与相应的生物安全实验室级别

类别	种数	主要的病原微生物	可研究的相应生物安全实验室级别
一类	29种	天花病毒、克里米亚-刚果出血热病毒(新疆出血热病毒)、埃博拉病毒、猴痘病毒、亨德拉病毒等	BSL-4;Ⅲ级生物安全柜,有供气的正压防护服
二类	70种	口蹄疫病毒、汉坦病毒、高致病性禽流感病毒、人类免疫缺陷病毒、乙型脑炎病毒、SARS冠状病毒、狂犬病毒、霍乱弧菌、炭疽芽孢杆菌、鼠疫耶尔森菌、结核分枝杆菌、立克次体、布鲁菌、荚膜组织胞浆菌等	BSL-3;Ⅱ级或Ⅲ级生物安全柜,控制气流方向和压力梯度(单向气流)
三类	275种	肠道病毒、EB病毒、甲型肝炎病毒、乙型肝炎病毒、单纯疱疹病毒、麻疹病毒、金黄色葡萄球菌、化脓性链球菌、致病性大肠埃希菌、伤寒沙门菌、黄曲霉、絮状表皮癣菌、白假丝酵母菌、新生隐球菌、羊瘙痒病因子等	BSL-2;Ⅱ级生物安全柜和应急喷淋
四类	6种	豚鼠疱疹病毒、金黄地鼠白血病病毒等	BSL-1;无特殊要求

第一类，指能够引起人类或者动物非常严重疾病的微生物，包括我国尚未发现或已宣布消灭的微生物，共 29 种，均为病毒。

第二类，指能够引起人类或者动物严重疾病，比较容易直接或间接在人与人、动物与人、动物与动物间传播的微生物，共包括病毒（不含朊粒）51 种、朊粒 5 种、细菌 10 种、真菌 4 种。

第三类，指能够引起人类或者动物疾病，但一般情况下对人、动物或环境不构成严重危害的微生物，其传播风险有限，实验室感染后很少引起严重疾病，人类已经有了可行的治疗和预防措施，对人类致病的常见微生物主要属于第三类，包括病毒（不含朊粒）74 种、朊粒 1 种、细菌 145 种、真菌 55 种。

第四类，指在通常状况下不会引起人类或者动物疾病的微生物，其生物学性状已清楚。此类微生物共 6 种，均为病毒。

（二）生物安全实验室的生物防护分级

2004 年 11 月 5 日起实施的《病原微生物实验室生物安全管理条例》根据实验室对病原微生物防护的生物安全水平（biology security level，BSL）及实验室生物安全国家标准，将实验室分为 BSL-1、BSL-2、BSL-3、BSL-4 四个等级。其中，BSL-1、BSL-2 实验室不得从事高致病性病原微生物实验活动，BSL-3、BSL-4 可从事高致病性病原微生物实验活动。但对我国尚未发现或者已经宣布消灭的病原微生物，应该批准后才能从事相关实验活动。在动物感染的实验研究中，还需建立符合动物实验相应的生物安全防护水平的实验室。

2020 年 7 月 13 日，国家卫生健康委员会发布《国家卫生健康委办公厅关于在新冠肺炎疫情常态化防控中的实验室生物安全监督管理的通知》。该通知强调，新冠病毒按照第二类病原微生物进行管理。新冠病毒培养、动物感染实验应当在生物安全三级及以上实验室开展；未经培养的感染性材料的操作应在生物安全二级及以上实验室进行，同时采用不低于生物安全三级实验室的个人防护。

二、突发公共卫生事件

突发公共卫生事件（emergency of public health）是指突然发生的，造成或可能造成社会公众健康严重损害的重大传染病疫情、群体性不明原因疾病、重大食物和职业中毒以及其他严重影响公众健康的事件，对公共卫生安全造成影响。例如，2003 年的 SARS 流行，2019 年爆发的新冠肺炎等。其具有突然发生、不易预测；危害公众、损失严重；影响广泛、超越国界等特点和危害。为避免各类突发公共卫生事件的严重后果，应做好预防与应急的各项准备工作，对各类突发性公共卫生事件做好应急预案，一旦发生应立即启动预案，防止更进一步的扩散和不利影响。

（陈伶利）

1. 在同一温度下，干热灭菌与湿热灭菌，哪种灭菌效果更好？为什么？
2. 列举几种生活中常用化学消毒剂，并说说它们的有效成分与作用机制。
3. 病原微生物根据危害程度分为几类？新冠病毒属于第几类？对其开展实验研究需要在哪个安全级别的实验室进行？
4. 如何对新冠肺炎患者的诊疗用品、衣物、排泄物、餐具进行正确消毒？

第4章 噬菌体

噬菌体（bacteriophage，phage）是感染细菌、放线菌、支原体、螺旋体和真菌等微生物的病毒。噬菌体无细胞结构，专性寄生于活细胞内，有严格的宿主特异性。

一、生物学性状

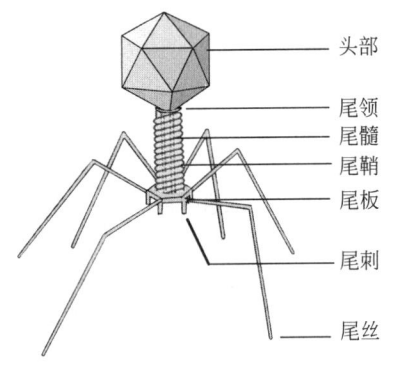

图 2-4-1　蝌蚪形噬菌体结构示意图

噬菌体个体微小，需借助电子显微镜观察，有蝌蚪、细杆和微球三种形态。多数噬菌体呈蝌蚪形，分头部和尾部（图 2-4-1）。头部由立体对称的 20 面体蛋白质衣壳包绕 DNA 或 RNA 组成。尾部为蛋白质组成的管状结构，通过尾领连接头部。尾领下是中空的尾髓和包裹尾髓的尾鞘。尾部末端有尾板、尾刺和尾丝。尾鞘具有收缩功能，可使头部核酸注入宿主，尾板内含有裂解宿主细胞壁的溶菌酶，尾丝有吸附功能，可识别宿主菌表面的噬菌体受体，辅助感染细菌。

二、噬菌体与宿主菌的关系

1. 毒性噬菌体（virulent phage）　毒性噬菌体在敏感菌体内复制增殖，最终导致宿主菌裂解。从噬菌体吸附在细菌表面，到细菌裂解释放出子代噬菌体，称为溶菌性周期，包括吸附、穿入、生物合成、装配与溶菌释放五个阶段。

2. 温和噬菌体（temperate phage）　温和噬菌体感染细菌后并不增殖，而是将基因组整合于细菌基因组中并同步复制，当细菌分裂时，噬菌体基因组也随之分配到子代细菌基因组中。这种状态称为溶原状态（lysogeny），因此温和噬菌体也称为溶原性噬菌体。整合于细菌染色体上的噬菌体基因称为前噬菌体（prophage），携带前噬菌体的细菌为溶原性细菌（lysogenic bacterium）。

溶原状态通常比较稳定，但前噬菌体可偶尔自发地或在某些因素影响下脱离宿主菌染色体，终止溶原状态，进入溶菌周期，导致噬菌体增殖和细菌裂解。噬菌体的溶原性周期和溶菌性周期见图 2-4-2。

三、噬菌体的应用

1. 细菌的鉴定与分型　噬菌体作用于宿主菌具有高度的种特异性，一种噬菌体只能裂解与其相对应的一种细菌，故可用于细菌的鉴定。噬菌体还具有型的特异性，如用伤寒沙门菌 Vi 噬菌体，可将有 Vi 抗原的伤寒沙门菌分为近百个噬菌体型，因此对流行病学调查、追溯传染源等具有重要作用。

2. 分子生物学研究的工具　由于噬菌体结构简单、基因数少，且具有易培养、增殖快、遗传变异易于控制和辨认等特点，故可作为分子生物学研究的重要工具。噬菌体在基因工程上可作为外源性基因的载体。此外，噬菌体展示技术及噬菌体抗体库技术已在医学诊断、疫苗研制、药物开发、肿瘤及自身免疫性疾病研究、基因治疗等领域得到了广泛的应用。

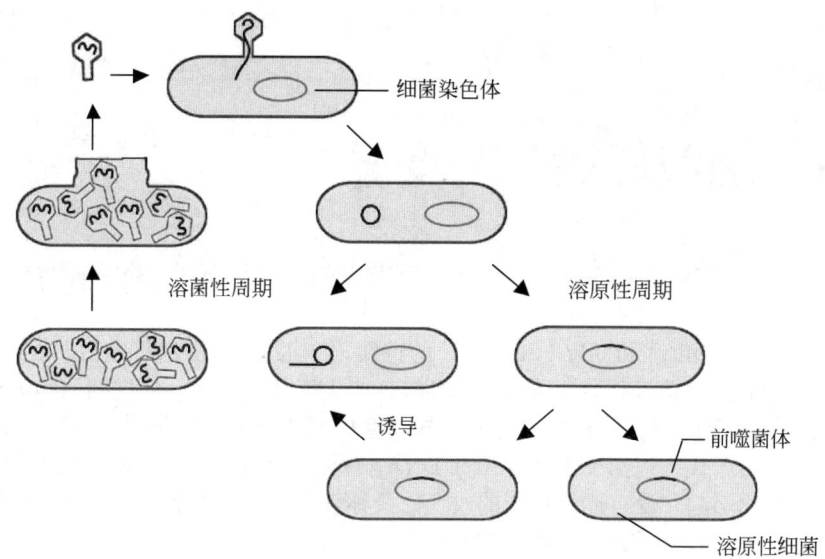

图 2-4-2　噬菌体的溶原性周期和溶菌性周期

3. 细菌感染的治疗　在噬菌体与宿主菌严格配型的基础上，噬菌体能有效治疗细菌感染。利用毒性噬菌体进行的"噬菌体疗法"已广泛应用于兽医、农业和食品微生物学等领域，并可应用于人体感染耐药性细菌的治疗。如用噬菌体治疗耐药的铜绿假单胞菌和金黄色葡萄球菌感染的动物，取得了优于传统药物的治疗效果。因此，噬菌体是有较好前景的治疗耐药菌感染的方法之一。

（陈　辉）

1. 比较毒性噬菌体和温和噬菌体与宿主菌的关系。
2. 为什么可以利用噬菌体进行耐药性细菌感染后的治疗？

第5章 细菌的遗传与变异

细菌具有遗传（heredity）和变异（variation）的特性，依赖其遗传性保持生物学性状的相对稳定，维持种属的基本特征；依靠其变异性适应新的环境，产生变种或新种，促进细菌的进化。

细菌的变异分为遗传型变异和非遗传型变异。遗传型变异由遗传物质的改变引起，一般不可逆转，能稳定遗传给子代，包括突变和外源性 DNA 转移后导致的基因重组。非遗传性变异主要由于环境条件发生变化引起，没有遗传物质的改变，又称表型变异，不能遗传，可逆转复原。

第一节 细菌的变异现象

1. **形态结构变异** 细菌对外界环境具有高度适应性，不适宜生长的温度、酸碱度、药品、免疫血清及有害的代谢产物常是细菌发生形态和结构改变的诱因。例如，细菌在青霉素、头孢菌素等 β-内酰胺类抗生素以及溶菌酶、抗体、补体等因素影响下，细胞壁合成受阻，细菌细胞壁缺陷形成细菌 L 型，称为 L 型变异。

此外，细菌荚膜、芽孢、鞭毛、菌毛等特殊结构也可发生变异。从患者或动物体内分离的肺炎链球菌有较厚的荚膜，致病力强；人工培养后荚膜则逐渐消失，致病力也随之减弱；当再次进入动物体内，荚膜又可恢复。炭疽芽孢杆菌在 42℃环境中培养 10~20 天后，可失去其形成芽孢的能力，同时毒力也减弱。普通变形杆菌有鞭毛，但接种在含苯酚的固体培养基中，则鞭毛消失，细菌失去鞭毛的变异现象称为 H-O 变异。

2. **毒力变异** 细菌可发生毒力减弱和毒力增强的变异。例如，Calmette 和 Güerin 将有毒力的牛型结核分枝杆菌培养于含胆汁、甘油和马铃薯的培养基上，经 13 年连续 230 次传代后，获得毒力减弱的稳定变异株，称为卡介苗（Bacillus of Calmette-Güerin，BCG），用于预防结核病。白喉棒状杆菌感染 β-棒状杆菌噬菌体后，可获得产生白喉毒素的能力，由无毒株变异成为有毒株，可引起白喉。

3. **耐药性变异** 细菌对抗菌药物可由敏感变异为耐药，从而形成耐药菌株。有的细菌表现为同时对多种抗菌药物耐药，称为多重耐药菌株。近年来甚至出现对绝大多数抗生素均不敏感、具有泛耐药性的"超级细菌"，如耐甲氧西林金黄色葡萄球菌、多重抗药性结核分枝杆菌等，使细菌感染的药物治疗面临巨大挑战。细菌发生耐药性变异的遗传机制主要包括以下几方面：

（1）耐药性突变：染色体上的基因自发突变使细菌获得耐药性。

（2）基因重组：细菌可通过转化、转导、接合等方式将耐药基因转移给受体菌，经基因重组而使受体菌获得耐药性。

（3）耐药性质粒（R 质粒）转移：1952 年在日本发现了同时对四环素、链霉素、氯霉素及磺胺产生耐药的痢疾志贺菌，1959 年证明此耐药性与细菌 R 质粒的转移有关。R 质粒可从耐药菌（R^+）转移至敏感菌（R^-），使细菌产生破坏药物的酶类，降低药物进入细胞的能力，并阻止药物与细菌内靶位的结合。由 R 质粒所致的耐药性常见于对氨苄西林、氯霉素、卡那霉素及链霉素等抗生素耐药。

R 质粒所携带的耐药基因能自主复制并传代，可在同种细菌之间转移，亦可转移给异种细菌，故称为传染性耐药因子。

4. **菌落变异** 从患者体内新分离的细菌菌落大多为光滑型（S 型）菌落，表面光滑、湿润，边缘整齐,毒力较强;经人工培养多次传代后,菌落则转变为粗糙型(R型)菌落,表面粗糙,边缘不齐,毒力减弱。这种变异称为S-R变异,多见于肠道杆菌。S-R变异因失去LPS的特异多糖重复单位引起,同时伴有毒力、生化反应及抗原性等生物学性状的改变。

第二节 细菌遗传变异的物质基础

1. **染色体** 细菌染色体(chromosome)即细菌的核质,为环状双螺旋DNA长链,在菌体内以超螺旋形式缠绕成团,无组蛋白,与细胞质之间无核膜分隔。

基因即DNA片段,是决定细菌遗传性状的功能单位,每个基因含若干碱基对。例如,大肠埃希菌的染色体DNA长1000～1400μm,约为菌体长度的1000倍,含$(3～4)×10^6$碱基对,含有4000～5000个基因,编码2000多种酶和结构蛋白。

2. **质粒(plasmid)** 为细菌染色体外能自主复制的遗传物质,常为双链环状闭合的DNA,分子质量仅为细菌染色体DNA的0.5%~3%。

质粒具有自主复制的能力。有的质粒拷贝数仅1～2个,其复制常与细菌染色体复制同步进行;有的质粒拷贝数极多,随时可复制,与细菌染色体复制不相关。小质粒有20～30个基因,大质粒有数百个基因。质粒不是细菌生命活动中必需的成分,可自行丢失或经人工消除。质粒脱失并不影响细菌生存,但它能赋予细菌一些重要遗传特性,如F质粒可编码性菌毛,R质粒可使细菌产生耐药性,产毒型大肠埃希菌ST质粒和LT质粒分别编码耐热肠毒素及不耐热肠毒素,Col质粒可编码大肠菌素等。

3. **噬菌体** 整合于细菌染色体的前噬菌体可使宿主菌发生遗传性状的改变(详见本编第4章)。

4. **转位因子(transposable element)** 是存在于细菌染色体或质粒分子上的独特的DNA片段,能在细菌的基因组中改变位置,包括插入序列和转座子。插入序列通过位移可改变遗传物质的核苷酸序列;转座子除具备转位基因外,还携带如耐药性基因等其他功能基因,并可在细菌间转移,是细菌产生耐药性的重要原因之一。

第三节 细菌变异的机制

细菌遗传型变异是由自身遗传物质发生改变引起的,细菌基因结构的变化包括突变和外源性DNA转移后导致的基因重组。

1. **基因的突变** 突变(mutation)是细菌遗传物质发生突然而稳定的改变,可发生于细菌任何一个基因。突变获得的新性状可遗传给后代,但也可经再次突变而恢复原来的性状,称为回复突变。

在自然条件下发生的突变称为自发突变(spontaneous mutation),自发突变率随细菌种类不同而有较大差别,一般每分裂$10^2～10^9$次可发生一次突变,多在$10^6～10^9$次。由人工使用诱变剂产生的突变称为诱发突变(induced mutation)。

细菌染色体DNA序列上核苷酸的改变仅仅发生个别碱基的置换、插入或丢失,引起较少的性状变异,称为点突变。碱基置换又包括转换和颠换两种类型。转换指不同嘌呤之间或不同嘧啶之间的替代;颠换则指嘌呤与嘧啶之间的相互交换。碱基的插入或缺失,将造成插入点或缺失点后的序列移位,影响三联体密码子的阅读框架,导致密码的意义发生错误,称为移码突变。

如果大段DNA发生倒位、重复、缺失、置换、插入等改变,称为多点突变或染色体畸变,由于涉及大段核苷酸序列的变化,将导致基因产物完全无效,出现无效性突变甚至细菌死亡。

2. **基因的转移与重组** 外源性的遗传物质由供体菌转入受体菌内的过程称为基因转移(gene transfer);转移的外源性基因被受体菌接纳并可复制,导致基因型发生改变,称为重组(recombination)。细菌基因转移与重组的方式包括转化、转导、溶原性转换和接合等。

(1) 转化(transformation):指受体菌直接摄取供体菌游离的DNA片段而获得新性状的过程。转化时,供体菌的DNA片段先吸附于受体菌的细胞壁,双股DNA被受体菌表面的核酸内切酶降解

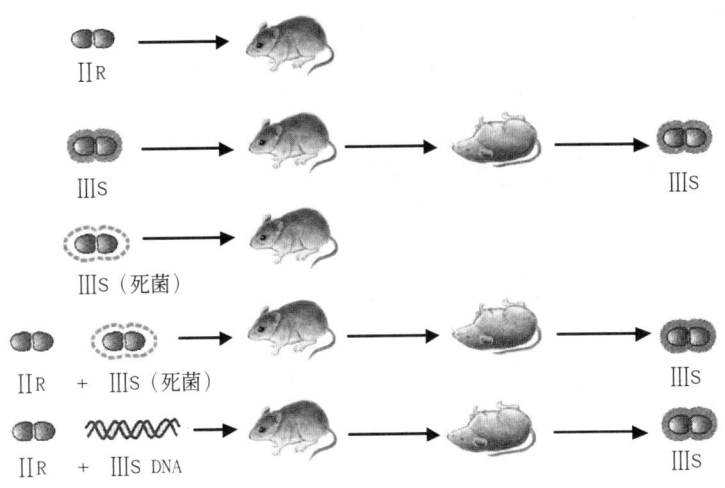

图 2-5-1 小鼠体内肺炎链球菌转化实验

为两个单股,其中一股为另一股进入受体菌提供能量,摄入的 DNA 与受体菌的 DNA 重组,使后者获得部分新的遗传性状。例如,无荚膜、毒力弱的ⅡR 型肺炎链球菌获得有荚膜、毒力强的ⅢS 型肺炎链球菌 DNA 后,转化为ⅢS 型肺炎链球菌(图 2-5-1)。

(2) 转导(transduction):以温和噬菌体为载体,将供体菌的 DNA 片段转移到受体菌体内,使之获得新性状的过程称为转导。根据转导基因片段的范围,分为普遍性转导和局限性转导,前者转导的是供体菌内任何基因片段,而后者转导的是供体菌的个别特定基因。

(3) 溶原性转换(lysogenic conversion):指温和噬菌体感染细菌后,整合于染色体的前噬菌体改变了受体菌的 DNA 结构,使溶原性细菌获得某些生物学性状。例如,β-棒状杆菌噬菌体感染白喉棒状杆菌后可使白喉棒状杆菌产生毒素。

(4) 接合(conjugation):供体菌通过性菌毛连接沟通受体菌,将遗传物质从供体菌转移给受体菌的过程称为接合。质粒是最常被转移的遗传物质,能通过接合方式转移的质粒称为接合性质粒,主要包括 F 质粒、R 质粒等。F 质粒为致育质粒,编码细菌的性菌毛。具有 F 质粒的细菌相当于雄性菌(F^+),在接合中为供体菌;无 F 质粒的细菌表面不形成性菌毛,相当于雌性菌(F^-),为受体菌。在合适条件下,F^+ 菌借助性菌毛与 F^- 菌结合,性菌毛在两菌之间形成通道,F 质粒中一股 DNA 链断开,在游离 5' 端的引导下转移进入 F^- 菌,经复制后,分别在供体菌与受体菌内形成完整的 F 质粒。F^- 菌成为 F^+ 菌,也可编码性菌毛(图 2-5-2)。

动画:F 质粒接合转移

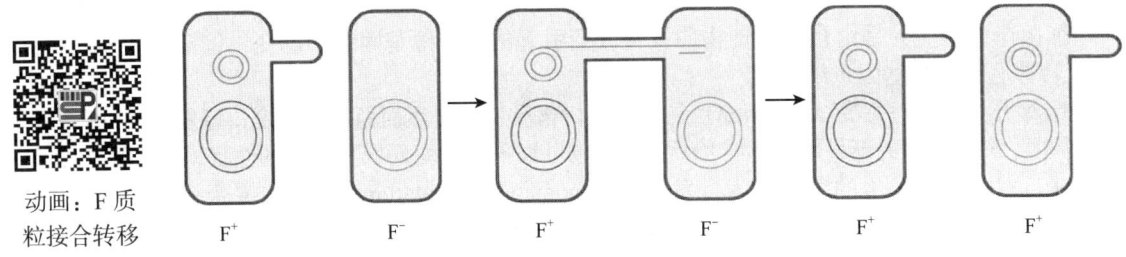

图 2-5-2 F 质粒接合转移模式图

第四节 细菌遗传变异的应用

1. **在疾病的预防和诊断中的应用** 细菌经自然筛选或人工诱变使强毒株毒力减弱形成的减毒活疫苗仍保留较强的免疫原性,可用于预防多种传染病,如鼠疫耶尔森菌苗、卡介苗等。

细菌生物学性状等方面的变异,为细菌鉴定、疾病诊断带来不便。近年来,利用聚合酶链反应(PCR)扩增细菌稳定、保守的特异性片段,已用于细菌感染的快速诊断。

2. **细菌耐药性变异与抗感染治疗** 细菌获得性耐药性来源于基因的突变或耐药基因的转移和重组。对于细菌耐药性变异的研究将有效遏制其进一步发展,延长现有抗生素的使用寿命,并有助于开发新型抗菌药物用于细菌性疾病的治疗。为防止细菌耐药性的产生,应合理使用并避免滥用抗生素。

3. 在基因工程方面的应用　应用基因工程技术，利用质粒、噬菌体等载体，将重组后的DNA分子转移到受体菌或真核细胞中，使其遗传性发生定向改变，大量表达目的基因产物，目前已广泛应用于医学领域，如胰岛素、干扰素、生长激素、乙型肝炎疫苗等生物制品的大量生产。近年来，细菌宏基因组研究兴起，细菌人工染色体文库筛选和基因系统学分析可更有效地开发细菌基因资源，更深入地洞察细菌多样性。

4. 在流行病学方面的应用　利用分子生物学手段可分析细菌基因水平的差异，对流行菌株进行溯源，对变异趋势进行分析。例如，多位点序列分型、限制性片段长度多态性分析等都具有很高的分辨能力，已用于细菌流行病学研究。

（陈　辉）

1. 列表比较细菌基因转移与重组四种方式的基因来源与转移形式。
2. 简述细菌发生耐药性变异的遗传机制，临床工作中如何避免耐药菌株的产生？

第6章 细菌的感染与抗菌免疫

细菌侵入宿主机体内生长繁殖，与宿主相互作用并导致宿主出现不同程度的病理过程，称为细菌的感染（bacterial infection）。机体在病原微生物感染的过程中，逐步形成的防御能力，称为抗感染免疫（anti-infectious immunity）。

第一节 细菌的感染

能引起宿主疾病的细菌称为致病菌或病原菌（pathogenic bacterium）。其致病的性能称为致病性或病原性。毒力（virulence）则表示致病菌致病性的强弱程度。不同种细菌的毒力不同。细菌的毒力常用半数致死量（median lethal dose，LD_{50}）或半数感染量（median infective dose，ID_{50}）表示。即在一定条件下，能使一定体重或年龄的实验动物半数死亡或感染所需的最小细菌数或毒素量。

一、感染的来源

感染的病原体来自宿主体外的称为外源性感染（exogenous infection）；来自宿主自身的称为内源性感染（endogenous infection）。

1. **外源性感染** 来源于以下几方面。

（1）患者：在疾病潜伏期至病后恢复期一段时间内，都可向体外排菌而成为传染源。

（2）带菌者：无临床症状，但体内带有某种致病菌并不断排出体外传染其他人，称为健康带菌者；有些传染病患者，恢复后可在一定时间内继续排菌称为恢复期带菌者。

（3）病畜和带菌动物：有些细菌是人畜共患病的致病菌，病畜或带菌动物的致病菌也可传播给人类，如鼠疫耶尔森菌、炭疽芽孢杆菌等。

2. **内源性感染** 主要来自人体内特定部位寄居的正常菌群的细菌，一般情况下不致病，但在某些特定情况下可以引起疾病，故又称其为条件致病菌。由条件致病菌引发的内源性感染又称为机会性感染或二重感染，其主要特点是：①致病菌主要为正常菌群细菌，其毒力较弱，如大肠埃希菌、克雷伯菌属、铜绿假单胞菌、变形杆菌属、肠杆菌属、葡萄球菌和白假丝酵母菌等；②多为耐药菌，且往往为多重耐药，不仅难以治疗，而且可在医院内人群中传播，引起流行；③常有新的致病菌株被分离出来，如阴沟肠杆菌、肠球菌等。

条件致病菌主要在下列情况下引发内源性感染：

（1）定位转移：指正常菌群离开原定植部位向其他部位转移，如大肠埃希菌从原寄居的肠道进入泌尿道；或手术时经切口将皮肤黏膜等处的正常菌群带入无菌体腔（如腹腔、胸腔等）；亦可经某些侵入性诊疗操作（如内镜等）将正常菌群带入受检器官，可分别引起相应部位的感染。

（2）菌群失调：指由各种因素导致正常菌群中菌种间的比例、数量失调，使正常菌群与宿主之间的生理性组合转变为病理性组合，从而引发感染。

（3）免疫功能低下：通常在应用免疫抑制剂（如环孢素等）、糖皮质激素、抗肿瘤药物及放射治疗时，或因宿主自身患慢性消耗性疾病（如结核病、糖尿病、尿毒症等）或免疫缺陷病（如艾滋病），均可造成免疫功能降低，引发内源性感染。

3. **医院感染** 又称为医院获得性感染，主要指患者在住院期间发生的感染或在医院内感染而在出院后发病,以及医院工作、活动人员在医院内获得的感染。

根据传染源不同医院感染分为外源性感染和内源性感染,外源性感染包括医院内交叉感染和医源性感染,而内源性感染主要为条件致病菌引发的感染。

(1) 病原体的种类及特点:细菌占绝大多数,还有病毒、真菌等,但随治疗药物和方法及诊断技术的发展变化其种类也发生变化。病原体的主要特点有:多为条件致病菌,多具耐药性,适应环境能力强。常见医院感染的耐药菌有:耐甲氧西林金黄色葡萄球菌、鲍曼不动杆菌、肺炎克雷伯菌、铜绿假单胞菌、肠球菌等。

(2) 传播途径:主要经接触传播、空气传播和体液传播,如患者间、医患间的直接接触以及通过被污染的诊疗器材、血液、药液、生活用具等间接接触。

(3) 防控措施:医务人员在诊疗及护理过程中需严格无菌操作,诊疗器材需严格灭菌,对患者的生活用具、病房空气等进行必要的消毒;加强药液、血液的管理;隔离某些传染病患者及对易感者进行保护性隔离;合理使用抗生素以避免二重感染和耐药菌的产生;建立医院感染控制机构和规章制度等。

二、细菌的致病作用

致病菌的致病作用与细菌的毒力、侵入的数量及侵入部位等有密切关系。

1. 细菌的毒力 是细菌致病的物质基础,主要包括侵袭力(invasiveness)和毒素(toxin)。侵袭力是致病菌突破宿主的免疫防御机制,进入机体并在体内定植、繁殖和扩散的能力。毒素主要包括内毒素和外毒素。

(1) 侵袭力

1) 荚膜类物质:具有抗吞噬和阻碍体液中杀菌物质的作用,使致病菌能在宿主体内大量繁殖而引起病变。例如,肺炎链球菌的荚膜菌株,在体内具有抗吞噬细胞吞噬的作用。链球菌的 M 蛋白、伤寒沙门菌的 Vi 抗原、大肠埃希菌的 K 抗原等均属微荚膜,也具类似作用。

2) 黏附素:细菌黏附于宿主体表或黏膜上皮细胞是引起感染的首要条件。具有黏附作用的细菌结构称为黏附素或黏附因子。黏附素包括菌毛黏附素和非菌毛黏附素。前者主要为革兰氏阴性菌的普通菌毛,后者主要存在于革兰氏阳性菌菌体表面。

3) 侵袭性物质:包括侵袭素和侵袭性酶类。侵袭素是某些细菌的侵袭基因编码产生的蛋白质,有利于细菌向邻近细胞侵袭扩散。侵袭性酶类是细菌释放的胞外酶,具有抗吞噬、溶解细胞、破坏组织等作用,可协助致病菌向四周扩散,如 A 群链球菌产生的透明质酸酶、链激酶和链道酶等。

4) 细菌生物被膜 (bacterial biofilm, BF):细菌生物被膜是指细菌附着于有生命或无生命的材料表面后,由细菌及其所分泌的胞外多聚物共同组成的呈膜状的细菌群体,是细菌相对于浮游状态的一种群体生活方式。组成生物被膜的细菌可以是一种或多种。生物被膜作为一种生物屏障,可使存在于生物被膜中的菌体(被膜菌)相对于其单个浮游状态的菌体(浮游菌),对抗菌药物、消毒剂表现出更强的抗性,可逃逸机体免疫系统的清除作用,抵抗抗菌药物的攻击,同时可增强毒力基因和耐药基因的传递,在临床上常可引起许多难治性慢性细菌感染,此外,也与医院内感染有密切的关系。

(2) 毒素:细菌的毒素按其来源、性质和作用等不同,可分为外毒素(exotoxin)和内毒素(endotoxin)两种。

1) 外毒素:主要由革兰氏阳性菌及少数革兰氏阴性菌产生,大多数外毒素在细菌细胞内合成后分泌至细胞外;少数存在于菌体内,待细菌裂解后释放出来。外毒素的主要特性有:①为蛋白质,化学性质不稳定,不耐热,一般加热 58~60℃ 经 1 小时可被破坏。②毒性强,如 1mg 精制肉毒毒素能杀死 2 亿只小鼠,毒性比氰化钾强 1 万倍。③毒性作用具有选择性,可引起特殊的临床症状,如破伤风梭菌产生的痉挛毒素作用于神经细胞引起肌肉痉挛;肉毒梭菌产生的肉毒毒素能阻断胆碱能神经末梢释放乙酰胆碱,使眼和咽肌等麻痹。④免疫原性强,可经 0.3%~0.4% 甲醛液脱毒,成为具有免疫原性而无毒性的类毒素(toxoid)。类毒素注入机体后,可刺激机体产生具有中和外毒素作用的抗体称为抗毒素(antitoxin)。

外毒素多由 A 亚单位和 B 亚单位两个亚单位组成。A 亚单位是外毒素活性部分，决定其毒性效应；B 亚单位无毒性，能与宿主靶细胞表面的特殊受体结合，介导 A 亚单位进入靶细胞。A 亚单位或 B 亚单位单独对宿主无致病作用，因而外毒素分子的完整性是致病的必要条件。外毒素的种类繁多，根据外毒素对宿主细胞的亲和性及作用方式等，可将外毒素分成神经毒素、细胞毒素和肠毒素三大类。神经毒素主要作用于神经组织，引起神经传导功能紊乱；细胞毒素能直接损伤宿主细胞；肠毒素主要作用于肠上皮细胞，引起肠道功能紊乱。

2）内毒素：是革兰氏阴性菌细胞壁中的脂多糖（LPS），当细菌死亡裂解或用人工方法破坏菌体后才释放出来。螺旋体、衣原体、立克次体亦有类似的具有内毒素活性的脂多糖。内毒素的相对分子质量大于 10 万，其分子结构由 O 特异多糖、核心多糖和脂质 A 三部分组成（详见本编第 1 章），脂质 A 是内毒素的主要毒性组分。

不同革兰氏阴性菌脂质 A 的结构差异不大，故其对机体的毒性作用基本相同，主要有：①发热反应。其机制是内毒素作用于巨噬细胞等，使之分泌 IL-1、IL-6 和 TNF-α，这些细胞因子作用于下丘脑体温调节中枢，引起机体发热。②白细胞反应。内毒素进入血液初期，血液循环中的中性粒细胞数减少，与其移动并黏附至毛细血管壁有关。1～2 小时后，内毒素诱生的中性粒细胞释放因子刺激骨髓释放中性粒细胞进入血流，使其数量显著增加。但伤寒沙门菌内毒素例外，始终使血液循环中的白细胞总数减少。③内毒素血症和内毒素休克。大量内毒素入血，可导致内毒素血症。内毒素除诱生的 TNF-α、IL-1、IL-6 等能损伤血管内皮细胞外，还能激活补体系统和凝血系统等，使小血管功能紊乱而造成微循环障碍，出现内毒素休克。④弥散性血管内凝血（DIC）。大量的内毒素可直接活化凝血系统，也可通过损伤血管内皮细胞间接活化凝血系统，引起广泛性小血管内凝血。

细菌外毒素与内毒素的主要区别见表 2-6-1。

表 2-6-1　细菌外毒素与内毒素的主要区别

区别要点	外毒素	内毒素
来源	革兰氏阳性菌及部分革兰氏阴性菌	革兰氏阴性菌
存在部位	多数由活菌分泌，少数由菌体裂解后释放	菌体细胞壁组分，细菌裂解后释放
化学成分	蛋白质	脂多糖
热稳定性	大多不耐热，60～80℃ 30 分钟被破坏	耐热，160℃ 2～4 小时才被破坏
免疫原性	强，能刺激机体产生抗毒素；可经甲醛液脱毒制成类毒素	较弱，不能经甲醛液脱毒制成类毒素
毒性作用	强，对组织器官有选择性毒害作用，引起特殊临床表现	作用大致相同，引起发热、白细胞数量变化、休克、DIC 等

近年来发现，某些病原微生物产生的蛋白质，具有超抗原作用（详见上编第 2 章），如葡萄球菌肠毒素、毒性休克综合征毒素等。极微量的超抗原即可诱导大量 T 细胞活化，产生 IL-2、IFN-γ、TNF 等大量的细胞因子，导致严重的生理功能紊乱，与许多感染性疾病的发病机制有关。

2. 细菌侵入的数量　感染的发生，除致病菌必须具有一定的毒力外，还需有足够的数量。一般是细菌毒力越强，引起感染所需的菌量越小；反之则菌量越大。例如，毒力强的鼠疫耶尔森菌，在无特异性免疫力的机体中，有数个细菌侵入就可发生感染；而毒力弱的某些引起食物中毒的沙门氏菌，常需摄入数亿个细菌才引起急性胃肠炎。

3. 细菌侵入的途径　各种细菌通过特定的侵入途径才能到达特定器官和细胞而致病。一般一种细菌只有一种侵入途径，如伤寒沙门菌必须经口进入；破伤风梭菌进入深部创伤，在厌氧环境中才能致病等。但有一些致病菌可有多种侵入途径，如结核分枝杆菌，可经呼吸道、消化道、皮肤创伤等多个部位侵入引起感染。

三、感染的传播方式和途径

1. 呼吸道　通过吸入污染致病菌的飞沫和尘埃等经呼吸道感染，如肺结核、白喉等。

2. 消化道　大多是摄入被粪便污染的食物经口感染，如伤寒、细菌性痢疾、霍乱等胃肠道传染病。水、手指和苍蝇等昆虫是消化道传染病传播的重要媒介。

3. 创伤　伤口皮肤、黏膜的细小破损可引起各种化脓菌直接或间接感染，而破伤风梭菌感染常发生于深部并混有泥土的创伤。

4. 接触　通过人 - 人或动物 - 人的密切接触而感染，其方式可为直接接触或通过用具等间接接触而感染，如淋病、麻风、布鲁菌病等。

5. 节肢动物叮咬　有些传染病通过节肢动物传播，如鼠疫经鼠蚤传播。

6. 多途径　有些致病菌的传播可经呼吸道、消化道、皮肤创伤等多种途径，如结核病、炭疽等。

四、感染的类型

1. 隐性感染　当宿主的抗感染免疫力较强，或侵入的病原菌数量不多、毒力较弱，感染后对机体损害较轻，不出现或出现不明显的临床症状称为隐性感染。隐性感染后，机体常可获得特异性免疫力。隐性感染者可携带病原体，是重要的传染源。一般在传染病的流行中，感染人群多表现为隐性感染。

2. 显性感染　指宿主抗感染的免疫力较弱，或侵入的致病菌数量较多、毒力强，致机体的组织细胞受到不同程度的损害，出现明显的临床症状者称为显性感染。

临床上显性感染按病情缓急不同，分为急性感染和慢性感染。急性感染发病急，症状明显，病程短；慢性感染发病缓慢，病程长。

如按感染的部位不同，其可分为局部感染和全身感染。局部感染局限于机体的某一部位，如金黄色葡萄球菌所致的疖、痈；全身感染指致病菌或其毒性代谢产物向全身播散，引起全身性症状。临床上常见的全身感染有下列几种类型：

（1）毒血症（toxemia）：致病菌侵入宿主后，只在机体局部生长繁殖，病原菌不进入血液循环，产生的外毒素入血，并经血液循环到达易感的组织和细胞，引起特殊的临床症状，如白喉、破伤风等。

（2）内毒素血症（endotoxemia）：血液中出现内毒素引起的。可以是革兰氏阴性菌侵入血流，并在其中大量繁殖，崩解后释放出大量的内毒素；也可由病灶内死亡的革兰氏阴性菌释放的内毒素入血所致，如伤寒、痢疾等。

（3）菌血症（bacteremia）：致病菌由局部侵入血流，未在血流中生长繁殖，只是短暂通过血液循环，到达体内适宜部位后再进行繁殖而致病，如伤寒早期的菌血症期。

（4）败血症（septicemia）：致病菌侵入血流后，在血中大量繁殖并产生毒性产物，引起严重的全身性中毒症状，如高热、皮肤和黏膜瘀斑、肝脾大等，如鼠疫、炭疽等。

（5）脓毒血症（pyemia）：指化脓性细菌侵入血流后，在血中大量繁殖，并通过血流扩散至宿主的其他组织或器官，产生新的化脓性病灶。例如，金黄色葡萄球菌引起的脓毒血症，常导致多发性肝脓肿、皮下脓肿和肾脓肿等。

第二节　机体抗细菌感染免疫

机体的抗菌免疫是指机体对入侵致病菌的防御能力。因进入机体的病原菌种类不同，其参与的成分及作用机制也不同。

一、机体抗菌免疫的构成

病原菌侵入机体后，首先由固有免疫执行防御功能，一般经1周左右才建立起适应性免疫，两者相辅相成，共同发挥抗菌免疫作用。

1. 固有免疫　主要包括：①屏障结构，如皮肤黏膜、组织屏障对病原微生物的机械性阻挡作用、正常微生物群的拮抗作用等；②固有免疫细胞，如单核吞噬细胞系统和外周血中的中性粒细胞对病原微生物的吞噬杀伤作用，NK细胞的杀伤作用；③体液中的杀菌物质，如补体、溶菌酶、防御素、乙型溶素、吞噬细胞杀菌素、白细胞介素等具有杀菌或抑菌作用。

2. 适应性免疫　主要包括体液免疫和细胞免疫两大类。

体液免疫是由特异性抗体起主要作用的免疫应答。抗体的效应主要有：①阻止病原菌的黏附，如黏膜表面的 sIgA 可阻挡致病菌在黏膜的定植。②调理吞噬作用，吞噬细胞以其表面的 Fc 受体与 IgG 的 Fc 段结合，吞噬与 Fab 段结合的病原菌。抗体也可与补体活化的产物联合发挥免疫调理作用。③中和细菌外毒素，抗毒素与相应外毒素结合，可封闭外毒素的毒性部位或阻止其吸附于敏感细胞。④抗体依赖的细胞介导的细胞毒作用（ADCC）。IgG 的 Fc 段通过与 NK 细胞表面的 Fc 受体结合而介导 NK 细胞对病原菌感染细胞的杀伤作用。

细胞免疫是以效应 T 细胞为主的免疫应答。其主要有：①细胞毒性 T 细胞（CTL），特异性杀伤胞内寄生菌感染的靶细胞，其杀伤作用受 MHC 限制。② Th 细胞，可通过分泌多种细胞因子，介导炎症反应和激活吞噬细胞等发挥抗感染作用，也可辅助 CTL 细胞的分化及活化。

二、机体抗菌免疫机制

不同的病原菌侵入机体后，根据致病菌与宿主细胞的关系，可分为胞外菌（extracellular bacteria）和胞内菌（intracellular bacteria）。

1. **抗胞外菌感染免疫** 多数致病菌在侵入体内时寄生在细胞外的组织间隙、血液、淋巴液或组织液等体液中，称为胞外菌。其致病特点是引起局部化脓性感染，或由产生的毒素引起全身炎症反应和系统性损伤。机体抗胞外菌感染免疫的主要作用是抵抗细菌的入侵、抑制细菌生长繁殖、杀灭细菌、中和毒素等。以固有免疫防御功能及适应性体液免疫起主导作用。

（1）吞噬细胞的吞噬作用：对于多数胞外菌，主要被中性粒细胞吞噬杀灭，单核/巨噬细胞对细菌的杀伤作用不及中性粒细胞。

（2）补体的作用：补体可被革兰氏阴性菌的 LPS、甘露糖残基、MBL 等成分激活，直接发挥溶菌作用，也可通过其激活后的裂解片段（如 C3b 等）与吞噬细胞相应受体结合，促进吞噬细胞的吞噬杀菌作用。

（3）特异性抗体的作用：特异性抗体是针对病原菌抗原成分产生的，其抗菌免疫作用主要是通过 Fab 段与病原菌菌体表面抗原表位结合而阻止病原菌的黏附；通过与细菌外毒素结合而中和毒素；通过 Fc 段与吞噬细胞 FcR 结合而调理吞噬作用；通过激活补体而溶解细菌。

（4）其他免疫细胞的作用：B1 细胞可通过与某些细菌（如肺炎链球菌等）表面的多糖抗原配体交联结合而被激活，发挥抗感染作用，$CD4^+$ Th 细胞除辅助 B2 细胞产生特异性抗体外，还可通过产生多种细胞因子介导炎症反应和激活吞噬细胞等发挥抗感染作用。

2. **抗胞内菌感染免疫** 病原菌侵入机体后，主要在宿主细胞内繁殖，称为胞内菌。胞内菌主要有结核分枝杆菌、麻风分枝杆菌、伤寒沙门菌等。胞内菌感染的特点除细胞内寄生外，尚有低细胞毒性，主要通过病理性免疫损伤而致病。抗胞内菌感染以特异性细胞免疫发挥主要作用，吞噬细胞、中性粒细胞、NK 细胞等也参与对感染细胞的杀伤作用。

（1）效应 T 细胞：胞内菌主要靠效应 T 细胞为主的细胞免疫清除。$CD8^+$T 细胞直接杀伤细菌感染细胞，$CD4^+$Th 细胞通过分泌 IFN-γ、IL-2 等细胞因子增强巨噬细胞的吞噬功能，从而清除细菌。

（2）其他细胞：单核/巨噬细胞对胞内菌有较强的吞噬作用，NK 细胞可直接杀伤感染细胞，中性粒细胞在感染早期有一定的杀菌作用。

在抗感染过程中，机体的免疫防御机制十分复杂。由于不同菌的致病性不同以及机体抗菌免疫的复杂性，感染的转归与结局也不相同。多数情况下能阻止、抑制和杀灭病原体，终止感染并恢复和维持机体正常生理功能，但有时也可造成机体免疫病理性损伤。在某些情况下，当病原菌逃避了机体免疫系统的有效识别或攻击，发生免疫逃逸后，病原菌即可持续在体内存在，引起感染并表现出临床症状。

（张颖颖）

1. 试述细菌感染的类型。
2. 试述细菌的致病机制。
3. 列表简述内外毒素的区别。

第 7 章　细菌感染的检查方法及防治原则

第一节　细菌感染的检查方法

病原菌感染的诊断除根据临床症状、体征和一般检查外，确定感染的病原菌的种类及选用敏感抗生素极为重要。对感染性疾病应尽早采集适当的标本并选用敏感的方法进行检查，为临床防治提供依据。细菌感染的微生物学诊断包括细菌学诊断和血清学诊断两方面。

一、细菌学诊断

根据病原菌的生物学特性、感染规律、致病机制和宿主抗感染免疫的特点，检查病原菌及其成分作为直接依据称为细菌学诊断。

1. **病原菌的检测**

(1) 标本采集与送检：标本的采集与送检是否得当直接影响到病原菌检测结果的准确性，应遵守以下原则，①尽可能在疾病早期及使用抗菌药物之前采集；②严格无菌操作，避免被杂菌污染；③根据不同疾病以及疾病的不同时期、感染部位采集不同标本，尽量采集病变明显部位的标本，标本含菌较少时可先浓缩集菌；④采集的标本需尽快送检，大多数细菌标本可冷藏运送，但不耐寒冷的淋病奈瑟菌等要采取保温措施；⑤检验容器上应注明姓名、检验项目及标本种类等信息。

(2) 病原菌的检查方法：检测病原菌的方法很多，常用方法如下。

1) 直接涂片镜检：对标本中菌量多且在形态和染色性上具有特征的病原菌，直接涂片染色后镜检，有助于初步诊断。例如，用抗酸染色法在疑似肺结核患者的痰中查见红色细长弯曲呈分枝状的抗酸菌，可初步诊断为结核分枝杆菌感染；用革兰染色法检查生殖器官病变部位的脓液标本，查见革兰氏阴性双球菌并结合临床症状，可初步诊断为淋病奈瑟菌感染。在某些情况下，也可用特异性荧光抗体染色后用荧光显微镜检查，如快速诊断粪便中的霍乱弧菌、志贺菌等。

2) 分离培养：根据所培养细菌繁殖的条件，将采集的标本分别接种在不同的培养基并置适当的环境中培养，根据细菌所需的营养、生长条件、菌落特征等做出初步判断。

3) 生化试验：由于不同细菌对糖和蛋白质等物质的分解能力不同，产生不同的代谢产物，可对致病菌等进行鉴定。现已有多种微量、快速、半自动或全自动生化反应试剂盒或检测仪器用于临床。这些自动检测系统可在 24 小时内准确鉴定常见的病原菌并可兼做药敏试验。

4) 血清学试验：采用含有已知特异抗体的免疫血清，可对所分离培养出的细菌进行鉴定，最常用的有玻片凝集试验，如志贺菌属、沙门菌属等细菌的种、型鉴定。

5) 动物试验：将含菌标本或菌培养物接种于敏感的动物体内，主要用于测定某些细菌的毒力或致病性，如破伤风梭菌神经毒素作用的测定等。

6) 药物敏感试验：将分离培养出的病原菌进行药物敏感性试验，对指导临床选择用药、及时控制感染有重要意义。检测方法有纸片法、打孔法、小杯法和试管法等。

目前自动微生物鉴定和药敏分析系统已在临床广泛应用，使细菌检测逐步实现快速化、微量化、自动化和标准化。

2. **病原菌成分的检测**　检测病原菌的特异成分也是细菌学诊断方法之一。此法省略了细菌培养程序，可用于快速诊断。

(1) 抗原的检测：用已知的特异性抗体检测病原菌抗原，常可有效地检出极微量的细菌抗原，多用于感染的早期诊断。常用的方法有协同凝集试验、对流免疫电泳、酶免疫技术、免疫荧光技术、免疫印迹技术等。这些方法对已使用过抗菌药物的患者仍能检测出特异性抗原,如脑膜炎奈瑟菌感染引起的急性化脓性脑膜炎可用已知抗体做对流免疫电泳,检测脑脊液中的抗原,1小时内可出结果。

(2)核酸的检测:是利用分子生物学技术,检测细菌核酸的方法。不同的细菌具有不同的基因或碱基序列,可通过检测细菌特异的核酸序列,确定某种病原菌的存在。主要技术有:①核酸杂交(nucleotide hybridization):是应用已知序列的核酸单链作为探针,在一定条件下按照碱基互补规律与经处理的标本中未知的单链核酸杂交。用核酸杂交技术可直接从标本中检出病原体核酸,对尚不能或难分离培养的病原体尤为适用。②聚合酶链反应(PCR):是一种选择性体外扩增 DNA 或 RNA 片段的无细胞分子克隆技术,可在数小时内将标本中含有的某段基因序列扩增上百万倍。PCR 技术快速简便、特异性强、敏感性极高,但需注意假阳性。③基因芯片(gene chip):又称为 DNA 微阵列,是通过与一组已知序列的核酸探针杂交进行核酸序列测定的方法,可将大量探针分子固定于支持物上并与标记样品分子进行杂交,通过检测每个探针分子的杂交信号强度进而获取样品分子的数量和序列信息。该技术可以一次性对样品的多个序列进行检测和分析。

(3)其他成分的检测:用气-液相色谱法(chromatography)可检测细菌在代谢过程中产生的挥发性脂肪酸谱,用于诊断厌氧菌感染等。

二、血清学诊断

病原菌侵入机体后,其抗原能刺激免疫系统产生特异性抗体,存在于血清或其他体液中,故用已知细菌或其抗原检测患者血清或其他体液中有无相应抗体及其含量(效价)的变化,可辅助诊断某些病原菌感染。因多采取患者的血清进行检查,故称之为血清学诊断。血清学诊断主要用于:①抗原性强的病原菌感染和病程较长的传染病以及难以分离培养的病原菌感染的诊断;②检测疫苗接种后的免疫效果;③调查人群对某病原菌的免疫应答水平。

常用的血清学诊断方法有:直接凝集试验(如诊断伤寒、副伤寒的肥达试验及诊断立克次体的外斐试验等)、中和试验(如诊断链球菌性风湿病的抗链球菌溶血素 O 试验等)、间接凝集试验(如检测流感嗜血杆菌的抗体等)、补体结合试验和酶联免疫吸附试验(ELISA)等。ELISA 技术具有简便、特异、灵敏、快速等优点,可自动检测大量标本,已广泛应用于多种病原体特异性抗体的检测。

第二节 细菌感染的防治原则

细菌感染的防治原则包括使机体获得特异性免疫力及使用抗微生物制剂。本章主要涉及免疫学防治及抗菌治疗。

一、免疫学防治

特异性免疫防治细菌感染主要有人工主动免疫和人工被动免疫两种方法(详见上编相关章节)。

二、抗菌治疗

细菌感染主要采用抗菌药物治疗。用于抗菌治疗的制剂有抗生素和化学治疗剂,抗生素的种类非常多,可根据其对病原菌的作用机制选择使用,也可经实验室细菌检查及药敏试验结果选择使用。由于细菌的耐药性产生,严重影响着临床治疗的效果,使用时应注意使用剂量、疗程、适应证、不良反应、二重感染等。

(刘 琪)

1. 细菌感染的微生物学诊断包括哪两方面?
2. 简述细菌学检查的标本采集和送检过程中应遵守的原则。
3. 检测病原菌的常用方法有哪些?

第8章 球　　菌

球菌（coccus）种类多，分布广。病原性球菌（pathogenic coccus）主要引起化脓性炎症，故又称为化脓性球菌（pyogenic coccus）。根据革兰染色特性可将病原性球菌分成革兰氏阳性菌和革兰氏阴性菌两类。前者有葡萄球菌、链球菌和肠球菌等；后者有脑膜炎奈瑟菌、淋病奈瑟菌、卡他布兰汉球菌等。

第一节　葡萄球菌属

葡萄球菌属（Staphylococcus）的细菌因常呈葡萄串状排列而得名，是最常见的化脓性球菌。广泛分布于自然界、人和动物的皮肤及与外界相通的腔道中，大部分不致病。少数人的皮肤和鼻咽部可带有致病菌株，医务人员的带菌率可高达70%以上，且多为耐药性菌株，是医院内感染的重要传染源。对人类致病的主要是金黄色葡萄球菌，其耐药菌株高达90%以上，由该菌所致的败血症或脓毒血症临床均常见。

1. 生物学性状

（1）形态与染色：呈球形或椭圆形，平均直径0.8μm。典型的葡萄球菌排列呈葡萄串状，在脓汁或液体培养基中常为双球或短链状（彩图1）。葡萄球菌无鞭毛，无芽孢，在体内可形成荚膜。革兰染色为阳性，但当衰老、死亡或被中性粒细胞吞噬后常转为革兰氏阴性。

（2）培养特性：营养要求不高，在普通培养基上生长良好；需氧或兼性厌氧；最适温度为37℃；最适pH为7.4。耐盐性强，在含有10% NaCl的培养基上能生长，故可用高盐培养基作选择性培养。在普通琼脂平板上孵育24~48小时后，形成圆形、隆起、表面光滑、湿润、边缘整齐、不透明的菌落。菌落因菌种不同而呈现金黄色、白色或柠檬色等脂溶性色素的颜色。在肉汤培养基中经37℃孵育24小时，呈均匀混浊生长。在血琼脂平板上，有的菌株形成明显的透明溶血环（β溶血），溶血菌株大多有致病性。

（3）生化反应：多数菌株能分解葡萄糖、麦芽糖和蔗糖，产酸不产气。致病菌株可分解甘露醇。

（4）抗原结构：已发现的抗原在30种以上，重要的有以下几种。

1）荚膜：宿主体内的大多数金黄色葡萄球菌表面存在着多糖类荚膜，能抑制中性粒细胞对细菌的趋化和吞噬作用，有利于细菌黏附到细胞或生物合成材料表面（如生物性瓣膜、导管、人工关节等）。

2）葡萄球菌A蛋白（staphylococcal protein A，SPA）：为存在于细菌细胞壁的一种表面蛋白。SPA是一种单链多肽，与胞壁肽聚糖呈共价结合。90%以上的金黄色葡萄球菌菌株有此抗原，所有人源菌株均有，但不同菌株间含量相差悬殊。SPA可与人类IgG1、IgG2和IgG4的Fc段非特异性结合，亦能同豚鼠、小鼠等多种哺乳动物的IgG Fc段结合；而IgG分子的Fab段仍能同相应抗原分子发生特异性结合。SPA与IgG结合后的复合物具有抗吞噬、促细胞分裂、引起超敏反应、损伤血小板等多种生物学活性。采用含SPA的葡萄球菌作为载体，结合特异性抗体后，可开展简易、快速的协同凝集试验（coagglutination），广泛应用于多种微生物抗原的检出。

3）多糖抗原：具有群特异性，为细胞壁上磷壁酸的成分。A群多糖抗原从金黄色葡萄球菌中提出，为磷壁酸中的N-乙酰葡糖胺核糖醇残基。B群多糖抗原分离自表皮葡萄球菌，是磷壁酸中的N-乙酰葡糖胺甘油残基。磷壁酸能与细胞表面的纤连蛋白（fibronectin）结合，介导葡萄球菌对黏膜表面的黏附。磷壁酸抗原性弱，属半抗原，当与肽聚糖结合后，可引起机体免疫应答。检测抗磷壁酸抗体，可用于诊断细菌性心内膜炎等全身性葡萄球菌感染。

4）肽聚糖：有抗原性，能刺激机体产生调理性抗体，促进巨噬细胞的吞噬功能；吸引中性粒细胞、促进脓肿形成。亦有诱导吞噬细胞产生 IL-1、活化补体、刺激致热原产生等生物学活性。

（5）分类：葡萄球菌属目前发现有 32 种，寄生于人体的有 16 种，包括金黄色葡萄球菌（*S. aureus*）、表皮葡萄球菌（*S. epidermidis*）和腐生葡萄球菌（*S. sarophyticus*）三种。其中，金黄色葡萄球菌多为致病菌，表皮葡萄球菌、腐生葡萄球菌偶可致病。三种葡萄球菌的主要生物学性状见表 2-8-1。葡萄球菌属中只有金黄色葡萄球菌能产生血浆凝固酶，故称为凝固酶阳性葡萄球菌，其余则归类为凝固酶阴性葡萄球菌（coagulase-negative staphylococci，CNS）。

表 2-8-1　三种葡萄球菌的主要生物学性状

性状	金黄色葡萄球菌	表皮葡萄球菌	腐生葡萄球菌
菌落色素	金黄色	白色	白色或柠檬色
凝固酶	+	-	-
葡萄糖	+	+	-
甘露醇	+	-	-
葡萄球菌溶素	+	-	-
耐热核酸酶	+	-	-
A 蛋白	+	-	-
致病性	强	弱	弱

（6）抵抗力：葡萄球菌对外界因素的抵抗力强于其他无芽孢菌。加热 60℃ 1 小时或 80℃ 30 分钟才被杀死；干燥脓汁、痰液中存活 2～3 个月；2% 苯酚中 15 分钟或 1% 氯化汞溶液中 10 分钟死亡。对青霉素、磺胺和红霉素敏感，但耐药菌株增多迅速，尤其是耐甲氧西林金黄色葡萄球菌（MRSA）已经成为医院内感染最常见的致病菌之一。

2. 致病性

（1）金黄色葡萄球菌：因其能产生血浆凝固酶，故又称为凝固酶阳性葡萄球菌。

1）致病物质

A. 凝固酶（coagulase）：能使人或兔血浆发生凝固。凝固酶有两种：一种是分泌至菌体外的，称为游离凝固酶（free coagulase）。作用类似凝血酶原物质，被人或兔血浆中的协同因子（cofactor）激活为凝血酶样物质后，使液态的纤维蛋白原变成固态的纤维蛋白，从而使血浆凝固。另一种结合于菌体表面，称为结合凝固酶（bound coagulase），能与纤维蛋白原结合使之变为纤维蛋白而使菌体交联而凝聚。

凝固酶阳性株进入机体后，使周围血液或血浆中的纤维蛋白等沉积于菌体表面，阻碍吞噬细胞的吞噬；即使被吞噬，也不易被杀死。同时，纤维蛋白聚集在细菌四周，一方面保护病菌不受血清中杀菌物质的破坏；另一方面使葡萄球菌引起的感染易于局限化。

B. 葡萄球菌溶血素（staphylolysin）：金黄色葡萄球菌产生的溶血素可损伤细胞膜。按抗原性不同，可分为 α、β、γ、δ 等，对人类有致病作用的主要是 α 溶血素。α 溶血素是一种外毒素，具有良好的抗原性，经甲醛溶液脱毒后可制成类毒素；其生物学活性较广泛，对多种哺乳动物红细胞有溶血作用，以兔红细胞最敏感。对白细胞、血小板、肝细胞、成纤维细胞、血管平滑肌细胞等均有损伤作用。

C. 杀白细胞素（leukocidin）：又称为 Panton-Valentine（PV）杀白细胞素，可由大多数金黄色葡萄球菌产生。PV 杀白细胞素只攻击中性粒细胞和巨噬细胞，其作用是损伤细胞膜，使白细胞运动能力丧失，胞内颗粒排出，最终导致白细胞死亡。死亡的细胞可以形成脓栓，加重组织损伤。

D. 肠毒素（enterotoxin）：约 1/3 临床分离的金黄色葡萄球菌可产生肠毒素，能引起急性胃肠炎即食物中毒，与产毒菌株污染了牛奶、肉类等食物有关。

葡萄球菌肠毒素是一组热稳定的蛋白质，耐 100℃ 30 分钟；可抵抗胃肠液中蛋白酶的水解作用。葡萄球菌肠毒素作用机制可能是刺激呕吐中枢。此外，它还具有超抗原作用。

E. 表皮剥脱毒素（exfoliative toxin, exfoliatin）：也称为表皮溶解毒素（epidemolytic toxin），主要由噬菌体Ⅱ群金黄色葡萄球菌产生。属蛋白质，具有抗原性，可被甲醛溶液脱毒成类毒素。

表皮剥脱毒素可破坏皮肤细胞间的连接，引起的葡萄球菌性烫伤样皮肤综合征（staphylococcal scalded skin syndrome, SSSS），又称为剥脱性皮炎，多见于新生儿、幼儿和免疫功能低下的成人。患者皮肤呈弥漫性红斑和水疱形成，继以表皮上层大片脱落，受损部位的炎症反应轻微。

F. 毒性休克综合征毒素-1（toxic shock syndrome toxin 1, TSST-1）：由噬菌体Ⅰ群金黄色葡萄球菌产生的一类蛋白质。TSST-1 可引起机体发热，增加对内毒素的敏感性。感染产毒菌株后可引起机体多个器官系统的功能紊乱。

2）所致疾病：金黄色葡萄球菌可引起侵袭性和毒素性两大类疾病。

A. 侵袭性疾病：主要引起化脓性炎症。葡萄球菌可通过多种途径侵入机体，导致皮肤或器官的感染，甚至败血症。

局部感染：主要引起皮肤软组织感染，如疖、痈、毛囊炎、蜂窝织炎、伤口化脓等，脓汁黄色黏稠，病灶多局限。此外，还可引起内脏器官感染如气管炎、肺炎、脓胸、中耳炎等。

全身感染：如败血症、脓毒血症等。

B. 毒素性疾病：由金黄色葡萄球菌产生的有关外毒素引起。

食物中毒：进食含葡萄球菌肠毒素食物后 1～6 小时出现症状，先有恶心、呕吐、上腹痛，继以腹泻。呕吐最为突出。大多数患者于 1～2 天内恢复。

烫伤样皮肤综合征：由表皮剥脱毒素引起。开始皮肤有红斑，1～2 天表皮起皱，继而出现大疱，最后表皮上层脱落。

毒性休克综合征：主要由 TSST-1 引起。其主要表现为急性高热，低血压、猩红热样皮疹伴脱屑，严重时出现休克。

(2) 凝固酶阴性葡萄球菌：CNS 为人体正常菌群，过去认为 CNS 不致病，但近年来的临床和实验室检测结果证实 CNS 已成为医源性感染的常见病原菌，而且其耐药菌株也日益增多，给临床治疗造成困难。

CNS 的致病机制可能与其产生的黏质（slime）有关。黏质由中性糖类、糖醛酸和氨基酸组成。黏质使细菌黏附在细胞表面，菌体之间借此相互粘连。菌体被黏质包围后，能保护细菌免受中性粒细胞的吞噬和减弱抗生素的渗透。另外，腐生葡萄球菌能选择性吸附于尿道上皮细胞，这对其定植及感染有一定作用。溶血葡萄球菌的溶血性与其致病性也有关系。CNS 引起的常见疾病有以下几种：

1）泌尿系统感染：为年轻妇女急性膀胱炎的主要致病菌，使用器械检查尿道后或原有尿道疾病的老年男性患者也易发生这类感染。

2）败血症：CNS 是血培养中常见的病原菌，特别是新生儿败血症。

3）术后感染：CNS 是引起外科感染的常见病原菌。骨和关节修补术、器官移植，特别是心瓣膜术后的感染常由 CNS 引起。

4）植入性医用器械引起的感染：20%～65% 的导管、动脉插管和心脏起搏器等植入性医用器械所致的细菌性感染是由 CNS 引起的。重危患者通常较长期使用植入性医用器械，由此引发的感染已成为重要医学问题。此外，长期腹膜透析、静脉滴注等亦可造成凝固酶阴性葡萄球菌的感染。

3. 免疫性　人类对葡萄球菌有一定的天然免疫力。只有当宿主免疫力降低时，如皮肤黏膜受伤后或患有慢性消耗性疾病如结核病、糖尿病、肿瘤等时，才易引起葡萄球菌感染。患病恢复后，虽能获得一定的免疫力，但不强，难以防止再次感染。

4. 微生物学检查法

(1) 标本：不同病型采取不同标本。化脓性病灶采取脓汁、渗出液；食物中毒则分别采集剩余食物、患者呕吐物和粪便等；疑为败血症采取血液；脑膜炎采取脑脊液。

（2）直接涂片镜检：取标本涂片，革兰染色后镜检。一般根据细菌形态、排列和染色性可做出初步诊断。

（3）分离培养和鉴定：将标本接种至血琼脂平板，37℃孵育18～24小时后挑选可疑菌落行涂片染色镜检。血液标本需先经增菌后再接种至血琼脂平板。

（4）葡萄球菌肠毒素检查：取食物中毒患者的呕吐物、粪便或剩余食物做细菌分离培养和鉴定的同时，接种至肉汤培养基，孵育后取滤液，采用免疫学方法检测葡萄球菌肠毒素，以ELISA法最为常用。目前，也可用特异的DNA基因探针杂交技术、PCR技术检测葡萄球菌是否为产肠毒素菌株。

（5）一般说来，根据凝固酶、甘露醇试验及色素检查较易区别CNS与金黄色葡萄球菌。对CNS的鉴定尚未有特定的方法，需利用常规生化试验、质粒图谱、耐药谱等联合分析加以鉴定。

5. 防治原则 注意个人卫生和消毒隔离，以防止医源性感染。皮肤有创伤时应及时使用消毒药物，杀死或抑制侵入的病菌繁殖。皮肤有化脓性感染者，未治愈前不宜从事食品制作或饮食服务行业。

目前由于抗生素的广泛应用，耐药菌株日益增多。葡萄球菌耐青霉素者高达90%以上，因此在分离鉴定细菌的同时，必须根据药敏试验结果，选用敏感抗菌药物。

CNS感染多为医院内感染，手术伤口有可能被来自患者自身、医护人员及空气中的CNS污染，因此选择对CNS敏感的消毒剂，加强术前、术后患者皮肤、医护人员手、空气、环境等的消毒，对控制CNS引起的院内感染将起到重要作用。

目前研究表明，CNS对万古霉素、诺氟沙星及阿米卡星耐药率低，可考虑单独或联合应用治疗CNS的感染。

第二节 链球菌属

链球菌属（*Streptococcus*）的细菌为革兰氏阳性球菌，是化脓性球菌中的另一类常见细菌，广泛分布于自然界、人及动物粪便和健康人鼻咽部，大多数不致病。

目前对链球菌属常用的分类方法有三种：

1. 根据溶血现象分类 链球菌在血琼脂平板培养基上生长繁殖后，按产生的溶血现象分为三类：

（1）甲型溶血性链球菌：菌落周围有狭窄的草绿色溶血环，称为甲型溶血或α溶血，这类菌亦称为草绿色链球菌。α溶血环中的红细胞并未完全溶解，可能是细菌产生的H_2O_2破坏血红蛋白所致。这类链球菌多为条件致病菌。

（2）乙型溶血性链球菌：菌落周围形成2～4mm宽、完全透明的溶血环，称为乙型溶血或β溶血。β溶血环中的红细胞完全溶解，这类菌亦称为溶血性链球菌。这类链球菌致病力强，常引起人类和动物的多种疾病。

（3）丙型链球菌：菌落周围无溶血环，因而亦称为不溶血性链球菌。一般不致病，偶尔引起泌尿系统感染或亚急性细菌性心内膜炎。

2. 根据抗原结构分类 按链球菌细胞壁中多糖抗原不同，可分成A～H及K～V共20群，对人致病的菌株90%属A群，B、C、D、G群偶见。同群链球菌间，因M抗原不同又分为若干型。

3. 根据对氧气的需求分类 分为需氧性链球菌、兼性厌氧性链球菌和厌氧性链球菌三类。对人致病的主要为前两类；厌氧性链球菌是口腔、消化道、泌尿生殖道的正常菌群，在特定条件下可致病。

一、化脓性链球菌

化脓性链球菌（*Streptococcus pyogenes*）又称为A群链球菌，占链球菌感染的90%左右，是链球菌中致病性最强的细菌。

（一）生物学性状

1. **形态染色** 呈球形或卵圆形，多数以链状排列，有的亦呈短链或成双排列（彩图2）。无芽孢，无鞭毛。培养早期（2～4小时）形成由透明质酸组成的荚膜，随着培养时间的延长，因菌自身产生的透明质酸酶而使荚膜消失。自病灶新分离株为革兰染色阳性，若培养日久的老龄菌或被中性粒细胞吞噬后，可转呈革兰氏阴性。

2. **培养特性** 营养要求较高，普通培养基上生长不良，需补充血液、血清、葡萄糖等。大多数菌株兼性厌氧，少数菌株专性厌氧。最适生长温度为37℃，最适pH为7.4～7.6。在血清肉汤中易形成长链，管底呈絮状沉淀。在血琼脂平板上，形成灰白色、表面光滑、边缘整齐、直径0.5～0.75mm的细小菌落，周围形成较宽的透明溶血环。

3. **生化反应** 分解葡萄糖，产酸不产气。对乳糖、甘露醇的分解，随不同菌株而异。一般不分解菊糖，不被胆汁溶解，可与甲型溶血性链球菌和肺炎链球菌区别，触酶试验阴性。

4. **抵抗力** 55℃ 30分钟可被杀死，对常用消毒剂敏感。在干燥尘埃中可生存数月。A群链球菌对青霉素、红霉素等都很敏感。青霉素是链球菌感染的首选药物，极少有耐药株。

（二）致病性

1. **致病物质**

（1）黏附素：化脓性链球菌与人上皮细胞的黏附依赖于细菌表面的脂磷壁酸（LTA）和M蛋白等黏附素和上皮细胞表面的纤连蛋白（fibronectin，Fn）结合。同时，含M蛋白的链球菌有抗吞噬和抵抗吞噬细胞内的杀菌作用，可使细菌在宿主体内定居和繁殖。

此外，M蛋白与心肌、肾小球基膜有共同的抗原，可刺激机体产生特异性抗体，损害人类心、肾等组织器官。

（2）链球菌溶血素（streptolysin）：有溶解红细胞、破坏白细胞和血小板的作用。根据对O_2的稳定性，分为链球菌溶血素O（streptolysin O，SLO）和链球菌溶血素S（streptolysin S，SLS）两种。

1）SLO：为含有—SH基的蛋白质，分子质量为50～70kDa。SLO对O_2敏感，遇O_2时，—SH基被氧化为—SS—基，失去溶血活性。SLO对中性粒细胞有破坏作用，当进入细胞后引起胞内溶酶体的释放，导致细胞死亡。中性粒细胞释放出的水解酶类还可破坏邻近组织，加重链球菌的感染。SLO对哺乳动物的血小板、巨噬细胞、神经细胞等也有毒性作用。小鼠、豚鼠或家兔经大剂量SLO注射后，数分钟内死亡，此因SLO对心肌有急性毒性作用，引起心搏骤停。SLO的抗原性强，85%～90%链球菌感染的患者，于感染后2～3周至病愈后数月到1年内可检出抗"O"抗体（antistreptolysin O，ASO）。风湿热患者血清中的ASO显著升高，活动期病例升高更为显著，一般其效价在1:400以上。因此，定量检测ASO可作为链球菌新近感染指标之一或风湿热及其活动期的辅助诊断。

2）SLS：因其产生需要血清（serum），故名。SLS对氧稳定，链球菌在血琼脂平板上的溶血环即由SLS所致。SLS是小分子糖肽，无免疫原性，对白细胞和多种组织细胞有破坏作用。

（3）致热外毒素（pyrogenic exotoxin）：曾称为红疹毒素（erythrogenic toxin）或猩红热毒素（scarlet fever toxin），是引起人类猩红热的主要毒性物质，导致发热和出疹等临床表现。由温和噬菌体基因编码，属蛋白质，较耐热，96℃ 45分钟才能完全灭活。其抗原性强，有A、B、C三种型别，三型间无交叉反应。链球菌致热外毒素（SPE）是超抗原，具有超抗原生物学活性。

（4）侵袭性酶：化脓性链球菌可产生多种侵袭性酶。例如，透明质酸酶能分解细胞间质的透明质酸，使组织通透性增加。链激酶（streptokinase，SK）亦称为链球菌纤维蛋白溶酶（streptococcal fibrinolysin），能使血液中纤维蛋白酶原变成纤维蛋白酶，故可溶解血块或阻止血浆凝固。重组链激酶（r-SK）已用于急性心肌梗死患者的溶栓治疗。链道酶（streptodornase，SD）亦称为链球菌DNA酶（streptococcal deoxyribonuclease），能降解脓液中具有高度黏稠性的DNA，使脓液稀薄。

以上各种酶类以不同作用方式均可促进链球菌向周围组织或经淋巴、血流扩散,故称为化脓性链球菌的扩散因子。

由于 SD 和 SK 能致敏 T 细胞,故常用来进行皮肤试验(即 SK-SD 皮试),通过Ⅳ型超敏反应原理测定受试者的细胞免疫功能。此外,现已将 SK、SD 制成酶制剂,临床上用以液化脓性渗出液。例如,用于肺炎链球菌所致的脓胸等疾病,使脓液变稀,以利抗菌药物的治疗。

2. 所致疾病　化脓性链球菌的传染源为患者和带菌者。传播方式有空气飞沫传播、经皮肤伤口感染和经污染食品传播等途径。其可引起人类多种疾病,大致可分成化脓性感染、毒素性疾病和超敏反应性疾病三类。

(1) 化脓性感染:常见有淋巴管炎、淋巴结炎、蜂窝织炎、痈、脓疱疮等局部皮肤和皮下组织感染,还有扁桃体炎、咽炎、咽峡炎、鼻窦炎、产褥感染、中耳炎、乳突炎等感染。

(2) 毒素性疾病:即猩红热,是一种儿童多发的上呼吸道急性传染病。传染源为患者和带菌者,潜伏期平均为 3 天。临床特征为发热、咽峡炎、全身弥漫性皮疹和疹退后皮肤脱屑。

(3) 超敏反应性疾病:主要是链球菌感染后的风湿热和急性肾小球肾炎。病因乃由于诱发Ⅱ型、Ⅲ型超敏反应而发病。

1) 风湿热:由化脓性链球菌中多种型别(如 M18 型、M3 型、M5 型)引起。5～12 岁儿童多见。感染咽峡炎后有 3% 的患儿发生风湿热,主要表现为多发性关节炎、心肌炎、心内膜炎、心包炎等。但皮肤感染的链球菌不会引起风湿热。

2) 急性肾小球肾炎:大多数儿童急性肾炎属链球菌感染后的急性肾小球肾炎。引起咽峡炎和皮肤感染的链球菌都可造成急性肾小球肾炎,多见于 M12 型、M4 型、M2 型和 M49 型。其主要表现为水肿、少尿、血尿、蛋白尿、高血压等。病程 1 个月左右,多能自愈,很少转为慢性,预后良好。

(三) 免疫性

A 群链球菌感染后,血清中出现多种抗体。抗 M 蛋白抗体于链球菌感染数周至数月内可在患者血清中测出,一般存在 1~2 年,有的甚至长达 10~30 年。动物实验和流行病学调查均证实特异性抗 M 蛋白抗体能保护同型链球菌的再感染,主要是增强吞噬细胞的作用。链球菌因其型别多,各型间无交叉免疫力,故常可反复感染。不同型 M 蛋白均可诱生 γ 干扰素,借以增强吞噬功能。患过猩红热后可产生同型的致热外毒素抗体,能建立牢固的同型抗毒素免疫。

(四) 微生物学检查法

(1) 标本:根据不同疾病采取相关标本,如创伤感染的脓汁,咽喉、鼻腔等病灶的棉拭子,败血症的血液等。风湿热患者可取血清做抗链球菌溶血素 O 的抗体测定。

(2) 直接涂片:脓汁可直接涂片,革兰染色后镜检,发现有典型的链状排列球菌时,可做出初步诊断。

(3) 分离培养与鉴定:脓汁或棉拭子直接接种在血琼脂平板上,37℃孵育 24 小时后,如有 β 溶血菌落,应与葡萄球菌鉴别。α 溶血菌落,要和肺炎链球菌鉴别。血液标本应先增菌后再接种在血琼脂平板上。

(4) 血清学试验:抗链球菌溶血素 O 试验(antistreptolysin O test, ASO test),简称抗链 O 试验,常用于风湿热的辅助诊断。风湿热患者血清中 ASO 比正常人显著升高,活动性风湿热患者超过 400U 有诊断意义。

(五) 防治原则

链球菌感染主要通过飞沫传播,应对患者和带菌者及时治疗,以减少传染源。此外,还应注意对空气、器械和敷料等消毒。对急性咽峡炎和扁桃体炎患者,尤其是儿童,需治疗彻底,以防止急性肾小球肾炎、风湿热的发生。

A 群链球菌感染的治疗中，青霉素为首选药物。

二、肺炎链球菌

肺炎链球菌（*S. pneumoniae*）又称为肺炎球菌（pneumococcus）。经常寄居于正常人的鼻咽腔中，多数不致病或致病力弱，只形成带菌状态，当机体免疫力下降时才致病。尤其在呼吸道病毒感染后或婴幼儿、老年体弱者易发生肺炎链球菌肺部感染，是细菌性肺炎的主要病原菌。

1. **生物学性状**

（1）形态与染色：革兰氏阳性球菌，菌体呈矛头状，成双排列，宽端相对，尖端向外（彩图 3）。在痰液、脓汁、病变肺组织中亦可呈单个或短链状排列。无鞭毛，无芽孢。在机体内或含血清的培养基中能形成荚膜，荚膜需特殊染色才可见。

（2）培养特性：营养要求较高，在含有血液或血清的培养基中才能生长，属兼性厌氧菌。最适温度为 37℃，最适 pH 为 7.4～7.8。在血琼脂平板上的菌落细小、灰白色、圆形略扁、半透明，有草绿色 α 溶血环。与甲型溶血性链球菌很相似，第 3 型菌落较大，直径 2～3mm，黏液状，此因该型菌有大量荚膜物质形成之故。若孵育时间 >48 小时，肺炎链球菌产生足量的自溶酶，菌体渐溶解，菌落中央下陷呈脐状。在血清肉汤中孵育，初期呈混浊生长，稍久亦因菌自溶而使培养液渐变澄清。自溶酶是一种 L- 丙氨酸 -N- 乙酰胞壁酰胺酶，能切断肽聚糖上 L- 丙氨酸与 N- 乙酰胞壁酸间的连接键，从而破坏细胞壁，使菌溶解。自溶酶在细菌生长的稳定期被激活，也可被胆汁或胆盐等活性物质激活，从而促进培养物中的菌体溶解。自溶酶不耐热，65℃ 30 分钟被破坏。

（3）生化反应：肺炎链球菌对葡萄糖、麦芽糖、乳糖、蔗糖等分解，产酸不产气。对菊糖发酵反应不一，大多数新分离株为阳性，故菊糖在鉴别肺炎链球菌与甲型溶血性链球菌时仅有参考价值。可靠的鉴别法是胆汁溶菌试验。加牛、猪、兔等新鲜胆汁或 10% 去氧胆酸钠、2% 牛磺胆酸钠至菌液，置室温或 37℃，在 5～10 分钟时出现细菌溶解、培养液变清者为肺炎链球菌。甲型溶血性链球菌的胆汁溶菌试验为阴性。

肺炎链球菌有荚膜多糖（根据该抗原不同，可分 90 多个血清型）、C 多糖、M 蛋白等抗原成分。

（4）抵抗力：对多数理化因素抵抗力较弱。对一般消毒剂敏感，在 3% 苯酚或 0.1% 升汞溶液中 1～2 分钟即死亡。有荚膜株抗干燥力较强，在干痰中可存活 1～2 个月。

2. **致病性**

（1）致病物质

1）荚膜：有抗吞噬作用，是肺炎链球菌的主要侵袭力。当有荚膜的光滑（S）型菌失去荚膜成为粗糙（R）型菌时，其毒力减弱或消失。

2）肺炎链球菌溶血素 O（pneumolysin O）：对 O_2 敏感，性质类似 A 群链球菌的 SLO。其能溶解羊、豚鼠和人的红细胞。此外，还能抑制淋巴细胞的增殖，抑制中性粒细胞的趋化作用及其吞噬作用等。

3）脂磷壁酸：存在细胞壁表面，分子质量为 37kDa，对肺炎链球菌黏附到肺上皮细胞或血管内皮细胞表面起重要作用。

4）神经氨酸酶：在新分离株中发现有该酶，能分解细胞膜糖蛋白和糖脂的 N- 乙酰神经氨酸，可能与肺炎链球菌能在鼻咽部和支气管黏膜上定植、繁殖和扩散有关。

（2）所致疾病：肺炎链球菌主要引起人类大叶性肺炎。成人半数以上由 1 型、2 型、3 型引起，3 型肺炎链球菌能产生大量荚膜物质，毒力强，病死率高。儿童的大叶性肺炎以第 14 型最常见。肺炎后可继发胸膜炎、脓胸，也可引起中耳炎、乳突炎、鼻窦炎、脑膜炎和败血症等。

3. **免疫性**　肺炎链球菌感染后，可以建立较牢固的型特异性免疫，故同型病菌的二次感染少见。其免疫机制主要是产生荚膜多糖型特异性抗体，这种抗体在发病后 5～6 天就可形成。抗体起调理作用，增强吞噬功能。荚膜多糖尚能直接激活补体旁路途径，在特异性抗体未产生前，对入侵病菌的杀灭更具意义。

4. 微生物学检查法
(1) 标本：根据病种，采取痰液、脓汁、血液或脑脊液等。
(2) 直接涂片镜检：痰、脓或脑脊液沉淀物可做涂片并革兰染色后镜检。如发现典型的革兰氏阳性具有荚膜的双球菌存在，即可做初步诊断。
(3) 分离培养与鉴定：痰或脓液直接划种于血琼脂平板上，37℃孵育24小时后，挑取α溶血的可疑菌落做鉴定。血液或脑脊液需先经血清肉汤增菌，然后再在血琼脂平板上行分离培养。

5. 防治原则　多价肺炎链球菌荚膜多糖疫苗预防儿童、老年人和慢性病患者等的肺炎链球菌性肺炎、败血症、脑膜炎等有较好效果。人群感染的肺炎链球菌菌型在不断变化，且耐药菌株日益增多，因此要加强肺炎链球菌菌型的监测，并在治疗前做常规药敏试验。

三、其他医学相关链球菌

（一）甲型溶血性链球菌

甲型溶血性链球菌是亚急性细菌性心内膜炎最常见的病原菌，也可成为脑、肝和腹腔内感染的病原菌。当拔牙或摘除扁桃体时，寄居在口腔、龈隙中的这类菌可侵入血流引起菌血症。一般情况下，少量菌很快被肝、脾、淋巴结和骨髓中的吞噬细胞清除。但若心瓣膜有病损或人工瓣膜者，则可引起心内膜炎。

变异链球菌属于甲型溶血性链球菌的一种，与龋齿的发病密切相关。该菌系厌氧菌，分为八个血清型，从牙菌斑和龋齿病变中分离出的以 C 型最多，约占 80%。其致病机制为该菌的葡糖基转移酶（glucosyl transferase，GTF）能分解蔗糖使其产生高分子质量、黏性大的不溶性葡聚糖，借以将口腔中数量众多的菌群黏附于牙面菌斑，尤其是其中的乳杆菌能发酵多种糖类产生大量酸，使 pH 降达 4.5 左右，致牙釉质及牙质脱钙，造成龋损。

（二）B 群链球菌

B 群链球菌又称为无乳链球菌，是消化道及泌尿生殖道寄生的正常菌群。目前 B 族链球菌是引起新生儿败血症的主要病因。易感儿为早产儿及产妇破水期延长的新生儿。传染源是健康带菌的母亲和医护人员。

（三）D 群链球菌

D 群链球菌对营养要求不高，在普通琼脂平板上形成较大菌落，直径 1～2mm。血琼脂平板上多呈 α 溶血或不溶血，能耐受 65℃ 30 分钟。多数 D 群链球菌株对青霉素的敏感性较其他链球菌低，对包括万古霉素等常用抗生素耐药的菌株不断增加。遗传上与其他链球菌相关性低。D 群链球菌主要有牛链球菌（*S. bovis*）和马链球菌（*S. equi*）。其正常寄居在皮肤、上呼吸道、消化道和泌尿生殖道，偶可引起尿路感染等。患者大多为免疫力低下者，如老年人、体弱者或恶性肿瘤患者。

第三节　奈瑟菌属

奈瑟菌属（*Neisseria*）是一群革兰氏阴性双球菌，无鞭毛，无芽孢，有菌毛。属需氧菌，具有氧化酶和过氧化氢酶。在奈瑟菌属的细菌中，对人致病的主要有脑膜炎奈瑟菌和淋病奈瑟菌，其他奈瑟菌均为存在于鼻咽和口腔黏膜上的正常菌群。

一、脑膜炎奈瑟菌

脑膜炎奈瑟菌（*N. meningitidis*）又称为脑膜炎球菌（meningococcus），是流行性脑脊髓膜炎（流脑）的病原菌。

1. **生物学性状**

(1) 形态与染色：为肾形，革兰氏阴性双球菌，两菌接触面平坦或略向内陷，直径 0.6～0.8μm。人工培养后可呈卵圆形或球状，排列较不规则，单个、成双或 4 个相连等（彩图 4）。在患者脑脊液中，多位于中性粒细胞内，形态典型。新分离菌株大多有荚膜和菌毛。

(2) 培养特性：营养要求较高，需在含有血清、血液等培养基中方能生长。最常用的是经 80℃以上加温的血琼脂平板；由于血液经加热变色似巧克力，故名巧克力（色）培养基。其属专性需氧菌，5% CO_2 条件下生长更佳。最适生长温度为 37℃，低于 30℃不生长；最适 pH 为 7.4～7.6。37℃孵育 24 小时后，形成直径 1.0～1.5mm 的无色、圆形、光滑、透明、似露滴状的菌落。在血琼脂平板上不溶血。在血清肉汤中呈混浊生长。可产生自溶酶，人工培养物如不及时转种，超过 48 小时常死亡。自溶酶经 60℃ 30 分钟或甲醛液处理均可使之破坏。

(3) 生化反应：大多数脑膜炎奈瑟菌分解葡萄糖和麦芽糖，产酸不产气。

(4) 抗原结构与分类：脑膜炎奈瑟菌的主要抗原组分有三种。

1) 荚膜多糖群特异性抗原：目前已据此分成 13 个血清群，其中以 C 群致病力最强，对人致病的多为 A 群、B 群、C 群，我国 95% 以上为 A 群。

2) 外膜蛋白型特异性抗原：根据菌外膜蛋白组分不同，脑膜炎奈瑟菌各血清群又可分为若干血清型。但 A 群除外，其所有菌株的外膜蛋白相同。

3) 脂寡糖（lipo-oligosaccharides，LOS）抗原：类似 LPS，为主要致病物质。

(5) 抵抗力：对理化因素的抵抗力很弱，对干燥、热力、消毒剂等均敏感。在室温中 3 小时即死亡；55℃ 5 分钟内被破坏。75%乙醇溶液或 0.1%苯扎溴铵溶液均可迅速使之死亡。

2. **致病性**

(1) 致病物质：新分离的脑膜炎奈瑟菌具有荚膜和菌毛。荚膜能抗吞噬作用，菌毛可黏附至咽部黏膜上皮细胞表面，利于进一步侵入。脑膜炎奈瑟菌的主要致病物质是脂寡糖(LOS)。病原菌侵入机体繁殖后，因自溶或死亡而释放出 LOS。LOS 作用于小血管和毛细血管，引起坏死、出血，故出现皮肤瘀斑和微循环障碍。严重败血症时，因大量 LOS 释放可造成 DIC 及中毒性休克。

(2) 所致疾病：脑膜炎奈瑟菌是流脑的病原菌。目前我国流行的血清群 95%以上是 A 群。近年来亦发现 B 群病例，虽为散发性，但病情重，病死率高。此外，尚有少数病例是 C 群菌株引起的。

病原菌主要经飞沫侵入人体的鼻咽部，大部分感染者仅表现为上呼吸道感染，成为带菌者。病菌毒力、数量和机体免疫力高低不同，导致流脑病情复杂多变，轻重不一。一般表现为三种临床类型，即普通型、爆发型和慢性败血症型。潜伏期为 2～3 天，长者可达 10 天。

普通型占 90%左右。先有上呼吸道炎症，继而病原菌从鼻咽部黏膜进入血流，到达脑脊髓膜，产生化脓性炎症。爆发型只见于少数患者，起病急剧凶险，若不及时抢救，常于 24 小时内危及生命。慢性败血症型少见，成人患者较多，病程可迁延数天。普通型和爆发型以儿童罹患为主。

3. **免疫性** 机体对脑膜炎奈瑟菌的免疫性以体液免疫为主。群特异性多糖抗体和型特异性外膜蛋白抗体在补体存在下能杀死脑膜炎奈瑟菌。

特异性脑膜炎奈瑟菌抗体的来源除病后和免疫接种外，尚可因带菌状态而获得一定的免疫力。儿童因免疫力弱，发病率较高。

4. **微生物学检查法**

(1) 标本：取患者的脑脊液、血液或刺破瘀斑取其渗出物。带菌者检查可取鼻咽拭子。脑膜炎奈瑟菌对低温和干燥极敏感，故标本采取后应注意保暖保湿并立即送检。最好是床边接种。

(2) 直接涂片镜检

1) 脑脊液：经离心沉淀后，取沉淀物涂片，革兰染色或亚甲蓝染色后镜检，如在中性粒细胞内有革兰氏阴性双球菌，可做出初步诊断。

2) 出血瘀斑：碘酊、乙醇消毒病变皮肤，用无菌针头挑破出血瘀斑，挤出少量血液或组织液，制成印片后革兰染色。其阳性率在 80%左右。

(3) 分离培养与鉴定：血液或脑脊液先接种至血清肉汤培养基增菌后，再在巧克力（色）平板上行划线分离。平板置于含 5% CO_2 的环境中孵育。挑取可疑菌落涂片染色检查，并做生化反应和玻片凝集试验鉴定。

(4) 快速诊断法：脑膜炎奈瑟菌易自溶，患者脑脊液和血清中可有其可溶性抗原存在。可用已知群抗体快速检测相应抗原。

1) 对流免疫电泳：一般 1 小时内即可得出结果。本法较常规培养法敏感，特异性也高；且经治疗的患者也可用此来协助诊断。

2) SPA 协同凝集试验：先用脑膜炎奈瑟菌 IgG 抗体标记 Cowan Ⅰ 葡萄球菌，然后加入待测血清或脑脊液，若标本中含有相应可溶性抗原，则可见葡萄球菌凝集。

5. **防治原则** 对儿童注射流脑荚膜多糖疫苗进行特异性预防，常用 A、C 二价或 A、C、Y 和 W135 四价混合多糖疫苗。注意隔离治疗流脑患者，控制传染源。流行期间儿童可口服磺胺药物等进行预防。

二、淋病奈瑟菌

淋病奈瑟菌（N. gonorrhoeae）又称为淋球菌（gonococcus），是人类淋病的病原菌，主要引起人类泌尿生殖系统黏膜的急性或慢性化脓性感染。淋病是危害性大的性传播疾病之一，也是我国目前发病率最高的性病。

1. **生物学性状**

(1) 形态与染色：形态与脑膜炎奈瑟菌相似，直径 0.6~0.8μm，常成双排列，两菌接触面平坦，似一对咖啡豆。脓汁标本中，大多数淋病奈瑟菌常位于中性粒细胞内（彩图 5）。但慢性淋病患者的淋病奈瑟菌多分布在细胞外。其无芽孢，无鞭毛，有荚膜和菌毛。革兰染色呈阴性，用碱性亚甲蓝液染色时，菌体呈深蓝色。

(2) 培养特性：属专性需氧菌，初次分离培养时需供给 5% CO_2。该病原菌营养要求高，需用巧克力（色）血琼脂平板。其最适生长温度为 35～36℃，低于 30℃ 或高于 38.5℃ 生长停止。其最适 pH 为 7.5。孵育 48 小时后，形成凸起、圆形、灰白色、直径 0.5～1.0mm 的光滑型菌落。

(3) 生化反应：分解葡萄糖，产酸不产气，不分解其他糖类。氧化酶试验阳性。

(4) 抗原结构与分类：淋病奈瑟菌的表层抗原至少可以分为三类。

1) 菌毛蛋白抗原：菌毛存在于有毒菌株，每根菌毛是由 $1×10^4$ 个相同的蛋白质单位组成的单丝状结构。不同菌株的菌毛，其抗原性不同。

2) 脂寡糖（LOS）抗原：与其他革兰氏阴性菌的 LPS 相似。

3) 外膜蛋白抗原：包括 PⅠ、PⅡ 和 PⅢ。PⅠ 为主要外膜蛋白，占淋病奈瑟菌外膜总重量的 60% 以上，分子质量为 32~40kDa，是淋病奈瑟菌分型的主要基础，可分成 18 个不同血清型，有助于流行病学调查。

(5) 抵抗力：淋病奈瑟菌对热、冷、干燥和消毒剂极敏感，与脑膜炎奈瑟菌相似。

2. **致病性**

(1) 致病物质：淋病奈瑟菌进入尿道后，通过菌毛黏附到柱状上皮细胞表面，在局部形成小集落后，再侵入细胞增殖。有菌毛菌可黏附至人类尿道黏膜，不易被尿液冲去；抗吞噬作用明显，即使被吞，仍能寄生在吞噬细胞内。外膜蛋白 PⅠ 可直接插入中性粒细胞的膜上，严重破坏膜结构的完整性导致膜损伤；PⅡ 分子参与淋病奈瑟菌间以及菌与一些宿主细胞间的黏附作用；PⅢ 则可阻抑杀菌抗体的活性。淋病奈瑟菌的胞壁脂寡糖与补体、IgM 等共同作用，在局部形成炎症反应。淋病奈瑟菌尚能产生 IgA_1 蛋白酶，能破坏黏膜表面存在的特异性 sIgA 抗体，使细菌仍能黏附至黏膜表面。

(2) 所致疾病：人类是淋病奈瑟菌的唯一宿主。人类淋病主要通过性接触，使淋病奈瑟菌侵入尿道和生殖道而感染，其潜伏期为 2～5 天。母体患有淋菌性阴道炎或宫颈炎时，新生儿出生时患淋菌性结膜炎者多见。

成人感染初期，一般引起男性前尿道炎，女性尿道炎与宫颈炎。患者出现尿痛、尿频、尿道流脓、子宫颈可见脓性分泌物等。如进一步扩散到生殖系统，引起慢性感染，如男性发生前列腺炎、精囊精索炎和附睾炎；女性出现前庭大腺炎和盆腔炎等，是导致不育不孕的原因之一。

3. **免疫性** 人类对淋病奈瑟菌的感染无天然抵抗力。感染后出现特异性 IgM、IgG 和 sIgA 抗体，但 sIgA 可被 IgA 蛋白酶破坏，保护性免疫力不强。患者易再感染。慢性患者较多。

4. **微生物学检查法**

（1）标本：用无菌棉拭子蘸取泌尿生殖道脓性分泌物或子宫颈口表面分泌物。

（2）直接涂片镜检：将脓性分泌物涂片，革兰染色后镜检。如在中性粒细胞内发现有革兰氏阴性双球菌时，有诊断价值。

（3）分离培养与鉴定：淋病奈瑟菌抵抗力弱，标本采集后应注意保暖保湿，立即送检。为抑制杂菌生长，可在培养基中加入抗生素如多黏菌素 B 和万古霉素。常将标本接种在预温的巧克力（色）血琼脂平板或 Thayer-Martin（T-M）培养基上，菌落涂片染色镜检呈现出革兰氏阴性双球菌时即可诊断。还可挑取可疑菌落进一步做氧化酶试验、糖发酵试验或直接免疫荧光试验等确证。

5. **防治原则** 淋病是一种性传播疾病，是一个社会问题。成人淋病基本上是通过性交传染，污染的毛巾、衣裤、被褥等也起一定传播作用。开展防治性病的知识教育以及防止不洁的性行为是预防淋病非常重要的环节。近年来，耐药菌株不断增加，特别是多重耐药的淋病奈瑟菌给防治淋病带来困难。为此，还应做药敏试验以指导合理选择药物，除了对淋病患者及时彻底治疗外，还应治疗与淋病患者有性接触者。目前尚无有效的疫苗供特异性预防。

不论母亲有无淋病，为预防新生儿淋菌性结膜炎的发生，都应以抗菌眼药水滴入两眼。

附：肠球菌属

肠球菌属归肠球菌科，包括 29 个种和亚种。肠球菌是肠道正常菌群的一部分，目前认为肠球菌有致病性，是革兰氏阳性菌中仅次于葡萄球菌属的重要医院感染病原菌。对人类致病的主要是粪肠球菌和屎肠球菌。

肠球菌为革兰氏阳性菌，为成双或短链状排列的球菌，呈卵圆形，无芽孢，无荚膜，部分肠球菌有稀疏鞭毛。其营养要求高，属需氧或兼性厌氧菌，最适生长温度为 35℃。其感染最常见的为尿路感染，其次为腹腔和盆腔感染，还可引起败血症和心内膜炎及创伤和术后感染。肠球菌的耐药现象日益严重，对许多抗菌药物表现为固有耐药，如磺胺甲噁唑 - 甲氧卞定类、头孢菌素、克林霉素、低浓度万古霉素和低浓度的氨基糖苷类等。

对具有临床意义的肠球菌应进行药敏试验，一般要测试对 β- 内酰胺类，尤其是青霉素类（如青霉素、氨苄西林）、万古霉素和氨基糖苷类（如庆大霉素）的敏感性。屎肠球菌比粪肠球菌更易产生耐药性，耐万古霉素肠球菌常导致难治性感染。

（邝枣园）

1. 试述金黄色葡萄球菌、乙型溶血性链球菌、肺炎链球菌、脑膜炎奈瑟菌和淋病奈瑟菌的致病物质和所致疾病。
2. 金黄色葡萄球菌和乙型溶血性链球菌所致化脓病灶的区别及其原因。
3. 葡萄球菌和链球菌是如何分类的，每类的特征如何？
4. 淋病奈瑟菌的传播途径是什么？结合后面各章节所学，还有哪些微生物的传播途径与此相同？

第9章 肠杆菌科

肠杆菌科（Enterobacteriaceae）细菌包含了一大群生物学性状近似的革兰氏阴性杆菌，常寄居在人和动物的肠道内，随粪便排出，分布于土壤、水和腐物中。其中，大多数是肠道的正常菌群，但当宿主免疫力降低或侵入肠道外组织时，可成为条件致病菌而引起疾病；少数为病原菌，如伤寒沙门菌、志贺菌、致病性大肠埃希菌等。

肠杆菌科细菌种类繁多。根据生化反应、抗原结构、核酸杂交和序列分析，目前已有超过44个菌属，170个以上的菌种，其中与医学关系密切的细菌见表2-9-1。

表2-9-1 肠杆菌科中与医学关系密切的细菌

菌属	代表菌
枸橼酸杆菌属 Citrobacter	弗劳地枸橼酸杆菌 C. freundii、柯赛枸橼酸杆菌 C. koseri
肠杆菌属 Enterobacter	产气肠杆菌 E. aerogenes、阴沟肠杆菌 C. cloacae
埃希菌属 Escherichia	大肠埃希菌 E. coli
克雷伯菌属 Klebsiella	肺炎克雷伯菌肺炎亚种 K. pneumoniae subsp. pneumoniae、产酸克雷伯菌 K. oxytoca
摩根菌属 Morganella	摩氏摩根菌摩根亚种 M. morganii subsp. morganii
变形杆菌属 Proteus	奇异变形杆菌 P. Mirabilis、普通变形杆菌 P. vulgaris
沙门菌属 Salmonella	肠道沙门菌肠道亚种 S. enterica subsp. enterica
沙雷菌属 Serratia	黏质沙雷黏质亚种 S. marcescens subsp marcescens
志贺菌属 Shigella	宋内志贺菌 S. sonnei、福氏志贺菌 S. flexneri、痢疾志贺菌 S. dysenteriae、鲍氏志贺菌 S. boydii
耶尔森菌属 Yersinia	鼠疫耶尔森菌 Y. pestis
	小肠结肠炎耶尔森菌小肠结肠炎亚种 Y. enterocolitica subsp enterocolitica
	假结核耶尔森菌假结核亚种 Y. pseudotuberculosis subsp pseudotuberculosis

肠杆菌科细菌具有下列共同生物学特性：

1. **形态与染色** 为中等大小的革兰氏阴性杆菌，无芽孢，多数有鞭毛和菌毛。少数有荚膜。

2. **培养特性** 属兼性厌氧或需氧菌。营养要求不高，能在普通琼脂平板上生长，形成湿润、光滑、灰白色的直径为2～3mm的菌落。有些菌株在血琼脂平板上可产生β溶血。在液体培养基中，其呈均匀混浊生长。

3. **生化反应** 活泼，分解多种糖类和蛋白质，形成不同代谢产物，常用以区别不同菌属和菌种。乳糖发酵试验是鉴别肠道致病菌和非致病菌的重要依据之一。一般非致病菌能分解乳糖，而致病菌多数不能。

4. **抗原结构** 复杂，主要有菌体（O）抗原、鞭毛（H）抗原、荚膜（K）或包膜抗原和菌毛抗原。

（1）O抗原：即革兰氏阴性菌细胞壁脂多糖（LPS）最外层的特异多糖，具有种特异性。O抗原耐热，100℃不被破坏。从患者新分离菌株的菌落大多呈光滑（S）型，在人工培养基上多次传代或保存日久后，LPS失去外层特异多糖，此时菌落变成粗糙（R）型，即S-R型变异。R型菌株的毒力显著低于S型菌株。

（2）H抗原：为鞭毛蛋白，不耐热，60℃ 30分钟即被破坏。H抗原的特异性取决于多肽链上氨基酸的排列序列和空间结构。细菌失去鞭毛后，动力随之消失；同时O抗原外露，可发生H-O变异。

(3) 荚膜或包膜抗原：位于 O 抗原之外围，能阻止 O 凝集现象。多糖性质，加热 60℃ 30 分钟可去除。重要的有伤寒沙门菌的 Vi 抗原、大肠埃希菌的 K 抗原等。

(4) 菌毛抗原：为蛋白质，是细菌的表面黏附结构，可阻止 O 抗原与相应抗体结合，煮沸可被破坏。

5. **抵抗力** 对理化因素抵抗力不强，60℃ 30 分钟即死亡。其能耐受低温，易被一般化学消毒剂杀灭，常用氯进行饮水消毒。胆盐、某些染料如煌绿等对非致病性肠杆菌科细菌有抑制作用，借以制备选择培养基，有利于分离有关病原菌。

6. **变异性** 易出现变异菌株。除自发突变外，还可以通过转导、接合或溶原性转换等发生遗传物质的转移和重组引起变异。其中，最常见的是耐药性变异。此外，尚有毒素产生、生化反应及 H-O 的抗原变异和 S-R 的菌落变异等。变异现象在致病性、诊断和防治中都有重要意义。

第一节 埃希菌属

埃希菌属（*Escherichia*）是一群革兰氏阴性杆菌，有六个种，其中大肠埃希菌（*E.coli*）为主要代表菌，是临床最常见、最重要的一个菌种。

1. **生物学性状**

(1) 形态结构：为中等大小 [（0.4～0.7）μm ×（1～3）μm] 的革兰氏阴性杆菌（彩图 6）。无芽孢。多数菌株周身有鞭毛，能运动。有菌毛。肠外感染菌株常有多糖包膜（微荚膜）。

(2) 培养特性：属兼性厌氧菌，对营养要求不高，在普通培养基上生长良好，在普通琼脂平板培养 37℃ 24 小时后，形成直径 2～3mm 的圆形、凸起、灰白色、湿润、边缘整齐的光滑（S）型菌落。有些菌株在血琼脂平板上呈 β 溶血。在液体培养基中，呈均匀混浊生长。

(3) 生化反应：能发酵葡萄糖等多种糖类，产酸并产气。绝大多数菌株发酵乳糖。在克氏双糖管中斜面和底层均产酸产气，硫化氢试验阴性，动力试验阳性，据此可与沙门菌、志贺菌区别。吲哚、甲基红、VP、枸橼酸盐（IMViC）试验结果为"++--"，为典型大肠埃希菌特征，表明被检物已有粪便污染。

(4) 抗原结构：大肠埃希菌抗原主要有 O 抗原、H 抗原和 K 抗原三种。O 抗原有 170 种以上，是血清学分型的基础；H 抗原有 60 余种；K 抗原超过 100 种。根据耐热性不同，K 抗原又分为 L、A、B 三型，L 型、B 型不耐热，A 型耐热。一个菌株，一般只含一个型别的 K 抗原。表示大肠埃希菌血清型的方式是按 O：K：H 排列，如 O111：K58（B4）：H2。

(5) 抵抗力：大肠埃希菌对热的抵抗力较其他肠道杆菌强，经 55℃ 加热 60 分钟或 60℃ 15 分钟仍可有部分菌株存活。在自然界的水中可生存数周至数月，在低温的粪便中存活更久。对氨基糖苷类、喹诺酮类抗生素敏感，但易产生耐药性。胆盐、亚硝酸盐和煌绿染料等对大肠埃希菌有选择性抑制作用。

2. **致病性**

(1) 致病物质

1) 定植因子（colonization factor，CF）：也称为黏附素（adhesin），包括定植因子抗原和菌毛等。其黏附作用具有高度专一性。致病性大肠埃希菌需先黏附于宿主肠壁，以免被肠蠕动和肠分泌液清除。定植因子具有很强的抗原性，能刺激宿主产生特异性抗体，在兽医界已制成口服菌苗。

2) 肠毒素（enterotoxin）：是某些产毒型大肠埃希菌产生的外毒素，决定感染的特征和疾病的严重程度。其可分为不耐热（LT）肠毒素和耐热（ST）肠毒素两种，均由质粒介导。有些菌株只产生一种肠毒素，即 LT 或 ST，而有些菌株则两种均可产生。

A. **耐热肠毒素**（heat stable enterotoxin，ST）：对热稳定，100℃ 加热 20 分钟不被破坏，但其免疫原性弱。ST 可引起腹泻，其作用机制是通过激活肠黏膜细胞上的鸟苷酸环化酶，增加胞内 cGMP 量，使肠液分泌亢进而引起腹泻。

B. **不耐热肠毒素**（heat labile enterotoxin，LT）：对热不稳定，65℃ 加热 30 分钟使其灭活，

具有免疫原性，其作用机制及引起的症状和霍乱弧菌肠毒素相类似（详见本编第10章）。

3）细胞毒素：为志贺样毒素，以杀伤 Vero 细胞的能力为特征，又称为 Vero 毒素（vero toxin，VT）。

还有内毒素、载铁蛋白和Ⅲ型分泌系统等均与其致病性有关。Ⅲ型分泌系统指细菌接触宿主细胞后能向宿主细胞内输送毒性基因产物的细菌效应系统。

(2) 所致疾病

1）腹泻：引起腹泻的致病性大肠埃希菌主要有五种。

A. 肠产毒型大肠埃希菌（enterotoxigenic E.coli，ETEC）：主要引起婴幼儿和旅游者腹泻。其主要特点是产生肠毒素，引起大量液体分泌至肠腔，出现腹泻。菌株表面有强抗原性的定植因子（CF），能刺激宿主产生特异性抗体。

肠产毒型大肠埃希菌的形态结构、培养特性和生化反应与一般大肠埃希菌相似，但某些血清型大肠埃希菌易携带产毒基因。鉴定肠产毒型大肠埃希菌时主要测定肠毒素。

B. 肠侵袭型大肠埃希菌（enteroinvasive E.coli，EIEC）：主要引起较大儿童和成人腹泻，有时形成爆发。本类细菌不产生肠毒素，但能侵袭肠上皮细胞（主要是结肠），出现发热、腹痛腹泻、脓血便和里急后重等类似细菌性痢疾的症状。该菌无动力，对乳糖发酵迟缓或不发酵，因某些菌型与志贺菌有共同抗原，故常易被误诊为细菌性痢疾。

C. 肠致病型大肠埃希菌（enteropathogenic E.coli，EPEC）：是婴幼儿腹泻的主要原因，严重者可致死；成人少见。该菌不产生肠毒素。病菌在十二指肠、空肠和回肠上段黏膜表面大量繁殖，黏附于微绒毛，导致刷状缘破坏、微绒毛萎缩、上皮细胞排列紊乱和功能受损，造成严重腹泻。

D. 肠出血型大肠埃希菌（enterohemorrhage E.coli，EHEC）：亦称为 Vero 毒素大肠埃希菌（verotoxigenic E.coli，VTEC），为出血性结肠炎和溶血性尿毒综合征的病原体。5岁以下儿童易感染。患者症状轻重不一，可为轻度水泻至伴剧烈腹痛的血便。约 10% 10 岁以下患儿可并发有急性肾衰竭、血小板减少、溶血性贫血的溶血性尿毒综合征（hemolytic uremic syndrome，HUS），病死率达 10% 左右。最常见的血清型是 O157：H7，是 1982 年发现的一种致腹泻大肠埃希菌。轻者可不出现任何症状和体征，或仅出现轻度腹泻。部分患者有发热或上呼吸道感染症状，发热为自限性，一般 1～3 天消退。多数患者 5～10 天内痊愈。重者则可引起出血性结肠炎，少数人尤其是儿童和老年人可在病程 1～2 周出现溶血性尿毒综合征或血栓性血小板减少性紫癜等并发症。

E. 肠集聚型大肠埃希菌（enteroaggregative E.coli，EAEC）：引起婴儿急性或慢性腹泻，伴有脱水。其可黏附小肠黏膜细胞，阻止液体的吸收。

引起腹泻的大肠埃希菌的种类、致病机制和血清型见表 2-9-2。

表 2-9-2 引起腹泻的大肠埃希菌的种类、致病机制和血清型

菌株	作用部位	疾病与症状	致病机制	常见 O 血清型
ETEC	小肠	旅行者腹泻；婴幼儿腹泻，水样便，恶心，呕吐，腹痛，低热	质粒介导 LT 和（或）ST 肠毒素，大量分泌液体和电解质；黏附素	6、8、15、25、27、63、119、125、126、127、128、142
EIEC	大肠	水样便，继以少量血便；腹痛，发热	质粒介导侵袭和破坏结肠黏膜上皮细胞	78、115、148、153、159、167
EPEC	小肠	婴幼儿腹泻；水样便，恶心，呕吐，发热	质粒介导黏附和破坏上皮细胞	26、55、86、111、114、125、126、127、128、142
EHEC	大肠	水样便，继以大量出血，剧烈腹痛，低热或无发热，可并发 HUS、血小板减少性紫癜	溶原性噬菌体编码 StxⅠ或 StxⅡ，中断蛋白质合成；A/E 损伤，伴小肠绒毛结构破坏	157、26、28ac、111、112ac、124、136、143、144、152、164
EAEC	小肠	婴儿腹泻；持续性水样便，呕吐，脱水，低热	质粒介导集聚性黏附上皮细胞，阻止液体吸收	>50 个 O 血清型

2）肠外感染：许多大肠埃希菌在肠道内不引起感染，但移出肠道，在外部组织器官便能引起

急性或慢性化脓性炎症。常见的有膀胱炎、肾盂肾炎、胆囊炎等，也可引起阑尾炎、腹膜炎、手术后创口感染。新生儿、老年体弱的人或慢性消耗性疾病患者，由于免疫功能低下，可引起败血症。

3. 微生物学检查法

(1) 标本：根据感染情况，肠道外感染者可取中段尿、血液、脓汁、脑脊液和胆汁等；腹泻者取粪便。

(2) 分离培养与鉴定：血液标本必须先增菌培养，然后再接种到血平板及鉴别培养基上，粪便标本可直接接种于鉴别培养基上，其他标本可以同时接种在血平板和鉴别培养基上，经37℃持续18～24小时培养，观察菌落生长情况并涂片染色镜检。继而做生化反应、血清学分型，必要时进行肠毒素的测定。泌尿系统感染的尿标本需要做细菌总数测定，每毫升尿液细菌数≥10万有诊断意义。

(3) 卫生细菌学检查：大肠埃希菌随粪便排出体外，不断污染周围环境、食品等。数量越多，表明受粪便污染的情况越严重，间接说明可能有肠道致病菌的污染。据此，卫生细菌学以"大肠菌群数"作为饮用水、食物等被粪便污染的指标。"细菌总数"也为卫生细菌学指标之一。

1) 大肠菌群数：大肠菌群指在37℃ 24小时内发酵乳糖产酸产气，需氧或兼性厌氧的肠道杆菌，包括埃希菌属、枸橼酸杆菌属、克雷伯菌属等。我国卫生标准规定，每100ml饮用水中不得检出大肠菌群。

2) 细菌总数：指每毫升或每克样品在普通琼脂培养基中经37℃ 24小时培养后所生长的细菌菌落个数。我国卫生标准规定，每毫升饮用水中细菌总数不得超过100个。

药品是否符合卫生标准也是质量的重要组成部分。《中华人民共和国药典》规定口服药不得检出大肠埃希菌。

4. 防治原则　ETEC的免疫预防正在研究中，兽医界已将菌毛抗原制成口服菌苗，用于动物的主动免疫。有的牛肠道中可以存在EHEC。因此，食用加热不彻底而被牛粪污染的牛肉、牛奶及果汁等都可罹患出血性结肠炎。

治疗用磺胺、链霉素、卡那霉素、诺氟沙星等，因该菌易产生耐药性，应根据药敏试验结果选择抗菌药物。

第二节　志贺菌属

志贺菌属（*Shigella*）是人类细菌性痢疾的病原菌，又称为痢疾杆菌（dysentery bacterium）。细菌性痢疾是发展中国家常见的传染病之一。

1. 生物学性状

(1) 形态与染色：为短小杆菌 [(0.5～0.7) μm×(2～3) μm]，无芽孢，无荚膜，无鞭毛，有菌毛，呈革兰氏阴性（彩图7）。

(2) 培养与生化反应：该菌营养要求不高，在普通琼脂培养基上生长形成中等大小、半透明的光滑型菌落。其可分解葡萄糖，产酸不产气，不发酵乳糖，但宋内志贺菌可迟缓发酵乳糖（3～4天）。硫化氢试验阴性，动力试验阴性，可与沙门菌、大肠埃希菌等区别。甘露醇发酵可用于菌群鉴别。

(3) 抗原结构和分类：有O抗原和K抗原。O抗原是分类的依据，有群、型特异性，可借此将志贺菌属分为四群40多个血清型（包括亚型）（表2-9-3）。K抗原在分类上无意义，但可阻止O抗原与O抗体结合。

(4) 抵抗力：志贺菌属细菌在自然界有一定的抵抗力，在37℃水中可存活20天，冰块中可存活96天。宋内志贺菌对外界环境的抵抗力最强，鲍氏志贺菌、福氏志贺菌次之，痢疾志贺菌最弱。该菌属细菌对理化因素的抵抗力较其他肠道杆菌弱，一般56～60℃经10分钟即被杀死，直射日光30分钟可被杀死；对化学消毒剂敏感，在1%苯酚溶液15～30分钟死亡；对酸敏感，培养时需使用含有缓冲剂的培养基；对氨基糖苷类、喹诺酮类、小檗碱等抗菌药物敏感，但易产生耐药性。

表 2-9-3 志贺菌属分类表

菌名	群	型	亚型	生化反应	
				甘露醇	鸟氨酸脱羧酶
痢疾志贺菌	A	1～12	8a、8b、8c	−	−
福氏志贺菌	B	1～6, X, Y变种	1a、1b、2a、2b、3a、3b、3c、4a、4b、4c、5a、5b	+	−
鲍氏志贺菌	C	1～18		+	−
宋内志贺菌	D	1		+	+

(5) 变异性：志贺菌易发生变异。包括：① S-R 菌落变异：常伴随有毒力和抗原构造的变异。② 耐药性变异：由于抗生素类药物的广泛应用，志贺菌的耐药菌株日益增多，即使在边远地区分离的志贺菌也常见 4～8 种耐药谱，严重影响临床疗效。③ 营养缺陷型变异：如链霉素依赖株（streptomycin dependent strain, Sd 株），毒力弱，可制成活疫苗。

2. 致病性与免疫性

(1) 致病物质：主要是侵袭力和内毒素，有的菌株可产生外毒素。

1) 侵袭力：由于菌毛的黏附作用，志贺菌进入大肠后，定位于回肠末段和结肠的派氏淋巴结的 M 细胞上，继而扩散至邻近细胞及上皮下层。在内毒素的作用下，上皮细胞死亡，形成黏膜炎症、毛细血管血栓，从而导致局部坏死、溃疡。

志贺菌一般不侵犯其他组织，偶尔引发败血症。非侵袭性的志贺菌突变株不引起疾病。据此得出，对黏膜组织的侵袭力是决定其致病力的重要因素。

2) 内毒素：志贺菌属中所有菌株都具有强烈的内毒素。其能作用于肠黏膜，使血管通透性增加，促进对内毒素的吸收，引发内毒素血症症状，如发热，神志障碍，甚至中毒性休克。毒素破坏肠黏膜，炎症继发溃疡、坏死和出血，呈现典型的黏液脓血便。毒素还作用于肠壁的自主神经，引起肠功能紊乱，肠蠕动失调、痉挛，尤其以直肠括约肌最为明显，出现腹痛、里急后重等典型症状。

3) 外毒素：A 群志贺菌的 I 型和 II 型能产生外毒素，称为志贺毒素（shiga toxin, ST）。ST 能引起 Vero 细胞病变，故亦称为 Vero 毒素（VT）。该毒素兼具肠毒、细胞毒、神经毒三种外毒素活性，此与临床细菌性痢疾患者早期水样腹泻、腹痛，而后出现的脓血便、黏液便有关，严重者甚至可出现中枢神经系统病变，并可能致命。

(2) 所致疾病：志贺菌可引起细菌性痢疾（菌痢）。痢疾志贺菌感染患者病情较重，宋内志贺菌多引起轻型感染，福氏志贺菌感染易转变为慢性，病程迁延。患者或带菌者为传染源，无动物宿主。该菌主要通过粪—口途径传播。人类对志贺菌较易感，10～200 个细菌即可使 10%～50% 感染者致病。志贺菌随饮食进入肠道，潜伏期一般为 1～3 天。志贺菌感染分为急性菌痢（类似中医的"湿热痢"）和慢性菌痢（类似中医的"久痢"）。

1) 急性菌痢：又分为急性典型菌痢、急性非典型菌痢和急性中毒性菌痢三型。① 急性典型菌痢，症状典型，出现腹痛腹泻、黏液脓血便、里急后重、发热等表现。多预后良好，但治疗不彻底可转为慢性。② 急性非典型菌痢，症状不典型，易误诊从而延误治疗，常导致人处于带菌状态或转为慢性。③ 急性中毒性菌痢，各型志贺菌都可引发，小儿多见。经常没有明显的消化道症状，而以全身中毒性症状为主要表现。由于内毒素易造成微循环障碍、缺血和缺氧，故导致周围循环衰竭，引发弥散性血管内凝血（DIC）、心力衰竭、脑水肿、急性肾衰竭等一系列表现。如果治疗不及时，可以造成死亡。

2) 慢性菌痢：若急性期治疗不彻底或者当人体防御功能低下、营养不良、合并其他慢性病时，福氏志贺菌感染多转成慢性。病程超过 2 个月，症状不典型，时愈时发。

(3) 免疫性：志贺菌感染主要引起消化道黏膜局部免疫，产生的 sIgA 有重要保护作用。由于细菌不入血，而且型别多，病后不能获得牢固的免疫力。

3. 微生物学检查法

(1) 标本：取脓血便或黏液便，避免与尿液混合。应立即送检，若不能及时送检，则保存于

30% 的甘油缓冲盐水中。中毒性菌痢可取肛拭子。

(2) 分离培养与鉴定：标本接种于鉴别培养基上，37℃培养 18～24 小时，挑取无色半透明可疑菌落，并用生化反应和血清凝集试验确定菌群和菌型。

(3) 毒力试验：测定志贺菌的侵袭力可用 Senery 试验。志贺菌 ST 测定，可用 HeLa 细胞或 Vero 细胞，也可用 PCR 技术直接检测其产毒基因 *stxA*、*stxB*。

(4) 快速诊断法

1) 免疫染色法：将粪便标本与志贺菌抗血清混匀，在光镜下观察有无凝集现象。

2) 免疫荧光菌球法：将标本接种于含有荧光素标记的志贺菌免疫血清液体培养基中，37℃培养 4～8 小时。若标本中有相应型别的志贺菌存在，则与荧光抗体凝集成荧光菌球，在荧光显微镜下易被检出。

3) 协同凝集试验：先将志贺菌的 IgG 抗体与葡萄球菌 A 蛋白结合成诊断试剂，用于检测粪便标本中有无志贺菌的可溶性抗原。

4) 乳胶凝集试验：用志贺菌抗血清致敏乳胶，使其与粪便中的志贺菌抗原起凝集反应。也可用志贺菌抗原致敏乳胶来检测粪便中有无志贺菌抗体。

5) 分子生物学方法：PCR 技术、基因探针等。

4. 防治原则　对痢疾患者和带菌者要早期诊断、早期隔离和早期治疗，以控制传染源。采取以切断传播途径为主的措施。预防方面主要是增强机体免疫力，试用痢疾口服菌苗。目前有 Sd（链霉素依赖株）口服活疫苗，但只对同型菌的再感染有保护力，因此使用时要考虑到当地流行菌型。

治疗药物种类多，但易产生耐药性，可根据药敏试验选择药物，如磺胺类、喹诺酮类、小檗碱等。磺胺与抗生素的联合使用可以减少细菌耐药性的形成。中医根据辨证选用白头翁汤、芍药汤、葛根芩连汤等，有较好疗效。

第三节　沙门菌属

沙门菌属（*Salmonella*）是一群寄生在人类和动物肠道中，形态、生化反应和抗原结构相似的革兰氏阴性杆菌。根据生化反应、DNA 同源性等，沙门菌属分为肠道沙门菌（*S.enterica*）和邦戈沙门菌（*S.bongori*）两个种。肠道沙门菌又分为六个亚种，与人有关的都在第一亚种肠道沙门菌肠道亚种。沙门菌属的血清型在 2500 种以上，在自然界中分布广泛，但对人致病的只是少数，如引起肠热症的伤寒、副伤寒沙门菌。其余对动物致病的部分沙门菌偶可感染人，引起食物中毒或败血症等。

1. 生物学性状

(1) 形态与染色：为革兰氏阴性杆菌 [（0.6～1.0）μm×（2～4）μm]，无芽孢，无荚膜，大多数有周身鞭毛及菌毛（彩图 8）。

(2) 培养特性与生化反应：为兼性厌氧菌，营养要求不高，在普通琼脂平板上生长良好，形成中等大小、无色半透明的 S 型菌落。

该菌属细菌不发酵乳糖或蔗糖，能发酵葡萄糖、麦芽糖和甘露醇，除伤寒沙门菌不产气外，其他沙门菌均产酸产气。生化反应对沙门菌属的鉴别有重要意义（表 2-9-4）。

表 2-9-4　主要沙门菌的生化反应特点

菌名	动力	葡萄糖	乳糖	硫化氢
甲型副伤寒沙门菌	+	⊕	-	-/+
肖氏沙门菌	+	⊕	-	+++
鼠伤寒沙门菌	+	⊕	-	+++
希氏沙门菌	+	⊕	-	+
猪霍乱沙门菌	+	⊕	-	+/-
伤寒沙门菌	+	+	-	-/+
肠炎沙门菌	+	⊕	-	+++

注：- 不发酵；+ 产酸；⊕ 产酸产气。

(3) 抗原构造与分类：本属细菌抗原构造复杂，有 O 抗原、H 抗原、Vi 抗原三种。

1) 菌体抗原（O 抗原）：是细菌细胞壁的脂多糖（即内毒素）成分，性质较稳定，能耐受 100℃ 2 小时。每种沙门菌可含一种至数种 O 抗原，不同的细菌可有相同的 O 抗原，将有主要相同 O 抗原的细菌归为一组，其中引起人类疾病的大多数菌型在 A～F 组内。O 抗原刺激机体产生 IgM 类抗体，与相应免疫血清混合时，出现颗粒状凝集。

2) 鞭毛抗原（H 抗原）：为蛋白质，性质不稳定，60℃ 30 分钟即被破坏。细菌经甲醛处理后，仍保留 H 抗原。H 抗原与相应免疫血清混合时，可出现絮状凝集。H 抗原刺激机体主要产生 IgG 类抗体。

沙门菌属 H 抗原分为第 1 相和第 2 相。第 1 相用 a、b、c…表示，特异性较高，由此可将沙门菌分为种或型；第 2 相用 1、2、3…表示，为几种沙门菌所共有，特异性不高。

3) 表面抗原（Vi 抗原）：是包绕于 O 抗原外的一种表面抗原。其存在于新分离培养的伤寒沙门菌及希氏伤寒沙门菌中，经人工培养后易消失。Vi 抗原不耐热，加热 60℃ 即被破坏。免疫原性弱，刺激机体产生的抗体效价低，体内有该菌存在时才有抗体产生，细菌消失时抗体也消失，故可作为伤寒沙门菌带菌者的检测指标。常见沙门菌的抗原成分见表 2-9-5。

表 2-9-5 常见沙门菌的抗原成分

组	菌名	O 抗原	H 抗原 第 1 相	H 抗原 第 2 相
A 组	甲型副伤寒沙门菌（*S. paratyphi A*）	1、2、12	a	—
B 组	肖氏沙门菌（*S. schottmuelleri*）	1、4、5、12	b	1、2
	鼠伤寒沙门菌（*S. typhimurium*）	1、4、5、12	i	1、2
C 组	希氏沙门菌（*S. hirschfeldii*）	6、7、Vi	c	1、5
	猪霍乱沙门菌（*S. cholera-suis*）	6、7	c	1、5
D 组	伤寒沙门菌（*S. typhi*）	9、12、Vi	d	—
	肠炎沙门菌（*S. enteritidis*）	1、9、12	g、m	—

(4) 抵抗力：本属细菌对光、热、干燥及化学消毒剂等的抵抗力较弱，湿热 60℃ 30 分钟即被杀死。在污染的水及土壤中，可生存数天到数月。

(5) 变异性：沙门菌可发生抗原性变异，如 S-R 变异、H-O 变异、V-W 变异和位相变异。也可发生耐药性变异，可形成带有耐药质粒的菌株。

2. 致病性与免疫性

(1) 致病物质

1) 侵袭力：沙门菌有毒株能侵袭小肠黏膜，与 Vi 抗原有关，Vi 抗原有微荚膜作用，使细菌毒力更强，能帮助细菌在吞噬细胞内繁殖，逃避相应抗体或补体等破坏菌体作用。

2) 内毒素：沙门菌死亡后释放出内毒素，可引起发热、白细胞数量的改变、中毒症状、休克、激活补体系统等多种生物学效应。

3) 肠毒素：个别沙门菌（如鼠伤寒沙门菌）可产生肠毒素，其性质与 ETEC 产生的肠毒素类似。

(2) 所致疾病：人类的沙门菌病主要有肠热症、胃肠炎、败血症和无症状携带者。

1) 肠热症：包括伤寒和副伤寒，分别由伤寒沙门菌和甲型副伤寒沙门菌、肖氏沙门菌（原称乙型副伤寒沙门菌）、希氏沙门菌（原称丙型副伤寒沙门菌）引起。人是伤寒沙门菌唯一的宿主，细菌随污染的食物或水经消化道进入机体。机体发病与否取决于侵入机体的菌量和机体的免疫状况。细菌到达小肠，经 M 细胞侵入肠壁淋巴组织。在吞噬细胞中繁殖，部分细菌通过淋巴管到肠系膜淋巴结大量繁殖，经胸导管进入血液，引起菌血症。患者全身不适，发热，此时相当于疾病的前驱期。细菌继续随血流进入全身各脏器，包括肝、脾、肾、胆囊等并在其中繁殖，被脏器中吞噬细胞吞噬的细菌再次进入血流，引起第二次菌血症。此时患者持续高热，肝脾大，全身中毒症状明显，皮肤出现玫瑰疹，外周血白细胞计数明显下降等。胆囊中的细菌随胆汁排入肠道，一部分随粪便排出体外。排入肠道的细菌又通过肠黏膜再次进入肠壁淋巴组织，引起Ⅳ型超敏反应，导致肠壁坏死、溃疡，严重者可致大出血或肠穿孔。肾脏中的细菌可随尿排出。此时是疾病的第2~3周。若无并发症，自第3周后，患者情况开始好转。典型病例的病程为3~4周。并发症包括肠穿孔、肠出血、胆囊炎、肺炎等，病死率为2%~10%，大约3%的伤寒患者发展成慢性带菌者，其中女性比男性多3~4倍。

副伤寒与伤寒的致病机制和临床症状基本相似，只是副伤寒的病情较轻，病程较短，经1~3周即可痊愈，与伤寒的鉴别诊断有赖于微生物学检查。

2）胃肠炎（食物中毒）：是最常见的沙门菌感染，主要由鼠伤寒沙门菌、肠炎沙门菌、猪霍乱沙门菌引起。由于食入含有大量细菌的食物而致病，潜伏期短，为12~48小时，通常于吞入细菌18小时后出现发热、恶心、呕吐、腹痛、腹泻等症状。病程为2~4天，重者可持续几周，病后很少有慢性带菌者。常为集体性食物中毒，大部分病例可痊愈。

3）败血症：多由猪霍乱沙门菌、鼠伤寒沙门菌等引起，常见于儿童和抵抗力低下的成人。患者临床症状严重，表现为高热、寒战、厌食和贫血等，肠道症状少见；常伴有局部病灶，可发生在任何组织中，出现胆囊炎、肺炎、脑膜炎等。

4）无症状带菌者：指在症状消失后一年或更长时间内在其粪便中检出相应沙门菌。1%~5%的伤寒或副伤寒患者痊愈后可转变为无症状带菌者。菌株存留在胆囊中，有时也可在尿道中，成为人类伤寒和副伤寒病原菌的储存场所。

（3）免疫性：伤寒沙门菌为胞内外兼性寄生菌，伤寒沙门菌免疫性主要是适应性细胞免疫，同时在致病过程中，细菌有在血液和细胞外液存在的阶段，因此特异性抗体也有辅助杀菌作用。局部抗体能特异性阻止细菌黏附于肠黏膜表面。抗O和抗Vi抗体能防止再感染。胃肠炎的恢复与肠道局部生成sIgA有关。

3. 微生物学检查法

（1）标本采集：伤寒与副伤寒患者可根据病程不同采取不同的标本。第1周取外周血，血培养阳性率达80%；第2周起取粪便和尿液，粪便标本应做多次培养；第1~3周都可取骨髓，骨髓培养阳性率高且持久。胃肠炎者取粪便、呕吐物、可疑食物。败血症者取血。胆道带菌者可取十二指肠引流液。

（2）分离培养与鉴定：血液和骨髓需要先进行增菌培养，然后接种于肠道选择培养基上。粪、尿（离心沉渣）可直接接种于SS培养基或者其他鉴别培养基上。37℃培养24小时，挑选可疑菌落做生化反应和血清学鉴定。因为肠道杆菌之间生化反应互有类似，抗原关系互有交叉，所以要对某些菌株进行分型诊断。

（3）血清学诊断——肥达试验（Widal test）：用已知的伤寒沙门菌O抗原和H抗原以及甲型副伤寒沙门菌、肖氏沙门菌、希氏沙门菌的H抗原与患者血清做试管定量凝集试验，检测患者血清中的相应抗体及其效价，作为伤寒与副伤寒的辅助诊断。

肥达试验结果必须结合临床表现、病程、病史等分析判断。

1）诊断标准：由于隐性感染或过去预防注射，正常人血清中可含有少量抗体。我国的标准一般以伤寒O抗体效价高于1:80，H抗体效价高于1:160，引起副伤寒沙门菌的H抗体效价在1:80以上才有诊断意义。

2）抗体效价的升高：病程第1周末即有抗体出现，第2周后逐渐增加，因此要重复试验，当第2次抗体效价高于第1次，且明显高于诊断标准时才有诊断意义。

3）H抗体与O抗体的关系：①感染伤寒后，O抗体（IgM）一般出现较早，但维持时间短（达数月）。H抗体（IgG）一般出现较迟，但维持时间长（可达数年）。②若测定H抗体与O抗体的效价均高于诊断标准，则感染伤寒的可能性大；若两者均低，则感染的可能性较小。③若H抗体效价高而O抗体低于诊断标准，可能是以往的预防免疫或非特异性回忆反应；若O抗体效价高而H抗体低于诊断标准，则可能是在感染的早期阶段或者发生了其他沙门菌的感染。此外，少数病例或早期就使用抗菌药的患者，其抗体效价始终不高，但不能排除伤寒或副伤寒的感染。

（4）带菌者检查：可靠的方法是从粪便、肛门拭子或胆汁、尿液做分离培养，但检出率不高。一般先用血清学方法检测可疑者血清中 Vi 抗体效价，若 ≥ 1：10 时，再反复取粪便等进行病原分离培养，以确定是否为带菌者。

（5）快速诊断：近几年应用 SPA 协同凝集试验、酶联免疫吸附试验、放射免疫测定等方法，检测患者血清中伤寒、副伤寒沙门菌的可溶性抗原，可协助早期诊断。这些方法快速、特异性高，敏感性好。

4. 防治原则　预防沙门菌感染：①加强一般的预防措施，应搞好卫生，注意灭蝇，加强对饮水、食品的卫生监督，切断传播途径；②及时发现、早期隔离治疗患者和带菌者，以控制传染源；③预防接种，目前国际上新一代疫苗是伤寒 Vi 荚膜多糖疫苗，该疫苗安全性好，且易于保存和运输，免疫效果强而持久，有效期至少 3 年。

预防食物中毒，主要加强畜产品的检疫工作和食品卫生管理。

治疗肠热症采用氯霉素、氨苄西林、阿莫西林、环丙沙星等。中药白花蛇舌草、穿心莲等也有效。中医对肠热症按卫气营血辨证施治，可用厚朴夏苓汤、竹叶石膏汤、清营汤、莲朴汤、藿香正气散等。

第四节　其他菌属

1. 克雷伯菌属（*Klebsiella*）　为革兰氏阴性短杆菌，常见端对端成对排列，无鞭毛，无芽孢，多数菌株有菌毛，有较厚的荚膜。本属细菌营养要求不高，在普通培养基上生长的菌落大，呈黏液状，相互融合，以接种环挑之易拉成丝，有助于鉴别。肺炎克雷伯菌是本属中最重要的致病菌，50% 的健康人体的呼吸道与粪便中可分离出此菌。细菌性肺炎病例中有 1% 是由肺炎克雷伯菌引起的。

肺炎克雷伯菌肺炎亚种存在于正常人肠道、呼吸道以及水和谷物中，是医源性感染中重要的条件致病菌。所致疾病有肺炎、支气管炎、泌尿道和创伤感染及腹泻，有时也引起严重的败血症、脑膜炎、腹膜炎等。

2. 变形杆菌属（*Proteus*）　在自然界中分布广泛，土壤、污水、垃圾中都有存在，是肠道的正常菌群，是条件致病菌。

变形杆菌属为革兰氏阴性菌，形状多样，无荚膜，有菌毛，周身有鞭毛，运动活泼。其营养要求不高，在固体培养基中呈迁徙状生长，即扩散生长，形成以菌接种部位为中心的同心圆状、厚薄交替的层层菌苔。如果在培养基中加入少量苯酚，使鞭毛抑制，这种迁移现象就会消失。

本菌中某些特殊菌株，如 OX19、OX2、OXk 的菌体抗原与某些立克次体有共同抗原成分，故可以呈现交叉凝集反应。利用变形杆菌代替立克次体抗原与患者血清做凝集反应的外斐试验（Weil-Felix test）能够辅助诊断立克次体病。

变形杆菌离开肠道能够引起人的原发感染和继发感染，是仅次于大肠埃希菌的可引起泌尿道感染的主要病原菌。其含有脲酶可帮助分解尿素产氨，使尿液 pH 升高，以利于变形杆菌生长。同时，这种碱性环境促进肾结石、膀胱结石的形成。除此之外，变形杆菌还能引起败血症、脑膜炎、腹膜炎和食物中毒等疾病。

3. 摩根菌属（*Morganella*）　有两个亚种，即摩根菌属摩根亚种（*M.morganii ssp morganii*）和摩根菌属西伯尼亚种（*M.morganii ssp sibonii*）。摩根菌形态、染色和生化反应特征与变形杆菌相似，但无迁徙现象。以枸橼酸盐试验阴性、硫化氢试验阴性和鸟氨酸脱羧酶试验阳性为其特征。其可发酵葡萄糖产酸产气，分解尿素，形成吲哚，液化明胶。

摩根菌属摩根亚种可致住院患者和免疫低下患者引起化脓性感染，其中以泌尿道感染多见；亦可引起伤口感染，有时可引起腹泻。

4. 枸橼酸杆菌属（*Citrobacter*）　为革兰氏阴性杆菌，周身鞭毛，无芽孢，无荚膜，营养要求不高。

枸橼酸杆菌广泛存在于自然界，是人和动物肠道的正常菌群，也是条件致病菌。其可引起胃肠道感染、新生儿脑膜炎和败血症等。有时枸橼酸杆菌与产黑色素类杆菌等革兰氏阴性无芽孢厌氧菌合并感染。

5. 肠杆菌属（*Enterobacter*）　为革兰氏阴性杆菌，有周身鞭毛，无芽孢，有的菌株有荚膜，营养要求不高。

其可发酵甘露醇、乳糖、蔗糖，能利用枸橼酸盐及醋酸盐为碳源，甲基红试验阴性，VP试验阳性，不形成吲哚，不产生硫化氢。

本属细菌是肠杆菌科中最常见的环境菌群，但不是肠道的常居菌群，为条件致病菌，很少引起原发感染。产气肠杆菌和阴沟肠杆菌常可从临床标本中分离到，在机体免疫功能低下时，可导致败血症、泌尿道感染或脑膜炎，一般不引起腹泻。此外，肠杆菌属亦可引起医源性感染。

6. 沙雷菌属（*Serratia*）　为革兰氏阴性小杆菌，有周身鞭毛，无芽孢。部分菌株具有荚膜。本属细菌广泛存在于水、土壤、垃圾及污染食品中。代表菌株为黏质沙雷菌（*S. marcescens*），大小为 0.5μm×（0.5～1）μm。

沙雷菌可自土壤、水、人和动物的粪便中分离到，一般不致病。近年来发现黏质沙雷菌可引起医院内的二重感染，特别是对新生儿及免疫功能低下者，可引起肺炎、败血症、心内膜炎、泌尿道感染、创伤感染等疾病。本属细菌通过拔牙、医务人员的手等方式传播。泌尿道和呼吸道是重要的储菌部位。

（王　垚）

1. 试述引起腹泻的大肠埃希菌的种类、致病机制和血清型。
2. 何为大肠菌群数？在卫生细菌学检查中有何意义？
3. 简述志贺菌的致病物质及所致疾病。
4. 简述沙门菌的致病物质及所致疾病。
5. 试述肥达试验的结果判断。

第10章 弧菌属

弧菌属（Vibrio）细菌是一大群菌体短小、弯曲呈弧形的革兰氏阴性菌，广泛分布于自然界，以淡水和海水中最多。本菌属目前已发现70余种，其中至少有12种与人类感染有关，尤以霍乱弧菌和副溶血性弧菌最为重要。世界卫生组织（WHO）腹泻控制中心根据细菌的生化特性、抗原性、DNA同源性、致病性和耐盐性等将弧菌分为四类：

1. **O1群霍乱弧菌** 可被O1群血清凝集，能在体内外产生霍乱肠毒素。其中，古典生物型和El Tor型为流行株，致病最严重。

2. **不典型O1群霍乱弧菌** 可被O1群血清凝集，不产生肠毒素，无致病性，多从自然水源或井水中分离到，如水弧菌。

3. **非O1群霍乱弧菌** 不被O1群血清凝集，过去称为不凝集弧菌。其可引起一般腹泻和霍乱样腹泻，其中O139群为流行株，致病严重。

4. **其他弧菌** 包括副溶血性弧菌、溶藻弧菌、河弧菌、创伤弧菌等，可污染水源或海产品，引起食物中毒及肠外感染。

第一节 霍乱弧菌

霍乱弧菌（Vibrio cholerae）是烈性消化道传染病霍乱的病原体，两千多年前已有记载。自1817年以来，已发生过7次世界性霍乱大流行，前6次均由古典生物型引起。1961～1981年，由El Tor型弧菌所致的霍乱引起新的世界性大流行，为第7次大流行。1992年10月起在印度、孟加拉发现新血清型O139（Bengal）所致的流行，并很快传遍亚洲。最近一次较大规模流行发生在2010年的海地。

1. 生物学性状

（1）形态与染色：霍乱弧菌呈弧形或逗点状（彩图9），菌体大小为宽$0.5\sim1.5\mu m$，长$0.8\sim3\mu m$，从患者新分离出的细菌形态典型，但经人工培养后，细菌常呈杆状，与肠道杆菌难以区别。革兰染色阴性，在菌体一端有一根单鞭毛，细菌运动非常活泼，若直接取患者米泔水样粪便或培养物做悬滴观察，可见弧菌平行排列如鱼群样，呈穿梭样运动。本菌无芽孢，有些菌株（包括O139）有荚膜，电镜观察有菌毛。

（2）培养特性：本菌为兼性厌氧菌，营养要求不高，在普通培养基上生长良好，形成突起、圆形、光滑型菌落，$18\sim37℃$温度均能生长，故可在室外环境中生存。本菌耐碱不耐酸，在pH $8.8\sim9.0$的碱性蛋白胨水或碱性琼脂平板上生长良好，在碱性蛋白胨液体培养基中培养6～8小时即可形成菌膜，可以此做快速增菌培养及鉴定。在碱性琼脂平板上生长后形成水滴状光滑型菌落。霍乱弧菌可在无盐环境中生长，而其他致病性弧菌则不能。

（3）生化反应：霍乱弧菌两个生物型均能发酵葡萄糖、蔗糖和甘露醇，产酸不产气；不分解阿拉伯糖；过氧化氢酶阳性，氧化酶阳性，吲哚反应阳性。本菌能还原硝酸盐。古典生物型和El Tor型霍乱弧菌的鉴别见表2-10-1。

表2-10-1 霍乱弧菌O1群两个生物型的鉴别

鉴别试验	古典型	El Tor
第Ⅳ组霍乱弧菌噬菌体裂解试验	+	-（+）
多黏菌素B敏感试验	+	-（+）
鸡红细胞凝集试验	-（+）	+

续表

鉴别试验	古典型	El Tor
V-P 试验	−	+ (−)
1% 绵羊红细胞溶解试验	−	+ (−)

(4) 抗原结构与分型：霍乱弧菌具有菌体（O）抗原和鞭毛（H）抗原。H 抗原无特异性，根据 O 抗原不同，弧菌属有 200 多个血清群，其中 O1 群、O139 群引起霍乱，其余的血清群分布于地面水中，可引起人类胃肠炎等疾病，但不引起霍乱的流行。古典生物型和 El Tor 型均属 O1 群霍乱弧菌，国际检疫的传染性病原菌以检出 O1 群为准。菌体抗原有 A、B、C 三种成分。A 为 O1 群的特异抗原；据菌体抗原成分又可分为三种血清型，即稻叶型（Inaba，原型，含 AC），小川型（Ogawa，异型，含 AB）和彦岛型（Hikojima，中间型，含 ABC）（表 2-10-2）。

表 2-10-2 霍乱弧菌 O1 群血清型

| 血清型（抗原组分） | O1 多克隆抗体 | O1 单克隆抗体 | | | 出现频率 | 造成流行 |
		A	B	C		
小川型（AB）	+	+	+	−	常见	是
稻叶型（AC）	+	+	−	+	常见	是
彦岛型（ABC）	+	+	+	+	极少见	未知

注：+ 凝集；− 不凝集。

(5) 抵抗力：古典生物型在外界环境中抵抗力不强，El Tor 型和其他非 O1 群霍乱弧菌在外环境中的生存力较强，在河水、井水及海水中可存活 1～3 周，甚至在局部自然水中还可越冬。本菌不耐酸，在正常胃酸中仅能存活 4 分钟。55℃湿热 15 分钟，100℃煮沸 1～2 分钟，0.5mg/L 氯 15 分钟能杀死霍乱弧菌。以 0.1% 高锰酸钾处理蔬菜、水果 30 分钟，1：4 比例加含氯石灰处理患者排泄物或呕吐物，经 1 小时均可达到消毒目的。对大部分抗生素敏感，对中药黄连、大蒜等也有一定的敏感性。

2. 致病性

(1) 致病物质

1) 霍乱肠毒素：是霍乱弧菌的主要致病物质，为外毒素，对胰蛋白酶抵抗，是目前已知的致泻毒素中最为强烈的毒素。霍乱肠毒素由一个 A 亚单位和 5 个相同的 B 亚单位通过非共价键连接构成，A 亚单位又分 A1 和 A2 两个组分，其间有二硫键连接。B 亚单位可与小肠黏膜上皮细胞 GM1 神经节苷脂受体结合，然后插入宿主细胞膜，形成一亲水性穿膜孔道，介导 A 亚单位进入细胞内发挥毒性作用。A 亚单位在发挥毒性作用前需经蛋白酶作用裂解为 A1 和 A2 两条多肽。其中，A1 肽链具有酶活性，为毒素的活性中心，即毒性的物质基础。A1 作为腺苷二磷酸核糖基转移酶可使 NAD（辅酶Ⅰ）上的腺苷二磷酸核糖转移到 G 蛋白上，称为 Gs，Gs 可持久性地刺激腺苷酸环化酶活化使细胞内 ATP 转变为 cAMP，导致 cAMP 水平升高，使 Na^+ 依赖的 Cl^- 分泌增加，内皮细胞对 Na^+ 和 Cl^- 分泌的吸收抑制，主动分泌 Na^+、K^+、HCO_3^-，水很可能被动地从亲水性穿膜孔道向外流出，导致严重的腹泻与呕吐。A2 肽链在霍乱肠毒素作用于靶细胞前，具有使 A 亚单位与 B 亚单位稳定结合的作用，并能协助 A1 片段损伤细胞。

2) 鞭毛、菌毛及其他毒力因子：霍乱弧菌进入小肠后，依靠鞭毛运动，使细菌穿过肠黏膜表面黏液层而接近肠壁上皮细胞，有毒菌株尚能产生黏液素酶，有助于细菌穿过黏液层。普通菌毛是细菌定植于小肠所必需的因子。只有黏附定植后方可致病。该细菌具有内毒素，可引起发热反应。O139 群除具有上述 O1 群的致病物质外，还存在多糖荚膜和特殊 LPS 毒性决定簇，其功能是抵抗血清中杀菌物质并黏附到小肠黏膜上。

(2) 所致疾病：霍乱弧菌可引起烈性肠道传染病霍乱。在自然情况下，人类是霍乱弧菌的唯一易感者，患者和带菌者是霍乱的传染源。传播途径主要是通过污染的水源或食物，以经水传播最为重要。人与人之间的直接传播不常见。患者吐泻物和带菌者粪便污染水源后易引起局部爆发流行。

O1 群霍乱弧菌感染可从无症状或轻型腹泻到严重的致死性腹泻，古典生物型所致疾病较 El Tor 型严重。潜伏期为 1～3 天。典型患者多急骤起病，一般在食入细菌后 2～3 天突然出现剧烈腹泻和呕吐，排出米泔水样腹泻物。由于大量水分和电解质丧失而导致患者失水、代谢性酸中毒、低碱血症和低容量性休克及心律失常和肾衰竭，如未及时治疗处理，患者病死率高达60%。给患者补充液体及电解质，病死率可小于1%。病愈后一些患者可短期带菌，一般不超过2周，个别El Tor型病例病后带菌可长达数月或数年，病菌主要存在于胆囊中。

3. **免疫性** 感染霍乱弧菌后，机体可获得牢固免疫力。在血液和肠腔中均可出现保护性的抗肠毒素抗体及抗菌抗体。抗肠毒素抗体主要针对霍乱毒素B亚单位，抗菌抗体主要针对O抗原。霍乱弧菌引起的肠道局部黏膜免疫是霍乱保护性免疫的基础。

4. **微生物学检查法** 霍乱是烈性传染病，对首例患者病原学的快速、准确诊断，并及时做出疫情报告对控制本病极为重要。

(1) 标本采集：采患者粪便、肛拭子、呕吐物，流行病学调查取水样。霍乱弧菌不耐酸和干燥，标本应及时送检或放入Cary-Blair保存液中。

(2) 直接镜检：涂片染色镜检，发现排列呈鱼群状革兰氏阴性弧菌或悬滴法观察细菌呈穿梭样运动并可用特异血清抑制者，有诊断意义。

(3) 分离培养：标本首先接种至碱性蛋白胨水中增菌，37℃孵育6～8小时取表面生长物（菌膜）做涂片染色镜检，并用选择培养基做分离培养。目前常用的选择培养基为TCBS，霍乱弧菌因分解蔗糖呈黄色菌落，挑选可疑菌落进行生化反应及与O1群多价和单价血清做玻片凝集反应。

5. **防治原则** 改善社区环境，加强水源管理；患者应严密隔离，对患者吐泻物及食具等均需彻底消毒。在前往疫区前应接种疫苗，以防止感染。

长期以来使用O1群霍乱弧菌死菌苗肌内注射，保护率为50%～70%，维持时间为3～6个月。霍乱疫苗研究的重点已转至研制口服疫苗的方向，包括重组霍乱毒素B亚单位—全菌（O1群ElTor和古典生物型）疫苗、灭活霍乱弧菌全菌疫苗（O1群El Tor和古典生物型、O139群）。

本病的治疗原则是严格隔离，迅速补充水及电解质，纠正酸中毒，辅以抗菌治疗及对症处理。常用抗菌药物有多西环素、氯霉素、呋喃唑酮等，但易引起耐药性。

第二节 副溶血性弧菌

副溶血性弧菌（*V. parahaemolyticus*）于1950年从一次爆发性食物中毒中分离发现，是一种嗜盐弧菌（halophilic vibrio），常呈弧形、杆状、丝状等多种形态。本菌无芽孢、无荚膜。菌体一端有一根鞭毛，运动活泼。本菌为革兰氏阴性菌，需在NaCl浓度较高（3%～4%）的环境中才能生长繁殖，无盐则不能生长。其在含有3%～3.5% NaCl，pH 7.5～8.5的培养基中于37℃培养生长最好。在盐浓度不适宜的培养基中，细菌呈长杆状或球杆状等多种形态。其能发酵葡萄糖、甘露醇，产酸不产气，不发酵蔗糖，可产生靛基质。在TCBS培养基上，副溶血性弧菌形成绿色，蔗糖不发酵菌落。该菌抵抗力弱，不耐热，56℃ 5分钟或90℃ 1分钟即被杀死；不耐酸，在1%醋酸或50%食醋中1分钟死亡。

副溶血性弧菌在普通血平板（含羊、兔或马等血液）上不溶血或只产生α溶血。但在特定条件下，某些菌株在含高盐（7%）、人O型血或兔血及以D-甘露醇作为碳源的Wagatsuma琼脂平板上可产生溶血，称为神奈川现象（Kanagawa phenomenon，KP）。

此菌生活在海水、海产品（海鱼、梭子蟹、海瓜子、黄泥螺等）及腌制的食品（如咸菜等）中。人因吃下含有此菌的食物（主要是海产品）而感染致病，主要引起食物中毒，为食物中毒常见的一种。尤以日本、东南亚、美国及我国台湾地区多见，也是我国大陆沿海地区食物中毒中最常见的一种病原菌。

副溶血性弧菌引起食物中毒常年均可发生，潜伏期为5～72小时，最短仅1小时，平均24小时。症状可从自限性腹泻至中度霍乱样病症，有腹痛，腹泻，低热，水样或糊状粪便，约16%为血水样便，少数患者为脓血黏液便，病程为5～7天。病后免疫力不强，可重复感染。该菌还可引起浅表创伤感染、败血症等。预防与其他细菌性食物中毒相似，可用复方磺胺甲噁唑、庆大霉素、吡哌酸、诺氟沙星等抗菌药物治疗。

（吴大强）

1. 简述霍乱弧菌的生物学特性、致病物质及致病机制。
2. 为何预防霍乱的口服疫苗效果要优于肌内注射疫苗？
3. 简述副溶血弧菌导致食物中毒的特点，如何处置？

第11章 厌氧性细菌

厌氧性细菌（anaerobic bacteria）是一大群必须在无氧或微氧的环境中才能生长繁殖的细菌，分为有芽孢的厌氧芽孢梭菌和无芽孢厌氧菌两大类。常见具有致病性的厌氧芽孢梭菌为梭菌属，广泛分布于自然界土壤、水中，也可存在于动物及人体肠道中，感染人体后可产生多种毒性极强的外毒素，引起外源性感染。无芽孢厌氧菌包括多个属的球菌或杆菌，多数为人体正常菌群，分布于皮肤、口腔、胃肠道和泌尿生殖道等处，机体免疫力下降或长期大剂量使用抗生素导致菌群失调时，无芽孢厌氧菌可导致内源性感染。厌氧芽孢梭菌和无芽孢厌氧菌的差异见表2-11-1。

表2-11-1　厌氧芽孢梭菌和无芽孢厌氧菌的主要差异

差异	厌氧芽孢梭菌	无芽孢厌氧菌
革兰染色	革兰氏阳性	革兰氏阳性、革兰氏阴性
形态	杆形	球形、杆形
致病性	致病菌	条件致病菌
致病物质	外毒素，毒性强	内毒素，毒性弱
感染源	外源性感染	内源性感染
临床表现	典型	不典型
诊断	以临床症状为主	以细菌学诊断为主
防治	类毒素、抗毒素	抗生素

第一节　厌氧芽孢梭菌

厌氧芽孢梭菌属（*Clostridium*）为革兰氏阳性大杆菌，能形成芽孢，芽孢的直径比菌体宽，使菌体膨大呈梭形。其多数为专性厌氧菌，需在严格厌氧条件下才能生长，少数可在微氧环境中繁殖。芽孢对热、干燥和消毒剂抵抗力均强。引起人类疾病的厌氧芽孢梭菌见表2-11-2。

表2-11-2　引起人类疾病的各种常见梭菌

细菌名称	所致疾病
破伤风梭菌	破伤风
产气荚膜梭菌	菌血症、气性坏疽、食物中毒、坏死性肠炎
肉毒梭菌	食物中毒、婴儿肉毒症、创伤肉毒症
艰难梭菌	抗生素相关性腹泻、抗生素相关性假膜性肠炎

一、破伤风梭菌

破伤风梭菌（*C. tetani*）是破伤风的病原菌，大量存在于土壤、人和动物肠道中。破伤风梭菌的芽孢侵入伤口后，伤口局部的厌氧微环境利于芽孢繁殖，并释放外毒素致病。

1. 生物学性状

（1）形态与染色：为菌体细长的革兰氏阳性杆菌，长2~18μm，宽0.5~1.7μm，芽孢呈球形，位于菌体顶端，其直径大于菌体，使菌体呈鼓槌状，是本菌的典型形态特征（彩图10）。本菌有周身鞭毛,无荚膜。

(2)培养特性:专性厌氧,代谢不活跃,不分解糖类和蛋白质,在普通培养基上形成中心致密、边缘疏松的齿状菌落;在血琼脂平板上37℃培养48小时后可见"羽毛状"、易迁徙扩散的生长物,伴有β溶血环;在疱肉培养基中培养,呈均匀混浊生长,肉渣部分消化呈微黑色,有腐败臭味。

(3)抵抗力:芽孢抵抗力强,在土壤中可存活数十年,煮沸1小时可被破坏。

2. 致病性 本菌属专性厌氧菌,因此伤口局部的厌氧微环境是其繁殖的必要条件。破伤风梭菌的芽孢由伤口侵入人体,无侵袭性,仅在局部繁殖,通过释放外毒素致病。

(1)致病物质:破伤风梭菌能释放强烈的外毒素,包括破伤风痉挛毒素(tetanospasmin)和破伤风溶血素(tetanolysin)。破伤风痉挛毒素是主要致病物质,为一种神经毒素,是由质粒编码的蛋白质,不耐热,65℃ 30分钟即被破坏,也可被肠道的蛋白酶破坏,因此口服该毒素不致病。破伤风痉挛毒素毒性极强,仅次于肉毒素,经腹腔注射感染小鼠的半数致死量(LD_{50})为0.015ng,对人的致死量小于1μg。破伤风溶血素对氧敏感,其功能及抗原性与链球菌溶血素O相似,在破伤风中的致病作用尚不明确。

(2)致病机制:破伤风梭菌合成的痉挛毒素释放后,即被蛋白酶裂解为一条轻链(A链)和一条重链(B链),两条链仍由二硫键连接,重链具有结合神经细胞、转运毒素的作用,可识别并结合神经肌肉接点处运动神经元细胞膜上的受体,促使毒素转运至细胞内的小泡中,毒素随小泡从外周神经末梢沿轴突逆行向上,到达脊髓前角的运动神经元细胞内,之后毒素聚集于抑制性神经元细胞质的内体中,重链可介导轻链从内体释放,轻链是毒性部分,可阻止抑制性神经递质的释放。

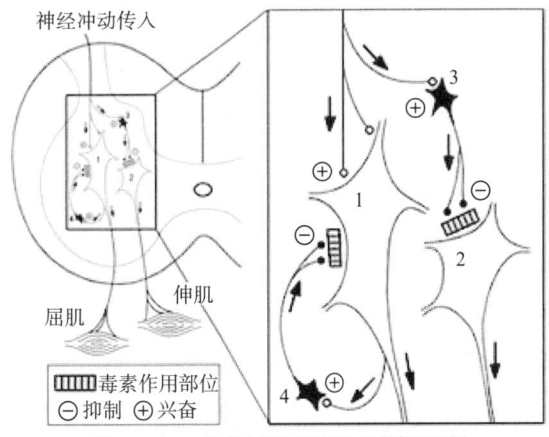

图2-11-1 破伤风痉挛毒素的作用机制
1. 屈肌运动神经元;2. 同侧伸肌运动神经元;3. 抑制性神经元;
4. 闰绍细胞

正常生理状态下,神经冲动传入中枢后,兴奋一侧肢体的屈肌运动神经元,同时使抑制性神经元释放抑制性神经递质(甘氨酸、γ-氨基丁酸),抑制同侧伸肌的运动神经元,使屈肌收缩时伸肌自然舒张,肢体协调运动。另外,屈肌运动神经元的冲动沿轴突传导时,又经轴突侧支兴奋闰绍(Renshaw)细胞,使其释放抑制性神经递质,反馈性调节屈肌神经元,防止其过度兴奋。破伤风痉挛毒素阻止抑制性神经递质的释放,使运动神经元持续兴奋、骨骼肌强直性痉挛、肌肉运动的兴奋与抑制失调,导致伸肌、屈肌同时强烈收缩,出现破伤风特有的牙关紧闭、角弓反张等体征(图2-11-1)。

(3)所致疾病

1)破伤风:破伤风梭菌感染主要引起破伤风。伤口局部的厌氧微环境是破伤风感染的必要条件,常见于窄而深的伤口,且有泥土、异物污染;大面积创伤、烧伤,坏死组织多,局部组织缺血缺氧;同时有需氧菌、兼性厌氧菌混合感染等。破伤风潜伏期数天至数周,平均为7~14天,感染部位距中枢神经系统越近,潜伏期越短,病死率越高。早期患者出现发热、头痛、流涎、出汗和易激动等前驱症状;典型体征为咀嚼肌痉挛造成的牙关紧闭、苦笑面容,颈部、背部肌肉持续性痉挛引起角弓反张,重症患者可因自主神经功能紊乱导致心律不齐、血压波动或大量出汗至脱水等。

2)新生儿破伤风:又称为脐带风、七日风。因分娩时剪断脐带的手术器械灭菌不严格,感染破伤风梭菌所致。通常出生后4~7天发病,表现为哭闹、张口和吸奶困难等。据估计,破伤风的死亡病例中约50%是新生儿。

(4)免疫性:以体液免疫为主,主要通过抗毒素发挥中和作用。破伤风痉挛毒素毒性很强,极微量毒素即可致死,而少量毒素不足以诱导机体产生免疫应答,因此病后不易产生牢固免疫力,破伤风痉挛毒素经0.4%甲醛作用后,失去毒性但仍保留抗原性,即为类毒素。获得有效免疫的途径是注射类毒素进行人工主动免疫或抗毒素进行人工被动免疫。

3. 微生物学检查法 根据典型症状体征和创伤病史可做出临床诊断，一般不进行微生物学检查。

4. 防治原则

(1) 非特异性防治：正确处理伤口，及时清创、扩创，用3%过氧化氢冲洗，防止伤口形成厌氧微环境。

(2) 特异性预防：采用含有百日咳菌苗、白喉类毒素和破伤风类毒素的百白破三联疫苗可使接种儿童同时获得对这三种常见传染病的免疫力。目前我国使用的是吸附无细胞百白破疫苗（diphtheria, tetanus and acellular pertussis vaccine adsorbed, DTaP），比全细胞疫苗具有更强的安全性。婴儿出生后第3、4、5个月连续免疫3次，18个月加强1次，建立基础免疫；易受伤人群，必要时可加强注射1次破伤风类毒素，几天内血清中抗毒素滴度可迅速升高。对伤口污染严重者，立即肌内注射破伤风抗毒素（tetanus antitoxin，TAT）1500～3000U或人破伤风免疫球蛋白（tetanus immunoglobulin，TIG）250～500U进行紧急预防。TAT是马血清纯化制剂，可诱发超敏反应，注射前应先做皮试，过敏者可采用脱敏注射法或使用TIG。

(3) 特异性治疗：采用注射破伤风抗毒素的被动免疫方法，并使用抗生素。已发病者应早期、足量使用TAT或TIG，肌内注射TIG3000～10000U，静脉滴注2万～5万U，伤口污染又未经全程基础免疫者，可同时注射破伤风类毒素和破伤风抗毒素，预防效果更好。使用青霉素、甲硝唑等抗生素可杀灭细菌。

二、产气荚膜梭菌

产气荚膜梭菌（C. perfringens）是广泛分布于土壤、人和动物肠道中的厌氧芽孢梭菌，是气性坏疽的主要病原菌，可产生多种外毒素和侵袭性酶，导致严重的局部创伤感染和食物中毒。

1. 生物学性状

(1) 形态与染色：本菌为革兰氏阳性粗大杆菌，长3~19μm，宽0.6～2.4μm。芽孢呈椭圆形，位于中央或次极端，其直径小于菌体，一般培养条件不易形成芽孢。在体内可形成明显的荚膜，无鞭毛（彩图11）。

(2) 培养特性：厌氧，但不如破伤风梭菌严格。繁殖快，在最适宜温度42℃时，繁殖周期仅为8分钟。在血琼脂平板上形成的灰白色、不透明的光滑型菌落，多数菌株有双层溶血环，内环是由θ毒素（溶血素）作用的完全溶血，外环为α毒素（卵磷脂酶）作用的不完全溶血。在卵黄琼脂平板上，由于细菌的α毒素可分解卵黄中的卵磷脂，导致菌落周围产生乳白色混浊圈，称为Nagler反应。若在培养基中加入α毒素的抗体中和α毒素，则无乳白色混浊圈产生，此法可用于鉴定细菌是否产生卵磷脂酶。

本菌代谢十分活跃，可分解多种糖类，产酸产气。在庖肉培养基中，分解肉渣中的糖类产生大量气体，肉渣不易被消化。在牛乳培养基中分解乳糖产酸，凝固酪蛋白并生成大量H_2和CO_2，将凝固的酪蛋白冲成蜂窝状，大量气体将覆盖在液体上的凡士林层向上推挤，气势凶猛，称为汹涌发酵（stormy fermentation），是本菌的特点。

(3) 分型：根据产气荚膜梭菌的四种主要毒素（α、β、ε、ι）的抗原性差异，将产气荚膜梭菌分为A、B、C、D、E五型。A型广泛存在于自然界，如土壤、污水和人、动物的肠道中，属正常菌群；B～E型主要寄生于动物肠道内，在土壤中不能存活。对人致病的主要为A型，引起气性坏疽和食物中毒，C型可引起人类坏死性肠炎。

2. 致病性

(1) 致病物质：产气荚膜梭菌可产生多种外毒素和侵袭性酶，有荚膜，因此侵袭力强。α毒素又称为卵磷脂酶（lecithinase），毒性最强，以A型菌产生毒素量最大。α毒素可水解细胞膜的膜磷脂，破坏细胞膜，溶解红细胞、白细胞、内皮细胞和血小板，引起溶血、组织坏死，血管通透性增加，造成局部水肿，进一步加重组织缺血、缺氧。α毒素也可作用于心肌、肝细胞，使血压下降、心率减慢或肝功能受损，在气性坏疽的形成中起主要作用。β毒素致组织坏死，可引起人类坏死性肠炎。ε 毒素可增加胃肠壁通透性，导致动物的致死性肠道疾病。此外，很多 A 型和少数 C、D 型菌株还能产生肠毒素。肠毒素为不耐热的蛋白质，100℃时瞬时被破坏，主要作用于回肠和空肠，肠毒素的肽链插入细胞膜，增加细胞膜的通透性，使大量水和电解质进入肠腔，引起腹泻。另外，肠毒素也可作为超抗原，激活 T 细胞并释放淋巴因子参与致病。

(2) 所致疾病

1) 气性坏疽：60%～80% 由 A 型引起，除产气荚膜梭菌外，其他梭菌也可引起。致病条件与破伤风梭菌相似，多见于战伤、地震灾害，也可见于伤口污染的大面积开放性骨折及软组织损伤。

潜伏期短，一般仅 8～48 小时。本菌繁殖快，可产生大量毒素和侵袭性酶，其荚膜具有抗吞噬作用，因此侵袭力强。细菌产生的卵磷脂酶、胶原酶、DNA 酶等可溶解组织、促进细菌迅速扩散至周围正常组织中，发酵肌肉和组织中的糖类产生大量气体，造成气肿。同时，细菌产生多种外毒素溶解细胞、增加血管壁通透性，形成水肿。进而挤压软组织和血管，阻碍血液循环，导致组织坏死。

患者局部组织剧烈胀痛，水气夹杂，触摸有捻发感，组织迅速坏死、分泌物恶臭。细菌一般不入血，但大量毒素和坏死组织的毒性产物可吸收入血，导致全身毒血症、休克。病死率高达 40%～100%。

2) 食物中毒：某些 A 型菌株能产生肠毒素，大量食入该型产气荚膜梭菌污染的食物后，可引起食物中毒。潜伏期约 10 小时，症状主要为腹痛、腹胀、水样腹泻等，通常无发热、无恶心呕吐，1～2 天自愈。

3) 坏死性肠炎：食入 C 型菌株引起，致病物质为 β 毒素，多见于家禽家畜，也可污染食物导致人致病，表现为剧烈腹痛、腹泻、血便等。

3. 微生物学检查法　气性坏疽起病急，进展迅速，后果严重，应早诊断、早治疗，避免患者截肢或死亡。

(1) 直接涂片镜检：是极有价值的快速诊断法，取创口深部组织涂片、革兰染色镜检，观察到革兰氏阳性大杆菌，伴有其他杂菌，白细胞少而形态不典型，即可报告初步结果。

(2) 分离培养：取坏死组织制成悬液，接种于血琼脂平板、牛奶培养基或庖肉培养基中，厌氧培养，观察生长情况，取培养物涂片镜检或用生化反应鉴定。

(3) 动物实验：取细菌培养液 0.5～1ml 给小鼠或家兔静脉注射，10 分钟后处死动物，置于 37℃，5～8 小时后观察，如动物躯体膨胀，立即解剖取肝或腹腔渗出液涂片镜检并分离培养，可发现有革兰氏阳性大杆菌，有明显荚膜。

怀疑为食物中毒者，取其粪便或剩余食物做细菌学检查，也可用免疫学方法检测粪便肠毒素。

4. 防治原则

(1) 预防：及时对伤口进行清创、扩创，局部用过氧化氢溶液冲洗，防止伤口形成厌氧微环境。

(2) 治疗：感染局部尽早手术切除，并清除坏死组织，必要时截肢防止扩散。早期可应用气性坏疽多价抗毒素，配合大剂量抗生素治疗，可使用高压氧舱治疗气性坏疽，将血液和组织中氧含量提高 15 倍，可抑制厌氧细菌生长。

三、肉毒梭菌

肉毒梭菌（C. botulinum）主要分布于土壤和动物粪便中，可产生剧毒的肉毒毒素（botulinum toxin），经消化道或创口吸收，引起食源性肉毒中毒和婴儿肉毒中毒。

1. 生物学性状

(1) 形态与染色：为革兰氏阳性短粗杆菌，长 4～6μm，宽 0.9μm。芽孢呈椭圆形，其直径大于菌体，位于次极端，使菌体呈网球拍状（彩图 12）。本菌周身鞭毛，无荚膜。

(2) 培养特性：专性厌氧，可在普通培养基上生长，在血琼脂平板上培养 24 小时形成 2～4mm 白色、粗糙的较大菌落，有 β 溶血环；肉毒梭菌可产生脂酶，在卵黄琼脂平板上，菌落周围出现混浊圈。

(3) 分组：根据毒素的抗原性差异分为 A、B、C、D、E、F、G 七型。多数菌株只产生一种毒素，对人致病的主要是产生 A、B、E 型毒素的菌珠。我国报告大多为 A 型。

(4) 抵抗力：肉毒梭菌的芽孢抵抗力强。肉毒毒素对酸和蛋白酶的抵抗力强，在胃酸作用 24 小时后不被破坏，可被胃肠吸收。肉毒毒素不耐热，100℃ 1 分钟即被破坏。

2. 致病性

（1）致病物质：肉毒毒素在已知毒素中毒性最强，比氰化钾强 10 000 倍，纯结晶的肉毒毒素 1mg 可杀死 2 亿只小鼠，对人的致死量为 0.1μg。

肉毒毒素由一条重链与一条轻链经二硫键连接，轻链为毒性部分。其结构和致病方式与破伤风痉挛毒素相似，但肉毒毒素对酸和蛋白酶的抵抗力强，口服后不易被胃肠消化液破坏，由胃肠道吸收入血，重链结合神经元细胞膜表面受体、转运毒素进入细胞中的小泡内，不同于破伤风梭菌从外周神经末梢沿轴突上行，肉毒毒素停留在神经肌肉接点处、自主神经末梢及中枢神经系统的脑神经核，轻链脱离重链，进入细胞质中，可阻碍乙酰胆碱的释放，影响运动神经末梢的功能，导致肌肉麻痹。

肉毒毒素局部注射可导致肌肉麻痹，美国 FDA 批准微量肉毒毒素可用于眼科、神经科和耳鼻喉科等肌肉亢进疾病的治疗。1992 年 Carruthers 等将其应用到医学除皱治疗，但大剂量、反复注射肉毒毒素可能会引起免疫复合物型超敏反应。

（2）所致疾病

1）食源性肉毒中毒：肉毒梭菌芽孢污染的食品，在厌氧条件下芽孢发芽繁殖、产生毒素，未加热即食后可发生单纯毒素性中毒。国外多见于罐头、香肠、腊肉等肉制品，我国多见于发酵的豆制品。

肉毒中毒的表现与其他食物中毒不同，患者无发热，神志清楚，胃肠道症状少见。潜伏期短，临床表现为弛缓性麻痹，先出现眼肌麻痹，如复视、斜视、眼睑下垂；然后咽部肌肉麻痹造成吞咽、咀嚼困难，口齿不清；进而膈肌麻痹、呼吸困难，严重者因呼吸停止而死亡。

2）婴儿肉毒症：因婴儿肠道内缺乏拮抗肉毒梭菌的正常菌群，食用被肉毒梭菌芽孢污染的食品（如蜂蜜）后，芽孢发芽繁殖产生毒素致病。临床表现为便秘、啼哭、吮乳无力、吞咽困难，眼睑下垂，全身肌张力减退。主要见于 1 岁以下婴儿，病死率为 1%～2%。

也可因伤口感染而导致创伤性肉毒中毒；或因美容、治疗、过度使用肉毒毒素，导致医源性肉毒中毒等。

3. 微生物学检查法

（1）分离培养与鉴定：从粪便和可疑食物中检出产毒的肉毒梭菌具有诊断意义。将标本 80℃ 加热 10 分钟，杀死细菌繁殖体，再进行厌氧培养分离本菌。

（2）毒素检测：取粪便、可疑食物、患者血清等标本检测毒素活性；或取培养液做动物实验，分两组进行小鼠腹腔注射，其中一组混合肉毒毒素多价抗毒素，单纯培养液注射小鼠 2 天内死亡，混合抗毒素的培养液注射小鼠存活，表明培养液中含肉毒毒素。

4. 防治原则 加强食品卫生管理，低温保存食品，抑制芽孢发芽，食用前 80℃ 加热 20 分钟以破坏毒素。感染者应迅速注射多价抗毒素作紧急预防，同时对症治疗，维持呼吸功能，可降低病死率。可选择甲硝唑或青霉素进行抗菌治疗。

四、艰难梭菌

艰难梭菌（C. difficile）广泛分布于土壤、动物或人类粪便中，对氧极为敏感，因此很难从粪便中分离培养而得名。艰难梭菌感染（C. difficile infection，CDI）多数为无症状携带。长期或过度使用抗生素、有住院史、老年人或罹患基础疾病的人群易感，主要引起医源性腹泻和伪膜性肠炎。

1. 生物学性状 革兰氏染色阳性，粗大杆菌，长 3～17μm，宽 0.5～2μm。有周鞭毛。芽孢呈卵圆形，芽孢直径比菌体略大、位于菌体次极端。专性厌氧。血琼脂平板上生成较大的白色粗糙型菌落，不溶血；用环丝氨酸-头孢西丁-果糖琼脂平板培养可生成黄色菌落，紫外线灯下可见黄绿色荧光。此菌的芽孢对常用消毒剂、抗生素、高浓度的氧或胃酸抵抗力很强。

2. 致病性 多数致病性艰难梭菌可产生艰难梭菌毒素 A 和 B，其中毒素 A 为肠毒素，引起肠黏膜分泌增多或出血样坏死，毒素 B 为细胞毒素，诱导肠黏膜细胞凋亡、坏死。

艰难梭菌经消化道传播，无症状携带者是重要的传染源。主要引起医源性腹泻，抗生素治疗史为高危诱因，长期或过度使用抗生素（林可霉素、头孢菌素和喹诺酮类）破坏肠道正常菌群，耐药菌株大量繁殖，发生菌群失调，常在使用抗生素 5～10 天后出现水样腹泻，伴有发热、腹痛，其中 20%～30% 为艰难梭菌感染，其他耐药菌株有金黄色葡萄球菌、产气荚膜梭菌等。有住院史、老年人或罹患基础疾病的人群也易感。5% 的 CDI 患者可发生假膜性结肠炎，表现为血水样腹泻、排出假膜，伴有发热、白细胞增多等全身中毒症状，严重者可危及生命。

3. 微生物学检查法　免疫学方法检测细菌毒素，分子生物学技术检测毒素编码基因。

4. 防治原则　立即停用相关抗生素，采用甲硝唑或万古霉素治疗，反复发作患者可尝试采用健康人的粪菌移植治疗。

第二节　无芽孢厌氧菌

无芽孢厌氧菌是一大类革兰氏阳性和革兰氏阴性的球菌和杆菌，共有 30 多个属，200 多菌种。在人体正常菌群中，厌氧菌占绝对优势，是其他非厌氧菌的 10～1000 倍，如在肠道菌群中，厌氧菌占 99.9%，大肠埃希菌仅占 0.1%；在皮肤、口腔、上呼吸道、泌尿生殖道的正常菌群中，无芽孢厌氧菌占 80%～90%。某些特定状态下，无芽孢厌氧菌可导致内源性感染。临床厌氧菌感染病例中，无芽孢厌氧菌的感染占 90%。

1. **主要种类及特征**

（1）革兰氏阳性厌氧杆菌：占临床厌氧菌分离株的 22%，其中 57% 为丙酸杆菌属，23% 为真杆菌属。

1）丙酸杆菌属：为小杆菌，呈链状或成簇排列，无鞭毛、无荚膜，可发酵葡萄糖产生甲酸，培养 2～5 天可见菌落。本属细菌寄居于人和动物肠道、皮肤。痤疮丙酸杆菌（P. acnes）最常见，可引起皮肤痤疮。

2）双歧杆菌属：呈多形性、有分枝，无荚膜及鞭毛，严格厌氧，耐酸。本属细菌主要寄居于肠道。在母乳喂养的新生儿粪便中，双歧杆菌占细菌总数的 98%，可促进肠道吸收和抗感染，到老年则明显减少。

（2）革兰氏阳性厌氧球菌：与人类疾病相关的有消化链球菌属，主要寄居于阴道，占临床厌氧菌分离株的 20%～35%，仅次于脆弱类杆菌，大多数为混合感染。

（3）革兰氏阴性厌氧杆菌：目前已发现 62 个种。

1）类杆菌属：脆弱类杆菌（B. fragilis）最重要，占临床厌氧菌分离株的 25%，菌体两端钝圆而浓染，中间染色浅呈空泡状，有荚膜。本属细菌主要引起腹腔脓肿、败血症等。

2）普雷沃菌属：以产黑色素类杆菌（P. melaninogenicus）最多见，为小球杆菌，有荚膜、菌毛。本属细菌为专性厌氧菌，在血平板上培养 5～7 天，菌落转为黑色。其寄居于人的口腔、上呼吸道、肠道。

（4）革兰氏阴性厌氧球菌：以韦荣菌属最重要，直径为 0.3～0.5μm，成对或短链状排列，主要寄居于口腔、上呼吸道，占临床厌氧菌分离株的 1%，多见于混合感染。

2. **致病性**

（1）致病条件：无芽孢厌氧菌属正常菌群，当寄居部位改变、宿主免疫力下降或菌群失调，以及局部供血障碍形成厌氧微环境等情况下可引起内源性感染。

（2）致病物质：无芽孢厌氧菌可通过荚膜与菌毛等吸附和侵入上皮细胞及各种组织，同时可产生多种毒素、胞外酶等促进细菌的定居和扩散。

（3）感染特征

1）以内源性感染为主，多呈慢性过程，可遍及全身。

2）无特定病型，多为化脓性感染，也可侵入血流引起败血症。

3）分泌物或脓液黏稠，或呈黑色、乳白色混浊或血色，有恶臭或有气体。

4）氨基糖苷类抗生素治疗无效。

5）分泌物直接涂片可见细菌，常规培养无细菌生长。

（4）所致疾病：无芽孢厌氧菌感染无特定病型，多为局部化脓性感染，也可侵入血流引起败血症。该菌所致疾病多呈慢性过程，可遍及全身。常见的无芽孢厌氧菌疾病类型见表2-11-3。

表 2-11-3　常见的无芽孢厌氧菌疾病类型

感染部位	所致疾病	常见菌种
腹腔和会阴部	腹膜炎、肝脓肿、会阴部感染等	脆弱类杆菌、消化链球菌、产气荚膜梭菌等
女性生殖道和盆腔	盆腔脓肿、输卵管卵巢脓肿、子宫内膜炎、产褥期败血症	消化链球菌、普雷沃菌属、紫单胞菌等
呼吸系统	肺脓肿、吸入性肺炎、坏死性肺炎、脓胸等	普雷沃菌属、坏死梭杆菌、脆弱类杆菌、消化链球菌等
血液系统	败血症	脆弱类杆菌、消化链球菌等
中枢神经系统	脑脓肿、脑膜炎、硬脑膜下脓肿等	脆弱类杆菌、产黑色素类杆菌、坏死梭杆菌、消化链球菌等
口腔	牙龈炎、下颌骨髓炎、牙周炎等	消化链球菌、产黑色素类杆菌等
心血管系统	感染性心内膜炎、血栓性静脉炎等	消化链球菌、脆弱类杆菌等

3. 微生物学检查法

（1）标本采集：标本应从正常无菌部位采集，如血液、腹腔液、胸腔液或从感染深部吸取渗出物或脓液，或手术切除组织的标本，注意避免其他正常菌群的污染。厌氧菌对氧敏感，暴露于空气中易死亡，标本采集后应立即接种于厌氧标本瓶中，迅速送检并进行厌氧培养。

（2）直接涂片镜检：脓液或穿刺液直接涂片，经革兰染色后，观察细菌形态。

（3）分离培养与鉴定：是证实厌氧菌感染的关键步骤，最常用的培养基是牛心脑浸液血平板。在厌氧环境中接种，置于37℃厌氧培养2～3天后，将菌落接种于两个血平板上，分别置于有氧环境和无氧环境中培养，两种环境均能生长为兼性厌氧菌，仅在厌氧环境中生长的是专性厌氧菌。生化反应可鉴定菌种。可利用分子生物学方法进行快速鉴定，如核酸杂交、PCR等。

4. 防治原则　避免正常菌群侵入非正常寄生部位，及时清创引流，防止创伤局部出现厌氧环境。95%临床厌氧菌对哌拉西林、克林霉素、甲硝唑、头孢西丁等药物敏感。革兰氏阳性厌氧菌对万古霉素敏感。氨基糖苷类抗生素对无芽孢厌氧菌无效，脆弱类杆菌可破坏青霉素和头孢霉素，因此分离菌珠要进行药敏试验选择有效药物治疗。

（王　倩）

1. 试述破伤风梭菌的致病物质、致病条件、所致疾病及防治原则。
2. 破伤风梭菌与肉毒梭菌的致病机制有哪些不同？
3. 产气荚膜梭菌有哪些培养特性？
4. 厌氧芽孢梭菌与无芽孢厌氧菌有哪些不同？
5. 总结可引起食物中毒的细菌。

第12章 分枝杆菌属

分枝杆菌属（*Mycobacterium*）是一类细长略弯曲的杆菌，因有分枝生长趋势而得名。本属菌的主要特点是细胞壁含有大量脂质，主要为分枝菌酸(mycolic acid)，这一特点与其染色性、抵抗力、培养特性、致病性等密切相关。因不易着色，需经加温或延长染色时间，且着色后能抵抗盐酸乙醇的脱色，故又称为抗酸杆菌（acid-fast bacilli）。该属细菌不产生内毒素和外毒素，无芽孢及鞭毛。分枝杆菌属可分为结核分枝杆菌复合群（*M.tuberculosis bacillus complex*）、麻风分枝杆菌（*M. leprae*）和非结核分枝杆菌（nontuberculous mycobacteria）三类。其中，结核分枝杆菌、牛分枝杆菌和麻风分枝杆菌为常见的致病性分枝杆菌，多引起慢性感染，并伴有肉芽肿形成。非结核分枝杆菌多数无致病性，部分可作为机会致病菌引起结核样病变。

第一节 结核分枝杆菌

结核分枝杆菌（*M. tuberculosis*）俗称为结核杆菌（tubercle bacillus），是结核病的病原菌，可侵犯全身各个器官，其中以肺部感染最常见。20世纪90年代，由于对结核病的忽视，移民和难民的增加，艾滋病的流行以及耐药结核病例的增加，结核病疫情在全球呈现回升的趋势。目前全世界约有20亿人口被感染，每年新现结核病患者有1000余万，每年因结核病死亡的有100余万人。结核病是目前全球尤其是发展中国家危害最为严重的慢性传染病之一，是细菌性疾病致死的首位原因。结核病是我国重点防控的重大疾病之一。

1. **生物学性状**

(1) 形态与染色：结核分枝杆菌为细长稍弯杆菌，宽0.4μm，长1~4μm，有分枝生长倾向。感染组织中的形态呈多形性，如痰中可呈细长弯曲状、串珠状、丝状、颗粒状等。结核分枝杆菌无鞭毛，不形成芽孢，有微荚膜（仅电镜下可见）。微荚膜对结核分枝杆菌有一定的保护作用。本菌因细胞壁含大量脂质，影响染料着色，革兰染色阳性，但不易着色。常用齐-尼（Ziehl-Neelsen）抗酸染色法染色，结核分枝杆菌经石炭酸复红加温染色后可着色，并能抵抗3%盐酸乙醇脱色，最终仍保持初染红色，为抗酸染色阳性；其他细菌则呈蓝色，为抗酸染色阴性（彩图13）。用荧光染料金胺O染色，荧光显微镜下菌体呈橘黄色。

(2) 培养特性与生化反应：该菌为专性需氧菌，营养要求高，常用罗氏培养基(Lowenstein-Jensen culture)（含有蛋黄、甘油、马铃薯、无机盐和孔雀绿等）做分离培养。最适生长温度为37℃，最适pH为6.5~6.8，生长缓慢，约18小时才分裂一次，培养2~4周可形成粗糙、凸起、表面皱褶、呈米黄或乳白色菜花状菌落，经药物治疗后菌落常不典型。在液体培养基中呈菌膜、束状或团块状生长。若在培养液中加入Tween-80，可降低其表面的疏水性，细菌呈分散均匀生长，繁殖速度加快，有利于做药敏试验和动物接种。

结核分枝杆菌不发酵糖类，可合成烟酸和还原硝酸盐，耐受噻吩-2-羧酸酰肼，有别于牛分枝杆菌。结核分枝杆菌与抗结核药物接触作用一段时间，药物撤除后，其重新生长有一段延迟时间，称为结核分枝杆菌的生长延迟时间，是间歇给药的实验基础。触酶和热触酶试验可用于区别结核分枝杆菌与非结核分枝杆菌，结核分枝杆菌大多数的触酶试验阳性，热触酶试验阴性，非结核分枝杆菌大多数两种试验阳性。

(3) 抵抗力：结核分枝杆菌抵抗力相对较强。本菌因含有大量脂质，耐干燥能力特别强，黏附在尘埃中传染性可持续 8～10 天，在干痰中可存活 6～8 个月。对酸（3% HCl 或 6% H_2SO_4）和碱（4% NaOH）有抵抗力，可耐受 15 分钟以上，常用以处理含有杂菌的待检标本，可提高结核分枝杆菌的检出率。对一定浓度的染料如结晶紫或孔雀绿有抵抗力，加入培养基可抑制杂菌生长。

结核分枝杆菌对湿热、紫外线、乙醇敏感，加热 62～63℃ 15 分钟、煮沸、日光直射数小时、70%～75% 乙醇溶液作用几分钟均可死亡。

本菌对异烟肼、利福平、链霉素等抗结核药物敏感，但长期用药导致耐药株不断增加。

(4) 变异性：结核分枝杆菌可发生形态、菌落、毒力、耐药性和免疫原性等变异。例如，在预防接种中广泛应用的卡介苗（BCG），是 Calmette 和 Guerin 将有毒力的牛分枝杆菌培养在含甘油、胆汁、马铃薯的培养基中，经 13 年 230 次传代而获得的减毒活疫苗菌株。结核分枝杆菌经溶菌酶、青霉素或环丝氨酸诱导可变为 L 型，使细菌呈颗粒状或丝状。异烟肼影响分枝菌酸的合成，既可导致 L 型，又可使其抗酸染色变为阴性。这种多形性和染色性改变，在肺内外结核感染标本中常能见到。细菌的 L 型可能与结核病的久治不愈、反复发作或病情恶化等有关。结核分枝杆菌可由于基因自发突变（原发性耐药）或药物诱发突变（继发性耐药）等原因产生耐药性变异。近年来出现的多重耐药菌株（multidrug resistant strains，MDR 株）不断增多，甚至引起多重耐药结核病的爆发流行。

2. 致病性　结核分枝杆菌不产生内毒素、外毒素及侵袭性酶类。其致病性可能与细菌在宿主组织中顽强增殖引起的炎症、菌体某些成分和代谢产物的毒性以及机体对其产生的免疫损伤有关。

(1) 致病物质

1) 脂质：约占本菌胞壁干重的 60%，与毒力有关的主要成分有以下几种，①索状因子（cord factor）：因使该菌有毒株呈索状生长而得名。它是分枝菌酸和海藻糖结合形成的糖脂，可破坏线粒体膜，影响细胞呼吸，抑制白细胞游走和引起慢性肉芽肿。若将其从细菌中除去，则细菌丧失毒力。②磷脂：可刺激单核细胞增生，与结核肉芽肿和干酪样坏死病变有关。③硫酸脑苷脂：可阻碍单核细胞活化，抑制吞噬溶酶体的形成，有利于细菌在吞噬细胞内生存。④蜡质 D：为肽糖脂和分枝菌酸的复合物，具有佐剂效应，可辅助菌体蛋白诱发机体产生迟发（Ⅳ）型超敏反应。

2) 蛋白质：结核分枝杆菌中最主要的蛋白质成分为结核菌素（tuberculin），其免疫原性强，与蜡质 D 结合可激发机体发生 Ⅳ 型超敏反应，引起组织坏死和全身中毒症状，并参与结核结节的形成。

3) 微荚膜：主要成分为多糖，部分为脂质和蛋白质。其作用包括：①可与吞噬细胞表面的补体受体（CR3）结合，介导结核分枝杆菌的黏附和入侵；②可阻止有害物质（如 NaOH）进入细菌，保护细菌免受损伤；③菌体被吞噬细胞吞入后，可抑制吞噬体与溶酶体的融合；④含有多种酶可降解宿主组织中的大分子物质，为入侵的结核分枝杆菌繁殖提供所需营养。

(2) 所致疾病：本菌可通过呼吸道、消化道或破损皮肤黏膜侵入易感机体，引起全身多种组织器官的感染，以肺部感染最为常见。传染源主要为排菌的结核病患者。

1) 肺部感染

A. 原发感染：多见于儿童和未受过感染的成人。未接种卡介苗的易感机体，初次感染结核分枝杆菌，机体尚未建立特异免疫功能，细菌侵入肺泡后，虽可被巨噬细胞吞噬，但由于该菌有大量脂质，可抵抗溶酶体酶而生长繁殖，并可导致巨噬细胞裂解，继发渗出性肺泡炎、坏死和干酪样变性，形成肺原发病灶。同时，原发灶细菌具有扩散倾向，可经淋巴管扩散，引起肺门淋巴结发炎肿大，这些感染灶在 X 线片呈现哑铃状阴影，称为原发复合征。灶内巨噬细胞将特异性抗原提呈给周围淋巴细胞。感染 3～6 周后，机体产生特异性细胞免疫，同时也出现 Ⅳ 型超敏反应。病灶内菌体的细胞壁磷脂一方面可刺激巨噬细胞转化为类上皮样细胞，另一方面抑制蛋白酶对组织的溶解，发生干酪样坏死，进一步形成结核结节。

原发感染中少数患者因免疫力低下，结核分枝杆菌可沿淋巴或血行播散，形成结核性胸膜炎、结核性脑膜炎、粟粒性结核等。约有 90% 以上的原发感染灶可形成纤维化或钙化，不治自愈。但病灶内仍可残留少数活菌，构成有菌免疫特点，亦可成为疾病复发和肺外结核发生的来源。

B. 继发感染：亦称为原发后感染，多发生于成年人。继发感染多因遗留的潜在病灶复燃（很少为外源性感染），可发生在全身各种组织器官，但以继发肺结核多见。因机体经原发感染已具有一定的特异性细胞免疫，所以病灶多限于局部，一般不累及附近的淋巴结，主要病理表现为慢性肉芽肿性炎症，由于伴Ⅳ型超敏反应损伤，病灶易发生干酪样坏死或纤维化。

近年来发现，结核分枝杆菌 L 型因缺少细胞壁脂质成分，多不能刺激结核结节形成，仅出现淋巴结肿大和干酪样坏死，在病灶中可见形态不典型的抗酸菌，即形成"无反应性结核"。

2) 肺外感染：部分患者结核分枝杆菌可经血行播散引起脑、肾结核；痰液进入消化道可引起肠结核；也可见泌尿系统结核、骨结核、皮肤结核及淋巴结核等。

3. 抗感染免疫与Ⅳ型超敏反应

(1) 免疫机制：结核分枝杆菌为兼性胞内寄生菌，机体对结核分枝杆菌虽能产生抗体，但无保护作用。因此，抗结核免疫主要为细胞免疫。致敏 T 细胞可释放 TNF-α、IL-2、IL-6 和 IFN-γ 等多种细胞因子，这些细胞因子不仅可趋化 NK 细胞及更多 T 细胞、巨噬细胞等向细菌感染局部浸润，并可使之活化，杀伤并清除结核分枝杆菌。病灶内的细菌能否被完全清除，与感染灶的大小和结构有关，如形成的病变组织面积较大，出现干酪样坏死或病灶周围纤维化时，激活的细胞难以进入病变中心，使细菌残留而易形成潜伏感染。上述抗结核免疫力的持久性与结核分枝杆菌或其组分在体内存在情况有关，一旦细菌或其组分在体内清除，免疫也随之消失，称为感染免疫（infection immunity）或有菌免疫。

(2) Ⅳ型超敏反应：郭霍（Koch）现象证明，在结核分枝杆菌的感染过程中，感染、免疫和超敏反应同时存在。激活的巨噬细胞可在病灶中杀伤结核分枝杆菌，同时出现的Ⅳ型超敏反应可致局部组织细胞损伤坏死。结核分枝杆菌诱导机体产生抗菌免疫和超敏反应虽均为 T 细胞所介导，但两者产生的物质基础不同。超敏反应主要由结核菌素蛋白和蜡质 D 共同引起，而抗菌免疫则由细菌核糖体 RNA（rRNA）引起。两种不同抗原成分激活不同的 T 细胞亚群释放出不同的细胞因子，产生不同的效应。

(3) 结核菌素试验：是用结核菌素来测定机体对结核分枝杆菌及其成分是否存在Ⅳ型超敏反应的一种皮肤试验。目前常用的诊断试剂为结核菌素纯蛋白衍生物（PPD），是三氯醋酸沉淀后的结核菌素蛋白，有结核分枝杆菌制成的 PPD-C 及卡介苗制成的 BCG-PPD 两种。常用的检测方法是取 PPD-C 和 BCG-PPD 各 5U 注射于两前臂掌侧中部中央皮内（目前仍有单侧注射 PPD 的方法），48～72 小时观察结果，红肿硬结直径 <5mm 者为阴性，≥5mm 者为阳性，≥15mm 为强阳性。若 PPD-C 侧红肿大于 BCG-PPD 侧为感染；反之，可能为卡介苗接种所致。结核菌素试验阳性仅表示曾感染过结核分枝杆菌或已接种卡介苗出现Ⅳ型超敏反应，并不意味着患病。结核菌素试验对婴幼儿的诊断价值较大，3 岁以下强阳性，则可视为有新近结核菌感染。阴性反应除了提示未受过结核菌感染外，还可见于以下情况：①曾感染但已达生物学痊愈；②感染初期，一般结核菌感染后需 4 周以上才能建立免疫反应；③正患严重的结核病如全身粟粒性结核和结核性脑膜炎时机体无反应能力；④细胞免疫功能低下者，如患麻疹、AIDS 等严重影响细胞免疫功能的疾病或应用免疫抑制剂者及肿瘤、白血病患者；⑤敏感性衰退的老年人；⑥结核菌素存在质量问题或注射技术不当、反应判断错误等。

结核菌素试验可应用于：①选择卡介苗接种对象及免疫效果测定。若结核菌素试验阴性，则应接种 BCG，接种后若结核菌素试验阳转者，提示已获得免疫，否则需补种。②作为婴幼儿结核病诊断的参考。③在未接种 BCG 人群中，做结核分枝杆菌感染的流行病学调查。④测定肿瘤患者的细胞免疫功能。

4. 微生物学检查法　根据结核分枝杆菌感染部位不同采集相应部位的标本，可取痰、支气管灌洗液、尿、粪、脑脊液、胸腔积液、腹水或关节积液等。有杂菌的标本（如痰、支气管灌洗液、尿、粪等）需经 4% NaOH 处理 15 分钟或 3% HCl 处理 30 分钟，再离心沉淀（需培养者应先用酸或碱中和后再离心沉淀）。取沉淀物做涂片、抗酸染色、镜检或结核菌培养。

（1）直接涂片镜检：待检标本直接或集菌后涂片，经抗酸染色，找到抗酸染色阳性杆菌，再结合临床症状，即可初步诊断；为加强染色，标本尚可用石炭酸复红染色过夜，用0.5%盐酸乙醇脱色30秒，则包括大多L型结核菌也可着色；另可用金胺O染色，阳性率可提高10～30倍。

（2）分离培养：将集菌处理后的沉淀物接种于罗氏培养基中，通常2～4周可长出肉眼可见的粗糙型菌落。也可将标本接种于含血清液体培养基，37℃培养1～2周在管底可出现颗粒沉淀。取上述菌落或沉淀物可直接涂片或进一步做生化、药敏试验、菌种鉴定等。

（3）动物接种：用于结核分枝杆菌的分离和毒力测定。将集菌处理后的标本注入豚鼠腹股沟皮下，3～4周后，如局部淋巴结肿大，结核菌素试验阳性，即可解剖动物，观察局部淋巴结、肝、肺等脏器有无结核病变，并做病理切片，抗酸染色检查结核分枝杆菌或取脏器培养结核分枝杆菌等。如6～8周仍不见发病，也应进行解剖检查。

（4）核酸检测：聚合酶链反应（PCR）、核酸分子杂交等技术用于结核分枝杆菌快速鉴定。例如，PCR技术进行DNA鉴定时，每毫升标本中只需少量结核分枝杆菌即可获得阳性结果，且结果1～2天即可得出，但需注意排除假阳性和假阴性。结核分枝杆菌耐药与基因突变密切相关，核酸检测有助于耐药结核分枝杆菌的检测。

（5）γ-干扰素释放试验（interferon gamma release assay，IGRA）：是最新的用于结核杆菌感染的免疫诊断方法。受到结核分枝杆菌抗原刺激而产生的记忆T细胞若再次遇到相同抗原时可产生γ-干扰素。应用这一原理，通过检测全血中T细胞在结核分枝杆菌特异性抗原刺激下产生的γ-干扰素的水平，来判断病人是否感染过结核分枝杆菌。IGRA特异性强，对鉴别潜伏结核病感染与卡介苗接种后反应和非结核分枝杆菌感染有重要价值，并可用于结核病尤其是肺外结核病的辅助诊断。

5. **防治原则**

（1）预防：接种卡介苗是预防结核病最有效的措施。新生儿可直接进行卡介苗接种。一岁以上者需先做结核菌素试验，阴性者则可接种。接种后2～3个月做结核菌素试验，阳性者表示接种成功，机体已获免疫力；阴性者需补种。细胞免疫缺陷者应慎用或不用。

（2）治疗：WHO倡导直接督导下短程化疗方案（directly observed treatment short course，DOTS），采用早期、联合、适量、规律和全程用药的治疗原则。联合应用抗结核药物可增加药物协同作用，降低耐药性的产生。异烟肼、利福平、链霉素、乙胺丁醇、吡嗪酰胺为一线抗结核药物。在治疗过程中对患者体内分离的结核分枝杆菌可做药敏试验，以指导临床治疗。免疫治疗与化学治疗同时进行可缩短化学治疗时间和减少脏器内菌量，有利于空洞闭合和降低复发机会。

中药对提高机体免疫功能和改善病情方面也有一定疗效，常用方剂有养阴清肺汤、百合固金汤和四君子汤等，根据辨证可加减使用。大蒜素、小檗碱、猫爪草、车前草、地榆、百部、厚朴、白降丹、五味子、白头翁、连翘、金银花、栀子、茵陈、菊花、蒲公英等单味中药在体外均可抑制结核分枝杆菌生长。

第二节　麻风分枝杆菌

麻风分枝杆菌（*M. leprae*），又称为麻风杆菌，是麻风病的病原菌。麻风病是一种慢性传染病，世界各地均有流行，资料显示，2017年全球登记的新麻风病例约为21万余例，主要集中在非洲、亚洲和美洲。2015年，我国有麻风病病人3200余例，2017年我国统计的发病数为301例，麻风病已不再是我国的公共卫生问题。

1. **生物学性状**　麻风分枝杆菌细长，略带弯曲，多呈束状排列。经理化因素影响后可出现L型变异，呈现颗粒状、短杆状或念珠状等。抗酸染色和革兰染色均为阳性，但常用抗酸染色。

麻风分枝杆菌为典型胞内寄生菌，患者渗出物标本涂片中可见大量麻风分枝杆菌存在于细胞内。感染细胞的胞质呈泡沫状，称为麻风细胞，与结核分枝杆菌感染具有重要鉴别意义。麻风分枝杆菌人工体外培养尚未成功。

2. **致病性与免疫性**　麻风分枝杆菌只侵犯人类，主要通过破损皮肤、黏膜及呼吸道等途径侵入易感机体。此外，痰、汗、乳汁、外生殖道分泌液中均可有麻风分枝杆菌排出，因此本病也可通过接触传播。人对麻风分枝杆菌抵抗力较强，主要靠细胞免疫，αβT细胞和γδT细胞均发挥重要作用。麻风病是一种慢性传染病，潜伏期长，发病缓慢，病程长。大多数患者根据机体的免疫状况和临床表现可分为瘤型麻风和结核型麻风两种。

(1) 瘤型麻风：病原菌主要侵犯皮肤、黏膜，随病程发展，常可累及内脏和神经系统。此病传染性强，为开放性麻风。患者多有细胞免疫功能缺损，巨噬细胞功能低下，麻风菌素试验阴性，病原菌可在细胞内大量繁殖。机体体液免疫基本正常，血清中出现大量自身抗体与受损组织释放的抗原结合，形成的免疫复合物可沉淀于皮肤或黏膜下，形成红斑和结节，即麻风结节，常发生于面部和肢体，这是麻风的典型病灶。

(2) 结核型麻风：病原菌侵犯皮肤和外周神经，不侵犯内脏。患者早期皮肤出现斑疹，周围神经逐渐变粗、变硬，感觉功能障碍。此病传染性小，为闭锁性麻风。机体细胞免疫多正常，细胞内很少见有麻风分枝杆菌。有些病变可能与Ⅳ型超敏反应有关。病情稳定，极少演变为瘤型麻风。

另外，少数患者处于两型之间的界限类或属非特异性炎症的未定类，它们可向上述两型分化。

3. **微生物学检查法与防治原则**　微生物学检查主要是从患者鼻黏膜或皮损处取材、涂片，做抗酸染色及镜检。麻风分枝杆菌为典型的胞内菌，在细胞内找到大量抗酸分枝杆菌具有诊断意义。也可做金胺染色用荧光显微镜检查，以提高检查阳性率。麻风菌素试验因与结核菌有交叉反应，故对诊断意义不大。

麻风病目前无特异性预防方法，应早发现、早治疗。治疗药物主要有砜类、利福平、氯法齐明和丙硫异烟胺等，并多采用联合用药以降低耐药性的产生。

（苏　韫）

1. 简述结核分枝杆菌的生物学性状。
2. 简述结核分枝杆菌的致病物质、致病性及防治原则。
3. 试述结核菌素试验的原理、方法、结果判定及应用。

第13章 动物源性细菌

动物源性细菌为引起人畜共患病的病原菌,由动物传播给人类的疾病称为动物源性疾病(zoonosis)。人类通过直接接触病畜及其污染物或媒介动物叮咬等途径感染而致病,这些疾病主要发生在畜牧区或自然疫源地。动物源性细菌主要有鼠疫耶尔森菌、炭疽芽孢杆菌和布鲁菌。

第一节 耶尔森菌属

耶尔森菌属(*Yersinia*)细菌属于肠杆菌科,是一类革兰氏阴性小杆菌。其包括11个菌种,其中鼠疫耶尔森菌、小肠结肠炎耶尔森菌与假结核耶尔森菌对人类致病。本属细菌通常先引起啮齿动物、家畜和鸟类等动物感染,人类通过接触已感染的动物、被节肢动物叮咬或食入污染食物等途径感染。

一、鼠疫耶尔森菌

鼠疫耶尔森菌(*Y. pestis*)又称为鼠疫杆菌,是引起烈性传染病鼠疫的病原菌,鼠疫属于自然疫源性疾病。直接接触、剥食染有鼠疫的动物或被疫鼠的鼠蚤叮咬可致人类鼠疫,本病在历史上曾发生过三次世界性大流行,造成大批患者死亡。目前,较小范围的鼠疫仍不时发生,因此鼠疫依然威胁着人类。

1. 生物学性状

(1) 形态与染色:本菌为革兰染色阴性的卵圆形短杆菌,两端浓染。其有荚膜,无芽孢,无鞭毛。一般单个散在,偶尔成双或呈短链状(彩图14)。在陈旧培养物或在含高盐(30g/L NaCl)的培养基上生长则呈多形态性。

(2) 培养特性:本菌为兼性厌氧菌,最适生长温度为27~30℃,最适pH为6.9~7.2。在含血液或组织液的培养基上生长,24~48小时可形成粗糙型菌落。在肉汤培养基中24小时后表现为沉淀生长,48小时后逐渐形成菌膜,稍加摇动菌膜呈钟乳石状下沉,此特征有一定鉴别意义。

(3) 抗原结构:鼠疫耶尔森菌的抗原结构复杂,至少有18种抗原,重要的有F1抗原、V/W抗原、外膜蛋白和鼠毒素四种抗原,均与其致病作用有关。

(4) 抵抗力:本菌抵抗力较弱,湿热70~80℃ 10分钟或100℃ 1分钟死亡,5%甲酚或5%苯酚20分钟内可杀死痰液中病原菌,但在患者的痰液中能存活36天,在蚤粪和土壤中能存活1年左右。

(5) 变异性:鼠疫耶尔森菌可发生变异,可出现生化特性、毒力、耐药性和抗原结构等改变的变异菌株。鼠疫耶尔森菌野生菌株的菌落呈粗糙(R)型,经人工传代培养后菌落逐渐变为光滑(S)型,其毒力也随之减弱。

2. 致病性与免疫性

(1) 致病物质:鼠疫耶尔森菌的致病性主要与F1抗原、V/W抗原、外膜抗原、内毒素及鼠毒素等密切相关。F1抗原为鼠疫耶尔森菌的荚膜抗原,具有抗吞噬和活化补体的作用;V/W抗原与细菌的毒力有关,使细菌具有形成肉芽肿损伤和在细胞内存活的能力;鼠毒素是一种外毒素,对鼠类有剧烈毒性,它可阻断动物β-肾上腺素能神经和引起心脏损害,1μg即可使鼠致死;经脱毒而成类毒素,用于免疫动物制备抗毒素。内毒素可致机体发热,产生休克和DIC等。鼠疫耶尔森菌的毒力很强,几个细菌即可使人致病。

(2) 所致疾病：鼠疫是自然疫源性传染病，鼠蚤为主要的传播媒介，一般先在鼠类间发病和流行，通过鼠蚤的叮咬或与染疫动物接触而传染人类。人患鼠疫后，又可通过人蚤或呼吸道等途径在人群间传播。临床常见有腺鼠疫、肺鼠疫和败血症型鼠疫。

1) 腺鼠疫：鼠疫耶尔森菌侵入人体，被吞噬细胞吞噬后在细胞内生长繁殖，随吞噬细胞沿淋巴管到达局部淋巴结，多在腹股沟和腋下引起严重的淋巴结炎，出现局部肿胀、出血和坏死。

2) 肺鼠疫：人吸入染菌的尘埃则引起原发性肺鼠疫，也可由腺鼠疫或败血症型鼠疫发展而致继发性肺鼠疫。患者高热寒战、咳嗽、胸痛、咯血，常因呼吸困难、全身衰竭而死亡。患者死亡后皮肤常呈黑紫色，故有"黑死病"之称。

3) 败血症型鼠疫：重症腺型或肺型鼠疫患者的病原菌可侵入血流，导致败血症型鼠疫，体温升高至39～40℃，发生休克和DIC，皮肤黏膜见出血点及瘀斑，常并发支气管肺炎和脑膜炎等症状，多迅速恶化而死亡。

(3) 免疫性：鼠疫感染后能获得牢固免疫力，很少再次感染。机体主要产生抗F1抗原、抗V/W抗原的抗体，具有调理促吞噬、凝集细菌及中和毒素等作用。另外，也可发挥细胞免疫作用。

3. 微生物学检查

(1) 标本：按不同病型取淋巴结穿刺液、痰、血液等。人或动物尸体取肝、脾、肺、肿大淋巴结和心血等。陈旧尸体取骨髓。因鼠疫为法定甲类烈性传染病，其传染性极强，标本必须严格按无菌操作采取，并送指定的生物安全实验室，严格按操作规程检测和鉴定。

(2) 检测方法

1) 直接涂片镜检：检材直接涂片或印片，分别进行革兰染色和亚甲蓝单染色，镜检观察典型形态与染色性。免疫荧光试验可用于快速诊断。

2) 分离培养与鉴定：将检材接种于血琼脂平板或0.025%亚硫酸钠琼脂平板上，48小时后可形成直径为1～1.5mm R型菌落。在液体培养基中孵育48小时可形成"钟乳石"现象。当分离出可疑菌落时，可做涂片镜检、噬菌体裂解试验、血清凝集试验及动物实验等进一步鉴定。

3) 血清学实验：未检出鼠疫耶尔森菌时，可测机体血清中的抗体或鼠疫耶尔森菌抗原。

4) 核酸检测：采用PCR技术检测鼠疫耶尔森菌核酸，因具有快速、灵敏等特点，可用于鼠疫的流行病学调查及紧急情况下的检测。

4. 防治原则　鼠疫耶尔森菌作为传统生物战剂的微生物之一，必须提高警惕。

在加强疫区的鼠疫监测工作的同时，灭鼠、灭蚤是切断鼠疫传播的重要环节，也是消灭鼠疫源的根本措施。我国目前应用EV无毒株生产活疫苗，进行皮下、皮内或皮上划痕接种，免疫力可维持8～10个月。此外，应加强国境、海关检疫。

治疗必须早期足量使用抗菌药物，如链霉素、庆大霉素、氨基糖苷类抗生素等。

二、小肠结肠炎耶尔森菌

小肠结肠炎耶尔森菌（*Y. enterocolitica*）是引起人类严重的小肠结肠炎的病原菌。本菌天然定植在多种动物体内，如鼠、兔、猪等，通过污染食物（如牛奶、肉类等）和水，经粪—口途径感染或接触染疫动物而感染。近年来，本菌中某些血清型引起的肠道感染正逐渐上升，可用卡那霉素、庆大霉素和磺胺类药物治疗。

1. 生物学性状

(1) 形态与染色：本菌为革兰氏阴性球杆菌，偶见两端浓染。其无芽孢、无荚膜，25℃培养时有周身鞭毛，37℃培养时则很少或无鞭毛。

(2) 培养特性：本菌为兼性厌氧菌。耐低温，最适温度为20～28℃，最适pH为7.6。在普通琼脂培养基上生长良好。某些菌株在血琼脂平板上可出现溶血环，在肠道菌选择培养基上形成不发酵乳糖的无色半透明、扁平的小菌落。

(3) 血清型：根据菌体O抗原可分为50多个血清型，但只有几个血清型与致病有关，我国主要为O9、O8、O5和O3等。此外毒力菌株大都具有V和W抗原、肠毒素等。

2. 致病性

(1) 致病物质：本菌为肠道致病菌，具有侵袭性及产毒素性。V/W 抗原具有抗吞噬作用。O3、O8、O9 等菌株产生耐热性肠毒素，与大肠埃希菌肠毒素 ST 相似。另外，某些菌株的 O 抗原与人体组织有共同抗原，可刺激机体产生自身抗体而引起自身免疫性疾病。

(2) 所致疾病：人类通过食用污染的食物和水而受染，潜伏期为 3～7 天，临床表现以小肠炎、结肠炎为多见，也见有败血症者。临床上可出现发热，腹泻为黏液或水样便，易与菌痢混淆。依病变位置与发病机制不同，小肠结肠炎可分为四型：①胃肠炎（或小肠结肠炎）型；②回肠末端炎、阑尾炎和肠系膜淋巴结炎型；③结节性红斑与关节炎型（自身免疫病）；④败血症型。

3. 微生物学检查　标本取粪便、血液和剩余食物等，根据该菌嗜冷特性，将标本置于 pH 7.4～7.8 的磷酸盐缓冲液中，于 4℃增菌 2～3 周；用耶尔森菌专用选择培养基置于 25℃培养 24～48 小时后，挑取可疑菌落进行鉴定。主要鉴定依据为嗜冷性、25℃培养时动力阳性、H_2S 阴性、脲酶阳性和血清学鉴定等。

三、假结核耶尔森菌

假结核耶尔森菌（*Y. pseudotuberculosis*）存在于多种动物的肠道中，人类感染较少，主要通过食用患病动物污染的食物而感染。本菌具多形态性，呈球状或短杆状，革兰氏阴性，无荚膜，无芽孢，在病变组织中菌体两端浓染。本菌为需氧或兼性厌氧菌，最适生长温度为 25℃并具有动力，37℃培养动力消失。

假结核耶尔森菌对豚鼠、家兔、鼠类等有很强的致病性，患病动物的肝、脾、肺和淋巴结等可形成多发性粟粒状结核结节。人类感染多为胃肠炎、肠系膜淋巴结肉芽肿、回肠末端炎等，后者的症状与阑尾炎相似，多发生于 5～15 岁的儿童，并易发展为败血症。少数患者表现为高热、紫癜，并伴有肝脾大，类似肠伤寒的症状；有时可表现为结节性红斑等自身免疫病。

临床取粪便、血液等标本进行微生物学检查。本菌感染应用广谱抗生素进行治疗。

第二节　芽孢杆菌属

芽孢杆菌属（*Bacillus*）是一群需氧、能形成芽孢的革兰氏阳性大杆菌。主要的致病菌为炭疽芽孢杆菌，是引起动物和人类炭疽的病原菌。蜡样芽孢杆菌可产生肠毒素，引起食物中毒。其他大多为腐生菌，主要存在于土壤、水和尘埃中，如枯草芽孢杆菌等，一般不致病，机体免疫力低下时，偶尔可引起结膜炎、虹膜炎及全眼炎等；嗜热脂肪芽孢杆菌的抗湿热能力极强，常用作热力灭菌实验的代表菌株，以测试灭菌器的效果等。这些腐生菌也常是实验室及制剂生产车间的主要污染菌。

一、炭疽芽孢杆菌

炭疽芽孢杆菌（*B. anthracis*）是动物和人类炭疽病的病原菌，又称为炭疽杆菌，是人类历史上最早被发现的病原菌。牛与羊等草食动物的发病率最高，人可通过摄食或接触患炭疽病的动物及畜产品而感染，以皮肤炭疽为常见，也有肠炭疽、肺炭疽和脑膜炎炭疽等。

1. 生物学性状

(1) 形态与染色：本菌为致病菌中最大的革兰氏阳性杆菌，两端截平，无鞭毛。取自患者或病畜新鲜标本直接涂片时，常呈单个或短链状，经培养后则形成长链，呈竹节样排列，可形成荚膜。芽孢呈椭圆形，位于菌体中央，芽孢直径不大于菌体横径（彩图 15）。

(2) 培养特性：为需氧或兼性厌氧菌，最适温度为 30～35℃，在普通琼脂培养基上培养 24 小时，形成灰白色 R 型菌落，边缘不整齐，在低倍镜下观察边缘呈卷发状。在肉汤培养基中呈絮状沉淀生长。在明胶培养基中 37℃培养 24 小时，由于细菌沿穿刺线向四周扩散成倒松树状，可使表面呈漏斗状液化。在含 $NaHCO_3$ 的血琼脂平板上，置于 5% CO_2、37℃孵育 24～48 小时后，有毒菌株可产生荚膜，变为黏液型（M）菌落。

(3) 抗原结构：炭疽芽孢杆菌的抗原分为两部分，一部分是结构抗原，包括菌体、荚膜和芽孢等抗原成分；另一部分是外毒素复合物。

（4）抵抗力：细菌芽孢在干燥土壤或皮毛中能存活数年至20余年，牧场一旦被污染，传染性可持续数十年。芽孢对化学消毒剂的抵抗力不一，如5%苯酚溶液需5天始可被杀死，而对碘及氧化剂较敏感，1∶2500碘液10分钟、3% H_2O_2 1小时、0.5%过氧乙酸10分钟即可被杀死，高压蒸汽灭菌法121℃、15分钟可杀灭芽孢。本菌对青霉素、红霉素、氯霉素等均敏感。

2. **致病性与免疫性**

（1）致病性：炭疽芽孢杆菌主要致病物质是荚膜和炭疽毒素。荚膜有抗吞噬作用，有利于细菌在宿主组织内繁殖扩散。炭疽毒素是造成感染者致病和死亡的主要原因，可直接损伤微血管内皮细胞，增加血管通透性而形成水肿。最终患者因微循环障碍致感染性休克和DIC而死亡。

（2）所致疾病：炭疽芽孢杆菌主要为草食动物（牛、羊、马等）炭疽病的病原菌，人因接触患病动物或受染皮毛而引起皮肤炭疽，食入未煮熟的病畜肉类、奶或被污染食物引起肠炭疽，吸入含有大量病菌芽孢的气溶胶可发生肺炭疽。上述三型均可并发败血症及炭疽性脑膜炎，病死率极高。

皮肤炭疽最为多见，细菌由颜面、四肢等皮肤小伤口侵入，1天左右局部出现小痂，继而周围形成水疱、脓疱，最后形成坏死、溃疡并形成特有的黑色焦痂，故名炭疽。肠炭疽出现连续性呕吐、肠麻痹及血便，以全身中毒为主，2～3天死于毒血症。肺炭疽出现呼吸道症状，很快也出现全身中毒症状而死亡。

（3）免疫性：感染炭疽后可获得持久性免疫力。一般认为与机体针对保护性抗原产生保护性抗体及吞噬细胞的吞噬功能增强有关。

3. **微生物学检查**

（1）标本采集：根据炭疽病型采取不同标本。人类皮肤炭疽取水疱、脓疱内容物或血液；肠炭疽取粪便、血液及畜肉等；肺炭疽取痰、胸腔渗出液及血液等；脑膜炎炭疽取脑脊液。炭疽动物尸体一般在无菌条件下割取耳尖或舌尖组织送检，严禁室外剖检，以防形成芽孢污染牧场及环境。

（2）检测方法

1）直接涂片镜检：取标本涂片进行革兰染色，发现有荚膜的呈竹节状排列的革兰氏阳性大杆菌，或用特异性荚膜荧光抗体染色镜检，发现链状大粗杆菌周围有发荧光的荚膜时，结合临床症状可做出初步诊断。

2）分离培养与鉴定：将检材接种于血琼脂平板和碳酸氢钠琼脂平板上，孵育后观察菌落，用青霉素串珠试验、噬菌体裂解试验等进行鉴定。在含微量（0.05～0.5U/ml）青霉素的培养基上的炭疽芽孢杆菌形态可变成串珠状，称为串珠试验。其他需氧芽孢杆菌无此现象。此外，也可用免疫荧光法检查患者的荚膜抗体，用ELISA检查保护性抗体。必要时进行动物试验。

4. **防治原则**　炭疽芽孢杆菌宿主广泛，传播方式多样，芽孢的抵抗力很强，所致疾病的病死率高，可被利用制造生物武器危害人类，应引起高度警惕。

炭疽的预防重点主要是防治家畜感染和牧场的卫生防护。病畜应处死深埋，死畜严禁剥皮或煮食，必经焚毁或深埋2m以下，严禁在无防护条件下现场剖检取材。对易感家畜应进行预防接种。

特异性预防用炭疽减毒活疫苗，皮上划痕接种，免疫力可持续1年。接种对象是疫区制皮革工人以及牧民、屠宰牲畜人员、兽医等。治疗以青霉素为首选，也可选用其他广谱抗生素。

二、蜡样芽孢杆菌

蜡样芽孢杆菌（B. cereus）为革兰氏阳性大杆菌，在普通琼脂平板上培养6小时后即形成椭圆形芽孢，位于菌体中心或次极端，不大于菌体。在普通培养基上形成灰白色较大菌落，表面粗糙似融蜡状，故名。本菌广泛分布于土壤、水、尘埃、淀粉制品、乳及乳制品等食品中，并可在其中生长繁殖，引起食物中毒。有两种类型：①腹泻型：进食后10～12小时发生胃肠炎症状，主要为腹痛、腹泻和里急后重，偶有呕吐和发热，病程平均不超过24小时。②呕吐型：进餐后1～6小时发病，主要是恶心、呕吐，仅少数有腹泻症状，类似于葡萄球菌的食物中毒，病程平均不超过10小时。本菌引起的食物中毒常发生于夏秋季。此外，该菌有时也是外伤后眼部感染的常见病原菌，引起全眼球炎。偶可引起心内膜炎、败血症和脑膜炎等。发生食物中毒时可取可疑食物或收集粪便及呕吐物进行检验。本菌对红霉素敏感,对青霉素耐药。

第三节 布鲁菌属

布鲁菌属(*Brucella*)细菌是人畜共患疾病的病原菌,由美国医师 David Bruce 首先分离而得名。其有 6 个生物种、19 个生物型。对人致病的有牛布鲁菌(*B. abortus*,又称为流产布鲁菌)、羊布鲁菌(*B. melitensis*)、猪布鲁菌(*B. suis*)和犬布鲁菌(*B. canis*)。在我国流行的主要是羊布鲁菌病,其次为牛布鲁菌病。

1. 生物学性状

(1) 形态与染色:为革兰氏阴性小球杆菌,两端钝圆,无芽孢,无鞭毛,光滑型菌有微荚膜。革兰染色经常着色不佳,故复染时间可适当延长(彩图16)。

(2) 培养特性:为需氧菌,初次分离培养时需 5%~10% CO_2。其营养要求较高,生长缓慢,在培养基中加入血清或肝浸液,或加维生素 B_1、烟酸和生长素等可促进生长。本菌最适生长温度为 35~37℃,最适 pH 为 6.6~6.8。经 37℃培养 48 小时可长出微小、透明、无色的光滑(S)型菌落,人工传代培养后可转变成粗糙(R)型菌落。布鲁菌在血琼脂平板上不溶血,在液体培养基中可形成轻度混浊并有沉淀。

(3) 生化反应:大多能分解尿素并产生 H_2S。根据 H_2S 产生的多少及在含碱性染料培养基中的生长情况,可鉴别羊、牛、猪等三种布鲁菌(表 2-13-1)。

表 2-13-1 主要布鲁菌的特性与鉴别

菌种	CO_2 需要	脲酶试验	H_2S 产生	含染料培养基中生长		凝集试验	
				复红(1:50 000)	硫堇(1:20 000)	抗A因子	抗M因子
羊布鲁菌	-	不定	-	+	+	-	+
牛布鲁菌	+	+	+	-	+	+	-
猪布鲁菌	-	+	+/-	-	+	-	+

(4) 抗原结构与分型:抗原结构复杂,主要的抗原有两种,即 A(abortus)抗原和 M(melitensis)抗原。根据两种抗原量的比例不同可区别布鲁菌菌种,如牛布鲁菌 A:M=20:1,羊布鲁菌 A:M=1:20,而猪布鲁菌 A:M=2:1。牛布鲁菌含 A 抗原较多,羊布鲁菌含 M 抗原较多。利用 A 因子与 M 因子血清进行凝集试验可鉴别三种布鲁菌(表 2-13-1)。

(5) 抵抗力:本菌抵抗力较强,在土壤、毛皮、病畜的脏器和分泌物、肉和乳制品中可生存数周至数月。本菌加热 60℃ 20 分钟,日光直接照射下 20 分钟可死亡;对常用消毒剂较敏感,如 3% 甲酚作用数分钟可被杀死;对常用的广谱抗生素也较敏感。

2. 致病性与免疫性

(1) 致病物质:主要致病物质是内毒素。荚膜与侵袭性酶(透明质酸酶、过氧化氢酶等)增强了该菌的侵袭力,细菌可通过完整皮肤、黏膜进入宿主体内,并在机体脏器内大量繁殖和快速扩散入血。

(2) 所致疾病:布鲁菌感染家畜主要引起母畜流产。病原菌可随流产的胎畜和羊水大量排出;还可引起睾丸炎、附睾炎、乳腺炎、子宫炎等,并经乳汁、粪、尿等排出。人类对布鲁菌易感,主要通过接触病畜及其分泌物或接触被污染的畜产品,经皮肤、黏膜、眼结膜、消化道、呼吸道等多种途径感染。

该病潜伏期为 1~6 周,此期中细菌被中性粒细胞和巨噬细胞吞噬,成为胞内寄生菌,随淋巴流到达局部淋巴结生长繁殖形成感染灶。细菌繁殖达一定数量后突破淋巴结而入血流,出现菌血症。内毒素的作用可致患者发热,随后细菌进入肝、脾、骨髓和淋巴结等脏器,发热也渐消退。细菌在细胞内繁殖到一定程度后可再度入血,再次出现菌血症而致体温升高。如此反复形成的菌血症,使患者的热型呈波浪式,临床上称为波浪热。感染后易转为慢性,在全身各处引起迁徙性病变并伴有不规则发热、关节痛和全身乏力等症状,体征主要为肝脾肿大。

此外，布鲁菌感染可引起机体的Ⅳ型超敏反应。其菌体抗原成分还可与相应抗体形成免疫复合物，引起Ⅲ型超敏反应，导致急性炎症和坏死，病灶中有大量中性粒细胞浸润。

人类感染布鲁菌不引起流产，原因可能与人胎盘中不含有刺激细菌生长的赤藓醇有关。

(3) 免疫性：机体感染布鲁菌后可产生免疫力，且各菌种和生物型之间有交叉免疫。随着病程的延续，机体免疫力不断增强，病原菌不断被消灭，最终可变为无菌免疫。因布鲁菌为细胞内寄生菌，故以细胞免疫为主，但病后机体产生的特异性IgM和IgG类抗体，可发挥免疫调理作用。细胞免疫和Ⅳ型超敏反应所导致的免疫保护及病理损害，在慢性与反复发作的病程中可同时存在。

3. **微生物学检查**

(1) 标本：血液是检查细菌最常用的标本，急性期血培养阳性率高达70%。急性期、亚急性期患者还可取骨髓分离培养细菌。病畜的子宫分泌物、羊水、流产动物的肝、脾、骨髓等也可作为分离培养的标本。

(2) 检查方法

1) 细菌的分离培养与鉴定：将标本接种于双相肝浸液培养基上，置于37℃ 5%～10% CO_2 孵箱中培养。菌落一般在4～7天形成。若有菌生长，可根据涂片染色镜检、CO_2的需求、H_2S产生、染料抑菌试验、玻片凝集等确定布鲁菌型别。

2) 血清学试验

A. 凝集试验：发病1～7天后患者血清中开始出现IgM抗体，取患者血清进行玻片凝集试验，效价≥1：200有诊断意义。

B. 补体结合试验：患者一般发病3周后血清中出现IgG抗体，此抗体能维持较长时间，故对慢性布鲁菌病的诊断意义较大。此试验特异性高，试验结果以1：10为阳性。

C. 抗球蛋白试验 (Coombs test)：布鲁菌感染者血清中出现不完全抗体，需用Coombs试验才能检出。在病程中凝集效价出现增长者有诊断意义。

(3) 皮肤试验：取布鲁菌素 (brucellin) 或布鲁菌蛋白提取物0.1ml做皮内注射，24～48小时后观察结果。局部红肿浸润直径1～2cm者为弱阳性，2～3cm者为阳性，>3～6cm者为强阳性。若红肿在4～6小时内消退者为假阳性。皮试阳性可诊断慢性布鲁菌病或曾患过布鲁菌病。

4. **防治原则** 控制和消灭家畜布鲁菌病、切断传播途径及免疫接种是三项主要的预防措施。免疫接种以畜群为主，疫区人群也应接种减毒活疫苗，有效期约1年。急性期患者用抗生素治疗，慢性患者除继续使用抗生素治疗外，还应采用综合疗法以增强机体免疫功能。另外，还可用特异性疫苗进行脱敏治疗。

第四节　弗朗西丝菌属

弗朗西丝菌属 (*Francisella*) 是一类呈多形性的革兰氏阴性小杆菌，本属有土拉热弗郎西丝菌 (*F. tularensis*) 和唇楼弗朗西丝菌 (*F. philomiragia*) 两个种。其中，土拉热弗郎西丝菌是引起土拉热 (野兔热) 的病原菌，有两个主要的生物型。野兔、鼠类等多种野生动物和家畜都可感染土拉热弗郎西丝菌。动物之间主要通过蜱、蚊、蚤、虱等吸血节肢动物叮咬传播。人类易感性很强，可通过直接接触患病的动物或被动物咬伤、节肢动物叮咬、食入污染食物及经空气传播等多种途径感染。人感染后潜伏期一般为2～10天，感染途径不同，临床类型可多样化，有溃疡腺型、胃肠型、肺型和伤寒中毒型等。采患者血液、组织穿刺液或活检组织进行检查。血清学试验是最常用的方法。治疗可选用广谱抗生素。

第五节　贝纳柯克斯体

贝纳柯克斯体 (*C. burnetii*) 亦称为Q热柯克斯体，是Q热的病原体。以前归类于立克次体，现归为军团菌目中的柯克斯体科。Q热是一种人畜共患传染病。Q热柯克斯体在野生动物和蜱之间循环，由蜱传给家畜（牛、羊、马、骡等），这样在家畜中形成独立的疫源地。家畜患Q热后，病原体可长期潜伏体内，当妊娠生产时受激发，病原体大量繁殖，随胎盘、羊水、阴道分泌物排出体外污染环境；也可通过动物的尿、粪污染环境，干燥后成为气溶胶与尘土随风飞扬。人和病畜接触，或饮其生乳可被感染，也可因吸入感染性气溶胶、污染的毛屑、蜱粪经呼吸道而感染，出现发热及急性上呼吸道感染症状，也可有亚急性临床表现。这与感染途径和机体反应性有密切关系。

（王　琦）

1. 鼠疫耶尔森菌的致病物质有哪些？如何致病及常见临床类型？
2. 炭疽芽孢杆菌可通过哪些途径感染人体？临床感染类型有哪些？
3. 简述布鲁氏菌的主要致病物质有哪些及对人的致病特点。
4. 结合本章致病菌特点，谈谈自然疫源性传染病的预防应该如何开展。

第14章 其他细菌

第一节 弯曲菌属

弯曲菌属（Campylobacter）是一类呈逗点状或"S"形的革兰氏阴性杆菌，有21个种和亚种，广泛分布于动物界，主要引起人类的胃肠炎和败血症。对人致病的有空肠弯曲菌、大肠弯曲菌、胎儿弯曲菌等，其中以空肠弯曲菌（C.jejuni）最重要。

空肠弯曲菌

1. **生物学特性** 本菌为革兰氏阴性，形态细长，呈弧形、螺旋形、"S"形或海鸥状（彩图17）。一端或两端有单鞭毛，运动活泼。其无芽孢，无荚膜，微需氧，需在5% O_2、10% CO_2 和85% N_2 的环境中生长。其在36～37℃生长良好，但在42℃中选择性好，此温度可使粪便中其他细菌的生长受到抑制。本菌营养要求高，用含血清的培养基培养后，在同一培养基上可出现两种菌落，一种为灰白色、湿润、扁平、边缘不整的蔓延生长的菌落；另一种为半透明、圆形、凸起、有光泽的细小菌落。

本菌生化反应不活泼，不发酵糖类，氧化酶阳性，马尿酸盐水解试验阳性。

本菌抗原有O抗原、热不稳定抗原和H抗原。根据O抗原不同将空肠弯曲菌分为42个血清型。

本菌抵抗力较弱，易被干燥、直射阳光及弱消毒剂等杀灭，56℃5分钟可被杀死，干燥环境中仅存活3小时。该菌在水、牛奶中存活较久，在4℃则可存活3～4周。

2. **致病性与免疫性** 空肠弯曲菌主要的致病物质有黏附素、细胞毒性酶类、肠毒素及内毒素。

空肠弯曲菌是引起散发性细菌性肠炎最常见的菌种之一。人常通过食入被该菌污染的食物、牛奶、水源或与动物直接接触而感染。由于空肠弯曲菌对胃酸敏感，食入至少 10^4 个细菌才有可能致病。该菌在小肠内繁殖，侵入肠上皮细胞引起炎症。临床表现为痉挛性腹痛、腹泻、血便或果酱样便（量多）、头痛、不适、发热。该病通常有自限性，病程为5～8天。

机体感染空肠弯曲菌后可产生特异性抗体，能通过调理作用及活化补体等增强吞噬细胞的吞噬及补体的溶菌作用而杀菌。

3. **微生物学检查法与防治** 可用粪便标本涂片、镜检，查找革兰氏阴性弧形或海鸥状弯曲菌，或用悬滴法观察鱼群样运动或螺旋式运动。分离培养可直接用选择性培养基，于42℃和37℃微需氧环境下培养，可见两种类型的菌落。鉴定用马尿酸水解试验、醋酸吲哚酚水解试验等。

PCR法可直接检出粪便中的弯曲菌。

目前尚无特异性疫苗。预防主要是注意饮水和食品卫生，加强人、畜、禽类的粪便管理。治疗可用红霉素、氨基糖苷类抗生素、氯霉素等。

第二节 螺杆菌属

螺杆菌属（Helicobacter）是从弯曲菌属中划分出来的新菌属，是在37℃生长而在25℃和42℃均不能生长的革兰氏阴性螺形杆菌，约有17种，代表菌种是幽门螺杆菌（H. pylori）。它与胃窦炎、十二指肠溃疡、胃溃疡及胃腺癌的病因有关。

幽门螺杆菌

1. 生物学特性 为革兰氏阴性菌,菌体细长弯曲,呈螺形、"S"形或海鸥状,菌体一端或两端可有多根带鞘鞭毛,运动活泼。在胃黏膜黏液层中常呈鱼群样排列,传代培养后可变成杆状或球形。

本菌为微需氧菌,在5% O_2、10% CO_2 和85% N_2 的环境中生长良好,最适生长温度为35～37℃。其营养要求高,需含有血液或血清,生长时要求相对湿度98%。培养3天可见针尖状、半透明的菌落。

本菌生化反应不活泼,不分解糖类,氧化酶和过氧化氢酶均阳性,可产生大量的脲酶,快速脲酶试验强阳性。幽门螺杆菌菌株间具有共同抗原,其表面蛋白在不同株之间相似。用免疫印迹分析证明幽门螺杆菌与空肠弯曲菌等的菌体外膜蛋白不出现交叉反应,但其鞭毛蛋白具有明显的交叉反应。

2. 致病性与免疫性 幽门螺杆菌在人群中的感染非常普遍,在胃炎和胃溃疡患者的胃黏膜中,本菌的检出率高达80%～100%。幽门螺杆菌的传染源主要是人,传播途径为粪—口途径。

幽门螺杆菌致病的确切机制尚未完全阐明,引起胃炎与消化性溃疡可能是多种因子的协同作用,如黏附素、脲酶、蛋白酶、细胞毒素和内毒素等的毒害作用。另据研究,幽门螺杆菌感染是胃癌的危险因子。幽门螺杆菌阳性的宿主常出现胃上皮细胞增生,幽门螺杆菌感染时胃内亚硝胺、亚硝基化合物增多,一氧化氮的合成可致DNA亚硝化脱氨作用,故可能使细胞发生突变和转化。有报道在 cagA 基因阳性菌株感染的患者中,有62%出现萎缩性胃炎,2%发展为胃癌,故认为 cagA 基因与胃癌发生可能相关。

感染幽门螺杆菌后,在血液和胃液中能检出特异性IgM、IgG和IgA抗体,机体亦产生多种细胞因子,如IL-2、IL-6、IL-8、TNF等,与抗感染和炎症反应有关。

3. 微生物学检查与防治 组织活检标本可用于组织学检查或将活检组织磨碎用于分离培养。分离培养则用选择培养基在微需氧和湿润的环境中,35℃孵育4天观察菌落,再以氧化酶、过氧化氢酶及脲酶试验进行鉴定,也可测血清中抗体含量。快速诊断方法有:①直接涂片镜检:为革兰氏阴性,细长弯曲呈海鸥状细菌;②快速脲酶分解试验:用尿素培养基,如培养基由黄色变红色则为阳性;③血清学诊断:检测血清中抗幽门螺杆菌菌体抗体与抗脲酶抗体;④分子生物学技术:用16SrRNA寡核苷酸探针或用PCR检测幽门螺杆菌核酸。目前临床检测幽门螺杆菌感染的可靠方法是 ^{13}C 呼气试验。

正在试用的重组脲酶幽门螺杆菌疫苗,初步结果提示疫苗可能有预防作用和治疗作用。治疗多采用以枸橼酸铋钾和抑酸剂为基础,再加两种抗生素的四联疗法。

第三节 假单胞菌属

假单胞菌属(*Pseudomonas*)是一类需氧、无芽孢、有荚膜和鞭毛,直或微弯的革兰氏阴性杆菌。本菌分布广泛,种类繁多,到目前为止已超过200种,与人类关系较大的有铜绿假单胞菌、荧光假单胞菌和类鼻疽假单胞菌等。

铜绿假单胞菌

铜绿假单胞菌(*P. aeruginosa*)广泛分布于自然界,是一种常见的条件致病菌。因在生长过程中产生绿色水溶性色素,感染后的脓汁或敷料出现绿色,又称为绿脓杆菌。本菌是医院感染的主要病原菌之一。

1. 生物学特性 为革兰氏阴性菌,大小为(0.5～1.0)μm×(1.5～3.0)μm的直或微弯杆菌。单端有1～3根鞭毛,运动活泼。本菌无芽孢,有荚膜,临床分离的菌株常有菌毛(彩图18)。

铜绿假单胞菌为需氧菌,在普通培养基上生长良好,最适生长温度为35℃。在4℃不生长而在

42℃可生长,是铜绿假单胞菌的一个特点。菌落大小不一,扁平湿润,边缘不齐,产生带荧光的水溶性色素(青脓素与绿脓素)而使培养基呈亮绿色。本菌在血琼脂平板上可产生透明的溶血环。液体培养基中本菌呈混浊生长并常形成菌膜。铜绿假单胞菌分解葡萄糖,产酸不产气,不分解甘露醇、麦芽糖、蔗糖和乳糖。多数菌能液化明胶。本菌分解尿素,氧化酶试验阳性,吲哚试验阴性。

铜绿假单胞菌抵抗力较其他革兰氏阴性菌强,耐许多化学消毒剂,56℃需1小时杀死细菌。对多种抗生素耐药。

铜绿假单胞菌有O抗原和H抗原。O抗原包括两种成分,一种是内毒素,另一种是原内毒素蛋白(original endotoxin protein,OEP)。OEP是一种高分子抗原,有强免疫原性,为保护性抗原。OEP广泛存在于一些革兰氏阴性菌中,包括其他的假单胞菌、大肠埃希菌、肺炎克雷伯菌和霍乱弧菌等,其相应抗体对同一血清型和不同血清型的细菌均有特异性保护作用。

2. **致病性与免疫性** 主要致病物质是内毒素,此外尚有菌毛、荚膜、胞外酶和外毒素等多种致病因子。

本菌可感染人体的任何组织和部位,常见于皮肤、黏膜受损部位,以局部化脓性炎症为主,如伤口、烧伤组织的化脓性感染,亦可引起中耳炎、角膜炎、脓胸、泌尿道炎以及菌血症、败血症、胃肠炎。本菌尚可引起婴儿严重的流行性腹泻。长期化学治疗或使用免疫抑制剂者常易感染此菌。

据统计,在医源性感染中由本菌引起的感染约占10%。在某些特定环境中(如烧伤和肿瘤病房、各种导管和内镜的治疗与检查室内),本菌感染率可高达30%。

中性粒细胞的吞噬作用在抗铜绿假单胞菌感染中起着重要的作用。感染后产生的特异性分泌型IgA在黏膜局部具有一定的抗感染作用。

3. **微生物学检查与防治** 按疾病和检查目的分别采取标本:①炎症分泌物、脓液、血液等;②医院病区(病房)、手术室的物品及医疗器材等。

将标本接种于血琼脂平板上,根据菌落特征、色素及生化反应等进行鉴定。血清学、绿脓菌素及噬菌体分型可供流行病学、医院内感染追踪调查等使用。

已研制出多种铜绿假单胞菌疫苗,其中以OEP疫苗具有不受菌型限制、保护范围广、毒性低等优点。铜绿假单胞菌易形成耐药性,应根据药物敏感试验指导用药。治疗可选用庆大霉素、多黏菌素等药物。

第四节 棒状杆菌属

棒状杆菌属(*Corynebacterium*)是一群革兰染色阳性杆菌,因菌体一端或两端膨大呈棒状而得名。菌体染色不均匀,常出现节段染色或异染颗粒。与人类有关的主要有白喉棒状杆菌、假白喉棒状杆菌、干燥棒状杆菌、微小棒状杆菌等,大多数为条件致病菌,引起人类疾病的主要是白喉棒状杆菌。

白喉棒状杆菌

白喉棒状杆菌(*C. diphtheriae*)简称白喉杆菌,是急性呼吸道传染病白喉的病原菌,多发于儿童。由于计划免疫的实施,儿童发病率逐年下降,发病年龄有推迟的趋势。

1. **生物学性状**

(1) 形态与染色:菌体细长微弯,一端或两端常膨大呈棒状,无荚膜,无鞭毛,无芽孢,排列不规则,常呈栅栏状或散在的"V""L""Y"等字形,革兰染色阳性。用Albert或Neisser染色,菌体内可见着色较深或与菌体颜色不同的异染颗粒,是白喉棒状杆菌形态特征之一,具有鉴别意义(彩图19)。培养时间较长细菌衰老时异染颗粒消失或不明显,革兰染色不典型。

(2) 培养特征:为需氧或兼性需氧菌。本菌营养要求较高,在含有凝固血清的吕氏(Loeffler)培养基或凝固鸡蛋培养基上生长迅速,可形成直径1~3mm、灰白色、光滑、湿润的圆形菌落。在含0.03%~0.04%亚碲酸钾($K_2TeO_2 \cdot 3H_2O$)血琼脂平板上,白喉棒状杆菌可吸收亚碲酸盐,并使其还原为金属碲,使菌落呈黑色或深灰色。亚碲酸钾还能抑制标本中其他细菌的生长,故亚碲酸钾血琼脂平板可作为白喉棒状杆菌的选择和鉴别培养基。

(3) 抵抗力：白喉棒状杆菌对干燥、寒冷和日光的抵抗力较其他无芽孢菌强。其在各种物品、食品、衣服上可存活数天至数周；对湿热和消毒剂较敏感，加热58℃10分钟或5%苯酚溶液作用10分钟可将其杀死；对青霉素和广谱抗生素敏感，对磺胺不敏感。

2. 致病性

(1) 致病物质：本菌的主要致病物质是白喉毒素。仅携带β棒状杆菌噬菌体的溶原性白喉棒状杆菌才能产生白喉毒素。

白喉毒素是外毒素，是含有两个二硫键的多肽链，由A和B两个片段构成，B片段能与宿主易感细胞表面特异性受体结合，并通过易位作用使A片段进入细胞。A片段是毒素毒性的所在部位，具有酶活性，能使EF-2失去转位活性，从而终止肽tRNA及mRNA在核糖体上由受位转移至供位，导致肽链不能延长，细胞蛋白质合成受阻，最终导致细胞变性死亡。

另外，白喉棒状杆菌还产生一些侵袭性物质，类似于结核分枝杆菌的索状因子（cord factor），能破坏细胞的线粒体膜，导致细胞呼吸和氧化磷酸化作用受到抑制。

(2) 所致疾病：患者及恢复期带菌者是白喉的传染源。本菌存在于假膜及鼻咽腔或鼻分泌物内，经飞沫、污染物品或饮食而传播。本病人群普遍易感，儿童发病率最高。

白喉棒状杆菌侵入易感者上呼吸道，通常在咽部黏膜生长繁殖，并分泌外毒素，引起局部炎症和全身中毒症状。局部黏膜上皮细胞发生变性坏死，血管扩张，粒细胞浸润及纤维素渗出，以此形成灰白色膜状物，称为假膜。假膜在咽部与黏膜下组织粘连紧密，不易拭去。若病损进一步扩展至喉部或气管黏膜，由于这些部位黏膜具有纤毛，且黏膜下结缔组织较少，假膜与黏膜结合得不牢固，容易脱落引起呼吸道阻塞甚至窒息，成为白喉早期致死的主要原因。

细菌一般不侵入血流，但外毒素入血，可迅速与易感组织细胞（心肌、肝、肾和肾上腺等）结合，使这些组织的细胞蛋白质合成受阻，细胞发生退行性病变。外毒素也可侵犯腭肌和咽肌的周围神经细胞。临床上出现心肌炎、软腭麻痹、声嘶、肾上腺功能障碍和血压下降等症状。病后2～3周，大约2/3患者的心肌受损，成为白喉晚期致死的主要原因。本菌偶尔侵害眼结膜、外耳道、阴道和皮肤伤口等处，也可形成假膜。

约75%的患者病后可短时带菌，为期3～5周，个别可成为长期带菌者。因此，必须及时检出带菌者，以控制疾病的传播。

3. 免疫性 白喉痊愈后机体可获得牢固的免疫力，主要是机体能产生中和白喉外毒素的抗体（IgG/sIgA）。该种抗毒素可阻止毒素分子的B片段与易感细胞的受体结合，从而使A片段不能进入细胞发挥作用。1～5岁儿童易感性最高，5岁以上易感性逐渐下降，成人绝大多数由于隐性感染或预防接种，已获得免疫力。由于计划免疫的长期实施，儿童发病率逐年下降。

锡克试验（Schick test）用于测定人体对白喉有无免疫力，确定是否需要预防接种。本试验是根据毒素、抗毒素中和原理，以少量毒素注入受试者皮内，测定体内有无抗毒素的一种方法，阴性反应表示机体血清中有足够量的抗毒素，对白喉有免疫力；阳性反应表示机体对白喉毒素没有抗毒素免疫力。

4. 微生物学检查法

(1) 直接涂片染色镜检：用棉拭子采取假膜边缘部渗出物，涂片，并用革兰染色、奈瑟染色或亚甲蓝染色后，镜检如有异染颗粒的棒状杆菌，再结合临床症状，可做出初步诊断。确诊需经细菌培养并进行毒力试验。

(2) 细菌的培养

1) 凝固血清棉拭子快速培养法：用凝固血清棉拭子采取患者咽部标本，经37℃培养8～10小时后，直接涂片镜检。此法可作为大量检查时快速培养诊断之用。

2) 分离培养：将棉拭子检材接种于Loeffer血清凝固斜面及亚碲酸钾平板培养基上，37℃培养18～24小时后，待斜面上长出灰白色、深灰色或黑色可疑菌落，挑取可疑菌落，涂片染色或进一步做生化反应和毒力试验鉴定。

（3）毒力试验

1）动物体内试验：取体重250g左右的豚鼠分为两组，对照组试验前12小时每只豚鼠腹腔注射白喉抗毒素500U。试验时两组豚鼠皮下分别注射48小时的细菌培养液（每只2ml），2~4天后未注射抗毒素的豚鼠死亡，而对照豚鼠存活，便证明所试验菌株为有毒白喉棒状杆菌。

2）体外试验：如Elek平板试验，将浸有白喉抗毒素的无菌滤纸条贴在含20%牛血清的琼脂平板上，然后沿滤纸条垂直方向划线接种待测细菌，同时也接种已知产毒株和不产毒株作为对照。37℃培养48小时后，若待检菌株产生白喉外毒素，则在滤纸条和划线生长的菌苔交界处出现沉淀线。此外，对流免疫电泳、SPA协同凝集法也可用于检测待检菌培养上清中的毒素。

5. 防治原则

（1）人工主动免疫：我国常用百白破三联疫苗，出生后3、4、5个月各接种1次，18个月加强接种一次。8岁以上锡克试验阳性或混合反应者也需接种。预防接种效果良好，可显著降低白喉发病率和病死率。

（2）人工被动免疫：对密切接触过白喉患者的易感儿童，可肌内注射1000~2000U白喉抗毒素做紧急预防，同时注射白喉类毒素以延长免疫力。白喉抗毒素作为特效治疗制剂，应在发病早期足量使用，一般用量为2万~10万U，肌内注射，重者可静脉滴注。白喉抗毒素使用前应做皮肤试验，防止过敏反应发生。同时，应给予青霉素或红霉素抗菌治疗。

第五节　嗜血杆菌属

嗜血杆菌属（*Haemophilus*）是一类无鞭毛、无芽孢，革兰氏阴性细小杆菌，常呈多形态性。本菌营养要求较高，人工培养时需新鲜血液才能生长，故名。新鲜血液中含有该菌生长繁殖所需的生长因子X和V，X因子是一种高铁血红素（hematin），V因子是辅酶Ⅰ或辅酶Ⅱ（NAD或NADP）。根据对X因子和V因子的需求不同，将本属分为17个种。对人致病的主要有流感嗜血杆菌、埃及嗜血杆菌、杜克嗜血杆菌等。

流感嗜血杆菌

流感嗜血杆菌（*H. influenzae*）又称为流感杆菌，1892年波兰细菌学家Pfeiffer首先从流行性感冒患者鼻咽部分离出，被误认为是流感的病原菌。直至1933年流感病毒分离成功，才确定了流感的真正病原，但流感嗜血杆菌这一名称却仍沿用至今。此菌常引起小儿急性脑膜炎、鼻咽炎、中耳炎等化脓性疾病，亦可为流感的继发性感染的病原菌。

1. 生物学特性　为革兰氏阴性小杆菌。长期人工传代培养常呈球杆状、长杆状和丝状等多形态。无鞭毛、无芽孢，有荚膜，毒力较强，多数菌株有菌毛。培养时必须提供含有X和V因子的血液。由于血液中的V因子通常处于被抑制状态，加热80~90℃ 10分钟可破坏红细胞膜上的不耐热抑制物，使V因子释放，故流感嗜血杆菌在加热血琼脂平板[即巧克力（色）平板]上生长最佳。流感嗜血杆菌与金黄色葡萄球菌在血平板上共同孵育时，靠近金黄色葡萄球菌菌落周围生长的流感嗜血杆菌的菌落较大，远离金黄色葡萄球菌菌落的流感嗜血杆菌的菌落较小，此称为卫星现象（satellite phenomenon），这是由于金黄色葡萄球菌能合成较多的V因子。卫星现象有助于对流感嗜血杆菌的鉴定。

流感嗜血杆菌抵抗力弱，50~55℃ 30分钟可被杀死。其对一般消毒剂敏感。不耐干燥，在干燥痰中生存时间不超过48小时。其对青霉素易产生耐药性。

2. 致病性与免疫性　主要致病物质为荚膜、菌毛与内毒素等。致病力强的流感嗜血杆菌还可产生IgA蛋白酶，能分解sIgA。

流感嗜血杆菌在人群中呼吸道定植比例可达50%，但有荚膜的b型株（Hib）定植者不多。所致疾病分为原发性感染与继发性感染两类，原发性（外源性）感染多为有荚膜的b型菌株引起的急性化脓性感染，如脑膜炎、鼻咽炎、咽喉会厌炎、关节炎、心包炎等，常见于儿童；继发性（内源性）感染常继发于流行性感冒、麻疹、百日咳、结核病等，大多由无荚膜菌株引起，临床表现有慢性支气管炎、中耳炎、鼻窦炎等，多见于成人。

机体抗流感嗜血杆菌的免疫以体液免疫为主，抗荚膜多糖抗体能增强吞噬细胞的吞噬作用，并能活化补体产生溶菌作用，抗外膜蛋白抗原的抗体也有促进补体介导的吞噬作用。

3. **微生物学检查与防治** 标本包括痰液、脑脊液、鼻咽分泌物、血液和脓液等。脑脊液和脓汁标本可直接涂片镜检，发现可疑菌时，可结合临床症状做出初步诊断。亦可同时用型特异血清进行荚膜肿胀试验，达到快速鉴定的目的。分离培养时可将检材接种于巧克力（色）培养基上，35℃培养24～48小时后，根据菌落形态、生化反应等特征以及卫星现象、荚膜肿胀试验进行鉴定。

b型流感嗜血杆菌（Hib）的荚膜多糖疫苗具有较好的免疫效果。目前在用的还有白喉、百日咳、破伤风、脊髓灰质炎和Hib五联疫苗，减少了接种次数，方便了患儿及家长。本病治疗可选用广谱抗生素。

第六节 军团菌属

1976年在美国费城召开全美退伍军人会议期间爆发流行了一种以发热、咳嗽为主的呼吸道感染疾病，与会者149人，有34人死亡。从死者肺组织中分离到一种新菌，命名为军团菌。军团菌属（*Legionella*）包括39个种和61个血清型，从人体分离的已有19种，其中主要致病菌为嗜肺军团菌（*L. pneumophila*）。

嗜肺军团菌

1. **生物学特性** 为革兰氏阴性杆菌（彩图20），常规染色不易着色，多用Dieterle镀银法或吉姆萨法染色，分别染成黑褐色和红色。本菌有端生或侧生鞭毛，无芽孢，有菌毛和微荚膜。

本菌为专性需氧菌，营养要求较苛刻，初次分离需L-半胱氨酸，且生长缓慢，培养基中含铁盐可促进生长。在活性炭-酵母浸出液琼脂（BCYE）培养基中培养3～5天可形成直径1～2mm、圆形、凸起、灰白色、有光泽的菌落。在F-G（Feeley-Garman）琼脂培养基中培养3～5天可见针尖大小菌落，紫外线照射下可发出黄色荧光。

嗜肺军团菌在自然界广泛存在，常见于人工管道的水源中，如医院空调冷却水、淋浴头、辅助呼吸机等所产生的气溶胶中常含有此菌。本菌抵抗力较强，蒸馏水中可活100天以上，下水道污水中可存活1年。本菌对热和常用化学消毒剂敏感，1%甲酚处理数分钟即可杀死，但对氯作用的抵抗力比肠道菌大，于21℃含0.1mg/L游离氯的水中，杀死90%嗜肺军团菌需40分钟，而杀死大肠埃希菌则不到1分钟。

2. **致病性与免疫性** 菌毛、微荚膜、毒素和多种酶类可能是嗜肺军团菌的致病物质。军团菌产生的毒素和多种酶类通过抑制吞噬体与溶酶体融合，使军团菌在细胞内生长繁殖，导致细胞的死亡。

嗜肺军团菌引起的军团病主要通过呼吸道吸入带菌飞沫、气溶胶而感染，多流行于夏秋季，为全身性疾患，临床表现多样化。本病主要有流感样型（轻症型）、肺炎型（重症型）和肺外感染三种临床类型。流感样型可出现发热、不适，头痛和肌肉疼痛，预后良好；肺炎型起病急，寒战、高热、咳嗽、胸痛，表现以肺部感染为主的多器官损害，全身症状明显，最终导致呼吸衰竭；肺外感染型为继发性感染，重症军团病发生菌血症后，病原菌散布至全身多部位，如脑、肠、肾、肝、脾等，出现多脏器感染的症状。军团菌亦是引起医院感染或机会性感染的病原菌之一。

嗜肺军团菌为胞内寄生菌，细胞免疫在抗感染中发挥主要作用。

3. **微生物学检查与防治** 标本可采集下呼吸道分泌物、胸腔积液、血液及活检肺组织等。因痰中正常菌群的影响，用痰标本检出军团菌比较困难。直接法荧光抗体染色镜检有诊断意义，免疫荧光（IF）染色法可快速鉴定培养的病原菌。用IF和ELISA方法检查患者血清中抗军团菌IgM、IgG抗体有助于特异性诊断。

预防主要是加强水源的管理，包括对人工管道系统的消毒处理。目前尚无有效的军团菌疫苗。治疗首选红霉素，对疗效不佳者可合用利福平及其他药物。

第七节 鲍特菌属

鲍特菌属（*Bordetella*）是一类革兰氏阴性小球杆菌，包括百日咳鲍特菌、副百日咳鲍特菌、支气管败血鲍特菌和鸟鲍特菌四种，前三种亲缘关系很近。百日咳鲍特菌（*B. pertussis*）是百日咳的病原菌，副百日咳鲍特菌可引起急性呼吸道感染，其他鲍特菌只感染动物。

百日咳鲍特菌

1. 生物学特性 为革兰氏阴性小杆菌（彩图 21），无芽孢、无鞭毛，S 型菌株，有荚膜。本菌为专性需氧菌，营养要求很高，初次分离培养需用含甘油、马铃薯、血液的鲍 - 金培养基（Bordet-Gengou culture）。35～37℃培养 3～5 天后，形成细小、光滑、隆起、有珠光色泽的菌落，周围有不明显的溶血环，不发酵糖类。新分离菌株为 S 型，称为 I 相菌，具有菌体（O）和表面（K）抗原，毒力较强，人工培养后可发生变异。

2. 致病性与免疫性 致病物质包括荚膜、菌毛、内毒素及多种毒素。①百日咳毒素：为外毒素，是百日咳的主要毒力因子，与阵发性咳嗽及支气管痉挛有关；②丝状红细胞凝集毒素：促进细菌对纤毛上皮细胞的黏附；③腺苷酸环化酶毒素（adenyl cyclase toxin）：可抑制巨噬细胞的氧化活性，抑制中性粒细胞的趋化、吞噬及杀伤作用，抑制 NK 细胞的杀伤细胞作用；④气管细胞毒素：对气管纤毛上皮细胞有特殊亲和力，低浓度时抑制纤毛的摆动，高浓度时使细胞坏死脱落；⑤皮肤坏死毒素：能引起外周血管收缩，白细胞渗出血管外或出血，致局部组织缺血、坏死等。

百日咳鲍特菌是百日咳的病原菌，人类是百日咳鲍特菌唯一的宿主。传染源主要是早期患者和带菌者。百日咳病程分为三期：①卡他期，类似普通感冒，如低热、咳嗽、打喷嚏等。此期维持 1～2 周，传染性最强。②痉挛期，出现阵发性剧咳，一天中可出现 10～20 次。支气管痉挛可伴有吸气吼声、呕吐、呼吸困难、发绀。此期可维持 1～6 周，并可出现肺炎、中耳炎及中枢神经系统症状等。③恢复期，阵咳减轻，完全恢复需数周至数月。由于整个病程较长，故名百日咳。

病后机体有较持久的免疫力，再次感染少见。由于新生儿对百日咳也易感，提示母体 IgG 抗体未能对新生儿提供保护，故认为抗百日咳感染的免疫主要是局部黏膜免疫。

3. 微生物学检查与防治 微生物学检查以分离百日咳鲍特菌为主。卡他期取鼻咽拭子或咳碟法接种于鲍 - 金培养基上进行分离培养，出现典型菌落时，做涂片染色镜检、生化反应，并与 I 相免疫血清做凝集试验进行鉴定。

我国选用 I 相百日咳鲍特菌死菌苗与白喉、破伤风的类毒素混合，制成"百白破"三联疫苗（DPT）进行免疫，效果较好。现用吸附无细胞百白破联合疫苗（DTaP），其中的百日咳疫苗由纯化的百日咳鲍特菌抗原制成，不含百日咳鲍特菌的菌体细胞，因而安全性更高。治疗首选红霉素，也可选用其他广谱抗生素。

（王　琦）

1. 白喉棒状杆菌的形态染色有何特点？其致病性与免疫性有何特点？微生物学防治如何？
2. 百日咳鲍特菌的主要致病物质有哪些？所致疾病的临床特点是什么？
3. 铜绿假单胞菌和嗜肺军团菌的感染各有何特点？如何防治？
4. 流感嗜血杆菌有何培养特性？致病特点是什么？
5. 如何通过铜绿假单胞菌的感染特点解释烧伤科病房的管理制度？

第15章 放线菌属与诺卡菌属

放线菌属与诺卡菌属均同属放线菌，放线菌在体内外能形成长丝、分枝或缠绕成团，能形成孢子，引起的疾病呈慢性感染过程。放线菌菌丝比真菌细，细胞中无核膜和核仁，细胞壁中主要成分为肽聚糖，对常用抗生素敏感，属于原核细胞型微生物。放线菌属为人体正常菌群，可引起内源性感染，诺卡菌属广泛分布在土壤中，为腐物寄生菌，引起外源性感染。放线菌是抗生素的主要产生菌，2/3 以上的抗生素是由放线菌产生的。

第一节 放线菌属

放线菌属（Actinomyces）在自然界中分布广泛，正常寄居在人和动物的口腔、上呼吸道、肠道与泌尿生殖道。常见的有衣氏放线菌（A. israelii）、牛型放线菌（A. bovis）、内氏放线菌（A. naeslundii），其中对人致病性较强的为衣氏放线菌。

一、生物学性状

本菌为革兰氏阳性、非抗酸性的丝状菌。菌丝细长无隔，有分枝，直径为 0.5～0.8μm，菌丝易断裂成链球状或链杆状，形态与类白喉棒状杆菌相似。

放线菌人工培养比较困难，为厌氧或微需氧菌，初次分离时加入 5% CO_2 能促进生长。本菌在血琼脂平板上，37℃培养 4～6 天后，可长出灰白色或淡黄色微小的圆形菌落，初次分离时菌落表面粗糙，多次人工传代后菌落表面变得光滑，在血琼脂平板上不溶血。在含糖肉汤培养基底部形成球形小颗粒沉淀物。本菌能分解葡萄糖产酸不产气，过氧化氢酶试验阴性。

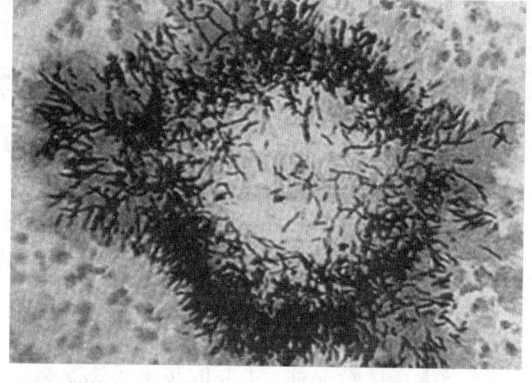

图 2-15-1 放线菌在脓液中的硫磺样颗粒

在患者脓液和病灶组织中，可找到肉眼可见的黄色小颗粒，称为硫磺样颗粒（sulfur granule），是放线菌在组织中形成的菌落。将硫磺样颗粒制成压片或组织切片在显微镜下可见颗粒呈菊花状，由棒状长丝放射状排列组成（图 2-15-1）。中心部分由分枝的菌丝交织组成，周围部分由长丝排列呈放射状，菌丝末端有胶质样物质组成的鞘包围，膨大呈棒状。

二、致病性与免疫性

放线菌多存在于口腔等与外界相通的腔道中，属于人体正常菌群。当机体抵抗力减弱、口腔卫生不良或拔牙、口腔黏膜损伤时，可引起内源性感染，导致软组织的慢性或亚急性肉芽肿性炎症，表现为慢性无痛性过程，组织肿胀伴有纤维化与瘢痕形成，病灶中央常坏死形成脓肿，并在组织内生成多发性瘘管。脓液中可查见硫磺样颗粒。本菌引起的放线菌病，常侵犯颈面部，通过吞咽或吸入进入胃肠或肺部，引起腹部或肺部放线菌病；也可引起盆腔和中枢神经系统的感染。放线菌与牙周炎和龋齿有关。

放线菌病患者血清中可查到相应抗体，对机体无保护作用也无诊断意义，机体对放线菌的免疫主要为细胞免疫。

三、微生物学检查法与防治原则

微生物学检查的主要和简便方法是在脓汁和痰液中寻找硫磺样颗粒。将可疑颗粒制成压片，经革兰染色后，在显微镜下检查是否有放射状排列的菌丝。必要时将标本接种于不含抗生素的沙保弱培养基或血平板上，37℃培养1周以上，对菌落进行涂片、染色检查。也可取活组织做切片，用苏木精-伊红染色检查。

预防放线菌病应注意口腔卫生，牙病早期治疗。对患者的脓肿与瘘管及时进行外科清创处理，同时使用大剂量青霉素长时间治疗，也可选用红霉素、克林霉素或林可霉素。

第二节 诺卡菌属

诺卡菌属（*Nocardia*）细菌的细胞壁中含有分枝菌酸，广泛分布于土壤，多数是腐生性的非致病菌，仅星形诺卡菌（*N. asteroids*）和巴西诺卡菌（*N. brasiliensis*）等对人致病，我国以前者多见，其发病率近年来有上升趋势。

一、生物学性状

形态与放线菌相似，但菌丝末端不膨大，革兰氏染色阳性，有些病原性诺卡菌抗酸染色呈阳性，但用1%盐酸乙醇延长脱色时间可转变为阴性，据此可与结核分枝杆菌区别。

本菌为专性需氧菌，对营养要求不高，在沙保弱培养基上，室温或37℃均可生长，生长缓慢，一般需5～7天才可见到菌落。菌落表面干燥、皱褶或呈颗粒状，产生黄色或深橙色色素，星形诺卡菌菌落表面无白色菌丝，巴西诺卡菌菌落表面能产生白色菌丝。菌丝一般在培养5天后开始断裂呈链球状或链杆状，而放线菌丝在培养24小时即可断裂。本菌在液体培养基中可形成菌膜。

二、致病性与免疫性

星形诺卡菌主要由呼吸道或创口侵入人体，多为外源性感染，引起诺卡菌病。免疫力低下者，如肿瘤患者，长期使用免疫抑制剂者，易被感染。呼吸道诺卡菌病急性者类似肺炎、肺脓肿；慢性者类似肺结核、肺真菌病。若本菌扩散到脑，则形成脑脓肿、脑膜炎。侵入到皮下则引起慢性化脓性肉芽肿与瘘管形成，好发部位为足部与腿部，称为放线菌性足分枝菌病（mycetoma）。

三、微生物学检查法与防治原则

微生物学检查时，主要取脓液、痰等标本压片或涂片，显微镜下检查类似硫磺样颗粒的红色、黄色、黑色菌丝颗粒。此菌常呈抗酸性，若不形成颗粒，散在的杆菌应与结核分枝杆菌区别。分离培养的诺卡菌还可用染色、镜检和生化反应鉴定。

本菌引起的疾病无特异预防方法，治疗主要为外科手术清创，切除坏死组织，同时配合应用氨苄西林或红霉素等治疗，治疗时间较长，一般不少于6周。

（杨志伟）

1. 衣氏放线菌的主要生物学性状及致病特点。
2. 衣氏放线菌与星形诺卡菌有何主要区别？

第 16 章 其他原核细胞型微生物

第一节 支 原 体

支原体（*Mycoplasma*）是一类无细胞壁、能独立生活的原核细胞型微生物。形状呈高度多态性，繁殖方式多样，对青霉素有耐药性，是目前所知在无生命培养基中能生长繁殖的最小微生物，可通过滤菌器。

支原体在自然界分布广泛，在实验室常污染组织和细胞培养。许多动物、植物和昆虫都能储存和携带支原体，其中有些能引起宿主的疾病。

1. **生物学性状**

(1) 形态与结构：支原体的大小相差悬殊，呈高度多形性，有球状、球杆状、棒状、长丝状及不规则形状（图 2-16-1）。支原体多形态的原因，一般认为与其缺乏细胞壁及繁殖方式多样化（以二分裂为主，也见出芽、分枝等）有关。

支原体无细胞壁，在电镜下观察，支原体的细胞膜厚 7.5～10nm，可分为外、中、内三层，内层、外层为蛋白质及糖类，中层系脂类，主要为磷脂；胆固醇位于磷脂分子之间，占细胞膜总脂量的 36%，对保护细胞膜具有一定的作用；细胞质内含有数量颇多的核糖体，四环素、卡那霉素、链霉素、氯霉素、红霉素等抗生素均能与之作用，抑制或影响其蛋白质合成，起杀灭支原体的作用；环状双股 DNA 及 RNA 分散在细胞质内。支原体革兰染色阴性，但不易着色。常用的染色法为吉姆萨染色，呈淡紫色。

(2) 培养特性：为需氧或兼性厌氧，营养要求高于一般细菌，必须补充血清或卵黄等。支原体最适生长温度为 35℃，最适 pH 为 7.6～8.0。生长繁殖速度缓慢，在液体培养基中生长后不易见到混浊，有的呈小颗粒样生长或形成薄片状集落黏附于管壁或沉于管底。在固体培养基上培养 2～3 天（有的需 2 周甚至 1 个月）后方能形成小菌落，低倍镜下观察到"荷包蛋"样菌落（图 2-16-2）。

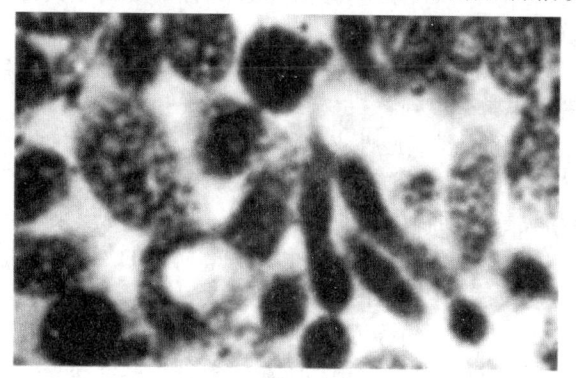

图 2-16-1 支原体形态（电镜 ×51 000）

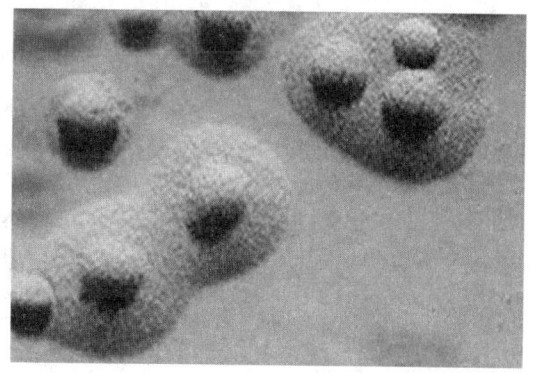

图 2-16-2 支原体的菌落

(3) 生化反应：根据对糖类的酵解作用，支原体可分成两群，一群对糖发酵，能分解葡萄糖，产酸不产气；另一群对糖不发酵，利用脂肪酸及氨基酸，尤其是精氨酸，作为碳和能量的来源。

(4) 抵抗力：支原体因没有细胞壁，对低渗透压作用敏感，易被脂溶剂和常用的消毒剂（如乙醇、苯酚、甲醛等）灭活。其对干扰蛋白质合成的抗生素（如红霉素）敏感，但对干扰细胞壁合成的抗生素（如青霉素）则有抵抗力。

2. 致病性与免疫性　病原性支原体定居于呼吸道、泌尿生殖道的黏膜，对胸膜、腹膜、滑膜的间质细胞及中枢神经系统的亲和力强。

人类支原体中，仅肺炎支原体确定为人类原发性支原体肺炎的病原体。其他人株虽可从急性风湿热或类风湿关节炎患者的关节液或各种原因不明的尿道炎、宫颈炎、输卵管炎等患者的泌尿生殖道以及莱特尔（Reiter）综合征的关节炎、眼结膜炎等病变中分离出，但这些支原体亦可从健康人的呼吸道、泌尿生殖道找到，因而它们的致病性尚未完全清楚。

由于支原体无细胞壁、无鞭毛，产生的酶也很少，其免疫原性主要来自细胞膜。支原体外层蛋白质具有免疫原性，免疫家兔可获得分型用的特异性抗体。细胞膜的脂溶性抗原可用乙醚、甲醇提取，具有补体结合作用，可供补体结合实验用。

3. 主要致病性支原体

（1）肺炎支原体：形态特征除球形小颗粒外，其丝状长 2～5μm。

肺炎支原体经飞沫传播，多发生在儿童和青、中年，多发生于夏末秋初。它引起的感染有隐性感染、轻微或严重的上呼吸道感染，以及耳鼓膜炎和支气管肺炎。其侵袭过程是先吸附于表皮细胞上，然后进入细胞间隙，以间质性肺炎为主。肺炎支原体初次感染病程长，消失缓慢；再次感染时病程进展快，消失也变快。

肺炎支原体对热及干燥非常敏感，4℃存活 1 天，56℃很快灭活，冻干时能长期保存。肺炎支原体对脂溶剂、去垢剂和苯酚、甲醛等敏感，对亚甲蓝、青霉素抵抗；肺炎支原体对红霉素及大多数四环素族抗生素敏感，能迅速减轻临床症状，但患者在症状消失后很长的时间尚能在咽喉部分离出肺炎支原体而成为传染源。

用血清学方法可鉴定菌株或测定患者抗体变化。鉴定菌株可用生长抑制、代谢抑制和免疫荧光检查等血清学试验方法，这些方法特异性高，株间交叉很小。

支原体疫苗仍在研制中，使用肺炎支原体减毒活疫苗预防可能有效，但目前尚未应用于临床。

（2）泌尿生殖道感染支原体：人类泌尿生殖道中最常见的且有致病作用的支原体主要有解脲脲原体（*Ureaplasma urealyticum*，Uu）、人型支原体（*Mycoplasma hominis*，Mh）等。

解脲脲原体是人类支原体中较特殊的一种，能分解尿素，是区别于其他支原体的重要特征。在培养基上形成的集落极小，直径为 15～30μm，又称为 T 株支原体。该支原体的某些血清型对成人泌尿生殖道和新生儿有致病作用。通过性传播其可引起非淋菌性尿道炎。生殖道支原体感染（支原体性病）也是主要的性传播疾病之一，其可通过胎盘、产道感染胎儿导致妊娠妇女流产、早产和新生儿呼吸道感染等。解脲脲原体的感染还可引起不孕、不育。人类解脲脲原体的脲酶是其特异性抗原，用其单克隆抗体可特异性地检测人类解脲脲原体。

人型支原体也常在非淋菌性尿道炎患者中分离到，也是性传播疾病的病原之一。在慢性前列腺炎、宫颈炎、盆腔炎、产褥热和脓毒性流产患者中也常分离到。

（3）穿透支原体：是从 AIDS 患者中分离出的一种新的人类病原性支原体，是发酵支原体的一种。其形态为杆状或烧瓶状，和肺炎支原体类似，一端为顶端结构便于吸附和穿入，是能穿过细胞膜进入细胞内繁殖的一种原核生物。其能引起人类和灵长类动物广泛的组织坏死，从而造成致死性的系统性感染。体外实验显示：穿透支原体对人类免疫缺陷病毒（HIV）和致肿瘤病毒的复制有促进作用，它能促进 HIV 感染者发病，很可能是艾滋病发病的协同因子。

支原体也常和其他病原体一起造成混合感染，如支原体 - 病毒感染、支原体 - 细菌感染等。在呼吸道感染性疾病的发生率中，肺炎支原体与呼吸道病毒混合感染率远远超过单独支原体感染。例如，支原体 - 病毒性肺炎、脑膜炎奈瑟菌与肺炎支原体混合感染等均比其中一种病原体单独感染的病情重，支原体与衣原体所致的泌尿生殖道感染，病情也较重。

第二节　立克次体

立克次体（*Rickettsia*）是一类专性在活细胞内寄生的原核细胞型微生物。为纪念首先发现并在研究斑点热时不幸感染而牺牲的美国青年医师 Howard Taylor Ricketts 而命名。其特点是有类似细菌的形态、结构，天然寄生在一些节肢动物体内（虱、蚤、蜱、螨等），并以这些节肢动物为媒介进行传播。立克次体种类很多，对人致病的有十几种，引起的疾病如流行性斑疹伤寒、地方性斑疹伤寒、恙虫病、北亚热、立克次体痘等。

立克次体的细胞壁有群、种或型的特异性抗原。某些立克次体如斑疹伤寒立克次体、恙虫病立克次体等还有耐热多糖抗原，这些抗原与变形杆菌的某些 X 株的菌体（O）抗原（如 OX19、OXk）有共同的抗原性，能发生交叉反应。临床上常用这些变形杆菌的（O）抗原来代替有关的立克次体抗原进行凝集反应，以检查人或动物血清中的相应抗体。这种交叉凝集反应称为外斐反应（Weil-Felix reaction）。

立克次体对理化因素的抵抗力与细菌的繁殖体相似。在节肢动物粪便中立克次体能保持较长时间的传染性。

1. 生物学性状

（1）形态与结构：立克次体呈多形性，为球杆状或杆状，大小为 $(0.3\sim0.6)$ μm × $(0.8\sim2)$ μm，为单个或成对排列，有时为短链状或丝状，用吉姆萨染色呈紫红色（彩图22）。立克次体的细胞壁类似革兰氏阴性菌细胞壁，由脂多糖、蛋白质组成。

（2）培养特性：为专性细胞内寄生，有酶系统但不完善，不能在人工培养基上生长，必须在活细胞内才能生长繁殖，其繁殖方式与细菌类似，以二分裂繁殖。在细胞培养物中培养于34℃时，每繁殖一代需 8～10 小时。

（3）抵抗力：对理化因素的抵抗力较弱，一般 56℃ 30 分钟即被灭活。对低温与干燥的抵抗力较强。磺胺能促进立克次体生长，因此用此类药治疗立克次体病反可使病情加重。广谱抗生素类药物能抑制立克次体生长。

2. 致病性与免疫性

立克次体主要致病物质是黏附素、内毒素和磷脂酶 A，通过节肢动物人虱、鼠蚤、螨和蜱等传播，侵入机体后黏附素与宿主细胞膜上的特异性受体结合，而后进入细胞内，进行增殖。不同的立克次体增殖过程不同，但多数都引起细胞破裂。立克次体先在局部淋巴组织或小血管内皮细胞中增殖，产生第一次立克次体血症，经血流扩散到全身器官小血管内皮组织中繁殖后，大量立克次体入血形成第二次立克次体血症，内毒素引起全身中毒症状。由于损伤血管内皮细胞，引起血浆渗出、血容量降低和凝血机制障碍、DIC 等。

3. 主要致病性立克次体

（1）普氏立克次体：是流行性斑疹伤寒（又称为虱传斑疹伤寒）的病原体，以人虱为传播媒介，世界各地都有流行。患者是唯一传染源，人虱叮咬患者后，立克次体在虱的肠管上皮细胞中繁殖，并随粪便排出。虱叮咬另一人时，也常排粪于其皮肤上，由于抓痒，虱粪中的立克次体从抓破的小伤口进入体内（图2-16-3）。另外，干虱粪中的立克次体能在室温中保持传染性达 2 个月以上，偶尔也能通过呼吸道或眼结膜使人感染。人感染后约经 2 周潜伏期突然发病。立克次体侵入机体后，先在局部淋巴细胞或小血管内皮细胞中繁殖，进而通过血流到达全身组织器官的血管内皮细胞中繁殖，产生脂多糖内毒素样毒性物质，不断侵入血流而使患者发热及出现较严重的内毒素血症症状。因血管内皮细胞的损害而出现皮疹、神经系统和心血管系统症状及其他实质器官的损害。病后一般产生持久的免疫力，以细胞免疫为主。

（2）莫氏立克次体：是鼠型斑疹伤寒（又称为地方性斑疹伤寒）的病原体，其生物学特性与普氏立克次体相似，但传播方式和传播媒介与普氏立克次体有所不同。莫氏立克次体天然寄生在鼠体内，借鼠蚤或鼠虱在鼠间传播。其在鼠蚤的肠管上皮细胞内繁殖，使细胞破裂而后随粪便排出，鼠蚤一般不因感染而死亡，可不断从粪便排出病原体，故鼠蚤是莫氏立克次体的储存宿主和传播媒介。鼠蚤可叮咬人，使人感染。若此时人体有人虱寄生，可通过人虱为媒介，继发地在人群中传播（图2-16-4）。鼠型斑疹伤寒的临床特征与流行趋势均与流行性斑疹伤寒相似，但病情较轻，病程也较短，多为地区性的流行。病后一般可获持久免疫力，与普氏立克次体有交叉免疫。

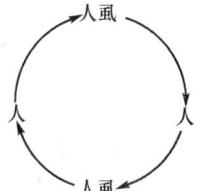 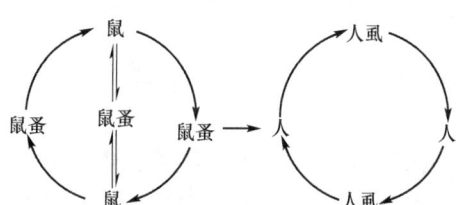

图 2-16-3　流行性斑疹伤寒传播方式　　图 2-16-4　鼠型斑疹伤寒传播方式

微生物学检查法：

1) 分离培养：取急性发热患者的血液经腹腔注射雄性豚鼠。莫氏立克次体常在接种 5~6 天后，动物体温升高，同时阴囊肿大，皮肤发红，睾丸鞘膜有渗出性炎症称为阴囊反应。普氏立克次体接种后 9~12 天体温升高，但很少有阴囊反应。动物体温超过 40℃ 可剖取睾丸鞘膜、脑、脾、肾等涂片染色查找病原体，也可用鸡胚、组织培养分离病原体。

感染的组织、皮肤病变活检标本可用免疫荧光法、ELISA 法等鉴定。

2) 血清学反应

A. 外斐反应：根据临床症状，一般都不分离病原体，而用外斐反应协助诊断。患者血清能与变形杆菌 OX19 发生凝集。单份血清效价 1:160，且又逐日上升者有诊断意义。双份血清效价相差 4 倍以上则更有意义。但若非立克次体病如变形杆菌感染，严重肝病，甚至妊娠妇女也可产生外斐反应，故对其结果要慎重分析才能准确判断。

B. 凝集或补体结合反应：分别用提纯的普氏和莫氏立克次体颗粒性抗原和患者血清做凝集或补体结合试验，来鉴别两种斑疹伤寒。

C. 间接免疫荧光法：测定患者血清中的抗体，阳性率较外斐反应高。

防治原则：灭虱、灭蚤、灭鼠是预防斑疹伤寒的重要措施，用鼠肺灭活疫苗等接种后免疫有效期为 1 年左右。氯霉素、四环素、多西环素等抗生素治疗有效，但病原体的最后清除仍有赖于自身免疫功能。

(3) 恙虫病东方体（*R. tsutsugamushi*）：是恙虫病的病原体。恙虫病古称沙虱热，在葛洪《肘后方》中有记载。

恙虫病东方体呈球杆状，主要在近细胞核的胞质内聚集生长。

恙虫病是一种自然疫源性疾病，对人致病性很强。目前仍是林区、农村等地常见的一种传染病。其主要通过恙螨传播，流行于啮齿动物中。野鼠和家鼠感染后多无症状，并能长期携带该病原体，是恙虫病的主要传染源。

恙虫病东方体寄居在恙螨体内，可经卵传代，因此恙螨是恙虫病东方体的传播媒介，也是储存宿主。在恙螨的生活史中，幼虫期要吸吮人或动物的组织液后才能发育成稚虫，而后再发育为成虫。人若被叮咬就可被感染而发病。恙螨生活在湿度较大的灌木丛及河流沿岸杂草丛生等地方。人进入带有恙虫病东方体的恙螨孳生地区就有可能感染。用带有恙螨的青草喂养家兔、家畜时，人也可被感染。人感染后经 7~14 天潜伏期突然发病，体温迅速上升，在被叮咬处出现周围有红晕的溃疡，上盖黑色痂皮，称为焦痂，是恙虫病的特征之一。病原体侵入人体后，随血流播散，在全身血管内皮细胞及单核吞噬细胞系统中繁殖，出现皮疹、焦痂、附近淋巴结肿大，并有脏器（肝、肺等）受损等症状。

病后有持久免疫力，有少数人可成为长期携带者，并能日后复发。

微生物学检查可将早期患者血液接种于小鼠腹腔内，发病后取腹腔液涂片染色检查病原体；也可接种在鸡胚卵黄囊或地鼠肾单层细胞中分离病原体。还可用患者血清进行外斐反应，能与变形杆菌 OXk 发生凝集，效价在 1:80 以上或随病程上升 4 倍以上者有诊断意义。外斐反应诊断恙虫病仍是目前有价值而简便的方法。采取间接免疫荧光技术诊断患者准确性高，比外斐反应敏感。亦可通过分子生物学检测样本中的特异性核苷酸序列辅助诊断。

恙虫病的预防要注意灭螨、灭鼠，注意个人防护，避免恙螨幼虫的叮咬。目前尚无理想疫苗。本病用四环素等抗生素治疗有效。

第三节 衣 原 体

衣原体（*Chlamydia*）是原核细胞型微生物，在分类学上具有其独立地位。体积微小，可以通过滤器，其细胞壁组成类同革兰氏阴性菌，二分裂方式繁殖，含 DNA 和 RNA 两种核酸，对多种抗生素敏感。由于缺乏供代谢所需能量的来源，因此必须在活的组织细胞中才能生长繁殖。

对人致病的衣原体主要有4个种，即沙眼衣原体（*C. trachomatis*）、鹦鹉热衣原体（*C. psittaci*）、肺炎衣原体（*C. pneumoniae*）和兽类衣原体（*C. pecorum*）。

1. 生物学性状

（1）形态结构与发育周期：衣原体在宿主细胞内生长繁殖时有独特的发育周期。具有感染性的颗粒称为原体（elementary body，EB），呈球形，直径 0.2～0.4μm，光学显微镜下勉强

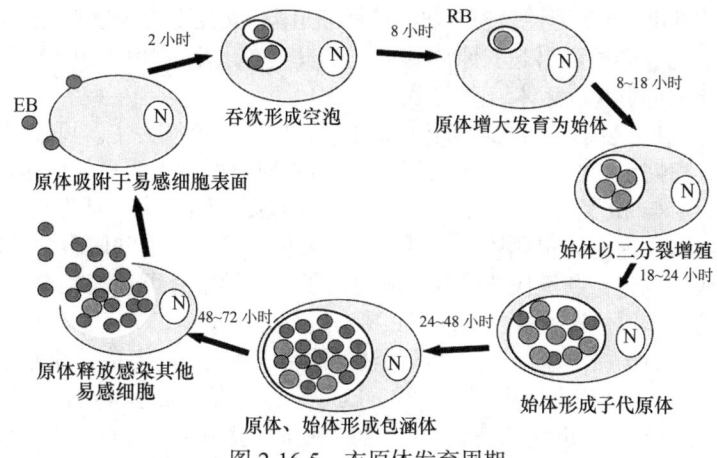

图 2-16-5　衣原体发育周期

可见，电镜下观察有中心致密的拟核结构。原体存活于细胞外，具有较强的感染性。当原体与易感细胞相遇时，原体吸附于细胞膜的受体上，通过宿主细胞的吞饮作用进入细胞内，宿主胞膜围于原体之外形成空泡，原体在空泡内逐渐增大，发育成始体（initial body）（图 2-16-5）。

始体又称为网状体（reticulate body，RB），无感染性，较原体大，呈圆形或卵圆形，直径为 0.8～1.0μm，在电镜下观察无致密的拟核结构，呈纤细网状。始体代谢活泼，以二分裂方式繁殖，充满于空泡中形成子代原体，并组成各种形态的包涵体。待完全成熟后从宿主细胞中释放，可重新再感染另一宿主细胞，整个生活周期需 24～72 小时。

（2）培养特性：衣原体不能利用谷氨酸盐，不能合成高能分子 ATP，因此它不能生长在无生命的人工培养基上，但可生长于鸡胚卵黄囊或原代及传代细胞株中。

（3）抵抗力：衣原体对热敏感，56～60℃仅能存活 5～10 分钟。在 –70℃可保存数年。0.1% 甲醛液、0.5% 苯酚可将衣原体在短时间内杀死。75% 乙醇 30 秒即可使之灭活。衣原体对红霉素、利福平、多西环素、氨苄西林均敏感。

2. 致病性及免疫性　由于宿主细胞表面存在着对衣原体有高度亲和力的表面受体，衣原体借此完成吸附和侵入过程。衣原体侵入细胞后，在其中繁殖，除直接损伤宿主细胞外，还能产生具有细胞毒作用的代谢产物。被衣原体感染的细胞代谢受到抑制，细胞遭到破坏并释放溶酶体。这些因素均可导致组织损伤、诱发宿主病理性免疫应答。

人体感染衣原体后，能产生特异性细胞免疫和体液免疫，以细胞免疫为主。机体对衣原体的免疫力不强且较为短暂，因而常发生持续和反复感染或无症状隐性感染。同时，细胞免疫和体液免疫也可造成免疫病理损伤。

3. 主要致病性衣原体

（1）沙眼衣原体：其原体为细小圆形颗粒，有较致密而坚韧的细胞壁，具高度传染性，用吉姆萨染色呈紫红色。始体为近圆形颗粒，核质分散，用吉姆萨染色呈深蓝色（彩图 23）。根据致病力和某些生物学特性不同，沙眼衣原体可分为沙眼生物亚种（*Biovar trachoma*）、性病淋巴肉芽肿亚种（*Biovar lymphogranuloma venereum*，LGV）和鼠亚种（*Biovar mouse*），仅前两类可引起人类疾病。

沙眼衣原体能在鸡胚卵黄囊内繁殖，培养最适温度为 35℃。

1）沙眼生物亚种：有 A、B、Ba、C、D 等 15 个血清型。

A. 所致疾病：①沙眼，是由沙眼生物亚种的 A、B、Ba、C 四个血清型引起的慢性传染性结膜炎，在发展中国家呈高度地方性流行，直接或间接接触均可传播。本病主要通过眼—眼或眼—手—眼传播。沙眼衣原体侵犯结膜上皮细胞并在其中增殖，表现为滤泡性结膜炎，有黏液脓性分泌物、结膜充血，后移行为慢性炎症，出现结膜瘢痕，眼睑内翻，如不经治疗，会反复发作使瘢痕加重，角膜混浊，最后失明。②性传播疾病（sexually transmitted disease，STD），多由沙眼生物亚种 D～K

血清型引起。男性表现为非淋菌性尿道炎,女性则为尿道炎、宫颈炎、盆腔炎,也可并发子宫内膜炎。婴儿经产道可引起衣原体肺炎,多发生在出生后 30~90 天。另外,B、Ba、D~K 血清型衣原体也可引起包涵体结膜炎。

B. 免疫性:感染沙眼衣原体后,以细胞免疫为主。可在患者血清及泪液中查出特异性抗体。疾病恢复后抗体很快减少或消失,抗体对再感染无明显保护作用。

C. 微生物学检查:急性期沙眼及包涵体结膜炎可从患病部位刮片,用吉姆萨染色后检查上皮细胞质内有无包涵体。也可用碘液染色后镜检,因沙眼包涵体的基质内含糖原,因此用碘液可染成棕褐色,利于快速诊断。应用分子生物学检查可提高检测的敏感性和特异性。泌尿生殖道分泌物标本可做涂片染色观察,必要时进行分离培养。

D. 防治原则:预防沙眼除注意眼部卫生外,尚无特异性方法。治疗可用多西环素、阿奇霉素等。

2)性病淋巴肉芽肿亚种(LGV):形态、染色性类似沙眼生物亚种,有 L_1、L_2、L_{2a} 和 L_3 四个血清型。其可在鸡胚绒毛尿囊膜和卵黄囊中繁殖,有些株可使鸡胚迅速死亡。

性病淋巴肉芽肿主要通过性接触传播,是一种性病。衣原体侵入后,在外阴部形成小溃疡,能自愈,但病原体转而侵犯腹股沟淋巴结,引起化脓性炎症和慢性淋巴肉芽肿。女性可因会阴、肛门、直肠及盆腔的淋巴组织受累而导致会阴-肛门-直肠组织狭窄及瘘管形成。

检查可抽取病灶部位淋巴结脓液涂片,镜检有无衣原体颗粒或包涵体。病灶部位材料也可接种于鸡胚卵黄囊,培养一定时间后涂片镜检。细胞培养法分离也可获得较高的阳性率。

本病的预防原则和其他性病相同,治疗可用多西环素、阿奇霉素等。

(2)肺炎衣原体:原体呈多形态性,典型呈梨状,中央有致密核质。原体不能合成糖原,因此碘染色为阴性。始体圆形,直径平均为 0.51μm。肺炎衣原体可生长于培养细胞内,以 35℃生长最好。肺炎衣原体是引起呼吸系统疾病的重要病原微生物,多见于肺炎,其次是支气管炎和咽炎等。肺炎衣原体引起的肺炎有可能造成局部或广泛的流行。肺炎衣原体引起的肺炎仅限于人群间传播。

(3)鹦鹉热衣原体:因首先从鹦鹉体内分离出来而得名,主要引起鸟类的腹泻和隐性感染。人类由于吸入含有鹦鹉热衣原体的鸟粪、尘埃以及与病鸟直接接触常常引起以肺炎为主要病变的呼吸道感染。

第四节 螺 旋 体

螺旋体(*Spirochaeta*)是一类广泛分布于自然界,运动活泼的原核细胞型微生物。螺旋体呈螺旋状,细长柔软,富于弹性,以二分裂方式繁殖,种类繁多。根据其免疫原性、螺旋数目和螺旋间距大小与规则程度不同,将螺旋体分为 13 个属。其中,对人致病的螺旋体主要有密螺旋体属(*Treponema*)、钩端螺旋体属(*Leptospira*)和疏螺旋体属(*Borrelia*)。

一、密螺旋体属

(一)苍白密螺旋体苍白亚种

苍白密螺旋体(*T. pallidum*)苍白亚种也称为梅毒螺旋体,是梅毒的病原体。梅毒是一种重要的性传播疾病。

1. 生物学性状 梅毒螺旋体长 5~15μm,宽 0.09~0.18μm,两端尖直,运动活泼,有 8~14 个较规则的螺旋,电镜下观察体内有轴丝。

梅毒螺旋体革兰氏染色不易着色,用镀银法染色呈棕褐色(彩图 24),吉姆萨染色法经长时间可染成浅红色。病变部位材料可用暗视野显微镜或相差显微镜直接观察。

梅毒螺旋体不能在无生命的人工培养基上生长繁殖。用兔单层上皮细胞在含 1.5% 氧、5% 二氧化碳、93.5% 氮气的环境中培养,繁殖缓慢,可在细胞表面形成微小集落。

梅毒螺旋体对外界抵抗力较弱，离体后在干燥环境中1～2小时即可死亡，因此仅通过直接接触的方式引起感染。库存血液中的梅毒螺旋体在4℃ 3天即可死亡，故冷藏3天以上的血无传染梅毒的风险。

2. **致病性与免疫性**　人是梅毒的唯一传染源，主要通过性接触而引起感染。妊娠妇女患梅毒可通过胎盘传给胎儿，引起先天性梅毒。

梅毒可分为三期：第一期梅毒临床表现主要为硬性下疳，临床初期表现为外生殖器形成丘疹，后形成溃疡称为下疳，下疳分泌物中有大量螺旋体，传染性极强。约经1个月，下疳常可自然愈合，此时螺旋体可潜伏于体内，经2～3个月的潜伏期后进入第二期。第二期梅毒表现为全身及皮肤黏膜出现梅毒疹，淋巴结肿大，也可累及骨、关节、眼及其他器官，二期梅毒经数年后可进入第三期。第三期梅毒不仅侵犯黏膜皮肤，出现皮肤黏膜溃疡性坏死或内脏器官的肉芽肿样病变（梅毒瘤），并可侵犯体内所有器官或组织，较严重者在感染后能引起心血管及中枢神经系统的病变。

机体抗梅毒螺旋体免疫以细胞免疫为主，属有菌免疫，即当体内有梅毒螺旋体存在时有免疫力，一旦体内螺旋体被清除，其免疫力亦随之消失。但机体的免疫力在多数情况下不能完全清除体内的梅毒螺旋体，患者可发展为二期梅毒、三期梅毒。

梅毒患者可产生两类抗体：一类是特异性梅毒螺旋体抗体，当补体存在时可杀死或溶解梅毒螺旋体，并对吞噬细胞发挥调理作用；另一类是非特异性心磷脂抗体，又称为反应素，能与牛心肌和其他正常动物心肌提取的类脂质抗原发生非特异性结合反应，对机体无保护作用，但可用其进行血清学诊断。

巨噬细胞和中性粒细胞可吞噬梅毒螺旋体，但不一定能将其杀死，只有在特异性抗体、补体的协同下，可杀灭梅毒螺旋体。

3. **微生物学检查法**

(1) 病原学检查：第一期梅毒取患者下疳渗出液，第二期梅毒取梅毒疹渗出物或淋巴结抽出液，用暗视野直接检查，也可用Fontana镀银染色法检查，以查找梅毒螺旋体。

(2) 血清学试验：根据所用抗原不同，血清学试验分为两大类，即非特异性血清学试验及特异性血清学试验。

1) 非特异性血清学试验：是用提纯的心脂质、卵磷脂和胆固醇按一定比例混合作为试剂或将牛心脂质抗原标记在药用碳颗粒上检测患者血清中的抗体。此法操作简便、成本低，可快速诊断，适用于基层推广和人群调查，动态观察可用于对梅毒疗效的评价。

非特异性血清学试验法对诊断梅毒的特异性较差，疟疾、结核病、猩红热、乙型肝炎、类风湿关节炎等疾病以及吸毒、妊娠也会出现假阳性。另外，标本溶血、血清陈旧及器皿污染也影响正确结果。同时，其也不适于诊断三期梅毒和神经性梅毒。

2) 特异性血清学试验：应用梅毒螺旋体抗原，特异性高，不易出现假阳性，可用于确诊梅毒感染，但不适于判定治疗效果。其方法包括荧光螺旋体抗体吸收试验（FTA-ABS）、梅毒螺旋体血凝试验（TPHA）、梅毒螺旋体制动试验（TPI）等，但也各有其不足之处，最近发展起来的酶免疫分析（EIA）可弥补上述各种不足。

EIA是一种新的梅毒诊断血清学方法，它是将梅毒螺旋体特异性抗原包被在微孔滴定板上，以测定标本中的特异性抗体。本方法操作简便，一次可完成多份标本检测，试验结果由仪器分析，客观而准确。

4. **防治原则**　预防梅毒的根本举措是避免不洁性行为，洁身自爱。目前正研制重组疫苗和BCG载体疫苗，以期用于梅毒预防，其价值尚难肯定。梅毒一旦确诊可用大剂量青霉素进行治疗。

(二) 其他密螺旋体

其他密螺旋体，分别引起非性病性梅毒、品他病和雅司病。

1. **非性病性梅毒**　由苍白密螺旋体地方亚种引起。其主要通过消化道传播，引起口角开裂性丘疹、口咽部黏膜斑,并与其他菌类协同引起咽峡炎、溃疡性口腔炎,局部淋巴结肿大,有皮肤和骨的肉芽肿,可造成鼻的破坏性毁形等。

2. 品他病(pinta)　由品他密螺旋体所致。其主要通过病损皮肤直接接触感染,1~3周潜伏期后出现丘疹,遍及全身,脱屑,瘙痒,色素变深,感染1年后色素减退,皮肤结痂、变形,但无全身症状。

3. 雅司病　由苍白密螺旋体极细亚种引起。其主要通过感染皮肤、直接接触所致,临床表现类似梅毒,有再发特点,初期可见全身丘疹,四肢和头部为多,皮肤、淋巴结和骨破坏性病变常见。

二、钩端螺旋体属

钩端螺旋体(简称钩体)可分为致病性(寄生性)钩体与非致病性(腐生性)钩体两大类。非致病性钩体广泛分布于自然界,特别是水中较多,致病性钩体可引起人类或动物的钩端螺旋体病(简称钩体病),世界范围内分布,以东南亚为主要流行区。我国绝大多数地区均有发现,严重危害人类健康,是重点防治的传染病。

1. *生物学性状*　钩体长短不等,大小为 (5~12) μm×0.1μm,螺旋致密而规则,在暗视野显微镜下观察呈珍珠状细链,菌体一端或两端有钩,整个菌体呈"C"形、"S"形等形状。

钩体呈革兰氏阴性,但不易着色。用Fontana镀银染色法可染成棕褐色(彩图25),螺旋体变粗易于观察。暗视野显微镜下可观察其运动和形态。

钩体可以人工培养,在普通培养基中加入动物血清即可生长,维生素B_1、维生素B_6、维生素B_{12}有促进其生长的作用。其需氧,25~30℃培养5~7天,在Korthof液体培养基中近液面1cm处生长旺盛,呈云雾状混浊,在1%琼脂半固体培养基上可形成集落。

钩体较其他致病性螺旋体抵抗力强,在湿泥土中可存活半年以上,在水中数月不死,这些特征对本病传播都有重要意义。其对热敏感,55℃ 10分钟可被杀死,对多种化学消毒剂(如甲酚、苯酚、含氯石灰等)也较敏感。

寄生性钩体有表面及内部两种抗原。表面抗原具有型特异性,为多糖蛋白复合物;内部抗原为类脂多糖复合物,可用于分群。根据抗原构造不同,目前将钩体分25个血清群和273个血清型,新的血清型仍在不断被发现。我国选定了13个血清群15个血清型为我国通用标准种,实际上已发现了19个血清群160多个血清型。

2. *致病性与免疫性*　钩体病是人畜共患传染病。在自然环境中野生动物、家畜、鼠类被钩体感染,然后在肾小管中生长繁殖,并不断从尿中排出,污染环境。人体接触被污染的环境,钩体可通过皮肤小创伤以及鼻、眼、口腔等黏膜处侵入,也可由饮用污染水或摄取污染食物经消化道感染。

钩体有较强的侵袭力,侵入人体后可进入血流,并大量繁殖引起钩体血症,随后侵入肝、肾、肺、脑膜等器官、组织,并在其中繁殖引起病变。一般经3~14天潜伏期,患者出现高热、乏力、头痛、腰痛、眼结膜充血、腓肠肌疼痛、淋巴结肿大和黄疸等临床症状。严重时患者可出现休克、微循环障碍、心肾功能不全及脑膜炎症状等。

吞噬细胞能清除侵入体内的钩体,补体可使之溶解,由此血中和内脏中的钩体逐步被清除。肾小管中钩体不易被清除,尿中可较长时间排出钩体。病后对同型钩体有持久免疫力,血清中特异性抗体可维持数年。

3. *微生物学检查法*　发病第一周取血,一周后取尿,有脑膜刺激症状者取脑脊液。检材可直接用暗视野显微镜检查,或用直接免疫荧光法或免疫酶染色法检查,也可用镀银染色法检查。

培养较易成功,培养后可用血清学试验确定其群及型。

钩体血清学检查不仅用于诊断疾病,也可用于流行病学调查时测定人或动物血清中的抗体。常用的方法有凝集试验、间接荧光抗体试验、补体结合试验等。

4. *防治原则*　钩体病的预防措施主要是搞好防鼠、灭鼠工作,加强带菌家畜的管理,注意保护水源;在水田中要避免直接接触污水;对流行区的群众及外来易感人员可进行甲醛灭活多价死疫苗接种,接种疫苗必须包括当地流行的血清型,以提高预防效果。

治疗首选青霉素。青霉素过敏者可用庆大霉素或多西环素等。

三、疏螺旋体属

疏螺旋体属对人、哺乳动物和禽类有致病作用，菌体呈波状不规则的螺旋，对人致病主要是伯氏疏螺旋体、回归热疏螺旋体。

（一）伯氏疏螺旋体

伯氏疏螺旋体是引起莱姆病的一种疏螺旋体。莱姆病是一种全球性自然疫源性疾病，因首先发现于美国康涅狄格州的莱姆镇而得名。伯氏疏螺旋体的主要宿主为小型野生脊椎动物、鸟类与家畜，通过蜱叮咬吸血而传播。近年来，世界各国报道患者数逐年增加，波及五大洲 40 多个国家。我国首次报道莱姆病是在 1986 年，迄今已有 19 个省、自治区、直辖市发现了本病。

伯氏疏螺旋体细长，螺旋不规则，两端直而尖，螺旋体大小长短不一致，暗视野检查螺旋体扭曲、翻转，运动活泼。其为革兰氏阴性，但不易着色，营养要求高，微需氧，适宜生长温度为 35℃，可在含牛血清、兔血清等培养基中生长，生长速度慢，在液体培养基中 2～3 周可观察到生长情况。

人体被带螺旋体的蜱叮咬后而感染。感染后经 3～30 天潜伏期，在皮肤上可出现环状红斑性丘疹，中心部无病变。皮损渐渐扩大，2～3 周后皮损消失留有斑痕与色素沉着。患者症状主要有头痛、颈项强直、寒战、发热和乏力；也可并发关节炎、脑膜炎、心肌炎和游走性肌痛等。疾病常反复发作数年，最后能导致软骨或骨骼损伤，甚至致残。

由于莱姆病是累及多系统的疾病，临床表现非常复杂，不易与其他疾病区别，仅凭临床表现很难确诊，必须借助实验室方法予以诊断。

ELISA 是目前最常用的莱姆病的诊断试验，一般有条件的情况下可用蛋白印迹法对 ELISA 结果进行验证。PCR 用于诊断莱姆病敏感，但实验室检测结果必须结合临床进行判断。

本病以预防为主，注意避免蜱叮咬。治疗可用阿莫西林。

（二）回归热疏螺旋体

回归热疏螺旋体有两种：一是回归热疏螺旋体；二是杜通疏螺旋体。两种螺旋体在形态上极为相似，不易区别，有 3～10 个不规则螺旋，革兰氏染色呈阴性，吉姆萨染色呈紫红色（彩图 26）。

虱传播型回归热借体虱在人群中传播；蜱传播型回归热系因人被感染蜱叮咬时，螺旋体随蜱粪或唾液，污染咬破的皮肤创口侵入人体，从而使人感染。螺旋体侵入人体后经 3～7 天潜伏期，患者可突然高热，头、肌肉、关节疼痛，肝脾大，经 5～7 天后发热骤退，血中螺旋体消失，间歇 1～2 周后，可再次发热，血中又出现螺旋体，如此发作与缓和多次反复（3～10 次），每次发作病情可轻于前次，直至痊愈。病后不能获得持久免疫力，一般持续 2～6 个月，最长者为 2～5 年，以体液免疫为主。临床可取发热期患者血液检查螺旋体以进行诊断。

（杨志伟）

1. 支原体与细菌 L 型有哪些异同点。
2. 简述支原体、立克次体、衣原体、螺旋体的生物学特性。
3. 立克次体的传播有何特点？列举其导致的主要疾病及其传播媒介。
4. 沙眼衣原体引起的疾病及其传播途径。
5. 梅毒螺旋体引起的疾病及其临床特点。

第二篇 真 菌 学

第17章 概 论

真菌（fungus）是一大类具有典型的细胞核和完整细胞器的真核细胞型微生物，不分根、叶、茎，不含叶绿素。

真菌在自然界中分布非常广泛，土壤、空气和水中，某些物体的表面，人和某些动物的皮肤表面以及与外界相通的腔道中都常有真菌存在。

真菌与人类的关系非常密切，如可利用真菌酿酒、制酱、生产抗生素等。茯苓、猪苓、冬虫夏草、灵芝等真菌还可入药。

真菌的种类很多，迄今已发现10万余种，其中有400余种与医学有关，可引起人类感染性、中毒性及超敏反应性疾病等。近年来，由于滥用抗生素引起菌群失调、应用激素和免疫抑制剂导致免疫功能低下等因素的影响，某些真菌病的发病率有所升高，已引起医学界的广泛关注。

第一节 真菌的生物学性状

1. **形态与结构** 真菌在大小、形态和结构等方面与其他微生物有很大差别，且因其种类不同也不一样。真菌的大小相差悬殊，小的需用显微镜才能看见（如白假丝酵母菌），大的直径可达20~30cm（如木耳、蘑菇）。

真菌细胞的最外层是一层坚硬的细胞壁，主要由多糖、蛋白质和脂质等成分构成，不同真菌细胞壁的结构和化学成分也有差别，但均不含肽聚糖，故其对青霉素和头孢菌素不敏感。其细胞内的微细结构与高等植物细胞基本相同，有较为典型的核结构和核糖体、线粒体、内质网、高尔基体等细胞器。真菌的形态因其种类不同差别很大，分单细胞真菌和多细胞真菌两大类。

（1）单细胞真菌：菌体由一个细胞构成。其形态为球形、椭圆形、圆筒形等。菌细胞大小不一，直径一般为3~15μm。有的菌种有荚膜（如新生隐球菌）。多数单细胞真菌由母细胞以芽生的方式进行繁殖，也有的可以二分裂或其他方式繁殖。某些单细胞真菌以芽生方式繁殖后，其子细胞在母细胞顶端延长，并作为母细胞再产生子细胞，如此反复繁殖，形成的"丝状"结构称为假菌丝。通常把不产生假菌丝的单细胞真菌称为酵母型真菌，而将能产生假菌丝的真菌称为类酵母型真菌。能引起人类疾病的单细胞真菌有新生隐球菌、白假丝酵母菌等。

（2）多细胞真菌：菌体由多个细胞构成。其基本结构分为菌丝和孢子两大部分。不同种类真菌的菌丝和孢子形态是鉴别真菌的重要依据之一。

1）菌丝（hypha）：多数真菌能形成菌丝。菌丝是由孢子长出芽管，芽管逐渐延长所形成的丝状结构。其长度差别较大，宽度一般为2~10μm。菌丝又可长出许多分枝，交织成团，称为菌丝体（mycelium）。有的菌丝在一定的间距形成横膈，称为隔膜（septum）。把有隔膜的菌丝称为有隔菌丝（septate hypha），隔膜把菌丝分成一连串若干个细胞；无隔膜的菌丝称为无隔菌丝（nonseptate hypha），内有多个核，整条菌丝就是一个多核单细胞。把伸入到培养基等基质中的菌丝称为营养菌丝或基内菌丝；暴露于空气中的菌丝称为气中菌丝或气生菌丝；产生孢子的气生菌丝称为生殖菌丝。

菌丝的形态多种多样，多数为丝状或管状，也有的为螺旋状、球拍状、鹿角状、结节状、梳状等（图2-17-1）。

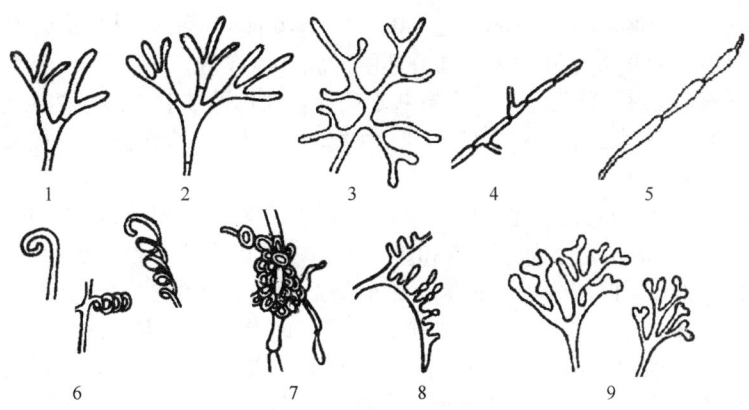

图 2-17-1 真菌的各种菌丝

1、2. 分枝菌丝； 3. 无隔菌丝； 4. 有隔菌丝； 5. 球拍状菌丝； 6. 螺旋状菌丝； 7. 结节菌丝； 8. 梳状菌线； 9. 鹿角状菌丝

2) 孢子（spore）：是真菌的繁殖结构。一个真菌细胞可产生多个孢子，孢子又可发育成菌丝。真菌的孢子分为无性孢子和有性孢子两类。

A. 无性孢子：指不经过两性细胞的配合而形成的孢子，主要有三种类型（图 2-17-2）。

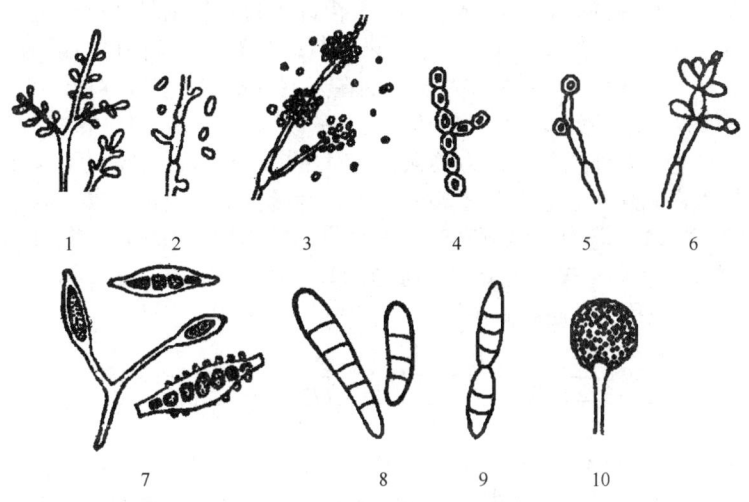

图 2-17-2 真菌的各种无性孢子

1～3. 小分生孢子； 4. 关节孢子； 5. 厚膜孢子； 6. 芽生孢子； 7～9. 大分生孢子； 10. 孢子囊孢子

a. 叶状孢子（thallospore）：由真菌菌丝或菌细胞直接形成的孢子称为叶状孢子。按形成方式不同可分为：①芽生孢子（blastospore），由真菌细胞以发芽的方式形成孢子。发育到一定程度后，孢子可从母细胞脱落。②关节孢子（arthrospore），由某些菌丝细胞分化形成隔膜并断裂成长方形的几个节段而成，胞壁稍增厚。③厚膜孢子（chlamydospore），又称为厚壁孢子。某些真菌在一定条件下，菌丝末端或中间的细胞质浓缩，胞壁增厚所形成的圆形或近圆形的孢子。厚膜孢子是真菌的一种休眠形态，在适宜的条件下可生长繁殖。

b. 分生孢子（conidium）：在生殖菌丝末端或侧缘形成的单个、成簇或链状的孢子称为分生孢子，是最常见的无性孢子，可分为大分生孢子和小分生孢子两种：①大分生孢子（macroconidium），体积较大，由多个细胞构成。其可呈梭状、棍棒状等多种形态。②小分生孢子（microconidium），体积较小，由单个细胞构成。其有球形、卵圆形、梨形、棍棒状等。

c. 孢子囊孢子（sporangiospore）：某些真菌于菌丝末端膨大呈囊状称为孢子囊，在孢子囊内形成的孢子称为孢子囊孢子。

B. 有性孢子：指由同一菌体或不同菌体的两个细胞或性器官融合，经减数分裂后所产生的孢子。其主要有卵孢子（oospore）、接合孢子（zygospore）、子囊孢子（ascospore）和担（子）孢子（basidiospore）。

大多数病原性真菌只形成无性孢子，部分还能形成有性孢子。

(3) 双相型真菌：又称为两形性真菌。有些真菌在普通培养基上，22～28℃培养时呈菌丝型；而在动物体内或在特殊培养基上，37℃培养则呈酵母型，把这类真菌称为双相型真菌，如申克孢子丝菌、荚膜组织胞浆菌等。

2. 繁殖与培养特性 绝大多数真菌对营养要求不高，常用的培养基为沙保弱培养基（Sabouraud's medium，主要成分为葡萄糖和蛋白胨等）。真菌最适酸碱度为 pH 4.0～6.0，最适生长温度多为 22～28℃，但部分深部感染真菌的最适生长温度为 37℃。真菌的繁殖方式比其他微生物复杂，除有性繁殖外，还以芽生、裂殖、隔殖、菌丝断裂等方式进行无性繁殖。繁殖的速度随菌种不同而异。一般单细胞真菌繁殖的速度较快，经 24～48 小时多可形成菌落；多数丝状真菌的繁殖速度较慢，需经 1～4 周才能形成典型的菌落。由于真菌种类不同，其菌落的形态、颜色等也不一样，常作为鉴定真菌的依据之一。真菌的菌落有三种类型：

(1) 酵母型菌落：是单细胞真菌繁殖后形成的菌落。外观与一般细菌菌落类似，表面光滑、湿润、柔软而致密，颜色多样。镜下均为单细胞真菌或其所形成的孢子，无菌丝和假菌丝。

(2) 类酵母型菌落：有些单细胞真菌形成假菌丝后，假菌丝向下生长，伸入培养基内，称为类酵母型菌落。外观与酵母型菌落相似，但显微镜下可见到假菌丝。

(3) 丝状型菌落：是多细胞真菌的菌落形式，由许多疏松的菌丝体所组成。由于一部分菌丝向空中生长，从而使菌落呈棉絮状、绒毛状或粉末状等，菌落正反两面可呈现出不同颜色。

3. 变异性与抵抗力 真菌很容易发生变异，如在人工培养基上多次移种，可发生形态、结构、菌落性状、产色素能力及各种生理性状（包括毒力）的改变。

真菌对干燥、日光、紫外线的抵抗力较强，但对热较敏感，一般经 60℃ 1 小时即可被杀死。对多数抗细菌的抗生素和化学合成药物不敏感，但两性霉素 B、灰黄霉素、制霉菌素、氟康唑、克霉唑、伊曲康唑等抗真菌药物对多数真菌有杀灭或抑制作用。对 10～30g/L 苯酚、25g/L 碘酊及 10% 甲醛溶液较敏感。近年来，世界多地报道的耳念珠菌（*Candida auris*）对常规抗真菌药物具有多重耐药的特征，被称为"超级真菌"。

第二节 真菌的致病性与免疫性

1. 真菌的致病性 真菌的致病物质因真菌的种类不同而不尽相同，一般认为与某些真菌的毒素或毒素样物质、真菌的黏附及其荚膜的抗吞噬能力、对免疫功能的抑制作用、某些酶类和菌体成分有关。真菌引起人类的疾病主要有三个方面：

(1) 真菌感染：真菌的种类很多，仅有一小部分能引起人类感染。真菌可从皮肤、呼吸道、消化道、泌尿生殖道、伤口等多种途径侵入机体，在体内繁殖以后，受致病性强弱及机体抵抗力等多种因素的影响，临床表现各有不同，既可引起局限性感染，也可通过血液或淋巴扩散到全身，引起全身性感染。在病灶中常检出菌体成分，如假丝酵母菌病常可检出假菌丝和芽生孢子。根据感染部位的不同，可把真菌引起的感染分为两大类。

1) 浅部真菌感染：主要侵犯皮肤、毛发和指（趾）甲。其多为外源性感染，有传染性，一般临床症状较轻。

2) 深部真菌感染：主要侵犯深部组织、内脏及中枢神经系统。

(2) 真菌超敏反应性疾病：真菌是常见的变应原，某些人吸入、食入或皮肤黏膜接触真菌的孢子或菌丝后，可引发支气管哮喘、过敏性鼻炎、过敏性皮炎、荨麻疹等Ⅰ型超敏反应性疾病。另外，在病原性真菌感染过程中，也可引起Ⅳ型传染性超敏反应，它常与真菌病的发生和发展有密切关系。

(3) 真菌中毒

1) 有毒菌类中毒：某些有毒菌类 [如白毒伞菌（*Amanita verna*）]，若误食可引起呕吐、腹泻等消化道症状，严重者可损害肝、肾、心等重要器官并可致死。

2) 真菌毒素中毒：真菌极易污染农作物、食物或饲料。某些真菌可产生真菌毒素（mycotoxins），人或动物食入含有真菌毒素的食物后，可引起急、慢性中毒，称为真菌中毒症（mycotoxicosis）。真菌毒素中毒多与细菌毒素中毒不同，其临床表现多样，多易引起肝、肾、神经系统功能障碍或造血功能损伤。

有些真菌毒素与肿瘤发病的关系已引起医学界的高度重视，其中研究较多的是黄曲霉毒素（aflatoxin）。该毒素是一种双呋喃氧杂萘邻酮衍化物，有 B1、B2、B2a、B3 等 20 余种，其中 B1 的致癌性最强，对实验动物的毒性主要表现为肝毒性，大鼠饲料中含有 0.015ppm（1ppm=1×10^{-6}）即可诱发肝癌。此外，动物实验证明，赭曲霉产生的黄褐毒素，镰刀菌产生的 T-2 毒素等多种真菌毒素均可诱发某些肿瘤。

2. 机体对真菌的免疫性　机体对真菌具有较强的免疫防御作用。免疫功能正常者一般不易发生深部真菌感染。机体对真菌产生的免疫功能也体现在固有免疫和适应性免疫两个方面。

（1）固有免疫：机体体表的物理、化学和微生物屏障均有防御真菌侵袭的作用。巨噬细胞和中性粒细胞也能吞噬、杀灭某些真菌；但有些真菌可在吞噬细胞内繁殖，刺激组织增生，引起细胞浸润形成肉芽肿，也可随吞噬细胞扩散到其他部位引起感染。正常体液中的补体以及 IFN-γ、TNF 等细胞因子在抗真菌感染中也有一定作用。

（2）适应性免疫

1）细胞免疫：在适应性抗真菌免疫中，细胞免疫起主导作用。细胞免疫功能受损或低下，易发生严重的真菌感染，如艾滋病患者由于 HIV 破坏 $CD4^+T$ 细胞，导致机体免疫功能缺陷和失调，常发生致死性真菌感染。特异性细胞免疫的抗真菌机制尚不十分清楚。有研究证实，Th1 反应优势的细胞免疫应答在抗白假丝酵母菌、新生隐球菌等所致的深部真菌感染中起重要作用。Th1 细胞分泌的 IFN-γ、IL-2 等可激活巨噬细胞，加强呼吸爆发作用，从而增强其对真菌的杀伤力。Th17 细胞分泌的 IL-17 等使多种细胞分泌大量炎性细胞因子和趋化因子，募集和激活中性粒细胞，吞噬杀伤真菌。某些真菌感染后机体可发生皮肤Ⅳ型超敏反应（如癣菌疹），对某些真菌感染者进行皮肤试验有助于诊断或流行病学调查。

2）体液免疫：绝大多数深部真菌感染机体都能产生特异性抗体，但抗体在抗真菌感染中的作用尚不明确。有研究表明，白假丝酵母菌性阴道炎患者血液及阴道分泌物中的特异性 IgG 和 IgA 并不能抑制其感染，但抗白假丝酵母菌黏附素抗体能阻止其黏附于宿主细胞；抗新生隐球菌荚膜特异性 IgG 有调理吞噬作用。检测特异性抗体对某些深部真菌病具有辅助诊断价值。浅部真菌感染机体产生的抗体水平较低，且易出现交叉反应。真菌感染后一般不能获得持久免疫力。

第三节　真菌感染的微生物学检查

真菌感染的微生物学检查原则与细菌感染的检查原则基本相同，但由于真菌的形态有一定的特殊性，故常通过直接镜检和培养进行鉴定。必要时进行血清学检查和核酸检测。

1. 标本的采集　根据疾病种类和检查目的的不同而采取不同标本。浅部真菌感染可取皮屑、毛发、指（趾）甲屑等标本；深部真菌感染可采集脓汁、渗出物、分泌物、痰、脑脊液、血液、尿、粪便等。标本采集后，应尽快送检，特别是深部感染标本，以防止检材污染杂菌或真菌死亡。

2. 病原菌的检查与鉴定

（1）直接镜检：将含角质的甲屑、皮屑、毛发等标本置于载玻片上，滴加少许 10% KOH，盖盖玻片，并在火焰上微加热，使被检组织中的角质软化；再轻压盖玻片，使标本变薄变透明，于显微镜下检查。若见到菌丝或孢子，即可初步诊断为真菌感染。脑脊液、尿液等体液标本，应离心后取沉淀物涂片镜检或染色后镜检。若怀疑隐球菌感染，可用墨汁做负染色后镜检。

（2）分离培养：直接镜检不能确诊时，常需进行分离培养。常用含抗生素和放线菌酮（抑制细菌、放线菌生长）的沙保弱培养基，根据需要也可选用其他培养基。接种真菌后，置于 25℃（丝状真菌）或 37℃（酵母型或类酵母型真菌）环境中培养。丝状菌形成菌落后，用乳酸酚棉兰染色，镜下观察菌丝、孢子并结合菌落的特征做出鉴定。必要时应做真菌小培养进行鉴定。

（3）显色鉴别培养：目前临床主要用于假丝酵母菌的检测。不同真菌生化反应特点不同，繁殖后分解培养基中的底物所形成菌落的颜色也不一致，根据菌落的颜色进行鉴定。

（4）血清学检查：检测真菌抗原或机体感染真菌后产生的抗体，可对真菌性疾病进行辅助诊断。例如，用 ELISA 法检测患者血清或脑脊液中的特异性抗体或抗原，用对流免疫电泳法检测内脏真菌感染的沉淀素，用荧光抗体染色法对标本中的抗原进行鉴定和定位等。

（5）核酸检测：应用分子生物学技术进行核酸 G+Cmol% 测定、限制性片段长度多态性（RFLP）分析、DNA 特殊片段测序等，可对真菌快速做出鉴定。

第四节　真菌性疾病的防治原则

对真菌感染目前尚无特异性预防方法。预防皮肤癣菌感染主要是注意清洁卫生，避免直接或间接与患者污染的物品接触；预防足癣还应经常保持鞋袜干燥，以防止皮肤癣菌孳生。预防机会致病性真菌所致的深部真菌感染主要是提高机体免疫力和除去各种诱生因素。应用免疫抑制剂或广谱抗生素时，更要注意防止并发真菌感染。预防真菌毒素中毒应加强粮食和饲料的管理，注意食品卫生，严禁销售和食用发霉变质的食品。

浅部真菌感染的治疗可局部外用抗真菌霜剂或软膏等，并应注意彻底治愈，避免复发。深部真菌感染的治疗应根据病原真菌种类不同选用两性霉素 B、氟胞嘧啶、氟康唑、酮康唑、伊曲康唑、卡泊芬净等，但有些药物不良反应较大，某些中药可以通过调控机体免疫力或协同上述药物而发挥良好的抗真菌感染作用。

第五节　真菌与中药

真菌与中药生产关系密切。有的真菌可直接入药，称为药用真菌，达 120 余种；还可利用某些真菌生产一些药物和保健类制剂；也有些真菌易污染中药材，若保存不好，易导致中药材的腐烂变质。

一、常用的药用真菌

1. 灵芝　属担子菌纲，为多孔菌科的多年生高等真菌紫芝 [*Ganoderma japonicum*（Fr.）Lloyd] 和赤芝 [*Ganoderma lucidum*（Leyss ex Fr.）Karst] 的子实体，原系野生，现已能人工栽培。

灵芝有补中益气、养血安神、止咳平喘等功效，可用灵芝及其制剂（水煎剂、酊剂、糖浆、片剂、灵芝酒等）治疗虚劳、咳嗽、气喘、神经衰弱、失眠、消化不良等病证。从灵芝中提取的灵芝多糖能增强机体的免疫功能。

2. 茯苓 [*Poria cocos*（Schw.）Wolf]　属担子菌纲，为多孔菌科真菌茯苓的菌核，多呈球形、椭圆形或不规则的形态，表皮黑褐色、多皱。其外皮为"茯苓皮"，皮下的淡红色部分为"赤茯苓"，内部的白色部分即为"茯苓"，苓块中穿有松根部分者称为茯神。

茯苓有利水渗湿、健脾补中、宁心安神等功效，常用其治疗各种水肿、痰饮、脾胃虚弱、消化不良、心悸、失眠、健忘等症。从茯苓中提取的茯苓多糖具有增强免疫功能、抗肿瘤和抗炎等作用。

3. 猪苓 [*Polyporus umbellatus*（Pers.）Fr.]　属担子菌纲，为多孔菌科真菌猪苓的干燥菌核。其形态不规则，表面凹凸不平，呈棕黑色或黑褐色。子实体从地下菌核内生出，菌柄常有多个分枝，每枝顶端有一圆形菌盖。

猪苓能利水渗湿，可治小便不利、水肿、湿盛泄泻、湿热淋浊等证。猪苓多糖能增强机体的免疫功能，可用于原发性肺癌、肝癌、子宫颈癌和白血病等放化疗的辅助治疗等。

4. 冬虫夏草　属子囊菌纲，为麦角菌科真菌冬虫夏草 [*Cordyceps sinensis*（Berk.）Sacc] 的子座及其寄主昆虫幼虫尸体的复合体。其寄主多为蝙蝠蛾科的昆虫，冬季菌丝侵入蛰居于土壤中的幼虫体内，并不断生长发育，最终菌丝充满整个虫体而导致其僵死。夏季从幼虫尸体的头部长出细长如棒球棍状的子实体，长 4～11cm，其顶部稍膨大，内有许多卵圆形的子囊壳，壳内有数个细长的子囊，每个子囊内有 2 个子囊孢子。

由于其子实体露出地面，外形似草，而充满菌丝的虫体在土壤中与子实体相连，夏季采收其子实体和虫体，故称之为冬虫夏草。

冬虫夏草能补虚损、益精气、实腠理，为滋养肺肾之要药。常用其治疗肺虚或肺肾两虚之咳喘短气、劳嗽痰血、阳痿遗精、病后虚损不复等证。

5. **银耳**（*Tremella fuciformis* Berk） 又称为白木耳，为担子菌纲一种真菌的子实体，由多个呈鸡冠状的子实体瓣片构成，白色半透明，干燥后呈淡黄色。

银耳具有滋阴、润肺、养胃、生津等功效。可用其治疗虚劳咳嗽、虚热口渴等病证。从银耳中提取的银耳多糖能增强机体的免疫功能，并能拮抗环磷酰胺等免疫抑制剂所致的免疫功能低下。

二、易引起中药霉变的真菌

真菌在自然界的分布非常广泛，且适应环境的能力较强，较易污染中药的生药药材及其某些制剂，在适宜的条件下即可生长繁殖而导致中药变质。

根茎类中药材带有土壤中的真菌、放线菌等微生物；花、叶、茎、果实类药材的表面，动物性药材以及以中药材为原料制成的丸、散、片、糖浆、水煎剂等制剂中也多染有真菌、细菌等多种微生物。由于中药中含有糖、蛋白质等营养成分，在温度为 20～35℃，相对湿度大于 70%，中药吸收水分使其含水量超过 10%～15% 时（尤其是夏秋季节），其中的微生物即可生长繁殖而导致中药变质。常见的易引起中药变质的真菌有以下几种。

1. **毛霉属**（*Mucor*） 毛霉属真菌在自然界的分布非常广泛，空气和土壤中都存在。毛霉的繁殖能力强，繁殖速度快，易引起蔬菜、果品、药材等霉变。有的菌株分解蛋白质的能力较强，可分解蛋白质产生芳香的物质，故可用其制造豆腐乳和中药淡豆豉。

2. **根霉属**（*Rhizopus*） 根霉属真菌在自然界的分布较广，尤其是其孢子囊成熟释放的孢子囊孢子可随风飘散污染环境。根霉分解淀粉的能力较强，易引起含淀粉较多中药材的霉变。其菌丝无隔，在培养基上繁殖的速度较快，部分菌丝呈弧形在培养基的表面生长，称为匍匐菌丝。匍匐菌丝在接触培养基处伸入培养基内呈分枝的根状，称为假根，此为根霉的重要特征。从假根的相反方向长出数根直立的孢子囊柄，其顶端膨大成球形的孢子囊，囊内有大量球形的孢子囊孢子。

3. **犁头霉属**（*Absidia*） 犁头霉属真菌广泛分布于土壤、空气和酒曲中。其菌丝体与根霉相似，也可形成弧形的匍匐菌丝和假根。与根霉的主要区别是，犁头霉的孢子囊柄散生于匍匐菌丝中间，而不是从假根处长出。

4. **曲霉属**（*Aspergillus*） 曲霉属真菌种类较多，有些菌种是酿造工业的重要真菌，我国在很早以前就能利用曲霉酿酒制酱。曲霉广泛分布于空气、土壤和谷物中，易引起粮食、中药材霉变和实验室污染。少部分菌株能产生毒素。

5. **青霉属**（*Penicillium*） 青霉属真菌的种类繁多，在自然界分布极为广泛，易引起中药霉变和实验室污染。本属中的产黄青霉（*P. chrysogenum*）是青霉素的产生菌，有些菌株能产生毒素。

青霉菌丝分隔，分生孢子柄从营养菌丝或气中菌丝长出，其顶端不膨大，也不形成顶囊，但有多次分枝，形成一轮至数轮分叉，在小梗的顶端长出一串串小分生孢子，形如扫帚，称为帚状枝（彩图 27）。

6. **木霉属**（*Trichoderma*） 木霉属真菌广泛分布于自然界，能引起木材腐烂和中药霉变。

木霉生长较快，菌落开始为白色羊毛状或棉花状，以后表面有不同程度的绿色。菌丝分隔，从菌丝直立长出分生孢子柄，柄上再长出两两对称的侧枝，侧枝上再长出小梗，小梗上长出分生孢子穗，每穗有 10～20 个球形的小分生孢子。

（汪长中）

1. 真菌的生物学性状（大小、形态结构、繁殖与培养特性、变异性与抵抗力）与细菌的有何区别？
2. 目前在世界多地报道的耳念珠菌为何被称为"超级真菌"？其危害性如何？

第 18 章 常见病原性真菌

常见病原性真菌根据主要侵犯部位分为皮肤感染真菌、皮下组织感染真菌、深部感染真菌。

第一节 皮肤感染真菌

皮肤感染真菌是指侵犯人或动物体表角蛋白组织（表皮角质层、毛发、甲板）的真菌。这类真菌一般不侵犯皮下组织和内脏，可分为皮肤癣菌和角层癣菌两大类。

一、皮肤癣菌

皮肤癣菌又称为皮肤丝状菌，有嗜角质蛋白的特性，一般只侵犯角化的表皮、毛发和指（趾）甲，引起头癣、体癣、股癣、手（足）癣、甲癣等。皮肤癣菌分表皮癣菌属（*Epidermophyton*）、毛癣菌属（*Trichophyton*）和小孢子菌属（*Microsporum*）三个属。

1. 生物学性状

（1）表皮癣菌属：该菌在沙保弱固体培养基上，菌落开始如蜡状，上盖一层菌丝；继而呈短绒毛状或粉末状，颜色渐变为淡黄绿色。长时间培养菌落可出现不规则皱褶。镜下菌丝较细，有隔，无小分生孢子。大分生孢子呈棒状，游离端呈钝圆形，壁薄，常3～5个成群排列呈香蕉束状。长时间培养可形成厚膜孢子。有时可见到球拍状菌丝、结节菌丝。

（2）毛癣菌属：在沙保弱固体培养基上生长繁殖后，根据菌种不同，其菌落形态也不一样，同一种真菌的不同菌株也常有差异。菌落可呈绒毛状、粉末状、颗粒状、光滑蜡样及脑回状等。颜色可呈白色、奶油色、黄色、橙黄色、淡红色、红色或紫色等。镜下可见有隔菌丝；小分生孢子侧生，多数散在，也可聚集呈葡萄状；大分生孢子壁薄，多细长呈棒状。

（3）小孢子菌属：在沙保弱固体培养基上生长繁殖后，菌落多呈绒毛状或粉末状，表面较粗糙。菌落颜色可呈灰色、棕黄色、橘红色等。镜下大分生孢子呈梭形，壁厚；卵圆形的小分生孢子沿菌丝侧壁产生，菌丝有隔，并可见结节状菌丝、梳状菌丝和球拍状菌丝。

2. 致病性 表皮癣菌属中对人有致病性的只有絮状表皮癣菌（*E. floccosum*）一种。毛癣菌属有20余种真菌，其中13种对人有致病性。在我国较常见的有红色毛癣菌（*T. rubrum*）、须癣毛癣菌（*T. mentagrophytes*）等。小孢子菌属已发现15种真菌，其中奥杜盎小孢子菌（*M. audouinii*）、石膏样小孢子菌（*M. gypseum*）、犬小孢子菌（*M. canis*）等是我国的常见病原菌。

一种皮肤癣菌可侵犯不同部位，同一部位的皮癣也可由不同的皮肤癣菌所引起。三个菌属的真菌均可感染皮肤，引起体癣、股癣和手足癣等；毛癣菌属和小孢子菌属的真菌还可侵犯毛发，引起头癣、须癣等；絮状表皮癣菌和毛癣菌属的真菌尚能侵犯指（趾）甲，使其增厚变形，失去光泽而导致甲癣。

3. 微生物学检查法 采取病变部位的皮屑、甲屑和毛发，用10% KOH处理并在火焰上微微加温后镜检，如在标本中查到菌丝或孢子即可初步诊断（图2-18-1），

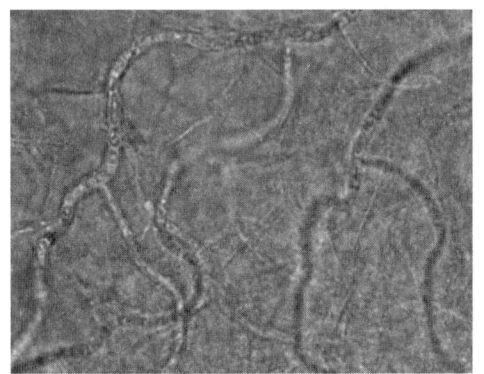

图 2-18-1 皮屑中的真菌菌丝和孢子

也可接种到沙保弱培养基上分离培养以鉴定菌种。

4. **防治原则** 做好个人卫生，避免滥用糖皮质激素等药物。治疗以外用药为主，顽固难治者可口服给药。

二、角层癣菌

角层癣菌指只寄生于人体皮肤的最表层（角质层）和毛干上的真菌。这类真菌因不接触组织细胞，一般不引起组织炎症反应。常见的病原性真菌主要是糠秕孢子马拉色菌（*Malassezia furfur*）和何德毛结节菌（*Piedraia hortae*）。糠秕孢子马拉色菌可引起皮肤表面呈黄褐色的花斑癣，俗称"汗斑"，好发于青壮年的颈部、躯干以及婴幼儿的颜面等部位，一般没有自觉症状。何德毛结节菌主要侵犯头发，在毛干上形成坚硬的砂粒状结节，黏在发干上，故又称为砂毛。

第二节 皮下组织感染真菌

引起皮下组织感染的真菌主要为着色真菌和孢子丝菌，多由外伤侵入皮下引起感染。感染一般局限于局部，但也可缓慢扩散到周围组织。

一、着色真菌

着色真菌是一些在分类上接近，菌落多为棕褐色，所致疾病症状相似的真菌的总称，多属于腐生菌，常存在于树木、树皮、木片及土壤中。主要致病性真菌有卡氏枝孢霉（*Cladosporium carrionii*）、裴氏丰萨卡菌（*Fonsecaea pedrosoi*）（又称为裴氏着色霉）、紧密丰萨卡菌（*Fonsecaea compacta*）、疣状瓶霉（*Phialophora verrucosa*）、甄氏外瓶霉（*Exophiala jeanselmei*）等。

这类真菌生长缓慢，菌落多为棕褐色，表面有短绒毛状菌丝。镜下菌丝多为棕色，有隔和分枝。在菌丝侧面或顶端形成花瓶型、剑顶型、树枝型等不同类型的分生孢子梗，在分生孢子梗上形成棕色、圆形或卵圆形的小分生孢子。

着色真菌多因外伤侵入机体，多发生于下肢、颜面、臀部等暴露部位。病灶处皮肤呈暗红色或黑色，故称之为着色真菌病（chromomycosis）。早期皮肤伤处出现丘疹、结节，结节可融合呈疣状或菜花状。随着病情的进展，老病灶结瘢愈合，新病灶又在四周产生。日久瘢痕增多，若影响淋巴回流，可形成肢体象皮肿。在全身免疫功能低下时亦可侵犯中枢神经系统或经血行扩散。

二、申克孢子丝菌

申克孢子丝菌（*Sporothrix schenckii*）是孢子丝菌中主要的病原菌。该菌广泛分布于自然界，从土壤、朽木、植物表面可分离出来。

该菌为双相型真菌，27℃培养发育较快，菌落呈灰褐色膜状，有皱褶。镜下菌丝细长，有隔和分枝；由菌丝分化出短小的分生孢子梗，之上着生梨形的小分生孢子。在含动物蛋白的培养基上37℃培养，形成灰白色的类酵母型菌落，镜下可见球形、卵圆形的菌细胞。

人类感染该菌主要是由于被带菌的植物刺伤或破损的皮肤接触了带菌的土壤、植物等而引起。申克孢子丝菌侵入皮下组织、淋巴管，形成结节性或溃疡性病变。病变常沿淋巴管分布，使淋巴管出现链状硬结，称为孢子丝菌性下疳。该菌也可经呼吸道或消化道侵入机体，随后经血行扩散到其他部位引起病变。

第三节 深部感染真菌

侵犯机体深部组织、内脏，甚至引起全身感染的真菌称为深部感染真菌，所致的疾病统称为深部真菌病。根据其致病性及所致疾病流行特点的不同，可将其分为机会致病性真菌和地方流行性真菌两类。地方流行性真菌是指在南北美洲等某些局部地区流行的荚膜组织胞浆菌、粗球孢子菌、皮炎芽生菌等，在我国较为少见。近年来，由于抗生素、皮质类固醇激素、免疫抑制剂的广泛应用以及其他某些因素的影响，机会致病性真菌所致的深部真菌病的发病率有上升趋势，且常导致致死性后果。

一、机会致病性真菌

（一）白假丝酵母菌

白假丝酵母菌（*Candida albicans*）又称为白色念珠菌，属于条件致病菌，可寄生于人的皮肤以及口腔、阴道、肠道等处，与机体处于共生状态。当机体免疫功能下降或菌群失调时，易引起疾病。

1. 生物学性状

（1）形态与结构：白假丝酵母菌呈圆形或卵圆形，直径为 3~6μm，可形成芽管、假菌丝和厚膜孢子。厚膜孢子多见于假菌丝的中间或顶端（彩图 28）。在机体内易形成假菌丝，可能是其致病因素之一。革兰氏染色阳性，但着色不均匀。

（2）培养：在沙保弱固体培养基上 37℃或室温培养 2~3 天，菌落为灰白色或奶油色，柔软而光滑；培养稍久，颜色略为变深，菌落变硬或有皱褶。在动物血清中 37℃孵育 1~3 小时可形成芽管。在玉米粉琼脂或玉米粉吐温琼脂中室温培养可形成厚膜孢子。

2. 致病性　白假丝酵母菌的致病物质尚不完全清楚，可能与其侵袭力、毒素和某些酶类有关。所致疾病主要有下列几种：

（1）皮肤、黏膜感染：皮肤感染好发于皮肤潮湿处，如腋窝、腹股沟、乳房下、肛门周围、会阴部及指（趾）间等有皱褶的部位，可引起指（趾）间糜烂、甲沟炎、肛门周围瘙痒症、肛门周围湿疹、尿布疹等。黏膜感染好发于口腔、阴道等处，引起鹅口疮、口角糜烂症、外阴与阴道炎、龟头包皮炎等。

（2）深部或全身性感染：机体免疫功能低下时易发生深部或全身性白假丝酵母菌感染，如白血病、恶性肿瘤和 AIDS 的后期及肾移植术后等。①呼吸系统感染：临床表现与普通支气管肺炎相似，但咳嗽较顽固，并常有血痰。②泌尿系统感染：白假丝酵母菌可由尿道口上行性感染或由肾盂下行性感染，引起膀胱、尿道、肾盂等处炎症。③消化道感染：食管常形成白色假膜，患者可出现疼痛、吞咽困难、吐血、便血等。④中枢神经系统感染：多由原发病灶转移而来，可引起脑膜炎、脑膜脑炎、脑脓肿等。此外，还可引起败血症、角膜感染等。

3. 微生物学检查法

（1）直接镜检：阴道分泌物、痰、脓汁等标本可直接涂片，革兰氏染色后镜检；皮屑等标本先用 10% KOH 处理后再镜检。镜下可见卵圆形出芽的酵母菌及假菌丝。

（2）分离培养与鉴定：将检材接种到沙保弱培养基上，分离出可疑菌后，再用芽管形成试验、厚膜孢子形成试验或采用生化试验、血清学方法等进行鉴定。

（3）PCR：用 PCR 检测标本中白假丝酵母菌的核酸，可用于早期诊断。

从某些正常标本中也可检出白假丝酵母菌，判断结果时应结合临床表现等综合分析。

4. 防治原则　预防白假丝酵母菌感染除应注意增强患者的抵抗力外，还应注意避免由应用广谱抗生素、免疫抑制剂等导致的医源性感染。治疗应根据病情选用两性霉素 B、氟康唑和卡泊芬净等。

（二）新生隐球菌

新生隐球菌（*Cryptococcus neoformans*）又称为新型隐球菌，分布广泛，尤其鸽粪中较多。

1. 生物学性状

（1）形态与结构：新生隐球菌呈球形，直径为 4~12μm，外周有一层较厚的荚膜。本菌以芽生方式繁殖，一个菌体可同时产生一个或多个芽生孢子，芽颈较细，不能形成假菌丝（图 2-18-2）。

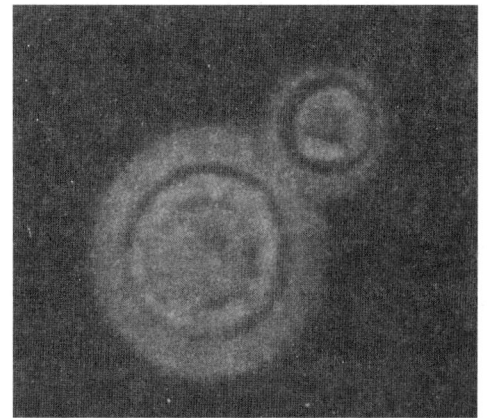

图 2-18-2　新生隐球菌（脑脊液标本墨汁染色）

(2) 分型：根据其荚膜多糖抗原性的不同，可把新生隐球菌分为 A、B、C、D 四个血清型。从临床上分离的菌株多为 A 型（约 70%），有时也可分离到 D 型。

(3) 培养特性：在室温及 37℃均能生长。在沙保弱固体培养基上繁殖后，菌落开始为白色、光滑、湿润、透明发亮，继续培养则逐渐变为黄色、黄棕色。

2. 致病性　荚膜多糖是新生隐球菌重要的致病物质，具有抵抗吞噬等作用。该菌主要经呼吸道侵入机体，引起肺、中枢神经系统等感染。

(1) 肺隐球菌病：在肺部可形成肉芽肿性结节，多数患者无自觉症状而自然痊愈。仅有部分患者有微热、咳嗽、乏力、咳黏性痰或血性痰、胸痛等表现。

(2) 中枢神经系统隐球菌病：半数以上患者继发于白血病、霍奇金病、AIDS、糖尿病或应用免疫抑制剂之后发病。其主要表现为亚急性或慢性脑膜炎或脑膜脑炎，临床表现类似结核性脑膜炎，病死率较高。

(3) 皮肤隐球菌病：可原发或继发。皮肤出现粉刺样丘疹、囊肿样结节或蜂窝织炎，可破溃形成溃疡。

3. 微生物学检查法

(1) 直接镜检：取少量痰、脓汁或脑脊液离心沉淀物等标本在载玻片上加一小滴印度墨汁做负染色后镜检。若见有球形菌体，外周有宽厚透明的荚膜，即可初步诊断。

(2) 分离培养与鉴定：将标本接种到沙保弱培养基上置 37℃培养，分离出可疑真菌后，再用生化试验或免疫学方法进行鉴定。

此外，还可应用 ELISA、胶乳凝集试验等方法检测标本中新生隐球菌的荚膜多糖抗原以辅助诊断。

4. 防治原则　减少鸽子数量或及时对鸽粪进行消毒处理，可在某种程度上降低隐球菌病的发病率。治疗肺、中枢神经系统或全身隐球菌病，两性霉素 B 与氟胞嘧啶并用效果较好。为减轻两性霉素 B 的不良反应，肺和中枢神经系统隐球菌病可分别雾化吸入或鞘内注射两性霉素 B。此外，还可选用氟康唑、酮康唑等。

（三）曲霉属

曲霉属（*Aspergillus*）真菌在自然界分布非常广泛，种类多。曲霉一般不致病，只有少数属于机会致病菌。其主要致病菌有烟曲霉（*A. fumigatus*）、黄曲霉（*A. flavus*）、黑曲霉（*A. niger*）、土曲霉（*A. terreus*）、构巢曲霉（*A. nidulans*）等，其中最常见的为烟曲霉。曲霉可引起感染性疾病、超敏反应和毒素中毒等。

1. 生物学性状

(1) 形态与结构：曲霉的基本结构是菌丝和分生孢子头。菌丝有隔和分枝。部分菌丝分化成足细胞，从其侧壁长出伸向空气中的分生孢子梗，分生孢子梗比菌丝粗，壁厚。分生孢子梗顶端膨大，形成半球形或椭圆形的顶囊；从顶囊上长出一层或两层辐射状小梗；小梗顶端形成一串分生孢子。分生孢子为球形或卵圆形，可呈黄色、黑色等颜色。顶囊、小梗和分生孢子穗组合一起形成一个菊花状结构，称为分生孢子头（彩图 29）。

(2) 培养特性：在室温、37℃甚至 45℃均能生长。在沙保弱培养基上繁殖后，可形成绒毛状或絮状菌落。菌落开始为白色，随着孢子的产生，不同菌种可呈现不同的颜色。

2. 致病性　曲霉能侵犯机体的许多部位引起疾病，称为曲霉病。

(1) 呼吸系统曲霉病：有三种类型，①真菌球型肺曲霉病：多在肺部有空腔（结核性肺空洞、肺气肿性囊泡、肺脓肿病损等）的基础上发生。曲霉侵入腔内并大量繁殖，菌丝交织在一起形成团块，称为菌球，菌球可逐渐扩大。②肺炎型曲霉病：多在白血病等血液疾患、恶性肿瘤等疾病的晚期和长期应用免疫抑制剂等药物之后发生。曲霉在肺实质内繁殖，引起组织坏死性肺炎，也可形成脓肿或空洞。患者出现发热、咳嗽、咳痰、胸痛、血痰及咯血等症状。③过敏性支气管肺曲霉病：是曲霉引起的Ⅰ型或Ⅲ型超敏反应。患者哮喘反复发作，有时伴有微热，痰中常带有褐色物质（含菌体成分）。

(2) 全身性（系统性）曲霉病：多见于某些严重疾病的晚期，由于机体抵抗力下降而造成全身感染。原发病灶主要是肺，消化道少见。肺炎型曲霉病约有 1/3 可转化为全身性曲霉病。曲霉在原发病灶繁殖后，可侵犯血管壁，并随血行扩散到脑、肾、心、肝、脾等脏器引起全身感染。患者迅速出现败血症的临床表现，病死率很高。此外，曲霉还能引起外耳道、角膜等部位感染。

(3) 曲霉毒素中毒：曲霉常污染粮食和饲料，有些曲霉在其中繁殖产生毒素，人或动物食入含有毒素的食物后，毒素可损伤肝、肾、神经等组织，引起急性或慢性中毒。部分黄曲霉产生的黄曲霉毒素具有致癌作用。黄曲霉毒素及其衍生物有 20 多种，其中以黄曲霉毒素 B_1 的致癌作用最强，小剂量就能诱发动物癌症。

3. **微生物学检查法** 取痰、脓汁等标本直接涂片，镜下可见有隔和分枝的菌丝；与外界相通腔道的标本有时可见分生孢子头。同时，应把标本接种到培养基上置室温培养，根据菌落及镜下形态特征等进行鉴定。曲霉可在空气中存在，也可为上呼吸道的过路菌，所以微生物学检查结果应密切结合临床，慎重分析。此外，还可应用免疫学方法检测患者血清中的特异性抗体进行辅助诊断。

4. **治疗原则** 呼吸系统曲霉病可静脉滴注或雾化吸入两性霉素 B；真菌球型肺曲霉病还可用两性霉素 B 或氟胞嘧啶进行气管内注入。全身性曲霉病可选用两性霉素 B、氟胞嘧啶、氟康唑等药物。也有人主张两性霉素 B 与氟胞嘧啶联合应用。

（四）毛霉属

毛霉属（*Mucor*）真菌广泛分布于自然界，是引起粮食和食品霉变、实验室污染的重要微生物。毛霉属于机会致病性真菌，在机体免疫功能低下时可引起疾病，称为毛霉病。

菌丝粗大，壁薄，无隔或极少有隔，从菌丝直接长出孢子囊梗，单生或分枝。孢子囊梗顶端着生球形或近球形的孢子囊，孢子囊内有大量孢子囊孢子。毛霉生长较快，形成松散棉花状菌落。菌落开始为灰白色，逐渐转为灰色至灰褐色，培养 4~5 天可充满平皿空间。

毛霉病多发生于白血病、重症糖尿病等免疫功能低下的患者。毛霉侵入机体后，在病灶内大量繁殖，形成粗大菌丝，导致组织损伤或坏死。本菌侵袭力强，可破坏血管和淋巴管，并进入血液中繁殖，导致血管栓塞或出血。临床常见的毛霉病有：①全身性毛霉病，毛霉主要经呼吸道侵入机体，先在肺部繁殖形成病灶，然后经血或淋巴扩散到全身，引起全身感染。②鼻脑毛霉病，毛霉侵入鼻腔，在鼻旁窦等部位繁殖，引起鼻窦炎或眼眶蜂窝织炎，真菌可破坏附近动脉血管壁进入血流，然后随血液循环进入脑组织形成病灶。全身性毛霉病和鼻脑毛霉病病死率极高。此外，毛霉还可侵犯胃肠、皮肤及皮下等部位引起感染。近年来，印度部分新冠肺炎患者并发毛霉菌感染导致较高的死亡率已引起高度关注。

微生物学检查可取痰、脓汁、痂皮、组织标本等直接镜检，如发现不规则、粗大（宽 3~18μm）、分枝较少的无隔菌丝，即可怀疑为毛霉病，并应进一步培养鉴定。治疗毛霉病可用两性霉素 B 等抗真菌药物。如有糖尿病等原发疾病，也应采取措施进行控制。

（五）肺孢子菌属

肺孢子菌属（*Pneumocystis*）真菌分布于自然界、人和多种哺乳动物的肺内，曾被认为是原虫，称为肺孢子虫。当机体免疫功能低下时引起机会感染，即肺孢子菌肺炎。最常见的为卡氏肺孢子菌（*P. carinii*），又称为肺囊菌。

卡氏肺孢子菌生活史分滋养体和孢子囊等阶段。滋养体呈多态形，大小为 2~5μm，多为单核，偶见双核；在适宜的条件下逐渐发育成熟为孢子囊。孢子囊呈圆形或椭圆形，直径为 4~6μm，内含 8 个球状、卵圆形或梭状的孢子，孢子囊成熟后释放出孢子，孢子再逐渐发育成滋养体。

卡氏肺孢子菌在自然界分布广泛，其传播途径尚不完全清楚，可能与吸入孢子囊孢子有关。健康人多为隐性感染。但一些先天免疫缺陷或由于患某些疾病、应用免疫抑制剂等因素导致免疫功能低下者感染该菌后可发生间质性肺炎。艾滋病患者的晚期，80% 以上可并发此感染。该菌对多种抗真菌药物不敏感，治疗首选复方磺胺甲噁唑，喷他脒气雾吸入效果也较好。

二、地方流行性真菌

地方流行性真菌主要包括荚膜组织胞浆菌（*Histoplasma capsulatum*）、粗球孢子菌（*Coccidioides immites*）和皮炎芽生菌（*Blastomyces dermatitides*）等。这些真菌均为双相型真菌，致病作用多比其他真菌强。

1. **荚膜组织胞浆菌** 该菌可引起组织胞浆菌病。本菌多经呼吸道侵入机体，引起肺部感染，多数患者可自愈，少数患者能扩散到全身。全世界30多个国家报道过本病，以美国、中南美洲居多。

2. **粗球孢子菌** 该菌所致的粗球孢子菌病多流行于美国的西南部、墨西哥和中南美洲等地。多由呼吸道吸入粗球孢子菌的孢子所致。除可引起原发性的肺部感染外，少数患者还可扩散到全身，侵犯皮肤、皮下组织、骨、关节、肝、脾等部位。全身感染病死率较高。

3. **皮炎芽生菌** 该菌主要分布于北美的密西西比河东岸，可能是土壤和木材的腐生菌。皮炎芽生菌所致的皮炎芽生菌病是一种慢性感染性疾病，以化脓或肉芽肿性病变为其特征，好发于肺和皮肤，也可扩散至全身。

（汪长中）

1. 白假丝酵母菌是人体的共生菌，在什么情况下可能致病？
2. 简述白假丝酵母菌和新生隐球菌的生物学特性和所致疾病。
3. 外阴阴道念珠菌病（vulvovaginal candidiasis，VVC）主要由白假丝酵母菌感染所致。请查阅文献，了解白假丝酵母菌的毒力因子有哪些？人体抵御VVC发生主要依靠怎样的免疫力？

第三篇 病 毒 学

第19章 病毒的基本性状

病毒（virus）是非细胞型微生物。主要特征有：个体极小，能通过除菌滤器，借助电子显微镜才能看见；构造简单，不具有细胞结构；一种病毒只含一种核酸，即 DNA 或 RNA；严格的寄生性，必须在易感的活细胞内进行增殖。

病毒引起的人类疾病远远超过其他微生物所引起的疾病，约占传染病的 75%。许多病毒性疾病不仅传染性强，而且病死率高，某些病毒感染与肿瘤、免疫缺陷、自身免疫病、神经系统疾病和先天性畸形等密切相关。目前，对于病毒性疾病缺乏特效药物。因此，其预防显得极为重要。

第一节 病毒的形态与化学组成

1. **病毒的大小与形态** 病毒的大小以纳米（nanometer，nm；$1nm=10^{-3}\mu m$）作为测量单位。不同病毒的大小差距很大，大的如痘类病毒直径可达 300nm，小的如脊髓灰质炎病毒直径只有 27～30nm，绝大多数人类病毒的直径在 100nm 左右。

病毒的形态因种而异。大多数人类病毒呈球形，也有的呈弹头状或呈砖块形（图2-19-1）；植物病毒多为杆状；细菌病毒（噬菌体）多呈蝌蚪状。

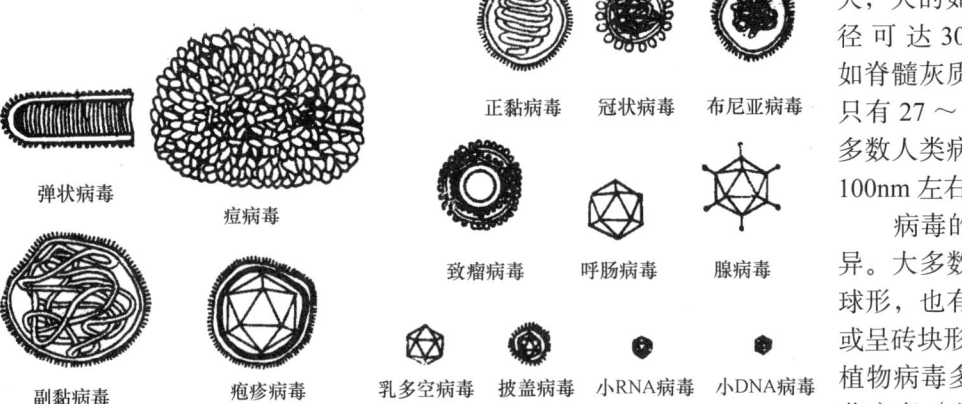

图 2-19-1 病毒的大小与形态示意图

2. **病毒的结构与化学组成** 病毒的基本结构为由核心（core）和衣壳（capsid）构成的核衣壳（nucleocapsid）。有的病毒（如腺病毒）在衣壳上还具有纤维突起（fiber protruding），又称为触须纤维（antennal fiber）。较复杂的病毒在核衣壳外还有一层包膜（envelope），这类病毒又称为包膜病毒（图2-19-2）。

（1）核心：主要成分为核酸（RNA 或 DNA）。核酸是病毒的遗传物质，包含遗传基因，决定病毒的遗传特性。根据一种病毒只含一种核酸，将病毒分为 DNA 病毒和 RNA 病毒。DNA 病毒中除微小病毒外，均为双股（双链，ds）结构，呈线状或环状；RNA 病毒的 RNA 是自然界唯一能携带遗传信息的 RNA，基因组有的是双股，有的是单股（单链，ss）。其中，有些病毒的基因是单一分子，有些则是分节段的。所有 RNA 病毒均呈线状，没有环状结构。不同种的病毒其核酸含量有差异，如流感病毒的核酸含量为 1%，而某些细菌病毒的核酸含量高达 50%。有些病毒的核酸单独具有传染性，称为传染性核酸。传染性核酸进入易感细胞内可以产生子代病毒。

病毒核心除核酸外，还含有一些酶蛋白，如聚合酶、转录酶等。

（2）衣壳：为包裹在核酸外面的蛋白质，由许多蛋白质亚单位 [即由多肽构成的壳粒（capsomer）] 组成。各壳粒之间按一定的方式排列成不同的对称类型。①螺旋对称型：衣壳通常由单一的壳粒沿着盘旋的病毒核酸呈螺旋对称性排列，如流感病毒。②立体对称型：病毒体衣壳上的壳粒立体对称排列，呈有规则的多面体形。通常为12个顶、30个棱、20个等边三角形形成的正20面体。不同病毒的20面体所含的壳粒数按结晶学定律有差别，可作为病毒鉴别依据之一。③复合对称型：指同一病毒壳粒的排列，既有立体对称，又有螺旋对称，如噬菌体的头部是立体对称，尾部是螺旋对称。

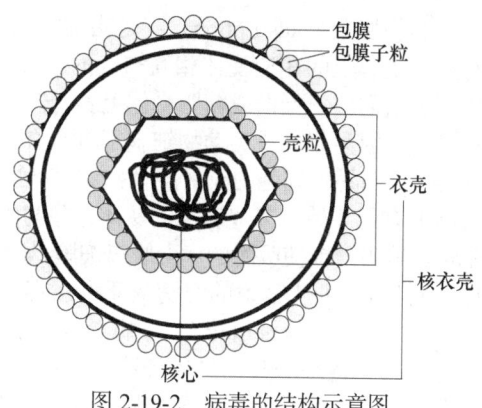

图 2-19-2 病毒的结构示意图

病毒衣壳的形状和空间构型取决于壳粒的特征。螺旋对称型的衣壳还与该病毒核酸的长度有关。衣壳蛋白由病毒基因编码，其主要功能是保护病毒核酸免受核酸酶或其他有害因素的破坏，并能与易感细胞受体结合，辅助病毒对易感细胞的感染。衣壳蛋白具有免疫原性，能使机体发生特异性免疫应答。

（3）包膜：又称为囊膜，是包绕在核衣壳外面的一层膜样结构，为包膜病毒所具有。它是在病毒核衣壳装配后，从感染细胞释放过程中形成的，除含有病毒基因编码的特异蛋白外，还含有宿主细胞膜或核膜的类脂、多糖和少许蛋白成分。其中，包膜蛋白具有抗原特异性。包膜对病毒核衣壳有保护作用，并能吸附或融合易感细胞，与病毒感染细胞有关。有人认为某些包膜病毒（如流感病毒、虫媒病毒）的包膜成分还具有致热原的作用。

有些病毒包膜表面具有呈放射状排列的突起，称为包膜子粒（peplomeres）或刺突（spike），其化学成分为糖蛋白。例如，流感病毒包膜上有两种突起：一种呈棒状的称为血凝素；另一种呈哑铃状的称为神经氨酸酶。包膜子粒具有特定的生物学功能，如流感病毒的血凝素能吸附宿主细胞并凝集某些动物红细胞，神经氨酸酶与病毒从宿主细胞释放有关。

包膜病毒对脂溶剂、胆盐等敏感，有助于和无包膜的病毒相鉴别（后者又称为裸露病毒）。

（4）病毒蛋白：根据功能分为结构蛋白、酶蛋白或两者兼具蛋白。结构蛋白包括衣壳蛋白、包膜蛋白和与核酸紧密结合在一起的病毒内部蛋白（或称为核心蛋白）。许多病毒含有酶蛋白，在病毒的复制中起重要作用，如依赖 DNA 的 RNA 或 DNA 聚合酶、dsRNA 或 ssRNA 转录酶、RNA 或 DNA 内切酶、DNA 外切酶、核苷酸磷酸水解酶、氨酰 tRNA 合成酶等。

不同的病毒其蛋白种类不同，有的只有 2～3 种，有的达 100 多种。同一种病毒不同部位，甚至同是衣壳蛋白，其多肽也有可能不同。例如，20 面体衣壳蛋白的每一个壳粒，通常由同种多肽（同聚物）组成，但有的也可由不同的多肽（杂聚物）组成。包膜多肽为糖蛋白多肽。病毒蛋白（尤其病毒体表面蛋白）除具有免疫原性外，有些病毒蛋白对机体还具有毒性作用，如流感病毒蛋白能使感染机体发生毒性反应，出现全身不适、发热等。

第二节 病毒的增殖和培养

1. **病毒的增殖周期** 病毒缺乏完整的酶系统，只有其核酸进入宿主细胞后生物活性才能启动。病毒核酸指令控制宿主细胞，借助宿主细胞提供原料、能量、某些酶类和合成场所等，按一定的程序复制和合成子代病毒所需要的核酸和蛋白质，然后组装并释放子代病毒。

病毒以复制方式增殖，其过程大致分为吸附、穿入、脱壳、生物合成、装配与释放五个相互联系的阶段。其周期的长短因病毒种类、核酸类型、宿主细胞及所处环境等有所差异。增殖过程中任何一个环节发生障碍都可能影响病毒的增殖。认识病毒的增殖过程，有助于了解病毒的致病机制和研究抗病毒药物。

(1) 吸附（adsorption）：是指在一定条件下病毒与易感细胞接触并通过其表面的吸附蛋白与易感细胞膜上的相应受体相互结合的过程。例如，正黏病毒通过其包膜上的血凝素结合到呼吸道上皮细胞表面的糖蛋白或糖脂受体上；脊髓灰质炎病毒只感染灵长类动物细胞，而不感染非灵长类动物细胞，因为非灵长类动物细胞不具有脊髓灰质炎病毒衣壳蛋白的相应受体；腺病毒通过其五邻体纤维实现与易感细胞的吸附。非易感细胞（抗性细胞）由于缺乏或失去该病毒受体，病毒不能实现吸附。细胞上有无某种或某些病毒的受体，除与细胞本身遗传特征有关外，还与其生理状态有关。多种因素可影响吸附或使吸附的病毒脱离细胞，如抗病毒吸附蛋白的特异性抗体可阻断病毒的吸附，去垢剂、低 pH、高渗可使吸附的脊髓灰质炎病毒脱离。

(2) 穿入（penetration）：病毒吸附于易感细胞后，穿入方式随病毒种类而异。无包膜的病毒，有的直接穿透细胞膜而进入细胞质，有的经细胞膜内陷吞入；包膜病毒大多数依赖包膜中的特异蛋白与宿主细胞膜发生融合并脱去包膜，使核衣壳进入细胞。

(3) 脱壳（uncoating）：一般紧接穿入后，甚至与穿入同时发生，表现为去除衣壳，游离核酸。其机制因病毒有别，如有的小 RNA 病毒在吸附过程中衣壳蛋白成分发生形态学的改变或丢失，导致病毒衣壳对蛋白酶敏感或衣壳破裂，使病毒核酸释放到宿主胞质内；有些包膜病毒（如流感病毒），其包膜与易感细胞膜融合时被除去，衣壳则被宿主细胞溶酶体酶降解而消除；痘类病毒进入宿主细胞后，先经溶酶体酶的作用立即脱去外层衣壳，再通过脱壳酶脱去内层衣壳。

(4) 生物合成（biosynthesis）：包括子代病毒核酸的复制与蛋白质的合成。在这个阶段，由于细胞内找不到任何病毒颗粒，故称为隐蔽期（eclipse period）。在病毒基因控制下宿主细胞首先合成功能蛋白，然后复制子代病毒核酸，合成子代病毒结构蛋白。功能蛋白主要是有关的酶类，如转录酶、聚合酶、内切酶、连接酶等。这些酶类有的是由病毒基因编码，也有的由病毒诱导宿主细胞基因编码或直接来源于宿主细胞。不同病毒由于核酸类型的不同，其核酸复制和蛋白质合成的部位和过程不尽相同。例如，动物病毒中的 dsDNA 病毒，其 DNA 在宿主细胞核内合成，病毒蛋白则在细胞质内合成。痘类病毒的核酸和蛋白质，则均在细胞质内合成。

DNA 病毒（如单纯疱疹病毒）的生物合成，首先利用宿主细胞核内含有的依赖 DNA 的 RNA 聚合酶转录出早期 mRNA，在细胞质的核糖体上翻译出早期蛋白（包括合成子代病毒 DNA 所需的 DNA 聚合酶、脱氧胸腺嘧啶激酶和其他一些功能蛋白）；在此基础上，在 DNA 聚合酶等作用下复制出子代 DNA，并以子代 DNA 为模板转录晚期 mRNA，在细胞质翻译出病毒晚期蛋白（主要为子代病毒的结构蛋白）（图 2-19-3）。dsDNA 病毒的 DNA 按半保留方式复制，即 dsDNA 首先由解链酶解开为 DNA 正链和 DNA 负链两个单链，然后在 DNA 聚合酶作用下分别在被解开的单链上复制出互补的 DNA 负链和 DNA 正链，从而形成两个新的双链 DNA，即子代 DNA。

RNA 病毒绝大多数都在宿主细胞胞质内合成病毒全部成分。少数（如正黏病毒、某些副黏病毒的 RNA）是在核内合成。RNA 病毒的核酸类型大多为 ssRNA。正 ssRNA 病毒的核酸本身具有 mRNA 功能，可以转译早期蛋白（主要是依赖 RNA 的 RNA 聚合酶），然后以病毒 RNA 为模板，依靠早期蛋白复制出子代病毒核酸，如小 RNA 披盖病毒。负 ssRNA 病毒的 RNA 不具有 mRNA 功能，但本身含有依赖 RNA 的 RNA 聚合酶，如流感病毒、狂犬病毒等。这些病毒依赖这些酶首先复制出互补的正股 RNA 作为 mRNA，再转译出早期蛋白，继而复制子代病毒核酸。

反转录病毒的 RNA 亦为正单股，但其本身含有依赖 RNA 的 DNA 聚合酶（反转录酶），在宿主细胞内依靠这种酶进行反转录。首先形成杂交中间体（RNA∶DNA），然后转变为 dsDNA，并整合于宿主细胞的 DNA 中，再转录复制

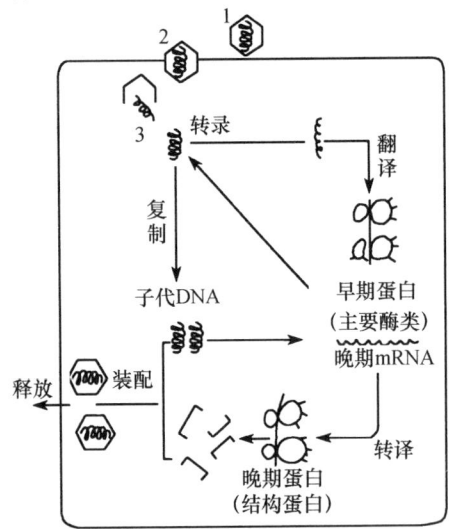

图 2-19-3 DNA 病毒的增殖过程示意图

1. 吸附；2. 穿入；3. 脱壳

出子代病毒核酸,如人类嗜T细胞病毒、人类免疫缺陷病毒等。

(5) 装配(assembly)与释放(release):病毒子代核酸和结构蛋白合成后,DNA病毒(除痘病毒外)在宿主细胞核内装配,RNA病毒和痘病毒在胞质内装配。包膜病毒的装配在核衣壳形成后在核膜或细胞膜上完成。如疱疹病毒在胞核内组装成核衣壳后,通过核膜进入胞质时形成内包膜,由胞质向胞外释放时再形成外包膜。

成熟病毒从宿主细胞释放的方式依病毒不同而异。有的病毒以出芽方式不断从细胞膜释放,如流感病毒、疱疹病毒等;有的使宿主细胞破坏而释放出来,如腺病毒、脊髓灰质炎病毒;也有的通过细胞间桥或细胞融合在细胞间传播,如巨细胞病毒;有些肿瘤病毒的基因则整合到宿主细胞基因上,随宿主细胞分裂而传代。

2. 病毒的培养　由于病毒只能在易感的活细胞内复制增殖,因此将待检标本接种到活细胞中培养,通过观察感染指标鉴定是否培养成功。

病毒培养包括三种方法:细胞培养、鸡胚接种和动物接种。

(1) 细胞培养:用人工方法将人或动物的组织或分散的细胞(包括细胞株)培养于一定的容器内,称为组织培养或细胞培养。此类方法是目前分离和鉴定病毒最常用的方法。多数病毒在细胞培养中增殖后能引起普通光学显微镜下可见的细胞病变效应,如腺病毒引起细胞变圆、堆积或呈葡萄串状;麻疹病毒使细胞融合并形成多核巨细胞,胞内出现包涵体等。有些病毒感染的细胞不出现病变或失去生长控制,出现转化。亦可采用其他方法测定病毒是否增殖,如红细胞吸附试验、干扰现象,以及用免疫荧光、免疫酶标、核酸探针等方法检测病毒蛋白或核酸的量。

(2) 鸡胚接种:根据病毒种类选择鸡胚日龄和一定的部位接种,如牛痘病毒、单纯疱疹病毒(HSV)接种于绒毛尿囊膜上,流感病毒接种于10天左右羊膜腔或尿囊腔内,某些嗜神经病毒可选用卵黄囊。鸡胚接种后继续孵育,以鸡胚发育异常变化作为病毒感染的指标,如绒毛尿囊膜上出现斑点或胚胎出血甚至死亡,有的在羊水或尿囊液出现血凝素等。

(3) 动物接种:根据病毒特性选择动物种类、年龄与接种途径,如疑是柯萨奇病毒,应选择乳鼠腹腔接种,乙型脑炎病毒则用乳鼠颅内接种,接种后通常以发病、死亡或通过病理学变化作为感染指标。

第三节　病毒的遗传与变异

病毒的遗传物质为DNA或RNA。遗传单位是DNA或RNA的核苷酸碱基对所构成的基因。不同病毒所含的基因数不同,如多瘤病毒不到10个基因,而痘类病毒可达267个基因。大多数病毒具有明显的遗传稳定性,但由于病毒结构简单,又缺乏自身独立的酶系统,更易受到周围环境因素,尤其是宿主细胞内环境的影响而发生变异。病毒在自然条件下基因组可发生突变,人工诱导可增加病毒的突变率,如改变宿主细胞或给予理化因素(如温度、紫外线和氟尿嘧啶等)的影响等。

病毒的变异包括毒力变异、耐药性变异、抗原变异、温度敏感性变异等,并且彼此相互有关联。如毒力不同的病毒株在细胞培养中形成的蚀斑形状有很大变化,其抗原性也有差异。

两种不同而有亲缘关系的病毒在感染同一细胞时,病毒之间发生基因的交换,称为基因重组(recombination),其子代称为重组体(recombinant),含有来自两个亲代病毒的核苷酸序列,具有两个亲代病毒所没有的特性。

基因重组可在自然条件下自发发生,也可用人工方法,即所谓基因工程进行。基因组在分段的病毒间的重组,称为分子间重组,是由于两种病毒核酸分子中核苷酸顺序的重新排列,如流感病毒的基因重组。这种由于分开的核酸分子的相互交换、重新排列所产生的重组体称为重排体(reassortants),这种重组亦称为基因重排。

基因重组可发生于两种有活性(有感染性)病毒之间,亦可发生在两种灭活病毒之间,即两个或两个以上的同种灭活病毒感染同一细胞,可产生感染性病毒,这种现象称为多重复活(multiple reactivation)。这些灭活病毒可能是在不同的基因上受到损伤,经过基因重组而复活。例如,紫外线照射过的 12 型腺病毒和 SV40 均可发生多重复活。或发生在一种有活性病毒与另一株有联系而基因型有区别的灭活病毒之间，通过这种重组可发生交叉复活（cross reactivation）或标记拯救（marker rescue）。可利用交叉复活获得产生灭活亲代病毒的一个或多个遗传特征的有活力的子代，用于生产疫苗。

病毒除在病毒间发生基因重组外，某些病毒还可能与宿主细胞的基因组之间发生基因重组。现已证明，许多 DNA 病毒（如疱疹病毒、腺病毒和多瘤病毒）的 DNA 都能整合到细胞基因组中。

第四节 病毒的分类

病毒种类繁多，分类方法有多种。传统上，根据感染途径及临床特征可将其分为呼吸道感染病毒、消化道感染病毒、虫媒病毒、性接触传播病毒、肝炎病毒、嗜神经病毒、肿瘤病毒等；根据宿主的不同则分为细菌病毒、真菌病毒、植物病毒、无脊椎动物病毒和脊椎动物病毒五大类。

近年来，病毒的分类学成为一个独立系统，由国际病毒分类委员会（ICTV）对病毒的分类制定标准和方法，并定期进行修订。2017 年，国际病毒分类委员会公布了第十次病毒分类报告（http://ictv.global/report/），其内容在不断更新。在 2018 年发布的病毒分类报告（MSL 32# 版）中，将现有的病毒划分为 4853 种，803 属，46 亚科，131 科，9 目。有些病毒无法归类，放在暂定未分类病毒一组中。

实际应用中则依据巴尔的摩分类法将病毒分为三大类七个组（表 2-19-1），将上述各科依据基因组特征和复制方式分别归入七个组。

表 2-19-1 病毒的分类

病毒的类别	病毒的组别	举例
一、DNA 病毒	Ⅰ组：dsDNA 病毒	腺病毒、疱疹病毒、痘病毒
	Ⅱ组：ssDNA 病毒	M13 噬菌体
二、RNA 病毒	Ⅲ组：dsRNA 病毒	轮状病毒
	Ⅳ组：+ ssRNA 病毒	SARS 病毒、甲肝病毒
	Ⅴ组：- ssRNA 病毒	流感病毒、麻疹病毒
三、DNA/RNA 反转录病毒	Ⅵ组：RNA 类反转录病毒	人类免疫缺陷病毒
	Ⅶ组：DNA 类反转录病毒	乙肝病毒

卫星病毒和类病毒属亚病毒（subvirus），朊粒在分类学上暂归亚病毒。

卫星病毒（satellite virus）是一类基因组缺损、需要依赖辅助病毒才能复制和表达基因、完成增殖的亚病毒，不单独存在，常伴随其他病毒一起出现，如丁型肝炎病毒（HDV）必须利用乙型肝炎病毒的包膜蛋白才能完成复制周期。卫星病毒多属植物病毒，少数与噬菌体和动物病毒有关，常见的卫星病毒还有腺病毒相关卫星病毒（AAV）、烟草花叶病毒卫星病毒（STMV）等。

类病毒（viroid）不含蛋白质，无包膜和衣壳，只有裸露的单链环状 RNA 分子，主要使植物致病，与人类疾病关系不甚明了。

朊粒（prion）仅由一种耐蛋白酶 K 的蛋白质分子组成，无核酸成分，具有传染性。"prion"一词由传染性蛋白粒子（proteinaceous infectious particles）的字头变化而来，由于它仅含朊粒蛋白（PrP），不少学者认为不宜列入病毒范畴。目前发现动物和人类中枢神经系统慢性进行性传染病如库鲁病、疯牛病等均与朊粒感染有关（详见本编第 28 章）。

（陈伶利）

1. 什么是病毒？病毒的结构和化学组成是什么？各有何功能？
2. 病毒是如何增殖的？
3. 新冠肺炎疫情期间，即便成功接种了新冠疫苗，仍有被感染的风险，为什么？

第20章 病毒的感染与免疫

病毒的致病性在于病毒通过一定的途径感染机体，侵入机体易感细胞，损伤或改变细胞的功能。病毒感染机体可诱导固有免疫及适应性免疫，产生抗感染作用或免疫损伤作用。

第一节 病毒的致病作用

病毒侵入机体易感细胞，可释放其核酸，并在细胞内增殖，导致宿主细胞发生病理变化或遗传性改变。

一、病毒感染的传播方式与播散过程

病毒感染的传播方式分水平传播与垂直传播。水平传播指病毒在人群个体之间的传播，即病毒通过呼吸道、消化道或皮肤、黏膜（眼结膜、泌尿生殖道黏膜）接触从某一个体传给另一易感者；输血、注射、机械损伤和昆虫叮咬也属于水平传播。水平传播导致水平感染。垂直传播指某些病毒通过胎盘、产道等从宿主亲代向子代传播的方式，主要发生在胎儿期、分娩过程和出生后的哺乳期。垂直传播造成的感染称垂直感染。常见引起垂直感染的病毒有风疹病毒、乙肝病毒、巨细胞病毒及人类免疫缺陷病毒等。

病毒在体内的播散，从细胞水平分为细胞外播散、细胞间播散和细胞核播散。细胞外播散系病毒在易感细胞内增殖、裂解细胞后，大量病毒释放于细胞外，并立即吸附进入其他易感细胞内增殖的过程，如肠道病毒；细胞间播散为病毒通过细胞间桥或细胞融合从感染细胞到另一易感细胞的过程，无胞外过程，如疱疹病毒；所谓细胞核播散，指病毒核酸整合到宿主细胞染色体上，随宿主细胞分裂而传至子代细胞的过程。胞内和核内播散的病毒不易受抗体等免疫分子的影响。

从整体水平看，病毒的播散只限于局部靶细胞的称为局部感染，如鼻病毒；而许多病毒（如麻疹病毒、脊髓灰质炎病毒等）经特定途径侵入人体并在感染局部及其所属淋巴结中增殖后，通过血流[引起病毒血症（viremia）]或神经系统播散至相应靶器官，引起全身感染，称为播散性感染。

二、感染与致病机制

感染是致病的基础。感染的发生与病毒表面的吸附蛋白（virus absorption protein，VAP）有关。只有 VAP 与易感细胞的相应受体相互作用才能引起感染，若病毒缺乏 VAP 或细胞表面缺乏 VAP 受体，一般不会引起感染。

VAP 的化学性质随病毒种类而不同，它们与病毒的识别、吸附和穿入易感细胞及致病作用等密切相关；而细胞表面相应 VAP 受体的存在，影响到病毒对宿主的感染范围和对组织器官的亲嗜性。有些病毒的 VAP 受体只限于人类和灵长类动物细胞表面，故其自然感染的宿主范围较局限，如脊髓灰质炎病毒。$CD4^+T$ 细胞具有人类免疫缺陷病毒（HIV）的受体 CD4 分子，HIV 可感染和破坏 $CD4^+$ T 细胞而造成机体免疫功能低下，引起获得性免疫缺陷综合征（AIDS）。再如肝炎病毒对肝细胞有亲嗜性，脊髓灰质炎病毒对脊髓前角运动神经细胞有亲嗜性。病毒对不同组织器官的亲嗜性造成了对特定组织器官的损伤，也是不同病毒感染造成不同临床疾病的原因。

病毒感染人体后，其致病作用表现在细胞和机体两个水平上。

（一）病毒感染对宿主细胞的致病作用

不同种类的病毒与宿主细胞相互作用，可产生不同的结果。

1. **杀细胞感染** 病毒在感染细胞内增殖，引起细胞溶解死亡的作用，称为杀细胞效应。能引起杀细胞效应的病毒称为杀细胞病毒或溶细胞型病毒，多为无包膜、杀伤性强的病毒，多数引起急性感染。由杀细胞病毒引起的感染称为杀细胞感染，其机制主要是病毒编码的蛋白质，尤其是早期蛋白阻断了宿主细胞蛋白质合成和核酸的复制或者病毒结构蛋白对宿主细胞的直接毒性作用，导致细胞死亡；或由于细胞膜通透性或溶酶体膜功能改变，在早期引起细胞"混浊肿胀"，在晚期出现溶酶体外漏，导致细胞自溶，故又称为溶细胞感染。杀细胞病毒的抗原成分也可插入细胞膜表面，引起抗原改变，造成细胞融合或引起免疫性细胞损伤。

杀细胞效应所引起的组织学病理变化（称为细胞病变）在光学显微镜下可见。在单层细胞培养上形成细胞病变效应（cytopathic effect，CPE），可见细胞变圆、聚集、融合和坏死脱落等表现。

2. **稳定状态感染** 有些病毒（多数为包膜病毒）在感染细胞内增殖，对细胞代谢、溶酶体膜影响不大，由于以出芽方式释放子代病毒，过程缓慢，短时间内不引起细胞溶解死亡，称为稳定状态感染。稳定状态感染可造成宿主细胞膜的改变或导致感染细胞与邻近细胞融合形成多核巨细胞（如麻疹病毒感染的细胞），或使感染细胞的膜上出现病毒抗原成分（如流感病毒感染），诱发机体免疫应答，导致宿主细胞损伤。稳定状态感染的细胞因不断大量释放子代病毒以及机体的免疫细胞和抗体的作用，最终仍会死亡。

3. **感染细胞出现包涵体** 有些病毒感染细胞后，细胞内出现具有一定形态学特征的、经染色后光学显微镜下可见的圆形或椭圆形斑块，称为病毒包涵体。其大小、数目、染色性及分布部位，因病毒不同而有差异，有助于病毒感染的诊断。如狂犬病毒感染脑神经细胞，其胞质内可出现嗜酸性包涵体（又称为内基小体）。包涵体可能是病毒合成的场所，也可能是病毒颗粒的堆积或细胞对病毒感染的反应产物。包涵体破坏细胞的正常结构和功能，有时引起细胞死亡。

4. **感染细胞染色体变化或基因表达异常** 有些病毒感染在一定条件下可引起宿主细胞染色体变化（如断裂、易位甚至粉碎等），这些变化与病毒的致畸、致突变和致癌作用有密切关系（如风疹病毒感染胎儿，影响胎儿染色体，引起胎儿死亡或畸形）。有些病毒的 DNA 或 RNA 的互补 DNA 整合于宿主细胞染色体 DNA 中，随细胞分裂而进入子代细胞中，称为整合感染（integrated infection）。整合感染可影响宿主细胞基因组表达的调节，如感染乳多空病毒后脱氧嘧啶激酶等活性显著升高；或通过产生病毒基因编码的转化蛋白使细胞恶性转化为肿瘤细胞。

整合感染可用核酸分子杂交技术，即分子探针从感染细胞中检出其同源的病毒核酸。

5. **细胞凋亡** 研究证实，有些病毒感染细胞后（如腺病毒、HPV、HIV 等）可直接或由病毒基因编码的蛋白因子的间接作用而诱发细胞凋亡。

（二）病毒感染的免疫病理作用

1. **病毒对免疫系统的直接损伤** 多种病毒感染机体后，可能通过直接侵犯免疫细胞而影响免疫功能，引起机体免疫应答能力降低或暂时性免疫抑制，如麻疹病毒、EB 病毒、风疹病毒等。HIV 感染机体后，对 $CD4^+T$ 细胞和巨噬细胞具有极强的亲嗜性和杀伤性，使其数量大量减少，从而使机体发生不可逆的免疫功能损伤。

2. **病毒感染造成的免疫病理损伤**

（1）由体液免疫造成的损伤：许多病毒（尤其是包膜病毒）能诱使细胞表面出现新抗原，当特异性抗体与这些抗原结合后，激活补体并引起感染细胞的破坏（Ⅱ型超敏反应）。例如，登革病毒在体内与相应抗体在红细胞和血小板表面结合，激活补体，导致血细胞和血小板破坏，出现出血和休克综合征。有些病毒抗原与相应抗体结合成免疫复合物，可沉积于某些组织器官，激活补体并引起Ⅲ型超敏反应，造成局部损伤和炎症。如沉积在肾毛细血管的基底膜上可造成肾损伤（蛋白尿、血尿），沉积在关节滑膜上导致关节炎等。某些病毒如登革病毒再次感染机体后，同体内已存在的非中和类 IgG 抗体形成复合物，通过抗体 Fc 段与单核/巨噬细胞表面的 Fc 受体结合，增强了病毒对该类细胞的吸附和感染作用，并进一步造成严重的病理损伤。此即抗体依赖的增强作用（antibody-dependent enhancement，ADE）。

（2）由细胞免疫造成的损伤：细胞免疫在发挥抗病毒感染的同时，特异性细胞毒 T 细胞（CTL）也对病毒感染细胞（细胞膜出现病毒抗原）造成损伤。例如，受乙肝病毒感染的肝细胞表面表达乙肝病毒基因编码的抗原（如 HBcAg），CTL 对肝细胞的效应既可清除病毒，又可引起肝细胞损伤，因而细胞免疫应答的强弱与临床过程的轻重与转归有密切关系。此外，病毒蛋白与宿主细胞蛋白之间可以存在共同抗原而导致自身免疫应答。

总之，病毒对宿主细胞的直接作用导致其结构损伤和功能障碍，同时激发机体对病毒及病毒感染细胞的免疫应答，导致免疫病理损伤。

三、感染类型

病毒感染机体后，机体表现出不同的临床类型。依据有无症状，可分为隐性感染和显性感染。

1. **隐性感染**　指无明显临床症状的短暂病毒感染。隐性感染可使机体获得一定的免疫力。人类病毒感染大多属此类型。隐性感染者也称为病毒携带者，病毒可在体内增殖并向体外排出，成为重要的传染源。

2. **显性感染**　指病毒进入机体感染靶细胞后，大量增殖造成细胞结构和功能损伤，致使机体出现临床症状的感染类型。按症状出现早晚和持续时间长短又分急性感染和持续性感染。

（1）急性感染：病毒侵入机体后，潜伏期短、发病急，病程数天或数周，恢复后机体内不再有病毒并常获得特异性免疫。急性感染又称为病原消灭型感染，机体产生的特异性抗体可作为感染证据，如流感病毒等的感染。

（2）持续性感染：病毒感染后在体内可持续存在数月、数年甚至终身带毒。可出现症状，也可不出现症状。体内病毒长期存在，成为长期带毒者，是重要的传染源，也可引起慢性进行性疾病。病毒持续感染是病毒感染的重要类型。依据患者疾病过程和临床表现，大致可分为三种类型。

1）慢性感染（chronic infection）：有一定临床症状或无症状，病程可达数月至数年，体内持续存在病毒，并可不断排出体外的慢性感染，如慢性乙型肝炎、传染性软疣等。

2）潜伏感染（latent infection）：某些病毒在急性感染后，病毒潜伏于机体某些细胞内，在一定诱因下可再复发，呈急性过程。间隔期称为潜伏期，时间可为数月、数年甚至数十年，其间不表现临床症状，亦不能用一般方法分离出病毒或查出细胞病变。例如，单纯疱疹病毒急性感染后长期潜伏于神经节细胞内，当机体抵抗力降低时再次发作引起复发性局部疱疹等。

3）慢病毒感染（slow virus infection）：亦称为慢发感染（slow infection）或迟发感染（delayed infection），即病毒感染后，潜伏期长达数年甚至数十年，多侵犯中枢神经系统，缓慢发病，一旦出现症状，多为亚急性、进行性，最后导致死亡。例如，有的儿童感染麻疹病毒后，病毒在大脑神经细胞中缓慢增殖，最终引起亚急性硬化性全脑炎（subacute sclerosing panencephalitis，SSPE）而死亡。由朊粒感染引起的人类和动物中枢神经系统慢性进行性传染病如库鲁病、克-雅病、疯牛病等类似于慢病毒感染。

有些病毒（如单纯疱疹病毒、巨细胞病毒和 EB 病毒）既有潜伏感染型，也有慢性感染型；有的病毒（如麻疹病毒）既有急性感染型，也有慢病毒感染型。

第二节　抗病毒感染免疫

病毒感染机体可诱导固有免疫及适应性免疫。固有免疫在病毒感染早期发挥干扰病毒复制、限制病毒扩散的作用，适应性免疫在清除病毒和防止再感染中发挥重要作用。

1. **固有免疫**　主要由干扰素与 NK 细胞起作用。

（1）干扰素（interferon，IFN）：细胞受病毒感染或某些其他物质作用，细胞干扰素基因活化，编码产生一种具有多种生物活性的蛋白质，称为干扰素。由于干扰素的抗病毒等活性，需要通过细胞另一组基因的表达或调控,因此可称之为干扰素系统。

1) 干扰素的诱生机制:细胞本身具有产生干扰素的基因(位于第 9 或第 12 号染色体上,少数位于第 2、第 5 号染色体上),在正常情况下,其表达受控于一种抑制蛋白而处于抑制状态,不产生干扰素。当病毒或其他某些物质进入细胞后,能诱生一种抑制蛋白灭活因子,解除抑制蛋白对干扰素基因的控制,使干扰素基因活化、转录、翻译出干扰素。例如,类浆细胞树突状细胞(pDC)内的模式识别受体(TLR3,7,8;RIG-I 等)识别病毒的 RNA 或 DNA 后,启动细胞内信号转导,细胞合成并分泌 I 型干扰素(IFN-α 和 IFN-β)。

能使细胞的干扰素基因去抑制而表达干扰素的物质,称为干扰素诱生剂。其包括病毒,某些中草药,人工合成的多聚核苷酸,立克次体、结核杆菌等胞内寄生的微生物,促有丝分裂原(PHA、Con-A)等。

干扰素种类多,主要有属 I 型的 IFN-α 和 IFN-β 及属 II 型的 IFN-γ,发挥抗病毒作用的以 I 型干扰素为主。基因工程生产的干扰素称为重组干扰素(recombinant IFN,rIFN)。人的 IFN 及其亚型基因都已获得克隆,并能在细菌、酵母菌或哺乳动物细胞中获得高效表达。rIFN 具有与天然干扰素(natural IFN,nIFN)相同的抗病毒、抗肿瘤和免疫调节活性,目前已用于临床防治病毒性疾病等。

2) 干扰素抗病毒作用机制:IFN 并非直接灭活病毒,而是作用于细胞,诱生一组抗病毒蛋白(antiviral protein,AVP),后者能抑制病毒蛋白在细胞内的合成。细胞本身具有抗病毒蛋白的基因,正常情况下处于静止状态,当干扰素作用于细胞膜上的干扰素受体时,编码抗病毒蛋白的基因活化,继而合成抗病毒蛋白,使细胞处于抗病毒状态。抗病毒蛋白包括蛋白激酶和磷酸二酯酶等,它们主要使病毒 mRNA 降解或抑制病毒蛋白的合成,从而达到抗病毒作用。抗病毒蛋白只影响病毒蛋白的合成,不影响宿主细胞蛋白质的合成。在生理条件下,干扰素浓度 $\geq$ 10U/ml,只需 5 分钟就能使细胞处于抗病毒状态。

干扰素诱导抗病毒活性具有动物种属特异性(与细胞膜干扰素受体有关),但其激活细胞产生的抗病毒蛋白的抗病毒作用,对同种动物没有病毒特异性,因此具有广泛的抗病毒作用,但不同病毒对干扰素的敏感性有一定差异。细胞在感染病毒的同时即产生干扰素,早于特异性抗体的出现,并使细胞迅速处于抗病毒状态。因此,它既能终止受病毒感染细胞中的病毒复制,又能限制病毒的扩散。

3) 干扰素的生物学活性:干扰素除了抗病毒活性外,尚有其他活性,如免疫调节(包括对 T 细胞、B 细胞、NK 细胞和 Mφ 等的调节)、抗细胞分裂、抗肿瘤以及抑制某些非病毒微生物的作用等。

(2) NK 细胞:具有杀伤感染病毒靶细胞的作用。NK 细胞的杀伤作用不依赖抗体,也不受 MHC 限制,它可被干扰素活化,释放穿孔素(perforin,或称为 NK 细胞毒因子,NKCF);或者改变靶细胞环核苷酸水平,影响溶酶体分泌并释放蛋白酶和中性丝氨酸蛋白酶;或影响靶细胞膜直接破坏或融合靶细胞,发挥抗病毒作用。此外,NK 细胞在体内还可被 IL-2、某些中药(如黄芪)和某些细胞成分活化。

2. 适应性免疫 病毒感染后,能刺激机体产生特异性的体液和细胞免疫应答。患丙种球蛋白缺乏症(即抗体缺陷)者,脊髓灰质炎和 ECHO 病毒所致的中枢神经系统感染严重,排毒时间长,病死率高。当细胞免疫有缺陷时,接种牛痘苗后常发生坏疽痘而死亡。有包膜病毒侵犯细胞后,病毒包膜抗原出现在受染细胞表面,此时感染细胞成为靶细胞,能被 T 细胞识别和攻击。靶细胞的破坏使病毒繁殖基地被清除。

(1) 体液免疫:受病毒感染后,机体产生特异性抗体。抗体能保护机体抗病毒感染,如麻疹病毒、甲肝病毒感染后机体可获持久性免疫力。抗体能结合游离的病毒,使其失去感染性,即中和抗体(neutralizing antibody)。在血清和体液中 IgG 和 IgM 能中和病毒,sIgA 主要在黏膜表面起类似作用。抗体不能进入细胞内,对潜伏感染的病毒及细胞间播散的病毒无效。体液免疫在预防病毒感染及再感染中起重要作用。

（2）细胞免疫：在抗病毒感染中起着极为重要的作用。T细胞通过其表面的特异性TCR识别与MHC分子结合并表达于细胞表面的病毒抗原肽片段后活化并分化为效应T细胞。细胞免疫的杀伤作用主要是特异性CTL与病毒感染的靶细胞直接接触产生杀伤效应，而CTL本身不受影响，随后可再杀伤其他病毒感染的靶细胞。$CD4^+$ Th1细胞活化后可释放IFN-γ、TNF等多种细胞因子，通过激活巨噬细胞和NK细胞、促进CTL的增殖与分化、诱发炎症反应等发挥抗病毒感染作用。

3. **病毒的免疫逃逸作用**　在宿主和病毒的长期共同进化过程中，病毒发展了各种免疫逃逸机制以逃避宿主的免疫攻击，这些机制包括逃避免疫监视、防止免疫激活及阻止免疫反应发生等方式。例如，多种病毒通过细胞间播散的方式逃避抗体、补体等多种体液物质的作用；HBV可抑制干扰素基因的转录、阻断抗病毒蛋白的表达；HIV、流感病毒等基因组的高频突变常导致抗原变异致免疫应答滞后。此外，腺病毒、巨细胞病毒等可抑制MHC Ⅰ类分子表达，影响抗原提呈从而干扰免疫应答。

（张颖颖）

1. 试述病毒的致病机制。
2. 简述病毒感染的类型。
3. 试述干扰素的概念、种类及作用机制。

第 21 章　病毒感染的检查方法与防治原则

病毒感染的检查为临床诊断提供有力的证据，并有助于指导相应疾病的防治，病毒性疾病的防治可分为特异性防治与非特异性防治。

第一节　病毒感染的检查方法

病毒感染的检查程序主要包括标本的采集与送检、病毒的分离与鉴定及病毒感染的诊断。

一、标本采集与送检

1. 采集标本　根据临床症状、病期和检查目的的不同，采集不同标本。呼吸道感染一般采取鼻咽液或痰液，肠道感染可取粪便，脑内感染取脑脊液，病毒血症取血液。用于病毒分离或抗原检查的标本，应在发病初期或急性期采集。

2. 标本处理与送检　标本采取应遵守无菌操作原则。对于本身带有杂菌的标本（如粪便、鼻咽液或痰液），进行病毒培养时应加抗生素处理并及时送检。若不能就地检验，应置含抗生素的50%甘油缓冲溶液中保存、冷藏送检。暂不能检验的标本，应置 -70℃ 冰箱内保存。

血清学检查的标本，应采取双份血清，即在发病初期和病后 2~3 周分别各采取一份。

二、病毒的分离培养与鉴定

由于病毒只能在易感的活细胞内复制增殖，因此首先要保证有活细胞及其生长条件，然后将待检标本接种到动物、鸡胚或细胞中进行培养，通过观察感染指标进行鉴定。

1. 病毒的分离培养　病毒培养包括三种方法：即动物接种、鸡胚接种和细胞培养。

2. 病毒的鉴定　根据病毒的细胞嗜性，选择适当的细胞。人类病毒常用的培养细胞有人胚肾细胞、地鼠肾细胞、猴肾细胞、鸡胚细胞等原代细胞；传代细胞常用 HeLa、Vero、Hep-2 等。病毒在培养细胞中增殖的鉴定指标有细胞病变、红细胞吸附、病毒干扰作用等。对于已增殖的病毒，必须进行感染性和数量的测定。

从标本中新分离到的病毒，需做进一步鉴定，以确定种属和型别，包括用已知病毒抗体（最好用 mAb）做血清学鉴定（如血凝抑制试验、中和试验、补体结合试验、ELISA 等），以及分子生物学鉴定（如核酸扩增、核酸杂交、基因芯片、基因测序等）。

三、病毒感染的诊断

1. 形态学检查

（1）电镜和免疫电镜检查：含有高浓度病毒颗粒的样本，可应用电镜技术直接观察病毒颗粒。对含低浓度病毒颗粒的样本，可用免疫电镜技术观察。

（2）光学显微镜检查：用光学显微镜观察宿主细胞内包涵体，对病毒感染的诊断有一定价值。

2. 血清学检测　病毒性疾病可采用已知病毒抗原测定患者体内特异性抗体。常用方法有中和试验、血凝抑制试验、胶体金免疫层析法、磁微粒化学发光法和酶联免疫吸附测定（ELISA）等。标本主要采取患者双份血清（急性期和恢复期各一份）。当恢复期血清抗体水平超过急性期抗体水平 4 倍时有诊断意义,这种血清学方法对于病程较短的病毒性疾病(如流感),一般只能用于回顾性诊断。在单份血清中若能测出病毒特异性 IgM,则具有早期诊断意义。

3. 病毒成分的检测

(1) 病毒蛋白抗原的检测:可采用免疫学标记技术直接检测标本中病毒抗原进行早期诊断。目前常用的免疫标记技术包括放射性核素标记(放射免疫法)、免疫荧光法和免疫酶标记技术。免疫酶技术已成为病毒诊断的主要方法之一,并仍在发展改良之中,包括化学发光酶联免疫吸附试验(C-ELISA)、斑点酶联免疫吸附试验(Dot-ELISA)、亲和素–生物素系统酶联免疫吸附试验(ABC-ELISA)和葡萄球菌 A 蛋白酶联免疫吸附试验(SPA-ELISA)等。

(2) 病毒核酸检测

1) 聚合酶链反应(PCR)技术:PCR 具有灵敏、特异、快速、简便等优点,已广泛用于病毒性疾病的诊断。现已用于 SARS-CoV-2(新冠病毒)、HIV(人类免疫缺陷病病毒)、HBV(乙型肝炎病毒)等病原体的检测。常用技术有:实时荧光定量 PCR(qPCR)、反转录 PCR(RT-PCR)、实时荧光定量数字 PCR(RT-dPCR)、多重 PCR 等。

2) 核酸杂交技术:该技术具有快速、敏感、特异且只需极少量标本等优点。主要用于病毒等难以培养的微生物,能检出 1 ~ 10pg 的病毒 DNA。常用的杂交方法有:斑点杂交、原位杂交、DNA 印迹杂交、RNA 印迹杂交和基因芯片技术等。

3) 基因测序技术:对所检测病毒的基因组进行测序,与基因库的已知病毒标准序列进行对比,以达到诊断病毒感染的目的。对病毒全基因组测序还可以了解病毒的遗传信息,研究病毒进化与变异,解释病毒毒力来源,追踪病毒和溯源分析,为特异性的检测试剂盒、疫苗和药物研发提供支持。

病毒核酸检测阳性,并不代表标本中或病变部位一定存在活病毒。对未知基因序列的病毒不能采用核酸检测的方法进行诊断。

第二节 病毒感染的防治

一、病毒感染的免疫预防

1. 人工主动免疫 通过人工主动免疫预防病毒性疾病已取得显著成绩,如普遍接种牛痘苗已使天花从地球上绝迹。人工主动免疫是给人体接种疫苗,以提高抗病毒能力,常用的有活疫苗和灭活疫苗。用于人工主动免疫的活疫苗除牛痘苗外,还有脊髓灰质炎、麻疹、风疹、腮腺炎、乙型脑炎等病毒活疫苗。活疫苗多是弱毒型变异株。灭活疫苗有狂犬病、乙型脑炎、甲型肝炎、流感等病毒疫苗。随着分子生物学技术的发展,亚单位疫苗、基因工程疫苗或重组减毒活疫苗等不断研制与问世。

2. 人工被动免疫 主要用于麻疹、脊髓灰质炎、甲型肝炎等的紧急预防,常用制剂有含特异抗体的免疫血清、胎盘球蛋白、丙种球蛋白以及与细胞免疫有关的细胞因子,如干扰素、IL-2、IL-6 等。

二、病毒感染的治疗

1. 抗病毒化学药物 病毒复制周期的各环节均为抗病毒药物作用的靶点。例如,金刚烷胺(amantadine)可抑制甲型流感病毒吸附易感细胞及脱衣壳。奥司他韦(oseltamivir,另名达菲)为神经氨酸酶抑制剂,通过干扰病毒从宿主细胞中释放而减少流感病毒的扩散。核苷类药物如碘苷(idoxuridine,IDU;疱疹净)、阿昔洛韦(acyclovir,无环鸟苷)选择性阻抑疱疹病毒基因的复制与表达,从而抑制病毒增殖;齐多夫定(zidovudine)抑制 HIV 反转录酶活性;拉米夫定(双脱氧-3 硫代胸嘧啶核苷,3TC)可抑制乙肝病毒和 HIV 的复制。非核苷类药物如奈韦拉平(nevirapine)、苔拉韦定(delavirdine mesylate)为反转录酶抑制剂,抑制反转录病毒的复制。蛋白酶抑制剂如萨奎那韦(saquinavir)、茚地那韦(indinavir)使 HIV 前体多聚蛋白不被酶解,感染细胞只能产生非感染性病毒颗粒。索非布韦（sofosbuvir）可抑制丙型肝炎病毒 RNA 聚合酶 NS5B。反义寡核苷酸、干扰 RNA 等基因治疗剂可抑制病毒基因的复制与转录。

迄今理想的抗病毒药物并不多，有些具有较大的不良反应。

2. **干扰素和干扰素诱生剂**　干扰素具有广谱抗病毒作用，主要用于慢性病毒性肝炎（乙型和丙型）、疱疹病毒性角膜炎、生殖器疱疹、尖锐湿疣等感染的治疗。多聚肌苷酸胞苷酸（poly I：C）、猪苓多糖、灵芝多糖等干扰素诱生剂可诱导机体产生内源性干扰素。

3. **中草药**　根据中医理论对病毒感染性疾病辨证论治有较好的疗效。中药可直接抗病毒或通过免疫增强或免疫调节发挥治疗作用，其药理机制尚待深入研究。已发现某些中药（如黄芪、刺五加、石斛、丹参、降香、龙胆草、丝瓜、瓜蒌皮等）能诱导机体产生干扰素；某些中药（如板蓝根、大青叶、满山香、金银花、连翘、柴胡、紫草、香薷草、藿香、贯众、莲心、灵芝、大黄等）对某种或某几种病毒有一定的抑制作用。

（杨志伟）

1. 早期病毒感染的实验室快速诊断方法有哪些？
2. 病毒检测与细菌检测有何区别？
3. 进行病毒学检查时标本采集和送检过程应注意哪些问题？

第22章 呼吸道感染病毒

呼吸道感染病毒指通过呼吸道感染，并在呼吸道黏膜增殖引起疾病或以呼吸道黏膜为原发病灶，通过淋巴或血流扩散至其他器官，引起疾病的病毒。常见的呼吸道感染病毒见表2-22-1。

表2-22-1　呼吸道感染病毒及其引起的主要疾病

核酸型	病毒科	病毒和型	引起的主要疾病
RNA	正黏病毒	流感病毒（甲、乙、丙型）	流行性感冒
	副黏病毒	副流感病毒（Ⅰ～Ⅴ型）	普通感冒、支气管炎
		呼吸道合胞病毒（A型、B型）	细支气管炎、肺炎
		麻疹病毒	麻疹
		腮腺炎病毒	流行性腮腺炎
	微小RNA病毒	鼻病毒（>115型）	普通感冒、支气管炎
	披盖病毒	风疹病毒	风疹、先天性风疹综合征
	冠状病毒	人冠状病毒（>7型）	普通感冒、咽炎、肺炎、严重急性呼吸综合征
DNA	腺病毒	人腺病毒（>49型，主要为3型、4型、7型、21型）	扁桃体炎、咽炎、支气管炎、细支气管炎、肺炎、结膜炎、普通感冒

此外，肠道病毒中的柯萨奇病毒、埃可病毒及呼肠病毒的某些型别以及单纯疱疹病毒1型和巨细胞病毒等也能引起呼吸道感染。

第一节　流行性感冒病毒

流行性感冒病毒（influenza virus）简称流感病毒，归正黏病毒科（*Orthomyxoviridae*），除引起人流行性感冒外，还可引起猪、马、海洋哺乳动物、禽类等动物感染。

1. 生物学性状

（1）形态与构造：病毒呈球形，直径为80～120nm，新分离的病毒多呈丝状，长短不一，有时可达4000nm左右。本病毒由核衣壳和包膜构成。核衣壳由病毒RNA、RNA聚合酶和核蛋白（nucleoprotein，NP）组成。病毒的RNA为分节段的负单股，甲型和乙型流感病毒有八个节段，丙型流感病毒只有七个节段。多数情况下每个节段即为一个基因，可编码单个的病毒蛋白。甲型流感病毒的基因容易发生重组，使病毒遗传特性出现变异。核蛋白盘旋包绕病毒RNA呈螺旋对称排列，与RNA聚合酶一起构成核糖核蛋白（ribonucleoprotein，RNP）。包膜由基质蛋白、双层类脂膜和刺突组成。基质蛋白又称为内膜（M）蛋白，其中M1介于核衣壳和双层类脂膜之间，具有保护核心和维持病毒形态的作用，M2为嵌于包膜中的蛋白，有离子通道的作用。刺突有两种，镶嵌于双层类脂膜中并突出于其表面，一种呈柱状的称为血凝素（hemagglutinin，HA），另一种呈蘑菇状，称为神经氨酸酶（neuraminidase，NA），两者数量的比例为（4～5）:1（图2-22-1）。

HA与NA由病毒基因编码。HA经蛋

图2-22-1　流感病毒结构示意图

白酶裂解后，形成有活性的 HA_1 和 HA_2 两个亚单位。这种蛋白酶只存在于呼吸道，从而决定了流感病毒的感染部位。HA_1 可与宿主细胞表面糖蛋白末端的受体（N-乙酰神经氨酸，即唾液酸）结合，介导病毒对细胞的吸附；HA_2 具有膜融合活性，与病毒侵入宿主细胞有关。HA 能与鸡等多种动物和人红细胞表面的 N-乙酰神经氨酸结合，引起红细胞凝集（简称血凝），可通过血凝试验检测流感病毒的存在。NA 具有酶活性，能水解宿主细胞表面的 N-乙酰神经氨酸，破坏受体结构，使宿主细胞与病毒颗粒解离，有利于成熟病毒的释放。

(2) 抗原与分型

1) 内部抗原：包括内膜（M）蛋白、核蛋白（NP）和三种具有 RNA 聚合酶活性的蛋白（PB1、PB2、PA），抗原性稳定，具有型特异性，根据 NP 和 M 蛋白抗原性的不同，可将流感病毒分为甲（A）、乙（B）、丙（C）三型。

2) 表面抗原：有血凝素（HA）和神经氨酸酶（NA）。甲型流感病毒表面抗原不稳定，容易发生变异。根据表面抗原，甲型流感病毒又可分为若干亚型。目前已鉴定出甲型流感病毒 18 个 HA 亚型（H1～H18），11 个 NA 亚型（N1～N11），在人类流行的主要有 H1、H2、H3 和 N1、N2 几个亚型。乙型流感病毒虽有变异，但尚不能划分亚型。丙型流感病毒抗原性较稳定。

(3) 变异性与流感流行的关系：甲型流感病毒除基因内部可发生突变外，还因为核酸分节段，容易发生基因重排（gene reassortment）。病毒抗原变异幅度的大小，直接影响到流感流行的规模。若变异幅度小，属于量变，称为抗原漂移（antigen drift），产生病毒的新株（亚型内变异），可引起中小型流行。如果抗原变异幅度大，属于质变，称为抗原转变（antigen shift），形成新的亚型，此时人群普遍缺乏对它的免疫力，往往引起较大范围的流行，甚至世界性流行。乙型和丙型流感病毒的抗原性较稳定，较少发生变异，不易引起流感的大流行。

世界卫生组织（WHO）规定，根据流感病毒的 HA 与 NA 的抗原性来确定其亚型，命名法为型别/宿主/分离地点/毒株序号/分离年代（H·N）。根据上述规定，通过对过去流行的甲型流感病毒 HA 与 NA 的抗原性的测定，认为甲型流感病毒经历了数次亚型的转变（表 2-22-2）。

表 2-22-2　甲型流感病毒抗原转变与流行年代

亚型（别名）	代表株（我国代表株）	HA	NA	流行年代
H1N1（甲 1 型，原甲型）	A/PR/8/34（A/京生/7/53）	H1	N1	1918～1957
H2N2（甲 2 型，亚洲甲型）	A/Singapore/1/57（A/黔防/1/57）	H2	N2	1957～1968
H3N2（甲 3 型，香港型）	A/Hong Kong/1/68（A/京科/1/68）	H3	N2	1968～
H1N1（新甲 1 型）	A/USSR/90/77（A/津防/78/77）	H1	N1	1977～
甲型 H1N1	?	H1	N1	2009～

从表 2-22-2 中看出，自 1977 年起在世界上除 H3N2 继续流行外，同时出现了 1957 年以前流行的 H1N1 型的流行，因此有人提出，甲型流感病毒的流行除可由自然变异产生的新亚型引起外，也可能由保存在动物中的毒株再次传给人，引起流行，即动物是该病毒的储存宿主。

(4) 培养特性：分离培养流感病毒目前最常用的是鸡胚羊膜腔（初次接种）或尿囊腔（传代培养）接种，用血凝试验可测定病毒效价；也可在原代猴肾细胞（PMK）或传代狗肾细胞（MDCK）中增殖，细胞病变不明显，可用红细胞吸附试验测定。

(5) 抵抗力：较弱，56℃ 30 分钟被灭活，0～4℃能保存数周，-70℃以下可长期保存；对干燥、紫外线、乙醚、甲醛等敏感。

2. 致病性与免疫性

(1) 致病性：患者为主要传染源，发病前后 2～3 天呼吸道分泌物中含有大量病毒，其次是隐性感染者，部分动物（特别是猪）也是传染源。病毒通过飞沫、气溶胶或污染的手、用具等传播，传染性很强，在人群中可迅速蔓延造成流行。流感病毒侵入易感者呼吸道，在局部黏膜细胞内增殖，经过 1～2 天潜伏期，引起细胞变性、坏死、脱落等上呼吸道局部炎症。病毒一般不入血流，但可诱导机体产生干扰素和其他细胞因子，它们和局部坏死细胞产物可进入血流。因此，流感一般全身症状较重，表现为发热、头痛、肌肉酸痛等，伴有鼻塞、流涕、咳嗽等呼吸道症状，呕吐、腹痛、腹泻等消化道症状也较常见。发热可达38~40℃，持续1~5天。小儿发热温度比成人高，可导致抽搐或谵妄。对少数患者，病毒可侵犯下呼吸道，甚至引起肺炎。由于流感病毒能抑制机体T细胞和巨噬细胞的功能，尤其对机体抵抗力较差的年老体弱者，常继发严重细菌性感染，病死率较高。

（2）免疫性：人类对流感病毒普遍易感，感染后可获得对同型病毒的免疫力。体液免疫主要是呼吸道局部的sIgA，一般维持1~2年，其中抗HA抗体能影响病毒的吸附和穿入，抗NA抗体能限制病毒释放和扩散。血液中出现的IgM和IgG能起到中和病毒的作用。细胞免疫主要靠CTL细胞对感染病毒的靶细胞的杀伤，这种杀伤通过识别受感染细胞表面的流感病毒抗原，无须抗体与补体参与，但有MHC限制性。同时，在感染的过程中细胞可产生干扰素，阻止病毒的增殖和进一步扩散。

3. 微生物学检查法

（1）分离病毒：取患者鼻咽分泌物经抗生素处理，接种于鸡胚或细胞培养管，培养后取鸡胚尿囊腔液或羊水做血凝试验或取培养细胞做红细胞吸附试验检测有无病毒。若阳性，用已知免疫血清做血凝抑制试验或红细胞吸附抑制试验，确定病毒型别。

（2）测定抗体：取患者急性期和恢复期双份血清，测定其血凝抑制抗体效价，如后一份效价增长4倍或4倍以上，有诊断价值。

（3）快速诊断：采用单克隆抗体间接免疫荧光法或ELISA法直接检查呼吸道脱落上皮细胞内的病毒抗原，也可用RT-PCR、核酸杂交等方法检测病毒核酸。

4. 防治原则

（1）建立流感监测站，及时发现与隔离患者。

（2）预防接种：接种流感疫苗是最有效的预防方法，在流感流行季节之前对流感高风险人群进行疫苗接种，用当时流行的毒株所制备的疫苗效果好。已有灭活疫苗和减毒活疫苗，正在研制的有HA和NA亚单位疫苗及基因工程疫苗等。我国目前使用的有三价和四价灭活疫苗，及三价减毒活疫苗，包括甲型的两个亚型和乙型的一个或两个病毒株。

（3）中药与化学疗法防治：中医对流感的防治有丰富的临床经验。实验与临床研究报道，贯众、山腊梅、满山香、连翘、黄芪、黄芩等中草药和桑菊饮、银翘散、玉屏风散等方剂对流感均有防治作用。化学疗法中，金刚烷胺（amantadine）和金刚乙胺（rimantadine），为M2蛋白抑制剂，可阻止病毒的穿入和脱壳，但仅对甲型流感病毒有效。奥司他韦（oseltamivir）和扎那米韦（zanamivir）是神经氨酸酶抑制剂，对甲型和乙型流感病毒均有效，为目前常用的药物。

附：禽流感病毒

禽流感病毒属甲型流感病毒，主要感染禽类（少数情况下也可感染猪），引起禽流感。甲型流感病毒的18个H亚型和11个N亚型均可在禽流感病毒中检出，因此禽类被视为流感病毒的储存库。水禽虽感染流感病毒型别众多，但一般为隐性感染，家禽一旦感染却可导致严重病情。通常认为野生迁徙的水禽，特别是野鸭是禽流感病毒的自然宿主，能将病毒传播给家养和贩卖的禽群。根据禽流感病毒对鸡和火鸡致病性的不同，分为高、中、低/非致病性禽流感病毒，其中由H5和H7亚型毒株（以H5N1和H7N7为代表）所引起的禽流感称为高致病性禽流感（highly pathogenic avian influenza，HPAI），鸡和火鸡的发病率和病死率都很高，危害极大，在畜牧业中属于烈性传染病。

1997年，香港报告了首例禽流感病毒感染人的病例，由此打破了禽流感病毒不感染人的传统观念。之后，类似报告逐渐增多，涉及的病毒亚型包括H5N1、H7N1~3、H7N7、H7N9、H9N2、H10N3等。传染源主要为患禽流感或携带禽流感病毒的鸡、鸭、鹅等家禽，特别是鸡。禽的分泌物和排泄物、组织器官、蛋中均可带有病毒，可以通过密切接触感染的禽类及其分泌物、排泄物、受病毒污染的水以及直接接触病毒株被感染。目前认为人感染禽流感病毒只能通过与病禽接触而受染，但不排除通过基因重排形成可在人与人之间直接传播的新病毒株的可能性。由于人类对大多数禽流感病毒的H和N亚型没有免疫力，因此禽流感病毒具有引起人类新的流感大流行的潜在危险。

对禽流感病毒，任何年龄的人均具易感性，但12岁以下儿童及患有基础性疾病的成人发病率较高，病情较重。禽流感病情进展快、预后差，病死率高，可出现急性呼吸窘迫综合征、肺出血、胸腔积液、全血细胞减少、肾衰竭、败血症、休克及 Reye 综合征等多种并发症。患者常死于严重呼吸衰竭。

第二节 副黏病毒

一、麻疹病毒

1. **生物学性状** 麻疹病毒（measles virus）归副黏病毒科（*Paramyxoviridae*），呈球形，直径约为 140nm。核心为负单股 RNA，不分节段。衣壳包绕核酸，呈螺旋对称。本病毒有包膜，包膜上有能凝集猴红细胞的血凝素（H）和具有溶血及促细胞融合的融合因子 F（又称为溶血素），能在人胚肾细胞、人羊膜细胞或猴肾细胞中增殖，并有致细胞病变效应，使细胞互相融合形成多核巨细胞，核内和胞质内形成嗜酸性包涵体。麻疹病毒抗原性较稳定，只有一个血清型，但 20 世纪 80 年代以来有关于其抗原性变异的报告需引起注意。对外界的抵抗力较弱，对热、紫外线和一般消毒剂均敏感，但耐低温。

2. **致病性与免疫性** 人是麻疹病毒的唯一自然宿主，患者是传染源，从潜伏期到出疹期都有传染性。冬春季发病率高，病毒存在于患者鼻咽和眼分泌物中，主要通过含有病毒的飞沫进入易感者呼吸道，也可通过眼结膜侵入机体。CD46 是麻疹病毒受体，广泛分布于红细胞以外的大多数人体组织细胞表面。病毒先在局部上皮细胞中增殖，随后进入血流，出现第一次病毒血症，并侵入单核巨噬细胞系统和淋巴组织细胞中进一步增殖。当其增殖到一定程度时，再次进入血流，出现第二次病毒血症，病毒侵犯机体皮肤、黏膜和呼吸系统，有时可侵犯中枢神经系统。麻疹潜伏期为 9～12 天，患病初期有发热、流涕、咳嗽、眼结膜充血、流泪、畏光等症状，2～3 天后大多数患者口腔颊部黏膜上出现灰白色、外绕红晕的黏膜斑（Koplik 斑），有助于早期诊断。发热 3～5 天后，从耳后开始，全身皮肤相继出现皮疹。皮疹为红色针尖大小的斑丘疹，一般认为是由于病毒对血管内皮细胞的直接作用和机体免疫系统对局部病毒抗原产生的Ⅲ型和Ⅳ型超敏反应所致。在患病过程中，由于麻疹病毒可引起暂时性免疫抑制，机体抵抗力降低，易继发细菌性感染，如并发支气管炎、肺炎、中耳炎等。约有 0.1% 的患者可因超敏反应发生麻疹后脑炎。极个别患者，麻疹病毒长期（平均 7 年）存在于中枢神经系统内，呈慢病毒感染，最终引起亚急性硬化性全脑炎（subacute sclerosing panencephalitis，SSPE）。

麻疹病毒有较强的免疫原性，感染后第二周体内适应性免疫功能已经形成，出疹后 1～3 天就可检出血凝抑制抗体和抗 F 蛋白抗体，这些抗体都有中和病毒的作用。细胞内病毒可被 NK 细胞和 CTL 细胞的细胞毒作用破坏，这有利于患者的康复和防止病毒的再感染。麻疹病愈后可获得牢固免疫力，一般很少再感染。婴儿从母体获得的被动免疫可维持 6～12 个月。麻疹的恢复主要依靠细胞免疫，细胞免疫缺陷者会发生麻疹严重感染，甚至导致死亡。

3. **微生物学检查法** 一般根据临床症状即可做出诊断，无须进行实验室检查，如有必要，可检测血清中的抗病毒抗体。取患者急性期和恢复期双份血清，恢复期血清抗体效价比急性期增高 4 倍或 4 倍以上有诊断意义。

4. **防治原则** 预防措施主要是隔离病人。特异性预防采用减毒活疫苗。我国免疫规划的接种程序是适龄儿童于 8 月龄和 18 月龄各接种 1 剂麻疹-腮腺炎-风疹三联疫苗（measles-mumps-rubella vaccine，MMR），成功者可获得 10～15 年的免疫力。对易感者，尤其是体弱易感者，在密切接触麻疹患者后 5 天内肌内注射丙种球蛋白，可阻止发病或减轻发病症状和减少并发症的发生。中医防治麻疹有丰富经验，根据病情辨证施治，能使疾病早日痊愈，常用竹叶柳蒡汤、紫草甘草汤等。

二、腮腺炎病毒

腮腺炎病毒（mumps virus）归副黏病毒属，形态呈球形，直径为 80～240nm，RNA 为负单股，不分节段。衣壳呈螺旋对称，包膜上有血凝素/神经氨酸酶（HN）和融合因子（F）两种刺突，能凝集多种禽类红细胞。能在鸡胚羊膜腔和原代人胚或猴肾细胞内增殖，引起细胞融合以致多核巨细胞病变，胞质内出现嗜酸性包涵体。本病毒只有 1 个血清型。人是唯一的自然宿主。病毒随患者唾液和呼吸道分泌物排出，通过直接接触或飞沫传播。感染后先在呼吸道上皮和颈淋巴结细胞内增殖，通过病毒血症，最后定位于腮腺及其他器官，如睾丸、卵巢、胰腺、肾脏、中枢神经系统等，主要引起腮腺炎，中医称为"痄腮"。本病多流行于冬春季，潜伏期为2～3周，以发热、一侧或双侧腮腺肿大疼痛为主要症状，一般经7～10天肿消自愈，多见于儿童。青壮年发病大多较重，易并发睾丸炎、卵巢炎或胰腺炎，有时引起脑膜炎，偶尔引起肌无力或麻痹。病后或隐性感染可获较牢固免疫力。临床诊断不困难，一般不进行实验室检查。预防可接种减毒活疫苗，目前儿童接种麻腮风疫苗（MMR）；流行期间可注射丙种球蛋白进行紧急预防。中医常用普济消毒饮或银翘败毒散等加减治疗，局部可用生仙人掌外敷。

三、副流感病毒

副流感病毒（parainfluenza virus）归副黏病毒属。其形态多呈球形，直径为100～250nm，RNA为负单股，不分节段。衣壳呈螺旋对称，外有包膜，包膜由两层蛋白质组成，内层为基质或称为膜蛋白，外层为磷脂蛋白。其有两种刺突：一是HN，具有血凝素和神经氨酸酶的活性；另一种是F，具有促细胞融合和溶解红细胞的作用。根据血清学试验副流感病毒分为五个血清型（Ⅰ～Ⅴ）。前四个型别的副流感病毒可引起人呼吸道感染，尤其是引起婴幼儿急性呼吸道感染的重要病原，发病仅次于呼吸道合胞病毒。副流感病毒Ⅴ型经常被发现在猴肾组织培养中，对人的致病性不详。病毒主要经飞沫或人与人接触传播，成人以上呼吸道感染多见，而2岁以下婴幼儿易引起下呼吸道感染。机体感染副流感病毒后，呼吸道局部产生sIgA，对同型病毒有一定免疫力，但持续时间短，再次感染常见。

四、呼吸道合胞病毒

呼吸道合胞病毒（respiratory syncytial virus，RSV）归肺炎病毒属。其形态呈多形性，直径为80～150nm，RNA为负单股，不分节段。衣壳呈螺旋对称，有包膜，包膜上有刺突蛋白F，能使病毒包膜与细胞膜融合，也能使受感染细胞互相融合，有利于病毒的增殖。根据RSV对单克隆抗体反应的不同，分为A、B两个抗原型。型内又可进一步分为多个亚型。用补体结合试验可与其他副黏病毒区别。

RSV不具有血凝和神经氨酸酶活性，能在人或猴肾原代细胞及人子宫颈癌细胞（HeLa）、人喉癌上皮细胞（Hep-2）等传代细胞内增殖，并形成多核巨细胞病变，胞质内出现嗜酸性包涵体。RSV对理化因素抵抗力很弱，4℃仅能保存数小时，只有及时悬浮于保护剂（如甘油）中，快速冷冻或冷冻真空干燥才能保存较久。

RSV是引起婴幼儿急性下呼吸道感染的重要病原，通过飞沫传播，流行主要发生于晚秋至早春季节。病毒感染后在呼吸道黏膜细胞内增殖，引起呼吸道症状，年龄越小，症状越重，表现为具有特征性的喘息性细支气管炎。其机制为婴幼儿呼吸道缺乏sIgA，感染后病毒易侵入下呼吸道，并能与来自母体或自身感染后产生的血清中的IgG结合，形成免疫复合物，并沉积在肺毛细血管壁基膜上，激活组织细胞的花生四烯酸代谢途径，产生血栓素和各种白三烯，引起支气管强烈收缩。此外，机体感染病毒后，还产生特异性IgE，导致局部Ⅰ型超敏反应而参与发病。

微生物学诊断可分离病毒，也可采用免疫荧光抗体或免疫酶标法检测早期抗原，目前尚无特异性防治措施，主要是对症处理。

第三节 其他呼吸道感染病毒
一、冠状病毒

冠状病毒（coronavirus）因其包膜上有形状类似日冕或花冠的刺突，故而得名，属于冠状病毒科（Coronaviridae）冠状病毒属（Coronavirus），是一个很大的RNA病毒家族，在自然界广泛分布，感染的宿主多样，对多种组织器官有亲嗜性，主要为呼吸道和肠道。人冠状病毒是引起普通感冒最重要的病毒之一，仅次于鼻病毒，也可引起婴儿胃肠炎。

近年来，由冠状病毒引起的以呼吸道感染为主的流行性传染病相继出现。严重急性呼吸综合征（severe

acute respiratory syndrome，SARS）的病原体为 SARS 冠状病毒（SARS coronavirus，SARS-CoV），中东呼吸综合征（middle east respiratory syndrome，MERS）的病原体为 MERS 冠状病毒（MERS coronavirus，MERS-CoV），2019 新型冠状病毒肺炎（coronavirus disease 2019，COVID-19，简称新冠肺炎）的病原体为 SARS 冠状病毒 2 型（SARS coronavirus 2，SARS -CoV-2）。

1. **生物学性状**　冠状病毒的颗粒呈球状，但具有多形性，直径 60～220nm，有包膜，衣壳呈螺旋对称，基因组为非节段正单股 RNA，是目前发现基因组最大的 RNA 病毒，有感染性。冠状病毒的 RNA 和 RNA 之间重组率非常高，病毒易出现变异。

冠状病毒的核心有核蛋白 [N 蛋白（nucleoprotein）]，与病毒基因组 RNA 结合形成核衣壳。包膜上主要有三种糖蛋白（S 蛋白、E 蛋白和 M 蛋白），呈花瓣状突起。有的毒株还有一种糖蛋白，称为血凝素酯酶（hemagglutinin esterase，HE）（图 2-22-2）。

S 蛋白（spike protein）构成杆状刺突，在病毒与宿主细胞表面受体结合及进入细胞的过程中起关键作用。E 蛋白（envelope protein）较小，为包膜相关的蛋白。M 蛋白（membrane protein）与病毒的出芽和包膜形成有关。HE 蛋白构成病毒包膜的短突起，与病毒早期吸附细胞有关。

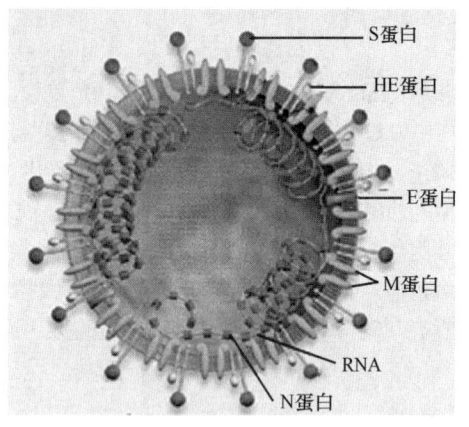

图 2-22-2　冠状病毒结构示意图

冠状病毒可在人胚肾、肠或肺原代细胞中培养，培养 SARS-CoV、SARS-CoV-2 常用非洲绿猴肾细胞（Vero E6）及恒河猴胚肾细胞（FRhK 4）。

冠状病毒抵抗力不强，对常用的消毒剂及紫外线敏感。

2. **致病性和免疫性**　常见的冠状病毒主要感染成人或较大儿童，引起普通感冒、咽喉炎或成人腹泻，主要在冬春季流行，疾病潜伏期平均 3～7 天。传染源主要是患者，传播途径以近距离飞沫传播为主，同时可以通过手接触呼吸道分泌物经口、鼻、眼传播，还存在粪—口传播的可能。该病在密闭的环境中易于传播，在家庭和医院中具有明显的聚集现象。

冠状病毒的某些毒株可引起严重急性呼吸综合征（SARS）、中东呼吸综合征（MERS）、新冠肺炎（COVID-19）等。SARS 的主要症状有发热（＞38℃）、畏寒和身体疼痛，部分患者发展为肺炎，出现无痰干咳、呼吸困难，甚至低氧血症，胸部 X 线表现为弥漫的斑片状间质性渗出，肺泡弥漫性损害，重症患者病情重，易出现呼吸窘迫综合征。新冠肺炎表现为高传染性和高隐蔽性，以发热、干咳、乏力等为主要表现，患者症状表现多样，大多为轻型和普通型。重症病例出现呼吸困难，严重者快速进展为急性呼吸窘迫综合征、脓毒症休克、难以纠正的代谢性酸中毒和 DIC 及多器官功能衰竭等。

机体感染冠状病毒后可产生针对病毒的抗体，这种抗体对疾病的诊断、预防和治疗均有意义。病毒感染可诱导 T 细胞活化，产生大量细胞因子，具有保护作用。但有些细胞因子 [如 IL-1β、IL-6、IL-8、TNF-α 和单核细胞趋化蛋白（MCP）] 可介导机体局部和全身的炎症反应，引起细胞凋亡、炎性细胞的聚集，炎性细胞的大量聚集又可以释放过量的蛋白酶，促进组织的损伤，这被认为是肺炎患者急性肺损伤的可能机制之一。

3. **微生物学检查法**

（1）病毒的分离培养：将标本（如呼吸道分泌物、血液或者粪便）接种于 Vero E6 细胞，一般在接种后 5 天出现细胞病变效应（cytopathic effect，CPE）。CPE 呈灶性，感染的细胞变圆，很快细胞脱落。在随后的 24～48 小时内，CPE 扩散到整个单层细胞。

（2）免疫学检测：应用间接免疫荧光或 ELISA 法，检测患者或疑似患者血清中的抗体。一般在发病后 7 天左右出现 IgM 抗体，10 天达到高峰，15 天左右下降。IgG 抗体在 10 天后产生，20 天左右达到高峰。

（3）分子生物学检查：RT-PCR 可以检测出在各种标本（血液、粪便、呼吸道分泌物、组织切片）中的冠状病毒 RNA，目前所用的 PCR 检测主要是实时定量荧光 RT-PCR。新冠病毒核酸检测是快速筛查感染者的重要手段。病毒基因测序用于流行病学调查。

4. 防治原则 隔离与防护包括通风、戴口罩、戴手套、洗手、穿隔离衣、戴眼罩、保持社交距离等，是目前预防冠状病毒传播的最好措施。

目前无特异性治疗方法。特异性预防新冠肺炎可使用疫苗，目前应用的包括灭活疫苗、mRNA 疫苗、腺病毒载体疫苗、重组蛋白疫苗。中西医结合治疗能发挥独特的优势。

二、腺 病 毒

腺病毒（adenovirus）归腺病毒科（*Adenoviridae*），是一群侵犯呼吸道、眼结膜和淋巴组织的病毒，无包膜，直径为 70～90nm，核心为双链 DNA。衣壳有 252 个壳粒，呈 20 面体对称排列，其中 240 个壳粒各自与 6 个壳粒相邻，称为六邻体（hexon），20 面体的 12 个顶角的壳粒各自与 5 个壳粒相邻，称为五邻体（penton）。每个顶角壳粒的基底伸出一根末端有顶球的纤维，称为纤维突起。腺病毒主要有两种抗原：一种是群（组）特异性抗原（α 抗原），能用补体结合试验检测；另一种为型特异性抗原（ε 抗原），可用中和试验检测。人类腺病毒可分为 A～F 六个亚属，至少 49 个血清型。人类腺病毒只能在人源性组织细胞培养中增殖，引起细胞肿胀、变圆、集聚成葡萄串状等典型细胞病变，并在受染细胞核中形成圆形的嗜碱性包涵体。腺病毒主要经呼吸道和眼结膜感染人类。感染后在咽部和眼结膜易感细胞中增殖，亦可入血流形成病毒血症，尚可通过胃进入肠道，并随粪便排出。其主要引起急性呼吸道感染，是婴幼儿肺炎的主要病原之一。因型别不同，引起严重程度不一的多种临床病症：从轻度的上呼吸道感染到严重的肺炎；从滤泡性结膜炎到流行性角膜结膜炎；也可引起流行性胃肠炎、急性出血性膀胱炎以及女性的宫颈损害和男性尿道炎等。

三、风疹病毒

风疹病毒（rubella virus，RV）归披盖病毒科（*Togaviridae*），是人类重要的致畸病毒之一，呈球形，直径为 50～70nm，核心为正单股 RNA。衣壳呈 20 面体对称，外被包膜，包膜上有刺突，具有血凝和溶血活性。能在人羊膜、原代兔肾、非洲绿猴肾等细胞中增殖，致细胞脱落，胞质内出现嗜酸性包涵体。本病毒只有一个血清型，人是唯一自然宿主，主要侵犯 15 岁以下儿童，经呼吸道感染，先在呼吸道局部细胞内增殖，然后进入血流，扩散至全身，引起风疹。潜伏期为 12～14 天，前驱症状有发热、不适、咽痛、咳嗽等，耳后和枕骨下淋巴结有明显压痛，继而在面部出现浅红色的斑丘疹，并迅速波及全身。病后或隐性感染可获得免疫力。妇女妊娠早期感染风疹病毒，病毒可经胎盘感染胎儿，引起胎儿畸形（先天性风疹综合征）。妊娠月龄越小，发生畸形的可能性越大，危害越严重。常见畸形有先天性心脏病、耳聋、失明、智力发育不全等，有的引起流产或死胎。妊娠妇女的风疹早期诊断对优生优育很重要，常用的方法是检测妊娠妇女血清中特异性 IgM，阳性可认为是近期感染。儿童在 8 月龄和 18 月龄接种麻腮风疫苗（MMR），可获得特异性免疫力；对风疹无免疫力的育龄妇女，可在怀孕前接种风疹疫苗，避免孕期感染。

四、鼻 病 毒

鼻病毒（rhinovirus）归微小 RNA 病毒科（*Picornaviridae*），呈球形，直径为 15～30nm，核心为正单股 RNA，衣壳呈 20 面体对称，无包膜，已知超过 115 个血清型。本病毒最适温度为 33℃，相当于人体鼻咽部的温度。其耐醚而不耐酸，pH 3.0 时迅速被灭活，此点不同于肠道病毒。鼻病毒主要引起普通感冒（common cold），也可引起急性咽炎，有时引起婴幼儿支气管炎或毛细支气管肺炎。机体感染后可产生对同型病毒的免疫力，主要靠鼻分泌物中的 sIgA，但由于鼻病毒型别多，且免疫力持续的时间较短暂，常再次发病。

（贾 翎）

1. 试述呼吸道感染病毒有哪些？其所致疾病分别是什么？
2. 简述流行性感冒病毒的形态与结构。
3. 简述流行性感冒病毒的变异与流感流行的关系。

第23章 胃肠道病毒

胃肠道病毒包括肠道病毒和急性胃肠炎病毒。

第一节 肠 道 病 毒

肠道病毒（Enterovirus）是小核糖核酸病毒科（*Picornaviridae*）的一个属。它们在人类消化道细胞内增殖，然后通过血液侵犯其他器官，引起各种临床综合病症。肠道病毒包括：①脊髓灰质炎病毒（poliovirus），分为1～3型。②柯萨奇病毒（coxsackie virus），分为A、B两组。A组包括1～22，24型；B组包括1～6型。③埃可病毒（enteric cytopathogenic human orphan virus，简称ECHO病毒），包括1～9型、11～27型、29～33型。1969年后陆续分离出的新型肠道病毒统一编号为68型、69型、70型、71型。

一、脊髓灰质炎病毒

脊髓灰质炎病毒是脊髓灰质炎（poliomyelitis）的病原体。脊髓灰质炎又称为"小儿麻痹症"，是由脊髓灰质炎病毒引起的急性传染病。临床以发热、上呼吸道症状、肢体疼痛，少数病例出现肢体弛缓性瘫痪为特征。

我国在明、清两代有类似本病的记载，称为"小儿惊瘫"。我国普遍采用疫苗预防后，发病率已显著下降。

1. **生物学性状** 脊髓灰质炎病毒属于小核糖核酸病毒科肠道病毒属，直径为20～30nm，核酸为单股正链RNA，无包膜。在电子显微镜下呈圆形颗粒状。大量存在于患者的脊髓和脑部，在鼻咽部、肠道黏膜与淋巴结内亦可查到。按其抗原性不同，可分为Ⅰ型、Ⅱ型、Ⅲ型三个血清型，型间偶有交叉免疫。病毒可用人胚肾、猴肾及HeLa细胞等培养。

脊髓灰质炎病毒耐寒，低温（-70℃）可保存活力达8年之久，在水中、粪便和牛奶中可生存数月，在4℃冰箱中可保存数周，但对干燥很敏感，故不宜用冷冻干燥法保存。该病毒不耐热，60℃ 30分钟可使之灭活，煮沸和紫外线照射可迅速将其灭活。该病毒能耐受一般浓度的化学消毒剂，如70%乙醇及5%甲酚溶液，但对高锰酸钾、过氧化氢、含氯石灰等敏感，可将其迅速灭活。目前对脊髓灰质炎病毒已采用新的命名方法，病毒鉴定应包括型别、国家（或城市）、毒株号码及分离年限（如P1中国/112/88）。

2. **致病性与免疫性** 人类是脊髓灰质炎唯一的传染源，患者自潜伏期末可以从鼻咽分泌物中排毒，粪便的排毒期自发病前10天至病后4周，少数可达4个月。1～5岁儿童为主要易感者。至少90%的感染者表现为隐性感染，因而无症状带病毒者是最重要的传染源。其主要通过粪—口途径传播，而日常生活接触是主要传播方式，被污染的手、食物、用品、衣物、玩具都可传播本病毒。少数情况下可通过空气飞沫传播。脊髓灰质炎病毒经口进入人体后，即侵入咽部和肠道的淋巴组织，包括扁桃体、回肠集合淋巴结、颈部深层淋巴结及肠系膜淋巴结，并在其中增殖，如此时人体产生特异性抗体，局部感染得到控制，则形成隐性感染；当人体抵抗力低下时，病毒则进入血液循环，引起病毒血症。病毒通过血流到达全身单核吞噬细胞系统，在其中进一步增殖，然后再度进入血液循环，导致第二次病毒血症，如数天内血液循环中的特异性抗体足以将病毒中和，则疾病发展至此停止,此阶段在临床上相当于本病的前驱期;若机体缺乏免疫力,病毒随血流突破血脑屏障侵入中枢神经系统,并沿神经纤维扩散,引起无瘫痪期症状;如果运动神经元受损严重,则导致肌肉瘫痪,引起瘫痪期症状。

人体感染后依病毒毒力强弱与机体免疫力的高低,可表现为隐性感染(无症状型)、顿挫型(轻型)、无瘫痪型及瘫痪型等不同临床类型。此外,受凉、疲劳、局部损伤、扁桃体摘除、注射刺激、免疫缺陷、妊娠、遗传因素等对瘫痪的发生和发展均有一定影响。

机体感染脊髓灰质炎病毒后,血清中最早出现特异性IgM,两周后出现IgG和IgA,为保护性中和抗体,可维持终身。病后对同型病毒有持久免疫力,二次发病者罕见。

3. *微生物学检查法*　①病毒分离:起病一周内可从咽部及粪便内分离出病毒,可用咽拭子及肛门拭子采集标本并保存于含有抗生素的Hanks液内,多次送检可增加阳性检出率。早期从血液或脑脊液中也可分离出病毒,其意义更大,但分离出的机会较小,尸检时由脊髓或脑组织分离出病毒,则可确诊。分离病毒常采用组织培养法。②血清学检查:特异性抗体第1周末可达高峰,尤以特异性IgM上升为快,阳性者可做出早期诊断。中和抗体在起病时开始出现,持续时间长,并可保持终身,双份血清效价4倍以上增长者可确诊。病毒基因组测序可鉴别病毒的疫苗株与野毒株。

4. *防治原则*　自从20世纪50年代中期和60年代初期灭活脊髓灰质炎疫苗(IPV,Salk苗)和口服脊髓灰质炎减毒活疫苗(OPV,Sabin苗)问世并广泛应用以来,脊髓灰质炎发病率急剧下降,绝大多数发达国家已消灭了脊髓灰质炎野毒株,但在非洲、中东和亚洲发展中国家仍有野毒株的存在,因此疫苗主动免疫应继续加强。

IPV和OPV都是三价混合疫苗(TIPV或TOPV),免疫后都可获得抗三个血清型脊髓灰质炎病毒的免疫力。OPV口服免疫类似自然感染,既可诱发血清抗体,预防麻痹型脊髓灰质炎的产生,又可刺激肠道局部产生sIgA,阻止野毒株在肠道的增殖和人群中的流行。此外,服苗后OPV在咽部存留1～2周,从粪便中排出达数周,因而疫苗病毒的传播使接触者形成间接免疫,进而扩大免疫范围。但OPV存在一些弊端,因此现行免疫程序是先使用IPV,再口服OPV进行全程免疫。

二、柯萨奇病毒、埃可病毒与新型肠道病毒

柯萨奇病毒、埃可病毒及新型肠道病毒分布广泛。依病毒亚群和血清型的不同或对不同组织的亲嗜性不同(受体的差异),可引起各种不同的疾病。

1. *病毒型别与抗原性*

(1)柯萨奇病毒:对乳鼠的敏感性很高,根据它们感染乳鼠产生的病灶,柯萨奇病毒可以分为A、B两组。A组有23型病毒,B组有6型病毒。通过型特异性抗原,经中和试验、ELISA方法等可以对各型进行鉴定。所有的B组及A组的第9型有共同的组特异性抗原,在B组内病毒之间有交叉反应,但是A组病毒没有共同的组特异性抗原。A组某些型别的型特异性抗原可在37℃引起人类O型红细胞凝集反应。

(2)埃可病毒:称为人类肠道致细胞病变孤儿病毒。目前共有31个血清型,各型的差异在于其衣壳上的特异性抗原,可用中和试验加以区别。埃可病毒没有属特异抗原,但有异型交叉反应。在埃可病毒31个型中,有12个型具有凝集人类O型红细胞的能力。

(3)新型肠道病毒:新分离的肠道病毒从68号开始编号命名,目前已到72型,第72型是甲型肝炎病毒。

2. *致病性*　柯萨奇病毒、埃可病毒、新型肠道病毒引起的一些重要临床病症有:

(1)手足口病(hand-foot-mouth disease,HFMD):主要由柯萨奇病毒A16和新肠道病毒71型(EV71)引起,EV71曾引起多次大流行。HFMD是一种急性传染病,传染源为患者和隐性感染者,通过消化道、呼吸道和密切接触等途径传播。本病好发于3岁以下幼儿,潜伏期为2～7天,主要临床表现为发热,患儿口腔内颊部、软硬腭、舌等出现疱疹、溃疡,继之在手足心、肘、膝、臀部出现小米粒状红色丘疹。其中EV71感染的病例可伴有心肌炎、脑膜炎、肺水肿等致死性并发症,

已成为严重的公共卫生问题,被列为丙类传染病。我国已自主研发出 EV71 灭活疫苗。

(2) 无菌性脑膜炎:是肠道病毒感染中极为常见的一种综合病症。在夏季流行时,不易与轻型的流行性乙型脑炎相区别。其发病特点为短暂的发热,类似感冒,继而出现头痛、咽痛、恶心、呕吐和腹泻。进一步发展可出现颈项强直,嗜睡,脑脊液细胞数和蛋白质含量增加,病程为 1~2 周。

(3) 疱疹性咽峡炎:是一种发生于儿童的急性传染病,主要由柯萨奇 A 组病毒引起,常流行于春末和夏初。患者突然发热、咽痛畏食、吞咽困难。在咽腭弓、咽部、扁桃体及软腭边缘出现散在性小疱疹,破溃后形成小溃疡。

(4) 心肌炎和心包炎:在新生儿表现为皮肤青紫、呼吸困难;在儿童和成人表现为呼吸道感染症状、心动过速、心电图表现异常等,预后不良。

(5) 肌痛或肌无力:患者常有发热、头痛和肌肉酸痛,有的病例表现为肌无力,恢复后疼痛消失,预后良好。

(6) 急性出血性结膜炎:常发生于成年人,俗称"红眼病"。本病潜伏期短,起病急,侵犯双眼,引起眼睑水肿、结膜下严重出血。人群对此病毒普遍易感,发病率高,但预后良好。

肠道病毒血清型别繁多,不同型别病毒可以引起相同的病症,而同型别的病毒在不同条件下也可引起不同的临床病症,因此确定病原较为困难。

第二节 急性胃肠炎病毒

胃肠炎是人类最常见的一种疾病,除细菌、寄生虫等病原体外,大多数胃肠炎由病毒引起。这些病毒分别属于四个不同的病毒科:呼肠病毒科的轮状病毒(rotavirus),杯状病毒科(*Caliciviridae*)的诺如病毒和"典型"人类杯状病毒(calicivirus),腺病毒科的肠道腺病毒 40、41、42 和星状病毒科(*Astroviridae*)的星状病毒(astrovirus)。它们所致的胃肠炎临床表现相似,主要为腹泻与呕吐,但流行方式却明显分为两种:5 岁以内的小儿腹泻和与年龄无关的爆发流行。

一、轮状病毒

轮状病毒归类于呼肠病毒科(*Reoviridae*)轮状病毒属,是婴幼儿腹泻的主要病原体。全世界因急性胃肠炎而住院的儿童中,有 40%~50% 为轮状病毒所引起。

1. 生物学性状

(1) 形态结构:病毒体呈圆球形,有双层衣壳,每层衣壳均呈 20 面体对称。内衣壳的壳粒沿着病毒体边缘呈放射状排列,形同车轮辐条。完整病毒大小为 70~75nm,无外衣壳的粗糙型颗粒为 50~60nm。具双层衣壳的病毒体有传染性。病毒体的核心为双股 RNA,由 11 个不连续的节段组成。

(2) 抗原与分型:在轮状病毒外衣壳上具有型特异性抗原,在内衣壳上为共同抗原。根据病毒表面结构蛋白 VP6 的抗原性可将人轮状病毒分为 A~G 共 7 组。引起人类腹泻的主要是 A 组和 B 组。

(3) 病毒培养:轮状病毒常选用恒河猴胚肾细胞 MA104 株和非洲绿猴肾传代细胞 CV1 株培养。培养前应先用胰酶处理病毒,以降解病毒多肽 VP3,该多肽能限制病毒在细胞中的增殖。在培养时细胞维持液中也应含有一定浓度的胰蛋白酶。

(4) 抵抗力:轮状病毒对理化因素有较强的抵抗力。病毒经乙醚、氯仿、反复冻融、超声、37℃ 1 小时或室温(25℃)24 小时等处理,仍具有感染性。该病毒耐酸、碱,在 pH 为 3.5~10.0 时都具有感染性。95% 的乙醇是最有效的病毒灭活剂,56℃ 加热 30 分钟也可灭活病毒。

2. 致病性与免疫性 人类轮状病毒感染常见于 6 个月至 2 岁的婴幼儿,主要在冬季流行,一般通过粪—口途径传播。病毒侵犯小肠细胞的绒毛,潜伏期为 2~4 天。病毒在胞质内增殖,受损细胞可脱落至肠腔而释放大量病毒,并随粪便排出。患者最主要的症状是腹泻,其原因可能是病毒增殖影响了细胞的转运功能,妨碍钠和葡萄糖的吸收。严重时可导致脱水和电解质平衡紊乱,如不及时治疗，可能危及生命。感染后血液中很快出现特异性 IgM、IgG 抗体，肠道局部出现分泌型 IgA，可中和病毒，预防同型病毒感染。一般病例病程为 3～5 天，可完全恢复。隐性感染可产生特异性抗体。

3. **微生物学检查法和防治原则** 世界卫生组织已将 ELISA 双抗体夹心法（检测病毒抗原）列为诊断轮状病毒感染的标准方法，目前国内外均有相应试剂盒出售。此外核酸电泳和核酸杂交已渐成常规技术，在诊断、鉴别诊断及分子流行病学研究中发挥重要作用。

重视饮用水卫生，并注意防止医源性传播，医院内应严格做好婴儿病区及产房的婴儿室消毒工作。目前尚无特异有效治疗药物，主要是补液，维持机体电解质平衡。口服轮状病毒减毒活疫苗已上市，接种对象为 2 个月至 3 岁的婴幼儿。

二、肠道腺病毒、杯状病毒、星状病毒属

1. **肠道腺病毒**（enteric adenovirus，EAd） 40、41、42 三型已证实是引起婴儿病毒性腹泻的第二位病原体。根据 DNA 同源性和血凝格局，它们归属于人类腺病毒 F 组。其形态结构、基因组成、复制特点、致病和免疫与其他腺病毒基本一致。世界各地均有小儿腺病毒胃肠炎报告，主要经粪-口途径传播，四季均可发病，以夏季多见。该病毒主要侵犯 5 岁以下小儿，引起腹泻，很少有发热或呼吸道症状。

2. **杯状病毒**（calicivirus） 属杯状病毒科，呈球形，大小约 27nm，无包膜，单正链 RNA 病毒。人杯状病毒（HuCV）包括诺如病毒和沙波病毒两个属；诺如病毒原称小圆形结构化病毒（small round structured virus，SRSV），其原型病毒为 1972 年在美国 Norwalk 一所小学流行性胃肠炎爆发中发现的诺瓦克病毒（Norwalk virus），是世界上引起非细菌性胃肠炎爆发、流行最重要的病原体，我国近年来也有爆发、流行。流行季节为秋冬季，可累及任何年龄组，学校、家庭、医院、度假村等集体机构均可发生流行。患者、隐性感染者、健康带毒者为传染源。粪—口为主要传播途径，其次为呼吸道。本病毒传染性强。污染的水源和食物，尤其是海产品是引起流行的重要原因。潜伏期约 24 小时，患者突然发病，恶心、呕吐、腹痛和轻度腹泻，呈自限性，无死亡发生。感染后可产生相应抗体，抗体保护作用不明确。

3. **星状病毒属** 包括人、哺乳动物和鸟类星状病毒。人星状病毒于 1975 年从腹泻婴儿粪便中分离得到，呈球形，大小为 28～30nm，核酸为单正链 RNA，无包膜，电镜下表面结构呈星形。在有胰酶存在下星状病毒可在某些培养细胞（如大肠癌细胞）中生长并产生 CPE。该病毒呈世界性分布，经粪—口途径传播，易感者为 5 岁以下婴幼儿，其中 5%～20% 为隐性感染。在温带地区，冬季为流行季节，但发病率只占病毒性腹泻的 2.8%。病毒侵犯十二指肠黏膜细胞，并在其中大量增殖，造成细胞死亡，释放病毒于肠腔中。在急性期，粪中病毒可达 10^{10} 病毒体/g，是医院内感染的主要病原体。潜伏期为 3～4 天，症状包括发热、头痛、恶心、腹泻，后者可持续 2～3 天，甚至更长。感染后可产生抗体，3～4 岁的儿童抗体阳性率为 64%，5～10 岁可达 87%，抗体有保护作用，免疫力较牢固。

（叶荷平）

1. 如何预防小儿脊髓灰质炎？
2. 什么是手足口病？如何预防？
3. 引起婴幼儿腹泻的主要病原体是什么？

第24章 肝炎病毒

肝炎病毒（hepatitis virus）是引起病毒性肝炎的病原体。病毒性肝炎是当前严重危害人类健康的疾病之一。目前公认的病毒性肝炎病原体至少有五种，包括甲型肝炎病毒（HAV）、乙型肝炎病毒（HBV）、丙型肝炎病毒（HCV）、丁型肝炎病毒（HDV）和戊型肝炎病毒（HEV），它们的特性、传播途径、所致疾病的临床表现均不完全相同，但它们均能引起肝炎病变。近年来，还在输血后肝炎的患者血清中发现 GBV-C/HGV 和 TT 病毒（TTV）等，但这些病毒在正常人群中的感染率高，与病毒性肝炎的关系尚不能确定。

第一节 甲型肝炎病毒

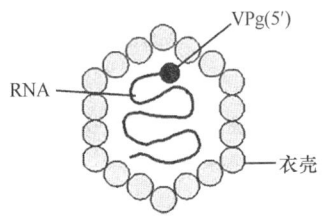

图 2-24-1 甲型肝炎病毒结构示意图

1973 年，Feinstone 首先用免疫电镜技术在急性期患者的粪便中发现甲型肝炎病毒（hepatitis A virus，HAV）。HAV 属微小 RNA 病毒科，为新型肠道病毒 72 型。人类感染 HAV 后，大多表现为亚临床或隐性感染，仅少数人表现为急性甲型肝炎。一般可完全恢复，不转为慢性肝炎，亦无慢性病毒携带者。

1.生物学性状

（1）形态与结构：病毒呈球形，直径约为 27nm，无包膜。衣壳由 60 个壳粒组成，呈 20 面体立体对称，有 HAV 的特异性抗原（HAV Ag），每一壳粒由四种不同的多肽（即 VP1、VP2、VP3 和 VP4）组成（图 2-24-1）。病毒的核心部位为正单链 RNA，除决定病毒的遗传特性外，兼具信使 RNA 的功能，并有传染性。HAV 的单链 RNA 的长度相当于 7400 个核苷酸。在 RNA 的 3′末端有多聚的腺苷序列，在 5′末端以共价形式连接一由病毒基因编码的细小蛋白质，称为病毒基因组连接蛋白（VPg）。其在病毒复制过程中能使病毒核酸附着于宿主细胞的核蛋白体上进行病毒蛋白质的生物合成。

（2）病毒感染模型与培养：黑猩猩和狨猴对 HAV 易感，且能传代，经口或静脉注射可使动物发生肝炎，并能在肝细胞中检出 HAV。在潜伏期和急性期的早期，HAV 可随粪便排出。恢复期血清中能检出 HAV 的相应抗体。

1979 年，Provost 等首次成功地将已适应在狨猴传代的毒株培养于原代狨猴肝细胞或传代恒河猴胚肾细胞 FPhK6 株中。我国学者也先后成功地使 HAV 在肝癌细胞株中增殖。病毒在组织培养细胞中虽可增殖，但不引起细胞病变，且增殖与细胞释放均甚缓慢。应用免疫荧光试验可检出组织细胞中的 HAV，亦可用放射免疫方法自细胞溶解物中检出 HAV。

（3）抵抗力：HAV 对理化因素的抵抗力较强，对乙醚、60℃ 加热 1 小时及酸(pH=3)均有耐受性，在 4℃ 可存活数月，在淡水、海水和毛蚶等水生贝类中可存活数天至数月。但加热 100℃ 5 分钟或用甲醛溶液、氯等处理可使之灭活。

2.致病性与免疫性

（1）传染源与传播途径：HAV 主要通过粪—口途径传播，传染源多为患者。潜伏期为 15～45 天，平均 30 天，病毒常在患者氨基转移酶升高前的 5～6 天就存在于患者的血液和粪便中。发病 2～3 周后，随着血清中特异性抗体的产生，血液和粪便的传染性也逐渐消失。长期携带病毒者极罕见。

HAV 随患者粪便排出体外，通过污染水源、食物、海产品（如毛蚶）、食具等传播，可造成散发、流行或大流行。也可通过输血或注射方式传播，但由于 HAV 在患者血液中持续时间较短，此种传播方式较为少见。

（2）致病机制与免疫：HAV 多侵犯儿童及青年，发病率随年龄增长而递减。临床表现为发热、疲乏和食欲缺乏，继而出现肝大、压痛、肝功能损害，部分患者可出现黄疸。但大流行时黄疸型比例升高。40 岁以上成人中，80% 左右均有抗 HAV 抗体。HAV 经粪—口途径侵入人体后，先在肠黏膜和局部淋巴结增殖，继而进入血流，形成病毒血症，最终侵入靶器官肝脏，在肝细胞内增殖。由于在组织培养细胞中增殖缓慢并不直接引起细胞损害，故推测其致病机制除病毒的直接作用外，机体的免疫应答在导致肝细胞损害上起一定的作用。

在甲型肝炎的显性感染或隐性感染过程中，机体都可产生抗 HAV 的 IgM 和 IgG 抗体，并可维持多年，对再感染有免疫力。另外，激活的 NK 细胞、特异性细胞毒 T 细胞（$CD8^+CTL$）在消灭病毒、控制 HAV 感染中亦很重要。

3. **微生物学检查法**

（1）血清学检查：ELISA 法检测血清中特异性抗体。抗 HAV IgM 具有出现早、短期达高峰与消失快的特点，故它是甲型肝炎新近感染的标志。抗 HAV IgG 的检测有助于流行病学调查。

（2）病原学检查：主要采用粪便标本，RT-PCR 法检测 HAV RNA，免疫电镜检测病毒颗粒等。

4. **防治原则** 做好卫生宣教工作，搞好饮食卫生，保护水源，加强粪便管理，是预防甲型肝炎的重要环节。注射丙种球蛋白及胎盘球蛋白对紧急预防甲型肝炎有一定效果。我国生产的甲肝减毒活疫苗注射一次即可获得较好免疫力，亦有甲肝灭活疫苗在临床使用。

第二节　乙型肝炎病毒

1963 年，Blumberg 在两名多次接受输血治疗的患者血清中发现一种异常的抗体，它能与一名澳大利亚土著人血清中的抗原起沉淀反应，故将这种抗原命名为澳大利亚抗原，简称澳抗。直到 1967 年才明确这种抗原与乙型肝炎有关。1970 年在电子显微镜下观察到乙型肝炎病毒（hepatitis B virus，HBV）的形态，1986 年将其列入嗜肝 DNA 病毒科（*Hepadnaviridae*）。HBV 在世界范围内传播，估计全世界有乙型肝炎患者及无症状病毒携带者约 3.5 亿。乙肝在我国广泛流行，以往曾有报道 HBsAg 阳性率为 10% 左右，近年来随着乙肝疫苗的使用和防治水平的提高，HBsAg 阳性率已明显下降，但仍然是当前危害人民健康最严重的传染病之一。

1. **生物学性状**

（1）形态与结构：乙型肝炎患者的血清用电镜观察可以发现三种相关颗粒（图 2-24-2）。

1）大球形颗粒：亦称为 Dane 颗粒，它是由相当于包膜和一个含有 DNA 分子的核衣壳组成的病毒颗粒，直径约 42nm。核衣壳为 20 面体对称结构。游离的核衣壳只能在肝细胞核内观察到。血中 Dane 颗粒浓度以急性肝炎潜伏期后期为最高，在疾病起始后则迅速下降。Dane 颗粒表面含有 HBsAg，核心中还含有双股有缺口的 DNA 链和 DNA 多聚酶。目前认为 Dane 颗粒即完整的 HBV。

HBV DNA 的两链长短不一，长链（L）完整，为负链，长度恒定，约 3200 个核苷酸。短链（S）为正链，长度可变，为长链长度的 50%～100%，链的延长按 5′-3′顺序进行。在不同分子中短链 3′端的位置是可变的，而短链和长链的 5′端位置固定点为黏性末端，通过 250～300 个核苷酸碱基配对，以维持 DNA 分子的环状结构。在黏性末端两侧，两链 5′端各有

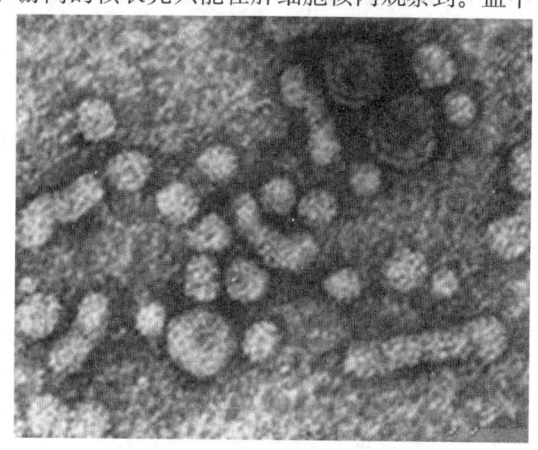

图 2-24-2　乙型肝炎病毒的形态

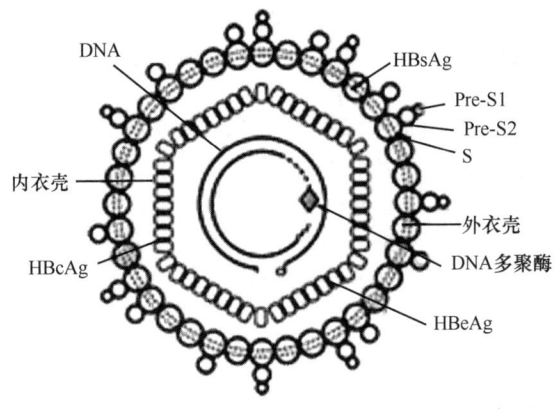

图 2-24-3　乙型肝炎病毒的结构及抗原组成示意图

一个由 11 个 bp 组成的直接重复序列（direct repeat，DR）-5′TTCACCTCTCC，该 DR 位于第 1824 个核苷酸者称为 DR1，位于第 1590 个核苷酸者称为 DR2，在病毒复制中起作用。

2）小球形颗粒：直径约 22nm，是 HBV 感染后血液中最多见的一种，主要成分为 HBsAg。在此颗粒中未检测到病毒 DNA 和 DNA 多聚酶。目前认为 HBV 的小球形颗粒可能是由合成过剩的 HBsAg 装配而成，游离于血液循环中。

3）管形颗粒：直径约 22nm，长度为 50～700nm。实际上它是一串聚合起来的小球形颗粒，同样具有 HBsAg 的抗原性。

(2) HBV 的抗原组成（图 2-24-3）

1）乙肝病毒表面抗原（HBsAg）：是由 HBV 的基因组所编码的，为上述三种形态的颗粒所共有。广义的 HBsAg 由三种蛋白组成：①小分子蛋白（S 蛋白），由 S 基因编码的 226 个氨基酸组成；②中分子蛋白（M 蛋白），由前 S2（PreS2）、S 基因编码，在 S 蛋白的 N 端附加一个含 55 个氨基酸的 Pre S2 蛋白组成，共 281 个氨基酸；③大分子蛋白（L 蛋白），由 S、前 S1 和前 S2 基因编码，在中分子蛋白的 N 端附加一个含 119 个氨基酸的 PreS1 蛋白组成，共 400 个氨基酸。

S 蛋白即狭义 HBsAg，是 HBV 包膜表面抗原的主要成分。HBsAg 能刺激机体产生相应抗体抗 -HBs，它是 HBV 的中和抗体，具有免疫保护作用，因此 HBsAg 是制备乙肝疫苗的最主要成分。HBsAg 的检出是 HBV 感染的标志之一。

Pre S1 和 Pre S2 介导 HBV 吸附到肝细胞表面，最后经胞饮作用进入肝细胞内。如患者血清中检出 Pre S1、Pre S2，表示 HBV 在肝细胞中复制。Pre S1 和 Pre S2 均有良好的免疫原性，抗 -Pre S1 IgM 在 HBV 感染潜伏期，即在抗 HBV IgM 出现前已产生，故可作为 HBV 早期感染的特异性指标；而抗 -Pre S1 IgG 出现稍晚，在体内维持时间较长，具有中和作用。抗 -Pre S2 出现于急性感染恢复早期，比抗 HBs 出现早，而维持时间与抗 -HBs 一样。抗 -Pre S2 具有中和作用，可作为机体康复的指标之一。

HBsAg 的主要亚型有 adr、adw、ayr 及 ayw 四种。欧美各国以 adr 为主，我国汉族以 adr 居多，少数民族地区（西藏、新疆、内蒙古等）以 ayw 为主。

2）乙肝病毒核心抗原（HBcAg）：存在于 Dane 颗粒的衣壳和乙型肝炎患者的肝细胞内。在乙型肝炎的急性期、恢复期和 HBsAg 携带者的血清中常可测出抗 -HBc，而不能检出 HBcAg，因 HBcAg 被包膜覆盖，且一般不游离于血液循环中。抗 -HBc 对病毒无中和作用。体内如发现抗 -HBc，表示 HBV 在肝内持续复制。

3）乙肝病毒 e 抗原（HBeAg）：多数认为它潜藏于 Dane 颗粒的核心部分。HBeAg 是一种可溶性抗原，可游离存在于血液循环中。由于 HBeAg 与 DNA 多聚酶在血液中的消长相一致，故 HBeAg 的存在可作为体内有 HBV 复制及血清具有传染性的标记。血中 HBsAg 滴度越高，HBeAg 的检出率亦较高。有些患者可出现 HBe 抗体，是一种有保护作用的抗体。

4）乙肝病毒 X 抗原（HB_xAg）：可激活细胞内的原癌基因、HBV 基因等，与肝癌的发生发展关系密切。

(3) HBV 的培养：黑猩猩是 HBV 的易感动物，被用以研究 HBV 的发病机制，检测主动免疫、被动免疫的效果以及 HBV 疫苗的安全性。鸭乙肝病毒感染鸭造成的肝炎模型是目前筛选抗乙肝病毒药物的常用模型。HBV 的体外细胞培养尚未成功，目前用 HBV 的 DNA 转染肝癌细胞株，使细胞可瞬时表达或长期稳定表达 HBV 抗原成分或产生 Dane 颗粒，用作体外研究病毒基因组表达或抗病毒药物筛选。

(4) 抵抗力：HBV 对外界的抵抗力较强。对低温、干燥、紫外线和一般化学消毒剂均耐受。在 37℃活性能维持 7 天，在 –20℃可保存 20 年，100℃加热 10 分钟可使 HBV 失去传染性，但仍可保持表面抗原活性。HBV 对 0.5% 过氧乙酸、5% 次氯酸钠溶液和 3% 含氯石灰溶液敏感，是 HBV 常用消毒剂。

2. 致病性与免疫性

(1) 传染源与传播途径：乙肝病毒的主要传染源是患者和无症状 HBsAg 携带者。在潜伏期、急性期或慢性活动初期，患者血液都具有传染性。HBsAg 携带者因无症状而不易被察觉，因此比患者作为传染源的危害性更大。

乙肝病毒存在于患者或病毒携带者的血液和体液（唾液、乳汁、羊水、精液和分泌物等）中，可直接或通过皮肤黏膜的微小损伤进入易感者的机体造成感染。其主要通过以下途径传播：①血液传播，极少量带病毒血液进入人体即可导致感染。输血、注射、手术、拔牙和针刺等均可传播。使用带有病毒的血液制品、污染的器械（如牙科、妇产科器械、内镜等）亦可致医源性传播。②母婴传播，HBsAg 和 HBeAg 双阳性母亲的 HBV 传播率高达 95%，主要是围产期和出生后的密切生活接触而传播。新生儿出生经过产道时，母体的病毒通过婴儿的微小伤口感染或通过哺乳感染。约有 10% 为胎儿在宫内受到感染。③性传播，在精液和阴道分泌物中可存在 HBV，因而性接触可导致 HBV 的传播。

此外，通过日常生活密切接触，可由带病毒的血液或体液引起传播，如共用剃刀、牙刷等。

(2) 致病机制与免疫：乙型肝炎的潜伏期为 30～160 天，平均 90 天，临床类型多种多样，如急性肝炎、慢性活动性肝炎、慢性迁延性肝炎、重症肝炎及 HBsAg 无症状携带者。HBV 的致病机制尚未完全明了，目前认为 HBV 的致病作用不是由于病毒在肝细胞内增殖而直接损害靶细胞，而是通过机体的免疫反应引起病变和症状。

1) 细胞介导的免疫反应：目前认为 HBV 是非溶细胞性病毒，因此机体清除乙肝病毒主要依赖 CTL 细胞或通过 NK 细胞的 ADCC 作用来杀伤靶细胞，将病毒释放于体液中，再经抗体作用。但免疫反应清除病毒的同时又可导致肝细胞的损伤。乙型肝炎患者 T 细胞功能强弱可能与临床过程的轻重和转归有关。当 T 细胞免疫功能正常，受病毒感染的肝细胞不多时，乙肝病毒很快被细胞免疫配合体液免疫予以清除，由细胞免疫所造成的急性肝细胞损伤可完全恢复；如果 T 细胞免疫功能低下，免疫反应不足以完全破坏被病毒感染的肝细胞，持续存在于肝细胞内的病毒导致慢性持续性肝炎；如果机体对病毒完全缺乏免疫反应（免疫耐受），则既不能有效地清除病毒，亦不导致免疫病理反应，结果出现 HBsAg 无症状携带状态；如果 T 细胞免疫功能过强，病毒感染的细胞又过多，细胞免疫反应可迅速引起大量肝细胞坏死，临床上表现为急性重症肝炎。但上述学说尚未被完全证实，通过进一步的研究，多数人认为细胞免疫和体液免疫相互配合发挥免疫作用。因此，抗体介导的杀细胞作用已日益受到重视，并认为是杀伤靶细胞的重要免疫机制。

2) 免疫复合物的损伤作用：在乙型肝炎患者血液循环中常可测出 HBsAg-抗-HBs 的免疫复合物。免疫复合物可引起Ⅲ型超敏反应，其中以关节炎和肾炎最为常见。在急性重型肝炎患者血中有时也可检测到 HBsAg-抗-HBs，大量免疫复合物沉着于肝内，致毛细血管栓塞，则可能引起急性重型肝炎而导致死亡。这种患者预后不良，病死率高。

3) 自身免疫反应：HBV 感染肝细胞后，一方面可引起肝细胞表面抗原的改变，暴露出膜上的肝特异性蛋白（liver specific protein，LSP）抗原；另一方面可能因 HBsAg 含有与宿主肝细胞相同的抗原，从而诱导机体产生对肝细胞膜抗原成分的自身免疫反应。通过研究，发现确有部分乙型肝炎患者存在对 LSP 的特异抗体或细胞免疫反应。一般认为，如患者在病程中出现自身免疫反应，则可加重对肝细胞的损伤而发展成为慢性活动性肝炎。

4) 乙肝病毒与原发性肝癌：乙型肝炎病毒感染与原发性肝癌之间的关系日益受到重视。国内外资料均提示乙肝病毒感染者的肝癌发病率比自然人群高，肝癌患者有 HBV 感染标志者也比自然人群高。因此，HBV 感染可能有致癌作用。

3. 微生物学检查法

(1) 乙肝病毒抗原与抗体的检查法：目前已建立了对 HBsAg（澳抗）、HBcAg 和 HBeAg 及其抗体系统的检测法。以放射免疫法及酶联免疫法最为敏感。

（2）检测乙肝抗原抗体的实际意义：由于 HBV 感染的临床表现多种多样，各项检查结果也呈动态变化，临床必须对几项指标同时检查分析，才能进行正确判断（表 2-24-1）。

表 2-24-1　HBV 抗原抗体检测结果的实际意义

HBsAg	HBeAg	抗 HBs	抗 HBe	抗 HBcIgM	抗 HBcIgG	结果分析
+	−	−	−	−	−	HBV 无症状携带者
+	+	−	−	+	−	急性乙肝或慢性乙肝（俗称"大三阳"，传染性强）
+	−	−	+	−	+	急性感染趋向恢复（俗称"小三阳"）
+	−	−	−	+	+	急性乙肝或慢性乙肝或无症状携带者
−	−	+	+	−	+	乙肝恢复期
−	−	−	−	−	+	感染过 HBV
−	−	+	−	−	−	接种过乙肝疫苗或感染过 HBV 并已恢复

1）HBsAg 与抗 -HBs：血清中检测到 HBsAg，表示体内感染了 HBV。HBsAg 阳性见于：①急性乙型肝炎的潜伏期或急性期（大多短期阳性）；②HBV 所致慢性肝病、迁延性和慢性活动性肝炎、肝炎后肝硬化或原发性肝癌等；③无症状携带者。HBsAg 阴性并不能完全排除 HBV 感染。血清中检测到抗 -HBs，表示曾感染过 HBV，不论临床上有无肝炎症状表现，均已得到恢复，并且对 HBV 有免疫力。乙肝疫苗接种后，血清中亦可检测到抗 -HBs。

2）HBcAg 与抗 -HBc：HBcAg 主要存在于肝细胞核内，并仅存在于 Dane 颗粒中。因此，对患者血清不能检测 HBcAg，而只能检测抗 -HBc。血清内抗 -HBc IgM 阳性反应提示：新近有 HBV 感染，体内有 HBV 增殖，具有强的传染性。低滴度抗 -HBc IgG 提示既往感染，高滴度抗 -HBc IgG 提示急性感染。

3）HBeAg 与抗 -HBe：HBeAg 的存在常表示 HBV 复制活跃且患者血液有传染性，如转阴提示病毒复制减弱或停止。HBeAg 持续阳性提示患者肝脏可能有慢性损害，对预后判断有一定帮助。抗 -HBe 阳性表示机体获得一定的免疫力，病毒复制减少，传染性降低。但抗 -HBe 阳性也有病毒仍大量复制的情况，需进行其他检查以确定。

除以上抗原抗体外，必要时也可检测 PreS1Ag 和 PreS2 Ag 及相应抗体。PreS1Ag 和 PreS2 Ag 的检出说明病毒复制，抗 -Pre S1 和抗 -Pre S2 有中和作用，提示预后良好。

（3）血清 HBV DNA 检测：大多应用 PCR 法检测血清中 HBV DNA，检出 HBV DNA 是病毒复制和具传染性的最可靠指标，也可作为药物疗效的评价指标。

4. 防治原则　一般预防措施包括严格筛选供血员，加强对血液及血制品的管理；患者的血液、分泌物和排泄物及用过的物品，均需严格消毒；医疗器械严格消毒，防止医源性感染；避免共用可能污染血液的个人用品，如剃刀、牙刷、指甲钳等。

对高危人群应采取如下特异性预防措施：①主动免疫，注射乙肝疫苗是最有效的预防方法。乙肝疫苗属国家免疫规划疫苗，目前使用的是编码 HBsAg 的重组基因工程疫苗。新生儿免疫 3 次（0、1、6 个月），可获得 90% 以上的抗 -HBs 阳性率。②被动免疫，针对已暴露于乙肝病毒的紧急情况以及 HBsAg、HBeAg 阳性母亲的新生儿，用含高效价抗 -HBs 的人血清免疫球蛋白（HBIG）进行被动免疫预防。前者暴露后 7 小时内及 1 个月后注射两次，后者出生后 24 小时内注射，并全程接种 HBV 疫苗。

乙型肝炎至今尚无根治方法。慢性乙型肝炎治疗主要包括抗病毒、免疫调节、抗炎、保肝等。其中，规范的抗病毒治疗是关键，临床用药包括核苷类药物（如拉米夫啶、阿德福韦酯）和 α 干扰素。目前我国正在进行治疗性乙肝疫苗的临床试验。某些中草药对 HBV 感染有一定治疗效果。

第三节　丙型肝炎病毒

1974 年，Golafield 首先报道输血后非甲非乙型肝炎。1989 年命名本病及其病毒为丙型肝炎

（hepatitis C）和丙型肝炎病毒（HCV）。HCV 基因组在结构和表型特征上与人黄病毒相类似，故将其归为黄病毒科（*Flaviviridae*）。2020 年诺贝尔生理学或医学奖授予 Harvey J. Alter（美国），Michael Houghton（英国）和 Charles M.Rice（美国），以表彰他们发现丙型肝炎病毒。

1. **生物学性状** HCV 病毒体呈球形，直径小于 80nm（在肝细胞中为 36～40nm，在血液中为 36～62nm），为单股正链 RNA 病毒，在核衣壳外包绕包膜，包膜上有刺突。HCV 体外培养尚未找到敏感有效的细胞培养系统，但黑猩猩对 HCV 很敏感。

HCV 基因有高度变异性，变异导致病毒的免疫逃逸是病毒在体内持续存在并引起慢性感染的主要原因。根据 HCV 基因序列的差异，可将 HCV 分为不同的基因型。欧美国家多数为 HCV Ⅰ型感染，而亚洲国家以 HCV Ⅱ型为主，HCV Ⅲ型次之。不同基因型感染引起临床过程和干扰素治疗反应亦表现不同，如 HCV Ⅲ型感染临床症状较重，有引起严重肝病倾向；HCV Ⅱ型感染对干扰素治疗不敏感效果差，HCV Ⅲ型感染用干扰素治疗效果好。

2. **致病性与免疫性** 丙型肝炎的传染源主要为急性临床型和无症状的亚临床型患者、慢性患者和病毒携带者。一般患者发病前 12 天，其血液即有感染性，并可带毒 12 年以上。HCV 主要为血源传播，国外 30%～90% 输血后肝炎为丙型肝炎，我国输血后肝炎中丙型肝炎占 1/3。此外还可通过其他方式传播，如母婴垂直传播、家庭日常接触和性传播等。

输入含 HCV 或 HCV RNA 的血浆或血液制品，一般经 6～7 周潜伏期后急性发病，临床表现为全身无力、肝区不适，1/3 患者有黄疸，谷丙转氨酶（GPT）升高，抗-HCV 抗体阳性。临床丙型肝炎患者 50% 可发展为慢性肝炎，甚至部分患者会导致肝硬化及肝细胞癌变。

丙型肝炎发病机制仍未十分清楚。当 HCV 在肝细胞内复制引起肝细胞结构和功能改变或干扰肝细胞蛋白合成时，可造成肝细胞变性坏死，表明 HCV 在直接损害肝脏而导致发病中起一定作用。但多数学者认为细胞免疫病理反应可能起重要作用，发现丙型肝炎与乙型肝炎一样，其组织浸润细胞以 $CD3^+$ 为主，细胞毒 T 细胞特异性地攻击 HCV 感染的靶细胞，可引起肝细胞损伤。

3. **微生物学检查法**

（1）检测血清中抗-HCV：HCV 感染后机体可对其结构蛋白和非结构蛋白产生抗体，故可通过 ELISA 法、放射免疫法检测血清中抗 HCV IgG 或 IgM。抗 HCV IgM 阳性有助于 HCV 感染的早期诊断。抗 HCV 的检测可用于筛选献血员、诊断丙型肝炎及疗效评价，是目前实验室诊断最常用的方法。

（2）检测 HCV RNA：用敏感性高的 PCR 方法可检测血清中微量 HCV RNA 含量，HCV RNA 是诊断 HCV 感染和传染性的可靠指标。HCV RNA 的定量检测还用于丙型肝炎患者的疗效评估。

4. **防治原则** 丙型肝炎的预防方法基本与乙型肝炎的相同。重点是对献血员的管理，加强消毒隔离制度，防止医源性传播。HCV 容易发生变异，给疫苗研制带来障碍，目前无疫苗用于预防。近年来，HCV 的抗病毒治疗取得重大进展，口服抗病毒药索非布韦、雷迪帕韦等，使丙型肝炎成为可治愈疾病。

第四节　丁型肝炎病毒

1977 年，意大利学者 Rizzetto 用免疫荧光法在慢性乙型肝炎患者的肝细胞核内发现一种新的病毒抗原，并称为 δ 因子（delta agent）。它是一种缺陷病毒，必须在 HBV 或其他嗜肝 DNA 病毒的辅助下才能复制增殖，现已正式命名为丁型肝炎病毒（hepatitis D virus，HDV）。HDV 体形较小，直径为 35～37nm，核心含单股负链共价闭合的环状 RNA 和 HDV 抗原（HDAg），其外包以 HBV 的 HBsAg。经核酸分子杂交技术证明，HDV RNA 与 HBV DNA 无同源性，也不是宿主细胞的 RNA。HDV RNA 的相对分子质量很小，只有 5.5×10^5，这决定了 HDV 的缺陷性，不能独立复制增殖。

流行病学调查表明，HDV 感染呈世界性分布，但主要分布于意大利南部和中东等地区。其主要通过输血或使用血制品方式传播，也可通过密切接触与母婴间垂直感染等方式传播。高危人群包括药瘾者及多次受血者。动物实验与临床研究表明，HDV 的感染需同时或先有 HBV 或其他嗜 DNA 病毒感染的基础。

HDV 与 HBV 的同时感染称为共同感染（coinfection）；发生在 HBV 感染基础上的 HDV 感染称为重叠感染（superinfection）。许多临床表明，HDV 感染常可导致 HBV 感染者的症状加重与病情恶化，因此在急性重型肝炎的发生中起着重要的作用。例如，HBsAg 携带者重叠 HDV 感染后，常可表现为急性发作，病情加重，且病死率高。

HDV 的致病机制与免疫性还不清楚。一般认为 HDV 对肝细胞有直接的致细胞病变作用。HDAg 主要存在于肝细胞核内，随后出现 HDAg 血症，可用免疫荧光、放射免疫或酶联免疫吸附试验及核酸杂交技术进行检测。但患者标本应先经去垢剂处理，除去表面的 HBsAg 以暴露出 HDAg 后才能检测到。HDAg 可刺激机体产生特异性抗 -HDV，先是 IgM 型，随后是 IgG 型抗体的出现。在慢性感染过程中所检出的抗体常以 IgG 为主。

对 HDV 感染尚无特效治疗药物，有报道称长疗程的干扰素治疗可改善患者的症状。切断 HDV 的传播途径是主要预防措施之一，如尽量避免反复输血或使用血制品，戒除药瘾，严格做好注射器、针头与针灸针的消毒，认真做好患者的早期诊断与隔离，患者排泄物与用品的消毒等。

第五节　戊型肝炎病毒

戊型肝炎（hepatitis E）是一种经粪—口传播的急性传染病。据世界卫生组织估计，全球每年大约有 2000 万人感染戊型肝炎，其中 5.66 万人因戊型肝炎而死亡。戊型肝炎主要在亚洲、非洲等经济欠发达地区流行，近年来在欧美和亚太地区的发达国家中也陆续有散发病例报告。我国属戊型肝炎高流行区，曾发生多次戊型肝炎的流行。2012～2019 年，我国戊型肝炎报告发病数已连续 8 年超过甲型肝炎。

HEV 是单股正链 RNA 病毒，呈球形，直径为 27～34nm，无包膜，核衣壳呈 20 面体立体对称。目前尚不能在体外组织培养，但黑猩猩、食蟹猴、恒河猴、非洲绿猴、须猕猴对 HEV 敏感，可用于分离病毒。HEV 在碱性环境中稳定，对高热敏感，煮沸可将其灭活。

HEV 随患者粪便排出，通过日常生活接触传播，并可经污染食物、水源引起散发或爆发流行，发病高峰多在雨季或洪水后。潜伏期为 2～11 周，平均 6 周，临床患者多为轻中型肝炎，常为自限性，不发展为慢性。HEV 主要侵犯青壮年，65% 以上发生于 16～19 岁年龄组，儿童感染表现亚临床型较多，成人病死率高于甲型肝炎，尤其妊娠妇女患戊型肝炎病情严重者，在妊娠的后 3 个月发生感染病死率达 20%。HEV 感染后可产生免疫保护作用，防止同株甚至不同株 HEV 再感染。

实验诊断可用 ELISA 法检查血清中抗 -HEV IgM、IgG 抗体等，通过电镜从粪便中找病毒颗粒，RT-PCR 检测粪便或胆汁中 HEV RNA。戊型肝炎的一般预防与甲型肝炎相同，用免疫球蛋白做紧急被动免疫无效。2012 年，中国拥有自主知识产权、世界上第一个戊肝疫苗"重组戊型肝炎疫苗"研制成功。该戊肝疫苗适用于 16 岁及以上重点高风险人群。

（叶荷平）

1. 主要的肝炎病毒有几种？各自有哪些主要区别。
2. 乙肝感染者临床表现多样，其可能的机制是什么？
3. 检测乙肝抗原抗体有哪几项，有何临床意义？

第 25 章 虫媒病毒和出血热病毒

虫媒病毒（arbovirus）主要指通过吸血的节肢动物（蚊、蜱、白蛉等）传播的病毒，节肢动物既是病毒的传播媒介，又是储存宿主。虫媒病毒感染人可呈多样化临床表现。在我国流行的虫媒病毒主要有乙型脑炎病毒、登革病毒和森林脑炎病毒以及近年来发现的基孔肯雅病毒和发热伴血小板减少综合征布尼亚病毒。

出血热（hemorrhagic fever）是一大类疾病的统称。出血热以发热、皮肤和黏膜出现瘀点或瘀斑、不同脏器的损害和出血以及可能伴有低血压和休克等为特征。引起出血热的病毒种类较多，目前在我国已发现的主要有汉坦病毒、克里米亚-刚果出血热病毒和登革病毒。

第一节 流行性乙型脑炎病毒

流行性乙型脑炎病毒（epidemic encephalitis B virus）简称乙脑病毒，亦称日本脑炎病毒（Japanese encephalitis virus，JEV），该病毒通过蚊子叮咬传播，引起流行性乙型脑炎，简称乙脑。乙脑是我国夏秋季流行的主要传染病之一，除新疆、西藏、青海外，全国各地均有病例发生，病死率约10%，大约15% 的患者留有不同程度的后遗症。

1. 生物学性状

（1）形态与结构：乙脑病毒属于黄病毒科（*Flaviviridae*）黄病毒属（*Flavivirus*），形态为球形，直径40nm，核酸为单正链RNA，核衣壳呈20面立体对称，外有包膜。包膜表面有包膜糖蛋白（E）刺突，即病毒血凝素；包膜内尚有内膜蛋白（M），参与病毒的装配。乙脑病毒抗原性稳定，只有一个血清型。

（2）培养特性：乳鼠为敏感动物，BHK细胞系、C6/36细胞系及鸡胚成纤维细胞为敏感细胞，均可用于乙脑病毒的分离培养。

（3）抵抗力：乙脑病毒对热抵抗力弱，56℃ 30分钟灭活，低温条件下可长期保存。若将感染病毒的脑组织加入50%甘油缓冲盐水中储存在4℃条件下，其病毒活力可维持数月。乙醚、氯仿、1：1000去氧胆酸钠及常用消毒剂均可灭活病毒。

2. 致病性与免疫性

（1）致病性：我国乙脑病毒的传播媒介主要为三带喙库蚊。蚊感染病毒后，先在肠管细胞中增殖，经病毒血症侵犯唾液腺和神经组织，并再次复制，终身带毒并可经卵传代，成为传播媒介和储存宿主。家畜和家禽感染乙脑病毒，一般为隐性感染，但病毒在其体内可增殖，引起短暂的病毒血症，成为乙脑病毒的暂时储存宿主。尤其幼猪是最为重要的传染源和储存宿主，构成猪-蚊-猪的传播环节，当带毒雌蚊叮咬人时，病毒随蚊虫唾液传入人体皮下。先在毛细血管内皮细胞及局部淋巴结等处的细胞中增殖，病毒入血形成第一次病毒血症。病毒随血液循环播散到肝、脾等处的细胞中继续增殖，再次入血形成第二次病毒血症，引起发热、寒战及全身不适等症状，若不再继续发展者，即成为顿挫感染，数天后可自愈；但少数患者（0.1%）体内的病毒可通过血脑屏障进入脑内增殖，引起脑膜及脑组织病变。临床上表现为高热、意识障碍、抽搐、颅内压增高及脑膜刺激征。重症患者可死于呼吸循环衰竭，部分患者病后出现失语、强直性痉挛、精神失常等后遗症。

（2）免疫性：人感染乙脑病毒后，大多数为隐性感染及部分顿挫感染，其后均可获得持久而稳定的免疫力。机体的免疫力来自于体液免疫所产生的具有中和作用的抗体 IgG 及血凝抑制抗体。此外，细胞免疫和血脑屏障也发挥着重要的作用。

3. **微生物学检查法** 乙脑早期快速诊断通常用 ELISA 法检测急性期患者血清或脑脊液特异性 IgM；也可做 RT-PCR 检测标本中的病毒核酸片段；其次，常规血清学试验，如血凝抑制试验、补体结合试验、中和试验，需取双份血清，检测患者急性期和恢复期血清特异性抗体滴度，如恢复期抗体滴度比急性期≥4倍时，有辅助诊断意义。

4. **防治原则** 目前乙脑治疗无特效方法。防蚊灭蚊、动物宿主的管理和疫苗接种是预防本病的有效措施。流行区当年饲养的仔猪接种乙脑疫苗，以杜绝传染来源。我国从1968年起使用乙脑灭活疫苗对儿童进行计划免疫，控制了乙脑的流行。1988年我国研制成功乙脑减毒活疫苗，安全有效，目前已广泛使用。

第二节 登革病毒

登革病毒（dengue virus）可引起登革热以及包括登革出血热和登革休克综合征的重症登革。

登革病毒属于黄病毒科黄病毒属，病毒呈球形，直径为45～55nm，依抗原性不同分为1、2、3、4四个血清型，各型病毒间抗原性有交叉。病毒在蚊体内以及白纹伊蚊传代细胞（C6/36细胞）、猴肾、地鼠肾原代和传代细胞中能增殖，并产生明显的细胞病变。

登革病毒主要经埃及伊蚊和白纹伊蚊传播。患者及隐性感染者是本病的主要传染源，人和灵长类动物是该病毒的自然宿主。人对登革病毒普遍易感。病毒感染人后，先在毛细血管内皮细胞及单核巨噬细胞系统中复制增殖，然后经血流扩散，引起发热、头痛、乏力、肌肉、骨骼和关节痛，皮疹或淋巴结肿大。部分患者可于发热2～4天后症状突然加重，发生出血和休克。重症登革多发生于再次感染异型登革病毒后，其发病机制尚未完全清楚，多数学者认为此与抗体依赖增强作用（ADE）有关。

微生物学检查常采用 RT-PCR 技术检测登革病毒核酸；利用 ELISA 捕捉法检测血清中特异性 IgM 抗体进行早期诊断。2015年法国研制出四价减毒登革疫苗，目前在拉丁美洲和亚洲的几个登革热流行国家获准使用。减少蚊虫孳生及防蚊、灭蚊是最主要的预防方法。

第三节 汉坦病毒

汉坦病毒属（*Hantavirus*）归入布尼亚病毒科（*Bunyaviridae*），目前已知包括20多个不同型别。汉坦病毒主要引起两种急性传染病，一为肾综合征出血热（haemorrhagic fever with renal syndrome，HFRS）；另一为汉坦病毒肺综合征（hantavirus pulmonary syndrome，HPS）。我国是世界范围内 HFRS 疫情最严重的国家，流行广，发病率和病死率较高。迄今尚未发现 HPS。

1. **生物学性状**

（1）形态结构：病毒体呈圆形或卵圆形，平均直径为122nm，核酸为单股负链 RNA，分为 L（长）、M（中）、S（短）三个片段。核衣壳为螺旋对称。本病毒有包膜，包膜上有突起。

（2）培养特性：多种传代、原代及二倍体细胞均对汉坦病毒敏感，实验室常用非洲绿猴肾细胞（Vero E6）来分离培养该病毒。易感动物有多种，如黑线姬鼠、长爪沙鼠等，但除了小白鼠乳鼠感染后可发病及致死外，其余均无明显症状。

（3）抵抗力：汉坦病毒抵抗力不强，对酸（pH 3）和丙酮、氯仿、乙醚等脂溶剂敏感。一般消毒剂（如甲酚、苯扎溴铵等）也能灭活病毒。56～60℃ 1小时和紫外线照射（50cm，30分钟）均可灭活病毒。

2. **致病性与免疫性**

（1）传染源和传播途径：HFRS 为多宿主的自然疫源性疾病，携带病毒的主要是多种鼠类，疫源地遍及世界五大洲。黑线姬鼠和褐家鼠是我国各疫区汉坦病毒的主要宿主动物和传染源。此病有明显的地区性和季节性。在我国，HFRS 一年四季均有发生，但高发期多在10～12月份间。动物源性传播是主要传播途径，即携带病毒的动物通过唾液、尿、粪排出病毒污染环境，人或动物通过呼吸道、消化道摄入或直接接触感染动物受到传染。

（2）致病性：潜伏期一般为两周左右，起病急，发展快，以肾组织急性出血、坏死为主。临床有三大主症，即发热、出血和肾脏损害。临床经过分为发热期、低血压休克期、少尿期、多尿期和恢复期。HFRS 的发病机制很复杂，有些环节尚未完全搞清。一般认为病毒和免疫病理损伤均起重要作用。病毒感染造成病毒血症以及全身毛细血管和小血管损伤，引起高热、寒战、乏力、全身酸痛、皮肤和黏膜出现出血点或出血斑，重者还可有腔道或多脏器出血以及肾脏损害而出现血尿、蛋白尿，电解质紊乱。广泛的毛细血管和小血管损伤引起的出血、血浆渗出和微循环障碍等造成低血压或休克。在早期患者体内即可出现大量循环免疫复合物沉积在血管、肾小球基膜等处，通过 III 型超敏反应造成的免疫病理损伤参与 HFRS 的致病。

（3）免疫性：人对汉坦病毒普遍易感。感染后抗体出现早，一般在第 2 天血清中即可检出抗体 IgM，3～4 天则可检出特异性抗体 IgG，IgG 抗体在体内可持续存在多年。因此，HFRS 病后可获持久免疫力，一般不会再次感染发病。

3. **微生物学检查法**　临床常用间接免疫荧光法和 ELISA 方法检测特异性 IgM 和 IgG 抗体，需检测双份血清（间隔至少一周），恢复期血清抗体滴度比急性期升高 4 倍以上可确诊；用 RT-PCR 技术检测汉坦病毒核酸。

4. **防治原则**　主要采取灭鼠、防鼠、灭虫、消毒和个人防护等措施。目前我国使用的是细胞培养灭活双价疫苗，大量人群接种后，预防效果较好。对 HFRS 应坚持"三早一就"（早发现，早休息，早治疗，就近治疗）。目前尚无特效疗法，主要是采取以"液体疗法"为基础的综合治疗措施。有报道称利巴韦林和患者恢复期血清对早期患者有一定疗效。

第四节　克里米亚-刚果出血热病毒

克里米亚-刚果出血热病毒（Crimean-Congo hemorrhagic fever virus）属于布尼亚病毒科的内罗病毒属（*Nairovirus*），首先发现于克里米亚半岛，后从刚果发热儿童中分离。1965 年，我国新疆塔里木地区发生急性出血热疫情，后从患者的血液、尸体的脏器以及在疫区硬蜱中分离到同种病毒。因此，也称为新疆出血热病毒。

新疆出血热是一种自然疫源性疾病，主要分布于有硬蜱活动的荒漠和牧场，有明显的季节性。每年 4～5 月为流行高峰，与蜱在自然界的消长情况及牧区活动的繁忙季节相符合。牛、羊、马、骆驼等家畜及野兔、刺猬和狐狸等野生动物是储存宿主和传染源。传播媒介为亚洲璃眼蜱（*Hyalomma asiaticum*），蜱可经卵传递此病毒，因此蜱又是此病毒的储存宿主。人被带毒蜱叮咬或经破损的皮肤感染，潜伏期为 7 天左右，患者临床表现出发热、头痛、困倦乏力、呕吐等症状。严重患者有鼻出血、呕血、血尿、蛋白尿甚至休克等。病后免疫力持久。

预防：切断传播途径，防止蜱叮咬，对进入疫区的人员要加强防护等。目前我国研制的新疆出血热疫苗（为感染鼠脑精制而成），有预防效果。

第五节　其他重要虫媒病毒和出血热病毒

一、寨卡病毒

寨卡病毒（Zika virus，ZIKV）属于黄病毒科黄病毒属，分为非洲型和亚洲型；其形态结构、培养特性及抵抗力等均与登革病毒相似。2015 年，寨卡病毒病在巴西大规模流行并波及南美和加勒比海地区，后蔓延至北美洲、非洲、亚洲及太平洋地区。我国 2016 年出现输入性病例，并在自然界蚊体中分离到其高致病性毒株，应注意其潜在的流行风险。

寨卡病毒可感染猴、猩猩等多种脊椎动物，传播媒介主要为埃及伊蚊和白纹伊蚊。临床特征与登革热相似，感染多为隐性，仅 20% 感染者出现症状。潜伏期 3～14 天，主要表现为发热、斑丘疹、结膜炎、肌肉和关节疼痛、乏力和头痛等。病程 2～7 天，重症者罕见。孕妇于妊娠早期感染后，病毒可突破血胎屏障导致新生儿小头畸形甚至胎儿死亡。寨卡病毒具神经嗜性及多种组织嗜性，可通过血脑屏障导致成人格林-巴利综合征；通过血眼屏障可导致眼疾甚至失明；经性接触传播后可通过血睾屏障引发睾丸炎和附睾炎。目前尚无疫苗及特效治疗手段。

二、森林脑炎病毒

森林脑炎病毒，也称为俄罗斯春夏脑炎病毒（Russian spring summer encephalitis virus）。本病毒由蜱传播，在春夏季节流行于俄罗斯及我国东北森林地带。森林脑炎病毒形态结构、培养特性及抵抗力似乙脑病毒，主要侵犯中枢神经系统，临床上以发热、神经症状为特征，有时出现瘫痪后遗症。本病毒储存宿主为蝙蝠及刺猬、松鼠、野兔等，动物为轻症感染或隐性感染。蜱是森林脑炎病毒传播媒介，又是长期宿主，当蜱叮咬感染的野生动物，吸血后病毒侵入蜱体内增殖，并可经卵传代。牛、马、狗、羊等家畜在自然疫源地受蜱叮咬而传染，并可将蜱带到居民点，成为人的传染源。此外，可因喝病羊的生乳而感染。8～14天潜伏期后发生脑炎，出现肌肉麻痹、萎缩、昏迷致死，少数痊愈者也常遗留肌肉麻痹。一经感染，无论发病与否均可获得持久免疫力。接种森林脑炎减毒活疫苗可特异性预防。

三、基孔肯雅病毒

基孔肯雅病毒（chikungunya virus，CHIKV）属于披膜病毒科（*Togaviridae*）甲病毒属（*Alphavirus*），是基孔肯雅热病原体。近年，主要在非洲、南亚、东南亚及印度洋地区流行，每年可致数百万人感染。2019年，云南省发生由输入性病例引起本地流行的基孔肯雅热疫情。

急性期患者、隐性感染者和感染病毒的非人灵长类动物是主要传染源。主要传播媒介为埃及伊蚊和白纹伊蚊。基孔肯雅热与登革热较难鉴别，潜伏期通常3～7天，以发热、皮疹及关节剧烈疼痛为主要特征，部分严重者可因关节功能受损导致残疾；还可引起中枢神经系统疾病的症状；可通过胎盘感染，导致胎儿流产或死亡。目前尚无疫苗，防蚊灭蚊为主要预防措施。

四、发热伴血小板减少综合征布尼亚病毒

发热伴血小板减少综合征布尼亚病毒（severe fever with thrombocytopenia syndrome bunyavirus，SFTSV）属于布尼亚病毒科白蛉病毒属（*Phlebovirus*），由我国学者首先发现。迄今，湖北、河南和山东等至少11个省份出现病例，国外也有类似报道。

羊、牛、狗等家畜为主要宿主，长角血蜱为主要传播媒介，直接接触感染血液可引起人际传播。起病急，以发热伴白细胞和血小板减少为主要特征，部分病人伴有出血，少数重症病人可因多脏器损害而死亡。典型的病程分为四期：潜伏期、发热期、多器官功能衰竭期和恢复期。目前尚无特异性防治方法，防蜱叮咬为主要预防措施。

五、埃博拉病毒

埃博拉病毒（Ebola virus）属于丝状病毒科（*Filoviridae*）的丝状病毒属（*Filovirus*），是人类迄今为止所发现的致死率最高的病毒之一。该病毒于1976年首次分离后数次爆发流行；2014年在西非国家大规模流行，感染人数超过一万，死亡率超过30%。

埃博拉病毒的自然储存宿主尚不清楚，可经感染的人和非人灵长类传播。主要传播途径为接触，接触感染者的血液、排泄物以及吸入分泌物等均可造成感染导致埃博拉出血热。潜伏期2～21天，临床表现为发热、头痛和肌肉痛，随后出现呕吐、腹泻和血便，重症患者可出现不同程度的出血症状，可导致休克及死亡。

此病毒高度危险，与活病毒相关的实验必须在生物安全四级实验室进行。控制传染源为最重要的预防措施。2019年，全球首个埃博拉疫苗获批上市。

（胥 冰）

1. 列表比较以吸血节肢动物为主要传播媒介的病毒种类、其主要传染源、传播媒介与所致疾病。
2. 导致以发热及出血为主要症状的病毒有哪些？如何进行鉴别诊断？

第26章 疱疹病毒

疱疹病毒（herpes viruses）是一群中等大小，有包膜的双股DNA病毒，迄今已发现130余种，根据其理化性质分为α、β、γ三个亚科。α疱疹病毒（如单纯疱疹病毒、水痘-带状疱疹病毒）增殖速度快，引起细胞病变；β疱疹病毒（如巨细胞病毒）生长周期长，感染细胞形成巨细胞；γ疱疹病毒（如EB病毒）感染的靶细胞是淋巴样细胞，可引起淋巴增生。疱疹病毒感染的宿主范围广泛，可感染人类和其他脊椎动物。引起人类疾病的疱疹病毒有8种（表2-26-1）。疱疹病毒主要侵犯外胚层来源的组织，包括皮肤、黏膜和神经组织。感染部位和引起的疾病多种多样，并有潜伏感染的趋势，严重威胁人类健康。1960年动物学家Walter Plowright从角马体内首次成功分离第一株疱疹病毒。

表2-26-1 感染人类的主要疱疹病毒

病毒	亚科	主要感染细胞	传播途径	所致疾病
单纯疱疹病毒-1（HSV-1）	α	黏膜内皮细胞	密切接触	唇疱疹、口龈炎、角结膜炎等
单纯疱疹病毒-2（HSV-2）	α	黏膜内皮细胞	密切接触	生殖系统疱疹
水痘-带状疱疹病毒（HSV-3）	α	黏膜内皮细胞	呼吸、密切接触	水痘、带状疱疹
EB病毒（HSV-4）	γ	B细胞&内皮细胞	密切接触、组织移植、性接触	传染性单核细胞增多症、Burkitt淋巴瘤、鼻咽癌
巨细胞病毒（HSV-5）	β	单核细胞、淋巴细胞、内皮细胞	唾液、尿液、乳汁	传染性单核细胞增多症，眼、肾、脑感染和先天感染
HSV-6	β	T细胞及？	呼吸、亲密接触？	幼儿急疹（玫瑰疹）
HSV-7	β	T细胞及？	未知	未知
HSV-8	γ	淋巴细胞及其他细胞	性接触？唾液	卡皮西肉瘤、原发性渗出性淋巴瘤

第一节 单纯疱疹病毒

1. 生物学性状

（1）形态结构：单纯疱疹病毒（herpes simplex virus，HSV）呈球形，由核心、衣壳、被膜及包膜组成。核心含双链DNA，缠绕成纤维卷轴。衣壳呈20面体立体对称，直径为100nm。衣壳外有一层被膜覆盖，最外层为典型的脂质双层包膜，有突起。有包膜的病毒直径为150~200nm。包膜表面含gB、gC、gD、gE、gG、gH糖蛋白，与病毒对宿主细胞吸附/穿入（gB、gC、gD、gE）、控制病毒从细胞核出芽释放（gH）及诱导细胞融合（gB、gC、gD、gH）有关，也有诱生中和抗体（gD最强）和细胞毒作用（已知的HSV糖蛋白均可）。

（2）培养特性：HSV可在多种细胞中生长，感染动物范围广泛，多种动物脑内接种可引起疱疹性脑炎，小白鼠足垫接种可引起中枢神经系统致死性感染，家兔角膜接种引起疱疹性角膜炎，豚鼠阴道内接种可引起宫颈炎和宫颈癌。接种于鸡胚绒毛尿囊膜上，形成增殖性白色斑块。

（3）分型：HSV有两个血清型，即HSV-1和HSV-2，两型病毒核苷酸序列具有50%同源性，型间有共同抗原，也有特异性抗原，可选用型特异性单抗做ELISA、DNA限制性酶切图谱分析及DNA杂交实验等方法鉴定型别。

2. 致病性 患者和健康病毒携带者是主要传染源，个体间密切接触和性接触为主要传播途径。HSV经口、呼吸道、生殖道黏膜和破损皮肤等多种途径侵入机体。人感染率达80%~90%，常见临床表现有黏膜或皮肤局部集聚性疱疹,偶发严重全身性疾病,可累及内脏。

(1) 原发感染:初次感染约 90% 无临床症状,多为隐性感染。显性感染主要表现为黏膜及皮肤局部疱疹,HSV-1 以腰以上部位感染为主,HSV-2 则以腰以下及生殖器感染多见。HSV-1 原发感染常发生于 1~15 岁,常见的有龈口炎,系在口颊黏膜和齿龈处发生成簇疱疹,破裂后多附一层坏死组织。此外,尚可引起唇疱疹、湿疹样疱疹、疱疹性角膜炎、疱疹性脑膜炎等。生殖器疱疹多见于 14 岁以后,由 HSV-2 引起,比较严重,局部剧痛,伴有发热、全身不适及淋巴结炎。

(2) 潜伏感染和复发:HSV 原发感染产生免疫力后,将大部分病毒清除,部分病毒可沿神经髓鞘到达三叉神经节(HSV-1)和脊神经节(HSV-2)细胞中或周围星形神经胶质细胞内,以潜伏状态持续存在,与机体处于相对平衡状态,不引起临床症状。当机体发热、受寒、日晒、月经期、情绪紧张、使用垂体或肾上腺皮质激素,或机体遭受某些细菌、病毒等感染时,潜伏的病毒被激活增殖,引起复发性局部疱疹。其特点是每次复发病变往往发生于同一部位。最常见在唇鼻间皮肤与黏膜交界处出现成簇性的小疱疹。疱疹性角膜炎、疱疹性宫颈炎等亦可反复发作。

(3) 先天性感染:HSV-2 通过胎盘感染,影响胚胎细胞的有丝分裂,易导致流产,或造成胎儿畸形、智力低下等先天性疾病。40%~60% 的新生儿在通过 HSV-2 感染的产道时可被感染,出现高热、呼吸困难和中枢神经系统病变,其中 60%~70% 受染新生儿可因此而死亡,幸存者中后遗症可达 95%。

(4) 与宫颈癌的关系:研究表明,HSV-2 感染可促进 HPV(如 HPV16、18)导致宫颈癌的发生,即 HSV-2 在宫颈癌发生中起协同作用。

3. **免疫性**　HSV 感染后可通过免疫逃逸机制(如 IL-10 分子模拟和降低感染细胞 MHC Ⅰ 表达)导致宿主终身带毒。HSV 原发感染后 1 周左右血中可出现中和抗体,3~4 周达高峰,并持续多年。中和抗体对阻止病毒经血流播散和限制病程有一定作用,但不能消灭潜伏状态感染的病毒和阻止复发。在机体抗 HSV 感染的免疫中,细胞免疫起更重要作用。

4. **微生物学检查法**

(1) 病毒分离:采集患者唾液、脑脊液以及口腔、子宫颈、阴道分泌液,或角膜、结膜刮取物等接种至易感细胞培养,做出初步诊断。然后利用 IFA、ELISA 进行鉴定。必要时进行分型。

(2) 抗原检测:用 IFA、ELISA 等方法直接检测细胞内或分泌液中抗原,可快速诊断 HSV 感染。

(3) 抗体检测:检测患者血清中抗体,可用于原发感染诊断,但不能与复发感染区别。因人群存在潜伏感染,血清中普遍含较高的抗体水平,复发感染时难以观察到抗体效价上升。检测脑脊液抗体对诊断神经系统 HSV 感染有重要意义。

此外,用 DNA 分子杂交和 PCR 法检测 HSV 的 DNA 具有明显优越性。

5. **防治原则**

(1) 预防:目前研究中的各种疫苗 [如包膜蛋白(提纯的 gG、gD)亚单位疫苗、gB 和 gD 基因重组病毒疫苗及多肽疫苗] 在动物实验中显示良好效果,有应用前景。妊娠妇女产道 HSV-2 感染,分娩后可给新生儿注射丙种球蛋白进行紧急预防。应避免与患者接触,注意性生活安全。

(2) 治疗:阿昔洛韦(ACV)对疱疹病毒选择性强,主要用于治疗生殖器疱疹,还常用于治疗唇疱疹、疱疹性脑炎、新生儿疱疹、疱疹性角膜炎等。同类药物还有更昔洛韦、代昔洛韦、泛昔洛韦等。

我国用 HSV gC、gD 单抗制成滴眼液,用于治疗疱疹性角膜炎,疗效显著。

第二节　水痘 - 带状疱疹病毒

水痘 - 带状疱疹病毒(varicella-zoster virus,VZV)可引起两种不同的病症。在儿童初次感染引起水痘,而潜伏体内的病毒受到某些刺激后复发引起带状疱疹,多见于成年人和老年人。

1. **生物学性状**　本病毒多数性状与 HSV 相似。只有一个血清型,一般动物和鸡胚对 VZV 不敏感,在人或猴成纤维细胞中可增殖,并缓慢产生细胞病变,形成多核巨细胞,受染细胞核内可见嗜酸性包涵体。

2. **致病性和免疫性**

(1) 原发感染——水痘：本病传染性强，人群普遍易感，儿童多发，易感儿童接触后90%发病，易出现爆发流行。患者是主要传染源，主要通过空气飞沫和接触水痘疱疹液传播，也可通过污染的用具传播。病毒先在局部淋巴结增殖，进入血液散布到各个内脏继续大量增殖。经2~3周潜伏期后，全身皮肤广泛发生丘疹、水疱疹和脓疱疹，皮疹分布主要是向心性，以躯干较多。皮疹内含大量病毒，感染的棘细胞（prickle cell）内生成嗜酸性包涵体和多核巨细胞。水痘消失后不留瘢痕，健康儿童患病一般较轻，但偶有并发间质性肺炎和感染后脑炎（0.1%）；免疫力低下儿童和成人表现严重，并发症发生率较高。

(2) 复发性感染——带状疱疹：是潜伏在体内的VZV复发感染。原发感染后，病毒潜伏在脊髓后根神经节或脑神经的感觉神经节中，当机体受到某些刺激时，如发热、受冷、机械压迫、使用免疫抑制剂、X线照射，或患白血病及肿瘤等导致细胞免疫功能损害或低下时，潜伏的病毒被激活，病毒沿感觉神经轴索下行到达该神经所支配的皮肤细胞内增殖，在皮肤上沿感觉神经的通路发生串联的水疱疹，形似带状，故名带状疱疹。本病多发生于腰腹和面部。1~4周内局部痛觉非常敏感，有剧痛。

患水痘后机体产生特异性体液免疫和细胞免疫，终身不再感染。但不能清除长期潜伏于神经节中的病毒，故不能阻止病毒激活而发生带状疱疹。

3. **微生物学检查** 水痘-带状疱疹的临床症状典型，一般无须做微生物学检查。必要时可刮取疱疹基底部细胞涂片染色检查嗜酸性包涵体和多核巨细胞，亦可用膜抗原单抗进行免疫荧光或免疫酶染色检查细胞内抗原。

4. **防治原则** 水痘减毒活疫苗对预防水痘感染和传播有良好效果，经免疫的幼儿产生体液免疫和细胞免疫可维持数年。在接触传源源72~96小时内，应用含特异抗体的人免疫球蛋白，对预防感染、减轻症状有一定效果。现已有带状疱疹疫苗，用于50岁及以上成人带状疱疹的预防。

正常儿童一般无须抗病毒治疗。免疫功能低下儿童及成人患者应用抗病毒药物，如阿昔洛韦、阿糖胞苷及大剂量干扰素。

第三节 其他疱疹病毒

一、EB 病 毒

EB病毒（Epstein-Barr virus，EBV）是1964年由Epstein-Barr等改进组织培养技术用电子显微镜首先从非洲儿童恶性淋巴瘤体外培养的淋巴瘤细胞系中发现的一种新的人类疱疹病毒。目前将其归类为疱疹病毒科γ疱疹病毒亚科。

1. **生物学性状** EB病毒呈球形，直径为180~200nm，基本结构含核心、衣壳和包膜三部分。EBV基因组是一个172kb大小的线性双股螺旋DNA分子，其中G+C含量约为60%。EB病毒在体内、体外专一性地感染人及某些灵长类的B细胞，并能使受感染细胞生长转化，无限期传代达到"永生"。被病毒感染的细胞具有EBV的基因组，并可产生各种抗原，研究这些抗原及其抗体，对阐明EBV与鼻咽癌关系及早期诊断均有重要意义。EB病毒长期潜伏在淋巴细胞内，以环状DNA形式游离存在。

2. **致病性** EB病毒感染流行于全世界，人是EBV的宿主，主要通过唾液传播。感染以幼儿为多见，多无明显症状。发展中国家3~5岁群体中90%以上感染过EB病毒，成人90%可检出EB病毒抗体，因而对传染性单核细胞增多症有免疫力。但在发达国家仍有56%~70%为无抗体的易感者。根据血清学调查，我国3~5岁儿童EB病毒VCA-IgG抗体阳性率达90%以上，幼儿感染后多数无明显症状或引起轻度咽炎和上呼吸道感染。青年期发生原发性感染，约有50%出现传染性单核细胞增多症，主要通过唾液传播，也可经输血传染。EBV可长期潜伏在人体淋巴组织中，当机体免疫功能低下时，潜伏的EB病毒活化而引起复发感染。

由EBV感染引起或与EBV感染有关的疾病主要有三种：

(1) 传染性单核细胞增多症：是一种急性淋巴组织增生性疾病，多见于青春期初次感染 EBV。临床表现多样，但有三个典型症状，即发热、咽炎和颈淋巴结肿大，偶尔可累及中枢神经系统（如脑炎）。此外，某些先天性免疫缺陷的患儿可出现致死性传染性单核细胞增多症。

(2) 伯基特淋巴瘤（即 Burkitt 淋巴瘤）：多见于 6 岁左右儿童，发生于中非新几内亚和美洲温热带地区，呈地方性流行。其好发部位为颜面、腭部。所有患者血清含 EBV 抗体，其中 80% 以上滴度高于正常人。在肿瘤组织中发现 EBV 基因组，故认为 EBV 与此病关系密切。

(3) 鼻咽癌：我国南方（广东、广西）及东南亚是鼻咽癌高发区，多发生于 40 岁以上中老年人。EBV 与鼻咽癌关系密切。

3. 免疫性　人体感染 EBV 后能诱生多种抗体。已证明抗膜抗原抗体能中和 EBV。一般认为，细胞免疫（如 T 细胞的细胞毒反应）对病毒活化的"监视"和清除转化的 B 细胞起关键作用。

4. 微生物学检查　血清学检查仍为目前诊断 EBV 感染常用且最有效的方法。用酶免疫染色法或免疫荧光技术检出血清中 EBV 的 IgG 抗体，也可用异嗜性抗体凝集试验辅助诊断。还可用核酸杂交和 PCR 等方法检测标本中 EBV 基因组。

5. 防治原则　一般性预防方面，应养成良好的个人卫生习惯，禁止随地吐痰。严禁口对口喂饲婴儿。患者口腔分泌物应用专门容器收集、消毒无害化处理。目前有两种疫苗问世：一种为我国用基因工程方法构建的，同时表达 EBV gp320 和 HBsAg 的痘苗载体疫苗，重点使用在鼻咽癌高发区；另一种为提纯病毒 gp320 膜蛋白疫苗。阿昔洛韦和更昔洛韦可抑制 EBV 复制，均有一定的治疗效果。

二、巨细胞病毒

巨细胞病毒（cytomegalovirus，CMV）属于 HSV-5，因受染细胞呈巨细胞化，胞质、胞核内可见包涵体，故名巨细胞病毒。

1. 生物学性状　CMV 具有典型的疱疹病毒形态，其 DNA 结构也与 HSV 相似，但比 HSV 大 50%。病毒在细胞培养中增殖缓慢，复制周期长，初次分离培养需 30～40 天才出现细胞病变，其特点是细胞肿大变圆，核变大，核内出现周围绕有一轮"晕"的大型嗜酸性包涵体。

2. 致病性　CMV 感染非常广泛，我国成人感染率达 95% 以上，通常呈隐性感染，多数感染者无临床症状，但在一定条件下侵袭多个器官和系统可引起严重疾病。病毒可侵入肺、肝、肾、唾液腺、乳腺、其他腺体以及多核白细胞和淋巴细胞，可长期或间歇地自唾液、乳汁、汗液、血液、尿液、精液、子宫分泌物多处排出病毒。通过口腔、生殖道、胎盘、输血或器官移植等多途径传播。

CMV 感染分为以下几种：

(1) 先天性感染：妊娠母体 CMV 感染可通过胎盘侵袭胎儿引起先天性感染，少数造成早产、流产、死胎或出生后死亡。患儿可发生黄疸、肝脾大、血小板减少性紫癜及溶血性贫血。存活儿童常遗留永久性智力低下、神经肌肉运动障碍、耳聋和脉络膜视网膜炎等。

(2) 围产期感染：产妇泌尿道和子宫颈排出 CMV，则分娩时婴儿经产道可被感染。多数为症状轻微或无临床症状的亚临床感染，有的有轻微呼吸障碍或肝功能损伤。

(3) 儿童及成人感染：通过吸乳、接吻、性接触、输血等感染，通常为亚临床型，有的也能导致嗜异性抗体阴性的单核细胞增多症。由于妊娠、接受免疫抑制治疗、器官移植、肿瘤等因素激活潜伏在单核细胞、淋巴细胞中的病毒，可引起单核细胞增多症、肝炎、间质性肺炎、视网膜炎、脑炎等。

(4) 细胞转化和可能致癌作用：经紫外线灭活的 CMV 可转化啮齿动物胚胎成纤维细胞。在某些肿瘤（如宫颈癌、结肠癌、前列腺癌、卡皮西肉瘤）中 CMV DNA 检出率高，CMV 抗体滴度亦高于正常人。在上述肿瘤株建立的细胞株中还发现病毒颗粒，提示 CMV 具有潜在致癌的可能性。

一般成人或儿童患者发生 CMV 临床感染后大多预后良好。对机体处于免疫抑制或低下状态的患者，如器官移植术受者、艾滋病患者、接受化学治疗或放射治疗的晚期癌症患者，CMV 感染可导致严重的临床表现或加速其死亡。CMV 宫内感染可导致流产或死胎。

3. **免疫性** 机体的细胞免疫功能对 CMV 感染的发生和发展起重要作用。细胞免疫缺陷者,可导致严重和长期的 CMV 感染。机体原发感染 CMV 后能产生特异性抗体和杀伤性 T 细胞。抗体有限制 CMV 复制的能力,对相同毒株再感染有一定抵抗力,但不能抵抗内源性潜伏病毒的活化及 CMV 其他不同毒株的外源性感染。通过特异性杀伤性 T 细胞和抗体依赖性细胞毒性细胞能发挥最大的抗病毒作用。

4. **微生物学检查** 实验诊断可用唾液、尿液、子宫颈分泌液等标本离心沉淀,将脱落细胞用吉姆萨染色镜检,检查巨大细胞及核内和浆内嗜酸性包涵体,可做初步诊断。分离培养可将标本接种于人胚肺成纤维细胞中。用 ELISA 检测 IgM 抗体和 IgG 抗体,适用于早期感染和流行病学调查。近年来,应用免疫印迹法和分子杂交技术直接从尿液、各种分泌物中检测 CMV 抗原和 DNA,是既迅速,又敏感、准确的方法。

5. **防治原则** 更昔洛韦有防止 CMV 扩散的作用。如与高滴度抗 CMV 免疫球蛋白合用,可降低骨髓移植的 CMV 肺炎并发症的病死率,如果是耐更昔洛韦的 CMV 感染,可选用膦甲酸钠,虽能持久地减少 CMV 扩散,但效果比前者差。国外研制 CMV 病毒活疫苗能诱导产生抗体,但尚未排除疫苗的致癌潜能。

(肖 冰)

1. 试述疱疹病毒特征及其所导致的疾病。
2. HSV-1、HSV-2 引起的复发感染与 VZV 引起的复发感染有何不同?
3. 儿童接种水痘疫苗后,为什么部分人到老年依然会患带状疱疹?

第27章 反转录病毒

反转录病毒（Retroviruses）归类于反转录病毒科（*Retroviridae*），是一大类含有反转录酶（reverse transcriptase）的 RNA 病毒。按其致病作用分为正反转录病毒亚科（包括 α、β、γ、δ、ε 五个反转录病毒属和慢病毒属）和泡沫反转录病毒亚科（只有泡沫病毒属）。对人致病的反转录病毒主要有 δ 反转录病毒属中的人类嗜 T 细胞病毒（human T-cell lympho tropic viruses，HTLV）和慢病毒属中的人类免疫缺陷病毒（human immunodeficiency virus，HIV）。

反转录病毒的共同特性有：①有包膜的球形病毒，直径为 80~120nm。②病毒核心中含有依赖 RNA 的 DNA 聚合酶；基因组含两条相同的 RNA，复制过程中以 RNA 为模板合成 DNA 并整合于细胞染色体中形成前病毒（provirus）。③成熟病毒以出芽方式释放，有些成员能引起肿瘤。

第一节 人类免疫缺陷病毒

人类免疫缺陷病毒（HIV）是获得性免疫缺陷综合征（AIDS）即艾滋病的病原体。AIDS 于 1981 年首次报道，1984 年证实其病原为 HIV。HIV 感染在全球范围广泛蔓延，AIDS 已成为全球最重要的公共卫生问题之一。联合国通过了关于艾滋病问题的宣言，承诺共同加大防治艾滋病的努力，到 2030 年结束艾滋病流行。

HIV 主要有 HIV-1 和 HIV-2 两型，两型病毒的核苷酸序列相差超过 40%，世界上大部分地区流行的是 HIV-1，HIV-2 主要流行在非洲西部地区。

1. 生物学性状

（1）形态与结构：HIV 病毒体呈球形，20 面体对称结构，直径为 100～120nm，由核心、衣壳和包膜三部分构成。电镜下可见一致密子弹头状核心，内有病毒 RNA 分子和酶，前者为两条相同的正单链 RNA 分子，后者包括反转录酶（reverse transcriptase，RT）、整合酶（integrase，IN）和蛋白酶（protease，PR），此外还有核衣壳蛋白（P7，nucleocapsid，NC）。核心外层由衣壳蛋白（P24，capsid，CA）组成衣壳。衣壳外包有两层膜状结构，内层为基质蛋白（P17，matrix. MA），外层为脂蛋白双层包膜，其中嵌有 gp120 和 gp41 两种病毒特异性糖蛋白构成包膜表面的刺突，gp41 为跨膜蛋白（图 2-27-1）。

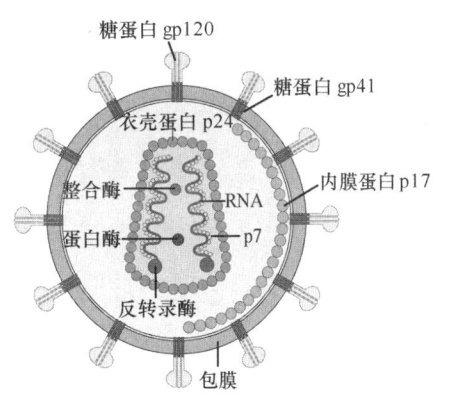

图 2-27-1 人类免疫缺陷病毒结构示意图

（2）基因组的结构与功能：HIV 颗粒内含两条完全相同的 RNA 分子，通过氢键连接形成二聚体。每个 RNA 基因组长约 9700bp，在病毒基因组 5' 端和 3' 端各有一段相同的核苷酸序列，称为长末端重复序列（long terminal repeat，LTR）。从 5' 末端的 LTR 后，依次是病毒基因组 *gag*、*pol* 与 *env* 三个结构基因及 *tat*、*rev*、*vif*、*nef*、*vpr*、*vpu* 六个调节基因。HIV-2 没有 *vpu*，取而代之的是 *vpx* 基因。*gag* 基因编码病毒衣壳、基质等结构蛋白，首先编码前体蛋白（p55），p55 经 HIV 蛋白酶裂解为衣壳蛋白 P24、内膜基质蛋白 P17 和核衣壳蛋白 P7；*pol* 基因编码反转录酶、整合酶和蛋白酶；*env* 基因编码产生包膜糖蛋白 gp120 和 gp41。调节基因主要调控 HIV 的基因表达、复制、免疫逃逸等。

（3）病毒的复制：HIV 的复制与其他反转录病毒类似。HIV 首先通过其表面的刺突糖蛋白 gp120 与靶细胞膜上的特异受体 CD4 分子结合，gp120 发生构象改变，致使被 gp120 掩蔽的 gp41 得以暴露，介导病毒包膜与细胞膜发生融合，核衣壳进入细胞质内脱壳释放出 RNA。以病毒 RNA 为模板，反转录酶借宿主细胞的 tRNA 作引物，反转录产生互补的负链 DNA，形成 RNA：DNA 中间体。RNA 酶 H 将中间体中亲代 RNA 降解后，再以负链 DNA 为模板复制出正链 DNA，形成双链 DNA。在病毒整合酶的作用下，病毒双链 DNA 整合入细胞染色体中，被称为前病毒（provirus）。当前病毒活化而自身转录时，LTR 起着启动和增强其转录的作用。在宿主 RNA 聚合酶的作用下，病毒的 DNA 转录为 RNA。部分 RNA 经拼接形成 HIV 的 mRNA，部分 RNA 经修饰处理成为子代病毒基因组 RNA。mRNA 在宿主细胞核糖体上翻译蛋白质，经进一步酶解、修饰等形成病毒结构蛋白或调节蛋白；子代基因组 RNA 则与病毒结构蛋白装配成核衣壳。核衣壳在 gp120 和 gp41 集结处的细胞膜部位出芽（budding），从宿主细胞膜上获得包膜，成为具有传染性的子代病毒并释放到细胞外。

动画：HIV 生活史

（4）病毒的变异：HIV 具有高度变异性，主要取决于 *env*、*nef*、*pol* 及 *LTR* 等基因。不同毒株间在上述基因的变异率各不相同。*env* 基因编码包膜糖蛋白抗原，此类抗原的变异与 HIV 的流行和逃避宿主的免疫应答密切相关。根据 *env* 基因序列的不同，HIV-1 分为三组：M 组、N 组和 O 组，其中 M 组又分有 11 个亚型，分别用英文字母 A~K 来表示；HIV-2 则分为 A-H 8 个亚型。HIV 的高度变异性对制备有效的疫苗和 AIDS 的防治产生较大的影响。

（5）培养特性：恒河猴及黑猩猩可作为 HIV 感染的动物模型，但其感染过程与产生的症状与人类艾滋病不同。在体外 HIV 能感染膜表面有 CD4 分子的 T 细胞和巨噬细胞，实验室中常用新鲜分离的正常人 T 细胞或用患者自身分离的 T 细胞培养。HIV 亦可在某些 T 细胞株（H9、CEM）中增殖，感染后细胞出现不同程度的病变，培养液中可检测到反转录酶活性，在培养细胞中可检测到病毒的抗原。

（6）抵抗力：HIV 对理化因素的抵抗力不强，碘酊、0.2% 次氯酸钠、0.5% 过氧乙酸、70% 乙醇、5% 甲醛、2% 戊二醛等溶液处理 10～30 分钟，均可灭活病毒。但紫外线或 γ 射线不能灭活 HIV。56℃处理 30 分钟可使 HIV 在体外对人的 T 细胞失去感染性，但不能完全灭活血清中的 HIV；100℃处理 20 分钟可将 HIV 完全灭活。

2. **致病性与免疫性**　临床上 AIDS 以机会感染、恶性肿瘤和神经系统症状为主要特点，是一种引起免疫功能低下的致死性传染病。

（1）传染源与传播途径：艾滋病的传染源是 HIV 感染者和艾滋病患者，病毒主要存在于血液、精液、阴道分泌物、乳汁、羊水、脑脊液等体液及某些组织细胞中。HIV 主要传播途径有三种：①性接触传播，通过同性或异性间互相传播；②血源性传播，包括输注含有 HIV 的血液及血制品，静脉吸毒者共用带毒注射器，移植感染者的组织器官或骨髓，人工授精等；③母婴传播，包括经胎盘、产道或哺乳等方式传播。目前我国 AIDS 疫情从高危人群向一般人群传播，经性传播的比例呈现上升的趋势，已成为 AIDS 传播的主要途径。本病多发生在 50 岁以下的青壮年。

（2）致病机制

1）HIV 侵入免疫细胞的机制：CD4 是 HIV 糖蛋白的特异性受体，与 HIV 包膜具有较高亲和力，故 HIV 主要侵犯宿主的 $CD4^+$ T 细胞以及表达 CD4 分子的单核 / 巨噬细胞、树突状细胞和神经胶质细胞等。HIV 通过其外膜糖蛋白 gp120 与靶细胞膜表面 CD4 分子结合，同时与靶细胞膜表面共受体（CXCR4、CCR5）结合，导致 gp120 构象改变，使包膜糖蛋白 gp41 暴露，进而使病毒包膜与靶细胞膜融合，使病毒核心进入靶细胞。

2）HIV 损伤 $CD4^+$ 细胞的机制

A. HIV 对 $CD4^+$ 细胞的直接杀伤作用：病毒包膜穿入靶细胞膜或病毒颗粒出芽释放时引起细胞膜损伤；抑制细胞膜脂质合成；介导细胞间的融合形成多核巨细胞；未整合的病毒 DNA 胞内聚集干扰细胞正常代谢；干扰细胞 mRNA 的功能、降解细胞 RNA 和抑制蛋白合成。

B. HIV对CD4$^+$细胞的间接杀伤作用：病毒感染产生毒性细胞因子对正常细胞生长因子的抑制作用；病毒诱生CTL或抗体，介导特异性细胞毒作用或ADCC效应破坏受染细胞。

C. HIV抑制CD4$^+$T细胞产生：病毒感染直接致使胸腺细胞的死亡和胸腺组织的萎缩，导致CD4$^+$T细胞产生受阻；HIV直接感染骨髓中的淋巴干细胞和基质细胞。

D. HIV诱导CD4$^+$细胞凋亡：gp120可通过激活Ca^{2+}通道或Fas/FasL途径诱导细胞凋亡；gp41通过增加细胞膜的通透性诱发细胞凋亡；Tat蛋白使受染细胞对Fas/FasL凋亡途径敏感性增高及受染细胞细胞因子分泌增强等均可诱导细胞凋亡。

(3) 临床特征：机体感染HIV后，由于病毒基因与宿主细胞基因发生整合或以非整合形式存在于受染细胞内，故其具有潜伏期长、病程发展缓慢的特征。根据《中国艾滋病诊疗指南》（2021年版），按感染后的临床表现，HIV感染后的全过程可分三个期，即急性期、无症状期和艾滋病期。

1) 急性期：感染HIV后2~4周，部分感染者可表现出类似感冒或单核细胞增多症的症状，如发热、咽痛、盗汗、乏力、皮疹、恶心、呕吐、腹泻、淋巴结肿大、关节痛及神经系统症状。大多数患者临床症状轻微，持续1~3周后症状自行缓解。

此期在血液中可检测到HIV RNA和病毒p24抗原，CD4$^+$T细胞计数一过性减少，CD4$^+$/CD8$^+$T细胞值倒置。抗HIV抗体可以持续阴性达1~2个月，这一时期称为窗口期（从感染HIV后到外周血液中能够检测出病毒抗体的时间）。在此期间，血液中检测不到病毒抗体，但是人体具有传染性。病毒向全身淋巴组织广泛播散，多数病毒以前病毒的形式整合于宿主细胞的染色体内，进入无症状潜伏期。

2) 无症状期：可从急性期进入此期，或无明显的急性期症状而直接进入此期。持续时间一般为4~8年。HIV在感染者体内不断复制，免疫细胞受损，血液中的CD4$^+$T细胞逐年减少（200~500个/μL）。此期是病毒与免疫系统相对峙的阶段，血中可检出HIV病毒和抗体，具有传染性。

3) 艾滋病期：此期为感染HIV后的终末阶段。患者CD4$^+$T细胞计数多<200个/μL。主要临床表现为艾滋病相关症状、体征及各种机会性感染和肿瘤。①艾滋病相关症状和体征，可有持续发热、腹泻、体重减轻，继而出现盗汗、淋巴结肿大（首先腋下和股部等）、皮炎等。②机会性感染：常见的有反复发作的口腔念珠菌感染、新生隐球菌感染、单纯疱疹病毒感染或带状疱疹病毒感染、细菌性肺炎，还常见肺孢子菌肺炎、分枝杆菌感染性疾病（包括结核病和鸟分枝杆菌复合体感染）、弓形体病、活动性巨细胞病毒（CMV）感染、马尔尼菲篮状菌病等。③肿瘤：卡皮西肉瘤、淋巴瘤等。当HIV侵犯中枢神经系统时，可由于脑细胞受HIV侵犯破坏，出现痴呆、健忘等症状。还有临床表现为明显消瘦的消耗综合征。

(4) HIV感染的免疫应答：机体受HIV感染主要诱导产生体液免疫和细胞免疫，一些细胞因子（如干扰素、趋化因子等）也对HIV的感染有抑制作用。

1) 体液免疫：机体感染HIV后可产生针对HIV包膜蛋白的抗体。中和抗体对病毒有抑制作用，此类抗体主要是针对gp120和gp41的膜外段。病毒抗原表位被遮蔽，故体内中和抗体的效价一般较低，可使HIV有机会发生抗原表位变异。抗gp120和抗gp41抗体还可通过ADCC效应导致靶细胞破坏。此外，机体还可产生抗P24壳蛋白抗体，此抗体下降预示将出现临床症状，但尚不清楚该抗体是否具有保护作用。

2) 细胞免疫：机体主要通过细胞免疫应答阻遏HIV感染，体内产生的细胞毒T细胞（CTL）能针对所有HIV编码的蛋白，包括结构蛋白、调节蛋白和附属蛋白等。其中，包膜蛋白特异性CTL在HIV感染者体内出现率最高。CD4$^+$T细胞受HIV刺激可分泌多种细胞因子，辅助体液免疫和细胞免疫。

通过HIV感染的免疫应答可限制病毒感染，但不能彻底清除病毒。HIV感染机体后，病毒可通过多种机制干扰或逃避免疫系统的识别和攻击作用。其发生机制有：①病毒抗原表位易发生变异，HIV包膜蛋白利用糖基化及特殊的构象变化来掩藏其免疫识别位点，逃避抗体与其结合；②HIV感染细胞后进入潜伏状态，在感染细胞的表面不表达病毒蛋白，利于HIV逃避免疫系统的识别和攻击；③病毒Nef蛋白可下调细胞表面CD4和MHC分子的表达，干扰CTL的识别。

3. 微生物学检查法

（1）检测抗体：是 AIDS 的常规检测指标，主要方法有 ELISA、蛋白印迹法等。ELISA 法用于 HIV 感染的常规初筛检测及献血员筛选。由于 HIV 全病毒抗原与其他反转录病毒抗原存在交叉反应，有假阳性反应的可能，故对阳性标本需采用蛋白印迹法做进一步确证试验。另有胶体金艾滋病检测试纸条可进行快速检测。

（2）检测病毒及其组分

1）测定病毒抗原：常用 ELISA 法检测 HIV 的核心蛋白 P24，该抗原通常出现于病毒的急性感染期。在 HIV 感染的窗口期抗体尚未产生，但血清中可检出 P24 抗原。在无症状期中常为阴性，当处于发病期时，又可被检出并伴抗 P24 抗体的消失。P24 抗原也可用于婴儿 AIDS 的早期诊断。

2）测定病毒核酸：采用反转录聚合酶链反应（RT-PCR）法、分枝 DNA 检测法（bDNA）及 NASBA 法定量检测血浆中的 HIV-RNA，又称为病毒载量检测，可用于监测 HIV 感染者的病情发展情况及评价抗 HIV 药物治疗效果。

3）病毒分离培养：一般不作为常规诊断方法。病毒分离标本多采用外周血单核细胞。病毒分离可用共培养技术，即正常人单核细胞与患者单核细胞做混合培养。经培养出现细胞病变后，检测细胞培养液中病毒抗原 P24 或反转录酶活性，以确定 HIV 的存在。

（3）$CD4^+$ T 细胞计数：HIV 感染对免疫系统的损害主要为 $CD4^+$ T 细胞数量减少、功能障碍及 $CD4^+/CD8^+$ 比例失调［$CD4^+/CD8^+ < 1$（正常为 1.5~2.0）］。采用流式细胞仪（FCM）进行 $CD4^+$ T 细胞计数，可了解机体免疫状态和病程进展、确定疾病分期、判断治疗效果。

（4）HIV 基因型耐药检测：HIV 耐药检测结果可为抗病毒方案的制定和调整提供参考。

4. 防治原则

（1）预防：加强健康教育，普及艾滋病防治知识，有益于预防和控制 HIV 传播。本病主要的预防措施包括：①加强血液及血制品的严格检验和管理，对血液及组织器官捐献者必须做 HIV 抗体检测。②防止医源性感染，对穿刺针、银针等创伤性医疗器械严格消毒灭菌；禁止共用注射器、注射针、牙刷和剃须刀等。③提倡安全性行为，积极预防治疗性病。④感染 HIV 及患 AIDS 的妇女应尽量避免妊娠及哺乳，防止母婴传播等。

控制 AIDS 流行的最有效措施是加强个人防护和接种疫苗。目前尚未研制出非常有效的疫苗，主要原因是 HIV 病毒株的多样性和易变性。多种疫苗尚在研发中。

（2）治疗：目前国际上共有六大类 30 多种药物，分别为：①核苷类反转录酶抑制剂（NRTIs），如齐多夫定、拉米夫定等；②非核苷类反转录酶抑制剂（NNRTIs），如奈韦拉平、依非韦伦等；③蛋白酶抑制剂（PIs），如洛匹那韦、利托那韦等；④整合酶抑制剂（INS-TIs），如拉替拉韦、多替拉韦等；⑤融合抑制剂（FIs）：如恩夫韦肽、艾博卫泰，可阻断 HIV 包膜与细胞膜融合；⑥ CCR5 抑制剂。使用单一抗 HIV 药物不良反应大，易产生耐药性。使用多种抗 HIV 药物的联合方案，被称为高效抗反转录病毒治疗（highly active anti-retroviral therapy，HAART），常选择两种反转录酶抑制剂与一种其他类抗 HIV 药联合用药（俗称鸡尾酒疗法），能有效地抑制病毒的复制，可使患者血液中病毒载量明显下降，增加了患者的生存率。此外，发生机会性感染和肿瘤应用相应药物治疗。中医药采用辨病与辨证论治相结合的方法，可稳定 AIDS 病情并延缓病情发展。

第二节 人类嗜 T 细胞病毒

人类嗜 T 细胞病毒（HTLV）分为 HTLV-Ⅰ 和 HTLV-Ⅱ，两型间基因组的同源性约为 50%，分别是引起成人 T 细胞白血病（adult T-cell leukemia，ATL）和毛细胞白血病（hairy-cell leukemia）的病原体。

1. 生物学性状 电镜下 HTLV 为球形颗粒，直径约 100nm。核心为病毒的 RNA 和反转录酶等，病毒的基因组自 5' 端至 3' 端依次为 *gag*、*pol* 和 *env* 三个结构基因以及 *tax*、*rex* 两个调节基因，其两端均为 LTR。

gag、pol、env 基因产物的功能与 HIV 的结构基因相似，tax 基因产物的功能类似 HIV 的 Tat，rex 基因产物的功能与 HIV 的 Rev 相似。核心外侧为病毒衣壳，含有 P18 和 P24 两种结构蛋白。最外层为病毒的包膜，其表面嵌有病毒特异性糖蛋白 gp120，能与细胞表面 CD4 受体结合，感染 T 细胞。

2. 致病性与免疫性　HTLV-Ⅰ主要通过输血、注射、性接触等方式传播，亦可经胎盘、产道和哺乳等途径垂直传播。HTLV-Ⅰ导致的成人 T 细胞白血病，在加勒比海地区、南美东北部、日本西南部及非洲的某些地区呈地方性流行。我国也在部分沿海地区发现少数病例。HTLV 感染可致成人 T 细胞白血病、热带下肢痉挛、B 细胞淋巴瘤、毛细胞白血病及免疫缺陷等病症。

HTLV-Ⅰ感染通常为无症状感染，约有 1/20 受感染者发展为急性或慢性成人 T 细胞白血病，临床表现为淋巴细胞数异常升高、全身淋巴结及肝脾大、皮肤损伤等症状。感染 HTLV-Ⅱ则发生毛细胞白血病和慢性 $CD4^+$ 细胞淋巴瘤。

HTLV 感染的致瘤机制可能与其基因产物 Tax 有关，Tax 能激活宿主细胞产生细胞转录因子，这些转录因子不仅激活病毒启动子，而且激活宿主细胞 IL-2 受体基因和 IL-2 基因的异常高表达，从而引起细胞增生、细胞的过度生长与肿瘤形成有关。此外，病毒基因组能与细胞染色体整合，带有前病毒的宿主细胞可因病毒 DNA 整合部位的多样性，转化成不同的细胞克隆，由于某些细胞 DNA 发生突变而演变成白血病细胞。

机体受 HTLV 感染后，可产生细胞免疫和体液免疫。细胞免疫可杀伤带有病毒抗原的靶细胞，抗体可下调病毒抗原的表达，影响细胞免疫对靶细胞的清除。

3. 微生物学检查法与防治原则　HTLV 感染的诊断可检测特异性抗体、病毒抗原或病毒基因组，较少进行病毒分离培养鉴定。抗-HTLV 抗体可用 ELISA 法做初步检测，阳性标本再用免疫印迹法进行确认。采用 PCR 法检测前病毒 DNA，对无症状 HTLV 感染者亦可检出病毒核酸。

目前尚无有效的药物和疫苗。临床可采用反转录酶抑制剂、IFN-α 等药物的综合治疗。预防 HTLV 感染的措施主要包括：加强卫生知识的宣传，强化对 HTLV 感染的监测，及时了解流行状况，对血液及血制品的 HTLV 筛检，切断各种传播途径等。

（刘　琪）

1. 简述 HIV 的形态结构特点。
2. 以 HIV 为例简述反转录病毒的复制周期。
3. 简述 HIV 的传染源、传播途径及致病机制。
4. 临床筛查和确认 HIV 感染者常用哪些微生物学检查方法？
5. 目前治疗 HIV 感染的药物有几类？简述艾滋病的防治原则。

第28章 其他病毒

其他病毒包括狂犬病毒、人乳头瘤病毒及细小病毒B19，主要引起狂犬病、疣和子宫颈癌、传染性红斑等。

第一节 狂犬病毒

狂犬病毒（rabies virus）为弹状病毒科（*Rhabdoviridae*）狂犬病毒属（*Lyssavirus*）中血清/基因1型病毒，而2～6型称为"狂犬病相关病毒"，目前仅在非洲和欧洲发现。狂犬病毒在野生动物（狼、狐狸、鼬鼠、蝙蝠等）及家养动物（狗、猫、牛等）与人之间构成狂犬病的传播环节。人主要被病兽或带毒动物咬伤、抓伤或从黏膜感染。一旦受染，如不及时采取有效防治措施，可导致严重的中枢神经系统急性传染病，病死率几乎为100%。

1. 生物学性状 病毒外形呈弹状，大小为（60～400）nm×（60～85）nm，一端钝圆，一端平凹，有囊膜，内含衣壳呈螺旋对称。核酸是单股不分节负链RNA。基因组长约12kb，从3'端到5'端依次为编码N、M1、M2、G、L蛋白的五个基因，各个基因间还含非编码的间隔序列。五种蛋白都具有抗原性。M1、M2蛋白分别构成衣壳和囊膜的基质。L蛋白为聚合酶；G蛋白在囊膜上构成病毒刺突，与病毒致病性有关；N蛋白为核蛋白，有保护RNA的功能；G蛋白和N蛋白是狂犬病毒的主要抗原，刺激机体可诱生相应抗体和细胞免疫。

狂犬病毒在鸡胚、鸭胚、地鼠肾细胞、人二倍体成纤维细胞中均能增殖，一般不引起细胞病变，需用荧光抗体染色法显示病毒的存在。在易感动物或人的中枢神经细胞中增殖时，可在胞质内形成嗜酸性、圆形或椭圆形包涵体，称为内基小体（Negri body），有诊断价值（彩图30）。

狂犬病毒只有一个血清型。从自然感染的动物或从患者分离的狂犬病毒称为街毒（street virus），侵袭力强，由脑外途径（如皮下、肌肉、腹腔或鼻腔）进入人或动物体内，能侵犯中枢神经，在脑细胞胞质内形成嗜酸性包涵体，并由脑进入唾液腺随唾液排出。若将街毒注入家兔脑内连续传代，其潜伏期逐渐从最初的2～4周缩短为4～6天，在连续传50代后，潜伏期不再缩短。这时病毒已改变原有的致病力，由脑外接种不能进入脑内侵害，不能在脑细胞内形成包涵体，也不能移行至唾液腺内，这种狂犬病毒称为固定毒（fixed virus），可用来制造疫苗。

狂犬病毒对热、紫外线、日光、干燥的抵抗力弱，加温50℃1小时、60℃5分钟即灭活，也易被强酸、强碱、甲醛、碘、乙酸、乙醚、肥皂水及离子型和非离子型去污剂灭活。于4℃可保存1周，如置50%甘油中于室温下可保持活性1周。

2. 致病性与免疫性 病犬是狂犬病的主要传染源，其次是家猫和狼。此外，野生动物如狐狸、吸血蝙蝠、臭鼬和浣熊等也逐渐成为狂犬病的重要传染源。人患狂犬病主要是被患病动物咬伤所致，亦可因破损皮肤黏膜接触含病毒材料而感染。狂犬病毒是一种嗜神经性病毒，病毒自伤口部位侵入后，进入附近的神经末梢，沿神经轴向心性扩散到达神经节，并在神经节内大量增殖，然后侵入脊髓，并迅速扩散到全脑组织。病毒自中枢神经系统向周围神经离心性扩散至唾液腺、泪腺、视网膜、角膜、鼻黏膜、味蕾、皮脂腺、毛囊、心肌、骨骼肌、肺、肝和肾上腺等组织器官。患者发病时神经兴奋性增高，并伴有恐水、呼吸困难、吞咽困难等症状，随后患者转入麻痹期，出现全身弛缓性瘫痪，并因呼吸、循环衰竭而死亡。本病一旦发作，病死率几乎为100%。

本病的潜伏期为10天至10余年，一般为3～8周。潜伏期的长短与年龄、入侵病毒的数量及毒力等因素有关。机体感染狂犬病毒后能产生细胞免疫和中和抗体。但当病毒已进入中枢神经内增殖侵害时，则不能免除发病。

3. 微生物学检查　根据动物咬伤史和典型的临床症状可进行诊断。但对尚未出现典型症状的可疑病人需进行微生物学检查以辅助诊断，包括对咬人动物的检查。

（1）镜检包涵体或免疫荧光镜检病毒抗原：以死者脑组织或咬人动物脑组织做病理切片或压片，用吉姆萨染色及直接荧光法检查内基小体。对狂犬病患者的生前诊断可取唾液沉渣涂片、发病后做皮肤活检，用免疫荧光抗体法检查病毒抗原。

（2）RT-PCR 检测病毒 RNA：适合唾液、脑组织、脑脊液、颈后部皮肤毛囊样本。

（3）动物接种试验：将唾液、脑脊液或 10% 脑组织悬液接种在 1～2 日龄的乳鼠脑内，阳性鼠于 6～8 天内出现震颤、竖毛、尾强直、麻痹等现象，10～15 天内因衰竭而死亡。鼠脑内可发现内基小体。

4. 防治原则

（1）管理传染源：捕杀野犬，对饲养的猎犬、警犬、实验用犬和家犬进行登记，做好预防接种，是预防狂犬病的主要措施。咬过人的猫、犬应设法捕获，并隔离观察 7～10 天，未发病可解除隔离，若发病则处死动物，取其脑组织检查病毒抗原和内基小体。

（2）伤口处理：人被动物咬伤后，立即用 3%～5% 肥皂水、0.1% 苯扎溴铵或清水反复冲洗伤口，再用 75% 乙醇及碘酊涂擦。

（3）预防接种：狂犬病的潜伏期一般较长，人被咬伤后如及早接种疫苗，可以预防发病。有接触病毒危险的人员，如兽医、动物管理员和野外工作者等，亦应用疫苗预防感染。我国目前用狂犬病毒灭活疫苗，于第 0、3、7、14、28 天各肌内注射 1ml，免疫效果好，不良反应少。对严重咬伤，还应于第 0、3 天加微量疫苗注射，并在 0 天同时用人抗狂犬病免疫球蛋白或抗狂犬病血清在伤口局部浸润注射和肌内注射。

第二节　人乳头瘤病毒

人乳头瘤病毒（human papillomavirus，HPV）属于乳头瘤病毒科（*Papovaviridae*）。高危性 HPV（16 型、18 型等）与宫颈癌等恶性肿瘤的发生密切相关，低危性 HPV（6 型、11 型等）引起生殖器尖锐湿疣。

1. 生物学性状　HPV 为球形无包膜的双链 DNA 病毒，直径为 52～55nm，20 面体立体对称。病毒基因组为双链环状 DNA，长为 7.8～8.0kb，分为早期区、晚期区和调节区。现已发现 HPV 有 100 多个型，型间 DNA 的同源性低于 50%。HPV 对皮肤和黏膜上皮细胞有高度亲嗜性。

2. 致病性与免疫性　HPV 主要通过接触感染部位或污染的物品传播，生殖器感染主要由性接触传播，新生儿可经产道感染。病毒感染常为局部的，不经血流扩散。HPV 所致疾病因病毒型别及感染部位不同而异（表 2-28-1）。皮肤疣一般是良性的，其 HPV 的 DNA 是游离的，有些疣能自行消退。高危型的人乳头瘤病毒与生殖道癌前病变及恶性肿瘤密切相关，其 HPV 的 DNA 往往整合在宿主细胞的染色体上。

表 2-28-1　HPV 型别与人类疾病的关系

HPV 类别	相关疾病	潜在致瘤性
1，4	跖疣	良性
2，4，26，27，29	寻常疣	良性
3，10，28，41	扁平疣	恶性罕见
5，8	疣状表皮增生异常	30% 发展成恶性
6，11	生殖器尖锐湿疣，喉乳状瘤，上皮肉瘤	低
7	手疣	良性
9，12，14，15，17，19～25，36，46，47	疣状表皮增生	有些发展成癌（HPV-17、HPV-20）

续表

HPV 类别	相关疾病	潜在致瘤性
13, 32	口腔灶性上皮增生	可能发展成癌
16, 18, 30, 31, 33, 35, 39, 45, 51, 52, 56	生殖器癌变，喉癌，食管癌	与生殖器和口腔癌高度相关，尤其宫颈癌
34, 40, 42~44, 53~55, 58, 59, 61, 62, 64, 66~69	上皮肉瘤（生殖器，其他黏膜部位）	有些会发展成癌
37	角质棘状疣	良性

HPV 造成的损伤受免疫因子的影响，细胞介导的免疫较为重要。HPV 感染后出现的皮肤疣持续较长时间后会自行消退，而对于免疫抑制患者，疣及宫颈癌的发生率会增加。

3. *微生物学检查法与防治原则*　一般通过临床表现可对 HPV 感染做出诊断，也可采用免疫组化方法检测病变组织中的 HPV 抗原，用核酸杂交法和 PCR 法检测 HPV DNA 序列。HPV 引起的疣可用冷冻、电灼、激光及药物等方法治疗。生殖道 HPV 感染主要通过性接触传播，性卫生知识的宣传教育对预防 HPV 感染有十分重要的意义。由于 HPV 与宫颈癌关系密切，寻找有效的预防方法成为国内外关注的焦点。HPV 疫苗已在 160 多个国家用以预防宫颈癌。目前已有二价（HPV16、18 型）、四价（HPV6、11、16、18 型）和九价（HPV6、11、16、18、31、33、41、52、58 型）HPV 疫苗，用于预防宫颈癌及生殖器疣。

第三节　细小病毒 B19

细小病毒 B19（Parvovirus B19）是 1975 年 Cossar 等在常规检测献血员血清时，偶然在标号为 19 的献血员中发现的，属于细小病毒科（*Parvoviridae*）红病毒属（*Erythrovirus*）。本病毒是传染性红斑的病原体，并与骨髓功能障碍、宫内感染、关节病、肝脏损害、心肌心包炎、血管炎综合征等多种疾病相关。

1. *生物学性状*　细小病毒 B19 为无包膜的单链 DNA 病毒，呈球形，直径为 18～26nm，基因组约 5.6kb。本病毒可在人骨髓细胞、人胚胎肝细胞培养中自主复制，其增殖有赖于红细胞及特异性红细胞生成素的存在。细小病毒 B19 对热稳定，60℃可存活 12 小时。

2. *致病性与免疫性*　细小病毒 B19 可经呼吸道、输血或注射血制品及母婴传播。本病毒亲嗜人红系细胞，主要在成人的骨髓、胎儿的肝脏细胞核内复制，形成核内包涵体（嗜酸性或嗜碱性）。由于病毒的直接感染和所介导的细胞毒作用，致使感染细胞溶解，引起疾病。一般人群多表现为急性感染，病毒血症发生后，机体迅速产生特异性 IgM 和 IgG 抗体，使感染者康复。如果机体免疫缺陷或病毒 DNA 整合到宿主细胞染色体，可导致慢性持续性感染。

细小病毒 B19 所致疾病潜伏期长短不一，短者 4～6 天，长者可达 20 天。所致疾病主要有：

（1）传染性红斑（erythema infectiosum）：又称为 5 号病，是细小病毒 B19 感染引起的最常见的轻型疾病，主要发生在儿童。起病急，潜伏期为 1～2 周，以突发性面颊部红晕状皮疹及四肢网状或花边状皮疹为特点。出疹前一周左右可能有发热、轻微呼吸道症状和全身不适，部分患者可有淋巴结肿大和关节肿痛。

（2）一过性再生障碍性贫血危象（transient aplastic crisis，TAC）：细小病毒 B19 对骨髓红系祖细胞具有亲嗜性，可致红细胞生成障碍。细胞发育常停止于原红细胞期，形成巨原红细胞。在正常人这种自限性贫血一般不表现临床症状，但在慢性溶血性贫血（如镰状细胞贫血、遗传性球形红细胞增多症、珠蛋白生成障碍性贫血和自身免疫性溶血性贫血）、失血性贫血患者中，细小病毒 B19 感染能诱发一过性再生障碍性贫血危象。血红蛋白降至 40g/L 以下，需输血治疗，患者常在 7～10 天内恢复。

（3）宫内感染：妊娠妇女被细小病毒 B19 感染，在病毒血症期可经胎盘传给胎儿，病毒扩散至胎儿全身器官，引起广泛感染，尤其对胎儿快速分裂的细胞（如骨髓红细胞生成系统）有很强的亲嗜力，致使胎儿贫血、缺氧、心力衰竭，形成水肿型胎儿，发生流产或胎儿死亡。

(4) 关节病：急性关节炎、关节痛是细小病毒 B19 感染常见的临床表现，常以对称性多关节肿胀、疼痛和活动受限为特征，累及全身各关节。患者症状多在两周内自行恢复，仅少数患者病程迁延或复发，成为慢性关节炎。

3. **微生物学检查法与防治原则** 检测血清、血细胞、组织、呼吸道分泌物中的细小病毒 B19 DNA 是实验室最敏感的检查方法，可以用血清或组织提取物做点杂交，用固定组织做原位杂交，也可用 PCR 检测细小病毒 B19 DNA。

对细小病毒 B19 感染的预防，关键应及时采取呼吸道隔离措施，筛除细小病毒 B19 污染的血液制品。免疫球蛋白制品含有对人细小病毒 B19 的中和抗体，可以用于治疗，对持续感染的免疫损伤患者也有改善作用。目前还没有针对人细小病毒 B19 的预防疫苗。

附：朊粒

朊粒（Prion）又称为传染性蛋白粒子，可在人和哺乳动物中引起以传染性海绵状脑病（transmissible spongiform encephalopathies，TSE）为特征的致死性中枢神经系统慢性进行性疾患，对人类的危害日益显著。

1. **生物学性状** 朊粒不具有病毒体结构，未检出基因组核酸，其化学本质是构象异常的朊蛋白（prion protein，PrP）。由宿主细胞基因组编码的朊蛋白称为细胞朊蛋白（cellular prion protein，PrPc）。正常情况下，PrPc 通过内质网成熟并表达在细胞膜上，如果在细胞内质网成熟时发生错误折叠，构象发生异常改变，形成具有致病作用的羊瘙痒病朊蛋白，即 PrP^{SC}（scrapie prp）。PrP^{SC} 对蛋白酶 K 有抗性，是一种构象永久改变的错误折叠 PrP，具有致病性和传染性。

朊粒对各种理化作用具有较强的抵抗力。对热抵抗力很强，使用 ≥ 132℃ 高压蒸汽灭菌至少 2 小时，可使其失去传染性；对冷冻、辐射、紫外线及常用消毒剂抵抗力均强。用 5% 次氯酸钠、氢氧化钠（2mol/L 或更高浓度）及硫氰酸胍（41mol/L）才可有效降低朊粒的传染性。

2. **致病性与免疫性** 朊粒感染人主要是获得性感染，可以通过破损的皮肤、黏膜或消化道进入机体，也可经医源性感染，朊粒病通常有较长时间的潜伏期（数月至十几年），呈慢性进行性神经系统病变，属慢发病毒感染。患者表现为丧失自主控制、痴呆、麻痹、消瘦并最终死亡。病理表现为大脑皮质和小脑出现空泡变性、淀粉样斑块、星形胶质细胞增生。朊粒病是致命性疾病，目前还没有出现一例康复者或病况减轻者。宿主没有炎症反应，没有体液免疫反应和细胞免疫反应，不诱导产生干扰素，也不受干扰素的作用和影响。

朊粒的致病机制尚不清楚，某些朊粒病有家族史和遗传性倾向。现在已知的人朊粒病主要有：克 - 雅病（Creutzfeldt-Jacob disease，CJD）、格斯特曼综合征（Gerstmann-Straussler-Scheinker syndrome，GSS）、致死性家族失眠症（fatal familial insomnia，FFI）、库鲁病（Kuru disease）、克 - 雅病变种（variant CJD，vCJD）和阿尔珀斯病（Alpers syndrome）等。此外，还有羊瘙痒病和牛海绵状脑病（即疯牛病）等。

3. **微生物学检查法与防治原则** 免疫组化技术和蛋白印迹法检测 PrP 简单且敏感，也可从患者外周血白细胞中提取 DNA，对朊粒基因进行分子遗传学分析。

朊粒病迄今仍无疫苗供有效预防，预防重点应在切断传播途径。首先，坚决杜绝医源性感染；其次，在畜牧业生产过程中应禁止向饲料中添加牛、羊等骨肉粉，以防止致病因子进入食物链。对来自有 TSE 国家进口的活牛或牛制品（包括化妆品），必须进行严格的检疫。

（胥 冰）

1. 如果发生被狂犬咬伤，你有什么有效的预防措施？
2. HPV 的传播途径有哪些？其致病特点是什么？
3. HPV 的感染与肿瘤的发生密切相关，如何进行预防？

下 编
医学寄生虫学

本编授课演示文稿

本编思维导图

绪 论

医学寄生虫学（medical parasitology）是研究寄生虫与人类健康、疾病之间关系的科学，主要包括寄生虫的形态结构特征、生活活动和生存繁殖规律，阐明寄生虫和人体及外界环境间的相互关系，揭示寄生虫病的发病机制及流行规律，以达到预防、控制和消灭寄生虫病的目的。这是一门重要的基础医学学科，为学习预防医学和临床医学奠定了基础。

医学寄生虫学包括医学原虫学（medical protozoology）、医学蠕虫学（medical helminthology）和医学节肢动物学（medical arthropodology）三个部分。

一、寄生关系及其演化

（一）寄生现象、寄生虫和宿主的概念

生物界中各种生物千差万别，经过长期的进化过程，逐渐形成了自己特定的生活方式，为了寻求食物或躲避敌害，它们之间形成各种错综复杂的关系，或独立生存，过自由生活；或与其他生物发生相互关系，适应了居留于其他生物体内或体表，自身逐渐失去独立生活的能力，形成新的生物伙伴关系。两种生物生活在一起，相互依赖的现象称为共生（symbiosis）。从营养、居住和利害关系方面分类，两种生物之间的共同生活方式有以下三种类型：

1. 偏利共生（commensalism） 亦称为共栖，是两种生物生活在一起，其中一方从共同生活中获利，另一方既不受益，也不受害的生活形式。例如，生活在肠腔中的结肠内阿米巴，它以肠内细菌为食，对宿主既无利，亦不造成损害，自身也不被宿主伤害。

2. 互利共生（mutualism） 是两种生物生活在一起，双方互相依存，共同受益的生活形式。例如，白蚁能食入木质，但因不能合成分泌纤维素酶而无法消化木质纤维，白蚁消化道中的鞭毛虫能合成纤维素酶，可分解木质纤维从中获得所需的营养，白蚁则以鞭毛虫排泄的发酵产物作为营养。两者互相依赖，任何一方都不能独立存活。

3. 寄生（parasitism） 两种生物生活在一起，其中一方从中获利，而另一方受到损害，这种关系称为寄生。受益的一方称为寄生物（parasite），受害的一方称为宿主（host）。在生物进化的过程中有些低等动物失去在外界自由生活的能力，必须暂时地或永久地依附在其他生物的体内或体表，以获得住所、营养以及其他生活必需的条件，维持其生存和繁殖。这种生活方式称为寄生生活，如蛔虫寄生于人体内。

（二）寄生生活的演化

从自生生活演化为寄生生活是一个漫长的过程，寄生虫为适应在宿主体内生活，自身发生了适应性改变，从形态、生理、生物化学到免疫上都发生了一系列变化。寄生生活的历史越长，适应性变化越大，对宿主的依赖性越大。

1. 形态结构的变化 为适应寄生生活，寄生虫在形态结构上发生了很大变化，主要表现为：

（1）寄生虫形体的变化：为寄生活动的需要，寄生虫的体形要与所寄生部位的形状相适应，如寄生在肠道、血管中的寄生虫多为线形或长带形。

（2）寄生虫结构的变化：寄生生活不需要的器官发生退化消失或特化增强。如在宿主消化道内寄生的绦虫依靠体壁的微毛吸收营养，所以其消化器官退化或消失。又如寄生绦虫有特化的吸附器

官[吸盘和（或）小钩]，借此紧紧地附着在宿主的组织或器官上，以抵抗宿主的排异功能；吸虫和绦虫的生殖系统很发达，可补偿生活史中宿主转换过程中幼虫的损失。

2. **生理和生物化学的变化** 肠道寄生虫最显著的适应性变化是失去在自生生活中常见的有氧代谢，在氧分压较低的肠道中主要依赖无氧酵解来提供能量。寄生虫的生殖能力极强，如每条蛔虫每天产卵量多达24万个以上。肠道寄生的蛔虫角皮内具有胰蛋白酶和糜蛋白酶的抑制物，以抵抗人体蛋白酶对虫体的破坏作用。

3. **免疫的变化** 寄生虫能够寄生在宿主体内的重要原因，是寄生虫能通过多种方式逃避宿主的免疫应答反应。例如，疟原虫可产生抗原变异，血吸虫成虫表面可结合宿主的抗原，逃避宿主免疫系统识别。

二、寄生虫的生活史、寄生虫和宿主类型

（一）寄生虫生活史

寄生虫生活史（life cycle）指寄生虫完成一代生长发育繁殖的全过程和必要的条件。寄生虫发育到某个特定阶段才能感染人体并完成其生活史，此阶段称为感染期。寄生虫只有处于感染期才具有感染力，非感染期进入人体，一般不能继续完成生活史。不同种类寄生虫的生活史过程有较大差异，有的不需要中间宿主，为直接型生活史；有的寄生虫幼虫则必须在中间宿主体内发育到感染期后才能感染人，为间接型生活史，这类寄生虫完成生活史就要转换宿主，称为宿主转换。例如，蛔虫的虫卵在土壤中可直接发育至感染期虫卵而感染人体；肝吸虫生活史复杂，需要经过淡水螺和淡水鱼、虾两期中间宿主才能发育为感染期幼虫（囊蚴）进而感染人体。

（二）寄生虫

寄生虫有多种分类方式，依据寄生虫与宿主的关系，寄生虫可分为四种类型：

（1）根据寄生虫的寄生部位可分为体内寄生虫（endoparasite）和体外寄生虫（ectoparasite）。体内寄生虫是指寄生在宿主体内（肠道、腔道、血液、组织器官及淋巴系统等）的寄生虫，如蛔虫、疟原虫等；体外寄生虫是指寄生于宿主体表的寄生虫，如虱、蚊等。

（2）根据寄生生活的时间分为长期性寄生虫（permanent parasite）和暂时性寄生虫（temporary parasite）。长期性寄生虫是指寄生在宿主体内或体表，发育成熟，不能离开宿主独立生活的寄生虫，如杜氏利什曼原虫、蛔虫等；暂时性寄生虫是指因取食需要而短暂接触宿主，其余阶段营自生生活的寄生虫，如蚊、蚤等。

（3）根据寄生虫对宿主的选择可分为专性寄生虫（obligatory parasite）、兼性寄生虫（facultative parasite）和偶然寄生虫（accidental parasite）。专性寄生虫是指其各个生活阶段或生活史某个阶段必须过寄生生活的寄生虫，如蛔虫、肝吸虫等；兼性寄生虫是指既可营寄生生活，又可过自由生活的寄生虫，如粪类圆线虫等；偶然寄生虫是指偶然侵入非正常宿主体内寄生的寄生虫，如犬钩虫等。

（4）机会致病寄生虫（opportunistic parasite）：有些寄生虫在免疫功能正常的宿主体内处于隐性感染状态，用一般病原学检测方法难以查到。当宿主的免疫功能低下时，它们会出现异常增殖，致病力增强，引发临床症状和体征，如刚地弓形虫、隐孢子虫等。

（三）宿主

寄生虫由于长期过寄生生活，丧失了独立生活的能力，必须选择性地寄生于特定宿主，这种现象称为寄生虫的宿主特异性（host specificity）。根据寄生虫在宿主体内发育阶段的不同，把宿主分为以下四类：

1. **终宿主（definitive host）** 寄生虫的成虫或有性生殖阶段所寄生的宿主称为终宿主。例如，肝吸虫的成虫寄生在人体肝胆管内，人是肝吸虫的终宿主；疟原虫的有性生殖阶段生活在蚊体内，

蚊是疟原虫的终宿主。

2. 中间宿主（intermediate host） 寄生虫的幼虫或无性生殖阶段所寄生的宿主称为中间宿主。如果有一个以上中间宿主，依据寄生的先后顺序称为第一中间宿主和第二中间宿主。例如，肝吸虫的毛蚴在豆螺体内发育，经胞蚴、雷蚴，最终发育为尾蚴，尾蚴逸出豆螺，钻入淡水鱼、虾的肌肉中形成囊蚴，豆螺为第一中间宿主，淡水鱼、虾为第二中间宿主。

3. 保虫宿主（reservoir host） 有些寄生虫的成虫除了寄生于人体外，还可寄生于某些脊椎动物体内，被感染的动物可成为寄生虫病的传染源，在流行病学中起到储存和保护寄生虫的作用，这些动物称为保虫宿主。肝吸虫成虫除了寄生在人体外，还可寄生在猫体内，猫成为肝吸虫的保虫宿主。

4. 转续宿主（transport host） 某些蠕虫的幼虫侵入非正常宿主体内，能存活，但不能继续发育，同时保持着对正常宿主的感染性。当这些幼虫有机会进入正常宿主体内，能够继续发育为成虫，这种非正常宿主为转续宿主。例如，曼氏迭宫绦虫的幼虫裂头蚴进入非正常宿主蛇体内，不能发育为成虫，而当此蛇连同其体内的裂头蚴被终宿主猫食入，在猫肠腔中裂头蚴能够发育为成虫，则蛇是曼氏迭宫绦虫的转续宿主。

三、寄生虫与宿主的关系

（一）寄生虫对宿主的损害

寄生虫在进入宿主体内以后，必须到达一个适于其生长发育的部位寄生，这个部位称为寄生部位。许多寄生虫进入宿主后，其幼虫还需在宿主体内移行，经过一定的组织和器官，最后到达正常寄生部位，移行中所经过的路途称为移行途径。寄生虫在宿主体内寄生和移行时，会对宿主产生多种不同的损害。寄生虫在体内引起病理改变并导致疾病的特定阶段称为致病阶段。在一种寄生虫的生活史中可能不止一个致病阶段，如血吸虫的尾蚴、童虫、成虫及虫卵均可致病，均属于血吸虫的致病阶段。寄生虫对宿主的危害主要取决于虫种、毒力、在人体内移行的过程、寄生部位及其生理活动。寄生虫对宿主细胞、组织、器官乃至系统造成的损害主要包括四个方面：

1. 掠夺营养 寄生虫在宿主体内生长、发育和繁殖所需要的营养基本来源于宿主，寄生虫数量越多，所需营养越多，宿主丢失的营养也就越多。肠道中寄生虫的活动造成肠壁损伤而引起营养吸收不良，加重宿主营养的缺乏，特别是宿主不易获得的必需的营养素，如维生素、微量元素等。

2. 机械性损伤 寄生虫侵入机体、在宿主体内移行、寄生及活动造成组织的破坏、阻塞和挤压。例如，钩虫咬附在肠壁上，可以破坏肠黏膜造成溃疡；蛔虫、绦虫的成虫寄生在肠道内，当数量过多时可引起肠梗阻；细粒棘球绦虫在肝、肺中形成棘球蚴压迫肝、肺，导致肝、肺组织的萎缩。

3. 毒性作用 寄生虫的排泄物、分泌物、死亡虫体的分解物及虫卵死亡的崩解物对宿主都是有害的，能够引起宿主局部或全身反应。例如，痢疾阿米巴滋养体可以分泌溶组织酶，溶解破坏肠壁组织引起肠壁溃疡；在动物体内发现弓形虫能够释放三种毒素，有致畸、致死的作用，其中弓形虫因子可造成肝脾大、胸腺缩小、流产、发育停滞和中枢神经系统损害等。

4. 免疫病理损伤 寄生虫的抗原会诱导宿主产生免疫应答，引起炎症和免疫病理损伤，造成临床疾病。例如，血吸虫抗原抗体复合物沉积在肾小球基膜，引起肾小球肾炎。

（二）宿主对寄生虫感染的抵抗

宿主对寄生虫感染的抵抗决定了寄生虫在宿主体内存亡和演化的过程。皮肤黏膜作为机体抵御寄生虫进入宿主的第一道天然屏障，对经皮肤进入的寄生虫如血吸虫尾蚴或钩虫丝状蚴即可在此部分杀死；蛔虫卵在肠道孵出的幼虫在进入黏膜时也可被部分消灭。体液因素，如胃酸可杀死部分经消化道入侵的寄生虫，血液中各种特异或非特异的免疫成分（包括免疫效应细胞、补体、抗体等）也能有效杀死寄生虫。在组织中移行或定居的寄生虫亦可受到组织内各种细胞的包围、攻击甚至杀灭。

（三）宿主与寄生虫相互作用的结局

寄生虫与宿主相互作用的结局除了与宿主的遗传因素、免疫功能、营养状态有关外，还与体内寄生虫的种类及数量等因素有关。宿主与寄生虫相互作用的结局表现为：

(1) 侵入的虫数少，毒力弱，机体免疫力强，宿主将寄生虫全部清除，感染不能建立，保持健康状态。

(2) 侵入的虫数多，致病力强，机体免疫力较弱，宿主清除部分寄生虫，寄生虫在宿主体内发育繁殖，则发生感染。不出现明显临床症状和体征者称为慢性感染者或带虫者（carrier），成为传染源，溶组织内阿米巴原虫感染时大约有80%为带虫者。

(3) 如果宿主不能有效控制寄生虫，寄生虫在宿主体内发育甚至大量繁殖，感染者出现明显的病理变化和临床症状，则成为寄生虫病（parasitic diseases）患者，严重者甚至死亡。

四、寄生虫感染的特点

人体感染寄生虫后，以慢性感染、隐性感染和带虫状态多见。还可出现重复感染、多重感染。

1. **慢性感染和隐性感染**　慢性感染是寄生虫病的重要特点之一。人体感染寄生虫的数量不多，临床症状较轻，若未经治疗可逐渐成为慢性感染；或在急性感染之后，治疗不彻底，未能清除所有病原体常会转为慢性感染。

隐性感染是指人体感染寄生虫后，不出现明显的临床表现，多为带虫者。当机体的免疫功能改变时，如患其他疾病、长期服用免疫抑制剂或抗肿瘤药物，潜藏在机体内的寄生虫大量增殖，致病力大大增强，致使感染者出现明显的临床症状和体征，甚至造成患者的死亡。

2. **幼虫移行症（larva migrans）**　某些蠕虫幼虫侵入非正常宿主后，不能发育为成虫，长期以幼虫状态在皮下、组织和器官中游移、窜扰，造成局部或全身性的病变，形成幼虫移行症。

根据幼虫侵犯的组织、器官及症状，幼虫移行症分为：

(1) 内脏幼虫移行症（visceral larva migrans）：幼虫侵入机体后在内脏中游移窜扰，引起内脏器质性病变与功能的损害，如斯氏狸殖吸虫侵入人体，幼虫在内脏组织移行，造成肝、肺严重的病变。

(2) 皮肤幼虫移行症（cutaneous larva migrans）：幼虫侵入后主要在皮下移行，皮肤可出现线状红疹或游走性包块，如犬钩虫的丝状蚴侵入人的皮下形成匐行疹。

3. **异位寄生（ectopic parasitism）**　指寄生虫在正常寄生部位以外的组织或器官内寄生，并造成损伤，出现较复杂的症状和体征。例如，卫氏并殖吸虫主要寄生在肺部，也可寄生在皮下、腹腔和脑部，这属于异位寄生。

五、寄生虫感染的免疫

寄生虫感染宿主后其抗原物质可刺激宿主的免疫系统，产生免疫应答，清除或杀伤宿主体内的寄生虫，并对同种寄生虫的再感染也有一定的免疫力。宿主对寄生虫的抗感染免疫包括固有免疫和适应性免疫。

（一）固有免疫

宿主对寄生虫的固有免疫是在长期进化过程中形成的，具有遗传性、非特异性。机体可以通过生理屏障抵御某些寄生虫入侵，或者通过体内的吞噬细胞、嗜酸性粒细胞、自然杀伤细胞、细胞因子和补体及组织细胞中某些生物学特性等机制对入侵的寄生虫发挥杀伤作用。

研究发现，树突状细胞、巨噬细胞的多种模式识别受体（PRR）以及寄生虫的病原相关分子模式（PAMP）在诱导机体产生抗寄生虫感染的固有免疫应答中起着重要的作用。PRR具有高度的种系进化保守的特点，使机体能准确识别病原生物的分子特征，启动适当的固有免疫应答，并通过协调适应性免疫应答，最有效地抵抗入侵的寄生虫，如Toll样受体（TLRs）同机体针对多种寄生虫的免疫应答有关。许多寄生虫虫体表面或分泌的某些物质即为PAMP，如弓形虫表膜糖基磷脂酰肌醇（GPI）等。GPI可与人体巨噬细胞表面TLR2、TLR4结合，引发级联反应，触发免疫细胞相关基因的转录因子（如NF-κB等）的激活，进而使之释放多种细胞因子，发挥抗弓形虫感染的作用。

此外，研究还发现γδT细胞在抗寄生虫感染固有免疫过程中的作用，如人感染弓形虫、恶性疟原虫的急性阶段，外周血 γδT 细胞数量增加，提示 γδT 细胞参与抗寄生虫感染。疟原虫裂殖体可激活 γδT 细胞分泌 IFN-γ 等细胞因子，在早期抗寄生虫感染中发挥作用。

固有免疫在寄生虫感染免疫特别是炎症反应中的作用越来越受到关注和重视。

（二）适应性免疫

寄生虫的适应性免疫除具有特异性、记忆性及不能遗传的特点外，还表现出许多独特的方面。

1. **寄生虫抗原的复杂性** 寄生虫抗原分类多样。按照其化学组成分类，包括蛋白质、多糖、糖蛋白、糖脂等多种成分。按照其来源，可分为体抗原（somatic antigen）和代谢抗原（metabolic antigen），前者包括虫体及其表膜的表面抗原（surface antigen）、虫卵抗原（egg antigen）等；后者包括一些腺体分泌物、消化道排泄物、幼虫的囊液或蜕皮物等，上述成分可作为循环抗原通过免疫学实验所检测，具有诊断价值。此外，不同种属或株的寄生虫以及同一株寄生虫生活史不同发育阶段既有其特异性抗原，又有共同抗原。不同种株的寄生虫诱导的免疫反应不能有效杀伤其他种株的寄生虫，即使同一种寄生虫不同阶段所诱导的免疫反应也不能杀伤其他阶段的寄生虫。

2. **适应性免疫应答的机制** 人体对寄生虫感染的适应性免疫应答过程与针对其他抗原的免疫应答相似，包括抗原处理与提呈、T 细胞的活化与细胞因子的产生、细胞免疫和体液免疫效应。不同种类寄生虫的结构、生化特性和致病机制各异，因此所触发的免疫应答也不尽相同。

（1）抗寄生虫感染的体液免疫：主要针对细胞外寄生虫。感染早期，IgM 水平升高，随后 IgG 水平升高，蠕虫感染常导致 IgE 升高。特异性抗体可通过以下机制发挥作用：

1）与寄生虫直接结合，使其丧失入侵宿主的能力，如恶性疟原虫裂殖子与相应抗体结合，可阻断裂殖子入侵红细胞。

2）与相应寄生虫（如非洲锥虫）抗原结合，通过激活补体溶解寄生虫。

3）通过 ADCC 效应发挥杀虫驱虫的功能，主要针对某些蠕虫的幼虫（如血吸虫童虫和旋毛虫早期幼虫等）。嗜酸性粒细胞通过 IgE 参与的 ADCC 作用，抵御各种蠕虫的组织迁移和幼虫阶段。

4）IgE 介导的 I 型超敏反应所引起的局部炎症反应有利于肠道蠕虫的排出。

（2）抗寄生虫感染的细胞免疫：在抗细胞内感染的寄生虫过程中，细胞免疫发挥主要作用。参与抗寄生虫感染的效应细胞包括各型淋巴细胞、巨噬细胞、粒细胞、肥大细胞、NK 细胞等。其中，T 细胞亚群及其释放的多种细胞因子在免疫应答的启动和调控上发挥主导作用。

3. **感染形成的免疫力一般不完全、不持久** 根据宿主对寄生虫感染适应性免疫的结局，可将其分为两类：

（1）消除性免疫：指宿主感染寄生虫后所产生的免疫力，不但可以清除体内全部寄生虫，而且具有完全的抗再感染的作用。如，热带利什曼原虫感染的免疫。

（2）非消除性免疫：为最常见的形式，是指宿主感染寄生虫后，可产生一定的免疫力，但免疫力不足以杀死侵入体内的寄生虫，或只能清除体内部分寄生虫，对同种寄生虫感染却有一定的免疫力。非消除性免疫与感染并存，若经过驱虫治疗，体内寄生虫消灭后，免疫力将逐渐下降，不能维持终身。典型的非消除性免疫表现为疟原虫感染的带虫免疫和血吸虫感染诱导的伴随免疫。

1）带虫免疫（premunition）：是指机体内原先感染的虫体未被完全清除，保持在低虫荷水平，形成的免疫力可以具有部分抗再感染的作用。如，疟原虫感染的免疫。

2）伴随免疫（concomitant immunity）：是对原先感染的成虫不产生影响，但对同种寄生虫的幼虫再感染有抵抗作用。如，血吸虫感染的免疫。

4. **寄生虫的免疫逃避和免疫抑制** 寄生虫与宿主长期相互适应中，有些寄生虫能逃避宿主的免疫应答，在具有免疫力的宿主体内长期存活、增殖，这种现象称为免疫逃避（immune evasion）。现代研究表明寄生虫能有效地逃避宿主致死性攻击，从而在宿主体内存活，其机制可能与以下因素有关：

(1) 组织学隔离：寄生虫在人体内选择的寄生部位常是能够满足其生长发育所需的条件，且与免疫系统有隔离的部位，因此可以暂时对寄生提供一定的保护，如脑、眼、睾丸等部位。某些寄生在细胞内的寄生虫可抵抗抗体的中和作用和调理作用，如寄生在肝细胞中的红外期疟原虫。某些胞内寄生虫，如寄生在吞噬细胞内的利什曼原虫和弓形虫，可在细胞内形成纳虫空泡（parasitophorous vacuole），以此逃避胞内溶酶体酶的杀伤作用。寄生虫可被来源于自身或宿主的囊膜包裹，这也是对免疫反应的一种有效屏障。

(2) 表面抗原的改变

1）抗原变异：寄生虫在宿主体内生存时有抗原变异现象，从而逃避了宿主体内特异性免疫反应对其的杀伤作用。例如，布氏锥虫体表的糖蛋白抗原不断更新，新变异体不断出现，与宿主特异抗体合成形成时间差，使抗体无法发挥作用。

2）表膜脱落与更新：蠕虫虫体表膜不断脱落与更新，与表膜结合的抗体随之脱落。

3）抗原伪装与分子模拟：有些寄生虫能将宿主的抗原分子镶嵌在自身表面或用宿主抗原包被，称为抗原伪装（antigen disguise）。例如，血吸虫在感染15天后，其表面可查到宿主抗原。有些寄生虫体表能表达与宿主组织抗原相似的成分，此为分子模拟（molecular mimicry）。例如，在皮肤内的曼氏血吸虫童虫早期表面不含有宿主抗原，但肺期童虫表面被宿主血型抗原（A、B和H）和组织相容性抗原（MHC）包被，抗体不能与之结合。

(3) 封闭抗体的产生和可溶性抗原的封闭作用：有些寄生虫抗原诱导的抗体可结合在虫体表面，不仅不对宿主产生保护作用，反而阻断保护性抗体与之结合，称为封闭抗体（blocking antibody）。在血吸虫流行区，低龄儿童虽可产生高滴度抗体，却对再感染无保护力，此现象可能与封闭抗体的产生有关。寄生虫释放到哺乳动物血清中的可溶性循环抗原与血清中的抗体结合，封闭了抗体，起阻断因子的作用。

(4) 干扰信号转导通路：某些寄生虫在感染过程中生活于细胞内，并不发生实质性的抗原变异，但可调变感染细胞内的信号转导，从而逃避宿主免疫应答。多种单细胞或多细胞寄生虫可干扰T细胞和B细胞激活的信号转导通路，从而避免被免疫系统识别和杀伤。

(5) 抑制或调节宿主的免疫应答：寄生虫的某些抗原可直接诱导宿主的免疫抑制。

1）特异性B细胞克隆耗竭：某些寄生虫抗原具多克隆激活剂效应，可激活多数B细胞克隆，诱导宿主产生大量无保护作用的抗体，表现为高Ig血症。在感染晚期，虽有抗原刺激，由于B细胞克隆耗竭而致不能分泌抗体。

2）调节性T细胞的激活：实验表明，小鼠感染利什曼原虫、血吸虫等后，可诱生、激活Treg细胞。

3）虫源性淋巴细胞毒性因子的产生：如肝片形吸虫的分泌排泄物可使淋巴细胞凝集；克氏锥虫分泌排泄产物（ES）中分离的蛋白质可抑制宿主外周血淋巴细胞增殖和IL-2的表达；曼氏血吸虫可产生一种热稳定糖蛋白，直接抑制ADCC效应。

5. 寄生虫感染后常引起免疫性病理损伤 宿主对寄生虫所产生的免疫应答对宿主具有不同程度的保护作用，但也可能引起超敏反应，导致宿主组织损伤和免疫病理变化（详见上编免疫学部分）。

(1) Ⅰ型超敏反应：又称为过敏反应。在寄生虫感染中，过敏反应以荨麻疹最常见，其次为钩蚴性皮炎、热带肺嗜酸性粒细胞增多症等。日本血吸虫感染引起的尾蚴性皮炎、蛔虫感染引起的支气管哮喘、尘螨性哮喘、棘球蚴囊液外溢引起的过敏性休克等，均为典型的Ⅰ型超敏反应。

(2) Ⅱ型超敏反应：又称为细胞毒型超敏反应。在疟疾患者中，疟原虫抗原能吸附在红细胞表面，引起Ⅱ型超敏反应，出现免疫性溶血。这是导致患者贫血的重要原因。

(3) Ⅲ型超敏反应：又称为免疫复合物型超敏反应。疟性肾病和血吸虫病肾病均有Ⅲ型超敏反应机制参与。

(4) Ⅳ型超敏反应：又称为迟发型超敏反应。血吸虫卵肉芽肿主要为Ⅳ型超敏反应。

在寄生虫感染引发的免疫性病理损伤过程中，常涉及多种类型的超敏反应，如血吸虫病，虫体不同发育阶段的抗原分别可引起Ⅰ型、Ⅲ型和Ⅳ型超敏反应。

六、寄生虫病的实验诊断

机体感染寄生虫，临床诊断除了根据流行病学情况、病史、症状和体征等方面进行分析外，主要依据实验室检获病原体来确诊。常见人体寄生虫病原学检测方法详见表 3-0-1。

表 3-0-1 常见人体寄生虫的病原学检测

送检标本	检测方法	检测内容
粪便	肉眼观察	虫体，节片
	显微镜观察：直接涂片法和浓集法（沉淀法、离心法、漂浮法、透明法等）	虫卵、包囊、滋养体等
血液	薄血膜法	疟原虫红细胞内期各期
	厚血膜法	疟原虫红细胞内期各期、丝虫微丝蚴
	浓集法	丝虫微丝蚴
痰	直接涂片、浓集法	肺吸虫卵等
尿液和鞘膜积液	直接涂片、浓集法	丝虫微丝蚴
骨髓穿刺物	直接涂片	杜氏利什曼原虫无鞭毛体
阴道分泌物	直接涂片	阴道毛滴虫
十二指肠液和胆汁引流	直接涂片/浓集法	肝吸虫卵，蓝氏贾第鞭毛虫滋养体
组织活检物	压片、切片病检	肺吸虫、绦虫、旋毛虫等

病原学的特殊检测方法有：肛门拭子法、直肠镜检、毛蚴孵化法和钩蚴培养法等，常用于检测蛲虫卵、绦虫卵、血吸虫、钩虫等。

此外，诊断寄生虫病还可以利用免疫学和分子生物学技术方法进行辅助诊断。常用的免疫学方法有皮肤试验、免疫电泳试验、间接血凝试验（IHA）、荧光抗体试验、酶联免疫吸附试验（ELISA）、免疫酶染色试验、免疫印迹试验，以及用于血吸虫病诊断和流行病学调查的环卵或环虫沉淀试验。分子生物学诊断技术主要有：DNA 探针、基因芯片和 PCR 技术等。

七、寄生虫病的流行与防治

寄生虫进入人体后造成感染，可引起寄生虫病。寄生虫病在一定条件下可以传播。寄生虫病的传播是寄生虫生活史中的某一发育阶段离开人体，经过外界，进入其他适宜宿主的过程。当一个地区的自然因素、生物因素和社会因素有利于这种传播时，就会使许多人发生感染，这就构成寄生虫病的流行。目前新现的寄生虫病有：隐孢子虫病、微孢子虫病；机会性寄生虫病包括弓形虫病、隐孢子虫病（腹泻）、微孢子虫病（腹泻）、等孢球虫病（AIDS，腹泻）、粪类圆线虫病等。

（一）寄生虫病流行的环节

寄生虫病的流行与传播包括传染源、传播途径和易感人群三个基本环节。

1. 传染源（source of infection） 是指体内有寄生虫生长、繁殖并能排出寄生虫的人和动物（包括受染的家畜和野生动物），即寄生虫病患者、带虫者、保虫宿主。主要通过传染源的分泌物、排泄物向外排出病原体或借助医学节肢动物带走病原体。

2. 传播途径（route of transmission） 是指寄生虫由传染源传播到易感宿主的过程，包括病原体从传染源排出后，侵入新的易感宿主前，在外界环境中停留和转移所经历的全过程。

寄生虫病常见的传播途径有：

（1）经食物传播（food borne transmission）：通过食用被寄生虫感染阶段污染的食物或含有寄生虫感染阶段的动植物而传播，如蛔虫病、猪带绦虫病、肝吸虫病等。

（2）经水传播（water borne transmission）：寄生虫的感染阶段污染了饮用水或存活在水体中，因饮用被污染的水或与疫水接触而传播，如血吸虫病。

(3) 经土壤传播 (soil borne transmission)：某些寄生虫虫卵需在土壤中发育至感染期，造成土壤污染，易感人群接触被污染的土壤所致的传播，如钩虫病。

(4) 经接触传播 (contact transmission)：易感者与传染源直接接触或与被病原体污染的日用品间接接触所造成的传播，如阴道毛滴虫病。

(5) 经节肢动物传播 (arthropod borne transmission)：通过苍蝇、蚊子、虱子、跳蚤及蜱、螨等节肢动物媒介所造成的传播，又称为虫媒传播。这些节肢动物通过机械携带作用或吸血活动而成为传播媒介，如丝虫病、疟疾。

(6) 经空气传播 (air borne transmission)：有些寄生虫的感染阶段可以借空气或尘埃而传播，如飞尘中的蛲虫卵、尘螨。

寄生虫在生活史过程中并不是任何发育阶段均能感染宿主，它侵入宿主之前，必须在外界（包括自然界或其他动植物体内）发育到一定阶段，才能感染宿主。寄生虫的感染阶段需通过适当的途径或方式才能感染宿主，这一途径或方式称为感染途径 (route of infection) 或感染方式 (mode of infection)。常见的寄生虫感染途径或感染方式有：

(1) 经口感染：有些寄生虫的感染阶段污染了水、食物、手指、玩具或于某些食物中，因误食或烹调方法不当而被食入。经口感染是最常见的感染方式，如蛔虫、肝吸虫、猪带绦虫等。

(2) 经皮肤感染：有些寄生虫的感染阶段存在于土壤或水体中，如土壤中钩虫的丝状蚴，湖水中血吸虫尾蚴均可直接通过皮肤进入人体。

(3) 经接触感染：有些寄生虫生活在宿主的体表或开放性腔道中，它们可通过直接接触或间接接触而感染，如疥螨、阴道毛滴虫等。

(4) 经媒介节肢动物感染：有些寄生虫必须在吸血昆虫体内生长发育到感染阶段，通过昆虫的叮咬吸血将其传播给人。例如，杜氏利什曼原虫必须经白蛉叮咬吸血侵入人体。

(5) 经胎盘感染：有些寄生虫可以通过胎盘进入胎儿体内，造成胎儿感染，如刚地弓形虫等。

此外有的寄生虫还可经其他途径进入人体，如蛲虫、肺孢子虫可通过呼吸道吸入感染，疟原虫可通过输血感染等。

3. 易感人群 (herd susceptibility) 是指对某种寄生虫缺乏免疫力或免疫力低下的人群。人体对寄生虫感染的免疫多属于带虫免疫。当寄生虫从人体清除后，免疫力会逐渐下降、消失，重新处于易感状态。非流行区或已根除某种寄生虫病地区的人进入流行区，由于缺乏特异性免疫力而成为易感者。流行区儿童的免疫力一般低于成年人，容易感染寄生虫病。

（二）影响寄生虫病流行的因素

1. 自然因素 包括温度、湿度、雨量、光照等气候因素及地理环境。气候因素影响寄生虫在自然环境中的生长发育，也影响寄生虫的中间宿主，影响媒介昆虫的孳生、活动、繁殖及寄生虫在其体内的发育。例如，温暖潮湿的环境有利于土壤中蛔虫、鞭虫卵或钩虫幼虫的发育；血吸虫毛蚴的孵化除需要水外，还必须有适宜的温度和光照；潮湿温暖的气候既有利于蚊子的生长繁殖，也适宜疟原虫在蚊体内的发育和繁殖，同时促进蚊子的吸血活动，增加传播疟疾的机会。地理环境会影响中间宿主的分布和孳生。

2. 生物因素 有些寄生虫在其生活史过程中需要中间宿主或节肢动物的存在。这些中间宿主或节肢动物的存在与否，决定了寄生虫病的地区分布以及能否流行。例如，日本血吸虫的中间宿主钉螺在我国的分布不超过北纬33.7°，因此血吸虫病只流行于我国的长江流域和长江以南。

3. 社会因素 包括社会制度、经济状况、科学水平、文化教育、医疗卫生、防疫保健及人的行为方式（生产方式和生活习惯）等。一个地区的自然因素和生物因素在某一个时期内是相对稳定的，但社会因素通常是可变动的。当社会的政治经济状况发生变化时，可在一定程度上影响自然因素和生物因素，成为制约寄生虫病流行的一个重要因素。例如，经济文化的落后必然影响人群的生活水平，并伴有不良的卫生环境和卫生习惯以及落后的生产方式与生活习惯，因而不可避免地造成寄生虫病的流行。

(三)寄生虫病的流行特点

我国寄生虫病种类繁多,新老问题同时存在,人群寄生虫病的流行谱和发病率发生了变化,不同寄生虫的感染率也发生了改变。部分地区人群仍有同一个体内合并多种寄生虫混合感染的存在,为多寄生现象。

1. 地方性　有些寄生虫病的分布常具有明显的地方性特点。影响寄生虫病地方性流行的因素主要与气候条件、中间宿主或节肢动物媒介的地理分布、人群的生产方式和生活习惯有关。

2. 季节性　寄生虫病的流行具有明显的季节性。温度和湿度影响寄生虫在外界的生存和发育及传播媒介的生长发育,因而影响寄生虫病的流行。医学节肢动物传播的寄生虫病,其流行总是与传播媒介的季节性消长相一致。人群的生产活动和生活活动受季节的影响,也会使寄生虫病的流行出现季节性。

3. 自然疫源性　在人迹罕至的原始森林或荒漠地区,有些寄生虫病在脊椎动物之间自然地传播,这类疾病为自然疫源性疾病,这类地区为自然疫源地。这类不需要人的参与而存在于自然界的寄生虫病具有明显的自然疫源性。人一旦进入该地区,就有可能通过某种途径由脊椎动物传播给人,如利什曼病。在脊椎动物与人之间自然传播的寄生虫病称为人兽共患寄生虫病(parasitic zoonoses)。

(四)寄生虫病的防治原则

我国寄生虫种类和数量众多,分布广泛,人们存在不良生活习惯和生活习俗,人口流动频繁,以及出现寄生虫抗药性等问题,因此寄生虫病的防治任务非常艰巨,需要采取多种综合防治措施以控制和消灭寄生虫病。

1. 控制传染源　通过普查、普治患者和带虫者;查治和处理保虫宿主(家畜、被保护的动物可定期治疗;有害的、无价值的感染动物应予捕杀,如鼠类)。在非流行区应监测流动人口,以及时发现寄生虫的感染者,控制传染源的输入和扩散。

2. 切断传播途径　根据寄生虫生活史的不同,选用合适的方法切断传播途径,特别是加强水源、粪便和饮食的管理。注重环境卫生、饮食卫生和个人卫生,控制和杀灭媒介节肢动物和中间宿主。

3. 保护易感人群　对易感人群进行保护是防止寄生虫感染的重要环节。进行人群健康宣传教育,提高人群的自我保护意识,增强防病的意识;动员群众改变不良生活方式和饮食习惯;改善人民的生活和劳动条件,改进生产方式,必要时可通过涂抹或服用药物来防治。目前尚无很有效的寄生虫病疫苗推广使用。

(万红娇)

1. 什么是寄生虫、宿主、寄生虫生活史?
2. 寄生虫对宿主的危害主要包括哪些方面?
3. 试述寄生虫病流行的基本环节,影响流行的主要因素有哪些?
4. 举例说明寄生虫病流行的特点。
5. 简述寄生虫病的防治原则。

第一篇　医学原虫

第1章　概　论

　　原虫（protozoa）为单细胞真核动物，体积微小，能独立完成生命活动的全部功能，如摄食、代谢、呼吸、排泄、运动及生殖等。在自然界，原虫的分布广泛、种类繁多，达65 000余种，多数营自生生活或腐生生活，广泛分布于地球表面的各类生态环境中，如海洋、土壤、水体或腐败物内。现存种类中有近万种为寄生/共生性原虫，其中医学原虫40余种，为寄生于人体管腔、体液、组织或细胞内的致病性或非致病性原虫。由医学原虫引起的疾病称为原虫病。

　　1. 形态　原虫外形多样，呈卵圆形、球形或不规则形。原虫的基本结构由细胞膜、细胞质和细胞核三部分组成。

　　（1）细胞膜：亦称为表膜（pellicle），包裹在虫体表面，保持虫体一定的形状。在电镜下观察，胞膜由一层或一层以上单位膜构成，为嵌有蛋白质的脂质双分子层结构。细胞膜上的蛋白质分子中具有多种受体、抗原、酶类等成分，是寄生性原虫与宿主细胞和外界环境直接接触的部位。细胞膜参与原虫的摄食、排泄、运动、感觉、侵袭以及逃避宿主免疫效应等多种生物学功能。细胞膜不断更新，具有强抗原性。

　　（2）细胞质：由基质、细胞器和内含物组成。

　　基质均匀透明，主要成分为蛋白质，含有微丝和微管，支持原虫的形状，并与运动有关。许多原虫的基质分为外质和内质：外质较透明，呈凝胶状，与运动、摄食、营养、排泄、呼吸、感觉和保护功能有关；内质呈溶胶状，含各种细胞器和内含物，也是细胞核所在处，为细胞代谢和营养储存的主要场所。

　　原虫的细胞器按功能分为：①膜质细胞器，主要由细胞膜分化而成，包括线粒体、高尔基复合体、内质网、溶酶体等。②运动细胞器，为原虫分类的主要标志，按其性状分为伪足（pseudopodium）、鞭毛（flagellum）和纤毛（cilia）。伪足是外质的暂时突出部分，呈舌状、叶状或指状；鞭毛是细长的运动细胞器，数量较少，纤毛短而细，数量多，覆盖全体或集中在虫体的某一部分。③营养细胞器，部分原虫具有胞口、胞咽、胞肛等构造，用于取食、消化、排泄。此外，某些原虫尚有特殊细胞器，如某些鞭毛虫可有轴柱，为支撑细胞器，使虫体形成特定的形状；寄生纤毛虫大多有伸缩泡，能调节细胞质的渗透压。

　　原虫细胞质内有时可见到多种内含物，如食物泡、营养储存小体（糖原泡、拟染色体）、代谢物（色素等）和共生生物（病毒颗粒）等。

　　（3）细胞核：是原虫生存、繁殖的主要构造，由核膜、核质、核仁及染色质组成。原虫大多只有一个核，有些可有两个大小相当或大小不同的核，有些则有多个核。寄生人体的原虫多数为泡状核，染色质少，呈粒状，分布于核质中或核膜内缘，内含一个粒状核仁。少数纤毛虫为实质核，染色质丰富，核大而不规则，常具有一个以上的核仁。

　　2. 生理

　　（1）运动：原虫的运动方式分为伪足运动、鞭毛运动和纤毛运动，缺乏运动细胞器的原虫也可借助体表构造进行滑动和扭转。具有运动、摄食和生殖能力的原虫在生活史中泛称为滋养体（trophozoite），是多数寄生原虫的基本生活型。许多原虫的滋养体可在一定条件下分泌外壁，形成不活动的包囊（cyst）或卵囊（oocyst），以抵抗不良环境，实现宿主转换或发育阶段转换。

　　（2）摄食：原虫摄取营养物质的方式有渗透、胞饮和吞噬等。渗透是可溶性小分子物质和离子通过表膜被动扩散或主动运输进入虫体。胞饮是含有微细颗粒或可溶性物质的液体与表膜接触，表膜形成细管状凹陷，以后管状内陷物断裂为许多由单位膜包围的小泡，移向细胞内部。吞噬是固体食物接触虫体，被伪足包围，形成食物泡。在细胞质中，溶酶体与食物泡结合，使食物被消化、分解。

（3）代谢：绝大多数寄生性原虫营兼性厌氧代谢，尤其是在肠腔内寄生的原虫，如溶组织内阿米巴原虫要在无氧的环境下才能良好生长。在血液内寄生的原虫，如锥虫可进行有氧代谢。原虫一般利用葡萄糖或其他单糖取得能量，无氧糖代谢是原虫能量代谢的主要途径。此外原虫在生长、发育和繁殖过程中需要较多的蛋白质和氨基酸。

（4）生殖：寄生原虫以无性、有性或两者兼有的生殖方式增殖。

1）无性生殖：包括二分裂、多分裂、出芽生殖等增殖方式。

二分裂是寄生原虫最常见的增殖方式，细胞核先分裂，随后细胞质纵向或横向分裂为两个子体。多分裂是原虫细胞核多次分裂后，细胞质分裂围绕每个核周围，形成多个子体。出芽生殖是指母体细胞先以不均等细胞分裂产生一个或多个芽体，每个芽体再发育成新个体。

2）有性生殖：包括接合生殖和配子生殖。

接合生殖是指两个形态相同的原虫一时性地接合在一起，互相交换核质，然后分开，再行分裂增殖，如纤毛虫。

配子生殖则是指原虫的营养细胞分化产生的雌雄配子融合为一，形成合子的过程。

3. **生活史类型** 根据传播方式可将医学原虫的生活史分为三种类型。

（1）人际传播型：生活史只需要一种宿主，凭借接触或通过中间媒介从感染者传播给易感者，其又可分为两类，①生活史只有滋养体阶段，通过直接或间接接触滋养体而传播，如阴道毛滴虫；②生活史有滋养体和包囊两个阶段，包囊一般通过饮水或食物传播，如溶组织内阿米巴。

（2）循环传播型：完成生活史需一种以上脊椎动物宿主，分别进行有性生殖和无性生殖，形成世代交替现象，如刚地弓形虫可在猫科动物与人及多种动物之间传播。

（3）虫媒传播型：完成生活史需要在吸血节肢动物体内进行发育和（或）增殖，然后再传播给人或其他动物，如利什曼原虫和疟原虫。

4. **分类** 根据运动细胞器的有无和类型，可将原虫分为根足虫、鞭毛虫、纤毛虫和孢子虫四大类。在生物学分类上，原虫属于原生生物界原生动物亚界下属的三个门：①肉足鞭毛门（Sarcomastigophora），常见人体寄生的有溶组织内阿米巴、阴道毛滴虫、蓝氏贾第鞭毛虫、杜氏利什曼原虫等。②顶复门（Apicomplexa），如疟原虫、刚地弓形虫、隐孢子虫等。③纤毛门（Ciliophora），仅结肠小袋纤毛虫可感染人。

（王宏敏）

1. 请简述医学原虫的形态与结构。
2. 请简述医学原虫的生殖方式和生活史类型。

第 2 章 根 足 虫

根足虫属于肉足鞭毛门的叶足纲（Lobosea），具叶状伪足的运动细胞器，可做变形运动，因而通称为阿米巴（amoeba）。生活史一般分为活动的滋养体期和不活动的包囊期，以二分裂法增殖。

第一节 溶组织内阿米巴

溶组织内阿米巴（*Entamoeba histolytica* Schaudinn, 1903）又称为痢疾阿米巴，主要寄生于结肠，引起阿米巴痢疾，也可侵犯肝、肺、脑等器官，引起肠外阿米巴病。溶组织内阿米巴是至今唯一被肯定可引起人类阿米巴病的肠道阿米巴原虫，它与非致病性的迪斯帕内阿米巴和莫西科夫斯基内阿米巴形态相似，但在同工酶、限制性片段长度多态性（restriction fragment of length polymorphism，RFLP）和抗原性等方面存在差异。

1. 形态 溶组织内阿米巴的生活史分为滋养体期和包囊期两期（图3-2-1）。

（1）滋养体（trophozoite）期：滋养体是虫体运动、摄食及增殖阶段，直径为15～60μm，活体在适宜温度下运动活泼，常伸出单一伪足做定向阿米巴运动。经铁苏木精染色后，可辨认较透明的外质和颗粒状内质。内质含食物泡（从有症状患者组织中分离的常可见被吞噬的红细胞）和一个直径为4～7μm的泡状核，核膜边缘有单层均匀分布的大小一致的核周染色质粒，核仁小，常居中，周围辅以网状核纤丝（彩图31）。

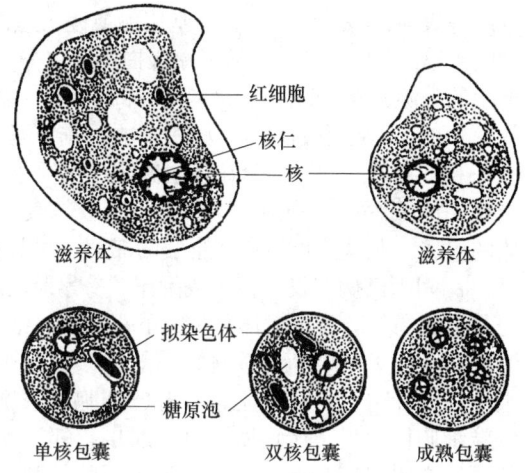

图 3-2-1 溶组织内阿米巴形态

（2）包囊（cyst）期：为阿米巴的传播阶段，呈球形，直径为10～20μm。碘液染色时包囊呈淡棕色或黄色。包囊初期只具一个胞核，进行二分裂繁殖，粪便中可见单核、双核或成熟的四核包囊。在不成熟的包囊中可见糖原泡（glycogen vacuole）和棒状的拟染色体（chromatoid body），它们随发育成熟而逐渐消失。核为泡状核，与滋养体相似，但稍小（彩图32）。

2. 生活史 溶组织内阿米巴生活史较简单，包括感染性的包囊期和可增殖的滋养体期。感染阶段为4核成熟包囊，通过污染食物或水源，经口感染宿主。在胃和小肠上段，由于囊壁的抗酸能力，包囊无变化。当移行至回肠末段或结肠时，在碱性消化液、囊中虫体运动及肠内酶的作用下，囊壁在某一点变薄，虫体脱囊而出，形成4核滋养体。4核滋养体很快分裂成为4个单核滋养体，并迅速再分裂，形成8个滋养体，在结肠上段的肠黏膜皱褶或肠腺隐窝处摄食细菌，以二分裂增殖。当滋养体移行到横结肠后，由于肠内环境的变化，水分被吸收、营养物质减少，粪便开始形成等原因，滋养体停止活动，排出内含物，形成圆形的包囊前期，并由外质分泌物形成囊壁而发育为包囊，随粪便排出体外，完成其生活史。包囊最初形成时为1核，经二次核分裂后形成4核成熟包囊（图3-2-2）。

滋养体是虫体的侵袭形式，可侵入肠黏膜，吞噬红细胞，破坏肠壁，引起肠壁溃疡；滋养体亦可随坏死组织脱落入肠腔，随急速的肠蠕动排出体外，亦可经血行播散到肝、肺、脑等其他器官。

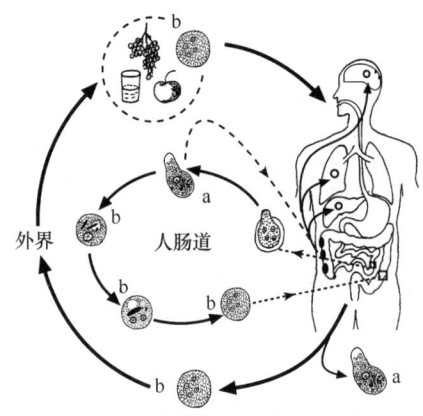

图 3-2-2 溶组织内阿米巴生活史
a. 滋养体；b. 包囊

滋养体对外环境的抵抗力很弱，在外界很容易死亡，并可被胃酸杀死，无传播作用。

3. 致病

（1）致病机制：溶组织内阿米巴的致病作用与原虫毒力、寄生微环境的理化因素和生物因素及宿主机体状态有关。溶组织内阿米巴滋养体对组织的侵袭力主要表现为对宿主靶细胞的接触性溶解杀伤作用。滋养体通过受体的介导对靶细胞识别、黏附、分泌、溶解，这些作用与虫体表膜特有的膜结合糖蛋白有关。分子水平上的研究表明滋养体有三种致病因子：① 260kDa 半乳糖/乙酰氨基半乳糖凝集素，其介导滋养体对宿主细胞的吸附。② 阿米巴穿孔素，阿米巴穿孔素是一组包含在滋养体胞质颗粒中的小分子蛋白质。它作用于宿主细胞形成微孔损伤。③ 半胱氨酸蛋白酶，溶解宿主组织。

260kDa 半乳糖/乙酰氨基半乳糖凝集素介导滋养体黏附于宿主结肠上皮细胞、中性粒细胞和红细胞等表面；滋养体在与靶细胞接触或侵入组织时，可注入穿孔素，使靶细胞形成离子通道；溶组织内阿米巴滋养体分泌的半胱氨酸蛋白酶为虫体最丰富的蛋白酶，其不但可以溶解宿主组织，并对宿主产生的分泌型 IgA 和血清 IgG 都具降解作用，以防止这些抗体结合到滋养体上，也能降解补体裂解产物 C_{3a} 和 C_{5a}，从而减轻炎症反应。这些可能既是虫体的主要致病机制，又是虫体的一种免疫逃避方式。

（2）病理变化：一般在宿主健康的情况下，溶组织内阿米巴在肠腔中对宿主的损害可能较轻，当宿主因饮酒、食物中毒、营养不良或饮食不节等原因造成肠蠕动失常而不畅通时，可诱发滋养体的侵袭，尤其是虫体在回盲瓣的滞留，可加剧其侵袭程度。

肠阿米巴病多发于盲肠或阑尾，易累及乙状结肠和升结肠，偶累及回肠。滋养体对肠的损害，先是造成局部肠黏膜损伤和黏膜下小脓肿，继而在疏松的黏膜下层增殖、扩展，引起液化坏死灶，形成口小底大的烧瓶样溃疡，一般仅累及黏膜层，溃疡间的黏膜正常或稍有充血水肿；镜下可见组织坏死伴少量炎症细胞，以淋巴细胞和浆细胞浸润为主，由于滋养体可溶解中性粒细胞，故中性粒细胞极少见。严重溃疡可达肌层，邻近溃疡融合致使大片黏膜脱落。如果溃疡穿破肌层直至浆膜，亦可穿破肠壁，造成局限性腹腔脓肿或弥漫性腹膜炎。在肠黏膜下层或肌层的滋养体一旦进入血流，经门静脉血流进入肝脏或直接扩散，引起继发性阿米巴肝脓肿。肠壁溃疡灶内的滋养体也可经血流或直接经横膈向胸腔穿破入肺而致肺脓肿；侵入纵隔、心包甚至脑、脾等部位均可引起局部脓肿。腹腔局部脓肿近邻体表，脓肿也可穿孔侵袭皮肤而发生阿米巴皮肤溃疡；如累及生殖器官，则可引起阿米巴性阴道炎或前列腺炎。

（3）临床表现：潜伏期多为 2 周，起病急或隐匿，临床上分为肠阿米巴病和肠外阿米巴病。

1）肠阿米巴病：溶组织内阿米巴感染者多为此种类型，轻者表现为腹部不适、慢性或间歇性水样泻；严重者表现为急性直肠结肠炎，出现腹痛、腹泻，大便带脓血，呈痢疾样，常称为阿米巴痢疾。典型的阿米巴痢疾可有脓血稀便，粪便为褐色果酱样，奇臭，一天可达十几次，伴恶心、呕吐、腹痛、腹胀、里急后重等临床表现。慢性阿米巴病则长期有间歇性腹泻、腹痛、胃肠胀气和体重下降，可持续一年以上，甚至五年之久。亦有些患者出现阿米巴肿或团块状损害而无症状。阿米巴性结肠炎最严重的并发症是肠穿孔和继发性细菌性腹膜炎，呈急性或亚急性过程。

2）肠外阿米巴病：以阿米巴性肝脓肿最常见。全部肠阿米巴病例 10% 的患者伴发肝脓肿，系血行播散，好发于肝右叶。临床症状有右上腹痛，向右肩放射；发热、寒战、盗汗、畏食和体重下降。阿米巴肺脓肿与化脓性肺脓肿的临床表现基本相似，但多发于右下叶，继发于肝脓肿或由肠阿米巴病经血行播散，表现为畏寒、发热、胸痛、咳嗽、咯巧克力色脓痰或血性脓痰。滋养体亦可经血行播散至脑部，引发阿米巴性脑脓肿。阿米巴性脑脓肿往往是在脑皮质的单一脓肿，临床症状有头痛、呕吐、眩晕、精神异常等。阿米巴性皮肤溃疡一般是由局部病灶播散所致。肠道阿米巴也可侵入肛周、阴道、尿道等，引起相应部位的脓肿或炎症。

4. 实验诊断

（1）病原学检查

1）粪便检查：①滋养体检查，选择生理盐水涂片法。从急性阿米巴痢疾患者的新鲜粪便中挑取少许黏液脓血便，涂片、镜检，主要检查含摄入红细胞的活动滋养体，伴有黏集成团的红细胞和少量的白细胞，有时可见菱形结晶。②包囊检查，适用于慢性患者和带虫者的成形粪便检查，可做碘液染色。隔日多次送检或用硫酸锌浮聚浓集可提高包囊检出率。

2）组织检查：借助乙状结肠镜或纤维结肠镜直接观察肠黏膜溃疡，并做活体组织检查或刮拭物涂片，脓肿患者可考虑穿刺，应注意虫体多在脓肿壁上。

（2）免疫学诊断：近年来，酶联免疫吸附试验（ELISA）、间接荧光抗体试验（IFA）、间接血凝试验（IHA）等免疫诊断方法已用于阿米巴病的临床诊断和流行病学调查。也可应用单克隆抗体试验检测虫源抗原。

（3）分子生物学诊断：应用 PCR 技术检测溶组织内阿米巴 DNA，有效、敏感、特异，结果不但可以作为诊断依据，还可与其他阿米巴原虫进行鉴别诊断。

5. 流行与防治原则

（1）分布：为全球分布，多见于热带和亚热带。阿米巴病的流行与经济状况低下、人口密集、公共卫生条件简陋及个人不良卫生习惯等因素有关。据统计，在全球超过 5 亿的阿米巴感染者中，感染溶组织内阿米巴者约有 5 千万，迪斯帕内阿米巴感染人数为 4.5 亿。据 1988～1992 年调查结果显示，溶组织内阿米巴全国平均感染率为 0.949%，估计全国感染人数为 1069 万。近年的调查显示人群感染率呈下降趋势，但在局部地区或特殊人群血清阳性率高达 11.05%，因此，阿米巴痢疾仍属我国法定乙类传染病。

（2）流行因素：阿米巴病的传染源为随粪便持续排包囊的带虫者。包囊在体外具较强的生存力，在潮湿低温环境可存活 12 天以上，在水中可活 9～30 天，通过蝇或蟑螂的消化道仍具感染性，但对干燥、高温的抵抗力不强。人体感染主要是误食被含有成熟包囊的粪便污染的食品、饮水或使用污染的餐具经口感染。

（3）防治原则

1）控制传染源：查治患者和带虫者以控制传染源，尤其是饮食行业的从业人员。治疗肠阿米巴病的首选药物为甲硝唑（metronidazole），也可选用替硝唑（tinidazole）、奥硝唑（ornidazole）等。杀灭肠内的包囊、杜绝传播，可选用巴龙霉素、喹碘方、二氯尼特等。肠外阿米巴病的治疗首选甲硝唑，氯喹亦有效。中药鸦胆子仁、大蒜素、白头翁等也有一定疗效。

2）加强粪便管理和水源保护：因地制宜进行粪便无害化处理，杀灭其中包囊，严格防止粪便污染水源。

3）防止病从口入：养成良好卫生习惯，注意个人卫生及饮食、饮水卫生；搞好环境卫生，消灭苍蝇和蟑螂等传播媒介。

第二节 其他人体非致病阿米巴

寄生于人体的其他消化道阿米巴除溶组织内阿米巴外，其余均为腔道共栖原虫，有些仅偶然寄生人体。一般认为这些阿米巴为非致病原虫，不侵入组织，但在重度感染或宿主防御功能减弱时亦可产生不同程度的黏膜浅表炎症，或伴随细菌感染而引起腹泻或其他肠功能紊乱。这些非致病或机会致病的肠道阿米巴通常无须治疗，但应与致病的溶组织内阿米巴鉴别（表 3-2-1，图 3-2-3，图 3-2-4）。

表 3-2-1 人体消化道内共栖阿米巴的主要种类及特点

	结肠内阿米巴 *Entamoeba coli*	哈氏内阿米巴 *Entamoeba hartmani*	微小内蜒阿米巴 *Endolimax nana*	布氏嗜碘阿米巴 *Iodamoeba butschlii*	齿龈内阿米巴 *Entamoeba gingivalis*
滋养体					
大小（μm）	15～50	3～12	6～12	8～20	10～20

续表

	结肠内阿米巴 *Entamoeba coli*	哈氏内阿米巴 *Entamoeba hartmani*	微小内蜒阿米巴 *Endolimax nana*	布氏嗜碘阿米巴 *Iodamoeba butschlii*	齿龈内阿米巴 *Entamoeba gingivalis*
运动	迟缓	较活跃	很慢	迟缓	活动频繁
伪足	钝	指状	钝	钝	多形
核（需染色）					
核周染色质粒	粗细不均	结构类似溶组织内阿米巴	无	无	排列整齐
核仁	大，经常偏位	—	较大多偏位	粗大（有晕）	居中
包囊					
形态	圆	圆	椭圆或类圆	不规则卵圆	—
大小（μm）	10～35	4～10	5～10	5～20	—
糖原泡	较大	不明显	偶见	明显大团块	—
拟染色体	稻束状	细小	球杆状	无	—
核	1～8个	1～4个	1～4个	1个（核仁偏位）	—

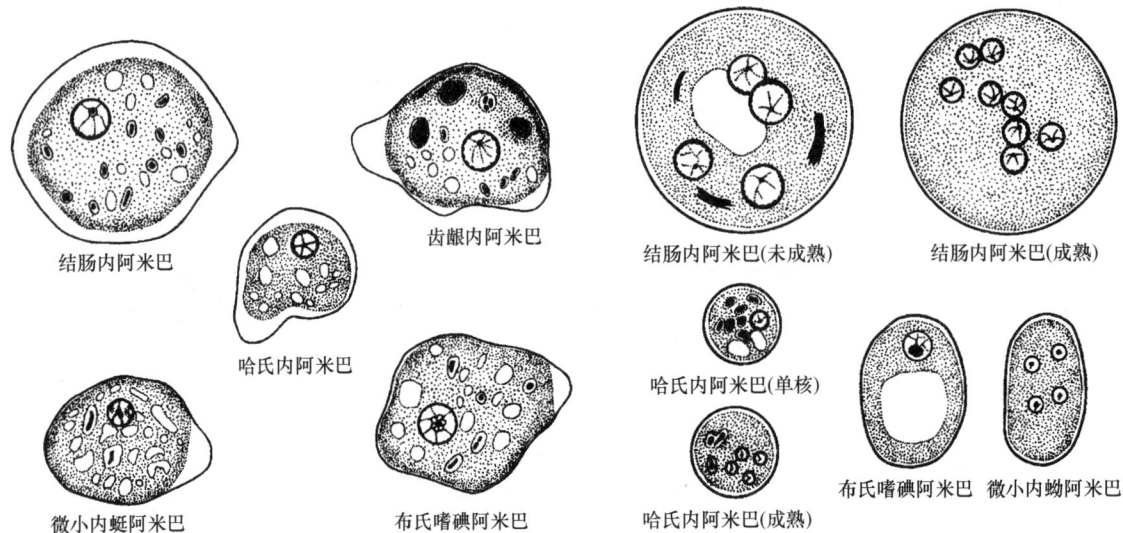

图 3-2-3　其他消化道阿米巴滋养体形态

图 3-2-4　其他消化道阿米巴包囊形态

附：致病性自生生活阿米巴

自生生活阿米巴种类繁多，广泛分布于自然界的水和土壤中。致病性自生生活阿米巴具有在自然环境（如水、土壤）中生存繁殖和在温血动物体内发育与增殖的双重能力，属兼性寄生虫。现已证实，双鞭毛阿米巴科中的耐格里属（*Naegleria*）和棘阿米巴科中的棘阿米巴属（*Acanthamoeba*）的某些种可侵入人体使人致病。耐格里属阿米巴和棘阿米巴属阿米巴的主要特征见表3-2-2。

表 3-2-2　致病性自生生活阿米巴的主要特点

滋养体	耐格里属（*Naegleria*）		棘阿米巴属（*Acanthamoeba*）
	阿米巴型	鞭毛型	
大小（μm）	10～35	10～15，梨形	20～40
运动	活泼	活泼	缓慢
伪足	钝	两根鞭毛	棘状
核（需染色）	泡状核，核仁大而居中	泡状核，核仁大而居中	泡状核，核仁大而致密

续表

滋养体	耐格里属（Naegleria）		棘阿米巴属（Acanthamoeba）
	阿米巴型	鞭毛型	
包囊	圆	—	圆
大小（μm）	9	—	9～27
核	单核	—	单核

当人们在受污染的水体中游泳、戏水时，福氏耐格里阿米巴（*Naegleria fowleri* Garter，1970）的滋养体可侵入鼻腔黏膜和筛状板，沿嗅神经上行入脑，迅速增殖播散，引起原发性阿米巴脑膜脑炎，多见于青少年。本病发病急，从头痛、发热、恶心、呕吐、颈项强直等症状开始，1～2天后即出现脑水肿征象，患者在数小时至数天内昏迷或死亡。

棘阿米巴滋养体在外周不良条件下形成包囊，在利于生长的条件下脱囊形成滋养体。经皮肤黏膜的溃疡或开放性伤口、穿透性角膜外伤、损伤的眼结膜、呼吸道及生殖道侵入人体，寄生于脑、眼、皮肤等部位，多经血行播散至中枢神经系统。感染主要发生在抵抗力低下的人群，引起肉芽肿性阿米巴性脑炎、阿米巴性皮肤损害和阿米巴性角膜炎。

由于此类虫种所致疾病来势凶险，病情严重、病死率高，且诊断不易，预后不良，故应重在预防，尽量避免在停滞的、不流动的河水或温泉中游泳、洗浴、嬉水或鼻腔接触疫水。

（王宏敏）

1. 简述溶组织内阿米巴的生活史及致病。
2. 简述溶组织内阿米巴的诊断方法。

第3章 鞭毛虫

鞭毛虫属于肉足鞭毛门的动鞭纲（Zoomastigophora），有一根或多根鞭毛，因以鞭毛作为运动细胞器，故名鞭毛虫。某些种类有阿米巴型，可有或无鞭毛。生活过程以二分裂法增殖。

寄生人体的鞭毛虫常见的有十余种：①寄生在消化道和生殖器官的鞭毛虫，如蓝氏贾第鞭毛虫、阴道毛滴虫等；②寄生在血液和组织中的鞭毛虫，如利什曼原虫和锥虫等。

第一节　杜氏利什曼原虫

利什曼原虫属（*Leishmania*）是细胞内寄生的鞭毛虫，生活史有前鞭毛体及无鞭毛体两个时期，前者寄生在节肢动物的消化道内，后者寄生于脊椎动物的单核/巨噬细胞内，通过节肢动物传播。由利什曼原虫感染而引起的疾病称为利什曼病（leishmaniasis）。利什曼病广泛分布在亚洲、欧洲、非洲、拉美洲等许多国家，是WHO列为重点防治的六大热带传染病之一。利什曼原虫的种类很多，寄生于人体的主要有四种：①杜氏利什曼原虫（*L. donovani* Laveran &Mesnil，1903），其无鞭毛体寄生在人或其他哺乳动物的肝、脾、骨髓、淋巴结等内脏器官的巨噬细胞内，可引起内脏利什曼病（visceral leishmaniasis）；②热带利什曼原虫（*L. tropica*），引起皮肤利什曼病（cutaneous leishmaniasis）；③墨西哥利什曼原虫（*L. mexicana*），也可引起皮肤利什曼病；④巴西利什曼原虫（*L. braziniensis*），可引起黏膜皮肤利什曼病（mucocutaneous leishmaniasis）。我国仅有杜氏利什曼原虫的报道。

内脏利什曼病亦称为黑热病（kala-azar），印度土语"kala-azar"是"黑热"之意，乃因在印度，患者常发热，且皮肤常有暗的色素沉着而得名。

1. 形态

(1) 无鞭毛体（amastigote）：又称为利杜体（Leishman-Donovan body），寄生于人和其他哺乳动物的巨噬细胞内。虫体很小，呈卵圆形，大小为（2.9～5.7）μm×（1.8～4.0）μm。经瑞氏或吉姆萨染色后，细胞质呈淡蓝或淡红色。细胞核一个，圆形，较大，呈红色或紫红色，位于虫体中部或一侧（图3-3-1、彩图33）。核前有一细小、杆状动基体（kinetoplast），呈紫红色。动基体前有一点状基体（basal body），由此发出一根丝体（rhizoplast），又称为鞭毛根。

(2) 前鞭毛体（promastigote）：又称为鞭毛体，寄生于白蛉消化道。成熟虫体呈梭形，前宽后窄，大小为（14.3～20）μm×（1.5～1.8）μm，核位于虫体中部，基体在动基体之前，由基体发出一鞭毛，游离于体外。生活时虫体运动活泼、鞭毛不停地摆动，常以虫体前端集合成菊花形小团（图3-3-1）。

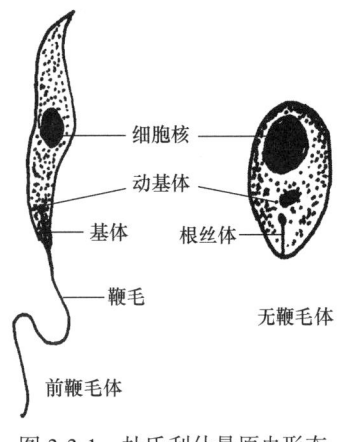

图3-3-1　杜氏利什曼原虫形态

2. 生活史　杜氏利什曼原虫的生活史需要两个宿主，分别在白蛉和人或其他哺乳动物体内完成。

(1) 在白蛉体内发育：当雌白蛉叮刺黑热病患者或保虫宿主时，宿主血液或皮肤内含有无鞭毛体的巨噬细胞被吸入白蛉胃内，巨噬细胞被消化，无鞭毛体散出。约经24小时，虫体变大，逐渐变为梭形，鞭毛开始发育，伸出体外，为早期前鞭毛体。3～4天后，大量前鞭毛体发育成熟，以二分裂法快速繁殖，在数量激增的同时，虫体逐渐向白蛉前胃、食管和咽部移行，1周后具感染力的前鞭毛体可抵白蛉口腔和喙部。

(2) 在人体内发育：感染有前鞭毛体的雌白蛉叮人吸血时，口腔及喙部的前鞭毛体即随白蛉的唾液进入人的皮下组织。一部分前鞭毛体可被多形核白细胞吞噬消灭，一部分则进入巨噬细胞内，虫体变圆并失去其鞭毛的体外部分，转化为无鞭毛体。无鞭毛体在巨噬细胞内不但不被消灭，反而以二分裂法大量繁殖，虫数成倍增多，最终导致巨噬细胞破裂，散出的无鞭毛体被其他巨噬细胞吞入，如此反复上述生活发育过程（图 3-3-2）。

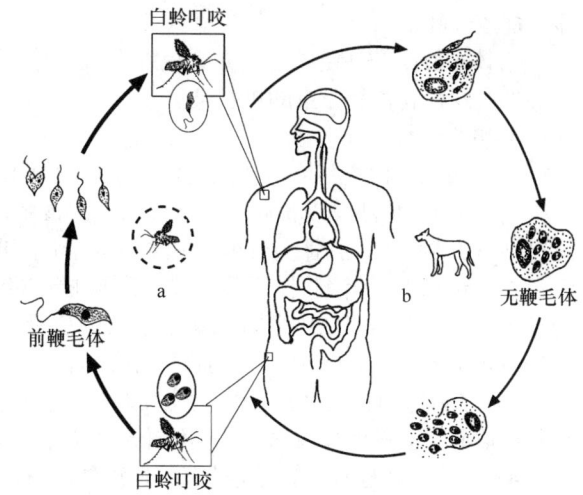

图 3-3-2 杜氏利什曼原虫生活史
a. 白蛉消化道；b. 人与保虫宿主巨噬细胞内

近年来体外试验研究结果证明，利什曼原虫首先黏附于巨噬细胞，再随巨噬细胞的吞噬活动进入该细胞内。黏附的方式可分为：①配体-受体结合途径。②前鞭毛体吸附的抗体和补体与巨噬细胞表面的 Fc 或 C3b 受体结合途径。前鞭毛体质膜中分子质量为 63kDa 的糖蛋白（GP63）系多种利什曼原虫表面抗原的主要成分。GP63 是巨噬细胞上 C3b 受体的配体，利什曼原虫前鞭毛体可通过 GP63 多肽链上的 Arg-Gly-Asp 与巨噬细胞上 C3b 受体结合，介导前鞭毛体入侵巨噬细胞。利什曼原虫前鞭毛体体表还有一种多糖类排泄因子，该因子能与巨噬细胞表面结合从而侵入巨噬细胞。

3. 致病

(1) 内脏利什曼病：杜氏利什曼原虫被巨噬细胞吞噬后可在细胞内不断繁殖，使被寄生的细胞破裂，散出的原虫又被其他更多的巨噬细胞吞噬，以致巨噬细胞被大量破坏和极度增生，且吞噬活性也大大增加，导致内脏组织病变，富含巨噬细胞的脾、肝、骨髓和淋巴结病变最为显著。细胞增生是肝、脾、淋巴结肿大的根本原因。脾大后，其内血液流动受阻，脾充血显著。至病程后期，网状纤维结缔组织增生、脾硬化，进一步发展为脾功能亢进，血细胞在脾内破坏加快，导致患者血液中红细胞、白细胞和血小板显著减少。肝、肾功能受损，肝合成的白蛋白减少，经尿排出白蛋白增加，造成血浆的白蛋白降低。浆细胞的大量增生使血中球蛋白升高，最终导致血清中白蛋白与球蛋白比例（A/G）倒置。

患者可出现以免疫性溶血为主的免疫病理反应。实验证明，患者红细胞表面附有虫源性抗原，虫体的有些代谢抗原与人红细胞抗原相同。机体产生的抗体可直接与红细胞结合，在补体参与下，导致红细胞破坏。肾小球发生淀粉样变性和免疫复合物的沉积，使肾小球损伤，尿中主要成分是白蛋白、红细胞及红细胞管型。

人体感染杜氏利什曼原虫后，经过 4～7 个月或最长 10～11 个月的潜伏期，即可出现全身症状和体征。主要临床症状和体征是长期不规则发热，常表现为双峰型（每天上午、下午各有一次高热），伴有脾、肝、淋巴结肿大，其中脾大为主要体征（95%），另有消瘦、贫血、白细胞计数下降和血小板数减少，A/G 值倒置，蛋白尿和血尿，患者常出现鼻出血、齿龈及皮下出血。晚期患者面部可出现色素沉着。黑热病患者如不及时治疗，很少自愈，常因全血细胞减少，免疫功能受损并发其他感染性疾病而死亡。常见的并发症有肺炎、走马疳（病变部位常见于口腔）和急性粒细胞缺乏症。

(2) 皮肤型黑热病：在治疗过程中或在治愈后数年甚至十余年后，部分黑热病患者可发生皮肤黑热病，患者在面部、颈部、四肢或躯干等部位出现许多含有利什曼原虫的皮肤结节，结节呈大小不等的肉芽肿或呈暗色丘疹状，常见于面部及颈部，有的酷似瘤型麻风。

(3) 淋巴结型黑热病：无黑热病病史，病变局限于淋巴结的内脏利什曼病又称为淋巴结型黑热病。本病在北京、新疆有过报道，在内蒙古的黑热病疫区较常见。其主要表现为局部淋巴结肿大，以腹股沟与股部最多见，亦可见于颌下、颈部等处。淋巴结一般呈花生米或蚕豆大小，局部无明显压痛或红肿。

人体对杜氏利什曼原虫无先天免疫力，黑热病多见于婴儿及儿童。但黑热病愈后可获终身免疫，能够抵抗同种利什曼原虫的再感染。

4. 实验诊断

(1) 病原学检查：检出杜氏利什曼原虫病原体即可确诊。

1) 穿刺涂片法：以骨髓穿刺涂片法最为常用，以髂骨穿刺简便安全，淋巴结穿刺多选肿大的淋巴结，如腹股沟、肱骨上滑车、颈淋巴结等。脾脏穿刺检出率较高，但不安全，一般少用或不用。

2) 穿刺物培养法：按无菌操作将所取材料接种于 NNN 培养基置于 22～25℃温箱内培养，约经 1 周后，在培养物中若查见运动活泼的前鞭毛体即可判为阳性结果。近年来，改用 Schneider 培养基效果更好，3 天即可出现前鞭毛体。

3) 穿刺物动物接种法：将上述穿刺物接种于金黄地鼠或 BALB/c 小鼠等易感动物上，1～2 个月后取肝、脾做印片或涂片，瑞氏染色镜检。

4) 皮肤涂片检查：在皮肤结节或丘疹处用消毒针吸取组织液或用手术刀刮取少许组织做涂片，染色镜检。

(2) 免疫学和分子生物学检查

1) 检测血清循环抗原：用单克隆抗体-抗原斑点试验（McAb-AST）方法诊断黑热病的阳性率可达 97.03%，仅需微量血清，敏感性、特异性、重复性均好。

2) 检测血清抗体：酶联免疫吸附试验（ELISA）、间接血凝试验（IHA）、对流免疫电泳试验（CIE）、间接荧光试验（IFA）等可用于检测抗体。

3) 分子生物学方法：聚合酶链反应（PCR）和 DNA 探针技术检测黑热病已取得较好的效果，敏感性、特异性均高。

5. 流行与防治原则

(1) 分布：黑热病分布很广，遍及亚洲、非洲、欧洲、美洲四大洲，其流行有地域性，主要流行于印度、孟加拉、中国、地中海沿岸诸国及东非国家。黑热病曾在我国长江以北地区流行很广泛。新中国成立后经过大规模防治，黑热病流行得到有效控制，1958 年我国宣布基本消灭了黑热病。我国 20 世纪 90 年代的调查表明，黑热病流行主要在新疆、内蒙古、甘肃、四川、陕西、山西等六个省、自治区，有 43 个县出现新病例。另外，新疆和内蒙古等地区还有黑热病的自然疫源地。2005～2010 年中国上报利什曼病病例 2450 例，平均每年发病人数为 408 例左右，其中以新疆、甘肃和四川的病人最多。近年来中国上报利什曼病病例在 200～250 例，并且有输入性病例报道。

(2) 流行因素：黑热病是人兽共患寄生虫病，通过媒介白蛉可在人与人、动物与人、动物与动物之间传播。根据传染源不同，我国黑热病在流行病学上可分为三种类型。

1) 人源型：多见于平原，故又称为平原型。患者为主要传染源，通过白蛉主要在人与人之间传播，患者以青少年为主，犬很少感染。传播媒介为家栖型中华白蛉和新疆长管白蛉。

2) 犬源型：多见于丘陵山区，故又称为山丘型，主要为犬的疾病。病犬为人黑热病的传染源，患者分散，患者多为 10 岁以下儿童，婴儿发病率也较高。传播媒介为近野栖或野栖型中华白蛉。

3) 自然疫源型：分布在荒漠地区，故又称为荒漠型。它是某些野生动物的疾病，人由于垦殖或从事其他工作进入疫源地而获得感染。患者散在，大多是 2 岁以下的幼儿。传播媒介主要为野栖型吴氏白蛉，其次为亚历山大白蛉。

(3) 防治原则：在我国黑热病流行区采取查治患者、杀灭病犬和消灭传播媒介白蛉的综合性防治措施。

1) 治疗患者：采用葡萄糖酸锑钠（sodium stibogluconate）做静脉或肌内注射均可。对于少数经锑剂反复治疗无效的患者，可用喷他脒或二脒替等芳香双脒剂治疗，和五价锑合并使用效果更佳。灭特复星（miltefosine）是新开发的口服药，化学名为十六烷苦磷酸胆碱，实验证明在体内外对利什曼原虫均有杀灭作用，临床使用证实本品对利什曼病具有良好疗效。

2) 杀灭病犬：在犬源型黑热病流行区，必须加强对家犬的管理，定期查犬、捕杀病犬是防治工作中重要的一环。

3）防制传播媒介：扑灭白蛉是消灭黑热病的根本措施，根据白蛉的生态习性，因地制宜地采取适当的对策。同时，应加强个人防护，减少并避免白蛉的叮咬。

附：锥虫

锥虫是锥虫病的病原体，锥虫病有两种不同类型：一型是非洲锥虫病（African trypanosom-iasis），又称为非洲昏睡病或睡眠病（African sleeping sickness），病原体为布氏冈比亚锥虫（*T. brucei gamabiense*）和布氏罗得西亚锥虫（*T. brucei rhodesiense*）。其生活史有锥鞭毛体和上鞭毛体两个阶段，锥鞭毛体寄生在患者的血液、淋巴液和中枢神经系统。另一型是美洲锥虫病（American trypanosomiasis），或称为查加斯病（Chagas disease），病原体为克氏锥虫（*T. cruzi*）。其生活史有无鞭毛体、上鞭毛体和锥鞭毛体三个阶段，无鞭毛体寄生在人体的单核吞噬细胞系统、心肌、骨骼肌和神经细胞内，锥鞭毛体则寄生于血液中。我国已有非洲锥虫病输入性病例的报道。

布氏冈比亚锥虫和布氏罗得西亚锥虫引起的睡眠病是一种流行于非洲的严重的寄生虫病，由舌蝇传播。被舌蝇叮刺后，锥虫先在侵入部位增殖引起皮肤肿胀等局部病变，然后在血、淋巴内播散，引起锥虫血症，最后可侵入中枢神经系统，引发脑膜脑炎等病变。克氏锥虫引起的查加期病以锥蝽为传播媒介。

病原学诊断可取患者血液检查锥鞭毛体或做动物接种观察，血清学诊断也有一定的价值。

布氏锥虫和克氏锥虫皆有许多保虫宿主，如鼠、猫、犬、家畜等，给此病的预防工作增加了困难，所以锥虫病的预防应以个人防护、避免媒介昆虫的叮咬和消灭媒介昆虫为主。

第二节　蓝氏贾第鞭毛虫

蓝氏贾第鞭毛虫（*Giardia lamblia* Stile，1915）简称贾第虫，呈全球性分布，主要寄生在人和某些哺乳动物的小肠，引起以腹泻为主的贾第虫病（giardiasis）。本病常在旅游者中流行，故也称为"旅游者腹泻"。贾第虫病已被列为全世界十种危害人类健康的主要寄生虫病之一。

1. 形态

（1）滋养体：正面观呈倒置纵切梨形，前端钝圆，后端尖细，长 9～21μm，宽 5～15μm，厚 2～4μm。侧面观背面隆起，腹面扁平，似瓢形。腹面前半部凹陷，形成一个分左右两叶的吸器，可吸附于宿主肠壁上。每叶吸器各有一个卵圆形的细胞核。两核间靠前端的基体共发出四对鞭毛，按位置分为前侧鞭毛、后侧鞭毛、腹侧鞭毛和尾鞭毛。虫体借助鞭毛摆动做活泼的翻滚运动。一对平行的轴柱（axostyle）沿中线由前向后连接尾鞭毛，将虫体分为均等的两半。轴柱中部有一对半月形的中体（median body）。

（2）包囊：呈椭圆形，大小为（8～14）μm×（7～10）μm，囊壁较厚，与虫体之间有明显的空隙。细胞核位于前端，未成熟包囊内有两个细胞核，成熟包囊有四个核。细胞质内可见轴柱、中体和鞭毛的早期结构（图 3-3-3）。

2. 生活史　本虫生活史包括滋养体和包囊两个时期，滋养体为营养增殖阶段，包囊为传播阶段，4 核成熟包囊为感染阶段。人或动物摄入被成熟包囊污染的饮水或食物而被感染。成熟包囊在十二指肠脱囊形成两个滋养体，利用吸器吸附在小肠黏膜表面，通过体表摄取营养，以二分裂方式进行增殖。滋养体主要寄生在十二指肠或小肠上段。在肠内环境不利时，滋养体则在回肠或结肠内形成包囊，并随粪便排出体外。包囊的抵抗力强，在水中和阴暗潮湿环境中可存活数天至 1 个月。

3. 致病　人体感染蓝氏贾第鞭毛虫后，多数为无症状带虫者，只有少数出现临床症状，甚至出现严重的

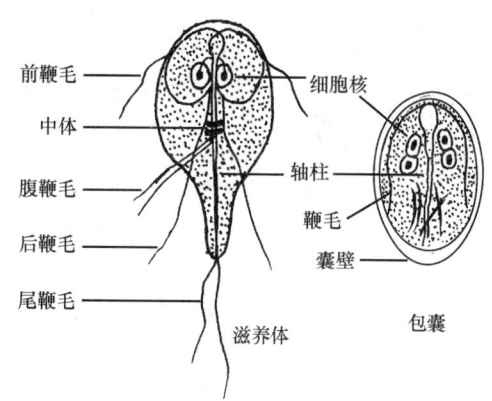

图 3-3-3　蓝氏贾第鞭毛虫形态

吸收不良综合征。临床表现和病理变化与宿主的营养状况、全身以及局部肠黏膜的免疫力有关。大量滋养体吸附在小肠壁，吸器对肠黏膜产生机械性损伤，虫体的分泌物和代谢产物对肠黏膜微绒毛产生化学性损伤，破坏了肠黏膜的吸收功能，影响了可溶性脂肪的吸收，从而引起临床症状。

该病潜伏期一般平均为 1～2 周，最长者达 45 天。临床表现可分为急性期和慢性期。

(1) 急性期：症状初起有恶心、畏食、上腹及全身不适，或伴低热、寒战，随后可出现突发性水样泻伴有恶臭、胃肠胀气、呃逆和上中腹部痉挛性疼痛。部分患者症状持续数天即可自行消退，转为无症状带虫者。幼儿患者病程可持续数月，出现吸收不良、脂肪泻、衰弱和体重减轻。

(2) 慢性期：未得到及时治疗的部分急性期患者可转为亚急性期或慢性期。亚急性期症状表现为间歇性排恶臭的软便，伴腹胀、痉挛性腹痛，或有恶心、畏食、头痛、便秘和体重减轻等。慢性期患者比较多见，表现为周期性稀便，甚臭，病程可长达数年。

4. **实验诊断**

(1) 病原学检查

1) 粪便检查：急性期取新鲜粪便标本用生理盐水直接涂片法镜检滋养体。亚急性期或慢性期患者成形粪便则用碘液（2%）直接涂片、硫酸锌浮聚或醛-醚浓集等方法查包囊。包囊排出具有间断性，应隔日查一次，连续查 3 次，以提高检出率。

2) 小肠液检查：用十二指肠引流或肠内试验法采集标本。

3) 小肠活体组织检查：借助内镜摘取小肠黏膜组织做压片检查。

(2) 免疫学检查：免疫学诊断方法有较高的敏感性和特异性，常用酶联免疫吸附试验（ELISA）、间接荧光抗体试验（IFA）、对流免疫电泳（CIE）等方法。

(3) 分子生物学方法诊断：用生物素或放射性物质标记蓝氏贾第鞭毛虫制成 DNA 探针，对诊断本虫感染具有较高的敏感性和特异性。

5. **流行与防治原则**

(1) 分布：贾第虫病呈全球性分布，据 WHO 估计，全世界感染率为 1%～20%。在美国、加拿大、澳大利亚等国家均有过流行。在我国呈全国性分布，感染率一般为 2%～10%，农村的感染率高于城市。

(2) 流行因素：随粪便排出包囊的人和动物为传染源。感染者一次粪便排出的包囊可达 4 亿个。包囊对外界抵抗力强。感染方式为经口感染。水源传播是感染本虫的重要途径，故本病是一种水源性疾病。任何年龄的人群对本虫均有易感性，儿童、身体虚弱者和免疫功能缺陷者尤其易感。

(3) 防治原则：积极治疗患者和无症状带虫者。常用的治疗药物有甲硝唑、替硝唑和苦参浸膏片等。预防应加强人畜粪便管理，防止水源污染。搞好饮食卫生和个人卫生。

第三节　阴道毛滴虫

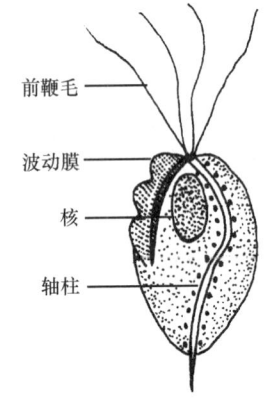

图 3-3-4　阴道毛滴虫形态

阴道毛滴虫（*Trichomonas vaginalis* Donne，1837）主要寄生于女性阴道和尿道内，也可寄生于男性尿道和前列腺内，引起滴虫性阴道炎、尿道炎或前列腺炎等。阴道毛滴虫感染引起的疾病也是一种性传播疾病。

1. **形态**　阴道毛滴虫滋养体活体无色透明，有折光性，典型的虫体呈梨形或椭圆形（图 3-3-4），一般长为 7～32μm，宽为 5～12μm。虫体前部有一椭圆形细胞核，核前端有 5 个排列成环状的基体，由此处发出四根前鞭毛和一根后鞭毛，后鞭毛向后沿波动膜外缘呈波浪式延伸。波动膜是虫体一侧向外隆起形成的极薄的膜状物，从前向后延伸至虫体的中部，基部有一条肋。轴柱一根，纵贯虫体，从后端伸出体外（彩图 34）。细胞质内有染色较深的颗粒状物质，是本虫特有的氢化酶体（hydrogenosome）。虫体运动活泼，体态多变，借助鞭毛的摆动前进，以波动膜的波动做旋转运动。

2. **生活史**　阴道毛滴虫的生活史简单，仅有滋养体期，以白细胞、细菌和细胞渗出液为食，通常以纵二分裂法繁殖。本虫主要寄生于女性的阴道内，尤其以后穹隆多见，亦可寄生在尿道、子宫颈、尿道旁腺等处。男性寄生部位以前列腺和尿道为最常见，亦可寄生于睾丸、附睾和包皮下。滋养体既是感染阶段，又是致病阶段，由于滋养体对外界抵抗力强，所以阴道毛滴虫除了直接接触传播外，还可通过日常生活用具间接接触传播。

3. 致病　阴道毛滴虫的致病力与虫体本身毒力及宿主的生理状态有关。在健康女性阴道内，因乳酸杆菌酵解阴道内的糖原而产生大量的乳酸，使阴道的pH维持在3.8～4.4，有害细菌的生长繁殖受到抑制，称为阴道的自净作用。多数妇女感染阴道毛滴虫后成为无症状的带虫者，但在卵巢功能减退、月经过后、妊娠期、产后、阴道损伤、疲劳等情况下，局部抵抗力下降，阴道毛滴虫在阴道内消耗糖原，妨碍乳酸杆菌的酵解作用，影响乳酸的浓度，使阴道内pH转为中性或碱性，毛滴虫能够大量繁殖，并会引起继发性细菌或真菌感染，造成阴道黏膜发生炎症，出现阴道黏膜充血、水肿，上皮细胞变性脱落，白细胞浸润等。

滴虫性阴道炎的常见症状为外阴瘙痒或烧灼感，白带增多，常呈白色或黄色，泡沫状，有异味。由于阴道黏膜出血和化脓菌的存在可见赤带和脓性带，常伴有臭味。多数病例感染可累及尿道，出现尿频、尿急、尿痛等症状，少数病例可见膀胱炎。有些学者发现阴道毛滴虫患者子宫内膜炎的发病率高于未患本病者1倍，也有学者认为本虫感染与宫颈肿瘤的发生有关。

感染本虫的产妇在阴道式分娩过程中，可将滴虫传给婴儿，引起婴儿呼吸道感染和眼结膜炎。

男性感染者一般无症状，有时出现尿道炎和前列腺炎。男性带虫者尿道的稀薄分泌物内常含虫体，可导致配偶连续重复感染。有学者认为阴道毛滴虫可吞噬精子或因感染分泌物增多影响精子活力，导致男性不育症。

4. 实验诊断　取阴道后穹隆分泌物、尿液沉淀物或前列腺液，用生理盐水涂片法或涂片染色法（瑞氏或吉姆萨染色）镜检，查见本虫滋养体可确诊。或采用培养法，将上述标本用肝浸液培养基或Diamond培养基在37℃条件下培养48小时后镜检。也可用酶免疫法（EIA）、直接荧光抗体试验（DFA）及DNA探针技术进行本虫感染的诊断。

5. 流行与防治原则　阴道毛滴虫为世界性分布，我国也广泛流行，以女性20～40岁年龄组感染率最高。本病的传染源为女性患者和无症状带虫者或男性带虫者。传播途径主要有两种方式：一为直接传播，主要通过性生活；二为间接传播，主要通过公用浴池、浴缸、浴具、公用游泳衣裤及坐式便器等传播。阴道毛滴虫滋养体在外界环境中有较强的抵抗力，如在半干燥的环境中能活十多个小时，在座式便器上能生存30分钟，潮湿的毛巾、衣裤中存活23小时，40℃（相当于浴池水温）水中可活102小时。

临床上常用的首选口服药物为甲硝唑，夫妇双方应同时进行治疗。局部用药主要有甲硝唑栓剂、蛇床子药膏等，还可用1%乳酸、1:5000高锰酸钾等。

对滴虫病的预防十分重要。要定期普查，积极治疗患者和带虫者；要加强宣传教育，改进公共卫生设施，提倡淋浴和慎用座式便器，不使用公用泳衣裤和浴具；注意个人卫生，特别是经期卫生和孕期卫生。

附：其他毛滴虫

1. 人毛滴虫（*Trichomonas hominis* Daraine，1860）　寄生于人体盲肠和结肠，仅有滋养体阶段。滋养体呈梨形，形似阴道毛滴虫，大小为 $7.7\mu m \times 5.5\mu m$。细胞核1个，位于虫体前中部。其有4根前鞭毛和1根后鞭毛，后鞭毛与波动膜外缘相连，游离于尾端。肋与波动膜等长，是重要的鉴别依据。轴柱纤细，由前向后贯穿整个虫体。

滋养体以二分裂法增殖，为感染阶段。感染方式为粪—口途径，误食被滋养体污染的饮水和食物均可感染。目前，尚无证据表明人毛滴虫对人体有致病作用。有报道认为本虫可导致腹泻，但有人认为腹泻系与本虫感染相伴，并非本虫所致。用粪便检查法可查到虫体，还可进行分离培养。本虫呈世界性分布，我国1988～1992年的调查结果表明，全国平均感染率为0.033%，估计感染人数为25万～49万。常用治疗药物为甲硝唑和中药雷丸。

2. 口腔毛滴虫（*Trichomonas tenax* Muller，1773） 寄生于人体口腔，特别是齿龈疾病（牙周袋溢脓）、牙周的牙垢、龋齿和扁桃体隐窝。生活史只有滋养体期，呈梨形，略小于人毛滴虫，一般长 6~10μm。细胞核呈椭圆形，位于虫体前部中央。其有 4 根前鞭毛和 1 根无游离端的后鞭毛，1 根纤细的轴柱从后端伸出体外。本虫以细菌及口腔内的食物残渣为生，以纵二分裂法繁殖。

本虫有无致病力目前尚无定论。有的认为口腔毛滴虫为口腔共栖性原虫，有的学者认为与牙周炎、牙龈炎、龋齿等口腔疾患发病有关。实验诊断可用齿龈刮拭物做生理盐水涂片镜检或做体外培养。

本虫通过直接接触或间接接触方式传播。接吻是直接传播方式，也可通过飞沫、食物、餐具间接传播。感染后难以自行消除，故保持口腔卫生是预防本虫感染最有效的方法。

1988~1992 年全国寄生虫感染调查资料显示，我国 10 个省（自治区）的平均感染率为 17.4%，其中口腔门诊患者平均感染率为 26.33%。

3. 脆弱双核阿米巴（*Dientamoeba fragilis* Jepps & Dobeel，1918） 为一种阿米巴型鞭毛虫，仅有滋养体期。虽然该虫无鞭毛，但其结构和抗原特性与鞭毛虫相似，故在生物学分类上仍属鞭毛虫。本虫寄居在盲肠和结肠黏膜陷窝内，不吞噬红细胞，也从不侵犯组织。滋养体呈阿米巴样，直径为 7~12μm，在新鲜粪便中运动活跃，具有透明叶状伪足，伪足边缘呈锯齿状，内质、外质清晰。在标本中大多数虫体处于双核状态，无核周染色质粒，核仁比较大。在胞质空泡内可见被吞噬的细菌。

本虫感染后主要临床症状为腹泻、腹痛、粪便带血或黏液以及恶心、呕吐等。传播途径和致病机制目前尚不完全清楚。治疗可选用碘化对苯二酸或巴龙霉素。

（王宏敏）

1. 请简述杜氏利什曼原虫的生活史及内脏利什曼病的致病机制。
2. 请简述蓝氏贾第鞭毛虫的致病机制。
3. 请简述阴道毛滴虫的致病机制。

第4章 孢 子 虫

孢子虫的生物学分类属顶端复合物门（Phylum Apicomplexa）的孢子纲（Class Sporozoa）。该纲原虫均营寄生生活，多数为细胞内寄生。无典型的运动细胞器。其生活史过程比较复杂，具有无性的裂体增殖和孢子生殖以及有性的配子生殖两种生殖方式，这两种生殖方式可在一个宿主或分别在两个不同宿主体内完成。孢子虫中寄生于人体危害较严重的种类有疟原虫（Plasmodium）、弓形虫（Toxoplasma）和隐孢子虫（Cryptosporidium）；此外，还有少数肉孢子虫（Sarcocystis）和等孢球虫（Isospora）寄生人体的报道。

第一节 疟 原 虫

疟原虫为蚊类传播的血孢子虫，是人体疟疾（malaria）的病原体，属于真球虫目（Eucoccidiida）疟原虫科（Plasmodidae）疟原虫属（Plasmodium）。目前已知疟原虫有 130 多种，特异性地寄生于两栖类、爬行类、鸟类、哺乳动物和人类。以前认为，寄生于人体的疟原虫有 4 种，分别是间日疟原虫（*P. vivax* Grassi & Feletti，1890）、恶性疟原虫（*P. falciparum* Welch，1897）、三日疟原虫（*P. malariae* Laveran，1881）和卵形疟原虫（*P. ovale* Graig，1900），可引起间日疟、恶性疟、三日疟和卵形疟。近年来，一种感染猕猴的诺氏疟原虫已引起东南亚，尤其是马来西亚疟疾的多次爆发流行，因此被列为第 5 种能感染人的疟原虫。

疟疾是世界性分布的严重寄生虫病，也是我国的五大寄生虫病之一。它是一类很古老的疾病，民间俗称"打摆子""冷热病""瘴气"等。远在公元前 1401～1122 年，在我国的殷墟甲骨"卜辞"中已有"疟"字记载，周代时期的《周礼》，秦汉时代的《黄帝内经·素问》和《金匮要略》中已有《疟论》《刺疟》等专篇以及明代的《瘴疟指南》等书，详尽讨论了疟疾的病因、症状、病理、针灸治疗以及与气候的相互关系等问题。在治疗方面，《本草纲目》中指出："柴胡通治诸疟为君，青蒿治虚疟寒热，捣汁服等。"中国科学家屠呦呦从中药青蒿中分离出青蒿素应用于疟疾治疗，被授予 2015 年诺贝尔生理学或医学奖，以表彰她在疟疾治疗研究方面取得的成就。

人们对疟原虫的认识是在光学显微镜发明以后。1880 年由法国学者 Laveran 在疟疾患者的血液红细胞内发现疟原虫，1897 年英国军医 Ross 阐明了疟原虫在按蚊体内的生活周期及其传播方式。Laveran 与 Ross 因此获得 1902 年诺贝尔生理学或医学奖。20 世纪中叶 Raffaele 等发现疟原虫还有组织细胞内裂体增殖时期。1977 年 Lysenko 等发现间日疟原虫子孢子进入肝细胞后发育速度不同，提出子孢子休眠学说。经过一个世纪的研究，才逐步弄清了它的生活史过程。

1. **形态** 疟原虫分别寄生于人体的肝细胞和红细胞中，红细胞内虫体的形态特征及被寄生红细胞的变化，是鉴别虫种和确诊疟疾的主要依据。

根据疟原虫在红细胞内发育的形态和特征不同，可分为滋养体期、裂殖体期和配子体期三个发育时期。寄生于人体的四种疟原虫基本构造相同，现以经吉姆萨染色的间日疟原虫为例，介绍红内期原虫各期形态特征。

（1）滋养体（trophozoite）期：为疟原虫在红细胞内最早出现的摄食和发育阶段。按发育先后，把滋养体分为早期滋养体与晚期滋养体。

1）早期滋养体：为疟原虫侵入红细胞发育的最早时期，胞质呈环状，故又称为环状体（ring form）。胞质呈淡蓝色，中央为空泡。一个深红色的核位于环的一侧，此期寄生的红细胞几乎无改变。

2) 晚期滋养体：环状体经过8～20小时的发育，虫体增大，核变大，胞质增多，有伪足伸出，形状不规则，常含空泡，故又称为阿米巴样滋养体或大滋养体，其胞质内开始出现棕黄色、棕褐色或黑褐色的疟色素颗粒，为疟原虫利用血红蛋白后的代谢产物。此期被寄生的红细胞胀大，颜色变淡，出现红色的薛氏小点（Schuffner's dot）。

(2) 裂殖体(schizont)期：分为未成熟裂殖体和成熟裂殖体。受染的红细胞明显胀大，颜色变淡，可见鲜红色的薛氏小点。

1) 未成熟裂殖体又称为早期裂殖体：晚期滋养体继续发育，虫体逐渐变圆，空泡消失，疟色素增多、集中，核开始分裂，此时称之。

2) 成熟裂殖体：胞核分裂至12～24个时，胞质也随之分裂，并包围每个核，形成相应数目的裂殖子（merozoite），疟色素呈块状，此时称之。

(3) 配子体(gametocyte)期：红细胞内的疟原虫经过几次裂体增殖后，部分裂殖子进入红细胞中发育，虫体增大，胞质增多而无伪足、无空泡，胞质内含散在分布的疟色素。胞核增大，不再进行裂体增殖而发育为雌、雄配子体（或称为大、小配子体）。

1) 雌配子体：呈圆形或卵圆形，胞质深蓝、核稍小而较致密，呈红色，偏于一侧。

2) 雄配子体：呈圆形，胞质浅蓝而略带红色，核较疏松，淡红色，多位于虫体中央。

雌配子体的数量一般是雄配子体的两倍。配子体的进一步发育需在蚊胃中进行，否则在人体内经过30～60天即衰老变性而被消灭（表3-4-1）。

表3-4-1 薄血膜中人体四种疟原虫的形态鉴别

	间日疟原虫	恶性疟原虫	三日疟原虫	卵形疟原虫
早期滋养体（环状体）	虫较大，约为被寄生红细胞直径的1/3；核1个，红色；1个红细胞内仅寄生1个疟原虫	虫细小，约为被寄生红细胞直径的1/6～1/4；核1个或2个；在1个红细胞内常有数个虫体寄生	胞质深蓝色，虫较粗大，约为被寄生红细胞直径的1/3；核1个，红色；红细胞内很少有2个原虫	似三日疟原虫
晚期滋养体（大滋养体）	虫体渐增大，形状不规则，伸出伪足，胞质中有空泡；疟色素呈棕黄色，细小杆状，分散在胞质内	外周血中一般不易见到。体小，不活动，核1～2个，红色；疟色素呈褐色，成团	体小，圆形或带状，胞质致密；空泡小或无，疟色素呈棕黑色，颗粒状，位于虫体边缘	虫体较三日疟原虫大，圆形，空泡不显著；核1个，疟色素似间日疟原虫，但较粗大
未成熟裂殖体	核开始分裂，胞质随着核的分裂渐呈圆形，空泡消失；疟色素开始集中	外周血不易见到。虫体仍似大滋养体，但核分裂成多个；疟色素集中	体小，圆形，空泡消失，核2个以上；疟色素集中较迟	体小，圆形或卵圆形，空泡消失；疟色素集中较迟
成熟裂殖体	含裂殖子12～24个，平均16个，排列不规则，疟色素聚集成堆，偏于一侧或在中部	外周血不易见到。含裂殖子8～36个，通常为18～24个，排列不规则，疟色素集中成堆	含裂殖子6～12个，通常为8个，花瓣状排列，疟色素集中于中央	似三日疟原虫，但疟色素集中在中央或一侧
雌配子体	圆形，胞质深蓝，核深红，较致密，常偏于一边，疟色素散在于胞质中	新月形，两端尖锐，胞质深蓝，核致密、深红色，位于中央；疟色素褐色，位于核周围	与间日疟原虫相似，仅虫体较小，疟色素分散	似三日疟原虫；疟色素似间日疟原虫
雄配子体	圆形，胞质色蓝，核淡红色，较疏松，位于中央，疟色素分散于胞质中	腊肠形，两端钝圆，胞质淡蓝色，核疏松，淡红色，位于中央；疟色素呈黄褐色，在核周围	与间日疟原虫相似，仅虫体较小，疟色素分散	似三日疟原虫；疟色素似间日疟原虫
被寄生红细胞的变化	胀大，色淡，有鲜红色的薛氏小点；环状体寄生的红细胞则无	正常或缩小，常见疏松、粗大、紫褐色的茂氏小点	正常或缩小，色泽与正常红细胞同，偶可见到齐氏小点	略胀大，色淡，部分长形，边缘呈锯齿状；常见较多红色粗大的薛氏小点；环状体期即可出现

(4) 超微结构

1) 裂殖子（图 3-4-1）：红细胞内期裂殖子通常呈圆形或梨形，有表膜（pellicle）包绕，大小随虫种略有不同，平均为 15μm。电镜观察：一端为带有极环（polar ring）的顶突（apical prominence），顶端中央内褶形成顶凹，在裂殖子侵入时起吸附红细胞的作用。

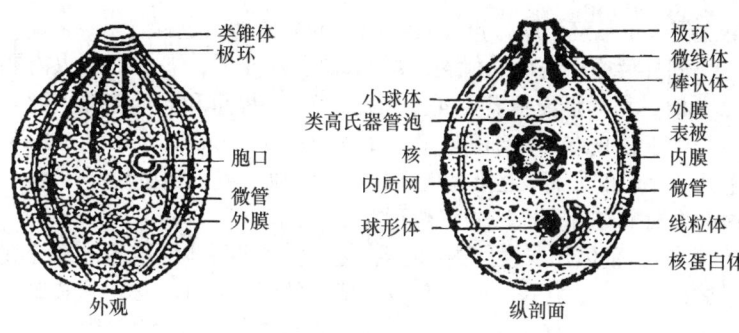

图 3-4-1 疟原虫裂殖子超微结构模式图

2) 红细胞膜的变化：被疟原虫感染的红细胞膜出现结节（knob）（图 3-4-2）、凹窝小泡复合体（caveola vesicle complex）或胞质缝隙（Cytoplasmic clefts），相当于光镜下见到的间日疟原虫的薛氏小点或恶性疟原虫的茂氏小点。

2. 生活史　寄生于人体的四种疟原虫生活史基本相同，需要在人体（中间宿主）和雌性按蚊（终宿主）两个宿主体内发育，经历无性生殖和有性生殖的世代交替。以间日疟原虫为例介绍疟原虫的生活史。

(1) 疟原虫在人体内的发育：包括在肝细胞内发育和红细胞内发育两个阶段，以无性生殖为主。

1) 红细胞外期（exo erythrocytic cycle）：简称红外期，即疟原虫在肝细胞内的裂体增殖时期。当含有疟原虫感染性子孢子（sporozoite）的雌性按蚊叮人吸血时，子孢子随蚊的唾液进入人体，约 30 分钟后，部分子孢子经血流侵入肝细胞，进行肝细胞内的裂体增殖，形成红外期裂殖体，每个成熟的裂殖体含有许多裂殖子。随着肝细胞破裂，裂殖子释出，部分裂殖子

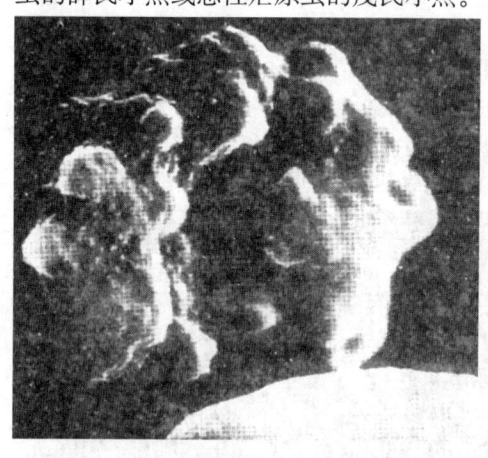

图 3-4-2 疟原虫感染红细胞表面结节

进入血液侵入红细胞内，其余则被吞噬细胞吞噬。完成红外期发育的时间：间日疟原虫为 7～9 天、恶性疟原虫为 6～7 天，三日疟原虫为 11～12 天，卵形疟原虫为 9 天。

研究发现，间日疟原虫和卵形疟原虫的子孢子具有遗传学上不同的两种类型，即速发型子孢子（tachysporozoites，TS）与迟发型子孢子（bradysporozoites，BS）。进入肝细胞后，速发型子孢子随即完成红外期裂体增殖；迟发型子孢子则经过一段或长或短时间的休眠期后，才完成红外期的裂体增殖。处于休眠期的疟原虫称为休眠子（hypnozoite），肝细胞内的休眠子与日后间日疟和卵形疟的复发有关。恶性疟原虫和三日疟原虫无休眠子。

2) 红细胞内期（erythrocytic cycle）：简称红内期，即疟原虫在红细胞内的裂体增殖时期。红外期的裂殖子从肝细胞释放出来，进入血液后很快侵入红细胞。裂殖子侵入红细胞的过程包括以下步骤：①裂殖子通过特定部位识别和附着于红细胞膜表面受体；②红细胞膜在裂殖子黏附处凹入并形成纳虫空泡；③裂殖子入侵完成后红细胞封口，恢复正常状态。裂殖子在侵入红细胞的过程中，裂殖子的细胞表被脱落于红细胞中。侵入红细胞内的裂殖子先形成早期滋养体，摄取营养，生长发育为晚期滋养体，继而发育分裂增殖为裂殖体，裂殖体成熟后红细胞破裂，释出裂殖子（图 3-4-3）。部分裂殖子被吞噬细胞消灭，其余

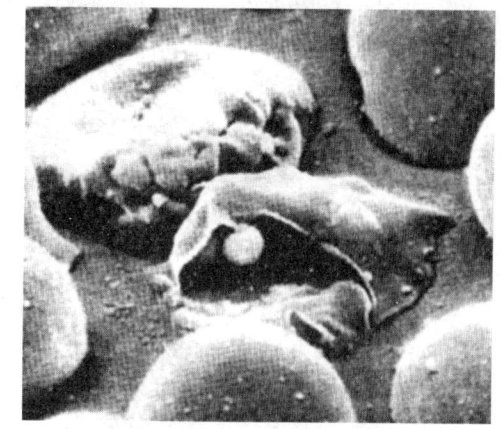

图 3-4-3 疟原虫感染的红细胞及裂殖子释出

再次侵入正常红细胞，重复其红内期的裂体增殖过程。

间日疟原虫完成一代裂体增殖需要 48 小时，恶性疟原虫需要 36～48 小时，三日疟原虫需要 72 小时，卵形疟原虫需要 48 小时。间日疟原虫和卵形疟原虫通常寄生于网织红细胞。三日疟原虫多寄生于较衰老的红细胞。而恶性疟原虫则可寄生于各期红细胞，其早期滋养体在外周血液中经十几个小时的发育，逐渐隐匿于微血管、血窦或其他血流缓慢处，继续发育成晚期滋养体及裂殖体，这两个时期在外周血液中一般不容易见到。

3）配子体形成：红内期疟原虫经过几代裂体增殖后，部分裂殖子进入红细胞直接发育为雌性或雄性配子体。在按蚊叮人吸血时成熟的雌、雄配子体进入按蚊体内继续发育，如未被按蚊吸入，在血中的配子体经一段时间后变性，被巨噬细胞吞噬消灭。

(2) 疟原虫在按蚊体内的发育：适宜的按蚊叮咬疟疾患者后，疟原虫被吸入蚊虫胃内，早期滋养体、晚期滋养体和裂殖体被消化，而雌配子体发育为雌配子（female gamete），雄配子体则通过出丝现象形成 4～8 个雄配子（male gamete），雄配子钻进雌配子体内，受精形成合子（zygote），从而完成配子生殖。继之发育为动合子（ookinete），穿过按蚊胃上皮细胞间隙，在胃壁的弹性纤维膜下形成圆形的囊合子（oocyst，又称为卵囊）（图 3-4-4）。

卵囊内的核不断分裂，形成数千个乃至上万个子孢子（图 3-4-5、彩图 35），称为孢子增殖。当卵囊成熟后子孢子可逸出或卵囊破裂子孢子释出，经血腔进入蚊虫唾液腺。子孢子是疟原虫的感染阶段，当含有子孢子的雌性按蚊再次叮人吸血时，子孢子即随按蚊分泌的唾液进入人体，重新开始在人体内的发育（图 3-4-6）。四种疟原虫生活史上的差异见表 3-4-2，形态差异见彩图 47。

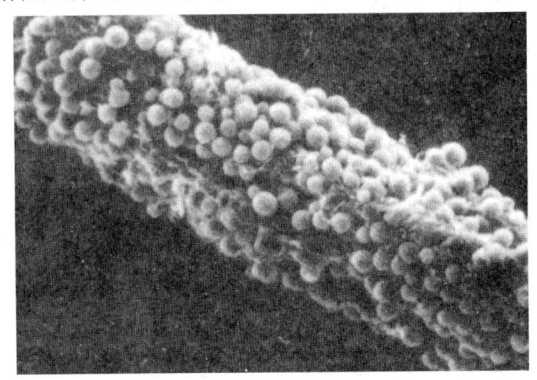
图 3-4-4　蚊胃上的卵囊

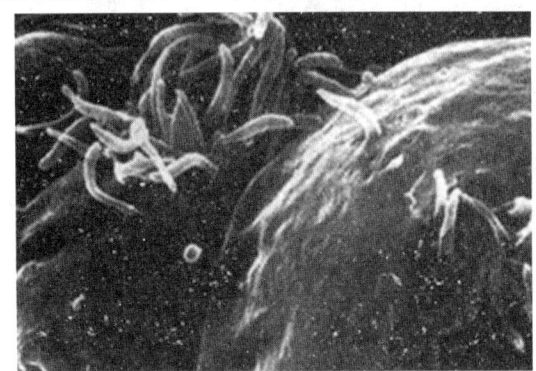
图 3-4-5　成熟卵囊及子孢子逸出

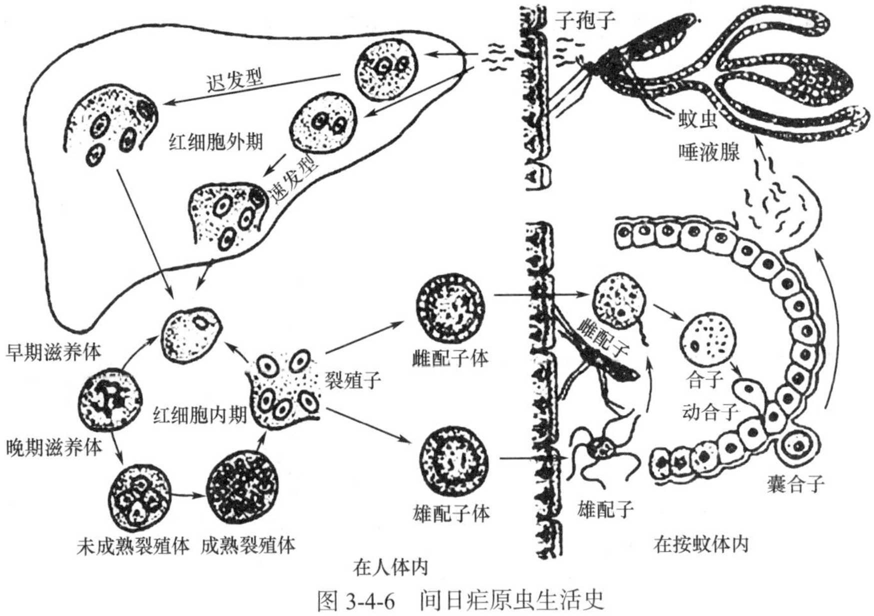

图 3-4-6　间日疟原虫生活史

表 3-4-2 四种疟原虫生活史的比较

	间日疟原虫	恶性疟原虫	三日疟原虫	卵形疟原虫
红外期发育时间（速发型）	8 天	6 天	12 天	9 天
红外期裂殖子数目	12 000	40 000	15 000	15 400
红内期发育周期	48 小时	36～48 小时	72 小时	48 小时
红内期发育场所	外周血	环状体和配子体在外周血，其余各期在皮下脂肪及内脏毛细血管	外周血	外周血
选择寄生的红细胞类型	网织红细胞	成熟及未成熟红细胞	较衰老红细胞	网织红细胞
无性体与配子体出现于外周血液中的相隔时间	2～5 天	7～11 天	10～14 天	5～6 天
复发、再燃	有复发和再燃	无复发和再燃	无复发和再燃	有复发和再燃
蚊体内发育时间(25～27℃)	9～10 天	10～12 天	25～28 天	14～16 天

3. 营养代谢 疟原虫通过表膜的渗透或通过胞口经胞饮方式摄取营养，使营养物质进入原虫体内。研究疟原虫的营养代谢，对于开拓疟疾的药物治疗途径十分重要。

(1) 葡萄糖代谢：葡萄糖是红内期疟原虫主要的能量来源，但红内期疟原虫的糖原储存很少。疟原虫的寄生使红细胞膜发生变化，增强葡萄糖通过膜的主动转运，或者除去某些抑制转运的因子，从而使疟原虫能不断地从宿主的血液获得葡萄糖以供代谢之用。葡萄糖通过酵解产生 ATP 供给疟原虫能量。其他代谢途径还有二氧化碳固定和磷酸戊糖途径。葡萄糖 -6- 磷酸脱氢酶（G-6-PD）是磷酸戊糖途径所需要的酶，疟原虫寄生的红细胞内 G-6-PD 缺乏，影响疟原虫分解葡萄糖，导致疟原虫发育障碍。缺乏 G-6-PD 的患者对恶性疟原虫有选择抗性是否与此有关尚待进一步研究。

(2) 蛋白质代谢：疟原虫获得游离氨基酸，主要是来自水解红细胞内的血红蛋白，以及来自宿主的血液、红细胞内的氨基酸库和有机物碳。疟原虫从胞口吞入血红蛋白，将其包裹在由胞口基部长出的食物泡中。食物泡内的酸性肽链内切酶和氨基肽酶将血红蛋白消化分解为珠蛋白和血红素。珠蛋白在酶的作用下再分解为几种氨基酸，以供虫体合成自身组织所需的蛋白质。血红素最后形成不被溶解和吸收的疟色素，留在食物泡的壁上。

(3) 核酸代谢：疟原虫没有合成嘌呤的途径，主要利用现成的嘌呤碱基和核苷，依靠补救合成途径。参与嘌呤补救合成途径的酶有腺苷酸脱氢酶和嘌呤核苷磷酸化酶等。

(4) 脂类代谢：疟原虫没有脂类储存，亦不能合成脂肪酸与胆固醇，完全依赖宿主提供，如从宿主血液中获得游离脂肪酸，血液中的胆固醇对维持疟原虫的完整性及受染红细胞膜的完整性都具有重要作用。红内期疟原虫所需的脂类，由摄入的葡萄糖代谢产物组成，主要为磷脂。被疟原虫寄生的红细胞，磷脂含量升高，可能与疟原虫膜的合成有关。

4. 致病 红细胞内期原虫是疟原虫的致病阶段，其致病性随虫株、侵入的虫体数量和宿主的免疫状况而异。

(1) 潜伏期（incubation period）：感染性子孢子进入人体至疟疾发作前的时期为潜伏期，包括疟原虫红外期发育和一定时期的红内期裂体增殖，使疟原虫达到一定数量引起疟疾发作的时间。潜伏期的长短与进入人体的子孢子数量，疟原虫的种、株及机体的抵抗力有密切关系。恶性疟的潜伏期为 7～27 天，约平均为 12 天，三日疟为 28～37 天，平均 30 天，间日疟的潜伏期，其短潜伏期虫株 11～25 天，长潜伏期虫株为 6～12 个月，个别可达 2 年之久。由输血感染引起的疟疾，因无红外期发育阶段，其潜伏期一般较短且无复发现象。

(2) 疟疾发作（paroxysm）：当裂殖体发育成熟胀破红细胞进入血液后，血中虫体密度达到发热阈值（threshold）（间日疟原虫为 10～500 个 /mm^3，恶性疟原虫为 500～1300 个 /mm^3）时，就可以引起疟疾发作。过去认为疟疾的发作是由于疟原虫的代谢产物、红细胞碎片及残余血红蛋白进入血液，其中部分被多形核白细胞及单核细胞吞噬，产出内源性热原，与裂殖子及疟原虫的代谢产物共同作用于下丘脑的体温调节中枢引起发热所致。近年研究认为，人体在疟原虫侵入后即诱导单核/巨噬细胞产生肿瘤坏死因子（TNF）和白细胞介素1（IL-1）等，TNF又促使内皮细胞产生IL-1。IL-1则活化T细胞，使其产生白细胞介素2（IL-2）及γ干扰素（INF-γ）等，IL-2又促使TNF产生。IL-1和INF-γ反过来再联合刺激单核/巨噬细胞扩大产生TNF。TNF可直接作用于体温调节中枢，引起寒战、发热。

典型的疟疾发作包括周期性寒战、发热和出汗退热三个连续阶段。周期性发作与疟原虫红内期裂体增殖周期相一致。间日疟原虫和卵形疟原虫裂体增殖周期为48小时，故隔日发作1次；三日疟原虫为72小时；故隔2日发作1次；恶性疟原虫发育周期为36～48小时，隔日发作1次，但在临床上，常表现为每天发作。如有混合感染、多批原虫感染或疟疾初发原虫增殖不同步时，则疟疾发作可不规则。经过几次发作后，机体免疫力增强，淘汰数量少的虫批，而数量占优势的虫批裂体增殖，就形成了典型的有规律的周期性发作。

（3）脾大：患者在罹患疟疾早期，脾因充血和吞噬功能增强而肿大。随着发作次数增多，由于疟原虫及其代谢产物的刺激，巨噬细胞和纤维细胞增生，脾可继续增大变硬。由于疟疾发作停止后脾大持续存在，可以利用脾肿率作为判断一个地区疟疾流行程度的指标。

（4）贫血（anemia）：疟原虫在红细胞内进行周期性裂体增殖，导致红细胞裂解，病程越长，则贫血越严重，尤以恶性疟原虫显著。疟疾的贫血并不仅由红细胞被寄生破坏所引起；在疟疾多次发作后，由于脾功能亢进，大量红细胞被吞噬破坏；疟原虫刺激宿主产生的抗体可以与含虫红细胞及附在正常红细胞膜上的抗原结合，形成免疫复合物，激活补体，造成红细胞溶解；此外，患者骨髓造血功能受抑制，也可能与疟疾贫血有关。

（5）再燃（recrudescence）与复发（relapse）：疟疾初发后，由于残存的红细胞内期疟原虫的抗原发生变异，在一定条件下大量增殖而引起的发作，称为疟疾再燃。疟疾初发停止后，血液中疟原虫已被彻底清除，肝细胞内的迟发型子孢子开始进行红外期发育，继而侵入红细胞进行裂体增殖，引起的发作称为疟疾复发。恶性疟原虫及三日疟原虫无迟发型子孢子，故无复发，仅有再燃；间日疟原虫及卵形疟原虫则既有复发，又有再燃。

（6）凶险型疟疾：因各种原因延误诊断与及时治疗的患者和无免疫力的重感染者易引起凶险型疟疾，临床上多见于恶性疟，也见于重症间日疟。临床表现为持续性高温、抽搐、昏迷，特点是病情凶险、发病急骤、病死率高。常见有脑型（昏迷型）、超高热型、厥冷型和胃肠型等，其中以脑型疟（cerebral malaria）最常见。关于发病机制，近年来多倾向于支持机械阻塞学说，认为恶性疟原虫发育至裂殖体期时，被寄生的红细胞膜上出现疣状突起（图3-4-2），易黏附于血管内皮细胞上，使脑微血管被疟原虫所寄生的红细胞阻塞，致脑组织缺氧及细胞坏死，导致全身性功能紊乱。

（7）疟性肾病：多见于三日疟患者，发病机制是由Ⅲ型超敏反应所致的一种免疫性病理改变，即抗原抗体复合物沉积于肾小球毛细血管的基膜上，激活补体，产生白细胞趋化因子，使中性粒细胞局部聚集，释放溶酶体酶，使血管损伤并引起炎症，严重者可致肾衰竭而死亡。

另外，尚有其他特定的类型，例如：①输血性疟疾，其临床表现与蚊传疟疾相似，但潜伏期短；②先天性疟疾，系因胎盘受损或在分娩过程中母体血液污染胎儿伤口所致，胎儿出生后即有贫血、脾大、发热；③婴幼儿疟疾，逐渐起病，精神委顿不安，热型不规则，伴消化道和呼吸道症状，贫血发展快，病死率高。

5. 免疫

（1）先天性免疫（natural immunity）：疟原虫具有显著的种属特异性，人疟原虫只能感染人，动物疟原虫不能感染人体。无特异性免疫力的人群不论年龄、性别均可感染人疟原虫，但有的种族人群对某种疟原虫呈先天性不易感，如西非地区和美国黑人中Duffy血型抗原阴性者对间日疟原虫先天性不易感；镰状红细胞性贫血患者或红细胞内缺乏葡萄糖-6-磷酸脱氢酶（G-6-PD）者，可影响恶性疟原虫分解利用红细胞内葡萄糖而致其发育障碍，不能生存。

(2) 获得性免疫 (acquired immunity)：人体感染疟原虫产生的自动免疫和母体将抗体传递给胎儿的被动免疫均为适应性免疫，包括体液免疫和细胞免疫。

1) 体液免疫：患者感染疟原虫，在原虫血症后 5~12 天即可查到抗体，初期 IgM 浓度升高，随后 IgG 上升，2 个月后 IgM 下降，而 IgG 仍继续维持较高滴度。在疟疾感染过程中，抗体主要是由疟原虫红细胞内期诱导产生，以免疫球蛋白 (Ig) 中的 IgG 为主，此外也有 IgM 和 IgA。保护性抗体主要存在于血清 IgG 中，这些抗体一般不影响疟原虫滋养体期的发育，但却能抑制裂殖体的发育和繁殖，并能促进吞噬细胞对裂殖体及裂殖子的吞噬作用。保护性抗体不仅有种的特异性，还有期的特异性。

2) 细胞免疫：参与细胞免疫的有 T 细胞、激活的巨噬细胞及中性粒细胞以及由这些细胞分泌的细胞因子，如 IL-1、IL-2、INF-γ 和 TNF 等，可使红细胞内疟原虫变性、坏死，并被吞噬消化。早期认为，由于成熟红细胞不表达 MHC I 类分子，特异性 CTL 无法识别被感染的红细胞（靶细胞）发挥特异性杀伤作用。但近期研究显示，疟原虫特异性 CTL 能识别感染疟原虫的网织红细胞（能表达 MHC I 类分子），因此对大部分疟原虫感染也可发挥作用。细胞免疫在疟疾的免疫中起着重要的作用。

(3) 带虫免疫与免疫逃避：疟疾急性发作停止后，患者产生一定的免疫力，使体内的原虫血症维持在较低水平，宿主与疟原虫之间处于相对平衡状态，不出现临床症状，但这种免疫力随着疟原虫在人体的消失而逐渐消失，这种状态称为带虫免疫 (premunition)。

部分原虫在宿主体内，可通过逃避宿主的免疫效应机制而生存和繁殖，这种现象称为免疫逃避 (immune evasion)。其原因主要有：寄生的疟原虫发生抗原变异，使宿主的免疫系统不再能有效识别；疟原虫分泌的可溶性抗原与抗体结合成免疫复合物，而逃避宿主抗体的作用；疟原虫在人体内多寄生于肝细胞或红细胞内，可以逃避特异性抗体的作用；此外，宿主产生的免疫抑制和巨噬细胞吞噬功能受到干扰等，都可导致疟原虫逃避宿主的免疫攻击。

6. 实验诊断

(1) 病原学检查：从外周血查见疟原虫为确诊的依据。

1) 血膜染色镜检：从患者的耳垂或手指采血涂成薄血膜和厚血膜，以吉姆萨染色后镜检。厚血膜虫数较多，易于检出，但制片过程中红细胞溶解，原虫皱缩、变形，不易识别。薄血膜中形态特征较明显，容易识别和鉴别虫种，但费时且检出率较低。可在一玻片上同时制作厚、薄血膜。间日疟和三日疟的采血时间宜在发作后数小时至 10 余小时采血，恶性疟应在发作开始时采血。用抗疟药及抗生素后，原虫形态发生明显变化，应注意鉴别。

2) 红细胞沉降率棕黄层定量分析法 (quantitative buffy coat, QBC)：QBC 技术近年来用于疟疾诊断，原理是利用荧光染料吖啶橙对红细胞内疟原虫的核酸进行染色，通过离心使感染红细胞浓集，以荧光显微镜观察。该法操作容易且较敏感，但需荧光显微镜，费用高且虫种鉴别困难，因而目前仅在有条件的实验室作为一种辅助诊断方法。

(2) 免疫学诊断：多用于疟疾流行病学调查、检测及输血对象筛选。常用的方法有间接荧光抗体试验、间接血凝试验和酶联免疫吸附试验等。

(3) 分子生物学技术：随着分子生物学技术的发展和推广，一些分子生物学新技术已试用于疟疾的诊断，如核酸探针、聚合酶链反应 (PCR) 等。我国学者已建立间日疟原虫和恶性疟原虫套式 PCR 系统，可以在 1 次扩增中同时检测间日疟和恶性疟，经现场应用结果稳定、灵敏度高、特异性强。

7. 流行 疟疾在全世界分布广泛，是一种严重危害人体健康的寄生虫病。据世界卫生组织 (WHO) 数据，截至 2019 年，全球疟疾的年发病人数达到 2 亿多，主要分布在非洲、东南亚及南美地区。疟疾目前仍然是全世界范围内的主要公共卫生问题。我国已于 2021 年 6 月 30 日经 WHO 认证为消除疟疾国家。

流行因素：

1) 疟疾流行的三个基本环节：①传染源，外周血液中有雌、雄配子体的现症患者和带虫者是疟疾的传染源。间日疟原虫配子体常在原虫血症后 2~3 天出现，恶性疟原虫配子体在原虫血症后 7～11 天才出现，故间日疟患者在发病早期即具有传染作用。②传播媒介，按蚊是疟疾的传播媒介。我国以中华按蚊、嗜人按蚊、微小按蚊和大劣按蚊为主。此外，输血和经胎盘（罕见）也是疟疾感染的途径。③易感人群，除某些遗传因素所致特定不易感人群以及高疟区婴儿可从母体获得一定免疫力外，其他人群对人疟原虫普遍易感。疟区成年人因反复多次感染可使机体产生一定保护力，因此疟区成年人发病率低于儿童，而外来无免疫力人群，常可引起疟疾爆发。

2）影响因素：①自然因素，适宜的温度和充沛的雨量有利于按蚊的孳生繁殖和吸血活动，也有助于疟原虫在蚊体内的发育。25℃左右最适合疟原虫在蚊体内发育。②社会因素，社会经济、卫生、教育水平和生活习惯，以及各种导致大量人口流动的因素均可影响疟疾的流行和传播。人为因素对流行环节的有效干预在疟疾防治方面具有重要意义。

8.防治原则　疟疾的防治要根据疟疾流行的基本环节，采取综合性防治措施。

（1）控制和消灭传染源：包括现症治疗患者、有疟疾病史者、复发者和带虫者的治疗。常用抗疟药主要有以下几类：①杀灭红细胞内裂体增殖期的药物有氯喹、奎宁、咯萘啶、羟基喹哌等；②对抗氯喹的恶性疟原虫选用青蒿素和蒿甲醚等，用以控制临床发作；③杀灭红细胞外期裂殖体及休眠子的药物有伯氨喹宁，具有抗复发和根治疟疾作用；④伯氨喹宁能杀灭配子体，可以切断传播。乙胺嘧啶对恶性疟原虫红外期有一定作用，并能杀灭孢子增殖期，可阻断疟原虫在蚊体内的增殖发育。砜类及磺胺类药物对恶性疟红内期原虫有明显的杀灭作用，但作用缓慢。中药青蒿、常山、柴胡和马鞭草也有治疗疟疾的作用。

（2）消灭传播媒介：蚊媒的防治是预防疟疾的重要环节，结合爱国卫生运动，动员群众，采取多种措施清除蚊虫的孳生场所，用药物杀灭蚊虫的幼虫和成蚊。在日常生活中注意防蚊虫的叮咬。

（3）保护易感者：无免疫力人群进入疟区要集体服用预防药物和采取防蚊措施。

1）药物预防：一般流行区可选用氯喹；氯喹抗性恶性疟地区常用乙胺嘧啶合用磺胺多辛。但预防服药，每种药物疗法不宜超过半年。

2）疟疾疫苗的研究取得一些进展，但目前仍处于研究阶段。

（4）疟疾的监测：虽然我国已无本土病例，但在全球旅游观光及商务旅行愈加便利的大背景下，仍应保持对输入性病例的严格筛查和管控，防止再次出现本土病例，巩固疟疾防治成果。

第二节　刚地弓形虫

刚地弓形虫（*Toxoplasma gondii* Nicolle & Manceaux，1908）又称为弓形体或弓浆虫，属于真球虫目、弓形虫科，1908 年法国学者 Nicolle 及 Manceaux 在北非突尼斯的一种啮齿动物刚地梳趾鼠（*Ctenodactylus gondii*）的肝脾单核细胞中发现。本虫呈世界性分布，寄生于人和多种动物除红细胞外的所有有核细胞内，是一种重要的机会致病原虫（opportunistic protozoan），可造成多种脏器和组织损害，引起人兽共患的弓形虫病（toxoplasmosis）。

1.形态　在弓形虫的发育过程中有五种形态，即滋养体、包囊、裂殖体、配子体及卵囊(囊合子)。在终宿主（猫科动物）体内五种形态均可存在；在中间宿主（人和多种哺乳动物以及鸟类、鱼类、爬行类）体内仅有滋养体和包囊。

（1）滋养体（trophozoite）：指在中间宿主细胞内营分裂增殖的虫体，分为速殖子和缓殖子。游离的速殖子呈香蕉形或新月形，一端较尖，一端钝圆，多数大小为（4～7）μm×（2～4）μm，经吉姆萨染色后，胞质呈蓝色，核呈紫红色，位于虫体中央。细胞内寄生的速殖子呈纺锤形或椭圆形，一般一个受染细胞内含数个至 20 个速殖子，由宿主细胞膜包绕，形成假包囊（pseudocyst）。当虫体增殖至一定数目时，宿主细胞膜破裂，速殖子释出，再侵入其他细胞继续繁殖（图 3-4-7）。

（2）包囊（cyst）：呈圆形或卵圆形，直径多在 5～100μm，为慢性感染阶段虫体在宿主组织内的存在形式，多见于脑、骨骼肌、心肌及眼内。包囊具有一层由虫体分泌形成的弹性囊壁，内含数个至数百个滋养体，其形态与速殖子相似，称为缓殖子（bradyzoite）。包囊多见于有一定免疫力的患者体内（图3-4-7）。

（3）裂殖体（schizont）：在终宿主猫科动物小肠绒毛上皮细胞内发育增殖。成熟的裂殖体内含4～29个裂殖子。

（4）配子体（gametocyte）：游离的裂殖子侵入别的肠上皮细胞发育为配子母细胞，进一步发育为配子体。雌配子体仅发育为一个雌配子，体积较大，可达15～20μm；雄配子体数量较少，占雌配子体总数的2%～4%。雄配子体成熟后形成12～32个雄配子。雌、雄配子结合后发育为合子，进而发育为卵囊。

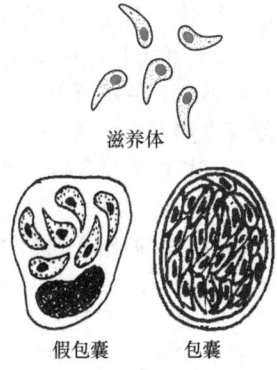

图3-4-7 刚地弓形虫形态

（5）卵囊（oocyst）（囊合子）：呈圆形或卵圆形，大小为10μm×12μm，具有两层光滑透明的囊壁，成熟卵囊内含两个孢子囊（sporocyst），每个孢子囊内有四个微弯的子孢子（sporozoite），大小为7μm×2μm，常见于猫粪内。

2. 生活史　弓形虫生活史复杂，包括有性生殖和无性生殖两个阶段。完成生活史需要两种动物宿主。其有性生殖仅见于终宿主猫科动物（主要为家猫）小肠上皮细胞内；无性生殖阶段在人及其他多种动物（包括猫科动物）的有核细胞内进行。因此，猫科动物既是弓形虫的终宿主，也是其中间宿主。

（1）在终宿主体内的发育：终宿主为猫科动物。猫食入成熟卵囊、包囊及假包囊后，子孢子或滋养体侵入猫小肠绒毛上皮细胞内，经过3～7天发育为裂殖体，进行裂体增殖，经过数代裂体增殖后，部分裂殖子发育为雌、雄配子体，继续发育为雌、雄配子，两者结合后成为合子，再发育为卵囊。卵囊入肠腔随粪便排出体外，成熟卵囊通过污染水或食物感染中间宿主，或再感染终宿主。受染猫每天可排出卵囊1000万个，持续10～20天。成熟卵囊在适宜环境可存活1年以上，是重要的感染阶段。

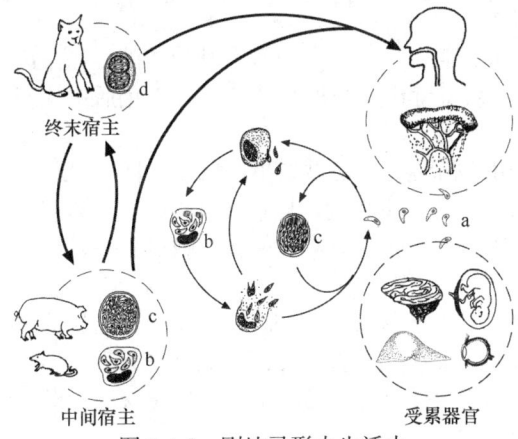

图3-4-8　刚地弓形虫生活史
a. 滋养体；b. 假包囊；c. 包囊；d. 卵囊

（2）在中间宿主体内的发育：猫粪内的成熟卵囊或动物肉中的包囊或假包囊被中间宿主如人、羊、猪和牛等吞食后，在肠内逸出子孢子、缓殖子或速殖子，随后侵入肠壁经血液或淋巴液进入单核巨噬细胞系统的细胞内寄生，并扩散到全身各组织器官，在脑、心、肝、肺、肌肉及淋巴结等细胞内进行无性繁殖，形成含有数个或数十个速殖子的假包囊。随着宿主细胞破裂，速殖子释入血液及淋巴液再侵入其他组织细胞内。由于宿主保护性免疫力的形成，原虫繁殖减慢，在其外形成囊壁，成为包囊，囊内含有数百个缓殖子。包囊在脑及骨骼肌中可长期存活（图3-4-8）。

3. 致病

（1）发病机制：虫株毒力和宿主免疫状态是影响弓形虫致病力和严重程度的重要因素，速殖子是其主要致病阶段。强毒株侵入机体后迅速繁殖，在宿主细胞内反复增殖，破坏细胞，引起组织炎症和水肿，可引起急性感染和死亡。弱毒株侵入机体后，增殖缓慢，在脑或其他组织形成包囊，很少引起死亡。慢性感染时包囊一般不引起明显的病理反应，若包囊破裂可致炎症反应和坏死或形成肉芽肿。

（2）临床类型：弓形虫感染有先天性弓形虫病和获得性弓形虫病两种。

1）先天性弓形虫病：妊娠妇女感染弓形虫后可经胎盘使胎儿感染，多表现为隐性感染，也可造成流产和死胎，或有脑积水、小脑畸形及视网膜脉络膜炎和智力发育障碍等，孕早期感染者，畸胎发生率高，是致畸综合征（TORCH综合征，即弓形虫、风疹病毒、巨细胞病毒和单纯疱疹病毒等所致胎儿畸形）的病因之一。

2）获得性弓形虫病：为食入受卵囊污染的水和食物而感染，食入含包囊、假包囊的未熟肉类也可感染。免疫力正常者多呈隐性感染，仅表现为血清特异性抗体阳性。少数人表现出淋巴结炎，伴有发热和虚弱乏力，以颈部淋巴结多见，一般无须治疗即可自愈。当感染者患有恶性肿瘤、接受器官移植使用免疫抑制剂或患有免疫力降低的其他疾病如 AIDS 时，可使包囊内的原虫扩散，出现急性感染，病变好发部位为中枢神经系统以及眼、淋巴结、心、肺、肝和肌肉等，临床表现多种多样，常有淋巴结肿大、脑膜脑炎、视网膜脉络膜炎、皮疹、心肌炎、胸膜炎、肺炎及肝炎等症状。进而出现严重的全身性弓形虫病，多因并发弓形虫脑炎而致死。

4. 免疫　弓形虫是一种机会性致病原虫，机体的免疫状态尤其是细胞免疫状态与感染的发展和转归密切相关。人有较强的自然免疫力，弓形虫在免疫功能健全的人群体内，多呈隐性感染状态。在免疫功能低下的人群体内可导致显性感染。宿主抗弓形虫感染的适应性免疫，主要通过诱导 T 细胞和巨噬细胞（Mφ）产生具有多种生物活性的细胞因子发挥免疫调节作用。与弓形虫感染免疫相关的细胞因子包括免疫上调因子和下调因子。免疫上调因子（IFN-γ、IL-2、TNF-α、IL-1、IL-7、IL-12、IL-15）主要由 Th1 细胞及 Mφ 产生；免疫下调因子（IL-4、IL-6、IL-10）则主要由 Th2 细胞产生。

IFN-γ 是抗弓形虫免疫中起主导作用的细胞因子，诱导产生较强的细胞毒作用，IL-4 和 IL-10 可抑制 IFN-γ 的表达，在弓形虫感染宿主的过程中发挥重要的免疫抑制作用。

宿主感染弓形虫后能刺激机体产生特异性抗体。早期主要是 IgM 和 IgA 升高，1 个月后主要为高滴度 IgG，可维持较长的时间，并能通过胎盘传至胎儿。

5. 实验诊断

（1）病原学检查：由于弓形虫寄生于细胞内，且无组织器官的选择性，病原检查较为困难。临床上对可疑患者的体液及病变组织可用以下方法检查。

1）直接涂片法：急性弓形虫感染者可采集胸腔积液、腹水、羊水、血液及其他体液等经过离心后，取沉淀物做涂片，经瑞氏或吉姆萨染色后镜检；或将待检组织做切片或印片染色后镜检。但直接涂片检出率低。

2）动物接种分离法或细胞培养法查找病原：采用敏感的实验动物如小白鼠，将样本接种于腹腔内，1 周后剖杀，取小白鼠腹腔液镜检，阴性结果需盲传至少 3 代；样本亦可接种于离体培养的单层有核细胞上。若能检获原虫则是弓形虫感染的最直接证据。动物接种和细胞培养是目前比较常用的病原学检查方法。

（2）血清学和分子生物学检查：常用的有弓形虫染色试验（dye test，DT）、间接荧光抗体试验（IFAT）、间接血凝试验（IHA）和酶联免疫吸附试验（ELISA）。需注意的是，先天性弓形虫病和免疫受损的患者可能不出现特异性抗体。近年来，PCR 技术检测已试用于弓形虫病的诊断，具有敏感性高、特异性强的优点，取得了较好的效果。

6. 流行与防治原则　弓形虫呈世界性分布，有些地区感染相当普遍，人群血清阳性率可高达80%；据调查我国人群感染率一般多在 10% 以下，平均约 6%。弓形虫病为人兽共患寄生虫病，动物感染率高。猫科动物及各种哺乳动物以及鸟类、鱼类、爬行动物为本病的传染源。人类感染弓形虫的方式，除由母体经胎盘传给胎儿的先天性感染外，还可由多种途径后天获得感染，已证实可经消化道、呼吸道、皮肤创口、输血及器官移植手术等多种途径感染。

预防弓形虫病的措施包括卫生宣传教育，加强对畜类和家禽饲养的管理，肉类加工的检疫及食品卫生的监测。不吃未熟的肉类、蛋及乳制品。防止猫粪污染手、食物及水源。

定期对妊娠妇女进行血清学检查，一旦发现感染应及时治疗或终止妊娠，防止先天性弓形虫病的发生。对仅为血清抗体阳性的隐性感染者，一般不需治疗；但对长期接受免疫抑制治疗的人员，则需严密观察。

乙胺嘧啶与磺胺类药物联合治疗为目前治疗弓形虫病的首选方法，常用磺胺嘧啶和复方磺胺甲𫫇唑；螺旋霉素常用于妊娠期患者的治疗。

附：隐孢子虫

隐孢子虫（*Cryptosporidium* Tyzzer，1907）呈世界性分布，广泛寄生于哺乳动物、鸟类、爬行类及鱼类等多种动物体内，为体积微小的球虫类寄生虫，是一种重要的引起人和动物腹泻的机会性致病原虫，引起的隐孢子虫病（cryptosporidiasis）是人兽共患寄生虫病。世界卫生组织于1986年将人的隐孢子虫病列为艾滋病的标志性伴发疾病之一。

1. 形态与生活史　隐孢子虫可在同一宿主体内完成生活史过程，不需要转换宿主。生活史包括无性的裂体增殖、有性的配子生殖和孢子生殖三个阶段，生活史过程中有滋养体、裂殖体、配子体、合子及卵囊等五个不同发育期。

成熟卵囊是隐孢子虫的唯一感染阶段，卵囊呈圆形或椭圆形，直径为4～7μm，内含四个裸露的子孢子和一团由颗粒物组成的残留体。经改良抗酸染色后，虫体呈玫瑰红色，囊内四个子孢子清晰可见；残留体呈黑褐色，由空泡和许多颗粒状物组成。

隐孢子虫主要经口感染，人食入含有卵囊粪便污染的饮用水或食物而被感染，卵囊经消化液的作用释放出四个子孢子，子孢子黏附并侵入肠道上皮细胞内逐渐发育为滋养体，经三次核分裂发育为Ⅰ型裂殖体。成熟的Ⅰ型裂殖体含有八个裂殖子。裂殖子被释出后侵入其他上皮细胞，发育为第二代滋养体。第二代滋养体经两次核分裂发育为Ⅱ型裂殖体。成熟的Ⅱ型裂殖体含四个裂殖子。这种裂殖子可分别发育为雌、雄配子体，经有性生殖发育为合子，继而发育为卵囊。卵囊有薄壁（约占20%）和厚壁（约占80%）之分。薄壁卵囊只有一层膜，在宿主肠内，囊内的子孢子可溢出直接侵入肠道上皮细胞，进行裂体增殖，造成宿主自身体内重复感染；厚壁卵囊在肠道上皮细胞或肠腔内经孢子化形成子孢子，发育为含有四个子孢子的成熟卵囊，随宿主粪便排出体外，对人和其他动物宿主具有感染性。

2. 致病　隐孢子虫主要寄生在宿主小肠上皮细胞的刷状缘纳虫空泡内，以空肠近端感染最为常见。在虫体生长发育过程中，使肠道上皮细胞广泛受损，肠绒毛萎缩、变短、变粗甚至融合和脱落，影响消化和吸收功能，从而引起腹泻。严重者病变部位可扩展至整个消化道，甚至累及呼吸道、扁桃体、胰腺和胆囊等处。受损严重程度主要取决于宿主的免疫功能和营养状况。

免疫功能正常者感染隐孢子虫，在临床上主要表现为消化不良和吸收障碍，出现腹痛、腹胀、腹泻及恶心、呕吐和食欲缺乏等，有时伴发热、头痛。发病1～2周后症状逐渐减轻或消退，病程一般不会超过1个月。

免疫功能异常的患者，疾病的发展多为渐进性，腹泻的程度往往更为严重，导致严重营养吸收障碍，甚至并发肠外脏器感染，出现相应临床症状。尤为值得关注的是，隐孢子虫是AIDS病患者中合并肠道感染的常见病原体，很多AIDS病患者死于隐孢子虫感染。目前，已把检查隐孢子虫列为AIDS病患者的一项常规检查项目。

3. 实验诊断

(1) 病原学检查：取粪便标本做金胺-酚或改良抗酸染色，最好在做金胺-酚染色后，再用改良抗酸染色法进行复染，以提高检出率。在腹泻患者粪便内查出隐孢子虫卵囊即可确诊。

(2) 免疫诊断：采用IFA、ELISA等法检测，在感染后6～8周可显示血清抗体升高，一般持续1年左右。此外，也可用PCR技术检测粪便中隐孢子虫来诊断。

4. 流行与防治原则　隐孢子虫呈世界性分布。感染了隐孢子虫的人和动物都可作为传染源。在我国腹泻儿童中，隐孢子虫检出率为1.36%～13.3%，多发生在2～5岁的儿童中，农村高于城市，畜牧业地区尤甚。免疫功能低下或接受免疫抑制剂治疗者，更易感染隐孢子虫。旅游及生活环境改变，食入被隐孢子虫污染的饮水和食物而感染，隐孢子虫是造成"旅游者腹泻"的重要病原之一。由于隐孢子虫经粪—口途径传播，因此加强人畜粪便的管理，注意环境卫生和饮食卫生，是预防隐孢子虫病流行的主要措施。

目前，对于隐孢子虫病的治疗还没有有效药物。我国用大蒜素治疗免疫功能正常的儿童隐孢子虫病具有较好疗效,螺旋霉素也有较好的治疗效果。国外报道口服巴龙霉素 2 周后,卵囊排出数量减少,但长期疗效仍不确定。

(曾郁敏)

1. 试述疟疾临床发作的特点与发作原因。
2. 试述疟原虫引起贫血及肝脾肿大的原因。
3. 试述疟疾的再燃与复发的原因。
4. 试述疟原虫的生活史的特点。
5. 试述弓形虫的感染及致病特点。
6. 弓形虫是一种机会性致病原虫,其易感人群有何特点?

第二篇　医学蠕虫

蠕虫是借助肌肉伸缩而做蠕形运动的一类多细胞无脊椎动物。蠕虫在自然界种类繁多，分布广泛，寄生于人体的有250余种，我国已发现50余种。经历了漫长的寄生生活，寄生性蠕虫逐渐形成了特定的外部形态和内部结构，这些形态特征是分类学重要的依据。研究人体寄生蠕虫的科学称为医学蠕虫学（medical helminthology），由蠕虫感染引起的疾病称为蠕虫病（helminthiasis）。

蠕虫的生活史包括自卵经幼虫发育到成虫的整个过程。外界环境因素（温度、湿度、雨量、水体、土壤、植被及中间宿主等）和人类的生产、生活方式都对蠕虫病的传播起着重要的作用。根据生活史特性将蠕虫分为两大类：

1. 土源性蠕虫（直接型）　生活史简单，在发育过程中不需要中间宿主的一类蠕虫，其虫卵在外界适宜的环境中发育为感染期虫卵或幼虫，人通过污染的食物或水，经口感染或与污染的土壤、水接触，经皮肤感染，在宿主体内发育为成虫。大多数肠道线虫属于此种类型。

2. 生物源性蠕虫（间接型）　此类蠕虫生活史复杂，在发育过程中幼虫均需在1个或1个以上的中间宿主体内发育到感染阶段，人经口食入其中间宿主，或被幼虫直接经皮肤侵入，或被病媒节肢动物叮咬而感染，在终宿主体内发育为成虫。吸虫、棘头虫、大部分绦虫及少数线虫（如丝虫、旋毛虫）属于此种类型。

蠕虫感染期虫卵或幼虫侵入机体后，其幼虫常需在体内移行到寄生部位发育为成虫，若幼虫移行到非正常部位的组织或器官发育为成虫，称为异位寄生，引起的病理损害则称为异位损害。

某些蠕虫幼虫偶然可侵入非正常宿主（人），一般不能发育为成虫，以幼虫阶段存在，且无固定的寄生部位，可在皮下组织、器官间窜扰，造成局部或全身病变，引起幼虫移行症。根据幼虫侵入组织器官引起的症状，分为内脏幼虫移行症和皮肤幼虫移行症。

第5章　线　虫

线虫属于线形动物门的线虫纲，种类繁多，多数营自生生活，仅少数营寄生生活。

1. 形态及结构

（1）成虫：虫体呈圆柱形或线形。雌雄异体，雄虫较小，尾部向腹面卷曲或膨大呈伞状；雌虫粗大，尾部尖直。虫体的体壁由角皮层、皮下层和肌层组成；虫体表面的角皮层形成的环纹、嵴、乳突、刺、唇瓣及交合伞等结构是鉴别虫体的重要特征。体壁和消化道之间的腔隙由于没有体腔膜，故称为原体腔，腔内充满液体，消化器官和生殖器官浸浴其中，是虫体营养及代谢产物的交换场所（图3-5-1）。

1）消化系统：由口孔、口腔、咽管、中肠、直肠和肛门构成。口孔位于虫体前端，周围有唇瓣包绕。有的虫体口腔较大，角皮层增厚形成口囊。咽管呈圆柱形，通常称为食管，咽管与中肠相接处有1个三叶形活瓣，以控制食物的流向。多数线虫的咽管壁肌肉中有3个咽管腺，其分泌物中含有淀粉酶、蛋白酶、纤维素酶及乙酰胆碱酶等。

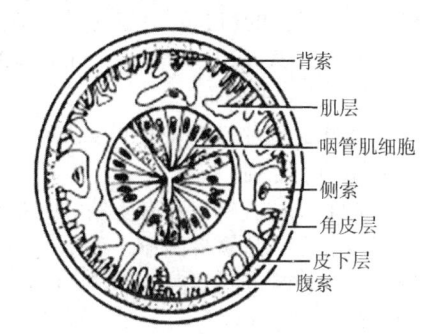

图3-5-1　线虫横切面示意图

中肠肠壁的上皮细胞具微绒毛，有分泌及吸收功能。雌虫肛门位于虫体末端腹面；雄虫直肠末端与射精管汇合为泄殖腔，开口于肛门。

2）生殖系统：呈盘曲的管状结构。雄虫为单管型，由睾丸、输精管、储精囊及射精管组成，射精管通入泄殖腔，1～2根交合刺自泄殖腔背侧伸出。雌虫多有2套生殖系统，称为双管型，最远端为卵巢，依次为输卵管、受精囊、子宫，两个子宫的末端汇合通入阴道，阴门开口于虫体的腹面。

3）排泄系统：在虫体两侧皮下层侧索中，各有一条纵行排泄管并有短的横管相连，可呈"H"形、"U"形，横管中央腹面有小管与排泄孔相通，排泄孔位于虫体近咽管后端的腹面。

4）神经系统：位于虫体咽部，神经环向前发出3对神经干，支配口周的感觉器官，向后发出3～4对神经干，分别控制虫体的运动和感觉。

（2）虫卵：多为椭圆形。电镜下卵壳由三层构成，外层来源于受精母细胞的卵膜，称为卵黄膜或受精膜；中层较厚，称为壳质层，具有一定硬度，能抵抗机械性的压力，维持卵的形态；内层薄，称为脂层或蛔苷层，具有调节渗透作用的功能。有的虫卵外面附有一层子宫分泌的蛋白质膜，有保持水分防止虫卵干燥的功能。刚排出虫体外的虫卵，卵壳内含有一个卵细胞或若干个胚细胞；有的线虫卵胎生，即虫卵胚胎在子宫内已发育成熟，排出幼虫，如丝虫和旋毛虫。

2. 生活史　虫卵在体外适宜条件下发育到感染期或孵化出幼虫，幼虫经4次蜕皮后发育为成虫。根据幼虫发育过程中是否需要中间宿主，可将线虫生活史分为两种类型：

（1）直接型：又称为土源性线虫，生活史中不需要中间宿主。虫卵在外界适宜环境下，经过一定时间发育，成为具有感染性的虫卵或幼虫，经口或皮肤直接侵入人体，肠道线虫如蛔虫、鞭虫、钩虫等属此类型。

（2）间接型：又称为生物源性线虫，生活史中需要中间宿主。幼虫在中间宿主体内发育为感染期幼虫后，经媒介节肢动物或经口感染人体，如丝虫经蚊叮咬将丝状蚴传给人体，人食入生肉内的旋毛虫囊包而感染旋毛虫。

第一节　似蚓蛔线虫

似蚓蛔线虫（*Ascaris lumbricoides* Linn，1758）简称蛔虫（roundworm），是常见的人体消化道寄生虫，感染后引起蛔虫病（ascariasis）。蛔虫成虫寄生于人体小肠，除夺取营养外，也可引起胆道蛔虫及肠梗阻等并发症。

我国古代医书上称蛔虫为"蛟蛕"或"蚘"，对蛔虫病的症状、诊断和治疗等有许多论述，如将蛔虫列为"九虫之一，长一尺，亦有五六寸，因脏腑虚弱或甘肥而动，其发动则腹中痛，发作肿聚，去来上下，痛有休止"。《伤寒论》中用"蚘厥者，乌梅丸主之"。"主以乌梅丸者，以蚘得酸则静，得辛则伏，得苦则下"与现代药理研究中，乌梅对蛔虫有兴奋作用和刺激蛔虫后退作用相符。

1. 形态

（1）成虫：虫体呈长圆柱形，前端较钝，后端尖细，形似蚯蚓；活时呈淡红色或微黄色，死后呈灰白色，体表具有细横纹，两侧有明显的侧线。虫体前端有三个略突起的唇瓣，呈"品"字形，中间为三叉形的口孔，唇瓣内缘具细齿，侧缘有感觉乳突。

雌虫：大小（20～35）cm×（3～6）mm，尾端尖直，生殖器官为双管型，阴门位于虫体前1/3交界处的腹面。

雄虫：大小（15～31）cm×（2～4）mm，尾部向腹面卷曲，生殖器官为单管型，有一对可伸缩的交合刺。

（2）虫卵：蛔虫卵有受精和未受精之分。

受精卵：呈宽椭圆形，大小（45～75）μm×（35～50）μm；卵壳表面有一层凸凹不平的被胆汁染成棕黄色的蛋白质膜；卵壳厚，无色透明；内含一个椭圆形的卵细胞；卵细胞两端有半月形的间隙（彩图36）。

未受精卵：呈长椭圆形，大小（88～94）μm×（39～44）μm；蛋白质膜及卵壳均较受精卵薄；

卵内含大小不等的屈光颗粒（彩图37）。

受精卵和未受精卵外附着的蛋白质膜有时可脱落，称为脱蛋白膜卵。

2. 生活史　成虫寄生于人小肠，以肠道内的半消化食物为食。雌、雄虫交配后，雌虫产卵，每条雌虫每天产卵可达24万个。卵随粪便排出体外，在温暖、潮湿、荫蔽、氧气充足的环境中约2周，卵内细胞逐渐发育为幼虫，称为含蚴卵，再经1周卵内幼虫蜕皮一次后成为感染期虫卵。当感染期卵污染了食物或饮水后被人误食到达小肠，卵内幼虫分泌孵化液（含酯酶、壳质酶及蛋白酶）消化卵壳，幼虫自壳内孵出，并侵入肠黏膜和黏膜下层的静脉或淋巴管，经门静脉或胸导管到达右心，再经肺动脉到达肺，穿过肺泡壁的微血管进入肺泡。幼虫在肺泡内停留一段时间，经两次蜕皮后沿支气管、气管移行至咽部，随宿主吞咽动作经食管、胃入小肠，在小肠内经蜕皮后发育为成虫（图3-5-2）。从食入感染期虫卵到发育为成虫产卵需60～75天。成虫存活期为1年左右。

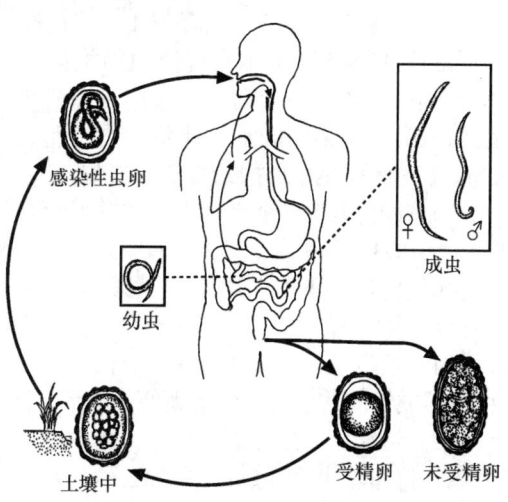

图3-5-2　似蚓蛔线虫生活史

3. 致病

（1）幼虫致病：幼虫经肝移行到肺部，穿过毛细血管和肺泡壁时引起肺组织损伤，造成点状出血和以嗜酸性粒细胞为主的炎性细胞浸润。幼虫的代谢产物、蜕皮物及死亡虫体的分解产物，可引起宿主局部或全身的超敏反应。患者出现发热、咳嗽、哮喘、呼吸困难、咳黏液痰或血痰、血中嗜酸性粒细胞升高等，还可出现荨麻疹及血管神经性水肿等症状。

（2）成虫致病：成虫以肠内半消化物为营养，对人的危害主要是掠夺营养。虫体及唇齿机械作用，虫体代谢产物、分泌物等化学性刺激，损伤肠黏膜导致消化和吸收功能障碍，影响蛋白质、脂肪、糖类及维生素A、维生素B_2、维生素C的吸收。轻度感染者症状不明显，重度感染的儿童可出现营养不良、智力反应迟钝或发育障碍。患者出现间歇性的脐周疼痛，消化不良、腹泻或便秘等。成虫的代谢物或死亡分解物对宿主的毒性作用，可致失眠、烦躁、磨牙、惊厥等症状。

（3）并发症：当受到刺激时，如体温升高或食入某些药物或刺激性食物后，虫体会乱窜，钻向肠壁开口的管道，如钻入胆道引起胆道蛔虫症；感染虫体较多时或腹部受凉，虫体可互相扭结成团，堵塞肠道，造成蛔虫性肠梗阻；也可引起肠穿孔、蛔虫性胰腺炎、蛔虫性阑尾炎及肝蛔虫病。其中以胆道蛔虫症最为常见。

4. 实验诊断

（1）粪便检查

1）生理盐水直接涂片法：一张涂片检出率达80%，三片检出率可达95%。

2）沉淀法和饱和盐水漂浮法：可提高检出率。

3）改良加藤厚涂片法：简便易行，省时省力，检出率高，10余年来，我国已用于流行病学调查，可定量检测感染度，也可用于实验室诊断与疗效考核。

（2）痰液检查：对蛔蚴引起的过敏性肺炎者，通过检查痰液查出幼虫以确诊。

（3）X线检查：对急性蛔虫感染者出现肺蛔虫症或并发肠梗阻时可行X线检查。

5. 流行与防治原则

（1）分布：蛔虫分布广泛，遍及全世界，据估计感染者约有14.7亿，平均感染率为47.0%，我国20世纪90年代初期有4.7亿～5.2亿人感染蛔虫，平均感染率为44.91%；到2019年，全国蛔虫感染率平均为0.36%。在生活水平低、环境卫生差和个人卫生较差的地区，人群感染率较高，一般农村高于城市，儿童高于成人。

(2) 流行因素：传染源主要是蛔虫感染者。蛔虫病流行广泛、感染率高的原因如下：

1) 蛔虫生活简单，不需要中间宿主，经口食入了感染期卵或虫卵污染的食物即可受到感染。

2) 蛔虫产卵量大。每条雌虫每天产卵 24 万个。

3) 虫卵对外界环境有较强的抵抗力。虫卵在适宜的土壤中可存活 1 年甚至 5～6 年，在 10～36℃可存活几个月，粪坑内可存活 6 个月至 1 年，污水中可存活 5～8 个月，调味品酱油、醋和腌菜、泡菜的盐水不能将卵内细胞或幼虫杀死，在 2mol/L 盐酸溶液中或 3% 甲酚皂溶液、2mol/L 氢氧化钠中卵内幼虫活动自如。

4) 饮食卫生和个人卫生习惯差，没有养成饭前洗手的习惯。

5) 粪便管理不当。粪便未经无害化处理，以及厕所简陋和随地大便等因素造成的环境污染。

6) 蝇和蟑螂及家禽携带虫卵污染食品等因素。

(3) 防治

1) 预防：加强粪便管理，粪便要经无害化处理；加强卫生宣传教育，注意个人卫生及饮食卫生，养成饭前洗手和不随地大便的习惯。防蝇灭蝇、灭蟑螂可减少传播机会。

2) 治疗：驱虫是治疗患者、减少传播的重要措施，常用驱虫药有阿苯达唑、甲苯咪唑或伊维菌素；群体驱虫宜在感染高峰之后的秋、冬季节，流行区居民半年到 1 年驱虫 1 次；蛔虫引起的并发症一般需外科手术治疗。

第二节　毛首鞭形线虫

毛首鞭形虫（*Trichuris trichiura* Linnaeus，1771）简称鞭虫（whip worm），成虫寄生于人盲肠，引起鞭虫病（trichuriasis）。

1. 形态

(1) 成虫：形如马鞭，虫体前 3/5 较细，后 2/5 较粗。口腔极小，咽管细长，管外包有一串较大的杆状细胞，排列形成杆状体，杆状细胞具有分泌功能，并与咽管相通。雄虫：长 3～4.5cm，尾部向腹面卷曲，有交合刺一根。雌虫：长 3.5～5cm，尾部钝圆，肛门开口于虫体末端（图 3-5-3）。

(2) 虫卵：呈纺锤形，黄褐色，大小为（50～54）μm×（22～23）μm，卵壳较厚，卵两端各有一个透明栓，称为盖塞。

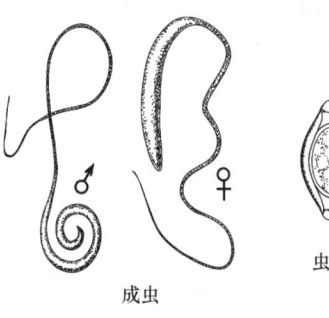

图 3-5-3　毛首鞭形线虫形态

卵内含有未分裂的卵细胞（图 3-5-3、彩图 38）。

2. 生活史　成虫寄生于盲肠，感染虫数较多时也可见于回肠下段或结肠、直肠。雌雄交配后，雌虫产卵，每条雌虫每天可产卵 5000～20 000 个。虫卵随粪便排出体外，在温暖、潮湿的适宜环境中，经 3 周发育为含幼虫的感染期虫卵，若感染期虫卵污染食物或水源经口感染后，在小肠内卵内幼虫从卵盖塞处逸出，侵入局部肠黏膜摄取营养，10 天左右移行到盲肠发育为成虫。从食入感染期虫卵到成虫产卵约需 2 个月，成虫存活期为 3～5 年。

3. 致病　成虫细长的前端钻入肠黏膜及黏膜下层，以组织液和血液为食，受损的肠黏膜可出现轻度炎症或点状出血；虫体后端游离于肠腔，机械性损伤或分泌物的刺激可使肠壁组织出现充血、水肿等慢性炎症反应。轻度感染者一般无明显症状，重度感染者可出现食欲减退、头晕、腹痛、腹泻、消瘦、贫血，严重慢性感染者可导致直肠脱垂等症状。

4. 实验诊断　粪便直接涂片法、沉淀法及饱和盐水漂浮法检查虫卵，改良加藤厚涂片法可提高检出率。

5. 流行与防治原则

(1) 流行：鞭虫病呈世界性分布，多见于热带及亚热带地区。我国南北方均有，在温暖、潮湿的南方感染率高于干燥、低温的北方，2019 年调查显示，全国监测点感染率为 0.27%，儿童高于成人。流行因素与蛔虫基本相似。

（2）防治：加强粪便管理，注意个人卫生、饮食卫生及环境卫生，保护水源是预防鞭虫病的主要措施。治疗感染者常用的驱虫药有阿苯达唑和甲苯咪唑等。

第三节 钩　　虫

钩虫（hookworm）成虫寄生于小肠，引起钩虫病（ancylostomiasis），俗称懒黄病、黄胖病等。寄生于人体的钩虫主要有十二指肠钩口线虫（*Ancylostoma duodenale* Dubini, 1843，简称十二指肠钩虫）和美洲板口线虫（*Necator americanus* Stiles, 1902，简称美洲钩虫）。锡兰钩口线虫和犬钩口线虫偶可寄生人体。巴西钩口线虫的感染期幼虫亦能侵入人体，但不能发育为成虫，可引起皮肤幼虫移行症。

1. 形态

（1）成虫：虫体长 1cm 左右，略弯曲，活时呈肉红色，死后呈灰白色。体前端微向背面仰曲，发达的角质口囊内有钩齿或板齿。口囊两侧有一对头感器和一对头腺，头腺分泌的抗凝物质是一种耐热的非酶性多肽，由头感器孔排出，可阻止宿主伤口的血液凝固。口囊后面是咽管，在咽管壁内有三个咽腺，其分泌物中含有蛋白酶和乙酰胆碱酯酶等酶类，有抑制宿主肠蠕动利于虫体附着的作用。

雌虫：尾端呈圆锥形，生殖系统为双管型，阴门位于虫体后 1/3 与中 1/3 交接处腹面。雄虫：尾端角质层膨大形成交合伞，由肌性指状辐肋支撑，分别称为背辐肋、侧辐肋和腹辐肋，其中背辐肋的形状和末端分支在虫体鉴别上有重要意义。两根交合刺从泄殖腔孔伸出（图 3-5-4）。两种钩虫成虫形态鉴别见表 3-5-1。

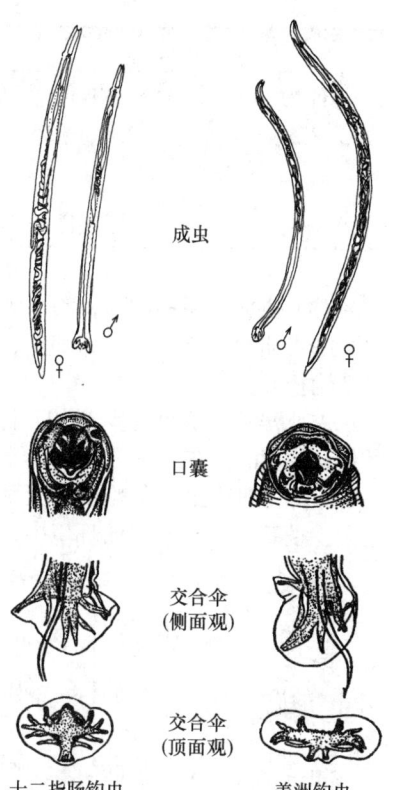

图 3-5-4　两种钩虫形态比较

表 3-5-1　两种钩虫成虫形态鉴别

特征	十二指肠钩虫	美洲钩虫
大小	雌虫：（10～13）mm×0.6mm 雄虫：（8～11）mm×（0.4～0.5）mm	雌虫：（9～11）mm×0.4mm 雄：（7～9）mm×0.3mm
体形	前端与尾端均向背侧弯曲，呈"C"形	前端向背侧弯曲，尾端向腹面弯曲，呈"∫"形
口囊	腹侧前缘有 2 对钩齿	腹侧前缘有 1 对半月形板齿
交合伞	略圆	略扁，似扇形
背辐肋	由远端分 2 支，每支又分 3 小支	由近端分 2 支，每支又分 2 小支
交合刺	2 刺长鬃状，末端分开	1 刺末端形成倒钩，与另 1 刺相并包于膜内
尾刺	雌虫有	雌虫无

（2）幼虫：也称钩蚴（hookworm larva），分为杆状蚴（rhabditiform larva）和丝状蚴（filariform larva）。杆状蚴有两期，自卵内刚孵出的幼虫称第一期杆状蚴，为自由生活期幼虫，大小约为 0.23mm×0.017mm，体壁透明，前端钝圆，后端尖细；口腔细长，有口孔；咽管前段较粗，中段细，后段则膨大呈球状。第一期杆状蚴经蜕皮后发育为第二期杆状蚴，大小约为 0.4mm×0.029mm。再进行一次蜕皮即发育为丝状蚴，大小为（0.5～0.7）mm×0.025mm。口腔封闭，在与咽管连接处的腔壁背面和腹面各有 1 个角质矛状结构，称为口矛或咽管矛，口矛既有助于虫体的穿刺作用，其形态也有助于丝状蚴虫种的鉴定。丝状蚴具有感染能力，又称为感染期蚴，其咽管细长，约为虫体的 1/5。丝状蚴体表覆盖鞘膜，对虫体有保护作用。当它侵入人体皮肤时鞘膜即脱落。由于两

种钩虫的分布、致病力及对驱虫药物的敏感程度均有差异，因此鉴别钩蚴在钩虫流行病学、生态学及防治方面都有实际意义。两种钩虫丝状蚴的鉴别要点见表 3-5-2。

表 3-5-2 两种钩虫丝状蚴的鉴别要点

虫种	十二指肠钩虫丝状蚴	美洲钩虫丝状蚴
外形	圆柱状，头端略扁平，尾端较钝	长纺锤形，头端略圆，尾端较尖
鞘膜横纹	不明显	明显
口矛（咽管矛）	不明显，背矛较粗，两矛间距宽	明显，二矛粗细相同，间距窄
肠管	管腔较窄，肠细胞颗粒丰富	管腔较宽，肠细胞颗粒少

（3）虫卵：呈椭圆形，大小为（56～76）μm×（36～40）μm，卵壳薄，无色透明。新鲜粪便中的虫卵内含 2～4 个卵细胞，卵壳与卵细胞之间有明显的空隙（彩图 39）。两种钩虫卵的形态结构相似。

2. 生活史　成虫寄生于小肠上段，借钩齿或板齿咬附在肠黏膜上，以宿主的血液、淋巴液、肠黏膜和脱落的上皮细胞为食。雌雄交配后，雌虫产卵，十二指肠钩虫每条雌虫每天平均产卵 1 万～3 万个；美洲钩虫每条雌虫每天平均产卵 5000～10 000 个。卵随宿主粪便排出体外，在温暖、潮湿、荫蔽、充足氧气的环境中，虫卵在 24 小时内孵化出幼虫，称为第一期杆状蚴，该幼虫以土壤中的细菌、有机物为食，营自生生活，在 48 小时内蜕皮发育为第二期杆状蚴；经 5～6 天再次蜕皮发育为具有感染性的丝状蚴。此时，幼虫口孔封闭不再进食，依靠体内储存的营养物质生存于距地面 1～2cm 深的土层内，在适宜的条件下丝状蚴可存活 3～4 周或更长。丝状蚴有向温和向湿性，与人体皮肤或黏膜接触时受体温的刺激，虫体借机械性活动和酶的作用通过毛囊、汗腺或破损处皮肤钻入体内；先在皮下移行，24 小时后经小血管或淋巴管，随血流入右心，经肺动脉达肺部微血管；幼虫借助于穿刺运动穿破微血管进入肺泡，借支气管壁上皮细胞纤毛运动，向上移行到咽部，随宿主的吞咽动作，经食管、胃到达小肠。在小肠内进行第三次蜕皮并形成口囊，再经 3～4 周进行第四次蜕皮发育为成虫（图 3-5-5）。自丝状蚴侵入到发育成熟交配产卵，一般需 4～6 周。成虫存活期美洲钩虫较长可达 5 年以上，十二指肠钩虫一般为 7 年。

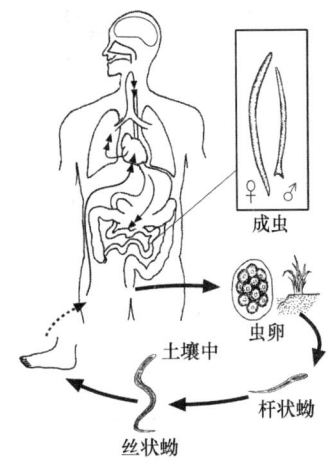

图 3-5-5　钩虫生活史

有研究表明，十二指肠钩虫除经皮肤感染外，还可经口感染，即受到丝状蚴污染的蔬菜被食后直接在小肠发育为成虫，或经口腔或食管黏膜侵入微血管，经肺移行到达小肠发育为成虫。此外，妊娠妇女感染后，丝状蚴可经胎盘或母乳使胎儿或婴儿受到感染。

3. 致病　感染钩虫后是否出现临床症状，与侵入的钩蚴和寄生的成虫数量及机体免疫力有关。

（1）幼虫致病作用：丝状蚴侵入皮肤数分钟到 1 小时左右，局部皮肤出现烧灼、发痒、针刺的感觉，继而出现小丘疹，1～2 天后成为小疱，若继发细菌感染则变为脓疱，最后结痂自愈。在皮肤薄嫩处（如手指、足趾间）发生的皮炎，称为钩蚴性皮炎。钩蚴随血移行至肺部进入肺泡时，引起局部组织出血及炎症病变，患者出现咳嗽、痰中带血、哮喘并有畏寒、发热等全身症状。

（2）成虫致病作用：成虫以钩齿或板齿咬附于肠黏膜，造成肠黏膜损伤形成小溃疡及出血点，钩虫头腺分泌的抗凝素及咽腺分泌物中的蛋白酶均能抑制血液凝固，有利于吸血；同时虫体又经常更换咬附部位，造成肠黏膜新的损伤，而原创面仍不断渗血，造成慢性失血。应用同位素 ^{51}Cr 标记红细胞测知，美洲钩虫造成的失血量为每条每天 0.02～0.10ml，十二指肠钩虫较其高 5～6 倍。

宿主由于慢性失血，体内铁和蛋白质不断丧失，缺铁可使血红蛋白合成速度比红细胞新生的速度慢。红细胞体积变小，颜色变浅，呈现低色素小细胞性贫血。患者表现为皮肤蜡黄、黏膜苍白、头晕、乏力，严重者可有心悸、气短、面部及下肢水肿等，呈现贫血性心脏病的症状。

肠黏膜受损可引起上腹部不适、隐痛、腹泻、恶心、呕吐、食欲缺乏等症状，影响营养物的吸收，加重贫血症状。部分患者可出现喜吃生米、生豆、煤渣、瓦片、破布等物的现象，这种异常嗜好称为异嗜症；可能与铁质缺乏有关，服铁剂后症状消失。严重感染的妇女可引起闭经、流产等。

(3) 婴幼儿钩虫病：在钩虫病流行比较严重的地区，有些婴幼儿也可感染钩虫，称为婴幼儿钩虫病。临床表现为急性便血性腹泻（大便呈黑色或柏油样）、面色苍白、消化功能紊乱、发热、精神萎靡、肝脾大，贫血多较严重。婴幼儿钩虫病预后较差。

4. 实验诊断 从粪便中检查出钩虫卵或孵化出钩蚴作为诊断的依据。

(1) 粪便检查虫卵：生理盐水涂片法和饱和盐水漂浮法，检出率后者比前者高5～6倍。

(2) 粪便钩蚴培养法：该法检出率高，缺点是时间较长，常需3～5天才能出结果。

(3) 感染度测定：改良加藤法可测定每克粪便中所含虫卵数。轻度感染：虫卵数少于2000个/克；中度感染：虫卵2000～11 000个/克；重度感染：虫卵在11 000个/克以上。

5. 流行与防治原则

(1) 分布：钩虫呈世界性分布，尤以热带、亚热带地区多见。我国淮河、黄河以南地区广泛分布，2001～2004年全国人体重要寄生虫病现状抽样调查结果显示，我国平均钩虫感染率为6.12%；推算全国感染人数约3930万；2019年全国监测点人群钩虫感染率为0.84%，感染率大大下降。感染率农村高于城市、成人高于儿童。北方以十二指肠钩虫为主，南方以美洲钩虫为主，但大多数地区属混合感染。

(2) 流行因素：患者和带虫者是主要的传染源。钩虫病的流行与自然条件、种植物、耕作方式及生活条件和生活习惯有密切关系，如用新鲜粪便施肥，粪中卵在温暖、潮湿、荫蔽的环境下孵出幼虫，人赤脚在玉米、红薯、甘蔗、桑林、棉、烟、蔬菜等田间耕作时受到感染。近年来发现，钩虫卵在水中能发育到感染期幼虫，污染秧田土壤后，人们在栽种水稻时也可受感染。此外，有食生菜习惯者生食含感染期幼虫的蔬菜也可获得感染。

(3) 防治

1) 预防：加强粪便管理，不随地大便，不用新鲜粪便施肥；提倡用沼气池、三坑式沉淀密封式粪池或堆肥等方法，杀死虫卵后再施用。加强个人防护，在流行季节下地劳动尽可能穿鞋，尽量减少手足与泥土的接触或涂敷1.5%左旋咪唑硼酸乙醇或15%的噻苯唑软膏以防感染。

2) 治疗：消灭传染源的措施是治疗患者，常用驱虫药物是甲苯咪唑、阿苯达唑、噻嘧啶等；严重贫血患者可先服用硫酸亚铁并补充含蛋白质、维生素的食物，如蔬菜、豆类、肉、蛋等，待贫血纠正后再驱虫。治疗钩蚴性皮炎可用噻苯哒唑悬液加入1%地塞米松配成霜剂敷用，也可在感染后24小时内用透热疗法，以杀死局部组织中的幼虫。

第四节　蠕形住肠线虫

蠕形住肠线虫（*Enterobius vermicularis* Linn,1758） 简称蛲虫（pinworm），成虫寄生于人体肠道回盲部，可引起蛲虫病（enterobiasis）。

1. 形态

(1) 成虫：虫体细小，似线头状，乳白色，虫体前端角皮层膨大形成头翼。口孔位于顶端，周围有3片唇瓣。咽管末端呈球形膨大，称为咽管球。

雌虫：大小（8～13）mm×（0.3～0.5）mm，虫体中部膨大，尾部尖细，约占虫体长度的1/3。生殖系统为双管型，阴门位于虫体前1/3处腹面。肛门位于虫体的后1/3处。

雄虫：大小（2～5）mm×（0.1～0.2）mm，尾部向腹面卷曲，有交合刺一根。

(2) 虫卵：呈椭圆形，一侧扁平，另一侧略隆突，似"D"形，无色透明，大小（50～60）μm×（20～30）μm，卵壳较厚，成熟期卵内含蝌蚪期蚴（彩图40）。

2. 生活史 成虫寄生于人体回盲部，严重感染时可达小肠上段。虫体以肠内容物、组织液或血液为食。雌雄交配后，雄虫很快死亡；雌虫因子宫内充满虫卵（含卵5000～17 000个/条）压

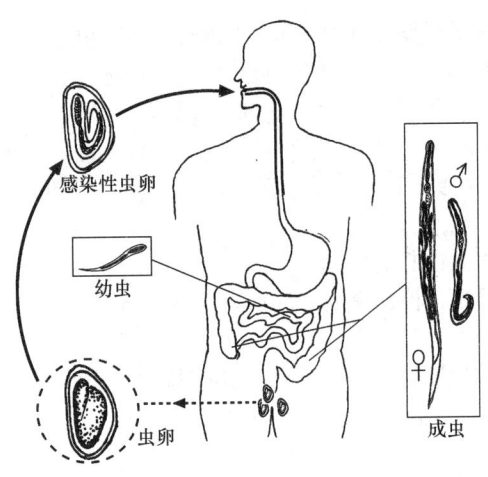

图 3-5-6 蛲形住肠线虫的形态及生活史

迫食管而脱离肠黏膜，向下移动到直肠。在肠内低氧压的条件下一般不产卵或排少量的卵。当宿主睡眠后肛门括约肌松弛，部分雌虫蠕动出肛门，因受到外界温度、湿度及空气的刺激，在肛门周围大量产卵。产卵后的雌虫大部分干瘪死亡，少数可经肛门逆行进入肠腔或阴道、尿道等处，引起异位寄生。黏附于肛周的虫卵在适宜的温度、湿度和氧气充足的环境下，约经 6 小时卵细胞发育为幼虫，蜕皮一次即为感染期虫卵。用手抓挠肛门时卵污染手指，未洗手进食或小孩因有吸吮手指的习惯，或食入虫卵污染的食物，经口感染。另外，虫卵脱落于床单、被褥时，在清扫床铺时虫卵可飘浮于空气中，吸入也可受到感染。虫卵在十二指肠内孵化出幼虫沿小肠下移，途中蜕皮两次，进入回盲部再蜕皮一次发育为成虫。从误食感染期卵到发育为成虫需 2～6 周，雌虫存活期为 2～4 周（图 3-5-6）。

3. 致病　雌虫爬出产卵，刺激肛周黏膜，引起肛门及会阴部皮肤瘙痒和炎症；患者可出现烦躁不安、夜间磨牙、夜惊及食欲减退等症状。虫体附着处黏膜轻度损伤，可引起消化道功能紊乱，但症状不明显。虫体进入阑尾引起阑尾炎，进入泌尿生殖道可引起阴道炎、子宫内膜炎、输卵管炎、尿道炎等，侵入腹腔可在腹膜、大网膜、肠系膜或肠壁处形成以虫体或虫卵为中心的肉芽肿病变。

4. 实验诊断　根据雌虫在肛周产卵的特点，可采用棉签拭子法或透明胶纸法，在清晨大便前肛周采样检查虫卵。阴性者可连续检查 2～3 天。在粪便或肛门处发现成虫也可确诊。

5. 流行与防治

（1）分布及流行因素：蛲虫呈世界性分布，我国各地区均有感染，尤其在儿童较集中的托儿所、幼儿园或子女多、居住条件差的家庭中感染率较高。感染者是唯一的传染源，由于虫卵发育快，对外界抵抗力强（在潮湿皮肤及手指甲缝隙中可活 10 天，室温环境中可活 3 周），感染方式简单（肛门—手—口），个人卫生和饮食习惯不良等因素容易造成重复感染。

（2）防治

1）预防：加强卫生宣教，注意个人卫生、饮食卫生及家庭和托儿所等集体环境卫生，如饭前洗手、勤剪指甲，不吸吮手指，患儿睡眠时穿闭裆裤，避免手指接触肛门；勤洗澡，用开水烫洗换下来的内裤。勤晒被褥，玩具及地面常用消毒剂清洗。

2）治疗：常用驱虫药有阿苯达唑、甲苯咪唑、恩波吡维铵等。外用药有蛲虫膏、2% 氯化氨基汞软膏，涂于肛门周围有止痒和杀虫作用。

第五节　丝　虫

丝虫（filaria）是组织内寄生线虫，已知寄生人体的丝虫有八种，它们的寄生部位、传播媒介、临床表现和地理分布见表 3-5-3。我国仅有班氏吴策线虫（*Wuchereria bancrofti* Cobbold,1877）（简称班氏丝虫）和马来布鲁线虫（*Brugia malayi* Brug, 1927）（简称马来丝虫），其成虫寄生于淋巴系统，引起淋巴丝虫病（lymphatic filariasis），祖国医学书中有"两足胫红肿""小便白如米汁""癫疝重坠，囊大如斗"的记载。

表 3-5-3　寄生于人体丝虫的寄生部位、传播媒介、临床表现和地理分布

虫种	寄生部位	传播媒介	临床表现	地理分布
班氏丝虫	淋巴系统	蚊	淋巴结炎、淋巴管炎、象皮肿、乳糜尿、鞘膜积液	世界性、热带、亚热带
马来丝虫	淋巴系统	蚊	淋巴结炎、淋巴管炎、象皮肿	亚洲东部和东南部

续表

虫种	寄生部位	传播媒介	临床表现	地理分布
帝汶丝虫	淋巴系统	蚊	淋巴结炎、淋巴管炎、象皮肿	帝汶岛和小异他群岛
盘尾丝虫	皮下组织	蚋	皮下结节、失明	非洲、中美洲和南美洲
罗阿丝虫	皮下组织	斑虻	皮下肿块	西非和中非
链尾丝虫	皮下组织	库蠓	无明显临床表现	西非和中非
常现丝虫	胸腔、腹腔	库蠓	无明显致病性	非洲、中美洲和南美洲
欧氏丝虫	腹腔	库蠓	无明显致病性	中美洲和南美洲

1. 形态

（1）成虫：虫体细长如丝线，体表光滑，乳白色，头前端略膨大。口孔周围有两圈乳突。雌虫：大小为（60～100）mm×（0.1～0.3）mm，生殖器官为双管型，阴门位于虫体前端的腹面，卵巢位于虫体后部，子宫粗大充满虫卵，成熟虫卵壳薄而透明，内含卷曲的幼虫，在向阴门移行中卵壳延长形成鞘膜包裹在幼虫体表，此时幼虫称为微丝蚴。雄虫：较小，大小为（20～40）mm×（0.1～0.2）mm，尾部向腹面卷曲2～3圈，生殖器官为单管型，两根交合刺从泄殖腔内伸出。

（2）幼虫：自雌虫体内产出者，称为微丝蚴。虫体细长，头端钝圆，尾端尖细，外被鞘膜，体内有许多细胞核，称为体核。

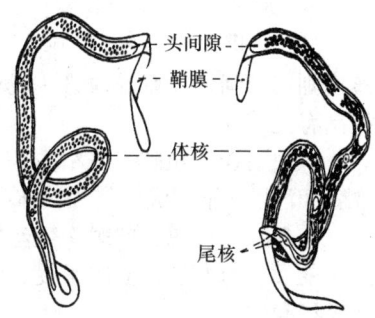

图3-5-7 两种微丝蚴形态比较

虫体前端无体核处称为头间隙。虫体前1/5处无体核处为神经环，近尾端腹面有肛孔（图3-5-7）。尾部有无细胞核因种而异。班氏丝虫和马来丝虫所产的微丝蚴分别为班氏微丝蚴和马来微丝蚴。两幼虫的鉴别特征见表3-5-4。

表3-5-4 班氏微丝蚴与马来微丝蚴的区别

特征	班氏微丝蚴	马来微丝蚴
大小	（244～296）μm×（3.5～7.0）μm	（177～230）μm×（5～6）μm
体态	柔和、弯曲自然、无小弯	弯曲僵硬，大弯上有小弯
头间隙	长宽相等（1：1）	长>宽（2：1）
体核	圆形、疏松、排列整齐	椭圆形、大小不匀、排列紧密、互相重叠
尾核	无	有，2个尾核前后排列

2. 生活史　成虫寄生于人体淋巴系统。雌雄虫交配后，雌虫产出微丝蚴，后者随淋巴液进入血液循环。当蚊叮咬患者吸血时，将微丝蚴吸入蚊胃内，经1～7小时蜕去鞘膜，穿过胃壁进入血腔，后侵入蚊胸肌，经2～4天虫体缩短变粗，形似腊肠，称为腊肠蚴。在5～7天内虫体内部组织分化，形成消化道和体腔，分别在第8天和第14天各蜕皮1次，虫体变细长，发育为感染性幼虫，称为丝状蚴。此时丝状蚴离开胸肌，进入蚊血腔并移行至下唇。微丝蚴在蚊体内发育为丝状蚴的时间，与外界的温度和湿度有关，如温度在20～30℃，相对湿度为75%～90%条件下，班氏微丝蚴在淡色库蚊或致倦库蚊体内发育到感染期幼虫需10～16天；马来微丝蚴在中华按蚊体内发育到感染期幼虫需6～7天。当含有感染期幼虫的蚊叮咬人吸血时，感染期幼虫经皮肤侵入人体，经小淋巴管移行到大淋巴管或淋巴结内寄生，经再次蜕皮发育为成虫（图3-5-8）。微丝蚴在人体内存活期为2～3个月，成虫存活期为13～17年。但在淋巴系统中，常因炎症反复发作而中途死亡。

雌虫产出的微丝蚴自淋巴系统进入血液循环。白天滞留于肺部毛细血管，夜间出现于外周血液中，微丝蚴在外周血液中夜多昼少的现象称为微丝蚴的夜现周期性（nocturnal periodicity）。世界上流行的丝虫，其微丝蚴大多具有明显的夜现周期性，称为周期型丝虫，我国两种丝虫均为周

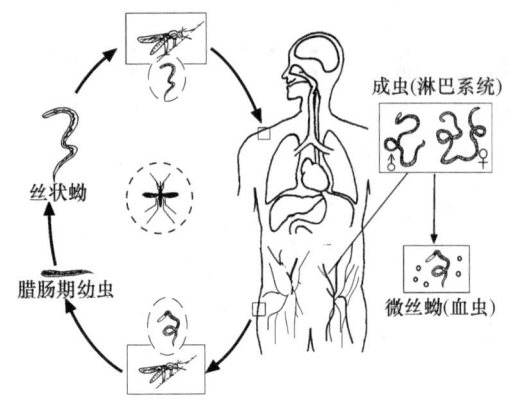

图 3-5-8　丝虫生活史

期型丝虫,其在外周血液中出现的时间高峰略有不同,班氏微丝蚴自晚22:00至次晨2:00;马来微丝蚴自晚20:00至次晨4:00。少数地区流行的丝虫微丝蚴夜现周期性不明显,夜间和白天都在外周血液中出现,称为亚周期型丝虫。

微丝蚴夜现周期性的原因目前尚不清楚,可能与人们睡眠活动有关,如患者上夜班,白天睡觉,经一段时间后,微丝蚴白天可在外周血液中出现。也有观点认为与肺动脉与肺静脉之间氧张力差异有关,当肺动脉、肺静脉之间的氧张力差异在 7.3kPa(55mmHg)或更高时,微丝蚴集聚于肺血管内,若两者差异下降到近 5.8kPa(44mmHg)或更低时,微丝蚴则移行到外周血液。另一观点认为与大脑皮质的兴奋抑制有关,尤其是与迷走神经的兴奋和抑制有关。

人是班氏丝虫唯一终宿主,尚未发现保虫宿主。马来丝虫除寄生人体外,还可在多种脊椎动物(如沙鼠、猫、犬、猴等)体内发育成熟。

3.致病　丝虫丝状蚴、微丝蚴和成虫对人体均有致病作用,但最主要的致病阶段是成虫。丝虫病的发生与发展,取决于侵入的种类、感染程度、重复感染的次数和机体免疫力等因素,其临床类型有:

(1)无症状微丝蚴血症(asymptomatic microfilaraemia):潜伏期后血中出现微丝蚴,达到一定密度后趋于相对稳定,成为带虫者。感染者一般无任何症状或仅有发热和淋巴管炎表现,如不治疗,此微丝蚴血症可持续数年或终生。流行区大多数感染者为无症状微丝蚴血症。

(2)急性淋巴丝虫病:感染期幼虫侵入人体皮肤至发育为成虫过程中,其代谢产物、幼虫蜕皮液及脱落的外皮、成虫子宫的排泄物及死亡虫体的裂解产物等,均可刺激淋巴管及淋巴结产生炎症。常好发于腹股沟及下肢,出现淋巴结肿大、疼痛,淋巴管红肿、压痛,皮肤表面出现一条红线由近端向远端发展,呈离心性,俗称"流火";四肢浅表小淋巴管发炎时,局部皮肤呈现一片弥漫性红肿,剧痛,称为丹毒样皮炎,多见于小腿内侧或内踝上方;班氏丝虫成虫若寄生于男性生殖器官淋巴管内,可引起精索炎、附睾炎和睾丸炎。除局部症状外,患者常伴有畏寒、发热等全身症状,称为丝虫热。

(3)慢性淋巴丝虫病:急性期炎症反复发作,部分患者发展为慢性淋巴丝虫病,也有患者可无急性炎症史。病变部位淋巴管增厚、扩张、瓣膜功能受损,影响淋巴液的回流,出现淋巴液淤积。由于虫种及阻塞部位的不同,患者的症状和体征表现亦有差异:

1)象皮肿(elephantiasis):淤积的淋巴液蛋白含量较高,刺激局部纤维组织增生,皮肤汗腺和毛囊功能受损,皮肤增厚、变粗、变硬,外观似大象的皮肤,故称为象皮肿。常可因局部继发性细菌感染和淋巴管病变互相促进而使象皮肿进一步加重。象皮肿多见于下肢和阴囊,也可见于上肢、阴唇、乳房等部位。

2)乳糜尿(chyluria):为深部淋巴系统阻塞,主动脉前淋巴结或肠淋巴干受阻,小肠吸收的乳糜液经腰淋巴干反流到肾盂、输尿管、腹腔等处淋巴管,致使这些部位淋巴管曲张、破裂,淋巴液流入肾盂,混于尿中排出所致;此时,尿呈乳白色、米汤样,内含蛋白质及脂肪,体外放置易凝结,沉淀物中有时可查到微丝蚴。此外,淋巴液流入腹腔可引起乳糜腹水。

3)睾丸鞘膜积液(hydrocele testis):精索及睾丸淋巴管受阻时,该处淋巴管扩张破裂,淋巴液可流入睾丸鞘膜腔内,引起睾丸鞘膜积液。患部坠胀沉重,外观阴囊肿大,皮肤光滑无压痛,透光试验阳性。积液中有时可发现微丝蚴。

(4)隐性丝虫病:又称热带肺嗜酸性粒细胞增多症(tropical pulmonary eosinophilia, TPE)。患者出现夜间阵发性咳嗽、哮喘,胸部X线片显示中下肺弥漫性粟粒样阴影,血中IgE水平升高,嗜酸性粒细胞数增多等；这主要是宿主对微丝蚴抗原产生的 I 型超敏反应所致。患者外周血中查不到微丝蚴，但在肺和淋巴结的活检物中可查到虫体。

马来丝虫多寄生于四肢浅表淋巴系统中，患者以四肢尤以下肢淋巴管炎、淋巴结炎及下肢象皮肿多见。班氏丝虫除侵犯浅表淋巴系统外，还可引起精索炎、附睾炎、睾丸炎、鞘膜积液、阴囊象皮肿和乳糜尿等深部感染症状。

4. 实验诊断

(1) 病原学检查

1) 新鲜血涂片或厚血膜染色法检查微丝蚴。

2) 浓集法：取患者血液，溶血后离心沉淀，或取鞘膜积液、乳糜尿和乳糜腹水等液体（需先加乙醚使乳糜溶解，取出脂肪层加水）离心，取沉淀物镜检微丝蚴。

(2) 免疫学和分子生物学方法：间接荧光抗体试验和酶联免疫吸附试验，抗体阳性率分别达到 92.8% 和 95% 左右。还可用双抗体夹心法和免疫色谱技术检测循环抗原。近年来，DNA 探针和 PCR 技术也可用于丝虫病的诊断。

5. 流行与防治原则

(1) 分布：丝虫病流行于热带、亚热带 38 个国家和地区。班氏丝虫病呈世界性分布，以亚洲和非洲较为严重；马来丝虫病仅限于亚洲，主要流行于东南亚。我国曾是丝虫病严重流行的国家之一，曾分布于山东、河南、江苏、上海、浙江、安徽、湖北、湖南、江西、四川、台湾、贵州、广州、广西、海南等 16 个省（自治区、直辖市）的 864 个县（市）。除山东、台湾仅有班氏丝虫外，其他地区两种丝虫均有。截至 2006 年 3 月，我国所有丝虫病流行区已达到消灭丝虫病的标准，成为我国疾病控制工作中的一项重大成就。

(2) 流行因素：丝虫病患者和带虫者为传染源。班氏丝虫主要以淡色库蚊和致倦库蚊传播，马来丝虫以中华按蚊和嗜人按蚊传播为主。自然界的温度、湿度、雨量及植被等环境因素直接影响蚊的生长、繁殖以及体内幼虫的发育。温度在 20～30℃，相对湿度在 75%～90% 最适宜蚊生长繁殖和体内幼虫的发育，当气温低于 10℃ 时，幼虫在蚊体内不能发育。雨量的多少影响到蚊的孳生和密度，从而影响丝虫病的传播。

(3) 防治：对流行区全体居民普查普治，采血检查时凡是微丝蚴阳性和有体征者，均为治疗对象。治疗药物主要是乙胺嗪（又名海群生），其对两种丝虫成虫及微丝蚴均有杀灭作用。我国曾采用乙胺嗪掺拌食盐，流行区居民连续食用半年药盐，可使微丝蚴的阳性率降低到 1% 以下。轻度象皮肿患者可采用烘绑疗法、桑绑疗法。阴囊象皮肿及鞘膜积液者可采用手术治疗。

防蚊灭蚊是消灭传播媒介，切断传播途径，彻底消灭丝虫病的重要措施。

第六节　旋毛形线虫

旋毛形线虫（*Trichinella spiralis* Owen,1835） 简称旋毛虫，是一种人兽共患寄生虫病和食源性寄生虫病。成虫寄生于人和多种哺乳动物小肠上段，幼虫寄生于同一宿主横纹肌，引起旋毛虫病（trichinelliasis）。

1. 形态

(1) 成虫：细小，呈线状，消化道为单管道，咽管细管状，约占虫体的 1/3。咽管背侧面，有数十个串珠状排列的杆状细胞组成的杆状体，其分泌物可排入咽管，具有消化功能和抗原性。

雌虫：大小为 (3～4) mm×0.06mm，尾部钝圆；生殖器均为单管型，子宫较长，中段含虫卵，后段和近阴门处则充满幼虫，自阴门产出；阴门位于虫体前 1/5 处。

雄虫：大小为 (1.4～1.6) mm×0.04mm，尾端有 2 枚叶状交合配器，无交合刺（图 3-5-9）。

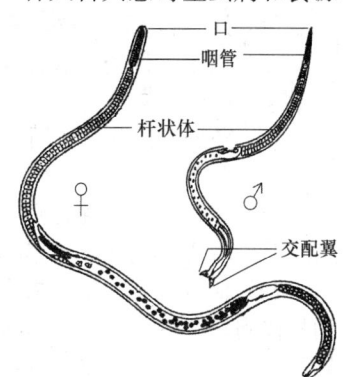

图 3-5-9　旋毛形线虫形态

(2) 幼虫：新产出的幼虫细长，大小为124μm×6μm，在中间宿主的横纹肌中发育至成熟幼虫，卷曲在梭形囊包中，囊包长约1mm，与肌纤维平行，内含1～2条幼虫，个别可多达6～7条幼虫，幼虫结构与成虫相似，其杆状细胞分泌物具抗原性。

2. **生活史** 人误食了含有活囊包的肉类及其制品后，在消化液的作用下，幼虫从囊包中逸出，钻入十二指肠及空肠上段的肠黏膜，发育24小时后回到肠腔，48小时内经4次蜕皮发育至性成熟。雌雄交配后，雄虫死亡并自肠道排出，雌虫前端钻入肠黏膜内继续发育，经5～7天，雌虫子宫内虫卵发育为幼虫，每条雌虫一生可产500～2000条幼虫，最多可达10 000条。产于肠黏膜内的新生幼虫侵入局部淋巴管或小静脉，随血流至全身组织，但只有到达横纹肌的幼虫才能进一步发育。虫体机械性作用和分泌物对肌细胞的刺激，引起炎症细胞浸润，纤维组织增生，感染后约1个月幼虫周围形成纤维性囊包，一般在半年后囊包钙化，幼虫失去活力、死亡，少数囊包内幼虫可存活数年，甚至可达30年。雌虫存活期一般为1～2个月。成虫和幼虫可在同一宿主体内寄生，但完成生活史必须转换宿主（图3-5-10）。

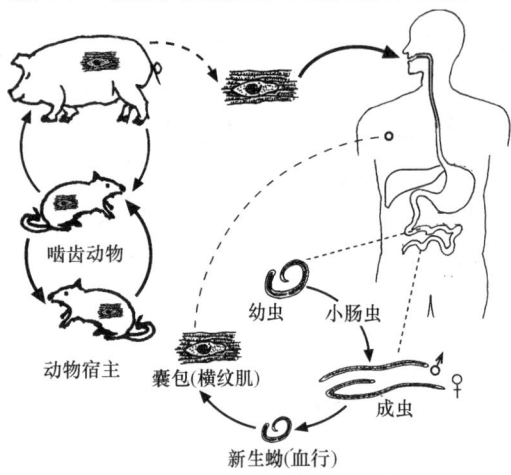

图3-5-10　旋毛形线虫生活史

3. **致病** 幼虫为主要致病阶段，致病的轻重与食入囊包的数量、幼虫的活力和宿主的免疫力等因素有关。轻者可无症状。重者若未及时治疗，可在发病3～7周内死亡。致病过程可分为三期。

(1) 虫体侵入期：幼虫在小肠自囊包内逸出，侵入肠黏膜发育为成虫，由于成虫以肠黏膜为食以及成虫和幼虫机械性损伤、分泌物刺激引起受累部位黏膜充血、水肿、出血，甚至形成浅表溃疡。患者可有腹痛、腹泻、恶心、呕吐、畏食、乏力、低热等症状，病程可持续1周。

(2) 幼虫移行期：成虫产出的幼虫随淋巴、血循环播散至全身各器官及侵入横纹肌内发育，幼虫移行时机械性损害及分泌物的毒性作用，刺激肌细胞变性、坏死，肌间质呈现水肿和炎症细胞浸润；患者可表现全身肌肉酸痛、压痛，尤以腓肠肌、肱二头肌、肱三头肌疼痛最为明显，严重者可出现咀嚼、吞咽困难和语言障碍等。幼虫移行所经的组织、器官如心肌、肺、肝、肾等重要器官可出现局限性或广泛性出血性病变，引起心肌炎、肺炎、胸膜炎或肝、肾功能异常及颅内压增高等症状，患者可出现全身症状。此期以发热、水肿和肌痛为主要的特征，重症患者可因恶病质、毒血症、虚脱、心力衰竭而死亡。病程可持续3周左右，有时可达2个月以上。

(3) 囊包形成期：随着虫体长大，寄生部位的肌细胞逐渐膨大呈纺锤形的肌腔，虫体卷曲在腔内形成囊包，此时急性炎症消退，全身症状逐渐减轻，但肌痛可持续数月。

4. **实验诊断**

(1) 询问病史：了解患者有无食生肉或烤肉，或多人同时发病等情况，对确诊有参考价值。

(2) 病原学检查：从患者的腓肠肌、肱二头肌处取材压片或切片镜检，或将吃剩的生肉做压片检查，以求确诊。

(3) 免疫学诊断：可用皂土絮状试验、间接荧光抗体、酶联免疫吸附试验等协助诊断。

5. **流行与防治原则**

(1) 分布：旋毛虫病流行于世界各地，尤以欧美国家发病率高。我国1964年首次发现人体感染旋毛虫病例后，先后在15省（自治区、直辖市）的93个县（市）有病例报道。

(2) 流行因素：旋毛虫广泛寄生于猪、野猪、熊、狗、狼、羊、牛、獾、鼠等120多种哺乳动物体内。这些动物通过动物间相互残食形成的"食物链"而传播。猪主要通过吞食含有旋毛虫囊包幼虫的肉屑、鼠类或污染的食料受感染。旋毛虫囊包抵抗力强，在−15℃下可存活20天，腐肉中也能存活2～3个月，熏烤、腌制等不能杀死囊包幼虫。人生食或半生食含有囊包的猪肉及其制品如生拌猪肉片、烤肉、腌肉等受到感染。此外，切生肉的用具若污染上囊包再切熟食，人食入污染的熟食也可受到感染。

(3) 防治原则

1) 预防：开展卫生宣传教育，注意饮食卫生，不食生的或半生的肉类，改变养猪方法，如圈养和喂熟食，加强肉类检疫制度及灭鼠等措施。

2) 治疗：药物首选阿苯达唑，即能驱除肠内成虫，又能有效地杀死移行和肌肉中的幼虫；甲苯咪唑也有较好的疗效。

附：其他线虫

一、粪类圆线虫

粪类圆线虫（*Strongyloides stercoralis* Bavay,1876）是一种既有自生世代，又有寄生世代的兼性寄生虫。

1. 形态

(1) 自生世代

1) 雄虫：大小为 0.7mm×（0.04～0.05）mm，尾部向腹面卷曲，有交合刺 2 根。

2) 雌虫：大小为 1.0mm×（0.05～0.075）mm，尾部尖细，生殖系统为双管型，子宫内含 14～16 个虫卵，阴门位于虫体略后方的腹面，虫卵呈椭圆形，壳薄而透明，似钩虫卵，大小为 70μm×40μm，部分虫卵内含胚胎。

(2) 寄生世代

1) 雄虫：在寄生世代中是否存在尚有争议。

2) 雌虫：大小为 2.2mm×（0.03～0.074）mm，体表具细横纹，头端口周有 4 个不明显的唇瓣，咽管细长，约占虫体的 1/3～2/5，肛门位于虫体末端。生殖系统为双管型，子宫含虫卵 8～12 个。

3) 虫卵：大小为（50～58）μm×（30～34）μm。

4) 丝状蚴：长为 0.6～0.7mm，咽管占虫体的 1/2 左右，尾端分叉。

2. 生活史

(1) 自生世代：成虫在温暖、潮湿的土壤中产卵，数小时内孵出杆状蚴，1～2 天内蜕皮 4 次，发育为自生生活的雌雄成虫。在外界适宜的环境条件中，自生生活可循环多次，称为间接发育。当外界环境不利时，杆状蚴蜕皮 2 次，发育为丝状蚴，有机会与宿主接触可经皮肤或黏膜侵入，开始寄生生活，此过程称为直接发育。

(2) 寄生世代：丝状蚴经宿主皮肤或黏膜侵入后经血循环到肺，穿过毛细血管和肺泡壁进入肺泡，大部分幼虫沿支气管、气管上升至咽部，被咽下后到达小肠，钻入肠黏膜，蜕皮 2 次发育为成虫，产卵于黏膜内，数小时后孵化出杆状蚴，自黏膜逸出，随粪便排出体外。当宿主机体免疫力低下或发生便秘时，寄生于肠道中的杆状蚴在未排出前可发育为丝状蚴，钻入肠黏膜或肛门周围皮肤，再侵入血循环，经肺、支气管、咽至小肠发育为成虫，引起自身感染（autoinfection）。有少数虫体在肺部支气管或泌尿生殖系统内发育成熟，随痰排出的多为丝状蚴，随尿排出的多为杆状蚴。

3. 致病

(1) 幼虫致病：丝状蚴侵入皮肤可引起局部小丘疹，伴有刺痛和痒感，通过肺部时，重度感染者可出现咳嗽、多痰、哮喘等呼吸道症状。若雌虫在肺部发育成熟并产卵可使病情加重，病程延长，患者出现高热、肺功能衰竭等严重病证。

(2) 成虫致病：成虫寄生于小肠黏膜内，由于机械性和分泌物的刺激使黏膜发生充血水肿等病理性损伤，轻者可无症状或表现为卡他性肠炎。重者可表现为溃疡性肠炎，患者出现腹痛、腹泻、恶心、呕吐等症状，并伴有发热，贫血和全身不适等表现。长期使用免疫抑制剂或患慢性消耗性疾病、先天性免疫缺陷和艾滋病患者，常导致自身超度感染；幼虫移行到脑、肝、肺、肾、心脏等器官，引起广泛性的损伤，产生严重后果。

4. **实验诊断** 从粪便、痰、尿中检获到幼虫或培养出丝状蚴为确诊依据，在腹泻患者的粪便中也可检出虫卵。

5. **流行与防治原则** 主要流行于热带、亚热带；温带和寒带地区，呈散发感染。我国有26个省（自治区、直辖市）检出感染者，平均感染率为0.122%，感染方式主要为与土壤中的丝状蚴接触。流行因素与钩虫病相似。阿苯达唑治愈率达90%以上，噻嘧啶和左旋咪唑也有一定疗效。

二、结膜吸吮线虫

结膜吸吮线虫（*Thelazia callipaeda* Railliet & Henry, 1910）又称为华裔吸吮线虫。成虫寄生于狗、猪等动物眼结膜囊及泪管内；偶尔寄生于人眼内，引起结膜吸吮线虫病（thelaziasis）。

1. **形态**

(1) 成虫：细长，在人眼结膜囊内为淡红色，半透明，离开人体后呈乳白色，头端钝圆，具有圆形的口囊，外周有两圈乳突，体表光滑，具有微细横纹。

雄虫：大小为（4.5～15）mm×（0.25～0.75）mm，尾端卷曲，两根交合刺长短不一，形态各异。

雌虫：大小为（6.2～20.0）mm×（0.3～0.85）mm，生殖器官为双管型，子宫内充满虫卵。

(2) 虫卵：呈椭圆形，大小为（54～60）μm×（34～37）μm，壳薄透明，近阴门处卵壳变为幼虫的鞘膜。

(3) 幼虫：大小为（350～414）μm×（13～19）μm。雌雄虫肛门周围均有乳突数个。

2. **生活史** 成虫寄生于狗、猪、兔、鼠、马等动物的眼结膜囊及泪管内，偶尔寄生于人的眼内。雌虫在结膜囊内产幼虫，当蝇舔食这些动物的眼分泌物时将幼虫吸入蝇消化道，穿过中肠侵入血腔，经两次蜕皮发育为感染期幼虫，并逐渐移行到蝇喙。当蝇再舐吸健康的其他宿主眼部时，感染期幼虫自蝇喙逸出，进入眼结膜囊，在15～20天内再经两次蜕皮发育为成虫。

3. **致病与实验诊断** 成虫多侵犯一侧眼，少数病例可见双眼感染，以上穹隆部的外眦侧多见，其次为眼前房、泪小管及眼睑乳突状瘤内，少者1～2条，多者可达20余条。由于虫体活动、体表锐利横纹摩擦、头端口囊吸附作用及排泄物、分泌物刺激，或并发细菌感染导致炎症反应或肉芽肿形成。患者眼部有异物感、痒感、畏光、流泪、眼分泌物增多、眼痛等症状。婴幼儿有不敢睁眼、用手揉眼，家长常因发现有白色虫体爬行而就诊，取出虫体后症状消失。诊断是从眼内取出虫体，依据形态特征来确诊。

4. **流行与防治原则** 主要分布于亚洲，我国23个省（自治区、直辖市）已报道人体结膜吸吮线虫病331例，以婴幼儿多见，农村高于城市。治疗患者可用1%丁卡因、4%可卡因或2%普鲁卡因滴眼，约5分钟，虫体被麻痹即可用眼科镊或消毒棉签取出。搞好环境卫生，防蝇灭蝇，保持眼部清洁是预防感染的主要措施。

三、广州管圆线虫

广州管圆线虫（*Angiostrongylus cantonensis* Chen, 1935; Dougherty, 1946）成虫寄生于鼠类肺部血管，是一种动物寄生虫；亦可侵入人体，引起嗜酸性粒细胞增多性脑膜脑炎和脑膜炎。该虫最早由陈心陶（1933, 1935）在广东家鼠及褐家鼠体内发现，命名为广东肺线虫。1946年由Dougherty更正为本名。迄今为止，全世界已有3000多例本病的报道。

1. **形态**

(1) 成虫：细长，淡红色，体表具微细环状横纹，头端钝圆，头顶中央有一小圆口，口中有环状的唇，外有两圈感觉乳突。

雄虫：大小为（11～26）mm×（0.21～0.53）mm，尾端向腹面弯曲，交合伞呈肾形，内有辐肋支撑，交合刺2根等长。

雌虫：大小为（17～45）mm×（0.3～0.66）mm，尾端呈斜锥形，阴门开口于肛孔之前。子宫呈双管型，白色，与充满血液的肠管缠绕成红、白相间的螺旋纹，子宫内含有单细胞虫卵。

(2) 虫卵：呈椭圆形，无色透明，大小为 (64.2～82.1) μm×(35.8～48.3) μm。

(3) 幼虫：第三期幼虫大小为 (449±40) μm×(28±3) μm。头部圆，尾部末端细，食管、肠道、排泄孔、肛门处均易看见。

2. 生活史 成虫寄生于多种鼠类的肺动脉内。雌虫产出的卵，进入肺毛细血管孵出第一期幼虫，其幼虫穿破肺毛细血管进入肺泡，沿支气管、气管上行至咽，被吞入消化道，随粪便排出。幼虫被中间宿主（螺类及蛞蝓）吞食或侵入其体内，在组织内逐渐发育为第二、第三期幼虫（感染期幼虫），鼠吞食含有第三期幼虫的中间宿主或转续宿主后，感染期幼虫在其消化道穿肠壁进入血液循环，经肝、肺、心至全身各器官，但多数幼虫沿颈总动脉到达脑部，在此蜕皮发育为第四期幼虫。之后，经静脉血到肺动脉发育为成虫。一般在感染后6～7周，可在粪便内查到第一期幼虫。

终宿主以褐家鼠、黑家鼠较多见；此外还有白腹巨鼠、黄毛鼠和屋顶鼠等。中间宿主主要为多种陆生螺类。在我国广东、海南、云南、台湾及香港等地已发现的中间宿主有褐云玛瑙螺、皱疤坚螺、短梨巴蜗牛、中国圆田螺、福寿螺、方形环棱螺、同型巴蜗牛以及三种蛞蝓。转续宿主广东有黑眶蟾蜍，台湾有虎皮蛙、金线蛙和蜗牛。国外报道还有鱼、虾、蟹等。

3. 致病 人是广州管圆线虫的非适宜宿主。人体感染是因生食或半生食含有幼虫的螺类、鱼、虾以及幼虫污染的蔬菜或饮水所致。幼虫侵入后在人体内移行，侵犯中枢神经系统引起嗜酸性粒细胞增多性脑膜脑炎或脑膜炎。以脑脊液中嗜酸性粒细胞显著升高为特征。除大脑和脑膜外，病变还可波及小脑、脑干和脊髓。其主要病理改变为充血、出血、脑组织损伤，引起巨噬细胞、淋巴细胞、浆细胞和嗜酸性粒细胞所组成的肉芽肿炎症反应。临床症状主要为急性剧烈的头痛，其次为恶心、呕吐、发热、颈项强直；起初为间歇性，以后发作渐频或发作期延长。严重病例可有瘫痪、嗜睡、昏迷甚至死亡。部分患者有视觉损害、眼部异常。少数病例存在缓慢进行性感觉中枢损害、眼外直肌瘫痪和面瘫。但所致嗜酸性粒细胞脑膜炎一般为良性及自限性的，病死率低于0.5%。

4. 实验诊断

(1) 询问病史：发病前1个月左右是否有生食或接触过含该虫的中间宿主或转续宿主。

(2) 症状及体征：有剧烈的头痛、脑脊液压力升高、白细胞总数明显升高为 (0.5～2.0)×10^9/L，其中嗜酸性粒细胞数超过10%，多为20%～70%。

(3) 病原学检查：取脑脊液镜检，查到幼虫可确诊，但一般检出率不高。

(4) 免疫学诊断：皮试、ELISA 作为辅助诊断。

5. 流行与防治原则

(1) 流行：该虫分布于热带、亚热带地区。泰国、越南、中国、日本、马来西亚、夏威夷、新赫布里底群岛等地已有确诊病例。我国主要在台湾、香港、海南、云南、福建、广东、天津、黑龙江、浙江等地散在分布。近年来，由于中间宿主褐云玛瑙螺和福寿螺的大量养殖及食用，发病人数有增多的趋势。

(2) 防治：主要是改变不良的饮食习惯，如不生食或半生食螺类，不吃未洗净的生菜，不喝生水。因幼虫可经皮肤侵入机体，故需在加工时避免感染。灭鼠对预防本病有重要意义。

本病尚无特效药，一般采用对症和支持疗法。临床上曾用阿苯达唑+甘露醇或阿苯达唑+地塞米松治疗，效果较好。

（万巧凤）

1. 蛔虫病流行广泛、感染率高的原因有哪些？防治原则是什么？
2. 比较似蚓蛔线虫与毛首鞭形线虫生活史的异同点。
3. 分析钩虫致使宿主慢性失血的原因。
4. 比较班氏微丝蚴及马来微丝蚴的特征。
5. 试述象皮肿形成的机制。
6. 简述旋毛线虫的生活史。

第6章 吸 虫

吸虫（trematode）属扁形动物门吸虫纲（Trematoda），寄生于人体的吸虫属于复殖目（Digenea），皆营寄生生活。

复殖目吸虫的成虫外观呈叶状或长舌状，背腹扁平。在虫体的前端和腹面中部分别有口吸盘（oral sucker）和腹吸盘（ventral sucker），为附着器官。消化道不完整，有口、咽、食管和肠管，肠管分两支，末端封闭为盲端。除血吸虫外，复殖目吸虫均为雌雄同体，其成虫雄性生殖器官有睾丸、输精管、贮精囊、射精管和阴茎及阴茎囊；雌性生殖器官有卵巢、输卵管、卵模、梅氏腺、卵黄腺、劳氏管和子宫。

复殖目吸虫的生活史需经有性世代与无性世代的交替，有卵、毛蚴、胞蚴、雷蚴、尾蚴、囊蚴、童虫和成虫等阶段。成虫寄生于人体和脊椎动物体内，进行有性生殖；幼虫则以水生动物或植物为中间宿主，进行无性生殖，其中第一中间宿主多为淡水螺。

在我国，寄生于人体的吸虫主要有华支睾吸虫、布氏姜片吸虫、卫氏并殖吸虫和日本血吸虫等。

第一节 华支睾吸虫

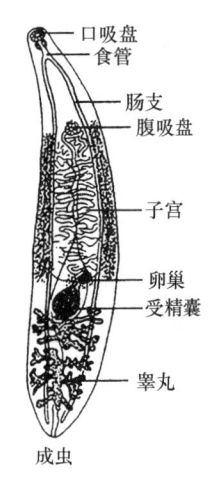

图 3-6-1 华支睾吸虫成虫

华支睾吸虫学名中华分支睾吸虫（*Clonorchis sinensis* Cobbold，1875），因其成虫多寄生于终宿主的肝内胆管中，故俗称为肝吸虫。我国于 1975 年在湖北江陵西汉古尸及 1994 年荆门战国楚墓古尸中均发现了肝吸虫卵，说明本病在我国流行至少已有 2300 多年历史。

1. 形态

(1) 成虫：大小一般为 (10～25) mm × (3～5) mm，背腹扁平，半透明。虫体狭长，前端较窄，后端略钝，似葵花籽。口吸盘位于虫体前端，腹吸盘位于虫体前端1/5处。雌雄同体，睾丸两个，高度分支，前后纵向排列于虫体后端 1/3 处。卵巢一个，位于睾丸前方；子宫呈管状，位于虫体中部，腹吸盘和卵巢之间（图 3-6-1、彩图 41）。

(2) 虫卵：大小平均仅为 29μm × 17μm。黄褐色。一端较窄，覆有卵盖，卵盖周围的卵壳增厚隆起，形成肩峰。另一端钝圆，其上有小疣状突起。卵内含有一成熟的毛蚴。

2. 生活史　成虫常寄生于人或猫、狗等哺乳动物的肝内胆管中，虫数多时也可寄生于大的胆管内。虫卵产出后随胆汁进入消化道，混于粪便并排出体外。

虫卵进入水中，被第一中间宿主豆螺、沼螺等淡水螺吞食，卵内毛蚴可在螺体消化道内孵出。毛蚴在螺体内继续发育繁殖，经胞蚴和雷蚴两个阶段，形成大量尾蚴，从螺体逸出进入水中。尾蚴遇到第二中间宿主淡水鱼、虾，则侵入其体内，主要在肌肉组织发育为囊蚴。囊蚴为华支睾吸虫感染人体的阶段。

人或猫、狗等哺乳动物食入含有囊蚴的淡水鱼虾后，囊蚴内的虫体可在其十二指肠内脱囊逸出，逆胆道系统上行，经胆总管到达肝内胆管。童虫也可经血管或穿过肠壁经腹腔进入肝内胆管。虫体在肝内胆管中进一步发育为成虫。成虫在人体内的寿命可长达 20～30 年（图 3-6-2）。

3. 致病　华支睾吸虫对人体健康的危害取决于感染的程度和感染的时间。轻度感染者常无明显临床表现。感染程度较重者或者被感染时间长者，可出现胆囊炎、胆管炎、胆道结石及肝脏损害。

严重者可能出现肝硬化。其致病机制是由于虫体对胆管壁的机械性刺激和其代谢产物对胆管壁的化学性刺激，引起胆管内膜和胆管周围的炎症，致使胆管管壁增厚、管腔变窄。加上虫体的直接阻塞，导致胆管阻塞，胆汁淤滞于阻塞部位上方，引起阻塞性黄疸、急性胆囊炎和胆管炎。此外，国内外有资料提示，华支睾吸虫的寄生与人体胆管上皮癌、肝细胞癌的发生有一定关系。

4. 实验诊断

(1) 病原学检查：在粪便或者十二指肠引流液中检获虫卵是确诊的主要依据。但因虫卵小，采用粪便直接涂片法易于漏检。因此，多采用各种集卵法如粪便水洗沉淀法等进行检查。

(2) 免疫学检查：免疫学方法如酶联免疫吸附试验和间接荧光抗体试验等可用于辅助诊断。

(3) 影像学检查：B超、电子计算机断层扫描（CT）和磁共振成像（MRI）检查对华支睾吸虫病的诊断也有一定参考价值。

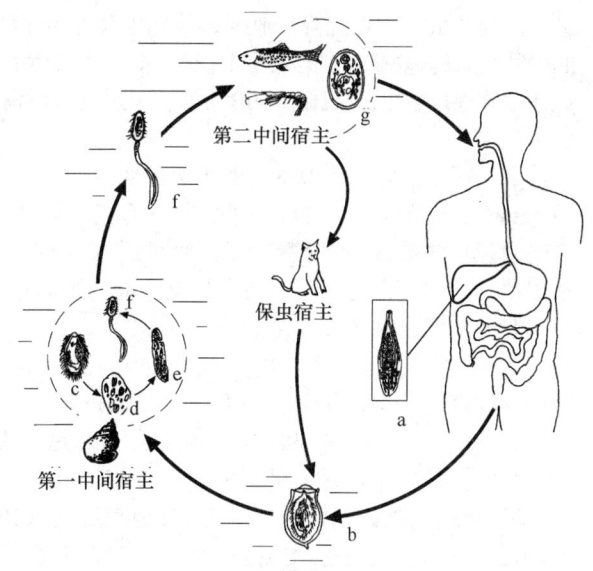

图 3-6-2 华支睾吸虫生活史

a. 成虫；b. 虫卵；c. 毛蚴；d. 胞蚴；e. 雷蚴；f. 尾蚴；g. 囊蚴

5. 流行与防治原则

(1) 分布：全世界华支睾吸虫感染主要分布于亚洲东部如中国、日本、朝鲜、韩国、越南、印度、老挝和菲律宾等国。我国除青海、宁夏、新疆、内蒙古、西藏等尚无报道外，其他各省（自治区、直辖市）均有不同程度流行，其中广东、广西、江西、四川、台湾和东北朝鲜族聚住区较严重，人群感染多呈片状、点状或线状分布。

(2) 流行因素：华支睾吸虫病的传染源是本病的患者、带虫者和被感染的保虫宿主。在保虫宿主中猫、狗和猪最为重要，野生动物如鼠类、貂和狐狸等也可传播本病。

华支睾吸虫卵、第一中间宿主淡水螺和第二中间宿主淡水鱼虾三者同水体是造成本病和感染流行的重要因素。华支睾吸虫的第一中间宿主淡水螺常见的有纹沼螺、赤豆螺和长角涵螺；华支睾吸虫对第二中间宿主的选择性不强，一般淡水鱼均可作为其第二中间宿主，常见的有草鱼、青鱼等人工养殖的鱼类和麦穗鱼等野生鱼类。这些中间宿主在我国各地水体中广泛存在，若含有虫卵的人畜粪便污染水体，就可能引起华支睾吸虫病流行。

华支睾吸虫病在一个地区流行的关键因素是当地人群有吃生或半生鱼肉的习惯。例如，在广东，人们通过吃"鱼生""鱼生粥"或烫鱼片而感染；在东北地区，特别是朝鲜族居民主要是通过生鱼佐酒吃而感染；在山东、河北、四川等地人们因从河沟、池塘捉鱼烧吃或烤吃而感染；抓鱼后不洗手或用口叼鱼也是感染的原因；使用切过生鱼的刀及砧板切熟食物品、用盛过生鱼的器皿盛熟食物品也有使人感染的可能。

(3) 防治原则：大力做好卫生宣传教育工作，提高群众对本病传播途径和危害的认识，不吃生的或不熟的淡水鱼虾，是预防本病的最有效措施。改进烹调方法，注意分开使用切生、熟食物的菜刀、砧板及器皿。管好人畜粪便，杜绝粪便污染水源、鱼塘，不用未经无害化处理的粪便喂鱼，是控制本病流行的重要措施。

治疗患者和带虫者，消除传染源，对于预防本病流行有重要意义。目前治疗本病的药物首选吡喹酮（praziquantel）。阿苯达唑、六氯对二甲苯也可选用。

第二节 布氏姜片吸虫

布氏姜片吸虫（*Fasciolopsis buski* Lankester，1857）简称姜片虫，是寄生于人体小肠中的一种大型吸虫。姜片虫病主要流行于亚洲，故此虫又称为亚洲大型肠吸虫（giant asian intestinal fluke），其引起的姜片吸虫病包括慢性腹泻、消化道功能紊乱及营养不良等。远在1600多年以前我国东晋时范东阳就记述了该种寄生虫。临床上确诊的第一个病例是在我国广州发现的。

1. 形态

(1) 成虫：为人体中寄生的最大的吸虫，大小一般为（20～75）mm×（8～20）mm×（0.5～3）mm，呈长椭圆形、背腹扁平、前窄后宽，似生姜片。新鲜虫体呈肉红色，虫体固定后呈灰白色。口吸盘近虫体前端，腹吸盘位于口吸盘后方，呈漏斗状，肌肉发达，较口吸盘大4～6倍，肉眼可见。本虫雌雄同体，睾丸两个，高度分支，前后纵向排列于虫体的后半部。卵巢一个，位于睾丸前方。子宫盘曲在卵巢和腹吸盘之间（图3-6-3）。

(2) 虫卵：大小为（130～140）μm×（80～85）μm，呈椭圆形，淡黄色。一端有不明显的卵盖。卵内含卵细胞一个，其余空间为卵黄细胞充填，有20～40个卵黄细胞（图3-6-3、彩图42）。

2. 生活史　姜片虫的终宿主主要是人和猪。成虫寄生在终宿主小肠上段，虫数多时可扩展到胃和大肠。一条成虫每天可产生虫卵约15 000个。

虫卵随粪便排出体外，入水后在适宜温度（26～32℃）条件下经3～7周发育为毛蚴孵出。毛蚴侵入中间宿主扁卷螺体内，经1～2个月完成胞蚴、母雷蚴、子雷蚴与尾蚴阶段的发育繁殖。成熟的尾蚴从螺体逸出，附着于菱角、荸荠、茭白等水生植物及其他物体的表面，脱去尾部形成囊蚴。囊蚴为姜片虫感染终宿主阶段。人或猪食入含有囊蚴的水生植物后，活的囊蚴进入其体内，在小肠中受消化液和胆汁的作用脱囊逸出，吸附于小肠黏膜表面。经1～3个月发育为成虫。成虫寿命为4～5年（图3-6-4）。

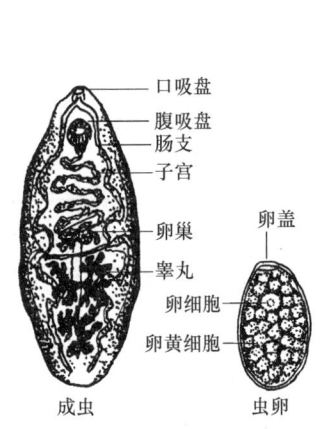

图3-6-3　布氏姜片虫形态

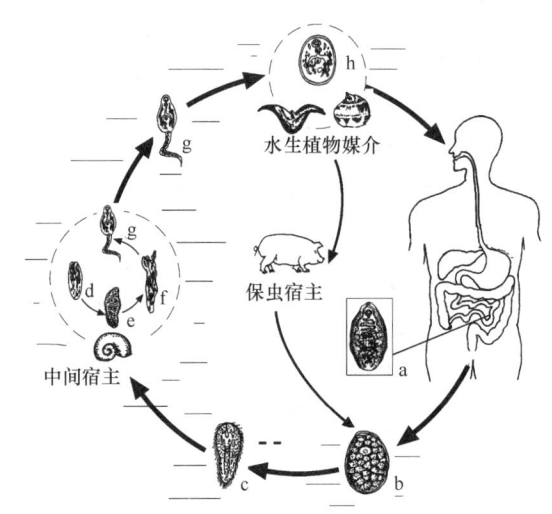

图3-6-4　布氏姜片虫生活史

a.成虫；b.虫卵；c.毛蚴；d.胞蚴；e.母雷蚴；f.子雷蚴；g.尾蚴；h.囊蚴

3. 致病　姜片虫肌肉和吸盘发达，吸附力强，可引起肠壁较明显的机械性损伤；其虫体大而扁平，可覆盖肠壁，妨碍吸收与消化；加之虫体代谢产物对人体的毒素作用及虫体直接掠夺人体营养等因素的综合作用，人体可出现消化道症状和营养障碍如腹痛、腹泻和营养不良等症状。严重感染的儿童可有消瘦、贫血、水肿、发育障碍等症状出现。

4. 实验诊断　在患者粪便中检获虫卵是确诊姜片虫病的依据。姜片虫产卵量大，虫卵体积大，易于检出，因此采用粪便直接涂片法有较高检出率。轻度感染者可用粪便水洗沉淀法等虫卵浓缩法检查。

5. 流行与防治原则

(1) 分布：姜片虫病主要分布于亚洲。我国除东北三省、内蒙古、新疆、西藏、青海、宁夏等省（自治区）外，其他各省（自治区、直辖市）均有不同程度流行，其流行区多呈小面积点状分布。

(2) 流行因素：姜片虫病的传染源是本病的患者、带虫者和被感染的保虫宿主猪。我国各地乡村特别是南方地区农民常用水生植物等青饲料喂猪，因此生猪的姜片虫感染率较高，是姜片虫病的重要传染源。姜片虫卵、中间宿主扁卷螺和传播媒介水生植物三者同水体是造成本病和感染流行的重要因素。扁卷螺适应性强，分布广泛，在稻田、沟渠、池塘和缓流的小河边都可孳生。绝大多数水生植物都可成为姜片虫的传播媒介，包括菱角、荸荠、茭白、藕及多种水草等。若人、猪粪便入水，就可能引起姜片虫病流行。人群有生吃水生植物的习惯则是姜片虫病流行的关键因素。

(3) 防治原则：不生食水生植物、不喝生水是预防本病的最有效措施。不用生的水生植物喂猪；加强粪便管理，防止人、猪粪便污染水体对于预防本病流行有重要作用。对人和猪的姜片虫病进行普查普治是控制本病流行的重要措施。

吡喹酮是治疗本病的首选药物。中药槟榔对姜片虫病有良好的治疗作用。

第三节　卫氏并殖吸虫

卫氏并殖吸虫（*Paragonimus westermani* Kerbert, 1878）是人们认识较早的一种并殖吸虫，虫体生殖器官左右并列，其成虫主要寄生于人和哺乳动物的肺脏，引起肺脏的特殊病变，故俗称其为肺吸虫。

1. 形态

(1) 成虫：椭圆形，大小一般为 (7.5～12) mm×(4～6) mm×(2～4) mm。虫体肥厚，背凸腹平，似半粒花生米状。活体呈红褐色，半透明，全身布有体棘。固定标本呈灰白色，椭圆形。口吸盘位于虫体前端，腹吸盘位于体中横线之前，两吸盘大小相近。雌雄同体，卵巢分5～6叶，形如指状，与子宫并列于腹吸盘之后。睾丸两个、分支，左右并列于虫体后端1/3处（图3-6-5）。

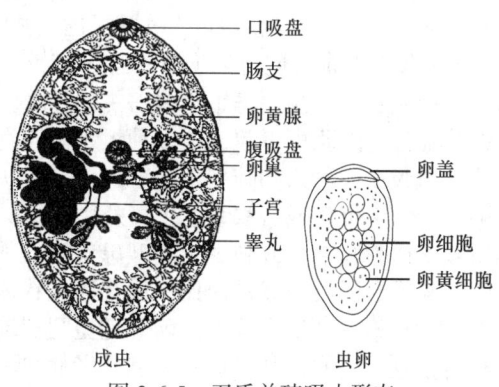

图3-6-5　卫氏并殖吸虫形态

(2) 虫卵：大小为 (80～118) μm×(48～60) μm，呈金黄色，不规则椭圆形，最宽处多近卵盖侧。卵盖大，常略倾斜，也可见缺卵盖者。卵壳厚薄不均。卵内含有1个卵细胞，常位于虫卵正中央。卵细胞周围有卵黄细胞充填（图3-6-5、彩图43）。

2. 生活史　肺吸虫的终宿主有人及肉食哺乳动物如犬、猫等。成虫主要寄生于终宿主的肺脏，虫卵随痰液经气管排出或随痰吞入后与粪便一起排出。虫卵进入水中后，在适宜条件下约经3周发育为毛蚴并孵出。毛蚴在水中遇到第一中间宿主川卷螺，侵入其体内发育和无性增殖，经过胞蚴、母雷蚴、子雷蚴等阶段，形成尾蚴并分批逸出螺体。尾蚴在水中若遇到第二中间宿主石蟹（或溪蟹）、蝲蛄，则侵入其体内，在肌肉、内脏或腮上形成囊蚴。囊蚴是肺吸虫感染终宿主阶段，呈球形或近球形，直径为300～400μm。人或其他终宿主因食入含有活囊蚴的蟹或蝲蛄而感染。在小肠，囊内幼虫受消化液作用，脱囊而出成为童虫。童虫借助前端腺分泌液及肌肉伸缩活动，穿过肠壁进入腹腔，徘徊于各器官之间。1～3周后，童虫穿过膈肌经胸腔进入肺，在肺内发育为成虫。虫体可在肺组织中形成虫囊，囊中一般含有两条虫体。童虫在移行过程中也可侵入其他器官，如腹腔、皮下和脑。自囊蚴进入终宿主到在肺内成熟产卵，一般约需2个月。成虫寿命为5～6年（图3-6-6）。

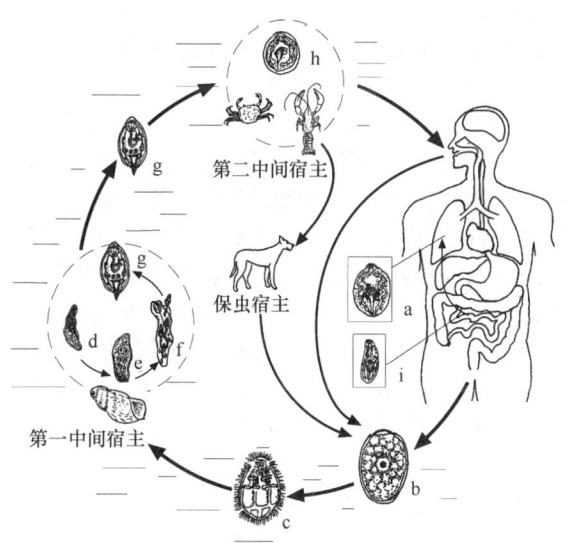

图3-6-6　卫氏并殖吸虫生活史

a. 成虫；b. 虫卵；c. 毛蚴；d. 胞蚴；e. 母雷蚴
f. 子雷蚴；g. 尾蚴；h. 囊蚴；i. 童虫

3. 致病　主要是由卫氏并殖吸虫的成虫或童虫在人体组织与器官内移行、寄居造成的机械性损伤及其代谢物等引起的免疫病理反应所致。病变特点为在器官或组织内形成互相沟通的多房性小囊肿。

病变过程可分为幼虫移行期、脓肿期、囊肿期和纤维瘢痕期四期。幼虫移行期由童虫移行引起。童虫穿过肠壁，在腹腔、腹壁反复游窜，造成肠道和肝的损伤，如出血、坏死等损害。患者可在吃进囊蚴后数天到1个月左右出现症状。轻者仅表现为食欲缺乏、乏力、消瘦、低热等非特异性症状。重者可发生全身超敏反应，出现明显毒性症状如高热、腹痛、腹泻，白细胞数增多，其中嗜酸性粒细胞增多明显，一般为20%～40%，高者可达80%以上。脓肿期因虫体移行寄居引起组织破坏，继发感染，在肺脏等受累组织器官中有脓肿形成。囊肿期则是在脓液吸收后脓肿转为囊肿所致，囊内有时可见虫体，囊腔可互相沟通，形成多房性小囊肿，其内充满红褐色果酱样液体；显微镜下可见囊液中有坏死组织、夏科 - 莱登（Charcot-Leyden）结晶和大量虫卵。其后虫体死亡或转移至其他处，囊肿内容物通过支气管排出或被吸收，囊腔由肉芽组织填充并纤维化，即为纤维瘢痕期。以上三期病变常可同时见于同一器官内。

肺吸虫成虫主要寄生于终宿主的肺脏。成虫和童虫有时也可寄生于皮下、肝、脑、脊髓、眼眶等部位，因此可引起人体多种组织和器官的损害。临床上根据主要损伤部位又将肺吸虫等所致的并殖吸虫病分为胸肺型、腹型、皮下包块型、脑脊髓型、亚临床型等。胸肺型患者可有咳嗽、胸痛、痰中带血或咯铁锈色痰（痰中常可见大量虫卵）等症状，X线检查显示肺部有明显改变，易被误诊为肺结核或肺炎。腹型患者可出现腹痛、腹泻、大便带血或肝功紊乱、肝大、氨基转移酶升高、白蛋白与球蛋白比例倒置等症状体征。皮下包块型患者则可见其皮下有游走性包块或结节，大小不一，触之可动。脑脊髓型则表现为头晕、头痛、癫痫、偏瘫、视物障碍等中枢神经系统占位性病变的症状。亚临床型患者症状不明显，但多种免疫反应阳性。这类患者可能是轻度感染者，也可能是感染的早期或虫体已被消除的康复期。临床上常有多型并存于同一患者的情况。

4. 实验诊断

（1）病原学检查：从患者痰或粪便中检获虫卵是确诊肺吸虫病的依据，常用的方法有直接涂片法或沉淀集卵法。在手术摘除的患者皮下包块或结节等组织中检获童虫也可确诊。

（2）免疫学诊断：常用的方法有皮内试验、酶联免疫吸附试验和斑点金免疫渗滤试验等，可用于辅助诊断和流行病学调查。

5. 流行与防治原则

（1）分布：卫氏并殖吸虫分布广泛，在亚洲、非洲和南美洲的30多个国家和地区有卫氏并殖吸虫病的报道。在我国的23个省（自治区、直辖市）有卫氏并殖吸虫的存在，以四川、浙江、台湾和东北各省为甚。本病主要流行于山区，疫区多呈点状分布，患者不多。

（2）流行因素：本病的传染源是卫氏并殖吸虫病的患者、带虫者和被感染的家畜（如犬、猫）和一些野生食肉动物（如虎、豹、狼、狐狸、豹猫、大灵猫、貉）。卫氏并殖吸虫卵、第一中间宿主川卷螺和第二中间宿主淡水蟹类及蝲蛄同水体是引起本病及感染流行的重要因素。这些中间宿主常共同栖息于山区和丘陵的溪流中，含有虫卵的人畜粪便污染水体，就可能引起本病流行。生吃或半生吃淡水蟹或蝲蛄是本病流行的关键因素。在我国东北地区，有居民喜生食蝲蛄酱或蝲蛄豆腐，其制作方法不能将囊蚴杀死，食后可能发生感染。其他疫区则有活剥生食或腌、醉、烤等食蟹方式，亦有可能造成感染。囊蚴脱落水中污染水源也有可能导致人感染。近年来有报道称，食入含有活的肺吸虫幼虫的野猪、猪、兔、鼠、鸟、鸡、蛙、蛇等转续宿主的肉亦可引起人体感染。

（3）防治原则：大力做好卫生宣传教育工作，提高群众对本病传播途径和危害的认识，不吃生的或半生的淡水蟹和蝲蛄，不饮用生水，是预防本病的最有效措施。治疗本病首选的药物是吡喹酮。硫氯酚主要作用于虫体生殖器官，也可选用。卫氏并殖吸虫童虫所致皮下包块或压迫脑脊髓的虫体结节可行手术切除。

附：斯氏狸殖吸虫

斯氏狸殖吸虫（*Pagumogonimus skrjabini* Chen，1959）是中国独有虫种，1959年由陈心陶首次报道。其主要寄生于猫科动物如果子狸、猫、犬等体内，人是其非正常宿主。

1. **形态** 成虫虫体大小一般为（3.5～6.0）mm×（11.0～18.5）mm，窄长、前宽后窄，两端较尖，最宽处在腹吸盘稍下部位。腹吸盘略大于口吸盘，位于体前约1/3处。卵巢位于腹吸盘的后侧方，分支细而多。睾丸两个，左右并列于虫体后1/3处，可分多叶。

虫卵呈椭圆形，其大小各地区差异较大，平均为71μm×48μm。大多数形状不对称，壳厚薄不均匀。卵内含有1个卵细胞和10余个卵黄细胞。

2. **生活史** 生活史与卫氏并殖吸虫相似。终宿主为果子狸、猫、犬、豹猫等，多种动物如蛙、鸟、鸭、鼠等可作为本虫的转续宿主。人是本虫的非正常宿主，从人体检获的虫体多为童虫，少见发育成熟并产卵者。

本虫的第一中间宿主多为栖息于流速较缓的山溪中的小型和微型螺类，主要有泥泞拟钉螺、建瓯拟小豆螺和中国小豆螺等。第二中间宿主为多种淡水蟹，常见的有锯齿华溪蟹、雅安华溪蟹和河南华溪蟹等。

3. **致病** 本虫是人兽共患以兽为主的致病虫种。人是本虫的非正常宿主，感染人体的虫体大多停留在童虫阶段。这些童虫四处游窜，引起组织机械性损伤和免疫病理反应，从而导致人体局部或全身性病变，即幼虫移行症，主要表现为多发性、游走性皮下包块或结节。这些包块或结节多位于胸背部、腹部、头颈部、四肢等处皮下，边界不清，无明显红肿，摘除切开包块可见隧道样虫穴，有时能查见童虫，镜检可见嗜酸性粒细胞肉芽肿、坏死渗出物及夏科-莱登结晶等。有时也可侵犯肝脏和胸肺，出现肝痛、肝大、氨基转移酶升高和胸闷、胸痛、咳嗽、咳痰等相应症状和体征。其引起的全身和局部过敏反应较强烈，血中嗜酸性粒细胞升高明显，局部组织炎症反应中亦以嗜酸性粒细胞为主，而中性粒细胞较少。

4. **实验诊断** 皮下包块活体组织检查是诊断本病的主要方法，查见虫体即可确诊。免疫学方法可用于本病的辅助诊断和流行病学调查。

5. **流行与防治原则** 本虫在我国的甘肃、山西、陕西、河南、四川、云南、贵州、湖北、湖南、浙江、江西、福建、广西、广东等14个省（自治区）已有报道。其流行因素及防治原则与卫氏并殖吸虫病相似。

第四节　日本裂体吸虫

裂体吸虫（*Schistosoma*）的成虫寄生于多种哺乳动物和鸟类的静脉血管中，故又称为血吸虫（blood fluke）。寄生于人体的血吸虫有六种，即日本血吸虫（*Schistosoma japonicum* Katsurada，1904）、曼氏血吸虫（*S.mansoni* Sambon，1907）、埃及血吸虫（*S.haematobium* Bilharz，1852）、间插血吸虫（*S.intercalatum* Fisher，1934）、湄公血吸虫（*S.mekongi* Voge et al，1978）和马来血吸虫（*S.malayensis* Greer et al，1988），分布于亚洲、非洲及拉丁美洲，我国仅有日本血吸虫一种，即通常所说的血吸虫。

血吸虫病曾对我国人民健康造成长期严重的危害。我国学者曾在湖南长沙马王堆的西汉女尸和湖北江陵的西汉男尸体内检获血吸虫卵，证明血吸虫病在我国的存在至少已有2100多年的历史。目前该病仍是我国重点防治的寄生虫病。

1. **形态**

（1）成虫：血吸虫为雌雄异体，但多呈合抱状态。虫体呈圆柱形，状似线虫。

雄虫一般呈乳白色，较短粗，大小为（10～20）mm×（0.5～0.55）mm，常向腹面弯曲呈镰刀状。前端有发达的口吸盘和腹吸盘。腹吸盘以下，虫体扁平，两侧向外延展，并向腹面卷曲，形成抱雌沟，雌虫常居留于抱雌沟内。通过合抱，雄虫的性信息素从体壁传递给雌虫，促进其生长。消化道开口于口吸盘；食道较短，周围有食道腺；在腹吸盘后消化道分成左右两肠支，沿虫体两侧向后延伸，至后端1/3处汇合，形成一盲管。生殖系统由睾丸、输出管、输精管、贮精囊和生殖孔组成。睾丸一般为七个，前后单行排列于腹吸盘后的虫体背侧。每个睾丸伸出一支输出管，向前汇入睾丸腹侧的输精管，然后通入位于睾丸前的储精囊。生殖孔开口于腹吸盘后方。

雌虫呈圆柱形，细长，大小为(12～28) mm×(0.1～0.3) mm，前段较细，后段略粗。腹吸盘稍大于口吸盘，均较雄虫的吸盘小。因肠管内充满宿主红细胞被消化后残留的色素，故虫体后部常呈黑褐色。消化道构成与雄虫类似。生殖系统由卵巢、输卵管、卵黄腺、卵黄管、卵模、梅氏腺、子宫等组成。卵巢一个，位于虫体中部，呈椭圆形。输卵管发自卵巢后端，绕过卵巢向前。卵黄腺充填于虫体后部，卵黄管向前延长，与输卵管在卵巢前方汇合，形成卵模。卵模周围有梅氏腺围绕，并与子宫相连接。子宫呈管状，内含虫卵，开口于腹吸盘下方的生殖孔（图3-6-7）。

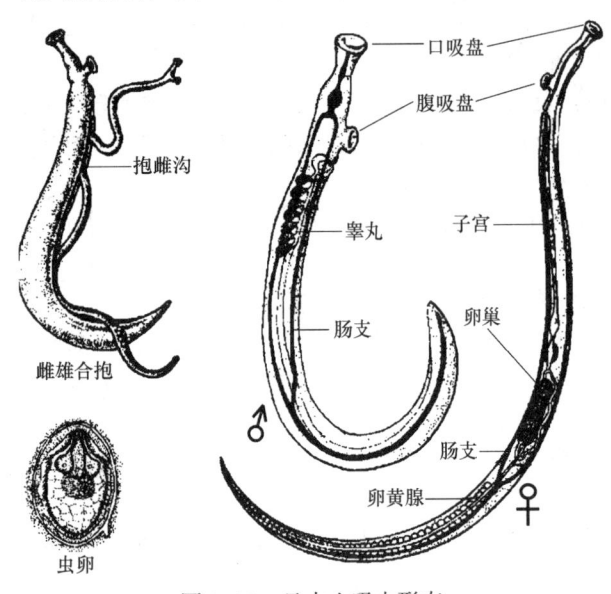

图3-6-7 日本血吸虫形态

（2）虫卵：成熟虫卵大小一般为(74～106) μm×(55～80) μm，呈淡黄色，椭圆形。卵壳薄而均匀，无卵盖。卵壳的一侧有一小棘，位于卵的中横线与顶端之间。卵的表面常附有宿主组织残留物。卵内含有一毛蚴，毛蚴与卵壳之间常见有大小不等的圆形或长圆形油滴状分泌物。电镜下可见卵壳表面有毛刷状微棘，卵壳内有微管，连通虫卵内外，毛蚴分泌的可溶性抗原经此微管释于卵外（图3-6-7、彩图44）。

（3）尾蚴：长为280～360μm，由体部及尾部组成。体部有口吸盘和腹吸盘，前端有头器，其内有一单细胞腺体，称为头腺；腹吸盘位于后1/3处，周围有5对左右对称排列的单细胞腺体，称为钻腺。尾部分尾干和尾叉。其全身体表被有小棘并具有许多单根纤毛的感觉器。

2．生活史　日本血吸虫生活史有成虫、虫卵、毛蚴、母胞蚴、子胞蚴、尾蚴、童虫等七个阶段，终宿主有人及牛、犬、猪等多种哺乳动物，中间宿主为钉螺。

成虫寄生于终宿主的门脉-肠系膜静脉系统，借吸盘吸附于血管壁。成虫直接吞食宿主的红细胞，每条雌虫摄取红细胞数为33万个/小时，而雄虫仅为3.9万个/小时；也可经由体壁选择性吸收营养物质。虫体逆静脉血流移行至肠黏膜下层的小静脉末梢内，雌雄成虫合抱，交配并产卵，每条雌虫每天产卵300～3000个。虫卵大部分沉积于结肠肠壁组织中，部分虫卵可随门静脉血流进入并沉积于肝脏；亦有少量虫卵沉积于小肠肠壁、肺、脑等处。约经11天，虫卵发育成熟，卵细胞发育成为毛蚴。毛蚴分泌可溶性虫卵抗原，这些抗原透过卵壳，引起血管壁和周围组织发炎坏死，形成脓肿。在肠道蠕动、腹内压增加等作用下，肠黏膜表面的脓肿可向肠腔溃破，虫卵即随溃破组织落入肠腔，随粪便排出于体外。成熟虫卵在组织中能存活10～11天，如未排出则会逐渐死亡、钙化。

虫卵入水后，可在水中孵出毛蚴。毛蚴孵出的适宜条件是水温25～30℃、水体渗透压低、pH 7.5～7.8和光照充足。孵出后，毛蚴多分布于水体表层，并借助其体表的纤毛在水中做直线运动，有向光性和向温性。毛蚴在水中能存活1～3天，孵出的时间越久，感染钉螺的能力越低。

日本血吸虫唯一的中间宿主是钉螺。钉螺等淡水螺类能释放镁离子、氨基酸、脂肪酸等化学物质，称为毛蚴松，吸引毛蚴向其头足部游动。毛蚴在水中遇到钉螺时经其头足部侵入螺体并逐渐发育，形成袋状的母胞蚴。母胞蚴体内的胚细胞可繁殖、分裂，形成许多子胞蚴。子胞蚴从母胞蚴体内逸出，移行至钉螺消化腺内，其体内胚细胞增殖、分裂，形成大量尾蚴。一个毛蚴钻入钉螺体内后，经无性繁殖，可产生上万条尾蚴。

尾蚴在钉螺体内分批成熟，成熟的尾蚴自钉螺体内逸出。尾蚴逸出的条件是必须有水，水温以 20～25℃为宜；水的pH在6.6～7.8范围内，且有一定光照。尾蚴逸出后多集中在水面下，寿命一般为1～3天。当尾蚴遇到终宿主时，即吸附于其皮肤表面，依靠体内腺体分泌的蛋白酶类溶解宿主皮肤组织及其体部肌肉伸缩运动和尾部摆动的协同作用而迅速穿过宿主皮肤，脱去尾部，钻入宿主体内。尾蚴侵入宿主皮肤后转为童虫。童虫在宿主皮下组织内短暂停留后即进入血管或淋巴管，随血流或淋巴液经右心到肺，再经左心入体循环，经肠系膜动脉、肠系膜毛细

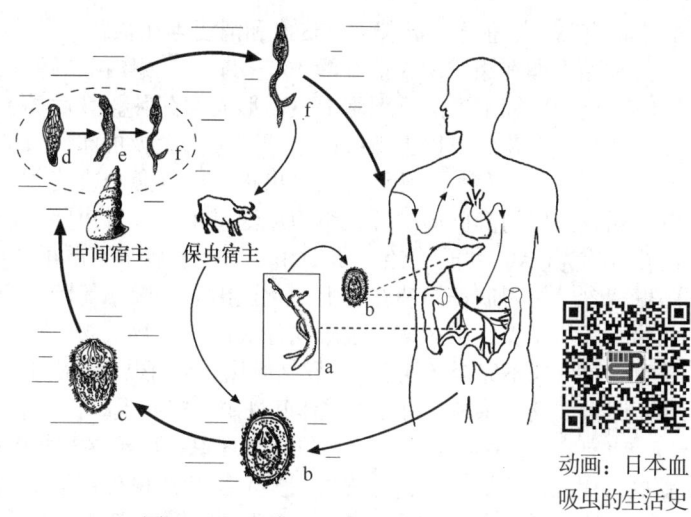

图 3-6-8　日本血吸虫生活史
a. 成虫；b. 虫卵；c. 毛蚴；d. 母胞蚴；e. 子胞蚴；f. 尾蚴

血管丛进入门静脉寄生、发育，雌雄成虫合抱，然后移行到肠系膜静脉定居、交配、产卵。从尾蚴侵入宿主至成虫开始产卵约需24天。日本血吸成虫在人体内寿命平均约为4.5年，最长可达40多年（图 3-6-8）。

3. **致病**　血吸虫的尾蚴、童虫、成虫和虫卵均可对宿主造成不同程度的损害，其中以虫卵为最。引起损害的机制主要是其寄生所致的免疫病理反应，故血吸虫病现被归入免疫性疾病范畴。

（1）尾蚴所致损害：尾蚴穿过皮肤可引起皮肤局部炎症，称为尾蚴性皮炎，常发生于重复感染者，多为Ⅰ型超敏反应，少数为Ⅳ型超敏反应。一般于尾蚴钻入皮肤后数小时至2～3天内出现症状和体征，表现为局部皮肤瘙痒和红色小丘疹，数天后可自然消退。

（2）童虫所致损害：童虫在宿主体内移行时，可引起所经过脏器的损害，以肺脏为甚。童虫到达肺脏后，部分可穿破肺毛细血管壁和肺泡壁，进入到肺组织中，引起点状出血及白细胞浸润，并可伴有血管炎，患者可出现发热、咳嗽、痰中带血、嗜酸性粒细胞增多，其机制可能与童虫所致的机械性损伤和免疫病理反应相关。

（3）成虫所致损害：成虫一般无明显致病作用，少数寄生所致机械性损伤可引起宿主轻微的静脉内膜炎。

（4）虫卵所致的损害：血吸虫病的病变主要由虫卵所致。虫卵沉积于宿主的肝及结肠肠壁等组织，所引起的肉芽肿和纤维化是血吸虫病的主要病变，主要为T细胞介导的Ⅳ型超敏反应。成熟虫卵中毛蚴所分泌的酶、蛋白质、多糖等物质，称为可溶性虫卵抗原（soluble egg antigen, SEA）。可溶性虫卵抗原透过卵壳微孔释放到周围的组织，经巨噬细胞吞噬、处理后传递给辅助性T细胞（Th），使其致敏。致敏的Th细胞再次受到相同抗原刺激后即产生各种淋巴因子，其中白细胞介素2（IL-2）促进T细胞各亚群的增生；γ干扰素（IFN-γ）增进巨噬细胞的吞噬功能；嗜酸性粒细胞刺激素（ESP）、成纤维细胞刺激因子（FSF）、巨噬细胞移动抑制因子（MIF）等则吸引巨噬细胞、嗜酸性粒细胞及成纤维细胞聚集于虫卵周围，形成肉芽肿，从而完成Ⅳ型超敏反应过程。

日本血吸虫卵常成簇沉积于组织中，因此虫卵肉芽肿的体积较大，其中含有大量嗜酸性粒细胞。肉芽肿中心易坏死、液化，形成脓肿。因脓液中含有大量嗜酸性颗粒，故称之为嗜酸性脓肿。在虫卵周围常可见到抗原抗体复合物反应，称为何博礼现象（Hoeppli phenomenon）。初次感染尾蚴1个月后，随着肉芽肿和嗜酸性脓肿的形成，患者可出现急性血吸虫病症状和体征，表现为发热、荨麻疹，血中嗜酸性粒细胞及免疫球蛋白升高，肝、脾及全身淋巴结肿大，肝区触痛，腹泻等。在流行区，90%的血吸虫病患者为慢性血吸虫病。患者多无明显症状，部分患者可出现间歇性腹泻、

粪中带有黏液及脓血、肝脾大、贫血和消瘦等症状。

成熟虫卵在组织中仅能存活 10～11 天，卵内毛蚴死亡后即不再产生 SEA，坏死组织被逐渐吸收，类上皮细胞、淋巴细胞增生，形成肉芽肿。其后类上皮细胞转变成为成纤维细胞，并产生胶原纤维，肉芽肿及周围组织逐渐纤维化。血吸虫卵所致的纤维组织增生主要见于肝和结肠。在肝内，因虫卵肉芽肿及纤维组织多出现于门静脉分支终端、窦前静脉，故对肝脏的结构和功能影响不明显。但门静脉周围纤维组织广泛增生，纤维束随门静脉从不同角度伸入肝内，引起宿主肝硬化，称为干线型肝纤维化。此时由于窦前静脉阻塞严重，导致门静脉高压，患者可出现肝脾大、腹壁、食管及胃底静脉曲张，上消化道出血和腹水等晚期血吸虫病症状和体征。晚期病患部分表现为结肠增殖型，临床多出现腹痛、腹泻、便秘或腹泻便秘交替出现等结肠病变的症状和体征，严重者可出现不完全肠梗阻，并发结肠癌。晚期患者多因上消化道出血、肝性脑病等合并症而死亡。儿童时期如反复感染，可致腺垂体和性腺功能减退，严重者可致侏儒症。

此外，严重感染者可发生异位寄生现象，其异位损害常发生于脑和肺等脏器，引起相应病变。童虫、成虫的代谢产物、分泌物、排泄物和虫体外皮层更新脱落的表膜及卵内毛蚴的分泌物等，在宿主体内可形成免疫复合物，引起Ⅲ型超敏反应，造成肾脏等脏器较严重的损害。

4．实验诊断

(1) 病原学诊断：从粪便或组织中检获虫卵或孵化出毛蚴是确诊血吸虫病的依据。常用检查方法如下：

1) 粪便直接涂片法：操作简便，但检出率低，适用于重度感染者和急性感染者。挑取脓血黏液便检查可提高检出率。

2) 沉淀孵化法：是诊断血吸虫病常用而有效的病原检查方法。

3) 定量透明法：是利用甘油使粪便涂片透明，以便查找虫卵的方法。利用该方法可测定人群感染程度并考核防治效果。

4) 直肠镜活体组织检查：用于反复粪检未查见虫卵的疑似患者。用该方法查见虫卵仅反映受检者曾感染过血吸虫，需鉴别虫卵死活才能确定其体内是否有活虫存在。此方法可能引起受检者直肠出血，应慎用。

(2) 免疫学诊断：是目前诊断血吸虫病的重要方法。常用的方法有以下几种：

1) 间接红细胞凝集试验：该方法敏感性和特异性均较高，操作简便，用血量少，判读结果快，有早期诊断价值，在疫区感染筛查和临床检验中应用较多。

2) 酶联免疫吸附试验：是操作简便，自动化程度高，费用低，有高度敏感性和特异性的检查方法，可反映受检者体内的抗体水平，现已成为临床诊断和血吸虫病流行区的现场查病工作的常用方法。其他如斑点酶联免疫吸附试验（Dot-ELISA）、亲和素 - 生物素 - 酶联免疫吸附试验（ABC-ELISA）和金黄色葡萄球菌 A 蛋白 - 酶联免疫吸附试验（SPA-ELISA）等，也已应用于临床检验。此外，新型抗原如利用抗 SEA 抗体亲合柱层析纯化的日本血吸虫卵主要血清学抗原（MSA）和日本血吸虫 31/32kDa 蛋白的制备也极大地提高了血吸虫病的诊断效能。

3) 间接荧光抗体试验（IFAT）：该方法标本保存时间长，利于复查，适于现场应用。

(3) 分子生物学诊断：通过检测血吸虫在寄生过程中排出于人体的血液、尿液和粪便等样本中的核酸片段可诊断血吸虫感染。检测方法有核酸分子杂交法、PCR 技术和基因芯片技术，其所需样本少，对样品纯度要求低，灵敏度高，特异性强，可用于血吸虫感染的早期诊断和疗效考核。

5．流行与防治原则

(1) 分布：日本血吸虫主要流行于中国、日本、菲律宾、印度尼西亚等亚洲东部国家。我国血吸虫病患者主要分布于长江流域及其以南的湖北、湖南、江西、安徽、江苏、云南、四川、浙江、广东、广西、上海、福建等 12 个省（自治区、直辖市）。2006 年我国政府颁布《血吸虫病防治条例》，到 2015 年底，全国所有流行县（市、区）均达到传播控制标准。

(2) 流行因素：日本血吸虫病是人兽共患寄生虫病，除人以外，多种哺乳动物可成为本病的传染源，常见的有家畜如牛、犬、猪和野生动物如褐家鼠、野兔、野猪等，其中患者和病牛是最重要的传染源。日本血吸虫的保虫宿主种类多、分布广，是本病流行难以控制的重要原因之一。

含有血吸虫卵的粪便污染水源、钉螺的存在以及人群接触疫水，是造成本病流行的重要因素。用未经无害化处理的人畜粪便施肥、喂鱼，清洗粪具，儿童随地大便，病畜放牧等生产生活方式皆可致虫卵污染水体。钉螺是日本血吸虫的唯一中间宿主，学名为湖北钉螺（*Oncomelania hupensis*），是小型两栖淡水螺。其长约10mm、宽为3～4mm，呈圆锥形，有6～8个螺层。平原地区的钉螺壳表面有纵肋，称为肋壳钉螺；山丘地区的钉螺表面光滑无纵肋，称为光壳钉螺。钉螺多孳生于水流缓慢、杂草丛生的洲滩、湖汊、河畔、水田、小溪、沟渠两岸，一般在土表活动，喜聚集在泥土裂缝、洞穴、草根四周。含有虫卵的人畜粪便污染水体，则钉螺可能受到感染，在其生存期间陆续释放尾蚴，使其所在水体对终宿主具有感染性。

自然因素（如地理环境、气温、雨量、水质、土壤、植被）和社会因素（如环境卫生、人群的文化素质、经济水平、生活方式和行为等）对血吸虫病的流行有直接影响。

（3）流行区类型：根据钉螺孳生环境的不同及流行病学特点，我国血吸虫病流行区可分为水网型、湖沼型和山丘型等三种类型。水网型主要分布在河渠纵横的长江三角洲平原地区，钉螺随河渠水网呈线状分布；湖沼型主要分布在湖北、湖南、安徽、江西、江苏等省长江及与长江相通的湖泊沿岸、水位有明显季节性涨落（冬陆夏水）的洲滩和湖滩地区，钉螺呈片状分布，是我国主要的血吸虫病流行区；山丘型有螺区域呈点状，散在分布于我国南部各省区山地和丘陵地带，面积小，分布范围广，环境复杂，防制难度大。人类对日本血吸虫普遍易感，疫区人群可因捕鱼钓鱼、放牧、抢收抢种、推舟、抗洪排涝、游泳及盥洗等生产、生活活动接触疫水而感染本病。

（4）防治原则：我国防治血吸虫病的方针是因地制宜、综合治理、科学防治。

1）控制传染源：普查普治、人畜同步治疗是控制血吸虫病流行的有效措施。吡喹酮具有高效、安全和使用方便的特点，是目前治疗血吸虫病的首选药物，常用的给药方法是40mg/kg，一次服用。如血吸虫对吡喹酮出现耐药性，可选用甲氟喹、蒿甲醚和青蒿琥酯等药物进行治疗。

2）切断传播途径：消灭钉螺是控制血吸虫病流行的重要措施。其原则是结合农田水利建设，改造生态环境，消除钉螺孳生的条件，可配合使用杀螺药如氯硝柳胺或凸型假单胞菌等杀螺微生物。大力开展卫生宣传教育活动，提高疫区人群对本病传播途径和危害的认识，改厕改水，加强粪便管理。防止未经无害化处理的人畜粪便污染水体，对控制本病流行有重要作用。

3）保护易感者：目前尚无可靠的保护性疫苗。流行区居民接触疫水时需加强个人防护，可采用穿长筒胶鞋、防护衣裤，涂擦邻苯二甲酸二丁酯油膏等措施。在不慎接触疫水后可服用蒿甲醚或青蒿琥酯，有一定防止感染或减轻感染程度的作用。

（王志刚）

1. 试述肝吸虫的生活史。
2. 试述华支睾吸虫感染的危害。
3. 试述姜片虫的生活史。
4. 试述肺吸虫的生活史。
5. 试述肺吸虫的感染及致病特点。
6. 试述血吸虫的生活史。
7. 血吸虫病的主要病变由虫卵在肝脏沉积所致，引起肉芽肿及纤维化，试述其免疫学机制。
8. 请从寄生虫病的防治原则角度阐述如何防治血吸虫感染？

第7章 绦 虫

绦虫（cestode）又称为带虫（tapeworm），属于扁形动物门（Phylum Platyhelminthes）的绦虫纲（Class Cestoda），其成虫背腹扁平、长如带状。绦虫生活史各期全部营寄生生活。寄生于人体的绦虫有30余种，分属于多节绦虫亚纲的圆叶目（Cyclophyllidea）和假叶目（Pseudophyllidea）。

1. 形态　成虫虫体背腹扁平，左右对称，呈带状，白色或乳白色。体长自数毫米到数米不等。虫体由许多节片（proglottid）组成，由前向后分为头节（scolex）、颈节（neck）和链体（strobilus）。虫体前端细小，为有固着器官的头节。圆叶目绦虫的头节近方形或圆球形，其固着器官常为四个吸盘；有些虫种头节顶部中央有隆起的顶突（rostellum），顶突上围绕着1~2圈角质的小钩。假叶目绦虫的头节呈梭形，其固着器官为两条吸槽。绦虫靠头节上的固着器官吸附于宿主肠壁。颈节为头节后的纤细部分，不分节，具有生发功能，可不断生出新节片。靠近颈节的节片较细小，其内的生殖器官尚未发育成熟，称为未成熟节片（immature proglottid，又称为幼节）；链体中部节片较大，含有成熟雌、雄生殖器官各一套，称为成熟节片（mature proglottid，又称为成节）；链体后部的节片最大，其内除充满虫卵的子宫外，其他生殖器官均已退化、消失，称为妊娠节片（gravid proglottid，又称为孕节）。末端的孕节可逐节或数节一起从链体上脱落，新的节片又不断从颈节长出来，如此可使虫体保持一定的长度和一定数目的节片。

绦虫成虫无口和消化道，依靠其体壁吸收营养。

虫卵：假叶目和圆叶目绦虫卵形态各异。假叶目绦虫的虫卵为椭圆形，有卵盖，内含一个卵细胞和若干个卵黄细胞；圆叶目绦虫的虫卵为圆球形，内含一幼虫，为六钩蚴（onchosphere）。

2. 生活史　绦虫发育的各个阶段均营寄生生活，成虫寄生于脊椎动物的消化道中。假叶目绦虫完成生活史需要水环境及两个中间宿主；圆叶目绦虫完成生活史只需要一个中间宿主，个别种类甚至无须中间宿主。

我国常见的可寄生于人体的绦虫有链状带绦虫、肥胖带绦虫、细粒棘球绦虫、多房棘球绦虫和曼氏迭宫绦虫等。

第一节　链状带绦虫

链状带绦虫（*Taenia solium* Linnaeus，1758）又称为猪肉绦虫、猪带绦虫或有钩绦虫。我国古代医籍中将链状带绦虫和肥胖带绦虫统称为"寸白虫"或"白虫"。猪带绦虫的成虫寄生于人体小肠，引起猪带绦虫病（Taenia Solium-taeniasis）；其幼虫（即囊尾蚴）除可寄生于猪体外，尚可寄生于人体组织，引起猪囊尾蚴病，俗称囊虫病（cysticercosis），其危害远较猪带绦虫病严重。

1. 形态

(1) 成虫：背腹扁平如带状，乳白色，略透明，长2~4m。前端较细，向后渐扁阔。头节近似球形，直径0.6~1mm，有4个大而深的杯状吸盘，顶部中央隆起为能伸缩的顶突，其上有25~50个小钩，相间排列成内外两圈。紧连于头节之后的是颈节，直径约为头节的一半，长5~10mm，不分节，内有生发细胞，可不断向后长出节片而形成链体。

链体由700~1000个节片构成，由前向后可分为幼节、成节和孕节。近颈节的幼节细小，短而宽，内部生殖器官尚未发育成熟。中部的成节近方形，每一节片内含发育成熟的雌、雄生殖器官各一套，其内有 150～200 个睾丸,呈滤泡状分布于节片背面两侧。卵巢位于节片后 1/3 的中央,由左右两大叶及一中央小叶组成。虫体末端的孕节为长方形,较大,除充满虫卵的子宫外,其他生殖器官均退化、萎缩。子宫由主干向两侧分支,每侧 7～13 支,各分支不整齐并可继续分支而呈树枝状,每一孕节内约含 4 万个虫卵。孕节内子宫的侧分支数是鉴别猪带绦虫与牛带绦虫的重要依据(图 3-7-1)。

(2) 虫卵:呈球形或近似球形,直径为 31～43μm。卵壳很薄,易破碎,粪检时常为已脱去卵壳的不完整虫卵。卵壳内为胚膜,较厚,棕黄色,有放射状条纹。胚膜内含球形的六钩蚴,可见 3 对小钩。不新鲜虫卵中的小钩,有时很难辨认(图 3-7-1、彩图 45、彩图 46)。

(3) 猪囊尾蚴(cysticercus cellulosae):俗称囊虫(bladder worm),呈卵圆形,黄豆大小,大小为(8～10)mm×5mm、白色半透明的囊状物,囊内充满透明的囊液。囊壁内侧有一小米粒大小的白点,为向内翻卷的头节,其形态结构与成虫头节相同(图 3-7-1)。

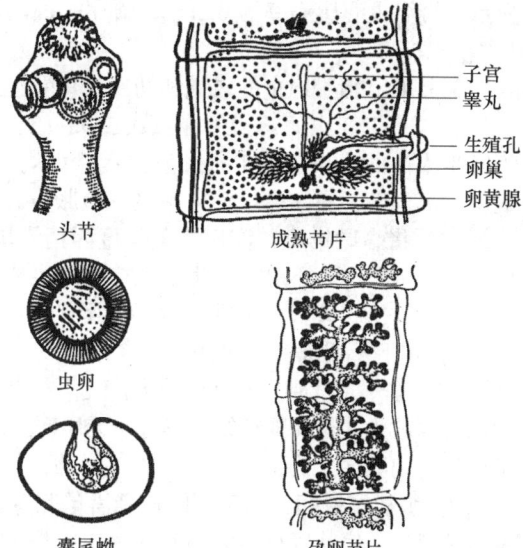

图 3-7-1 链状带绦虫形态

2. **生活史** 人既是猪带绦虫最主要的终宿主,又可作为其中间宿主。猪和野猪是主要的中间宿主。猪带绦虫成虫寄生于人的小肠上段,以头节上的吸盘和小钩附着于肠壁,靠体壁吸收营养。孕节常单节或 5～6 节相连从链体脱落,随粪便排出,脱落的孕节仍具有一定的活动能力。孕节排出时可因肛门的挤压而使虫卵散出。当虫卵或孕节被猪等中间宿主吞食后,在小肠内经消化液的作用,虫卵的胚膜破裂,六钩蚴逸出,然后借助小钩和分泌物的作用,钻入小肠壁随血液循环或淋巴系统到达猪的全身组织,经 60～70 天,发育为成熟的猪囊尾蚴。囊尾蚴在猪体内多寄生于运动较多的肌肉,以股内侧肌最多,其次为深腰肌、肩胛肌、膈肌、心肌、舌肌等,也可见于脑、眼等处(图 3-7-2)。囊尾蚴在猪体内可存活数年,被囊尾蚴寄生的猪肉俗称为"米猪肉"或"豆猪肉"。

人因食入含有活囊尾蚴的猪肉而患猪带绦虫病。囊尾蚴在小肠内受胆汁的刺激而翻出头节,吸附于肠壁,头节后的颈部逐渐长出链体,经 2～3 个月发育为成虫,即可有孕节或虫卵排出。成虫在人体的存活期可达 25 年以上。

虫卵若被人误食,可在人体内发育为囊尾蚴,但不能继续发育为成虫,引起猪囊尾蚴病。人体感染囊尾蚴的方式有三种:

(1) 自体内重复感染:患者肠道内成虫的孕节,可因恶心、呕吐等肠道的逆蠕动返入胃中,卵内六钩蚴孵出而致感染。

(2) 自体外重复感染:当脱落的孕节受到肛门的挤压而使虫卵散在肛周,患者误食后导致感染。

(3) 异体感染:又称为外来感染,即自身体内没有成虫寄生,而误食了他人排出的虫卵所致的感染。

猪带绦虫的成虫和猪囊尾蚴可单独、亦可同时寄生于人体。据 2001～2004 年底在全国进行的人体重要寄生虫病现状调查结果

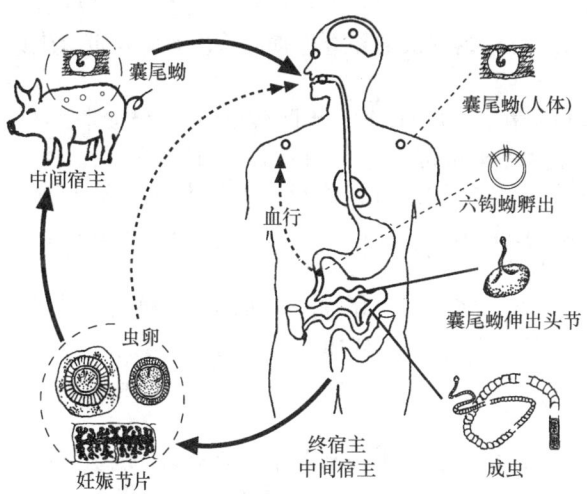

图 3-7-2 链状带绦虫生活史

显示：带绦虫病感染率为0.28%，囊尾蚴病的血清阳性率为0.58%，提示许多囊尾蚴病以异体感染为主。

3. 致病　猪带绦虫的成虫和幼虫分别引起猪带绦虫病及猪囊尾蚴病，后者对人的危害更为严重。

(1) 猪带绦虫病：猪带绦虫成虫头节上的顶突和小钩及体壁微毛都可对肠黏膜造成损伤。由于寄生人体的成虫多为1条，故猪带绦虫病的临床症状一般轻微，患者多因在粪便中发现节片而就诊。部分患者有腹痛、消化不良、腹胀、腹泻、消瘦等症状，偶可致肠穿孔或肠梗阻。

(2) 猪囊尾蚴病：疾病严重程度因猪囊尾蚴寄生的部位和数量不同而异。寄生人体的囊尾蚴可由1个至数千个不等，寄生部位广泛，主要好发于人体的皮下、肌肉、脑、眼，其次为心、舌、口、肝、肺、腹膜等。根据寄生部位可将囊尾蚴病分为以下临床类型：

1) 皮下及肌肉囊尾蚴病：囊尾蚴在皮下、黏膜下或肌肉内形成结节，以躯干和头部居多，四肢较少，常分批出现，可自行消失。皮下结节多为圆形或椭圆形，黄豆大小（直径0.5～1.5cm），硬度近似软骨，与周围组织无黏连、无压痛。寄生在肌肉者，感染轻时可无症状，囊尾蚴数量多时，可出现肌肉酸痛无力、发胀、麻木或呈假性肌肥大症等。

2) 脑囊尾蚴病：脑囊尾蚴病患者的临床表现极为复杂，严重程度不一。轻者可全无症状，重者可致猝死。症状轻重与囊尾蚴在脑内的寄生部位、数量以及机体对囊尾蚴的免疫反应不同有关。癫痫发作、颅内压增高和精神症状是本病的三大主要症状，其中以癫痫发作最为常见。脑囊尾蚴病患者可出现头痛、头晕、呕吐、神志不清、失语、局部抽搐、听力障碍、精神障碍、痴呆、偏瘫及失明等症状。国内临床上将脑囊尾蚴病分为六型，即癫痫型、脑实质型、蛛网膜下腔型、脑室型、混合型和亚临床型。不同型患者的临床表现和严重性不尽相同，治疗原则与预后也不一样。

3) 眼囊尾蚴病：囊尾蚴可寄生于眼的任何部位，但以眼球深部的玻璃体和视网膜下多见。通常累及单眼。症状轻者表现为视物障碍，重者可致失明。眼内囊尾蚴的寿命约1～2年，当眼内囊尾蚴存活时患者尚可忍受；一旦虫体死亡，其分解物可产生强烈的刺激，可导致视网膜脱离、玻璃体混浊、视神经萎缩等，或并发白内障、青光眼等，终致眼球萎缩而失明。

4. 实验诊断

(1) 病原学检查

1) 猪带绦虫病的诊断：询问患者有无生食"米猪肉"及大便排出节片的病史有助于诊断。确诊则有赖于查见孕节或虫卵等病原体。

A. 孕节检查：新鲜节片用生理盐水洗净，若节片已干硬，可用生理盐水浸软。然后置于两张载玻片之间，轻压后对光观察子宫分支情况及数目即可确诊，并可与牛带绦虫相鉴别。此项检查应注意防止污染。

B. 虫卵检查：可用粪便直接涂片法或集卵法查找虫卵，亦可在肛周用肛门拭子法或透明胶纸法查找。因查见虫卵的概率较低，应对可疑患者进行连续多次的检查以提高检出率。猪带绦虫卵和牛带绦虫卵在形态上难以区分。

C. 试验性驱虫：对可疑患者，必要时可用槟榔、南瓜子合剂，辅以硫酸镁导泻进行试验性驱虫，一般可驱除出完整虫体。此法不仅可明确肠道内有无带绦虫寄生，还可根据检获的头节确定虫种。

2) 囊尾蚴病的诊断：询问有无猪带绦虫病史有一定参考意义。诊断方法应根据寄生部位加以选择。皮下和肌肉型囊尾蚴病，可采用手术活检；眼囊尾蚴病经检眼镜检查多可见活动虫体；脑囊尾蚴病则可用CT、MRI等影像仪器检查并结合临床症状确定。

(2) 免疫学诊断：主要用于囊尾蚴病的辅助诊断，对于无明显临床表现的脑囊尾蚴病患者更具有参考意义。可用间接血凝试验（IHA）及酶联免疫吸附试验（ELISA）等方法检测患者血清和脑脊液中的抗囊尾蚴特异性抗体及囊尾蚴循环抗原。

5. 流行与防治原则

(1) 分布：猪带绦虫呈世界性散在分布，流行于欧洲、中南美洲及东南亚等国，以发展中国家为甚。本病在我国分布很广，散发病例几乎遍及全国。据2014～2016年在全国31个省（自治区、直辖市）进行人体重点寄生虫病现状调查结果显示，带绦虫平均感染率为0.06%，主要分布在西藏感染者以青壮年和男性为主，患者农村多于城市。

(2) 流行因素：本病的传播流行与以下因素有关。

1) 猪的饲养方法不当：以散养方式养猪，居民随地大便或厕所设施简陋，猪能自由出入；或人厕与畜圈相连（即连茅圈），使猪极易食入患者的粪便而致感染。

2) 不良的饮食及卫生习惯：少数地区居民有生食或半生食猪肉的习惯，是人体感染猪带绦虫的主要原因。其他地区虽无食生肉习俗，但可因肉块过大、烹炒时间过短，囊尾蚴未被杀死造成感染。此外，如切生、熟肉的刀及砧板不分也可造成绦虫感染。以新鲜粪便施肥后，蔬菜冲洗不干净或不能做到饭前便后洗手，也可直接食入虫卵而感染囊尾蚴病。

(3) 防治原则：防治猪带绦虫病应采用"驱、管、检、宣"的综合防治措施。

1) 治疗患者：猪带绦虫病患者常可因自体感染导致囊尾蚴病，故必须及早、彻底地驱虫治疗，这也是消除传染源的重要手段。

槟榔加南瓜子，辅以硫酸镁导泻，驱虫效果好且不良反应小。多数患者服药 5～6 小时内可排出完整虫体。若仅部分虫体排出，切勿用力拉扯，以免虫体前段和头节断留在肠道，可采用温水坐浴、使虫体慢慢排出；应留取服药后 24 小时粪便，仔细淘洗检查头节，若查见头节，为驱虫成功，未见头节者应在 3 个月后复查，如仍未发现节片或虫卵者为治愈。患者排出的粪便或虫体应进行消毒处理，以免虫卵扩散。

治疗囊尾蚴病，有药物和手术两种方法，可根据临床类型加以选择。吡喹酮和阿苯达唑均可使囊尾蚴变性、死亡，是治疗囊尾蚴病较为理想的药物。皮下和肌肉型囊尾蚴病可首选药物治疗。脑囊尾蚴病如用药物治疗，常因虫体变性、死亡而致患者出现颅内高压及过敏反应等症状，严重时可危及生命，因此应在医师密切观察下进行住院治疗。治疗眼囊尾蚴病宜通过手术摘除虫体。

2) 加强粪便管理：修建符合卫生要求的厕所、不随地大便，人粪需经无害化处理后方可使用。

3) 改进养猪方法：提倡圈养，人厕与猪圈分开。

4) 加强肉类检查：肉类必须经过严格的检查方可供应市场，严禁销售"米猪肉"。

5) 开展卫生宣教：大力宣传本病的危害性，不食生肉或半生肉，烹调务必将猪肉煮熟、烧透，切生、熟肉的刀和砧板要分开，以免误食猪囊尾蚴。注意个人卫生，饭前便后洗手，以防误食虫卵。

第二节 肥胖带绦虫

肥胖带绦虫（*Taenia Saginata* Goeze，1782）又称为牛带绦虫、牛肉绦虫或无钩绦虫。牛带绦虫与猪带绦虫同属于带科、带属，在形态和发育过程方面很相似。牛带绦虫成虫寄生于人的小肠内，引起牛带绦虫病。

1. **形态** 牛带绦虫与猪带绦虫的形态很相似（图 3-7-3），尤其是虫卵，在光学显微镜下难以区别，统称为带绦虫卵。两种带绦虫的主要区别见表 3-7-1。

表 3-7-1 人体两种带绦虫的形态区别

区别点	猪带绦虫	牛带绦虫
体长	2～4m	4～8m
节片	700～1000 节，较薄、略透明	1000～2000 节，较厚、不透明
头节	球形，具有顶突和 2 圈小钩，25～50 个	略呈方形，无顶突及小钩
成节	卵巢分为 3 叶，睾丸 150～200 个	卵巢分 2 叶，睾丸 300～400 个
孕节	子宫分支不整齐，每侧 7～13 支	子宫分支较整齐，每侧 15～30 支
囊尾蚴	头节有顶突和小钩	头节无顶突及小钩

2. **生活史** 人是牛带绦虫唯一的终宿主。牛带绦虫的成虫寄生在人的小肠上段，孕节多单节

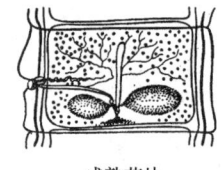
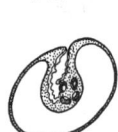

图 3-7-3　肥胖带绦虫形态

从链体脱落。脱落的孕节仍有较强的蠕动能力,可自行逸出肛门或随宿主粪便排出体外。每虫每天可排出孕节 6～12 节,每一孕节含虫卵 8 万～10 万个,虫卵可由于孕节蠕动从子宫前端挤压排出或孕节破裂后散出。当中间宿主牛吞食虫卵或孕节后,卵内的六钩蚴在小肠孵出,并钻入肠壁,随血液循环到周身各处,尤其是到运动较多的股、肩、心、舌和颈部等肌肉内,经 60～70 天发育为牛囊尾蚴。除牛外,羊、长颈鹿、骆驼、羚羊等也可感染牛囊尾蚴。牛囊尾蚴的寿命可达 3 年。

当人食入生的或未煮熟的含有囊尾蚴的牛肉后,囊尾蚴在小肠内受胆汁的刺激,头节翻出并吸附于肠壁上,长出节片,经 8～10 周发育为成虫。成虫寿命可达 20～30 年甚至更长。

3. 致病　牛带绦虫的成虫寄生于人体小肠引起牛带绦虫病。寄生的虫数多为 1 条,但在某些流行区,严重者可同时感染多条。患者一般无明显症状,可有腹部不适、恶心、消化不良、腹泻或体重减轻等症状。由于牛带绦虫孕节的活动力较强,常自动从肛门逸出,多数患者因发现排出节片并伴有肛门瘙痒而前来就诊。偶可引起阑尾炎、肠梗阻等并发症。

4. 实验诊断　由于牛带绦虫的孕节常自动逸出肛门,故询问有无排出节片的病史有助于诊断。

(1) 孕节检查:患者常携带排出的孕节就诊。根据子宫分支的数目及特征可将其与猪带绦虫区别。

(2) 虫卵检查:孕节逸出肛门时,常有虫卵散落于肛周皮肤,因此可通过肛门拭子法或透明胶带法检获虫卵。

(3) 头节检查:在试验性驱虫后,收集并淘洗粪便寻找有无头节,可明确疗效并判定虫种。

5. 流行与防治原则

(1) 分布:牛带绦虫呈世界性分布,尤其在喜食生或半生牛肉的地区和民族中流行广泛。在我国新疆、内蒙古、西藏、云南、宁夏、四川、广西、贵州以及台湾等地的少数民族居住区呈地方性流行。患者多为青壮年,男性稍多于女性。

(2) 流行因素:造成牛带绦虫病流行的主要因素是患者和带虫者的粪便污染牧草和水源以及居民食用牛肉的方法不当。

流行区的农牧民常在牧场及野外随地排便,粪便中的孕节或虫卵污染牧场、水源和地面。虫卵对外界环境的抵抗力较强,可存活 8 周或更久,因此牛很容易吃到虫卵或孕节而受感染。在广西、贵州的一些地区,人畜共居一楼,人粪便直接从楼上的厕所排入楼下的牛圈内,使牛感染。流行区少数民族有生食或半生食牛肉的习惯。例如,傣族人的"剁生",将生牛肉切碎后稍加佐料即食,很容易造成感染。在无吃生肉习惯的非流行地区居民,可因烹调时牛肉未煮熟或切生、熟肉的刀及砧板不分而引起感染。

(3) 防治原则:参考猪带绦虫章节。治疗药物同猪带绦虫。

第三节　细粒棘球绦虫

细粒棘球绦虫(*Echinococcus granulosus* Batsch,1786)又称为包生绦虫,属带科、棘球属。成虫寄生在犬、狼等犬科食肉动物的小肠内;幼虫(称为棘球蚴或包虫)寄生于人或牛、羊等食草动物的组织器官内,引起棘球蚴病(echinococcosis),亦称为包虫病(hydatid disease, hydatidosis)。棘球蚴病是一种严重危害人类健康和畜牧业生产的人兽共患寄生虫病。

1. 形态

(1) 成虫：体长 2～7mm，是最短小的绦虫之一。虫体由头节、颈节和链体组成。头节略呈梨形，具有 4 个吸盘和 1 个顶突。顶突上有相间排列的两圈小钩，共 28～48 个。链体仅具幼节、成节、孕节各一节，偶尔多一节。成节内有发育成熟的雌、雄生殖器官各一套。孕节最长。子宫呈囊状，有不规则的分支和侧囊（又称为侧突），内含虫卵 200～800 个（图 3-7-4）。

(2) 虫卵：与猪、牛带绦虫卵相似，在光镜下难以区别（图 3-7-4）。

(3) 幼虫：即棘球蚴（hydatid cyst），为球形囊状体，因寄生时间、部位和宿主的不同，直径从不足一厘米至数十厘米不等。棘球蚴为单房性囊，囊壁外有宿主的纤维组织包绕。囊壁分两层，外层为较厚的角皮层（laminated layer），厚约 1mm，乳白色、半透明，似粉皮状，较松脆，易破裂，无细胞结构而呈多层纹理状；内层为生发层（germinal layer），亦称为胚层，紧贴在角皮层内，较薄，厚约 20μm，其基质内有许多细胞核。生发层可向囊内长出许多原头蚴（protoscolex，亦称为原头节）、生发囊（brood capsule）和子囊（daughter cyst）。

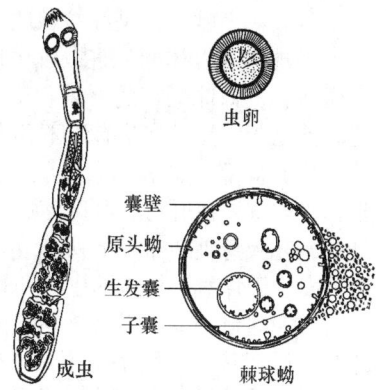

图 3-7-4 细粒棘球绦虫形态

1) 原头蚴：呈椭圆形或圆形，为向内翻卷收缩的头节，其顶突和吸盘内陷。原头蚴的基本结构与成虫头节相似，区别在于其体积小和缺少顶突腺。此外，还可见石灰小体等。

2) 生发囊：也称为育囊，是仅有一层生发层的小囊，由生发层的有核细胞发育而来，直径约 1mm。在生发囊内壁上可生成数量不等的原头蚴。原头蚴不仅可向生发囊内生长，也可向囊外生长为外生性原头蚴。外生性原头蚴由于不断扩张，危害性较内生性原头蚴更大。

3) 子囊：可由母囊（mother cyst）的生发层直接长出，也可由原头蚴或生发囊进一步发育而成。子囊结构与母囊相似，其囊壁具有角皮层和生发层，子囊内又可长出原头蚴、生发囊以及与子囊结构相似的孙囊（grand daughter cyst）。有的母囊无原头蚴、生发囊、子囊等，称为不育囊（infertile cyst）。

4) 囊液：囊内充满无色透明或微带黄色的囊液，亦称为棘球蚴液（hydatid fluid），内含多种蛋白、肌醇、磷脂酰胆碱、尿素及少量糖、无机盐和酶等，对人体有很强的抗原性。原头蚴、生发囊和子囊从胚层上脱落悬浮于囊液中，称为棘球蚴砂（hydatid sand）。棘球蚴的囊壁一旦破裂，棘球蚴砂即可在中间宿主体内形成许多新的棘球蚴（图 3-7-4）。

2. 生活史

细粒棘球绦虫的成虫寄生在犬、狼等食肉动物的小肠上段，孕节或虫卵随其粪便排出。孕节有较强的活动能力，可沿草地或植物蠕动，致使虫卵污染牧场、水源等。当食草动物牛、羊、骆驼等吞食了虫卵或孕节后，六钩蚴在其十二指肠内孵出并钻入肠壁，经血液循环至肝、肺等器官，经 3～5 个月发育成棘球蚴。含棘球蚴的家畜内脏或组织被犬、狼吞食后，其中的原头蚴可吸附于其肠壁上，经 8 周发育为成虫。棘球蚴内的每个原头蚴都可在终宿主体内发育为一条成虫，故犬、狼肠道内寄生的成虫可达数千至上万条。成虫的存活期为 5～6 个月。

人亦可作为细粒棘球绦虫的中间宿主。当人误食虫卵后，六钩蚴钻入肠壁随血液循环侵入组织，在其周围出现炎症反应并逐渐形成一个纤维性外囊，六钩蚴在囊内发育成棘球蚴。棘球蚴生长缓慢，一般感染后半年，其直径仅 0.5～1.0cm，此后每年增长 1～5cm，最大可长到数十厘米，因此本病潜伏期较长。棘球蚴可寄生于人体任何部位，最多见的是肝（多在右叶），其次是肺和腹腔。棘球蚴在肺和脾内生长较快，在骨组织内则生长极其缓慢。巨大的棘球蚴多见于腹腔，可挤压膈肌，甚至导致一侧肺叶萎缩。原发感染的棘球蚴多为单个，继发感染的常为多个，并可同时累及多个器官（图 3-7-5）。棘球蚴在人体内可存活 40 年甚至更久。

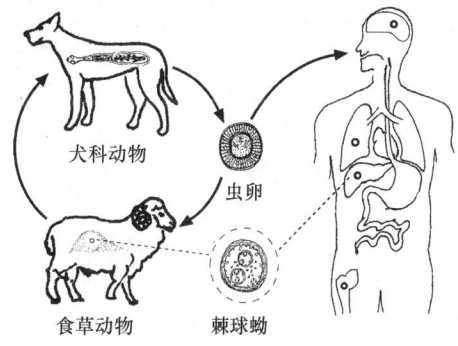

图 3-7-5 细粒棘球绦虫生活史

3. 致病　棘球蚴是细粒棘球绦虫的致病阶段,寄生于人体可致棘球蚴病。

棘球蚴对人体的危害以机械损害为主。由于其在体内生长缓慢,往往在感染后 5～20 年后才出现症状。棘球蚴病的严重程度主要取决于棘球蚴的体积、数量、寄生时间和部位。本病临床表现极其复杂,常见症状有以下几方面:

(1) 局部压迫和刺激症状:由于棘球蚴寄生挤压邻近的组织器官,受累部位有轻微疼痛和坠胀感。如寄生在肝可有肝区疼痛,压迫胆管时可出现阻塞性黄疸等;如寄生在肺可出现咳嗽、胸痛、咯血、呼吸急促等症状;如寄生在颅脑则引起头痛、呕吐甚至癫痫等中枢神经系统症状;骨棘球蚴常发生于骨盆、椎体的中心和长骨的干骺端,破坏骨质,易造成骨折或骨碎裂。

(2) 过敏及毒性症状:因棘球蚴囊液渗出或溢出,患者常出现荨麻疹、哮喘和血管神经性水肿等过敏症状。若因手术不慎或外伤致棘球蚴破裂,囊液大量溢出后如进入血液循环,可引起严重的过敏性休克甚至死亡。此外,患者还可出现发热、食欲减退、消瘦、贫血、儿童发育障碍和恶病质等毒性症状。

(3) 继发性感染及继发性棘球蚴病:一旦棘球蚴破裂,可造成继发性感染。如肝棘球蚴破裂可进入胆道,引起急性胆道炎症,出现胆绞痛、寒战、高热、黄疸等;如破入腹腔可致急性弥漫性腹膜炎。棘球蚴破裂后囊内大量原头蚴、子囊等进入腹腔、胸腔或其他组织可引起继发性棘球蚴病。

4. 实验诊断

(1) 详细询问病史,了解患者是否来自或去过流行区,是否有与犬、羊等动物接触史,对于诊断棘球蚴病有参考意义。

(2) 影像学诊断:疑似患者可采用 X 线、B 超、CT、MRI 及放射性核素扫描等影像学诊断方法,特别是 CT 和 MRI,有助于本病的诊断和虫体的定位,但需与其他疾病所导致的囊肿相鉴别。

(3) 免疫学诊断:是棘球蚴病重要的辅助诊断方法。人体棘球蚴病常用的免疫学诊断方法有酶联免疫吸附试验(ELISA)、胶体金法等检测包虫病特异性抗体。现有方法在敏感性和特异性上差异很大,结果受抗原性质和质量,检测方法,棘球蚴囊的大小、数量、部位和活力,个体免疫应答反应的差异等诸多因素的影响;10%～40%手术确诊患者无法检测到特异性抗体。免疫学诊断方法可辅助影像学确诊。

(4) 病原学诊断:为确诊依据,需手术摘除棘球蚴或从患者痰、胸腔积液、腹水或尿等标本中检获棘球蚴碎片或原头蚴。

5. 流行与防治原则

(1) 地理分布:棘球蚴病是一种人兽共患寄生虫病,主要分布于世界各地的牧区。我国西部和西北地区是棘球蚴病主要流行区。据估计,我国因棘球蚴病导致的人畜疾病负担约占全球的 40%,是全球棘球蚴病流行最为严重的国家之一。2012～2016 年开展了建国以来首次全国性棘球蚴病流行病学专项调查,结果发现:新疆、青海、西藏等 9 个省(自治区)、368 个县(市、区)属于棘球蚴病流行区,其中 115 个县(市、区)为细粒和多房棘球蚴病混合流行区,推算流行区人群棘球蚴病患病率为 0.28%、患病人数超过 16 万。

(2) 流行因素:细粒棘球绦虫的流行与畜牧业关系密切,其原因主要有以下三点。

1) 虫卵污染环境:犬是细粒棘球绦虫最主要的传染源。在牧区,牧民多养犬看护畜群,而犬到处排便,且孕节有较强的活动能力,致使粪便中的孕节及虫卵严重污染牧草、水源,并可散布于犬及家畜的皮毛上。虫卵对低温、干燥及化学药品均有较强的抵抗力,能耐受 −56℃ 的低温,在干燥环境下能存活 11～12 天,一般化学消毒剂不能杀死虫卵,使人、畜受感染的机会大大增加。

2) 人、畜与环境的密切接触:牧民在生活、生产中可因与犬、家畜的密切接触而感染,如抚摸犬体、剪羊毛、挤羊奶、加工牛羊等家畜的皮毛时,手指极易被皮毛上的孕节及虫卵污染;加之卫生习惯不良,饭前不洗手,通过食入被虫卵污染的食物或水而发生感染。家畜则可因食入被孕节及虫卵污染的牧草和水而感染。

3) 病畜内脏处理不当:牧民在宰杀病畜后,常将病畜的内脏喂犬或随地乱抛,致使犬、野犬、狼、豺等动物吞食后被感染，从而造成该虫在犬及多种家畜之间的传播流行愈趋严重。

(3) 防治原则：在流行区推行以控制传染源、开展健康教育、防制中间宿主、查治与管理患者、提供安全饮用水、开展基线调查和病情监测为主的综合防治措施。主要包括以下几方面：

1) 大力开展卫生宣教：全面普及棘球蚴病知识，提高全民的防病意识。养成良好的个人及饮食卫生习惯。

2) 加强卫生检疫：由动物卫生监督机构负责屠宰场家畜的屠宰检疫，监督做好病变脏器的无害化处理工作。采用集中焚烧、挖坑深埋等方法，切忌喂犬或乱扔。每年对家畜进行棘球蚴病疫苗接种。

3) 加强流行区犬的处理和管制：在棘球蚴病流行区，对家犬进行登记管理，并定期为家犬、牧犬驱虫。控制并减少无主犬数量，每月在无主犬聚集的场所或经常出没的区域投放驱虫药饵。

4) 治疗患者：棘球蚴病的治疗目前首选的方法仍为外科手术，术中应尽可能剥除或切除包虫外囊，减少并发症，降低复发率。手术应谨慎操作，并避免囊液外溢造成过敏性休克、继发性棘球蚴病或继发性腹腔感染。棘球蚴病的药物治疗是重要的辅助治疗方法，对于无法手术的患者是唯一治疗手段。最常用的药物为阿苯达唑和甲苯咪唑，其中阿苯达唑是首选抗棘球蚴病药物。

附：多房棘球绦虫、曼氏迭宫绦虫

一、多房棘球绦虫

多房棘球绦虫（*Echinococcus multilocularis* Leuckart,1863）的成虫主要寄生在狐狸、犬、狼等野生动物的肠腔内，幼虫（即多房棘球蚴或称泡球蚴）主要寄生于野生啮齿动物，也可寄生于人体，引起泡球蚴病（alveococcosis），亦称为多房性包虫病（multilocular hydatid disease）或泡型包虫病（alveolar hydatid disease）。

1. **形态** 多房棘球绦虫的形态与细粒棘球绦虫的基本相似，主要区别见表3-7-2。但两者的虫卵在光镜下难以区别。

表3-7-2 两种棘球绦虫形态区别

鉴别要点	细粒棘球绦虫	多房棘球绦虫
成虫体长	2～7mm	1.2～3.7mm
成虫节片数	4节，偶5节	4～5节
顶突小钩数	多，28～48个	少，13～34个
生殖孔位置	体侧中部偏后	体侧中部偏前
孕节内子宫	有侧囊	无侧囊
睾丸数	多，45～65个	少，26～36个
幼虫	称为棘球蚴，为单房性囊，内含生发囊、原头节、子囊、孙囊及清亮的囊液，囊壁外有宿主的纤维组织包绕	称为泡球蚴，为多房性囊，由无数大大小小的囊泡相连聚集而成。人体寄生的囊泡内含胶状物而无原头节，整个泡球蚴与宿主组织间无纤维组织包膜分隔

2. **生活史** 多房棘球绦虫的生活史与细粒棘球绦虫相似，但其终宿主主要为狐狸，其次是犬、狼、獾和猫等。中间宿主为野生啮齿动物如田鼠、黄鼠、麝鼠、仓鼠、大沙鼠，以及绵羊和人等。人是多房棘球绦虫的非适宜中间宿主。

当狐狸等终宿主吞食带有泡球蚴的鼠类或其他中间宿主动物内脏后，约经45天，泡球蚴内的原头节便可以在小肠内发育为成虫并排出孕节和虫卵。虫卵对外界环境的抵抗力极强，在冻土、冰雪中仍具有感染性。鼠类常因食入终宿主的粪便而受感染，在肝脏等组织内逐渐发育为泡球蚴。地甲虫可起转运虫卵的作用。由于地甲虫喜食狐粪，致使其体表或消化道携带虫卵，而麝鼠又因喜捕食地甲虫而感染。人的感染主要是由于误食虫卵而致。

3. **致病** 人泡球蚴病的危害较细粒棘球蚴病更严重,病死率高。其主要的致病机制包括直接侵蚀、机械压迫及毒性损害三个方面。由于泡球蚴生长缓慢,故感染后一般潜伏期较长。人体泡球蚴病几乎全部原发于肝。临床表现以右上腹缓慢增长的肿块或肝大最为常见。泡球蚴在肝实质内弥漫性芽生蔓延,直接破坏并取代肝组织,其中心部位常发生缺血性坏死、崩解液化而形成空腔或钙化;泡球蚴还可压迫周围肝组织使其萎缩、变性甚至坏死,并可产生毒素损害肝组织。泡球蚴周围伴有慢性炎症反应、组织纤维化和钙化。由于组织纤维化使泡球蚴变得致密和坚硬,极似肝癌,故泡球蚴病亦有"虫癌"之称,但其病程通常较长。肝泡球蚴病晚期患者常伴有肝衰竭、黄疸、腹水、肝硬化及恶病质等表现。泡球蚴不仅可在肝内直接浸润扩散,还可沿血流或淋巴在肝内甚至其他部位如肺和脑广泛播散,引起相应的呼吸道和神经系统症状如咯血、气胸、癫痫及偏瘫等。

4. **实验诊断** 本病的病原学诊断较困难,询问病史有重要意义,可了解患者是否来自或去过流行区,有无与狐狸、犬或其皮毛接触史等。如触诊发现肝脏肿块质地坚硬而又有结节感时更应高度警惕本病。

用于细粒棘球蚴病的各种诊断方法都适用于泡球蚴病的诊断。影像学检查如X线、B超、CT、MRI及放射性核素扫描等均有助于泡球蚴病的诊断和定位。由于泡球蚴周围无纤维组织被膜,虫体抗原很容易进入血液,故免疫诊断的效果较佳。鉴别诊断要特别注意与肝癌和棘球蚴病相区别。

5. **流行与防治原则**

(1)分布:本虫在地理分布上不像细粒棘球绦虫那样广泛,主要流行在北半球高纬度地区和冻土地带。我国主要流行于西北的宁夏、新疆、青海、甘肃及四川等地。自1958年首例病例报道以来,该病已成为我国西部严重危害农牧民健康的疾病之一。

(2)流行因素:多房棘球绦虫主要流行于狐狸、野犬和多种啮齿动物之间,而狐狸和野犬是人体感染的主要来源。患者多数为农牧民,常因捕猎、饲养狐狸、剥制狐皮或接触野犬而受感染,也可能通过饮用被虫卵污染的水而感染。狐狸和狗粪便中的虫卵抗寒能力很强,在严冬的冰雪中仍保持活力,故冬季牧场上的牧民以融化的冰雪作为饮用水也是受感染的方式之一。

(3)防治原则:多房棘球绦虫的防治与细粒棘球绦虫基本相同。但由于其终宿主多为野生动物,故防治难度大于细粒棘球绦虫。防治的主要措施有:

1)消灭野鼠等是根除传染源的主要措施。实施中要注意将病死的动物尸体焚烧或深埋,严禁喂犬或随意乱抛。野犬也应杀灭或控制,对家犬则应定期驱虫。

2)加强卫生宣传教育,使群众认识和了解泡球蚴病。讲究个人及饮食卫生,生产及生活中注意防止虫卵污染。虫卵耐寒而怕热,对污染的器物应加热消毒。

3)治疗:外科手术是根治泡球蚴病的首选方法。药物可作为重要的辅助疗法,尤其姑息性手术辅以药物治疗可预防复发。在流行区开展人群普查工作,以便尽早发现患者,及时根治。药物治疗可使用阿苯达唑或甲苯达唑。

二、曼氏迭宫绦虫

曼氏迭宫绦虫(*Spirometra mansoni* Joyeux & Houdemer,1928)成虫主要寄生于猫科动物,偶可寄生人体,引起曼氏迭宫绦虫病。其中绦期裂头蚴(sparganum mansoni)则可寄生于人体,引起曼氏裂头蚴病(sparganosis mansoni),危害远较成虫为大。

1. **形态**

(1)成虫:大小为(60~100)cm×(0.5~0.6)cm。头节细小,呈指状,其背、腹面各有一条纵行的吸槽。颈节细长,链体大约有1000个节片,除远端节片的长宽近似相等外,其他节片的宽度大于长度。成节和孕节的结构基本相似,均具有发育成熟的雌、雄生殖器官各一套。睾丸有320~540个,呈小泡状,散在节片近背面的两侧。卵巢分两叶,位于节片后部。子宫位于节片中部,螺旋状盘曲,基部宽而顶端窄小,呈发髻状或金字塔形。孕节子宫内充满虫卵。

(2) 虫卵：呈椭圆形，两端稍尖，浅灰褐色，卵壳较薄，大小为 (52～76) μm × (31～44) μm，一端有卵盖，内含一个卵细胞和若干个卵黄细胞。应注意与肺吸虫卵鉴别。

(3) 裂头蚴：大小为 300mm×0.7mm，呈乳白色，长带状。头端膨大，中央有一明显凹陷，与成虫头节相似。体不分节，但有不规则横皱褶。末端钝圆，活时伸缩能力很强。

2. 生活史　曼氏迭宫绦虫的生活史中需要 3～4 个宿主。终宿主主要是猫和犬，其次是虎、豹、狐狸等食肉动物。第一中间宿主是剑水蚤，第二中间宿主主要为蛙。蛇、鸟类和猪等多种脊椎动物可作为其转续宿主。人可作为曼氏迭宫绦虫的第二中间宿主、转续宿主或终宿主。

成虫寄生在终宿主的小肠内。虫卵自子宫孔产出，随宿主粪便排出体外。在适宜温度（25～28℃）的水中，经过 2～5 周发育，孵出钩球蚴。钩球蚴呈椭圆形或近圆形、周身被有纤毛。钩球蚴在水中做无定向螺旋式游动，若被第一中间宿主剑水蚤吞食后，则脱去纤毛，穿过肠壁进入血腔，经 3～11 天发育成原尾蚴。原尾蚴呈长椭圆形，前端凹陷，后端有圆形或椭圆形的小尾球。含原尾蚴的剑水蚤被第二中间宿主蝌蚪吞食后，失去小尾球，随着蝌蚪发育成蛙，原尾蚴也发育成为裂头蚴。裂头蚴具有很强的收缩和移动能力，常迁移到蛙的肌肉寄生，尤其是大腿或小腿的肌肉，也可寄生于皮下。当感染裂头蚴的蛙被蛇、鸟类或猪等非正常宿主吞食后，裂头蚴不能在其肠中发育为成虫，而是穿过肠壁，移居到腹腔、肌肉或皮下等处，这些动物即成为转续宿主。猫、犬等终宿主吞食了含有裂头蚴的第二中间宿主蛙或转续宿主后，裂头蚴在其肠内发育为成虫。一般感染后 3 周，终宿主粪便中出现虫卵。成虫在猫体内可存活 3.5 年。裂头蚴寿命较长，在人体可存活 12～35 年。

3. 致病　曼氏迭宫绦虫成虫较少寄生于人体，对人的致病力较弱，感染者一般无明显临床症状，可因虫体的机械性和化学性刺激引起腹部不适、隐痛、恶心、呕吐等消化道症状。裂头蚴寄生于人体，保持幼虫状态并在体内移行，侵犯多器官所引起的曼氏裂头蚴病，危害远较成虫大。裂头蚴病的危害程度因其移行和寄居部位不同而异，常见寄生于眼、皮下、口腔颌面部、脑和内脏，在寄生部位形成嗜酸性肉芽肿囊包，直径 1～6cm，有囊腔，腔内可蛊曲 1～10 条裂头蚴。少数裂头蚴甚至还可侵入肠道并发育为成虫。

常见的人体感染裂头蚴病的方式有以下三种：

（1）局部贴敷生蛙肉：为主要感染方式。在我国某些地区传说蛙有清凉解毒作用，民间常以生蛙肉敷贴伤口或脓肿，如眼、口颊、外阴等部位。蛙肉中的裂头蚴即可经伤口或正常皮肤、黏膜侵入人体。

（2）吞食生的或未煮熟的蛙、蛇等肉类：民间有吞食活蛙治疗疖疮和疼痛的习俗；或因食用未煮熟的肉类，其中的裂头蚴便可穿过肠壁进入腹腔，然后再移行到其他部位寄生；也可直接在肠道内发育为成虫（少见）。

（3）误食感染的剑水蚤：如水中含有感染原尾蚴的剑水蚤，饮用生水或湖塘游泳时误吞亦可使人感染；此外原尾蚴也可经皮肤或眼结膜直接侵入人体。

根据临床表现和寄生部位，裂头蚴病可分为以下五型：

1）皮下裂头蚴病：最为常见。常见于四肢皮下及躯干表浅部（如胸壁、腹壁、腰背部、外生殖器），表现为圆形、柱状或不规则条索状游走性皮下结节，直径为 0.5～5cm。局部可有瘙痒、虫爬感等。

2）眼裂头蚴病：多累及单侧眼睑或眼球，表现为眼睑红肿、结膜充血、畏光、流泪、奇痒及虫爬感等。在红肿的眼睑和充血的结膜下，可见游走性的肿块或条索状物。若裂头蚴侵入眼球内，可发生眼球凸出及运动障碍，严重者可引起角膜溃疡、穿孔、玻璃体混浊、白内障甚至失明。

3）口腔颌面部裂头蚴病：常在口腔黏膜或颊部皮下出现硬结或条索状物，大小为 0.5～3cm。患处红肿、发痒或有虫爬感，并多有"小白虫"（裂头蚴）逸出史。

4）脑裂头蚴病：临床表现酷似脑肿瘤，以癫痫发作症状最常见。常伴有阵发性头痛，严重时可出现昏迷、喷射状呕吐、视物模糊、抽搐、瘫痪等。

5）内脏裂头蚴病：罕见。临床表现因裂头蚴移行定居部位而定。其可经消化道侵入腹膜，进而侵犯腹腔内脏、肠系膜等组织，也可侵入肺经呼吸道咳出；还可侵入尿道和膀胱等处。

4. 实验诊断　粪检查到虫卵可确诊曼氏迭宫绦虫成虫的感染。对曼氏裂头蚴病则主要通过从局部病灶中检出裂头蚴而确诊，询问有无局部贴敷或生食蛙肉等病史有一定参考价值；利用裂头蚴抗原进行免疫学检测，同时结合 CT 等影像学技术及 PCR 扩增等分子生物学手段，可提高裂头蚴病的确诊率。

5. **流行与防治原则**　曼氏迭宫绦虫分布很广,但成虫感染人体并不多见,国外仅见于日本、俄罗斯等少数国家。在我国成虫感染的病例报道约20例。曼氏裂头蚴病多见于东亚和东南亚各国。我国报道的病例来自27个省(自治区、直辖市),感染最高的省份为广东。感染者年龄以10～30岁最为多见,男女比例为2∶1。

预防本病应加强卫生宣传教育;不敷贴蛙肉,不食生的或未煮熟的蛙、蛇、鸟等肉类,不饮生水。成虫感染可用阿苯达唑、吡喹酮等药治疗。裂头蚴主要通过手术摘除,术中注意务必将虫体尤其是头颈部取尽以求根治。

(顾　园)

1. 猪带绦虫和牛带绦虫对人体的危害有何不同？在诊断中应怎样鉴别？如何预防？
2. 人体是怎样感染棘球蚴的？它对人体有哪些危害？如何进行预防和治疗？
3. 人体感染裂头蚴的途径和方式是什么？

第三篇 医学节肢动物

第8章 概 论

医学节肢动物（medical arthropod）是通过骚扰、刺螫、吸血、寄生或传播病原体等方式危害人类健康的节肢动物。医学节肢动物学（medical arthropodology）是研究节肢动物的形态、分类、生活史、生态、地理分布、传病或致病及防制措施的一门科学。节肢动物约一百多万种，分布广泛，与医学有关的节肢动物多分布在昆虫纲中，且早期研究是从昆虫开始，所以医学节肢动物学通常又称为医学昆虫学（medical entomology）。

一、医学节肢动物的形态结构特征、发育和分类

1. 形态结构特征
(1) 虫体两侧对称，躯体及附肢均分节。
(2) 若干体节分别组成头部、胸部、腹部3个部分，或头胸部，或胸腹部。
(3) 体壁由几丁质及无机盐类的外骨骼组成。
(4) 循环系统开放式，体腔称为血腔，含无色或不同颜色的血淋巴。

2. 发育　节肢动物从卵发育至成虫，要经过外部形态、内部结构、生理功能和生活习性等一系列变化，这一过程称为变态（metamorphosis）。变态可分为完全变态和不完全变态两种类型。蜕皮（ecdysis, moult）是节肢动物生长发育的需要。

(1) 完全变态（complete metamorphosis）：生活史包括卵、幼虫、蛹、成虫四个时期，各期形态和生态习性完全不同，如蚊、蝇等。

节肢动物在发育过程中，幼体破卵而出的过程称为孵化；幼体发育需要数次蜕皮，每次蜕皮后进入新的龄期，如蚊的幼虫分四个龄期，自卵孵出为1龄幼虫，蜕皮1次后为2龄幼虫，蜕皮3次后为4龄幼虫；幼虫发育成蛹称为化蛹；成虫自蛹内脱出称为羽化。

(2) 不完全变态（incomplete metamorphosis）：生活史包括卵、若虫、成虫三个时期（如虱、臭虫等）或卵、幼虫、若虫、成虫四个时期（如蜱、螨等）。若虫的形态、生活习性与成虫相似，仅虫体较小，生殖器官未发育成熟。

3. 分类　医学节肢动物分属五个纲：蛛形纲、昆虫纲、甲壳纲、唇足纲、倍足纲，其中昆虫纲和蛛形纲与医学关系最为密切。

(1) 蛛形纲（Arachnida）：虫体分头胸部和腹部两部分或头胸腹愈合成躯体。虫体前端为颚体，无触角、复眼与翅，成虫4对足，幼虫3对足。传播或引起疾病的主要种类有蜱和螨。

(2) 昆虫纲（Insecta）：虫体分头、胸、腹三部分。头部有触角1对，胸部有足3对，如蚊、蝇、白蛉、蚤、虱、蟑螂等。

(3) 甲壳纲（Crustacea）：虫体分头胸部和腹部两部分，有触角2对，步足5对，多为水生，有些是蠕虫的中间宿主，如溪蟹、蝲蛄等。

(4) 唇足纲（Chilopoda）：虫体细长，背腹扁平，多节，由头及若干形状相似的体节组成。头部有触角1对，每一体节各有足1对。第一体节有毒爪1对，螯人时，排出毒素伤人，如蜈蚣。

(5) 倍足纲（Diplopoda）：虫体呈长管状，多节，由头及若干形状相似的体节组成。头部有触角1对，除第一体节外，每节有足2对，其分泌物常引起皮肤过敏，如马陆。

二、医学节肢动物对人体的危害

医学节肢动物对人体的危害可分为直接危害和间接危害两类。

1. **直接危害**

（1）骚扰、吸血：蚊、臭虫、蚤、蜱、恙螨等常袭击、叮咬人体或叮吸人血，影响人的正常工作或睡眠。

（2）刺螫、毒害：昆虫分泌毒物或刺螫人体后，其毒液注入人体，引起局部反应和全身反应。例如，黄蜂刺螫人体，注入毒液而致局部肿痛；松毛虫的毒毛和隐翅虫的毒液可引起人的皮炎等。

（3）超敏反应：有些节肢动物的分泌物、排泄物和虫体等，可引起人体的过敏反应。例如，尘螨引起的过敏性哮喘、过敏性鼻炎等；革螨、恙螨等引起的螨性皮炎。

（4）寄生：节肢动物能寄生于人或动物的体内或体表，如疥螨寄生在人体表皮内引起疥疮；蝇幼虫寄生于人体皮肤和腔道中引起蝇蛆病等。

2. **间接危害** 医学节肢动物携带病原体，在人与人及人与动物之间传播疾病称为间接危害。传播疾病的节肢动物称为传播媒介，节肢动物传播的疾病称为虫媒病。传播方式分为以下两种：

（1）机械性传播（mechanical transmission）：医学节肢动物对病原体仅起着携带、输送作用，病原体在节肢动物体内或体表不发育或繁殖，但具有感染力，如蝇传播痢疾、伤寒、霍乱等。

（2）生物性传播（biological transmission）：病原体在节肢动物体内生长、发育或繁殖，达到一定数量或发育为感染阶段后才能传播给人。根据病原体在节肢动物体内发育或增殖的不同，将病原体与传播媒介的关系分为四种方式。

1）发育式：病原体在节肢动物体内只发育不繁殖，如丝虫幼虫期在蚊体内的发育。

2）繁殖式：病原体在节肢动物体内数量增多，如登革病毒在蚊体内、鼠疫杆菌在蚤体内增殖。

3）发育繁殖式：病原体在节肢动物体内既发育，又增殖，如疟原虫在蚊体内的发育和增殖。

4）经卵传递式：病原体侵入节肢动物的卵巢，并经卵传递到下一代，使之也具有感染能力，如恙螨幼虫感染恙虫病立克次体，此方式能使疾病具有更大的传播性。

医学节肢动物对人类的主要危害是传播疾病。常见的医学节肢动物及其传播的疾病见表 3-8-1。

表 3-8-1 常见医学节肢动物及其传播的疾病

类别	主要形态特征	常见种类	所致或传播疾病	病原体	致病或传病方式
蛛形纲	（1）分头胸部和腹部或头胸腹愈合成一体（2）无触角、复眼与翅（3）足：成虫4对，幼虫3对	硬蜱	森林脑炎 新疆出血热	森林脑炎病毒 RNA病毒	吸血时注入
		软蜱	蜱媒回归热	波斯疏螺旋体、拉氏疏螺旋体	吸血时注入
		恙螨	恙虫病	恙虫病立克次体	吸组织液时注入
		疥螨	疥疮	疥螨	虫体寄生
		蠕形螨	蠕形螨病	蠕形螨	虫体寄生
		尘螨	过敏性哮喘、鼻炎、皮炎	尘螨	虫体代谢物及虫体碎屑为变应原

续表

类别	主要形态特征	常见种类	所致或传播疾病	病原体	致病或传病方式
昆虫纲	(1) 分头、胸、腹三部分 (2) 触角1对及翅1～2对或退化 (3) 成虫3对足	蚊	疟疾 丝虫病 流行性乙型脑炎 登革热	疟原虫 丝虫 乙型脑炎病毒 登革病毒	吸血时注入 吸血时丝状蚴钻入 吸血时注入 吸血时注入
		蝇	细菌性痢疾 伤寒 霍乱 脊髓灰质炎 蛔虫病 鞭虫病 阿米巴病	痢疾杆菌 伤寒杆菌 霍乱弧菌 脊髓灰质炎病毒 蛔虫卵 鞭虫卵 痢疾阿米巴包囊	体表携带病原体或其排泄物污染食物
		白蛉	黑热病	杜氏利什曼原虫	吸血时注入前鞭毛体
		蚤	鼠疫 鼠型斑疹伤寒	鼠疫杆菌 莫氏立克次体	吸血时注入 蚤粪污染伤口
		虱	流行性斑疹伤寒 回归热	普氏立克次体 回归热螺旋体	虱粪或碎虱体液污染伤口、黏膜 碎虱体液污染伤口、黏膜
		蜚蠊	蛲虫病 阿米巴病 细菌性痢疾 伤寒 霍乱 脊髓灰质炎	蛲虫卵 痢疾阿米巴包囊 痢疾杆菌 伤寒杆菌 霍乱弧菌 脊髓灰质炎病毒	体内外携带病原体污染食物

三、医学节肢动物的防制

医学节肢动物的防制是预防和控制虫媒病的主要手段。化学防制在医学节肢动物的防制和虫媒病的控制中取得重要作用，也是当前广泛应用的方法，但随着杀虫剂对环境的污染与抗药性节肢动物的增多，根据虫媒的种类及生活习性等特点，采取综合防制的方法，包括环境防制、物理防制、化学防制、生物防制、遗传防制和法规防制等，以限制医学节肢动物的种群数量，而达到控制或消灭虫媒病的目的。

（万红娇）

1. 医学节肢动物的主要形态特征、发育特点有哪些？
2. 简述医学节肢动物对人体的危害。
3. 如何理解医学节肢动物的综合防制原则，具体的防制方法有哪些？

第9章 蛛形纲

蛛形纲的形态特征是躯体分头胸部和腹部或头胸腹愈合为一体，无触角，无复眼，无翅，成虫4对足，幼虫3对足。本纲与医学有关的包括蝎亚纲（Scorpiones）、蜘蛛亚纲（Araneae）和蜱螨亚纲（Acari），蜱螨亚纲中的动物对人体危害严重。

形态：蜱螨类是小型节肢动物，多呈圆形、卵圆形或长形。体长为0.1～10mm，饱食后体型可增大数倍，虫体分为颚体和躯体两部分。

颚体（gnathosoma）：又称为假头（capitulum），于躯体前端或前部腹面，由口器和颚基组成。口器包括有感觉器官的1对须肢和取食功能的1对螯肢及其下方的口下板。须肢基节愈合成颚基。

躯体：呈袋状，表皮有的较柔软，有的为不同程度的骨化板。表皮有各种条纹、刚毛等。有的种类有眼，多于躯体背面。成虫腹面有4对足，通常分为6节（基节、转节、股节、膝节、胫节和跗节），跗节末端有爪和爪间突。气门有或无，于第4对足基节的前或后外侧。生殖孔于躯体前半部，肛门于躯体后半部。

生活史：蜱螨的生活史包括卵、幼虫、若虫和成虫等期。幼虫有3对足，若虫与成虫均有4对足。若虫与成虫的形态相似，但生殖器官未发育成熟。依虫种不同，生活史中可有1～3个或更多若虫期。

第一节 蜱

蜱（tick）属于蜱螨亚纲的寄螨目、蜱总科，是许多脊椎动物的体外寄生虫，也是一些人兽共患病的传播媒介或储存宿主。成虫背面有硬盾板者称为硬蜱（hard ticks）；无盾板者称为软蜱（soft ticks）。较重要的种类有全沟硬蜱、草原革蜱、亚东璃眼蜱和乳突钝缘蜱等。

一、硬 蜱

1. **形态** 虫体呈椭圆形，背腹扁平，背部稍隆起，体长为2～10mm，雌蜱饱血后体长可达30 mm，如赤豆或蓖麻子状；体色多呈褐色，表皮革质，有弹性。虫体分颚体和躯体。颚体为口器的复合体，由颚基、口下板、螯肢和须肢组成；躯体呈袋状，背部具1块盾板。成虫与若虫腹面有4对足，幼虫有3对足（图3-9-1），第一对足跗节背缘近端有具嗅觉功能的哈氏器。硬蜱与软蜱形态鉴别见表3-9-1。

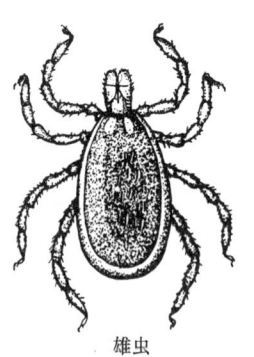
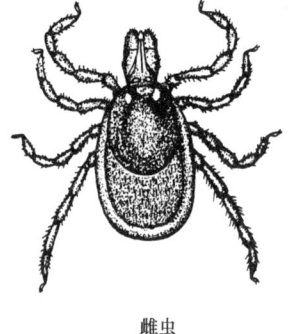

雄虫　　　　　雌虫

图3-9-1 硬蜱成虫形态

2. **生活史与习性** 硬蜱多分布在森林、草原、灌木丛、野生动物洞穴或家畜圈舍。生活史中有卵、幼虫、若虫和成虫四个时期。成虫吸血后交配落地，在草根、树根及畜舍等处的表层缝隙中产卵，雌蜱产卵后死亡，雄蜱一生可交配数次。硬蜱因种不同，可产卵数百到数千个，适宜条件下卵经2～4周孵出幼虫，幼虫吸宿主血后经1～4周蜕皮为若虫，若虫吸血后经1～4周蜕皮为成虫，硬蜱完成一代生活史需2个月至3年不等。

二、软 蜱

1. **形态** 虫体形态及结构基本与硬蜱相似，但颚体较小。躯体背面无盾板，雌雄虫外观无法鉴别。软蜱形态见图3-9-2，硬蜱与软蜱形态鉴别见表3-9-1。

2. **生活史与习性** 软蜱多栖息在兽穴、鸟巢及人畜住处的缝隙里。生活史中有卵、幼虫、若虫和成虫四个时期。成虫一生可多次吸血且多次交配产卵，卵发育到成虫需1个月至1年左右。软蜱夜间吸血，吸血时间短，耐饥饿力很强。适宜条件下卵经2～4周孵出幼虫。幼虫寻觅宿主吸血后经1～4周蜕皮为若虫，若虫吸血后经1～4周蜕皮为成虫。软蜱由于多次吸血和多次产卵，一般可存活5～6年或更久。

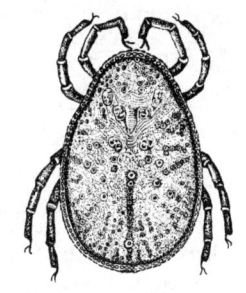

图3-9-2 软蜱成虫形态

表3-9-1 硬蜱与软蜱形态特征鉴别表

	硬蜱	软蜱
颚体	于躯体前端，背面可见	于躯体腹面前部，背面不可见
躯体背面	有盾板	无盾板，体表呈皱纹状、颗粒状、乳突状或有盘窝
雌、雄蜱区别	雄蜱体小盾板大，几乎覆盖整个虫体背面；雌蜱体大盾板小，仅遮盖背面前部	无明显区别

第二节 螨

一、恙 螨

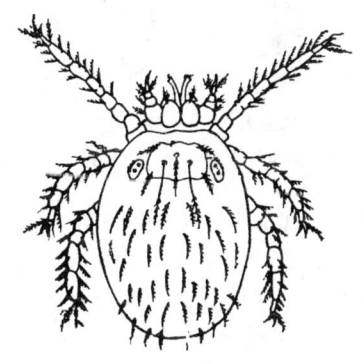

图3-9-3 恙螨幼虫形态

恙螨（chigger mite）又称为恙虫，属于真螨目恙螨科。成虫和若虫营自生生活，仅幼虫阶段寄生，幼虫寄生于人或动物体表，引起恙螨皮炎，传播恙虫病（沙虱热）。

1. **形态** 幼虫呈椭圆形，体长为0.2mm，饱食后可达0.5～1.0mm或以上，体色呈红色、橙色、淡黄色或乳白色。体表多细毛。虫体分颚体和躯体两部分（图3-9-3）。

2. **生活史与习性** 恙螨分卵、前幼虫、幼虫、若蛹、若虫、成蛹和成虫七个时期。雌虫产卵于泥缝中，卵呈球形，淡黄色，经2～8天包有薄膜的前幼虫破卵壳而出，经7～14天幼虫破膜而出，在地面草丛中活动，遇到人或动物即攀附寄生，以其分解的组织和淋巴液为食，经3～5天饱食后坠地，3～7天形成若蛹，10～16天若虫逸出，又经10～35天发育成蛹，再经7～15天蜕皮为成虫。恙螨完成一代生活史约需3个月，每年可繁殖1～2代。

恙螨多分布于海岛、平原、丘陵和山区的温暖潮湿地带。孳生地荫蔽、潮湿、多草、多鼠。宿主广泛，以鼠类为主，有些种类也侵袭人，常寄生在人的腰、腋窝、腹股沟及阴部等处。

二、疥 螨

疥螨（scab mite）寄生于人和哺乳动物的皮肤表皮角质层内，以角质组织和淋巴液为食，引起剧烈瘙痒的疥疮。寄生于人体的是人疥螨。

1. **形态** 成虫呈类圆形，乳白色，躯体背面隆起。雌螨大小为0.3～0.5mm，雄螨略小。虫卵呈椭圆形，淡黄色，壳薄，大小为180μm×80μm（图3-9-4）。

2. **生活史与习性** 人疥螨的生活史有卵、幼虫、两期若虫和成虫五期。雄虫与第二期雌若虫夜间在宿主皮肤表面交配后，雄虫不久死亡，而雌若虫在30分钟内钻入宿主皮内，蜕皮为雌虫，2～3天后在隧道产卵。雌螨一生可产卵40～50个，存活期为6～8周。完成生活史需10～14天。

疥螨多寄生于人体皮肤嫩薄部位，如指间、手背、腕屈侧、肘窝、腋窝、脐周、腹股沟、外生殖器、乳房下等处，婴幼儿可波及全身。人疥螨最适宜生存温度为 15～31℃，10℃以下呈休止状态，50℃时 1 分钟内死亡。人疥螨引起疥疮，多为直接接触传播，也可通过患者刚用过的衣物等间接接触传播。

三、蠕形螨

蠕形螨（demodicid mite）俗称毛囊虫，是永久性小型寄生螨，寄生在人体的有毛囊蠕形螨（*Demodex folliculorum*）和皮脂蠕形螨（*Demodex brevis*），可引起毛囊炎和皮脂腺炎等疾病。

1. **形态** 两种人体蠕形螨形态相似，虫体细长呈蠕虫状（图 3-9-5），乳白色，半透明，体长为 0.1～0.4mm，雌虫稍大于雄虫。虫体分颚体和躯体两部分，躯体又分为足体和末体。颚体有螯肢 1 对；足体有足 4 对，末体指状且具环形皮纹。毛囊蠕形螨体较长，卵呈蘑菇状；皮脂蠕形螨较粗短，卵呈椭圆形。

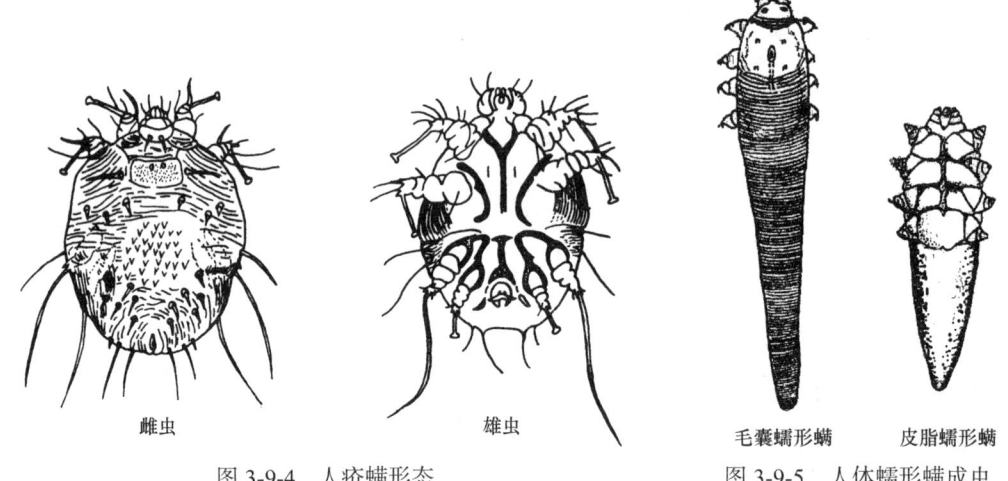

图 3-9-4 人疥螨形态　　　　图 3-9-5 人体蠕形螨成虫

2. **生活史与习性** 蠕形螨通常寄生在人体的皮脂腺发达处，以颜面部最多，两种蠕形螨生活史基本相似，包括卵、幼虫、前若虫、若虫和成虫五期。雌、雄螨于毛囊口交配后，雄虫死亡，雌虫进入毛囊或皮脂腺内产卵。蠕形螨主要取食毛囊上皮细胞、腺细胞内容物及皮脂腺分泌物。完成一代生活史约需半个月，雌虫存活期为 2 个月左右。经直接或间接接触而感染。

四、尘 螨

尘螨（dust mite）是广泛分布于人居室和工作环境中的小型螨类，也是一种很强的变应原，可引起人体的超敏反应性疾病。在已知的 40 种尘螨中，粉尘螨及屋尘螨等是主要的变应原。

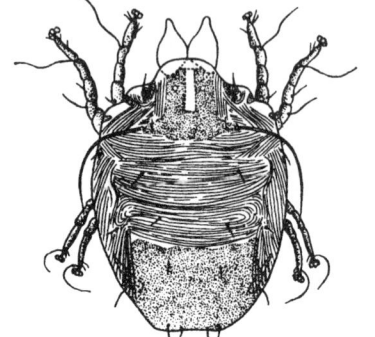

1. **形态** 尘螨成虫为长椭圆形，体长为 0.17～0.5mm。颚体位于躯体前端，螯肢钳状。躯体背面的前端有狭长的前盾板。雄虫体背后部还有 1 块后盾板及两侧的臀盾 1 对。躯体背面前端有 1 对长鬃，后端有 2 对长鬃。足 4 对，分前后两组，跗节末端有爪和钟形爪垫（图 3-9-6）。

2. **生活史与习性** 尘螨的生活史包括卵、幼虫、两期若虫和成虫五期。适宜的温湿度，卵发育至成虫需 20～30 天，雄螨存活期为 60～80 天，雌螨可长达 150 天。高于 35℃ 或低于 10℃ 尘螨不能存活。

图 3-9-6 尘螨

尘螨多数营自由生活，以面粉、粮食、人和动物的皮屑、花粉和真菌为食。屋尘螨主要孳生于卧室的枕芯、被褥、软垫、地毯和家具中。粉尘螨可在食品库、药材库、面粉厂、棉纺厂等处的地面大量孳生。

（朱金华）

1. 请从形态、生活史与习性等三个方面，比较硬蜱、软蜱两者的异同。
2. 人疥螨多寄生于人体哪些部位？疥疮的最典型症状是什么？

第10章 昆虫纲

昆虫纲的主要特征是成虫左右对称，分头、胸、腹三部分，头部有触角1对，胸部有足3对。

1. 形态

（1）头部：有触角1对，为感觉器官，司嗅觉和触觉；复眼1对，有的昆虫还有单眼若干；医学昆虫的口器主要有三种类型，即咀嚼式口器（biting mouthparts）、刺吸式口器（piercing and sucking mouthparts）和舐吸式口器（lapping mouthparts）。口器由上唇（labrum）、上颚（mandible）、舌（hypopharynx）、下颚（maxilla）及下唇（labium）组成。下颚与下唇又有分节的附肢，分别称为下颚须（触须）（maxillary palp）和下唇须（labial palp）。

（2）胸部：分前胸（prothorax）、中胸（mesothorax）和后胸（metathorax），各胸节的腹面均有足1对，足分节，由基部向端部依次称为基节、转节、股节、胫节和跗节。跗节又有1～5分节，跗节末端有爪（claw）。多数昆虫的中胸及后胸背侧各有翅1对，分别称为前翅和后翅。双翅目昆虫仅有前翅，后翅退化为平衡棒（halter）。

（3）腹部：多由11节组成。腹部最后数节演化为外生殖器。雄性外生殖器是鉴定虫种的主要依据。

2. 发育与变态　昆虫的个体发育经胚胎发育和胚后发育阶段，胚胎发育在卵内完成，胚后发育指从幼体发育到成虫阶段。幼虫发育到成虫要经过外部形态、内部结构、生理功能、生活习性及行为和本能上的一系列变化，这些变化过程称为变态（metamorphosis）。变态分为以下两种：

（1）完全变态（complete metamorphosis）：生活史包括卵、幼虫、蛹和成虫时期，各期形态和习性差别显著，如蚊、蝇、白蛉、蚤等。

（2）不完全变态（incomplete metamorphosis）：生活史包括卵、若虫和成虫时期，如虱、臭虫等。若虫的形态与习性似成虫，仅体小，生殖器官未发育成熟。

昆虫的幼虫破卵而出称为孵化（hatching）；幼体发育过程中需要数次蜕皮，每次蜕皮后则进入新的龄期；幼虫发育为蛹称为化蛹（pupation）；成虫自蛹内脱出称为羽化（emergence）。

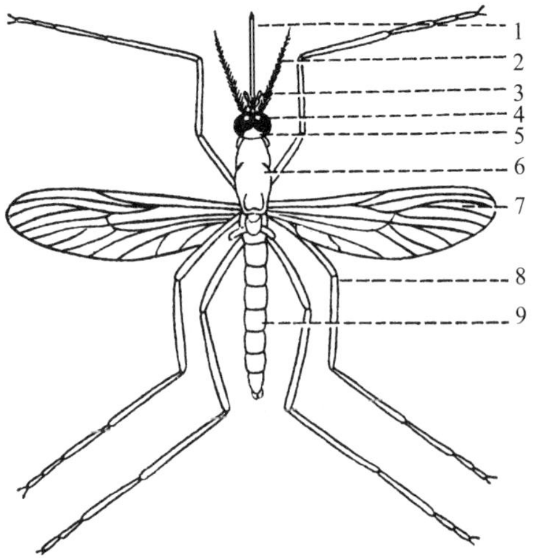

图3-10-1　蚊成虫形态
1.喙；2.触角；3.触须；4.复眼；5.头；6.胸；7.翅；8.足；9.腹

第一节　蚊

蚊（mosquito）的种类繁多，分布广泛，能通过吸血传播多种疾病，是最重要的病媒昆虫。世界已知蚊种有3350多种，我国约370余种。我国重要的传病蚊种有按蚊、库蚊和伊蚊三属，传播疟疾、丝虫病、流行性乙型脑炎和登革热等疾病。

1. 形态

（1）成虫：体长为1.6～12.6mm，体表被有鳞片，呈灰褐色、棕色或黑色。分头、胸、腹三部分。头部近球形，有复眼、触角及触须各1对。刺吸式口器（喙）1个，呈细长针状，由上唇、舌、下唇各1个和上、下颚各1对组成。触角细长分节，上有轮生的毛，雌虫的轮毛短而稀，雄虫的轮毛长而密。雌蚊上、下颚末端呈刀状,具锯齿,能刺入皮肤吸血;雄蚊上、下颚退化,不能吸血。胸部分前、中、后胸,各胸节有足1对,中胸有翅1对,后胸有平衡棒1对。腹部11节,末3节变为外生殖器(图3-10-1)。

(2)卵:较小,长约1mm,形状和颜色因种而异。

(3)幼虫:俗称孑孓,分头、胸、腹三部分。头部有触角、复眼及单眼各1对,咀嚼式口器。

(4)蛹:呈逗点状,头胸部融合,背面有呼吸管1对;腹部细长向腹侧弯曲。

三属蚊各期形态鉴别见表3-10-1及图3-10-2。

表3-10-1 三属蚊各期形态鉴别

鉴别点	按蚊	库蚊	伊蚊
卵	舟状,有浮囊;单个浮于水面	圆锥形,无浮囊;聚成卵筏,浮于水面	纺锤形,无浮囊;单个沉于水底
幼虫	无呼吸管,有呼吸孔 有掌状毛 静止时体与水面平行	呼吸管细长 无掌状毛 静止时头下垂,体与水面成角度	呼吸管短粗 无掌状毛 静止时头下垂,体与水面成角度
蛹	呼吸管粗短,呈漏斗状,口大,前方有深裂隙	呼吸管细长,呈管状,口小,无裂隙	呼吸管长短不一,口斜向或呈三角形,无裂隙
成虫			
体色	多灰褐色	多棕褐色	黑色间有白斑
触须	与喙等长,雄蚊末端膨大	雌蚊短于喙近半,雄蚊长于喙	雌蚊短于喙近半,雄蚊长于喙
翅	多具黑白斑	多无黑白斑	无黑白斑
足	白环或有或无	多无白环	有白环
静态	体与喙成一直线,与停落面成角度	体与喙成角度,体与停落面平行	体与喙成角度,体与停落面平行

2.生活史与习性 蚊的生活史为完全变态,分为卵、幼虫、蛹和成虫四个时期。前三个时期在水中生活,而成虫则陆生。雌蚊产卵于水中,夏季一般2~3天即孵出幼虫。幼虫经5~8天发育,蜕皮4次化为蛹。蛹在水中,2~3天后羽化为成蚊,成蚊1~2天后即行交配。雌蚊经交配、吸血、产卵。适宜条件下完成一代生活史需9~15天,一年可繁殖7~8代。雄蚊存活期为1~3周,雌蚊存活期为1~2个月,越冬雌蚊可存活4~5个月。

蚊种对孳生环境的选择各不相同,按蚊孳生地为大型清洁水体,如稻田、沼泽、池塘、人工湖等;库蚊多孳生于污水,如下水道、污水坑、粪缸、积肥坑等;伊蚊则孳生于小型积水中,如树洞、石穴、竹筒及盆、罐等容器的积水中。

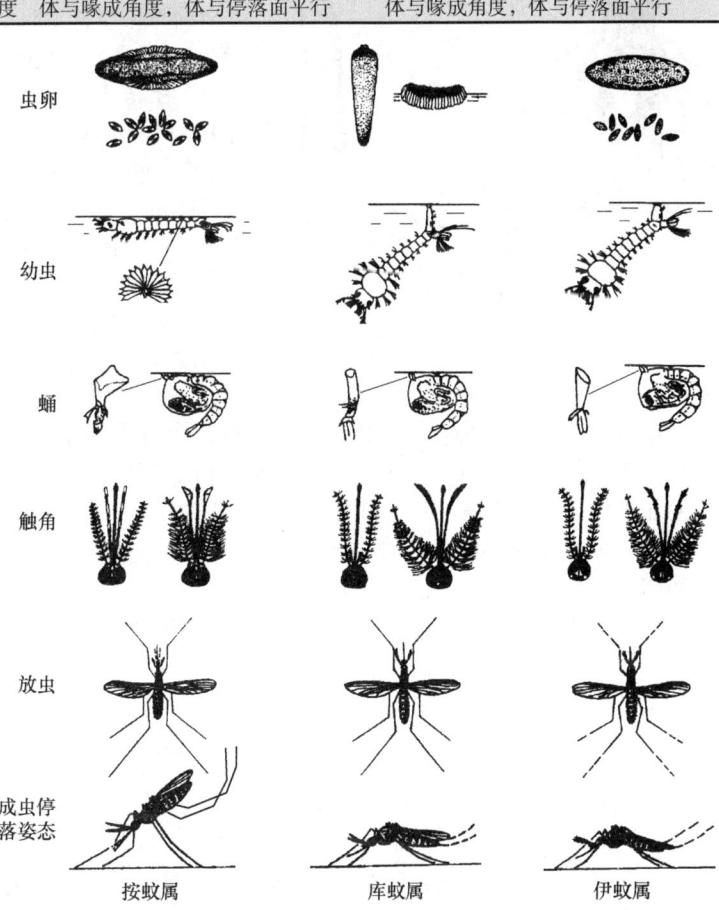

图3-10-2 三属蚊生活史各期形态比较

雄蚊不吸血，只吸食植物汁液及花蜜。雌蚊吸血，也可吸食植物汁液以维持生存，但只有吸血后卵巢才能发育而产卵。

蚊的季节消长与温度、湿度和雨量等有关。我国南北气候相差很大，因此蚊的季节消长差异也大，一般6～9月为蚊虫的密度高峰季节。当外界气温低于10℃时，蚊虫即进入滞育状态。虫媒病的流行季节与蚊虫的季节消长有关。

第二节　蝇

蝇（fly）属双翅目环裂亚目，是机械性传播疾病的重要媒介。蝇的种类繁多，全世界已知有34 000多种，我国记载的有4200多种。与人类疾病有关的多属蝇科、丽蝇科、麻蝇科及狂蝇科。

1. 形态

(1) 成虫：体长为4～14mm，体色呈暗灰色、黑色、黄褐色、暗褐色等，许多种类带金属光泽，全身被有鬃毛。头部为半球形，两侧有大的复眼1对，头顶中央有排列成三角形的单眼3个。颜面中央有触角1对。多数蝇类的口器为舐吸式；吸血蝇类为刺吸式口器，能刺入人、畜皮肤吸血。翅与平衡棒各1对。足末端有爪及爪垫各1对，爪垫密生细毛且分泌黏液，可在光滑面爬行，并能黏附大量病原体。

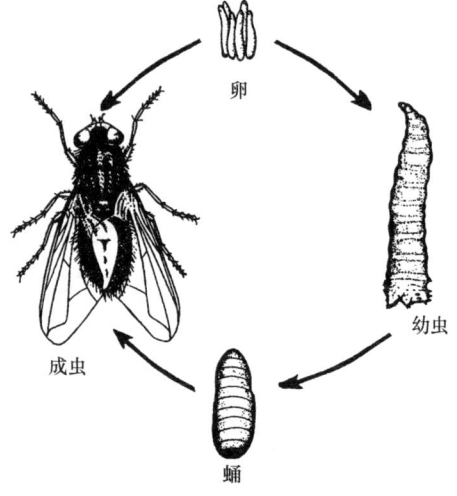

图3-10-3　蝇各期形态及生活史

(2) 卵：呈椭圆形或香蕉形，长约1mm，乳白色，多堆积成卵块。

(3) 幼虫：俗称蛆，圆柱形，前尖后钝，无足无眼，乳白色。

(4) 蛹：呈圆筒形，长为5～8mm，呈棕褐色至黑色（图3-10-3）。成蝇羽化时，顶破蛹壳前端，自环状裂缝钻出。

2. 生活史与习性　蝇为完全变态昆虫，生活史有卵、幼虫、蛹和成虫四个阶段。多数种类卵生；少数卵胎生，直接产幼虫，如狂蝇、舌蝇、多数麻蝇等。蝇羽化2～3天后即可交配，一生交配1次，数天后雌蝇产卵，一生产卵3～8次，一次产卵百粒左右。卵在夏季1天即孵出幼虫，蜕皮2次为成熟幼虫，离开孳生地钻入附近松土中化蛹，幼虫期为4～12天。夏秋季蛹3～17天羽化为成蝇。完成一代生活史需8～30天，家蝇一年可繁殖7～8代，成蝇存活期一般为1～2个月。

蝇幼虫以有机物为食，根据孳生地不同，可分为粪便类、垃圾类、腐败植物类和腐败动物类四类。依食性不同又分为三类：不食蝇类其口器退化，不能取食，如狂蝇等；吸血蝇类以动物与人的血液为食，如螫蝇，以生物性传播方式传播疾病；非吸血性蝇类为杂食性，以腐败的动植物、人和动物的食物及排泄分泌物为食，且取食频繁，又有边吐、边吸、边排泄的习性，可造成多种疾病的传播。

此外，蝇有趋光性，多在白天活动，且活动受温度影响较大，如40℃以上和10℃以下不适宜舍蝇生存。

第三节　常见其他医学昆虫

一、白　蛉

白蛉（sand fly）属双翅目毛蛉科白蛉亚科，是一类体小多毛的吸血昆虫，世界已报道700多种，我国有40多种，其中重要的是中华白蛉。

1. 形态　成虫体长为 1.5～4mm，呈灰黄色，全身密被细毛。体分头、胸、腹三部分。头部呈球形，复眼大而黑，触角细长，刺吸式口器。胸背隆起，呈驼背状。翅 1 对，狭长，末端较尖，上有细毛。停息时两翅向背面竖立，形成与体成 45°角的"V"形。足 3 对，细长多毛。卵近椭圆形，灰白色。蛹长约 4mm，淡黄色，体外无茧（图 3-10-4）。

图 3-10-4　白蛉成虫形态

2. 生活史与习性　白蛉生活史有卵、幼虫、蛹和成虫四期。雌蛉产卵于温湿度适宜，含有机物的人房、畜舍、墙缝及洞穴内。卵在适宜条件下经 6～12 天孵化出幼虫，幼虫以土壤中有机物为食，25～30 天化蛹。蛹不食不动，经 6～10 天羽化为成虫，1～2 天后交配、吸血、产卵。完成整个生活史需 6～8 周，白蛉存活期为 2～3 周。

成蛉栖息于阴暗无风、潮湿安静的环境，如屋角、墙缝、畜舍、地窖、柴草堆或洞穴等处，可依据其栖息环境分为家栖型和野栖型。白蛉飞行力弱，活动范围小。

二、蚤

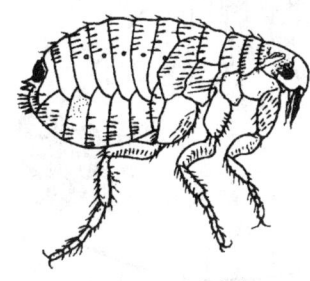

图 3-10-5　蚤成虫

蚤（flea）属于蚤目，是体外寄生虫。世界已知有 2500 余种，我国有 650 余种，仅少数种类可传播人畜共患病，尤以鼠疫最为重要。我国重要的传病蚤为致痒蚤和印鼠客蚤。

1. 形态　成虫体小，约 3mm，呈棕色或黑褐色，侧扁，无翅。全身的鬃、刺和栉向后生长，能在宿主毛、羽间迅速穿行。头呈三角形，有或无眼，口器为刺吸式。胸部分 3 节。足 3 对，基节粗壮，善于跳跃（图 3-10-5）。

2. 生活史与习性　蚤为完全变态昆虫，生活史包括卵、幼虫、蛹及成虫四个时期。蚤在宿主皮毛和巢穴中产卵，卵缺乏黏性而散落于宿主的活动场所，温湿度适宜，约 5 天可孵出幼虫。幼虫经 2～3 周，发育为成熟幼虫，吐丝做茧，在茧内蜕皮化蛹。蛹具成虫雏形，蛹期为 1～2 周，有时受温度和湿度影响可达 1 年。蛹的羽化需受外界刺激，如空气振动、温度升高、接触压力、动物的干扰等。成虫羽化后交配、吸血，1～2 天后产卵。由卵发育为成虫约需 1 个月。蚤存活期为 2 个月至 2 年。

雌、雄蚤均吸血，且一天数次。蚤耐饥饿力很强，数月或十数月不食仍能生存。多数蚤类常更换宿主吸血。栖息或活动于宿主的体毛间、巢穴或居室内。蚤的宿主范围很广，包括兽类和鸟类，但以小型哺乳动物尤以啮齿目（鼠）为多。成虫对宿主体温反应敏感，当宿主发病体温升高或死亡后尸体冷却，蚤会很快离开，另择宿主，此习性有利于疾病的传播。

三、虱

虱（louse）属于虱目，是体外永久性寄生虫，寄生于人体的有人虱（*Pediculus humanus*）和耻阴虱（*Pthirus pubis*）两种，人虱又分两个亚种，即人头虱和人体虱。

1. 形态　成虫背腹扁平，体狭长，头部略呈菱形，有触角和复眼各 1 对，刺吸式口器。胸部 3 节融合，无翅。足 3 对，足末端有坚硬弯曲的爪，与胫节末端的指状突起相对形成攫握器，能紧握宿主的毛发或衣物纤维。雌虱腹部末端呈"W"形，雄虱末端呈"V"形。

人体虱呈灰白色，雌虱体长为 2.5～4.2mm，雄虱较小。人头虱和人体虱形态相似，仅人头虱略小，体色深灰。

耻阴虱呈灰白色，体形宽短似蟹。雌虱体长为 1.5～2.0mm，雄虱稍小（图 3-10-6）。

2. 生活史与习性　虱的发育为不完全变态，生活史包括卵、若虫及成虫三个时期。雌虱交配后 1～3 天内产卵，卵黏附于毛发或衣物纤维上。卵俗称虮子，白色稍透明，呈长椭圆形，一端有盖，大小为 0.8mm×0.3mm。人虱一生产卵 230 个，耻阴虱约 30 个。经 7～8 天若虫从卵盖孵出，若

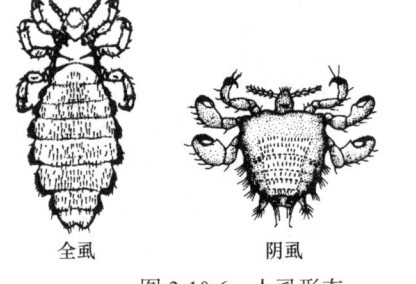

图 3-10-6 人虱形态

虫较小，外形与成虫相似。若虫经 3 次蜕皮变为成虫。从卵发育到成虫人虱需 16～25 天，耻阴虱需 34～41 天。成虫存活期约 1 个月。

人虱可通过接触传播。人头虱寄生于头发，多产卵于耳后发根处。人体虱常寄生于内衣缝及皱褶内，产卵于衣物纤维上。耻阴虱主要寄生于体毛较粗而稀疏之处，如阴部及肛门周围，也可于眼睫毛处。

成虫及若虫均吸血，不耐饥，2～10 天不吸血即死亡。人虱对温湿度很敏感，既怕热怕湿，又怕冷。人因出汗或患病发热、或病死后尸体冷却，虱则爬离另找宿主，此习性与传播疾病有关。

四、蜚蠊

蜚蠊（cockroach）属蜚蠊目，俗称蟑螂，世界约有 5000 余种，我国约 250 余种，家栖种类有德国小蠊和美洲大蠊等。

1. **形态** 成虫背腹扁平，呈椭圆形，体长因种而异，室内常见者大小为 10～35mm。体表光泽油亮，呈棕红或棕褐色。头部有细丝状触角及单、复眼各 1 对，口器为咀嚼式。常有翅 2 对，3 对发达的足适于疾走（图 3-10-7）。

2. **生活史与习性** 蜚蠊的发育为不完全变态，生活史包括卵、若虫和成虫三个时期。雌虫在产卵前，先排出坚硬暗褐色的卵荚，卵成对排列于内，卵荚常于雌虫腹部末端，再分泌黏性物质将卵荚黏附于物体

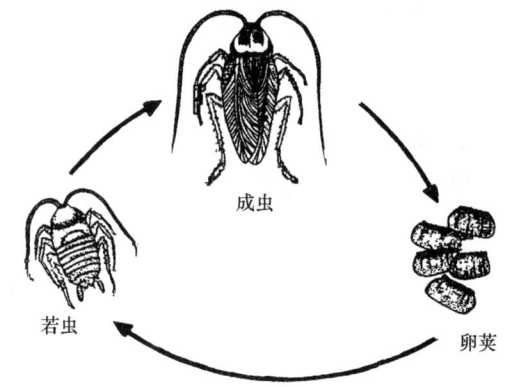

图 3-10-7 蜚蠊生活史

上。每个卵荚含卵 16～48 粒。卵经 1～2 个月孵出若虫，经 5～7 个月羽化为成虫。完成一代生活史约需数月或 1 年以上。成虫存活期为 6～12 个月。

蜚蠊分布甚广，喜群居，栖息于室内、厨房、餐厅、饭馆、食品加工场、仓库等无光的狭缝内或下水道的沟槽内，昼伏夜出。蜚蠊为杂食性昆虫，喜食含糖类和发酵的食物，也食人的排泄物、分泌物及垃圾等，并需经常饮水。蜚蠊边吃、边吐、边排泄的习性使其能传播多种疾病。

（朱金华）

1. 简述三属蚊各期形态鉴别及其孳生环境。
2. 结合鼠疫疾病的知识，描述蚤在传播鼠疫中的作用。

参 考 文 献

蔡保健．1990．医学微生物电子显微镜图谱．北京：华夏出版社
曹雪涛．2017．免疫学前沿进展．第4版．北京：人民卫生出版社
曹雪涛．2017．医学免疫学．第7版．北京：人民卫生出版社
程纯，郝钰．2021．免疫学基础与病原生物学．北京：人民卫生出版社
龚非力．2014．医学免疫学．第4版．北京：科学出版社
金伯泉．2008．医学免疫学．第5版．北京：人民卫生出版社
李朝品，高兴政．2012．医学寄生虫图鉴．北京：人民卫生出版社
李凡，徐志凯．2018．医学微生物学．第9版．北京：人民卫生出版社
李远明，徐志凯．2015．医学微生物学．第3版．北京：人民卫生出版社
吴观陵．2013．人体寄生虫学．第4版．北京：人民卫生出版社
吴忠道，诸欣平．2015．人体寄生虫学．第3版．北京：人民卫生出版社
谢念铭．1994．医学细菌电镜图谱．北京：人民卫生出版社
周光炎．2018．免疫学原理．第4版．上海：上海科学技术文献出版社
诸欣平，苏川．2018．人体寄生虫学．第9版．北京：人民卫生出版社
Abbas AK，Lichtman AH，Pillai S．2021．Cellular and Molecular Immunology 10th ed．Philadelphia：Elsevier
Murphy K，Weaver C．2016．Janeway's immunobiology．9th ed．New York：Garland Science
Murray PR，Rosenthal KS，Pfaller MA．2021．Medical Microbiology．9th ed．Philadelphia：Elsevier
Punt J，Stranford S，Jones P，Owen JA．2018．Kuby's immunology．8th ed．Macmillan Learning

附录 1 主要细胞因子

名称	主要产生细胞	主要功能
白细胞介素（IL）		
IL-1α IL-1β	巨噬细胞、单核细胞、树突状细胞、上皮细胞	激活淋巴细胞；刺激巨噬细胞；增强白细胞/内皮细胞的黏附；致热源；促进急性期蛋白表达；成纤维细胞增生
IL-2	激活的 T 细胞	促进 T 细胞增殖和分化；激活细胞毒性淋巴细胞和巨噬细胞；激活 NK
IL-3	激活的 T 细胞，干细胞、NK 细胞、胸腺上皮细胞	协同刺激造血；抑制细胞凋亡；诱导巨噬细胞表达 MHC Ⅱ 类分子
IL-4	T 细胞、肥大细胞	B 细胞生长因子；促进抗体类型转换成 IgG1 和 IgE；T 细胞增生
IL-5	T 细胞、肥大细胞、嗜酸性粒细胞	促进 B 细胞增殖和分化；促进 Ig 类型转换；嗜酸性粒细胞生长和分化、趋化、激活
IL-6	T 细胞、巨噬细胞、成纤维细胞、内皮细胞、肥大细胞	促进 B 细胞分化；刺激 T 细胞生长和分化；刺激造血（巨核细胞）；促进急性期蛋白合成
IL-7	骨髓基质细胞、成纤维细胞	刺激淋巴细胞前体细胞增生和分化
IL-8	单核/巨噬细胞、成纤维细胞、内皮细胞、上皮细胞、角化细胞、滑膜细胞、平滑肌细胞、肿瘤细胞	趋化、激活中性粒细胞；T 细胞趋化；促进超氧离子释放和脱颗粒；激发激活的嗜碱性粒细胞；角化细胞分裂、趋化；释放血管形成前体物质；促血管生成
IL-9	T 细胞	促进 T 细胞激活；激活肥大细胞；骨髓髓样细胞增生和分化；与红细胞生成素有协同作用；B 细胞激活，产生 Ig
IL-10	单核细胞、T 细胞、B 细胞上皮细胞、角化细胞、肿瘤细胞、骨髓瘤细胞	抑制多种细胞因子（如前炎症细胞因子、IL-2 等）合成；抑制抗原特异性 T 细胞的激活；抑制单核细胞表达 MHC Ⅱ 类分子和共刺激分子；抑制单核细胞和巨噬细胞产生 NO
IL-11	肺成纤维细胞、骨髓基质细胞、滋养层细胞、骨肉瘤细胞、滑膜细胞、关节软骨细胞	骨髓干细胞和前体细胞协同生长因子；巨噬细胞前体细胞的协同生长因子；促进破骨细胞形成，诱导急性期反应；诱导神经元分化；抑制脂肪细胞分化
IL-12	单核细胞、B 细胞	促进激活的 T 细胞和 NK 细胞增生及 IFN-γ 的合成；增强 NK/LAK 细胞的裂解活性；诱导 Th1 细胞形成；诱导 CTL 细胞对肿瘤细胞发生反应；抑制 IgE 的产生
IL-13	活化 T 细胞、肥大细胞、B 细胞	促进 B 细胞增殖和分化；IgE 的类型转换因子；刺激 ICAM 和 VCAM 的表达
IL-14	T 细胞、B 淋巴细胞	刺激活化 B 细胞增殖；抑制 Ig 分泌
IL-15	单核细胞、上皮细胞、肌细胞	刺激活化的 T 细胞、B 细胞和 NK 细胞；诱导 NK 样细胞的分化；趋化 T 细胞
IL-16	嗜酸性粒细胞、CD8$^+$T 细胞、上皮细胞	趋化 CD4$^+$T 细胞；CD4$^+$T 细胞强化因子；诱导嗜酸性粒细胞黏附
IL-17	CD4$^+$T 细胞、记忆 T 细胞	促进 IL-6、IL-8、PGE2、G-CSF 分泌；刺激成纤维细胞表达 ICAM-1
IL-18	激活的单核-巨噬细胞、肝细胞、上皮细胞	促 Th1 分化及其因子的释放（如 IFN-γ、IL-2、GM-CSF 等）；激活 NK 细胞；抑制激活 T 细胞产生 IL-10
IL-19	单核细胞	可能为促炎细胞因子，促进 IL-6、TNF-α 合成，诱导单核细胞产生活性氧和发生细胞凋亡

续表

名称	主要产生细胞	主要功能
IL-20	角质细胞	调节角质细胞参与的炎症反应
IL-21	活化的 CD4$^+$T 细胞	促 T 细胞的生长因子之一；可协同刺激初始 T 细胞、B 细胞增殖；促进 NK 细胞增殖与分化
IL-22	T 细胞、肥大细胞、胸腺淋巴瘤细胞化	抑制 Th2 细胞产生 IL-4；促进肝脏急性期蛋白的合成
IL-23	活化的 DC	促进记忆性 T 细胞的增殖及 IFN-γ 的产生
IL-24	黑素细胞，Th2 细胞	促凋亡细胞因子，可抑制多种肿瘤细胞生长；表达 IL-24 的黑素瘤细胞生长减慢
IL-25	Th2 细胞	促进淋巴样细胞系增殖
IL-26	T 细胞、NK 细胞	在变态反应炎症中发挥重要作用；可诱导气管上皮细胞和脐静脉内皮细胞表达 IL-6、IL-8 和 ICAM-1
IL-27	巨噬细胞、树突状细胞	可迅速引起 CD4$^+$T 细胞增殖；与 IL-12 协同促进初始 CD4$^+$T 细胞产生 IFN-γ
IL-28A (IFN-λ2)	T 细胞	抗病毒感染，但无抗病毒增殖活性
IL-28A (IFN-λ3)	T 细胞	抗病毒效应
IL-29 (IFN-λ1)	树突状细胞	抗微生物活性
IL-30	巨噬细胞	调节淋巴细胞活性
IL-31	活化 Th2 细胞	促进造血干细胞存活，参与皮肤炎症
IL-32	T 细胞，NK 细胞，上皮细胞	刺激单核巨噬细胞表达 TNF、IL-8 等
IL-33（IL-IF11）	多种细胞	Th2 细胞应答，刺激肥大细胞
IL-35	调节性 T 细胞（Treg）	促进 Treg 分化
干扰素（IFN）		
IFN-α	白细胞	抗病毒，免疫调节，促进 MHC I 类分子和 II 类分子的表达
IFN-β	成纤维细胞	抗病毒，抗细胞增殖，免疫调节，促进 MHC I 类分子和 II 类分子的表达
IFN-γ	T 细胞、NK 细胞	激活巨噬细胞，促进 MHC 分子表达和抗原提呈，诱导 Th1 细胞分化，抑制 Th2 细胞分化
肿瘤坏死因子		
TNF-α	巨噬细胞、T、NK、内皮细胞、成纤维细胞	参与炎症反应和免疫应答，杀伤或抑制肿瘤，激活内皮细胞，参与内毒素性休克，动脉硬化
TNF-β	活化的 T 细胞、B 细胞、骨髓瘤细胞	杀伤靶细胞，激活巨噬细胞，参与胚胎发育过程中淋巴样器官形成
集落刺激因子		
GM-CSF	巨噬细胞、T 细胞	刺激髓样单核细胞特别是树突状细胞的增殖、分化
G-CSF	成纤维细胞、巨噬细胞	刺激中性粒细胞的发育和分化
M-CSF	单核吞噬细胞、内皮细胞	刺激骨髓单核细胞前体细胞的分化成熟
SCF	骨髓基质细胞	刺激干细胞分化为不同谱系血细胞；刺激肥大细胞增殖
TPO	平滑肌细胞	刺激骨髓巨核细胞的分化成熟
EPO	肾间质细胞、肝库普弗细胞	刺激红细胞前体细胞的分化成熟

续表

名称	主要产生细胞	主要功能
趋化因子		
IL-8	单核-巨噬细胞、成纤维细胞、角化细胞、内皮细胞	趋化并激活中性粒细胞,趋化嗜碱性粒细胞及T细胞,刺激血管生成
MCP-1	单核细胞、巨噬细胞、成纤维细胞、角化细胞	趋化并激活单核-巨噬细胞、T细胞及NK细胞、嗜酸性及嗜碱性粒细胞、树突状细胞;促进Th2反应
MIP-1α	单核-巨噬细胞、T细胞、肥大细胞、成纤维细胞	抗病毒,与HIV-1竞争结合受体,抑制HIV感染靶细胞;促进Th1反应;趋化嗜酸性及嗜碱性粒细胞,调节Mφ功能
MIP-1β	单核细胞、巨噬细胞、中性粒细胞、内皮细胞	与HIV-1竞争结合受体,抑制HIV感染靶细胞
RANTES	T细胞、血小板、内皮细胞	趋化单核细胞、T细胞、嗜酸性及嗜碱性粒细胞,刺激嗜碱性粒细胞脱颗粒;抑制HIV感染靶细胞
lymphotactin	活化T细胞	趋化T细胞、B细胞及NK细胞
franctalkine	单核细胞、内皮细胞	趋化单核细胞、T细胞、NK细胞、白细胞和内皮细胞
IP-10	单核细胞、成纤维细胞、内皮细胞	趋化Th细胞、NK细胞、pDC
SDF-1α/β	基质细胞	趋化造血干细胞、B细胞、DC、单核细胞、嗜碱性粒细胞、T细胞
Eotaxin	内皮细胞	嗜酸性及嗜碱性粒细胞、Treg细胞、Th2细胞
生长因子		
TGF-β	多种有核细胞	一方面能促进成纤维细胞表型转化,也抑制多种细胞(如CTL、巨噬细胞等)的增殖、分化及效应,IgA类别转换因子
EGF	脑、肾、唾液腺、胃等多种器官的细胞	促进上皮细胞、成纤维细胞、间质和内皮细胞增殖;促进血管形成;加速伤口愈合;促进肿瘤生长
FGF	中胚层和神经胚层来源的器官和肿瘤	刺激中胚层、神经外胚层源多种细胞增殖和分化;(在血管生成过程中)趋化内皮细胞;促进肉芽组织形成和角膜伤口愈合;影响神经细胞功能
PDGF	巨核细胞、巨噬细胞、内皮细胞、成纤维细胞、胶质细胞、星状细胞、平滑肌细胞等	促进成纤维细胞、神经胶质细胞、平滑肌细胞、上皮及内皮细胞增殖;刺激成纤维细胞、血管平滑肌细胞、中性粒细胞和单核细胞的趋化运动;加速创伤愈合;引起血管收缩
VEGF	巨噬细胞、肺和肾的上皮细胞等多种细胞	增强血管通透性;促进血管形成
NGF	效应神经元支配的靶组织细胞	维持感觉、交感神经元的存活;促进受损神经纤维的修复;促进单核细胞及中性粒细胞增殖、分化;促进淋巴细胞增殖和分化;促进肥大细胞和嗜碱性粒细胞增殖;促进伤口愈合
OSM	激活的巨噬细胞和T细胞	抑制肿瘤细胞生长;诱导某些肿瘤细胞分化

注:仅就主要细胞因子举例说明。

附录2 常用词英汉对照索引

请扫此二维码。

常用词英汉对照索引

彩　　图

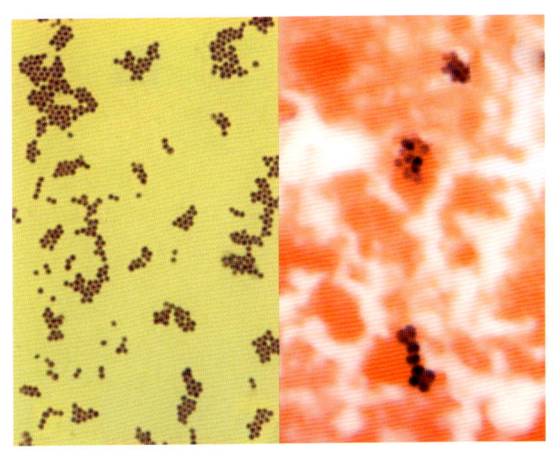

彩图 1　纯培养物及脓液中葡萄球菌　革兰染色
×1000

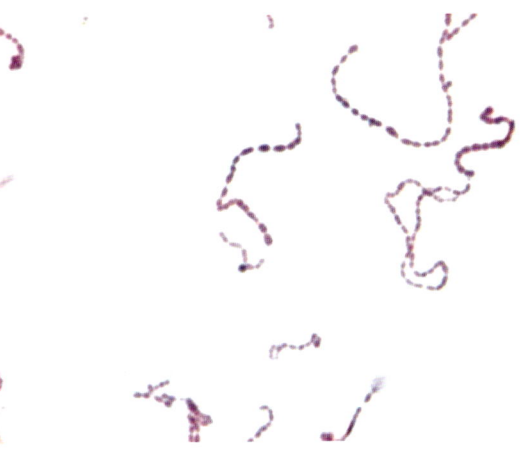

彩图 2　链球菌　纯培养物　革兰染色 ×1000

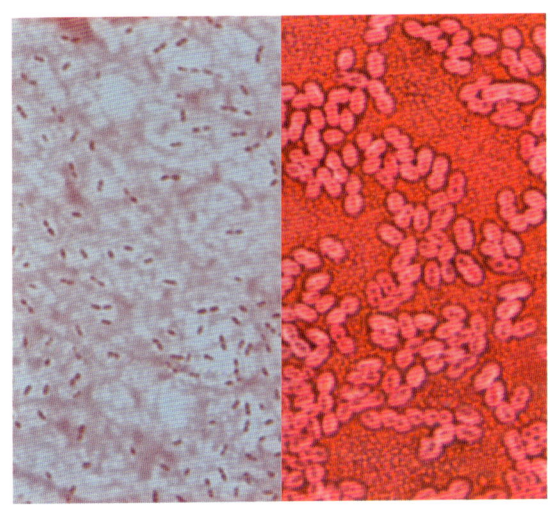

彩图 3　肺炎链球菌及其荚膜　革兰染色及其特殊染色 ×1000

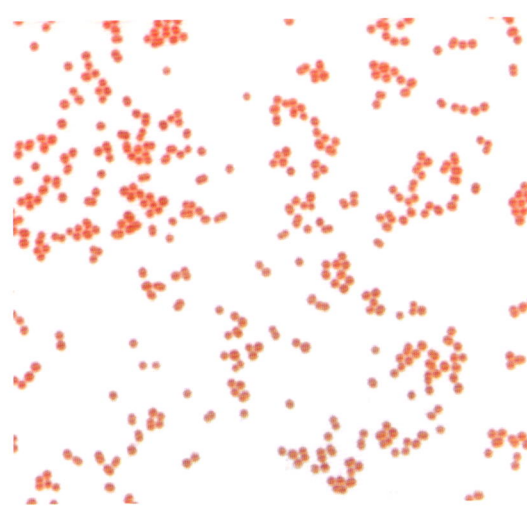

彩图 4　脑膜炎奈瑟菌　纯培养物　革兰染色
×1000

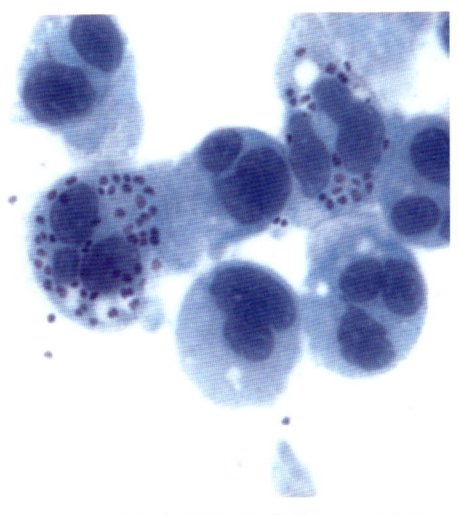

彩图 5　脓液中淋病奈瑟菌　美蓝染色 ×1000

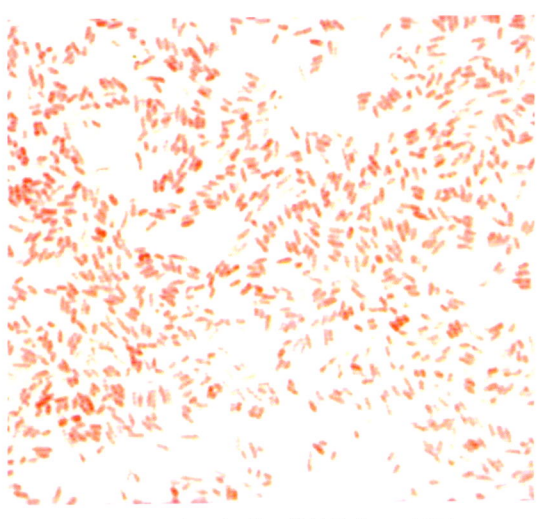

彩图 6　大肠杆菌　革兰染色 ×1000

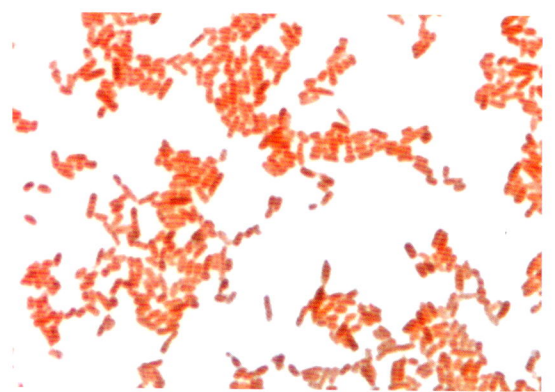
彩图 7　痢疾杆菌　革兰染色 × 1000

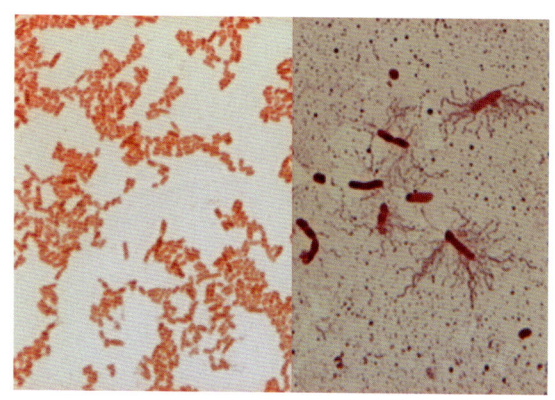
彩图 8　伤寒杆菌及其鞭毛　革兰染色及鞭毛染色 × 1000

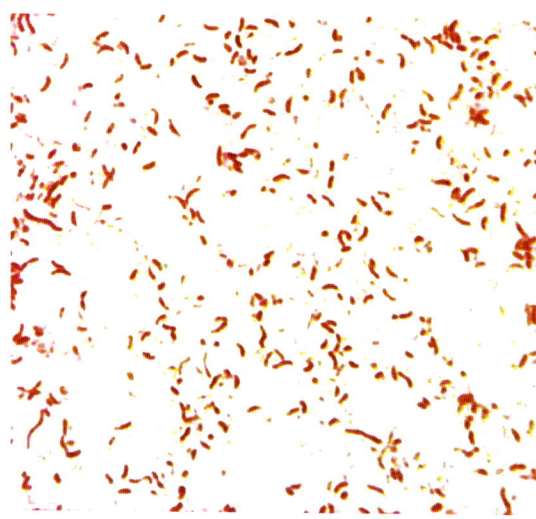
彩图 9　霍乱弧菌　革兰染色 × 1000

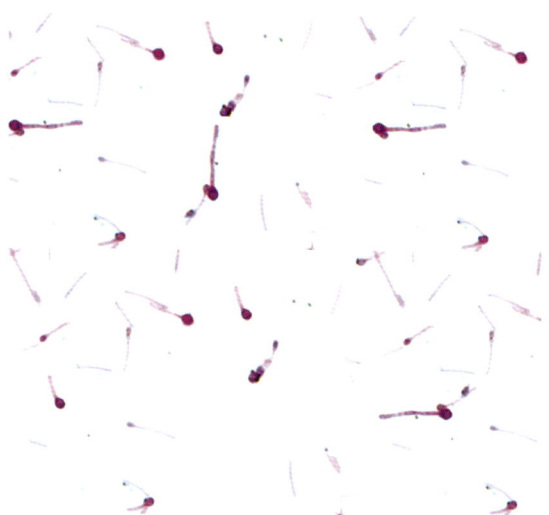
彩图 10　破伤风梭菌　芽孢染色 × 1000

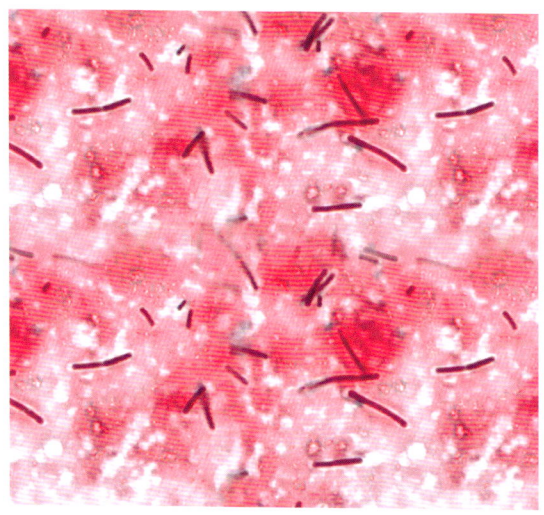
彩图 11　产气荚膜梭菌　特殊染色 × 1000

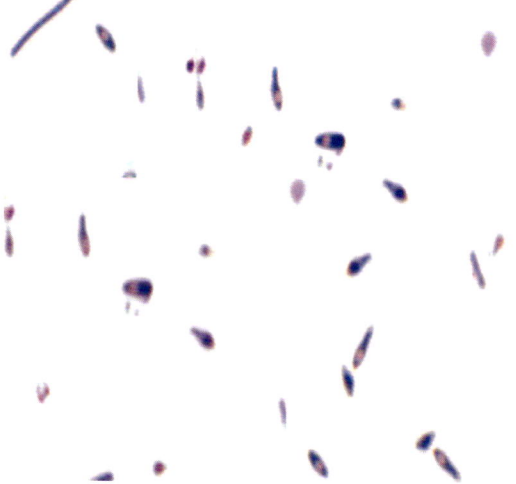
彩图 12　肉毒梭菌　革兰染色 × 1000

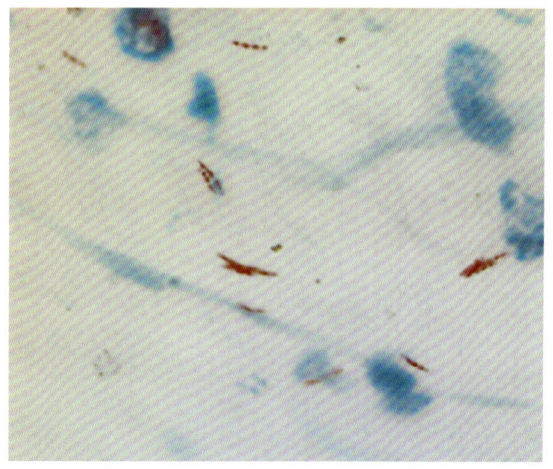
彩图 13　结核分枝杆菌　痰涂片　抗酸染色 × 1000

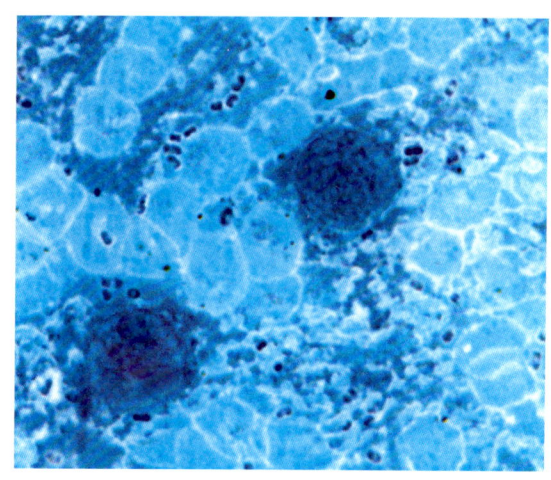
彩图 14　鼠疫耶尔森菌　组织印片　亚甲蓝染色 × 1000

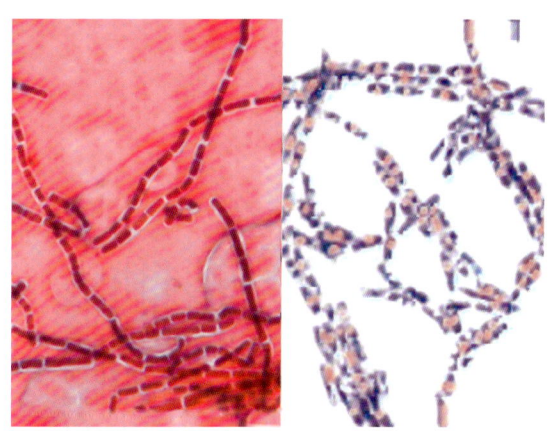
彩图 15　炭疽芽孢杆菌及其芽孢　组织印片　特殊染色 × 1000

彩图 16　羊布鲁菌　革兰染色 × 1000

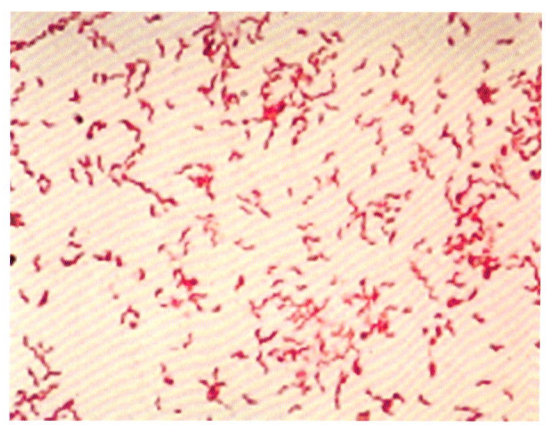
彩图 17　空肠弯曲菌　革兰染色 × 1000

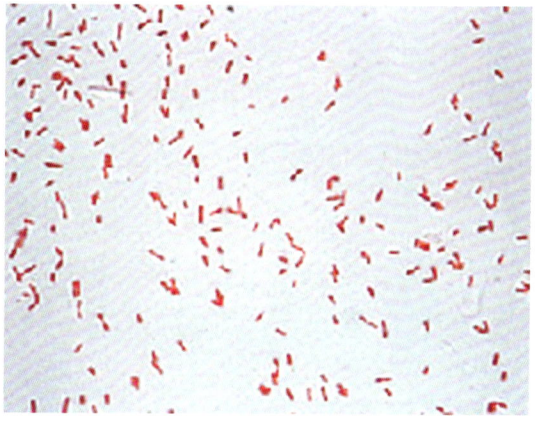
彩图 18　铜绿假单胞菌　纯培养物　革兰染色 × 1000

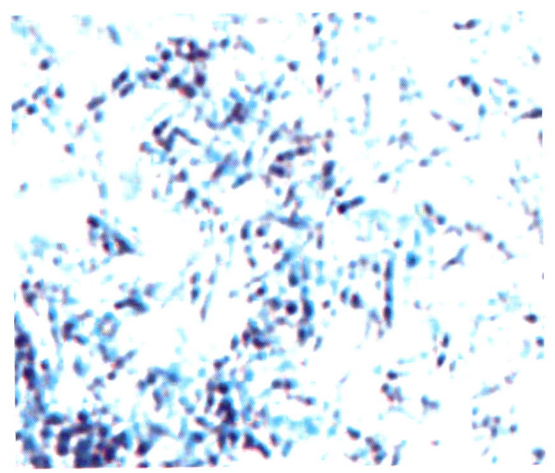
彩图 19　白喉棒状杆菌　亚甲蓝染色 ×1000

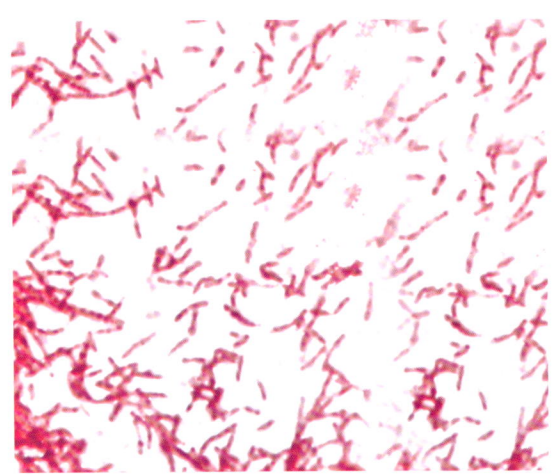
彩图 20　嗜肺军团菌　纯培养物　革兰染色 ×1000

彩图 21　百日咳鲍特菌　纯培养物　革兰染色 ×1000

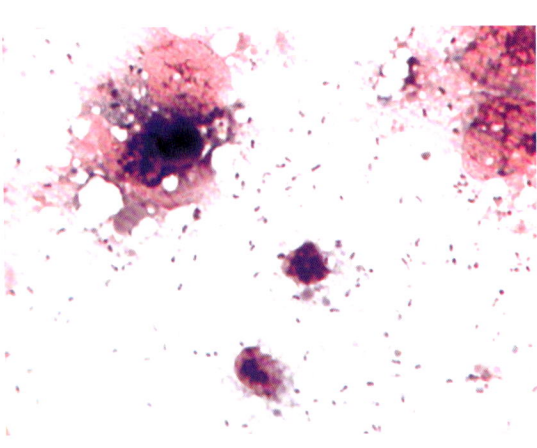
彩图 22　立克次体　卵黄囊涂片　姬姆萨染色 ×1000

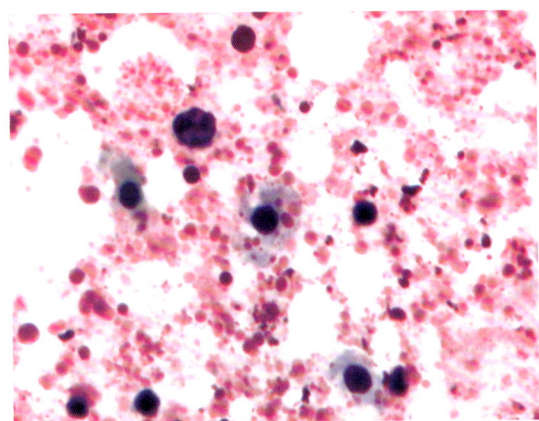
彩图 23　沙眼衣原体　感染组织印片　姬姆萨染色 ×1000

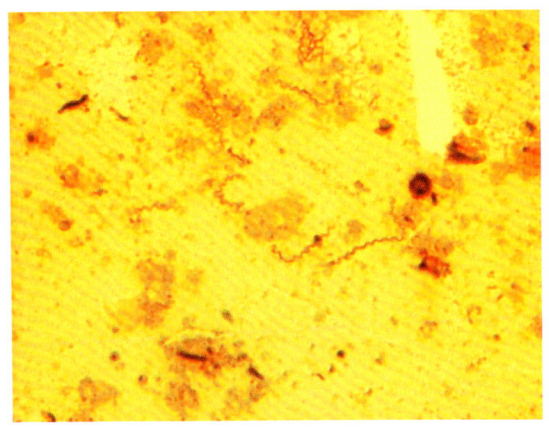
彩图 24　梅毒螺旋体　感染组织印片　镀银染色 ×1000

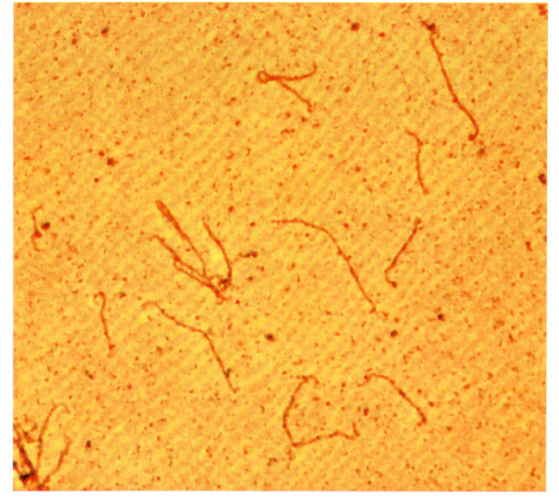

彩图 25　钩端螺旋体　纯培养物　涂片 镀银染色 ×1000

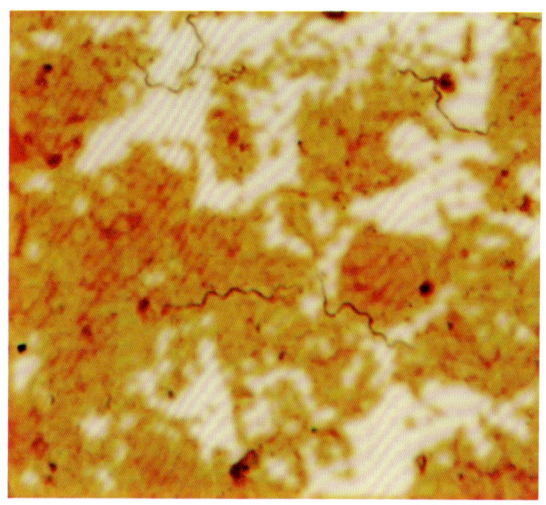

彩图 26　回归热螺旋体　血涂片　姬姆萨染色 ×1000

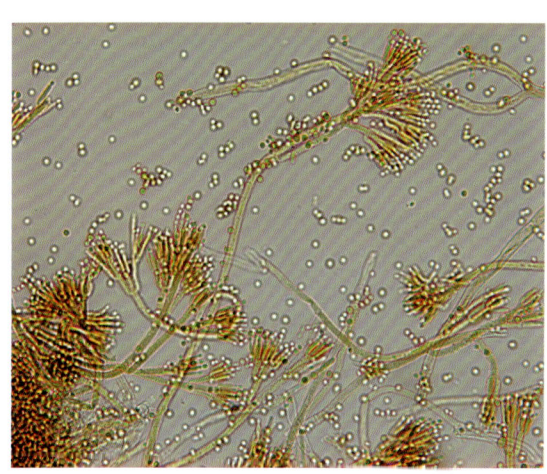

彩图 27　青霉菌培养物 ×200

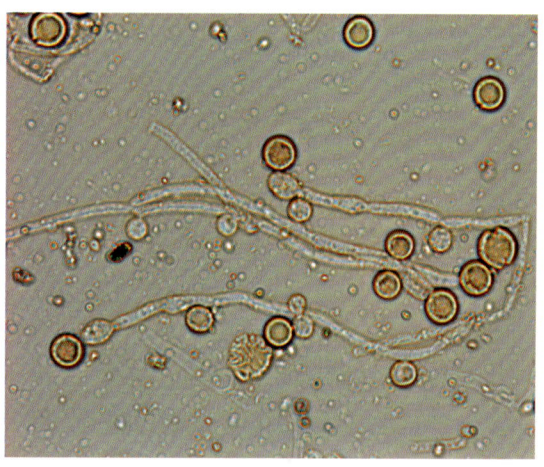

彩图 28　白假丝酵母菌　假菌丝，厚膜孢子 ×400

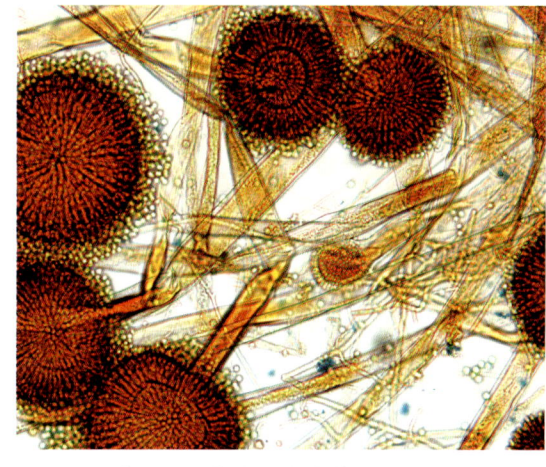

彩图 29　烟曲霉菌培养物 ×100

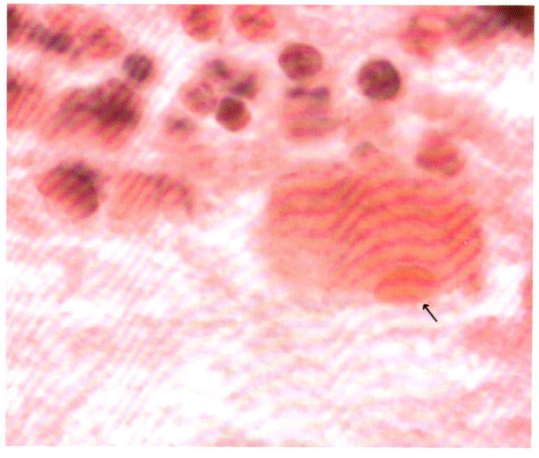

彩图 30　狂犬病毒内基小体　犬海马回切片 HE 染色 ×1000

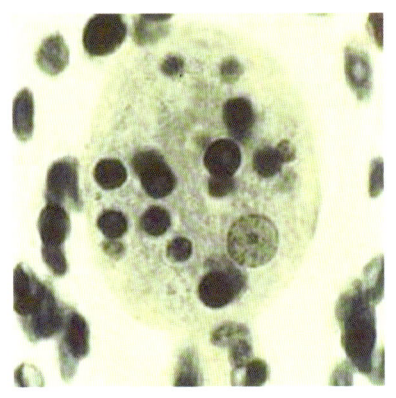 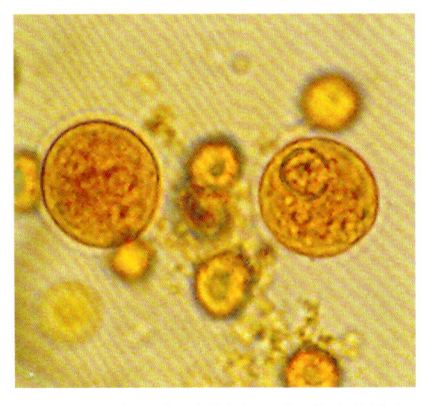 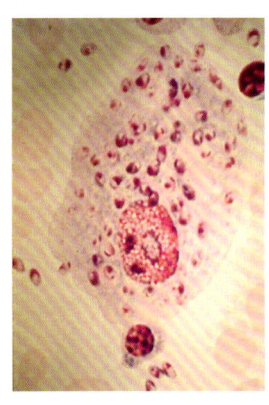

彩图 31　溶组织内阿米巴滋养体（铁苏木素染色）　　彩图 32　溶组织内阿米巴包囊（碘染）　　彩图 33　杜氏利氏曼原虫的无鞭毛体（姬姆萨染色）

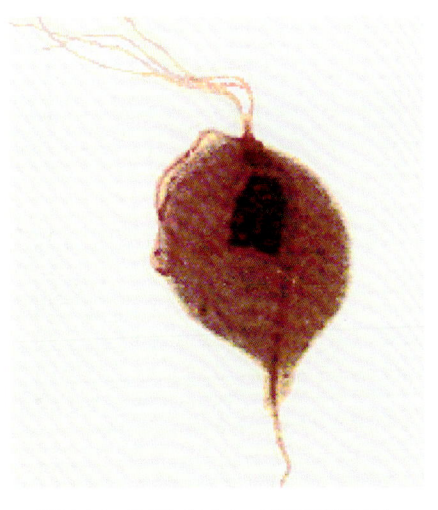 

彩图 34　阴道毛滴虫（姬姆萨染色）　　彩图 35　疟原虫的子孢子

  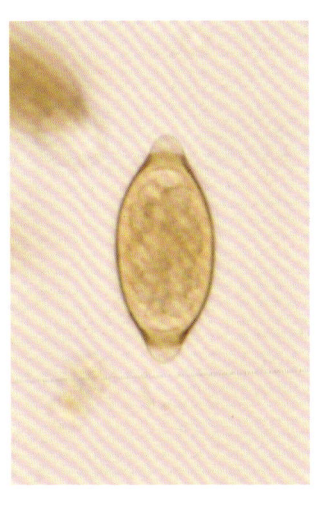

彩图 36　似蚓蛔线虫受精卵　　彩图 37　似蚓蛔线虫未受精虫卵　　彩图 38　毛首鞭形线虫卵

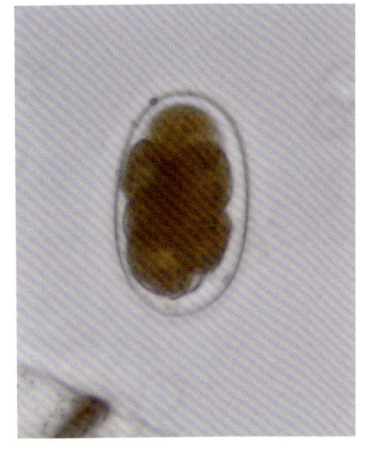
彩图 39 钩虫卵

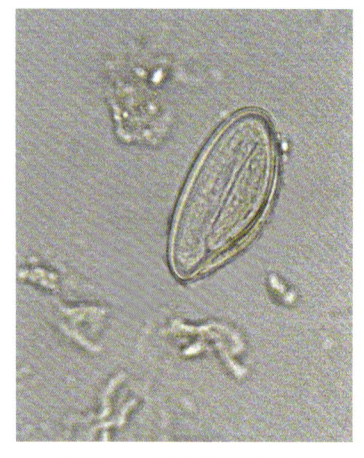
彩图 40 蠕形住肠线虫卵

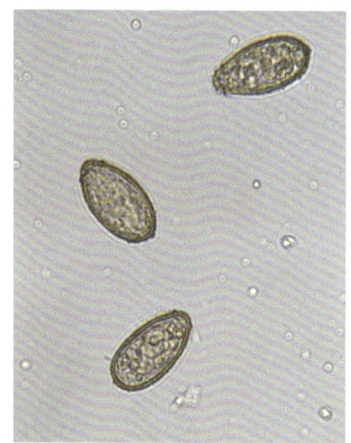
彩图 41 华支睾吸虫卵

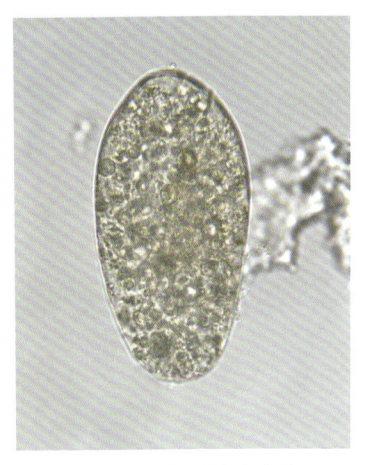
彩图 42 布氏姜片虫卵

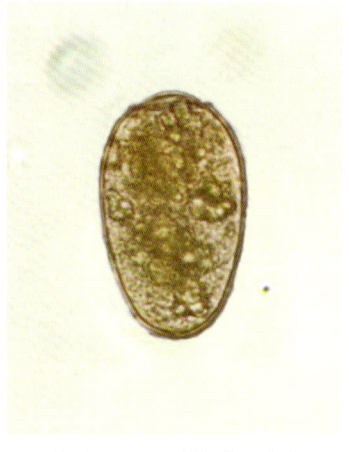
彩图 43 卫氏并殖吸虫卵

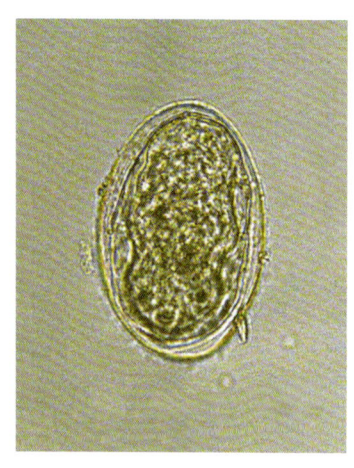
彩图 44 日本血吸虫虫卵

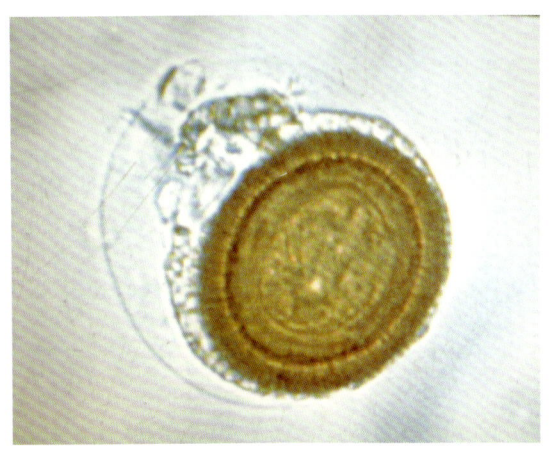
彩图 45 带绦虫虫卵 1

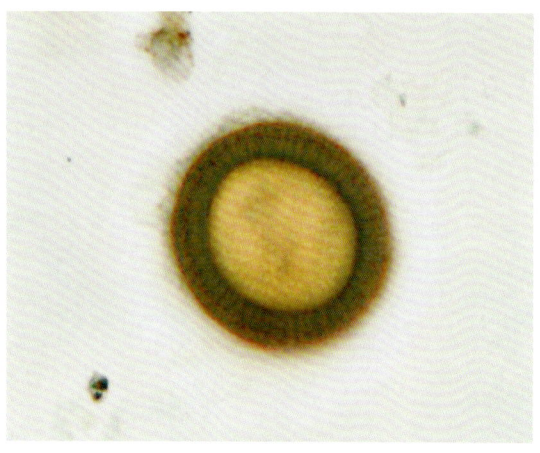
彩图 46 带绦虫虫卵 2

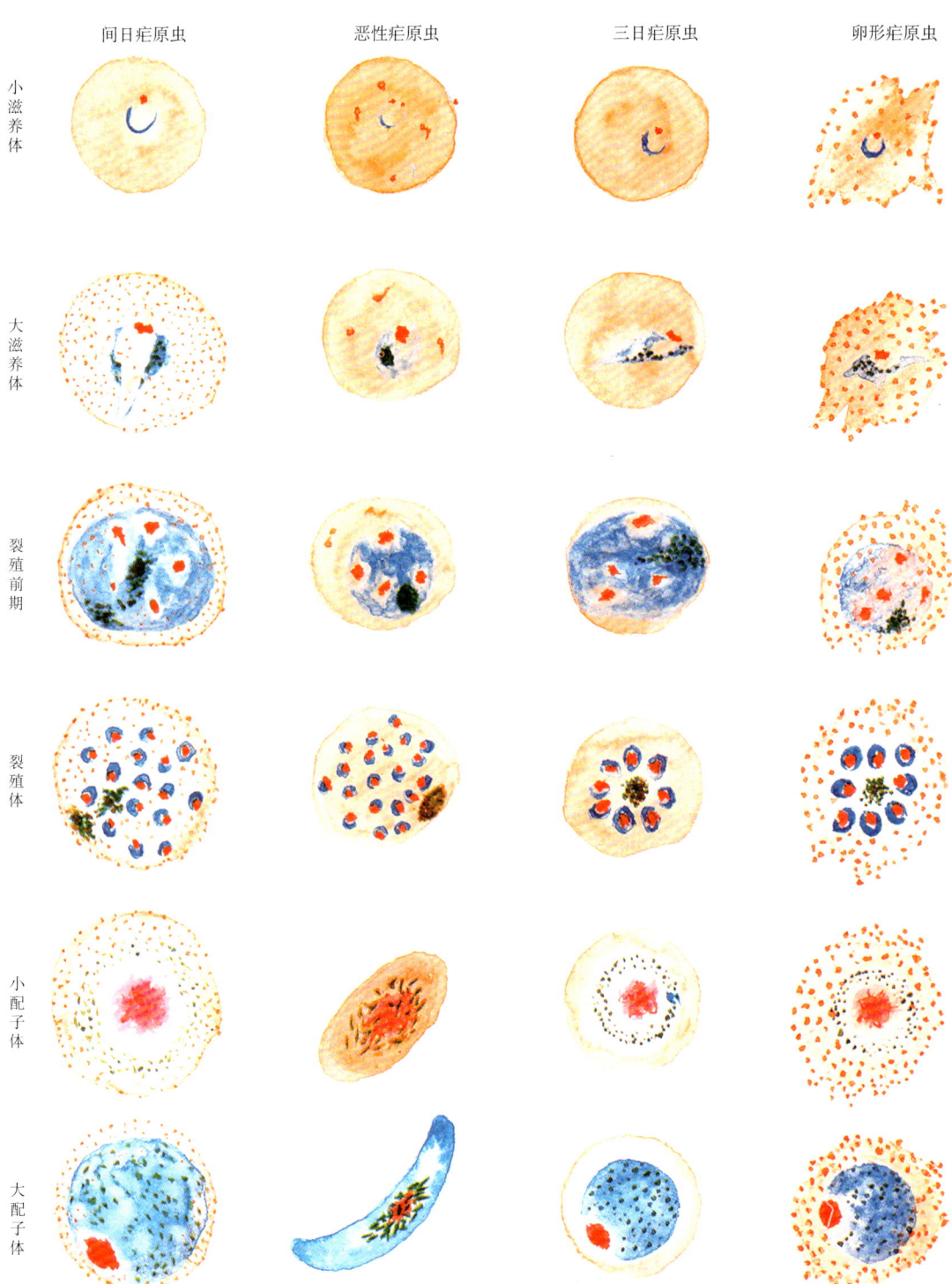

彩图 47 四种疟原虫

本丛书由

教育部人文社会科学重点研究基地河南大学
黄河文明与可持续发展研究中心、
河南大学黄河文明省部共建协同创新中心

资助出版

本丛书系2017年国家社科基金一般项目
"考古视野下辽夏金元服饰演变与中华民族文化认同研究"
（批准号：17BKG028）阶段性成果

河南大学考古中原系列丛书
刘春迎　吴爱琴　主编

考古安阳

孔德铭　著

科学出版社
北　京

图书在版编目（CIP）数据

考古安阳/孔德铭著. —北京：科学出版社，2019.11
（河南大学考古中原系列丛书/刘春迎，吴爱琴主编）
ISBN 978-7-03-062798-8

Ⅰ.①考… Ⅱ.①孔… Ⅲ.①考古发掘–研究–安阳 Ⅳ.①K872.613

中国版本图书馆CIP数据核字（2019）第242991号

责任编辑：张亚娜　张睿洋／责任校对：邹慧卿
责任印制：赵　博／封面设计：美光设计

科 学 出 版 社 出版
北京东黄城根北街 16 号
邮政编码：100717
http://www.sciencep.com
北京厚诚则铭印刷科技有限公司印刷
科学出版社发行　各地新华书店经销
*

2019年11月第 一 版　开本：787×1092　1/16
2025年3月第二次印刷　印张：21 1/2
字数：493 000

定价：158.00元
（如有印装质量问题，我社负责调换）

序 一

  黄河流域是中华民族的文化摇篮，河南则是摇篮里的一颗明珠，是中华民族和华夏文明的重要发祥地之一，素有"中原""中州"之称。河南境内群山起伏，河流纵横，平原辽阔，深得天时地利之便。黄河自陕晋边境折向东流，经河南中北部，东入华北平原。远古时期，这里气候温和，物产丰富，交通便利，我们的祖先很早就生息、繁衍、劳动在这方神奇的热土上；旧石器时代，东播西传，南来北往，中原沃野为必经之地；新石器时代，这里更是华夏文明的源头；夏商周时期，河南已成为三代文明的核心；两汉魏晋乃至隋唐，河南仍处全国的中枢地位；直到北宋定都开封，还展现了中原地区最后的辉煌。

  皇天后土不仅在河南造就了数以千计彪炳青史的历史文化名人，更是为河南留下了极为丰富的遗迹和遗物，奠定了河南文物大省的历史地位。河南境内，地上地下文物古迹如群星散落，中华人民共和国成立以来，国务院先后公布了七批全国重点文物保护单位，其中仅河南省就有358处，位于全国前列。从夏朝至清朝的4000余年间，先后有20多个朝代的200多位帝王建都或迁都于此，在河南境内共出现了200多座古代都城，其中建立朝代多、历时长、规模宏伟、影响大，并且如今依然是大中城市的重要古都就有八座（北京、西安、郑州、洛阳、安阳、开封、南京、杭州），并称为"中国八大古都"，这里仅河南就有洛阳、开封、安阳、郑州四座，占据了半壁江山。

  中国考古学，是在20世纪20年代之后发展起来的一门新兴科学。既受到中国传统金石学的影响，又吸收了欧洲田野考古的营养。而位于中原腹地的河南作为我国的文物大省，其考古发现和研究，堪称中国考古学的缩影。1949年之前在河南开展的考古工作，如渑池仰韶村、安阳殷墟、汲县山彪镇、辉县琉璃阁、永城造律台的发掘等，都有很多重要的发现，在中国考古学史上占有重要地位。中华人民共和国成立之后，河南的考古工作取得了更加令人瞩目的成就。2001年，由考古杂志社组织国内著名的考古学家评选出的"二十世纪中国百项考古大发现"，河南省共有17项入选，名列全国各省市之首；自1990年开始至今，国家文物局、中国文物报社和中国考古学会每年一度连续举办的"全国十大考古新发现"评选，截至目前，已经连续举办了30届，河南共有40多个项目入选，总数亦稳居全国第一。在河南境内的洛阳、安阳等地，因为其考古地位特别重要，中国社会科学院还分别设立了洛阳工作站和安阳工作站，设立了新石器时代考古队、二里头遗址队、偃师商城队、汉魏故城遗址考古队、隋唐城遗址考古队等一批重要的社科院直属考古科研机构，开展考古发掘和科研工作。

  黄河文明与可持续发展研究中心、黄河文明省部共建协同创新中心是经教育部批准、依托河南大学组成的两大国家级人文社科重点研究平台，是以黄河文明及沿岸地区经济社会可持续发展为研究对象的国家级综合性研究机构。为进一步探究黄河文明发祥及其历史演进，中心与河南大学历史文化学院联合开展了《考古中原》的研究和编撰工作。丛书分"河南大学考古中原系列丛书之古都系列"和"河南大学考古中原系列丛书之历史文化名城系列"。一期"河南大学考古中原系列丛书之古都系列"以河南境内的四座重要古都为依托，分别由《考古开封》《考古洛阳》《考古安阳》《考古郑州》组成；二期"河南大学考古中原系列丛书之古都系列之历史文化名城系列"拟将成果扩大至河南境内的国家级历史文化名城和其他主要的文化名城，编著《考古南阳》《考古商丘》《考古新乡》《考古三门峡》等。目前一期四部书稿已经全部完成并交付科学出版社，将于近期与广大读者见面。

郑州、洛阳、安阳和开封等地因历史悠久，文物遗迹丰富，均开展过大量、重要的考古工作，出版和发表过多部考古发掘报告和数量众多的考古发掘简报，围绕这些重要考古发现而发表的学术论文等科研成果更是不计其数。然而，以往的发掘报告和发掘简报都是"就遗址而遗址"，相关学术研究也往往是"就发现而发现"，材料和成果相对零散。本丛书的重点则是利用河南省四座著名的古都以及诸历史文化名城历年发现的重要考古资料，以时间轴为脉络，从石器时代开始，分上古人文始祖时期、夏商周、秦汉、隋唐、宋元直至明清，把历年来在一个特定地域内发现的考古资料汇集在一起，揭示出特定地域内不同时期文物遗存间的相互依存和发展演变关系，揭示当地历代重要城址和区域文明历史变迁的轨迹，并根据考古发现，结合文献记载，开展相关学术研究，归纳出各个时期、各个城市、各个地域的黄河文明特征与时代贡献，从而进一步阐述生活在中原地区黄河流域的先民们如何利用黄河这一特殊的地理环境创造出的灿烂辉煌的流域文明。

河南大学考古中原系列丛书之古都系列主编为教育部人文社科重点研究基地河南大学黄河文明与可持续发展研究中心、黄河文明省部共建协同创新中心特聘研究员、河南大学历史文化学院教授刘春迎和河南大学文物馆馆长、研究员吴爱琴。他们二人在调至河南大学工作之前，都长期在开封文物战线上工作，特别是刘春迎教授，曾担任开封市文物工作队队长、开封市文物考古研究所所长等职，长期奋战在开封文物考古第一线，近年来先后有《北宋东京城研究》《考古开封》《揭秘开封城下城》《北宋开封城史话》等著作问世。本次系列丛书中的《考古开封》是在2006年河南大学出版社出版的同名著作的基础上，经补充完善后的修订版。丛书的另外几位作者，如《考古郑州》的任伟、刘彦锋，《考古洛阳》的史家珍、吴业恒，《考古安阳》的孔德铭，都长期在河南文物考古战线工作多年，既有丰富的田野考古工作经验，又有较深的学术造诣，由他们担纲执笔，确保了本丛书的专业性和权威性。

我相信，这部系列丛书的出版，将会对河南、黄河中游地区乃至全国的考古研究起到积极的促进作用。

中国社会科学院学部委员、中国社会科学院考古研究所原所长、
河南大学古代文明研究中心主任、研究员

王 巍

2019年9月于河南大学

序 二

当人们踏入安阳这片古老的土地时，映入眼帘的不仅是高楼大厦、亭台楼阁，还有四通八达的高速公路、高速铁路。令人仰慕和敬畏的正是脚下这片不老的黄土地，这片流淌着中华文明血脉的沃土，从1928年中央研究院历史语言研究所开始挖掘殷墟的第一锹开始，八十年来，无论战争、灾荒、动乱，一批批考古学者坚守在安阳考古第一线。这里一直是中国考古的圣地，是中国近现代考古学家的摇篮。考古工作者不仅从安阳的地下挖出来一个淹没3300年的中国商代的都城遗址——殷墟，还挖出来夏商周、汉唐宋时期中国所有古代城市应有的文明要素：宫殿、城墙、道路、手工业遗址、墓葬及其他文化遗址。从旧石器时代小南海文化开始，仰韶、龙山文化时期的大司空文化和后冈文化，夏商周至明清的殷墟、安阳、邺城、相州、彰德等，尽管州府郡名字不同，但安阳城的地理位置及"安阳"的名字却始终不曾变更。数万年来，人类足迹从山区踏入丘陵、踏入平原以至于湖泊湿地，或为国之都，或为地区之政治、经济、文化中心，但文明前进的步伐却始终未曾停歇。这里的文化一脉相承，环环相扣；这里的文明繁荣发达，序列清晰，是中华主体文明演化、进步的缩影！

正如编写《文化安阳》《历史安阳》一样，编写一本《考古安阳》始终是我们的一个心愿。特别是许多年来随着安阳考古工作的不断深入，揭开了一个个保存地下千万年的古文化遗址，大量神秘的古代墓葬，出土了丰富的珍贵文物，展示出安阳作为中华文明发源地深厚的文化内涵。《考古安阳》依据最新的考古成果，探寻安阳地区从人类初期一步一步迈向文明时期所付出的努力、艰辛，甚至是泪水和牺牲。挖掘出遗址背后文化、文明的脚印，以及人物或悲或喜的故事，撷取最具代表性的人类创造的精华，展示先民的智慧与理念，以不可或缺的古文化遗址为线索，以丰富精美的文物为载体，全面反映安阳在中国历史上的辉煌与荣耀。

安阳古称邺，又称相州、彰德府等。位于河南省最北部，豫、晋、冀、鲁四省交界之地，其北涉漳河与河北省邯郸市相连，西越太行山与山西省长治市相邻，东隔河南省濮阳市，过黄河与山东省聊城市接壤。安阳自古人杰地灵、文化深厚，具有5000年以上的文明史，是中国八大古都之一，国家级历史文化名城，甲骨文和周易的发源地，同时也是世界文化遗产殷墟和隋唐大运河（永济渠）的所在地。目前，安阳拥有国家级文物保护单位24处，省级文物保护单位73处，市、县级文物保护单位410处，是河南省文物大市。

安阳考古肇始于1928年中央研究院历史语言研究所的殷墟考古，殷墟考古是中国现代考古学的发端，是首次中国学者进行中国科学考古。安阳殷墟因其重要的科学、历史和文化价值，为人类文明的进步和发展做出巨大的贡献，被评为"中国20世纪百项考古大发现"之首。从1928年至今，殷墟考古基本未曾间断过，殷墟成为中国少有的考古遗址，在中国考古史上占有重要的一页。从事殷墟考古发掘的单位除了民国时期中央研究院历史语言研究所之外，还有河南省博物馆。中华人民共和国成立后发掘单位有中国科学院考古研究所及后期的中国社会科学院考古研究所安阳工作队、河南省文物考古研究所（现河南省文物考古研究院）、安阳市博物馆（现安阳博物馆）和1986年成立的安阳市文物工作队（2007年更名为安阳市文物考古研究所）等单位。殷墟考古不仅在安阳考古中占有突出而重要的地位，也在全国考古中占有不可或缺的地位。安阳市文物考古研究所（原安阳市文物文物工作队）成立30余年来，在从事殷墟外围考古的同时，在安阳市区、安阳县、汤阴、滑县、内黄县及林州市还取得了一系列其他时期考古的重大收获。这些重要的考古发现，展示了安阳地区作为中华文明重要发源地之一和中国八大古都之一，为中华文明形成、发展、繁荣所承担的历史责任。

安阳考古特点鲜明，影响重大。安阳殷墟是中国近现代考古的发端。1928年董作宾开启的殷墟考古是中国考古学家在自己的土地上自主进行科学考古的开始。安阳考古开始最早，且持续时间长，基本上未间断过。安阳考古文化自成序列，从旧石器时代晚期至明清时期都有重要的考古发现，形成仰韶文化（以后冈遗址和大司空遗址为代表）→龙山文化（以后冈遗址及蒋台屯遗址为代表）→下七垣文化（以小屯西地及梅园庄遗址为代表）→中商文化（以洹北花园庄和洹北商城为代表）→晚商文化（以殷墟遗址为代表）等非常清晰的早期考古学文化序列。安阳考古是培养中国考古学家的摇篮，中华人民共和国成立前后的一批世界知名的考古学家，如李济、梁思永、董作宾、石璋如、夏鼐、郭宝钧等，大多是从安阳殷墟走出去的。

《考古安阳》一书，主要记述了中国社会科学院考古研究所、安阳市文物考古研究所等在安阳历次重要的考古发现，特别是2004年以来的重要考古新发现，这些发现在河南省，甚至全国均具有重要影响，是中国考古的重要组成部分。特别是从1986年开始安阳市文物考古研究所配合基本建设项目钻探面积达数百万平方米，发掘项目共计500项以上，涉及各个时期的文化遗址、墓葬。其中滑县宋代古船遗址还获得"河南省2011年五大考古新发现"，安阳辛店商代晚期铸铜遗址获"河南省2016年五大考古新发现"。此外，由河南省文物考古研究院主持发掘的内黄三杨庄汉代庄园遗址、南水北调安丰乡固岸墓地及曹操高陵等都获得2005年的"全国十大考古新发现"，在全国有着重要且长久的影响。

《考古安阳》是《考古中原》系列丛书中的一部。它以时代发展序列为线索，以安阳市区、安阳所辖区县（市）和河南省直管县滑县为范围，从旧石器时代小南海原始人洞穴文化遗址开始，至明代安阳赵藩王墓葬止，资料搜集时间截止到2016年。本书以叙述和研究发生在安阳重要的考古发现及其价值为线索，以解读中华文明滥觞、演化、发展背景为目的，力求语言简洁、通俗，图文并茂，为传承中华民族优秀文化做出贡献。

编　者

2018年10月

目　　录

序一 ·· （ i ）

序二 ·· （iii）

第一章　安阳石器时代考古 ·· （ 1 ）
    第一节　旧石器时代安阳考古的新发现 ·· （ 1 ）
    第二节　遍布境内的新石器时代遗址 ·· （ 3 ）

第二章　安阳商代考古 ··· （14）
    第一节　安阳先商文化遗址与墓葬 ·· （15）
    第二节　洹北商城 ·· （20）
    第三节　殷墟遗址的发现与发掘 ·· （22）
    第四节　近些年殷墟周边考古新发现 ·· （71）
    第五节　殷墟以外的其他商代晚期的遗址和墓葬 ······································ （98）

第三章　安阳两周考古 ··· （107）
    第一节　安阳西周时期文化遗址和墓葬 ·· （108）
    第二节　安阳东周时期文化遗址和墓葬 ·· （116）

第四章　安阳秦汉魏晋南北朝考古 ·· （157）
    第一节　秦汉魏晋南北朝时期的文化遗址 ··· （158）
    第二节　邺城遗址 ·· （169）
    第三节　两汉时期的墓葬 ·· （172）
    第四节　安阳西晋时期的墓葬 ··· （196）
    第五节　曹操墓的发现与发掘 ··· （201）
    第六节　安阳北朝墓葬 ··· （208）

第五章　安阳隋唐考古 ··· （235）
    第一节　安阳隋代遗址及墓葬 ··· （235）
    第二节　安阳唐代遗址及墓葬 ··· （256）

第六章　安阳宋金考古 ··· （270）
    第一节　宋金时期遗址 ··· （271）

第二节　宋金时期墓葬··（280）
　　第三节　宋代韩琦家族墓地··（296）

第七章　安阳元明考古···（306）
　　第一节　彰德古城···（306）
　　第二节　元明时期的墓葬··（311）
　　第三节　汤阴宜沟镇长沙墓地···（326）

后记··（331）

第一章　安阳石器时代考古

安阳，《禹贡》曰"冀州之域"，历史悠久、文化灿烂，是中华民族和华夏文明最重要的发源地。安阳在地理环境上属于暖温带大陆性季风气候，四季分明，西部为丘陵山地，东部则是广阔无际的华北大平原。发源于太行山的河流，如漳河、洹河、汤河、羑河、卫河等自西向东流淌。在人类发展的早期，这里降水丰沛，气候较现在温暖湿润，河流纵横，水草丰美，动植物资源丰富，适合人类的生存与繁衍。因此，早在旧石器时代晚期，安阳西部小南海原始人洞穴中就有先民在这里生活栖息。到了新石器时代，这里的人们逐渐从山地走向丘陵、平原，人类的足迹更是遍布安阳各地。

第一节　旧石器时代安阳考古的新发现

旧石器时代是和新石器时代相对而言的。旧石器简单来说就是打制石器，新石器就是磨制石器。在人类历史上以打制石器为主要生产工具的时期就是旧石器时代，以磨制石器为主要生产工具的时期就是新石器时代。在安阳地区旧石器遗址发现得相对较少，但小南海原始人洞穴遗址，则在全国旧石器考古中有着较大且深远的影响。

1. 滑县程新庄村旧石器时代遗址

2009年，在滑县留固镇程新庄村西的一处砂场中发现大量的动物化石。同年12月河南省文物考古研究所和安阳市文物考古研究所的专家对此处遗址进行了调查。这处取砂场始于20世纪80年代，由于所处的黄河故道地下埋藏有丰富而优质的建筑用砂，一直受到当地建筑商的青睐。近年，工人在挖砂时陆续挖出了大量动物化石，引起村民的好奇，竞相采集。细心的村民程某将一部分化石从挖砂工人手中收集起来，有数百件之多，但这仅是出土化石中很小的一部分，那些单个的牙齿或个体较小的化石已被挖砂者扔掉。据调查发现化石埋藏在距地表深约25米的黄河河床堆积砂砾层，厚度可达6米，以中粗砂为主，砂质纯净，分选性较好，含有丰富的脊椎动物和软体动物化石，偶见钙核和泥砾。从砂砾层厚度和纯净且分选性较好的砂质可以看出，那时的黄河有相当充足的水量，并且一度清澈见底。化石种类有原始牛、披毛犀、普氏羚羊、马鹿、野马、河狸和软体动物丽蚌等近20种（图1-1），均为晚更新世种类。化石保存十分完整，部分颈椎在出土时仍黏连在一起。有的鹿角和头骨相连，符合人为狩猎特征。骨骼石化程度较深，埋藏前未经风化，水力冲磨轻微，估计水力搬运的距离不会太远。尤为重要的是，在一些肢骨关节面附近有人工砍痕和切割痕迹，这直接反映了古人类猎获、消费动物产品的相关信息。

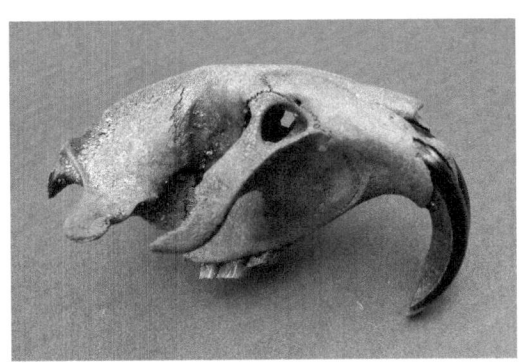 

图1-1 滑县程新庄村出土动物化石

从河狸、丽蚌等喜暖湿动物的存在和埋藏环境分析,"许昌人"头骨化石的发现者李占扬研究员认为,化石所代表的时代约和山西丁村遗址、河南灵井"许昌人"遗址的时代相当,约距今10万年前后。这一古人类遗存的发现,说明冰川后期古人类分布空间迅速扩大,其活动范围由已知的山麓丘陵、山前岗地、黄土地区扩大到了广袤的平原腹地。另外,专家还认为这批化石的发现,对于研究黄河形成时的古环境也有十分重要的意义。在我国,黄河干流形成和各地古人类大量出现几乎处于同一时期,这一时期大量存在的古人类文化为中国现代人起源于本土提供了有力的证据。这是黄河下游堆积中首次发现的时代较早的动物化石和古人类活动的遗存,对于了解晚更新世早期人类活动和研究黄河形成时的古环境均具有十分重要的意义[①]。

2. 小南海原始人洞穴遗址（小南海文化）

著名的安阳小南海原始洞穴遗址位于安阳市西南30千米的北楼顶山东麓（图1-2）。1960年由中国科学院考古研究所安志敏主持了第一次试掘,1978年进行了第二次发掘。小南海原始洞穴洞口东向,文化层厚6米,分5层,出土石器7000余件。石器种类主要有石核、石片、砍砸器、刮削器和一些装饰品。动物化石有野驴、披毛犀、水牛、野猪、斑鹿、羚羊、鼢鼠、猩猩、鸵鸟蛋、狗獾、刺猬、狼等。石片以锤击法和砸击法制成,有尖状器和刮削器。砾石工具有砍砸器。在小南海遗址中有部分长石片及小长石片,显示了某些细石器文化的特征,它可能与峙峪、虎头梁等文化有较密切的关系。其地质时代相当于晚更新世末期。

据放射性碳十四科学测定,洞穴的文化遗存,上层堆积距今约1.3万年,下层距今约2.5万～2万年。其时代和北京周口店山顶洞人相当,从石器看,两者还有遥承渊源。小南海原始洞穴遗址是河南境内发现的第一处旧石器时代遗址,也是中华人民共和国成立后在华北地区首次发现的旧石器时代晚期洞穴遗址,被郭沫若定名为"小南海文化"。它填补了考古研究上旧石器时代过渡到新石器时代的缺环,为人类的发展历史及其他各

---

① 2009年12月,该遗址由河南省文物考古研究所（现河南省文物考古研究院）李占扬、安阳市文物考古研究所孔德铭、安阳博物馆周伟等共同考察发现,所出土的化石目前保存在安阳博物馆。

图1-2 小南海原始人洞穴遗址

方面的科学研究提供了难得的实物资料。小南海遗址是河南境内首次发现的旧石器晚期洞穴遗址，为中原地区旧石器时代考古研究提供了宝贵资料[①]。

第二节 遍布境内的新石器时代遗址

中国的新石器时代是原始社会氏族公社制由全盛到衰落的一个历史阶段。它以农耕和畜牧的出现为划时代的标志，表明已由依赖自然的采集渔猎经济进入改造自然的生产经济，磨制石器、制陶和纺织的出现也是这一时代的基本特征。因而，新石器时代在中国历史上是古代经济、文化向前发展的新起点。就目前所知，中国新石器文化至少要在距今1万年前，实际开始年代应当更早；一般延续到公元前2000年左右。河南省境内的新石器考古学文化主要有：距今8000～7000年的裴李岗文化，距今7000～5000年的仰韶文化，距今5000～4000年的龙山文化。这些文化都是中华远古文化的主体部分，对中华文明的形成和发展产生了重要的影响。

安阳地区作为中华民族重要的发祥地之一，境内遍布新石器时代遗址，并且在全国有着较大的影响。仰韶文化代表类型有：安阳后冈类型和大司空类型。龙山文化代表类型主要有：后冈类型，包括汤阴白营龙山文化及新发现的柴库北地龙山文化遗址等。特别是后冈遗址的发现与发掘，找到了仰韶文化、龙山文化和商文化先后叠压关系，被称为"后冈三叠层"，解决了长期困扰学术界的仰韶文化、龙山文化时代先后的问题，具有重要的意义。

---

① 安志敏：《河南安阳小南海旧石器时代洞穴堆积的试掘》，《考古学报》1965年第1期。

一、安阳境内的仰韶文化遗址

仰韶文化以最早（1921年）发现于河南省渑池县仰韶村而得名，是分布在黄河流域的新石器时代文化。安阳地区的仰韶文化分布较广，各县（市）都有不同数量的发现，是中原仰韶文化的重要组成部分。特别是安阳地区发现的后冈遗址和大司空遗址具有典型的地方特征，被学术界称为后冈类型和大司空类型。在安阳地区，后冈类型和大司空类型的仰韶文化分布得非常广泛。

1. 后冈遗址

后冈遗址因首先发现于河南省安阳市后冈村而得名。遗址位于安阳高楼庄村北，洹河南岸的一处高地上。1930年，获得美国哈佛大学考古学硕士学位的梁思永学成归国，第二年春天，他主持了安阳后冈遗址的发掘，共开探沟25个，发掘面积216平方米，发现有白灰面房址、陶器、石器和骨器等。当年秋天，他又主持了第二次发掘，开探坑20个，发掘面积385平方米，除发现有白灰面房址外，还发现了一段长70米的夯土围墙。与之前的发掘不同，根据发掘出的遗物统计，依据土质土色的区分和遗物特征，他将发掘出的文化层合并为3个大的文化层，即上层的小屯文化层、中层的龙山文化层和下层的仰韶文化层，也就是中国考古学史上著名的"后冈三叠层"。

20世纪70年代中国社会科学院考古研究所又对该遗址进行了发掘。仰韶文化的彩陶钵、碗、罐形鼎，以及三角斜线纹、多道短线纹等彩陶纹样特征鲜明，遗存被命名为仰韶文化后冈类型，年代为公元前4390～前4180年。龙山文化有房址39座，有的房屋还用幼童作奠基牺牲。

后冈类型的遗物特征是：石器虽然以磨制为主，打制和琢制仍占相当的比例。石器种类较简单，有铲、斧（锛）与两侧带缺口石刀等。另有骨制与陶制工具。陶器以泥质红陶为主，砂质红陶和泥质灰陶次之，均手制，常见的陶器种类有敞口深腹高足鼎、灶、敛口折沿深腹平底罐、大口圜钵、大口平底碗、小口深圆腹平底瓮、小口长颈折腹平底瓶和大口深腹圜底缸等。器表有少量弦纹、线纹、锥刺纹和附加堆纹。彩陶数量不多，主要是红陶，黑陶较少。纹饰也较简单，多是在陶钵和碗的口沿下绘出一道宽带纹，考古界称之为"红顶碗"和"红顶钵"。也有用三、四道平行竖线组成一组一组的纹样和两垂直相交斜平行线纹、波浪纹及同心纹。后冈遗址的发掘解决了河南仰韶文化、河南龙山文化和商文化的时代与先后演进关系，具有重要的考古价值[①]。

2. 大司空遗址

大司空遗址因首先发现于河南省安阳市大司空村而得名。20世纪50年代，中国科学

---

① 中国科学院考古研究所安阳工作队：《1972年春安阳后冈发掘简报》，《考古》1972年第5期；中国社会科学院考古研究所安阳工作队：《安阳后冈新石器时代遗址的发掘》，《考古》1982年第6期；中国社会科学院考古所安阳工作队：《1979年安阳后冈遗址发掘报告》，《考古学报》1985年第1期。

院考古研究所安阳工作队在安阳大司空村南地发现仰韶文化遗址。遗址隔洹河与后冈遗址相对，但类型不同。这一仰韶文化遗址被称为大司空类型。同类型的遗址多发现在卫河与漳河流域。有安阳大寨南岗遗址、鲍家堂遗址，河北磁县下潘遗址、邢台柴庄遗址和邯郸百家村遗址等。大司空类型的遗物特征是：石器多为磨制，其种类有斧（锛）和长方形穿孔石刀。陶器以砂质和泥质灰陶为主，泥质红陶次之，并有少量砂质红陶、黑陶和白陶。常见的陶器有敛口平底钵、敞口碗、折腹盆、小口鼓腹平底罐等。器表纹饰以篮纹较多，并有绳纹、划纹、锥刺纹、方格纹和席纹。彩陶数量不多，以红色或赭色为主。彩绘纹样有弧线三角、平行线、曲线、半环、同心圆等组成的各种图案，其中蝶须纹、水波纹、S形纹、W形纹、眼睫毛纹最具特色。后冈类型和大司空类型的时代可能具有早晚的区别。从这两种类型的陶器形制和器表纹饰来看，后冈类型的陶器形制和纹饰都较简单，而大司空类型的陶器形制和纹饰较复杂，特别是小口罐和敞口碗都接近于龙山文化，而且纹饰又以篮纹较多，所以后冈类型有可能早于大司空类型[①]。

从考古调查来看，这一时期仰韶文化在安阳地区分布十分广泛，具有普遍性，仅洹河流域就有大量分布。1997年由中国社会科学院考古研究所、美国明尼苏达大学科技考古实验室组成中美洹河流域考古队在对洹河流域进行调查中，发现在安阳地区仰韶文化后冈时期的遗址有大正集、柴库、后冈（以上为洹河上游）、东官园、小吴村、小八里（以上为洹河下游）；仰韶文化大司空时期有东夏寒、大正集、范家庄、秋口同乐寨、侯家庄高井台子、大司空（以上为洹河上游），鲍家堂、大寨南岗（以上为洹河下游）等[②]。

二、龙山文化

龙山文化以1928年首先发现于山东省章丘县龙山镇而得名，是继仰韶文化之后在黄河中、下游发展而来的一种新石器时代晚期文化，年代在距今5000～4000年之间。由于全国不少地方都有与龙山文化年代大体相当的考古学文化分布，文化面貌并不完全相同，有人把龙山文化按地区加以区别，把山东、河南、陕西的龙山文化遗存，分别称山东龙山文化、河南龙山文化和陕西龙山文化。河南龙山文化上与仰韶文化晚期相接，下与二里头文化相连，但并没一刀切的界线，上下都有一个过渡或交叉。河南龙山文化又细分为不同的类型，就安阳来说主要是以安阳后冈遗址为代表的后冈类型。这一类型的仰韶文化因首先发现于河南省安阳市后冈而得名，主要分布地域在河南北部和河北南部的漳河、卫河、洹河流域。已发现的此类型遗址还有河南安阳八里庄遗址、汤阴白营遗址、浚县大赉店遗址，河北邯郸涧沟遗址、龟台遗址和磁县下潘王遗址等。后冈类型有早晚之分。

龙山文化后冈类型在安阳分布非常广泛，考古发掘了的就有后冈遗址、汤阴白营遗

---

① 杨锡璋：《仰韶文化后冈类型和大司空村类型的相对年代》，《考古》1977年第4期。
② 中国社会科学院考古研究所、美国明尼苏达大学科技考古实验室、中美洹河流域考古队：《洹河流域区域考古研究初步报告》，《考古》1998年第10期。

址、大寒遗址、秋口遗址和柴库遗址。1997年由中国社会科学院考古研究所、美国明尼苏达大学科技考古实验室组成中美洹河流域考古队，对洹河流域进行的调查中就在安阳发现有龙山时期的遗址30处。其中出现了后冈、大寒南岗、蒋台屯等至少3处规模明显大于其他遗址的龙山聚落。

1. 后冈龙山文化遗址

遗址经过多次发掘，发现的遗迹有后冈的龙山文化夯土城墙、半地穴式地面建筑的圆形或方形房屋。在安阳后冈的龙山文化遗址中发现一座西、南两面的夯土城墙，长约70余米，宽约2～4米。同样在登封王城岗遗址中，发现了2座东西并列的龙山文化中晚期的夯土城垣建筑。西城呈方形，西城墙长94.8米，南城墙长97.6米，北城墙东段和东城墙北段残损。东城的东部因被河水冲毁，仅剩城的西南角一部分。城垣的夯层和夯窝十分明显，特别是房屋的墙壁，除木骨架泥墙外，还有土坯墙。房内地面中部多有一略高出地面的圆形灶，地面铺白灰面，灰坑也是以袋状坑和圆形坑为主。墓葬很少发现。

生产工具以石器最多。除较精致的磨制石器外，还有少量打制石器。磨制石器有带孔铲、刀、斧、锛、镰、镞、磨盘、杵等，另有打制或琢制的黑燧石质的刮削器和石钻。骨器和蚌器较多，有铲、凿、锥、镞、矛、鱼鳔刀、镰等。陶器胎质以砂质和泥质灰陶为主，红陶、黑陶与白陶次之。器表除了素面与磨光外，纹饰以绳纹和篮纹为多，方格纹、弦纹、划纹与附加堆纹较少。主要器形有敛口折沿深圆腹三足鼎、直口浅腹三扁足鼎（部分鼎足外侧饰双目）、敛口深腹带鋬大袋状鬲、敛口深腹细腰袋足甗、敛口深腹（或带双耳）平底罐、敛口折沿深腹平底带镂空甑、敞口长颈扁折腹斝、圆口有流有鋬袋状鬶、带鋬直口（或口微侈）折腹平底盆、小口高领圆腹（或带双鼻）平底瓮、单耳罐和内壁刻有凹槽的澄滤器等。其中的鬲、甗、扁足鼎、弧形流鬶都是该类型具有代表性的陶器①。

2. 汤阴白营龙山文化遗址

位于汤阴县城东6千米的白营村东，1976～1978年，河南省博物馆和安阳地区文管会进行了发掘，发掘面积达1483平方米。文化堆积有4层，除表层为较薄的西周文化外，上层属河南龙山文化晚期，中层为典型的龙山文化，下层是河南龙山文化早期（图1-3）。

下层发现一口完整的古井，距今4000余年。出土的遗物有陶鼎、罐、钵、碗、斝、瓮、盘、大盆、釜等陶器，斧、杵、铲、锛、凿、钻头、磨石等石器，镞、锥、笄、针等骨器，刀、镰、环等蚌器，以及猪、鹿、牛、羊等动物遗骨。下层还发现了7座房基。

中层出土的陶器有单耳三足杯、单耳鼓腹杯、鬶等酒器，生活用器有扁腹斝、双腹

---

① 中国科学院考古研究所安阳工作队：《1972年春安阳后冈发掘简报》，《考古》1972年第5期；中国社会科学院考古研究所安阳工作队：《安阳后冈新石器时代遗址的发掘》，《考古》1982年第6期；中国社会科学院考古所安阳工作队：《1979年安阳后冈遗址发掘报告》，《考古学报》1985年第1期。

图1-3 白营遗址现状

盆、带流单耳杯、单耳直筒杯、平底盆、碗、方格纹罐形圆锥足鼎等。石器中有斧、凿、镞、杵、铲、锛、纺轮，骨器中有镞、锥、凿、矛，还有卜骨等（图1-4）。

上层揭露出房基46座，多为圆形，门向南。以地面建筑为多，少数是半穴居式。居住面有硬土面、烧土面、白灰面3种，房基的布局整齐，东西成排、南北成行。在墙基外两侧发现瓮棺葬9个，死者年龄都在5岁以下。上层还发现有白灰窖，说明当时已经能大量烧制和使用白灰了。上层出土的遗物有陶质罐形斝、瘦长腹罐、罐形扁足鼎、豆、

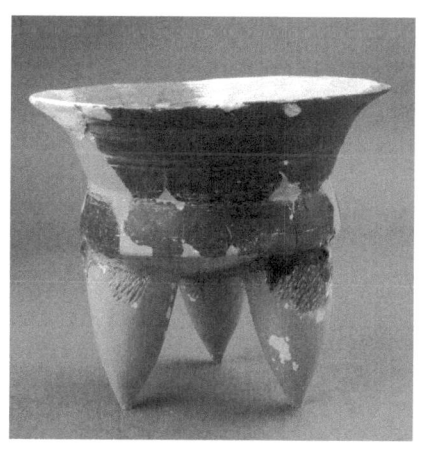
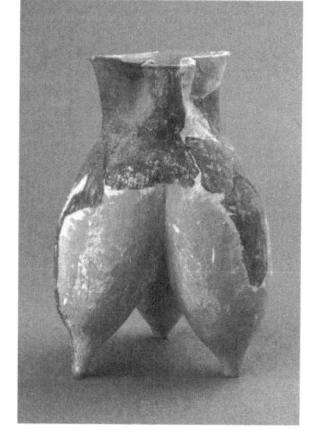
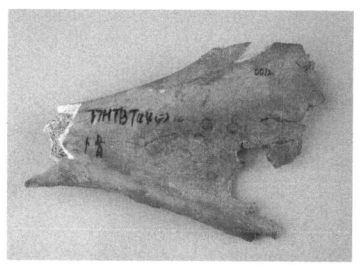

图1-4 白营遗址出土的陶鬲、鬶、器座及卜骨

圆足盘、三足盘等，上层文化遗址距今约3700余年[①]。

2016年9～10月，为了配合白营遗址保护规划，安阳市文物考古研究所对白营遗址又进行了大规模的勘探调查，发现这一遗址的城墙、城门、城壕等遗迹。

3. 安阳柴库北地龙山文化遗址

2005年春，安阳市文物工作队（现安阳市文物考古研究所）为了配合安钢原料厂北环路建设工程，在柴库东北地发现并发掘了这一遗址（图1-5）。经调查共发现龙山时期城墙遗址和城壕遗址共140余米，发掘揭露面积200余平方米，发掘文化遗址面积600余平方米，发现陶窑1座、祭祀遗址1处、白灰地面房基1处。龙山时期的残存的城墙最宽处22米，高约6米，西南至东北方向，发现有城墙的东南角拐角处（图1-6、图1-7）。出土大量的陶器残片，器形主要有鼎、豆、罐、尊、鬲、碗、瓮等，其他器物有蚌镰、石斧、骨簪等。在出土的器物中有一种考古学俗称为"鬼脸饰"的陶鼎器物，这种器物多出现在龙山文化的遗址中，在豫北地区龙山文化出土极其少见。在遗址内还发现房基1处，在房基的东面有一处非常罕见的用鹅卵石摆放的虎形图（图1-8、图1-9），专家认为这可能是一处祭祀遗迹，和当时人们的图腾崇拜有关。这是一处新发现的龙山文化遗

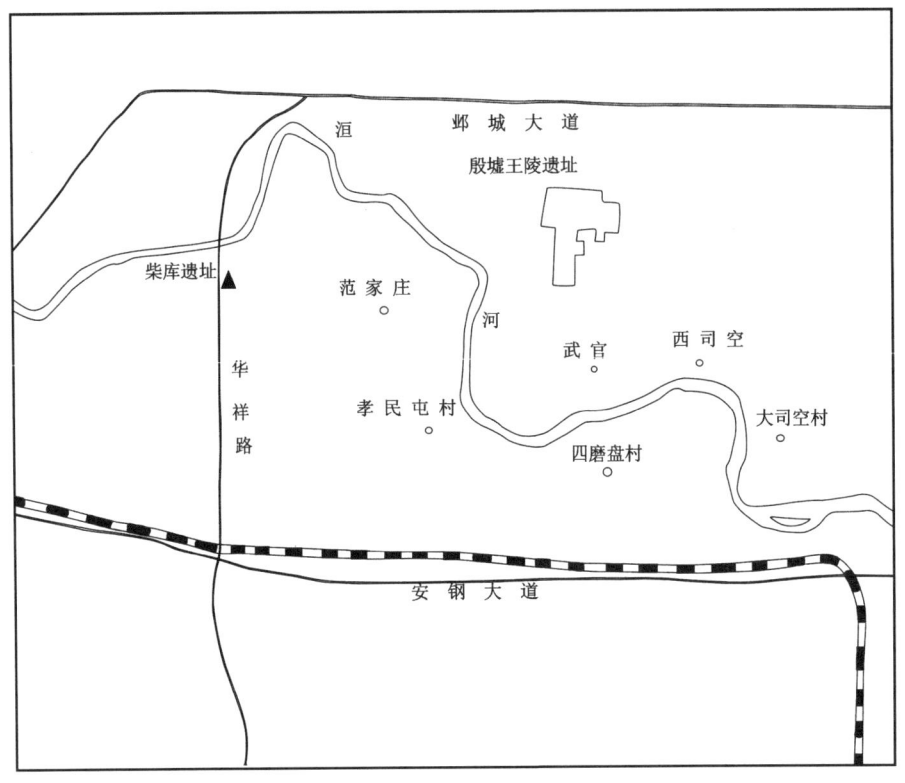

图1-5 柴库遗址位置图

[①] 河南省安阳地区文物管理委员会：《汤阴白营河南龙山文化村落遗址发掘报告》，《考古学集刊》第3集，中国社会科学出版社，1983年。

图1-6　柴库龙山城城墙夯层　　　　　图1-7　柴库龙山城城墙的东南角形制

图1-8　柴库龙山城房基与虎形图案（自南向北）　　　图1-9　柴库龙山城的虎形图案

址，具有非常重要的价值①。

柴库遗址的本次发掘发现有极少量的大司空文化遗存，出现于T1H3中。其中的彩绘花纹是花卉纹与斜行细平行条纹的集合，为比较典型的大司空文化彩陶装饰。

本次发掘的出土遗物以后冈二期文化遗存最为丰富，并且发现了鹅卵石堆塑的虎形图案，为以往所未见。解剖的城墙基址使我们了解后冈二期文化的城墙堆筑主要为夯筑堆积，一个夯层15～20厘米左右，呈倾斜状堆积。

文化遗物以陶器为大宗，陶器以夹砂灰陶、泥质灰陶为主，装饰篮纹、绳纹、方格纹等，以罐、折腹盆、深腹盆、平底盆、瓮、碗等器类为主，另有斝、鬶、钵、盘、豆、足模等。除陶器外，还见有少量的蚌镰、蚌刀和石斧等。

在豫北地区出土有后冈二期文化遗存的遗址有安阳后冈、汤阴白营、大寒南岗、安

---

① 2005年安阳市文物考古研究所在柴库进行文物勘探调查发现该龙山文化城址，随后进行了考古发掘。该遗址位于殷墟宫殿宗庙区西北，直线距离4.2千米。是近期安阳地区龙山文化遗址的重要发现之一。

阳八里庄、濮阳铁丘等。柴库遗址中出土的盆、瓮、器盖、盘等器物与其他遗址中的同类器物多有相似之处。如Ⅲ式折腹盆T1H1∶2与汤阴白营双腹盆T21③∶46相似；Ⅰ式平底盆T1⑥∶2与后冈遗址1972年发掘的盆H2∶21及八里庄平底盆T2F3∶8相似；Ⅲ式平底盆T5H4①∶35与后冈遗址1979年发掘的盆T13④∶14相似；子母口盆T8⑦∶1与大寒南岗遗址子母口盆H20∶11相似；Ⅱ式深腹盆T1②∶5与铁丘2014年发掘的Ⅰ式盆T4H8∶4相似；Ⅰ式瓮T4H3∶19与铁丘遗址2014年发掘的AaⅠ式瓮T3②∶75相似；A型Ⅰ式器盖T9④∶4与后冈遗址1979年发掘的A型Ⅰ式器盖T2⑦∶46相似；A型盘T4②∶4与濮阳铁丘2012年发掘的Ⅰ式盘H5∶26相似；A型盘T9⑤∶2与后冈遗址1979年发掘的A型Ⅰ式式圈足盘H45∶16相似；C型盘T1②∶33与后冈遗址1979年发掘的B型Ⅲ式圈足盘T13④∶15相似。

从整体上来看，柴库遗址中的一、二期遗存与后冈遗址的中期遗存更为接近，如折腹盆腹部弯折不太明显，平底盆平沿略宽，深腹盆盆沿略内凹等。三期遗存与后冈遗址的晚期遗存更为接近，如折腹盆的腹部弯折明显，平底盆沿较宽腹较深等，柴库遗址中出土的足跟较高的甗和腹部折腹比较明显的斝应该也属于这个时期。柴库遗址中的第四期遗存应晚于后冈遗址中发现的遗存，此时的遗存中未见前期比较常见的罐、折腹盆、平底盆等，此时的碗假圈足较高，深腹盆或瓮的口沿内侧或外侧凹陷较严重。柴库遗址的第四期遗存应为后冈二期文化比较晚的遗存。

从分布地域来看，柴库遗址与安阳后冈、汤阴白营、大寒南岗、安阳八里庄等遗址同位于豫北安阳境内，在此境内密集分布着后冈二期文化，此区域应为后冈二期文化的核心分布区域。而柴库遗址中此次发现的城墙及虎形堆塑图案，为后冈二期文化增添了更加丰富的内涵。

4. 八里庄遗址

遗址位于安阳县高庄公社八里庄村西南半里许的一处高出地面约3米的台地，距安阳市4千米。为了配合基本建设，安阳地区文管会于1979年4月3日至6月25日，分别在Ⅰ区、Ⅱ区对此遗址进行了发掘。共开九个探方，发掘面积180平方米，出土陶器130件、骨器60件、蚌器20件、石器70件。发现灰坑25个、房基18座、小孩瓮棺葬5座、成人墓2座、窑址1座。遗址的文化层堆积较厚，包含有较薄的西周层和龙山文化遗存。

遗址内发现了中国最早砌墙用的土坯，代表了这一时期高超的建筑技术[①]。

5. 安阳大寒村南岗遗址

大寒村位于河南省安阳市东南约15千米，白壁集南约2千米。遗址坐落在村南约500米的一个高7～8米的土岗上，故称南岗。岗南有一条向东流的小溪，岗的东、北、西三面有路沟环绕。遗址面积约25万平方米。1961年夏，安阳市文管会和中国科学院考古研究所安阳工作队在考古调查中发现此遗址。1962年，中国科学院考古研究所安阳工作队曾对此遗址进行试掘。1965年，安阳队在1962年试掘地点的西南约200米处进行发掘，

---

① 安阳地区文管会：《安阳八里庄龙山遗址发掘简报》，《中原文物》1980年第2期。

发掘工作自9月13日开始，至11月9日结束。这次共发掘龙山文化房址6座，灰坑20座，墓葬2座，二里头文化灰坑1座，西周墓葬3座。该遗址出土器物丰富，陶器主要有鼎、鬲、斝、罐、瓮、豆、簋、碗、网坠等，玉石器主要有刀、镰、斧、锛、凿、钻、矛、镞等，骨角牙器主要有凿、锥、镞、针等计116件，蚌器主要有刀、镰、铲、锥、装饰器等共计185件，此外还有卜骨8件[①]。

遗址中6座龙山房基的发现，为了解和研究河南龙山文化房屋的布局、结构及建筑技术提供了不可多得的资料。数量丰富的玉石、骨、蚌工具的发现，表明这一时期高度发达的农业经济。

6. 安阳县安丰乡吉庄村龙山文化遗址

吉庄遗址位于安阳县安丰乡吉庄村北地，北距漳河1.3千米，东距107国道1.8千米，南距市中心18千米（图1-10）。遗址为一中间高的土丘状台地，高出周围农田2～3.5米。2011年3～6月安阳市文物考古研究所对南水北调中线工程安阳段穿漳工程取土区内的墓葬进行抢救性发掘的同时，对该范围进行了调查。经调查，遗址平面呈不规则长方形，北部西侧被削去一部，南北长约230米，东西宽约190米，面积约4.3万平方米，地表裸露有大量的陶片，初步认定该遗址为龙山时期遗存（图1-11）。8月10～22日对该范围进行了试掘，在遗址中部偏东的位置开挖了一条南北3米，东西10米的探沟。共发现房基1处，编号F1。灰坑5处，编号分别为H1、H2、H3、H4、H5。房基和灰坑之间存在有叠压和打破关系[②]。

图1-10　吉庄遗址位置图

---

① 中国社会科学院考古研究所安阳队：《安阳大寒村南岗遗址》，《考古学报》1990年第1期。
② 2011年6月，安阳市文物考古研究所对南水北调中线工程安阳段穿漳工程取土区内的墓葬进行抢救性发掘时发现该遗址，并对该范围进行了调查，8月对遗址进行了试掘，开挖沟3米×10米。

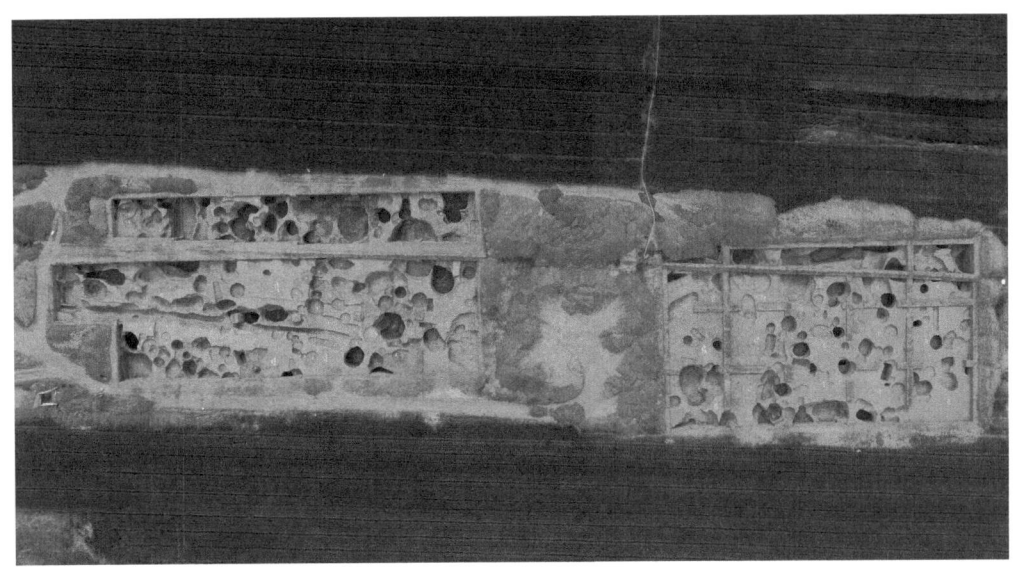

图1-11 吉庄遗址现状照片

F1　位于探沟东侧，大部分延伸到探沟外，直接暴露于地表。夯层明显，夯打致密，含红、黄、灰土，内包含有较多的陶片和蚌片。最深处约1.25米，夯层厚约0.1~0.3米，打破H5。

H1　位于探沟东南角，暴露于地表，向南延伸至探沟外。上口呈不规则圆形，底不平，最大直径2.7米，深约2.25~2.5米，打破H5。

H2　位于探沟西侧中部偏南，暴露于地表，上口呈圆形，圜底，最大直径1.6米，深0.7米，打破H5。

H3　位于探沟西侧中部偏北，南邻H2。上口呈不规则圆形，最大直径2.2米。深约2.1米，打破H5。

H4　位于探沟东北角，暴露于地表，深0.75~2.35米，打破H5。

H5　遍布整个探沟，底不平，深2~3.3米，东侧被F1打破上层。

该遗址出土遗物较为丰富。从初步整理的情况看，出土器物以陶器为主，兼有石敲砸器、少量的蚌器、骨器及动物骨骼。生产工具有石砍砸器、石斧、蚌镰和陶纺轮等。生活用器主要为泥质灰陶、夹砂灰陶、夹砂红陶以及泥质红陶，以泥质灰陶为主，泥质红陶极少。器物表面多饰有绳纹、篮纹、方格纹、弦纹等，还有部分素面磨光器。类型主要有罐、斝、盆、豆、碗、圈足盘等，均为轮制。陶器中能复原的器物不多。

折腹盆　H5内出土。泥质灰陶，素面，敞口，方唇。斜颈，中部有两周浅浅的弦纹。肩部有两个对称的微微凸起的耳。通高14.7厘米，口径22.5厘米，平底微内凹，直径8厘米。

斝　H1内出土，夹砂灰陶，只剩足部。

碗　能修复的标本3件，均出于H1。口径15.6厘米，高5厘米，小平底，径5.2厘米，腹急收；口径12厘米，小平底，径4.7厘米，腹急收；口径11.5厘米，高3.5厘米，斜腹，平底径5.5厘米。

自然遗物，出土了一部分兽骨，能辨别的有牛、鹿和猪。

根据出土器物的种类、特征及类型，我们确定此处为龙山文化后冈类型。从清理的情况看，H1、H2、H3、H4及F1暴露于地表，层位相同，应属同一时代，但H1与H4同时打破F1，F1又叠压在H5上，因此，从层位上看，H5最早，F1次之，H1、H2、H3、H4最晚。H5内出土的一件折腹盆也见于后冈类型中期，故此次试掘的探沟时代下限为后冈类型中期。

据了解，20世纪五六十年代此遗址一个窖穴内出土了一批青铜器、玉器，但所出器物已佚，具体情况不清。2017年安阳市文物考古研究所对遗址进行大规模发掘，共发掘面积3400平方米。吉庄龙山文化遗址是近期安阳地区发现的又一重要的龙山文化遗址，遗址北部隔漳河与西北与下七垣文化遗址相对，直线距离约5.2千米。遗址面积大，保存较好，文化内涵丰富，它对于漳河南北古代聚落分布研究及龙山文化、下七垣文化和洹北商城、殷商文化序列发展演化的研究具有重要价值。

7. 同乐寨连环寨遗址

1988～1989年，为配合安阳电厂的基建工程，安阳市文物工作队（现安阳市文物考古研究所）对秋口同乐寨、范家庄连环寨古代遗址进行了大面积发掘，发掘面积1万平方米。发掘表明，这两处古代遗址均包括仰韶文化、龙山文化和商文化遗存。该遗址主体为龙山文化。其中连环寨遗址发现的仰韶文化时期的人骨堆积遗存及商代排葬坑的材料十分重要。另外遗址中出土大量的陶器、石器、骨蚌牙器等，其中出土的骨镞、骨戈等器物保存完整，具有较高的文物价值①（图1-12）。

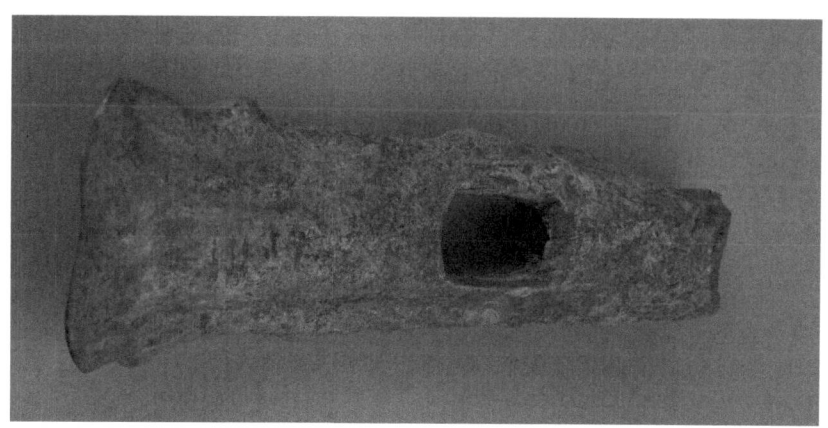

图1-12　骨镞

---

① 发掘资料现存安阳市文物考古研究所。

第二章　安阳商代考古

《古本竹书纪年》载："胤甲即位，居西河。"即夏帝廑（胤甲）把都城定居在今汤阴县东16千米的西河村。夏帝孔甲在这里作了《破斧之歌》，成为"东音（东方音乐）"的开山之作。据战国时期魏国史书《竹书纪年》记载，夏朝第六个国王胤甲（别名孔甲）即位，建都于西河。《古史纪年》中引孙之绿说："西河，是周文王之子周武王封其弟康叔为始祖的卫国之地，此村地处古黄河西岸。"据传西河村名的由来，就是由于黄河未改道东移之前，此村位处古黄河西岸，俗称西码头，后演变为西河，延用至今。安阳在古代属卫国之地，明嘉靖《彰德府志·地理》也曾记载："安阳有西河……今西河属汤，在羑水之南。"正与之相符合。《中国古代历史地图集》载："传说中的夏，第六次迁都于西河。"[①]因此，足以证明，西河曾是夏六帝胤甲和周康叔故都。又据《中国古今地名大辞典》和隋朝《图经》记载，春秋时期孔子门徒卜子夏曾多次游历西河。

《禹贡》记载，唐尧、虞舜时代，安阳属冀州。大约4000多年前，中国上古时代"三皇五帝"中的颛顼、帝喾二位帝王在安阳境内建都，分别在位70多年，是中华民族先民们所崇拜的君王。在今安阳市内黄县南三杨庄一带保存有颛顼、帝喾的二帝陵。《书》序曰："河亶甲居相。"《通典》曰："相州治安阳县，殷王河亶甲居相，即其地。"《资治通鉴》曰："嚣有河决之患，故迁相。"《史记》曰："嚣作隞，即敖山，在今荥泽县西北。"《通鉴》曰："时相又有河决之患，爰自相迁于耿。"

《竹书纪年》曰："盘庚十四年，自奄迁于北蒙，曰殷。十五年营殷邑。"《史记》曰："秦二世三年，使将章邯、王离围赵巨鹿，楚怀王以宋义为上将，项羽为次将，北救赵。义至安阳留不进。羽杀之，引兵渡河，与秦军遇，九战，大破之，虏王离。率诸侯兵再与章邯战漳南，又击之汙水上。遂听邯等降，与邯盟于洹水南殷墟。"《史记·宋微子世家》曰："箕子朝周，过故殷虚，感宫室毁坏，乃用麦秀之诗歌咏之。"《通鉴·地理志》曰："相州安阳，本盘庚所都，即北冢殷墟。"《汉书》曰："洹水在安阳县北，去朝歌殷都一百五十里。此殷墟非朝歌也。"《水经注》曰："洹水出山东，迳殷墟北。"元代《河朔访古记》曰："安阳西北五里四十步洹水南岸河亶甲城……世传河亶甲所葬之地也。"

约公元前1300年，商王盘庚迁商之民于殷，今安阳小屯村一带，在此传八代十二王，即盘庚、小辛、小乙、武丁、祖庚、祖甲、廪丁、康丁、武乙、文丁、帝乙、帝辛，共计255年，安阳为殷都所在。甲骨文中又称为"大邑商""商邑"等。殷商时期，其都

---

① 《中国古代历史地图集》中提到夏朝几次迁都位置的情况："自阳城起先后迁都斟寻（今巩县）、帝丘（今内黄）、原（今济源）、老丘（今陈留）、西河（今汤阴）。"

畿，南距朝歌，北据邯郸及沙丘，安阳市区及所属县城，为畿内地。公元前11世纪，周武王姬发率诸侯之师，与商纣王战于牧野（今淇县西南），纣王兵败自焚，殷亡。周灭殷后，分殷之地为邶、鄘、卫三国。林州、内黄、滑县属卫国，汤阴、安阳为邶国地。周封武庚于此，后入卫。夏、商、周考古是中国考古学的一个重要阶段，是中国的青铜器时代，其所包括的绝对年代约自公元前21世纪至公元前221年。安阳三代考古文化序列清楚，殷墟的发现与发掘奠定了中国考古学基础，标志着中国考古学的诞生。特别是以洹北商代为代表商代中期考古和以殷墟为代表的商代晚期考古，在中国考古史乃至世界考古史上都占有重要和突出的地位。

第一节 安阳先商文化遗址与墓葬

先商文化是指以商汤灭夏以前为主体所创造的考古学文化。豫北地区发现的先商文化主要是以下七垣文化为代表的分布于漳洹流域的漳河型和卫怀地区的辉卫型两个地方类型。安阳地区主要是漳河型，近期考古勘探调查发现的主要遗址有安阳渔洋村、寨子、西高平、郭邓、孝民屯、梅园庄、小屯西地、大寒南岗、小司空村、大定龙、西正寺、姬家屯、大正集、老磨岗、袁小屯、东麻水、西官园、郭村西南台、秋口等。另外滑县也有一些这一时期的遗址。这些遗址分布北自漳河南岸起，南至淇河，基本上沿太行山东麓的丘陵、平原分布。除鹤壁刘庄外，其余的均为遗址，但大部分遗址的先商文化遗存点面积小，堆积形式多为遗迹，少量的有先商文化层，而有先商文化地层者，其地层堆积较薄。豫北地区先商文化的特征和河北南部基本一致，但也有自己的特色。从目前考古发现来看，漳河以北的河北地区变受到二里头文化的影响，但影响较弱。而在漳河以南河南北部洹河南北的漳河型文化中，二里头文化的因素增多，并且出现不少二里头文化的原生因素，如少量的斝、敛口折肩瓮、青铜小刀等。总体上看，越向南走，先商文化漳河型中的二里头文化因素越多，漳河型文化的南界，大约应以淇河为界的。豫北的漳河型先商文化中最晚的一群文化因素被称为G群，这类器物在豫北地区的漳河型文化只在晚期中出现，这些因素和郑州二里岗商文化有关。二里岗文化多数学者认为已属于早商文化。因此，漳河型文化中的晚期文化应该已经进入了早商文化的时代了。特别在殷墟发现被称为梅园庄Ⅰ期漳河型文化，应该已经是早商文化了。可以证明，豫北地区的漳河型文化在其晚期已经进入到了早商纪年（图2-1）。

一、安阳县渔洋村先商遗址及墓葬

安阳商代早期的文化主要是下七垣文化。下七垣遗址位于河北磁县时营村西南、漳河北岸台地上，遗址文化内涵极为丰富，除一部分战国墓外，都是先商遗存。1974年为配合当地的农田基本建设，河北省文物管理处等单位对遗址进行了发掘，共发掘30个探方，面积960平方米。共出土陶窑4座，灰坑104个，商墓23座，战国墓6座，人骨架19具，牛、鹿、猪骨架5具。共出土陶器304件，骨器354件，石器481件，蚌器274件，角

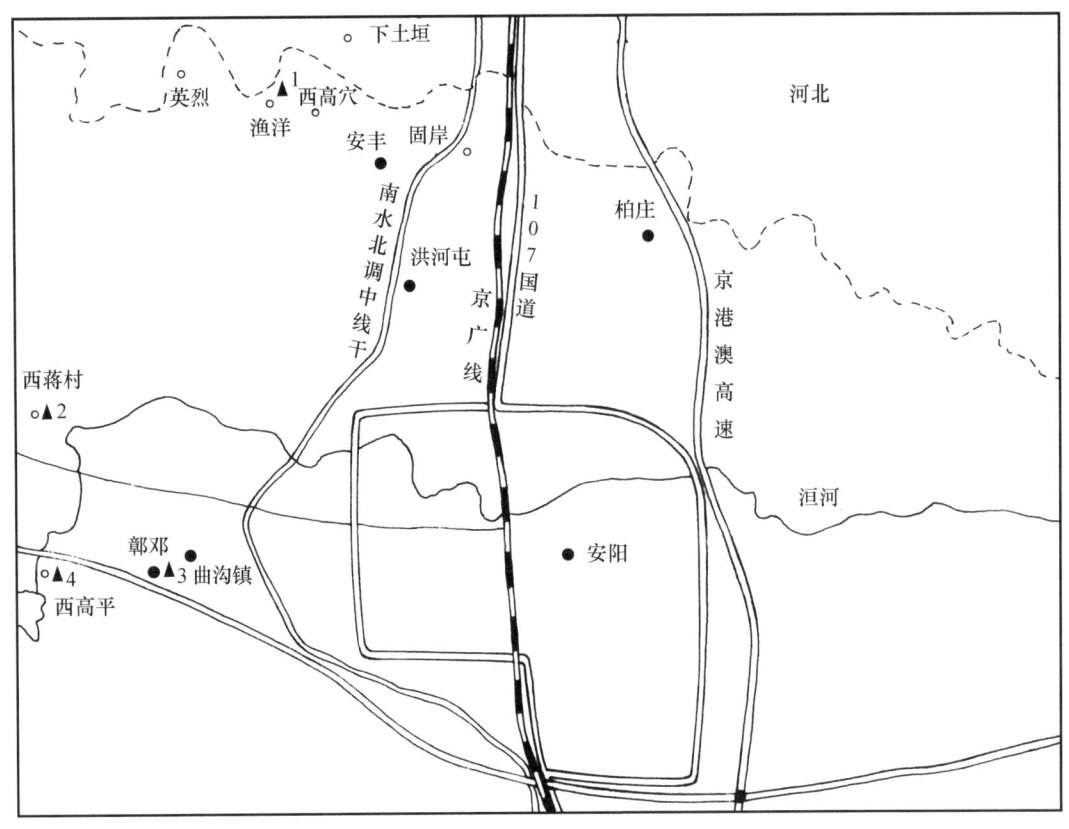

图2-1 豫北地区文化遗址
1. 安阳县渔洋村先商文化遗址 2. 安阳西蒋村下土垣文化遗址
3. 龙安区鄀邓先商文化遗址 4. 龙安区西高平先商文化遗址

器34件，卜骨、铜镞等文物124件。下七垣遗址共分四层，叠压关系清楚，遗物特征明显。它为冀南地区商文化的分期提供了可靠的地层依据。下七垣遗址的主体特征以夹砂有腰隔、橄榄状罐、卷沿深腹盆、绳纹浅腹平底盆为一类；以鼓腹鬲、弧腹鬲、蛋形瓮等为一类。以上两类陶器群基本代表了下七垣遗址的基本特征，在学术界称为"下七垣文化"，是典型的先商文化漳河型的代表性遗址。20世纪50年代以来，二里岗文化被确认是殷墟文化的前身，即早商文化，使得先商文化的探索成为可能。尽管迄今为止学术界对于商人起源问题多有异说，但近年来越来越多的学者开始赞同"北来说"，即承认下七垣文化为二里岗文化最可能的来源，是商人立国前所遗留的文化遗存。下七垣文化主要分布于冀南豫北地区，在北起拒马河、南至沁水、东至豫东西部、西达太行山东麓的广大范围内均有遗址发现。观察下七垣文化的分布，可以看出随着时间的推移，这一文化有逐渐南下的态势，影响了更多地区。

渔洋早商文化遗址主要位于安阳县渔洋村北，漳河南岸的台地上。这里虽未进行过大规模的发掘，但据调查这里出土了大量早商时期的带釉陶片、带有刻画符号的陶器、卜骨、卜甲、蚌器、石铲、石斧等石器，骨簪、骨针等骨器及陶鬲、陶罐等陶器，是一处与下七垣文化有着密切联系的早商文化遗址（图2-2）。

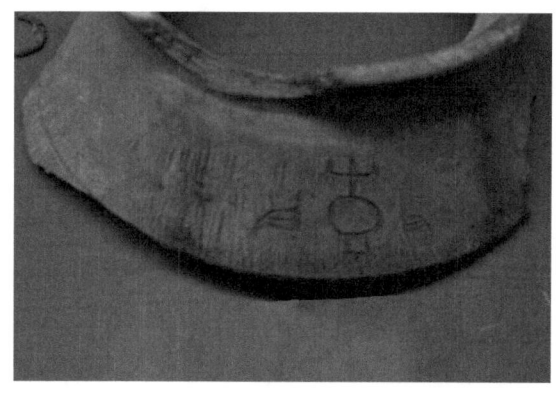 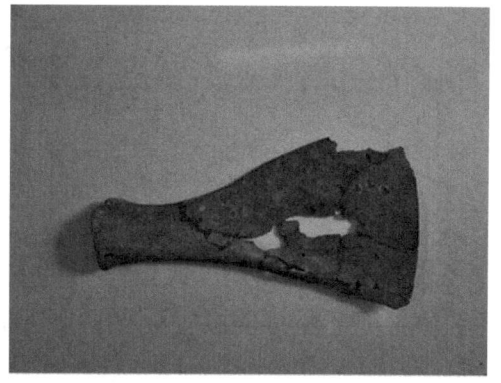

图2-2 渔洋村出土先商时期的陶器与卜骨

二、洹河流域调查发现的下七垣文化遗址

1997年由中国社会科学院考古研究所、美国明尼苏达大学科技考古实验室组成中美洹河流域考古队，对洹河流域进行的调查中就在安阳发现有下七垣时期的文化遗址29处。区域包含了安阳西部水冶镇的姬家屯至安阳东部伯台等，空间分布较为密集，说明这一时期人口不断增多，人们活动区域不断向四周扩大[①]。

三、安阳西蒋村下七垣文化遗址

西蒋村遗址位于河南省安阳县西蒋村西地珠泉河北岸的台地上，东距安阳市西北郊的洹北商城、殷墟遗址约16千米。珠泉河为洹河支流，其西为太行山东麓山地，流经之地为太行山东麓山前平原，海拔在100米以上，其北岸的台地海拔113米，高出周围地面3米左右。2006年8月，中国社会科学院考古研究所安阳工作队和安阳市文物考古研究所联合对该遗址进行了调查，试掘面积80平方米。共发现下七垣时期的灰坑15个，出土大量的器物，其中陶器主要有鬲、盆、深腹罐、瓮、鼎、爵、豆、钵等，石器主要有铲、斧、刀、镰、凿、匕、锥等，此外还发现有卜骨等。

西蒋村下七垣文化遗址调查发现共计有3万平方米，文化遗址可以分为两期三段，遗址文化遗存丰富，延续传承有序，其中这一时期河南二里头文化、二里岗文化、偃师商城文化等都在遗址都体现。特别是遗址内还发现有洹北商城时期的遗存，它对研究洹河流域洹北商城时期商文化与本地下七垣文化之间的关系提供了重要线索[②]。

[①] 中国社会科学院考古研究所、美国明尼苏达大学科技考古实验室、中美洹河流域考古队：《洹河流域区域考古研究初步报告》，《考古》1998年第10期。

[②] 中国社会科学院考古研究所安阳工作队、安阳市文物考古研究所：《河南安阳县西蒋村遗址的调查与试掘》，《考古》2011年第11期。

四、龙安区郭邓先商遗址

郭邓村位于安阳县曲沟镇西南约1000米，南部约600米为洪岩村，西南部约900米为东彰武村，遗址位于村南部约80米处，属于太行山东部低山丘陵间一个小盆地内，金线河从遗址西部400米处自西南向北流过，4000米后注入洹河。郭邓遗址位于安林高速公路AK23标段，平面形状略为椭圆形，遗址东西长约100米，南北长约75米，面积近6000平方米，海拔114.5米。2004年5月，该遗址由河南省文物考古所、安阳市文物工作队配合安林高速公路建设调查时发现，同年6～8月由河南省文物考古研究所进行考古发掘，历时2个月。该遗址与其南部的洪岩遗址分属独立的两个遗址，文化内涵也有差别。2004年在该遗址布10米×10米探方20个，加上扩方共计发掘面积2400平方米。在此发掘区域内共发现先商时期房基1座，灰沟1条，墓葬1座，灰坑88个。这里的灰坑以圆形或椭圆形为主，也有少量的长方形或不规则形。多数直壁平底，也有不少斜壁平底、圜底者。填土为灰黑色或灰色，草木灰含量较大，并有红烧颗粒，土质杂乱，结构疏松，同先秦时期其他遗址的灰坑堆积相同。发掘时发现，每个较大的灰坑周边都一些小的灰坑，形成不同的组群，整个遗址即是由几个组的灰坑组成。该遗址发现房址1处，为圆形半地穴平底，半地穴主体外有长椭圆形的双灶。墓葬为长方形土坑竖穴墓，无葬具，单人一次葬，随葬单件陶鬲。

该遗址内出土文物十分丰富，按其质地可分为石、骨和陶器。其中石器主要有铲、斧、镰、锛、凿、楔、刀、杵、镞、球、环、圭形器、钺、纺轮、饼、石片、锤、砺石等，制作铲、斧、镰等农业生产工具最多，铲占石器总量的一半。石器绝大多数为磨制，个别为打制，磨制者是打磨兼施，制作较精致。骨器主要有锥、凿、铲、刀、匕、针、簪、镞、磨制骨片等，以锥最多，次为匕，另外还发现有未知用途的骨器和加工骨料等。其他的还发现有蚌器、卜骨等，卜骨多有不同程度修整，猪与牛的肩胛骨修整部位不同，灼痕形态和位置不大相同。

陶器发现的最多，以生活用具、生产工具为主，多为残片，也有不少可以修复的完整器物。器物类型以三足器和平底器为主，器类主要有鬲、甗、罐、盆、鼎、蛋形瓮、瓮、豆、尊、大口尊、簋、盘、甑、杯、斝、壶、爵、鬶、钵、角、碟、器盖、磨制陶片、圆饼、陶拍、陶垫、箅、纺轮等，以鬲、甗、罐、盆、鼎为主，鬲、甗等三足器占比例最大。陶器制作多采用手制、模制、轮制等，以手制为主，部分采用手轮兼制、手模兼制，但轮、模、手合制的较少。郭邓遗址出土的陶器器表大多施有纹饰，主要有绳纹、弦纹、旋纹、划纹、楔形点纹、坑点纹、绳切纹、云纹、雷纹、勾连纹、麦穗纹、圆圈纹、剔刺纹、划纹、重环纹、回纹或重回纹、附加堆纹、篮纹等，也有少量的素面陶器。

该遗址出土的陶鬲分为有领和无领两种。其他的甗、罐、盆、鼎、瓮、尊等典型器物的特征，与河北下七垣遗址为代表的豫北、冀南地区的漳河型先商文化的器物类型基本一致。因此，该遗址的先商文化应该属于先商文化漳河型。各类器物尤其是陶鬲、甗、罐、盆、鼎的多种形态，既有分类特征，又有早晚不同属发展演变的区别。根据郭邓遗址文化堆积单位的打破关系，器物类型的演变序列等，可将该遗址的先商文化分为两组，两组有早晚不同的关系[①]。

五、龙安区西高平先商文化遗址

安阳县西高平遗址位于安阳市西17千米的安阳市龙安区彰武镇西高平村西北部。遗址东临东高平村，北部2千米有安林（安阳—林州）公路与安阳钢铁集团的自备铁路通过，向东16千米有107国道、京广铁路经过。洹河在遗址西部自南向北流过，在遗址西北部折向东流。遗址在洹河自南向东拐弯处的河旁二级台地上，台地较高，遗址西部断崖下方有顺洹河而建的万金渠，遗址南部1.8千米左右有洹河上修建的彰武水库。遗址西南隔洹河与南段村相望。2004年夏，为配合安林高速公路建设工程的开展，河南省文物考古研究所、安阳市文物工作队、安阳市钻探队开始对该遗址进行调查，河南省文物考古研究所于2004年8月下旬进入遗址区进行调查发掘。经调查，发现遗址上部约0.45米为近现代耕土及扰土层，扰土层下为黄褐色文化堆积。遗址北部洹河以南的区域因砖厂取土，文化堆积被破坏殆尽，东部也因取土文化堆积所剩无几，南部、东南部遗址被现代村庄占压。遗址现存东西约300米，南北约130米，面积3.9万平方米。2004年9月至11月，河南省文物考古研究所对遗址进行了发掘，发掘面积共计2300平方米。

西高平遗址中先商文化遗存发现较少，只发现灰坑5个，比较集中地分布在发掘区东部。在地层或其他时期的文化堆积中也偶见该时期的陶片。

1. 文化遗迹

灰坑5个，皆近圆形，弧壁圜底。

H78　位于T1408东北部。开口于第2层下，打破H84。开口平面形状为椭圆形，东西最长1.5米，南北最长1.2米，弧壁圜底，深0.6米。填土黄灰色，土质杂乱，结构较疏松，含较多的烧土粒和炭粒。包含物有细绳纹夹砂褐陶、灰皮褐陶、黑皮褐陶罐、鬲、盆和泥质灰陶罐等。

H84　位于T1408东部。开口于第2层下，西北部被H78打破，东部被扰坑打破。开口平面形状呈圆形，直径3.8米，弧壁圜底，深0.6米。坑内填土黄黑色，土质杂乱，结构较疏松，杂炭粒和红烧土块。包含物有泥质黑皮陶、夹砂灰陶、褐陶罐、鬲、甗、鼎等，多饰细绳纹，少量饰有弦纹、云雷纹。

2. 文化遗物

因灰坑被晚期堆积单位破坏，保存较浅，出土物不甚丰富。所出器物以陶器为主，陶器特征非常明显。制法以轮制为主，手制陶亦占很大比例，手制陶器口部多经轮修；陶质以夹砂陶为主，泥质陶较少；陶色以褐陶、黑皮褐陶为主，有少量灰皮褐陶，灰陶较少；纹饰以细绳纹为主，绳纹多细密、规整，排列整齐，部分绳纹细似线纹，有少量

---

① 河南省文物考古研究所：《安阳鄣邓》，大象出版社，2012年。

的中绳纹，另有旋纹、卷云纹、沟槽、附加堆纹，还有部分素面和磨光。细绳纹多饰在罐、鬲、甗、小盆腹壁，尤其是细绳纹，多见于橄榄形平底罐或大口罐的腹壁上，中绳纹见于蛋型瓮腹壁上，卷云纹见于细泥鼓腹盆腹，沟槽见于甗腰，旋纹见于甗上部，素面或磨光见于豆、盆等器上，器形有鬲、罐、盆、甗、蛋型瓮、豆等，以鬲、罐居多。

其他发现有石凿1件。标本H78：13，青石磨制而成。整体平面略呈梯形，扁方体，刃部稍斜，偏锋，平顶。长4.6～4.7厘米，宽1.2～1.6厘米，厚0.8～0.9厘米。

先商文化遗存在安阳地区以前的发掘中偶见，如安阳孝民屯、安阳鄀邓、安阳梅园庄等地皆有发现。除安阳鄀邓遗址外，其他遗址发现的此类遗存堆积形式单一，除了灰坑外，其他堆积形式的遗存发现较少。在遗址北部几十千米外的河北磁县有较丰富的先商文化遗存。遗址所在的安阳地区在夏代是先商文化的分布区。西高平遗址的先商文化遗物以夹砂褐陶为主，侈沿或卷沿的细绳纹橄榄形罐、卷沿细绳纹鬲、细泥盆、腰部附加堆纹、足部内沟并带沟槽的甗等，皆是先商文化漳河型的典型遗物。但较之下七垣等先商文化漳河型的先商文化遗存，西高平遗址的先商文化遗物具有较晚的特征，如鬲卷沿、足根素面、只有足根根部有绳纹等，明显带有较晚的特点，和郑州地区以郑州二里岗04AXH9为代表的属于早商文化的陶鬲相比，器形、纹饰相似。所以西高平遗址的先商文化遗存已是先商文化的最晚阶段，在年代上或已跨入早商纪年。因其所在为商人故地，故文化面貌保留较原始的特片，早商文化特征不甚明显[①]。

第二节　洹北商城

洹北商城位于洹河北岸，1999年发现。城址平面近方形，边长2100～2200米，面积470万平方米。城墙仅存基槽部分，基槽宽9米左右。宫城位于洹北商城南部略偏东，平面呈长方形，方向13°，长795米，宽度超过515米，面积约41万平方米。宫城四周城墙基槽宽6～7米，墙体宽5～6米。在洹北高城西南隅还发现一座小城，平面近方形，东西宽240米，南北长约255米，其东墙南端与大城南墙相接，北墙西端与大城西墙相接。小城城墙地面一部分被破坏严重，现存墙基宽约9米，开口距地表深约2.5米。下部基槽剖面呈锅底状，深约5.5米[②]。

洹北商代宫殿区主要位于宫城内，目前在宫城内发现有大范围的夯土建筑基址群，排列密集有序，约有20余座建筑基址，其中一、二号建筑规模宏大，在宫殿中占有突出的地位。一号宫殿基址位于宫殿区最南端，2001～2002年发掘，基址平面呈封闭四合院，方向13°（图2-3）。北部是主殿，南部是带门塾的廊庑，西部有带台阶的附属建筑，东部虽未发掘，但通过钻探可知其结构与西部对称。整座建筑东西长约173米，南

---

① 河南省文物考古研究所：《安阳西高平遗址商周遗存发掘报告》，《华夏考古》2006年第4期。
② 中国社会科学院考古研究所安阳工作队：《河南安阳市洹北商城的勘察与试掘》，《考古》2003年第5期。

图2-3 一号宫殿建筑基址

北宽85~91.5米，占地面积达1.6万平方米，中间是面积约1万平方米的庭院①。二号基址位于一号基址的北部，2008年发掘，平面与一号基地相同，也呈封闭式四合院结构，北部是主殿，南部是带单个门道的廊庑，东、西部也是廊庑结构。整个基址东西宽92米，南北跨度61.4~68.5米，总面积5992平方米。在清理二号基址东南侧的一个水井时，井内出土了大量的陶器，主要器型有瓮、深腹盆、圜底罐、器盖、盉、甑、尊等。通过一系列的考证发现，这座宫殿建筑结构严谨，使用的建筑材料也十分讲究。尤其让考古人员惊喜的是，还发现大量用草和泥混合制成的土坯，这种类似早期砖的建筑材料，在殷墟一带考古发掘中也是首次发现。洹北商城内还发现有其他的房基及水井、灰坑、墓葬等，有丰富的文化内涵②（图2-4）。

2015~2016年，中国社会科学院考古研究所安阳工作站在洹北商城宫殿区的北部，今北关区韩王度村东一带进行了大规模的考古勘探与发掘，又发现洹北商城时期的大型铸铜与制骨作坊遗址等，进一步丰富了对洹北商城的认识③。

洹北商城遗址的时代应当早于传统意义上的殷墟，填补了以郑州二里岗为代表的早商文化和以传统意义上的殷墟为代表的晚商文化之间的时间缺环，从考古学上完善了商文化的编年框架。洹北商城早于殷墟，专家推测一为盘庚所迁之都——殷，另一为河亶甲所居之相。

---

① 中国社会科学院考古研究所安阳工作队：《河南安阳市洹北商城宫殿区1号基址发掘简报》，《考古》2003年第5期。
② 中国社会科学院考古研究所安阳工作队：《河南安阳市洹北商城宫殿区二号基址发掘简报》，《考古》2010年第1期。
③ 此次发掘由中国社会科学院考古研究所安阳工作队主持，发掘正在进行当中。

图2-4 洹北商城二号宫殿建筑基址

第三节 殷墟遗址的发现与发掘

世界文化遗产——殷墟遗址位于安阳市西北，其中心区域以小屯村为中心，北至现安阳邺城大道—京深线公路一线，东至安阳彰德路—胜利路一线，南至安阳文明大道以北约200米，西至今梅东路—安阳钢铁公司西部、范家庄一线。南北直线距离约6.2千米，东西直线距离6.7千米，遗址总面积约有36平方千米。主要包括洹北商城遗址、殷墟宫殿宗庙遗址、王陵遗址、后冈遗址及大司空、郭家庄、刘家庄、徐家桥、戚家庄等大型殷墟族邑聚落遗址。此外，在殷墟外围地区10千米以外还发现有人民医院新址、安阳县辛店等大型商代晚期的聚落和铸铜遗址。经过近90年的发掘，考古工作基本上厘清了殷墟的布局、范围和丰富文化内涵。以殷墟宫殿宗庙遗址、王陵遗址、后冈遗址及苗圃北地铸铜遗址、白家坟孝民屯铸铜遗址、刘家庄北制陶遗址等组成的殷墟大遗址是中国古代都城遗址的杰出代表和青铜时代中华文明发展、壮大、演化的杰出范例，在人类文明发展史上占有重要的一页。2006年，殷墟被列入世界文化遗产。

一、殷墟遗产的构成与布局

殷墟遗址是公元前1300～前1046年商代晚期的都城遗址，它是目前中国唯一有文字记载和经过近百年科学考古发掘证实了的商代晚期都城。殷墟考古始于1928年中央研究院历史语言研究所，主要分为两个阶段：第一阶段是1928~1937年，由中央研究院历史语言研究所、河南省博物馆等单位发掘，由于1937年抗日战争爆发而被迫结束，当时共进行了15次发掘，主持发掘工作者主要有董作宾、梁思永、石璋如、李济、王湘、刘燿、高去寻、郭宝钧等，当时的发掘主要集中在小屯村北宫殿区、侯家庄北王陵区、后冈遗址区等核心区域；1949年至今为殷墟发掘的第二个阶段，主持发掘的单位主要是中国社会科学院考古研究所安阳工作队，其他参与发掘的有河南省博物馆、河南省文物考古研究院、安阳博物馆、安阳市文物考古研究所等，从殷墟开始科学发掘至今已有近90年的历史，是目前国内科学发掘最早且无间断至今仍在进行考古发掘大遗址之一。从考古发现来看，殷墟文化遗址主要由宫殿宗庙遗址、王陵遗址、族邑聚落遗址、手工业作坊遗址、中小墓葬群、甲骨窖穴遗址，以及完善的水网路网等构成。专家推测，殷都最繁盛的时期，常住人口可能突破10万人，是当时世界上的大都市之一。殷墟都城的规划与建设以洹河为中心，无固定和突出的城墙设施，彰显了殷墟时期商人巨大的军事、文化、经济方面自信，是中国古代"大都无城"[①]思维的最好注脚！

1963年殷墟被列为中国第一批文物保护单位，2006年被联合国列为世界文化遗产。

（一）殷墟宫殿宗庙建筑遗址

殷墟宫殿宗庙建筑遗址主要分布在安阳小屯村东北，南北长1千米，东西宽0.65千米，总面积约65万平方米。目前经过近90余年的发掘，共发现商代晚期大型建筑基址80余座（图2-5）。殷墟这些大型建筑基址大多为四合院式建筑，1937年中央研究院历史语言研究所在小屯村北、东北等地共发掘54座宫殿建筑基址（图2-6），当时分为甲、乙、丙三组，其中甲组基址位于宫殿区的北部，为"后寝"，乙组基址位居宫殿宗庙区的中部，规模宏大，布局严谨，是"前朝"。中华人民共和国成立以后，又有大量宫殿基址的发现。殷墟宫殿宗庙建筑遗址，规划宏大，基本上符合了之后宫殿"前朝后寝，左祖右社"的建筑格局。宫殿建筑规模较大，筑于夯土台基上，有方形、长方形和凹字形等几种，建筑形制为"茅次土阶，四阿重屋"形的大型夯土建筑群。建筑基址的修建方法是先在殿基下面挖一个与殿基大小相差无几的长方形竖穴基础坑，然后填以比较纯净的黄土逐层夯实。每层的夯土厚度约9厘米，夯窝密集。当夯土台基筑出地面一定的高度之后，再根据宫殿建筑结构的需要，挖出圆形竖穴柱础坑，放上柱础石和竖上立柱。值得注意的是，有些大型宫殿的柱础竟是铜质的。特别是还发现有用人"奠基"的现象。这是在宫殿夯土台基筑成之后，在土台基上挖出长方形竖穴，然后要把"奠基"的人用席子卷好填入穴中，填土夯实。这些被"奠基"的牺牲者，多为战俘与奴隶。在小屯及其附近，还发掘出许多大小不一和形状不同的宫殿建筑基址。这些有规律分布的大型宫殿建筑基址群位居洹河自然形成的河曲内的高地上，构成了殷墟遗址最核心的部分。

---

① 许宏：《大都无城：中国古都的动态解读》，生活·读书·新知三联书店，2016年。"大都无城"的说法并非标新立异，而是对中国古代都邑遗存显现出的某种现象的一个提示，对都邑发展阶段性特质的归纳和提炼。考古学家许宏从考古材料出发进行独立的分析思考，宏观两千余年都邑动态大势，解读上古历史大都无城时代。

图2-5 殷墟宫殿宗庙区鸟瞰图

图2-6 1937年前殷墟宫殿宗庙区发掘现场照片

1987年安阳市根据考古资料、文献资料复原的乙二十基址，成为目前殷墟宫殿宗庙区内的主体建筑（图2-7）。

图2-7　殷墟宫殿区乙二十大殿复原

殷墟宫殿宗庙区以"大灰沟"与洹河河曲北、东两点相连结，形成一个相对封闭的独立区域，位于洹河河曲内高地上巍峨的宫殿宗殿建筑群，居高临下，达到防洪与防御的双重目的，并与周边其他手工业作坊、族邑居住区域相隔离，显示出其独特的尊崇地位（表2-1）。

表2-1　殷墟宫殿宗庙主要遗址列表

序号	名称	位置	发掘时间	基址概况
1	甲组基址	宫殿宗庙区东北部	1931~1937年	基址范围南北长约100米，东西宽约90米，共15座。甲组基址平面呈长方形、方形、凹字形、圆墩形等四种，被认为是寝殿和享殿一类的建筑。大约建于商王武丁前后，一直延用到殷墟四期。其中甲四、甲六、甲十二和甲十三东西对称。在甲组基址中，甲十一基址最大，南北长约46.7米，东西宽10.7米，面积约500平方米。出土铜柱础10个，以铜为础，是殷墟建筑基址中最为讲究的
2	乙组基址	甲组基址西南	1931~1937年	乙组基址位居殷墟宫殿宗庙区的中部，具有突出的地位。基址范围南北长约200米，东西宽约100米，共21座。乙组基址平面多呈长方形、近方形、凹字形等。专家研究后认为该组基址为大型四合院式建筑。被认为是寝殿和享殿一类的建筑。大约建于商王武丁前后，一直延用到殷墟四期。其中乙一、乙七、乙八基址规模巨大、形制独特，是商王的宫殿建筑基址。乙八是该组宫殿基址中规模最大的建筑，南北向，平面为长方形，南北长约85米，东西宽约14.5米，分为四部分，出土柱础153个。乙二十基址，坐北朝南，东西长51米，南北宽15米，占据殷墟宫殿宗庙区的中心地位。此外在乙组基址的范围内，还发现了大量的墓葬、车马坑、祭祀坑等。另有排水沟31条，总长度650.9米，是宫殿宗庙重要的排水设施

续表

序号	名称	位置	发掘时间	基址概况
3	丙组基址	乙组基址西南	1931~1937年	在1937年前发掘三组宫殿建筑基址中,丙组基址最小。南北长约50米,东西宽约35米,共发掘基址17座。基址平面多呈长方形、方形等。建筑时代为商王武丁时期至文丁时期。丙一基址是其中最大的一座,平面长方形,坐北朝南,东西长20米,南北宽17米,考古发现柱础8个。丙一、丙二、丙三、丙四、丙七、丙八、丙十一等可能为祭祀之用,统属祭祀区域,当是后来中国古宫殿区中的"右社"的雏形①
4	54号基址	乙十基址东南	1989~1996年	除1937年前考古发掘的甲、乙、丙三组建筑基址之外。1950年之后在小屯村北地、东北地的殷墟宫殿宗庙之内还发掘了大约30余座宫殿建筑基址。其中54号基址最大,最具代表性。基址占地约5000平方米,包括南、北、西三排,推测东面原应有建筑,可能为洹河水冲掉,也应为四合院建筑格局。北排基址长60余米,宽7.5米;南排长75米,宽7.5米;西排长50米,宽7.5米。北排是建筑是核心,其建筑时代不晚于武丁时期。在基址的下发现祭祀坑2座,出土有"武父乙"铜盉等铜器②

此外,在殷墟宗宫殿宗庙区周围考古还发现了大量的祭祀遗址、小型墓葬群、铸铜遗址、制玉遗址、众多的甲骨窖穴等重要的遗址③。特别是宫殿宗庙区附近的甲骨窖穴遗址,出土了丰富的甲骨文资料,是中国古代最早的档案库。其中重要的有解放前发掘的小屯北地E16坑,1973年发掘的小屯南地H17、H24、H99,1991年发掘的花园庄东地H3坑及2002年小屯南路发掘的甲骨窖穴等。目前,殷墟出土的甲骨文约有15万片,单字有4500余个。殷墟甲骨文也因此成为中国最早的成熟文字。YH127,位于殷墟宫殿宗庙区内,小屯村的西北地,发现于1936年,共出土刻辞甲骨1.7万余片④。小屯南地甲骨窖穴发现于1973年,位于小屯村南地,共出土刻辞甲骨5000余片,其中多数为大版的牛肩胛骨,龟甲较少⑤。花园庄东地H3甲骨窖穴,发现于1991年,位于殷墟宫殿宗庙区南部,花园庄东地,共出土甲骨1583片,其中刻辞甲骨579片,大部分是保存完整的整版龟腹甲⑥。2002年在小屯村南路西段发现商代甲骨窖穴,共计出土甲骨400余片,成为继1936年YH127甲骨窖穴、1973年小屯南地甲骨窖穴和1991年花园庄东地甲骨窖穴之后的又一重大发现⑦。这些甲骨文的内容极为丰富,包括祭祀、田猎、农业、天文、军事、医药等,涉及商代社会生活的方方面面,为商代历史研究提供了极为宝贵的资料,被称

---

① 石璋如:《小屯》(第一本),"中研院"历史语言研究所,1959年。
② 中国社会科学院考古研究所安阳工作队:《河南安阳殷墟大型建筑基址的发掘》,《考古》2001年第5期。
③ 石璋如:《小屯》(第一本),"中研院"历史语言研究所,1959年。
④ 1936年发掘,出土17096片,现藏"中研院"历史语言研究所。
⑤ 中国社会科学院考古研究所编:《小屯南地甲骨》,中华书局,1983年。
⑥ 中国社会科学院考古研究所编:《殷墟花园庄东地甲骨》,云南人民出版社,2003年。
⑦ 中国社会科学院考古研究所:《殷墟小屯村中村南甲骨》,云南人民出版社,2012年。

为中国最古老的"档案库"。

1976年,在宫殿宗庙区丙组基址的西南,发现了著名的妇好墓。该墓葬南北长5.6米,东西宽4米,深7.5米,是殷墟科学发掘以来唯一一座保存完整的商代王室成员的墓葬。墓内出土了1928件精美绝伦的随葬品,其中青铜器468件,玉石器755件,骨器564件,海贝6800余枚,是殷墟目前出土文物最多的墓葬。墓主人妇好,是商王武丁的配偶,甲骨文中对其也有较多记载,是一位握有重兵的女性将军[①]。

(二)殷墟王陵遗址

殷墟王陵遗址位于洹河北岸侯家庄西北冈、武官村北地的高地上。距殷墟宫殿区约2.5千米。遗址东西长450米,南北宽250米,总面积11.25万平方米。从1934年开始,这里共发掘了13座王陵大墓,2000余座陪葬墓和祭祀坑。其中西区有8座大墓,分成4排,一南一北分列。最西为M1500、M1217,第二排是M1003、M4567,第二排是M1004、M1002,第四排是M1001、M1500。东区有5座大墓。其中四条墓道大墓1座,即M1400,位居王陵东区的北部中间。两条墓道的分别是M1443、M1129、武官村大墓(50WGKM1),一条墓道的大墓1座,即M260。这些大墓都呈南北向,分别呈亚、中、甲字形,最大的面积可达数百平方米,深达15米以上。这是一处规模巨大的商代晚期王陵遗址,时代延续有200余年,埋葬了数个朝代的商王,也是迄今我国发现最早的王陵遗址(图2-8)。

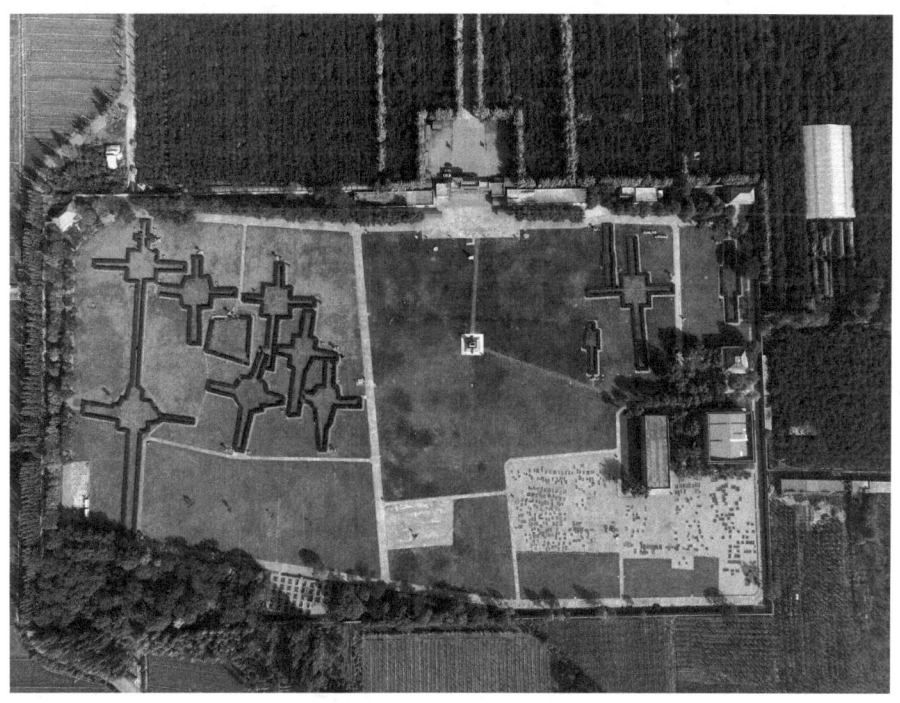

图2-8 殷墟王陵遗址鸟瞰图

---

① 中国社会科学院考古研究所:《殷墟妇好墓》,文物出版社,1980年。

殷墟王陵遗址大墓主要发掘于1934年前后，由中央研究院历史语言研究所进行考古发掘，当时主要发掘人为梁思永、石璋如等（图2-9）。王陵遗址大墓出土了一大批青铜器、玉石器、陶器等。出土文物目前主要收藏在"中研院"历史语言研究所。1949年以来，中国社会科学院考古研究所又对殷墟王陵遗址剩余大墓，如武官村大墓、M259、M260及部分陪葬墓、祭祀坑等进行了多次发掘。目前，搞清了殷墟王陵遗址的范围、布局、时代、性质和墓葬的形制、等级等（表2-2）。根据文献、考古资料，专家推定带有四条墓道的大墓即是商王的陵墓，这里埋葬了商王武丁至帝辛时期的所有帝王。商代王陵东西分区的陵园格局也为后期中原地区的皇陵所继承，形成较为严格的昭穆制度。

图2-9　1937年前殷墟王陵遗址发掘照片

表2-2 王陵遗址主要大墓列表

序号	名称	位置	发掘时间	概况
1	M1001	王陵西区东部	1934年	墓葬形制较大，呈亚字形，方向17°，四条墓道。墓室深10.5米，口部东西长21.3米，南北宽18.9米，四条墓道东西南北分别长14.3米、11米、30.7米、19.5米。墓室内有大型木质棺椁，涂红、黑色漆，雕刻有龙纹、云纹、兽面纹等纹饰。墓葬早年多次被盗，仅出土有少量的玉石器、骨器、白陶器等。墓内发现殉人225个，殉马坑7个。墓葬时代属殷墟较早的阶段[①]
2	M1004	王陵西区东部	1934年	墓葬形制较大，呈亚字形，方向16.5°，四条墓道。墓室口大底小，深12.2米，口部南北长17.3米，东西宽15.9米，四条墓道均为斜坡状，东西南北分别长15米、13.8米、31.4米、14.1米。墓室内有大型木质棺椁，涂红、黑色漆，雕刻有龙纹、云纹、兽面纹等纹饰，上面镶嵌有绿松石、蚌、贝等。墓葬早年多次被盗，但在墓葬的南部仍出土有大量的器物。随葬器共分四层，最底层是车饰、皮甲、盾等；第三层放置铜盔100多件，铜戈370件；第二层放置铜矛360个；最上层放置牛方鼎、鹿方鼎和石磬、碧玉棒等。墓内发现殉人13个，殉马坑7个。墓葬时代属殷墟早期与中期之间的阶段[②]
3	M1550	王陵西区东北部	1934年	墓葬形制较大，呈亚字形，方向17°，四条墓道。墓室深11米，口部南北长16.5米，东西宽14.5米。墓室中部距地面9.5米处发现有大型木质棺椁遗迹。棺椁下有长方形腰坑，坑内随葬1犬。墓室四角各有1坑，坑内随葬1人。在北墓道接近墓室墓葬口部有数列人头骨，每列人头骨数量为10个。在墓室的二层台上随葬有祭祀用的动物的腿骨。该墓早年多次被盗，仅出土有铜鼎、觯及其他的玉石器、骨器等器物。墓葬时代殷墟早期阶段[③]
4	M1217	王陵西区东南部	1934年	该墓是殷墟王陵区中葬形制最大、埋藏最深的墓葬。整体呈亚字形，方向12.8°，四条墓道。墓室近方形，口大底小，深15.4米，口部南北长18.4米，东西宽18.1米。南墓道为斜坡状，其他墓道为台阶状。东西南北分别长28.9米、25米、60.4米、41.55米。墓室墓道总面积达1803平方米。墓葬早年多次被盗，随葬器物有玉石器、白陶豆、大口尊、骨牙蚌器、铜凿等，在西墓道中发现蟒皮鼓和鼓架等。墓葬时代属殷墟王陵区中最早的墓葬，有专家推测其可能是商王武丁的陵墓[④]
5	M1500	王陵西区东北部	1934年	该墓与M1217南北相对，方向10.7°，形制规模仅次于M1217。墓室近方形，四条墓道。口小底大，南北口长18.45米，底长10.35米。东西口长18.05米，底长18.38米。四条墓道除南墓道为坡形外，其余三条皆有台阶，北墓道中段还有两个东西向的支道，也有台阶。南墓道长48.55米；东墓道长20.05米，23级台阶；西墓道长22.65米，28级台阶；北墓道长22.6米，31级台阶；北墓道的东支道长3米，11级台阶；西支道长3.38米，10级台阶。此墓曾多次被盗，但仍保留有许多遗物，出土有石俎、石夔龙、石牛、石虎、玉戈、玉饰、骨镞、铜矛头、铜镞、金叶、白陶、仪仗类木器等。殉人达114个。时代属于殷墟早期与中期之间[⑤]

① 梁思永、高去寻：《侯家庄》（第二本），"中研院"历史语言研究所，1962年。
② 梁思永、高去寻：《侯家庄》（第五本），"中研院"历史语言研究所，1970年。
③ 梁思永、高去寻：《侯家庄》（第八本），"中研院"历史语言研究所，1976年。
④ 梁思永、高去寻：《侯家庄》（第六本），"中研院"历史语言研究所，1968年。
⑤ 梁思永、高去寻：《侯家庄》（第八本），"中研院"历史语言研究所，1974年。

续表

序号	名称	位置	发掘时间	概况
6	武官村大墓	王陵东区东北部	1950年、1970年	墓葬平面呈中字形，两端带墓道。墓室长方形。墓口南北长14米，东西宽12米。从墓口至墓底深7.2米。墓室底部中间有椁室，长6.3米，宽5.2米，深2.5米，内置棺椁，椁室底部中央有一殉人腰坑。棺椁都是圆木作"井"字交错制作而成，椁室外用夯土封填，形成二层台。墓室南北部都有斜坡形墓道。南墓道长15.6米，宽5.7～6.3米。北墓道长15米，宽5.2米左右。二层台和南北墓道布满了殉葬坑，墓道中部有3个殉马坑，每坑埋马4匹，还殉葬1人1狗。北墓道中部有3个殉马坑和1个殉人坑。总计殉79人。墓葬曾经被盗，仍出土有鼎、簋、斝、方彝、觚、卣、罍、铙、刀、削、戈、弓形器和车马饰等青铜器。刀、璧、斧、柄形器等玉器和虎纹石磬、盆、簋、皿等石雕器，以及盘、皿、尊、卣、罍等白陶器等①
7	M260	王陵东区南部	1984年	墓室平面呈甲字形，方向5°，一条墓道。墓口南北长9.6米，东西宽8.1米，自墓口至底深8.1米。墓道在墓室南部，斜坡状。椁室南北长5.4米，东西宽4.1米，高2米。椁底由14块木板铺成，四壁每边由9根圆木叠砌而成。在墓道与墓室相接处有一生土隔梁，墓内有37个殉人。此墓被盗严重，仅出土有铜牛形饰、刻花骨匕柄、白陶片等少量器物。1937年著名的"司母戊"大方鼎就出土于此墓中②

此外，在殷墟王陵遗址还发掘商代祭祀坑、陪葬墓1487座，其中东区1383座，集中分布在M1400以西地区和M260以东、以南地区。西区104座，分布在大墓附近。这些墓葬除少数为陪葬墓外，大多是为了大墓祭祀而留下的祭祀坑。这些祭祀坑集中而又有规律地排列，形状有方形、长方形等。方形祭祀坑一般串成片状分布在长方形坑的中间，祭祀坑内的埋葬可分为人坑（人头）、动物坑和器物坑三类。人祭祀坑最多，从已发掘的情况来看，一般方形的坑为人头坑，长方形坑为人的骨架坑（无头或者有头的），坑内一般为10人，也有8人、9人的。这些人多是被砍杀后埋葬的，多为青壮年，也有少数是妇女和儿童。1976年发掘清理的191座祭祀坑发现有不同人类个体计1178个。动物坑主要集中在王陵西区的南部，或单埋或与人共埋。祭祀用的动物有象、马、猴、羊、鸟等，以马坑最多，其中发现有象坑3个，较为罕见。从目前考古发掘的殷墟王陵遗址的布局来看，王陵东区与西区的在功能上有着明显的区别，西区主要是王陵大墓，东区则是商王室用于祭祀先祖先王的大型公共祭祀场所。

（三）分布密集的族邑聚落

在殷墟遗址范围内，考古发现在今天的洹河沿岸、宫殿区的东部、东南部、南部和西南部等广大地区内，包括现小屯村西北地、南地和西地、四盘磨村西、高楼庄北、

---

① 郭宝钧：《1950年春殷墟发掘报告》，《中国考古学报》（第五册），中国科学院，1951年。
② 中国社会科学院考古研究所安阳发掘队：《殷墟259、260号墓发掘报告》，《考古学报》1987年第1期。

大司空村东南、侯家庄南、郭家庄西南和东南、刘家庄周边、徐家桥村北村南、老六家庄、戚家庄东、原白家坟村南、孝民屯村西、王裕口村南等地存在着不同数量的殷墟时期建筑基址，其中一些大型的建筑基址还连成片，成为一个个大型殷墟族邑聚落遗址，它们成片状扇形环绕在殷墟小屯宫殿区的东部、东南、南部、西南和西部等广大地区。这些殷墟时期的族邑聚落基址和其他房基几乎遍布我们现在已知的所有殷墟的范围。大型的聚落遗址内往往有大量连成片的殿宇类建筑基址、小型夯土式建筑基址和普通房屋基址。大型聚落又常与大型手工业作坊遗址相连，二者关系密切。族邑聚落与殷墟的宫殿宗庙区之间，聚落与聚落之间都有四通八达的道路相连接，各聚落之间几乎紧密联系在一起。族邑聚落一般都是分工不同的手工业者聚集区，它们聚族而居、聚族而葬，聚族生产，居葬合一。这些不同的族大多与商王室有着密切的联系，聚集在商王宫殿之外，并以不同的族徽相区别。在殷墟发现的族徽有"冉、戈、大、保、启、爰、戉、箙、长、爻、鬲、亚、鱼、羊、未、宁、作册、亚址、亚胡、中、马危、史、㿻、荷、㿻"等数十种①。族邑聚落是殷都内居民生活生产分布存在的主要形态。

在族邑聚落的文化遗址中还发现数量众多的灰坑与窖穴，特别是在居民区和手工业区遗址内，曾发现许多灰坑，形状以圆形最多，其次是椭圆形、长方形及不规则形。坑壁有直壁、斜壁和不规则之分。部分坑壁上还保留着挖坑时用的工具痕迹。部分坑壁上挖有可供上下的脚窝。坑壁规整并抹有草泥者，可能是作储藏用的窖穴。深达水面以下者应是水井，不规则形坑则是取土后的废坑。在有些坑中发现填埋人骨架和牛、马骨架。前者可能是利用废弃的灰坑作掩埋死人之用，而埋有牛、马的坑，可能是把牛、马作为祭品或其他原因而埋入坑内。这些灰坑和窖穴是殷墟文化遗址最重要的遗存方式之一。

在这些密集分布的族邑聚落中比较有代表性有大司空商代族邑聚落、徐家村北大型族邑聚落、刘家庄北商代族邑聚落、郭家庄村南商代族邑聚落、任家庄东南商代族邑聚落、老六家庄南大华商贸城商代族邑聚落、郭家庄南商代族邑聚落等10余处，族邑聚落内有着更为相同或相近的文化习俗、统一的族徽、统一的手工业生产作坊和产品，几十或者数百年，技术传承，繁衍生息，不断扩大，过着居葬合一的生活。

1. 殷都区徐家桥北的商代大型族邑聚落

2001~2002年，安阳市文物工作队在北徐家桥村发现了一处规模较大的商代四合院式的夯土建筑群，总面积约有上万平方米，这里距小屯村殷墟宫殿宗庙遗址直线距离约1.8千米。这是建国以来殷墟发现与发掘的最大面积的商代族邑居住基址。徐家桥的夯土基址，南北长170米，东西宽约160米，基中心建筑分为6排，每排4~5组。此次发掘揭露面积约8000平方米，共发掘了20组建筑基址。其中F1基址平面呈回字形，包括北屋、东西厢房、南屋及庭院几部分。房屋的进深均3.5米，但长度不同。北屋长20米，南屋长11米，东西厢房长14米。厢房与北屋、南屋均有隔间柱石，不相连通。房屋中部是庭

---

① 严志斌、岳洪彬、岳占伟：《殷墟新出土青铜器铭文概论》，《殷墟新出土青铜器》，云南人民出版社，2008年。

院，近正方形，面积61.6米。这次发掘出来的六排四合院式建筑基址，排列有序，建筑形式相同，布局严谨，规划设计明确。

此次发掘的4号、13号四合院式建筑基址，平面均为回字形，构造由门、塾、庭、堂、阶、厢几部分组成，这和洹北商城一号宫殿建筑基址、陕西省凤雏宗庙建筑基址的结构基本相同，但规格和等级明显偏低。发掘者认为它很可能是商王室下属的一处重要官邸或是殷商时期某一阶段某个族的核心建筑遗存。其始建年代应在殷墟文化第四期偏早阶段，毁弃时期应在殷墟文化第四期晚段，即武王灭商及以后时期（图2-10至图2-13）。

图2-10　徐家桥北四合院式建筑基址全景

图2-11　F12四合院式布局

图2-12　F4形制及局布

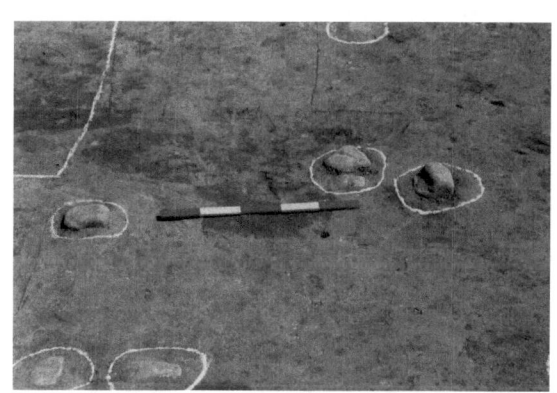 

图2-13　徐家桥房基的柱础及局布

此外，在这一区域内还发现商代墓葬300余座，出土了一批商代青铜礼器鼎、觚、爵等，陶鬲、簋、觚、爵、盆、罐等，玉环、璋、柄形器等。值得注意的是，在70余墓葬中还出土数量不等的玉石器边角料、残次品等，最多的可达100余件。因此推测徐家桥北的商代族邑可能是以专业生产玉石器产品为职业的族邑[①]。

2. 大司空村商代族邑聚落

大司空村位于洹河拐弯处的东岸与北岸，与殷墟小屯宫殿宗庙区隔洹河相望，南与后冈遗址相呼应。大司空商代聚落遗址主要分布在村南地和东南地，现豫北棉纺织厂厂区范围内。这是一处超大型的商代聚落遗址，文化内容丰富，是殷墟遗址的重要组成部

---

① 孟宪武、李贵昌：《殷墟四合院式建筑基址考察》，《中原文物》2004年第5期。墓葬资料现存安阳市文物考古研究所。

分。1925年和1936年,梁思永、刘耀和高去寻先后两次对该地区进行了发掘,共计发掘面积2200平方米,发掘了一大批商代灰坑、窖穴及近百座商代墓葬,出土了一批商代青铜器、玉石器、骨蚌器、甲骨文等。1950~2002年中国社会科学院考古研究所安阳工作队、河南省文化局文物工作队、安阳市博物馆等单位共计10余次在这一区域进行了考古发掘,发现了商代晚期的铸铜作坊、制骨作坊、房基、车马坑、灰坑、窖穴及600余座商代中小型墓葬。出土了一批商代青铜器、玉石器、骨蚌器、甲骨文等重要文物。

2004年,中国社会科学院考古研究所安阳工作队配合豫北纱厂厂区危房改造项目,在厂区的北部,大司空村东偏南处分A、B、C、D四个区域进行了全方位的钻探与考古发掘,此次共发掘面积6400平方米。A区位于此次发掘区的南部,共布10米×10米探方11个,5米×10米探方4个,发掘面积1300平方米。清理商代房基14座,灰坑、窖穴、水井等85个,墓葬111座,另有仰韶时期灰坑4座。B区位于此次发掘区的北部,共布探方19个,其中10米×10米探方1个,其他探方18个,发掘面积1000平方米。清理商代房基17座,灰坑、窖穴、水井等106个,墓葬71座,车马坑2座。C区位于A区的东北部,共10米×10米探方20个,其他面积不等探方11个,发掘面积2600平方米。清理商代房基14座,其中12座为同一建筑群的不同组成部分。灰坑、窖穴、水井等94个。墓葬135座,其中车马坑2座,其余大部分为夯土建筑附属遗迹瓮棺葬。D区位于A区的东面,紧临A区,共10米×10米探方12个,其他面积不等探方6个,发掘面积约1500平方米。清理商代房基8座,其中12座为同一建筑群的不同组成部分。灰坑、窖穴、水井等140个。墓葬138座,另有仰韶时期灰坑1座。此次共发掘商代房基53座,其中C区建筑群共由12个房基组成,规模巨大,具有代表性。根据地层和出土的陶器等推测,这一区域的房基时代是从殷墟一期到殷墟四期(图2-14至图2-18)。

图2-14　大司空村C区建筑群

图2-15　大司空村F7平面建筑结构

图2-16　大司空村F20、F32平面建筑结构

图2-17　F34北部的排水管道

图2-18　F23北部的排水管道

大司空村东南一带是殷墟时期特别重要的族邑聚落之一，商代先民从殷墟一期开始即在此生产生活，并且自一期至四期，房基数量不断增加，房子规模不断扩大，到殷墟四期时达到顶峰。此次发掘大司空商代遗址和墓葬中出土了一大批商代青铜器，如铜方鼎、铜圆鼎、铜瓿、铜爵、铜簋、铜方彝、铜尊、铜卣、铜斝、铜罍、铜壶、铜盘及青铜兵器、青铜工具等，其他的有甲骨文、玉石器、骨蚌器及大量的陶器等。其中M303出土各类器物共计200件，多件青铜器上有铭文"马危"，因此推测墓主人应为"马危"族的首领或高级贵族（图2-19）。此外，值得注意的是，在与房基有关的灰坑中出

图2-19　M303墓葬形制及出土铜器群

土有甲骨249件，其中卜甲26件，卜骨223件。其中H142∶2为一牛肩胛骨下部，长27厘米，宽13.5厘米，上有刻辞139字，记录了商代的干支序列，时代属殷墟二期，约为祖庚、祖甲时代。在小屯宫殿宗庙区之外出土这样大版甲骨，且字数100余字的甲骨非常罕见[①]。

2012~2015年，为配合安阳市殷都区北蒙办事处大司空村的新农村改造，中国社会科学院考古研究所安阳工作队对改造区域进行了抢救性基建发掘。本次发掘的区域位于大司空村东地，向北距洹北商城南壕沟约200米。3年内发掘总面积1750平方米，共清理商代房基4处，灰坑、窖穴92个、水井4眼、墓葬29座、道路1条。出土了一批商代青铜器、玉石器、陶器等。

大司空村是殷墟遗址内连续多年的考古发掘区域之一，这一区域是殷人最早居住的

---

① 中国社会科学院考古研究所：《安阳大司空——2004年发掘报告》，文物出版社，2014年。

地区之一，从殷墟二期至四期，人口大量增加，并逐渐发展形成洹河北岸大型的族邑聚落，创造了丰厚的商代文化。根据出土的青铜器铭文"马危"推测，这一区域可能是"马危"族的聚集地。"马危"族紧紧围绕在殷墟宫殿宗庙区的东方，守卫殷王室①。

3. 侯家庄南地的族邑聚落

该族邑聚落发现于20世纪30年代，位于侯家庄南地靠近洹河处。遗址分东西两区，东部发现夯土建筑基址1座，呈长方形，东西长14米，宽7米，基址上发现有排列成行的柱础石。在此基址西北约17米处，有1座灰坑，坑内出土著名的"大龟七版"，这是洹河北岸唯一出土大版甲骨的地区；西部遗址在东部建筑基址的西南，距东区的夯土基址约74米处也发现夯土基址1座，东西长11米，宽14米，基面上有排列整齐的柱础石。基址西北部有灰坑两座，出入口均有台阶。此遗址出土的刻辞甲骨属商王廪辛、康丁和帝乙、帝辛时期，属殷墟晚期。该遗址是洹河北岸重要的殷墟时期的族邑聚落之一，但由于近期未曾对这一区域进行大规模的钻探与发掘，具体分布情况尚待今后考古证明②。

4. 殷墟南区族邑聚落

从广义上看，殷墟南区是指1963年划定的殷墟保护范围的南部边界之外的区域。具体来看，这一区域指距小屯东南、南部、西南部直线距离1.7~3.2千米之间，东西直线距离约4千米的区域，总面积约6平方千米。1986年以来，配合城市建设安阳市文物考古研究所在此区域之内做了大量的考古勘探、调查与发掘工作，发现发掘了一大批殷墟时期族邑聚落遗址、灰坑、窖穴、道路、近千座中小型墓葬。这些考古发掘把殷墟的南部边界向南推进了约1.5千米。新发现的殷墟文化遗址和族墓葬群主要有：

（1）以徐家桥村为中心的区域：1992~1996年徐家桥村北商代文化遗址（房基3座、灰坑）及族墓葬群③，2001~2002年徐家桥村北大型族邑居住基址和族墓葬群④，2004年11月~2005年4月徐家桥村西商代居住基址（3座房基）及"冉、戈"族墓地，2006年徐家桥西南"大华商贸城"商代大型夯土建筑基址（祭祀遗址）和族墓葬群⑤，2010年徐家桥西北"文源名居"小区商代灰坑及中小型商代墓葬群（资料现存安阳市文物考古研究所）。

（2）以刘家庄为中心的区域：1985年刘家庄村南（小屯村正南约2千米）商代文化遗址和亯、夕、史等族墓葬群⑥，1985~1996年刘家庄村北商代文化遗址（房基、道

---

① 中国社会科学院考古研究所安阳工作队：《河南安阳市大司空村东地商代遗存2012~2015年的发掘》，《考古》2015年第12期。
② 董作宾：《安阳侯家庄出土之甲骨文字》，《田野考古报告》（第一册），商务印书馆，1936年。
③ 安阳市文物工作队：《安阳徐家桥村殷代遗址发掘报告》，《华夏考古》1997年第2期。
④ 孟宪武、李贵昌：《殷墟四合院式建筑基址考察》，《中原文物》2004年第5期。墓葬资料现存安阳市文物考古研究所。
⑤ 安阳市文物考古研究所：《安阳殷墟徐家桥郭家庄商代墓葬——2004~2008年殷墟考古报告》，科学出版社，2011年。
⑥ 安阳市博物馆：《安阳铁西刘家庄南殷代墓葬发掘简报》，《中原文物》1986年第3期。

路、水井、灰坑、窖穴等）和举族墓葬群①，1999年刘家庄北"同乐小区"南区商代遗址和鄉族墓葬群②，2009～2010年刘家庄村北宜家苑小区商代居住基址和启、爻、戍、禺等族墓葬群②，2014年刘家庄东南丹尼斯殷都店及"熙城都会"商住小区商代文化遗址（灰坑、窖穴、祭祀遗址）和族墓葬群，2015年刘家庄村西北安阳二中商代居住基址和族墓葬群，2016年刘家庄村北铁四路商代文化遗址（房基、灰坑、窖穴、道路、水井）和▇族墓葬群。

（3）以任家庄村为中心的区域：20世纪90年代，安阳市文物工作队在任家庄西现铁路小学及周边地区清理了一批商代文化遗址和墓葬群。2010年12月～2011年1月任家庄村西北苗圃南地铁路苗圃管理处办公楼，2012年任家庄村西苗圃南地盛世名郡小区商代居住基址及中小型族墓葬群，2011年7～9月任家庄东南市第七人民医院办公楼基建工地商代文化遗址（房基、道路、灰坑、窖穴、马坑）及墓葬群，2016年4～6月任家庄东南原第三电机厂商代文化遗址，2016年任家南地新都汇商代文化遗址（铸铜遗址、房基、灰坑）和族墓葬群③。

（4）以郭家庄为中心的区域：2005～2006年郭家庄东南文源绿岛、赛格金地小区商代文化遗址（房基、灰坑、窖穴、道路、祭祀遗址、车马坑）和保、冉、获亚、▇、▇等族墓葬群。2007年郭家庄东"物华公寓"商代文化遗址（房基、灰坑、窖穴、水井、铸铜遗址）和族墓葬群。这一区域内在郭家庄南文源绿岛M5和郭家庄西南M26都发现出土有较多的青铜礼器，且在多件青铜器上都有铭文"旘"字，2座墓葬之间相距仅有200余米。值得注意的这一区域的墓葬中多数墓葬都随葬有与木作有关的青铜工具锛、凿、削、刨刀等，有专家认为这是殷墟时期旘族的聚集地，这一族邑主要从事木作手工业，战争时还要出征对外作战④。

（5）其他的在戚家庄村东、老六家庄南老干部活动中心、范家庄东北输水管线施工工地、王裕口南地村民自建楼、后仓街东榕树湾小区、博地苑小区等地也发现有商代文化遗址（房基、灰坑、窖穴）和爰、篏、羊、长、宁、大、荷等族墓葬群⑤。这些区域也应属于殷墟时期重要的族邑聚居地之一。

（四）手工业作坊遗址

殷墟作为商代晚期的都城所在，考古发现殷都内拥有技术最高、从业人数最多、门类最为齐全的手工业体系。这些不同门类的手工业作坊各自聚集在一起，遗址面积大、

---

① 安阳市文物工作队：《1995-1996年安阳刘家庄殷代遗址发掘报告》，《华夏考古》1997年第2期。
② 安阳市文物考古研究所：《安阳殷墟徐家桥郭家庄商代墓葬——2004～2008年殷墟考古报告》，科学出版社，2011年。
③ 以上资料正在整理，保存在安阳市文物考古研究所。
④ 安阳市文物考古研究所：《安阳殷墟徐家桥郭家庄商代墓葬——2004～2008年殷墟考古报告》，科学出版社，2011年。
⑤ 安阳市文物考古研究所：《河南安阳榕树湾小区一号商代墓葬》，《考古》2009年第5期；安阳市文物考古研究所：《安阳殷墟——戚家庄东周商代墓地发掘报告》，中州古籍出版社，2015年。

生产能力强，代表了当时世界先进的水平。从发掘来看商代晚期的手工业主要有铸铜、制骨、制陶、制玉、甲骨整治、木作等。

1. 铸铜作坊遗址

殷墟时期是中国青铜文明发展的高峰之一，这里不仅出土有精美的青铜器，也拥有了当时世界先进的青铜铸造技术、数量巨大的优秀的青铜铸造手工业者和面积巨大的青铜器铸造作坊，青铜铸造可谓是殷墟时期第一大手工业。从殷墟近90年的考古来看，殷墟铸铜遗址发现还在不断增多。目前已知的在苗圃北地、孝民屯东南、小屯村东北[①]、薛家庄南[②]和任家村西南新都汇住宅小区等地都有铸铜遗址发现。目前殷墟发现的整个铸铜遗址应该不少于6万平方米。青铜冶铸业是殷墟时期第一大手工业。

（1）苗圃北地铸铜作坊遗址：遗址位于小屯村南约1000米，南距铁路苗圃约100米，遗址范围较大，面积约1万平方米。1959年和1964年进行了发掘，发掘面积5000多平方米。在作坊区内，不仅发现工棚式房屋建筑基址、浇铜场地、硬土与烧土地面，还发现土坑式熔炉、粗砂质或细泥质坩埚。出土大量铸造方鼎、圆鼎、簋、觚、斝、角、觯、尊、卣、觥、方彝和少量戈、镞、刀的陶模和陶范，以及修整铜石的磨石，上述出土物说明，这里是一处以铸造青铜礼器为主的铸铜作坊遗址[③]。

（2）孝民屯铸铜作坊遗址：该铸铜作坊遗址位于孝民屯村东南约200米处，紧临洹河拐弯处，经过调查发现，是迄今发现的殷墟最大的一处铸铜遗址。20世纪60年代发掘只有150平方米左右。出有土坑式熔炉，陶制溶铜器皿残片，陶范、陶模及修整铜器的磨石等。陶范中主要有铲（或镬）和锛的范和模，并有一些戈和矛的铸范，铜礼器的范少见。安阳殷墟墓葬中出土的大量青铜礼器、生产工具和兵器应该是由当地铸造的。2000～2001年和2003～2004年，中国社会科学院考古研究所对这一遗址进行了大规模的发掘，两次总计发掘总面积6.5万余平方米。其中孝民屯南地的铸铜遗址东西长约380米，南北宽约100米，总面积约3.8万平方米；孝民屯西地铸铜遗址面积约有1万平方米，二者相距近200米，有相对的独立性，但广义上它们应属同一个大型商代铸铜作坊遗址，二者面积相约5万平方米。在遗址内发现大量商代晚期的灰坑（窖穴）、房址、铜绿锈面等，出土了大量与铸铜有关的熔铜器具、铸铜器具、修饰器具及其他遗物。特别重要的是这一遗址出土了铸铜工具近百件陶模、3万余件陶范、上百件陶芯等，代表了这一铸铜遗址的宏大与辉煌（图2-20）。遗址使用时代较长，出现于殷墟二期，发展于殷墟三期，繁荣于殷墟四期，消亡于商周更替之际。孝民屯铸铜遗址的发掘，表明殷墟青铜文化是逐步发展的。到殷墟后期，青铜文化进行了较大的变革，铸造工艺更加完善、精湛，不断涌现新的器形。殷墟后期青铜文化的所谓衰落，可能与殷人对鬼神的怀疑、意识形态的转变有关，是思想观念的进步。

此外，2016年8月，安阳市文物考古研究所在殷墟任家庄村西南地现"新都汇"商

---

① 石璋如：《小屯》（第一本），"中研院"历史语言研究所，1959年。
② 周到、刘东亚：《1957年秋安阳高楼庄殷代遗址发掘》，《考古》1963年第4期。
③ 中国社会科学院考古研究所：《殷墟发掘报告1958—1961》，文物出版社，1987年。

图2-20 孝民屯铸铜遗址鸟瞰图

住小区建设工地又发现一个规模巨大的铸铜遗址，从目前的发掘清理情况来看，这一铸铜遗址的面积不少于5000平方米（仅限此次发掘区域内，区域外情况尚不明晰），发现与铸铜有关的遗迹如房基、灰坑、窖穴、水井、阴范坑、炉壁等数十处，铸铜工匠的墓葬10余处，出土铸铜用的陶范、陶模等约有2000余件及与铸铜有关的铜锥、铜削及磨石等工具数十件。从出土的陶范来看，这一区域仍是以铸造青铜礼器为主，发现有鼎、觚、爵、簋、罍的范，特别是一个灰坑内集中发现青铜爵的范，目前发掘仍在进行当中（图2-21、图2-22）。另外，2016年4月至6月，安阳市文物考古研究在殷墟东北约10千米之外的安阳县辛店村西南也发现一个殷墟时期的铸铜遗址，已发掘面积有1000余平方米。

2. 制骨作坊遗址

制骨业也是殷墟时期重要的手工业之一。骨制品是玉石制品之外人们最常使用的器物之一，与当时人们生产、生活息息相关。除制骨作坊遗址出土大量的成品、半成品的骨器之外，墓葬内也往往随葬有大量精美的骨器。考古发现殷墟时期的制骨作坊主要有大司空村、北辛庄制骨作坊、新安庄东铁三路北段制骨作坊等。此外，2004年在安钢焦化厂也发现多处大型骨料坑遗址，出土了丰富的骨料及骨料半成品，由于当时发掘的面积较少，推测这遗址周围也应该有较大型的殷墟制骨作坊[①]。

---

① 该遗址发掘由中国社会科学院考古研究所安阳工作队和安阳市文物考古研究所共同发掘，出土资料保存在安阳市文物考古研究。

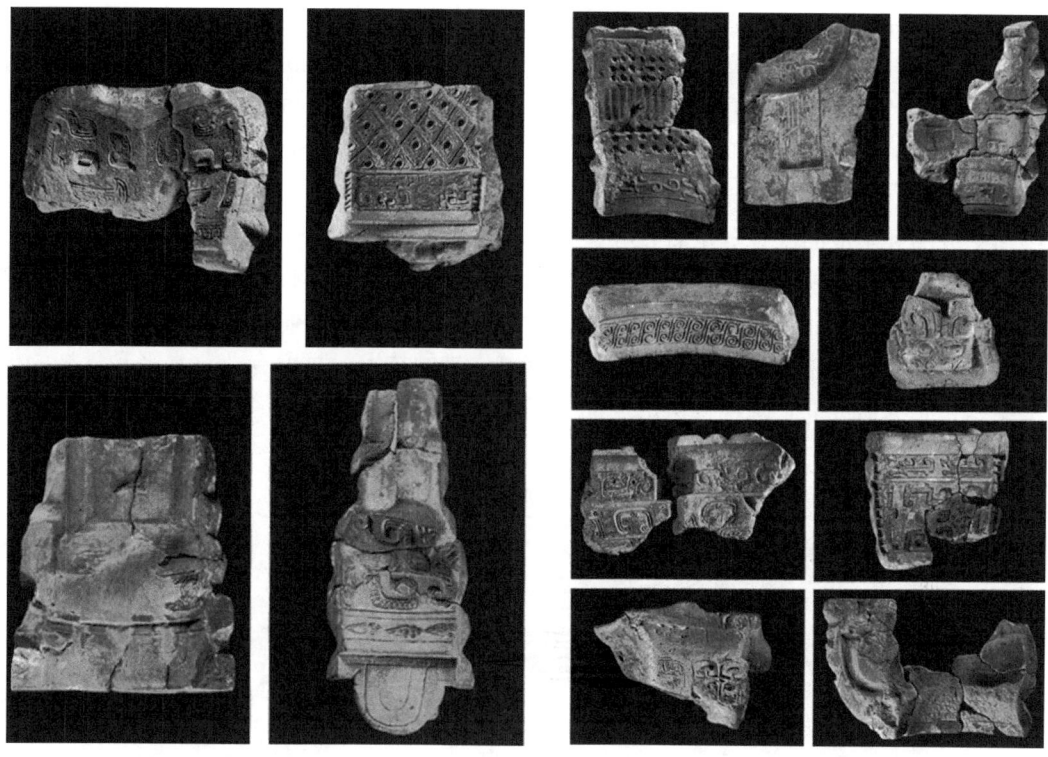

图2-21 圆鼎范　　　　图2-22 圆簋范和兽头范

大司空村制骨作坊遗址位于大司空东南地，南边紧临洹河，1963年发掘，发掘面积有1380平方米。该遗址分布面积较大，除发现房屋外，还发现骨料坑10余个。在出土的大量骨料和骨器中，笄料与笄半成品约占总数的一半，并发现制作骨器用的青铜工具[①]。北辛庄制骨作坊遗址位于洹河南岸的北辛庄村南300米处，1959年发掘247平方米。该遗址发掘的面积较小，发现有房屋和数个骨料坑，共出土有5000多块骨料。其中长条形和锥形骨料占40%多。在这个制骨作坊中还发现有青铜锯、钻和石刀等制骨工作。这两处遗址无疑都是以制作骨笄为主的制骨作坊遗址。所以安阳殷墟出土的骨器及角器应都是当地制作的[②]。

殷墟新安庄东铁三路制骨作坊遗址，规模大、出土遗迹多，在殷墟制骨作坊中具有代表性。铁三路制骨作坊位于殷都区铁三路北段及周边地区，中国社会科学院考古研究所安阳工作队从2002年至2008年共分三次对该遗址进行了发掘。该制骨作坊遗址呈东北至西南走向，长约220，宽约80米，总面积约1.76万平方米（图2-23）。在这一遗址区内共发现并发掘大量的商代灰坑、道路、20余座房基、300余座墓葬等与制骨作坊有关的遗迹。出土了成吨的制骨骨料、成品、半成品、废料等。骨料中绝大多数为黄牛骨，也有少量的马骨、水牛骨、羊骨、猪骨、鹿角料等，其中用作骨料的骨骼主要包括除趾骨

---

① 中国社会科学院考古研究所：《殷墟的发现与研究》，科学出版社，1994年。
② 中国社会科学院考古研究所：《殷墟的发现与研究》，科学出版社，1994年。

之外所有的动物长骨和肋骨，还有少量的下颌骨（图2-24至图2-27）。截取骨料的工具主要是锯，骨料的切割面普遍有用铜锯截取留下的细密线痕。用来制作骨器的原料基本上都是完整的整根骨骼，取料一般先在邻近两端关节的部位下锯，截下骨干作为骨料，然后在骨干上根据骨骼的形状进一步取料，一般截取较规则骨料。角料主要为麋鹿等大型鹿的角，一般为截取坯料后的余料和废料，其他有少量作为坯料的角片。这些骨料坑中出土成品和半成品的骨器主有骨笄、骨笄首、骨镞等，制骨工具发现有磨石、锥形石器、石刀等。根据地层和出土遗迹遗物判断，该制骨遗址的年代最迟开始于殷墟文化第二期，持续殷墟文化第四期晚段。该制骨遗址是殷墟已发现的制骨作坊中规模最大者。从发掘与相关研究来看，这一手工业作坊有着先进的技术、高度专业化水平和复杂的生产组织，它为研究商代晚期社会的商品生产、流通与商代社会的经济性质提供了重要的资料[①]。

图2-23　2006年新安庄东铁三路制骨作坊发掘现场

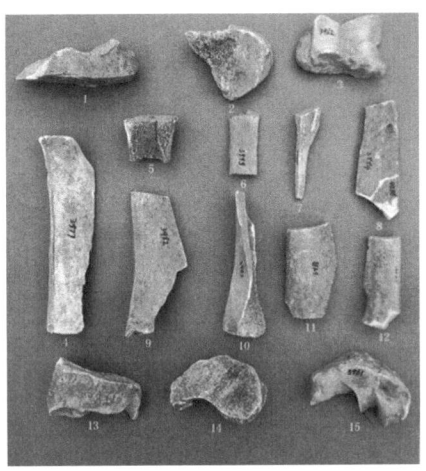

图2-24　出土骨料

图2-25　H21出土的黄牛桡骨

图2-26　H21出土的笄首

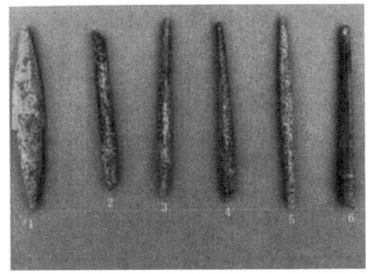

图2-27　H21出土的骨镞

---

① 中国社会科学院考古研究所安阳工作队：《河南安阳市铁三路殷墟文化时期制骨作坊遗址》，《考古》2015年第8期。

3. 制陶作坊遗址

陶器是殷墟时期人们使用最多的日用品，目前出土数量也最多。在殷墟时期的房基、窖穴、灰坑、道路、水井等各种文化遗址中都大量出土，特别是灰坑中更出土了无法计数的陶器残片。在墓葬中出土的陶器主要以觚、爵、簋、鬲等为主，也起了礼器的作用。因此，殷墟时期陶器制作是最大的手工业之一。从考古发现来看，这一时期的陶窑属于圆形馒头形窑，由窑室、窑箅、火膛和火门4部分组成。这时的窑和商代二里岗期陶窑最大的变化是，在火膛中减少了支撑窑箅的支柱，窑箅上仅有5个较大的圆形箅孔。支柱的减掉和箅孔的增大必然大大提高火膛内的火力。在安阳殷墟发现的部分残窑，窑壁径0.8～1.15米，火膛径1.1～1.15米，火膛高0.63～0.7米。箅孔多为5个，箅孔径5～10厘米。火门多呈舌形。火膛内壁和窑箅多被烧得十分坚硬，呈红色或黑色。

刘家庄北地制陶作坊发掘时间最长、面积最大、布局清晰，制陶技术也最先进，是殷墟时期制陶手工业的代表。该遗址位于刘家庄村北，安林铁路南侧，北距殷墟宫殿宗庙区不足1000米。经过1988年、1990年、2008年和2010～2011年等数次发掘，基本上搞清楚了这一制陶作坊遗址的布局、范围、文化内涵、陶窑形制等。遗址内经过发掘清理的陶窑共计有31座，其中，2008年刘家庄北地（安钢大道北人行道上）清理了10座陶窑，2010年刘家庄北地（安钢大道南人行道上）清理了13座陶窑，2010～2011年又在刘家庄北地（花园庄搬迁新址）清理了7座商代陶窑（图2-28至图2-31），并在陶窑附近出土了大量烧制变形的陶器，器类以豆最多，簋次之，其他的器形有瓿、钵、盆、鬲、甗、器盖等，另外还出土一些制陶工具陶拍、陶垫等。

通过钻探调查和考古发掘，初步认定了这一大型制陶遗址的范围，南起芳林街沿线，北至安林铁路南侧，南北长达300米，东起中州路向西约100米处，现向西延伸约200米处，总面积约6万平方米，是殷墟迄今发现最大、最重要的制陶作坊遗址。该遗址的使用时间较长，从殷墟文化第一期开始，至少延续至殷墟文化第三期[①]。这一遗址主要生产的陶器以泥质灰陶为主，盛食器占绝大多数，有少量的炊器，器物类型丰富。这一制陶作坊遗址，位于殷墟宫殿遗址的南部，地理位置非常重要。该遗址东南紧临苗圃北地铸铜遗址，2006年在铸铜遗址的北部又发现大量骨料坑，推测附近应该有大型的制骨作坊。三处大型遗址的紧密相连，构成了殷墟最重要的手工业作坊区。

（五）其他殷墟贵族、族墓葬群与平民墓葬

除王陵墓外，在殷墟还发现有3000座以上的王室贵族墓、中高级贵族墓、小型贵族墓和大量族墓葬群、平民墓葬等。在殷墟由于当时的人们聚族而居，聚族而葬，居葬合一的生活形态，这里发现大片的家族墓葬群，少则十余座，多者上百、数百座。这些墓葬的发现、发掘及出土的众多青铜器、玉石器、陶器等，揭示了殷墟时期辉煌灿烂的青

[①] 中国社会科学院考古研究所安阳工作队：《河南安阳市殷墟刘家庄北地制陶作坊遗址的发掘》，《考古》2012年第12期。

图2-28 刘家庄北地T15：Y5、Y6、Y7陶窑形制

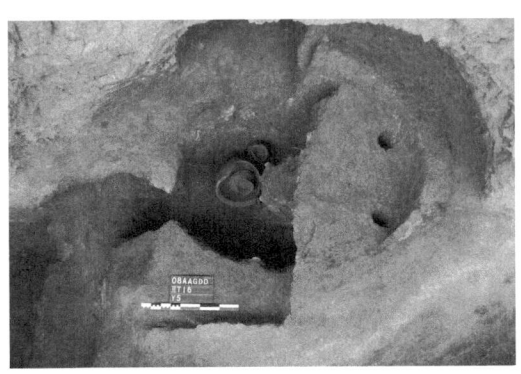

图2-29 刘家庄北地T15：Y5陶窑形制及陶器

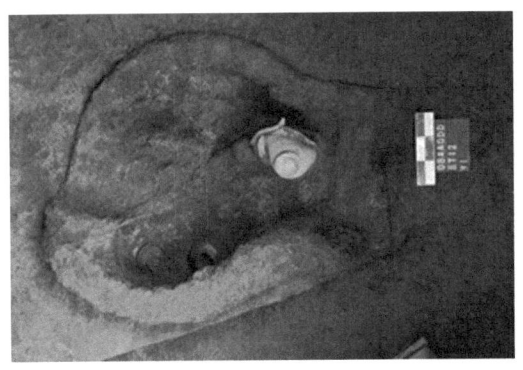

图2-30 刘家庄北地T12：Y1陶窑形制及陶器

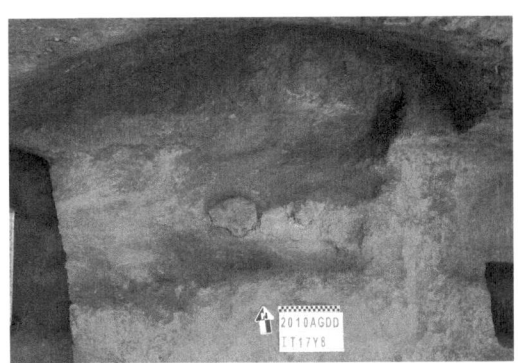

图2-31 刘家庄北地T17：Y8陶窑形制及陶器

铜文明。其中著名且保存完整的殷墟王室墓葬有妇好墓[1]、后冈大型贵族墓葬群[2]、花园庄东M54[3]，中型贵族墓葬有郭家庄M160[4]、大司空村M303[5]，中小型墓有戚家庄269[6]、郭家庄西南M26[7]、郭家庄南文源绿岛M5[8]等。

1. 妇好墓

发掘于1973年，是殷墟发现中保存比较完整的，出土文物最为丰富，文物价值最高的一处商代贵族墓葬。墓葬为长方形土坑竖穴墓地，墓口南北长6.5米，东西宽4.5米，深7.5米，墓内有殉人16个，殉狗8条。妇好墓虽然墓室不大，但保存完好，随葬品极为

---

[1] 中国社会科学院考古研究所：《殷墟妇好墓》，文物出版社，1980年。
[2] 中国社会科学院考古研究所：《殷墟的发现与研究》，科学出版社，1994年。
[3] 中国社会科学院考古研究所：《安阳殷墟花园庄东地商代墓葬》，科学出版社，2007年。
[4] 中国社会科学院考古研究所：《安阳殷墟郭家庄商代墓葬》，中国大百科全书出版社，1998年。
[5] 中国社会科学院考古研究所：《安阳大司空——2004年发掘报告》，文物出版社，2014年。
[6] 安阳市文物考古研究所：《安阳殷墟：戚家庄东商代墓地发掘报告》，中州古籍出版社，2015年。
[7] 中国社会科学院考古所安阳工作队：《河南安阳郭家庄东南26号墓》，《考古》1998年第10期。
[8] 安阳市文物考古研究所：《河南安阳殷墟郭家庄东南五号商代墓葬》，《考古》2008年第8期。

丰富，出土的青铜器、玉器、石器、骨器、象牙器、陶器、蚌器等多达1928件，是殷墟已发掘的墓内随葬品最为丰富的一座墓葬。最能体现殷墟文化发展水平的是青铜器和玉器。青铜器共468件，以礼器和武器为主，礼器类别较全，有炊器、食器、酒器、水器等。多成对或成组，妇好铭文的鸮尊、盉、小方鼎各一对，成组的如圆鼎12件，每组6件，铜斗8件，每组4件。司母辛铭文的有大方鼎、四足觥各一对。其他有铭文的，有成对的方壶、方尊、圆斝等，且多配有10觚、10爵。有铭文的铜礼器190件，其中铸"妇好"铭文的共109件，占有铭文铜器的半数以上，且多大型重器和造型新颖别致的器物，如鸮尊、圈足觥造型美观，花纹繁缛；三联甗、偶方彝，可说是首次问世。出土仅青铜礼器就有210件，可以说殷墟所有出土青铜礼器的种类应有尽有。妇好墓发现玉器755件，分为礼器、仪仗、工具、生活用具、装饰品和杂器6类。礼器类有琮、璧、璜等，仪仗类的有戈、钺、矛等，另有工具和装饰品。妇好墓出土玉器装饰品为数最多，有420多件，大部分为佩带玉饰，少部分为镶嵌玉饰，另有少数为观赏品。各种动物形玉饰有神话传说的龙、凤，有兽头鸟身的怪鸟兽，而大量的是各种仿生动物形象，以野兽、家畜和禽鸟类为多，如虎、熊、象、猴、鹿、马、牛、羊、兔、鹅、鹦鹉等，也有鱼、蛙和昆虫类。玉器之外还有绿松石、孔雀石、绿晶雕琢的艺术品和玛瑙珠等。

甲骨文资料中关于"妇好"的记载亦有200多条，其中一片卜辞曰："辛巳卜，贞，登妇好三千，囗旅万，乎伐羌。"两相印证，可以确定该墓为妇好之墓。"妇好"之名见于武丁时期甲骨文，生前曾主持祭祀，从事征战，地位显赫。妇好墓属殷墟早期，与武丁时代相合。墓主妇好当为武丁配偶。根据甲骨文的记载，她是商代第二十三代王武丁众多妻子中的一位，曾多次率兵出征，立下赫赫战功，深得武丁的宠爱和臣民的敬仰。如妇好曾率领1.3万多人的军队抵御前来侵犯的鬼方，大获全胜而归。受武丁的派遣，她曾北讨土方，东南伐夷，西败巴蜀，为商王朝拓疆辟土立下汗马功劳。尤其值得称道的是与巴军一役，此役她率军设伏，在巴军退路设下埋伏，待武丁自东面攻击，巴军败退进入伏击圈，她率军杀出，两面合击，大获全胜。此役当为战争史上最早记载的伏击战。除带兵作战外，妇好还主持过各种类型和不同名目的祭祀、占卜活动。武丁对妇好宠爱有加，不仅授予她独立的封邑，还经常向鬼神祈祷以保佑她健康长寿。

妇好墓是迄今为止殷墟发掘的最完整的商代王室贵族墓葬，墓内所出的铜礼器、武器，以及大量玉石器等，反映了武丁前后商王朝礼器群的类别和组合，是研究商代礼制的重要资料。大型青铜礼器、武器和大量的玉器、象牙器也显示了商王朝的兴旺和手工业的发展水平。

2. 后冈大型贵族墓葬和中小墓葬群

安阳后冈遗址位于安阳市高楼庄北、洹河南岸，一处东西相连的高地上。1934年，考古学家梁思永在遗址内发现了著名的仰韶文化、龙山文化、商文化的"三叠层"地层关系，从而解决了三者的年代顺序问题，轰动了中外学术界。根据该遗址内的"三叠层"，首次判明了中原地区仰韶文化、龙山文化和商文化三种文化的相对年代关系。后冈遗址的殷商文化与中国新石器时代的文化一脉相承，为探索商代文明乃至中国古代文明起源提供了重要线索。这里仰韶文化的彩陶钵、碗、罐形鼎，以及三角斜线纹、多道短线纹等彩陶纹样特征鲜明,其遗存被命名为仰韶文化后冈类型。

从1933年开始至20世纪90年代,这里进行了多次考古发掘。在范围内共发现发掘了殷墟时期大型贵族墓葬5座,其中带2条墓道中字型大墓4座,带1条墓道的大型墓1座,其他殷墟时期的中小型墓葬数十座①。1933年发掘的大墓位于墓地的西北部,方向11°,总长38.6米,是这一处墓地中最大的墓葬。南墓道为斜坡状,长20米,北墓道为台阶状,长11.6米。墓室为长方形竖穴,口大底小,墓口长7米,宽6.2米,深8.5米。椁室为亚字形,上口长4.4米,宽3.5米,高1.5米,由宽约0.14米的木条叠砌而成。墓室填土中出土人头骨28个②。1959年冬天,在后冈南坡(安李铁路南侧)发掘了一处圆形祭祀坑,圆形祭祀坑内除了大量的人牲外,还出土了铜鼎、铜卣等随葬品③。该鼎即是著名的"戍嗣子"鼎,通高48厘米,口径39.5厘米×34.5厘米,腹深24.6厘米,重21.5千克。铭文"丙午,王商(赏)戍嗣子贝廿朋,才(在)□□,用乍(作)父癸宝□,隹(唯)王□□大室,才(在)九月,犬鱼"计30字,是殷墟考古出土铭文最多的青铜器(图2-32)。"犬鱼"为戍嗣子所属家族的族徽。后冈地区是殷墟时期重要的一处墓葬区,这一地区发现的带2条墓道的中字形大墓,除王陵区外很少发现。专家推测,这些大墓的主人应该是王室成员及其家族。

图2-32　后冈圆祭坑出土的"戍嗣子"鼎及铭文拓片

---

① 中国社会科学院考古研究所安阳发掘队:《1971年安阳后冈发掘简报》,《考古》1972年第3期;中国社会科学院考古研究所安阳工作队:《1972年春安阳后冈发掘简报》,《考古》1972年第5期。
② 石璋如:《河南安阳后冈的殷墓》,《历史语言研究所集刊》(第十三本),"中研院"历史语言研究所,1948年。
③ 中国社会科学院考古研究所安阳发掘队:《1958—1959年殷墟发掘简报》,《考古》1961年第2期。

3. 郭家庄西南M160及其他墓葬

1982～1992年，中国社会科学院考古研究所安阳工作队在郭家庄西南发掘一批商代墓葬。该墓地距殷墟小屯宫殿宗庙区约1.5千米，西侧是铁路苗圃林场，南邻任家庄。墓葬发掘地点位于郭家庄村西南、南部地，大体位于今天文源街以北、铁三路以东的区域。此地共发掘商代墓葬及车马坑、马坑、羊坑等共计191座。其中193座是长方形竖穴墓，1座带1条墓道的大墓，车马坑4座，马坑2座，羊坑1座。除墓葬之外，这一地区钻探中还发现有大量商代灰层，还发现一组6个连在一起的陶水管。该地区商代墓葬分布密集，是一处较大型的商代族邑聚落与墓地，时代属殷墟二期至四期。考古发掘出土了一批商代青铜器、玉石器、陶器等代表性器物。其中具有代表性是M160（图2-33）。

图2-33　郭家庄M160形制及出土的铜铙

1990年10月14～23日，发掘了郭家庄墓地北部的M160。该墓为长方形竖穴墓，方向105°，口小底大，墓口距地表2.3米，长4.5米，东边宽2.88米，西边宽3.04米，墓底距地表8米。葬具为1棺1椁，墓内共发现殉人4人，殉狗3条。墓葬未被盗掘，随葬品十分丰富，出土铜、陶、玉、石、骨、牙、竹、漆等各种器物共353件。其中，青铜器291件，38件铸有铭文。青铜器有礼器、乐器、工具、兵器、杂器等，种类齐全，以兵器为主，有钺、刀、戈、矛等，计200多件，镞900多枚，礼器41件，有鼎、甗、簋、尊、罍、卣、盉、斝、觯、觚、角、盘、斗、方卢形器等。特别是出土一组方形器物如方尊、方斝、方觚、方鼎等17件，占所有青铜礼器比例之高，非常罕见。10件青铜觚与10件青铜角的组合在殷墟考古发掘中也是特例。出土玉礼器璧、环、璜及钺、戚、戈等33件，并出土1件竹篓。根据出土器物推测，该墓属殷墟文化第三期偏晚阶段。殷墟M160的发现，填补了殷墟研究中缺乏第三期较大铜器资料的空白，M160青铜礼器中有，方形器较多，方形器和盖提梁四足鼎都是罕见器形，大多数铜器上的纹饰繁缛华丽，制作非常精致。铜器组合、相配别具特色，为了解商代贵族生活与葬俗提供了很好视角。其铜器成份的分析，对研究铜器铸造技术的发展具有重要史料价值。

M160内出土的44件青铜礼乐器，其中41件有铭文。铭"亚址"青铜器33件，"亚胡址"的青铜器3件，"亚胡止"的青铜器5件，另出土的3件青铜铙上铭"中"字。亚是商代武职官名，根据出土的青铜器铭文"亚址"的数量来看，该墓主人应是"亚址"的首领，亚址族主要聚集地即在郭家庄一带。从墓葬发现的其他青铜器的铭文来看亚址与中、胡族之间有着密切的联系。

4. 殷墟花园庄东M54

该墓位于花园庄东地，殷墟重点保护范围宫殿宗庙区内，向西距花园庄村东约100米，向西距洹河约100米，南距殷墟宫殿防御大灰沟约50米，向北约390米为宫殿区的54号建筑基址，其东南50米处即是1991年发掘的H3甲骨坑。2000年配合M54的发掘在其周边还发现发掘殷墟时期房基1座，灰坑13座，墓5座。出土了"马子"青铜彝、"子古"青铜爵等一批铜器和带字卜甲、卜骨及骨器、玉石器、陶器等。墓葬时代属于殷墟二期至四期。

M54因被盗掘而发现，2000年12月至2001年，中国社会科学院考古研究所安阳工作队对其进行了抢救性发掘（图2-34）。墓葬为土坑竖穴墓，墓上发现有房基。墓口小底大，墓口长5.04米，宽约3.3米，墓底距地表约7.3米，墓内填土为五花土，共有两椁一棺，椁底板雕刻着夔龙纹，并涂有红漆。在墓内填土、椁室内及二层台上部和下部，共发现有殉人15个。在墓室填土内、二层台内、腰坑内等共发现殉狗15条。M54随葬品丰富，总计各类随葬577件（未计铜镞、铜泡、金箔等），其中青铜器共计265件，玉器222件、陶器21件、石器6件、骨器60件、象牙器2件、竹器1件及1472枚贝。其中有不少是首次面世，大大丰富了殷墟青铜器、玉器等文物种类。在这个墓葬中，还发现了7个商代象征军事首领权力的铜钺，这是殷墟墓葬发掘中最多的一次。1件与人手相似的青铜手形器和1个殉人身上的铜盾牌在殷墟考古中也是首次发现。在出土的200余件玉器中，2个铜内玉援戈和1个铜内玉援矛均是铜把玉身，这在殷墟发现中非常罕见[①]。

从地层关系和墓葬出土器物判断，该墓属于殷墟二期偏晚阶段，约晚于妇好墓，早于郭家庄M160，绝对年代相当于祖庚、祖甲时期，是近70年来发现的殷墟第三座未被盗掘的商代大墓。墓主人死时年龄约35岁，正值壮年，身负多处创伤，且最后的死亡也可能与受伤有关。根据墓内多件青铜器上铸有铭文"长"判断，墓主人为长族一位身份显赫的贵族，也是一位军权在握的将军。生前受到商王室的重视，死后埋葬于宫殿区，也是一种特殊的厚待和礼遇。

（六）车马坑

作为一种特殊丧葬制度的产物，殷墟发现的车马坑大多与墓葬的随葬制度有关。这些中国最早发现的的战车实物，目前未曾出现与战争有关的遗迹，而是大量出现在商王及贵族的墓葬旁边，成为贵族死后的特权。车马组合的形式最早出现在中亚地区，在殷

---

① 中国社会科学院考古研究所：《安阳殷墟花园东地商代墓葬》，科学出版社，2007年。

图2-34 花园庄东地M54墓葬形制

墟时期引进中原地区,并大量为商代贵族所使用,运用于战争、运输等。1937年前在殷墟小屯村、王陵遗址及后冈遗址的考古发掘中都发现有车马坑的遗迹。但由于技术方面的原因,直到1953年考古工作者才在大司空村完整清理出车马坑的结构形制。这些车马坑大多随葬于殷墟大墓的前面或墓道内,一般为一车、一人、两马,且多数为两车并排出现,也有单个的车马坑和随葬并排5辆车的车马坑。这时的车子主要部件有两轮、一轴、一舆、一辕(有直辕和曲辕两种)、一衡组成,其中车辖、车䡇、车軏、辕端饰、踵饰等大多由铸造精美的青铜制成。从殷墟近90年的考古发现来看,殷墟车马坑发现约80余辆,在后冈大墓、武官村北地王陵大墓、小屯村北宫殿遗址内、大司空村、郭家庄、刘家庄南地、戚家庄、梅园庄、孝民屯、白家坟、安钢120转炉等地都有发现[①]。此外,在殷墟郭家庄东南"赛格金地"小区、任家庄东南铁路医院等地还发现有马坑。

1. 安钢120转炉车马坑

2005年配合安阳钢铁公司120转炉建设,中国社会科学院考古研究所安阳工作队和安阳市文物考古研究所在这一区域内发现并发掘3座带有1条或2条墓道的贵族大墓和10座车马坑。这一区域在安阳殷墟遗址的西部边缘,距殷墟宫殿区约3000米。其中有5座(编号为M1~M5)南北一字排列,五辆马车马头均为向东有序排列,坑口距地表1.3~1.5米,保存完好(图2-35)。在编号为M3的车马坑内,在车厢前部左侧发现一簇铜镞,约30枚,出土可见箭杆、箭囊痕迹;右侧发现一枚双面刃的青铜短剑,部分压在车厢下,剑柄、剑身、剑脊清晰可辨(图2-36)。M4、M5中马的珞饰较为豪华,M5的马具是用长方形或椭圆形牙饰或铜泡镶嵌,保存完整。M4、M5分别殉葬2人,1人在

---

① 中国社会科学院考古研究所:《殷墟的发现与研究》,科学出版社,1994年。

图2-35　2005年安钢120转炉车马坑（5座并排）　　图2-36　M3车马坑形制

车后，1人在车的一侧，而M1～M3只有1人殉葬。这是殷墟一次性发现车马坑最多的一次，特别是发现的并排5座车马坑更是罕见[①]。

2. 郭家庄南赛格金地车马坑与马坑

2006年8月，安阳市文物考古研究所配合安阳赛格城市广场A、B座住宅楼建设，在文源街与铁西路交叉口西约100米路北清理车马坑1座（编号CK1），马坑2座。车马坑内随葬1车、2马，坑南北长3.3～3.45米，东西宽2.74～2.86米，坑底距地表4.05米。除车马饰件外，在车马坑内出土有弓形器、金叶、骨管、骨环、骨镞等器物（图2-37）。在该车马坑的东侧南部和北部分别发掘2座马坑（图2-38、图2-39），由于2座坑被晚期的灰坑打破，并遭到被坏，在1号马坑（编号MK1）内，清理出马的部分骨架，如脊骨、肩胛骨、肋骨、腿骨等，出土有铜马轭、铜泡、铜铃及车衡三角饰等器物[②]。

此外，2010年中国社会科学院考古研究所安阳工作队、安阳市文物考古研究所共同配合安阳铁西体育馆建设中发现并清理了分布较为密集的商代文化遗址，包括族邑居址、道路、灰坑、窖穴等，并清理了几座车马坑遗址，其中有3辆车并排的车马坑。其中一辆车的后部随葬有2个人，均手持长戈木柄、头着铜盔甲，身材高大，非常罕见（图2-40、图2-41）。这是近期殷墟考古发现中最重要车马坑之一[③]。2012年安阳市文物考古研究所配合安阳市第七人民医院建设，在任家庄东南医院的建筑工地内除清理商代的文化遗址、10余座墓葬外，还发现有一座并排2匹马的马坑（图2-42）。这一区域在20

---

① 资料现存中国社会科学院考古研究所安阳工作队。
② 安阳市文物考古研究所：《安阳殷墟徐家桥郭家庄商代墓葬——2004～2008年殷墟考古报告》，科学出版社，2011年。
③ 资料保存在中国社会科学院考古研究所安阳工作队。

图2-37　2006年赛格金地A座CK1　　　图2-38　2006年赛格金地A座MK1

图2-39　2006年赛格金地A座MK2　　　图2-40　2010年安阳体育馆二辆并排车马坑形制

图2-41　2010年安阳体育馆车马坑随葬人及铜盔情形　　　图2-42　2012年第七人民医院基建工地马坑

世纪90年代还发现有一座深达11米的商代贵族墓葬，该出土了一批青铜器、玉石器等。这一次新发现的马坑或许与该墓有关。在殷墟单独用马随葬的马坑较为少见[①]。

---

① 资料保存在安阳市文物考古研究所。

二、殷墟考古出土的重要遗物

殷墟是商代晚期的都城遗址，是当时中原地区的政治、经济、文化的中心。以殷墟为代表的中国青铜文明是当时世界上最发达的人类文明之一，奠定了中国古代文化发展的基础。近百年殷墟考古发掘数百万平方米的文化遗址、几千座包括王陵大墓及大、中、小型墓葬，出土上万件国家级的珍贵文物。其中以青铜器、甲骨文、玉石器、陶器为代表的殷墟文物制作技术高超、器物形制独特、发展演变序列清晰、器物质地多样，成为人类历史上不可或缺宝贵财富，具有重要的文物价值、考古价值、历史价值和科学价值。

（一）殷墟青铜器

青铜器是指铜、铅、锡等金属按比例由人工合成并铸造成不同纹饰、形状和功能的器物。我国青铜器源远流长，从二里头、二里岗上层到殷墟文化三者之间的青铜器一脉相承。殷墟青铜器是中国青铜器发展的高峰之一。从历史上看，安阳小屯一带不断有青铜器出土，在宋代金石学兴起，小屯一带出土的青铜器引起人们关注，北学时期金石学家吕大临撰写的《考古图》中，就收藏了很多殷墟出土的青铜器，并记载"乙鼎，得于邺郡亶甲城；足迹罍，闻此器在洹水之滨亶早墓旁得之"。从1928年开始的殷墟科学考古发掘以来，在墓葬和窖穴、水井及其他遗址内共出土青铜器近上万件。传世及非正常考古出土的数量也有数千件。按照青铜器的用途主要分为礼器、乐器、兵器、手工工具、生活用具、装饰品、艺术器与杂器等类。

1. 青铜礼器

尽管由于历史原因，殷墟墓葬被盗严重，大量殷墟青铜礼器流散到世界各地。但科学考古发现的殷墟青铜礼器仍然非常丰富，其出土数量仅次于青铜兵器，据不完全统计，考古发掘出土的青铜礼器不少于3000件。按其实际用途可分为炊器、食器、酒器、水器、挹酒器，多与商王室、贵族宴享、祭祀等有关。常见的种类主要有鼎、瓿、爵、罍、簋、甗、尊、方彝、斝、卣、觯、觥、盉、盂、罐、盘、斗、角、缶、壶、箕形器等20余种，其中出土最多的有瓿、爵、鼎、簋、斝等。1937年前，中央研究院历史语言研究所在殷墟王陵遗址发掘中出土了一批珍贵青铜器，如牛方鼎、鹿方鼎、人面具、铜盉、盂等。1976年，在殷墟宫殿宗庙区的西南部，考古发掘了著名的殷墟妇好墓，这是一座保存完好的商王室贵族墓葬。妇好墓共出土青铜器468件，以礼器和武器为主，礼器类别较全，有炊器、食器、酒器、水器等。妇好墓是目前殷墟科学考古中出土青铜器最多、门类最为齐全的一次，也是青铜礼器组合最为复杂的墓葬，具有重要的文物价值（图2-43至图2-46）。

司母戊鼎1939年3月在河南安阳武官村北地（现编号为M260）出土，是商王祖庚或祖甲为祭祀其母戊所制，现藏于中国国家博物馆。司母戊鼎因鼎腹内壁上铸有"司母

图2-43　妇好墓出土大圆鼎、扁足鼎、提梁卣

图2-44　妇好墓出土鸮尊、方斝、觚

图2-45　妇好墓出土三联甗　　　　图2-46　妇好墓出土铜盉

戊"三字得名，鼎呈长方形，口长112厘米，口宽79.2厘米，壁厚6厘米，连耳高133厘米，重达832.84千克。鼎身雷纹为地，四周浮雕刻出盘龙及饕餮纹样。司母戊鼎是中国目前已知出土的最大、最重的青铜器，反映了中国青铜铸造的超高工艺和艺术水平（图2-47）。

殷墟青铜礼器在墓葬中一般都是成套出土的，最基本的组合为觚、爵组合，随葬青铜礼器的多少代表了墓主人身份的高低。1983年大司空村M663、2004年M303、1991年郭家庄北地M1046、1995年郭家庄东南M26等墓葬分别属于殷墟二期和殷墟四期，墓内青铜礼器组合完整，代表了殷墟不同时期、不同身份墓葬青铜礼器组合的形式（图2-48至图2-51）。

图2-47　1937年出土的司母戊大方鼎

图2-48　M663铜器组合

图2-49　M26铜器组合

图2-50 M1046铜器组合

图2-51 M303铜器组合

2. 青铜兵器

殷墟青铜兵器出土数量最多，总数量不少于5000件，绝大多数出土于墓葬中，在居址和灰坑也有少量的青铜镞出土。按照功能可分为攻击型的戈、矛、大刀、镞、戚、剑等，防御型的胄以及武器的附件鐏、弭等（图2-52至图2-57）。

3. 青铜乐器

殷墟青铜乐器仅发现铙1种，共计出土有10余套，多数为3件成编，少量的为4件、5件、7件成编。殷墟时期的铙，形制基本相同，扁圆体，口缘内凹、上端有中空的柄，可安木柄。成编的铙，大小依次递减，青铜铙上多铸有铭文。

铙始见于殷墟二期，只在大型墓葬中才有发现。1937年前，中央研究院历史语言研究所对殷墟发掘时共发现有4件成编、5件成编的铙各1套[①]。1976年殷墟妇好墓出土一套5件。其他的2001年花园庄东M54、1983年大司空村东南M663、1984年戚家庄东地

---

① 梁思永：《殷墟发掘展览目录》，《梁思永考古论文集》，科学出版社，1959年。

图2-52　妇好墓出土的铜钺　　图2-53　宜家苑M33出土的铜钺　　图2-54　榕树湾M1出土的铜钺

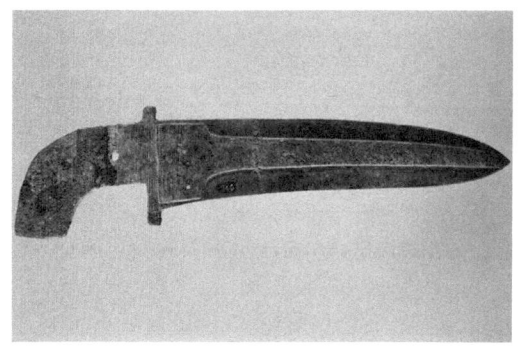 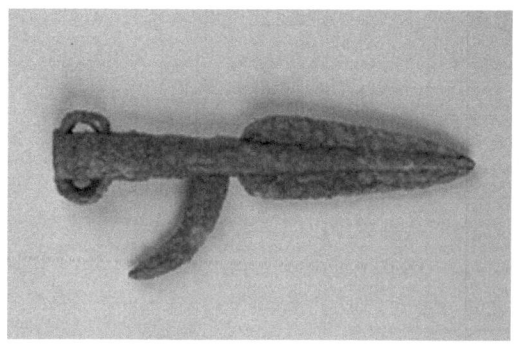

图2-55　妇好墓出土的铜戈　　　　图2-56　宜家苑M33出土的铜带倒钩铜矛

图2-57　宜家苑M94出土的青铜短剑

M269、1990年郭家庄西M160、1995年郭家庄西南M26、2004年大司空村M303、2013年刘家庄南地熙城都会M20等分别出土青铜铙1套3件（图2-58）。

4. 青铜手工工具与生活用具

殷墟青铜手工工具多数出自墓葬，少数出土于手工业作坊遗址（如铸铜作坊）、车

图2-58　2013年刘家庄南地熙城都会M20出土的青铜铙

马坑和祭祀坑，居住遗址内极少见，总数量约有300件。手工工具主要有与木器制作有关的刀、斧、锛、凿、锯、钻，与铸铜有关的锥、削，与农业有关的铲，与渔猎有关的鱼钩等。

此外发现的与人们日常生活相关的生活用具主要有镜、杖首、匕、漏勺、箸、器柄、筓、手形器等。

5. 其他青铜器

在殷墟车马坑内一般都出土有车马器。车马器主要包括车器如车軎、车辖、辕端饰、踵饰、舆饰、轭等，马器如马衔、马镳、节约、各类兽形饰、各类铜泡等。弓形器是一种特殊的器物，主要出土于墓葬之中，但在车马坑中也有发现，殷墟出土约有数十件。目前，多数专家认为应该与车马坑有关，是驾车人腰中配带用以束马疆绳的专用器具（图2-59、图2-60）。

 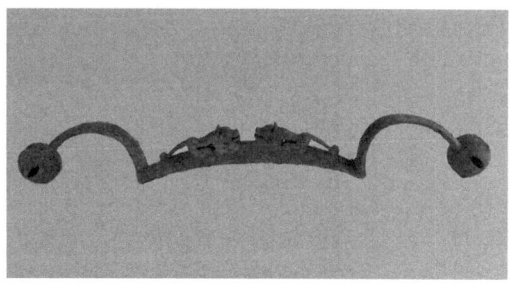

图2-59　2009年榕树湾M1出土的弓形器　　　图2-60　2010年宜家苑M33出土的弓形器

（二）殷墟甲骨文

甲骨文是指刻在龟甲和兽骨的骨刻文字，是中国最早成系统的文字，从1899年殷墟甲骨文发现以来，这里共出土了约15万片甲骨文。考古发掘来看甲骨文出土地主要集中在小屯村一带的殷墟宫殿宗庙区，多数以甲骨文窖穴的形式出土，也被称为"甲骨文档案库"。

1928年中央研究院历史语言研究所在小屯村南大路上的36号坑,共出土刻辞龟甲135版,无字龟甲175版,全部为"自组卜辞"[①];1929年12月的第三次发掘,在小屯村北大连坑附近发现了"大龟四版"刻辞,和牛头骨刻辞和鹿头骨刻辞;1931年4月第四次发掘,发现了E16和E10坑,其中E16出土刻辞卜甲285片,刻辞卜骨4片,E10出土鹿头骨刻辞1件;1934年春的殷墟第九次发掘中,在侯家庄南地发现刻辞甲骨16片,其中重要的是著名的"大龟七版";1936年6月,在殷墟宫殿宗庙区乙二十的南部,发现YH127坑,出土甲骨1.7万多片,其中仅有卜骨8片,其余的余部是龟甲,这是殷墟考古史上一次性出土甲骨最多的一次。上述出土的甲骨文资料现保存在"中研院"历史语言研究所[②]。1949年以后,殷墟甲骨文在四盘磨村、薛家庄村南地、大司空村、苗圃北地、后冈、小屯村南村中等地都有零散的发现。重要的发现主要有:

(1)1973年,在小屯南地发现刻辞甲骨5041片,包括卜甲70、卜骨4959片,牛肋条骨4片、未加工的骨料8片,后经过缀合,实得甲骨4511片(图2-61)。这批甲骨共出土于64个灰坑中。卜辞的时代绝大多数是康丁、武乙、文丁时期的卜辞,只有少量的武丁和帝乙、帝辛时代的卜辞[③]。

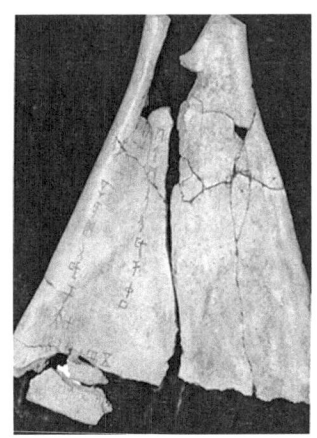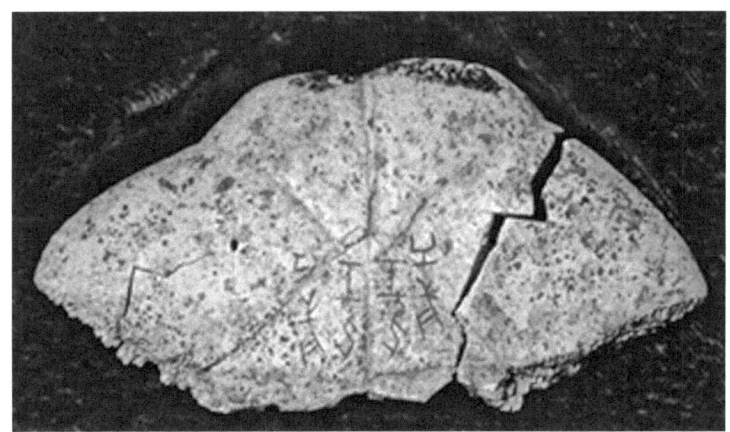

图2-61　1973年小屯南地出土的甲骨(现藏安阳市博物馆)

(2)1991年10月,中国社会科学院考古研究所安阳工作队在配合殷墟路建设中钻探发现花园庄东H3甲骨坑。10月29日,经过考古发掘后,将甲骨坑整体打箱移入室内清理。花东H3甲骨坑位于T4的中北部略偏东,坑口距地表1.2米,平面近长方形,南北残长1.5米,东西宽1米。坑内地层堆积分为四层,第1层为浅灰土,厚0.6米;第2层,黄色夯土,较坚硬,土质纯净,厚0.6米;第3层,深灰土,土质松软,厚0.9米,在此层中下部(距地表2.9米处)发现甲骨堆积;第4层,黄土,厚0.4米,亦是甲骨层。坑内甲骨有的竖立,有的平躺,有的斜置,共分为16层。此坑共发现甲骨1583片,其中卜甲1558

---

① 董作宾:《民国十七年十月试掘安阳小屯报告书》,《安阳发掘报告》(第1期),"中研院"历史语言研究所,1929年。
② 中国社会科学院考古研究所:《殷墟发现与研究》,科学出版社,1994年。
③ 中国社会科学院考古研究所编:《小屯南地甲骨》,中华书局,1980年。

片（腹甲1468片，背甲90片）、卜骨25片。有刻辞的甲骨689片。这批甲骨以完整的卜甲为主，计有700多版，有刻辞完整的卜甲就有300多版。根据地层关系、伴出的陶器等判断，花东H3甲骨坑的时代当属殷墟文化一期晚段。根据H3甲骨坑发现的甲骨文中的人名妇好等判断，这批甲骨的历史时代大体相当于武丁时期，这一结论与上述结论相吻合。花东H3甲骨坑是继1936年小屯北地YH127坑、1973年小屯南地甲骨坑以来殷墟的第三次重大发现，被评为"1991年全国十大考古新发现"之一，具有重要的考古价值、历史价值和社会价值[①]（图2-62至图2-64）。

1. 1986~2004年小屯村中村南甲骨

1986年与1989年，中国社会科学院考古研究所安阳工作队在小屯村中进行发掘，获刻辞甲骨305片（缀合后为291片，293个号）。2002~2004年，在小屯村南进行发掘，获得刻辞甲骨233片（缀合后为207片，221个号）。二者相距不足百米，统称为殷墟小屯村中村南甲骨。1986年配合小屯村中道路建设，安阳工作队发掘探方3个，共计56平方米。在T2和T3内共出土刻辞甲骨8片，其中无名组卜辞7片，时代属于廪辛、康丁、武乙前期。出甲骨的地层属于殷墟文化三期晚期和四期早段，约当于文丁、帝乙时期，比卜骨时代略晚。1989年安阳工作队分春秋两次在小屯村马王庙西南至村南大路以北，共开探方5个，发掘面积115平方米。这两次发掘共出土刻辞甲骨283片，除1片为卜甲外，其余全部为卜骨。出于晚期坑、层的151片，出于殷墟时期文化层和灰坑的有132片。这批甲骨多属殷墟文化的三期和四期早段。2002年，为配合殷墟申报世界文化遗产建设工作，小屯南路扩建，安阳工作队在此布探方22个，发掘面积1150平方米，共清理殷墟时期房基18座，灰坑63个，灰沟3条，墓葬20座，祭祀坑10座。2004年3月至4月，又在此发掘480平方米。两次发掘共发现刻辞甲骨207片，主要出土于2002年T3、T4、T4A内。其中T4H9内出土甲骨182片，有刻辞的甲骨48片（卜骨31片，卜甲17片），共分6层。这批刻辞甲骨多为"午组卜辞""自组卜辞""黄组卜辞"及无名组卜辞，除部分卜辞可早至殷墟一期和二期早段外，其他从地层关系和伴出的陶器等判断，它们是殷墟文化中期或中期偏晚的卜辞[②]（图2-65）。

2. 2004年大司空村东南甲骨

2004年中国社会科学院考古研究所配合豫北棉纺织厂棚户区改造在大司空村东南进行了大规模发掘，总面积6000多平方米。共发掘出土甲骨249年，其中卜甲26件；卜骨223件。其中标本T0806H141：2，为一大型牛肩胛骨，长27厘米，宽13.5厘米，这是一版较完整的殷墟时期十支表的刻辞，上有完整刻辞112字，时代属祖庚、祖甲时期[③]（图2-66）。

殷墟目前出土的15万片甲骨文共计有单字4500字左右，其中，被人们普通认同且可

---

① 中国社会科学院考古研究所：《殷墟花园庄东地甲骨》，云南人民出版社，2003年。
② 中国社会科学院考古研究所：《殷墟小屯村中村南甲骨》，云南人民出版社，2012年。
③ 中国社会科学院考古研究所：《安阳大司空——2004年发掘报告》，文物出版社，2014年。

图2-62　1991年花园东地H3：330（腹甲正面）

图2-63　1991年花园东地H3：330（背面）

图2-64　1991花东 H3：1039

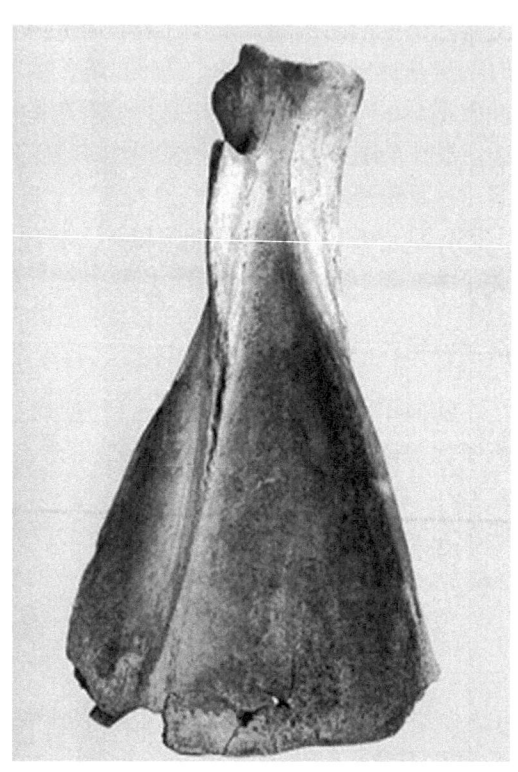

图2-65　2002年小屯村南H6下：115

图2-66 2004年大司空村卜骨

识别的约有1700字左右。关于甲骨文的分期,1933年董作宾先生出版的《甲骨文断代研究例》,根据世系、称谓、贞人、坑位、方国、人物、事类、文法、字形、文体等的区别,将甲骨文分别五期,至今为学术界所认同。第一期为武丁及其以前的盘庚、小辛、小乙,第二期为祖庚、祖甲,第三期为廪辛、康丁,第四期为武乙、文丁,第五期为帝乙、帝辛。

(三)玉石器

1. 玉器

早在近万年前的旧石器时代晚期,中国人的先祖就发现并开始使用玉石了。"美石为玉",在长期的生活实践中人们逐渐认识到了一部分"美石"具有特殊的性质,就把它们从"石"中独立出来,称为"玉"。从物理性与化学性上讲,和田玉是钙镁硅酸盐,是透闪石和阳起石组成的一种非晶质集合体。玉在长期缓慢的进化过程中,由原来仅仅是一种特别性质的石头转化为代表权力、地位、财富、神权的象征。距今5300~4500年的浙江省良渚文化中发现大量的玉琮、璧、琮、钺、璜;距今5500年前的辽宁红山文化就有着较高的玉雕水平,出土玉器有猪龙形缶、玉龟、玉鸟、兽形玉、勾云形玉佩、箍形器、棒形玉等。据考古统计,红山文化的玉器已出土近百件之多,其中出土自内蒙古赤峰红山的大型碧玉C型龙，周身卷曲，吻部高昂，毛发飘举，极富动感。

殷墟玉器在继承中国传统玉器制作工艺的基础上，在加工、雕刻等工艺上有一定的进步。殷墟时期是中国艺术史上的重要阶段，其时，青铜艺术空前繁荣，玉器艺术因承续史前文化底蕴势头再度高涨。青铜器依靠范铸工艺的成熟，玉器则因为工具的改进而提供追求全新视觉样式的条件。这一时期已经出现了大量治玉的专业技术人员和专门加工生产玉器的作坊。据殷墟发掘，小屯村北地出土两座疑是殷墟时期的治玉作坊。由于殷墟玉器纹饰与殷墟青铜器纹饰十分接近，专家推定殷墟大部分玉器就是在当地制作的。可以推测，殷商时王室已设立了工官制度，采玉、治玉、用玉系统已臻于完备。剖切玉料，殷人可能采用手工推磨与砣具旋切的方式，另外也可能使用青铜锯切割玉料的方法，甲骨文"刖"字的构成，就是一人持锯，施刑于另一人的象形。妇好墓出土玉铲形刀上有细密锯齿，证明商代已经使用此种工具。殷墟出土的玉器主要颜色为各式青色，另外有牙黄、墨绿、深灰、浅灰、乳白、黑色等，其来源专家推测主要为新疆和田、辽宁岫岩、河南独山等地。在殷墟除祭祀用玉外，随葬玉器成为一种习俗，考古发现的殷墟大中型墓葬中都有玉器随葬，随葬玉器的种类与数量与墓主人的身份有着密切的关系。特别妇好墓，共出玉器755件，是目前考古发现殷墟出土最多的墓葬（图2-67至图2-70）。最令人叹服的是，殷墟已开始有了大量的圆雕作品，此外玉匠还运用双线并列的阴刻线条（俗称双勾线），有意识地将一条阳纹呈现在两条阴线中间，使阴阳线同时发挥刚劲有力的作用，而把整个图案变化得曲尽其妙，既消除了完全使用阴线的单调感，又增强了图案花纹线条的立体感。

殷墟玉器95%以上主要出土墓葬中，在房基、灰坑、窖穴、制玉作坊等其他遗址中也有零散的发现。《安阳殷墟出土玉器》[1]一书统计，截止到2005年前，共有2600件。但在2005年之后中国社会科学院考古研究所大司空村、安阳体育馆、同乐北区等也有大量的殷墟玉器出土。此外，安阳市文物考古研究所配合安阳城市建设在殷墟南区发掘一批殷墟时期重要的文化遗址和族邑墓葬群，如2001~2002年在徐家桥北两村搬迁工地，2005~2006年郭家庄东南文源绿岛住宅小区、徐家桥村西南大华商贸城、2010年刘家庄北地宜家苑住宅小区、2011年徐家桥北文源名居住宅小区、2011年刘家庄东北盛世名郡住宅小区、2013年丹尼斯殷都店工地、2013年熙城都会商住楼工地、2015年安阳第二中学教学楼工地、2016年安阳西北绕城高速辛店村等殷墟时期族邑聚落遗址和墓葬中，也发现了大量的殷墟时期的玉石器[2]（图2-71至图2-74）。特别是2001~2002年在徐家桥北两村搬迁工地，发现商代墓葬300余座，出土了一批商代青铜礼器和玉环、璋、柄形器、小件玉器等。值得注意的是在约70余墓葬中还出土数量不等的玉石器边角料、残次品等，最多的一座墓葬中出土玉器100余件。综合安阳市文物考古研究所近期的发掘资料，目前共计有殷墟时期500件以上不同的玉石器出土。这样看来，殷墟玉石器自1928

---

[1] 中国社会科学院考古研究所：《安阳殷墟出土玉器》，科学出版社，2005年。
[2] 安阳市文物考古研究所：《安阳殷墟徐家桥郭家庄商代墓葬——2004~2008年殷墟考古报告》，科学出版社，2011年。其他资料现保存在安阳市文物考古研究。

图2-67　妇好墓出土的玉象　　　　　　图2-68　妇好墓出土玉人

图2-69　妇好墓出土的玉龙　　　　　　图2-70　妇好墓出土的玉阴阳人

年科学考古发掘以来，总计出土数量在3100件以上。

根据《近年来殷墟新出土的玉器》一文，殷墟玉器可分为礼器、仪仗、工具、用具、装饰器、艺术品、杂器7类。其中礼器如璧、环、琮、璋、圭、簋等，仪仗类主要有戈、矛、戚、钺、大刀等，工具类主要有斧、凿、锛、刻刀、锥、纺轮、铲、镰等，用具类主要有梳、耳勺、匕等，装饰类、艺术类主要有各类动物造型如龙、凤、鸟、鱼、虎、象、熊、猴、马、鹰、蝉、鸽，以及笄、镯等30余种，另外出土较多的柄形器，其用途至今未有定论[①]。

2. 石器

从目前考古发现来看，殷墟时期有着较为发达的农业生产，除部分用于祭祀、装饰、随葬的石礼器外，出土的石器主要以是与农业生产、手工业生产相关的工具类为

① 郑振香、陈志达：《近年来殷墟新出土的玉器》，《殷墟玉器》，文物出版社，1981年。

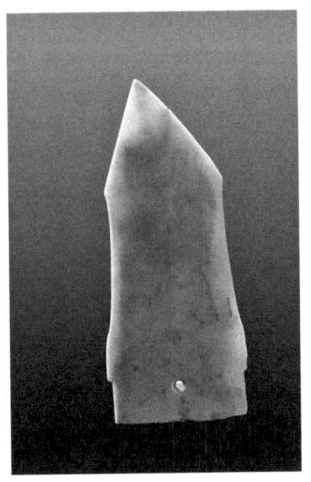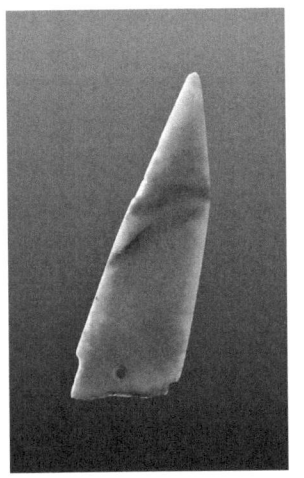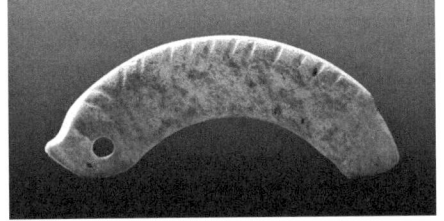

图2-71 玉戈、戈、兔、鱼

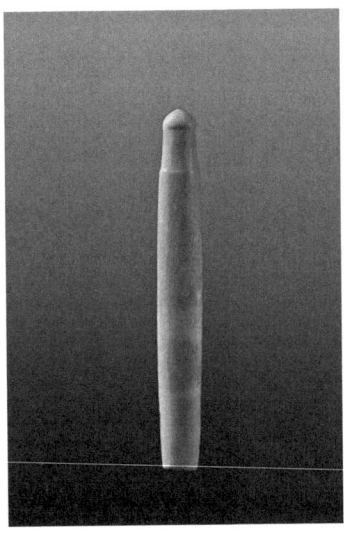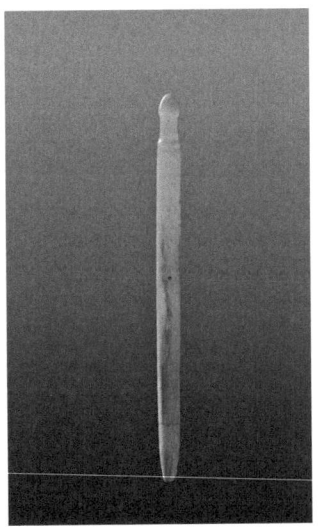

图2-72 玉环、镞形器、玉璜、镞形器

主。其中与农业生产有关的主要有石斧、石铲、石镰、石刀，如1929年秋，小屯村北大连坑B14出土石刀近千件，1952年李济先生公布了1937年前出土殷墟有刃石器444件，大多是这一类石器；与手工业生产有关的磨石，在铸铜遗址中有大量出土。但在墓葬中也有不少的石制工具出土。其中一部分出土于铸铜遗址内或附近的墓葬中，如磨石就很多出土于铸铜工匠的墓葬中，表明了墓主人生前从事的职业。也有一部分石制工具出土于大中型墓葬中，这部分石器与其他青铜器、玉器、陶器等形成一定的器物组合形式，是墓主人身份地位的象征（图2-75至图2-77）。从殷墟出土的石器来看主要质地有板岩、大理岩、砂岩，另有少数浑绿岩、玄武岩、流纹岩等。据调查其石材大多来源于安阳西部的太行山及其山前的低山丘陵等，属于本地产的石材。

根据石器的用途大至可分为礼器，有鬲、豆、簋、尊、璧、璋等；乐器有磬、埙

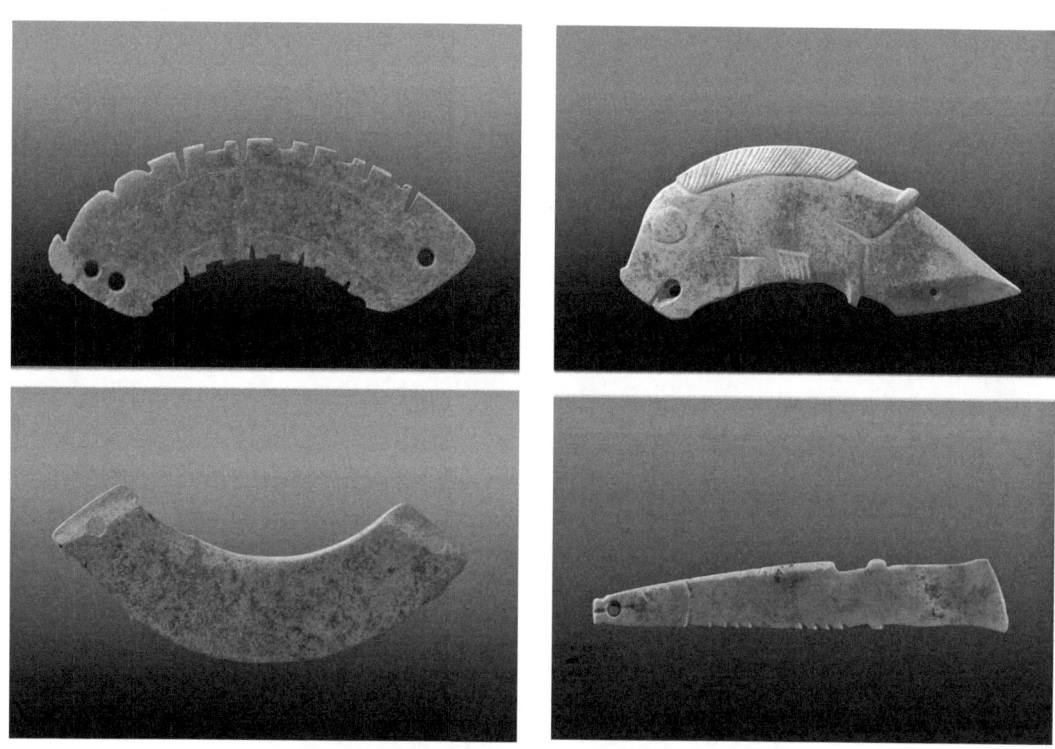

图2-73 玉璜、璜、鱼形刻刀、鱼形刻刀

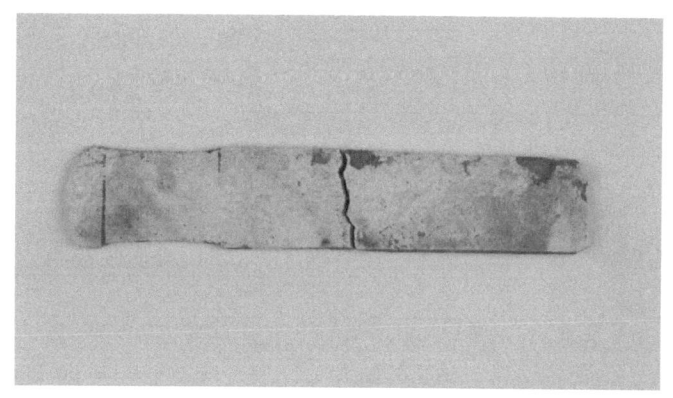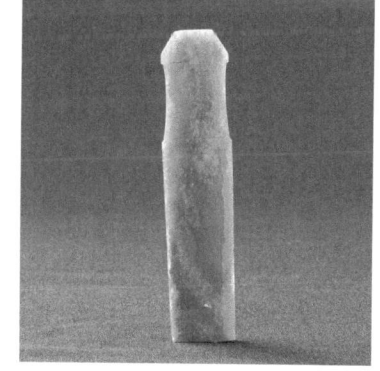

图2-74 玉柄形器

等;仪仗与武器类有:戈、钺、戚、镞等;生产工具有斧、锛、凿、钻、刀、镰、铲、锤、纺轮、网坠、磨石和弹丸等,其他的还有装饰器和各种动物形象的石雕饰品(图2-78)。其中生产工具数量最多,至今出土应该不少于5000件[1]。

---

[1] 中国社会科学院考古研究所:《殷墟的发现与研究》,科学出版社,1994年。

图2-75　2009年榕树湾M1出土磨石

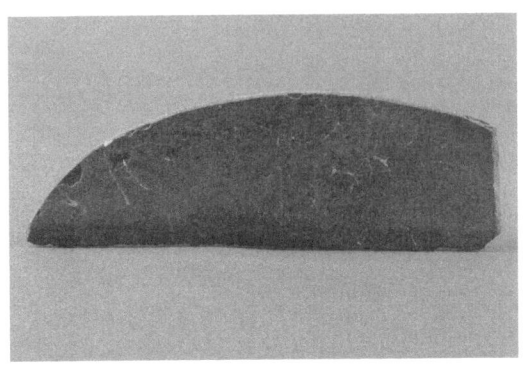
图2-76　2009年榕树湾M1出土石镰

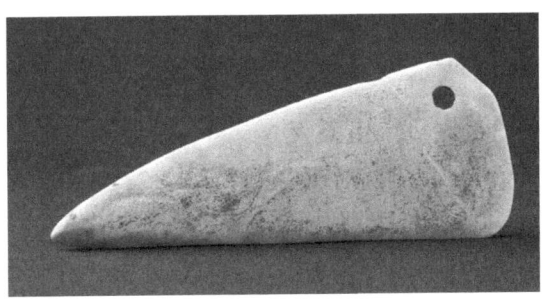
图2-77　2006年郭家庄地文源绿岛出土的石镰

图2-78　2010年宜家苑出土的石鹿、石人

(四) 骨、蚌、贝

骨器。骨器是殷墟最常见的器物之一。目前，殷墟制骨作坊遗址考古发掘共发现有4处，除以前发现的北辛庄南地和大司空东南地制骨作坊外，新发现的有2004年安钢焦化厂[①]和2002年、2006年、2008年安阳铁三路制骨作坊遗址[②]等。骨器及骨料数量较多，

---

① 资料现保存在安阳市考古研究所，主要为黄牛的骨料，数量约有数百件。
② 中国社会科学院考古研究所安阳工作队：《河南安阳市铁三路殷墟文化时期制骨作坊遗址》，《考古》2015年第8期。

特别是铁三路北段制骨作坊遗址总面积有1.76万平方米，出土的骨料有十余吨，不可计数。除制骨作坊外，殷墟时期的房基、灰坑、窖穴和墓葬都出土有不同数量的骨器。殷墟出土的骨器绝大多数是生产工具，而一般墓葬出土骨器多与当时人们生活用具相关。根据骨器的用途主要有以下几类：工具类主要有刀、凿、锥、铲、制陶工具、制铜工具等；用具类有皿形器、觚形器、梳、匕、勺、针、盖钮等；武器类主要是戈和镞两种；装饰器类有笄、珠、环及刻花骨饰等，其他还有艺术器和杂品等。其中笄的数量较多，有齐头形、方牌形、鸟体形、鸡冠形、羊字形、夔形等多种形制，《殷墟的发现与研究》中统计当时出土有1590多件，一般出土于墓葬和作坊遗址中[①]，近些年又有大量的发现，未做统计。2005年郭家庄南文源绿岛M5出土2件骨蛙，非常少见（图2-79）。

图2-79　2006年郭家庄地文源绿岛出土的骨蛙

蚌器。在殷墟考古发现的蚌器也较多，主要是生产工具，如刀、镰、铲、镢、锯、纺轮等器物，其他的有武器戈、镞及装饰器等。

贝。贝是殷墟时期主要的交换媒介，主要出土于墓葬中，在个别的祭祀坑、车马坑中也有不同数量的发现。殷墟时期的小型墓葬中贝一般含在口中、放置在手中或者墓主人的腿部。但在殷墟妇好墓中，出土了多达6880枚的贝，集中放置在一起，是目前殷墟出土贝最多的墓葬[②]。

（五）陶器

陶器，是用黏土或陶土经捏制成形后烧制而成的器具。陶器在古代作为一种生活用品，陶器的发明是人类最早利用化学变化改变天然性质的开端，是人类社会由旧石器时代发展到新石器时代的标志之一。世界上最早已知的陶瓷器是捷克下维斯特尼采境内发现的陶器下维斯特尼采爱神，其时代可以追溯到公元前29000年至公元前25000年。中国最古老陶制容器是中国江西仙人洞文化的陶器罐碎片，于2012年发现的。大约追溯到公元前20000年至公元前19000年。中原地区的陶器制作从裴里岗文化、仰韶文化至龙山文

---

① 中国社会科学院考古研究所：《殷墟的发现与研究》，科学出版社，1994年。
② 中国社会科学院考古研究所：《殷墟妇好墓》，文物出版社，1980年。

化逐渐达到顶峰。在殷墟尽管青铜器的大量出现，但陶器的制作仍为商代人们所重视，是当时普通人们日常使用最多的器物。

考古表明殷墟陶器广泛出土于房基、灰坑、窖穴及大多数遗址，在中小型墓葬中也有较多的发现。一个遗址中出土的陶片就可达数吨，具体其数量不可计数。仅1958年至1961年，中国社会科学院考古研究所发掘出土的陶片就有十几万片。安阳市文物考古研究所从1986年开始殷墟外围发掘以来，出土的陶片总数也不少于20万片。在殷墟的中小型墓葬中，陶器是其主要的随葬器物，以陶觚、爵为主要组合的陶器组合，也是墓主人身份高低的标志之一。殷墟出土的陶器除一般的陶器外还有白陶、硬陶和釉陶等特殊的陶器。殷墟出土的陶器按质料不同又可分为夹砂灰陶、夹砂红陶、泥质灰陶、泥质红陶、白陶、硬陶、釉陶等。试验考古表明，殷墟烧制陶器多以本地粘土为材料，就地取材，并经过严格的淘洗、加工等工序。商代陶窑在殷墟多处都有发现，2010~2011年在刘家北地发现了大规模烧制陶器的作坊遗址，为殷墟陶器烧制技术研究提供了新的资料。

1. 日用陶器

殷墟出土最多的是日用陶器，这些陶器与人们日常生活紧密相关，使用最为广泛，在殷墟的所有文化遗址中都有不同数量的出土，特别是与当时人们生活相关的灰坑中出土数量最大。按其用途可分为炊器、食器、盛贮器等三大类。炊器有鬲、甗、甑；食器有豆、簋、盂；盛贮器包括酒器和水器，有尊、壶、卣、罍、瓿、觯、斝、罐、盆、盘等。根据地层关系、伴出器物及相关科技数据测算等，殷墟时期的陶器大体上可分为四期，前后延续约255年。第一、二期类别较多，第三、四期器类减少。有的第一、第二期常见的器物类型到第三、四期逐渐消失，为新出现的器类所代替，同一类型的器物从第一期延续到第四期，且形制不变化者几乎不见。根据殷墟陶器器形、纹饰、类别等的前后变化顺序，是殷墟文化分期的主要依据。

此外，在墓葬中还出土有大量的陶器，这些陶器多仿青铜礼器，是随葬明器，它们在殷墟中多以不同的组合形式存在，单独或者与青铜礼器共同构成完整的器物组合，代表了墓主人身份。1990年郭家庄西南M160共出土豆、簋、觚、爵、罍、罐16件，其中罍10件为最多[1]。如花东M54，共修复陶器21件，主要有鬲、豆、簋、觚、爵、罍及盔形器，其中罍数量最多有16件[2]。2006年文源绿鸟M5共出土陶觚、爵、簋、罍、盆等6件，其中罍2件[3]（图2-80）。殷墟墓葬中随葬陶器的数量种类与墓葬形制大小、时代早晚等有密切的关系。罍作为一种重要的酒器，在墓葬中地位重要，出土也最多。

2. 白陶、硬陶、釉陶及其他

白陶、硬陶、釉陶在殷墟出土数量相对较少，它与一般日用陶器最大的区别是，这些陶器与后期的瓷器一样都采用高岭土，但火候要低，特别是白陶火候更低。硬陶与釉

---

[1] 中国社会科学院考古研究所：《安阳殷墟郭家庄商代墓葬》，中国大百科全书出版社，1998年。
[2] 中国社会科学院考古研究所：《安阳殷墟花园庄东地商代墓葬》，科学出版社，2007年。
[3] 中国社会科学院考古研究所：《安阳殷墟花园庄东地商代墓葬》，科学出版社，2007年。

图2-80　2006年郭家庄地文源绿岛N5出土的陶觚、爵、罍、簋、盆等器物

陶火候较高，特别是釉陶，器物表面施有青色釉，是我国最早的原始瓷器之一，在中国瓷器发展史上具有重要的意义。

白陶。主要出土殷墟时期的大、中型墓葬中，出土数量较少，是非常珍贵的陶器。白陶纹样丰富多彩，刻工精细，颜色莹白。白陶器形多仿制青铜礼器，纹饰有饕餮纹、夔纹、龙纹、兽面人体纹、蝉纹、云纹、雷纹、乳丁纹、圆涡纹、弦纹等，与青铜器的纹饰相同或相近。白陶制作工艺复杂，可谓陶器中的精品。1950年发掘的武官村大墓内共出土白陶卣、尊、罍、瓿、盘、皿等残器10件，残片数10片。是一次出土白陶器较多的墓葬之一[①]。此外，在殷墟考古中发现有与排水有关的陶水管，与铸铜有关坩锅、砂轮、陶范等，与制陶相关的陶垫、制陶印模，与人们生产相关的网坠、弹丸、纺轮、陶臼，与人们生活相关的陶爽、调色器、箕形器。此外还有乐器埙、艺术装饰品、杂器等。在一些出土的陶器上还发现有陶文或者符号，按其内容可分为数字、方位、人名、族名、方国名、干支名，图形符号主要易卦、卜辞等，这是非常重要的文字资料，是不同于甲骨文的另外一种文字记录方式，具重要的价值。

---

① 郭宝钧：《一九五〇年春殷墟发掘报告》，《中国考古学报》（第五册），中国科学院，1950年。

（六）其他

除上述殷墟出土的主要遗物外，在殷墟考古中还发现有漆木器、皮革制器、席子、纺织品等遗迹遗物（图2-81、图2-82）。其中漆木器主要有车、木棺、木椁、木锹、鼓及礼器类的漆罍、豆、觚等器。2009年安阳榕树湾小区M1殷墟早期的墓葬中，出土了一件铜扣木壶，非常罕见[①]（图2-83）。2016年5月，安阳市文物考古研究所在安阳西北绕城高速辛店村西南发掘清理殷墟时期M21和M41的墓葬中，分别出土了漆罍、漆豆、漆觚等漆器，是殷墟时期漆器的一次重要发现[②]。

图2-81　2009榕树湾M1发现的席子遗迹

图2-82　2016年安阳辛店村西南M41和M21分别出土的漆器

图2-83　铜扣木壶

三、殷墟文化的分期及其他

殷墟作为商代晚期的都城遗址，延续时间长，文化遗存丰富。关于殷墟文化的分期，历来有多种说法，《殷墟发现与研究》根据安阳殷墟梅园庄和大司空村等地的地层

---

① 中国社会科学院考古研究所：《安阳殷墟花园庄东地商代墓葬》，科学出版社，2007年。其他资料现保存在安阳市文物考古研究。
② 这一区域是一个商代晚期重要的铸铜遗址，遗址总面积约有90万平方米，是2016年安阳商代考古重要发现之一，出土的漆器资料现保存在安阳市文物考古研究所。

叠压关系和各层包含的遗物特征，特别是陶器的明显区别，把安阳殷墟的商代晚期遗存划分为四期，这一分期目前基本为学术界所接受。若以四期中出土的陶鬲、陶簋和陶豆等主要陶器作对比，其特征是：

一期（以梅园庄一期和大司空村一期为代表）：陶鬲腹深，高裆，足尖较高。陶簋腹浅者腹壁近直，深腹者腹壁斜向里收。

二期（以大司空村二期为代表）：陶鬲与一期较接近，但器身较低，裆较矮。簋的口沿较薄，沿内有一周凹弦纹。陶豆沿平，浅盘，高圈足。

三期（以大司空三期为代表）：陶鬲变矮，裆明显变低，足部有实足尖。簋分两种，一种腹壁下部略内收，圈足较高微外侈，沿内弦纹靠下。另一种器表饰三角绳纹，部分磨光，口沿下饰小兽头。陶豆敛口，盘深，圈足较高，表面饰弦纹。

四期（以大司空村四期为代表）陶鬲裆矮近平，无实足尖或仅有很小的实足尖。弦纹簋不见，多为表面饰三角纹簋。

从陶瓿的分期来看，器体由高到矮，由粗到细，由大到小；陶爵的变化过程也是器体由大到小，由高到矮，由粗腰到细腰。

在安阳殷墟四期中发现的遗迹与遗物，多属于三、四期，一、二期较少。说明安阳殷墟的商代晚期都城在一、二期时规模还比较小，人口也较少，到了三、四期则有了很大的发展，规模扩大，人口增多。另在梅园庄的发掘中，还发现在相当于安阳殷墟梅园庄上层的下面，还叠压着略近于商代二里岗期的梅园庄下层遗存，说明在盘庚迁殷之前，人们早已在这里居住和生产。

根据甲骨文的记载和考古的新发现，又把殷墟分期进一步细化。从殷墟分期的绝对年代来看，殷墟一期文化又可分为早段和晚段，一期早段约相当于盘庚迁殷后及小辛、小乙时期，一期晚晚段约相当于武丁早期，这一期是殷墟文化开始大发展的时期。殷墟二期也可分为偏早和偏晚两个阶段，二期早段即是武丁时期，晚段即是祖庚、祖甲时期。第三期的时代约相当于廪辛至文丁时期，从甲骨文记载和最新考古发掘来看，这一阶段也可分为早晚两个阶段。第四期，约相当于帝乙、帝辛时期，根据陶器、铜器也可分为偏早与偏晚两个阶段，第四期晚段出土的部分铜器已有西周风格，有学者认为这一阶段有可能已经进入了西周时期。

第四节　近些年殷墟周边考古新发现

安阳市地方殷墟考古始于20世纪80年代的安阳市博物馆考古组。这一时期安阳市博物馆先后在梅园庄东地、刘家庄南地等地殷墟西部、南部边沿地区进行了多次殷墟遗址发掘，清理一批商代灰坑、房基和一批殷墟时期的小型墓葬。这一时期重要的发现有1984年发现和发掘的殷墟戚家庄东M269商代贵族墓。从1986年安阳市文物工作队成立到2004年，安阳市文物工作队共配合安阳市城市建设在殷墟南部边沿梅园庄南，郭家庄村南、北，徐家桥村，刘家庄村南、北，梯家口村，东八里庄村，苗圃南地，邵家棚村东等地清理发掘了一大批殷墟时期的灰坑、房基、车马坑及200余座商代中小型墓葬。

在殷墟的东部边沿和平路、高楼庄村东、太平庄西,在殷墟西部边沿戚家庄村东、范家庄村南、同东寨连环寨等也发掘清理一批商的墓葬、灰坑、窖穴、排葬坑等遗存。这一期重要的发现主要有梅园庄村南商代车马坑、刘家庄村南商代遗址墓葬和车马坑,2001~2002年徐家桥村北商代四合院遗址等,2003~2004年安钢原料厂骨料坑遗址等。

2004年以来,安阳市文物考古研究所配合城市建设,在殷墟周边地区进行了一系列的考古调查与发掘。这些调查与发掘主要集中在殷墟南区,距殷墟小屯宫殿宗庙遗址2~3千米左右,自东向西,约呈扇形分布。从东部地区彰德西侧的原机床厂院内的博地苑小区、榕树湾至郭家庄村东物华公寓;郭家庄东、南的物华公寓小区、文源绿岛小区、赛格金地城市广场,往西至铁路林厂南地。再西至刘家庄村东南丹尼斯殷都店、熙城都会小区,村北宜家苑小区;再西则是徐家桥村南、北、西地大华商贸城、两村搬迁公寓及六家庄东南老干部活动中心等。殷墟西区边沿主要集中在安钢原料厂、120转炉等地,西北主要在范家庄北地。此外梅园庄及其附近地区也是殷墟时期文化遗址和墓葬集中的区域之一,从20世纪90年代开始在梅园庄村东及商住小区兰田美景、凤仪芙蓉园、馨香园等发现有大量的商代文化遗址及车马坑、墓葬群。2010年8月在殷墟南区最远的梯家口村南今尚品丽园小区(中州东侧,南距文明大道仅150左右)内还发现有殷墟时期的文化遗址(房基、灰坑)和墓葬群。这一区域距小屯宫殿区约3.2千米。在此范围内的一些区域在20世纪80年代到20世纪90年代为了配合城市建设,安阳市文物考古研究所已做过大量的工作,目前资料仍在整理中(图2-84)。

除此之外,在距殷墟十余千米之外的安阳市东南郑家庄一带也发现有殷墟时期的遗址和墓葬。在上述数平方千米的一大片区域内发现的大量的商代晚期的族邑聚落、房基、灰坑、窖穴、道路、祭之祀遗址、车马坑及数百座殷墟时期的中、小型墓葬,这些文化遗址是殷墟重要的组成部分。通过发掘近一步丰富的殷墟文化的内涵,为研究殷墟范围、族邑分布、文化内涵及殷墟文化发展变化序列等提供了新的资料。

一、1984年戚家东M269及其他墓葬

1982~1984年,安阳市博物馆配合安钢生活小区建设在戚家庄东南地钻探面积近7万平方米,发掘殷墟时期墓葬197座,发掘遗址面积100平方米。这批墓葬被盗扰的较少,共发现随葬青铜礼器的墓9座,青铜礼器组合完整。M269形制较大,出土器物最多,种类也最为丰富,是这批墓葬的代表。M269位于殷墟戚家庄东南,1984年11月发掘。墓口距地表深3.45米,南北长3.03米,东西宽1.53米,方向196°。墓内随葬品极为丰富,共出土青铜器、陶器、玉器、骨器、石器等各类器物73件,其中青铜器58,陶器5件,玉器6件,骨器3件,石器1件。青铜礼器包括鼎4件、甗1件、簋1件、瓿1件、尊1件、觚3件、爵3件、方彝1件、罍1件、卣1件、觯1件、斗1件等,青铜兵器有钺2件、矛10件、戈10件、大刀2件,青铜生产工具斧、锛、凿、削,青铜乐器有铙3件,其他的有弓形器1件(图2-85)。青铜礼器皆制作精美,纹饰华丽,数量丰富,多数青铜器上铸有铭文"爰",其他的则铸有铭文"子""长"等,M269是殷墟周边地区考古最重要的发现之一。墓葬属于殷墟文化三期,根据墓内出土大量带"爰"铭文的铜器推测墓主人

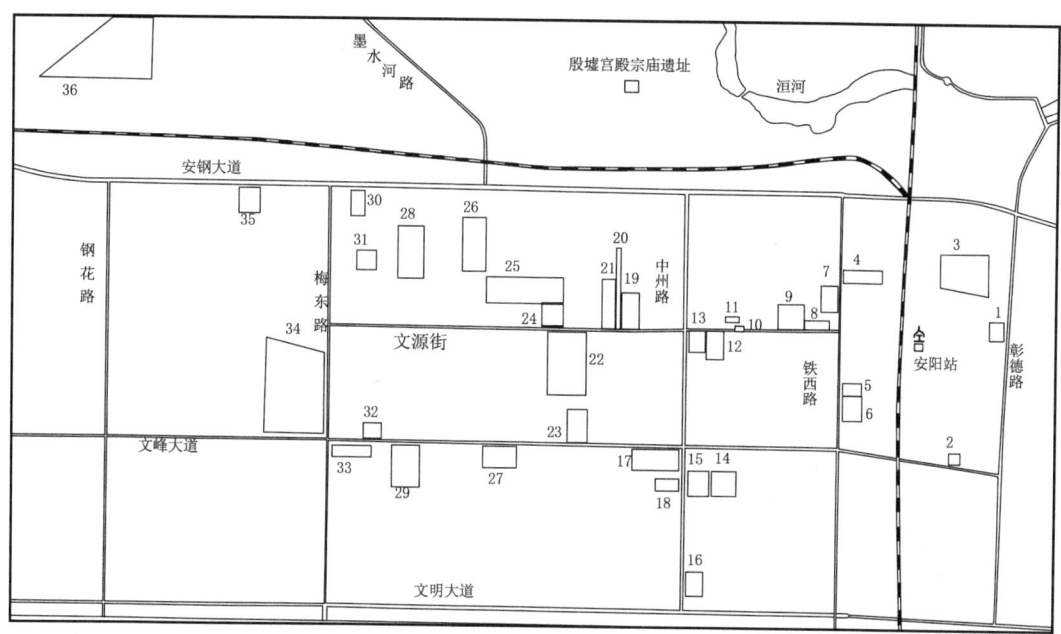

图2-84 殷墟南区勘探与发掘商代文化遗址墓葬群位置示意图

1. 2007年博地苑小区 2. 2003年烟厂办公楼改造 3. 2007年榕树湾小区 4. 2007年郭家庄物华公寓 5. 2016年任家东南棚户区改造 6. 2011年任家庄东南第七人民医院 7、9. 2005~2006年郭家庄南地文源绿岛小区 8. 2006郭家庄东南赛格金地小区 10. 2005年任家庄北现保顺超市 11. 2010年12月~2011年元月任家庄村西北苗圃南地铁路苗圃管理处办公楼 12. 20世纪90年代，任家庄西现铁路小学及其周边地区 13. 2012年任家庄村西苗圃南地盛世名郡小区 14. 2016年任家庄南地新都汇铸铜遗址 15. 2014年刘家庄东南丹尼斯殷都店 16. 2010年梯家口村南尚品丽园小区 17. 20世纪90年代，刘家庄南地工贸中心车马坑遗址 18. 2014年刘家庄东南熙城都会商住小区 19. 2009~2010年刘家庄村北宜家苑小区 20. 2016年刘家庄北铁四路 21. 2015年刘家庄村西北安阳二中学生餐厅及教学楼 22. 2010年徐家桥西北文源名居小区商代大墓 23. 2004年11月~2005年4月徐家桥村西商住楼 24. 2001年徐家桥北殷都区检察院 25. 2001年~2002年徐家桥村北"小屯新村"大型族邑居住基址 26. 2005年王裕口村南商住楼 27. 徐家桥村南大华商贸城东区 28. 2009年凤仪芙蓉园小区 29. 2006老六家庄西南大华时代广场 30. 2010年梅园东地兰田美景小区（现为赛纳公馆） 31. 2010年福馨园小区 32. 2012年老六家庄西龙安区检察院办公楼 33. 2006年老六家庄南"老干部活动中心" 34. 20世纪80年代戚家庄东地安钢四生活区 35. 62009年梅园庄北商住楼（钢三路与安钢大道交叉口西南） 36. 2004~2006年安钢120转炉商代大墓、车马坑遗址

族氏应是"爰"。其身份应是商代高、中级贵族[①]。

此外，在发掘的197座殷墟时期的墓葬中，保存完好的有150座，可分期的墓中，二期7座，三期11座，四期101座，随葬青铜礼器的墓9座。出土带青铜铭文的青铜器共计43件，不同的铭文9种，包括"宁簠""钺簠""爰"等。在这一带除殷墟时期的墓葬外还发现有大量的这一时期的建筑基址、灰坑、窖穴等文化遗存，说明殷墟晚期这一区域人口比较密集。发现的"宁簠""钺簠""爰"等铜器上的铭文，这些都是殷墟时期的家族族徽标志，戚家庄村东这一带的家族墓地，应该是这些族徽所代表的家族墓地。

---

① 安阳市文物考古研究所：《安阳殷墟戚家庄东商代墓地发掘报告》，中州古籍出版社，2015年。

图2-85　M269形制

二、2005年安钢120转炉附属工程商代大墓及车马坑

2005年春，安阳市文物工作队和中国社会科学院考古研究所安阳工作站联合对安钢120转炉附属工程工地进行了考古发掘，共发掘商代大墓3座，其中一座为带两条墓道的大墓，另外两座为带一条墓道的大墓，其中一条墓道长20余米。M11平面呈中字形，墓室上口长7.5米，宽5米，墓道长30米，宽2～2.4米，斜坡式，坡度40°。墓室北置台阶式短墓道。墓底距地表11.5米。该墓被盗严重，仅有少量遗物，可复原的有陶罐、蚌饰、海贝、铜镞、骨锥及仅有的椁底板。但在墓室北部二层台上发现了3条骨片。其中1条为骨栉，长26.5厘米，最宽处2.3厘米，骨面呈黄褐色。有绿松石镶嵌的文字16个，下部残，部分绿松石脱落。这种以绿松石镶嵌成文字的表现形式在殷墟极为罕见。在发掘出的3座大墓中，M13是最大的一座，呈假亚字型。该墓早期被盗，在填土中发现以红、黑漆为主色调的雕花棺板，在墓壁西南部发现残留铜戈10余把、石磬1件、铜镞20余枚、弹丸100余枚，墓底椁板保存较好（图2-86）。

在大墓前面和右侧共发现车马坑10座，其中右侧一排5辆车马坑，排列整齐，是殷墟考古第一次发现。在05AGM3的马车上随葬有一把青铜短剑，制作精致，较为罕见。剑体较短，中脊凸起明显，尖呈舌状；剑柄较直，末端镂空，剑身与剑柄相接处上下出阑。剑柄饰数条重环纹。通长33厘米，身长12厘米，身宽4.1厘米，脊厚1.3厘米，重370克，在殷墟出土中较为罕见。

图2-86　M13及墓底椁板

三、2005～2006年郭家庄东南文源绿岛商代遗址和墓葬

2005年6～7月，在文源绿岛小区2号楼、7号楼、4号楼施工范围内共钻探发现各时期墓葬40余座，其中2号楼发掘商代墓葬1座（编号05文2#M1），其他墓葬22座；4号楼发掘商代墓葬6座（编号05文4#M1～M6），其他时期墓葬4座；7号楼A座发掘商代墓葬5座，其他时期墓葬11座。2006年5～6月，在文源绿岛小区7号楼B座，发掘商代墓葬2座（编号05文B座7#M1、M2）及1座殉狗、人、牛的祭祀坑，其他时期墓葬8座；2006年10～11月，在文源绿岛小区6号楼施工范围内，钻探发掘各时期墓葬30座，其中商代墓葬13座，其他时期墓葬17座。从商代墓葬分布的范围看，主要集中在小区的北部，靠近郭家庄东的一条小路内的6号槽的范围内以及7号槽东部靠近铁西路一侧。这一小区总计发掘殷墟时期的墓葬27座，综合分析其时代属于殷墟文化的二至四期，除墓葬被盗外，有5座墓随葬有青铜礼器。其中M41是这批墓葬中形制最大的，该墓墓口长3.4米，宽1.6米，深4.6米，墓葬被盗，但仍出土了青铜礼器如鼎、簋、觚、爵等器物，M41属于殷墟文化四期，墓主人应该是一个身份较高的中等贵族。而在6号的基槽内还发现一个由狗、人、牛埋葬在一起的祭礼坑。坑为圆形，深约2.8米，坑口直径1.8～1.88米，坑壁修整光滑。这样的祭礼坑在殷墟发现并不多，具有较重要的研究价值。

在文源绿岛小区的考古中最重要的是5号的发现与发掘。M5位于文源绿岛小区6号基槽内，北距原郭家庄村东道路约15米，东距铁西路约200米，南距文源街约100米，西距铁三路约400米。墓内随葬品较为丰富，共计63件，其中青铜器40件，陶器6件，玉石器8件，骨器2件，河蚌1件，贝6件。陶器计有陶觚、陶爵、陶簋、陶罍、陶盆等陶器6件；青铜礼器有9件，计有大圆鼎1件、小圆鼎3件、大型甗1件、觚1件、爵1件、罍1件，箕形器1件；兵器计有青铜戈3件、戣1件、钺1件、矛2件、大刀1件、镞12件；青铜工具计有锛、凿、铲、削等；其他青铜器有弓形器1件、铜铃3件；玉器共5件，有环、璜、棒形器、锥形器、戈、镰；石器有戚、磬等2件。另外有骨蛙2件；蚌器1件，贝6件。该墓青铜器组合为：大圆鼎1件、小圆鼎3件、大型甗1件、觚1件、爵1件、罍1件，箕形器1件。与以前发现商代晚期的贵族墓葬有所不同，该墓仅出1套觚、爵，但却出土4件鼎，且鼎的形制从大到小，形成系列。特别是大圆鼎、甗、罍的形制非常大且厚重，也是这时期出土一套铜觚爵的墓所无法比拟的，这在殷墟考古中是一个特例。该墓出土的3号铜鼎、爵的鋬内及箕形器的柄上均有铭文"旗"字，"旗"字应是族徽的标志，应是跟随武丁出兵征战的一名武官，深受武丁的信任，在征伐战争中担任重要角色[①]（图2-87、图2-88）。

从郭家庄东南文源绿岛小区商代遗址和墓葬发掘情况来看，这里是商代晚期一处重要的聚落区和墓地。它与1982～1995年中国社会科学院考古研究所安阳工作队发掘的郭家庄西南、南地等遗址和墓葬应同属商代一个文化遗址区。其中文源绿岛M5和郭家庄M26还随葬有相同铭文的青铜器，墓葬形制、器物组合、器物形制等也有相同之处。这片文化遗址时代从殷墟二期偏晚阶段开始一直延续到殷墟四期，时期跨度长，建筑基址、祭祀坑、灰坑、窖穴、道路等遗迹丰富，墓葬排列密集，是殷墟时期典型居葬合一聚落遗址的代表。它的发现与发掘为殷墟文化研究、商代金文研究、殷墟范围布局研究等提供了新的资料。

四、2006年赛格金地商代车马坑及墓葬

赛格金地城市广场A、B座住宅楼位于安阳市文源大道与铁西路交叉口的西北角，文源大道北侧，东距京广铁路0.6千米，西北距小屯1.5千米（直线距离），北距安钢大道0.5千米。属于殷墟保护范围边缘区域。2006年7～9月，安阳市文物工作队在文源绿岛小区的南面赛格金地城市广场施工范围内进行了文物钻探，共发掘各时期古墓葬40座。其中发掘清商代墓葬11座、车马坑2座，出土器物有青铜礼器、乐器、兵器、生活器皿、玉器、骨器及陶器等。商代墓葬主要分布在小区A座范围内，靠近文源街。其中M13保存完整，出土了一批青铜礼器。

M13，2006年7月28～31日发掘。方向7°，墓为南北向。由于文物钻探是在基槽挖掘后进行的，基槽深2.5米，墓口大部分被破坏。根据墓葬基槽南部的保存的地层关系可以看出，墓口距地表1.9米，现墓口上方约有0.6米，被挖槽时破坏。墓室长3.3米，宽1.3

---

① 安阳市文物考古研究所：《安阳殷墟徐家桥郭家庄商代墓葬——2004～2008年殷墟发掘报告》，科学出版社，2011年。

图2-87 文源绿岛M5形制

图2-88 安阳文源绿岛M5出土青铜器

米，墓总深8.0米；棺下中部有一腰坑，南北长0.8米，宽0.35米，深0.40米。内有狗架1具，头南背东。墓室内随葬一棺一椁，棺内有人骨架1具，头北，面西，葬式为俯身直肢，左手伸入盆骨下，右手顺直，手中有贝和玉戈，成年男性。该墓未经盗掘，出土了相当丰富的随葬品，包括青铜器、玉器、石器、蚌器、陶器等在内共计30余件，青铜礼器有铜鼎1件、铜觯1件、铜卣1件、铜爵2件、铜觚2件、提梁卣1件、铜斝1件、铜簋1件等，青铜兵器有青铜矛、戈、镞，青铜工具有锛、凿、削及青铜弓形器1件。

此外在这一区域内还发掘车马坑1座，编号A座M26。坑近长方形，方向181°，坑口距地表2.25米，北边长2.92米，南边长2.8米，东边宽3.45米，西边宽3.36米。底部距地表深4.05米，北边长2.86米，南边长2.74米，东边宽3.45米，西边宽3.3米。坑内填黄褐色夯土，车厢内夹杂有灰褐色夯土。车马坑内埋1车、2马。车厢向南，车辕向南，2马侧卧于辕的两侧，头南臀北，腹部朝外。马的后腿压于车厢下（东），前腿相互交错，压于辕下。从出土发掘情况看，是先将马处死下葬，然后再放车。车子为木制结构，出土时已全部腐朽。根据残存的痕迹，清理出车马的形状，由车轮、车辕、车厢、车衡组成。出土器物车器有铜軎、铜辖、踵、三角形饰、軏、弓形器及金叶、骨环、骨管、骨簇、海贝等；马饰有泡、铃及蚌环、铜镳、铜环等。

马坑，2座，分别编号2006SGK1、K2，位于M26车马坑的东侧，相距约0.4米，被商代晚期的灰坑，编号2006SGH1打破，马架不全，尚存部分马身上的佩饰。H1灰坑约呈圆形，直径约2.8米，坑内发现海贝串饰3处，计45枚。应是马身上佩饰的遗存。

赛格金地城市广场A、B座住宅小区殷墟时期的墓葬主要集中在殷墟三、四期。具体来看属于殷墟二期有A座的M1、M10、M13、M17、M18，B座的M14；属于殷墟四期有A座的M16，B座的M12、M13。这表明商代晚期，特别是殷墟三、四期时期都城的人口逐渐增多，范围不断扩大。M13出土的鼎、爵、斝上还铸有铭文"保父癸""保父辛"和"保父"等。因此，根据随葬器物推测M13的墓主人应是商代晚期的一个中小贵族，是"保"族的一个首领。赛格金地城市广场A座M13也就属殷墟三期，时代属商王廪辛—文丁时期。5件青铜器中鼎、斝、簋上分别铸铭文"保父癸"三字，觯上铸铭文"保父辛"三字，爵上铸铭文"保父"二字，后一个字可能因铸造的问题遗失。结合文源绿岛M12铜戈的内上也铸有铭文"保"字，推测此地在商代应是保族的主要聚居地和墓地。保族应发端于商代晚期的殷墟，在西周时期该族的两支分别迁徙到今天的洛阳和山东等地。

2006年赛格金地城市广场A、B座住宅小区工地发掘清理车马坑2座、马坑1座，这是在殷墟外围地区的考古中是非常罕见的，是商代车马坑新发现的一个出土地点，这也是殷墟车马坑发现的最东南的界线，为商代车马坑的研究提供了新的资料。该车马坑（M26）出土的弓形器位于车辕与车箱相交上车辕上方，位置清楚，它为研究弓形器的用途提供了新的资料。在车马坑东侧，还发现一个单独的马坑，这在殷墟考古中是比较少见的。在商代一般都是车和马组合随葬在一起，这种单独用马随葬的是否有其他寓意，尚待进一步研究。

五、2006年大华商贸商代遗址和墓葬

安阳市大华商贸城位于文峰大道西段南侧，与徐家桥村相对。2006年6至2006年8月安阳市文物考古研究所（原安阳市文物工作队）联合中国社会科学院考古研究所安阳工作站，按文物钻探调查结果对占地范围内已探明的遗迹进行了考古发掘工作。此次发掘分东、西两区进行。总计发掘面积3000平方米，殷墟时期文化遗址揭露面积约400平方米。

（1）商代祭祀遗迹。商代祭祀遗址为位于西区T10内，已发掘的建筑遗迹东西长约25米，东部不到边。南北长约15米，中间一排柱洞。遗址中间高，两边向外逐步降低，夯土中间厚，两侧薄，夯土最厚处约0.5米。中间叠压一排墓葬10座，南侧一排有墓葬7座，北侧墓葬1座。这批基址下的墓葬皆南北向，墓葬均为小型土坑竖穴墓，长2米，宽0.8米左右。此建筑基址我们推测应是商代晚期的祭祀遗址（图2-89）。

（2）商代窖穴，共发现两处，位于西区。J1，地表下3.3米开口，平面呈不规则的圆形，竖井状，底平。南北1.85米，东西1.74米，深2.2米，壁加工一般略显粗糙。窖穴内填花土，红土中杂黄土块，未夯打，较松散，出土了商代灰陶、红陶器残片，器型上看多为陶鬲、陶罐等。

（3）墓葬。此次发掘的商代墓葬较少，均为商代小型墓葬，计20余座，且零散分布，多被盗扰，出土器物极少，只是叠压在祭祀遗址下的墓葬保存相对完整。

图2-89　2006年大华商贸城殷墟时期祭祀遗址

M38　方向353°。为长方形竖穴土圹墓。口长1.88米，宽0.48米，深0.8米。墓壁极不规则。没有发现葬具。骨架1具，保存一般，头北面东，俯身直肢，左上肢放于盆骨下，右上肢的小臂不见。为青年男性。

M39　方向195°。为长方形竖穴土圹墓。口长1.8米，宽0.7米，深1.2米，墓壁粗糙，墓底留有生土台。没有葬具，骨架1具，保存一般，仰身屈肢。头南面西，头骨压碎，双手放于身下。为青年男性。

M24　方向176°。为长方形竖穴土圹墓。口长1.9米，宽0.6米，深1.3米，墓壁粗糙。没有葬具，骨架1具，保存差，头南面西，俯身直肢，双手交叉放于腹部。为青年男性。右侧股骨外出有铜戈1件。

大华商贸城是殷墟南区又一重要的考古发现，特别是西区发现的大型商代晚期祭祀遗址，具有重要的价值。这一处商代祭祀遗址，是在墓葬上面夯筑成高台，夯土台下墓葬东西成排有规律性分布，墓葬大小基本相同，基本上无随葬品，表明墓主人身份较低，可能是祭祀用的人牲。根据发掘情况初步判断这应是一处商代专门用于祭祀的遗存。但由于缺乏相关的资料，该处祭祀遗址的性质尚待进一步研究。大华商贸城商代房基、祭礼遗址、窖穴、灰坑及墓葬的发现，表明商代晚期殷都的范围随着城市的发展不断扩大。这一重要遗址的发现与发掘，为研究殷墟的范围、文化遗址内容与分布，族邑聚落与迁徙等提供了新的资料。

六、2007年榕树湾与博地苑小区商代遗址和墓葬

榕树湾住宅小区位安阳市彰德路西，机床路南侧，北仓街东侧，原安阳市机床电器厂区北部，属殷墟保护区东部边沿外侧。博地苑小区位于该小区的南部，彰德路与解放大道交叉口西北部，原安阳市机床电器厂区的南半部分。2007年5～8月，安阳市文物考古研究所在两个住宅小区共计清理各时期墓葬近60座，其中商代墓葬约10余座。

2007年8月，安阳市文物考古研究所在榕树湾住宅小区发掘清理墓葬6座，其中商代墓葬2座。M1位于2号基槽中部南侧，为土坑竖穴式，方向100°，东西向，东端略宽于西端，现存墓口至地表3.0米，墓总深5.29米（至腰坑底）。墓口东西长3.4米，南北宽1.66～1.74米，略呈梯形。在墓主人棺外北侧中部有殉人（编号为M1：XR1）骨架1具，殉人头东、面南，一手放于身前，右腿压着左腿。殉人有棺，棺长约1.6米，宽0.4米。从骨架判断，殉人为儿童。殉人头部下方随葬有圆形蚌器1件。M1是一座保存完整的商代贵族墓，出土有铜鼎2件、觚2件、爵2件、甗1、觯1件、卣1件、尊1件、斝1件、罍1等青铜礼器12件，铲、锛、凿、刀、削等工具，钺、矛、戈、镞等兵器及铜弓形器、陶罐、陶罍6件、玉石器等器物。部分青铜礼器上铸有铭文（图2-90）。另一座商代墓葬位于8号基槽的中部，编号M6，墓内出土有铅鼎、铅觚、铅爵、铜戈、铜铃、玉石器等器物。

从榕树湾M1出土的陶器、铜器的器形和组合特征来看，此墓的时代应属殷墟四期晚段，大致相当于帝辛时期。该墓有棺有椁，墓内殉人1人，殉羊、狗各1只，还有殉鸡等，出土随葬品90余件。在12件青铜礼器中，青铜觚爵2套，鼎2件；青铜兵器共计59

图2-90　榕树湾M1出土的铜器群

件，包括钺1件、戈9件、矛5件、镞44件，特别是铜镞多是成束出土的，并且还随有1件象征军事指挥权的青铜钺。青铜觚爵在商代是代表墓主人身份最重要的礼器，觚、爵的多少是墓主身份高低的标志，两套觚、爵的身份在商代晚期应是中小贵族。在多件铜上发现铭文苟、䕒。因此从随葬大量的青铜礼器与兵器来看，墓主人应是"䕒"的族长，属商代晚期的贵族，生前曾在商王朝担任过重要的军事职务。

殷墟在1961年划定过文物保护范围，2001年为配合殷墟申报世界文化遗产，殷墟保护范围又做了部分调整。此地距殷墟中心区域的宫殿宗庙遗址直线距离约有2.5千米，距新发现的洹北商城约1.5千米，属原划定的殷墟保护区的外围。从上述分析看M1属殷墟四期，墓葬的发现与发掘对殷墟范围的界定与研究商代晚期殷墟族邑聚落分布、发展变化等提供了非常重要的资料。此外，青铜木胎礼器在西周遗址常有发现，但在殷墟是第一次的出土，因此具有较高的文物价值。

此外，在该小区的南部博地苑小区发现有M17，墓内出土的青铜礼器仅有1套觚爵，其余的有青铜兵器矛和戈等。该墓葬是殷墟目前发现的最东南部出土青铜礼器的墓葬。在殷墟墓葬中青铜觚爵是青铜礼器最基本的组合形式，表明墓主人是低级贵族。从出土的兵器来看，墓主人在商代或者是个军事首领。结合墓内青铜爵上铸有铭文"鬲"字看，墓主人在鬲族中应该具有重要的地位。在殷墟保护范围外最远的东南部出土的带有铭文青铜器，对殷墟青铜器铭文、族邑分布、迁徙等方面的研究具有一定的价值。

七、2007年郭家庄东物华公寓商代遗址和墓葬

物华公寓住宅小区（原安阳县物资局院内）位于安阳市铁西路北段，殷墟郭家庄东地。东距京广铁路0.6千米，西北距小屯1.5千米（直线距离），北距安钢大道0.4千米。属于殷墟保护范围边缘区域。2007年1~3月，安阳市文物考古研究所（原安阳市文物工作队）在物华公寓共清理各时期墓葬80座，其中商代墓葬37座，其他的分别为隋唐、宋、明清等时期的墓葬。发掘灰坑遗址面积200余平方米，共开挖探方5米×6米、5米×10米、10米×10米探方3个。发掘商代水井1眼。商代墓葬主要集中分布在1号楼基槽的西部和北部，靠近铁西路的一侧。在探方发掘中发现有商代的卜骨和少量的陶范。M18形制较大，是这批商代墓葬中的代表。

M18　方向5°。位于发掘区西北部，M17的南部，墓葬墓口距地表深1.3米左右，墓口长3.4米，北宽2.16米，南宽2.26米，墓壁加工规整，有工具加工痕迹，长0.16米，宽0.12米，推测当时建墓的工具大概是木锸、石铲一类的工具。墓口下3.5米到熟土二层台，在北面二台上，从东往西约0.4米的范围内有红漆彩画，似云纹，中间夹有褐色线条，西二层台从北往南也有彩画，这种彩画皮很薄，背面有灰色物质。在东、南、西三面二层台上殉人4具，其中，东二层台殉人2具。4具骨架均为俯身直肢葬，其中，1、2骨架较小，发现为处于换牙期的儿童，性别不详。3、4骨架保存较差，但骨骼粗壮，应为成年，性别不详。二台下有棺、椁。由于被盗严重，已无骨架，距二台深0.85米到底，内有一腰坑，棺椁内无随葬品，只是在清理填土时发现1件铜铃及1件绿松石饰件。

发掘的这批墓葬中，除M13、M18被盗严重，无随葬品外，其余墓葬中出土了共计159件随葬品。其中陶器89件，主要簋、觚、爵、豆、盘、甗、鬲等。铜器14件，其中铜礼器2件，兵器8件，其他4件；贝壳44个；蚌器4件；玉器（戈）1件；石器（戈）1件；绿松石1件。

此次发掘的殷代30余座墓葬，可以进行分期的有17座，其中属于殷墟三期的墓葬有9座，属于殷墟四期的墓葬有8座。M11形制较大，墓口面积计9.72平方米，深达11米，是这批墓葬面积最大的和最深的，墓多次被盗，仅出土一些残碎的陶器和一批车马器。墓葬直接随有大量的车马器，这在殷墟墓葬中并不多见。这表明其身份与地位与陪葬车马坑的墓主人的地位和身份相同。因此M11无论从其墓葬形制、深度还是随葬品都表明墓主人生前具有非常显赫的地位，推测其在商代晚期属于高级贵族级别。

这批墓葬中西边的墓葬形制较大，多随葬青铜礼器。东边的墓葬出土器物以陶器为主，器物组合以觚、爵、簋、盘为主，有的加上罐、鬲等，器物主要放置在墓主人头部二台上，有的则放在壁龛内，比较特殊。此批墓葬葬式、随葬器物组合及墓葬形制等有一定联系，推测应为同一个家族墓地，但时代早晚略有差别。在殷墟墓葬中带壁龛墓葬发现不多，此次在物华公寓小区一次发现10座带壁龛的墓非常少见，对殷墟墓葬形制和殷人迁徙与族邑分布的研究等提供了非常重要的资料。

八、2010年刘家庄北地宜家苑住宅小区商代遗址和墓葬

2009年11月至2010年7月，2011年9月至10月，安阳市文物考古研究所分两期对位于安阳市刘家庄北地宜家苑住宅小区工地的遗址和墓葬进行了发掘。其中第一期共发掘商代房基6座；商代灰坑8处，发掘商代墓葬114座，唐宋墓葬55座，明清时期墓葬1座。

1. 商代建筑遗迹

此次发掘范围内发现的建筑商代建筑基址有7处，F2位于T1中北部，北侧迭压在民房下，无法向北进行发掘。就清理的情况看，F2为东西向，开口于第5层下，打破第6层。其东被T2内的F1迭压，平面呈长方形。从解剖的情况看，F2下为一灰坑，最深处为1.2米，系一次性建成，先将灰坑内的垃圾清理后，再将较纯净的灰土回填，逐层夯打形成房址的基础，夯层有14层，厚0.1~0.15米。房基夯面现厚0.2米，可分为两块填土，西半部呈红色，东半部略发黄，内杂有料姜石，可分两层，偶见夯窝，直径约5厘米，圜底。F2的南边发现有柱洞9个，位于一平面。间距较均衡，只是5号与6号柱洞之间稍宽些，柱洞内夯打致密，为圜底，皆有柱础石，柱础石为大小形状不一的椭圆卵石，最长在0.15~0.18米之间。黑色土，含有大量的商代陶片，还有兽骨（图2-91至图2-93）。

2. 墓葬

此次共发掘清理了商代墓葬114座，除40余座未遭到破坏，其他均遭受不同程度的盗扰（图2-94至图2-96）。在这批墓葬中未经盗扰的墓葬内出土了一批青铜礼器，特别是以觚、爵为最基本的组合形式发现数座墓葬（图2-97）。此外在墓葬中还发现青铜铃

图2-91　宜家苑小区的房基F1、F2

图2-92　宜家苑小区T19内的遗迹

图2-93　T16：H8形制

图2-94　宜家苑小区M33形制

图2-95　M88形制

图2-96　M89形制

图2-97　M33出土的青铜器

首短剑、带倒钩的青铜矛等带有明显中亚文化的青铜器形，表明殷墟晚期中原地区与中亚文明有密切的交往。

在这批墓葬中最有代表性的是M33，该墓方向195°。系一南北向的长方形竖穴土圹墓。口面距地表1.6米，长4米，宽1.84米。墓内填黄花土，夯打致密，内杂红土块，夯层0.1米。墓壁上残留有加工墓圹时加工工具的痕迹，呈长条状，斜向分布，部分有重叠的的迹象，宽0.08~0.1米。由于夯打，导致墓壁起伏较大，东西两壁向外鼓，二层台也出现了变形。口下3.25米到熟土夯打过的二层台，深0.8米，宽0.15~0.55米，二层台面上长3.65米，最宽处1.85米。二层台上残有席纹，因腐朽严重，已成黑色粉状。东侧二层台上不见席纹，其他三面可偶见席纹。南二层台面与墓壁相接处残有上翘的席纹（经纬分别宽3毫米），西侧及北侧二层台面上席纹较为明显，经纬较为清晰，其中北二层台面的东北角的席纹还残留有黄色的材质。台面的四角分别放置有狗架4具，两具头南，两具头北，其中西侧头北的狗架已经散乱。

葬具为"一椁一棺"，皆朽甚，根据板灰实测，椁室长2.9米，宽1.3米，高度不详。据残留的现状看，椁板上髹白、黄、红色漆。棺的外边实测长2.75米，宽1.1米，高度不详，墓底残有东西向的横板，宽0.16~0.18米，到二层台处不向外延伸，二层台内壁残有纵向的木板印，高0.1米，髹红、黄、白漆；棺边实测长2.09米，宽0.75米，高度不详，棺的北侧紧挨椁的北侧，棺上有彩画（红漆底上绘黑彩）。墓底平，中部偏东有一口大底小的长1.1米，宽0.6米的长方形腰坑，深0.4米，底长0.75米，宽0.31米。内有一殉狗狗架已经零乱，但头可看出朝南，背西，呈蜷卧状。值得指出的是，在腰坑的北端，出有一幼童的骶骨（清理时已酥裂成碎块）。

出土器物丰富，编号器物32件。有铜罍1件、铜瓿1件、方彝1件（出土时盖与器身分置）、铜觚2件（均被截成两段）、铜爵2件（爵腿被人为打断，放置在墓底北侧）、铜簋1件（被敲碎）、铜鼎1件（被敲碎，鼎腿被放置在墓底北侧）、铜钺1件（肩部及刃部被敲碎）、铜盖1件、圆形铜器（约2毫米厚，已碎成小块，似铜镜）、铜盘1件（被敲碎）、弓形器1件、铜戈、铜削、铜铃、玉环（镯）、石戈等。其中铜罍、铜瓿放置在棺的南侧，其他铜器均放置在棺盖上。

宜家苑小区发现的商代建筑基址叠压关系复杂，时代延续较长，根据地层、房基与墓葬的打破关系、出土的陶器等综合分析，这一区域的房基从殷墟二期开始至四期一直进行修复与再利用。同时建筑基址又与这一时期商代墓葬相互叠压，是商代居葬合一制度典型实例。宜家苑小区此次共发掘商代墓葬114座，以小型墓葬为主，就墓葬形制看皆为长方形竖穴土圹墓。根据随葬器物大体上能够分期的墓葬有52座，其中相当于殷墟二期的3座，殷墟三期的26座，殷墟四期的为23座。殷墟三期墓葬中的陶器组合以陶觚、爵、豆为主，偶见单豆，少见鬲和簋；殷墟四期陶器组合多为陶觚、爵或觚、爵、盘。

M33出土2件铜爵鋬内侧铸有铭文"戈"，带有"戈"字铭文的青铜器以前在殷墟出土过，此次发现确定了刘家庄北地为戈族的属地。戈贵族在商代晚期是属于商王同姓贵族，在甲骨卜辞中是一个地位相当重要的贵族，卜辞中有"戈"卜王为之求佑而祭祀先王之事的记载。除"戈"之外，其他青铜器铭文还有"启、鬲、爻"等，说明这一区域应是多个殷墟时期族属的杂居区。该地区族邑居住密集，与殷墟宫殿宗庙区相距仅有

1.7千米,特别是殷墟晚期,这一地区居住地域扩大,人口明显增加,是殷墟南区商代文化遗址重要的组成部分。

九、2011年刘家庄东北盛世名郡小区商代遗址和墓葬

世强·盛世名郡小区位于刘家庄东,中州路与文源街交叉口路东,东为铁西路小学,北邻文源街,与铁路苗圃相望,北距殷墟1千米。2012年12月29日至2012年5月13日为配合安阳市世强房地产开发公司的建设,更好地保护地下文物,安阳市文物考古研究所上报国家文物局后对基建占压范围内的遗址及墓葬进行了考古发掘,共清理商代房基2处,商代墓葬36座,汉代墓葬1座,隋代时期墓葬1座,明清时期墓葬3座,共计200平方米。

(1)房基。此处钻探发现房基2处,但发掘发现房基遭到后期建设的破坏和人为的盗扰,保存不甚理想,两处房基只剩下部分的夯土面,仅发现2个石质柱础,已移位,房基的整体形制已不清楚。

(2)墓葬。共清理商代墓葬36座,皆遭盗扰,多为长方形竖穴土圹墓,只有M22为墓道西向的甲字形墓。墓葬以东西向为大主,偶有南北向分布其间,东西向为29座,余者为南北向。就整个考古发掘的情况看,所有的这36座商墓均遭不同程度的盗扰,未发现1件完整的陶器,分期较困难。

M22 方向285°。系一墓道朝西的甲字形墓,地表下2.7米开口,墓道口面长9.5米,西宽2.06米,东宽1.86米,墓室平面呈长方形,长4米,东侧宽2.62米,西侧宽2.53米,口面上有盗洞5处,其中墓道中部2处,墓道与墓室交接口1处,墓室2处。由于墓葬被盗严重,除发现一些残碎的骨片、陶器残片及少量的铜器残片外,未见其他器物。

M23 方向100°。系一东西向长方形竖穴土圹墓,地表下2.7米开口,墓葬口面西端有盗洞,东侧被M30(明代)打破,北侧1.05米为M13。墓长2.7米,宽1.36米,深5.3米。墓壁加工齐整,墓底四周有熟土夯筑的二层台,宽0.15～0.25米,高0.5米。墓底中部有一长0.7米,宽0.35米,深0.3米的腰坑,内殉一狗,头西,已零乱。木棺一具,朽甚,髹红、黄漆。由于墓葬被盗严重,骨架十分零乱,无法甄别墓主的性别。西侧二层台上放置有铜觚、铜斝各1件,均残。

M13 方向105°。系一东西向长方形竖穴土圹墓,地表下3.2米开口,西端有一盗洞。墓长2.6米,宽1.26米,墓深3.51米。墓壁加工齐整,墓底四周有熟土夯筑的二层台,宽0.2～0.3米,高0.3米。墓底中部有一长0.75米,宽0.38米,深0.3米的腰坑,内殉一狗,头西,已零乱。木棺一具,朽甚,髹红漆。不见骨架,墓主的性别无法甄别。在清理北侧二层台时,在台内清理出铜觚、爵各1件,铜觚位于距东壁0.3米处,铜爵位于二层台的中部位置,两者间相距0.8米。

M3 方向103°。系一东西向长方形竖穴土圹墓,地表下2.3米开口,墓葬开口北侧有盗洞,南侧为M11。墓长2米,宽0.8米,深1.62米。墓壁加工粗糙,墓底四周有熟土夯筑的二层台,宽0.1～0.12米,高0.12米。墓底中部有一长0.8米,宽0.35米,深0.2米的腰坑,内殉一狗(零乱)。木棺一具,朽甚,髹红漆。墓葬不见骨架,性别不详。

M11　方向105°。系一东西向长方形竖穴土圹墓，地表下2.3米开口，墓葬开口东西两端均有盗洞，与M3毗邻。墓长2.3米，宽0.9米，深3.7米。墓壁加工粗糙，墓底四周有熟土夯筑的二层台，宽0.1~0.15米，高0.2米。墓底中部有一长0.7米，宽0.28米，深0.1米的腰坑。有木棺一具，朽甚，髹红漆。骨架不见，性别不详。

该工地发掘清理的遗迹以商代为主，发掘范围应属铁路苗圃的范围，是往年苗圃商代考古发掘的补充，考古发掘表明，这一区域也是殷墟文化遗址的重要组成部分。从初步整理的情况看，墓葬排列有序，应为同一家族，墓葬多是2个为一组的出现，"异穴并葬"墓是殷墟发掘中常见的一种现象，由于盗扰严重无法确定墓主的年龄和性别，无法甄别两者的关系，但就二者埋葬的方式而言应有相对族属或家庭成员之间的关系。

该墓地范围内的墓葬虽皆被盗掘过，不少墓葬中不论大小，多多少少均有残缺的铜礼器或铜器残件出土，这充分说明该家族在商代是个政治地位很重要的家族。从部分墓葬出土的铜礼器残件看，显然是人为打碎，这种现象可能是殷墟时期碎物葬的遗存。此次的考古发掘是对殷墟南区考古发掘的补充，为研究殷墟范围、族邑分布、墓葬形制与习俗等提供了新的材料。

十、2013年刘家庄东南丹尼斯殷都店基建工地商代遗址和墓葬

安阳市丹尼斯殷都区店位于中州路与文峰大道交叉口东南角，2013年9月26日至2014年8月安阳市文物考古研究所配合该项目建设对该建设工地占地范围内的遗址和墓葬进行了考古发掘。此次发掘正方向布方10米×10米2个，共计发掘遗址面积200平方米，清理商代灰坑及窖穴9处，商代墓葬28座，汉代、唐宋代时期墓葬55座。墓葬多遭早期盗扰，出土器物100余件，根据质地可分为铜器、陶器等。其中商代铜礼器5件，有铜觚2件、铜爵2件、铜鼎1件（图2-98、图2-99）。此次发现的殷墟时期的遗址和墓葬主要有：

（1）灰坑。H9位于T2内，占据整个探方的五分之三，口距地表3.2米，厚2.8米至1.75米，底凹凸不平，起伏较大。内出土有殷墟时期的陶器残片。

（2）窖穴。H8位于T2内，被H7、H9打破。平面呈圆形，平底。直径2米，深1.5米。内出少量的陶器残片。

（3）墓葬

M7　方向10°。北端有一直径0.8米的圆形盗洞，系早期被盗。系长方形竖穴土圹墓，墓口距地表3米，口长2.5米，宽0.9米。墓内填夯土，黄土中杂红土，较致密。墓底四周有熟土夯筑的二层台，宽0.26~0.36米，高0.4米。墓底平，中部有一长0.9米，宽0.3米，深0.3米的腰坑，内有一狗架，头南背西，蜷卧。有棺一具，朽甚。棺内有骨架一具，保存较好，头北面西，俯身直肢。系成年男性。出土编号器物2件，铜戈1件，出于棺盖上，口含2贝。

M9　方向190°。未遭盗扰。系长方形竖穴土圹墓，墓口距地表3米，长2.6米，宽1.2米。墓内填夯土，黄土中杂红土，较致密。墓底四周有熟土夯筑的二层，宽0.24~0.32米，高0.46米。墓底平，中部又一长0.84米，宽0.23~0.32米，深0.15米的腰

图2-98　刘家庄东南丹尼斯殷都店工地T2形制

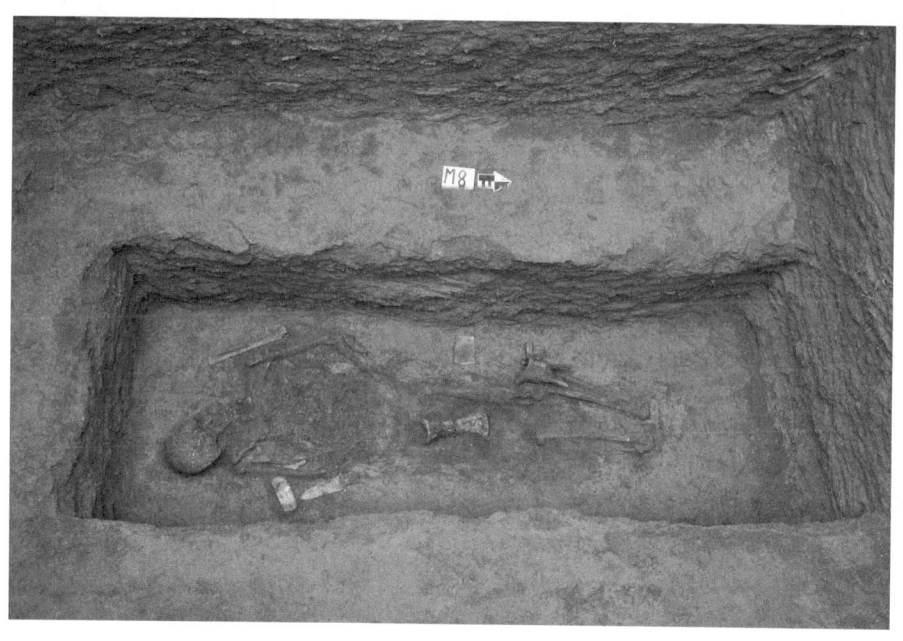

图2-99　刘家庄东南丹尼斯殷都店工地M8形制

坑。有一棺一椁，朽甚，髹红、黄漆。骨架一具，直肢，头南，保存差，只留有小腿部分，性别不详。共出土编号器物10件，铜鼎1件、铜瓿1件、铜爵1件、铜戈4件、陶瓿1件、陶爵1件、玉器1件，除玉器出自棺内外，其余器物出土于椁盖与棺盖之间。从出土的陶瓿爵的形制看，其年代为殷墟二期。

M25　方向15°。系长方形竖穴土圹墓。北端有一直径0.8米的盗洞。墓口距地表2.9米，口长2.2米，宽0.9～1.0米。墓内填夯土，黄土中杂红土，较致密。墓底四周有熟土夯筑的二层台，台宽0.1～0.3米，高0.3米。墓底平，中部有一长0.6米，宽0.2米，深0.3米的长方腰坑，内有狗架一具，头北面西，蜷卧。有一棺，朽甚。髹红漆。棺内有骨架一具，保存一般，头北面下，俯身直肢。年龄在35～40岁。从其葬式和骨架看，为男性。左肩胛骨下出有一枚贝。盗洞中出有陶觚、爵和豆，其年代为殷墟四期早段。

从初步整理的情况看，本次发掘的商代遗迹时代涵盖了殷墟二期至殷墟四期。从大的区域看该发掘区位于新修订的殷墟保护区范围南边缘，发掘范围内商代灰坑、窖穴、墓葬分布比较集中，少有叠压和打破关系，说明这一区域在从殷墟二期开始到殷墟四期逐渐得到了发展，对殷墟外围聚落研究、了解整个殷墟的布局提供了新的实物资料，具有重要的意义。

十一、2013年熙城都会商住小区基建工地商代遗址和墓葬

安阳市熙城都会商住小区位于安阳市华林街与中州路交叉口西北角，南边紧邻安阳市商贸城，安阳市文物考古研究所于2013年11月至12月对该范围内的遗迹进行了考古发掘，共发掘古代墓葬45座，商代祭祀遗址一处，其中商代墓葬39座、西晋墓葬4座、唐代墓葬1座，发掘出土商代文物50余件，有青铜器觚、爵、铙、戈，玉器有玉戈、玉饰品和陶罐、陶鬲、豆、簋等器物。此次考古发掘的殷墟时期的主要遗迹和墓葬有：

（1）商代祭祀遗址。位于4米深处的基槽内东部，开口层被破坏，布一个4米×5米探方，祭祀遗址呈长方形，东西长3.8米、南北宽3米，上层为一个半地穴式房基，残深0.36米，西北角有一灶、南边偏西有两个灶，房基下面有一个长2.7米、宽1.4米的土圹，有腰坑和生土二台，腰坑内有狗架，二台上南北、西各有1殉人，均为少年，中间为一牛头，有红陶罐、灰陶罐、陶觚、爵，深0.2米。该遗址为墓葬形制，但无墓主人骨架，应为一祭祀遗址。遗址内出土的陶觚、爵形制较小，属殷墟四期（图2-100）。

（2）商代墓葬

M12　位于4米深处的基槽内东南部，开口层被破坏。该墓葬是一座东西向长方形竖穴土坑墓，方向285°。墓室长2.8米，宽1.6米，深1.9米，在墓室中部有一条南北向盗沟，墓葬盗扰严重。墓底四周有熟土夯筑的二层台，高0.6米，墓底平，中部有一个长0.75米，宽0.3米，深0.3米的腰坑，内有1殉狗，头西（狗架散乱）；墓内有木棺1具，朽甚，髹红漆；因盗扰严重，不见墓主人骨架。二层台西南边有1殉人，盗沟把殉人小腿打掉，二层台东、北边内出有陶觚、爵各1件、簋1件。墓室西南出土1青铜戈、墓室中部有1件小玉戈和1件小玉饰品。

M20　位于4米深处的基槽内东南部，开口层被破坏。该墓葬是一座东西向长方形竖穴土坑墓，方向105°。墓长4.2米，墓宽2.7米，墓葬深5.2米。墓底四周有熟土夯筑的二层台，高0.9米；墓底平，中部有一个长1米，宽0.45米，深1.2米的腰坑，内有殉人1个，头东（人架散乱）；墓内有棺椁痕迹，椁的底板痕迹非常明显，髹红、黄、黑漆；

图2-100　刘家庄东南熙城都会商住楼发现的祭祀遗址

因盗扰严重，不见墓主人骨架。西边二台上有一殉人，头南脚北，仰身直肢，骨架保存差，墓室西北出土两件青铜铙、北边二台内有一件青铜铙（图2-101）。

M10　位于4米深处的基槽内东南部，开口层被破坏，方向280°。该墓葬是一座东西向的长方形竖穴土坑墓，墓口长2.6米，宽1.44米，墓底长2.77米，宽1.48米，盗洞位于墓室东北边，墓室内严重被盗，只余下小腿骨、应为早期被盗。墓底四周有熟土夯筑的二层台，高0.38米；二台南北各有一殉人、二台西北角殉有一牛腿骨，牛腿东葬有1套青铜觚、爵，西边二台葬有1陶簋。墓底平，中部有一个长0.88米，宽0.66米，深0.3米的腰坑，内有殉1狗，头东（狗架散乱）；墓内有木棺1具，朽甚，髹红、黄漆；因盗扰严重，不见墓主人骨架。

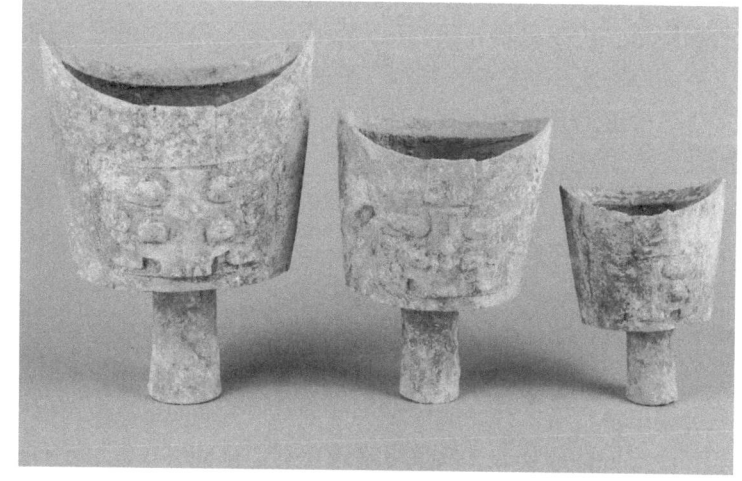

图2-101　M20出土墓葬形制及出土的青铜铙

熙城都会基建项目位于殷墟保护区的南部边缘地带，北距小屯殷墟宫殿宗庙遗址约2.5千米。从考古发掘的情况来看，此次发掘的墓葬以商代遗存居多，且发现有2座较大型的商代墓葬，也有祭祀遗址的发现，说明商代晚期此处是一处重要人类活动场所，是殷墟重要的组成部分，对研究殷墟文化遗址的分布、范围、性质、文化习俗等具有重要的价值。

此次发掘的商代墓葬，以东西向居多，所有商代墓葬均遭严重破坏，几乎没有完整的陶器或陶器组合。但是M10、M12、M20三座墓葬中，在二台上均有殉人，说明这三座墓葬规格较高，虽然早期被盗，但还是遗留下一些随葬品，M10出土了1件青铜戈、1件小玉戈，M12出土了1套青铜觚爵和1件小玉戈，特别是M20规格最高，墓葬最大，被盗最重，但还是留下了3件青铜铙，这说明墓主人生前地位非常高贵，也从另一个侧面说明了该处墓葬规格也是相当高的，是此次考古发现的一大特点。从墓葬出土器物看，种类丰富，有铜觚、爵、铙、戈等，陶器有鬲、豆、簋、觚、爵等，时代最早上限可到殷墟二期，下限为殷墟四期。此处应为商代晚期重要的族邑居住区，是殷墟考古的又一重要发现。

十二、2014年刘家庄西北安阳市第二中学商代遗址和墓葬

2014年3~4月，安阳市文物考古所配合安阳市第二中学教学楼、宿舍、餐厅改扩建项目，共清理商代房址1处，灰坑9处，商代墓葬47座，宋元时期墓葬5座，明清时期墓葬3座。墓葬多遭早期盗扰，出土器物60余件，根据质地可分为铜器、陶器、蚌石器。其中商代铜礼器5件，有铜觚2件、铜爵3件。殷墟时期的主要遗迹有：

（1）建筑遗址。F1位于T3、T4内，方向85°。距地表2.2~2.3米，其上覆盖有东西向的汉代道路一条。F1被破坏严重，只剩基础部分，厚在0.3~0.5米之间，南北各有1排柱洞，东西向分布，间隔0.8~1.3之间。北侧下叠压有殷墟四期墓葬M51，同时被M17（殷墟四期）打破，其年代应为殷墟四期。

（2）商代灰坑。商代灰坑发现较多，H3位于T1、T2内，五层下透口，表面呈不规则椭圆形。坑壁呈斜坡状，口大底小。坑底高低不平。南半部深2.5~3米，平底。北部又有一椭圆形小坑，深3.75米，平底。H3填土为灰黑色，疏松。包含大量商代红、黑陶片（可辨器形有：罐、簋、鬲、盘、甗、甑等）、兽骨（牛角、牛骨、鹿角、猪骨）、蚌片、木炭屑、红烧土。

H8位于T3、T4内，叠压与F1下，被M18、M19、M50、M22、M25、M29打破。表面大致呈椭圆形。坑壁呈斜坡状，口大底小，平底略有起伏。填土为灰黑色，疏松。包含大量商代红、黑陶片（可辨器形有：罐、簋、鬲、盘等）、兽骨（牛骨、鹿角、猪骨）、蚌片、木炭屑、红烧土。

（3）墓葬。此次共清理47座商代小型墓葬，南北向的22座，东西向的25座，能明确分期的墓葬有22座，其中相当于殷墟二期的墓葬3座，相当于殷墟三期的墓葬7座，相当于殷墟四期的墓葬12座。可确定性别的墓葬有18座，男性10座，女性8座。

M25 方向5°。早期被盗。系南北向长方形竖穴土圹墓，墓口距地表2.2米，口长

3.4米，宽1.64米，总深6.6米。墓底四周有熟土夯筑的二层台，宽0.7～0.3米，高0.2米。墓内填夯土，致密，黄土中杂红土块。有一棺一椁，朽甚，内有骨架1具，被扰动过，但形制尚存，北向，上半身及头骨不见，俯身直肢，成年男性。墓底偏中南部有一个长1米，宽0.35米，深0.2米的腰坑，内殉有1狗架，头南背东，蜷卧状。棺内北部出有1个铜爵，北部棺椁之间出有1件铜凿。

M29　方向350°。系南北向长方形竖穴土圹墓，墓口距地表2.2米，口长2.86米，宽1.3～1.4米，总深7.5米。墓底四周有熟土夯筑的二层台，宽0.26～0.18米，高0.4米。墓内填夯土，致密，黄土中杂红土块。有一棺一椁，朽甚，内有骨架一具，仰身直肢，女性，年龄为40～45岁。墓底中部有一个长0.9米，宽0.3米，深0.2米的腰坑，内殉有1狗架，头南背东，蜷卧状。棺上北部出有铜觚、铜爵各1件，头骨的东西两侧各出有1件铜戈，填土中出有陶觚、陶爵、陶簋各1件，从陶觚爵的特征看为殷墟三期。

M37　方向355°。系南北向长方形竖穴土圹墓，墓口距地表3.4米，口长2.2米，宽1～0.9米，总深5.2米。墓底四周有熟土夯筑的二层台，宽0.2～0.1米，高0.6米。墓内填夯土，致密，黄土中杂红土块。有一棺，朽甚，内有骨架一具，俯身直肢，男性，年龄为45±岁。墓底中部有一个长0.5米，宽0.3米，深0.15米的腰坑。棺上南部出有铜觚、铜爵各1件，头骨的东侧出有1件铜戈，东侧腿外侧有两件方形相对的铜饰，间隔0.1米，有木头腐烂的痕迹，西侧二层台内出有陶觚、陶爵各1件，从陶觚爵的特征看为殷墟三期（图2-102）。

从初步整理的情况看，本次发掘的商代遗迹时代涵盖了殷墟二期至殷墟四期。从大的区域看安阳市第二中学位于新修订的殷墟保护区范围南边缘，与2009年至2011年发掘的刘家庄北地宜家苑小区同属一规模较大的生活聚落。发掘范围内商代房址、灰坑、墓葬分布密集，多有叠压和打破关系，且错落分布并没有统一功能区划，时代上殷墟二期

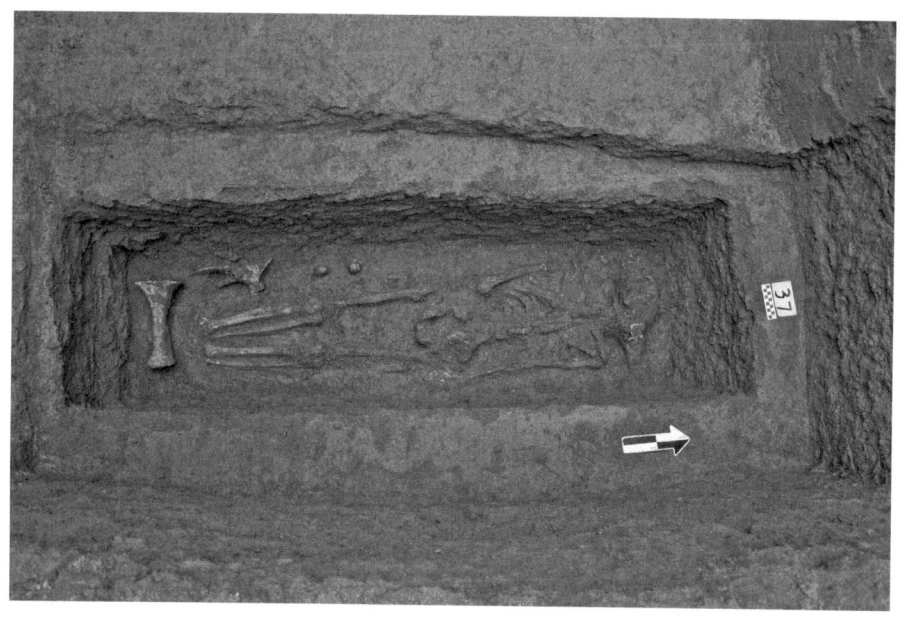

图2-102　M37形制

较少，殷墟三、四期较多，说明这一区域在殷墟三、四期得到了很大的发展，人口增加，生产繁荣。从发掘的地层看，此处的商代文化层上直接覆盖着汉代道路，从另一侧面反映了商代灭亡后，商族被遣散，文化消失，这一区域鲜有人类活动的迹象，至汉代才逐渐恢复起来，直至宋元和明清时期都无法达到当初的繁荣景象。

十三、2016～2017年安阳任家庄南地新都汇商代铸铜遗址

新都汇商代铸铜遗址，位于安阳市殷都区任家庄南地，北侧为贞元广场，北距苗圃北地铸铜遗址1.4千米，东侧为安阳市电视台，西北距殷墟宫殿遗址2.5千米。中心坐标北纬36°05.883′，东经114°19.295′，海拔77米。2016年6月至2017年6月，安阳市文物考古研究所对该区域内的古代遗迹进行了考古发掘。该遗址共发掘面积4500余平方米。清理商代灰坑、窖穴120余处，商代房基2座。各时期墓葬142座，其中商代墓葬63座，其他的为汉代、隋代、唐代等不同时期墓葬。灰坑内出土商代陶范3000余块，墓葬内出土各类器物400余件套[①]。

（一）地层堆积

发掘区域已经下挖3.2米的基槽，现以南壁剖面为例说明：第一层，耕土层，灰色，疏松。深0～0.35米，厚0.3～0.35米，含植物根系、煤渣、烧土颗粒以及现代垃圾；第二层，扰土层，黄色，致密。深0.7米，厚0.3～0.35米，含白灰颗粒、烧土粒、炭粒以及陶片；第三层，淤土，黄色，略疏松。深1.08米，厚0.3～0.38米，较为纯净；第四层，淤土，黄色，松软，含黄沙。深1.48米，厚0.3～0.4米，较为纯净；第五层，黏土，红色，致密。深2.08米，厚0.3～0.6米，含少量炭粒、烧土粒；第六层，黏土，红色，致密。深2.58米，厚0.35～0.5米，较为纯净；第七层，汉代层，根据包含物的多少分为A、B两层。A层，红色，致密。深2.76米，厚0.15～0.18米，含少量红烧土颗粒、碎陶片以及残砖块；B层，红色，较致密。深3.06米，厚0.25～0.3米，较纯净；第八层，商代层，灰红色，较致密。深3.33米，厚0.2～0.27米，偶见红烧土颗粒、陶片以及炭粒。商代遗迹均出于此层下。

（二）商代遗迹

1. 灰坑窖穴

此次发掘灰坑窖穴有120处左右。口有圆形、椭圆形、不规则圆形和不规则方形等。其中以椭圆形、不规则圆形和不规则方形居多，坑壁多为斜壁，底为平底或圜底。最大者南北20米，东西23米，最小者直径不足1米。

H63　分布在T7950和T7949内，开口于第八层下，南部被一汉墓M122打破，东临

[①] 安阳市文物考古研究所：《河南安阳市任家庄南地商代晚期铸铜遗址2016-2017年发掘简报》，《中原文物》2018年第5期。

H64，西临H59，坑较大，平面不规则，坑壁为缓坡状，底平有起伏，深0～3.8米。坑内为灰黑色填土，填土口面处质地较致密，黏性很大，近底部时较松散。灰坑内的填土呈北高南低状分布，内杂大量商代陶片、陶范、熔铜炉壁残块等。值得注意的是，该坑内出土的陶范多出于坑的口面，呈片状密集分布，发现的陶范多是外范，从陶范的种类看以觚和爵为主，花纹漫漶不清，可见云雷纹，陶范上有明显的烧灼痕迹，是使用后的残件。这些陶范和炉壁的发现表明，该处可能是一个与铸铜有关的场地。

H31 横跨TT7644、T7645、T7544及T7545的一部分，开口于第八层下，被编号M64的汉代墓葬以及一些小的商代灰坑打破，平面不规则，坑壁为缓坡状，底平有起伏，深0～3.2米。坑内为灰黑色填土，填土口面处质地较致密，黏性很大，近底部时较松散。灰坑内的填土呈北高南低状分布，内杂大量商代陶片、陶范以及少量动物骨骼等。值得注意的是，该坑内出土的陶范多出于坑的口面，呈片状密集分布，发现的陶范多是外范，从陶范的种类看有鼎、斝、觚、爵为主，可辨的花纹有乳丁、云雷纹。这些陶范和炉壁的发现表明，该处可能是一个与铸铜有关的场地。

H8 位于T7842的北部，由于北部为该建设工地的施工道路，无法完全揭露。开口于第八层下，南侧紧临H10，平面不规则，坑壁较陡，底有起伏，西高东浅，东西最宽处6.2米，南北5.1米，最深处1.8米。坑下0.7米处有一周明显的内凹带，似用水荡洗后留下的痕迹。坑内填土上层为灰色，较致密，近底部的填土为黄色含粉沙，很纯净。坑内出有陶器残件，可辨的有陶鬲、罐、深腹盆，从年代上看年代相当于殷墟四期。陶范成片密集出在上层灰土中，多为觚和爵的外范，有明显的烧灼痕迹，是使用后的残件。这些陶范的发现表明，该处可能是一个与铸铜有关的场地。从陶范的质地看，主要有粉沙构成，而坑底的黄粉沙肉眼观察与之相同，加之坑壁上残留的凹陷带，此坑应为制范时淘洗泥料的所在。

H24 位于T7843的东南，东西向，一部分已深入到东侧的T7943内。开口于第八层下，东西4米，南北1.9米，最深处0.97米，平面呈圆角方形，西侧有一缓坡，台阶状，其余三壁陡直，明显加工过，很顺滑，坑底微内凹。填土呈灰黑色，较致密，出有少量的陶片和陶范。从西侧的台阶状结构和磨光的四壁，此坑极有可能是一间与铸铜有关的半地穴式房子。

2. 房基

发现两座房屋基址，分别编号F1、F2，位于T8245、T8244、T8345、T8344内。F1位于北侧，南侧为F2，两者间间隔0.5米，在两者之间有一灶（编号Z1），打破F1。F2只剩夯土面，西侧有偏北处有一片不明原因填土，夯打过，与F2的填土不一样，为红黄花土，较松软。只对F1进行描述。

F1 东西向。房基土夯打过，致密，内杂料姜石。东西长14.5米左右，南北宽3.3米。F1南侧发现有柱洞（内有柱础石）5处，从东往西编号为z1、z2、z3、z4、z5，北侧在西部发现一柱洞（内有柱础石）编号z6，柱洞间的中心距离在1.3～1.5米之间。在房基的南部边缘有一条宽0.2米通贯东西的填土，经解剖后发现，其深0.3米，内填土为灰黑色，或许是于房屋排水之用。位于东部偏中的位置有一东西向排水管。其南侧和西侧有一大片连成一体的踩踏面，应是F1外的活动面。其南侧发现的一眼灶，清理出一陶鬲，保存较好，可以修复，口沿外撇，矮裆，整体扁平，其特征为明显的殷墟四期风格，故F1的年代下限应为殷墟四期。

3. 墓葬

此次发掘商代墓葬63座，均为南北向长方形竖穴土坑墓。其中相当于殷墟二期的4座，殷墟三期的8座，殷墟四期的36座，无法判别的15座。

M114　方向15°。第八层下开口，东侧被一相当于殷墟三期的M129打破。口长2.8米，宽1.9~1.8米，北宽南窄，墓内填红黄花土，夯打致密，夯层0.2~0.3米，可见夯窝，直径0.1米，圜底。墓口下2.44米到熟土夯筑的二层台，台宽0.3~0.56米，高0.75米，墓壁加工过，平顺。有一棺，朽甚，以白腻子打底髹红、黄漆。西侧残留的边板痕迹看，厚0.05米，高0.1米，内净外弧，上下拼接而成，偶见树瘤的痕迹。南北边板残留的痕迹看，厚0.05米，高0.1米，亦为内净外弧上下拼接而成。棺底板从东往西依次宽0.1米，0.07米，0.06米，0.09米，系内净外弧拼接而成。骨架一具，朽成粉状，头北，直肢，性别年龄不详。墓底中部位置有一个长方圆角形腰坑，长0.82米，宽0.47米，深0.28米的腰坑，内殉一狗，已凌乱，头南，背西，蜷曲状。西侧二台偏北的位置殉有羊腿一条。出土编号器物16件，有铜鼎1件，铜簋1件，铜觚1件，铜爵1件，铜戈5件，铜锛1件，铜镞1枚，铜铃1件，陶簋1件，陶觚1件，陶爵1件。其中陶器出于西侧二台上，除铜戈、镞、锛出于棺内外，其余铜器均出于棺盖上（铜鼎、簋、觚、爵出于相当于墓主腿部的位置），除1件戈出于腿部的位置外，其他戈均出于头部两侧的位置，铜锛和铜铃各出于脚部的位置。从出土的陶器和铜器的特征看，其年代相当于殷墟二期晚段。

M168　方向10°。开口于T8345F2下，在对F2进行解剖时发现，墓葬中部往南有2米的范围有扰动过的迹象。该墓系一座南北向长方形竖穴土坑墓，口长3.0米，宽1.52米，口下4.3米到熟土夯筑的二层台，台宽0.25~0.3米，高0.7米，墓壁加工过，略有起伏。有一棺，朽甚，白腻子打底髹红、黄漆。不见骨架（墓底南端可见一人小腿骨）。底部偏南的位置有一个长方圆角腰坑，腰坑长0.82米，宽0.2米，深0.3米，腰坑内有散乱的狗架，清理时发现有烟蒂、手套之类现代物品。出土编号器物9件套，有铜鼎1件，铜削（刀）1件，铜觚1件，铜爵1件，铜戈1件（盗土中），磨石1件（盗土中）1件，陶爵1件，陶簋1件，陶觚1件。其中铜鼎，觚，爵出于棺盖上相当于脚部的位置，铜削（刀）出于腿部，陶器则出于北侧二台上。根据出土器物的特征，此墓相当于殷墟二期晚段。

M129　方向10°。位于T7945内，开口于第八层下。该墓系一座南北向长方形竖穴土坑墓，口长2.7米，宽1.1米，口下2.3米到熟土夯筑的二层台，台宽0.16~0.3米，高0.4米，墓壁作光，略有起伏。红黄花土，夯打过，质地致密。有一棺，朽甚，白腻子打底髹红漆。骨架一具，保存差，头北，俯身直肢，壮年男性。墓底中部靠南位置有一个长0.8米，宽0.3米，深0.25米的长方圆角腰坑，内殉一狗，头南背东，蜷曲状。出土编号器物6件套，有陶簋1件，蚌壳1件，阿纹绶贝1枚，口含贝3枚，陶爵1件，陶觚1件。除陶觚、爵、簋出土北侧二台内，蚌壳出于骨架的右肘内侧，阿纹绶贝出于左侧耻骨联合处。

根据出土器物的特征，此墓相当于殷墟三期。

M30　方向8°。开口于第八层下，东北角有一盗洞。南侧为M158。该墓系一座南北向长方形竖穴土坑墓，口长2.4米，宽1.1米，口下3米到熟土夯筑的二层台，台宽0.18～0.3米，高0.2米，墓壁粗糙。有一棺，朽甚，髹红、黄漆。骨架一具，保存差，头北面西，俯身直肢，右手横折放于腹下，系一男性，年龄不详。墓底中部偏南有一长0.62米，宽0.25米，深0.25米的腰坑，内殉1狗，已散乱，狗头南向。出土编号器物3件套，有陶盘1件，铜刻刀1件，蚌壳1件，除蚌壳出于额头外，其余均出于北侧二台内，其中陶盘内有残留的鸡骨。根据器物特征，此墓相当于殷墟四期。

M27　方向10°。开口于第八层下，墓葬北部有一盗洞。该墓系一座南北向长方形竖穴土坑墓，口长2.3米，宽0.9米，口下2.54米到熟土夯筑的二层台，台宽0.18～0.28米，高0.3米，墓壁粗糙。墓内填红黄花土，夯打过，较致密。有一棺，朽甚，髹红漆。不见骨架。墓底中部偏南有一个长0.7米，宽0.3米，深0.3米的长方圆角型腰坑，内殉一狗，已散乱，狗头南向。出土编号器物10件套，有铜矛1件，磨石1件，陶瓿1件，陶簋1件，陶鬲1件，陶罐1件，铜刻刀2件，陶罍1件，陶盘1件。陶器均出于二台内，刻刀和磨石随身而葬。根据器物特征，此墓相当于殷墟四期。

该遗址向北至殷墟宫殿遗址直线距离2.5千米，位于殷墟都城外的南部边缘，是继殷墟孝民屯铸铜遗址、殷墟苗圃北地铸铜遗址、安阳县辛店铸铜遗址后又一大型商代晚期铸铜遗址。遗址内容丰富，有灰坑、窖穴、房基、墓葬，从整个区域看，该遗址可以分为两大部分，西侧密集分布着灰坑以及铸造场所，墓葬则分布在其间，东北部则分布着房基，房基高于西侧发掘范围约1米。东侧的房基两处，东西向排列，编号F1的房基位于北侧，南侧0.5米为F2，F1形制较大，保存较好，东西14.5米，南北3.3米；F2略小（解剖时其下发现相当于殷墟二期的M168），东西10.5米，南北3.3米，不见柱础。需要指出的是F1西侧有大范围的料姜石踩踏面，推测为当时人的活动场所。灰坑内发现了大量的陶范碎片和熔铜的炉壁残块，从陶范的花纹和形状初步筛选有瓿、爵、鼎、簋、斝等。这些陶范和炉壁残块多在灰坑口部有密集成片分布，下层则逐渐减少，灰坑内很少出现制范的工具，这个现象说明在该遗址内，陶范是事先在他处做好，只是进行最后阶段的浇铸。铜器的浇铸不是固定在一处特设的区域内，陶范和炉壁集中成片出现说明是有意识的选择在灰坑处，在浇铸完成后，就地敲碎陶范取走铜器，这一发现为研究殷墟时期铜器浇铸阶段的流程提供了新的资料。此次发掘的商代晚期墓葬中，时代从殷墟二期到殷墟四期晚段不等，随葬的陶器以瓿爵簋、瓿爵盘罐鬲为主，或单簋、罐。墓葬内出有铜刻刀，磨石等生产工具，偶见兵器。至少在殷墟晚期已成为一种普遍现象，说明墓葬的主人应该是有一定地位的掌握一定技术的自由民，进而从一个侧面说明，殷代从事技术工作的技术工人是平民。他们就是甲骨文中的"众人"。殷人聚族而居，死后合族而葬，基于血缘关系，把身份财富不同的人葬在同一墓地内，同一族内各家族间有贵贱之分，有的族地位高，有的地位低，便出现了等级之分。这一墓地中常见随葬与铸铜有关的青铜生产工具的现象，表明墓主人生前从事的职业。

任家庄北地商代晚期铸铜遗址位于殷墟南部边缘，"是殷墟文化中'居、葬、生产合一'社会形态的集中体现"。在殷墟晚期是当时青铜礼器重要的生产基地。同时也说明，在殷墟时期青铜器铸造技术不断得到推广，影响扩大，一批专门以青铜器铸造、销售与交换为职业的手工业生产族团的形成。这也为殷商文化影响、传播与交流提供了动力。它的发现为研究殷墟社会功能区划的制定、青铜的生产和管理提供了新的资料。任家庄南地铸铜遗址是继苗圃北地铸铜遗址、孝民屯铸铜遗址后又一重要的铸铜遗址，具有重要的考古价值。

第五节　殷墟以外的其他商代晚期的遗址和墓葬

安阳地区是商代晚期人类文明的中心，在殷墟之外，近些年考古还发现了一些重要的商代晚期族邑聚落和手工业作坊遗址，这些族邑聚落的的文化内涵大多与殷墟文化遗址相同，且在族邑的分布方面又与殷都内的族邑聚落有着千丝万缕血缘上的联系。它们作为殷都之外重要的族邑聚落，拱卫在殷都的周围，同属"大殷墟"的范畴（图2-103）。

一、2012年人民医院新址殷墟时期遗址和墓葬

2012年3~8月，在安阳市文峰区郑家庄南地人民医院新址考古发掘中，发现一个大型商代晚期聚落遗址。共计发掘商代文化遗址面积1800平方米。商代遗址主要以灰坑、窖穴、祭礼遗址和水井等为主。另发掘清理商代、宋代和明清时期墓葬20余座，出土有青铜鼎、瓿、爵等礼器和大量的陶器、骨蚌器、石器等器物。从遗址地层和出土器物形制初步分析，该遗址属殷墟文化的2~4期，文化层较厚，时代延续较长，是一处大型商代聚落居住区。这是远离殷墟中心区之外的一次重要的商文化遗址的发现，进一步丰富了殷墟文化的内涵，对殷墟范围、布局、族邑聚落形态等方面的研究具有重要价值（图2-104至图2-106）。

二、内黄河村殷墟时期文化遗址和墓葬群

2016年3月初，内黄县亳城乡河村砖厂在取土时发现大量木板及少量陶片、铜片、人骨。经考古人员现场勘查，发现该区域为一处殷墟时期的墓葬群。3月上旬安阳市文物考古研究所安排人员对这一区域进行钻探调查。共布10米×10米正北方向探方4个。钻探方式以梅花桩式间距0.5米钻探。本次钻探共发现墓葬19座，水井3座，在取土坑北壁上发现1处灰坑（图2-107）。2016年3月11日，安阳市文物考古研究所对内黄县亳城乡河村发现的墓葬、遗址，进行抢救性发掘，历时11天发掘结束。共清理墓葬19座，水井3座。由于大部分墓葬被扰动，仅出土各类器物共11件，其中铜器6件，分别有铜戈、铜器残片、铜镞；陶器3件，分别有陶鬲、陶碗；玉柄形器1件；贝1件。

本次发掘收获非常大，从出土器物和棺椁的形制可以确定内黄县亳城乡河村发现的墓葬为商代时期的长方形竖穴土圹墓葬。虽然大部分墓葬被破坏严重，但是有部分墓

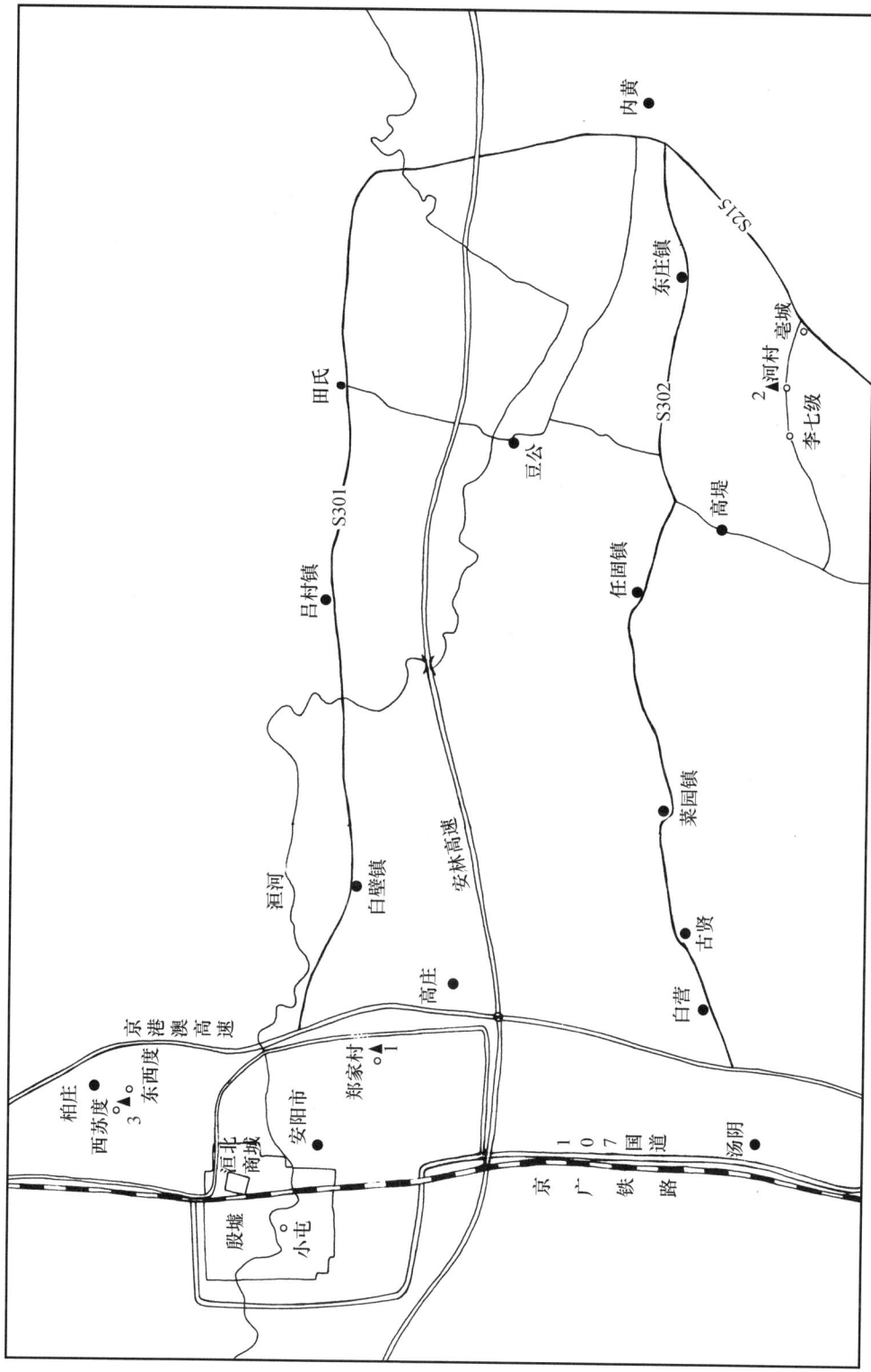

图2-103 殷墟外的其他商代遗址和墓葬

1. 2012年人民医院殷墟时期遗址和墓葬 2. 2016年内黄河村殷墟时期遗址和墓葬 3. 2016年安阳县辛店村西南殷墟时期族邑聚落遗址和铸铜遗址

图2-104　人民医院商代晚期遗址全景

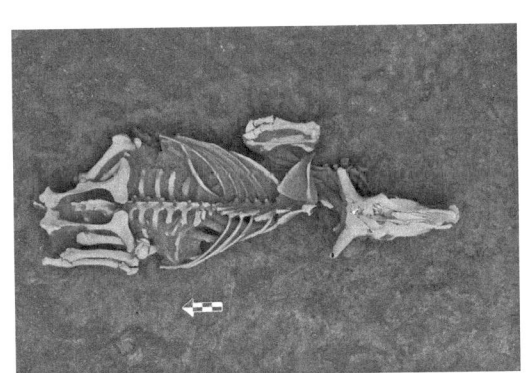 

图2-105　人民医院新址商代晚期遗址航拍全景、局布及祭祀牛坑

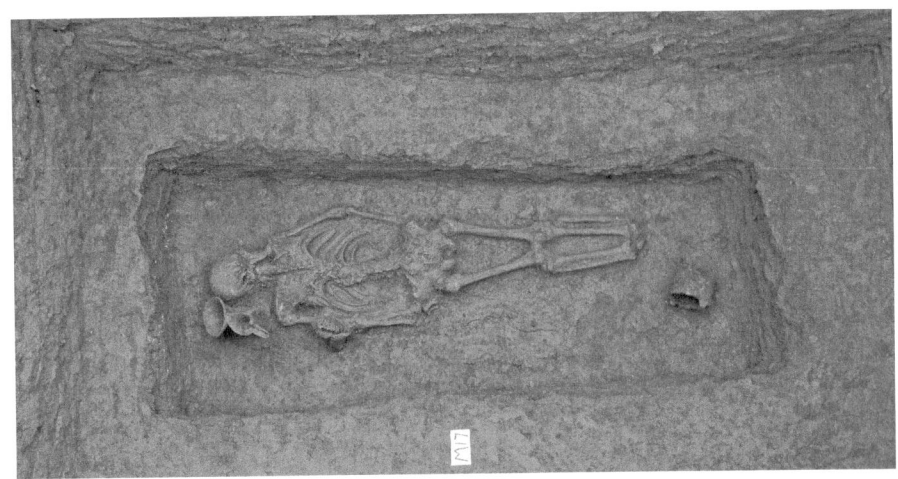

图2-106　M17形制

图2-107　地层与商代灰坑

葬内棺椁构件保存非常完整，榫卯结构清晰。其中M18为长方形竖穴土圹墓，东西向，葬具有一椁一棺（图2-108）。墓圹四壁被全部破坏，但棺椁保存非常完整，除东侧部分椁盖板被破坏取走，椁室未被破坏。为了更好的保护这批商代墓葬，决定将保存完好的棺椁整体打箱，运回实验室进行保护。本次整体提取墓葬共3座，分别是M1、M16、M18。

从现场对地层的分析，商代层开于第8层，距地表7.5米。商代层向上为6层淤积地层，有沙石淤积层、黄沙淤积层、褐色黏土淤积层。根据史料记载，内黄从古到今一直是黄河的泛滥区，遭遇多次洪水。推测商代当时经历过多次的洪水，将商代地层覆盖在水和黄沙下，与空气隔绝才将地下的棺椁保存下来。这是第一次发现商代晚期保存完好的棺椁，历时三千多年棺椁还可以保存完好，弥足珍贵，在全国都是非常罕见的。对研究商代葬具和棺椁的形制具有重要价值。

三、2016年安阳县辛店村西南殷墟时期族邑聚落遗址和铸铜遗址

2016年5月，安阳市文物考古研究所配合安阳市西北绕城高速公路建设，在安阳县辛店村西南发现一处商代晚期聚落和一处大型商代晚期铸铜遗址，该遗址距殷墟宫殿宗庙区直线约10千米，是近期安阳商代晚期考古的重要发现之一，具有重要的考古价值。该遗址位于中华路北段辛店集西南地，东苏度村北地，此次发掘共布探方8个，遗址面积920平方米，发掘墓葬48座，总计发掘1360平方米。其中商代墓葬40座，灰坑63处，商代房址5处，商代窑址2处，商代道路2条，商代铸铜相关遗迹多处。遗址内出土数百件陶范、磨石、窑壁、炉壁等与铸铜有关的遗迹遗物。墓葬内总计出土器物224件，其

图2-108 M18:棺椁形制

中商代青铜器95件、陶器16件、玉器14件、石器2件、骨贝器79件、杂项12件、漆器约10件。

1. 房址

共发现3处,以F4为例。F4位于T1、T6内,南北向,方向10°。F4叠压在L6路下(L6位于第4层下,为商代路)。F4西侧被G9(G9透口于3层下)打破,东侧分别被H56、H57、H58、M41打破,中部又被商代晚期墓葬H54、H55、H59、M39、M40打破。F4东西被破坏严重,宽度不清楚,F4南侧因无法布方发掘,所以用洛阳铲对F4的进行卡边,经过钻探后得知F4南北长15米。厚在0.6~1.5米之间,东西排列有3排柱洞,柱洞南北向分布。柱洞内有的有鹅卵石,有的没有但经过夯打。F4东侧10米左右为F1,西侧8米左右为F2,从开口层位和遗迹相互间的关系看,F1、F2、F3应属于同一时期,时代约为殷墟二、三期(图2-109)。

2. 灰坑、窖穴、井

此次发掘灰坑、窖穴、井共63个,其中约30个灰坑(包括窖穴和井)中出土有陶范(多则上百块,少则几块),共计约有800块左右,有代表性的灰坑为H4、H8、H25,井为H13。

T5:H4 位于T5内,开口于5层下,占据全部探方,口距地表1.6~1.8米,深0.25~2.5米。填土为灰黑色。含陶范、窑壁、炉壁、陶片、原始青瓷、红烧土块、木炭、兽骨、骨器。H4内出土陶范二十几件,部分陶范花纹制作精美。其中有一件陶范,保存完好,榫卯结构清晰,陶范内壁带状纹饰、施乳钉纹、云雷纹,推测为鼎范。

T2:H8 形状呈椭圆形,口大底小,斜壁。位于T2东隔梁下,开口于4层下。南北长2.6米,东西宽1.2~1.86米,口距地表1.86米,深0.4米。H8应为陶范废弃堆积坑,内部堆

图2-109　T6∶F4与其他遗迹关系

积以残陶范为主，出土约有300块左右，还包含少量陶片、兽骨、木炭、红烧土粒等。

T7∶H25　形状呈椭圆形，口大底小，斜壁。位于T7中部，叠压于L5下，口距地表1.8米。南北长1.4米，东西长1.2米，深0.55米。填土为黑褐色土，含陶范、陶片、铜针形器、红烧土块、兽骨等。H25内出土陶范（外范和内范）十几件，花纹精美。另外出土的铜针形器，长13厘米，应为制范工具。

3. 与铸铜有关的遗迹

阴范坑

H53　位于T2东隔梁下，开口于4层下，打破生土，被G10和M31打破，口距地表1.8米。长方形竖井式土坑，原坑口被破坏，呈不规则形。坑口南北长1.86米，东西宽1.96米；底南北长1.68米，东西宽1.15米，口下3.2米到底。坑壁陡直，加工平整光滑，坑壁隐约可见加工痕迹，坑口处发现有脚窝，近底部坑壁四周有塌陷，平底。底部约有0.9米厚的木炭层。H53出土有制范工具和大量陶范、炉壁等器物（图2-110）。

烘范窑

H33　位于T7东部，叠压于L5下，打破M23和生土，口距地表1.7米。坑口、坑底均呈圆形，口小底大。窑壁加工平整光滑，隐约可见加工痕迹。窑壁和底部经过火烘烤过留下的2~5毫米厚的烧土壁，烘烤均匀，颜色呈橘红色。平底中央有一个长方形小方坑，长0.48米，宽0.45米，深0.38米，坑内填满木炭（图2-111）。

4. 墓葬

在这一区域内共发现商代晚期墓葬（殷墟时期）40余座，出土青铜礼器的墓葬5座。

图2-110　T3∶H53形制

图2-111　T7∶H33形制

其中M21和M41为中小型商代贵族墓葬，出土了一批青铜礼器和漆器，具有代表性。

M21　方向4°。位于T1的西北角，墓口上的地层堆积可分为4层，上口被4层下H57打破。长方形竖穴土坑墓，口小底大，墓口2.8米，宽1.4米；墓底3.26米，宽1.76～1.92米，墓口面距地表2.2米，底距地表5.6米。墓内填土为红褐色土夹杂黄灰斑点的五花土，填土内还夹杂少许陶片、兽骨、木炭。在墓室西壁北侧底部向上1.2米的位置，有一半圆形壁龛，平底，上部为半圆形，长0.6米，宽0.2米，高0.29米。墓底四周有经夯打的熟土二层台，二层台宽0.2～0.3米，高1米。墓底中央偏东处有一长方形腰坑，长0.9米，宽0.38米，深0.26米。墓内有一椁一棺，虽已腐朽，但板灰痕迹清晰，椁形制呈井字形。椁长2.64米，宽1.06米，高1米。墓主人骨架腐朽严重，还有漂乱现象，仅可看出俯身，头向北，年龄为成年。

M21号墓出土随葬器物丰富，包括有青铜器、陶器、玉器、漆器、骨器、石器各类器物（不包括漆器、蚌器）30余件。铜器共22件：分别有青铜礼器、兵器、生产工具、乐器类。其中青铜礼器4件，分别有铜鼎1件、铜簋1件、铜觚1件、铜爵1件；青铜兵器9件，其中铜戈4件、铜矛4件、铜镈1件；青铜生产工具6件，铜锛3件、铜铲1件、铜凿1件、铜刀1件；青铜乐器2件，均为铜铃；不明铜器1件（呈片状形）。陶器1件，为陶鬲；玉器5件，分别有玉管3件、玉璜1件、玉簪1件；骨器1件；出土漆器豆、罍等4～5件（图2-112）。

M41　方向5°，位于T1与T6的隔梁下，M21的西南，墓葬北部仅与M21相距0.5米。墓口上的地层堆积可分为4层。M41打破F4，为长方形竖穴土坑墓，口小底大，墓底3.2米，宽1.44～1.46米，墓底距地表4.7米。墓内填土为红褐色土夹杂黄、灰土粒和黄色沙土夹杂红、黄土粒的五花土。填土经夯打，夯层可分为15层，厚0.1～0.3米，夯窝为圆夯，直径约0.08～0.12厘米。墓底四周有夯土二层台，中央处有一长方形腰坑，墓内有一椁一棺，虽已腐朽，但椁板灰痕迹清晰，从椁板灰痕迹观察，椁长2.5米，宽1.02～1.16米，高0.7米。根据骨架推定墓主人为成年男性。

图2-112　M21形制及出土青铜器、漆器现场

M41号墓出土随葬器物丰富，包括有青铜器、玉器、漆器、骨器、贝类器物（不包括漆器、贝）21余件。铜器共17件：分别有青铜礼器、兵器、生产工具、乐器类。其中青铜礼器4件，分别有铜鼎1件、铜簋1件、铜觚1件、铜爵1件；青铜兵器8件，其中铜戈6件、铜矛2件；青铜生产工具3件，铜锛2件、铜铲1件；青铜乐器2件，均为铜铃；玉器3件，分别有玉管1件、玉饰1件、玉环1件；骨匕1件，贝1件；漆豆、觚等3件。

此次发掘收获非常巨大，特别是本次发掘的商代晚期大型的族邑聚落基址，是在安阳市以北安阳县区域内的第一次发现，它对研究殷墟布局及影响提供了新的资料。本次发掘还发现了大型铸铜遗址，这是除了殷墟范围内铸铜遗址之外发现的另外一处大型商代晚期的铸铜遗址，其时代约属于殷墟二期至四期。从考古发掘来看，这是一处与殷墟同时期的商代晚期大型族邑聚落与大型的手工业铸铜作坊，从出土的铜器上所铭族徽看，这里主要集中了以天族为主体的商代晚期群族，这一族群在殷墟铁四路、戚家庄、刘家庄、大司空村等地都有发现。辛店村商代晚期文化遗址从地理位置上看不属于殷墟遗址范围内，但其文化内涵又与殷墟遗址内发现的文化内涵相同，也有着相同的族属。从大的区域来看地，其又与殷墟相近，是殷都东北方向一处重要的军事、政治屏障，护卫着殷都的安全。它的性质应与2012年发现的安阳人民医院新址商代晚期文化遗址（东南距殷墟约8千米）、2016年内黄县河村商代晚期文化遗址（东南距殷墟约60千米）相同，都属于"大殷墟"。殷墟中心文化遗址及周边同一时期相同的文化遗址共同构成了"大殷墟"文化。

在本次发掘区域内发现了与铸造青铜器相关的一些遗迹，如熏范窑、范块阴干坑、疑似大型青铜器铸造工作间、祭祀坑、铸铜遗物废弃坑以及与铸铜活动有关的房址、灰坑（窖穴）、水井，还有铸铜工匠的墓地等。还出土了大量与铸造青铜器有关的文物，其中有陶范（其中有外范和内范，使用过的和没有使用过的）、坩埚（将军盔）残块、融铜炉壁残块、磨石、铜针形器、骨针。从出土的鼎、簋、觚、爵、斝等青铜礼器的陶范残块来看，这个铸铜作坊与殷墟已发现的铸铜遗址相同，都是当时青铜礼器重要的生产基地。殷墟之外铸铜手工作坊的发现，表明青铜文明已深入影响到了殷墟附近重要的族邑聚落。同时也说明，在殷墟时期青铜器铸造技术不断得到推广，影响扩大，一批专门以青铜器铸造、销售与交换为职业的手工业生产族团日渐形成，这也为殷商文化影响、传播与交流提供了动力。

第三章 安阳两周考古

周武王灭商建周后，殷都逐渐沦为废墟。考古表明，武王通过战争占领殷墟后，在一定时间中这里仍有商遗民在此生活和生产。殷墟范围内也发现大量的周初文化遗址和文化因素。有专家认为至少在周公第二次东征之前，这里仍有大量的周人和商遗民留在殷都内。周公第二东征后对殷都宫殿、宗庙及王陵进行大肆焚毁、盗掘与破坏，并把商代从事手工业生产的部族迁往各地，殷墟最终沦落为废墟。史载周公二次东征之后，进行大量分封与人口大规模的迁移。"分鲁以大路……殷民六族，条氏、徐氏、萧氏、索氏、长勺氏、尾勺氏，辑其分族，将其类丑，以法则周公。……分康叔……殷氏七族，陶氏、施氏、繁氏、锜氏、樊氏、饥氏、终葵氏"。学界一般认为，这些所谓的殷民六族或七族，多是手工业者。据此可知，在周公东征之前，这些手工业者仍然在殷墟从事生产活动。而迁往洛邑成周的所谓殷顽民很多也是手工业家族。从洛阳北窑铸铜作坊遗址发掘的情况来看，所谓的殷遗民其实很多是从事铸铜生产的工匠或管理者①。

周公武王灭商后，周武王封纣王的儿子武庚来治理朝歌，武王又怕武庚叛周，分商都畿内地为邶、鄘、卫三国，监视武庚，史称"三监"。即"殷都以北谓邶，霍都监之；霍都以东谓卫，管督监之；殷都以西南谓鄘，蔡叔监之"。在殷都朝歌以北建邶、在朝歌以南建鄘、在朝歌以东建卫三个诸侯国，迁殷之民于鄘、邶、卫三国。鄘国位于今新乡东北，邶国位于今汤阴县东北邶城所在地，卫国在今淇县（朝歌）一带，此鄘国、邶国、卫国的存在时间不长，国号随着周公旦平三监而消失的。但在西周的历史上却为后人留下浓浓的一笔，诗经中也《鄘风》《邶风》《卫风》的大量诗篇。周公平定殷商故土的叛乱后，封其同母少弟康叔于卫。康叔初封在康国（今河南禹县西北），康叔封此国号曰卫，即取旧地为名。此卫国非彼卫国也，此国国君为侯爵。金文中常见的康侯、康公都是指叔封及其子嗣。周初卫康叔遵守周公教诲，"启以商政，疆以周索"，利用商人政治来贯彻周法，治理得很成功。卫国成为屏蕃周朝的重要支柱，康叔也被提拔到宗周王室任司寇。这样，卫国实际上就交由其子庸伯统治。周厉王之前，卫国的历史少见记述。周平王东迁时，卫武公曾出兵助周平戎。卫武公时一度强盛，为诸侯首领之一。卫国疆域大致位于黄河以北的河南濮阳、河北邯郸、邢台一部分、山东聊城西部一带，先后建都于朝歌、楚丘、帝丘、野王。卫武公时一度强盛，周平王东迁时，卫武公曾出兵助周平戎。卫国是生存时间最长的周代诸侯国之一，立国前后共计838年，传35君。公元前254年，被魏国覆亡，其领地已成为魏国的一个封君之地。公元前241年秦取濮阳等地，公元前239年，卫元君被迫迁往野王县（今沁阳），卫也就名存实亡了。公元前209年，卫君角被废为庶人，卫国彻底灭亡。

---

① 何毓灵：《殷墟周人天殷遗存研究》，《三代考古》（六），科学出版社，2009年。

西周时期距殷墟20千米的邺城兴起，安阳初为邺属地，后属卫国。之后狄人灭卫国，卫人东渡黄河，拥立戴公为卫君于曹地，文公迁楚丘。曹、楚丘两地皆在今天的滑县境内。史载春秋时安阳属晋阳。《左传》："齐侯伐晋，取朝歌，入孟门，登太行，赵胜帅东阳之师以追之。"此地即东阳也。战国时属魏，后属赵。魏文侯时西门豹治邺即此地。周赧王五十八年（前257年），秦将王齕攻克魏"宁新中"邑，改"宁新中"为安阳，安阳之名始见于史册。秦并天下，安阳为邯郸、上党地。秦王政十一年（前236年），秦将王翦攻克安阳后，始筑城墙，故城在今安阳市区东南约21千米处。战国时期，安阳作为北方重镇，一直是魏国、赵国争夺要地，林州境内现存有战国长城遗迹。战国时期安阳初属魏国邺地，战国末期为赵之地。春秋战国时期安阳地区是兵家必争之地，也是文化交流与融合的关键节点。从旧石器时代安阳"小南海"文化开始，至新石时期的以安阳后岗、大司空为代表的仰韶文化、龙山文化，再到中国第一有文字可考并为考古所证明了的商代晚期都城遗址殷墟开始，安阳一直是中华文明重要的发源地，走在了其他文明的前列。承袭仰韶文化、龙山文化及殷商文化的影响，东周时期文化遗址遍布安阳各地，中华人民共和国成立以后，调查与考古发现了这一时期大量的遗址和墓地，这些遗址和墓地具有重要的历史和文化价值。

第一节　安阳西周时期文化遗址和墓葬

一、概　　述

根据历史文献记载，公元前1046年商与周决战于"商郊牧野"，纣王兵败自焚，周人设立三监治殷。然而武王克殷后二年而崩，成王年幼，周公摄政，引起"三监之乱"。于是周公率军东征，迁殷顽民，分封鲁国"殷民六族"，分封卫国"殷民七族"，从此，商朝王都彻底荒废，渐次淹没在历史的尘埃中，甚至两汉以后再无人知晓其确切位置。位于汤阴的邶国也在这次战争之后，成为废墟。周公二次东征后，"大邑商"遭废弃，"殷遗多士"被强行迁往洛阳等地。然而，商王朝灭亡之后的殷墟遗址并未变成无人区，殷墟遗址以外仍然存在众多小型聚落。根据以往的考古调查与发掘，安阳地区发现西周遗存的地点有20处（图3-1），经过考古发掘并已公布材料的有抗震大楼、电业局、刘家庄南地、孝民屯、西北冈、小屯东北地、西高平、黄张和大寒南岗等9处。此外，侯家庄南地亦发现有西周车马坑和墓葬。

20世纪60、70、90年代中国社会科学院考古所安阳工作队等单位分三次对洹河流域的古文化遗址进行了调查。其中20世纪60年代，在洹河流域共发现21处西周遗址：姬家屯西北、东夏寒北、贾家庄西南、南士旺西、柴库西、东官园东、东官园南、小八里庄西、东崇固北、东崇固西、东开信南、伯台东南（庙台）、三官庙东北、东瓦亭西北（高庙）、郭村西南、杨贾村后岗、大寒南岗、大寒屯西、大裴东、东流台南、沿村台北等。并在大寒南岗进行了试掘，发现有属"西周晚期，即穆王以后的时期"时的灰坑。1965年，大寒南岗进行了发掘，发现西周时期墓葬三座，属西周晚期。20世纪70年

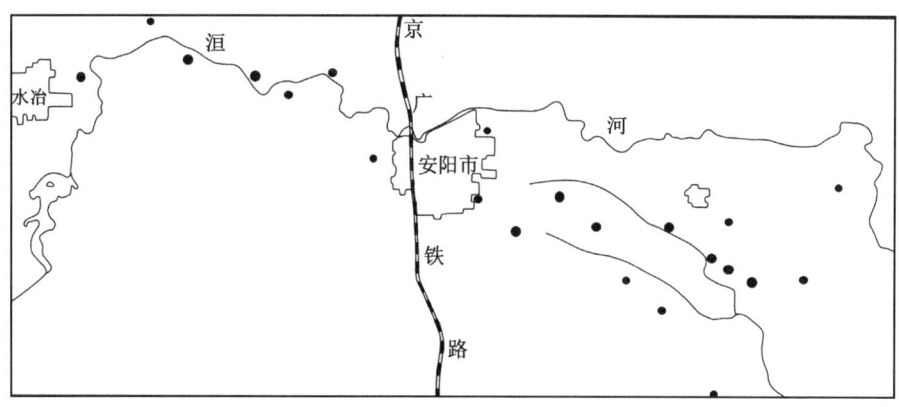

图3-1 安阳地区西周遗存

代调查新发现南士旺永安寨遗址有西周时期遗物。20世纪90年代调查新增了刘家庄、伯台西周遗存。1987年在小屯殷墟宫殿区甲四基址东北部小屯在小屯殷墟宫殿区甲四基址东北部，发现两座墓葬，发掘者认为属西周晚期[1]。1988年，在刘家庄北地发掘了26座西周墓。部分墓葬的年代被认为属西周早期[2]。2003~2004年，在孝民屯遗址发现西周时期的墓葬9座，多属于西周早期[3]。2004年在侯家庄村南发现一座车马坑和几座小型墓葬，属西周晚期[4]。

由于安阳地区目前考古发现的西周时期的遗址相对较少（图3-2），且关于这一时期安阳地区文化发展序列问题尚需要进一步的探讨。一些问题的解决需要今后大规模的考古发掘和重要的考古发现来证明。但一些学者根据发掘的情况仍然对安阳发现的西周时期的遗址和墓葬进行了分类与分期。1988年抗震大楼清理的26座西周墓分为四期，推测"四期应是紧密衔接的，墓地的总体时间跨度不长"，"与关中地区的西周墓葬进行比较，可以推测刘家庄西周墓的年代大体在西周早期至西周中期偏早阶段"。2004年西高平遗址西周时期遗存的典型单位分为四组，认为"应该是从早到晚的四个发展阶段"，年代相当于西周早期偏晚至西周晚期偏早。

二、考古发现的西周文化遗址

（一）安阳汤阴瓦岗乡邶城遗址2012年调查

邶城遗址位于汤阴县东南16千米瓦岗乡邶城村，地理坐标北纬35°51′27″，东经114°30′13″，海拔79米，为汤阴县文物保护单位，也是《诗经·邶风》十九首衍生之

---

[1] 中国社会科学院考古所安阳工作队：《殷墟小屯建筑遗存》，文物出版社，2010年。
[2] 中国社会科学院考古所安阳工作队：《河南安阳殷墟刘家庄北地殷墓与西周墓》，《考古》2005年第1期。
[3] 殷墟孝民屯考古队：《河南安阳市孝民屯遗址西周墓》，《考古》2014年第5期。
[4] 资料现存中国社会科学院考古所安阳工作队。

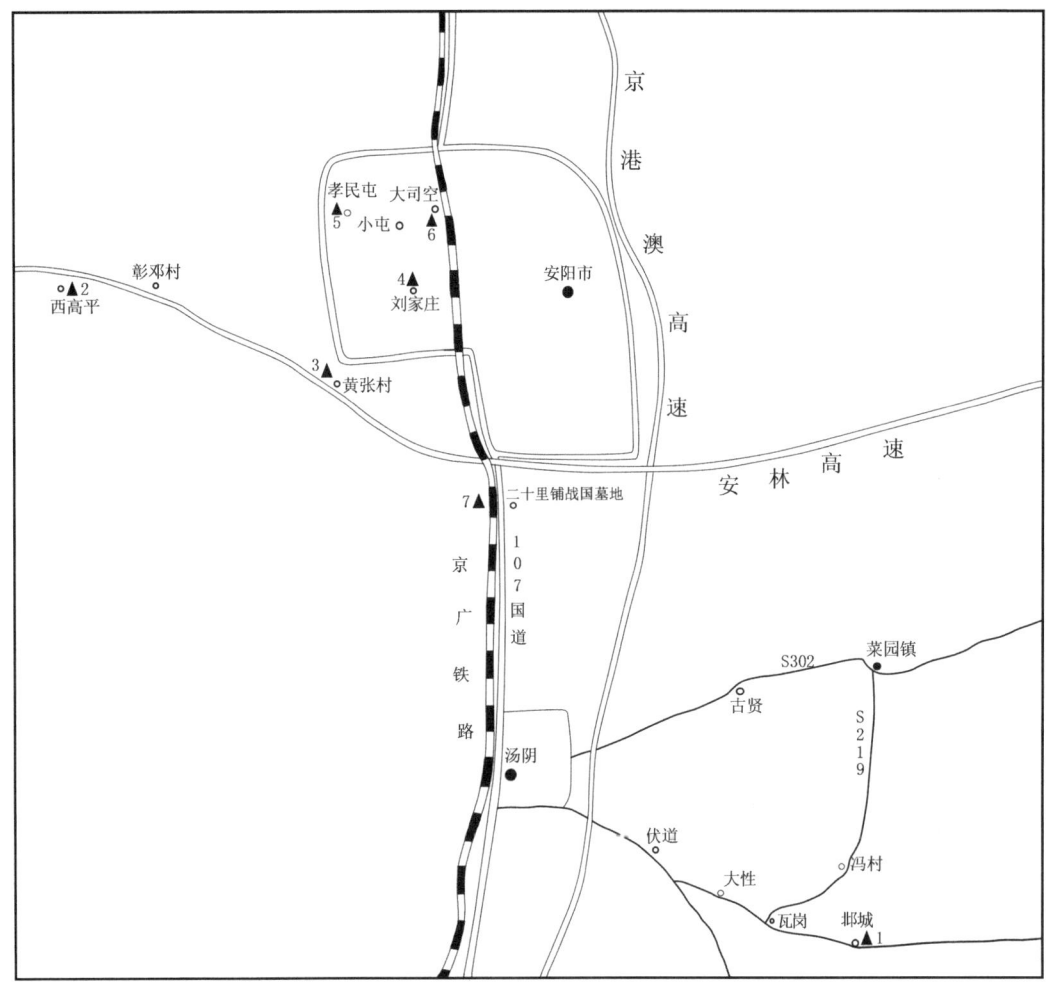

图3-2 安阳地区西周文化遗址
1. 汤阴邶城遗址 2. 龙安区西高平西周遗址 3. 龙安区黄张村遗址 4. 刘家庄北地遗址 5. 孝民屯遗址
6. 大司空村遗址 7. 二十里铺战国墓地遗址

地。汤阴县文物保管所于1982年春和1984年夏分两次对该遗址进行了调查，邶城遗址东至原汤濮铁路，西至排灌站，长1564米；南至李五屯村北地，北至邶城村北地王家坟南端，长1050米，总面积约164.22万平方米，文化层以东向西厚度为0.4～1.7米。现邶城村位于遗址中部偏南的位置，约占压遗址的五分之一。

2012年7月10日至12月9日，汤阴县文物保护管理所对该处遗址进行了考古调查，开探沟3条，面积近200平方米。基本确定了商周时期邶城城墙西北角基址的形制，在T3的西北方向，发现一道宽22米，长100多米的商周时期道路，在探沟内发现大量的商周时期陶片。

邶城为商末姬发封纣子武庚的封地。《史记·殷本纪》中记载商亡后，周武王"而封殷后为诸侯，属周。周武王崩，武庚与管叔、蔡叔作乱，成王命周公诛之"，"武王班师时，封纣子武庚于殷"。周武王灭掉了商朝，武王最后决定，采用周公的办法，封禄父（武庚）为商后，留在商都，通过禄父控制商人，由武王之弟管叔、蔡叔和霍叔加以监督，称为"三监"。《汤阴县志》："武王封纣子武庚地。"《说文解字》："邶，故商邑。自河内、朝歌以北是也。"《后汉书·郡国志一》河内郡朝歌："北有邶国。"

东汉经学家郑玄说："邶、鄘、卫者，殷纣畿内地名，属古冀州，自纣城而北曰邶。"南宋理学家朱熹说："邶、鄘、卫，三国名。在禹贡冀州，西阻太行，北逾衡漳，东南跨河，以及兖州桑土之野。及商之季，而纣都也。武王克商，分封纣城，朝歌而北谓之邶，南谓之鄘，东谓之卫。"近代学者王国维说："北，盖古之邶国也，自来说邶国者，虽以为在殷之北，然皆于朝歌左右求之。"当代著名古典文学家王力说："邶，国名，周武王封纣子武庚在这里，后来并入卫国。在今河南淇县以北至汤阴县一带。"

通过此次考古调查与试掘，基本找到了西周早期邶城遗址地理位置，并大体上了解了遗址的范围和遗址的文化内涵、表现形态和时代序列等相关问题。佐证了《诗经·邶风》衍生地的位址。

（1）根据T2探沟试掘结果来看，认为此探沟开挖出的文化层是商周邶城城墙遗址与文化层的一部分。根据T3东端的夯土痕迹认为是城墙的西边线，T2中部夯土结合部为城墙东边线（或内角线），通过对探沟周围残留夯土的钻探卡边，认为该处是邶城古城墙西北角转弯处。

（2）T2探沟为邶城古城墙的西北角转角处，即向东延伸为邶城古城墙的北城墙，向南为邶城古城墙的西城墙。向西北方向的路面与探沟内料姜石为同一层面，应为当时修筑城墙时的道路。

（3）T2探沟所见古城墙部分为邶城古城墙的基础部分，现宽22米，其地面以上部分已被破坏。

（4）T2探沟第三层、第四层呈现的圆形夯窝，认为当时是用木杵夯打出来的。

（5）邶城古城墙的再现，进一步证实了《史记》等历史文献中有关邶国的记载。

（二）龙安区西高平西周文化遗址

安阳县西高平遗址位于安阳市西17千米的安阳市龙安区彰武镇西高平村西北部。遗址东临东高平村，北部2千米有安林（安阳—林州）的公路与安阳钢铁集团的自备铁路通过，向东16千米有107国道、京广铁路经过。洹河在遗址西部自南向北流过，在遗址西北部折向东流。遗址处在洹河自南向东拐弯处的河旁二级台地上，台地较高，遗址西部断崖下方有顺洹河而建的万金渠，遗址南部1.8千米左右有洹河上修建的彰武水库。遗址西南隔洹河与南段村相望。2004年夏，配合安林高速（安阳—林州）公路建设工程的开展，河南省文物考古研究所、安阳市文物工作队、安阳市钻探队开始对该遗址进行调查，河南省文物考古研究所于2004年8月下旬进入遗址区进行调查发掘。经调查，发现遗址上部约0.45米为近现代耕土及扰土层，扰土层下为黄褐色文化堆积。遗址北部洹河以南的区域因砖厂取土，文化堆积被破坏殆尽，东部也因取土文化堆积所剩无几，南部、东南部遗址被现代村庄占压。遗址现存东西约300米,南北约130米,面积3.9万平方米。2004年9~11月,河南省文物考古研究所对遗址进行了发掘,总计发掘面积2300平方米,其中西周文化遗存是该遗址的主体遗存。

1. 文化遗迹

共发现西周时期灰坑67个。按开口平面形状可分为圆形、椭圆形、方形、不规则形等。圆形坑51个,根据其结构可分为直壁平底(32个)、斜壁平底(4个)、斜壁外张呈袋状(2个)、弧壁圜底(11个)、弧壁平底(1个)等。04AXH4:位于04AX04AXT0610西壁下,开口第2层下。平面形状呈圆形,西壁压开口切线长2.7米,最东边缘距西壁2.5米,弧壁圜底,深0.4米。在坑的东南部,发现比较集中放置的马骨架。坑内填灰褐色土,土质杂乱,结构疏松,含大量炭粒和红烧土块。包含物有陶鬲、罐、盆、簋、甑等,还有少量的骨器和石器。

椭圆坑15个。其中弧壁圜底2个,斜壁圜底1个,直壁平底8个,斜壁平底3个,袋状1个。04AXH46:位于04AXT0910西北部。开口于第2层下,平面形状呈椭圆形,长径2.9米,短径1.6米,直壁向下内收,平底,深0.55米。坑内填浅灰土,土质杂乱,结构疏松,含杂烧土粒、炭粒。包含物有陶鬲、盆、罐、簋等。

方形坑1个。04AXH7,位于04AXT0510北部,开口于第2层下,平面形状大致呈长方形,长2米,宽1.7米,弧壁圜底,深0.2米。坑内填灰黑色土,土质较杂,结构松软,含大量烧土粒和炭粒。包含物有鬲、盆、瓮。

不规则形坑1个。04AXH47,位于04AXT0910中西部。开口于第2层下,西部被04AXH46,平面形状不规则,略呈长条形,保存最长4米,宽1.33米,直壁平底,深0.3米。坑内填灰褐土,土质杂乱,结构较松软,含杂烧土粒、炭粒。包含物有罐、盆、鬲、瓮。

墓葬2座。皆竖穴土圹墓。04AXM4,位于04AXT0110的中西部,开口于04AXH60下,墓口距地表1.5米。平面呈长方形,长2.2米,宽0.9米,直壁平底,深0.5米。坑内填土为花土,土质较纯净,结构较疏松。墓底人骨一具,仰身直肢,骨架保存较差,头骨严重变形。头骨上侧随葬陶豆1件,陶鬲1件,口含贝。04AXM1,位于04AXT0110的中西部,开口于第2层下,坑口距地表0.5米。平面呈长方形,长1.9米,宽0.7米,直壁平底,坑深1米。坑内填土为花土,土质较纯净,结构较紧密,内含有大量的硬土块。墓底人骨一具,仰身直肢,头向东,面向北,双臂交叉放于腹部,骨架保存较好。头部上侧随葬陶鬲1个、右尺骨右侧随葬石饼1个。

2. 文化遗物

西周文化遗物发现较多,以陶器为主,有较多的骨器和少量的石、蚌、玉器等,在墓葬中发现少量的海贝。

(1)陶器,以轮制为主,手制偶见,圈足器多分体制作,然后黏接在一起,部分簋、豆底部划有沟槽,以增加与圈足的黏合度。泥质陶多于夹砂陶(只有一个堆积单位即04AXH18除外,04AXH18内夹砂陶占绝对大的比例),以灰陶为主,有少量的红陶或黑皮褐陶。纹饰以绳纹为主,另有少量的旋纹、弦纹、附加堆纹、划纹、三角绳纹、反

S形纹、七星纹、凸棱纹等。绳纹分粗、中、细三种，而以粗绳纹居多；在盆、罐等器物的腹部，有较多的在制作过程中旋转时留下的抹痕，抹痕多较宽，有别于制作过程中旋转时形成的旋纹；粗绳纹多见于鬲腹及袋足部，中绳纹多见于盆、罐腹部附加堆纹多见于罐腹，反S形纹见于簋腹，划纹见于瓮肩、腹部，凸棱纹见于豆柄中部；主要器形有鬲、罐、盆、簋、豆、瓮、甑、陶拍、纺轮、圆陶片等。其中鬲506件。是该遗址西周遗存中发现最多的器物。多夹砂灰陶，个别为褐陶。皆整体作扁方体，折沿，方唇，鼓腹，分裆，三袋足。腹饰绳纹。根据口沿沿面特征及裆部特征不同分为A、B、C三型。罐158件。多泥质灰陶，个别为泥质褐陶。皆小口矮立领，深腹，凹圜底，腹饰绳纹。根据口部及肩腹部特征不同可分为A、B二型。其他的有壶1件、瓮35件、簋15件、簋圈足6件、豆盘59件、豆柄9件、盆93件、甑12件、器耳4件、陶纺轮3件、陶拍1件、陶钱1件、圆陶片9件。

（2）玉、石器

有玉玦2件、石玦1件、石斧1件、石镰2件、石片1件、石饰1件、石器1件、石饼1件。

（3）骨、蚌器、贝

有骨锥3件、骨笄6件、蚌镰2件、蚌1件、贝类4件。

西高平遗址的西周文化遗存最为丰富，在安阳地区往年的发掘中，西周文化遗存多有发现，但多为西周中、晚期遗存，西周早期的遗存少见。该次发掘所见的整体做扁方体、宽折沿面布满凹槽、分裆不明显、袋足无足根的A型鬲，和殷墟晚期的扁方体无足根鬲一脉相承，具有西周早期的特点；口部较厚的斜壁深腹、腹饰三角划纹的碗形簋，亦是商代晚期的典型器物，在西周早期的一些遗址中也有发现，《沣西发掘报告》《张家坡西周墓地》认为它流行于西周早期和中期偏早阶段；侈口卷沿直腹圜底高圈足、腹饰反S形纹的高圈足簋和张家坡墓地属于第二期的簋M398：1相同，为西周中期的偏早阶段。04AXM4所出的陶鬲，折沿方唇，鼓腹，分裆，实足根，细绳纹，具有浓郁的商代鬲的风格，但其三袋足外附加三条扉棱，却是关中地区周文化的因素；同墓所出的陶豆，窄折沿，盘腹较深、直，圈足较粗，圈足座底外张，是比较纯粹的商式豆，这样的陶豆在西周早期的遗址中也有发现。04AXM的年代应该为西周初年。

该遗址的西周遗存，包含较多的商文化因素，相当西周早期到西周文化中期偏早阶段。所获文化遗存从特征上看，存在一定的发展演变关系，文中所分型的盆、罐等其实有式的变化，A型鬲也有早晚的演变。这些西周偏早阶段的文化遗存，以浓郁的晚商文化遗风夹少量的周文化因素的特征为表现形式，对研究商灭亡后商代王畿旧地的文化面貌及社会变迁有重要价值[1]。

（三）龙安区黄张村西周文化遗址

黄张遗址位于龙安区东风乡黄张村北，南水北调干渠705千米处。海拔95米左右，

---

[1] 河南省文物考古研究所：《安阳西高平遗址商周遗存发掘报告》，《华夏考古》2006年第4期。

遗址总面积约3万平方米。2005年7月中国社会科学院考古研究所受河南省文物管理局南水北调文物保护办公室的委托对遗址进行了钻探调查与发掘。发掘总面积2000平方米，发掘灰坑102座，墓葬30座。其中西周时期遗存有灰坑30座。这些灰坑多近圆形，斜壁或直壁，平底或圜底，填土中夹杂细碎红烧土粒和炭屑，坑内填土一般可分为两层。H19，位于T3东壁下，被现代坑、H5、H12、H15打破，打破生土。坑壁下部近直，平底。坑口东西长200厘米，深75厘米，距地表深85～90厘米。坑内堆积分两层：第1层为黄色土，土质较硬，纯净，厚25～67厘米；第2层为灰绿色土，内含少许木炭屑，土质较软，厚10～40厘米。

灰坑内出土了大量的陶片，有夹砂和泥质两种，从器形看主要有鬲、盆、豆、罐等，其他的有蚌镰、蚌刀和石斧等器物。

根据遗址内出土陶器综合分析，遗址的时代约为西周晚期。根据安阳黄张、西高平等遗址出土的遗物特征，本地西周时期的陶鬲基本为商式鬲的延续形态，豆类中有典型的西周式豆，甑、盆、罐等器类的形制则与陕西长安沣西等地典型西周文化同类器物差别明显，表现为本地文化特色。这类遗址主要分布于豫北冀中南部，表现出有别于典型西周文化的独特的地域风格[1]。

（四）殷墟内发现的西周时期的墓葬、车马坑

公元前1046年，周人在伐纣的战争后，占领了殷都。根据文献和考古记载，周人对殷都进行了大规模的破坏。先迁其民于邶、鄘、卫三国，并由武王之弟管叔、蔡叔等监国。殷都内宫室族邑也遭到焚烧、破坏与劫掠。但从近期的考古发现来看，周人对殷都的破坏可能是逐步的，有一个长期的过程，殷墟内考古还发现有少量西周时期的遗址和墓葬。1937年以前中央研究院历史语言研究所在殷墟的小屯村宫殿区、武官北地王陵遗址等都发现有西周时期的遗存。1987年中国社会科学院考古研究所安阳工作队在小屯殷墟宫殿区甲四基址东北部，发现两座墓葬，属西周晚期。1988年，在刘家庄北地发掘了26座西周墓。部分墓葬的年代被认为属西周早期。2003～2004年，在孝民屯遗址发现西周时期的墓葬9座，多属于西周早期。2004年在侯家庄村南发现一座车马坑和几座小型墓葬，属西周晚期。

1. 殷墟刘家庄北地西周墓葬

1988年中国社会科学院考古研究所安阳工作队配合安阳市抗震大楼建设工程，在殷墟刘家庄村北进行了钻探发掘。该地点东距中州路约200米，北距安钢大道约500米。除清理一批商代墓葬外，还清理了西周时期墓葬29座。这批西周墓主要分布在发掘区的西部，分成相对集中的若干个小群。形制均为长方形竖穴土坑墓，长一般为2～2.6米，宽0.7～1米，仅M119长3.2米，宽2.1米。有腰坑的墓仅有7座。除1座墓不明外，其他墓葬都有木棺而无木椁。棺均已腐朽，仅发现有板灰或者漆痕。从漆痕看，绝大部分都曾漆

---

[1] 中国社会科学院考古研究所黄张发掘队、河南省文物管理局南水北调文物保护办公室：《河南安阳市黄张遗址两周时期文化遗存发掘简报》，《考古》2009年第4期。

有红、黄、黑、白几种颜色。木棺一般长2米，宽0.65~0.8米，尺寸与商代墓葬接近。墓葬中人骨保存较差，仰身直肢葬的17座，俯身直肢葬的2座，侧身直肢葬的1座，另有2座为直肢。4座带腰坑的墓中各殉1条狗。除M105因被M104打破未见随葬品外，其余均出土有随葬品。随葬品一般都置于人骨头端的二层台上或棺顶板上。

M81　方向15°。墓室长2.5米，宽1.05米，深1.5米。棺长2.18米，宽0.64米。为仰身直肢葬。有腰坑，内殉1条狗。随葬品均为陶器，出土北二层台上，包括鬲、簋、豆、罐等器。

这批墓葬共出土陶鬲、簋、豆、罐、壶等49件，铜戈13件，其他的有玉器等。根据地层、墓葬打破关系、出土器物类型等分析，该批墓葬时代大致为西周早期到西周中期偏早阶段。这批西周墓与殷墟时期的墓葬相比无论是布局还是葬俗上都有明显的差别。特别是这批墓葬的器物组合以鬲、罐等为主，不见殷墟时期的觚、爵，差别明显。刘家庄发现西周陶鬲，绝大部分都有较高的"直领"。陶豆的豆盘、圈足都比较肥大，具有较强的地域文化特色。近年考古工作者在河北邢台南小汪、葛庄等地发现的西周墓，所出鬲、豆等随葬品则与安阳刘家庄西周墓相同。因此，"直领鬲"和"肥足豆"一定程度上反映了豫北冀南地区西周遗存的文化特色[①]。

2. 殷墟孝民屯遗址西周墓葬

2003~2004年，中国社会科学院考古研究所、河南省文物考古研究所、安阳市文物考古研究所等多家考古机构联合组成殷墟孝民屯考古队配合安钢建设工程，在原殷墟孝民屯进行了大规模的考古发掘，除发现殷墟时期的建筑基址、大型铸铜遗址和数百座同一时期的墓葬外，还发现有西周时期的墓葬9座，非常重要。这批墓葬集中分布于发掘区的东南部，其中M742、M843、M844聚积一处。遗址位于原孝民屯村的民房下，破坏严重，地层关系简单，墓葬均直接开口于现代活动层下。墓葬均为长方形竖穴土坑墓，个别被盗扰。尺寸不大，最大者M742，南北长2.66米，宽1.11~1.14米，一般埋藏较浅，最深者不足2米，或与后期人类活动有关。这批墓葬均有熟土二层台，5座墓有腰坑，其中M742、M843腰坑内殉狗。墓室填土均为五花土，经夯打，M687、M742墓室填土内有殉狗。葬具均为单棺，已朽，棺上少见红漆，个别的为黄、白漆。除2座骨架分不清墓外，其余的为仰身直肢葬，5座墓的头向在180°~205°，3座墓葬为15°~28°。随葬器较少，主要是陶器，有鬲、簋、罐等，个别的随有铜戈和贝等。

M687　墓向为200°。墓室口小底大，墓口长1.95米，宽0.66~0.68米，深1.65米，墓底长2.14米，宽0.83~0.85米。熟土二层台经夯打，夯窝明显。高0.32、宽0.15米。墓底中部有长方形腰坑，长0.25、宽0.15、深0.2米，内未见随葬物品。墓室填土为黄褐色花土，结构松散，无明显夯打痕迹。墓室南端填土距墓口0.85米处有一只头向上的殉狗。葬具是长方形木棺，长1.89米，宽0.65米，两侧二层台上有浅黄色板灰痕。墓主

---

① 中国社会科学院考古研究所安阳工作队：《河南安阳殷墟刘家庄北地殷墓与西周墓》，《考古》2005年第1期。

骨骸保存较好，仰身直肢，头朝南，面向西，双手叠在小腹上。墓主为约30岁的女性，身高1.53米。墓主头侧的棺盖板上有陶鬲、簋、罐各1件。墓主手握枚货贝，左胸部发现枚货贝，口含14枚货贝。

M843　与M742东西并列，间距约0.7米。墓向为27°。墓坑墓壁略外扩，口小底大，墓口距地表0.3米，长2.37米，宽1米，深1.78米。墓底有一周高约0.44米，宽0.14米的熟土二层台。墓室填土为褐色颗粒状五花夯土，质地坚硬。墓室东部距墓口1.1米处有条殉狗，保存较好，头向南，后肢曲于体后。墓底中部有长0.6米，宽0.36米，深0.28米的腰坑，内有一条殉狗，头向西，身体蜷曲，侧卧。葬具为单棺。棺长2.14米，宽0.62米。墓主骨架保存状况较好，头北面东，仰身直肢，双手置于腹部，男性。棺上放置陶簋、罐、鬲各1件。墓主口中含有贝19枚，双手各放贝2枚。

发掘者把上述9座墓分为三组，根据地层、墓葬之间打破关系、出土器物的形制判断，第一组和第二组共8座墓，其时代认定为西周早期，第三组M844时代应为西周晚期。尽管这批墓葬的时代属西周时期，但墓葬的腰坑设置、陶器的种类形制等仍有着浓郁的殷墟风格[①]。

3. 殷墟大司空村发现的西周墓葬

2005年和2007年，中国社会科学院考古研究所安阳工作队配合殷墟小司空村村民住宅建设，在小司空村西南地发掘清理了一批殷墟、西周、东周及其他时期的文化遗址和墓葬，其中西周墓葬共计21座。

西周墓葬多分布在此次发掘区的中部，以南北向的为主，部分为东西向，墓葬均为长方形竖穴土坑墓，部分墓葬被盗扰。规模最大者为M83，南北长3.46米，东西宽1.85米；规模最小者M31，南北长2.05米，东西宽0.68～0.7米。除M31外，均有熟土二层台，均无腰坑。墓室填土为五花土，多经夯打。除M31未发现棺椁外，葬具为单棺，或一棺一椁，椁多呈亚字形，M55墓主头侧有器物箱。棺椁已全部腐蚀，木棺上个别髹红、白漆。除四座墓墓主骨骸因被盗扰或腐蚀不详外，其余均为仰身直肢葬。17座墓主人头骨方向为180°～205°，2座墓为10°～15°，2座墓为340°～345°。M67棺外椁内有一殉狗，M71、M88填土内有殉狗。随葬品以陶器为主，器类主要有鬲、豆、罐、瓿。个别墓葬随葬铜镞、骨饰、蚌饰、石器、玉片和贝等[②]。该批墓葬出土陶器具有典型的西周时期陶器的特征。

第二节　安阳东周时期文化遗址和墓葬

安阳地区在西周属于卫，春秋大体上属于晋，称戏阳。战国为魏国邺县地，西门豹治邺的故事就发现在此地，并且"安阳"之名始见于史书。《史记·赵世家》记载，

---

① 殷墟孝民屯考古队：《河南安阳市孝民屯遗址西周墓》，《考古》2014年第5期。
② 中国社会科学院考古所安阳工作队：《河南安阳小司空村南两周墓》，《考古学报》2017年第3期。

赵惠文王二十四年（前275年），"廉颇攻魏房子，因城而还。又攻安阳，取之"，此是安阳第一次出现于历史记载。《史记·廉颇列传》："廉颇攻魏之防陵、安阳，拔之。"在此房子、防陵，又称防城，《史记正义》注防陵云在相州安阳县南二十里，因防水而名，此地大体位于今天安阳文峰区宝莲寺镇一带。《史记·秦本纪》，昭襄王五十年（前257年）十月，张唐攻郑拔之。十二月"（王）龁攻邯郸不拔，去，还奔汾军。二月余，攻晋军，斩首六千，晋卒流死河二万人。攻汾城，即从（张）唐拔宁新中，宁新中更名安阳"。在战国晚期，安阳又被秦国兼并，成为秦国一部分。2008年，在汤阴县菜园镇还发现有战国时期的秦半两窖藏，当是这一次战争的遗物。

与西周时期相比，春秋战国时期安阳一带位居赵魏之间的战略要冲，地理位置非常重要。特别是西门豹治邺后，这里成为区域性的政治经济中心，为赵国、魏国与秦国等争夺的战略要地之一。战国早期安阳林州、鹤壁一带是赵国早期都城牟都所在，安阳一带又是当时重要的城邑安阳、防陵、荡阴等所在地，具有重要战略地位。随着战国晚期兼并战争的频繁，安阳隶属不一，从历史记载来看这一时期先后属魏、赵与秦。《史记·廉颇蔺相如列传》中记载：赵惠文王二十四年（前275年）赵将廉颇伐魏，占领安阳和防陵等地。此外，司马迁在《史记》中记载的魏公子信陵君窃符救赵，椎杀魏国大将晋鄙的故事就发生在汤阴将城村一带。战国时期各国之间相互攻伐，东部六国齐、楚、燕、韩、赵、魏等为对付秦国，"合纵"抗秦，拜苏秦为相，"令天下之将相，盟于洹水之上"，今安阳殷都区柴库村南尚存苏秦拜相台遗址。

从考古发掘来看，这一时期的文化遗址和墓葬群大量增加，特别2005年以来在安阳市区、汤阴、林州等地都发现大量春秋战国时期的遗址和墓葬，一些面积巨大、数量众多的春秋战国时期的遗址如龙安区黄张遗址、高庄乡杨河固张河固遗址、王古道东周遗址及安阳义乌商贸城战国墓葬群、北关区博地苑小区、东方今典小区，文峰区二十里铺战国墓葬群、龙安区置度村南地战国墓葬群、王古道东周墓葬群，安阳县水冶镇战国墓葬群、安丰乡固岸村吉庄村战国墓葬群，汤阴羑河村东周墓葬群、五里岗战国墓葬群，林州大菜园战国墓群（包括朝阳花园、龙源世家、翠薇小区）、陵阳镇战国墓葬群等大型墓地相继发现。这一时期安阳文化序列清晰，文化遗址丰富，墓葬数量多，出土文物种类丰富、数量多、级别高，在中国考古史上占有重要的地位（图3-3）。

一、安阳城乡一体化示范区高庄乡张河固东周时期遗址和墓葬群

该遗址位于安阳市文峰区张河固村东南地，京珠高速公路西侧，安阳段19.530—19.560KM处。1994年夏秋，河南省文物考古研究所在该址上发掘面积近1000平方米，发现清理了一批东周时期的房基、灰坑、道路等遗址，发掘清理东周墓葬9座，出土有陶鼎、罐、鬲、匜、壶、盆及骨笄、铜带钩、铜铃、石圭、骨贝等器物。墓葬时代属于春秋晚期至战国早期或者稍晚[①]。

2008年，安阳市文物考古研究所配合京珠高速公路扩宽工程，在张河固村东南京珠

---

① 河南省文物考古研究所：《河南安阳张河固遗址东周墓葬的发掘》，《华夏考古》2000年第2期。

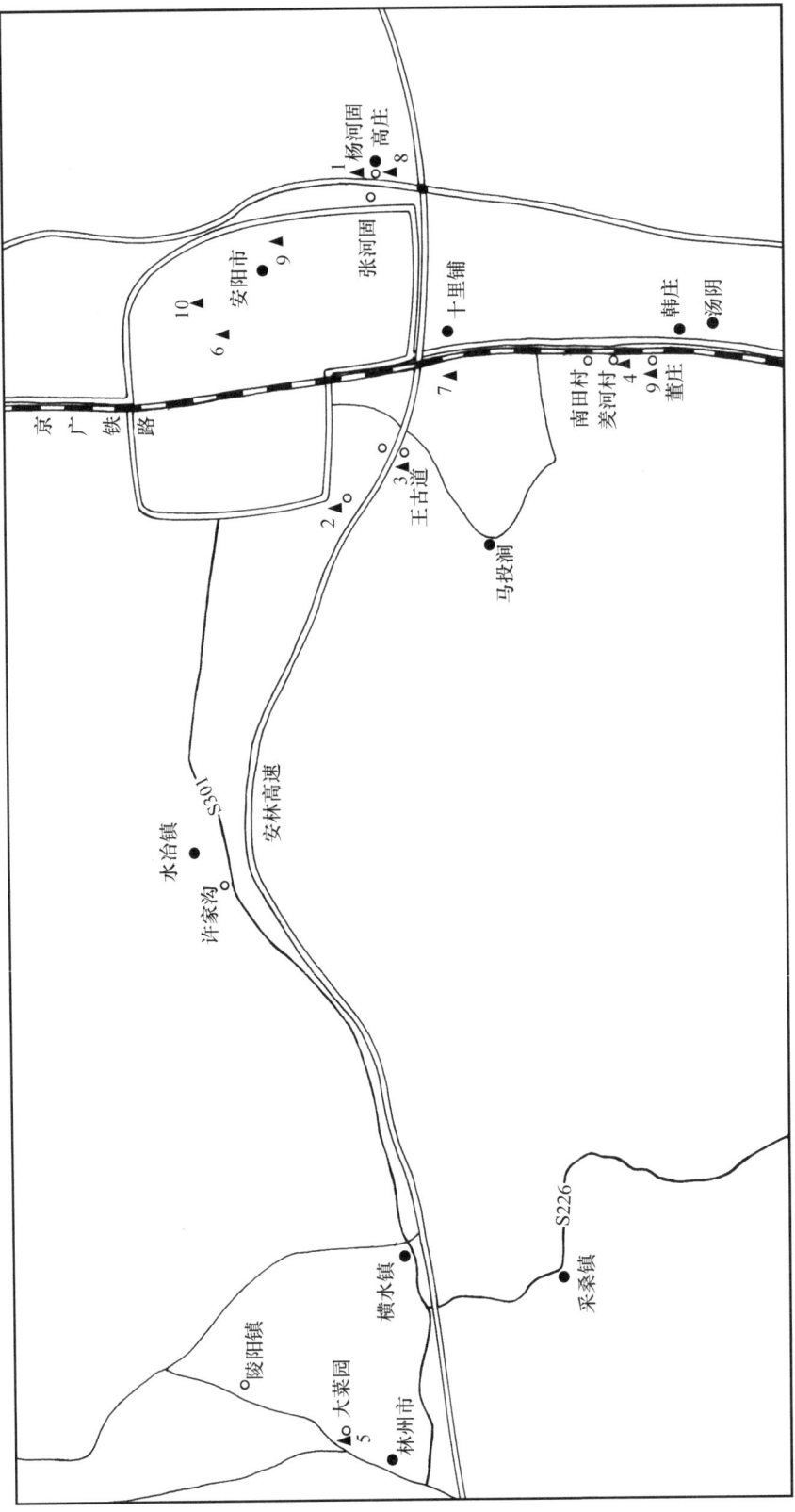

图3-3 安阳东周遗址和墓葬群分布示意图

1. 张河固遗址 2. 黄张村遗址 3. 王古道遗址 4. 汤阴麦河东周墓地 5. 林州大菜园东周墓地 6. 东方今典战国墓地
7. 二十里铺战国墓地 8. 杨河固东周遗址 9. 五里岗战国墓地 10. 宜居燕苑战国墓地

高速公路的西侧发掘战国时期灰坑等遗址面积200余平方米，发现宋代道路一条。该段在1995年修路时已挖去上部土1.4米（西侧台地为原址高度），现地面较平，但机械碾轧破坏严重。探方依西边界桩线为基准，方向北偏东15°。发现有夯土基址与道路遗址等文化遗迹。探方2008AXGST1，面积10米×10米。该处地表即为夯土，上部土已挖去，现地表为修路机械碾轧破坏，揭去0.2米扰土即到夯土底部。夯土位于探方西部，南北不到边，东西宽6米，厚0.2~0.25米，褐黄花土、坚硬。夯窝0.1米，夯层0.05~0.07米，由于已到底部，未见其他迹象。路土位于探方东部，西边压在夯土下，南北走向，路面宽3.2米，厚0.1~0.2米，碾轧坚实。夯土基址残留很少，也未见其他迹象，用途不明，可能是房屋的基础，根据周围地层及出土的少量陶片，该夯土与路土应是东周时期所留遗迹。

二、龙安区黄张东周时期遗址和墓葬

2005年7月，中国社会科学院考古研究所黄张遗址发掘队配合南水北调建设工程对安阳龙安区黄张遗址进行了发掘。该遗址时代约从西周延续至战国时期。其中东周时期的文化遗存共分为春秋和战国两个时期。

1. 春秋时期的灰坑和墓葬

此次发掘共发现春秋时期灰坑69座。口部多近圆形，少数为椭圆形，个别为长方形，坑壁多斜，平底或圜底。填土中夹杂细碎红烧土粒，一般可分层。灰坑出土遗物大多为陶片，有夹砂和泥质两种，其他还有少量的石器（斧）、骨器（锥）、陶器和蚌器（镰）等。

H11　位于T3西北部，开口于第一层下，打破H37及生土。坑口平面近圆形，坑壁斜，平底。口径2.1~2.3米，深0.45米，坑口距地表深0.3米。坑内填灰色土，土质松软，质细，内含少许木炭屑和烧土粒等。出土遗物均为陶器，数量较多，可辨器形有盆、豆、罐等。

H77　位于T11中部偏南，开口于第一层下，打破H79及生土。坑口平面近圆形，坑壁直，圜底。口径1.75~1.9米，深1.07米，坑口距地表深0.2米。坑内填灰色土，土质松软，夹烧土粒等。坑内出土大量陶器，可辨器形有鬲、鼎、盆、豆等。

发现春秋时期墓葬2座，均为小型长方形竖穴土坑墓。出土器物主要有陶鼎、盆、罐、铜带钩和石凿等。

M3　位于T5西南部，开口于第2层下，打破生土。墓葬口小底大，口南北长2.6米，东西宽1.1米，墓底南北长2.7米，东西宽1.2米，深2.5米，墓口距地表0.3米。墓底有熟土二层台，墓内填土为黄褐色土，经夯打。墓内随葬1棺，已朽。墓主人为单人一次葬，骨骼严重朽蚀，葬式为仰身屈肢，头向北。随葬器物共计5件，其中棺上有石凿1件，其他的有铜带钩、陶鼎、陶盆、陶罐等各1件。

根据出土的器物和地层判断，墓葬和灰坑代表了春秋中、晚时期两个不同的阶段。M3和M4随葬的陶器组合为鼎、盆、罐，与洛阳中州路为代表中原地区春秋中期墓葬的陶器组合相同，且器物形制也为这一时期常见，其时代应为春秋中期。H11、H77出土的陶器与山西侯马晋都遗址出土春秋晚期陶器完全相同，为典型的晋文化风格，时代为春秋晚期。

2. 战国墓葬

黄张文化遗址中，战国时期仅发现墓葬。战国时期墓葬位于遗址的西区，这里地势为西南方向较高。墓葬成片集中分布，排列有序。此次共清理26座，其中南北向21座，东西向5座。均为长方形土坑竖穴墓、口、底大致相近或底略小。墓内填土经夯打的黄褐色花土，均有二层台，其中2座为生土二层台，其他均为熟土二层台。6座墓的墓壁近角两侧有脚窝。4座墓有壁龛。葬具有椁和棺，其中11座墓有1棺，15座有一椁一棺，3座的椁或棺下放置垫板。均为单人一次葬，葬式有仰身直肢、仰身屈肢、侧身曲肢、俯身直肢和俯身屈肢等五种。人骨前身很有规律，南北向墓葬墓主人头向北，东西向墓主人头向东。17座墓葬内有随葬品，多为陶器，其他还有铜器、铁器、石器、骨器等工具和饰器。陶器的基本组合为鼎、豆、壶，或一套，或两套，或仅有1件鼎，豆、壶各2件。部分墓葬还有小壶、盘、匜、舟、鸟柱形盆和罐等。

这批战国墓葬出土陶器组合以鼎、豆、壶为基本组合，鼎、豆、壶的器形具有中原地区战国中期的特征，表现为典型三晋文化风格。墓葬的年代当为战国中期。其中，以M14和M17分别代表的两组墓又具有明显的时代差别，各属于战国中期早晚段。这类墓葬多发现于以河南安阳为中心的区域，它在整个三晋两周地区墓葬中构成相对独立的群组[①]。

三、安阳龙安区马投涧乡王古道村东周时期遗址和墓葬

遗址位于龙安区王古道村南约200米，东约250米为南水北调干渠，属于浅山丘陵地区，遗址东高西低，南北长约120米，东西宽约90米，总面积约1万平方米。海拔95~110米。南侧西侧为齐村的小型水库。2004年7~8月，配合安林高速公路工程建设，安阳市文物考古研究所在龙安区王古道村南对该遗址进行了考古勘探与发掘。此次发掘位于遗址区的中部略偏南，布探方4个，编号T1~T4，发掘文化遗址面积共计185平方米。东周时期墓葬2座。

1. 文化遗迹

文化遗迹主要是灰坑。发现东周时期的灰坑、窖穴等10余个。灰坑的口部多近圆形，少数为椭圆形，个别为长方形，坑壁多斜，平底或圜底。填土中夹杂细碎红烧土粒，一般可分层。灰坑出土遗物大多为陶片，有夹砂和泥质两种，器形有陶鼎、罐、壶、豆等，其他还有少量的石镞、骨锥、蚌镰等。

---

① 中国社会科学考古研究所黄张发掘队、河南省文物管理局南水北调文物保护办公室：《河南安阳市黄张遗址两周时期文化遗存发掘简报》，《考古》2009年第4期。

地层堆积以T2南壁剖面为例介绍如下。第一层黄灰色土，较松，包含少量的灰陶片及现代弃物，为现代耕土层。厚0.15～0.2米；第二层：黄灰色土，冲积层，含料姜石，陶片较少，厚约0.4米；第三层，灰色土，较松，包含有大量的绳纹陶片。

2. 东周墓葬2座

位于探方T1内，开口于第三层下，两座墓葬东西并列，没有打破关系。

M1　南北向，土坑竖穴墓，长3.5米，宽2.3米，墓口距地表0.5米，总深5.2米，墓内填土为五花土，经夯打。葬具为一椁一棺，椁高1.3米，棺施红漆，长2.25米，宽0.9米，高0.8米。棺内人骨架1具，头北，仰身直肢，骨架朽蚀严重。棺下有腰坑，坑长0.7米，宽0.45米，深0.35米。坑内有狗架1具，头南背西。墓内随葬品较为丰富，共出土青铜鼎、方壶、青铜匜、簠、盘等礼器7件，青铜戈4件，青铜车饰1套，青铜铃10余件，青铜鱼320余件，玉、石、蚌器50余件。M1棺外四角及四周出土有排列有序的青铜鱼形饰300多件，青铜铃10余件，应是荒帷的遗物，数量之多在这一时期其他战国墓中比较少见，这是研究战国时期这一地区葬俗、葬具及棺椁装饰等不可多得的实物资料，这一遗俗至今在安阳的一些地区还可以看到。

M2　位于探方T1的西部，M1的西侧。南北向，竖穴土坑墓，长4.25米，宽2.2米，墓底长4.4米，宽2.9米，口小底大，墓口距地表0.5米，总深5.7米，墓内填土为五花土，经夯打。葬具为一椁一棺，椁高1.2米，棺长2.4米，宽1米，高0.8米。由于该遗址紧靠小水库，在清理该墓椁室时，有大量地下水涌入，人骨架受到扰乱，葬式不清。棺下有腰坑，坑长0.85米，宽0.4米，深0.4米，坑内有狗架1具，头北背东。墓内随葬青铜器有青铜鼎2件、甗1件、簠1件、匜1件、簋2件、方壶2件等礼器及3套的车马器，另有青铜戈5件、铜铃2件、玉璧1件及大量的铜管、陶贝、海贝等。

两座墓葬的青铜器组合一座是7件，一座是9件，分别为鼎1件、方壶2件、匜1件、簠2件、盘1件和鼎2件、方壶2件、匜1件、簠2件、甗1件、簋1件。各有青铜戈4和5件。从出土马衔数量来看，M1出土2件，应为一车两匹马的马衔，M2出土6件，当为三辆车6匹马的马衔，M2墓葬的形制也较M1略大一些，M2所出青铜礼器也多为实用器，因此M2的身份显然要比M1的身份高一等。由于两座墓葬均未出土陶器，从青铜器组合及器物的形制来判断，墓葬的时代属西周晚期至春秋中期，墓主人分别是中、小贵族或者是军事首领。两墓之间仅相距1米，应该属于同一个族属。两座墓葬的方向，墓葬形制和二层台、腰坑等的设置，与殷墟时期的墓葬基本相同，空间上与殷墟直线距离约8.7千米，深受殷墟时期文化的影响，该墓葬的主人其国属可能为殷人之后的卫国人。

安阳地区发现这一时期的遗址和墓葬不多，该遗址和墓葬的发现对于研究安阳地区西周晚期至春秋时期文化遗址和墓葬的分布、文化内涵、演化序列等具有较高的价值[①]。

---

① 安阳市文物考古研究所：《河南安阳市王古道村东周墓葬发掘报告》，《华夏考古》2008年第1期。

四、汤阴韩庄乡羑河村东周墓地

汤阴羑河村东周墓地位于安阳市汤阴县韩庄乡羑河村，羑河与汤河之间，往南与庵上村相接。2012年7月，安阳市文物考古研究所配合南水北调汤阴取土区进行文物调查时发现该墓地。2012年10月至12月对取土区内的墓葬进行了发掘，共清理古墓葬318座，其中东周时期墓葬314座（图3-4至图3-6），两汉时期墓葬3座，宋代1座。

图3-4　M41形制

图3-5　M81形制

图3-6 M188形制

此次发掘的314座东周墓葬,皆为长方形竖穴土坑墓。这些墓葬的口面并不都是十分规整的长方形,经常有墓口两侧长短不一的情况出现;墓四壁都存在有加工的痕迹,有的平坦光滑,有的粗糙凹凸不平。墓葬内填土均经夯打过,皆为平夯,填土的颜色为黄土中杂红土块,墓葬深的则填土内包含有料姜石,较浅的土质则纯净。墓葬皆有熟土夯筑的二层台,墓底平坦,没有设置腰坑。在这些墓葬中仅发现1例开凿壁龛(M271的北壁)。各墓葬都有木制的葬具,但均已腐朽,小一些的墓葬内只有一棺。大一些的墓葬内棺椁形制比较明显,椁多为亚字形。经初步整理,出土铜器约20件、陶器200余件。铜器有鼎、豆、盘、匜、舟、带钩;陶器有鼎、豆、壶、盘、匜、碗、罐、鬲、鸟柱形盘(盆)。主要的陶器组合有鬲豆(无盖)罐、单豆(无盖)、鼎豆罐、鼎豆壶等(图3-7至图3-9)。

图3-7 M123墓葬出土器物组合情况

图3-8 M271出土器物组合情况

图3-9 羌河墓地出土的铜鼎、敦、盘、舟等器物

1. M174

该墓为长方形竖穴土坑墓，方向18°。墓口距地表0.9米。口长4.1米，宽2.4米。墓壁垂直光滑，墓底平整，墓底距墓口7米。填土为夯筑黄色花土，间杂红土颗粒，土质较致密。墓室内设有两重二层台，外为椁台，生土二台，东宽0.45米，西台宽0.38~0.4米，南台宽0.5米，北台宽0.6米，现存高度1.2米；内为棺台，熟土二层台，东台宽0.2米，西台宽0.4米，南台宽0.4米，北台宽0.45米，现存高度不详。墓室内置一椁一棺，均为木质，已朽。椁长3米，宽1.55米，残高1.2米。棺长2.15米，宽0.9米，高度不详。棺上髹红漆、白漆，有木板灰痕。墓主人置于棺内，成年，身高约1.6米，仰身直至，头北。骨架大部分已朽，性别不详。

随葬品中骨簪、铜鼎、铜盘、铜匜、铜舟均置于椁内棺外的西北角二层台上。铜削1件放在棺内墓主人胸部。

2. M176

该墓为长方形竖穴土坑墓。方向190°。墓口距地表深0.9米。口大底小，墓口长2.6米，宽2米，深4.5米。墓底长2.5米，宽1.8米。墓壁垂直光滑，墓底平整，墓底距墓口4.5米。填土为夯筑黄色花土，间杂红土颗粒，土质较致密。墓室内填五花夯土。墓室四周有两重熟土二层台，外台为椁台，东台宽0.35米，南台宽0.15米，西台宽0.3米，北台宽0.25米，现存高度0.8米。内台为棺台，东台宽0.15米，南台宽0.3米，西台宽0.18米，北台宽0.1米，现存高度0.3米。墓室内置一椁一棺，椁2.1米，宽1.15米，残存高度0.8米。棺长1.7米，宽0.82米，残高0.3米，棺板厚0.05米。墓主骨骼保存较好，仰身屈肢，头南面上，双手交叉压于盆骨上，下肢向西微屈，男性，成年。

随葬陶器11件，均放置在椁内棺外南二层台上。铜带钩1件放在棺内墓主足侧。

3. M177

该墓为长方形竖穴土坑墓，方向20°。墓口距地表1.3米。口长3.6米，宽2.5米。墓壁垂直光滑，墓底平整，墓底距墓口4.35米。填土为夯筑黄色花土，间杂红土颗粒，土质较致密。墓室内设有两重熟土二层台，外为椁台，东台宽0.5米，西台宽0.2米，南台宽0.3米，北台宽0.3米，现存高度0.65米；内为棺台，东台宽0.54米，西台宽0.54米，南台宽0.6米，北台宽0.74米，现存高度不详。墓室内置一椁一棺，均为木质，已朽。椁长3米，宽1.7米，残高0.65米。棺长1.94米，宽0.9米，高度不详。棺上髹红漆、白漆，有木板灰痕。墓主人置于棺内，身高约1.6米，仰身直至，头北面上，双手放在下腹部。骨架保存一般，成年男性。

随葬品3件，铜鼎放在椁内棺外的西北角二层台上。铜豆、铜舟放在椁内棺外的东南角二层台上。

羑河墓地是汤阴县新发现一处东周时期的重要墓地，具有重要的价值。

（1）关于墓地时代的推测

商代和西周的一般墓葬中，陶鬲是一种普遍的随葬品，禹县白沙、辉县琉璃阁等地的早期战国墓内均可见鬲的出现。根据器形和组合，可以将伴有陶器的墓葬可分为4组：第一组鬲、豆（无盖）罐或鬲盘罐；第二组单豆（无盖）；第三组鼎、豆、罐；第四组鼎、豆、壶（伴有盆、盘、匜、筒状器、小壶、鸟柱形盆）。参考《洛阳凯旋路南东周墓发掘报告》，大体可以推定为第一组和第二组属春秋早中期，第三组为春秋晚期，第四组为战国早中期或偏晚。墓地随葬的青铜镦，其造型与《中国青铜器》139页中提到的河南辉县出土的青铜镦形制相同，其时间为战国早期。因此，整体来看来羑河墓地的时代应在春秋至战国中期阶段。

（2）葬俗与葬式

墓主葬式来看，可分为仰身直肢和仰身屈肢两种，其中以仰身直肢为主。屈肢葬的出现是中原地区东周时期葬俗的一个特点，铜带钩在羑河墓地中很少出现，只有5座。到战国中后期中原地区多被秦人所控制，屈肢葬逐渐增多，成为一种通行的葬制，这种现象在羑河墓地体现得十分清楚，凡是随葬陶器组合以鼎豆壶为主的墓葬，葬式均为仰身屈肢；出鬲、豆、罐或单豆（无盖豆）的墓葬，葬式均为仰身直肢，鬲豆罐的组合或单豆（无盖豆）为春秋，因此中原地区屈肢葬的出现主要还是来自关中地区的秦文化的冲击和影响。

（3）墓地国属

墓地墓葬排列有序，能分出干若小型墓区，往往是一面积稍大一点的墓葬周围有序分布着不同数量的小型墓葬，且内能辨别男女性别的墓葬各占到一半，没有打破关系，延续时间长，故整体而言羑河墓地属邦国墓地比较合适。就器形来看，羑河墓地出有高足壶与河北百家村M31∶11及M40∶3形制相同，公元前386年赵武公之子赵朝发动兵变，赵国将国都从中牟（今汤阴）迁至邯郸，也就是说政权的更迭并不影响文化的延续，故羑河墓地所在的汤阴战国中期前应为赵国属地，战国中期到晚期属魏国。其中墓内出土青铜敦与辉县山彪镇与琉璃阁魏国贵族墓地出土的青铜敦形制相同，也证明了墓地中晚期的墓葬应属于魏国。

（4）关于随葬青铜礼器及相关问题

青铜礼器在汤阴一带战国墓葬中出土非常少见，这批墓葬中有近10座墓共出土青铜礼器20余件，非常重要，对这一墓地性质的研究具有重要价值。墓葬随葬的青铜礼器主要有鼎、盘、匜、舟等，青铜礼器组合也主要以鼎、盘、舟、豆、敦和鼎、舟等两种组合形式为主。这批青铜礼器胎质较薄，做工不精致，装饰简单或无纹饰。其他还发现有青铜刀、带钩、车马器等小件青铜器。墓地延续时间较长，墓葬排列密集，分区明显，出土器物多，为研究汤阴地区春秋战国时期文化发展序列等提供了重要的实物资料[①]。

---

① 孔德铭：《安阳地区发现东周时期遗址和墓葬概述》，《汤阴五里岗战国墓地》，科学出版社，2016年。

五、林州大菜园东周时期墓地

（一）墓地概况

林州位于河南省最西北部，属河南、河北、山西三省交界处，中国第二台地向第三台地过渡区域。大菜园墓地位于林州市东郊大菜园村东地，墓地最早发现于20世纪80年代。2002～2009年，配合林州市城市建设，河南省文物考古研究所（现更名为院）、安阳市文物考古研究所、林州市文物保护管理所等单位，共分三次对该墓葬群进行了考古发掘。墓地南北长约500米，东西约570余米，是一处东周时期的大型墓地（图3-10）。墓地地势东高西低，大型墓葬和随葬的车马坑位于地势较高的中部偏东区域。这一区域内共发掘春秋、战国时期墓葬703座，车马坑2处、马坑1处、车坑1处。其中大中型贵族墓16座，取得了多项重要考古发现。出土随葬品2749件（套），质地有陶、铜、玉、石、贝、骨、铅等。出土铜器1197件（套），有生活器皿、生产工具、乐器、兵器、车马器等礼器（图3-11至图3-19）。

2002～2003年，河南省文物考古研究所、安阳市文物考古研究所（原安阳市文物工作队）、林州市文物工作队等配合林州市桂园小区建设，对该墓地中西部地区进行了发掘。该区域为墓地的核心区域，共计发掘400余座战国时期墓葬和2座车马坑，其中有5座墓出土有青铜礼乐器，共出土各类文物2000余件。

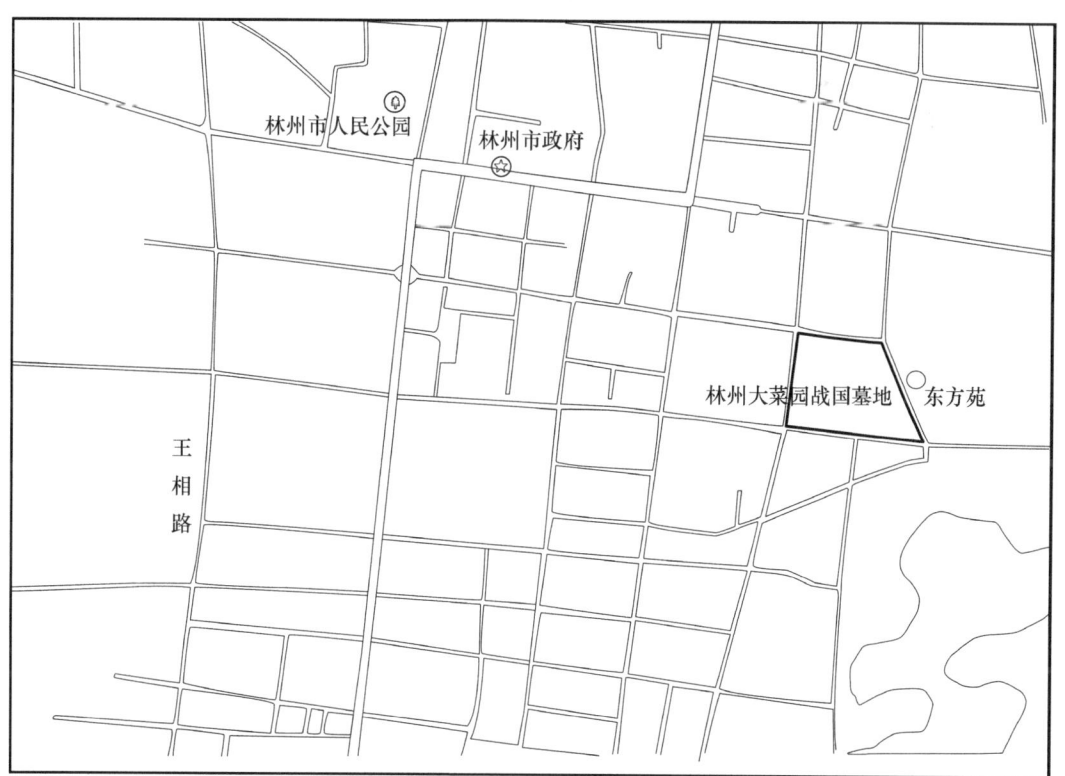

图3-10 林州大菜园战国墓地位置图

图3-11 蟠虺纹青铜鼎（2003年桂园东区M801：43）

图3-12 蟠螭纹带盖青铜列鼎（2003年桂园东区M801：27、39、40、41、42）

图3-13 蟠螭纹方座青铜豆
（2003年桂园东区M801:56、57）

图3-14 蟠螭纹带链青铜盘
（2003年桂园东区M801:65）

图3-15 焦叶纹青铜鼎
（2002年桂园东区M301:30）

图3-16 兽首流提梁带链青铜盉
（2002年桂园东区M301:46）

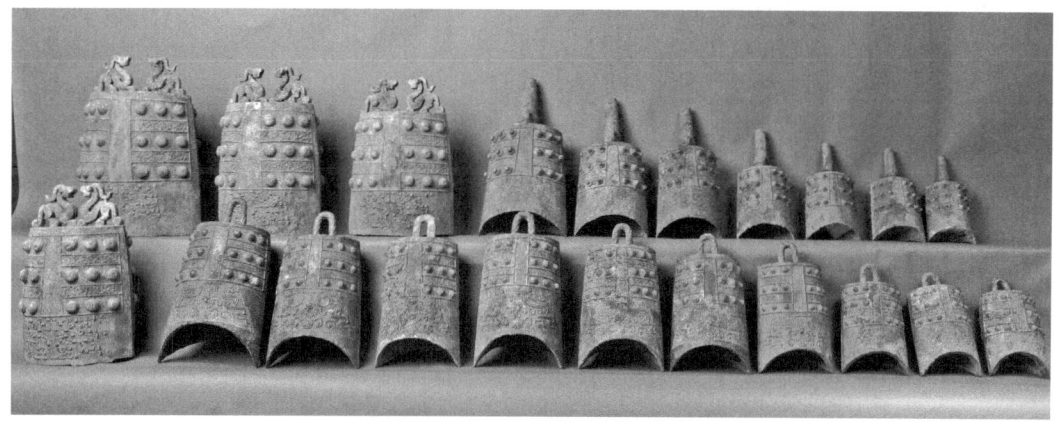

图3-17 青铜编钟（2002年桂园东区M301:1-21）

图3-18 蟠螭纹带盖青铜壶
（2009年龙源世家M191:26、27）

图3-19 蟠螭纹青铜甗
（1985年大菜园村M2出土）

M301 为竖穴土坑墓，墓葬东西长7米，南北宽5米，墓深约9米。墓室内为一棺一椁，出土青铜礼器24件，包括青铜鼎8件（其中1件最大的直径达55厘米），2件直径为60厘米的青铜鉴，三套共21只编钟，10多件石磬和1件青铜戈，1件青铜方彝及壶、敦、豆等器物。根据现已出土的文物初步推断，该墓时代属春秋晚期至战国初期，墓主身份应是赵国大夫一级的贵族。

河南省文物考古研究院副研究员王龙正根据出土文物推断，此墓属战国初期墓葬，墓主身份为赵国的大夫。他说，此墓中发现大量编钟和2件大青铜鉴，这一考古发掘成果为研究战国时期三晋文化提供了珍贵的实物资料，对于研究这一时期的礼乐制度、丧葬制度也具有较大价值。

M302 为竖穴土坑墓，墓内共出土青铜鼎5件、敦2件、盘1件、提梁盉1件、铃13件及其他，陶器有鬲1件、罐2件及其他，玉器有圭等器物。

M279 为长方形竖穴土坑墓，墓室长约4米，深6米。墓中共发现青铜鼎5件、编钟11件、石磬10件。编钟共11件，其中钮钟8件、甬钟3件，保存较好。玉器有玦、管、珠、牌、戈等，陶器有鬲1件、罐4件及其他。

2003年11月，安阳市文物考古研究所在桂园小区东北角内抢救性发掘东周时期大墓1座，编号M801。该墓被盗，发掘时共发现盗洞3个。墓葬为竖穴土坑墓，积石积炭。东西向，东西长7.5米，南北宽5.7米，距地面深度为10米，墓室面积约为40平方米。部分文物被塌方的土石、椁木等叠压，导致文物损毁严重。墓底中部发现有棺木腐烂后形成的黑色木炭灰和漆皮。除有少量红色朱砂外，还有一柄铜剑，两支弯月形玉璜。随葬器物主要集中在墓室西部，东边为车马器、贝币以及少量鎏金饰件。该墓共出土青铜器有鼎7件，盖豆8件，方座豆、鬲、方壶、鉴、簠各2件，盘、敦、提梁壶、炭炉、炭箕、炉铲、剑、戈镈各1件，削、戈、戟各3件，钮钟9件，甬钟8件，另有镞、带钩、角巨（戟尾）、镦、车马饰、大小铜连环、棺钉、铜泡、马衔、鸭头带扣饰、错饰铜管、包金扁圆形错饰管等。玉器有璜、环、玉面饰等，还有骨管、海贝、骨贝等。墓内随葬3人，均为青年女性，分别位于墓主南北两侧及足下，殉人也有棺。这次发掘出土的文物从质地上可分为铜器、玉器、骨器、石器等，按用途可分为乐器、礼器、兵器、车马器，从器形上可分为鼎、壶、敦、戈、剑、编钟等，共有100多件。该座墓葬形制较大，随葬品数量多，种类丰富，是林州考古迄今为止发掘的规格最高的贵族墓葬。

2008年5月，安阳市文物考古研究所又在大菜园墓地的东部边沿的翠薇小区发掘春秋战国小型墓葬70余座，出土了一批陶器、玉石器等。

2009年3月至10月安阳市文物考古研究所在该墓地中北部龙源世家住宅小区发掘战国墓葬300余座，出土了一大批战国时期文物。

（二）2009年林州大菜园龙源世家小区春秋战国时期墓葬和车马坑的发掘

1. 墓地位置

林州市龙源世家住宅小区建设工地位于林州市城区的东北部，大菜园村村东，二龙山西侧，小区西边临林州市龙安中路。该小区地形为山前丘陵向盆地过渡地带，地理坐标为东经113°55′，北纬35°02′，海拔高度为80～91米。2003～2004年，为配合林州市基本建设河南省文物考古研究所、安阳市文物考古研究所在其周边地区的桂园住宅小区、翠薇住宅小区等地先后发掘了春秋战国时期墓葬400余座，车马坑2座，出土了一批春秋战国青铜礼乐器、青铜车马器、玉石器以及陶器等具有较高学术价值的文物。此次配合龙源世家住宅小区建设工程安阳市文物考古研究所共钻探发现春秋战国时期墓葬100余座，车马坑两处。结合前几年的发掘资料表明，龙源世家及其周边地区在春秋战国时期是一处规模较大的墓地。

2. 发掘概况

2009～2010年，安阳市文物考古研究所和林州市文物工作队分两次对龙源世家住宅小区建设范围内进行了考古发掘，共发掘清理战国墓葬102座，战国车马坑两处。这批墓葬分布密集、排列有序，极少有叠压或打破关系。其中东西向的墓葬占整个墓地墓葬的60%以上。墓室面积在10平方米以上的占30%。多数墓葬有棺、有椁，有随葬品，其中出土有青铜礼器的墓葬十余座。这次发掘共出土器物300余件，计有陶器、铜器、玉器、石器、铁器等。陶器有鼎、豆、壶、罐、鬲、盘、匜，陶器组合为鼎、豆、壶，鼎、豆、罐，鼎、豆、鬲，部分陶器上有精美的彩绘图案，尤为珍贵。铜器种类有礼器、乐器、兵器、生产工具、车马器等，其中青铜礼乐器80余件，计有鼎、豆、壶、罐、甗、舟、鉴、镈钟、钮钟。

这次发掘的100余座墓葬中以M222与M284尤为重要。

M222 方向285°，长方形竖穴土坑墓，墓室四壁规整光滑，内填五花土、平夯，紧靠墓室西北角，西壁、北壁各有脚窝3个。墓室南北两侧长4.8米，东侧宽4.1米，西侧宽4.18米，墓深6米。双棺一椁，外棺高0.8米，内棺塌陷高度不详，椁高1.65米。椁上填土中含有大量白膏泥直至棺底，在椁东、西两边外侧填有大量积石。棺位于椁内北侧，墓主头西足东，仰身直肢，骨架朽成沫，年龄、性别不详。墓室内有殉牛。随葬品多放于棺外、椁内南侧，出土器物70余件，计有陶器、铜器、玉器、石器等。陶器有豆2、壶2、鬲1，铜器有鼎4、甗1、鉴1、壶2、豆2、镈钟4、钮钟9、车马器、戈等，其中青铜礼乐器共计24件。另有石磬一组，玉器两件及大量骨贝。

M284　方向283°，长方形竖穴土坑墓，墓室四壁规整光滑，内填五花土、平夯。墓室南北两侧长4.3米，东侧宽3.59米，西侧宽3.66米，墓深9米。一棺一椁，棺高1.1米，椁高1.6米。在椁东、南、北三边外侧均发现填有积石。棺位于椁内北侧，墓主头西面上、仰身直肢，男性。墓室内有殉牛。随葬品多放于棺外、椁内东南角，玉器放于棺内墓主身侧，出土器物60余件，计有陶器、铜器、玉器、石器等。陶器有鬲2件，铜器有鼎3件、甗1件、舟2件、罐1件、壶2件、鉴1件、豆1件、钮钟9件、戈、车马器等，其中青铜礼乐器20件。另有石磬两组，玉器5件，其中1件玉环，直径10厘米以上，显得尤为珍贵。

车马坑K1，南北两侧长7.3米，东西两侧宽3米，坑深3.1米。内葬有车3辆，马9匹。3辆车位于坑内西侧，由西向东整齐排列，由车轮、车厢、车辕、车轴、车衡、车轭等组成，均木质有漆。车轮直径在1.4米左右，车辐24～26根，车厢长方形。9匹马位于车东侧，马头东向，马架叠压。车马坑K2，南北两侧长6.7米，东西两侧宽3.55米，坑深2.6米，被M295打破。现清理出北侧车轮两个，南侧一车轮残，另一车轮被晚期墓葬损坏。根据发掘情况推测，该坑内葬有车2辆，2辆车位于坑内西侧。

3. 价值与意义

林州一带，属于太行山及山前丘陵、山地的过渡地带，而林州市区及附近，则位于太行山东侧的林州盆地内。据史载周朝属诸侯国的卫国。春秋战国时代，先属晋（以今之山西为主），韩赵魏三国分晋后，属韩，荀子在《强国篇》中提到，秦地东在韩者逾常山乃为临滤（此处常山应为太行山），后属魏，最后归于赵国。这反映了当时诸侯国之间连绵不断的战争和兼并的形势。此次龙源世家发掘的100余座墓葬、两处车马坑与近几年在其周边发掘的400余座墓葬和一座车马坑属于同一处墓地，即大菜园春秋战国墓地。从发掘的情况来看，墓地内墓葬排列整齐、分布密集，少有叠压和打破关系，没有发现任何建筑和城邑等遗存痕迹，属单纯的墓地。整个墓地依所在地的丘陵缓坡的南北走向的自然坡脊为界，现已发掘和探明的小型墓均分布在坡脊以西的缓坡地带，而中型以上的墓葬都分布在坡脊及东边的缓坡上，南北呈一线排开。其中M801号墓应规格最高，正位于坡脊中部的制高点附近。大型墓葬位于墓地中部偏东的区域，围绕着大型墓葬，西部、北部、南部分布有密集的中、小型墓葬群。由墓地中心区域向南、向西、向北，墓葬分布逐渐稀疏，墓室面积逐步变小。可见墓地在使用时，应该有较严格规划，并且墓葬主人之间有着差别较大的等级关系。多数墓葬中随葬有陶器，陶器的组合及形制多与同期的赵国墓地相同，大型墓葬中出土的青铜礼器也具有同样的特色。由此推测，此处应是一处春秋战国时期的赵国墓地。这里大中型墓有可能是《周礼》上记载的"族葬制"墓地，即"由冢人掌握分配"，事先按宗法地位排序规划好墓位的贵族墓地，也叫"公墓"。而西边的小墓群可能为"邦墓"，为墓大夫掌管，按家族关系排列墓穴，葬有自由平民，也有大大小小的贵族。

墓地内发现有较大型的墓葬，出土大量的青铜礼乐器和石磬等石制乐器，并且随葬有车马坑等，该批青铜器制作精美，种类较多，这在豫北地区非常少见，具有重要的考古价值和文物价值。编钟、编磬的发现是这一地区战国乐器第一次发现,为三晋时期乐器发展与演化序列的研究提供了非常重要的资料。M801是墓地中最大的墓葬,周壁有不规则且数量不等的石头,还夹杂有一些黑色物质,称为积石积炭,积石主要用来保持墓室坚固和起防盗作用,积炭用来保持墓室干燥。这是林州发掘唯一的一座积石积炭的大型墓,该墓出土包括编钟在内的各类珍贵文物100多件,有殉人3个(图3-11至图3-19)。该墓出土铜方壶属于春秋时代流行的物品,但其鬲的风格是战国早中期的,所以该墓葬应该属于战国早中期的墓葬。从墓葬规模、礼制的等级来看,墓主人身份比较高,当为战国时期卿大夫一级的贵族。

墓地经过数年的发掘,基本上了解墓地的时代、布局、规模和墓葬的器物组合、器物类型、文化特色等。该墓地时代延续较长、文化序列演变清晰,应属三晋文化,特别是从春秋开始晋国至战国时期赵国的文化,墓地的发现与发掘对三晋文化的研究及同时期林州历史文化研究具有非常重要的意义。

六、安阳东方今典小区战国排葬坑

安阳市东方金典住宅小区位于文峰区秋家沟村,原安阳市第二自行车厂,东侧为平原路,北侧为幸福路。2005年10～11月安阳市文物考古研究所对该小区基建占地范围内遗迹进行了考古发掘,其中在第14号基槽内发掘清理了27座战国时期的排葬坑(编号M1～M27)。

这批排葬坑位于2.3米深的基槽底,皆为长方竖穴型,被部分汉代、唐代墓葬及晚期坑等打破。方向5°～25°。均为南北向,东西成排,可分5排,每排2座到9座不等,从南往北,第1排2座,第2排7座,第3排9座,第4排5座,第5排3座。南北间距0.5米左右,东西间距0.7～1.5米不等。坑长1.6～2.8米,宽0.6～1.82米。坑多为规则的长方形,也有少量的不规则形、近椭圆形等。坑内埋藏骨架多少不一,最少的为1具,多者10具,骨架皆为俯身葬身首分离,上下叠压,其中一坑内还殉狗骨架1具。从坑内发现的头骨、盆骨初步判断,死者多为青壮年男性。除在坑内填土中出土有少量战国时期的陶器残片外,坑内无其他随葬品(图3-20)。

M1　方向25°。北侧被1汉代墓葬打破,残长1.6米,宽0.6米,深1.35米。现残存骨架4具,头骨2枚,骨架与头骨分置,系砍杀所致,上下叠压摆放。其中1具骨架娇小,似儿童,其余3具骨架从坐骨大切迹和耻骨下角看均为壮年男性(图3-21)。

M2　方向15°。长2米,宽1～0.9米,北窄南宽,深1.35米。坑内有骨架10具,头骨10枚,骨架与头骨分置,其中北侧人头骨8个,南侧人头骨3个。人骨架系砍杀所致,上下叠压摆放2层,除1具为仰身外,其余皆为俯身。在这些骨架中,有1具骨架娇小,似儿童(俯身),其余骨架从坐骨大切迹和耻骨下角看均为壮年男性(图3-22)。

M3　方向15°。中部被一现代桩孔打破。长2米,宽1米,深1米。坑内有骨架10具,头骨10枚,骨架与头骨分置,人骨架相对较乱,其中一人头骨,面部向上,口部张大,作痛苦状,非常残忍,系砍杀所致,上下叠压摆放2层,坐骨大切迹和耻骨下角看均为壮年男性(图3-23)。

图3-20　东方今典战国排葬坑发掘现场照片

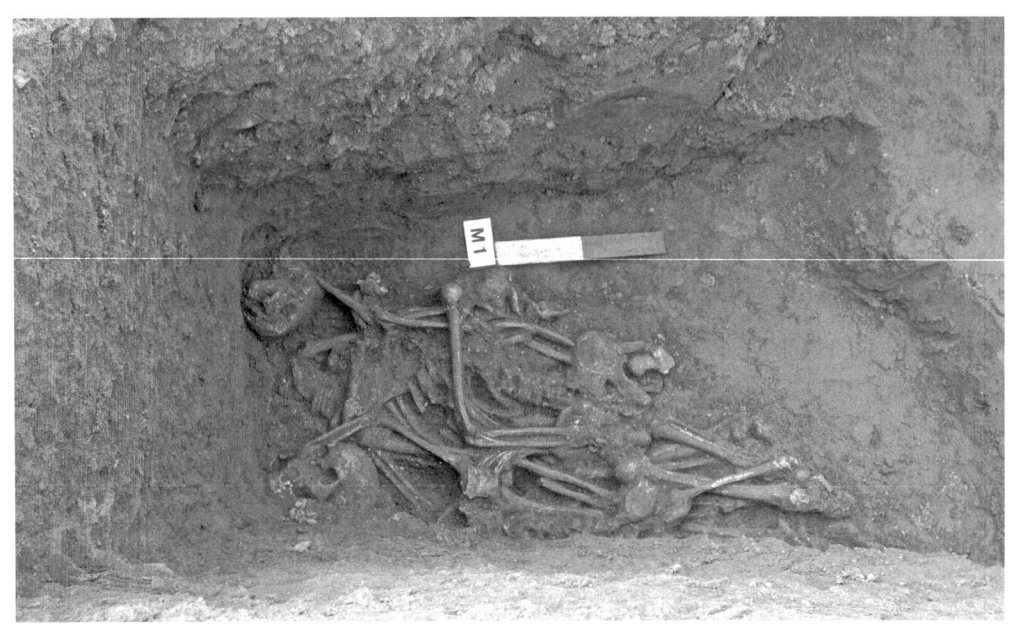

图3-21　M1形制

图3-22 M2形制

图3-23 M3形制

M7 方向10°。长2.25米，宽0.17~1.13米，深1.05米。坑内有骨架8具，头骨8枚，骨架与头骨分置，人头骨集中放置在墓葬的北头，这种埋葬方式较少见。人骨架系砍杀所致，上下叠压摆放2层，坐骨大切迹和耻骨下角看均为壮年男性。2008年8月12日，经中国社会科学院考古研究所王明辉教授鉴定，其中保存较好的6具骨架年龄均在35岁左右（图3-24）。

图3-24　M7形制

其他的保存完整，具有代表性的排葬坑有M12、M13、M14和M20、M21、M22等（图3-25至图3-30）。

关于此批排葬坑的时代，首先，从骨架的第一趾骨和末节趾骨看，有磨损而产生的痕迹，《汉书·贾谊传》中贾谊与汉文帝谈论"至半夜，文帝前席"等记载，符合汉代之前人类跪坐为主的习俗；其次，坑内出有少量战国时期的绳纹陶片；再次，部分排葬坑被汉代、唐代等墓葬打破。因此初判断这批排葬坑的时代下限应为战国晚期。

此批排葬坑排列有序，坑内人骨架身首异处，且上下叠压，应为同一时期同时埋葬的，总人数在200余人。这一现象在战国时期的考古中非常少见。有专家认为这应战国时期坑杀战俘的遗迹，根据历史记载战国晚期各国之间战争频繁，相互之间坑杀战俘情况普遍存在。特别是历史上有名的长平之战，秦国大将白起坑杀赵国降卒45万人，为一次性坑杀降卒数量之最。

但从排葬坑排列有序、埋葬数量人数基本相同、埋葬形式从容等来推测，此批排列坑也可能是大战之后，战胜方对己方在战斗中战死将士的一种埋葬方式。特别M24、M25、M26坑内骨架零乱，没有规律，可能为战场上被砍杀牺牲后战士零乱尸体的集中墓葬。总之，安阳东方今典战国排葬坑的发现，应是战国晚期与战争、阵亡、战场清理等有关的　处非常重要的遗迹。关于这批排葬坑的性质有待于进一步探讨。

七、安阳文峰区二十里铺村西战国墓地

该墓地位于安阳市文峰区二十里铺村西约1000米处，共经过2次发掘。2007年10~12月，配合南水北调工程建设对墓地南部的墓葬进行了抢救性发掘，共清理战国至西汉早期墓葬28座，其中战国墓葬16座。2008年5~7月，在该墓地内共清理战国时期墓

图3-25　M12形制

图3-26　M13形制

图3-27　M14形制

图3-28　M20形制

图3-29　M21形制

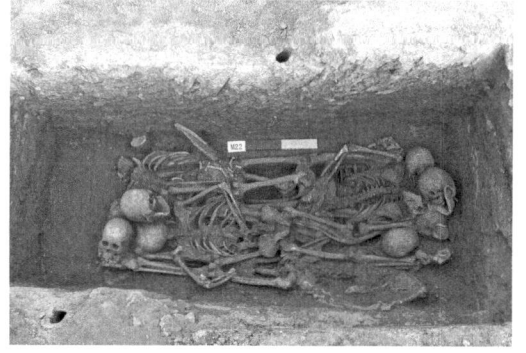
图3-30　M22形制

葬116座，墓葬排列密集有序，是一处新发现的大型的战国时期墓葬群。

此次清理的墓葬均为长方形竖穴土坑墓，斜壁，墓壁加工状况一般，墓口大于墓底；填土均为白花土，土质较硬，结构紧密，包含有大量白干土和料姜石粒等，且均有夯打的痕迹；均有二层台，分为生土二层台与熟土二层台两种；均有棺，少量有椁，保存较差，椁板数目不详；棺内殉葬骨架一具，保存均差，分为仰身和侧身两种，有屈肢葬和直肢葬；平底，但在部分墓葬的底部中发现有底槽，宽度在12～16厘米左右；少量墓葬中还发现有壁龛（图3-31、图3-32）。由于二十里铺战国墓葬中多为小型墓葬，

图3-31　南水北调二十里铺村战国墓地发掘情形

图3-32　M123形制

出土器物数量不多，共计出土铜器、铁器、石器及玉器100余件，其中玉器3件、石器2件、蚌壳2个、玻璃器1件、铜器60余件、铁器20余件、陶器10余件，主要器物类型以陶罐、壶为主，其他的有铜镜、铜带钩、铜桥形璜、铁带钩、玉璧、玉璜、玉环、水晶环等小件器物（图3-33至图3-36）。另外还见1件圆柱形器物，位于该墓出土的铜镜下部，呈粉红色，类似于现在的粉笔，推测应为当时的化妆饰品。从随葬陶器的形制来看，具有战国早期陶器的形制，初步判断该墓地的时代应为战国早期至中期。

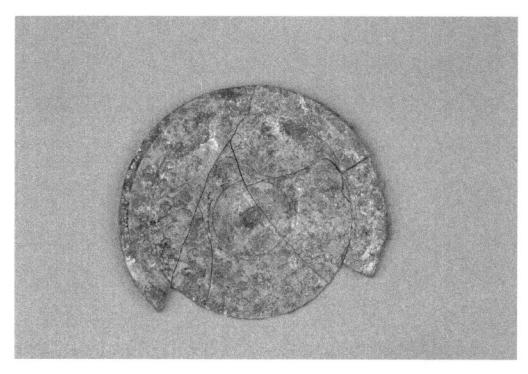

图3-33 二十里铺战国墓地出土的铜镜

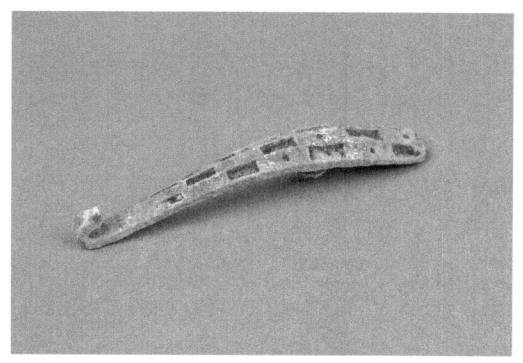

图3-34 二十里铺战国墓地出土的铜带钩

图3-35 二十里铺战国墓地出土的铜带钩

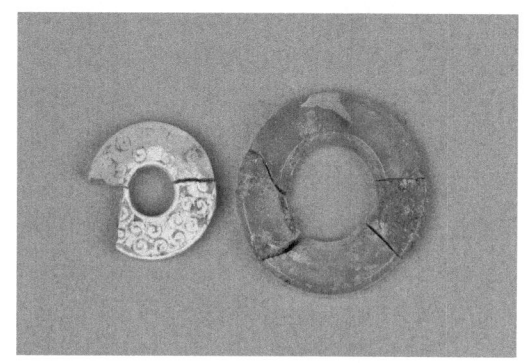

图3-36 二十里铺战国墓地出土的玉环、水晶环

M68 系东西向长方形竖穴土圹墓，方向100°。位于墓区中部偏东，由于墓口表面上层被破坏，开口面距地表深度不详。现墓口距地表约1.5米，墓口长2.42米，宽1.44~1.46米，填土为白花土，土质硬，结构紧密，包含有大量的白干土和料姜石粒等，有夯打的痕迹。斜壁，墓壁加工状况一般；距地表约4.3米到南北熟土二层台，北台宽0.2米左右，南台宽约0.3米，台高0.5米。有棺椁痕迹，朽甚，椁板数目不详，距地表约4.4米到棺，棺长2米，宽0.52~0.6米，残高0.4米。平底。棺内殉葬人架一具，仰身屈肢葬，保存较差，头东，面向北，初步推断为女性，老年。随葬品三件，分别编号为M68：1、M68：2、M68：3。M68：1，陶豆1件，残，放置于棺椁之间，墓底的东北部；M68：2，陶壶1件，残，放置于棺椁之间，墓底的东北角；M68：3，铜带钩1件，破，放置于棺内，人盆骨的南侧。

M13 系南北向长方形竖穴土圹墓，方向4°。位于墓区中部偏西。现墓口距地表约1.5米，墓口长3.06米，宽2.2~2.24米，填土为白花土，土质硬，结构紧密，包含有大量的白干土和料姜石粒等，有夯打的痕迹。斜壁，墓壁加工状况一般；距地表约3.34米到熟土二层台，四周皆有；台宽0.24~0.66米，台高0.56米。有棺椁痕迹，朽甚，椁板数目不详，长1.9米，宽0.9~1.04米；距地表约3.60米到棺，棺长1.62米，宽0.62~0.64米，残高0.4米。平底。棺内殉葬人骨架一具，仰身直肢葬，保存较差，头北，面向西，初步推断为男性，老年。随葬品四件，M13：1，铁带钩1件，残，鎏金，放置于人头骨上部；M13∶2，玉璧1件，残，放置于人右上肢骨处；M13∶3，玉环1件，残，放置于人左上肢骨处；M13∶4铜桥形器1袋，残，放置于人左盆骨处。

M106 系南北向长方形竖穴土圹墓，方向10°。位于墓区中部，现墓口距地表约1.40米，墓口长2.40米，宽1.38～1.46米，填土为白花土，土质硬，结构紧密，包含有大量的白干土和料姜石粒等，有夯打的痕迹。略斜壁，墓壁加工状况一般；距地表约2米到东西生土二层台，北台宽0.22米左右，南台宽约0.24米，台高0.6米。有棺椁痕迹，朽甚，椁板数目不详，距地表约2米到棺，棺长2.4米，宽0.6米，残高0.4米。平底。棺内殉葬人架一具，仰身直肢葬，保存较差，头北，面向西，初步推断为少儿。随葬品2件，M106∶1，铜带钩1件，放置于人头骨的上部；M106∶2，石环1件，残，放置于人头骨上部偏东。

该墓地排列密集，皆为战国时期小型墓，墓向基本一致，从墓葬形制与出土器物形制来看，均与汤阴五里岗战国墓地相同。墓内人骨鉴定发现有老人、妇女、儿童等不同年龄和性别，初步判断这是一个战国时期的族墓地（邦墓地）。在此墓地南有战国时期防陵城、北有东周时期的黄张村遗址，西有2004年发现的王古道东周遗址，该区域是战国时期遗址密集区。墓地时代延续较长，面积大，数量多，对于研究安阳地区东周时期遗址、墓葬分布和文化演进序列等具有重要的价值。

八、安阳市高庄乡张河固杨河固村战国遗址和墓葬

张河固、杨河固东周遗址位于安阳市高庄乡张河固村东北，杨河固村西、北一块台地上，遗址高出周围地面近0.5米，面积有数万平方米。战国遗址在张河固村东南一带也有少量发现。2013年3～6月，安阳市文物考古研究所配合南水北调受水区工程，对位于杨河固村东北，京珠高速公路东侧的战国遗址和墓葬进行了调查和发掘。其中钻探面积1.7万平方米，实际发掘面积3450平方米（图3-37、图3-38）。

这批墓葬中东周时期居多，共128座，其他时期墓葬5座。东周时期墓葬形制全部为土坑竖穴墓。方向以南北向为主，少有东西向。葬式以仰身直肢及仰身屈肢为主，出土器物多为陶鼎、陶豆、陶壶、小陶壶、陶盘、陶匜、陶鬲、陶罐、铜带钩、骨簪等。

M13 长方形竖穴土坑墓，方向25°。透口于地表下0.8米。南北长2.15米，东西宽1.35米。墓口下1.7米为生土二层台。二台宽0.06～0.15米，高0.55米。内有一棺一椁，朽甚，残留些许痕迹。椁长2.05米，宽1.05米，高0.55米。棺长1.8米，宽0.5米，高0.5米。葬一人，头北面上，仰身直肢，双手放于盆骨处，双脚并拢。性别推测为男性，年龄在30岁左右。填土为花土，黄色土内含红土块，夯打坚实。出土器物有陶罐2件、陶鬲1件。

M15 长方形竖穴土坑墓，方向25°。透口于地表下0.4米。南北长2.55米，东西宽1.3米，深0.9米。内有一棺，朽甚，残留些许痕迹。棺长1.94米，宽0.7米，棺板厚0.06米。葬一人，头北面西，仰身直肢，左手顺直，右手放于腹前。性别推测为男性，年龄在50岁左右。填土为花土，黄色土内含红土块，夯打坚实。出土器物有陶罐2件、陶豆2件、陶鬲1件。

图3-37 发掘现场（一）

图3-38 发掘现场（二）

M49 长方形竖穴土坑墓，方向20°。透口于地表下0.6米。西北角被M48打破少许。墓葬南北长2.55米，东西宽1.2米。墓口下2.1米为熟土二层台。二台宽0.16～0.25米，高0.4米。内有一棺一椁，朽甚，残留些许痕迹。椁长2.2米，宽0.8米，高0.4米。棺长1.7米，宽0.5米。葬一人，头北面上，仰身，骨架凌乱错位。从头骨及盆骨特征推测性别为男性，年龄在45岁左右。填土为花土，黄色土内含红土块，夯打坚实。出土器物：陶罐1件、陶豆1件、陶鬲2件、陶杯1件（带鋬）。

M87　长方形竖穴土坑墓，方向110°。透口于地表下0.3米。南北长2.15米，东西宽1.7米。墓口下0.7米为熟土二层台。二台宽0.2～0.4米，高0.3米。内有一棺，朽甚，残留些许痕迹。棺长1.7米，宽0.7米。西壁中部有一龛，龛底距二台0.5米，龛宽0.65米，高0.35米，深0.35米。壁龛内放器物。葬一人，头东面北，侧身屈肢，左臂顺直，右手放于左手下，双腿向西跪屈，双脚并拢。从头骨及盆骨特征推测性别为男性，年龄50岁左右。填土为花土，黄色土内含红土块，夯打坚实。出土器物有陶鼎1件、陶豆1件、陶壶1件、小陶壶1件、陶碗1件。

M94　长方形竖穴土坑墓，方向20°。透口于地表下0.3米。东西长3.7米，南北宽2.7米。墓口下2米为熟土二层台，夯打过。二台宽0.3～0.4米，高0.8米。二台内有两椁两棺，东西并排，皆为南北向。棺椁朽甚，残留木板灰，及些许痕迹。两椁间距1.2～1.3米。两椁间有一隔梁，隔梁中部有一土槽（龛），其中放有陶器组合。东侧椁长2.15米，宽0.9米。棺长1.82米，宽0.8米。内葬一人，骨架腐朽严重，从大致形状可看出，墓主为头北，双腿向东微屈，成年，腰部出土一铜带钩，分析应为男性。西侧椁长2米，宽1米。棺长1.66米，宽0.62米。内葬一人，骨架腐朽严重，从大致形状可看出，墓主为头北，双腿向东微屈，成年，头部有一骨簪，分析应为女性。该墓葬应为夫妻同穴并葬，墓葬加工平整，墓壁光滑。填土为花土，黄色土内含红土块，夯打坚实。出土器物有铜带钩1件、骨簪1件、陶鼎2件、陶豆4件、陶壶4件、小陶壶4件、陶碗2件、陶匜1件（图3-39）。

M123　长方形竖穴土坑墓，方向110°。透口于地表下0.3米。东西长2.8米，南北宽1.7米。墓口下2.6米为熟土二层台，夯打过。二台宽0.2～0.25米，高0.36米。内有一棺一椁，朽甚，椁底板痕迹仍清晰可见。底板由13块宽0.1～0.16米的木板南北向平铺。葬一人，头朝东，双手上举于右肩部，仰身屈肢双脚向右屈。性别推测为男性，年龄在45岁左右。填土为花土，黄色土内含红土块，夯打坚实。出土器物有铜带钩1件、陶鼎2件、陶豆2件、陶壶2件、小陶壶1件、陶碗1件、陶匜1件、陶盘1件。

东周时期灰坑25个。H12，该灰坑位于T0102东部，地表下0.5米透口。灰坑深1米。灰坑平面呈圆形，坡壁，圆底，西侧被晚期山药沟打破。坑底殉一人，头北面上，仰身屈肢，从盆骨特征及牙齿磨损程度推断，为一男性，年龄45左右。

东周时期道路2条。L1，该道面位于G1（晚沟）下，深1.1～1.4米。道路为东南—西北走向，方向125°。L1两边高，中部较低，平面呈凹形弧底，宽约5.5～6米。L1西段（位于T2306内）中部有4道车辙印，L1东段（位于T2208内）中部车辙仍较直，与T2306内相连。南部向南偏移，分出3道车辙。车辙宽约0.2～0.4米，深0.1米。道路土质致密，呈黄、红色花土。车辙印土质呈褐红色（图3-40）。

根据墓葬形制、出土器物、器物组合等初步判断这批墓葬时代为东周时期。其中早期的可能到春秋中晚期，晚期的到战国晚期。就墓葬形制来看，可分北向、东向和南向三种类型。其中以北向为主；就墓主葬式来看，可分为仰身直肢、仰身屈肢两种，其中以仰身直肢为多；就随葬品种类来看，分为三种情况：①随葬铜带钩1件；②随葬陶器3

图3-39　M94与出土器物

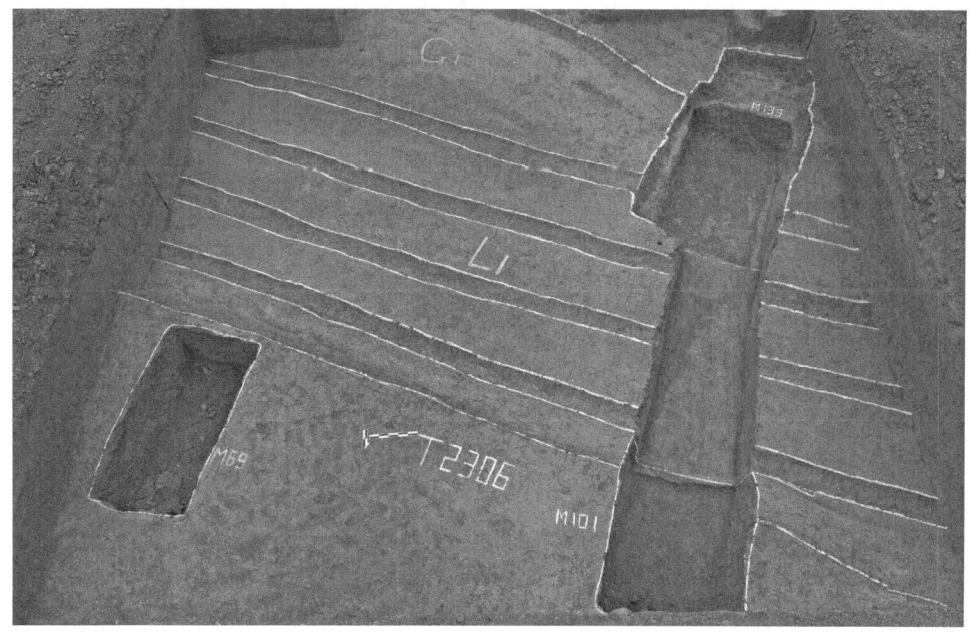

图3-40　L1形制

件组合，如鼎、豆、壶，鬲、豆、罐，鬲、盘、罐，鬲、盆、罐等；③随葬陶器多件组合，有鼎、豆、大壶、小壶、盘、匜、碗，其中鼎、豆、大壶、小壶多为2件。墓葬随葬陶器组合与洛阳中州路、安阳汤阴五里岗等战国墓葬组合基本相同，也具有典型的战国时期的特点。

张河固、杨河固东周遗址面积大，时代延续较长，墓葬排列密集，出土器物较多，是安阳地区较为重要的东周时期的遗址。通过这批墓葬的发掘，分析各墓葬之间以及本地域与周边地区文化的渊源、关系等，为研究安阳地区东周时期的历史、墓葬形制及其习俗文化提供了实物资料。

九、汤阴五里岗战国墓地

五里岗战国墓地位于安阳市汤阴县韩庄乡孙庄村西北，南水北调中线干渠648千米处，距汤阴县城约2.5千米，东距京广铁路约2千米，是南水北调中线总干渠河南省2006年度控制性文物保护项目之一。2006年8～12月，安阳市文物考古研究所对五里岗战国墓地进行了考古发掘共发掘清理战国墓葬700余座（图3-41）。

图3-41　2006年五里岗战国墓地航拍照片

这批战国墓葬以南北向为主，间有东西向的，均为竖穴土坑墓，多数墓口略大于墓底，墓壁稍倾斜。一般墓葬有生土二层台，少量有熟土二层台或无二层台。有熟土二层台的墓都稍大，有椁板痕迹，厚约3～5厘米，棺为长方形，长1.8～2.2米，宽0.6米左右，高0.4～0.8米，棺上施红漆、黑漆、白漆，因土质问题，多数不清楚。以M127为例，方向10°，竖穴土坑，墓口距地表0.35米，长3.3米，宽2.4米；有生土二层台，台距地表1.1米，宽0.3～0.4米；墓底距地面深3.05米，长2.4米，宽1.2米。东侧二层台从北向南0.86米有龛，龛宽0.44米，宽0.5米；M326为掏洞墓，是在墓坑西侧顺掏下洞葬人，是比较特殊的一例。

M16　位于墓地东南部，开口于二层下，距地表0.9米，墓葬形制为竖穴土坑墓，方向5°。坑口平面呈长方形，长2.6米，宽1.66米。斜壁平底，两侧有生土二层台，宽0.12~0.3米，高0.5米。墓底长2.6米，宽0.8~0.95米，深0.7~1.2米。有棺木朽痕，其他不甚清楚。人骨头向北，面向西，仰身屈肢，成年男性。该墓出土随葬器物共8件，7件陶器均为泥质灰陶，出自墓底北端，1件铁带钩，出自人头骨前。陶碗1件，敛口，钵形，圈足，口径16.5厘米，足高0.7厘米。陶壶，2件，形制相同，平沿，束颈，削肩，鼓腹，壁形底，蘑菇状子口盖，编号M16：2，通高24.5厘米，口径9.7~11.5厘米，底径9.0厘米。陶鼎1件，编号M16：3，敛口，子母口，斜微鼓腹，圜底，短小方柱足，两侧对称附小方直耳，覆钵形盖，通高13.5厘米，口径16厘米，盖高4.5厘米。陶盘1件，编号M16：5，敞口，撇沿，圆唇，微鼓腹，下急收，小平底，内圜底，高6厘米，口径19.7厘米。陶匜1件，编号M16：6，敞口，口平面呈桃形，后内凹，前有流，微鼓腹，圜底，长9.5厘米，宽9厘米。陶盒，1件，编号M16：7，敛口，子母口，微鼓腹，上腹饰两周瓦棱纹，假圈足，内圜底，覆钵形盖，盖残，高12厘米，口径12.7厘米。铁带钩1件，编号M16：8，钩体耙形，本部半圆形，中心凸出一竖脊，圆钮偏后，钩颈饰二道横凸棱，钩残，长9厘米，宽4.6厘米（图3-42）。

图3-42　M16形制

M56　位于墓地中南部，T0703西北部，开口于二层下，距地表0.45米，墓葬形制为竖穴土坑墓，方向355°。墓室为竖穴土坑，坑口平面呈长方形，长1.8米，宽0.9米。直壁平底，两侧有生土二层台，宽0.14~0.16米，高0.3米。墓底长1.8米，宽0.5米，深0.55~0.85米。墓内填土为黄白花土。葬具不清。葬式为人骨头向北，面向上，仰身直肢，少年儿童。墓内随葬品共8件，出自人骨右膝外侧。铜带钩1件，编号M56：1，钩体呈琵琶形，中间厚，截面呈梯形，内略弧，本部圆尾，圆钮，鸭首状钩，正侧雕刻圆圈云雷纹间蟠螭纹，组成四组花纹图案，长14厘米，宽2.7厘米。铜桥型饰7件，3整4残，形制基本相同，编号M56：2。周缘凸起稍高，内角突出，顶端内有圆形穿，跨度稍大，素面，质薄，高4厘米，长8.7～12厘米（图3-43）。

图3-43　M56形制

M94　位于墓地中东部，T0806东北部，开口于二层下，距地表0.35米，墓葬形制为竖穴土坑墓，方向5°。墓室为长方形竖穴土坑，长3米，宽2.2米。斜壁平底，四周有熟土二层台，宽0.26～0.46米，高0.3米。墓底长2.56米，宽1.5米，深2.6米。填土为黄白花土。有棺木朽痕，棺长1.6米，宽0.6米，高0.3米。葬式为人骨头向北，面向西，仰身直肢，成年男性。随葬品共8件，均出自东侧二层台上。铁镢，1件，编号M94：1，镢体平板近梯形，刃宽背窄，上中部纵穿长方形銎，銎口长3厘米，宽1.8厘米，深2厘米，镢长11.5厘米，宽9.5～21厘米，厚0.3厘米。陶鼎1件，编号M94：2，素面，泥质灰陶，敛口，子母口，近直腹，圜底，两侧对称附方穿大直耳，象腿足，覆钵形盖，高11.5厘米，口径5.5厘米，腹径18.7、盖高5.3厘米。陶壶1件，编号M94：3，素面，泥质灰陶，平沿，弧颈，鼓腹，下腹斜收，平底，蘑菇状子口盖，通高23.8厘米，壶高21.9厘米，口径10～12.5厘米，腹径18厘米，底径9.5厘米。陶壶1件，编号M94：4，素面，泥质灰陶，侈口，平沿，弧颈，鼓腹，壁形底，外微鼓饼形盖，通高16.2厘米，弧高14.6厘米，口径5～6.5厘米，腹径10.5厘米，底径6厘米。陶盘1件，编号M94：5，泥质灰陶，残碎。陶匜1件，编号M94：6，敞口，口平面呈桃形，后直，前有流，微鼓腹，折急收，平底，内圜底，长15.3厘米，宽15.3厘米，底径6.8厘米，高5厘米，深3.3厘米。陶豆1件，编号M94：7，泥质灰陶，敛口，子母口，近直腹，圜底，喇叭形高柄豆把，平钮短柄，浅覆钵形盖，高13.5厘米，口径15.8厘米，腹深7厘米，柄高5.5厘米，盖高8厘米。铜环1件，编号M94：8，圆柱状环，外径2.4厘米，内径1.4厘米（图3-44）。

图3-44 M94形制

M127 位于墓地东北，T0810西北部，开口于二层下，距地表0.35米，墓葬形制为竖穴土坑墓，方向10°。墓室为长方形竖穴土坑，长3.3米，宽2.4米。斜壁平底，两侧有生土二层台，宽0.3～0.4米，高1.1米。东二层台中间有龛，宽0.44米，深0.5米。墓底长2.4米，宽1米，深1.6～2.7米。填土为黄土与白矸土搅合的花土。有棺木朽痕，不甚清楚。葬式为人骨头向北，面向东，仰身直肢，成年男性。该墓为这批墓葬中形制较大者之一，墓内共出土各类器物11件，陶器均泥质灰陶，出自东侧壁龛内，铜带钩和蚌壳出自人头骨西侧，铁刀出自人骨左肩下。铜带钩1件，编号M127：1，钩体截面呈半圆形，内略弧，琵琶形，圆钮偏中部，本部圆尾，鸭首状钩，长13.3厘米，径1.6厘米。铁刀1件，编号M127：2，椭圆形环首，残断，刃薄背厚，锋残，长28厘米，残刀长17.8厘米，宽3厘米，柄宽1.6厘米，环首长径4厘米。蚌壳1件，编号M127：3，蛤蚌1合已残，顶有穿孔，面雕花纹，因粉化不甚清楚，长5.4厘米，宽7厘米。陶鼎1件，编号M127：4，敛口，子母口，深弧腹，圜底，两侧附方穿大直耳，象腿足，覆钵形盖残，高17厘米，口径13.6厘米，腹径17厘米。大陶壶1件，编号M127：5，侈口，束颈，圆肩，圆鼓腹，腹下斜收，平底。颈部饰一周折线暗纹和红彩绘，弦纹肩部饰一周折线暗纹和红彩绘弦纹，腹部饰一周折线暗纹和红彩绘弦纹，盖为伞形，盖部饰一周红彩绘纹，红彩绘纹已脱落不清，通高24.6厘米，壶高22.5厘米，口径11.4厘米，腹径18.6厘米，底径9.6厘米。小陶壶2件，编号M127：6，侈口，平沿，长束颈，鼓腹，腹下收，壁形底，微鼓饼形盖，通高14.5厘米，壶高14.6厘米，口径6.4厘米，腹径9.8厘米，底径4.5厘米。编号M127：7，侈口，束颈，溜肩，鼓腹，腹下收，假圈足，平底微凹，覆伞状盖，通高12厘米，口径5.5厘米，腹径9.8厘米，底径4.2厘米。陶豆1件，编号M127：8，子母口，弧腹，豆盘较深，柄较细长，喇叭形圈足，覆豆形盖，素面，口径15厘米，腹径17.3厘米，底径10厘米，通高19厘米。陶匜1件，编号M127：10，敞口，口平面呈桃形，后内凹，前有流，微鼓腹，折急收，平底，内圜底，长16厘米，底径6.2厘米，高5厘米。陶盘1件，编号M127：9，侈口，平折沿，腹壁较直，腹下折斜收，平底微凹，口径19.5厘米，底径6.3厘米，高5.5厘米。骨器1件，编号M127：11，管状，已碎裂，残长6.8厘米（图3-45）。

图3-45　M127形制

由于这批战国墓葬均为小型墓葬，随葬器物不是十分丰富，共出土陶器100余件，铜带钩200余件，钱币9件及少量的玉器、铁器、石器等。比较有代表性的有M95，南北向，头向北。陶器出在墓的东侧熟土台上。有陶鼎1件，陶壶2件（一大一小），陶盘2件，陶豆1件。墓内出土水晶环2件，铜带钩2件。M127，南北向，墓主人头向北。东壁有龛，陶器均出在龛内。有陶鼎1件，陶豆2件，陶壶3件（一大二小），陶碗1件。墓内出土有铜带钩1件，铁刀1件，蚌壳1件，骨管1件。M200，南北向，头向北。北壁有龛，器物均出在龛内。有陶鼎2件，陶合2件，陶壶2件（一大一小），陶盘1件，陶匜1件，陶耳杯1件。腰部出1件铜带钩。M346，东西向，头向东。在南侧二台中部放陶鼎1件，陶豆1件，陶壶2件，陶盘1件，陶匜1件，头骨南侧放1件铜带钩。M411，出土铜带钩2个，铜桥形饰6件，置于骨架头部西侧；M539，出土1件素面铜镜，1件铜带钩；M324，出土铜带钩，残铜镜和2件六棱形兰色石棒；M344，出土1件铜带钩、1件铁带钩，3件残玉环；M250，出土1枚圆孔圜钱，铭文"垣"字，为战国魏国铸造的钱币；M571，出土"公"字小型锐角布5枚；M399，出土"垣"字圜钱4枚，铜带钩1件，铜桥型饰5件（图3-46至图3-55）。

图3-46　M126出土陶器组合

图3-47　M200出土陶器组合

图3-48　M440出土猴形带钩

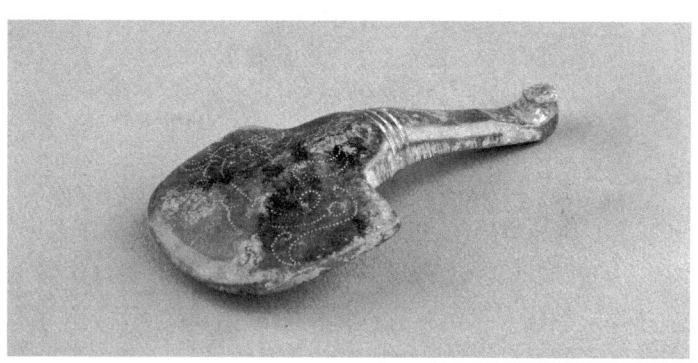

图3-49　M116出土耜形带钩

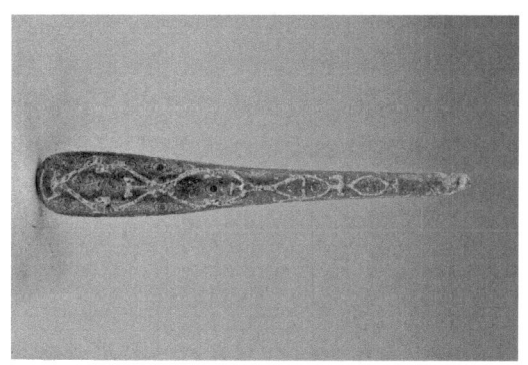

图3-50　M504出土琵琶形带钩

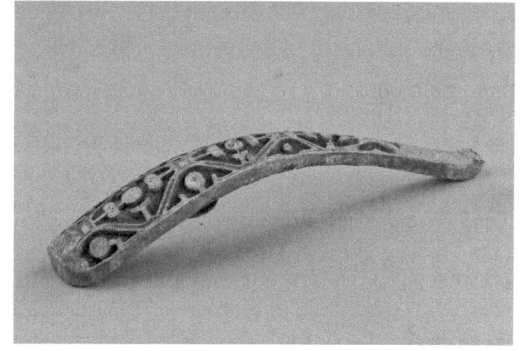

图3-51　M728出土琵琶形带钩

图3-52　M199出土铜镜

图3-53　M539出土铜镜

图3-54　M399出土"垣"字圜钱

图3-55　M571出土"公"字布

这批墓葬的葬式以仰身屈肢葬为主，约占总墓葬人骨架的70%（包括背后曲的20%）；直肢葬的约占30%。第一期发掘的200余座墓中，侧身屈肢葬8座，俯身屈肢葬4座，仰身屈肢葬20座。屈肢葬有不少人骨下肢屈的较重，为后背屈，近90°。根据中国社会科学院考古研究所人骨鉴定专家初步鉴定，在经过鉴定的291座人骨当中，女性与男性比例各约占50%，其中6～8岁的仅有15座，占总墓葬的2%；25～35岁占总墓葬的30%以上；35～45岁的占总墓葬的50%以上，其余的为45岁以上的老人。

此次发掘的五里岗战国墓伴有陶器的墓葬并不多，根据器型和组合特点，可分为四组类型：第一组：鼎、豆、壶、盘、匜、高足壶，第二组：鼎、盒、壶、盘、匜，第三组：罐（圜底罐）、钵（碗）或壶、钵（碗），第四组：单壶或单罐（圜底罐）。这些陶器组合的基本形式常见于洛阳中州路战国晚期墓地、安阳黄张村战国墓地、新乡杨岗战国墓地、新乡老道井战国墓地等墓葬出土器物组合。大体上看第一组的年代为战国中期偏晚，第二组年代为战国晚期早段，第三、四组的相对年代为战国晚期晚段。具体类比，综合看来，五里岗战国墓地的起始年代为战国中期，一直沿用至战国晚期晚段。

从考古发掘的资料来看，商代晚期以殷墟为代表，人们聚族而居，聚族生产生活，聚族而葬，组成聚、葬、生产生活合一的社会形态。至西周时期，人们均聚族而居，聚族生产生活，死后也合族而葬，但埋葬的区域与居住、生产区域严格区分开来，由此形成了专门族葬墓地制。《周礼·春官·墓大夫》："墓大夫掌凡邦墓之地域。凡争墓地者，听其狱讼，帅其属而巡墓厉，居其中之室以守之。"郑玄注："故者万民墓地同处，分其地使各有区域，得以从族葬后相容。"《周礼·大司徒》："以本族六安万民，二曰族坟墓。"可见，邦墓既是万民之墓地，即王室以外的国民墓地。而一般氏族成员的墓区则延续演化为"邦墓"，五里岗墓地的情况基本符合之规律，墓地墓葬排列有序，能分出干若小型墓区，往往是一面积稍大一点的墓葬周围有序分布着不同数量的小型墓葬，且内能辨别男女性别的墓葬各占到一半，存在有打破关系，延续时间长，墓地内不见铜器，因此五里岗战国墓地属于平民公共墓地，这一墓地与战国时期汤阴一带政治军事形势和地理位置有着密切的关系。

此次发掘的区域属于五里岗战国墓地的东部，地势较低，考古发掘发现的墓葬的规格较低，依据墓葬形制、出土器物、出土钱币和器物组合等综合分析该墓地的时代为战国中晚期魏国人的墓地。五里岗战国墓地是一处大型的战国中晚期墓葬群，从以往发掘的情况看，墓葬区域分布范围大，墓葬排列密集，出土器物相对较多，器物组合完整，是安阳地区战国墓葬最为集中的区域之一。但受此次发掘区域和地理位置的限制，所发掘的墓葬基本上都属于小型墓葬，随葬品也相对较简单。根据墓地排列顺序和五里岗一带地形地势分析，这一区域应该有较大或者大型的战国墓葬，大型墓应该分布在岗坡的上部，需要今后做进一步考古调查与发掘。总之，2006年五里岗战国墓葬的发掘为研究汤阴地区战国时期的文化、战争及墓葬的分布、族属等提供了丰富的资料，并具有重要考古的价值[①]。

十、安阳市宜居燕苑住宅小区战国墓葬群

安阳市宜居燕苑住宅小区位于安阳市东工路（原电子管厂院内），2013年7月至8月安阳市文物考古研究所配合小区建设共发掘古代墓葬24座，其中战国时期墓葬18座，出土战国时期陶鼎、陶壶、陶豆、陶匜、陶碗、陶罐等80余件。

这批战国时期墓葬形制相同，皆为小型竖穴土坑墓。

M1　方向10°，南北向口大底小。墓葬开口距地表0.8米。墓口长2.7米，墓口宽1.7米，墓葬总深4.7米。墓底四周有熟土夯筑的二层台，高0.45米；墓底平，墓室四壁平整，墓室填土经过夯筑较实，墓室内有棺椁痕迹，头北脚南、仰身直肢、脸向西、骨架保存较差、双手放在小腹部、性别为女性、成年。在墓室西壁有一壁龛，壁龛内有随葬的陶鼎、豆、壶、盘、匜、碗，在头部的西边随葬一骨簪、腹部有一铜带钩。

M3　方向10°，南北向，口大底小。墓葬开口距地表0.8米。墓口长4米，墓口宽2.3米，墓葬总深5.6米。墓底四周有熟土夯筑的二层台，高0.5米；墓底平，墓室四壁平整，墓室内有棺、椁痕迹。人骨架头北脚南，仰身，双腿略为向东弯曲，骨架保存极差，已朽，性别不详。在棺的外面椁的里面东南位置放置随葬品，有陶鼎、豆、壶、盒、罐共16件器物。

M5　方向10°，南北向口大底小。墓葬开口距地表0.8米。墓口长2.5米，墓口宽1.5米，墓葬总深4.5米。墓底四周有熟土夯筑的二层台，高0.5米；墓底平，墓室四壁平整，墓室内有棺、椁痕迹。人骨架头北脚南，仰身，双腿略为向东弯曲，骨架保存较差，性别为男性。在棺的外面椁的里面东边位置放置随葬器物，有陶鼎、豆、壶、匜、碗共7件。

这批墓葬以南北向居多，东西向较少，大部分战国墓葬没遭到破坏，出土有完整的陶器或陶器组合。陶器组合以陶鼎、豆、壶、匜、碗等为主，器物制作较精美，保存组合完整，对研究安阳地区战国墓葬分布、分期、组合形式和葬俗具有较高的文物价值。

---

① 河南省文物局、安阳市文物考古研究所：《汤阴五里岗战国墓地》，科学出版社，2016年。

十一、安阳义乌商贸城战国中晚期墓葬群

义乌商贸城商品楼项目位于安阳市东区，东为中华路，北为德隆街，南邻万金渠，西至曙光路。2013年8～11月安阳市文物考古研究所受安阳市新时代置业有限公司委托，对该范围内的文物遗迹进行了科学的考古发掘工作，共发现古代墓葬272座。其中战国墓240座、战国夯土基址300平米，西晋、隋、唐、宋时期墓葬7座、明清时期墓葬25座，共出土文物160余件。其中战国墓葬中出土有战国环底罐、碗及鼎、豆、壶、盒、盘、匜和铜铁带钩等器物（图3-56）。

M55　方向105°。该墓葬是一座长方形竖穴土坑墓。透口于地表下0.8米。墓长2.26米，宽1.5米。口下1.5米到熟土二层台。二台宽0.14～0.3米，高0.6米。墓葬总深2.9米。葬具为一棺，朽甚，残留些许板灰。内葬一人，头东面上，仰身直肢，双手放于下腹。双腿向北微屈。从骨骼特征分析，趋向于女性，牙齿脱落严重，下颌骨萎缩，年龄为50岁左右。墓葬出土随葬品：铜桥型饰25件、石珠4件、蚌器1件，铜环1件，骨环1件，水晶环1件。

M151　方向12°。该墓葬是一座长方形竖穴土坑墓。透口于地表下0.8米。墓葬口大底小。墓口长2.8米，宽1.9米，墓底长2.64米，宽1.3米。墓葬总深3.6米。口下1.1～1.5米，墓葬四周有宽0.3米，高0.4米的木炭包围棺椁。墓底也有较厚木炭层。墓中积炭推测为防盗所用。墓葬北壁中层偏东有一壁龛，宽0.8米，高0.4米，进深0.45米。龛内放器物。墓葬加工规整平直。墓中葬具及骨架腐朽严重，墓底有棺木和骨架腐朽痕迹。墓葬出土陶罐1件、陶盘2件、陶壶1件（图3-57）。

M155　方向15°。该墓葬是一座长方形竖穴土坑墓。透口于地表下0.8米。墓葬口大底小。墓口长2.9米，宽1.9～2米，墓底宽1.8～1.9米。墓葬总深2.6米。口下0.9～1.1米墓葬四周有宽0.3～0.6米，高0.5～0.7米的卵石层包围棺椁。棺底铺有一层厚0.15～0.2米的卵石。卵石大小不一，形状为不规则椭圆形，直径0.04～0.12米。墓葬加工较为规整平直。墓中葬具及骨架腐朽呈粉末状，疑是有一棺一椁，墓底有白腻子。填土为花土，黄色土含红土块，略含沙，夯打坚实。墓葬出土铜带钩2件、陶罐3件、陶饼形器1件（图3-58）。

M183　方向110°。该墓葬是一座长方形竖穴土坑墓。透口于地表下1米。墓长2米，宽1.1米。口下1.34米南壁和北壁有熟土二层台。二台宽0.16～0.24米，高0.36米。墓葬总深2.7米。葬具为一棺，朽甚，残留些许板灰。内葬一人，头东面南，仰身屈肢，右手顺直，左手压于身下。双腿向下跪屈，双脚分别蜷回盆骨两侧。从骨骼特征分析，趋向于男性，年龄为35岁左右。墓葬出土陶罐1件。

M190　方向110°。该墓葬是一座长方形竖穴土坑墓。透口于地表下1米。墓长2米，宽1.12米。口下1.33米南壁和北壁有熟土二层台。二台宽0.2～0.24米，高0.48米。墓葬总深2.81米。葬具为一棺，朽甚。内葬一人，头东面北，仰身直肢，右手顺直，左手放于盆骨前。从骨骼特征分析，趋向于男性，年龄为45岁左右。墓葬出土铜带钩1件。

M208　方向190°。该墓葬是一座长方形竖穴土坑墓。透口于地表下0.8米。被一晚

图3-56 发掘现场照片（T1～T6探方内墓葬及周边墓葬分布情况）

沟打破上部。墓长2米，宽0.76米。墓葬总深3.1米。葬具为一棺，朽甚。内葬一人，头骨不见，残留上肢少许及下肢。仰身屈肢，左手放于盆骨前，右手上举至肩部。双腿向西跪屈，双脚蜷回盆骨右侧。从骨骼特征分析，趋向于女性，年龄不详。墓葬出土铜带钩1件。

M222 方向15°。该墓葬是一座长方形竖穴土坑墓。透口于地表下1米。墓长2.1米，宽1.2米。口下1.30米东壁和西壁有熟土二层台。二台宽0.2～0.24米，高0.7米。墓葬总深3米。葬具为一棺，朽甚。内葬一人，头北面西，仰身屈肢，双手放于盆骨前。双腿向下跪屈，双脚分别蜷回盆骨两侧。从骨骼特征分析，趋向于女性，年龄为50岁左右。填土为花土，黄色土含红土块，夯打坚实。墓壁加工平直，表面粗糙。墓葬出土铜带钩1件、陶罐1件。

根据安阳义乌商住小区墓葬排列布局、墓葬形制、出土器物组合及器物种类、形制等现场考古发掘情况，初步判断该遗址和墓葬时代主要为战国时期。这批战国墓葬可分北向、东向和南向三种分布类型。其中以北向为主体；就墓主人的葬式来看，又可分为仰身直肢和仰身屈肢两种，其中以仰身屈肢为主。出土随葬品主要有铜带钩、陶罐、陶盘。该批墓葬随葬器物以铜带钩为主，其他的主要为陶器，但数量、种类相对较少，以

图3-57　M151（积炭）

图3-58　M155（积石）

战国晚期流行的陶罐为多。该批墓葬与2006年发掘汤阴五里岗战国墓地，无论在墓葬形制、出土器物组合、器物形制类别及文化习俗等上都有较大一致性，因此其具体埋葬时代也应为战国晚期。

义乌商住小区是安阳地区新发现的一处战国时代遗址和墓葬的密集区。该区战国时期墓葬排列密集、出土器物较多，墓葬形制丰富，特别几座小型积石、积炭墓的发现在安阳市区范围内尚属首次，填补了安阳市区战国墓葬考古的空白。通过这批墓葬的发掘，分析各墓葬之间以及本地域与周边地区文化的渊源或联系，为研究安阳地区战国时期的历史、墓葬形制及其习俗文化提供了丰富的实物资料。

十二、安阳其他地区发现东周时期的遗址和墓葬

（1）1992～2001年，安阳市文物考古研究所在安阳县水冶镇水冶铁厂附近共发掘清理战国墓葬390座及战国窑址3座，房基1处。出土了一批战国陶器、青铜剑、青铜车器及玉器、水晶环等。其中烧结厂M8出土青铜鼎4件、壶2件、鸟形尊1件为此批墓葬中最大墓葬，也是唯一出土青铜礼器的墓葬。1995年7～8月，为配合安阳钢铁公司水冶炼铁分厂新建住宅区的建设工程，发掘清理了战国时期3座陶窑，1处房基。出土了大量的生活器皿陶豆、壶、盆、碗、瓮、甑、罐等，建筑材料包括土坯、板瓦、筒瓦、薄砖等器物。该处窑厂推测是一处战国时期较大规模的民间窑厂，其使用时间从战国中期开始至战国晚期。

（2）20世纪90年代中期，安阳市文物考古研究所在龙安区寺沟村发掘清理一大批战国晚期至西汉早期的墓葬，其中战国墓葬共计有100余座，出土了一批战国陶鼎、壶、罐及带钩等器物。

（3）2011年，安阳市文物考古研究所在梯家口村西丽园小区发掘清理商代至战国时期墓葬10余座，其中战国墓葬有近10座，出土了一批战国陶器。

（4）20世纪90年代末，安阳市文物考古研究所在文峰区聂村发掘清理一大批战国晚期至西汉早期的墓葬，其中战国墓葬共计有60余座，出土了一批战国陶鼎、壶、罐及带钩等器物。

（5）2007年5～7月，在安阳市解放大道与彰德路交叉口西北角博地苑小区（原安阳机床厂院内），安阳市文物考古研究所发掘清理商代至明清时期墓葬计50余座，其中战国墓葬有10余座，出土了一批战国时期的陶鼎、壶、罐、盒等器物。

（6）2007年，在南水北调安阳第四标段黄张遗址的文物保护巡护中，安阳市文物考古研究所又在原发掘区的外围抢救性发掘了7座战国墓葬，2座西晋墓和1座宋代墓葬。战国墓内出土了一批陶器、玉器及战国公字布等。编号M3为战国墓，东西向长方形竖穴土圹墓，方向95°。残留墓口距地表1.3米，口残长3.05～2.75米，宽1.86～1.84米，斜壁，墓壁加工状况一般，填土呈黄褐色，土质硬，结构细密，含大量黄沙土和红黏土。距墓口深1.1米处四周有熟土二层台，有夯打过的痕迹，台宽0.28～0.54米，二层台高0.3米。内有一棺一椁，但腐朽严重。棺内一具骨架，朽甚，侧身屈肢葬。头向东，面南，性别为女性、成年。随葬品有陶壶两件（残）、豆两件（残）、鼎一件（残）、陶器一件（残）、铜铃四个、铜环两件、骨珠3个、铜璜（铜桥形饰）10余件。

（7）2005～2008年，位于安阳县安丰乡固岸村东地的固岸墓地，共计发掘战国墓葬36座。

（8）2010年3～5月，南水北调第九标段吉庄村取土区，共计发掘战国时期墓数十

座,皆为小型墓葬,出土了一批战国时期的陶器、带钩等器物。

(9)2012年5~9月,在林州市东北陵阳配合"林州市廉租房项目昌泰花苑小区项目Ⅰ期、Ⅱ期"项目建设,发掘清理战国时期房基、灰坑、窖穴等文化遗址,发掘总面积600平方米,发掘战国时期墓葬近100座,出土有铜带钩、战国陶器、玉石器等文物近100件。此次考古发掘进一步了解林州市战国遗迹及墓葬的分布情况、特点,为墓地的归属问题研究提供了新的资料。

此外,在近期开展的安阳城区文物资源的调查中,在高庄乡还发现爵城、尧城等大型的商周至东周时期的文化城址。总之安阳地区东周时期文化遗址发现多,分布广,遗址面积大,特别是东周时期墓葬发现数量多、价值高,具有重要的考古价值。

第四章　安阳秦汉魏晋南北朝考古

公元前221年,"六王毕,四海一",秦王嬴政,以赫赫雄师统一中国,自称"始皇帝",拉开了中国历史上统一多民族的中央集权国家的序幕。秦朝立百官之制,并分天下为三十六郡,统一度量衡,统一货币和文字,开创了帝国短暂并辉煌的统治。当时郡置"守、尉、监"等。安阳属邯郸郡,始置县,称安阳县,辖今天安阳县、内黄县及河北临漳的一部分,是当时著名的县域之一,县治位于今天的安阳县东部一带。

两汉400余年,在秦朝开创霸业的基础上,加强对外战争,巩固多民族国家的统一,并不断发展和完善秦朝创立各项典章制度,在政治、经济、文化、思想、对外交流等领域改革创新,取得了巨大的成就,为中华文明的持续发展奠定了坚实的基础。西汉高祖时期(前206~前195年),在今安阳、临漳、磁县等沿漳河两岸,增设魏郡,隶冀州,安阳属魏郡管辖。魏郡治邺,即今河北临漳县习文乡三台村邺城遗址,距今安阳市约15千米。魏郡辖十八县,即邺、馆陶、内黄、清渊、繁阳、元城、黎阳、武安、武始、平恩等,共有人口909655人,是中国北方第一大郡,位居当时北中国的中心,交通便利,政治经济文化发达,地理位十分重要。

建安九年(204年),曹操破袁绍,克邺城,自领冀州牧并开始大规模的兴建邺城,邺城是曹操当年长期占据的中心之一,也逐步成为北方区域性的政治、军事和文化中心。当年,曹操遏淇水东流入白沟,后又引汤水、洹水。建安十八年(213年)引漳水入白沟,并陆续开凿漳南十二灌渠,通漕运,利灌溉,发展地方经济,邺为当时的三都之一,为北方的政治和军事中心。在安阳漳河南岸至今尚存有曹操当时开凿漳南灌渠的遗迹。2007年配合南水北调干渠建筑工程,在原安阳县(今殷都区)的北李庄和小崔庄之间,发现一段天平渠及渠闸遗迹。根据历史记载,曹操所筑邺城东西3.5千米,南北2.5千米,共有7个城门。南面三门:中为永阳门,东为广阳门,西为凤阳门;东面一门,为建春门;西面一门,为金明门;北面二门,东为广德门,西为厩门。引漳河水"入邺城,经铜雀台下,水激有声不绝",在城中西园城墙上构筑冰井、铜雀、金凤三台,三台高大巍峨,"拟华山之削成"。在临漳的三台村至今尚存铜雀、金凤二台。魏文帝曹丕称帝后,邺仍为当时魏国三都之一,雄踞北方。两晋时期,邺仍是地方区域性的政治、军事中心。

东晋十六国时期,邺城又是冉魏(石虎)、前燕(慕容儁)的都城,并是这一时期兵家必争之地,许多重要的战役多在此展开。后晋初年,复置安阳县,治所在今市区西南约1.5千米处,安阳县治所已从原安阳县东南移至今老城附近。汉高祖九年(前198年),置内黄县。又分置繁阳县(治所在今楚旺),属魏郡。晋隶司州魏郡。

从东汉末年开始,曹操兴建邺城,邺城作为公元2世纪至5世纪中国北方最重要的政治、经济、军事、文化的中心,繁荣发展数个世纪。特别是公元4世纪时期,邺城作为东魏和北齐的都城前后数十年，进一步促进了以邺城为中心整个北方地域性经济的发展和城市群的出现。这一时期安阳是邺都的京畿之地，占有十分重要的政治、交通、经济地位。据唐《元和郡县志》记载，西晋时的安阳城已迁至相州西南1.5千米处。安阳城自西晋从今市区东南迁至今市区西南以后，直至北魏未曾迁移。后赵石虎、后魏冉闵、前燕慕容儁皆建都于此。东魏天兴元年克邺城，以河亶甲居相，改称相州，此为相州之名由来。东魏、北齐均以邺为都，并大规模扩建，改筑邺南城，为邺都最繁荣之时。安阳并入邺地，成为京畿之地。北周静帝大象二年（580年），兼置魏郡，相州总管尉迟迥举兵讨伐杨坚，兵败，杨坚焚毁邺城，迁移邺城官吏、商贾、富豪、平民等十余万人到安阳（即今安阳老城一带），安阳遂为相州、魏郡、安阳县之治所，这是安阳历史上第一大繁荣时期。随后又在今安阳市龙安区龙泉镇一带设零泉县，在安阳县辛店乡灵芝村设灵芝县。安阳及其他周边地区在北朝时期，除了邺城遗址、安阳西门豹祠之外，考古大量发现的是这一时期的墓葬。特别是在安阳县洪河屯乡至安丰乡一带的丘陵、平原地区，西门祠西南、野马岗一带南北狭长的区域内埋葬了大量的北朝时期高级贵族、官吏。这些墓葬部分还有确切的纪年，随葬器物丰富，墓葬砌筑形制独特、技术高超，规模较大，代表了北朝时期墓葬建设的水平。特别是这批墓葬中发现的大量北朝时期的青、白瓷器为我们研究北朝至隋唐时期的瓷窑分布、瓷器种类、瓷器组合以及其中国白瓷的起源等提供了丰富的资料。

秦汉至魏晋南北朝时期前后600余年，是中国历史上最重要的发展和辉煌的时期之一。以邺城为核心，安阳得中原之利，交通便捷、水利发达、农业发展、社会稳定，政治、经济、文化空前发展，考古表明，这一时期安阳地区发现的古文化遗址、墓葬等十分丰富，特别是2003年内黄县三杨庄汉代庄园遗址、2009年曹操高陵、2006~2008年固岸战国至北朝时期墓地等考古新发现具有重要的考古价值和文化价值，在全国乃至全世界都产生了重大影响（图4-1）。

第一节　秦汉魏晋南北朝时期的文化遗址

一、滑县"白马城"遗址

"白马城"遗址位于滑县县城东南约20千米处白马墙村，隶属于留固镇管辖。在留固镇北三里许，东临大广高速，西临106国道，南近淇荷公路，属黄河故道，地势平坦。村西有白马墓，东南有庄子墓、汲黯墓，西有盘庚墓，东有卫王城（卫灵公都城），西三十里有滑伯墓等。2009年4~5月，为了探寻秦置"白马县"位置，安阳市文物考古研究所于对滑县白马墙村的"白马城"遗址进行了文物勘探调查，共计调查面积8000平方米，发现了"白马城"城墙、城门及古墓葬等遗迹。

此次文物勘探区域位于白马墙村北，东有一生产桥，桥下有一南北向沟渠，沟渠西壁可见有夯土，以桥西侧为界（基点），西约500米，宽10米；向南约500米，宽5米（被沟渠打破）的范围内进行调查。经布孔钻探，我们将地层编为四层。第一层：耕

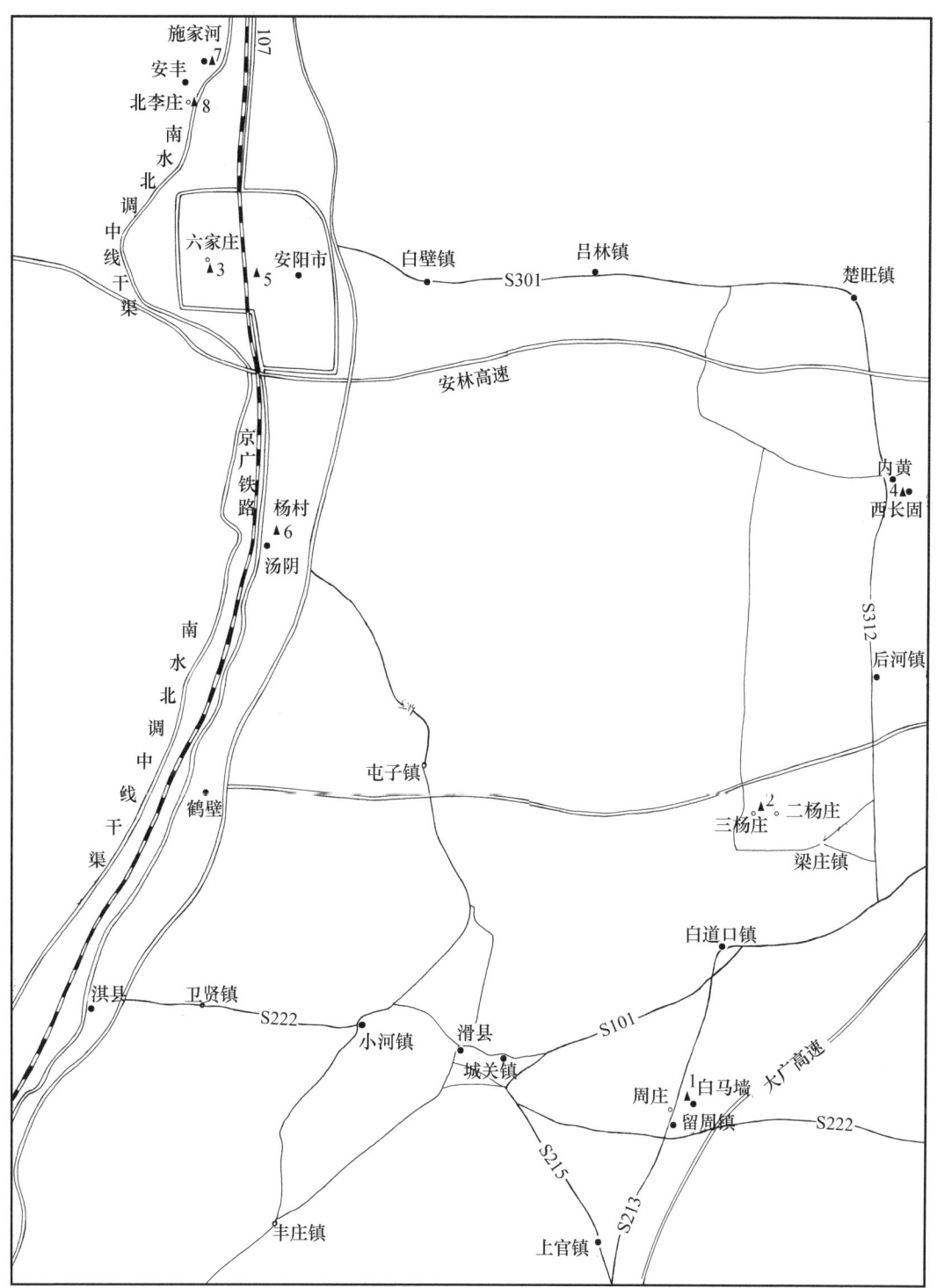

图4-1

1. 滑县"白马城"遗址 2. 内黄三杨庄汉代庭院遗址 3. 大华商贸城汉代农田及陶窑遗址 4. 内黄黄河左金堤遗址
5. 安阳老城王莽铸钱遗址 6. 汤阴新城国际汉代庭院遗址 7. 施家河钱币窖藏 8. 天平渠遗址

土，松软，含有现代垃圾，厚0~0.35米；第二层：黄沙土，松软，土色纯净，无遗物，厚0.3~0.35米；第三层：夯土，为黑黄花土，无遗物，质地坚硬，夯层约0.2米，可见夯窝直径约0.1米，夯土厚3.5米；第四层：生土（黄沙土），土色纯净。经初步钻探，发现夯土的上层宽约4米左右，往下渐宽，下层宽度约有15米；以基点向西约300米处，不见夯土，宽度约50~60米（疑似城门，待定），往西到沙窝村；基点往南约350米左右，不见夯土，宽约50米（疑似城门，待定），其东侧部分被沟渠打破。由于受村庄地理位置、土地权限等限制，此次文物勘探仅限于东、北两段夯土城墙，但从周边出土的秦汉时的瓦当、青砖和此次城墙夯土的走向、城门及历史文献记载等判断，此城墙遗址即是历史上白马县故城遗址。

关于白马县，历史文献记载很多。《史记》载："秦灭滑而设白马县。"《论滑县津置》云："秦设白马县，属东郡。"《后汉书》注："白马县属东郡，今滑州白马县也，故城在今县东。"《括地志》："白马古城在滑州卫南县西南二十四里，白马山在县东北三十四里，津与县取此山为名。"《郡县志》："在白马县北三十里，曰白马津。津之东南有白马城。"《水经注》："津在白马城西北。"《三国志》中曹操问兵到哪里，部下说兵到白马，此应是曹操军队把指挥中心设在白马城，而不是白马坡（或白马津），而关羽斩颜良是在白马坡，白马战役为官渡之战的前战，对中国北方的统一起到了关键作用。

白马城，春秋时期为卫国的都城，当时称为曹邑，后改为白马城。郦道元《水经注》云："城之名为白马，盖以刑白马而筑之，故谓之白马城。"自秦设县，至洪武三年，撤销白马县，改为滑州。永乐初年，又改为白马县。现遗址所处的位置称为白马墙村，村西南、西北和村东北部，村正南多高岗，上存砖块瓦砾，几乎难于耕作，多为汉唐时青砖、大瓦。村民建房时偶见古井、夯土、墓葬等。从此次文物勘探调查的结果看，此处遗址确属历史上"白马城"旧址，城墙及城门等保存相对完整，遗址内涵丰富，沿续时间较长。"白马城"遗址的发现对研究历史上"白马城"兴衰及秦汉以来豫北地区，特别是黄河冲积平原地区的古城兴废的研究具有非常重要价值。

二、中国的庞贝：内黄三杨庄汉代庭院式建筑遗址

2003年6月24日，内黄县所实施的"引黄入内"工程施工时，突然在地表下5米左右发现了露出的房屋一角。之后，又发现多处类似的房屋遗迹。从此，一处沉没2000余年的具有汉代典型庭院式的建筑基址再次发现，并成为中国当年最重要的考古发现之一，誉为中国"庞贝"。遗址位于河南省内黄县梁庄镇三杨庄村，地处黄河故道。在遗址内已经发现了9处汉代庭院遗存，考古发掘清理4处，而其中只有2处庭院的布局揭露得较为完整。发掘清理面积总计约9000平方米，遗址西面不远就是上古时代"五帝"中颛顼、帝喾两个帝王的陵墓。

第一处庭院建筑遗存（按发掘时间先后排序）位于三杨庄村北约500米。清理面积400余平方米。清理出的庭院建筑遗迹有庭院围墙，正房的瓦屋顶、墙体砖基础、坍塌的夯土墙、未使用的板瓦和筒瓦、建筑废弃物堆积、拌泥池、灶、灰坑等。出土有一些

轮盘、盆、瓮等陶器。该庭院的其他部分目前仍未揭露。从已清理部分的情况看，应当为整座庭院（应为二进庭院）的第二进院落的一部分，其中有一部分尚未使用的板瓦、筒瓦仍被整齐地叠摞在第二进院落的天井内。结合主房东北侧有一堆筒板瓦碎块（为建筑废弃物），西南侧有一小的拌泥池，故推测，主房正在维修过程中洪水来临，维修工作没能完成。由于洪水过后这里成了黄河河道的一部分，所以维修时的原状得以保存下来（图4-2）。

图4-2　第一处庭院遗址

　　第二处庭院遗存位于三杨庄村西北，东距第一处庭院遗存约500米，西北距二帝陵也大约为500米。该处庭院遗址揭露较为完整，遗址总面积近2000平方米。庭院的平面布局从南向北依次为：第一进院南墙及南大门、东厢房、西门房，第二进院南墙、南门、西厢房、正房等。南大门外偏东南约5米处还有一眼水井及通往水井的用碎瓦铺设的便道，水井壁系小砖（与房基用砖相同）圈砌，井口周围用同样的砖铺砌成近方形的低井台；水井的周围还分布有较多的水槽、盆、瓮等陶器（有的可能因残破而废弃），石磨等石器；庭院西北角有一带瓦顶的厕所。在庭院的西侧，还清理出一座形状规范的圆形水池。在该庭院遗址内及南大门外、水池内，清理出5个大石臼、2个小石臼、石磨、石碌等石器，陶水槽、碗、甑、盆、罐、豆、瓮、轮盘等陶器，铁犁、釜、刀等铁器；主房瓦顶东侧表层还初步清理出带有"益寿万岁"字样瓦当的筒瓦数件；二进院内西部地面初步清出3枚"货泉"铜钱[①]。

---

① 河南省文物考古研究所：《河南省内黄三杨庄汉代庭院遗址》，《考古》2004年第7期。

第三处庭院建筑遗存位于三杨庄村北,东北距第一处庭院遗存近100米。该庭院建筑遗存揭露得也较为完整,面积大致为900平方米,庭院的平面布局从南向北依次为:第一进院南墙及南大门、南厢房,第二进院墙、正房等,庭院东西两侧有墙。庭院东西墙外分别有一条宽窄、长度大致相同的水沟,西侧水沟分为南北两段。南门外西侧有水井一眼。庭院后有一小的建筑遗存,目前推测可能为厕所。正房后还发现有2排树木残存遗迹,从清理出的残存的树叶痕迹初步判断,多为桑树,也有榆树。南厢房版筑夯土南墙(也为整个庭院的南墙,已经倒塌)的块状大小清晰可辨,特别是在该庭院的东西两侧水沟外和后面(北侧)清理出有排列整齐的十分明晰的高低相间的田垄遗迹,田垄的走向有东西向的,但多为南北向,田垄的宽度大致在50厘米左右。在庭院内外的地面上散落有石碓、小石臼、陶瓮、陶盆等遗物,同时还发现有半枚货泉。

第四处庭院建筑遗存位于第三处庭院遗存东25米,大致东西并列,尚未完整清理与揭露。平面布局接近第三处庭院遗存,只是西侧未有边沟,代之的是一行南北向的树木;院后有一附属遗迹,与第三处庭院遗存类似,可能为厕所。厕所后也种植有树木,并有一方形坑。第三与第四处庭院之间没有发现明显的相通道路,也为有田垄的农田,田地内发现有车辙痕迹及牛蹄痕迹,田垄高低相比不如第三处庭院西侧和北侧的清晰。另外,在第一处庭院遗存与第二处庭院遗址之间的原挖渠道内,还发现有2处汉代建筑遗存。在第一处庭院遗存东约1000米的渠道内另外发现有一处建筑遗存(图4-3)。

图4-3　三、四号庭院遗址

内黄三杨庄汉代聚落遗址的发现具有重要的意义。第一,遗址首次全景展现了汉代黄河中下游地区乡里田园的直观景象。从三杨庄聚落遗址目前的发现看,已经发现了

14处汉代庭院，这些庭院或经过统一的规定或约定俗成，它们均为坐北朝南，方向一致（南偏西约10°），均为二进院布局，占地面积大致相同；各庭院中间有农田间隔，道路相连，每家的庭院均在自己的田中，展示了当时农村的大致景象。第二，遗址首次展现了黄河中下游地区普通农民的居住环境和居住条件。内黄三杨庄汉代聚落遗址内已经发现的这些庭院所有者或居住者的身份无疑是当时从事农耕工作的普通农民。这些庭院均为二进院布局，堂屋（主房）全部为瓦顶；庭院周围或水沟环绕，或毗邻池塘；庭院一周绿树荫翳，树外即是田畴；前有水井，后有厕所。完整的再现了当时中原地区农村的环境风貌。第三，遗址首次揭示了黄河中下游地区普通民居的建筑工艺和建筑技术。从三杨庄汉代聚落遗址清理出的各类建筑保存的状况看，至少每座主房的瓦顶北半坡大部分保存了板瓦与筒瓦的仰覆扣合原状，说明这些建筑是洪水浸泡坍塌的，没有受到洪水的急流冲击，而且，坍塌时有一个较为缓慢的过程，所以保存状况较好。这就给我们全面了解这些建筑的建筑技术和工艺提供了前所未有的条件。第四，遗址首次实景再现了黄河中下游地区农耕技术和农业文明。三杨庄汉代遗址中的一畮（垄）和一甽（沟）的合计宽度一般为60厘米，现存甽深约为6厘米。三杨庄汉代遗址中发现的大面积耕作农田可以为我们真正理解汉代的代田法提供真实的实物样本[①]。

三杨庄遗址是一处西汉晚期较大规模的聚落遗址，遗址保存大量西汉晚期社会结构、农业生产、社会制度等方面的信息，代表汉代最基层的社会经济结构，为研究西汉时期社会组织结构、社会制度形态、经济发展状况、农业生产水平、建筑结构布局、民间生活习俗等方面提供了珍贵的实物资料，堪称"中国庞贝古城"，2006年5月被公布为国家级文物保护单位。

三、大华商贸城汉代陶窑及田垄遗址

2006年安阳市文物考古研究所配合大华商贸城建设工程，在一期施工范围内发现汉代陶窑及汉代田垄遗迹。特别是此次发掘的汉代田垄的遗迹，保存完好，田垄呈南北向，东西排列有序，总面积约200平方米，这是安阳市区内考古第一次发现，它对研究汉代农耕文化、农业文明等具有重要的价值。

（1）陶窑遗址，Y1位于T12内，方向193°。南向，由窑道、火门、火塘、窑床、烟道组成。窑道长3.5米，宽1.1～1.8米，深0.1～1.64米，呈不规则斜坡状。火门高0.66米，高0.84米，进深0.4米，窑体呈马蹄形，南北最长处3.15米，宽2米，窑床后有4处烟道，最后合成一个大椭圆形烟道。在火塘内的回填土内发现有一瓷注。这种形式的窑为汉代所常见，多为烧制陶器或建筑构件之用。

（2）田垄遗址，位于东区T10、T11、T12内，开口在4层下，地表下3.2～3.4米可

[①] 刘海旺、朱汝生：《河南省内黄三杨庄发掘多处西汉庭院民居》，《中国文物报》2006年1月13日；刘海旺、朱汝生：《河南省内黄三杨庄发掘取得新收获》，《中国文物报》2009年1月28日；河南省文物考古研究所、内黄县文物保护管理所：《河南省内黄三杨庄汉代聚落遗址第二处庭院发掘简报》，《华夏考古》2010年第3期。

见田垄，呈南北向分布，垄宽在0.25～0.5米之间，深度为0.05米左右，总面积有200余平方米。从地层关系上初步判断应为汉代。该田垄遗迹与内黄三杨庄发现的田垄遗迹的宽度、高度基本相同，是三杨庄之外汉代农耕文化的又一重要的实物资料（图4-4、图4-5）。

图4-4　T10内发现田垄遗迹

图4-5　T11内发现田垄遗迹

四、内黄汉代黄河左金堤遗址

内黄县黄河左金堤遗址，位于安阳市内黄县中召乡北召村，是2012河南省南水北调中线工程安阳受水区控制性文物保护项目之一。安阳市文物考古研究所联合内黄县文物管理所于2012年11月对该遗址进行了抢救性发掘，总计发掘面积共计400平方米。

该遗址位于耕土下0.3米处。第一层耕土层，厚0.3米。土质松散，黄褐色，内包含有植物根系以及现代生活垃圾；第二层扰土层，厚0.1米。土质较致密，灰黄色，内包含有白灰颗粒、瓷片，其下便为左金堤遗址。该段黄河左金堤遗址呈南北走向，基本保存完整，此次发掘范围内的中部有一条西北东南走向的晚期道路，这条道路往南到本次发掘区域的南端，分布着4处现代回填坑。从解剖沟看，现存左金堤厚5.2～4.6米，东西截面呈梯形，系由土就势夯筑而成（南高北低），共有10层，局部范围可见方形硬面叠压，应为平夯所致，质地致密，包含物较少，第一层、第二层下偶见宋代陶片，底层偶见汉代陶片。由于出土器物少又没有可参照的地层对照，仅根据遗址内出土的具有汉代特征的陶片初步把始建年代定位汉代。

关于汉代早期黄河下游河道流经何地、到何处入海，一些现代学者依据《史记·河渠书》、《汉书·沟洫志》和《水经注·河水》的相关记载，认为黄河主河道大概经今河南省的荥阳北、盐津西、滑县东、浚县南、濮阳西南、内黄东南、清丰西、南乐西北，河北省的大名东，山东省的冠县西，过馆陶镇后，经临清南、高唐东南、平原南，绕平原西南，由德州市东复入河北，自东光县北流向东北，至沧州市折转向东，在黄骅县境入海。也就是说，西汉黄河主河道流经今河南内黄县东南。

内黄县以位于汉代黄河之内侧而名，是一个因黄河而兴，因黄河而荣也因黄河屡次迁徙县治的千年名县。今河南内黄县境"战国属魏，一名黄，一名繁阳。赵敬侯八年拔魏黄城，赵孝成王二十八年廉颇兵攻繁阳"。西汉"高祖时始置内黄县，又分置繁阳县，并隶魏郡"，西汉魏郡领"县十八，邺，馆陶，斥丘，沙，内黄，清渊，魏，繁阳，元城，梁期，黎阳，即裴，武始，邯会，阴安，平恩，邯沟，武安"。因为秦朝在河外的砀郡设有"外黄"县，西汉继续存在，此黄城在河内，因而称"内黄"。北魏"永平初年县废，与繁阳并入临漳，隶司州魏尹"。可见，两汉魏晋时期，今河南内黄一带，有内黄和繁阳两县并存。北魏永平初年内黄县被废。隋开皇六年（586年）复置内黄县，并将县治移于今内黄县西二十里旧县村，北宋元丰年间以后又徙治今内黄县城。

从此次发掘情况看，左金堤遗址所在的中召乡位于内黄县城东南33千米，现濮阳县西南11.8千米处，东北12.2千米为汉代三杨庄遗址，位置与历史记载相吻合，始建年代也相近。内黄左金堤遗址的发掘为研究黄河文明，古黄河的变迁以及古黄河大堤的年代、形制和构筑方法提供了新的资料。

五、安阳老城新莽铸钱遗址

2000年安阳市老城改造筑通文峰中路，2001年3月中旬在此北路西段路北丹尼斯生活广场工地发现一处新莽铸钱遗址。遗址位于老城天宁寺塔（又称文峰塔）北110米，天宁寺弥陀龛（又称八卦楼）东30米，唐子巷北门西小学西50米处。遗址范围约数百平方米，一部分被开挖的地基破坏。安阳市文物考古研究所对该遗址进行了抢救发掘，共计发掘面积200余平方米，发现熔炉一座，灰坑两处，还发现几处汉代水井与大量汉代陶罐碎片。在炉体东40米的灰坑内出土大量铸钱作坊遗物，另一灰坑几乎全部为红烧土。

（1）熔炉，炉底距地表约3.2米，呈椭圆柱形，平底，炉膛面积为1.5平方米，仅存高约0.35米的炉体下部。

（2）陶范，约有数百块可分为钱范与铜器范两类，均系红陶质，内含少量细沙。钱范全部为大泉五十子范，包括面范与背范，背范略少。钱范几乎全部破碎，最大一块范上只有六、七枚钱模，最小的仅存半枚钱模。钱模径2.8～9.2毫米。由于烧造钱范火候不一，出土时硬度差异很大，火候较低的钱范手捻即碎，火候较高的坚硬如砖。经拼对复原可见范体为长方形，每范均有十二枚阴文钱模。钱模沿浇铸槽左右分列，浇注口呈喇叭形，浇铸槽多在面范，少数在背范。钱范厚度不一，多在2.6～4.6厘米之间。范面均有相对扣合的凹凸榫卯。

（3）坩埚，灰坑内出土了几件小型坩埚，坩埚为圆柱形，外径8～9厘米，内径2.8～6.5厘米，高16～18厘米。部分坩埚壁上尚存在有铜渣遗迹。

（4）除发现新莽埋藏大泉五十钱范外，还发现数量较多的长条形、圆形等生产工具、生活用具等陶范数百件。这些生产和生活用具的范部分保存完整，火候较高，也是汉代铜器铸造的重要遗迹之一。

安阳老城新莽时期铸钱遗址的发现，填补了安阳地区汉代铸钱遗址的空白。新发现的铸钱遗址的钱范主要为新莽时期的大泉五十，种类较为单一，使用时间应该不长。但铸钱遗址的发现可以证明东汉晚期特别新莽时期安阳政治、经济得到较大的发展，已成为区域性的政治和经济中心，这为钱币铸造、管理、流通提供了基础。此外，从与钱范并出的其他工具范来看，这一铸铜遗址不仅铸造钱币，也还铸造当时的生活用具、工具等，是一个综合性的铸铜遗址[①]。

六、汤阴县新城国际小区汉代居住遗址

新城国际二期于汤阴县光明路与人和大道交叉口西南角。2016年7～8月，安阳市文物考古研究所配合该小区建设，除在该小区发掘32座古代墓葬外，还发掘汉代居住遗址面积约250平方米。特别是此次发现的汉代居住遗址，具有非常重要的价值。

本次发掘对该区域内新发现的建筑基址布探方4个，共计400平方米，以相连两个探

---

① 发掘资料现在安阳市文物考古研究所。

方为单位分为东西两块，东为F1，西为F2。这些建筑基址由残砖墙和乱砖组成，被破坏程度较严重。由发掘情况来看，F1内的建筑基址可视为一个整体，为一个建筑单元，由五间房屋组成。F2内建筑基址有明显的小范围划分，可简单划为南、北、中三个建筑单元，房屋组成二到四间不等，在当时可能为三个家庭庭院建筑。在北部建筑单元内出土有汉五铢钱、铁斧、铁犁铧等遗物。根据出土器物，初步判断，此次发掘的遗址应为汉代农村的庭院建筑遗址（图4-6）。

图4-6　汉代庭院遗址航拍

汉高祖二年（前205年）置荡阴县，治今县城。因位于荡水（现汤河）之阴得名。荡原为古国名，因荡水流经古荡国得名。东魏天平二年（535年）称魏德县。唐贞观元年（627年）以水微温，改荡水为汤水，并荡原为汤阴县。汤阴为千年名县、"三圣"之乡。建县之后，近2000年来，县治一直位于今天的汤阴县老城一带，虽有增补扩大，但位置大体变化不大。汤阴县老城北部一带是汉代重要的墓地，也是至今考古发现汉代墓葬最为集中的区域之一，据不完全统计，这一区域汉代墓葬总数量将近1000座。除墓葬外，在苏庄村一带发现有汉代的水井、灰坑外，其他的人类居住生活遗存则很少发现。本次发掘的汉代庭院建筑遗存位于汤阴县老城东北约3千米，为该区域内首次发现，它是继内黄县三杨庄西汉庭院遗址之后安阳地区又一重要的发现，填补了汤阴县汉代建筑遗址考古发掘的空白，也为汉代汤阴县北部区域的功能划分、文化习俗及演变、汉代农村聚落形态等方面的研究提供不可多得的资料。

七、安丰乡施家河村魏晋时期钱币窖藏

2011年5月1日，安阳市文物考古研究所配合南水北调安阳第九标段吉庄取土区文物保护巡查时发现一个古钱窖藏。这一古钱窖藏地点位于邺城西约15千米，西门豹祠西偏

南约2500余米，安阳县安丰乡施家河村东南约400米，吉庄村西北约300米，北距漳河南岸约500米。由于受挖掘机械的破坏，古钱币窖藏的原始状态已不能复原。据抢救性发掘现场可知，古钱窖藏约距地表2.4米，出土时集中掩埋并锈结在一起，但窖穴形状已不清，从出土地点周围的土层判断，该钱币窖藏应该不大，当时埋藏深度也不深，钱币为集中掩埋。从出土钱币的形态来看，未发现穿系痕迹，也未发现这一时期常用来盛装钱币用的陶罐、陶缸及其他瓷器类器物。但据编号J1：44出土的五铢钱上面留下的清晰的布纹来分析，这一古窖藏钱币原来应该由布类进行包裹后而被人掩埋而成为窖藏的。从该钱币上残留的布纹来看，布纹细密，面料较好。通过现场发掘与在周边挖掘后古钱散落区进行搜寻，共计发现钱币20余千克。

该窖藏钱币出土时多数钱币互相粘连在一起，钱币颜色多为绿锈，部分为蓝锈和铁红锈，钱币质地较差，残损较重。部分钱币文字磨灭，不能辨识。从整理情况来看，这一古钱窖藏钱币数量大、种类较多，版别复杂，时代跨度长，是安阳地区近期发现重要的古钱币窖藏之一。

钱币类型主要为汉代的各种五铢钱，新莽时期的货泉、大量的剪边五铢、綖环五铢及曹魏五铢、蜀国小五铢、东吴大泉当千等。窖藏钱币中最早的是半两，最晚是东吴的大泉当千，因此钱币埋藏的时间当在魏晋时期。钱币种类众多，数量大，延续时间长，出土地点明确，地层关系清楚，是安阳地区发现的又一重要的古钱窖藏，对研究中国钱币发展史，具有较高的价值[①]。

八、天平渠遗址

2008年3月，安阳市文物考古研究所配合南水北调中线建设工程，发掘天平渠遗址一段。该遗址位于安阳市北的北李庄与小崔庄之间，呈东西走向，遗址表面距地表1.30米，宽约7.0米，残深1.50米。此次发现为渠残存的一段，长约7米，渠两侧尚存有部分砖墙，可能为分水闸的遗迹。填土中见有瓷片、陶片及砖瓦等，底部墙砖上有"癸亥 天平渠底"铭文，推测此应为古天平渠的一段。

根据文献记载：引漳十二渠是中国战国初期以漳水为源的大型引水灌溉渠系。灌区在漳河以南（今河南省安阳市北）。东汉末年曹操以邺为根据地，按原形式整修，十二堰从此改名天井堰。东魏天平二年（535年）天井堰改建为天平渠，并成单一渠首，灌区扩大，后也称万金渠。渠首在现在安阳市北40余里，漳河南岸。隋代、唐代以后这一带形成以漳水、洹水（今安阳河）为源的灌区。唐代重修天平渠，并开分支，灌田十万亩以上。清代、民国还有时修复利用。1959年动工在漳河上修建岳城水库，两岸分引库水，灌田数百万亩，代替了古灌渠。

---

① 孔德铭：《安阳施家河村出土古钱窖藏的整理与研究》，《中州钱币》2012年9月。

第二节 邺城遗址

邺城遗址位于河北省邯郸市临漳县习文乡三台村漳河南北两岸，南距安阳市约15千米，历史上殷邺一体，秦汉之后邺属相州、彰德府等管辖，是全国重点文物保护单位。邺城先后是曹魏、后赵、冉魏、前燕、东魏、北齐等的都城，遗址由南、北二城构成。邺北城是建安九年（204年）曹操封魏王后营建的国都，曹丕代汉移都洛阳后，以此为北都。后赵、东魏、北齐相继都邺，承光元年（577年）北齐亡，此城衰落。邺南城为东魏元象元年（538年）依邺北城南墙而建，毁于隋代。邺城是一个功能分区明确、结构严谨的城市，它首次体现了"先规划、后建设"的城市建设理念。邺城遗址在中国城市发展史上的独特地位，一直是中外历史界的关注点之一。邺城遗址是东亚地区古代都城建设的样本，对中国后世长安、洛阳等古城建设乃至日本、韩国等东亚国家古都建设影响深远。

邺城遗址分邺北城和邺南城两部分，大体呈日字形。邺北城为曹魏时期的城市布局，为曹操主持建设。北城东西七华里，南北五华里，外城共设七个门，南面三个分别为广阳门、永阳门和凤阳门，北面两个分别是广德门和厩门，东西各一个门，分别是建春门和金明门。据记载，北邺城（今河北临漳县境内）东西七里，南北五里，周设六门。实际勘测结果为东西2400米，南北1700米，规模略小于文献记载。城内由贯穿东西城门的大道分割成南北两部分。北部中央为宫殿区。西为禁苑铜爵园，内设马厩、武库，西城垣上筑有壮观的铜雀台、金虎台、冰井台三台。宫殿东面为贵族聚居区戚里及衙署。城南部为居民区，被南北向道路分割成长寿、吉阳、永平、思忠四里。北邺城规划整齐，交通便利，对北朝、隋唐都城的建设产生过深刻影响。

邺北城东部是贵族集居区"戚里"。南区主要是居民区、商业区和手工业区。武器库和马厩在三台南面的西城墙下。穿过邺北城中间的这条河称为长明沟，引漳水而通往城内，是邺北城主要的用水来源。曹魏时期，漳河在邺北城城外北面流过。因漳水泛滥与改道，临漳县内邺城遗址遭到严重破坏，今地面所存，仅金虎台、铜雀台等部分残基以及瓦当、青石螭首等遗物。邺城西北，为东魏、北齐陵墓区。一条连接建春门和金明门的东西大街将邺北城划分为南北两个区域，北区中部是宫殿和官衙，西部是铜雀苑，又称铜爵苑，铜雀苑既是游园，也是建安（邺下）文人的重要活动场所。曹操在铜雀（爵）苑西侧的西城墙上修筑了三座高大的台榭，由南向北依次是金虎（凤）台、铜雀台、冰井台。三台均为曹操规划修建，是中国古代台式建筑的巅峰之作[①]。

邺南城遗址位于邺北城遗址之南，两城相连，中间有漳河河道穿过。东魏时期，邺南城在邺北城的基础之上续建而成。南城紧靠邺北城，二者合二为一，共用一墙，北城南墙即南城北墙，邺南城的北门就是邺北城的南门。根据记载，邺南城东西6里，南北8里60步。1983年中国社会科学院考古所、河北省文物研究所邺城考古工作队，对该

---

① 中国社会科学院考古所、河北省文物研究所邺城考古工作队：《河北临漳邺北城遗址勘探发掘简报》，《考古》1990年第7期。

遗址进行了全面的勘探调查与考古发掘，实测东西2800米，南北3460米。东城墙有城门1座，南墙有城门3座，西墙有城门4座，加上邺北城南墙3门，与文献记载的"邺南城十一门"大体吻合。城墙之外有护城河，河宽20米，深约1.8米，距城墙28～120米不等。城东、南、西三面城墙外侧筑有"马面"，共发现有50座。马面多为长方形，一般宽18米，伸出城墙约12米，马面夯土层厚约10厘米。邺南城宫城遗迹位于城中央偏北，南北长约970米，东西约620米，已探明大型宫殿建筑基址15处。其中103号宫殿基址东西长80米，南北60米，距地表约3～3.5米，厚1～1.5米。宫城四面有宫墙遗迹。邺南城城垣迂曲，墙外有护壕。宫城设在城北部中央，宫北有后苑。居民区分设里坊。正南门朱明门已经发掘，为三门道，门南侧有方形阙楼夯基。邺南城具有明确的中轴线，以朱明门、朱明大道、宫城正南门、宫城主要宫殿等为中轴线，全城的城门、道路、主要建筑等呈严格的中轴对称布局。纵横的街道垂直交错，道路网络呈棋盘格状分布。邺南城独具特色的城墙、加之众多的马面、宽大的护城河组成了完备的防御体系。邺城独具匠心的设计，开创了中国都城规划、建设的新篇章，并为之后隋唐长安城、洛阳城等所直接继承，并发扬光大，开了中国古代都城规划、建设的先河[1]。

邺城作为魏晋、南北朝的六朝古都，在中国城市建筑史上占有辉煌地位，堪称中国城市建筑的典范。全城强调中轴安排，王宫、街道整齐对称，结构严谨，分区明显，这种布局方式承前启后，影响深远。特别是它对后来的长安、洛阳、北京城的兴建乃至日本的宫廷建筑，都有着很大借鉴和参考价值（图4-7）。

临漳古时称"邺"，春秋时期齐桓公始筑邺城；战国时期西门豹治理邺城；东汉末年，曹操统一北方，雄踞邺城达16载。临漳境内邺城曾先后成为曹魏、后赵、冉魏、前燕、东魏、北齐6个朝代都城，据黄河流域政治、经济、军事、文化中心长达4个世纪之久，是中华文明重要发祥地之一，素有"三国故地、六朝古都"之誉。同时，邺城也是西门豹投巫治邺之地、建安文学发祥地、中轴对称都城建设规划肇始之地。东魏北齐时，邺城是中国佛教文化中心，仅邺城周边就有大型寺庙4000余座，僧尼8万多人。特别是2012年月，临漳县邺城遗址东部北吴庄佛造像埋藏坑的发现与发掘震惊了中外学术界。

2012年3月，中国社会科学院考古研究所与河北省文物研究所联合组成考古队，对临漳县邺城遗址东部北吴庄（临漳县下辖村庄名）佛造像埋藏坑进行考古发掘，取得重大发现，出土佛教造像2895件（块），佛造像数量众多，级别史无前例，是已知新中国成立以来中国出土数量最多的佛造像埋藏坑。根据粗略统计，有题记的超过百件，绝大多数是汉白玉造像，少数为青石造像。根据造像特征、题记年代等初步确认，佛造像时代主要是东魏北齐时期。这处埋藏坑位于已知东魏北齐都城邺城遗址东城墙东侧约3千米，据专家推测，为东魏北齐邺城外郭城内。这一次的考古发现意义重大，堪称新中国成立以来南北朝、隋朝、唐初时期重要考古发现之一。出土的这批佛造像反映了都城级别的佛教文化在当时的发展程度，这样的发现史无前例，具有重要的考古价值和科学艺

---

[1] 中国社会科学院考古研究所、河北省文物研究所邺城考古工作队：《河北临漳县邺南城遗址勘探与发掘》，《考古》1997年第3期。

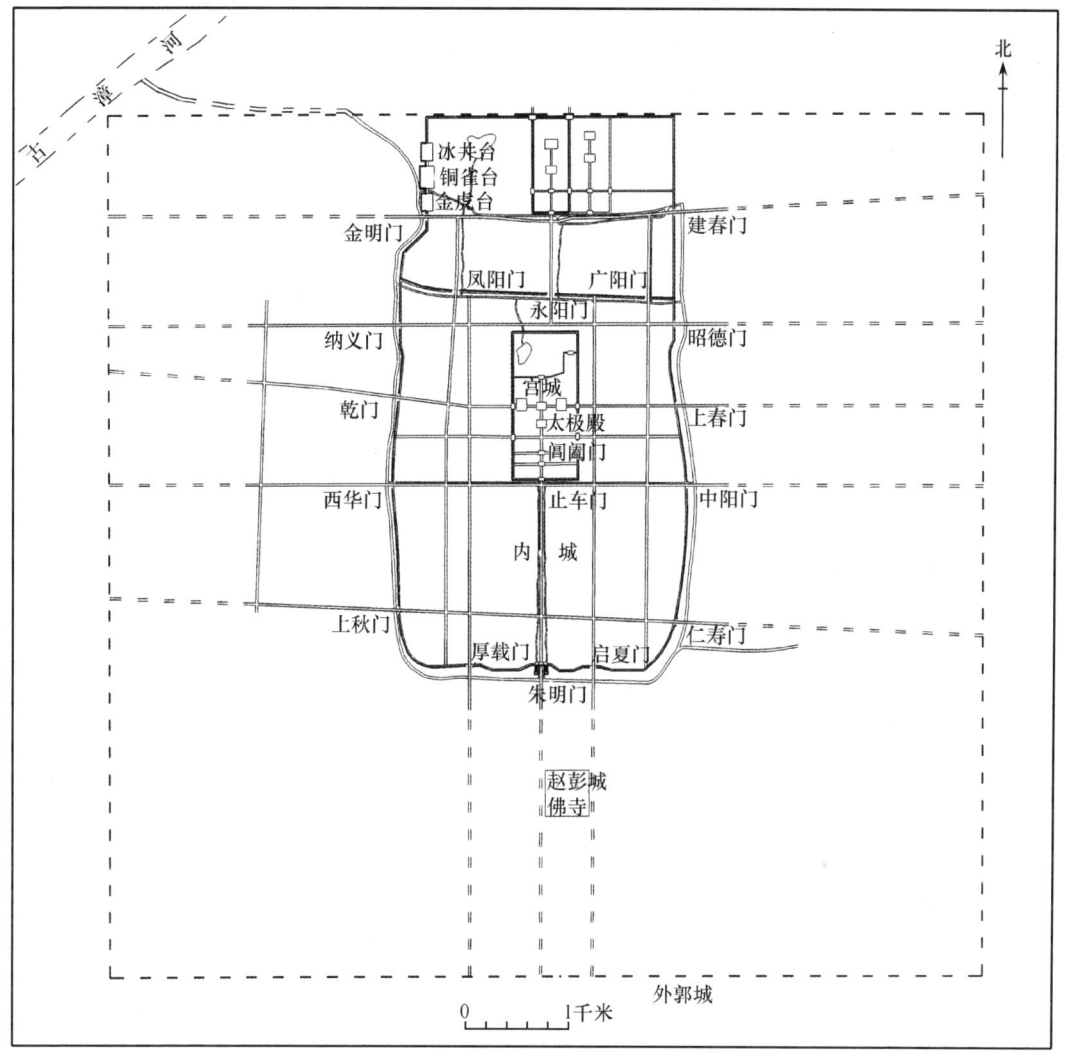

图4-7 东魏北齐邺城平面复原示意图

术价值。其一，埋葬坑位于邺城南外郭城区内，造像时代特征显著，为今后研究东魏北齐邺城的都城制度、灭佛运动和瘗埋制度等都提供了重要线索。其二，埋葬位置清晰准确，层位关系具有科学记录。其三，出土佛造像工艺精湛，造型精美，类型多样，题材丰富。多数为背屏式造像，另有部分单体圆雕的佛和菩萨。主要题材有释迦像、弥勒像、释迦多宝像、思惟太子像、观音像、双菩萨像等。这些都充分显示了北朝晚期邺城作为北方地区佛学中心和文化艺术中心的历史地位。其四，这批佛像造像时代跨越北魏、东魏、北齐和唐代，各时期纪年明确，时代前后衔接，为研究北朝晚期至隋唐时期邺城地区佛教造像的类型和题材提供了可靠的标本[1]。

---

① 中国社会科学院考古研究所、河北省文物研究所邺城考古工作队：《河北邺城遗址赵彭城北朝佛寺与北吴庄佛教造像埋藏坑》，《考古》2013年第7期。

第三节 两汉时期的墓葬

与全国大多地区一样，安阳地区考古发现发掘汉代墓葬最多，出土的文物数量也最多。据不完全统计，中华人民共和国成立以来，安阳各地发现的汉代时期的墓葬有近2000座，在安阳市及安阳县、林州市、内黄县、汤阴县都有不同数量的分布。考古发现主要集中的大型、较大型的墓地有安阳市龙安区申家岗至郭里汉代大型墓地，文峰区二十里铺西地西汉墓群，龙安区寺沟村汉墓群，文化宫基建工地、原二旅社基建工地、甲天下住宅小区基建工地、十中教学楼基建工地、东方今典小区基建工地等，市区内发现汉代墓葬的地点达数十处。此外其他县（市）发现汉代墓葬的地区还很多，如内黄县梁庄乡汉代画像石墓，滑县赵营乡柳青河河底画像砖墓。林州朝阳花园，太阳城住宅小区。安阳县固岸墓地，南水北调第九标段安阳县安丰乡吉庄取土场、木厂屯取土场，安丰乡北李庄东地、北稻田西地等。特别是在汤阴县人和大道两侧的河畔人家住宅小区、馨和湾小区（一、二期）、人民医院新址、锦绣江南小区、荷塘月色小区、昱光园小区、韩庄乡苏庄村等地共计发现近20处汉代墓地，总数量有1000余座，是安阳地区两汉墓葬最为集中的区域之一。安阳地区汉代墓葬分布范围广，数量多，分布密集，形制特殊，即有诸如曹操墓一类的帝王陵寝，也有中小贵族和平民墓葬，两汉墓葬考古在安阳地区考古史上占有重要的地位。这些墓葬出土陶器数量多，种类丰富，价值较高，器物组合特色鲜明，具有较高的文物价值，为研究安阳两汉时期的政治、经济、文化、军事等提供了丰富的实物资料（图4-8）。

一、文峰区二十里铺村西地西汉早期空心砖墓及其他墓葬

2007年10～12月，安阳市文物考古研究所配合南水北调安阳第二标段工程建设项目，在文峰区二十里铺村西地共清理战国至西汉早期墓葬28座，其中汉代砖室墓10余座，汉代空心砖墓2座，共出土器物163件，其中铜器7件、陶器114件、铜镞15枚、铜钱15枚、铁器9件、骨管2个等器物。

M23　方向5°。系长方形竖穴土圹空心砖墓，距地表0.6米，土圹口长3.16米，宽1.2米，深1.84米到砖室，墓壁加工状况不甚规整。砖室内长2.88米，宽0.84～0.88米，墓壁由12块空心砖筑成，规格为1.44米×0.42米×0.14米、1.16米×0.42米×0.14米；墓底部用8块空心砖平铺（东西横铺）；墓室高0.86米。墓内葬具不详，推测应有棺，朽甚。一具骨架，保存差，直肢葬，头向北，面向、性别、年龄不详。随葬品均放置在墓底的北部，共13件器物。其中铜器1件、陶器12件，器物类型有罐、壶、鼎、盆、俑等（图4-9）。

M18　为另外一座长方形竖穴土圹空心砖墓，墓葬形制与M23大体相同，墓壁加工状况不甚规整。墓壁由12块空心砖筑成，不同的是该墓墓底由青砖铺底，墓内葬具不详，推测应有棺，朽甚。一具骨架，保存相对较好，直肢葬，头向北，根据头骨、盆骨等初步判断应为成年男性。随葬品均放置在墓底的北部，共有陶鼎、陶壶、陶罐等器物

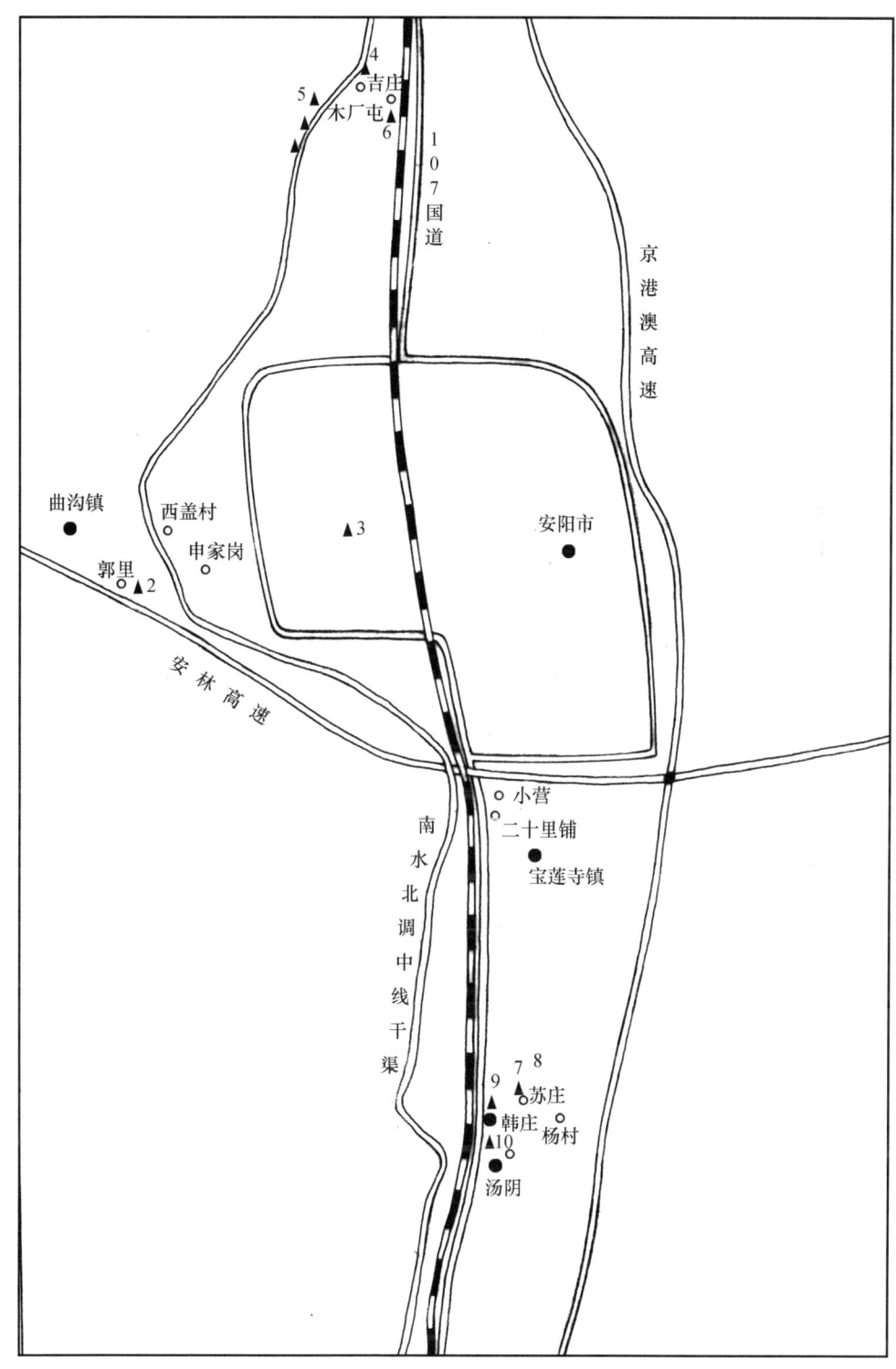

图4-8

1. 文峰区二十里铺村西地西汉早期空心砖墓及其他墓葬 2. 郭里汉代墓地 3. 丹尼斯殷都区店汉代墓葬群 4. 南水北调穿漳工程取土区安阳县吉庄汉代墓葬 5. 南水北调安阳第九标段文物保护巡护中发现的汉代墓葬 6. 安阳县木厂屯汉代墓葬 7. 汤阴韩庄乡苏家庄村汉代墓葬 8. 汤阴韩庄乡苏庄村馨和湾小区（二期）汉代墓葬群 9. 汤阴韩庄乡苏庄村百合花园汉代墓葬群 10. 汤阴韩庄乡苏庄村荷塘月色小区汉代墓葬群

7件，器物表面施红色彩画，较精美（图4-10）。

　　该墓地位于龙安区二十铺村西约500米处，是一处大型的战国至汉代早期的墓葬群。除此次的发掘外，2010年在该区域北段还发掘战国墓葬100余座。本次发掘的2座小型汉代空心砖墓是安阳市区的首次发现，对研究安阳地区墓葬分布、形制及演化序列、文化特色等具有重要的考古价值。此次发掘还出土了大量的陶器，有陶方壶、鼎、罐、盆、盒等器型，种类丰富、造型独特，特别是部分陶器上施有彩画，制作精美，也为战国晚期至西汉早期陶器分期提供了科学的依据。

图4-9　M23形制

图4-10　M18形制

二、龙安区申家岗村郭里村汉代墓地

安阳龙安区申家岗村郭里村一带是汉代墓葬较为集中的区域，20世纪60年代安阳市博物馆配合当地砖厂取土区，曾在申家岗村西一带抢救发掘了数十座东汉时期的墓葬。这批墓葬多为砖室墓，有单室墓、也有多室墓，墓葬形制与2005年南水北调文物保护控制性项目龙安区郭里墓地发掘的墓葬形制大体相同，二者应为同一个大型汉代墓葬群，是西汉晚期至东汉时期安阳地区一个非常重要的墓地。汉代墓葬内出土大量了的汉代陶器和铜镜、铜钱、铁器、石器等文物[①]。

2005年8月，安阳市文物考古研究所配合南水北调干渠建设工程，在郭里村东北南水北调的占地范围内进行了文物勘探与发掘。墓葬主要集中在现安阳市文明大道的北侧，南水北调中线干渠内，南北长约120余米，东西宽约80的范围内，此处距20世纪60年代发掘申家岗墓地仅有500余米。此次共发掘汉代墓葬计26座。其中墓道北向的有23座，墓道南向的有3座，均为砖室墓。按墓室形制可分为两大类，即双室墓和单室墓。双室墓又可分为双室带双耳室墓、双室带单耳室墓、双室无耳室墓三种。单室墓又可分为单室带单耳室墓和单室无耳室墓两种。一些墓葬形制较大，构筑独特，排列密集有序，是安阳地区汉代墓葬的代表之一（图4-11至图4-13）。

M57是一座双墓室带双耳室的汉代中型砖室墓。斜坡墓道南向，方向190°，全长20.5米，由墓道、甬道、前室、东西耳室、前后室间甬道、后室等部分组成的大型砖室墓。墓道位于墓室南侧，长10.56米；甬道高1.3米，进深1.4米。墓室门宽1.26米，洞高1.35米，深0.8米，直墙0.85处起三层券。前室平面近方形，长3米，宽2.25~3米，穹窿顶，叠涩砌法，保存较好，通高4.1米。前室两侧掏洞砌两耳室，砌四壁而无券顶。东耳室门宽0.96米，高0.9米，深0.32米，0.65米处起三层券，洞进深1.6米，宽1.5米，高1.3米；西耳室门宽0.95米，高0.76米，深0.32米，0.65处起三层券，洞进深1.5米，宽1.6米，洞高1.15米。前室西部有一座砖铺成的棺床，高0.2米，最外一层由大半截砖铺成，往里开始由整砖平行铺砌。墓室地面由残砖铺砌，无序。后室长方形，长3.8米，宽2.1米，单券顶，高1.8米，南端有盗洞扰乱。后室墓门偏东，门宽1.2米，深0.65米，高1.5米，1.06米处起二层券；距门1.06米处有一棺床，几乎占满整个后室，高0.2米，平行错缝铺地；在四角处1.16米起券，墙中间2.06米处起券，后室中部有两盗洞。前室内出土有陶壶、耳杯，东耳室出土有陶鹿头（残）、盒（残）方盘等，前后室甬道内出土有耳杯，后室内出土有陶鼎、羊尊、方盒等器物。

M29 是一座汉代双墓室带单耳室的砖室葬。斜坡墓道北向，方向10°，由墓道、墓门、前室、东耳室、前后室间甬道、后室等部分组成的大型砖室墓。墓道位于墓室北侧，长8.6米，北端宽1米，南端宽0.8米，深4.1米，四壁修整为直壁。有三层台阶，第一层长0.36米，高0.34米；第二层长0.25米，高0.25米；第三层长0.3米，高0.15米。从第三层台阶下开始倾斜到墓门。墓室门宽0.9米，深1米，高1.35米，直墙高1处起二层券。前

---

① 资料现保存在安阳市博物馆，未公开。

图4-11　郭里墓地发掘现场

图4-12　M44形制

室为穹窿顶,叠涩砌法,保存较好,通高3.06米,平面呈梯形,南北长1.96米,东西北端宽3.5,南端宽3.16米。前室西壁南北两角各有一高0.85的砖柱。前室东侧有一耳室,耳室为穹窿顶,门宽0.67米,深0.89米,0.7米处起券,券高1.19米,进深1.24米;前室西部有一砖铺成的棺床,高0.2米,最外一层由整砖平行铺砌,往里开始由大半截砖铺成。墓室地面由残砖铺砌,无序。前后室间墓门宽0.9米,高1.3米,深1.1米,双券顶。后室近方形,穹窿顶被破坏,东边长3米,西边长3.1米,南边长3.05米,北边长3.1米。在四角处各有一个高0.85米的砖柱。后室墙残高2.22米,2米处起券。前室内出土有陶壶、耳杯、罐、盘、奁、釉陶罐等,耳室出土有陶罐2件等,后室内出土有陶罐、井、灶、盒及铜钱3枚(图4-13)。

M33 是一座安阳地区发现的典型的汉代双室砖室墓。斜坡墓道北向,方向10°。由墓道、墓门、前室、后室组成。墓道位于墓室北侧,为长方形斜坡式,口长9.52米,宽0.9米,深0.8~4.6米。墓门为石门,两扇各宽0.5米,厚0.1米,高1.2米,素面无画像,门额和门槛为两块长方形条石,长1.4米,宽0.4米,厚0.12米。前室北宽南窄,平面呈梯形,券顶及东部墙壁已被破坏,单砖错缝平砌,残高0.9米。后室门偏东侧,宽0.96米,深0.96米,高1.2米,双券顶。后室长方形,长3.62米,宽1.76米,券顶被破坏,残高1.85米,墓底由残砖不规则铺砌。前室西侧有砖砌棺床,高0.2米,无骨架。前室内出土陶灶、陶壶、陶耳杯、石臼等,后室出土有绿釉陶壶1件,铜镜1面及铜钱等。

M34 斜坡墓道北向,方向10°。由墓道、甬道、墓门、前室、后室组成。墓道位于墓室北侧,为长方形斜坡式,上口长5.2米,宽0.5~0.7米,深2.5~4米,底坡长6.5米,宽0.5~0.7米,四壁修整为直壁。墓道与墓室不在同一条轴线上,成15°的夹角。墓门外有土洞甬道,长1.2米,宽0.5~0.97米,洞高1.6米,墓门、顶已被破坏。前

图4-13 M29前室出土器物情况

室平面呈方形,边长2.9米,残高1.9米,穹窿顶,叠涩砌法。后室长方形,长3米,宽1.7~1.79米,残高0.5~1.75米,单砖券顶,墓底顺平铺砌底砖。前室四角有方0.15米,高0.87米的砖柱。前室西侧有砖砌棺床,高0.22米(四层砖),无骨架。前室内出土陶盘、陶灶、铁鼎、陶耳杯、铅镜、陶罐、陶奁等,后室出土有陶罐、陶盒、陶壶及铜钱8枚等。

M61 是一座汉代小型单室砖室墓,斜坡墓道北向,方向10°。由墓道、甬道、耳室、墓室组成。墓道位于墓室北侧,为长方形斜坡式,长6.2米,有三层台阶宽0.3米,四壁修整为直壁。墓门外有土洞甬道,甬道高2.05米,进深1.2米,宽0.7米,外口有立砖顺砌封门砖,高0.95米。墓门宽0.8米,深0.3米,双券顶高1.35米。墓室平面呈梯形,长4.05米,宽1.6~1.75米,券顶已被破坏,单砖错缝平砌墓壁,残高1.7~2米。墓室东侧有土洞耳室,耳室门宽0.75米,双券顶高1米,洞高1.15米,进深1.75米,宽1米。墓室有二副棺痕,无骨架。墓室内出土铜镜、铜钱、骨器、羊尊(2件)、鹿尊(2件)、铜带钩、铜指环、铁灯等,耳室内出有铁鼎、陶罐、陶壶、陶灶、耳杯、井等器物。

郭里墓地汉墓中共出土各类陶器300余件。主要种类为陶罐、壶、仓、灶、井、奁、盘、盆及长方形盒。其中5件绿釉陶壶,4件陶羊尊,2件鹿尊,造型奇特,为汉墓所不多见,具有很高的文物价值。出土铜器及其他器物较少,计铜镜5面,铜带钩1件,五铢铜钱上百枚及少量的铁器、石器等。

羊尊,4件。标本M58:2和M58:3,形制、大小一样。羊尊为蹲卧式,羊头上昂,下垂胡须、长嘴、圆形眼、羊耳后翘、羊角下卷前翻,圆腹,短尾。喇叭形尊口,位于羊背部正中。通长38.5厘米,高20厘米。标本M61:6和M61:7,形制、大小一样。羊尊为蹲卧式,羊头上昂,长嘴、圆形眼、羊角前卷,圆腹,短尾。喇叭形尊口,位于羊背部偏前。通长40厘米,高20厘米(图4-14)。

鹿尊,2件。标本M61:4和M61:5,形制、大小一样。鹿尊为蹲卧式,鹿头上昂,长嘴、圆眼、鹿角向后贴于背部,分三叉。圆腹,短尾。喇叭形尊口,位于两鹿角间。通长39.5厘米,高22.5厘米(图4-15)。

绿釉陶壶,5件。标本M33:1,泥质红陶,通体施绿釉。喇叭形口,束颈,鼓腹,假圈足。通高31厘米,口径14.8厘米,腹径22.7厘米,底径13.5厘米(图4-16)。

绿釉陶罐,标本M29:17,通体施绿釉。卷唇,束颈,垂形腹,平底微内凹,肩上部饰一周凸弦纹,下部饰一周凹弦纹。通高20厘米,口径11.7厘米,腹径22.5厘米,底径12厘米(图4-17)。

神人车马画像镜,标本M61:1,直径13.5厘米。圆钮,连珠纹钮座。带座四乳将内区分成四区,各区内分别配置房屋、车马、人物和虎四组图案,外圈有一圈铭文"尚方作镜真大工,上有山人示知老",计14字。铭文外侧至镜边缘分饰一周斜线纹与两周三角纹(图4-18)。

神兽镜,标本M61:8,直径10厘米。圆钮,圆钮座。钮座外圈以钮两穿孔为线,左右分别饰龙、虎浮雕图案。从神兽图案向外至铜镜外缘分饰三周斜线纹、三角纹、云纹(图4-19)。

连弧纹镜,2件。标本M41:1,径20厘米。圆形钮,四叶纹钮座,内区八连弧纹,

图4-14　M58出土的陶羊尊

图4-15　M61出土的陶鹿尊

图4-16　M33出土的绿釉陶壶

图4-17　M29出土的绿釉陶罐

图4-18　M61出土的神人车马画像镜

图4-19　M61出土的神兽纹铜镜

外区云雷纹和弦纹。云雷纹中间有八个带圆心的小圆圈，各圆圈间饰有斜线纹，宽素缘。在四叶纹钮座的四叶间有"长宜子孙"4字铭文（图4-20）。标本M54∶1，径16.2厘米。圆形钮，四叶纹钮座，内区八连弧纹，外区云雷纹和弦纹。云雷纹中间有八个带圆心的小圆圈，各圆圈间饰有斜线纹，宽素缘（图4-21）。

图4-20　M41出土的连弧纹铜镜　　　　图4-21　M54出土的连弧纹铜镜

石虎座，2件。标本M50：1和M50：2，一对，大小尺寸相同。石座上雕刻卧虎状，虎宽吻，圆眼。两耳后伸，圆腹，两肢前曲，石座长20厘米，通高14厘米。

安阳市龙安区申家岗村郭里村墓地是安阳地区分布密集的大型汉代墓群之一，它主要使用于东汉时期，以中小型的砖室墓为主。墓葬分布有序、排列密集，时代序列清晰，多数砖室墓设计精巧，制作规整，前室为窟窿顶，后室为券顶，具有强烈的地方特色。该批墓葬虽然多被盗扰，但出土器物较多，器物组合较完整，为研究安阳地区东汉时期墓葬分布、墓葬形制、演化序列及当时安阳一带政治、经济、文化等提供了丰富的实物资料。

三、丹尼斯殷都区店汉代墓葬群

安阳市丹尼斯殷都区店位于中州路与文峰大道交叉口东南角，北侧为贞元广场，西侧为安阳市工贸中心，南侧为安阳市玻壳厂家属院。安阳市文物考古研究所于2013年9月26日至2014年8月对该建设工地占地范围内的遗迹进行了考古发掘。共发掘商代墓葬28座，汉代及唐宋代时期墓葬55座，出土器物100余件。该区域以汉代墓葬为主，是一处较大的汉代墓葬群。

M48　方向95°。系墓道朝东的砖室墓。早期被破坏。墓口距地表2.75米。墓道长2.4米，宽0.6~0.74米。墓室长2.4米，宽1.62米，残高1.5米，墓壁由单砖平行错缝垒砌（砖0.3米×0.15米~0.05米）。墓底单砖横向铺底。不见葬具和骨架。出土编号器物8件，有陶罐、奁、圆盘、井、灶、仓、耳杯。从墓葬形制和器物特征判断，其年代应为东汉。

M49　方向10°。系墓道朝北的砖室墓。早期被破坏。墓口距地表2.75米。墓道长4米，宽0.9~1.2米。墓室长3米，宽1.7米，墓室内高1.3米，墓壁由单砖平行错缝垒砌（砖0.3米×0.15米~0.05米）。墓底乱砖平铺。不见葬具和骨架。出土编号器物8件，有陶罐、碗、灶、仓、耳杯。从墓葬形制和器物特征判断，其年代应为东汉。

M60　方向90°。系墓道朝东的砖室墓。早期被破坏。墓口距地表3米。墓道长2.5米，宽0.9米。墓室长2.9米，宽2.3~2.1米，墓室内高1.3米，墓壁由单砖平行错缝垒砌

（砖0.3米×0.16米~0.05米），顶已被破坏，从残留的痕迹看应为通券式，单立砖上下垒砌。墓底单砖平铺。不见葬具和骨架。出土编号器物13件，有陶奁、罐、瓶、井、仓、耳杯及铜钱（货泉）。从墓葬形制和器物特征判断，其年代应为东汉早期。

安阳市丹尼斯殷都区店与2016~2017年发掘新都汇小区汉代墓葬应属一个大型的汉代墓葬群，该墓葬群共计有汉代墓葬近100座。该地区的汉代墓葬大多为小型单室砖室墓，时代从东汉早期一直延续到东汉的中晚期。墓葬分布较为密集，部分墓葬设计精巧，结构保存完整，出土器物较多，器物组合完整，是安阳老城西部重要的汉代墓葬群之一。该墓地的发现与发掘为安阳老城兴建、变迁，安阳汉代墓葬的分布与演化序列及安阳地区汉代文化的传承与发展等方面的研究提供了丰富的实物资料。

四、南水北调穿漳工程取土区安阳县吉庄汉代墓葬

2011年3~6月，安阳市文物考古研究所配合南水北调穿漳工程取土区，在安阳县安丰乡吉庄村西北地发现并发掘一大批战国至隋唐时期的墓葬，其中发掘汉代墓葬19座。这批汉墓皆为砖室墓，墓道方向分别朝南或朝北。有单室墓、有前后双室墓、部分墓葬带耳室。出土代表性器物有陶罐、陶壶、陶耳杯、陶奁、陶方盘、陶灶等。其中M12为一座小型汉代单室砖室墓。该墓为墓道朝南砖室墓，方向196°。墓葬上层因取土和盗扰破坏，墓道及墓顶形制不详。现墓口距地表2.4米。墓葬甬道长1.1米，宽0.92米。残深0.58米。甬道口有封门砖，由单砖平行错缝垒砌。墓室残留四壁直壁，平面呈长方形，南北长3.2米，东西宽2.9米，残高0.58~0.96米。直壁由单砖平行错缝垒砌。墓底由单砖不规则平铺。墓室东壁有一耳室（因盗扰破坏殆尽）。墓葬内骨架凌乱，葬具葬式不详。填土为花土，含乱转、残乱骨架、残陶片。近墓底处出土陶罐1件、陶方盘1件、陶耳杯2件、陶奁1件。

M101　为墓道朝北双室砖室墓，方向12°。墓葬上层因取土和盗扰破坏，墓道及墓顶形制不详。现墓口距地表2.4米。墓道残长0.48米，宽0.92米。墓道口有封门砖，由单砖平行错缝垒砌。墓室残留四壁直壁，平面呈长方形，前室长2.06米，宽2.3米，残高1.1米。前室西侧有一砖炕，南北向与墓室壁连接，长2.1米，宽0.75米。由三层砖平铺而成。前后室间的甬道长0.65米，宽0.9米。后室长2.5米，宽1.8米，残深0.32米。墓室东壁有一耳室（因盗扰破坏形制不详）。墓底由单砖不规则平铺而成。直壁由单砖平行错缝垒砌。墓葬内骨架凌乱，葬具葬式不详。填土为花土，含乱转、残乱骨架、残陶片。墓前室及耳室口，出土大量陶器有陶壶、陶盒、陶耳杯、陶勺、陶魁、陶方盘、陶圆盘、陶罐、陶甗、陶灶、陶井。

吉庄墓地与2005~2007年发掘的固岸墓地为同一个大型墓葬群，这一墓地延续时间长，墓葬排列密集，考古价值极高。是战国至北朝时期邺城西部的重要王公贵族、各级官员和平民百姓的墓葬区之一，这一墓地的兴衰与邺城的兴废有着直接的关系。墓地的发现与发掘为研究邺城兴盛时期的政治、经济、文化及丧葬礼仪制度等提供了丰富的实物资料。

五、南水北调安阳第九标段文物保护巡护中发现的汉代墓葬

南水北调工程安阳第九标段位于安阳县安丰乡后稻田村至漳河北岸,总长4395.2米。该标段北段为固岸墓地。2008年5月初,安阳市文物考古研究所南水北调文物巡查过程中,在南水北调安阳第九标段桩号37+200～37+700处又发现有100余座汉代墓葬,发掘清理墓葬80余座,比较有代表性的有M13、M17、M35、M43、M44、M50、M51、M56等墓葬。这些墓葬多为小型砖室墓,一般由墓道、墓门和墓室组成,多数为南北向,少数为东西向。墓室多为青砖券顶,墓底也为青砖铺砌,部分墓葬带有一个耳室,个别的则带有两个耳室。由于墓葬被盗和被破坏严重,大多数墓葬形制保存不完整。在整个文物保护巡护过程中,安阳第九标段汉代墓葬共出土各类器物300余件。其中出土有铜镜8面,陶罐、陶壶、陶奁、陶仓、陶井、陶灶等陶器100余件,铜钱200余枚,其他的有封泥、铜印等文物,具有重要的考古价值(图4-22至图4-29)。

图4-22　M35形制

图4-23　M56形制

图4-24　第九标段汉墓出土铜印

图4-25　第九标段汉墓出土封泥　　　　图4-26　M125出土"长宜子孙"铜镜

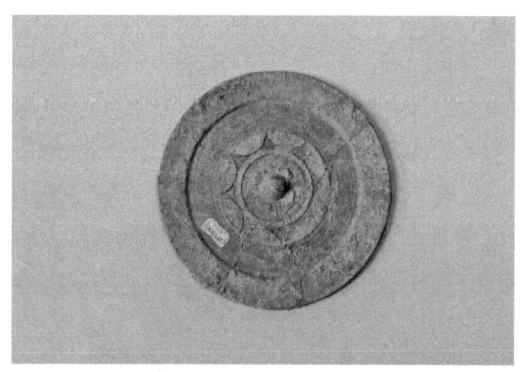 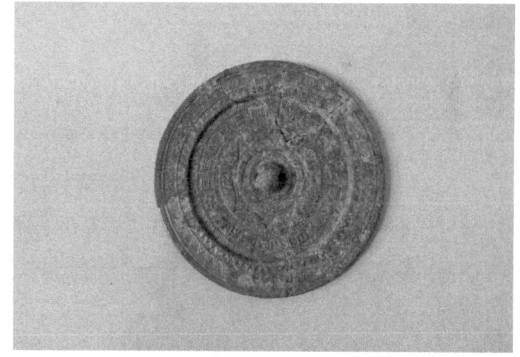

图4-27　第九标段M32出土连弧纹铜镜　　图4-28　第九标段汉墓出土连弧纹"日月"铜镜

图4-29　M64出土四神博局铜镜

六、安阳县木厂屯村汉代墓葬

木厂屯村汉代墓葬群位于安阳城西北20余公里的安丰乡木厂屯村西南地，为南水北调安阳段第九标段取土区，共占地约400亩。安阳市文物考古研究所和安阳县文物考古队于2009年6月～2010年1月，配合南水北调建设工程，对墓地进行了抢救性发掘，清理一大批战国至北朝、隋唐时期的墓葬，其中汉代墓葬53座。这批墓葬皆为带墓道单室砖室墓（皆遭破坏）。北向的约有75%，南向的约24%，其余的东西向占1%。共出土器物约270余件，以陶器为主。出土器物有铜镜4面，铅镜4面，铁器4件，陶器150余件（陶罐、陶壶、陶奁、陶仓、陶井、陶灶、陶盘、陶魁、陶耳杯、陶勺等）、铜钱100余枚。

M41　该墓为双墓道的双室墓，方向6°。破坏很严重，墓道残留有1米左右，宽为0.86～0.94米。现场看，历史上也遭多次盗掘，墓室内充满乱砖、花土。现残面距地表4.15米，残高0.35～0.55米。西侧为前后室，前室平面呈方形四壁外弧，内径2.34米，右侧有一砖炕，后室平面呈长方形四壁外弧，内长2.7，宽2.32米；东侧形制同西侧，东侧前室内长2.48，宽2.42米，后室长2.9，宽2.3米。两侧的前室由一甬道相连。墓壁皆为单砖（砖0.3米×0.15米～0.06米）平行错缝垒砌。墓底为乱砖铺底。在墓室的填土中出有陶器（泥质灰陶）残片及数枚铜钱（五铢钱）。

M30　该墓葬方向278°。现残面距地表2.8米。残高0.85米。墓壁由单砖平行错缝垒砌，前室长2.3米，宽2.22米，南侧有砖炕高0.1米；后室长2.56米，宽1.76米。无铺底。出土器物较丰富，共计21件。主要为铜镜、陶井、陶盘、陶奁、陶耳杯、陶灶、陶罐、铁器等。后室有骨架两具，北侧为一成年男性，南侧为一成年女性，皆为仰直。北侧的葬具不详，南侧还能看到棺痕（宽0.6～0.54米，长1.92米）。

M31　该墓为墓道北向的单室墓，方向3°。残面距地表3.34米，盗扰严重。残高0.46～0.8米，墓室长3米，宽1.78米。墓壁为单砖平行错缝垒砌。墓门的西侧有一小砖炕。墓底为乱砖铺底。小炕前出土有铜镜、陶甑、陶耳杯、陶奁等共计4件。不见骨架和葬具。

在安阳县北部的安丰乡、洪河屯乡等一带考古发现了大量的东汉时期的墓葬，特别是固岸墓地、吉庄墓地等共计发现有数百座东汉晚期的墓葬。2009年12月，在西高穴村又发现著名的曹操墓。木厂屯村发现的这批汉墓，从地理位置来看都属于漳河南，邺城西的东汉时期的大型墓葬区。特别是木厂屯汉墓群位置更偏东，距邺城位置更近。这些墓地的出现与邺城的兴建有着密切的关系，为研究东汉末期至三国时期的历史文化提供了重要的实物资料。

七、汤阴韩庄乡苏家庄村汉代遗址和墓葬

苏家庄村汉代遗址和汉代墓地位于汤阴县城西北部，地处平原地带，地势平缓。本次发掘面积东西长500米，南北宽15米，处于南水北调支线汤阴段受水区西部。为配合南水北调支线汤阴段受水区的施工建设以及保护施工段的地下文物，2013年8～10月，

安阳市文物考古研究所联合汤阴县文物保护管理所对该施工段进行了抢救性考古发掘。这次发掘共发现46座古墓葬（就地保护墓葬11座），发掘清理墓葬35座，其中汉代墓葬34座，唐代墓葬1座，汉代窖穴3处、水井1座、灰坑8处。共出土器物200余件，根据质地可分为铜器、陶器、铁器等。其中铜器有镜、车饰、弩机、钱币、扣等；陶器有罐、壶、灶、仓、井、圆托盘、方盒、鼎、耳杯、盆、碗、勺、钵等；铁器有刀。陶器组合主要为罐、壶、灶、井、盘、耳杯、仓；鼎、罐、壶、仓、碗。这次发掘的30余座墓葬中以J1、M2与M19较为重要。

1. 水井

J1，为汉代水井，开口三层下，井口距地表应1.5米，井口上部被破坏，残余少许，口径1米，垂直向下0.4米，又向南斜下0.9米，形成一不规则铲形洞，在水井东西两壁上各残存7个脚窝，上下相距30厘米左右，进深12~14厘米，在填土中出有大量汉代陶器碎片、青砖碎块、兽骨及少量唐宋时期瓷片。其中出土的汉代圈足多格陶圆盘器形独特，较为少见。由出土的汉代陶器碎片和唐宋时期的瓷片推测，这座水井使用时间应是从汉代到唐宋时期。

2. 墓葬

此次发掘的30余座汉墓均为砖室墓，墓葬结构大都有墓道和墓室，墓室皆为青砖砌筑而成。墓葬以南北向为主，其中墓道朝北向的又占多数，东西向的只有2座，西汉早期墓葬多为土圹半砖室墓结构（图4-30、图4-31）。

M2 汉代砖室墓，方向12°。墓口距地表1.8米，墓深4.3米，该墓早期被盗。墓道残长1.3米，呈斜坡状直至墓室（因施工现场条件所限未完全清理）。墓室口有青砖封门，由残砖错缝垒砌而成。墓室平面呈长方形，长4.8米，宽2.12米，墓顶及四壁破坏严重，仅四壁残有少许青砖，墓室有砖铺底，多为残砖随意铺砌。墓室中未见骨架，仅在填土中出有少量人骨，根据残余盆骨推断，墓主人为男性，年龄、葬式不详。随葬品多放于墓室北端，出土器物五件，有铜器、陶器等。铜器有铜镜、铜钱，其中汉代连弧纹铜镜，直径18厘米，纹饰精美，保存较好。陶器有耳杯1件。

M19 汉代砖室墓，方向10°。墓口距地表1.4米，墓深4.8米，墓室北端稍微残缺，墓室平面呈长方形。墓室东壁、南壁、西壁为青砖东西向横铺垒砌，北壁无。有木棺痕迹，棺下铺有白灰，棺高0.35米。墓底为青砖东西向平铺而成。墓主人仰身直肢（骨架朽甚无法提取），头骨漂移至盆骨下，面上，双臂顺放于盆骨外侧，45岁左右，性别不详。棺北侧殉有一狗，头北背东。随葬品多放于棺外墓室北端，出土器物11件，铜器有铜钱、铜环，陶器有罐、仓、碗、盘、钵、鼎、杯等。

汤阴，因位于荡水（汤河）之阴而得名。荡原为古国名，因荡水流经古荡国而得名，最早于西汉高祖二年（前205年）置县，历经两汉、南北朝、隋、唐、宋、金、元、明、清的变迁，历史文化底蕴十分丰厚。通过此次考古发掘，为研究汤阴地区汉代遗址、墓葬分布区域、汤阴汉文化以及豫北地区汉代墓葬制度、特点以及墓葬结构、出土器物组合等提供了新的实物资料。

图4-30　苏庄汉墓发掘现场之一

图4-31　苏庄汉墓发掘现场之一

八、汤阴县馨和湾小区（二期）汉代墓葬群

馨和湾二期考古工地位于汤阴县县城西北部，文王路与人和大道交叉口东北角，汤阴县韩庄派出所向东150米处。2015年10月至2016年1月，配合小区建设工程进行了考古发掘。此次实际发掘墓葬300座（图4-32至图4-35），其中汉代墓葬298座、唐代墓葬2座，共出土陶、瓷、铜、铁、石等器物1303件。特别是一批汉代铜器的出土，弥足珍贵。此次发掘是汤阴地区一次性发掘汉代墓葬最多的一次，墓葬特色鲜明，器物组合完整清晰，出土器物数量大，种类丰富，保存较好，具有重要的考古价值（图4-36至图4-47）。

M52 为汉代单墓道长方形砖室墓，墓道朝南，方向187°。该墓位于2.5米深土槽下，地表下0.8米透口。墓道长1.6米，宽1.6~1.8米，残深0~0.4米。墓室土圹长6.76米，宽1.8米，残深1.8米。墓室下半部分为砖室，东西两壁有青砖墙，砖室内宽1.04~1.1米，墙高1.2米，砖长0.3米，宽0.15米，厚0.05米。墓室北壁有壁龛，高1.24米，宽1.34米，进深0.82米。北部墓底可见有残留铺底砖，墓底中部偏北有一个底坑。葬具不详，不见人骨架。墓室北部出土1件青铜樽（残，内有兽骨），4件陶壶（残），9件陶罐（1整8残），1件高领陶罐，1件（套）陶炉（残），1件陶灶（残），4件陶碗（残，两两相扣），底坑内出土1件陶瓮（残）。填土为花土，黄土中夹杂红、黑土块，致密。

M76 为汉代长方形竖穴土圹墓，南北向，方向20°。该墓位于1.8米深土槽下，地表下0.8米透口。墓圹长3.26米，宽0.76~0.8米，残深1.26米。东西两侧有较窄的生土二层台，台高0.4米，宽0.1米。葬具不详。葬一人，仅余碎裂的头骨和腿骨，仰身直肢，头北面上，保存极差，性别、年龄不详。墓室北部出土4件陶罐，2整2残。填土为花土，黄土中夹杂红土块，松散。

M108 为汉代长方形竖穴土圹墓，东西向，方向85°。地表下0.8米透口，墓圹长3.3米、宽1.22米、深1.6米。葬具不详，不见人骨架。墓室底部北端出土两个大陶罐、两个小陶罐（残）。填土为花土，黄土中夹杂红土块，松散。

M124 为汉代长方形竖穴土圹砖室墓，南北向，方向15°。该墓位于2米深的土槽下，被盗扰破坏严重。地表下0.8米透口，墓室土圹长4.86米，宽1.7米，残深2.2米。下部为砖室，东西南三壁均有东西向横铺砖墙，砖室内长4.7米，内宽0.98米，东西墙高0.8米，南墙高1米。墓底有人字形铺底砖。该墓所用青砖长0.3米，宽0.15米，厚0.05米。葬具不详，不见人骨架。墓葬填土中出土2枚汉代五铢钱和1把铁削（残）。填土为花土，黄土中夹杂红土块，松散。

M150 为汉代长方形竖穴土圹砖室墓，东西向，方向105°。该墓位于1.7米深土槽下，地表下0.8米透口。墓圹长3.66米，宽1.22米，残深1.42米。墓室下半部分为砖室，南、北、西三壁有砖墙，东壁土圹，墓底有人字形铺底砖，砖室内长3.56米，内宽0.78米，墙高0.64米。所用皆为青砖，长0.32米，宽0.16米，厚0.05米。有一棺，朽甚，仅余棺痕。不见人骨架。墓室东部出土4件陶罐，1件陶䀇，1件陶瓮（残）。填土为花土，

图4-32　M18形制

图4-33　M25形制

图4-34　M26形制

图4-35　M27形制

图4-36　M264出土铜尊

图4-37　M264出土铜盉

图4-38　M264出土铜扁壶

图4-39　M264出土铜盆

图4-40　M264出土小铜盆

图4-41　M264出土甗

图4-42　出土的铜鼎

图4-43　M52出土青铜尊

图4-44　M250出土的铜镜

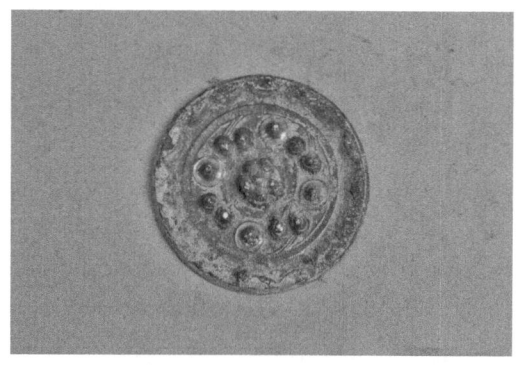

图4-45　M178出土铜镜

图4-46　M37出土的铜镜

图4-47　M241出土铜镜

黄土中夹杂红土块，松散。

M186　为汉代长方形砖室墓，南北向，方向10°，券顶。该墓位于1.7米深土槽下，地表下0.8米透口。墓室长1.5米，宽0.78米，墙高0.42米，以上起券，券顶高0.3米。墓室四壁皆为砖墙，所用都是青砖，砖长0.31米，宽0.15或0.16米，厚0.05米。葬具不详，砖室内葬一人，儿童，仰身，双腿分叉，膝盖分别屈向两旁，左臂上举，右臂贴与身体右侧，保存差，性别不详。头骨东侧出土1个陶罐，罐口放1陶碗，左臂下靠东壁出土1个小陶釜。填土为花土，黄土中夹杂红土块，松散。

M250　为汉代长方形竖穴土圹砖室墓，南北向，方向13°。该墓位于1.8米土槽下，地表下0.8米透口。墓圹长5.3米，宽1.06米，残深1.9米。墓室下半部分为砖室，东西南三面砖墙，墙高0.7米。墓底有人字形铺底砖，均为青砖，砖长0.36米，宽0.16米，厚0.06米。葬具不详。葬一人，仰身屈肢，头北面上，保存一般。头北出土2件陶壶（残）、1件陶碗、1件铁鼎、1件青铜盆（残），足南出土一青铜镜，骨架下出土8枚五铢铜钱。填土为花土，黄土中夹杂红、黑土块，致密。

M253　为汉代单墓道土圹墓，墓道朝北，方向5°，墓室呈长方形。该墓位于1.8米深土槽下，透口不详。墓道残长2.44米，残深0.2~0.9米，北浅南深。墓室长3米，宽1.2米，残深0.9米。有一棺，朽甚，仅余棺痕。葬一人，仰身直肢，腐朽严重，保存差，性别、年龄不详。墓室北部棺外出土1个陶壶（残），1件陶罐（残），2件带盖陶仓

（残），1套陶灶（1套4件，灶上放有2件陶甑、1件陶勺）。棺内骨架周围出土7枚五铢钱，1把青铜刀（残）。填土为花土，黄土中夹杂红土块，松散。

M264 为汉代长方形竖穴土圹砖室墓，南北向，方向10°，已被盗。该墓位于2.3深的土槽下，地表下0.8米透口。墓圹长6.04米，宽1.56米，残深2.2米。墓室下部为砖室，东西壁有砖墙，砖室内长5.9米，内宽1.06米，砖墙高1米。北壁有一壁龛，高1.16米，内宽0.88米，进深1.3米，东西皆有砖墙。墓室底部原有铺底砖，已完全被破坏。不见葬具、人骨架。墓室底部北端及壁龛内出土1件装有溶液的青铜扁壶（溶液疑为酒），1件青铜尊（残），1件青铜盉，1件青铜甗（上为釜、下为甑），2件大青铜盆，4件小青铜盆，1件陶罐（残）。填土为花土，黄土中夹杂红土块，松散。

M299 为汉代长方形竖穴土圹砖室墓，南北向，方向16°，已被盗。该墓位于1.6米深土槽下，地表下0.8米透口。墓室上部已被破坏，本来东西南三壁均有砖墙，现仅东西壁有残砖墙。墓圹长3.7米，宽1.4米，残深1米。砖室内宽0.78~0.9米，东墙残长3.44米，西墙残长3.33米。所用均为青砖，长0.3米，宽0.15米，厚0.05米。东壁有一壁龛，宽0.26米，进深0.34米。葬具不详，不见人骨架。壁龛内出土1件陶灶。填土为花土，黄土中夹杂红土块，松散。M299打破其西侧的M40和南侧的M41。

从此次清理的300余座墓葬的形制、结构、出土器物看，基本上均为汉代墓葬，具体来看其时代大约从西汉早期一直延续的东汉早中期，前后约300余年。该墓地使用时期长，墓葬排列密集但少有打破关系，墓葬形制不大，特点鲜明，为一般平民或者乡绅之类的墓葬，但部分随葬青铜礼器的墓葬可能级别略高，是豫北地区汉代墓葬的集中代表。特别是该批墓中出土一批汉代青铜鼎、青铜尊、青铜甗、青铜盉、青铜盆等青铜礼器和一批汉代铜镜等，保存较好，制作精巧，部分器物纹饰精美，为豫北地区汉代墓葬中仅见，具有较高的文物价值。

初步看来，本区域在汉代可能曾被作为一个公共墓地来使用。此次发掘墓葬群周边是一个大型的汉代墓葬集聚区，在该工地东边的锦绣江南小区、汤阴县人民医院新址、锦绣豪庭二期工地等一带发现数百座汉代墓葬。而房址、灰坑等生活遗存则很少发现。西部的荷塘月色小区等都发现大量的西汉早期至东汉中晚期的墓葬。这个现象表明，汤阴县城北部这片区域在古代特别是汉代曾长期作为专门的墓葬区而存在。本次发掘为研究汤阴地区汉代文化遗址分布、社会功能区的划分提供了新的资料。

九、汤阴县百合花园汉代墓葬群

汤阴百合花园考古工地位于汤阴县县城西北部，文王路与人和大道交叉口西北角，汤阴县韩庄派出所东墙外。配合该小区建设项目，安阳市文物考古研究所联合汤阴县文管所于2016年1~3月，在此区域内共计掘汉代墓葬33座。该范围内墓葬被盗扰严重，但形制尚存。共出土陶、瓷、铜、铁、石等编号器物100余件。

M14 为南北向长方形竖穴土圹砖室墓，方向10°。该墓开口于地表下1.2米，早期被盗。土圹长4.4米，宽2.18米，深1.7米，深2.9米，墓内填土为红花土，红土杂黄土块，质地致密。土圹之内以青砖平行错缝垒砌墓室，南北不见。因被盗扰，墓壁残高

0.3~1.2米。墓底有铺底，单砖南北向铺砌，砖长0.3米，宽0.15米，厚0.06米。由于盗扰严重，不见骨架和葬具。出土器物均为泥质灰陶，分别是盘1件、罐3件、奁1件、耳杯5件。根据墓葬形制和出土器物特征，此墓葬为西汉中期较为适宜（图4-48）。

M18　为南北向长方形竖穴土圹砖室墓，方向15°。该墓开口于地表下1.2米，早期被盗。墓圹长4.48米，宽1.2米，深2.56米。墓内填土为红花土，红土杂黄土块，质地致密。土圹之内以青砖平行错缝垒砌墓室，高0.82米，北侧不见。东壁因挤压而变形，墓室底部有铺地砖，东西向错缝铺砌。砖长0.32米，宽0.15米，厚0.06米。由于盗扰严重，不见骨架和葬具。共出土编号器物10件套，均为泥质灰陶。大陶壶2件、小陶壶2件、灶1套、奁1件。根据墓葬形制和器物特征，此墓为西汉中期较为适宜（图4-49）。

M12　为汉代长方形竖穴土圹砖室墓，南北向，方向5°，早期被盗。该墓于地表下1.2米透口，土圹长2.52米，宽1.05米，深1.7米。墓室下半部分为砖室，东西两面砖墙，墓底以上0.4米开始砌砖，砖墙为四层砖，高0.2米，距离墓口1.1米。砖室内宽0.7米，砖长0.32米，宽0.16米，厚0.05米。墓内填土为红花土，红土杂黄土块，质地致密。由于盗扰严重，不见骨架和葬具。墓底北部出土4个陶罐，其中一个陶罐埋于底土下，罐口上盖一残砖。

M15　为汉代长方形竖穴土坑墓，南北向，方向15°。该墓于早期被盗，地表下1.2米透口。墓长2.84米，宽0.9米，深1.7米。墓内填土为红花土，红土杂黄土块，质地致密。由于盗扰严重，不见骨架和葬具。墓底西北角出土1个陶瓮、1个陶盆和1个小陶罐，均残。陶瓮埋于墓底土中，仅露口沿部分，口上盖两块青砖，1整1残。

M27　为汉代长方形竖穴土圹砖室墓，南北向，方向15°。该墓于早期被盗，地表下1.2米透口。墓室上半部分被完全破坏，仅少许砖室残留。砖室南墙被破坏完，北墙和

图4-48　M14形制

图4-49 M18形制

西墙有部分残留,东墙仅上部被破坏。现存墓室内长4.8米,内宽1.52～1.56米,南宽1.9米,残深0.36米。砖为青砖,长0.32米,宽0.16米,厚0.06米。墓内填土为红花土,红土杂黄土块,质地致密,中间多乱砖。由于盗扰严重,不见骨架和葬具,填土中出土40枚铜钱。

从此次清理的33座墓葬的形制、结构、出土器物看,基本上均为汉代墓葬,但有些墓葬为西汉中期或偏早,是这一区域发现较代的汉代墓葬之一。该墓地的发现与发掘为研究汤阴北部区域汉代墓葬形制的演变、器物种类与组合等提供了新的资料。

十、汤阴县荷塘月色小区汉代墓葬群

该墓地位于汤阴县县城西北部,文王路与人和大道交叉口西南角。2016年9～11月,安阳市文物考古研究所配合小区建设项目,共计发掘墓葬112座,其中汉代墓葬110座、唐代墓葬2座,出土有陶、瓷、铜、铁、石等器物。

M36 为汉代长方形竖穴土圹砖室墓,南北向,方向5°。该墓于地表下1.6米透口,墓圹长2.86米,宽1.22～1.24米,深1.14米。东、西、南有砖墙,砖室内长2.8米,内宽0.76～0.78米,墙高0.66米。墓底有四行铺砖,应为垫砖。砖多青砖,有少量红砖,大小为0.32米×0.16米×0.05米。葬具不详。葬一人,骨架朽甚,性别、年龄不详。墓室东北部出土4件陶罐,1套陶灶,北部墓底埋1件陶瓮(口部盖两砖)。填土为花土,黄土中夹杂红土块,致密。

M47 为汉代单墓道土洞墓,墓道朝南,方向190°。该墓于地表下1.48米透口,墓道长3米,宽0.76～0.78米,深0.28～2.16米,北浅南深。墓室长3.1米,宽0.92米,深2.16米。葬具不详。葬一人,仰身直肢,头北面上,手骨残缺,保存一般,由盆骨和牙齿初步判断墓主应为成年男性。墓室北部出土3个陶罐，1套陶灶（上有2件陶釜、2件陶甑），1件陶仓，1件陶樽，1件陶耳杯，1件陶井（内有1小陶桶）。填土为花土，黄土中夹杂红土块，松散。

M54　为汉代长方形竖穴土圹砖室墓，南北向，方向10°。该墓于地表下1.3米透口，墓圹长3米，宽1米，墓深2.4米。该墓口小底大，墓底宽1.34~1.4米。砖室有东、西、南三面砖墙，西仞砖，东跑砖，南立砖，皆为青砖，砖大小为0.32米×0.16米×0.05米。葬具不详，葬一人，骨架保存差，仅余头骨和腿骨，性别不详，年龄应为成年。墓室西北角底埋1陶瓮。填土为花土，黄土中夹杂红土块，沙质，松散，填土中出土2个陶罐、1个陶盆。

M63　为汉代长方形竖穴土圹砖室墓，南北向，方向11°，于地表下1.7米透口。墓圹长3.54米，宽1.18~1.22米，深1.7米。砖室有东、西、南三面砖墙，内长3.49米，内宽0.74~0.76米，东、西墙高0.7米，南墙高0.76米。有铺底砖，杂乱分布于墓底南半部分。所用皆为青砖，大小为0.31米×0.16米×0.05米。北壁有1壁龛，高0.8米，宽0.68米，进深0.26米。葬具不详，不见人骨架。壁龛内出土1件陶罐、1件陶壶，墓室北部出土3件陶罐、1件带盖陶盒、1件陶壶、1套陶灶（共有3件陶釜、1件陶勺、1件陶烟囱、2件陶甑），其中大陶罐下有两块砖，砖下埋1件陶瓮。填土为花土，黄土中夹杂红土块，致密。

M94　为汉代长方形竖穴土圹砖室墓，南北向，方向10°，已被盗。该墓于地表下1.7米透口，墓圹长3.6米，宽1.24米，深1.8米。墓室下半部分为砖室，东、西、南三面砖墙，中部有盗洞，砖室内宽0.76~0.8米，东、西墙高0.82米，南墙高0.9米。所用均为青砖，砖长0.32米，宽0.16米，厚0.05米。葬具不详，不见人骨架。墓室北部出土4件陶罐，1件陶碗，1套陶灶（1套4件，2陶釜、1陶甑），2大3小共5个陶壶，1件陶盘，1件陶樽。北部墓底埋1陶瓮，口盖两块砖。填土为花土，黄土中夹杂红土块，松散。

M96　为汉代单墓道砖室墓，墓道朝北，方向10°，墓室大致呈长方形，已被盗。该墓于地表下1.4米透口，墓道长5.34米，宽0.72~0.92米，北宽南窄，深0.94~1.44米，北浅南深。墓室长3米，宽1.1米，深1.44米。砖室西墙被完全破坏，仅余东墙，高0.66米，所用皆青砖，砖大小为0.28米×0.14米×0.06米。东壁有1壁龛，宽0.24米，高0.46米，进深0.3米。葬具不详，不见人骨架。墓室东北角出土1件陶罐，1套陶灶（1套3件，1件陶甑、1件陶釜），1口陶井（残）。填土为花土，黄土中夹杂红土块，松散。

从此次清理的112座墓葬的形制、结构、出土器物看，大多数为汉代墓葬。初步看来，本区域在汉代可能曾被作为一个公共墓地来使用。本次考古发掘工作对研究了解本地域汉代文明状况、墓葬形制、丧葬习俗以及其演变规律提供了新的资料，具有极重要的历史、文化意义。此次考古工作发现的墓葬群周边是一个汉代的墓葬集聚区，工地北面的百合花园小区发掘了30多座汉墓，东边的馨和湾小区发掘了298座汉墓及两座唐墓，再东边的锦绣江南小区发掘了5座汉墓及2座汉代陶窑，沿人和大道往东分布有大量汉墓，其他年代墓葬也有零星分布，而房址、灰坑等生活遗存则很少发现。这个现象表明，汤阴县城北部这片区域在古代特别是汉代曾长期作为专门的墓葬区而存在。由此，我们可对汤阴地区古代文化的分布和生活习惯的演变有近一步的了解，为研究汤阴地区人类文化分布、功能区的划分提供了新的佐证。

第四节　安阳西晋时期的墓葬

公元265年晋武帝司马炎代魏，成立西晋王朝，历时60余年。邺城是当时著名的三都之一，以邺都为核心中原地区，是当时北中国的政治、经济、文化和军事的中心之一，左思的《三都赋》对邺都有着较详细记载。安阳地区的西晋墓葬上承汉魏时期的墓葬形制，下启北朝、隋唐时期的墓葬形制，具有较为典型的特征。西晋大型墓葬多为青砖砌筑，带较长的墓道，多为前后室墓或多室墓，建筑规整，随葬器物丰富，组合较为完整。特别是以陶"多格盒"和陶"牛拉车"为晋墓中的典型器物，是晋墓区别于其他时期墓葬的主要器物特征之一（图4-50）。

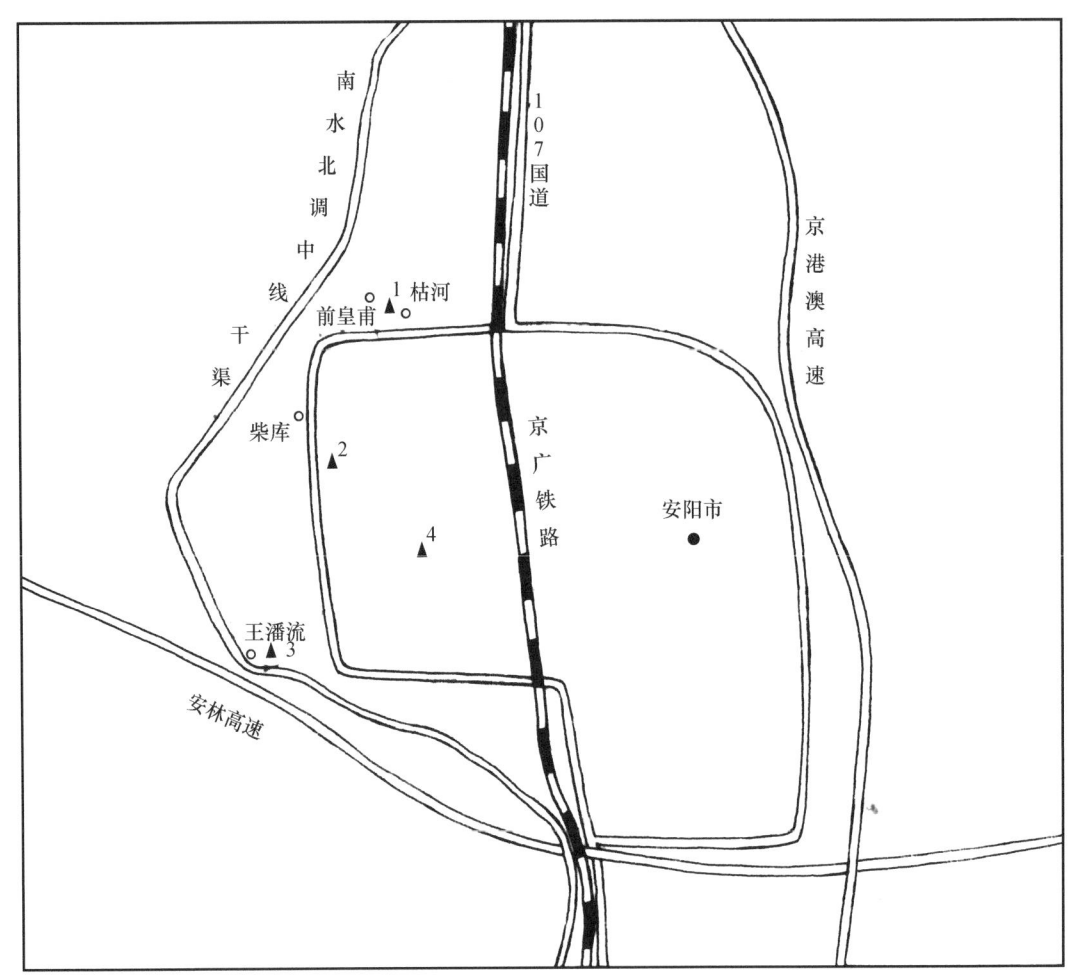

图4-50　西晋时期墓葬

1. 中联钢业有限公司两晋墓群　2. 2006年安阳第二原料厂西晋墓　3. 南水北调第四标段王潘流东南地西晋墓
4. 殷都区刘家庄东南熙城都会西晋墓

一、中联钢业有限公司两晋墓群

2005年8月,安阳市文物工作队配合安阳中联钢业有限公司建设,对工地占地范围内的古文化遗址和古墓葬等进行考古了发掘。该项目位于安阳市邺城大道西段路北,殷都区前皇甫屯村南地。该区域共清理古墓葬数十座,在古墓葬中比较典型是两晋时期的砖室墓,形制较大,保存完整,出土大批珍贵的文物。

M120为多室墓,东西向,墓葬由墓道、甬首、前室、前后室间甬道、后室组成,前室为穹窿顶,平面近方形,后室为券顶,平面为长方形,墓道长16米,地表距墓底深近8米。后室偏北处保存骨架2具,有棺,已腐朽,仅存棺痕。从现存的骨架初步判断,应为一男一女,当为夫妻合葬。墓内前室出土有陶多格盒、陶灶、陶灯、王莽时期的大泉五十等,后室出土有近20件陶罐、壶、碗及铜镜、铁刀、银簪、大泉五十、五铢等钱币,其中两面铜镜均出土于墓主人头部上方(图4-51、图4-52)。

M133也为多室墓,南北向,墓道向南,墓葬由墓道、甬首、前室、前后室间甬道、后室组成,前室、后室均为穹窿顶,平面为长方形,后室稍大于前室,地表距墓底深6米多。后室偏西处保存骨架2具,前室偏西处保存骨架3具,墓内前室出土有陶罐、陶壶、铁剑、铜罐、铜镜及五铢钱,后室出土有陶多格盒、罐、壶、碗及五铢钱币等,墓葬形制较为特殊。

该区域共计发掘两晋砖室墓10余座,一般墓葬中出土有多格盒、陶罐、铁剑等这一时期的典型器物,特别是M10除出土20余件陶器、70余枚钱币外,还出土了一件完整的青瓷四系罐,非常罕见,该青瓷四系罐属于江浙一带烧制的青瓷器,是当时中国南北地区瓷器交流的历史见证。

图4-51　M120形制

图4-52　M120后室

二、2006年安阳第二原料厂西晋墓

图4-53　安阳第二原料厂西晋墓

2006年5月，安阳市文物工作队配合安阳钢铁有限责任公司第二原料厂建设工程，在该厂区的西部，今殷都区柴库村东北地原海军第二水泥厂院内，发掘清理一批商代遗址和一批墓葬，其中发掘一座西晋墓，较有代表性。该墓为墓道南向的砖室墓，由墓道、墓门、甬道和墓室组成。墓道较窄长，墓室为近长方形，四壁外弧，下部由青石砌筑，上部为"三平一丁"式砌筑，四角攒尖式顶，砌筑规整，青砖铺地。随葬2人，其中一人有棺，保存完整。另外一个人为迁葬，骨架较零乱。墓内出土有陶罐、陶壶及铜勺等器物。从出土器物、墓葬形制判断该墓为西晋时期墓葬（图4-53、图4-54）。

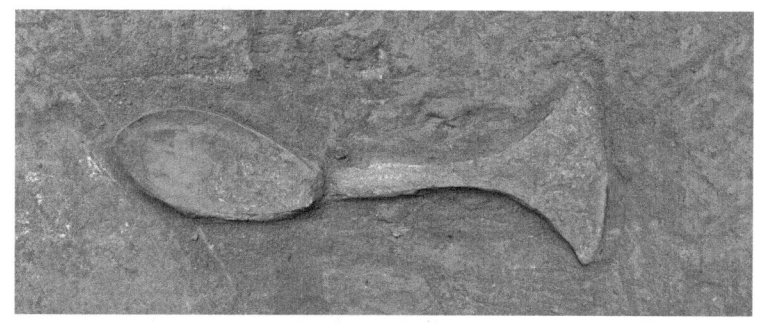

图4-54 随葬铜勺

三、南水北调第四标段王潘流村东南地发现的西晋墓

2007年10月，安阳市文物考古研究所在南水北调的第四标段文物保护巡护过程中发现并清理西晋砖室墓葬2座，编号为M1、M2。此次发现的两座魏晋墓葬位于安阳市龙安区黄张村西北地，王潘流村东南地，墓葬在工程施工过程中遭到严重破坏，只剩墓葬下半部分。两座墓葬都是东西向砖室墓。墓室平面呈长方形，四壁略外鼓，从墓底的铺底砖往上为"四顺一丁二平"结构，随葬品丰富。

M1 东西向砖室墓，方向105°。墓道距地表残高4米，长2米，宽0.84米，呈斜坡状，残深0.5米。有一室，四壁用平砖垒砌而成，底部用不规则的砖铺。从墓底的铺地砖往上为"四顺一丁二平"结构，由于破坏严重，券顶部分已经不见。墓室长2.9米，宽2.9米，残高0.5米。室内一具骨架，保存较差，头向西，面上，葬式不详，初步推测为女性，年龄不详。随葬品有铜镜、陶俑、牛车、奁、牛、罐、盘、耳杯、多子盒；银环、簪、手镯。主要分布于墓室的南侧，小饰品位于人骨架身上。该墓器物组合完整，牛车造型精美，有较高的考古价值（图4-55至图4-57）。

图4-55 M1形制

图4-56　M1出土的牛、车

图4-57　墓内出土的陶俑

M2　东西向带墓道前、后室墓，墓道已遭到破坏，墓室结构与M1大致相似，平面近长方形。后室内有两具骨架，应为夫妻合葬，均有棺，已朽。但骨架保存较差，无法判定其性别、年龄、葬式等。随葬品大都集中在前室内，主要有陶盘、多子盒、杯、车轮、衾、车杆、罐、俑、牛；铜泡及一件漆器。后室人骨架上随葬有铜钱。

该处发现的两座带墓道的西晋砖室墓，形制特征明显，是典型的中原地区晋墓形制。尽管由于南水北调干渠施工中墓葬上部遭到了破坏，但墓葬的下部和随葬器基本完整的保存下来。两座墓葬相距较近，出土器物形制及组合基本相同，应为同一时期的墓葬。两座墓葬随葬器物丰富，组合完整，是安阳地区发现的典型的西晋墓葬之一，为研究安阳地区西晋墓葬的分期断代提供了重要的资料。

四、殷都区刘家庄东南熙城都会商住小区西晋墓

安阳市熙城都会位于安阳市文峰大道与中州路交叉口西南角，南边紧邻安阳市商贸城。地理坐标为北纬36°05.856′，东经114°19.094′。2013年10～11月安阳市文物考古研究所配合小区建设，在此区域范围内共发掘古代墓葬45座，其中西晋墓葬4座。

M42　位于建筑基槽内中部，开口层被破坏，方向105°。该墓是一座带墓道的东西向的砖室墓，墓道向东，为斜坡状、由墓道、墓门、甬道、墓室组成。墓道位于墓室东边，长6米，宽0.96～1.02米，深0.3～2.8米。墓门位于墓道西边，有封门砖，内外用砖封住，外层为弧形。甬道位于墓门西，长0.8米，宽0.88米，内高1.34米。墓室位于甬道西边，东西长2.6米，南北宽2.2米，墓顶为四角攒尖顶，先挖土圹，然后四周用砖砌筑，有铺地砖，有木棺痕迹，骨架已成粉沫，性别不详，随葬器物有陶俑、灶、多格盒、牛车、铜镜、铜钱、陶灶、陶盘等共14件。

此次共发掘西晋墓葬4座，唐代墓葬1座。特别是西晋墓葬保存完好，排列有序，出土器物典型，组合完整，它为研究安阳地区两晋墓葬形制的演进、器物组合的特点及这一时期的丧葬文化等提供了新的资料。

第五节 曹操墓的发现与发掘

曹操墓位于安阳县（现殷都区）安丰乡西高穴村东南地。2009年12月27日，河南省文物局在北京发布新闻发布会，通报了安阳找到并发掘了魏武帝曹操墓。一石激起千层浪，一时间安阳成为全国人民乃至东亚日本、韩国，东南亚泰国、新加坡等世界各地华人关注的焦点，各大新闻媒体云集安阳，名不见经传的安阳县西高穴村一夜之间成为中国最有名的村庄。同时在网上关于曹操墓真伪问题的争论也炒的沸沸扬扬，莫衷一是。可以说曹操墓的在安阳的发现凝聚了许多人心血，也是许多单位和许多人多年来共同努力的结果。

一、关于曹操墓地望的历史记载

据《三国志·魏书·武帝纪》记载，曹操于建安二十三年（218年）六月，颁布《终令》："古之葬者必居瘠薄之地。其规西门豹祠西原上为寿陵，因高为基，不封不树。周礼，冢人掌公墓之地，凡诸侯居左右以前，卿大夫居后，汉制亦谓之陪陵，其公卿大臣列将有功者，宜陪寿陵，其广为兆域，使足相容。"这大概是曹操预感寿命将尽时才颁布的。果然，两年后的春正月，曹操死于洛阳，临死前又颁布《遗令》："吾死之后，葬于邺之西岗，与西门豹祠相近，无藏金玉珠宝。"还进一步交代家人："汝等时时登铜雀台，望吾西陵墓田。"此外，《晋书·宣帝记》："及魏武帝薨于洛阳，朝野危惧，帝纲纪丧事，内外肃然，乃奉梓宫还邺。"《三国志·魏志·贾逵传》："太祖崩洛阳，逵典丧事，……遂奉梓宫还邺。"《夏侯尚传》亦记载有："太祖崩于洛阳，尚持节奉梓宫还邺。"当时的史书都明确记载了曹操的高陵就在邺地。《三国志》是中国正统的史书，其记载应该是真实可信的。

另一部文献的记载，更具体地点出了西门豹祠与曹操墓的关系。唐代李吉甫的《元和郡县图志》提到相州邺县时说："故邺城，县东五十步。"也就是说，唐代的邺县在故邺城（曹魏邺城，北周焚毁）西五十步的地方。这是个很短的距离。《元和郡县图志》还说："西门豹祠，在县西十五里。""魏武帝西陵，在县西三十里。"在这里，明确点出了曹操的"西陵"在邺县西30里，也应该在西门豹祠西十五里地处。

关于出殡时的情景，魏文帝曹丕在其《为武帝哀策》中有生动的描写，曹操的丧事是按照当时丧葬制度严格执行的，采用了高搭灵棚、齐整的礼仪；出殡时更是在丧车上装饰羽葆，前排有送葬的节、挽歌、鼓吹、幢、麾、曲盖、手持仪仗的武士，组成浩浩荡荡的送葬队伍。

据《三国志·魏书·于禁传》记载，曹操死后，其子曹丕并没有完全按其遗嘱办事，而是在其陵墓上建设有墓园建筑祭殿、车库、马厩等，并进行祭祀。直到曹丕登基的第三年（黄初三年，222年）才又按遗令把陵园上的建筑进行了拆除，把陵墓内陈设的一些物品入库（见严可均《全三国文》载魏文帝《毁高陵祭殿诏》）。另据《三国志》记载，魏明帝太和四年（230年）五月，曹操夫人卞氏去逝，七月将其合葬于高陵。

以上为见于正史的记载，应该确切可信的。从以上的记载可以看出，曹操墓与西门豹祠位置有密切的关系。西门豹祠，位于今安阳县丰乐镇东一里处，目前有遗址及历史碑刻为证。其与我们所认定的曹操墓正好处在邺城西南部的东西一条线上，中间相隔近10余公里。从这点上我们也可大致了解到曹操墓的相对位置。可以说从历史文献上看，曹操墓的大体位置还是可以找得到的。

二、发掘概况

2008年至2009年河南省文物考古研究所、安阳市文物考古研究所、安阳县文化局等单位联合发掘清理西高穴村大型墓葬2座，编号M1和M2，其中2号墓即为曹操墓。

M1位于M2的北部，相距约40米，墓葬开口于探方第3层下。从发掘情况看，一号墓平面呈刀字形，坐西向东，方向110°，与二号墓基本平等分布。该墓墓道长约10米，宽约3米，深约15米。墓室为长方形，自下而上层层夯筑而成，出土铁剑1把。

M2，即是曹操墓。该墓开口于探方第五③层下，平面呈甲字形，坐西向东，方向110°，是一座带斜坡墓道的双室砖券墓，主要由墓道、前后室和四个侧室组成。墓砖为特别烧制，长约48厘米，宽约12厘米。斜坡墓道长39.5米，宽9.8米，最深处距地表15米。墓口平面略呈梯形，东边宽22米，西边宽19.5米，东西长18米。墓室面积约380平方米。墓道两壁分别有七个台阶，逐级内收。与墓门交接处的墓道两侧，各有一道长5米、高4米的护墙，墙体内立有5根原木立柱作为龙骨，原木已经腐配，树皮纹理清晰可辨。墓道填土内含有大量料姜石，经平夯实，十分坚硬。墓门宽1.95米，高3.02米，已经破坏，从清理情况分析，墓门有四层，外三层为砖砌，内一层为石门，顶部为砖券（图4-58）。

图4-58　墓道情况

墓室为砖室结构，分为前、后两室。前室呈方形，四角攒尖顶，东西长3.85米，南北宽3.87米。前室有南、北两个侧室，平面皆呈长方形，其中南侧室为弧形券顶，南北长3.6米，东西宽2.4米，北侧室为四角攒尖顶，南北长1.83米，东西宽2.79米，后室平面亦呈方形，四角攒尖顶，东西长3.82米，南北宽3.85米。有南、北两个长方形侧室，均弧形券顶，南北长均为3.6米，东西宽1.9～1.92米之间。整个墓室均为石板铺地，十分平整，石板长0.95米，宽0.9米。四个侧室全用石门封闭。铺地石板部分已被破坏，石站皆被破坏。从出土的石质墓门残块看，部分墓门上应当有精美的画像石。画像内容丰富，技法为减地线刻，画法娴熟，刻工高超①（图4-59）。

图4-59　墓室情况

曹操墓虽经多次盗掘，仍出土了一批遗物，但大部分已被扰动。据初步统计，可复原的器物约有400件，主要有礼器、兵器、车马器、装饰品、钱币及日常用具等几类。以质地划分，出土遗物有金、银、铜、铁、玉、骨、漆、釉陶、陶、石等。其中出土的刻铭石牌共计62块。依其形制可分为两大类：一类为圭形，尖部中间穿孔，孔内有铜环，铜环连以铜链。该类石牌出土7件，皆出于关室底部。牌身一面刻有"魏武王常所用　虎大戟"、"魏武王常所用其　虎短矛"等内容。长10.8厘米，宽3.1厘米，厚0.8厘米。另一类为六边形，上部中间有穿孔。该类石牌共出土54件，除1件出于后室北侧室外，其余均出于后室南侧室甬道底部，有的压在漆木器下。其刻字内容为随葬物品的名称和数量。如衣服类有"黄绫袍锦领袖一" "丹绡襦一"等；用具类有"镜台一" "书案一" "渠枕一"等；其他还有如"香囊卅双" "胡粉二斤"等。长8.3厘米，宽4.57厘米，厚0.7厘米。这些石牌的刻铭绝大多数都是较为规整的汉隶，俗称"八分体"，字体遒劲有力。其余8块字体较潦草的汉隶（图4-60、图4-61）。这些刻铭石牌在洛阳2016年11月发现曹魏时期的大墓中也大量的出土，应是当时随葬时使用的"遣册"。此外，该墓中出土大型石璧1件，直径20余厘米，也是身份和地位的象征（图4-62）。

---

① 河南省文物考古研究院编：《曹操高陵》，中国社会科学出版社，2016年。

图4-60 墓内出土的"带有魏武王常所用"铭文的石牌

图4-61 墓内出土的石牌

图4-62 墓内出土的石璧

三、关于曹操墓认定的有关问题

曹操墓的发掘与认定是一个长期的过程。综合专家意见，从以下7个方面，10多条证据对曹操高陵进行了认定。

1. 墓主人地位和身份

M2墓葬规模巨大，总长度近60米，砖券墓室的形制和结构与已知的汉魏王侯墓葬类似，与曹操魏王的身份相称；该墓未发现封土，也与文献记载曹操寿陵"因高为基，不封不树的情况相符合"。最近，洛阳市第二文物工作队在连霍高速拓宽工程中于洛阳西发掘曹操重侄曹休的墓。该仅带有两个侧室，墓葬规格要比曹操墓小很多。曹休为三国时期魏国名将，曹操的族子。曾因功累迁征东将军、征东大将军、大司马。其生年不详，公元228年病逝于洛阳。曹休墓总长近50米，平面呈甲字形，这么大规模的墓葬，上面却没有见封土和陵寝建筑，随葬器物也以朴素的陶器为主，符合曹魏时期"不封不树"的墓葬特点以及曹操、曹丕所提倡的薄葬制度。

在西汉和东汉时期砖室墓葬的形制一般多为券项或穹窿顶，东汉晚期开始出现四角攒尖顶，并在以后的两晋时期流行，特别是多数高规格的墓葬多采用些形制。

墓内出土的石圭和石璧等也都是帝王身份的人使用的东西。在汉代帝王死后多用玉圭和玉璧，而曹操死时正是国家动乱时期。圭和璧是帝王身份死后随葬必需品，即便是该墓使用的是石质的，也同样标明墓主人身份非常高，非王侯级人物莫属，这一点也与当时国家经济状况和曹操的遗令相吻合。

墓葬内经过科学发掘出土的陶器数量众多，种类丰富。主要有鼎、壶、盘、案、罐、灶、井、耳杯等。尽管所出陶器的质地和造型都不是十分精美，但器物组合完整，仍显示出墓主人非凡的身份。其中，陶鼎经过修复的目前已发现有4件。鼎是礼器中的重器，非一般人所能使用。用列鼎随葬标本墓主人的身份，始于西周时期，在汉代仍沿续使用。该墓中出土的列鼎，也正正标明墓主人身份之高。

2. 墓葬时代

墓葬出土的器物、画像石等遗物具有东汉晚期特征，年代与曹操去逝的时代相符七女复仇画像石在江苏徐州、山东、河南南阳等地东汉晚期的画像都有反映，时代都应该是东汉晚期。

墓内出土的各类带有文字的刻石铭牌，共计文字有近300字。这些文字是典型的东汉晚期文字，所谓的"八分书"。文字书写方式与东汉晚期的《张迁碑》的文字非常似。《汉故榖城长荡阴令张君表颂》，亦称《张迁表颂》，有碑阴题名，刻于东汉中平三年（186年）无盐（治今山东省东平）境内，于明代出土。张迁碑现存于山东泰安岱庙。《张迁碑》和《曹全碑》都为汉末名碑。碑中字体大量渗入篆体结构，字型方正，用笔棱角分明，具有齐、直、方、平的特点。墓内出土铭牌文字有"黄绫袍锦领袖一"、"丹绡襦一"，"单裙"等也都是东汉晚期人们日常的穿戴的衣服种类之一。

3. 墓葬位置

墓葬位置与文献记载相吻合。据《三国志·魏书·武帝纪》等文献记载，曹操于建安二十五年（220年）正月病逝于洛阳，二月，灵柩运回邺城，葬高陵，高陵在"西门豹祠西原上"。调查资料证明，当时的豹祠就在今天的漳河大桥南约1千米处。地点在安阳县安丰乡北丰村。这座大墓正在今天西门豹祠遗址的西面约10千米处。

墓葬位置与1998年出土的后赵驸马都尉鲁潜墓志记载的位置完全一致。1998年，西高穴村西砖厂出土的后赵建武十一年（345年）大仆卿驸马都尉鲁潜墓志，墓志明确记载了魏武帝陵的具体位置就在这里，这是距曹操去逝最近时间的对其陵墓位置的记载。

4. 墓内出土曹操个性化的东西

墓内随葬物与曹操个性特点相符合。文献记载曹操主张薄葬。曹操《遗令》："殓以时服""无藏金玉珠宝"，也在这座墓葬中得到了印证，墓葬规模较大，但墓内装饰简单，未见壁画，所出土大量的陶器也是火候较低，造型朴实。兵器、石枕等上的铭文也可证都是曹操"常所用"的东西。"常所用"是当时东汉晚期上层社会的习用语，意为"平常使用"，以"常所用"兵器、石枕等随葬，与曹操死后史书所记载的"殓以时服"正好吻合。

刻石铭牌文字的主要内容记载了随葬的种类和数量，具有曹操个性化的特点。特别是"格虎"等字，"格虎"意思是与虎搏斗，能与虎搏斗者应该力大无比，武功超绝。历史记载曹操"才力绝人，手射飞鸟，躬擒猛兽"，用"格虎"来形容曹操生前使用的兵器，二者正好相吻合。

墓内出土的石枕，上有"魏武王常所用慰项石"。文献记载曹操生前有颈椎病，石枕可以起到按摩颈部，减缓痛疼等功能。这也可证明是曹操生前所用之物。

5. 文字

墓内出土带有文字的铭牌共计有62块，总字数有300余字。其中带有"魏武王常所用"字字样的共有4块。认定曹操墓最直接和最确切的证据就是刻有"魏武王"铭文的石牌和石枕等器物的出土，证明墓主人就是魏武王曹操本人。文献记载，曹操生前先封"魏公"，后进爵为"魏王"，死后又谥为"武王"，其子曹丕称帝后追尊为"武皇帝"。出土的刻铭石均称为"魏武王"。正是曹操下葬时称谓，符合历史史实。另据河南大学教授王立群考证，中国历史文献中有18条把曹操直接称为"魏武王"的记载。可以说从墓内出土文字最直接证明了墓主人的确实是曹操。

6. 人骨鉴定

考古发掘在墓葬后室发现有石棺、椁的痕迹，在南北2个侧室各发现一具木棺，虽然已朽，但痕迹仍在。墓葬内共发现有3具人骨架。其中在后室发现两具，南侧骨架保存相对较好，在前室靠近门外发现一个人头骨。由于该多次被盗，人骨架被扰动，现位置应该与原始的位置相差较大。在墓葬后室的西北角发现一具老年男性的头骨，经过中国社科院考古研究所人骨鉴定专家鉴定，年龄在60岁左右，与曹操终年66岁吻合，此应为曹操的遗骨。

7. 与洛阳西朱村曹魏时期大墓的互相印证

　　2016年11月，洛阳市文物考古研究院在洛阳市西朱村发掘曹魏时期大墓一座。墓葬位于洛阳市寇店镇西朱村南约650米，北距汉魏洛阳城阊阖门遗址20.4千米。墓葬地处万安山北麓的缓坡上，西侧距曹魏时期圜丘遗址约2.5千米。该墓的地理坐标为东经112°38′11″、北纬34°32′41″，海拔271.41米。墓葬为带长斜坡墓道的明券墓，东西向，方向为274°，由墓道、甬道、前室、后室组成。墓葬南北两侧和西侧共分布着39个柱础坑和3条排水沟，南北两侧的柱础坑排列规律，基本南北对称，距离墓圹1.2~2.5米，间距1.6~2.7米。墓葬土圹东西全长52.1米，其中墓道上口东西长33.9米，宽9~9.4米，坡度为18°。墓室土圹近长方形，东西长约18.2米，南北宽15米。墓葬口部距墓底深约10.8米。墓道南北两侧壁留有七级水平生土台阶，台阶间距1.3~1.5米。墓室土圹部分残存6~7级水平或斜坡状台阶。甬道长2.3米，宽1.6米。前室内壁南北长4.8米，东西宽4.4米，拱券形顶，顶部大部分已坍塌，前室北侧壁残存砖墙高4.6米，前室券顶的复原高度与之大致相当。在前室砖壁上发现有残存的壁画，壁画保存状况较差。后室近方形，边长约3.6米，亦为拱券形顶。出土遗物主要有陶器、铁器、铜器、漆木器和玉石器等共约500余件。陶器有俑、鸡、狗、猪、灶、井、磨、房、四系罐、盘、勺、炉、灯等，另外出土了数件铁质帐构和8件石质帐座，以及石璧4件、石圭1件。墓葬出土了大量刻铭石牌，已修复约180件。石牌为平首斜肩六边形，长约8.3厘米，宽4.6~4.9厘米，上部有一圆形穿孔，一面有阴刻隶书文字，内容丰富，包括衣衾、葬仪、器用、陈设、文房用具、梳妆用具及饰品、食物、戏具、杂具、车马等。石牌的尺寸及书写内容、格式与曹操高陵所出土的刻铭石牌相似[①]。

　　洛阳西朱村曹魏时期大墓，荣获"2016中国六大考古新发现"。西朱村曹魏墓虽被严重盗掘，但仍出土较多陶器、铁器、铜器、漆木器和玉石器等文物。专家认为，该墓出土随葬品与洛阳正始八年墓、曹休墓出土部分器物有明显的相似之处，呈现出从东汉到西晋的过渡特征。尤其是墓葬中的大量刻铭石牌，尺寸及书写内容、格式与曹操高陵所出土的刻铭石牌相似，具有较为明显的时代和等级指向，墓葬的发掘成果具有重要的学术价值[②]。洛阳市西朱村曹魏时期大墓可以与安阳曹操高陵在时代、墓主人等级等方面互相印证，也为曹操高陵的认证提供了完整的证据链条。

　　2016~2017年河南省文物考古研究院、安阳市文物考古研究所等单位又对曹操墓周边进行勘探发掘，找到了曹操高陵的陵墙、规模巨大的成组的祭殿、神道等陵园的礼仪性建筑，曹操高陵的陵园布局逐渐清晰。曹操高陵陵园布局谨严，规模宏大，礼仪性建筑众多，代表了当时陵园建设的最高水平。曹操墓墓室结构复杂，构筑坚固，规格很高，出土文物数量多，种类丰富，特点鲜明，具有重要的考古价值。曹操墓的发现与发

---

① 洛阳市文物考古研究院：《河南洛阳市西朱村曹魏墓》，《考古》2017年第7期。
② 韩国河：《洛阳西朱村曹魏墓考古新发现及其学术价值》，《光明日报》2017年1月25日。

掘是现代中国考古史最重要的发现之一。2013年3月，被列为国家级第七批重点文物保护单位。

第六节　安阳北朝墓葬

北朝时期自公元439年北魏拓拔圭灭北凉，都盛乐，改国号为"魏"，史称北魏始，至公元589年隋灭陈为止。经历北魏、东魏西魏对峙、北齐北周对峙三个时期，并包括隋立国至灭陈时期。北魏、东魏、西魏及北周由鲜卑族建立，北齐则由胡化汉人所建。北朝基本上都是由少数民族建立的政权，朝代更叠频繁，是中国历史上一个较动乱的时期，也是一个各民族大融合时期。在东魏北齐时期，定都于邺城，基本上统一了中国的北方，邺城是当时中国北方政治、军事和经济中心。此次南水北调经过的安阳县安丰乡一带，位于当时邺都的西部，在北朝时期是邺的京畿之地，且地势高爽，是邺都贵族、大臣死后首选的葬身之地。

建国以来，在安丰乡的东部和南部地区发现有这一时期大量的北朝时期的墓葬，如安丰乡丰乐镇西门豹祠西南，木厂屯村附近的东魏元象元年（538年）杨慧光墓、安阳乡丰乐镇的北齐武平元年（570年）刘集墓、1976年发现的安丰乡张家村西北齐天统四年（568年）和绍隆夫妇墓（其夫人死于北齐武平四年，即573年）、1999年在安丰乡后稻田村西北机砖厂内北齐河清四年（565年）元洪敬墓、安丰乡南丰村北齐天保六年（555年）元叔墓、1998年发现的在安丰张张家洼村北、渔洋五孔桥西300米处的北齐天保四年（553年）孟庆志墓、1998年发现的在安丰乡木厂屯村东北砖窑坑内的北周建德六年（577年）刘行墓①。此外，在安丰乡邵家屯西地、东高穴南地还保存着北齐丞相淮阳王和士开之墓，目前尚有高大的封土（和士开死于北齐武平二年七月，即571年，岁次葬邺城西三十里野马岗东北）。

2006~2010年配合南水北调工程，河南省文物考古研究院、安阳市文物考古研究所在固岸墓地、吉庄西北穿漳工程取土区等文物保护控制性项目的考古发掘中，发现了大批的北朝时期的墓葬。2007~2008年在安阳南水北调的中线干渠的文物巡护过程安阳市文物考古研究所在安丰乡固岸村南至殷都区皇甫屯北地之间的干渠范围内也发现了一批高规格不多见的北朝墓葬，总计有9座，是安阳段文物保护的重要成果之一。这批墓葬包括东魏赵明度墓和北齐刘通墓、叔孙夫人墓、贾进墓、元夫人墓等是安阳地区北朝时期考古的重要发现之一，丰富了我们对安阳地区北朝墓葬分布范围和墓葬形制等方面的认识。特别东魏赵明度墓、北齐贾进墓等形制独特，器物组合完整，时代明确，具有断代标尺的作用。墓葬内出土的北齐瓷器和陶俑、北朝墓志等一大批珍贵的文物，有的文物制作精致，造型美观，非常罕见，具有较高的历史、艺术和科学价值。如东魏赵明度墓、北齐贾进墓出土的一批瓷器，保存完整、造型优美、瓷质细腻、釉色莹润，是北朝瓷器中的精品之一，它为研究北方白瓷的起源及瓷器烧造技术等方面提供了不可多得的

---

① 贾振林：《文化安丰》，大象出版社，2011年。

资料。此次共发现出土北朝时期墓志7方,文字数千字,一些墓志的墓主人身份较高,起了证史补史的作用,具有重要的历史和文献价值(图4-63)。

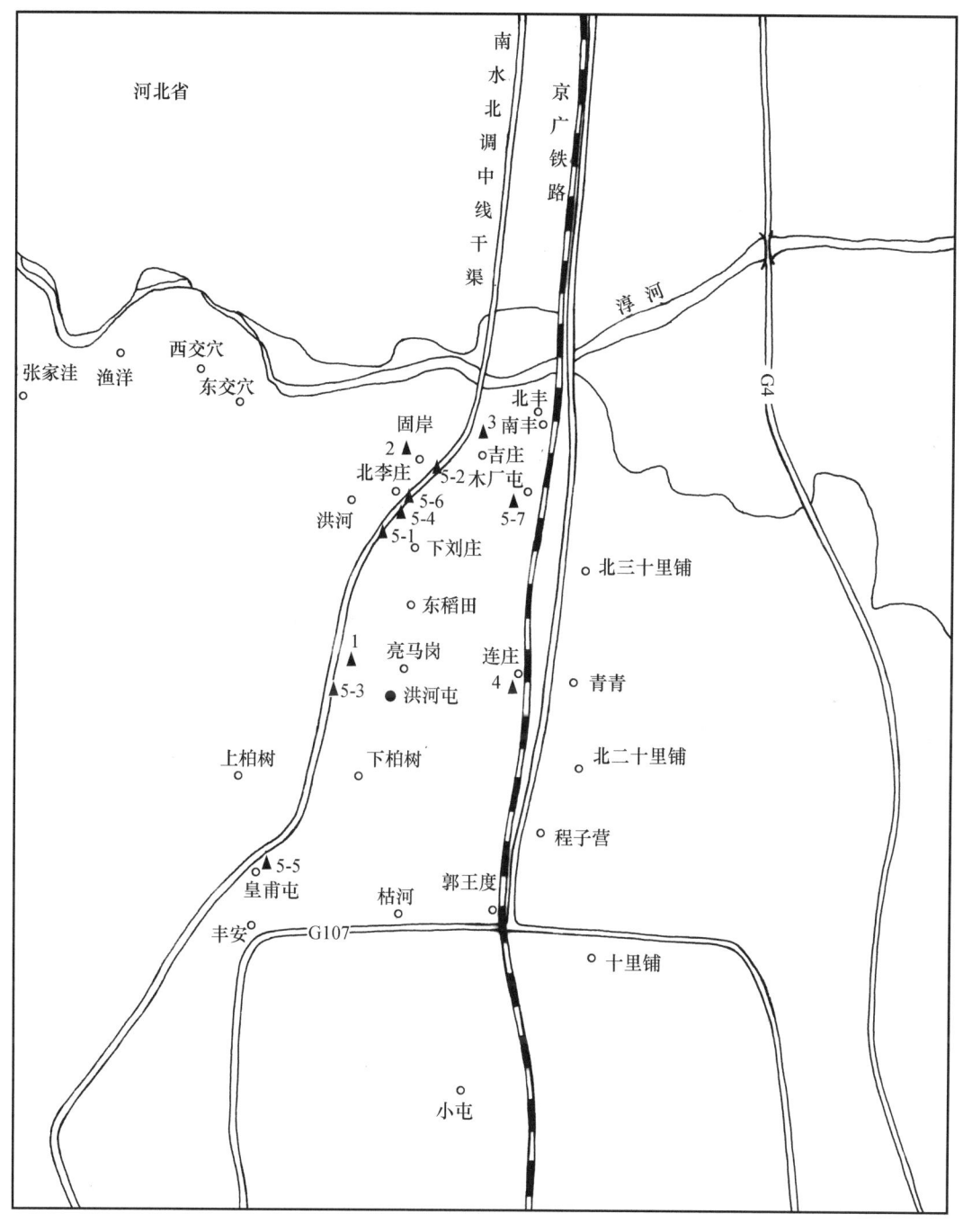

图4-63

1. 北齐范粹墓 2. 安丰乡固岸墓地墓葬群 3. 安丰乡吉庄西北地北朝墓葬群 4. 洪河屯乡连庄村东南地北朝墓葬
5-1. 赵明度墓 5-2. 元宝墓 5-3. 叔孙多奴墓 5-4. 贾进墓 5-5. 刘通墓 5-6. 李华墓
5-7. 南水北调第九标段取土区发现的北朝墓

安阳北朝时期的墓葬主要分布在现安阳县洪河屯乡及安丰乡等地，位于原安阳城老城以北的区域。

一、北齐范粹墓

该位于洪河屯乡西北地，与2006年至2007年南水北调发现的北齐元夫人墓、叔孙夫人墓等相近，是一个北朝墓葬相对集中的北朝墓群之一。该墓1971年5月由河南省博物馆发掘，墓主人是武平六年（576年）埋葬于此的北齐凉州刺史范粹，墓内出土瓷器13件，最重要的是发现了北朝白瓷，有白釉四系罐2件、白釉带绿彩三系罐2件、白釉壶1件、白釉碗2件[1]。该墓出土的瓷器为研究中国白瓷的起源提供了珍贵的实物资料。

二、安阳县安丰乡固岸墓地发现的北朝墓葬群

河南安阳固岸墓地位于安丰乡固岸村东北地和施家河村东南地，2005年9月～2007年8月，河南省文物考古研究所在这座墓地中共发掘北朝时期墓葬150余座，其中北魏墓葬8座，东魏墓葬90余座，北齐墓葬60余座，其中以Ⅱ区M51东魏墓和M57北齐出土的围屏石榻墓最为典型，出土了一批北朝时期的瓷器、陶器、陶俑和墓志砖等。这一墓地被评为"2008年中国十大考古发现"之一。

M2　是一座北齐时期的墓，墓内随葬瓷器13件，器形有豆、罐、碗、盏等，其中出土的1件标本M2:23罐，通体施白釉，釉色偏青。高20厘米，口径8厘米，腹径17厘米，底径9厘米罐施白釉，胎体呈白色，但是质地较粗不纯，仍然保持了早期青瓷的某些特性，表面釉层很薄，与胎体结合不牢。釉色虽白，但是白中泛青，应该是处于从青瓷向成熟白瓷过渡阶段。

M23　是一座狭长斜坡墓道的铲形洞室墓，带有一个天井，券形顶。此墓未被盗掘，随葬器物达76件。除有完整的陶俑组合外，还出土了一批青瓷器，其中有造型精美的耳杯、熏炉等，其中熏炉上细下宽，平底，呈鸟笼状，口开于顶部，上有一个盖子。在熏炉的上半部分，周遭有三扇直棂窗，两窗之间分别透雕有太阳、月亮和窗户。此熏炉造型奇特，典雅别致，从窗户的形状看，似受佛教文化的影响。其出土的牛、车具有典型东魏北齐特征，出土的陶马造型十分精美，其头、颈、胸、臀部均佩金贝、金花，鞍上罩红袱，装饰华丽，为贵族出行专用坐骑。根据出土的铜钱等器物，断定此墓为东魏时期规格比较高的一座墓葬。

M51　是一座东魏时期斜坡墓道的单室砖室墓，平面呈外弧方形，攒形顶。随葬有镇墓兽、武士俑、仪仗俑、文吏俑、力士俑、侍女俑、劳作俑；陶鸡、陶狗、陶羊、陶牛等动物俑和牛车、灶、仓、厕、磨、井等明器，瓶、罐、碗等完整器物组合共计52件。在这座墓的陶俑和动物俑中，具有以下特点，一是器形明显较小，其中武士俑高仅20多厘米；二是所出人物面部明显有鲜卑人特征，面部狭窄，鼻梁高挺；三是其动物俑

---

[1]　河南省博物馆：《河南安阳北齐范粹墓发掘简报》，《文物》1972年第1期。

造型十分逼真生动，如其中的簸箕女俑（M51：42）。头梳扇形单髻，内穿白色长裙，外着红色阔袖右衽小袄。双腿跪坐于地，长裙及地，拖曳于身后。双手前伸，捧一簸箕，做劳作状。该俑单髻高耸，头发乌黑，面施白彩，面庞较窄长，高鼻梁，深眼窝，具有明显的白种人特征。所捧簸箕，制作精细，柳条编制的纹理清晰可见。通高13.5厘米。动物俑均为雌雄成对出现，其中，雌性动物一般都呈侧卧，身旁依偎着幼崽作吃奶状。雄性动物呈卧姿，头高昂，作警戒状。其中雄猪头和背部有长长的鬃毛，头部较大，具有明显的野猪特征。两腿前伸，匍匐于地，头枕于双腿之间，双耳下垂。全身施以黑彩，两眼点以朱红。

M57 为一座带有天井的铲形墓，墓室深达13米多。墓室内随葬一座围屏石榻，石榻上平放有两具骨架，未见棺木葬具，座榻东、北、西三面围以石屏，石屏内壁雕有精美壁画，内容为二十四孝子图。其中有"郭拒夫妻埋儿，天赐黄金与之"、丁兰行孝图等内容共计12幅图。其南面为一道石墙，中部有一对子母门阙。石榻中部12幅图画，内容为青龙、白虎和麒麟等珍禽怪兽内容，每幅画面外围用金箔贴出四方形画框。三个脚上各浮雕出一个畏兽。此墓出土有墓志砖一块，上面刻有"武定六年二月廿五日，谢氏冯僧晖铭记"几个字。但是，此墓是一座夫妻合葬墓，从此墓志中可以知道此墓主人中的一人埋葬于东魏武定五年，即公元548年，另一人去世较早，是从别处迁入此墓中。由于两具骨架摆放的较为整齐，说明其去世的时间距入葬此墓不是很长。但是由于靠南面那具墓葬为仰面直肢，骨骼摆放规整。而北面那具骨架的头颅是倒伏向下的，故判断这个人当为后来迁入到这里的。墓志所记载的冯僧晖应该是南面那位的名字。对比已出土的同时期的石榻和棺床来看，此墓很有自己的特点，其他同时期的墓葬所出土的石榻，所刻绘的人物多为粟特人形象，壁画内容多反映的是粟特人的生活，以石榻为葬具是粟特人的埋葬习俗。而此石榻所刻的内容反映的是当时汉族人中流行的二十四孝图内容。而每个故事都用连环画的形式表示。所画人物形象和服侍等均为汉人特征，并且此石榻的石阙为汉阙，故初步判断墓主人当为汉人。

在一些被盗掘的墓葬中，有的仍保留有非常精美的器物，其中M48为一座规模巨大的带有天井的铲形洞室墓，墓室深达12米。盗洞位于天井上，从墓门进入。器物绝大部分被洗劫一空，仅留下有陶俑2件，为孕妇俑和劳作俑；俑头3个，其他陶器有井、磨、碓、灶、猪等。从出土的器物看，此墓随葬品制作极为精美，形象生动逼真。如孕妇俑，头发挽于后脑，身披红色外袍，下身着裙长，但是，也难以掩盖其高耸的腹部。上身胸部袒露，鼓胀的双乳毕现。其目光下视，面容安详坦然。在这一发掘区出土有墓志砖的墓葬数十座，虽然他们有的记载很简单，仅记录死者的入葬时间和姓氏，但是却为我们准确判定其年代提供了依据，如Ⅱ区M6随葬的墓志砖内容为"武定五年岁丁卯十二月甲子九日，故人□□"，M12："武定六年太岁戊辰三月□□□廿日□□许白墓铭"，M30："大魏武定六年三月十五日司州魏郡邺县民高林仁为忠母记"，M57："武定六年二月廿五日，谢氏冯僧晖铭记"，M119墓志内容："天保三年岁次壬申七月丁卯朔杨氏女铭□□"，Ⅰ区M76："皇建二年二月六日，邺县女民侯文敬妃铭"北齐皇建二年（561年）"，M46："天保四年十一月二十六日故人张冀（存疑）周妻王墓"。有的没有刻录其入葬年代，仅仅记录了墓主人的姓氏，如Ⅰ区M57：朱氏妻霍

三、安阳县安丰乡吉庄西北地北朝墓葬群

2010年3月至5月，安阳市文物考古研究所对位于施家河村东和吉庄北西北地的南水北调穿漳工程取土区内的墓葬进行抢救性发掘和保护。此次共发掘墓葬300座，墓葬年代上起战国末西汉初期下至隋唐，其中发掘北朝墓葬117座。该批北朝墓葬皆为土洞墓，墓道方向以为朝南为主，偶见北向的，墓道多带斜坡或台阶。洞室平面以呈斜背"刀"型，"铲头"型为大宗。偶有直掏型土洞墓。代表性出土器物有陶罐、陶壶、细颈陶壶、红陶碗、釉陶细颈壶、黄绿釉瓷碗等。陶罐多为侈口，束颈，丰肩，收腹，平底。"铲"型墓葬和斜背刀型墓葬在出土器物上略有不同，有墓葬墓主口含或手握铜钱，多为永安五铢、较少见有常平五铢，部分墓葬中出有陶俑。

M6　该墓是一座墓道朝南带斜坡的土洞墓，方向195°。现墓口距地表2.4米。墓道长2.9米，宽1~1.2米，呈斜坡状，深0.1~1.7米。墓室平面呈铲头型。东西长2~2.66米，南北宽1.5~1.7米，洞高1.1米。内有一棺，朽甚，依稀可见棺痕。棺板厚0.03~0.1米，棺长1.86米，棺木西宽东窄，宽0.48~0.8米。内葬一人，头西面北，仰身直肢，为一成年女性（取标本）。棺南侧出土器物有陶罐1件、陶壶1件、红陶碗1件。

M32　该墓是一座墓道朝南带台阶的土洞墓，方向190°。现墓口距地表2.4米。墓道长2.5米，宽0.9~1米，深2米。墓道南端起深0.7米为第一台阶，宽0.7米。依次向北共有四个台阶，分别深0.22~0.7米，宽0.24~0.7米。台阶以北有一段长0.54米的平直墓道。近墓道口处有土质风门墙。墓道加工粗糙，略有起伏。台阶深浅、宽窄不一。墓室平面呈斜背刀形，南宽北窄。宽1.9~0.7米，北长2.2米。洞内南高北低，0.7~1.1米。直壁高0.7米，加工平整光滑。墓葬盗扰严重，墓室内无发现葬具和骨架，于墓室西南角处出土器物有陶罐2件、陶狗2件、陶子母狗1件、陶子母猪1件、残陶车轮1件、残陶俑1件及些许陶器残片。墓葬填土为花土，内含残碎骨架及残陶片。

M199　该墓是一座墓道朝南带斜坡的土洞墓，方向180°。现墓口距地表2.4米。墓道长3米，宽0.9米，深2.75米。呈斜坡状，近墓室处有一段平直墓道。因取土作业破坏，形制不甚完整。洞室平面呈斜背刀形，长2.1米，宽0.6~1.7米（南宽北窄），洞高1.3米。靠西侧有一棺，朽甚，内葬一人，头南面上，骨架较凌乱，为一成年男性，年龄45±。头部上方出土一块陶片，经打磨加工，呈椭圆形。右壁东侧出土陶罐1件，瓷钵1件，绿釉瓷碗13件。墓葬加工平整光滑，形制破坏少许，填土为花土，洞室内充有淤土。

M272　该墓是一座墓道朝南带天井的土洞墓，方向188°。现墓口距地表2.4米。墓

---

① 河南省文物局：《河南省南水北调工程考古发掘出土文物集萃》（一），文物出版社，2009年；河南省文物管理局南水北调文物保护办公室、河南省文物考古研究所：《河南安阳市固岸墓地Ⅱ区51号墓》，《考古》2008年第3期。

道因取土作业破坏,形制不甚完整,残长14米,宽0.7~0.9米,总深8.2米。墓道北侧有一天井,长2.1米,宽1米,破坏,天井底距现口6.5米。墓室平面呈铲头形,长3米,宽2.5米,洞高2.6米。洞室内靠西侧有一椁,椁外土圹长2.8米,宽1.26~1.76米,残深0.6米。椁西侧土圹痕迹,可看出是由6块宽约0.12米的木板钉成。椁内有一棺,朽甚。椁内淤土中含红漆、黄漆、黑漆。内葬一人,骨架朽为粉末状,葬式不详,男性,成年。墓葬加工平直整齐,墓壁光滑。洞室内富含淤土。墓葬东侧出土大量器物,共计53件。类型有灰陶罐、红陶碗、釉陶碗、陶俑、镇墓兽、武士俑、骑士俑、陶牛车、陶马、陶骆驼、陶猪、陶狗、陶鸡、陶磨、陶碓、陶仓、陶井、陶甑等。该墓器物组合完整,种类丰富,造型独特,具有较高的文物价值[①]。

四、安阳县洪河屯乡连庄村东南地北朝墓葬

2011年3月,安阳市文物考古研究所在安阳县(现安阳市北关区)洪河屯乡连庄村红莲纺织城内3号楼北侧发掘清理一大型北朝时期的砖石墓,该墓由墓道、迎风墙、甬道、石门、墓室组成,墓室砌法为二平一竖,墓室面积有25平方米以上,在清理墓室时出土有大型墓志盖的残块。该墓形制较大,是安阳近期发现北朝墓葬中形制最大的墓葬之一(图4-64)。

图4-64 墓葬形制

墓葬被破坏严重,仅在墓室内发现有墓门及墓志盖残块。两扇石墓门上均饰浅浮雕,图案部分遭到破坏,纹饰不甚清晰,每扇门图案以横格分为上下两部分,上部分图

---

① 河南省文物局、安阳市文物考古研究所:《安阳北朝墓葬》,科学出版社,2015年。

案较小，下部分图案较大，为主题图案，从图案的形状来判断，当为为青龙、白虎、朱雀、玄武四神与花卉等图案。左右墓门下部分的主题图案是左青龙，右白虎。残存墓志盖为青石质，篆书，上仅见"齐故府墓志铭"等字。

墓室平面近方形，四壁外弧，墓壁由青砖"一平一丁"式垒砌，保存4层至7层不等，墓室内青砖铺地。该墓因盗扰严重，墓室内未发现有骨架、随葬品，根据残存墓志盖及墓葬形制等来判断，此墓应是北齐时期大型砖、石结构的墓葬，墓主人应具有较高的身份[①]。这座墓葬是目前已知安阳地区发现的北朝时期墓葬中形制最大、结构最为复杂、图案装饰最为精美的砖石结构墓，它的发掘对我们研究当时的墓葬形制、结构、墓葬装饰等提供了新的资料。

五、南水北调安阳段保护巡护过程中发现的北朝墓葬

2007年至2012年安阳文物考古研究所配合南水北调干渠建设、第九标段木厂屯取土区等，在文物巡护中共发现东魏墓葬1座、北齐墓葬8座。其他的有战国至唐宋时期墓葬数百座。

1. 东魏赵明度墓

该墓位于安阳县安丰乡洪河村南，南水北调安阳段第九标段36+730处，2008年10月，由安阳市文物考古研究所进行了抢救性发掘。该墓由墓道、迎风墙、墓门、甬道和墓室组成的砖室墓。甬道内、外均有封门砖墙，墓室底平面略呈方形，四壁外弧，南北最长处为2.12米，东西最宽处为2.9米；墓顶西侧已被破坏，下部至顶为3.1米，顶为四角攒尖式；墓葬早期进水，在距墓底0.5米处的淤土中发现有散乱的人骨架两具，骨架为一男一女（图4-65）。

墓内出土有石墓志1合，青瓷罐5件（带盖4件），青瓷碗6件，陶瓶4件、铁钩6件，永安五铢、常平五铢3枚，以及陶珠数十枚（图4-66）。墓内出土的4件小型莲瓣纹青瓷罐，保存完整，制作精美，纹饰简单大方，是北朝瓷器中的精品之一。

该墓未曾盗掘，出土器物组合完整，一批北朝青瓷的出土具有较高的价值。特别是3件青瓷小罐，施青釉，以莲瓣纹和小联珠纹、卷草纹等为装饰，造型精美，瓷质细腻，是北朝时期代表性器物。墓内出土墓志1合，青石质，盖为盝顶状，"魏博陵赵府君墓志铭"，3行，行3字，计9字。志石长、宽各57.5厘米，厚约10厘米。志文共计21行，满行21字，共计382字。根据墓志记载，墓主人是东魏宁远将军，太常博士，领鼓吹丞，博陵太守赵明度。墓主人为东魏秦州天水郡清水县崇仁乡礼贤里人，祖上三代为官，卒于东魏天平三年（535年），次年葬于邺城西南，墓葬出土地点与墓志记载相吻合。

东魏墓葬在安阳发现的不多，2005~2007年在固岸墓地曾发现有东魏记年的墓志砖墓，但有石质墓志的尚不多。此次发现的东魏赵明度墓纪年明确，出土器物组合完整，

---

① 河南省文物局、安阳市文物考古研究所：《安阳北朝墓葬》，科学出版社，2015年。

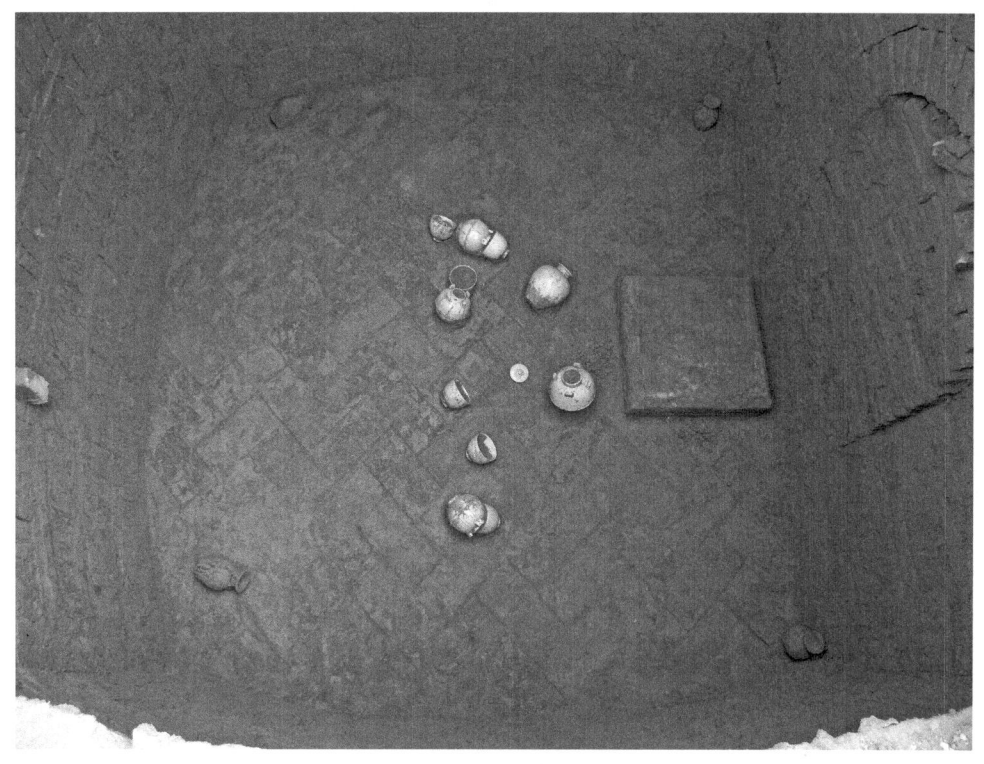

图4-65　赵明度墓

图4-66　赵明度墓出土的瓷罐及瓷碗

瓷器精美，对安阳地区墓葬分期，特别是北朝时期墓葬的分期，具断代标尺的作用。东魏赵明度墓葬的发现是南水北调安阳段文物保护巡护的又一重要成果[①]。

附：魏故宁远将军太常博士领鼓吹丞博陵太守赵府君明度墓志铭

曾祖褒京兆太守
祖俸，上党太守
父瓮，堂阳，扶柳二县令

君讳明度，字无亮，秦州天水郡清水县崇仁乡礼贤里人。君少挺岐嶷，弱标英俊，风华秀举，逸响远宣。故能博赡丘索，耽玩虫篆；悌睦宗门，信敷乡壤；先人后己，动依容范；安贫处淡，怡然自适，穆穆焉，洋洋焉。所谓追礼于前踪，迈仁正于后烈者也。中兴元年从大丞相勃海王起义信都，超授君为伏波将军、太常博士领鼓吹丞。天平三年，加宁远将军。其年四月辛未朔廿五日癸巳寝疾不豫，卒于京邑景穆行昭仁里。三月五日诏赠定州博陵太守，余官悉如故。粤四年岁次丁巳十月壬辰朔十五日丙午，葬于邺城之西南。幽扃茫昧，玄寂寥，且镌声实，式昭不朽，乃作铭以志之。其词曰：

崇基远构，绵绪载昌。时挺英俊，世发忠良。器等金璧，价重珪璋。树德立孝，履正乘方。摛辞云散，烈武鹰扬。外毗元凯，内贯戎行。方贻显命，饰纽雕章。春烟潜彩，秋月亏光。渌醽徒设，素幕空张。云霆垅，风啸松杨。黄垆一闭，千龄遽央。

凡生五男，并有官号。一女适段氏，有官爵。

2. 元宝墓

北齐天统五年（569年）的元宝位于南水北调工程安阳段第八标段东稻田村西北地，编号M1。2007年8月发掘。由于该墓位于干渠中间，施工时遭到破坏较为严重，墓葬形制大体为土洞墓，由墓道、墓室等组成，抢救发掘清理时仅剩下墓室的一部分。出土的随葬品有完整的陶俑37件；陶灶、井、仓、磨、杵各1件；陶狗、子母猪两件；陶骆驼1件、其他残陶器37件；墓志1合。陶俑形制主要有持盾俑、侍从俑、侍卫俑、凤帽俑、蹲踞俑等。由于该墓发现时大部已遭到破坏，墓葬形制已不完整，也未发现这一时期常见的瓷器等随葬器物（图4-67）。

墓内出土墓志1合，青石质，盖为盝顶状，"齐尉氏故元夫人墓铭"，篆书，计9字，3行，行3字，墓志中间有2个铁环痕，铁环已失，志盖石洞内尚有部分残存铁铆。志石长、宽各53厘米，厚11厘米。志文字计18行，满行19字（图4-68）。从墓志内容记载来看，墓主人为元宝，魏献文皇帝之曾孙，咸阳王禧之孙，荆、湘二州刺史昌之第二女。北齐天统五年（569年）葬于野马岗北三里。元夫人应为拓跋氏。魏献文皇帝即北魏献文帝拓跋弘，公元466～471年在位。夫人出身皇室，地位显赫，是当时重要的门阀世族之后裔。墓志记载墓葬位置以野马岗坐标点，为考证古野马岗的具体位置提供了确

[①] 河南省文物管理局南水北调文物保护办公室、安阳市文物考古研究所：《河南安阳县东魏赵明度墓》，《考古》2010年10月。

图4-67 元宝墓出土的陶俑

图4-68 元宝墓墓志

切的资料。墓志志文书体规整,为典型的北朝字体,具有较高的书法价值①。

附:齐尉氏故元夫人墓铭

□骑大将军□□□□□元夫人墓铭

讳宝□□□□□□□□金行丧道,水运会□。括囊海内,□□□□,抱铅怀珠,重明累圣。追庭□以方驾,望炎□而齐迹。左史右史,记言记事,悬诸日月,同弊穹壤。夫人即魏献文执皇帝之曾孙,咸阳王禧之孙。荆、湘二州刺史昌之第二女。骊渊之内,自有明月之珍。钟阜之中,不乏天智之宝。风神清审,性理明悟。动成表式,言合典谟。爰自公宫,归于世族。既禀结褵之诚,无失採蘋之礼。迥玉树於庭中,挺明珠於掌内。方类经天之月,奄同栖草之尘。春秋三十六,以大齐天统五年五月十二日,卒於乐陵郡官舍。武平元年,岁次摄提十一月庚戌朔十三日壬戌,厝於野马岗北三里。川原或徙,人世且移。勒兹贞石,用表柔仪。其词曰:

长源远注,崇基峻峙。世受龟书,家称麟趾。
质同珪璧,华犹桃李。明礼悦诗,陈图顾史。
言归鼎族,作嫔君子。行满闺闱,声高娣姒。
隙驹不住,夜舟俄徙。忽去兰房,奄归蒿里。
雾抟陵柏,风惊墓梓。空余令□,腾芳无已。

3. 叔孙多奴墓

北齐翊军将军豫州别驾薛君妻叔孙多奴墓位于安阳县洪河屯村西北地,南水北调干渠中间,编号M3,方向28°,2008年3月发掘,其地理坐标约为北纬36°11′15.5″,东经114°17′25.6″,海拔89米。

墓葬由墓道、封门、甬道和墓室组成。南北总长约7.2米。由于墓葬是南水北调文物保护巡护过程发现的,发现时现存墓口上2~3米已被施工的挖土机破坏,原墓口深度不详。根据周围的地层判断,墓口距现地表约为1.5米。墓道为南向,斜坡,残长2.2米,宽1.12米,靠近墓门深1.5米,墓道南部被破坏,墓壁修葺齐整,未发现墓画,墓道北段东侧被晚期扰坑所破坏,扰坑长1.64米。墓道与墓室中间为甬道,总长1.78米,封门中间长1.08米;甬道南北两侧各有一道砖封门墙,大部分被破坏,仅在北西侧残存高约1米,计有三竖五平。第一道封门墙为一平一竖铺砌,残墙存二平一竖,北侧封门为斜向垒砌,西侧尚残存二层。封门砖长0.34~0.35米,厚0.16米,宽0.05米。墓室垒砌长方形墓圹内,圹南北最长4.08米,东西最宽处3.7米。墓室近长方形,四面略弧。墓葬东南侧被晚期扰坑打破,墓壁已被破坏,其余保存残高约1.1米,砌筑方式为二平一竖,现保存有四组。墓室南北最长3.28米,东西最长2.9米,东侧转角南北2.7米,西侧转角南北长2.72米,南侧转角东西长2.52米,北侧转角东西长2.72米。墓室底部为砖铺地,东西平行错缝铺砌,计19排,每排约有砖8块(图4-69)。

棺床位于墓室的西侧,南北长2.68米,南侧宽1.2米,北侧宽1.16米,最宽1.3米,残

---

① 河南省文物局、安阳市文物考古研究所:《安阳北朝墓葬》,科学出版社,2015年。

图4-69　叔孙多奴墓墓葬形制

高0.1米（二层平砖）。砖铺地，南北平行铺砌。在清理墓室内棺床时，发现有少量人骨架，但已遭扰乱，从残存的人骨判断，墓主人为女性，年龄约有30岁，头南脚北，与墓志记载相吻合。

墓葬虽然早年被盗，且大部墓室遭到破坏，但尚出土有墓志、金圈（戒指）、陶俑、陶动物俑及陶模型器等。出土器物主要集中在墓葬的东半部分，其中墓志位于棺床南部与墓壁之间，志盖已被扰动，出土时位于墓室的东侧偏南部，金圈（戒指）位于棺床东部中间偏南的扰土中，其余数十件陶俑及陶器主要集中在墓室的东部偏北。该墓出土的陶俑非常瘦小，造型精美，女性特征非常明显，具有代表性（图4-70）。

图4-70　出土陶俑

墓志1合。青石质，志盖盝顶状，厚0.1米，四边斜削，斜面宽0.05米，墓志中间各有两个铁环痕。志盖长、宽各0.485米，篆书，2行，计8字为"故叔孙夫人墓志铭"。志盖字体纤细。志为方形，正面及四周磨光，背面未经琢磨，凸凹不平，长宽各0.485米，厚0.10米。字为魏碑体，计18行，满行20字，共计353字。字周围尚存有横格和竖格痕迹。

根据墓志记载，墓主人是齐翊军将军豫州别驾薛君妻叔孙夫人多奴，大齐武平元年（570年）九月二十六日，遇疾终于豫州北薛寺，同年归窆于邺城西南三十里所。墓志记载与出土地点相吻合。洪河屯村西地是北朝、隋代墓葬较为集中的区域，这里除发现上述的北齐范粹墓、元夫人墓和叔孙多奴墓外，2008年南水北调干渠巡护中还发现10余座北朝、隋代的墓葬。这些墓葬大多是砖室墓，一些墓葬形制还比较大，但历史上大多遭到破坏，随葬器物较少，无法确定墓葬的具体年代。

附：齐翊军将军豫州别驾薛君妻叔孙夫人墓志铭

夫人讳多奴，清都成安人也。缔绪前王，命氏中叶，人俊继轨，世禄不渝。祖安都，魏南安王友、燕州刺史，崇标逸概，有美时谈。父季文，魏石门男，高情胜托，见推士友。夫人禀粹开灵，含和挺质，神韵清举，风制柔闲。纵容图史之间，殷勤针缕之迹。顾盼婉而成则，众姬仰之不逮。亦即有行，作配君子，虔以奉上，惠而接物。一闺致如宾之敬，二族无可间之言。琴瑟已和，疵孽斯屏，宜遂偕老，克终辅佐。而苕华独茂，桂枝先落，一罢苟侯之宴，空余潘子之悲，以大齐武平元年九月二十六日，遇疾终于豫州北薛寺，其年十二月庚辰朔十七日丙申归窆于邺城西南三十里所。泉火徒燃，坟香且歇，惟徽音之可寄，顾玄石之在兹。其铭曰：

玉以瑜洁，兰亦幽香。猗欤淑媛，譬彼贞芳。荣曜秋菊，明厉冬霜。观箴敕己，问史知方。惟邦之令，配时之良。声和灌木，价重河鲂。手栽冰雾，馈洁□浆。绸缪姻戚，婉恋匡床。秋风凄戾，夜水汤汤。繁华一落，厚夕何长！扇尘余笥，琴留故房。来迟空作，无慰神伤。

4. 贾进墓

贾进墓位于安阳县安丰乡北李庄村东地。2008年6月至7月发掘。该墓由墓道、迎风墙、墓门、甬道和洞室组成，方向180°。其地理坐标为北纬36°13′22.1″，东经114°18′11.1″，海拔91米。

墓道南向，为斜坡式，部分被挖土机破坏。现存墓道长7.55米，宽1.46～1.66米，最深处4.6米，坡度35°。南端较窄，北部靠近墓门处较宽，至墓门0.64米处平直，有铺砖，纵向铺砌。墓门最上为迎风墙，残高0.48米。

迎风墙系用原生土雕成门楼形状。门楼的顶部、鸱尾、瓦垄及格扇等形状与这一时期的砖雕的门楼形状大体相同，从下至上依次是门洞、直墙、格扇、横墙、檐、瓦顶、屋脊及屋脊上的吻兽等，瓦顶中间为纵向瓦垄五道，两侧分别有横向瓦垄五道。并在雕刻好的门楼上面直接施彩画，其中门洞两侧、直墙均施白色彩画，瓦垄施黑色彩画，其他为白地施红彩或黄彩等,颜色艳丽,但由于施画无地仗及其他加固措施,壁画长期受地下水侵蚀,发掘时彩画大多脱落严重。迎风墙从墓室底部至上残高5.28米。

甬道全长1.72米,呈过洞式,从墓门往里0.64米处断开,外掏约0.2米,分前后两部分。甬道靠近墓道门,墓室门及甬道中间前后共计用三层封门砖墙封堵。第一道封门砖墙发掘时已坍塌,第二道封门墙为单砖平砌,第三道封门墙为单砖立式砌法。

墓室平面呈方形,四壁外弧,系在生土中直接掏挖而成,南北最长2.9米,东西最宽3.0米。墓室内四壁内敛上收,至1.7米处为四角攒尖式顶。从地面至墓顶2.44米。墓室内满铺青砖,单砖错缝纵向铺砌。洞室顶部有部分塌陷。墓门及墓道、墓室四壁,原有红色、黄色、褐色、黑色等彩画,但由于早期进水及保存环境差等原因,壁画大部脱落,只在墓室东壁和西壁保存有零散红色和黑色的线条,但亦看不出来形状。在墓室门上0.1米处有一周宽0.1米的红色带状彩画,再上有0.15米的黑色带状彩画。由于墓葬早期进水,棺的位置已不在原来的位置。清理时在墓室的中部距墓底0.8米处发现棺痕及墓主人骨架,棺为东西向,墓主人骨架头西,仰身直肢,骨架较零乱。该墓形制特殊,是目前安阳地区发现此类墓葬唯一的一座,丰富了北朝时期墓葬的种类(图4-71)。

墓葬未经盗掘,是目前安阳地区发现为不多的保存完整的北朝时期的墓葬之一,出土了瓷器、陶器、石器等90余件。在甬道中左右封门外放置1件陶镇墓兽,西侧镇墓兽前还发现有陶子母猪等。随葬器物主要集中存放在墓室的南部,部分器物由于墓内早期进水的原因,位置有移动。其中瓷器有青釉、豆青釉、绿釉瓷和白瓷等,类型有碗、瓶、罐、高足盘、炉、砚等计18件,陶器有红陶、灰陶等,器物类型有陶俑、镇墓兽、陶罐、碗、磨、碓、仓、羊、牛、猪、狗等。该墓器物组合完整,种类丰富,造型独特,具有较高的文物的价值(图4-72至图4-77)。

图4-71　贾进墓形制

图4-72　贾进墓出土陶俑

图4-73　贾进墓出土瓷罐

图4-74　贾进墓出土瓷碗

图4-75　贾进墓出土瓷高足盘

图4-76　贾进墓出土瓷熏炉

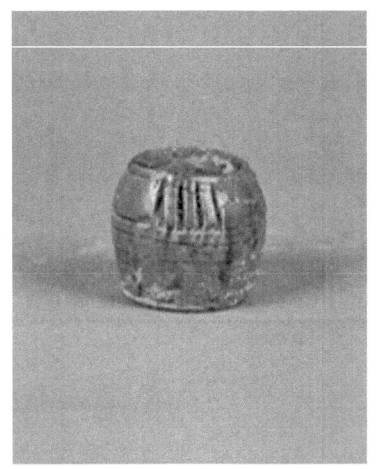

图4-77　贾进墓出土瓷盂

墓志1合。青石质，出土时志盖与志略有错位。志盖为盝顶状，长、宽各0.4米，厚约0.10米，四边斜削，斜面宽约0.07米，墓志中间两侧各有1个较大的铁环。志盖正面及四边磨光，背面有琢痕，但未磨光，凸凹不平。志盖篆书，3行，行4字，计12字为"齐故车骑将军贾府君墓志铭"。志盖字体较规范。志为方形，正面及四周磨光，背面有琢痕，未经磨光，凸凹不平，长宽各0.4米，厚约0.1米。字为魏碑体，共计21行，满行20字，特别是最后一行位于志石的一侧，较为特殊，共计412字。字体较细，书体较精美。字周围尚存有横格和竖格痕迹。

墓主人贾进史书无载。根据出土的墓志记载，墓主人为北齐时期的车骑将军、雕阳王郎中令贾进，死于北齐武平二年（571年），河南洛阳人，是西汉早期著名政治家贾谊的第十一代孙，贾进是名门之后。墓志记载该墓位于邺城西宣范里，豹祠（西门豹祠）之西，与今天实际地点相吻合。贾进墓的发现是南水北调文物巡查保护的重要成果之一。墓葬形制独特，器物组合完整，纪年明确，特别是一组北朝时期瓷器和陶俑的出土，具有较高的文物价值和考古价值。

附：齐故车骑大将军雕阳王郎中令贾府君墓志铭

  君讳进，字元孙，河南洛阳人也，汉大夫贾谊是其十一世祖。历叶传芳，风流继轨，绩著太常之寺，名播东馆之书，求之缃素，无假扬摧。君天禀上才，神生挺秀，孝友被于闺门，仁信著入州里。性好闲寂，妙该玄趣，不食鲜禽，事非有感。故青州刺史、开府仪同三司尒朱雕阳王德隆望重，羽仪群府，搜扬僚彩，妙简时俊，遂辟君为郎中令，又加车骑大将军。知无不为，奉心忠恪，送往事居，提挈终始。既而谢病阁闾，高蹈尘表，总持十二，摄行六度，四心被物，十善化人，普光善权之迹，净名处俗之尊，比之故君，固不得同年而语矣。所好唯善，所务唯道。顷家产以布贫穷，竭藏以充经法。舟航济世，关籥被人。信可以长处阎浮，阐供大法。岂其景命不融，滥从物往。春秋六十有八，以武平二年十二月十五日卒于邺城宣范里。至三年二月十二日窆于豹祠之西。嗟夫！南山多溪，东海为田，俱陵谷之有徙，聊刻石以兴镌。乃作铭曰：

  二仪既判，三才是立。嗟我哲人，龟组相袭。群籍总练，文笔缀缉，其一，铄矣君子，慕此玄门。爱持八法，爱报四恩。盖缠永离，降伏是敦；其二，道修世短，逝矣如何！拔山可復，谁制鲁（戈）。一归萬里，徒作镌歌。其三

5. 刘通墓

刘通墓位于原安阳县（现殷都区洪河屯乡）上柏树村东南地约250米外，东北距杜小屯村约350米，东南距皇甫屯村约200米。2007年12月发掘，编号M1。方向195°。墓地地势高爽，东、南、西略低。向西不远即进入丘陵地区，东部则为广袤的平原。墓葬位置北纬36°09′51.5″，东径114°16′29.4″，海拔94米。

刘通墓由墓道、迎风墙、甬道、石门及墓室组成。墓道南向，方向195°，墓室距地表0.8米。墓道长约7.5米，宽2.1~2.3米，呈斜坡状，靠近墓门处见大量砂石块，由

于受场地限制，墓道未能全部清理，仅清理墓门前约2米长。墓门下部用青砖人字形封填，上部用半砖或整砖填缝。门洞内高2.36米，1.86米起券，券顶为"一立一平"通券。券顶上部为迎风墙，已遭破坏而变形，残存有檐、枋及斗拱，并有朱色、白色彩画过的三角形纹砖雕。迎风墙中有方形砖雕匾额，匾额四周出台并施有朱红色彩画，中间原施有白色彩画，但脱落严重。甬道为过洞式，顶部已残缺，东西两壁各有一壁龛，内高1.54米，进深0.35米，上有"一立一平"式结构的券顶，在北壁处仍有一壁龛，高0.16米，宽0.12米，进深0.34米，壁龛北部有一石门，东西门柱插入墓壁，下有狮子形石门柱础，左右对应，通长0.58米，高0.32米。狮子形石门柱础，两件形制相同，左右对称，前部呈狮子头状，雕刻精美，后部为方形，中间有圆形门柱凹槽。石门柱高1.36米，上放有一半圆形石制门额，高0.8米；石门两扇，高1.46米，宽0.62米。甬道与墓室之间用青砖封门，封门砖呈人字形，残留四层。

墓室砌在一近方形的墓圹内，墓室略呈方形，四壁略外弧，其中墓室南部和北部长3.96米，中间最宽处长4.64米，西部南北4.3米，东部南北长4.2米，南北最宽处长4.86米。四壁从墓底往上为"二平一丁"式结构垒砌而成，共九组，高2.38米。墓室顶部已遭破坏，墓底用青砖平行错缝铺底，计29排，每行10~12块不等。

墓葬早年被盗，顶部塌陷，部分器物被砸，成为碎块，随葬器物具体情况不详。从现志发掘情况看随葬器物主要集中在墓室的前半部分，其中石墓志一合位于墓道口的西部，其余50余件陶俑（仅有少部分完整）、陶盘及瓷器残片分别散放在墓志的后方及墓室的东南部。墓葬陶俑破损严重，修复完整的有10余件，其形制主要有风帽俑、侍从俑、箭箙俑、骑马俑等（图4-78）。

墓内出土墓志1合，青石质。盖盝顶状，四边斜削，中间左右两侧各有两个铁环。长、宽各0.62米。篆书"齐故开府仪同刘公铭"。志为方形，长、宽各0.62米，厚约0.12米，志文计27行，满行27字，722字（图4-79）。字体粗大，苍劲有力，为魏书中精品。根据墓志记载墓主人是北齐梁州、鄩州刺史、骠骑大将军、仪同三司、新市县开国男刘通，字杀鬼。武平三年（572）窆于邺城西南二十五里野马岗南。刘通是当时北齐神武皇帝高欢的主要干将之一。刘通的绘画才能和举贤若渴的史料，则见诸北宋人李昉等编著的《太平广记》和《北齐书》。通过墓志与文献相互印证，我们可以更加详细的了解到了其人生历史轨迹，使得这一历史人物更加鲜明生动。墓葬形制较大，砌筑精美。墓主人刘通，死于武平三年，即公元572年。身份较高，墓志记载较详，填补了北齐史的空白。李昉等《太平广记卷》是这样记载："刘杀鬼，北齐刘杀鬼与杨子华同时，世祖俱重之。画斗雀于壁间，帝见之，以为生，拂之方觉。常在禁中，锡赉巨万。任梁州刺史，名见北齐书。"墓志记载较详，填补了北齐史的空白。

附：齐故开府仪同刘公铭

> 公讳通，字杀鬼，太安狄那人也。昔祝起华封，唐朝富其贻厥，图开水市，炎运启其维翰。金行不竞，避地辽海。虽负荷未远，而析薪弥盛。乃祖乃考，世为卿菑，有文有武，立功立事。公膺半千之运，怀体二之才。幼表希声，长多壮节，少以良家之胄，占募有功，解巾积射将军。魏鼎方轻，周川以

图4-78 刘通墓出土陶俑

图4-79 刘通墓志

震。太祖神武皇帝，奋此长缕，初弘霸图。公室对中阳，勋参上墋，以正都督除代郡太守，转中散大夫。高仲密以虎牢外叛，远结秦陇。赫赫东都，群飞不制，我为先路，殪彼觕山，除河阳镇将。久之，迁使持节梁州诸军事，征房将军、梁州刺史。地维魏徙都会在焉，吹台馀歌管之声，沮洫濯齮齘之色，人物殷杂，浇伪攸生，公术以制之，一变成道。以本将军寻除颍州刺史。皇齐改物，复迁郢州刺史，封蒙水县子，食瘿遥县干，别封新市县开国男，邑二百户。又除骠骑大将军仪同三司，寻加开府，出为瀛州六州大都督。公机神標映，墙宇凝深，事必生知，无侍名教。虽南林击猿之术，南皮射雉之工，道秘枕中，兵传圯上，攀云而举，捧月而游，令嚚共金石相宣，逸气与烟霞俱上。及位伴星鼎，望高廊庙，顾龙祈如粪土，比富贵于浮云。故以荣辱两忘，得丧俱遣，方斯仁者必寿，永赞隆平。而刘祯之疾忽侵，雍门之悲奄及。武平三年四月三日薨于所部，以十一月二十三日窆于邺城西南二十五里野马岗南。诏增使持节安平赵三州诸军事、赵州刺史、中书监，礼也。道长世短，海徙山藏，将恐桂阳县里，无复人民之旧，阙里宅内，惟余琴瑟之声。若不铭此贞石，讫兹幽壤，何以识滕令之城，表曹侯之墓。词曰：

探珠南海，采玉西昆。我求明德，还因盛门。高车四马，长戟旌幡。知希则贵，道在为尊。昌源不以，猗欤才子，孝充竭力，蛊遗虚以。内结权奇，外替英峙。寒交每折，春水方生。弋船旦动，枥马宵惊。将军拥剑，秉律横行。卫霍非武，孙武愧名，屡属恸，遂黡袤服。民庶载仰，台阶遗肃。鹏飞息海，鸿渐罢陆。天下嗟伤，辰中发怆。冠军知庞，长安照葬。文物葳蕤，声鸣寥亮。佳城一掩，祁山已望。昔游京洛，道上光生，金燎荒陇。相看涕零，霜才草色，风动松征。人生到此，空擅高名。

6. 李华墓

李华位于安阳县安丰乡（现为殷都区）北李庄村东地，固岸村南，北距安丰公路约200米，南水北调干渠37+200处。2008年10月发掘，编号为M119。

墓葬为土洞墓，形制较大，由墓道、甬道及墓室组成，墓道方向185°。其地理坐标为北纬36°13′24″，东径114°18′16.5″，海拔91米。墓道底部与墓底部不在同一平面上，且墓室与墓道也不在一条直线上，二者略呈30°的夹角。墓道长9米，墓道南端宽于北端，上口宽1.9~1.74米，下端宽1.6米，墓道壁加工规整，未见壁画。受施工场地的影响，墓道南部未全部清理。甬道为土洞式，青砖封门，但甬道及砖封门正好被盗洞破坏，现存残存封门砖多散落在盗洞内。

洞室平面成不规则方形，西壁长于东壁，西壁长3.58米，东壁长2.50米，最宽处3.2米，四壁光滑齐整；四角特别，除南壁与西壁相交成90°直角外，其他均不规整，其中西壁与北壁相交成80°锐角，北壁与东壁相交成100°的钝角，东壁与南壁相交成110°的钝角，这在北朝墓葬的发掘中还是仅见。墓底平整，未见铺地砖；墓底往上1.4米处开始内收，掏挖形成顶，由于施工过程中M119的洞室部分被毁，顶已无存，底部距地表约8米。墓内骨架十分零乱，在洞室的淤土中出有一头骨及一块为女性特征的盆骨。淤土中还出有铁质的棺钉，故推测应有木棺（图4-80）。

图4-80　李华墓

墓葬早年被盗，在墓室的前部中间出土墓志1合，在清理墓室前部的回填土中出土有青瓷碗1件和陶盘残片等器物。在墓道的中部出土有陶俑10余件。在墓室的被盗后的回填土中还发现有大量残碎的陶俑、陶器和瓷器残片等（图4-81）。

墓内出土墓志1合，青石质。盖盝顶状，四边斜削，中间左右两侧各有两个铁环，正面及四周磨光，背面琢痕明显，未磨光，凸凹不平。长、宽各0.54米，厚0.12米，篆书"齐故陆郑州李夫人铭"。志石为方形，正面长、宽各0.54米，厚约0.12米。志文计22行，满行23字，计472字（图4-82）。根据墓志记载，墓主人为北齐郑州刺史陆君李夫人墓，夫人名华，陇西狄道人，父亲为安州使君。丈夫为司州主簿、著作郎、卫州尉卿、郑州刺史陆君。李夫人武平六年（575年）死于邺都之第，次年葬于郑州旧茔。

北齐时郑州指今天河南新郑一带，墓志上的郑州旧茔应与此不远。但李华墓志为什么在此墓发现，推测是其随夫陆君迁葬于此之故，此墓应该是其夫陆君与其合葬之墓。其应死于其夫之前，其夫死后合葬于此墓。

附：齐故郑州刺史陆君李夫人墓志铭

　　夫人讳华，陇西狄道人也。世胄绵峻，门贶潜流。祖，东徐使君。君考，安州使君，并以道望优重，誉高当世。夫人神情婉淑，姿度端明，弱擅女师之风，幼协妇宗之美。时窃笔研，闲览箧图，投契千龄，了然无异。至如班氏诗赋，知而弗语；蔡家音律，惭之不为。殷勤组织之功，留连酒醴之术，见称邦

图4-81 李华墓出土陶俑

图4-82 李华墓志

族,行远兄弟。故司州主簿著作郎卫尉卿郑州刺史陆君,名公秀子,令闻令望,委禽云属,御轮伊伫。于是家不息火,亲结其褵,勖以箕帚之勤,申以凤夜之戒。上殚孝敬,傍竭仁厚,敦教率礼,闺门载穆。但此生如寄,良人遽往,顾惟一子,周识嫈然,贞而弗渝,志不可夺,厉心秉操,过人实远,弘兹一节,作范二门。庶乎天道,方期永锡,而风雨贻疾,营卫愆和,徒闻上池之水,俄深下世之痛,以武平六年岁次乙未癸未朔八月廿日壬寅宿卒于邺都之第,春秋卅有三,暨武平七年岁次丙申十一月丙子朔九日甲申,祔葬于郑州旧茔。海则成田,山闻为隙,敬图徽范,永留贞石。其铭曰:

升丘感云,望关邀气。潜灵自远,道存斯贵。峻趾崔嵬,长波费冒。兰菊无陨,芬芳可味。资此淳率,载诞闲幽。言工备举,容德兼修。内瞻风裁,外揖声猷。爰从□尔,终成好仇。乾乾肃慎,蒸蒸祭祀。誉宣公族,室亏君子。穷孀孤胤,块焉相恃。高节令名,曷云能拟。俄辞馆舍,奄同舟壑。穷埏购买方再启,幽魂永讬。愁景苍茫,悲风萧索。一棺方尽,千秋靡作。

7. 南水北调第九标段取土区发现的北朝墓葬

南水北调安阳段第九标段取土区,占地约400亩,位于安阳城西北20余千米的安丰乡木厂屯村西南地。2009年6月至2010年1月,安阳市文物考古研究所和安阳县文物考古队联合对该取土区内发现的遗址和墓葬进行了抢救性发掘,共清理战国至隋唐时期墓葬80座,其中北齐墓3座。

南水北调第九标段取土区北齐墓 位于安阳县安丰乡木厂屯南水北调第九标段取土区的中部偏南,地理座标为北纬36°13′39.1″,东径114°19′01.8″,海拔85米。2012年7月发掘。墓葬为土洞墓,由墓道、封门、墓室组成,方向215°。墓室平面呈铲形,东西最长2.26米,南北最宽1.9米。墓葬出土器物共计60件。其中陶器有陶罐、碗、磨、碓、灶、井、狗、猪、牛、车及五行大布等。该墓器物组合完整,种类丰富,造型独特,具有较高的文物价值。陶俑主要有大武士俑及侍从俑、侍卫俑、侍从俑、侍女俑等形制(图4-83)。墓葬出土五行大布1枚。五行大布为北周武帝宇文邕于建德三年(574年)所铸的钱币。因此该墓应为北周时期墓葬,是安阳地区发现为数不多的北周时期墓葬之一,对于北朝时期器物特别是北周时期墓葬研究具有断代标尺的意义。

齐故冠军将军长乐王郎中刘君墓 2007年8月,南水北调安阳第九标段安丰乡木厂屯村西南地取土区大型机械作业时发现1方墓志,安阳县文物工作队的工作人员发现后对墓志及周围地区进行了调查,发现1座北朝时期小型墓葬。随后安阳县文物保护管理所工作人员对墓葬进行了简单的清理。墓葬距地表约5米,斜坡墓道,土洞墓,墓室略为方形,墓葬可能早年被盗,墓葬形制基本被破坏,仅出土"齐长乐王郎中刘君铭"墓志1合,残碎陶俑10余件。目前,出土器物保存在安阳县文物工作队库房。

齐故冠军将军长乐王郎中刘君墓志铭为机械施工中挖出,具体地点已无法确知。盖为盝顶状,四边斜削。正面磨光,斜面及四边虽然进行了打磨,但尚留有清晰的琢痕,背面琢痕明显,未经磨光,凸凹不平。盖铭文在中间,计3行,9字,篆书"齐长乐王郎中刘君铭",字的四角分别有四个圆形洞,径3.5厘米左右,其中右上角和右下角的洞内

图4-83　M99出土陶俑

尚存有铁器痕,此洞应是当时安置铁环所用。志为青石质,长宽各42.5厘米。字为魏碑体,计20行,满行21字。字中间有横、竖格线痕迹。字体书写较规整。根据墓志记载,墓主人是北齐故冠军将军长乐王郎中刘贵,字宗,河间人,东汉献王德之后。死于武平四年(573年)二月,次年五月葬于邺城之西。

附:齐故冠军将军长乐王郎中刘君墓志铭

君讳贵,字宗,河间人,南王德之后也。自炎汉已还,世载冠冕,并编诸方册,故可略焉。祖愿德,雅有名誉,为时论/所悒。释褐奉朝请,除尚书郎。握兰粉壁,含香丹陛,迈陛机之文藻,若田凤之风仪。贵宗少多大念,不拘小节。多参俊造,声盖州间。出身殿中将军,转长洛王国郎中。每厕东阁之筵,亟奉西园之宴。昔文擒梁苑,见重当时。裾曳吴门,芳流后代。以今望古,乐风不遥。寻加冠军将军。欲假斯众腋用制珍裘,凭此群才持构大厦。而天穷积善,遽随遇隙,哲人云逝,良可悲哉!以武平四年二月三日卒于里舍。惟君识度沉敏,风神简畅,重荆要之劲节,怀寇贾之雄图。至于携手林泉,浮杯原野,清文互起,素论时交,亹亹可听,孜孜不倦。信当今之雅器,乃前辈之伟人。岁次辛卯五月庚申朔十三日壬申,窆于邺城之西。虽复春兰秋菊,不绝歌谣,遗余风传于谍。犹恐海田可变,真宅难知,陵谷傥迁,沙床无纪。不题贞石,何不后昆。乃为铭曰:

惟汉之灵,笃生吾子。长涧迥注,高峰孤峙。混而不浊,涅而讵滓。利用宾王,学优登仕。既朝龙阙,无陪菀园。每移灰箭,亟改寒暄。声摽梁楚,文掞玙璠,要宾置驿,命酒盈罇。以兹令问,方膺天爵。谁谓无征,翻随景落。止云掩映,松风萧索。一隔穷泉,空栖□鹊。

六、贾宝墓

贾宝墓位于安阳县安丰乡洪河村北约50米处。2012年8月，安阳市文物考古研究所配合安丰乡曹操高陵至G107道路拓宽工程时发现并进行了发掘。墓葬为砖室墓，由墓道、甬道、墓室组成，方向185°。现存墓道最深7.2米，由于墓道压在原道路下面未能清理，长度不详。墓室平面呈方形，四壁外弧。南北最长3.88米。

墓葬未经盗掘，出土了瓷器、陶器、石器、铁器等93件。其中瓷器有碗、罐、高足盘等，陶器有陶罐、碗、磨、碓、仓、灶、井、驴、马、狗等及豹纹石壶、铁镜、常平五铢等。墓志1合。该墓器物组合完整，种类丰富，造型独特，具有较高的文物的价值。陶俑主要有大武士俑及侍从俑、侍卫俑、持盾俑、侍从俑、风帽俑、击鼓俑、箭箙俑、女侍俑、蹲踞俑等（图4-84至图4-90）。

墓内出土墓志1合，青石质，志盖为盝顶状，篆书"齐故车骑大将军贾君墓志铭"，计12字。墓志中间两侧各有1个较大的铁环。志石为方形，长、宽各32厘米，厚约10厘米。志文计14行，满行15字，计198字。根据墓志记载，墓主人为北齐时期的车骑将军、郑州扶沟县令贾宝，河南洛阳人，是西汉早期著名政治家贾谊的第十八代孙。死于北齐武平四年（573年），葬于横河之表，野马岗北。贾宝墓的发现是近期北朝墓葬考古的重要成果之一。特别是墓内出土有四件青釉带盖瓷罐，为典型的安阳相州窑瓷器。墓葬纪年的明确，为相州创烧年代研究提供了新的证据。

附：齐故车骑大将军郑州扶沟县令贾君墓志铭

> 君讳宝，字梁成，河南洛阳人也，汉大夫贾谊是其十八世祖。君文器淹雅，乃有平种之风；武艺超伦，非无张飞之操。少怀壮气，恒有六军之情；长

图4-84 贾宝墓出土的陶俑组合

图4-85　贾宝墓出土的大武士俑

图4-86　贾宝墓出土的彩画陶马

图4-87　贾宝墓出土的瓷罐

图4-88　贾宝墓出土的杯盘组合

图4-89　贾宝墓出土的青瓷盘

图4-90　贾宝墓出土的石盖罐

好挽弓，贯唯七扎为美，但危城难固，险岸易倾，其志未申，掩从长夜，以武平四年五月廿一日卒于邺城之西广阳坊所，至其年八月十六日殡于横河之表野马岗北。故题石镌铭讼之云尔

丹乌东照，白菟西明，去留何速，盍尔还冥。其一；剑埋荒隧，弓没坟荆。雄才一掩，空赞英名。其二；泉门即闭，倾盖无期。哀哉痛惜，知可如之。其三。

七、内黄县小柴村北齐墓

2001年12月23日，内黄县梁庄乡小柴村开挖硝河时，发现三座南北朝时期墓葬。内黄县文物管理所会同安阳市文物考古研究所（原安阳市文物工作队）联合进行了抢救性发掘清理。墓葬位于内黄县梁庄乡小柴村，三座墓葬均为砖室墓，平面均呈凸字形。墓呈南北向，由天井、墓门、通道、墓室等组成。甬道为拱券顶，墓室为攒尖顶。甬道及墓室为平砖铺地。青灰砖，多为素面，部分有麻纹。墓室的墙壁采用三顺一丁相间的砌法，四角弧形。三座墓葬的布局为品字形，一前两后，墓葬距地表5.2米左右。

M1 规模较大，东西8.25米，南北9米，天井到甬道有砖砌的封门墙，呈弧形。甬道中间还有一单层直砌的封门墙。尤为奇特的是，在甬道的两侧分别设一龛，各放置一武士俑。戴头盔，两目圆睁，持兵器，神态威武。墓室近方形，长4.7米，宽4.5米，留残墙高1~1.35米。墓室的后部铺设砖砌棺床。棺床前有一合墓志，正方形，长、宽均为52厘米，厚15厘米。志盖盝顶，盖中间阴刻"大齐天保三年王君之墓志"。墓志字体古朴苍劲，工整严谨，书法精美，共22行448字，字间有界格。墓志记载了墓主的名讳、地望、官职、卒葬年月等。从墓志上可以看出，墓主王谟为黎阳顿丘县都乡吉迁里人，祖上曾任燕、魏州官，本人能文善武，为官清廉，爱民如子，深受百姓爱戴，天保元年（550年）卒，天保三年（552年）葬于此地。墓室的左上部随葬有陶俑、陶马、陶牛、镇墓兽等器物。30余种陶俑有文俑、武俑、家奴俑、侍俑，形态各异。墓室的左侧中间有一侧室，出土长55厘米，宽17厘米的石杵，棺床上的棺已朽，骨架遭水浸破坏，尸骨散乱，为一男一女，应为合葬墓。

M2 比一号墓规模小，南北5.6米，东西3.68米。墓室残墙高1.5~2.1米。此墓虽早期被盗，仍出土了完整的蚌壳、银器、四系罐、红陶碗、瓷碗及一些器物的残片。墓室后部平铺砖棺床，从棺床上清理出土三具骨架，左为男，右为两女，其中一男一女系捡骨摆放的二次葬。右侧一女，仰身平躺，骨架完整，为一次葬。

M3 在这三座墓葬中规模最大。因墓室早期被毁，仅出土了残石佛、残石磨盘、五铢钱。从遗留的残陶片、瓷片及碎石看，当时陪葬的石器最多，器物的形体都比较大，瓷质细腻，色泽鲜艳。

这次发掘的三座墓葬，从形制及出土文物看，应是同一时期的家族墓。虽然这三座墓葬都遭到不同程度的破坏，但仍出土了50余件有价值的文物。在战争频繁的南北朝时期，像这样有确切纪年的墓葬在豫北地区很少见。特别是墓志记载了墓主人王谟曾任过"东黎""顿丘"二县的县令，死后葬于顿丘县。这为研究"三皇五帝"时期的"顿

丘城"，提供了有价值的旁证资料。该墓葬的发现，对研究南北朝时期的政治、经济、葬俗、官职和县村行政区划，提供了历史见证，尤其为考察古顿丘的地望提供了佐证资料。

附录：大齐故黎阳郡功曹东黎顿丘二县令王谟墓志

君讳谟，字春同，黎阳郡顿丘县都乡吉迁里人也，昔周之黎基，蝉联帝业，文武继踵，著姓太原。五世祖简，属赵石鹊/起，左提右契，股肱大业，衣绣齐镳，遂家兹土。祖穆，燕钜镳上党二郡太守，定州刺史。父成，魏广平太守，并州刺史。君保名家之资，不坠世轨禀贞质之掺挺清白之节孝行穆于闺庭，令问播于邑里。爰自童幼，志悦师门。即于弱冠，心笃三友，故能下学上达，傍综群言，钻坚洞微，靡不毕揽，太守元蛮，以君望为乡首，才冠儒林，征拜功曹。君才堪世务，器等瑚琏，频莅二邑，绸缪两政，衣锦昼遊，明目家邦，徽猷茂绩，纷纶藉甚，景行者虚其心，谈慕者满其口，陈公居宰未足比其清能，密子为政讵亦伦其雅，烈将以刊不世之功，达非常之业，但幽显报应，福谦亦爽，西光未斜，东流溘尽，君春秋六十有五，天保元年七月卒于家，粤以天保三年十一月八日葬于黎山东北五十里鸭池之阴一里半，铭诸盛烈，传之泉壤，其词曰：

于显懿德，标格峻举，昂昂我君，怀文侠武，入则孝弟，出为忠辅，名彰绩立，鞲群轾侣，其一；用嘉乃勋，爰莅百里，事上如父，恤民若子，政行民富，且归且耻，爱等甘棠，恩同行苇，小心翼翼，善终令始。其二；如何上穹，良木其摧，菉兰夏毙，翠岭秋颓，春去冬还，岁往季来，镌诸朽壤，呜呼是哀。

第五章　安阳隋唐考古

隋唐时期（581～907年），是中国历史上最为繁荣富强的时期之一，也是中世纪世界文明的中心。隋朝鼎盛时期北至东北辽宁一带，西至新疆的塔克拉玛干沙漠地区，东临东海，南至越南北部一带。唐朝鼎盛时期北至贝加尔湖以北和外兴安岭，西至中亚的咸海，东至库页岛，南至越南北部。安阳位于中原腹地，地理位置重要，交通便利，在隋唐时期政治、经济、文化得到了前所未有的发展。考古表明这一时期安阳城城墙坚固，城池广大，人民安居乐业，特别是邺城废弃后，安阳一度成为北中国的政治中心，奠定了区域性中心的位置。

北周大象二年（580年），杨坚辅政，命相州总管尉迟迥进京，以韦孝宽代尉迟迥为相州总管，以叱列长义为相州刺史。尉迟迥知有诈不受命，乃自称大总管，发兵讨杨坚，所辖相、卫、黎、屯、洛、贝、赵、冀、瀛、沧诸州皆响应。韦孝宽与之大战，从沁水一直打到邺城下，最后尉迟迥兵败自杀。杨坚下令焚毁邺城，千年名城一时化为废墟，并徙相州、魏郡、邺县治所及邺之民于邺南40里之安阳城，安阳城遂为相州、魏郡、邺县治所。隋大业元年（605年），废相州，存魏郡，治安阳，辖"安阳、邺、临漳、成安、灵泉，尧城、洹水、滏阳、临水、林虑、临淇"共11县。隋末刘武周曾在今安阳县都里乡一带建都反隋。刘武周是隋朝河间景城人，后迁居马邑，任马邑鹰扬府校尉。隋大业十三年（617年）聚众万余人起义，自称太守。依附突厥，攻占雁门、定襄等郡，自称皇帝，年号天兴，后攻占太原、晋州等地。

唐武德元年（618年），复改魏郡为相州，领8县。贞观十年（636年）置相州都督府，辖相、卫、黎、魏、洺、邢、贝七州。据《括地志》记载，贞观十三年（639年）当时全国共有41个都督府，且多在边地，内地河北道除营州边地设都督府外，仅在相州设都督府。时相州为河朔第一重镇，战略位置十分重要。安史之乱后，魏博节度使田承嗣袭占相州。唐玄宗天宝元年（742年）相州改称邺郡。肃宗至德二年（757年）安庆绪占相州，改为成安府，郭子仪等九节度使率唐军与安庆绪在安阳城决战，双方伤亡惨重。乾元元年（758年）复改称相州。此后，终唐一代，安阳作为相州治所一直没有改变。

第一节　安阳隋代遗址及墓葬

近几年来，随着安阳地区考古工作的深入开展，找到了隋唐时期安阳相州城城墙遗址、相州窑遗址，并发掘清理了大量隋、唐时期的遗址、墓葬。特别以隋代相州窑遗址为代表的隋唐时期北方青瓷窑系，承上启下，是南北朝至隋唐时期中国北方最大的青瓷窑址，也是中国白瓷烧制的创始，对于中国白瓷起源方面的贡献巨大，在中国瓷器发展史上占有重要和突出的地位。安阳相州窑是公元5世纪前后我国北方青白瓷窑址的代表之一。

一、文峰汇隋唐安阳古城墙遗址

安阳古城墙遗址位于安阳市彰德路与文峰路交叉口东北角，西侧紧邻彰德路，此处原为安阳市委招待所和安阳市西营街小学以及部分民房。2014年5月，经安阳市文物钻探队钻探，发现古代城墙遗址一处。2014年7～8月，安阳市文物考古研究所对该建设工地占地范围内的古城墙遗迹进行了考古发掘，总计发掘面积计3000平方米。

该城墙遗址位于安阳市天宁寺西北约200米处，安阳市文峰中路西段北侧。城墙遗址呈东北西南走向，方向20°，残存长计近120米，宽30～40米不等。墙基部分从剖面上时代可分三部分，最上层的夯土内出有隋唐、宋元时期瓷片和陶片，其年代不早于宋元时期；往下又可分为东西两部分，从出土的遗物看，东侧城墙要早于西侧城墙。隋唐时期的城墙位于遗址下层的东侧，夯土内的遗物为隋唐时期相州窑瓷片和陶片，底部叠压汉代墓葬，打破隋代灰坑。隋唐时期城墙基址的总宽度在24米左右，有斜向倒塌的痕迹。发掘的情况表明，该遗址系用土夯筑而成，质地致密，夯层在6～15厘米之间，夯窝明显。夯窝有两种，一种稍小一点，直径4～5厘米，排列整齐；另一种稍大一些，直径6～8厘米，夯窝有叠压的现象。遗址西侧附属有城墙护坡及其他遗迹，护坡宽8～9米，深4～4.5米不等。值得注意的是，西侧护坡上叠压有淤土沟一条，4.5米不见底，淤土沟向西延伸出此次发掘的范围，可能为当时的护城城濠。

1998年安阳文物考古研究所配合安阳市文峰中路建设，在现安阳文峰中路东段与东风路交叉口西50米处发现并发掘了一段残存的安阳古城墙，当时认为该城墙不晚于隋唐时期。此次发掘进一步证明了安阳古城墙的始建时代。通过发掘基本了解了该墙基的始建、沿用和废弃的年代。从地层堆积和出土物等方面证明该段墙基始建年代为隋唐时期，后经宋元时期修补或扩建，并在明清时期继续修建与使用，直至建国后废弃。

此次文峰汇商住小区安阳古城墙遗址的发现与发掘，为研究安阳古代城墙的构筑与沿革，形制与规模，建筑技术以及安阳古城的范围布局、历史沿革、传统文化等方面提供了重要的实物资料。发现的古城墙遗址位于安阳市老城区内西侧，其东南为国家级文物保护单位天宁寺塔和天宁寺。古城墙始建时代明确，延用时间长，规模大，建筑技术高超，是安阳城历史发展和城市文明进步的见证。也是同一时期中国古城墙建筑的范例之一；文峰汇商住小区安阳古城墙的发现，证明了安阳古城建设年代不晚于隋唐，其后宋、元、明、清一直延用，时代序列清晰，特别是现城墙的位置与历史文献记载吻合，为安阳市历史发展沿革等方面的研究提供了不可多得实物例证。

二、隋代安阳相州窑遗址

相州窑遗址位于安阳市洹河南岸，发现于1974年。从1974年发现之后，至今前后经过四次较大规模的考古发掘，基本上搞清楚了窑址的范围、布局和内涵。依据最新的考古发掘成果，相州窑遗址的范围要较1974年调查的范围要大，遗址大约东起今天安阳爱民路，南至永安街，西至红旗路，北至洹滨北路，在此范围之外东部安阳警备司令部院内，西部自由路南的原棉麻公司院内和洹水一方小区等也发现有少量的隋代瓷片，并发现有小型的瓷器、瓷片堆集坑等遗址。相州窑遗址的核心区主要分布洹河南岸，原电池厂院内及电池厂北街南北两侧等，核心区内分布有灰坑、灰沟、少量残存的窑址、沉淀池、工棚遗迹、水井和大型的瓷器瓷片堆集坑，并发现有大量的耐火土、散落的窑壁、未经粉碎瓷土矿石、红烧土、釉药矿石等与烧制瓷器相关的遗物。核心区之外发现有道路、墓葬、少量的瓷器堆集坑等。

1. 第一次发掘（1974年2月）

1974年2月，在安阳桥南洹河之滨进行基建工程时发现窑址。河南省博物馆、安阳地区文化局联合进行了清理。窑址南北长约350米，东西宽约260米，面积达9万平方米。堆积层一般厚1米，最厚达1.5米。可见当时这里为一处有相当规模的瓷窑遗址。在调查与试掘中，发现一个残窑炉。窑体略呈圆形，内径约1米，窑壁厚0.15米，窑壁系用耐火土筑成。窑残高1.1米，上大底小。另外，还发现了两个不规则的小灰坑。坑壁的土质极为坚硬，在坑内发现有红烧土、瓷片、窑具堆积层。除出土有大量的青瓷，绿釉瓷片外，还出土有素烧莲瓣形装饰品，素烧平底碗等。共出土窑具、瓷器、装饰品、明器等残损和完整的器物400余件。还发现有瓷土和釉药等原材料。器物有碗、盘、盆、钵、瓮、四系罐、高足盘、高足杯、刻花瓶、刻花壶、器盖等。有如意云形装饰品。有房屋、碓等明器，还有男侍俑头、武士俑、文吏俑、青瓷骆驼等。出土的窑具有齿形支烧具、三岔形支具、托杯、支棒、垫饼、圈状支具等九种，其中以三岔形支具与圆形垫环数量最多，并发现有与河北磁县贾壁村窑产品相近的瓷器和窑具[①]。

2. 第二次发掘（2006年8～11月）

为了解决中国白瓷起源问题，由河南省考古研究所、安阳市文物考古研究所共同申请对相州窑进行主动发掘。这次发掘地址是在安阳电池厂生产区进行的，主要集中在厂区的东部。共发掘探方7个，面积383平方米。灰坑或窖藏坑39个，灰沟4条，水井1眼。可复原瓷器900余件，以及大量的瓷器标本和部分窑具。瓷器主要器形有碗、罐、瓶、钵、盂、高足盘、高足杯、器盖及瓷塑等。釉色以青釉为主，白釉、褐釉次之。器物的胎壁较厚，胎质较为细腻，胎色灰白，说明瓷泥是经过淘洗的。器里外施釉，器外施釉不到底。青釉呈玻璃质，光泽较强，透过釉层可以窥见胎面。釉厚处色浓，釉薄处色淡。常见的有青中带绿，青中带黄及青灰、青褐等色。施釉一般薄而均匀，流釉现象不甚显著。因系叠烧，器物里面都留有较大的支烧痕迹。窑具主要有单个支珠、三岔支钉、托杯、支圈、垫环等。从出土器物看，均为裸烧，没有使用匣钵。也没有发现匣钵残片。釉色以青釉为主，白釉次之，胎体致密，烧结程度较高。纹饰以素面为主，少量器物纹饰有花朵纹、草叶纹、莲瓣纹、卷叶纹、波浪纹等。这一次发掘极大地丰富了人们对相州窑的认识。

---

① 河南省博物馆、安阳地区文化局：《河南安阳隋代瓷窑址的试掘》，《文物》1977年第2期。

3. 第三次发掘（2009年2～5月底）

2008年开始，原电池厂改制，该地块被改为住宅用地，为了配合"天域国际"住宅小区一期的建设，安阳市文物钻探队从2009年1月开始至10月，多次对原电池厂区域内进行文物勘探调查。2009年1月先期对天域国际小区南半部的7号、8号、9号、10号、12号、16号楼的基槽进行了文物勘探，总计勘探面积7331平方米，共计发现汉代至明清时期古墓葬10座，汉代砖窑遗址2座及大量的隋代时期的道路、瓷器堆集坑、花土沟、花土坑等与瓷窑相关的遗迹。随后又对该小区13号、14号、15号、21号楼等进行勘探调查，发现墓葬5座，发现了大量的与瓷窑遗址相关的遗迹。8月至9月，安阳市文物钻探队又对该小区北部的3号、5号、6号楼的基槽进行了勘探调查，发现圆形、椭圆形瓷器堆集坑5个，隋唐时期道路2条等遗迹。

从2009年2月18日开始，河南省文物考古研究所和安阳市文物考古研究所联合组成考古队，共同对小区用地区域进行了发掘。按照分工，河南省文物考古研究所主要负责此次发掘区域的东部、南部区域，这部分区域为2006年发掘区的南部，为瓷窑遗址密集区。河南省文物考古研究所在该区域共密集布探方10余个，总计发掘面积为1300平方米（包括安阳市文物考古研究所发掘面积），主要集中在原电池厂幼儿园的南部区域，发现有耐火土残块、红烧土残块、窑壁残块、沉淀池、道路和大量瓷器堆积坑等与相州窑有关的遗迹，出土大量完整的相州窑青瓷、白瓷、素烧瓷（碗、杯、盘、罐、瓶、钵等）、以及瓷片、数以万计窑具（三叉形支烧、垫饼、垫圈）等遗物。

安阳市文物考古研究所主要负责遗址的西部区域及墓葬的发掘。2月18日，考古正式开始。此次发掘总计布探方20个，其中安阳市考古研究所除负责发掘该区域内的古墓葬外，还负责T1、ADT9、ADT10及T15、T16、T17、T18、T20的发掘。以T1为例，进行简要报告。T1位于该小区8号楼基槽的东段。原钻探发现该处为一汉代墓葬，在清理汉墓葬时，发现上层的叠压土中包含有大量隋代相州窑瓷片，根据瓷片堆集范围，布探方T1。东西长8米，南北宽5米，探方口距地表1.2米。隋代地层位于地表下1.2米处，共发现H1～H6等计6个遗物坑和两个现代回填坑，H4打破H5和H6，又被一个现代回填坑打破。南壁的回填坑又打破H4和H6。在探方的南壁上发现一条西北至东南走向的一条道路，从地层关系上看也应是隋代。H1位于T1的中部，开口第③层，呈椭圆形，口小底大，坑壁向四周掏挖，口径1.7～1.9米，底径2.6米，深1.8～2.1米，底近平。坑内出土大量的瓷器、瓷器碎片、少量的陶片及红烧土块。瓷器种类主要有三系、四系罐，碗，小盘口壶、高足盘、矮足盘等。H2位于T1的西南角，开口第③层，距探方开口1米，坑呈圆形，坑口直径1.3米，底径2米，深2.1米，坑底近平，东侧坑底打破H1的一角约0.3米。H2内主要出土有大量的三叉形支烧、环形垫饼、残破的窑壁、红烧土块及少量的陶器碎片。其他H3、H5、H6等出土器物很少。从出土器物来看，H1和H2应有不同的功用。H1主要为瓷器残次品堆集坑，H2则为使用后的窑具堆集坑（图5-1）。

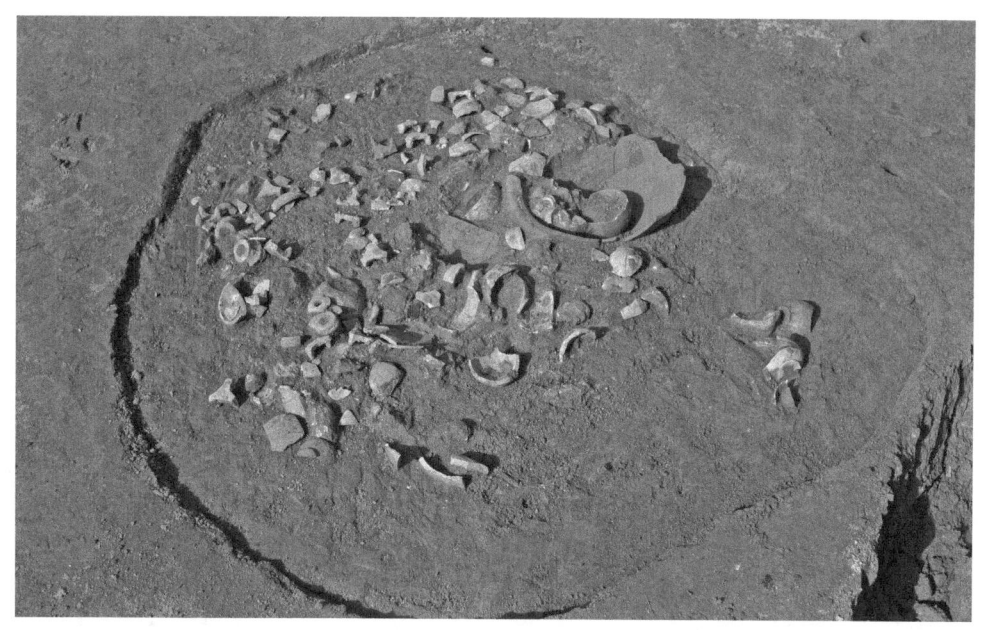

图5-1　相州窑瓷器堆集坑

4. 第四次发掘（2010年3月）

2010年3月，为了配合天域国际住宅小区二期工程建设，发掘区域主要集中在原来发掘区的北部，距电池厂北街约50米。发掘面积约300平方米，发掘表明这个区域也是瓷器坑集中的区域，不仅出土了大量的瓷器、瓷片，还发现一个残窑址。残窑底略呈方形，东西长约1.2米，开口向南，窑壁残高0.1米，均为耐火材料砌成。在窑址的西部约3米处，为一大型瓷器废品堆集坑，出土各类瓷器残片、支烧、半完整的瓷器数十袋。尽管这仅是一个窑的底部，但仍为探寻相州窑的形制提供了不可多得的线索。

1995年河南省文物考古研究所配合京珠高速公路建设工程，在安阳县辛店乡灵芝村，发现一处早期青瓷窑址。据主持发掘的工作人介绍，受当时发掘范围的限制，发掘的面积较小，出土有少量的瓷器，器形有盒、罐、瓶和钵形器等，器壁一般较厚，胎质细腻，胎色灰白。器里满釉，器表半釉，有垂釉现象。釉色青中闪黄、光泽较强，透过釉层可窥见胎面。窑具有支烧、垫饼和器托，未见匣钵，当系叠烧，这个窑址资料未整理发表，具体情况不详。由于该窑址资料尚未公开，且发掘面积较小，遗址的范围、内涵与时代以及其与相州窑之间关系等问题尚须进一步探讨。

相州窑遗址出土瓷器数量大，种类丰富，釉色多样，火候较高，是公元5世纪中国北方青瓷窑址的代表。目前遗址中主要出土的瓷器类型有罐、盘、碗、杯、钵、瓶、壶及瓷俑、动物俑、小动物模型等。出土窑具类主要有三叉支烧、垫饼、垫圈、垫环、支圈、支点支棒、圈状支具、筒形支具、柱状支具、托杯等窑具。其中三叉形支烧类是相州使用最多的窑具，几次发掘出土可达数万枚之多（图5-2至图5-7）。此外，在窑址的发掘中，还出土了不少的白瓷罐、白瓷碗等器物（图5-8、图5-9），是相州窑烧制白瓷的明证。

图5-2 瓷钵

图5-3 瓷盘

图5-4 瓷瓶

图5-5 瓷杯盘

图5-6 瓷支托

图5-7 三叉形支烧具

图5-8 白瓷碗

图5-9 白瓷罐

相州窑器物的胎壁较厚，胎质较为细腻，胎色灰白，说明瓷泥是经过淘洗的。器里外施釉，器外施釉不到底。青釉呈玻璃质，光泽较强，透过釉层可以窥见胎面。釉厚处色浓，釉薄处色淡。常见的有青中带绿、青中带黄及青灰、青褐等色。施釉一般薄而均匀，流釉现象不甚显著，因系叠烧，器物里面都留有支烧痕迹。也由于是裸烧（不用匣钵），有的口沿外部多有互相粘连的残迹。

相州窑烧制的器物不仅釉面光亮，而且往往还有花卉纹饰。装饰方法有刻花、划花、印花和贴花等多种方法。器物的纹饰简单、质朴。花卉类的莲花瓣纹样仍是装饰的主流，有仰莲、覆莲，有的装饰在瓶的颈部，有的刻在盘子的内底。这些莲瓣装饰的大量使用，是受北朝佛教装饰艺术的影响。属于花卉类的还有卷草纹、花叶纹、宝相花纹等。另外，在相州窑瓷器的装饰题材中，也有不少几何纹，有阴刻或凸线纹，还有乳钉纹。相州窑出土器物中几件高足杯，杯身施满大小不一的乳钉纹，新颖别致，在同期隋墓中很少见到。

相州窑源于北朝，兴盛于隋，衰落于唐，是中国北方早期青瓷烧造的代表窑口之一，相州窑的发现解决了中国北方早期青瓷烧造起源时代问题；从多次的考古发掘来看，相州窑不仅规模大、延续时代长，其烧制技术高超程度和瓷器种类的丰富程度都是这一时期其他窑址所不可比拟的。相州窑瓷器的烧成温度要明显高于北朝时期的瓷器，达到成熟瓷器烧造的温度，即1200℃左右。是典型的成熟的瓷器。与之相比，北朝墓葬出土的瓷器，火候较低，可能仅称得上是釉陶；在相州窑窑址的发掘及其这一时期墓葬发掘中都发现了一些白瓷，它为解决北方白瓷的起源与发展提供了线索。我国早期瓷器，属于青釉系统。安阳相州窑白瓷的出现，是我国陶瓷史上的里程碑，它为后来各种彩绘瓷器的出现奠定的技术基础[①]。

三、安阳隋代墓葬

公元580年，杨坚下令焚毁邺城，并徙相州、魏郡、邺县治所及邺之民于邺南40里之安阳城，安阳城遂为相州、魏郡、邺县治所。这一时期是安阳大发展时期，人口众多，官员云集，经济发展，城市规模空前扩大。安阳市区范围内发现隋墓较多，墓葬等级高，出土瓷器数量大，种类也非常丰富。发现的墓葬主要集中在今天的安阳桥村北、梅园庄、小屯村、大司空村、原安阳第二制药厂附近、任家庄南地、戚家庄南以及龙安区置度村、安阳钢铁有限责任公司厂区等地，墓葬总数量大约有数百座，这些墓葬主要位于安阳老城的北部、西北部、西部和西南部，特别是洹河北岸安阳桥村北今天的洹北小区、国家体委安阳航空运动学校及其以北区域是隋代墓葬集中的区域。在原安阳老城的东部东方今典住宅小区内也有零散的发现。安阳地区隋墓大多未被破坏，保存完整，出土瓷器较多，器物组合完整，瓷器具有典型的相州窑特点，在全国隋代墓葬考古中具有特色。安阳发现的隋墓瓷器组合多以高足盘、杯、碗、四系罐（也有少量的二系、三

---

① 安阳市文物考古研究所：《抟土为金——安阳相州窑及相州窑瓷器考古新发现》，中州古籍出版社，2018年

系的)为主,一般随葬瓷器10~20件。除瓷器之外还随葬有陶器、陶俑和动物类器物、墓志、钱币等器物。

1. 张盛墓

1959年发掘的张盛墓是安阳隋代墓葬中出土瓷器最多的墓葬之一。张盛是隋代级别较高的官吏之一,墓内出土的文物十分丰富,在192件随葬品中,主要是瓷器和陶俑,其中随葬瓷器80件之多,瓷器中除了人和动物俑外,生活用具主要有壶、罇、罐、三足炉、博山炉、双耳盂、碗、盒、钵、环足盘、枕等,其中有仿金属器的壶、炉、盘等,仿木漆器的水桶、几案、凳、柜、棋盘等。从其胎质和釉色来看,可以分作青瓷和白瓷两大类。除3件绿釉青瓷碗外,其余都是属于浅青色的白瓷器。张盛墓是一座砖室墓。据墓志记载:张盛,字永兴,南阳白水(今河南省南阳县)人,生于北魏景明三年(502年),卒于隋开皇十四年(594年)。"自开源命氏,分邑承家,引派水于龙河,挺孙枝于玉树,乃卿乃相,代有人焉。"可知张盛出身于名门望族,家中世代为官。本人早年侧身仕途,在官场中颇有名气。隋朝建国后,他又从县令一类的下级官吏,递升至征虏将军、中散大夫,遂成为统治阶级的中上层人物。张盛墓内出土的文物比较丰富,在192件随葬品中,主要是瓷器和陶俑。从张盛墓出土的白瓷盖罐、白瓷龙柄鸡头壶、白瓷双龙耳尊等来看,均造型优美,釉面光洁,反映出当时白瓷生产技术已达到较高水平[①]。

2. 洹北小区隋代遗址墓葬

1993年春,安阳市文物工作队在安阳市所建洹北胜利小区配合基建工程时,发掘了一处规模很大的隋代家族墓地,发掘隋代墓葬近100座,出土各类文物860余件。其中相州窑青瓷器达200余件,种类包括四系罐、三系罐、二系罐、瓮、盘口瓶、小瓶、博山炉、砚、盘、杯、碗、缸、豆、盂及殿宇模形等。

其中,1993年发掘的徐建墓是该批墓葬的代表。该墓位于于安阳市安阳桥村北洹北小区(安阳烈士陵园西墙外),墓为洞室墓,由墓道、甬首和洞室组成,墓内出土有隋故齐记室参军徐君墓志铭1合及隋代青瓷罐、碗等器物。墓志为青石质,志盖为盝顶状,左右各有1个铁环,篆书"徐郡墓铭",4字。志石39.5厘米×39.5厘米,厚7.5厘米。志文16行,行16字。墓志记载:仁寿二年(602年)葬于相州安阳城壕北三里驿道东。墓志的出土对于研究隋代安阳城的位置具有非常重要的价值。

附:隋故齐记室参军徐君墓志铭

> 君讳建,字皇,高平人也。伏羲之后。自昔开源命氏分邑,冠盖相传,略而言矣。祖,魏/太和十五年,除镇东将军、兖州司马。父,齐天保七年,尚书吏部郎,除定州骑兵参军。君禀承先藉,少纂家基,功踵英风,门隆盛德。赵郡王辟为记室参军。恭以事上,爱以接下,辨事高明,器幹并备。仁风被于

---

① 中国社会科学院考古研究所安阳发掘队:《安阳隋张盛墓发掘记》,《考古》1959年第10期。

乡间，芳芷遗于十室，生灭易穷，运往有竭，以仁寿二年三月十五日终于淳风乡智力里之第，春秋年四十三。粤以其年岁次壬戌/三月己卯朔廿二日庚子，葬在相州安阳城壕北三里驿道东。其词曰：

邈哉遐宙，洪基早彰。乃祖乃父，功立名扬。兰花吐馥，桂秀抽芳。谁言夏日，忽被秋霜。朝辞华堂，夕入冥室。宝坐无人，百味徒设。

3. 梅园庄隋墓

1983年3月，安阳市文物考古研究所配合省建七公司加工厂工程，清理隋墓1座。该墓位于安阳市殷都区梅园庄村西约300米，北侧紧临安钢大道上，为一座中型砖室墓。由墓道、甬道、墓门及墓室四部分组成，方向185°。墓室平面呈长方形，南北长2.66米，东西宽2.52米。墓室早年被破坏，志石被盗，但墓内随葬器物仍较为丰富。总计出土各类器物89件，瓷器10件，其中四系罐2件，盘1件，杯6件，碗1件；陶俑70件，主要有镇墓兽、大武士俑、胡俑、持盾俑、风帽俑及骆驼俑等，厨房明器灶、磨、井、栏、仓、碓各1件，陶猪2件、陶羊2件、陶犬1件、陶鸡2件[①]。

4. 国家体委航空运动学校隋墓

1986年10月，安阳市文物工作队（现安阳市文物考古研究所）配合国家体育总局安阳航空运动学校基建工程，清理隋墓1座。该墓位于安阳航空运动学校院内中部（现为培训楼），南距安阳桥村约500米，为一座较大型砖室墓。由墓道、甬道、墓门及墓室四部分组成，方向169°。墓室平面呈长方形，四壁外弧，东西长2.98米，南北宽2.84米。墓室早年上部被破坏，但墓内随葬器物仍保存完整。总计出土各类器物181件。瓷器140件，其中有四系罐、盘、瓶、坛、杯、碗、仓、壶、盆、豆、盒、三足盘、三足炉、磨、碾、碓、奁状器、案、凭几、胡芦形器、烛台、殿宇建筑模型、铺首衔环、围棋子、砚、盏、靴、履、俑等共计29种；随葬陶俑27件，主要有镇墓兽、胡俑、持盾俑、风帽俑及骆驼俑、牛及牛车等，厨房明器灶、磨、碾、栏、碓各1件，陶猪2件、陶羊2件、陶犬2件、陶鸡1件。该墓出土器物丰富，在安阳隋墓中仅见，特别是瓷器数量多、种类齐全，一些罕见的器物的出土，填补了安阳隋代考古的空白[②]。

5. 1997年果园新区隋墓

果园新区位于安阳市龙安区文峰大道西段路南钢花路与钢二路之间。1997年6月22日，配合安阳市果园新区建设，安阳市文物工作队（现安阳市文物考古研究所）在果园新区基建工地中发掘清理一批商代至隋唐时期的遗址和墓葬，其中M267是一座隋代早期的墓葬，具有代表性。M267的墓主人是北齐天保三年病亡的抚军将军、银青光禄大夫刘归。

该墓系一座墓道南向的砖室墓，墓口距地表2.15米。方向190°。墓道长5.5米，宽

---

① 安阳市文物工作队：《河南安阳两座隋墓发掘报告》，《考古》1992年第1期。
② 安阳市文物工作队：《河南安阳两座隋墓发掘报告》，《考古》1992年第1期。

0.8米，墓道南往北3.5米为斜坡，然后平直到甬道口，深0~3.7米。墓室位于墓道的北端，顶为"四角攒尖"式，墓室平面为方形四边略弧状，东西最宽处3.07米，南北2.84米。墓门宽0.8米，内高1.65米，直壁1.25米起券，甬道长1.6米，顶为"过洞"式。墓室四壁为"二顺一丁"式共7组，上起券逐渐内收至墓顶。墓底铺0.1米的白灰，墓底距顶3.4米。墓室近北壁处有一棺床，长1.6米，高0.32米，内芯为花土，外砌青砖。因早期进水，骨架腐朽且散乱无法辨别年龄和性别。葬具不详。

共出土编号器物21件套，以青釉瓷器为主。墓志1合，瓷罐1件，瓷壶4件，瓷鼎1件，瓷熏炉1件，瓷碗4件，瓷盘4件，瓷耳杯4件，瓷高足盘1件。该墓出土的瓷耳杯、炉、灯等器形较为少见，为相州窑瓷器中的精品。墓内出土墓志1合，青石质，志盖盝顶状，"齐故银青光禄刘君墓"，篆书，3行，行3字。志盖中部上下各有1个铁环。志石44厘米×44厘米，厚8厘米，志文19行，行19字（图5-10）。根据墓志记载墓主人刘归，齐天保三年（564年），以疾薨于邺城广明里。大隋开皇三年（583年），迁柩于相州城西，与夫人侯氏合葬于灵泉里。该墓目前是安阳地区出土相州窑瓷器最早的墓葬，对于相州窑瓷器创造年代、产品种类及分期研究等都具有很高的价值。

附：齐故银青光禄刘君铭

君讳归，字士环，河涧平舒人也。仓精降神之始，玄鸟呈瑞之初，託姬原而兴□□□金天而作厥氏。逮于三王以后，二汉以前，弈世缙绅，蝉联冠盖。君承兹灵叶，缵此嘉猷。博达不群之操，深□□行之节，清洁爱已，孝以养身，声擅古今，名流遐迩。孝昌元年十月，敕用为内三郎。三年，迁强弩将军，俄转虎贲中郎将。拾遗补阙，献否成可，除镇远将军，朱衣直阁，弼谐元首，理属盐梅。百僚师其多艺，群公谢其翘楚。永安三年，除抚军将军，银青光禄大夫，佩貂紫阁，曳组丹墀，比狐腋以垂名，标白马而驰誉。方期远大，许以遐长，而寸阴难留，尺波易逝。齐天保三年十月一日，以疾薨于邺城广明里，时年六十五。大隋开皇三年岁次癸卯十月七日，迁柩于相州城西，与夫人侯氏合葬于灵泉里。君既以□□主，用礼通交，余爱惠人。遗芳在物。刊石记德，传之不朽云尔。其词曰：猗猗哲人，□□□主。行合伊旦，道同规矩。猛若秋霜，温如□雨。□文之寄，□□□□。电光易□，风烛难留。人事既往，鬼路攸攸。日经坟上，烟浮陇头。泉门一奄，拱木千秋。

6. 安阳桥新村隋墓

2006年元月，安阳市文物考古研究所在安阳市安阳桥村北，国家体委安阳航空运动学校北侧安阳桥新村建设工地发掘了一批隋代、宋代墓葬及隋唐时期砖窑遗址，其中M3、M11为隋代墓葬，保存完整，出土了一批隋代相州窑瓷器。

M3 方向176°，墓道南向，由墓道（斜坡+台阶）、墓门及铲形掏洞墓室组成。墓道通长3.25米，地表下2.3米透口，南端宽0.98米，有两级台阶，第一级台阶宽0.55米，高0.7米，第二级台阶宽0.35米，高0.3米。北端最深处3米。从第二个台阶下开始斜坡，斜坡长2.35米，直到封门。封门残高1.37米，为单层砖砌墓门，自下有高出墓道底

图5-10 齐故银青光禄刘君铭

0.15米的生土梁，疑为门槛，封门砖垒砌方法：自下向上为两立一平加四立两平。洞室形状呈铲形，洞门高1.3米，中间高1.4米，北面高1米。南侧宽1.56米，北侧宽0.8米。洞室中部放置一棺（朽甚），棺南北放置。棺内有骨架1具，头南面上，仰身直肢，从人骨各处特征推测墓主为女性，年龄不清楚。口含铜钱1枚，左膝处有铜钱1枚，墓道内西北角封门砖处有1块墓志砖，墓志砖南侧有1件残陶俑。墓室西南角处有一个向南进深0.25米的壁龛，壁龛内放置1件三环型足瓷盘，瓷盘上放置大小不同的瓷碗6件，瓷盘西侧有2件四系瓷罐。墓主头骨附近有一块锈蚀严重的长方形铁质地券。棺外东、北两侧放置陶器、陶俑和泥质俑，部分陶俑和泥质俑由于烧制较差，无法辨认器型。陶器类型有镇墓兽2件、大武士俑1件、陶骆驼1件、陶牛1件、陶猪1件、陶狗1件、陶车轮2件、陶井1件、陶磨1件、陶仓1件、陶人物俑等（图5-11）。

M10 该墓系南北向带斜坡加台阶的掏洞墓，方向183°，地表下1.6米透口。墓道

图5-11 安阳桥新村隋墓

长8.02米，南宽1.2米，北宽1.42米，口下深4.2米，总深6米，洞室形状呈梯形，南侧宽1.9米，北侧宽2.92米，洞高0.9米。墓道内共有6级台阶，自南向北排列，第一级台阶透于口下0.3米，宽0.65米，高0.3米；第二级台阶宽0.4米，高0.5米；第三级台阶宽0.5米，高0.2米；第四级台阶宽0.4米高0.15米；第五级台阶宽0.4米，高0.5米；第六级台阶宽0.25米；开始向下斜坡，斜坡长4.38米，然后平直到封门，封门砖已塌，宽0.65米，残高1.4米。洞室北侧有一砖制棺床，棺床上放置一棺，朽甚，棺东西放置，西宽东窄。棺内有骨架1具，头西面上略偏向北，仰身直肢，从人骨各处特征推测墓主为男性，年龄不清楚。洞室内墓门两侧各有1个镇墓兽和1个武士俑，共4件，均碎。洞室内封门处放置成片的陶器、陶俑和泥质俑和瓷罐（五系）1件，部分陶俑和泥质俑由于烧制较差，无法辨认器型，较为完整的俑约16件。瓷器大部分均放置于棺西侧，分别有瓷碗8件、瓷盘1件、瓷罐（四系）3件。铜钱12枚均位于棺内人骨处（图5-12）。

图5-12 出土的三环足盘

7. 文源绿岛隋代墓葬

2005年至2006年，安阳市文物考古研究所在安阳市铁西路与文源街交叉口西北部的原平原制药厂仓库区域内进行了大规模的考古勘探与发掘，共发掘清理商代房基、窖穴、灰坑、道路、祭祀坑等文化遗址及商代至隋唐时期墓葬100余座，其中隋代墓葬约有10余座，有代表性的是蔺义墓。

蔺义墓位于文源绿岛小区六号楼，编号M49。该墓是隋代小型洞室墓，由墓道、墓门及墓室组成。墓门由长方形青砖竖砌而成。该墓随葬品丰富，出土有隋大业九年（公元613年）蔺君墓志一合，各类陶俑30余件、陶狗、猪、鸡、灶、井、仓、牛、马、骆驼等20余件，陶镇墓兽2件及瓷四系罐、盘、碗8件，隋五铢钱5枚及其他器物（图5-13、图5-14）。

相州窑瓷器有四系罐、盘、碗等共计8件，主要集中在墓葬的东南角。墓内出土墓志1合，青石质，志盖盝顶状，篆书"蔺君墓铭"，4字。志盖正中间有1个铁环。志石42厘米×42厘米，厚10厘米。志文22行，行22字。根据墓志记载，墓主人是战国时期赵相蔺相如的后代，安阳人，北魏恒州石邑县令。隋仁寿二年（602年）七月五日终于家，大业九年（613年）岁次癸酉二月乙巳朔廿八日壬，迁厝于魏郡安阳之积善里。该墓纪年明确，为隋代晚期的墓葬之一，它的发现对研究隋相州窑瓷器形制、分期、组合，以及古安阳的地理沿革、当时的经济、文化等具有一定的价值。

附：隋故遗民蔺君墓志铭

君讳义，字道仁，赵将相如之后也。夫其命世佐时，推诚抗节，故亦壮气

图5-13　蔺义墓

图5-14　蔺义墓

未亡，余风可想。祖哲，魏恒州石邑县令，鸣琴狂堂，化成期月。父遵，魏镇南将军，运筹于帐，智决千里。君禀自淑灵，包斯雅量，高则靡踰，深唯不测。垂帷志学，得四上之微言；抵掌谈玄，探柱下之幽致。弱冠，齐彭城王辟为行参军。俄而王室陵迟，风雅咸缺。运之既否，道固无行，遂迴绝樊笼，长住林壑，风月会琴罇之赏，山水叶仁智之心。卓尔不羁，萧然无事，且优游以卒岁。须富贵其何时，而物有推迁，人非金石，一瞬不留，百龄讵几。以大隋仁寿二年七月五日终于家，春秋五十有□。蔺道仁夫人姬氏，袭蝉联之休绪，体芬芳之淑性，行秀闺房，好和琴瑟，宿志莫从，空存偕老之挑拨誓；人人世非久，奄至同穴之期。以大业九年岁次癸酉二月乙巳朔廿八日壬，迁厝于魏郡安阳之积善里。呜呼！樵苏致禁，是贵贤之陇；圆石斯在，长表逸民之基。乃为铭曰：绵绵鸿绪，昭昭世功。庆逾灵算，业警良弓。载诞/令德，是嗣清风。谈玄极妙，掞藻称雄。悬旌降辟，濯缨入仕。/得夫四字，跃自千里。王历将终，国难方始。反迹丘园，遗名朝市，追宴阮嵇，希风庄惠。无竟于时，不羁于世。去日难留。惊波以逝，忽梦东里。俄臣北帝，有美嘉媛，河洲作匹，百年共住。千龄俱毕，薤露凄□。松风萧瑟，悲矣佳城，何时见日。

其内仍须注终时年几及今葬时月朔日

8. 赛格金地M12隋墓

位于赛格金地城市广场A座中部，墓道南向，是一座小型洞室墓。墓葬由墓道、甬道、墓门及墓室组成。该墓随葬品较为丰富，出土有瓷四系罐2件及陶镇墓兽2件、大武士俑1件、大文官俑1件，马1件、骆驼1件、牛及车1件，其他各式陶俑20余件，陶狗、猪、鸡、灶、井、仓等器物近10件。该墓保存较好，器物形制较大，组合完整，特别是陶俑种类丰富，数量多，烧制火候较高，在安阳发现的隋墓中具有一定代表意义（图5-15）。

图5-15　赛格金地M12隋墓

9. 安钢120转炉附属设施工程隋墓

2004年12月，为配合安钢120转炉附属设施建设工程，发掘清理了隋代墓葬1座。该墓位于原北辛庄南地，为一座小型洞室墓，由墓道、墓门及墓室组成，墓室平面呈梯形，内葬1棺1人。在墓主人的头部，出土瓷青釉四系罐3件，高足盘1件，瓷碗7件。这是一座仅有瓷器随葬的隋墓，器物保存完整，为隋代墓葬器物组合的研究提供了新的资料（图5-16）。

图5-16　安钢120转炉附属设施工程隋墓及出土器物

10. 东方今典住宅小区隋墓

2005年10月，安阳市文物考古研究所配合东方今典小区建设（原安阳市第二自行车厂区内），在基建工地内共发现战国排葬坑及战国、汉代及隋唐时期墓葬100余座。其中有隋代墓葬2座。M1为小型竖穴土坑墓，墓葬上部被破坏，仅存墓底。墓内葬1棺1人。在墓主人的头部左上侧，随葬有陶罐2件，瓷盘1件，瓷碗2件，瓷杯2件，瓷支烧6件，其他的还有磨石等器物。在安阳已发现的隋墓中用陶罐及支烧配合瓷器组合随葬的非常少见，这是一组特殊的器物组合形式。从该墓内出土相州窑常使用的窑具支烧来分析，墓主人应该是当时相州窑的窑工。M2，也是一座小型砖铺地的隋代墓葬，该墓上部被坏，墓内随葬1棺1人，在墓主人头部左侧，出土隋代青釉四系罐3件，这也是隋墓中很少见器物组合形式（图5-17）。

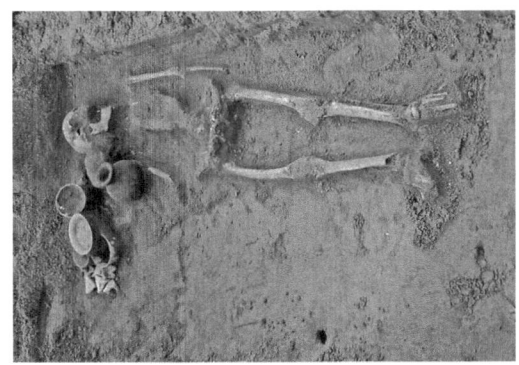

图5-17　东方今典住宅小区隋墓

11. 龙安区置度村隋墓

2008年安阳市文物考古研究所为了配合安阳市龙安区党政综合楼建设工程，发掘清理战国至明清时期墓葬15座，其中M8为一座较大型的隋代砖室墓葬。

M8位于此次发掘区域的南部，西距107国道约500米，南距文昌大道西段约400米。该墓为长斜坡（台阶）墓道的单室砖墓，平面呈甲字形，由墓道（台阶）、砖券甬道（壁龛）和墓室组成，水平全长11.14米，墓底距地表6.36米，方向189°。墓室外侧土圹为方形，砖室呈弧边方形，南北长2.6米（内径），东西宽2.84米（内径），顶高3.2米（图5-18）。墓壁原有彩画，由于长时间的潮湿几乎全部脱落，只是在东南角留有一小片人物像，北壁隐约可见人物图案，西壁尚可见一个车轮的形状，东壁也可见有2个站立人的图案。彩画为先在砖体上抹黄泥约2~3厘米，做成地仗，后刷白灰，然后施画。棺床位于墓室北侧，东西向，熟土堆筑，土内有零碎的小砖块。东西最长为2.78米，南北宽1.1米。棺床并排人骨架两具，未发现有棺，身下有少量的炭粒。人骨架保存较差，但尚能分辨。外侧为成年男性，仰身直肢，头骨已移位，面向东；里侧为成年女性，仰身直肢，东西向，面南。其中女性口含铜钱1枚（图5-19）。

该墓未曾被盗掘，出土器物较多。随葬器物主要集中在棺床的前面。棺床正前方正

第五章 安阳隋唐考古

图5-18 墓葬形制

图5-19 墓室及随葬器物情况

对甬道口处，集中放置了大批的陶俑、泥俑、瓷俑和陶镇墓兽等；东侧放置瓷罐（带盖）2件，西侧为瓷高足盘、碗及陶井、狗、鸡、牛和部分陶俑。甬道口东侧放置陶灶、碓、瓷罐及部分陶俑，西侧放置陶俑1件。甬道壁龛内各放置1件较大的陶俑，1件为武官，1件为文官。在墓主人骨架的头部分别放置有铁剪、铁地券及铜镜等。随葬器物有瓷罐、高足盘、碗，陶俑、陶器、陶模型明器，各类动物，大量的泥俑和铁剪、铁地券、铜镜、铜钱等，总计64件。但由于部分泥俑未经烧制，只能清理出大致轮廓，不能分辨具体的形制和数量。墓内随葬相州窑青瓷伎乐俑和侍女俑共计19件，保存较好，组合完整，制作精美，为安阳地区隋墓中仅见，具有较高的文物价值和艺术价值（图5-20）。

该墓碗、罐、杯、盘的瓷器组合常见于开皇晚年以来的安阳隋墓中，因此该墓具有安阳隋代晚期墓葬器物组合的基本特点，时代大约也属此范围，在仁寿年间到隋末。墓葬内未发现墓志，但从墓葬结构、砌筑技术、墓葬壁画及墓葬形制等来看，墓主人应该是具有较高身份的官员或者具有较强经济实力的贵族、地主阶层[①]。

图5-20　出土的瓷俑组合

12. 宏基公寓住宅小区隋墓

宏基公寓位于钢三路和梅园庄交叉口东北。该区域内共发现隋唐墓葬4座，其中M3位于基槽中部偏西，是一座典型的隋代墓葬，2007年5月发掘。该墓系一座墓道南向的砖室墓，由墓道、墓门、甬道和墓室组成，方向180°。墓葬位于1.6米深的基槽内，部分墓道因延伸到槽外，无法发掘。

墓道呈斜坡状，现长4.3米，上口窄下宽。南宽0.88米，近墓门处宽1米（墓道底近

---

① 安阳市文物考古研究所：《河南省安阳市龙安区置度村八号隋墓发掘简报》，《考古》2010年第4期。

墓门处宽2.13米)。南深1.47米，近墓门处深3.68米。墓门宽1.24米，用楔形砖垒砌（砖长36厘米，宽17厘米，厚6~7厘米）。其上为高0.35米的迎风墙，单砖平行错缝垒砌。甬道长1.32米，内高1.54米，顶为"过洞"式，直壁1米处起券（东西两壁从底往上为"三平一立""三平一立""四平"）。顶为四角攒尖式，有些许的变形。墓室平面为方形，四壁外弧，东西最长处3.4米。墓室南壁因挤压已变形。棺床由熟土堆筑而成，占据墓室的三分之二强，高0.4米，棺床由单砖平行错缝铺砌，中心已经塌陷。棺床上1.04米处起券（为三组"三平一立"式垒砌），从棺床到顶内侧高1.42米。墓内随葬一棺，朽饰严重。骨架因进水十分凌乱，但可判断有一具女性的骨架。出土编号器物71件套，质地上分有石、水晶、瓷、铜、铁、陶、泥等，主要分布在墓室的西南角和棺床的东部。器形上有墓志、瓷器、铜钱、铁镜、陶俑、陶器、泥制模型器等。瓷器主要有相州窑四系罐、碗等，分布在墓室的西南角及附近。

墓内出土墓志1合，青石质，志盖盝顶状，左右各有1个铁环痕，中间有"孙君墓铭"，篆书，2行，行2字。志石49厘米×49厘米，厚8厘米。志文24行，行24字。根据出土墓志记载，墓主人为孙化，徐州彭城人，阳平县令，以开皇八年（588年），与夫人徐氏合葬于安阳城西北隅十五里。该墓是隋代早期的墓葬之一，出土相州窑瓷四系罐、碗、杯等器物，对于相州窑瓷器的分期研究等具有重要价值。

附：孙郡墓铭

君讳化，徐州彭城人也。自轩黄构绪，时为启姓之元。周代君临，始称王父之号。崇基峻极，远系攸长，派别枝分，胤嗣遐布。或王或帝，气应金陵，或相或侯，荣冠楚卫。祖，魏散骑常侍、岐州刺史。考，征虏将军、颍川太守。威惠临民，风行邻境。贤以典郡，河闰帝城，赠征南将军、北荆州刺史。簪缨历代无绝史书，树德立言，有光图策。君禀灵山岳，降德星辰，幼志夙成，胜衣早慧，涉猎九流。关穿百氏，地居三楚，家邻两塞，烽析时惊，颇习弓马，鸣弦雁落，控羽猿吟。释褐积弩将军。转中当州中兵参军事，匡赞轩帐，谋献治典，教洽邻州，声驰异域，迁阳平县令。既而六安帙下，终屈桓谭，元城位微，时劳吴质。气志未申，遂萦沉涸，桐君药对，取效无征，李豫方书，徒穷非验。以开皇七年正月丧于逸民乡嘉德里，春秋七十有六。惟君器宇弘详，风鉴凝远，澡身浴德，託艺依仁。不言财利，无论人物。虽在官游，有如朝隐。夫人高平徐氏，开国承家，母仪世载，德音书之女纪，节行显自夫门。霜露先沾，封崇郊次。以大隋开皇八年十一月廿日，合葬于相州安阳城之西北隅十有五里。合葬非古，既在三王之前；死则同穴，还从六仪之始。况复明珠两鹄，同归紫盖之松；玉匣双龙，共汲延平之水。呜呼哀哉！乃为铭曰：

峻矣琼源，深哉瑶绪。世隆周魏，胄昌吴楚。祖以文昇，考由德举。功侔管隰，誉为伊吕。含章挺胤，卓荦超群。渊澄器局，泉涌辞文。六条经始，百里劳勤。方疏美爵，以播兰芬。昊天不吊，纤我良人。死如可赎，宁百其身。郭门稍远，柳途将极。暗陇云安，玄堂此即。朋僚悽痛，亲宾哽侧。马住佳城，魂归栾棘。松庭照月，陇树含风。背崖逦迤，右涧濛笼。封坟表俊，刊石铭功。陵谷有易，芳烈无终。

13. 宋循墓

安丰乡北丰村的隋宋循墓位于安阳县北15千米的安丰乡北丰村西。墓穴长3.3米，宽3米。墓顶塌毁，四壁残高约0.72米。墓内随葬品共32件，其中有青釉高足盘、杯、四系罐、单耳瓶等青釉瓷器5件。有青石墓志1合。志盖为正方覆斗形，中部篆刻"宋君墓铭"。志文为隶书，题为"隋故骠骑将军遂州刺史宋君墓志铭"。从志文得知，宋循（499~589），字景遵，广平郡（今河北邢台至漳河一带）平温（恩）人。生于北魏。北魏永安之初（约529年）释太宰王府田曹参军。东魏兴和二年（540年），拜骠骑将军。隋开皇四年（584年），任遂州（今四川遂宁）刺史。卒于开皇九年十月初五，享年90岁。同月十三，葬于邺（今安阳县北）西门豹祠西北。墓内出土瓷器精美，时代明确，对隋代瓷器的断代可起到标尺的作用[①]。

14. 戚家庄村民自建楼隋墓

该区域共发现隋代墓葬2座，其中M1位于梅东路与文明大道交叉口东南约240米，戚家庄村民自建楼1号楼基槽内，其北侧为安钢游泳馆，2006年发掘。

该墓葬是一座墓道朝南直掏型土洞墓，于地表下2.5米透口，方向190°。墓道口长30米，宽0.8~0.82米。南端起深0.86米有一阶台阶，宽0.2米，以北为一段长1.2米的斜坡。斜坡以北有两阶宽0.2米，高0.22米的台阶。两台阶后为一段长0.8米的斜坡，又接一段长1.14米长的斜坡到洞室口。墓道最深处4.3米。

洞室大致呈长方形，南北长2.2米，宽0.74~1.04米，洞高0.8~0.9米，（南高北低）。东壁墓口处有一壁龛，宽0.64米，高0.35米，进深0.55米，内置器物组合。葬具为一棺，朽，棺痕残高0.3米。内葬一人，骨架已朽，保存差，从残痕分析应为头朝南，仰身直肢，身下有青灰。在壁龛内出土隋代相州窑的瓷碗10件，其中大、小型瓷碗各5件，另出土铜钱2枚。

该墓在墓室前部西侧设置壁龛，放置器物，是隋墓中的个例，非常少见，形制特殊，对于研究隋墓的文化分期、形制演化、区域分布等具有非常重要的价值。

15. 安阳县安丰乡木厂屯村隋墓

2009年10月，安阳市文物考古研究所配合南水北调第九标段取土区，在安丰乡木厂屯村清理一批战国至隋唐时期墓葬，其中有隋墓1座。编号09AYXQTM18，方向190°。残面距地表5.4米。墓葬平面呈刀把形，有砖封门（向南弧，立砖封堵，残高0.58米）。墓道残长4.6，宽1.2米，斜坡状，距封门1米处为平底。洞室南北2.8，东西1.85~2.4米，东高1~1.3米，墓壁加工齐整，无铺底。骨架一具，位于洞室的西侧，墓主头南，面上，仰直，系一成年女性。有棺，朽甚，棺长2.08米，宽0.77~0.52米。在棺的东侧出有器物12件，皆为陶器，有罐、碗等，其中骨架的右肩外侧出有一面铜镜。根据其形制和器物特征，定为隋代。

---

① 安阳县文教局：《河南安阳隋墓清理简记》，《考古》1973年第4期。

16. 殷都区任家庄南地隋代墓葬群

该墓葬群位于安阳市殷都区任家庄南地，北侧为贞元广场，北距苗圃北地铸铜遗址1.4千米，东侧为安阳市电视台，西北距殷墟宫殿宗庙遗址2.5千米。为配合新都汇商住楼建设工程，2016年6月～2017年6月，安阳市文物考古研究所在此区域进行了考古发掘。除发现商代晚期大型铸铜遗址外，还发掘清理隋代墓葬27座，唐代墓葬6座。这批墓葬均为墓道向南的土洞墓，从北往南纵向分布，排列有序从出土的器物及墓葬形制初步判断，该墓葬群的时代主要为隋唐时期，从北往南时代越来越晚，时代延续时间较长，应该属于同一个家族的墓葬。该批墓葬出土器物较多，多为相州窑瓷器，有高足盘、四系罐、杯、碗、圈足盘、壶等器物，具有较高的文物价值。

M7　方向195°。东侧为M8。该墓为墓道南向的土洞墓。墓道长3.5米，宽0.84米，现深2米，呈斜坡状，近墓室处平直用瓦东西横向封堵（已散乱），向内倾倒，残高0.4米。墓室平面呈刻刀形，东西最长处2.3米，南北最长处1.7米，洞高1.1米。内有一棺，朽甚。棺内葬骨架一具，保存一般，头西，面偏北，仰身直肢。从骨架的坐骨大切迹看，男性特征明显，第三臼齿磨损少，其年龄在35上下。出土编号器物14件，四系罐3件，陶壶2件，瓷碗（杯）5件，瓷盘1件，小瓷罐1件，铜钱若干，铁券1件。出土的器物多在头顶位置，铁券出土骨架的左臂位置，右手握铜钱，从墓葬结构和出土器物特征看此墓年代为隋代。

M107　方向185°。南侧为M110。该墓为墓道南向的土洞墓。墓道长3.5米，宽1～1.1米（南窄北宽），现深1.7米，呈斜坡状，近墓室处平直。墓室平面呈刻刀形，东西最长处2.1米，南北最长处1.5米，洞高1.1米。内有一棺，朽甚。棺内葬骨架两具，皆凌乱，头西，仰身直肢。南侧骨架的坐骨大切迹看，男性特征明显，成年；北侧坐骨大切迹看，女性特征明显，成年。出土编号器物7件，瓷罐1件，四系罐2件，陶罐1件，铜簪1件已朽，铁券1件，铜钱若干。从墓葬结构和出土器物特征看此墓年代为隋代。

M142　方向190°。东侧为M141，西侧为M144。该墓为墓道南向的土洞墓。墓道长4.2米，宽0.8～0.9米，现深0.34～2.86米，呈斜坡状，南端有一台阶，宽0.4米，斜坡上有6处脚窝，大小不一，墓道陡直。墓道与墓室相交处向两侧各开一个壁龛，龛各放置一大陶俑。墓室平面呈铲头状，东西3.8米，南北2.3米，1米处起洞，洞高1.4米。墓室内未见骨架和葬具。出土有器物57件（套），主要为陶俑、瓷器及陶器等。陶俑可分人物俑、动物俑和生活用模型器。瓷器主要是瓷瓶、四系罐、盘、碗等。墓葬结构和出土的器物特征具有安阳地区隋葬墓葬的特点。此外，墓内出土一件隋代的记铭砖，可证此墓的年代为隋代。墓内随葬器物丰富，纪年明确，特别出土一组相州窑瓷瓶、四系罐、盘、碗等器物，器形较大，制作精美，种类较多等为研究安阳相州窑的时代、产品种类、烧制技术等提供了新的资料（图5-21）。

此外，在安阳市的琪村[①]、活水村和咸家庄南地等也发现隋代墓葬，并出土有隋相

---

① 中国社会科学院考古研究所安阳工作队：《河南安阳琪村发现的隋墓》，《考古通讯》1956年第6期。

图5-21　M142出土瓷瓶、罐、碗、盘

州窑生产的瓷器。特别是1975年安阳活水村隋开皇七年（587年）韩邕之墓，属隋代早期墓葬之一，出土相州窑生产的碗6件，四系罐4件，高足盘1件，瓷砚1件，器物组合完整，制作精美，是典型的相州窑瓷器[①]。

第二节　安阳唐代遗址及墓葬

唐代是中国历史上最为繁荣发达的历史时期，唐代的政治、经济、文化等领先并影响了当时的世界各国。从中国内地邺城、洛阳、西安等开始经过新疆天山廊道、中亚、西亚通往欧洲等地的古丝绸之路，经过几个世纪开辟与发展，这一时期达到最高峰。中西方之间的经济与文化交流日趋频繁，并深入到广大的中原地区。安阳作为相州的州治，在邺城衰败后迅速兴起，一度成立有相州总管府，成为当时中国北部重要的政治中心。

---

① 安阳市博物馆：《安阳活水村隋墓清理简报》，《中原文物》1986年第3期。

一、龙安区郭里村唐代道路遗址

2004年9月，为配合安林高速公路建设工程，安阳市文物考古研究所在龙安区郭里村东南地发掘清理一条道路遗址。该道路共分四层上下叠压，遗址的最下层即是唐代道路，路宽17米，路面距现在的地面2米左右，在这层路面上，布满了多排车辙印。从这条路的剖面、地层变化关系和出土的唐代开元通宝的钱币及一些陶片推断，这条古道路经历了唐、宋、元、明、清五个朝代，延续使用了近千年。特别是唐代道路宽达17米，修筑规整。道路呈正东偏北8°，正对安阳老城，从安阳老城出发经过此处，再往西与正在修建的安林高速方向基本一致。由此判断这条路古代是安阳往西（即林州市方向）去的一条主要道路，应该是当时所称的官道。

二、安阳唐代墓葬

安阳唐代墓葬发现众多，从目前考古发掘的情况来看，其总数量可达数百座。这一时期的墓葬主要集中在安阳老城的西部一带，如郭家庄、新安庄、任家庄、戚家庄、刘家庄、小屯、王裕口等。安阳唐代墓葬较大型的多为砖室墓，一般墓室平面呈圆角方形，四壁略外弧，穹窿顶，仿木结构砌筑，部分墓葬还带有壁画。小型墓葬多为洞室墓，多数带有斜坡墓道。较大型或者有身份的墓中多随葬有墓志，其他有瓷器、陶俑等器物。据统计安阳地区考古发掘与发现征集的唐（周）代墓志近70方，这些墓志出土地点明确，记载详备，可补史料之不足，为研究安阳地区的历史、文化、艺术、沿革、城址变迁等提供了丰富的实物资料。

1. 赵逸墓（唐壁画墓）

2000年3月，为配合安阳市农贸公司旧房改造工程，安阳市文物工作队（现安阳市文物考古研究所）在工程范围内，发现并清理一座唐代晚期壁画墓。墓葬位于安阳市北关区自由路西段路南安阳市农贸公司家属院内，该墓葬由墓道、天井、甬道和墓室四部分组成，坐北朝南，方向185°。墓室平面呈弧边方形，南北长4.8米，东西4.5米。墓室四角每角各砖砌一根柱子，单砖方形柱础，柱头上砖砌一斗三升斗栱，柱头之间，砖砌阑额一道。棺床呈须弥座式样，束腰部位砌不同的菱形图案。角部砌角柱。墓葬壁画分布在墓室四壁、甬道两侧及天井两壁，内容分为人物、花鸟、动物、器皿、家具、工具及建筑等。除天井壁画外，其做法是：砖墙上草伴泥做地仗，厚0.5~0.8厘米，地仗上做薄薄的白灰泥面，在白灰泥面上作画。

（1）天井壁画

壁画位于天井两侧，均南北宽2.2米，高2.6米。东壁绘有四个男子，分前后两排。前排两人，一人身穿官服，头戴官帽，腰系黑带，蓄有长须，双手合于前，行叉手礼；另一人头戴幞头，身穿长袍，脸蓄腮须，也施叉手礼。后面两人不清。西壁剥落更加严重，只是略显一个异族男子，浓眉、深目、鹰鼻，唇上蓄翘须，头上裹黑巾，面带喜色，他前面绘有一把花篷伞。

(2) 甬道壁画

东壁绘《主仆图》，壁画高1.28米，宽1.27米。壁画右方立一中年妇妪，体态肥胖，着花色罗襦，肩搭红色霞帔；头饰环形圆髻，双手合前托一条浅黄色的绶带。在壁画的左方，其身后随两个侍女。壁画南北两侧，分别各绘一根赭红色柱子，两根柱子之间、柱头之上，在壁画上方，绘有阑额。再上由于甬道拱券坍塌壁画尽失。由此可看出，壁画中的主人是在一座亭式建筑中。

西壁绘《男仆图》，壁画高1.25米，宽1.27米。壁画左方男仆，头系黑色幞头，身穿圆领莲花图案长袍，下穿白裤，脚穿黑色长靴，腰系黑带，双手合前，行叉手礼，手托一根黑色木杵。壁画右边蹲跪一年幼男仆，头扎环耳小辫，双手合前，行叉手礼，头微上昂。同时西壁也绘与东壁相同的赭红色柱子和阑额。可见西壁画中的主人也是在一座亭式建筑中（图5-22）。

(3) 墓室壁画

墓室内有壁画8幅，砖雕假门一个。四角砖砌四根柱子，柱子之间，墓壁满绘壁画。

西南角壁画是一幅《更衣图》，高1.2米，宽0.77米。该画四周用赭红色涂框，在一幅裙屏衣架后面，站立一位妇女，面庞丰满，小口红唇，眉呈八字，脸颊上斜画两条红色状靥，发髻高耸并饰有淡黄色飘逸的发巾，头上插绿色玉簪；身着黄底红色罗裙，立在裙屏衣架后面，三条裙带为白底绘红色团花，裙围呈浅黄色（图5-23、图5-24）。正西墓壁上绘《花鸟三组图》，该图位于棺床正上方。左边小幅图为《花鸟鸽子图》，高1.06米，宽0.7米，以一对鸽子为主，一只在展翅欲飞，另一只在转头回望，两鸟两眼对视。画的中间是一块太湖山石，山石的前后开满鲜花和瑞草，在其上方则是两只在飞翔着的山雀和一只山鸡。在花丛的上方还有一只彩蝶和一只小蜜蜂在飞舞（图5-25）。

中间所画的是《花鸟大雁图》，高0.98米，宽1.07米，正位于棺床上方。画面以三只蹁跹起舞大雁为主，大雁后面衬以一个大瓷盆。大盆的后面画有一丛芭蕉，左侧画有一只飞翔的山鸡、一只小蜜蜂，右侧画有一只山雀、一只彩蝶和一只飞虫。整幅壁画四周布满珍花和瑞草（图5-26）。

右边所绘的《花鸟鹦鹉图》，高0.98米，宽0.53米，画中是一块奇特的太湖石，上面开满鲜花和瑞草，引诱着一只小蜜蜂飞来，停入画面；下方画有两只鹦鹉，位于左方的雄性鹦鹉在展翅起舞，回头召唤那只位于右方的雌性鹦鹉。画面生动有趣，充满生机（图5-27）。

西北角的是一幅《窗子》壁画，高1.06米，宽0.59米，上下高8格（上部残损，应是9格），左右横五格。

墓室北壁，由三部分组成：左侧部分为一幅《珍宝盒》图，高0.53米，宽0.87米。中间部分砌成墓室假后门，高1.1米，宽1.07米。门上现存砖雕乳钉横三行纵八行共24个（一个残损），现存砖雕铺首一对、门环一对，保存完好。门榜用白泥抹面，涂黄色，用赭红色画木纹图案。右侧用青砖砌筑，四周立砖砌出壁外，很可能是一扇格窗。

墓室正东是一幅《仙境图》，高1.78米，宽3.36米。这是墓室四壁最大的一幅壁画，壁画中间有三件凸出壁面0.03米的砖雕器物：位于壁画左边的是一副直立的拐杖；

图5-22 甬道西壁壁画　　　　　图5-23 墓室西壁壁画

图5-24 墓室西南角人物　　　　图5-25 墓室西壁南侧画

位于壁画右边的是一具灯架，拐杖与灯架之间，是一个大箱柜。三件凸出器物之外，绘有人物、动物图案。左部分的大拐杖涂成黑色，黑色的拐杖后面绘有四名侍女，体态面庞丰满，小口红唇（图5-28）。

东墙南部即壁画右部分，灯架涂成黑色，灯架之上的三盏灯画有红色火焰，灯杆的

图5-26 墓室西壁中间壁画

图5-27 墓室西壁北侧壁画

中间部位画有一个黑色歪口油瓶。壁画最右边立一侍女,梳高髻,身着白色长裙,披有花色飘带,面目和手臂残损严重。

东墙中部大箱柜涂成黄色,用赭红色画出木纹线条,多有剥落。箱柜上放一架木琴,木琴左、右两边各立一侍女。

墓室东南角所画的是《膳厨间》,高1.83米,宽0.7米。画的中间部位画有一个铜火锅,锅堂底部有六根黑色木炭,木炭在锅堂内熊熊燃烧,锅面上镌刻着精致的花卉图案。火锅左边是一名侍女,梳高髻,身着白色长裙,跪坐在一块花边地毯上(图5-29)。

安阳市农贸公司发掘的这座唐代壁画墓,是一座唐代中晚期墓葬。在甬道南口封门砖下,发现墓志铭1合,青石质,盖为盝顶状,四周斜面雕刻有青龙、白虎、朱雀、玄武四兽。计有"大唐故天水赵公清河孟氏夫人墓志铭",16字,篆书,四周斜坡浮雕四神图案。志文31行,行39字,共1059字,志为方形80厘米×80厘米,厚22厘米。根据墓

图5-28 墓室东壁壁画

图5-29 墓室东南角壁画

志铭记载,该墓是赵逸公与夫人孟氏的合葬墓,建于唐文宗太和三年(829年),是其长子赵文雅和次子赵文英主持建造的。太和二年(828年)十月祔于相州安阳县大同乡通德之原旧茔。墓志铭是赵逸公从侄(堂兄弟的儿子)篷州良山县令赵贻亮撰文。长子文雅"初授权知澶州司功参军……续奏迁朝散大夫,权知魏州大都督府功曹参军兼节度随军"。次子文英"武秩辕门……能任将凡数百夫授制于麾下"。由墓志铭记载可以看出,该墓属当时中层贵族墓葬。这个时期正是唐文宗李昂执政时期,政治稳定,经济发展,又因经前朝东魏、北齐及唐朝的发展,安阳与北方、西方少数民族文化相互渗透和交融,绘画风格与技巧具有较典型的地域特点。安阳市农贸公司发掘的唐代壁画墓,为研究唐代晚期中层官僚阶层墓葬形制、唐代墓葬壁画绘画艺术及相州安阳一带的政治、经济、文化等提供了宝贵的资料[①]。

附:唐故赵府君墓志铭并序

从侄文林郎前守篷州良山县令贻亮撰文。贻亮于府君从侄也,临文不敢以昭穆序,示制述无私焉。

送终之礼大者铭志焉。君子所以称扬遗美,将极孝思著名于后代者也。周穆王封造父于赵城,子孙因封得姓。今天水郡是其地焉,赵氏远祖讳令胜,仕后魏为河北太守,子孙因处魏中府,君则太守翁之一派也,遂于魏州魏县相城里继籍焉。公讳逸。公平生才识之大,行义精实。尝时寄名戎府,非展劾也,且媚奥不施于庙器,长材宁称乎短用。是以澡身奋羽,动欲侍时。奈何百龄未半,虹梁忽坏,积善不增于筹寿,庆余流及于子孙。惜乎府君时命如此!以贞元十五年八月十四日奄从极运于相州安阳县履信里宅,纪年三十九皇。考□□,处士,王父讳慎言,皇曹州司士参军。曾王父讳君谋,皇濮州临濮县尉。积代英异,不混尘俗,达士也。夫人清河孟氏,皇考讳昌,家传儒素,志慕清简,枝叶繁大,谱籍失序,盖孟侍中轲之后也。三从休德,千载不泯,夫人贤异,果出其门,不然安能今古异时节行同体者也。《礼》曰:子产犹众人之母,能食之,不能教也。则众人之母,但能抚育,不能教训明矣。夫人之道则不然,当府君谢代也,长才总角,次未髫龀夫人亦葬华之年,能以勤俭持家,苦节颐育,馨薰杜口,经戒在心,实为中外钦尚高义。及夫人之将不禄也,长未强仕,次方壮年,清秩荣班,弟恭兄友,见妇于庙,称太于堂,车马盈门,宾朋赡馆。长新妇张氏,清河张茂宰之贤女。次新妇尉迟氏,司徒鄂国公之贵孙。门带严风,人传敬色,岂不由夫人能食能教理治有方者乎?呜呼!天逞无私不饶令德,以大和二年十月廿一日,奄弃荣养于魏州元城县延福里私宅,享年六十五。长子文雅,幼习诗书,少干仕进,廉使以公勤录奏,初授权知澶州司功参军,能解日新,职守逾谨。元戎嘉之,续奏迁朝散大夫,权知魏州大都督府功曹参军兼节度随军。朱研益丹,剑淬增利。相府以诚绩上闻,迁试大理评事兼正拜旧官阶职如故。中以材多应用从旧职本官兼节度押衙。寻又复职守官,让押衙之任。懿夫致身于云霄之上,守道于信义之中,扬名显亲,君子所谓能孝者也。次子文英,见贤不离雁序,惟孝出于天性,不求文达,

---

[①] 郑汉池、刘彦军、申明清:《河南安阳市北关唐代壁画墓发掘简报》,《考古》2013年第1期。

优游武秩。辕门遂推能任将，凡数百夫授制于麾下，可谓棣萼连茂鲲鹏接翼者矣。诸孙自学乐已下至初岁同堂十人，皆尊太夫人存日及所抚念，男曰坛奴，奸奴，万奴，羸奴，女曰蛇子、师师、好子、榕子、嫔子、媗媗，其于颖丽真凤鹓玉苗也。方今丧具既毕，二孝子号慕不及抑哀就礼，卜以廿日，启祔于相州安阳县大同乡通德之原旧茔，遵礼也。大凡川浍盘绕，峦阜块轧，宅兆之安也；棺椁之厚，敛藏之固也；埏隧之深，灵神之尚也；涂刍之制，哀戚之发也；其往如慕，孝子之情也。有一于此是谓得礼，而况能备者乎。铭曰：

既卜佳城，在乎昔年。今修启祔，是辟寒埏。悲风白杨，萧萧俨然。其一。惟公令名，身殁不坠。惟公令子，孝大不匮。期谁不曰，有后干魏。其二。芙府君也，从石之磐，移松之寒。日慎一日，以馨以兰。不泯四德，流芳二难。其三。安阳之水，东流于北，汤汤何营，昼夜不息。同兹哀慕，万古周极。

2. 殷都区刘家庄北地唐代墓葬

2010年3月至2011年12月，中国社会科学院考古研究所安阳工作队在安阳殷墟刘家庄北地进行第三次大规模考古发掘，发现三座唐代墓葬。其中M68、M126为砖室壁画墓，M114为仿木结构的砖室墓。在安阳地区发现的唐代墓葬中，具有一定的代表性。

M68 由墓道、墓门、甬道、墓室4部分组成。墓室平面呈圆角方形，四壁略外弧，仿木结构砌筑。在甬道、墓室及仿木作上发现有大量的壁画，墓室四壁有少量砖雕。甬道、墓室壁画主要是人物生活场景和花鸟屏风画等。墓内出土石函1件。

M126 墓主人是唐魏博节度别奏太原人郭燧。由墓道、墓门、甬道、墓室4部分组成。墓室平面呈圆角方形，四壁略外弧，仿木结构砌筑，墓顶坍塌。在墓道、甬道、墓室及仿木作上发现有大量的壁画，墓室四壁有少量砖雕。仿木作彩画主要集中在四角倚柱和柱间、铺作、斗拱等，内容为花草、黄莺、白鸽等；墓道东西壁的壁画分别是"备马图"和"备车图"；甬道壁画主要是男女侍从迎接图；墓室壁画主要是"备茶图""饲猴图""寝具图"等人物生活场景和花鸟屏风画等。墓内出土墓志、陶盆、瓷碗、玉石器、铜钱等32件。根据墓志记载，郭燧于唐文宗大和二年（828年）葬于相州西五里通化乡王预村南一里。王预村在此应该指今天的殷都区王裕口村。

M114 墓主人是唐将仕郎魏州录事参军摄卫州汲县令卢隐夫人李氏。由墓道、封门、甬道、墓室4部分组成。墓室平面近圆形，四壁略外弧，仿木结构砌筑，墓顶坍塌，东西内径5.2米，南北内径5.08米，深4.54米。墓内出土墓志、陶盆、陶罐、瓷双系罐、瓷碗、瓷瓶、小件铜器、铜钱、铁器等共计32件[①]。根据墓志记载，李氏于唐昭宗乾宁元年（894年）葬于相州安阳县通乐乡招善里。

3. 何恭墓

2005年3月29日，配合安阳市妇女儿童活动中心综合楼建设工程，安阳市文物考古研究所清理唐代墓葬1座，编号M1，该墓是由墓道、甬道、墓门、墓室组成中小型砖室

---

① 中国社会科学院考古研究所安阳工作队：《河南安阳刘家庄北地唐宋墓发掘报告》，《考古学报》2015年第1期。

墓，南北向。墓室平面为方形，四壁略外弧，长宽均为3.0米，墓顶早年被破坏。墓内出土有陶仓、铜带钩、陶罐、瓷碗、墓志等器物。

出土石墓志1合，盖为盝顶状，篆书"何君墓志"，4字，四周斜坡阴线雕刻四组相同的缠枝花卉图案，文字之间饰有基本相同缠枝花形图案。志文15行，行16字，40厘米×40厘米，厚11厘米。根据墓志记载，墓主人何恭，开元廿一年（733年）与夫人王氏合葬于相州城西五里平原。

附：大唐故何君墓志铭

君讳恭，其先间江人也。惟君仁慈立性，稚操孤标，令范遐宣，嘉猷远扇。岂谓五裏构疾，三相迁形，神龙元年十月廿九日殁于私第，春秋卌有九。夫人太原王氏，四德光被，六行聿脩。妖妍绮岁，谐秦晋之欢，玉貌初年，同合卺之美。不谓业火前□，开元十九年五月七日殁于私室，春秋七十有四。以开元廿一年岁次癸酉十月甲午朔十六日己酉，遂合葬于相州城西五里平原，礼也。嗣子承璀，色养因心，孝诚自性。哀悲风树，痛切乔枝，生事既终，死葬犹切。恐灰杨沙劫，海变陵移，刊石勒铭，用旌不朽。冀芳名兮永永，陈孝思兮竭情。痛尊颜之长隔，悲感结于泉垌。呜呼哀哉！悲泪难裁。

4. 移动通讯公司离退休公寓唐代墓葬

2004年12月至2005年1月，配合安阳移动通讯公司离退休公寓建设工程，安阳市文物考古研究所（原安阳市文物工作队）清理唐宋时期墓葬22座，其中唐代墓葬计13座。该处墓葬群位于安阳铁西路与文明大道交叉口东北角，南距文明大道120余米，东距京广铁路180余米，墓葬集中分布在1号基槽和2号基槽内，东西排列有序，当为唐代相州城一个重要家族的墓地。

M1　位于该处墓地的最南部，南北向，由墓道、墓门和墓室组成的小型砖室墓，由于墓道被其他建筑叠压，此次未作清理。墓室平面呈方形，四壁外弧，南北长2.5米，东西2.35米。墓顶为四角攒角形。墓内出土陶罐、陶仓、瓷罐、瓷碗、铜镜、铜勺、铜钱、蚌饰及墓志等器物20余件。墓志1合，盖为盝顶状，"马夫人志"，4字，篆书，四周斜坡阴线雕刻4组相同的缠枝花卉图案，文字中间阴线雕刻4组简单的花卉图案。志文19行，行19字，43.5厘米×43.5厘米，厚6厘米。根据墓志记载，墓主人是马夫人，天宝十二年（753年）葬于相州西。

附：大唐故马夫人墓志铭并序

呜呼!夫人讳花严，其先扶风人也。长□□门，德辉间里。笄年适于韩氏，妇礼宜于舅姑，训子有方，示之以道，能顺夫意，和于室家。实秦晋之□□，何伉俪之不永。嗟夫！享龄廿有四，天宝十二载三月十八日卒于正寝。有嗣子三人，且稚且彦，或岐或嶷。无母何怙人，弥念怜能行者，瞳晓未分，处□者襁褓犹在。遂以其载三月廿九日殡于城西南一里半。前临大道，车响马嘶，却负古坟，榛林荒梗。右横堤址，襄陵之水不侵，左枕清流，无秋冬之永□。考三世之蓍龟，具四神以安厝。乃为铭曰：

窈窕令妇，威仪可观。柔顺不易，晨昏岂难。舅姑宜令，爱子承欢。奈何无寿，族类悲叹。春葩风落，夏叶霜残。不幸若此，神理漫漫。父母气绝，弟妹辛酸。孺号声嗄，夫痛乾肝。悲虽多绪，没统一端。暮春之末，百卉荣茂。如何淑妇，乃无遐祚。念兹群稚，叹早偏露。赗马时嘶，魂车有度。祖庭即远，辖轨之墓，旌旐翩翩。哀号步步，谁分平生，瘗斯泉路。勒铭贞石，以备他故。

天宝十二载三月廿九日建

M15 位于该处墓地的西北角，南北向，与M16东西并列。由墓道、甬道、墓门和墓室组成的中型砖室墓。墓室平面长方形，南北长2.95米，东西2.4米，墓顶为四角攒角形。棺位于墓室的后部，葬一青年女性。随葬器物主要集中在棺与墓门之间，墓志位于墓室的西南角。墓内出土陶罐、陶仓、瓷钵、铁地券及墓志等器物10余件。根据墓志记载，墓主人是唐维山故妻王氏，天宝七年（748年）葬于相州城西。

M16 位于该处墓地的西北角，南北向，在M15年东边。由墓道、甬道、墓门和墓室组成的小型洞室墓。墓室平面呈不规则形，后部宽，前部较窄，南北长2.25米，东西1～1.95米。墓内未见骨架，仅在墓室后部发现青砖4块。墓内出土陶镇墓兽、鸡、牛、马、子母猪、车轮及各类陶俑等器物20余件。另有部分泥俑，保存较差，未能提取。

5. 盛世名郡唐代墓葬

盛世名郡住宅小区位于安阳市文源街与中州路交叉口东南角，该区域属殷墟遗址建设控制地带内。这一区域除发现大量的殷墟时期的遗址和墓葬外，还发现有多座隋唐时期墓葬。其中M8，方向185°。系一墓道向南的土洞墓。地表下2.3米开口，早期被盗。由墓道、封门、墓室组成。墓道长3.7米，宽0.4～1米，南宽北窄。墓室系在生土中直接掏挖而成，平面呈铲形，洞室长1.9米，宽1.14～2.4米，洞高1.3米。墓室内有棺钉，骨架零乱。共出土编号器物33件，就材质而言可分为瓷器和陶器，瓷器有罐、瓶、碗；陶器牛车、井、灶、磨及陶俑。根据出土器物的形制及墓葬填土中出土的两枚"开元通宝"将此墓的年代定为唐代。

6. 殷都戚家庄棚户区改造项目唐墓

戚家庄棚户区改造项目位于殷都区钢一路东，中心坐标为东经114°17′216″，北纬36°06′133″，海拔86米。2013年9月安阳市文物考古研究所对该项目基建范围内发现的7座墓葬进行发掘，其中M3、M5、M6为唐代墓葬，共出土唐代墓志2方，唐代铜镜1面，唐代陶罐、陶壶、铜钱等器物20余件。

M3 方向185°。该墓系墓道斜坡状南向砖室墓。早期被盗扰。墓口面距地表2.6米。墓道长3.4米，宽1.4米，深2.5米；墓室平面呈方形四壁外弧，最长处2.86米，最窄处2.76米，墓室有砖制棺床，高0.2米，墓壁为单砖平行错缝垒砌，墓壁残高0.82米。总深5.1米。由于盗扰，不见骨架和葬具。墓内出有编号器物10件，墓志1方、陶罐7件、陶壶1件、铜钱7枚。根据墓志记载和出土器物的特征，该墓的年代为唐代。墓内出土"大唐故彭城刘夫人墓志铭并序"墓志1方，有盖无字。盖为盝顶状，志文14行，行14字，40厘米×40厘米，厚10厘米。墓主人为彭城刘二娘，天宝九载（745年）权殡安阳县西十里平原。墓志纪年明确，具有一定的历史文献价值。

附：大唐故彭城刘夫人墓志铭并序

　　夫人当家次，讳二娘，其先彭城人也。昔光逸家国，东京西秦一十二代，富有四海七百年间，自后远派琼流及于明唐，惟曾及考象贤余庆。夫人天资淑媛，作嫔君子，为妇为母，远近趋风。何图不终千月之晖，倏奄百年之寿，呜呼哀哉！雄鸾泣镜，雌剑沉泉，春秋卅九，天宝九载六月十日卒于私阁。今岁月通吉，即以其载岁次庚寅景辰十月廿九日甲申，权殡安阳县西十里平原，礼也。勒铭于石，不后有纪。其词曰：

　　彭城涉淑媛兮，早嫔君子；不终遐寿兮，孤遥先死；后恐不表兮，勒铭为纪。

M5　方向190°。该墓系墓道斜坡状南向的砖室墓。墓口面距地表2.6米，口面被破坏，墓道残长2米，宽1米，深2.4米；墓室平面呈方形四壁外弧，最长处2.63米，最窄处2.58米，残高1米，墓室北侧有砖制棺床，高0.2米，墓壁为单砖平行错缝垒砌。总深5米。由于盗扰，不见骨架和葬具。墓内出有编号器物4件，墓志1方、铜镜1枚、铜勺1件、铜钱2枚。根据墓志记载和出土器物的特征，该墓的年代为唐代。墓内出土"大周故张君墓志铭并序"墓志1方，有盖无字。盖为盝顶状，无字。志文18行，行18字。43厘米×43厘米。墓主人为南阳人，张陁，字布琰。长安三年（703年）与夫人合葬于安阳县西十二里孙平村东北一里平原。墓主人生平事迹记载详备，墓志纪年明确，具有一定的历史文献价值。

附：周故张君墓志铭并序

　　君讳陁，字布琰，南阳人也，轩袁之后，张文之胤绪。玄宗秀峙，方五岳以齐高；洪源远派兮，四渎而俱浚。金枝交映，玉叶连晖，冠盖蝉联，可略言。曾祖嗣，隋任荆州司户参军，辅六条而阐化，□成歌；佐千里以临人，佩刀流咏。祖通，隐居不仕。父成，丘园养性，棋酒怡神，遗爱犹存，德音仍在。君山河降气，景象精灵，正直之心，起于天性，温恭之礼，彰于自然。岂谓天不犹人，俄同逝水，以长安三年三月廿八日终于家第，春秋卅。夫人李氏祔焉。即以其年四月十八日合葬于安阳县西十二里孙平村东北一里平原，礼也。东瞻相部，西望青山，南眺悫岗，北临洹水。哀子景诠，悲缠屺岵痛结流莪。嗟薤露以先睎，恨风枝而不待。恐叶田改易，陵谷迁移，勒兹景行，永代不朽。其词曰：

　　邈矣轩胤，遐哉贵族。代承余庆，门传袯禄。其一；黄泉一□，白日长辞。俄归蒿里，永倦玄扉，其二。

M6　方向185°。该墓为墓道南向的土洞墓，墓口距地表2米，早期被盗。墓道长3

米，宽0.8米；墓室平面呈刀把形，墓室长3米，宽0.8~1米，洞高1.1米，总深4米。该墓被盗，未出土器物。根据其墓葬形制，其年代为唐宋时期。

M3、M5为唐代中型砖室墓，形制较大，砌筑技术较高，是安阳地区典型的唐代砖室墓的代表之一。墓内分别出土"大唐故彭城刘夫人墓志铭并序""大周故张君墓志铭并序"墓志各1方，是安阳地区墓志的新发现之一。墓志纪年明确，墓主人个人资料详备，特别是墓志上关于古安阳县、古孙平的记载，对于研究安阳城、古孙平村的沿革与变迁等具有重要的价值。

7. 殷都区任家庄南地新都汇小区唐代墓葬

新都汇商住小区隋唐墓葬群，位于安阳市殷都区任家庄南地（现贞元广场南侧），2016年配合该小区建设，共发现隋唐墓葬约40余座，墓地有规律地呈南北向分布，传承有序，特征明显，应该为隋唐时期一个大型的家族墓地。

8. 安阳县安丰乡木厂屯唐代墓葬

2009年10月，安阳市文物考古研究所配合南水北调第九标段取土区，在安阳县（现为殷都区）安丰乡木厂屯村清理一批战国至隋唐时期墓葬，其中有唐代墓葬1座。编号09AYXQTM40，该墓系道南的砖室墓，方向187°，墓道被破坏。残面距地表3.04米，残高1.16米。有砖封门，残高1.02米，为立砖封堵。墓室平面呈扁圆形，墓壁为两顺一丁（0.34米×0.17米~0.06米）垒砌，南北2.5米，东西2.1米。墓室北有一高0.32米的砖制棺床（面为单砖南北向顺铺）。根据其形制定为唐代。

9. 熙城都会商住楼元秀墓

安阳市熙城都会商住楼位于安阳市文峰大道与中州路交叉口西南角，南边紧邻安阳市商贸城，属于殷都区刘家庄村东南地。地理坐标为北纬36°05.856′，东经114°19.094′，海拔76米。2013年10月至11月在此区域范围内共发掘古代墓葬45座，其中唐代墓葬1座，编号M44，根据墓志记载为唐代洛州人元秀墓。

该墓位于建筑基槽内西部，开口层被破坏，方向185°，是一座带墓道的南北走向的砖室墓，墓室和墓顶保存完整。由墓道、墓门、甬道、墓室组成。墓道位于墓门南边，为斜坡状，残长6.98米，宽0.86~1.1米，残深0.2~3.3米。墓门位于甬道南，墓门高1.3米，为单砖封门，宽1.1米。甬道位于墓室南端，墓门北，长0.7米，宽1.1米。墓室位于甬道北，长2.96米，宽3.04米，四壁由单砖平行错缝叠砌，到1.5米处开始起券，墓室高2.8米，四壁略弧，有铺底砖，墓室西北边为棺床，有木棺痕迹。早年由于墓室进水，骨架已零散，墓室内有一层稀泥，葬式不详。在墓室中间，靠近棺床位置有一方石墓志，随葬品主要放在棺床西边和北边，器物有陶罐、瓷罐、瓷盘、铜钱、铁器等共20件。出土墓志，无盖，志石背面未抛光，53厘米×54厘米。志文共26行，行27字。根据墓志记载墓主人为唐代洛州河南人元秀，河南路州长子县县令，死于唐代贞元年间，咸亨四年（673年）与夫人刘氏合葬于州西五里之平原。

附：唐故人元公墓志铭并序

　　公讳秀，字君才，洛州河南人也。其先魏昭成之后，六代桃任恒、冀、定三州诸军事、三州刺史，薨，赠益昌王，食邑千户。曾祖，回，齐任直斋直阁，出为潞州长子县令。祖，陁，周任左翊卫诏授并州录事参军，后为邢州房子县令。父，通，隋任蒙山府校尉。惟祖惟父，允武允文，莫不璧孕荆山，珠生汉水，依仁履信，资孝事君。敬爱尽于闺门，忠贞竭于邦国。公则条分玉树，叶秀金柯，龙凤挺其姿，竹柏坚其操。年至弱冠，颇涉胶黉，艺总四科，文参十哲，往属海水群飞之日，瞻乌未定之辰，穀柘月则七札俱穿，横珊戈则长蛇自毙。及至大人，贞观天下乂宁，遂乃戢翼丘园，退飞衡沁。怡神淡泊非求轩冕之华；纵志优游，且畅林泉之趣。观凭余庆，永保遐龄，袭潘岳之閒居，享荣期之三乐。但以琁机骤斡，阅水急流，桑余之景未沉，风烛之光遽谢。春秋五十五卒于家第。呜呼哀哉！夫人刘氏孀居守节，吊影偷存，扇南风于棘心，保余华于没齿。倚庐长望，思惟之念每深；三徙择邻，教训之方弥笃。乘兹积善，庶叶休徵。天不憖遗，奄然殂殒。春秋六十八卒于私第。呜呼哀哉！孝子弘师等，慎终追远，泣血绝浆，疮钜则痛切心灵，骨立则形骸毁瘦，感□劳鞠育之德，报昊天罔极之恩。乃考蓍龟卜其宅兆，即以大唐咸亨四年岁次癸酉十月壬午朔廿八日己酉，迁合于州西五里之平原，礼也。恐□墟地陷，邠国天崩，铭志不存，功勋遂灭。爰题琰琬，式表泉扃庶金石无亏，声名不朽。其词曰：

　　淑人君子，美媛好仇。埙篪匹合，胶柒绸缪。鏗鎎相敬，负戴从遊。双飞比目，寒暑环周。其一
　　积善不休，余华袭祉。双珠两玉，黄中通理。道冠籝余，义符麟趾。方欣捧檄，遽遊蒿里。其二
　　卜兆袭休，佳城载辟。归魂安措，灵輀是适。树动风吟，露垂悲沥。传名万代，永存金石。其三
　　咸亨四年岁次癸酉十月壬午朔廿八日己酉记

10. 宜居燕苑住宅小区唐墓葬

安阳市宜居燕苑住宅小区位于安阳市东工路（原电子管厂院内），地理坐标为北纬36°06.950′，东经114°22.044′，海拔约75米。

2013年7月至8月安阳市文物考古研究所对该范围内的墓葬进行了考古发掘，发掘隋唐时期墓葬5座，出土这一时期的文物32件，包括陶镇墓兽、人物俑、动物俑、模型器、瓷罐和陶罐等。

M4　该墓是一座带墓道的南北向的砖室墓，由墓道、甬道、墓室三部分组成，墓道朝南，呈斜坡状、墓门内有封门砖、墓室四壁略弧，青砖砌筑，南北长2.8米，东西宽2.64米，残高1.2米，方向190°。在墓室西边用砖砌一棺床放置木棺，棺床高0.4米，头南脚北、仰身直肢、骨架保存较差、男性成年。随葬品放置于墓室东边，有墓志一方、武士俑、动物俑、模型器等共20件器物。

M6　该墓是一座带墓道的南北向砖室墓，由墓道、甬道、墓室三部分组成，墓道

朝南，呈斜坡状、墓门内有封门砖、墓室四壁略弧，青砖砌筑。早期被盗，但还是余下一部分随葬品，墓室西边用土筑棺床。墓室南北长2.8米，东西宽2.64米，残高0.9米，墓室内有木棺一具，墓主人头西脚东、仰身双腿略为向北弯曲，面北，骨架保存较差，成年男性，随葬品放置于墓室前半部，有墓志一方、陶罐、陶马、猪、狗、灶和陶俑共12件器物。

11. 安阳第十四中学唐代墓葬

安阳第十四中学位于安阳市龙安区龙泉镇北部，墓葬位于校园内东北角处，原为学校操场一角。安阳市文物考古研究所于2011年10月发掘唐代墓葬1座，宋代墓2座。

其中唐代墓葬编号M3，方向190°。该墓葬是一座墓道朝南单室砖室墓。因建设扰乱和盗扰，墓顶和墓道被破坏殆尽，现墓口距地表下2.7米。残留甬道和墓室四壁。甬道长0.8米，宽0.98米，直壁高0.75米。墓室为砖砌，大致呈方形，四壁略弧。东西内长2.8米，南北内宽2.76米，残高1.12米。四壁由青砖顺平上下错缝垒砌。墓室内北部和西部为砖砌棺床，床高0.3米。床面由单层砖南北向平铺。墓砖长0.36米，宽0.18米、厚0.06米。墓葬因盗扰严重，不见葬具和骨架。盗洞扰土中出土墓志铭1方，陶罐1件、陶碗1件。墓葬填土为花土，黄色土含红土块。

墓内出土墓志1合，盖为盝顶状，篆书"李夫人志"，4字，四周斜坡饰以阴线雕刻相同的缠枝花卉图案，文字之间也饰有花卉图案。四字中间为高浮雕兽面纹饰。志文24行，行24字。44厘米×44厘米。根据墓志记载，墓主人是唐代仇景与夫人李氏，咸亨元年（670年）合葬于故零泉县东南百步平原。墓志详细记载了墓葬与历史上零泉县的具体位置，它对于研究安阳的历史地理、沿革变迁等具有重要的价值。

附：唐故仇府君李夫人墓志铭并序

君讳景，字君友，京兆武都人也。昔姬武膺图，功着于周室。高祖命氏，名显于汉朝。故知源浚流长根深叶茂。公侯所以毕服，旌俊于是挺生，并绩著缣缃，纷纶玉牒。君之秀裔讵可而言也。曾祖钦，祖庆，父信，各赫弈于当时，蝉联于后代，金声玉藻，七相九卿，道□一同，光辉千里。惟君卷怀前代，含道居贞，嘉声与日月齐高，令望江河竟远。文风博赡，辞清缛锦之繁。武骑缤纷，七德谢其穿札。隋大业季年狁犹作鲠，君乃慕王粲之从戎，同班生弃笔，义应不足勇决前驱，调弦堕雁之飞，抚箭玄猿啼落。遂任行军校尉，俄迁本部司兵，又板授莱州昌阳县令。乃悬车退老，作赋归田，历间里之徒劳，玩山泉以自得。既游仁智之域，保此松乔之寿。岂意钓渚惊兔，激长风而凌乱，金堤眉柳，萎丰霜以摧残。坚子御意□之徵，谷神授鹤书之召。呜呼哀哉！春秋八十有四，以麟德三年卒于私第。夫人李氏，孤鸾丧偶，寡鹤穷栖，虽则讬于余华，终逝期于同穴。呜呼哀哉！春秋七十有三，卒于闺第。以咸亨元年岁次庚午十一月庚子朔廿一日庚申合葬于故零泉县东南百步平原。礼也。祔焉。胤子伏保，慎终希罔极之念，追远痛劬劳之恩。嗟风树而不停，叹白驹之过隙。恐河移故□，海变新桑，故勒贞坚，式刊不朽。其词曰：

猗与遐族，邈矣瑶波。缣缃焕炳，玉叶金柯。派流来裔，辉烈江河。启粤若上人,岐巍继体。早敦文史,明诗阅礼。用晦而爽,龙图智时挥一弦,堒墟息弊。其二风月迁移,荒凉里邑。坟孤月迥,垄深风集。杨雾朝昏,松声夜急。千秋万岁,兰荪永戢其三

第六章　安阳宋金考古

宋初，相州隶属河北西路，并置彰德军节度，领安阳、汤阴、临漳、林虑4县。《彰德府志》引《宋志》云：彰德府城"后魏天兴元年筑，宋景德三年增筑，围十九里。今裁其半云"。据记载，景德三年（1006年）起，将相州城东西两城墙向南延伸，筑南城墙，将原来城南的观音禅院的八角井等包于城内。增长之后的相州城城址面积大为扩张，仅城墙周长就达19里。高大的城墙与宽大的护城河，相互映照，非常壮观。北宋乾德年间（963~967年），韩重斌治相州，修建了宏伟的相州衙门，连宋太宗都感到惊讶。至和年间（1045~1055年）韩琦治相州，又在州衙内修建了堂、亭、园、池等，其中相州城内昼锦堂、飞仙台等最为著名。著名的昼锦堂就修建在这一时期。2009~2010年安阳宋代韩琦家族墓地出土有韩琦及其孙韩治的墓志，墓志记载了二人均曾治理相州，使得相州安阳达到了空前的鼎盛。特别韩琦知相州时兴修水利，消除青苗法遗患，造福一方，促进了当时安阳一带政治经济的发展。

两宋之交，相州地理位置十分重要。靖康元年（1126年）冬南宋高宗赵构率军从京师出发抗金，大军到磁州后，还军相州，受宋钦宗之命在相州建大元帅府，与金军作战。相州这时在政治、军事上占据很高的地位。金章宗明昌二年（1192年），彰德升为府，领安阳、汤阴、临漳、林虑、辅岩5县。此为彰德府名称之由来。从2014年安阳文峰汇商住小区发现的宋代城墙遗址来看，安阳城墙位置从隋唐开始至民国时期，变化不大，与历史记载相吻合。金代相州安阳繁荣一时，为当时中国北方著名的大都市之一。金世宗大定十年（1170年），南宋资政殿学士、著名诗人范成大出使金国途经相州，记述了当时相州繁华街景的情形，"过相州，市有秦楼、翠楼、康乐楼、月白风清楼，皆旗亭也。秦楼有胡妇，衣金缕鹅红大之袖袍，金缕紫勒帛，褰帘。吴语，云是宗室女，郡守家也。遗黎往往垂涕嗟啧，指使人云：此中华佛国人也。老妪跪拜者尤多。昼锦堂尚存。房尝更修饰之"。为此范成大并写诗两首，其一《秦楼》："拦街看幕似春游，斑狨雕车碧画油。奚家女子称贵主，缕金长袖倚秦楼。"其二《翠楼》："连衽成帷迓汉官，翠缕沽酒满城欢。白头翁媪相扶拜，垂老从今几度看。"中华人民共和国成立以来，安阳地区发现大量金代时期的壁画墓，应该与当时相州繁荣有关。

宋金时期，滑县称滑州，州治今滑县城关滑州故城。这一时期无论安阳还是滑县都占据交通之便利，是北宋与辽金争夺的重点区域之一。特别是滑县据黄河之险，也是黄河重点泛滥的区域之一，受黄河影响较大，许多新发现的宋代遗址多与黄河有关。

从考古发现来看，安阳发现有宋代安阳城墙遗址，在滑县发现有宋代古船遗址、宋代手工业作坊遗址，而宋金时期墓葬更是遍布安阳全境。特别是以宋代安阳韩琦家族墓地为代表的安阳宋代高级官员的家族墓地，占地范围广、墓葬规模大、布局严谨，出土墓志资料丰富，在中国考古史上占有重要的一页。

第一节 宋金时期遗址

一、宋代安阳城遗址

安史之乱时，唐政府军队与叛军安庆绪等在安阳地区展开大规模的战争，安阳城遭到了毁坏。北宋景德三年重修安阳城，直至明清时期安阳城的位置便安定下来。明崔铣《彰德府志》记载："城围九里一百十三步，高二丈五尺，阔二丈，外砖内土。四门：东永和，南镇远，西大定，北拱辰。壕阔十丈，水深者二丈，浅者八九尺。〈宋志〉云：后魏天兴元年筑，宋景德三年增筑。围十九里。今裁得其半云。"[1]此言景德三年增筑者，可能是将唐相州城和相州外城（安阳城）合二为一，加以扩建而成。《安阳考释》之《安阳城移徙增改考》一文中考之：城郭十九里，乃统相州正城、相州外城与增筑部分而言。此城历北宋、金、元诸代，因以宋元城称之。其增筑部分有二，一位于明清城南墙外，今南上关、南下关及附近之街道、厂、场、机关、学校与医院皆其地也，清人称此部分为附城或南城。南有门，俗名南小门，门外有双庙、安阳驿诸建筑。增筑之二，位于外城之北，至洹水之南不远处，今北关之北部。相州北门，原名通远，增筑后，以"通远"名增筑部分之北门，迄金前期，易名"朝京"。自朝京门至南水门，约七八里。金时，人烟尤盛，升相州为彰德府。各地学者名流，聚居于此，此安阳文化史上继建安之后，又一鼎盛时期[2]。

此所谓"相州正城"就是后来的"安阳老城"，而"相州外城"则地处正城之北，加上增筑部分，使得相州城范围达到了空前的规模。此宋时相州城共辟有四个城门：东门为"永定"，西门为"通晋"，南门为"朝京"，北门为"通远"，增筑后改名为"拱辰"门。至金代则相反，北门改为"朝京"，南门改为"通远"。北宋城四门之外皆建有瓮城，城中建有牙城及大量的亭、台、楼、阁、堂等，如昼锦堂、醉白堂、求已亭、飞仙台、休逸台及府衙等高大建筑。近期考古发掘在安阳文峰汇商住小区、安阳第二十中学教学楼等基建项目中都发现有宋代城墙的遗址，这些城墙遗址的发现真实地揭示了安阳宋代城墙的结构、布局及位置，再现了相州安阳的辉煌。

1. 文峰汇宋代安阳城墙遗址

安阳宋代古城墙遗址位于安阳市彰德路与文峰路交叉口东北角，西侧紧邻彰德路，2014年7月至8月，安阳市文物考古研究所对古城墙遗迹进行了考古发掘。正方向布10米×10米探方40个，实际发掘30个，计3000平方米。城墙遗址呈东北—西南走向，方向20°，残存长计近120米，宽30~40米。遗址早年受到较大破坏，但城墙基址部分形制尚存，城墙遗址大多分布在现基槽下0.3~0.5米处，基址的总宽度在24米左右。发掘的情况表明，该遗址系用黄土夯筑而成，质地致密，夯层在6~15厘米之间，夯窝明显。

---

[1] （明）崔铣：《彰德府志·地理志第一之一》，两淮马裕家藏本。
[2] 张之：《安阳考释·安阳城移徙增改考》，新华出版社，1997年。

夯窝有两种，一种稍小一点，直径4~5厘米，排列整齐；另一种稍大一些，直径6~8厘米，夯窝有叠压的现象。遗址西侧附属有城墙护坡及其他遗迹，护坡宽8~9米，深4~4.5米。西侧护坡上叠压有淤土沟一条，4.5米不见底，可能为当时的护城城濠。宋代城墙遗址位于该城墙遗址西侧，其夯土内以及底部出土的遗物以隋唐时期为主，间有宋代的白釉、黑釉瓷片和布纹瓦，时代下限为宋代（包括金代）（图6-1）。

安史之乱时，安阳城遭到了毁坏。北宋景德三年重修安阳城，直至明清时期安阳城的位置便安定下来。此次的发掘城墙遗址大体上属宋代彰德府西城墙的"通晋"门的北侧，考古发现与历史文献记载相吻合。

图6-1　文峰汇宋代安阳城墙遗址

2. 安阳第二十中学宋代城墙遗址

2014年10月，安阳市文物考古研究所配合安阳第二十中学东、西教办综合楼建设项目，发现并发掘宋代城墙一段。该遗址位于西教办综合楼内，东西向，长46米，宽11米，厚度2~3.5米。夯土城墙遗址距地表1.25米，由T1向西延伸至T2、T3。在T1内夯土较浅，T2、T3夯土较深，每层夯土厚约15~25厘米，圆夯，夯窝直径7厘米。在三个探方夯土城墙内均出有宋代瓷器碎片和陶器碎片，在打破M1的排水沟内还出土1件完整的宋代瓷碗。据此，初步判断该段城墙遗址应为北宋时期，或延续至金代（图6-2）。

该城墙遗址应属于宋代"相州正城"的北城墙的一段，位于原"通远门"的东部。此次古城墙遗址位置与文献记载基本一致，为研究安阳古城的沿革变迁和城墙修筑、增补、结构等提供了新的资料。

图6-2 安阳第二十中学宋代安阳城墙遗址

二、滑县宋代古船遗址

滑县宋代古船遗址位于河南省安阳市滑县新区寺庄村东北（原隶属于滑县城关镇管辖），距县城约10千米。"古船"位于一个东西57米，南北20米，深3.32米的建筑基槽内。2011年2～4月，安阳市文物考古研究所进行正式考古发掘。以北纬35°31′42.3″，东经114°32′18.3″，海拔38米为基点，正方向布探方10米×10米4个，实际发掘430平方米。

两艘古船皆为南北向，均方首方尾，平底，两端上翘。船底板与舷板皆为单层木结构，船底为纵向单板平铺；船舷均不同程度损毁，从残留的舷板看，布满排钉，船舷为单板上下拼接，板与板之间用铁钉从外向内斜向楔入加以固定，缝隙间填桐油灰；船舱由上下对称横梁共同组成，横梁虽然有不同程度的缺失，但痕迹尚在；船体内铺设有"龙筋"，但不规则，"龙筋"起到支撑和加固船体的作用；在两船底中部靠前的位置皆有一长0.75米，宽0.35～0.25米，厚0.1米的木板，上有方形孔，就木板的位置推测应为放置桅杆的底座。1号船全长25.5米，船尾宽3.75米，船首宽4米，船中部最宽处5.85米，方向25°。2号船，方向200°。南端为船首，已残缺，现宽3.85米；北端为船尾，宽3.65米；中部最宽处5.5米，船体残长23.6米。东侧船舷基本损坏，只有西侧中间部分保存完好。船身从北往南共设有船舱10处，在第5舱内残留有东西向的甲板，第8舱有桅杆底座。船体内侧不规则铺设有"龙筋"（系用整根的硬木制成），船底横梁有过水孔（除去船两侧的横梁，每个横梁上有3个过水孔），高度在2.5～3厘米之间，长度在6～7厘米之间（图6-3）。

图6-3　古船照片

古船上共发掘出土器物31件，其中有铁篙1件，白釉瓜棱执壶1件、瓷罐1件、白釉瓷碗8件，陶罐8件，陶盆3件，其他的有钱币、磨石等（图6-4）。

图6-4　古船发现的器物及遗迹照片

根据出土的执壶、瓷碗、瓷罐的特征及造船工艺特点等来判断，该船制造及使用的年代上限不早于唐末、五代时期，下限不晚于金代，当为宋代时期的船只。南宋建炎二年（1128年），为阻止金兵南下，宋东京留守杜充竟然在今河南滑县西南人为决河，使黄河东流经豫东北、鲁西南地区，汇入泗水，夺泗入淮。从此黄河离开了春秋战国以来流经今浚、滑一带的故道，不再进入河北平原，在此后的700多年中，以东南流入淮为常态。因此，此次发现的宋代古船的废弃时代下限也不会晚于南宋建炎二年（1128年）。

滑县古船遗址为豫北地区首次发现，古船时代早，体量大，保存相对完整，是内陆地区发现的最大、最完整的宋代古船标本。两艘古船的发现对于研究黄河古文化、黄河的地质变迁具有重要意义，也为北宋时期的漕运史、河运史及造船工艺研究提供了新的资料。宋金时期是我国古代历史上造船业发达时期。这次发掘的2艘古船为豫北地区古黄河考古所少有，时代早，船体保存相对完整，实属不易。古船的发现，反映出当时内陆水运交通的发达和内陆造船技术的先进，是黄河水运繁荣的实物见证。

人们从"刳木为舟，剡木为楫"到秦汉时期的轻舟巨舸，造船技术的发展为秦汉帝国的统一建立了不可磨灭的功勋。宋元时期，是我国古代历史上海上交通最繁盛、海外贸易最发达的时期。"黄田港北水如天，万里风樯看贾船"，一条通往海外各国的航线被称为"陶瓷之路"，成为中西方文化和经济交流的主要通道，从而在客观上推动了造船业和航海技术的飞速发展，造船技术的高低直接反映了各个时代、各个民族经济和科学技术发展的水平。在内河航运上，"京杭大运河"全面开通前，黄河与御河（隋唐永济渠）等相贯通，在北方地区内河货物运输上占有着重要的地位[①]。

三、滑县西班牙小镇住宅小区宋代手工业作坊遗址

滑县西班牙小镇住宅小区位于滑县县城中科路与未来大道交叉东南角，滑县新汽车站南500米处，西面紧邻未来大道。2014年4月，滑县新区西班牙小镇住宅小区建筑工地出现盗墓情况。2014年7月，安阳市文物考古研究所派工作人员到现场进行调查，经过文物钻探，发现了13座古代墓葬和一处建筑遗址。2014年8月底至10月中旬，安阳市文物考古研究所对本次钻探发现的古代遗迹展开了系统、科学的考古发掘工作。此次共发掘古代墓葬13座，古代建筑基址一处。建筑基址部分保存较为完整，出土了大量遗物。

建筑基址位于西班牙小镇住宅小区的西北部，东西长43米，南北宽14～17米，占地面积约700平方米。经清理发掘后，发现该处应为一处宋代手工业作坊之类的遗址。遗址从东至西大致可分为1号院、2号院两个区域。2号院又可分为东、中、西三个部分。共发现砖砌房屋29间。在院落的房间布局方面，1号院中房间面积较大，布局规整。而2号院中，房间由东向西逐步变小。遗址中房屋均为砖砌，所用砖几乎都是青砖，多为残砖，有唐代砖也有宋代砖。遗址的墙体垒砌不规整，有倾斜，甚至弯曲现象，存在部分门口两侧墙体不对称现象。有部分地方，墙角之处有圆木支柱痕迹。墙体体量小且粗糙，不足以支撑面积较大的建筑，也未发现房屋顶部建筑遗存（图6-5、图6-6）。

建筑遗址范围内发现有室内砖铺小路2条，砖灶8座，砖砌烟囱1座，火烧沟4条，空心砖墙4堵，地下火道1条，池4个，水沟2条。建筑遗址内出土遗物共115件，主要有瓷器、陶器、石器、铁器、铜钱等，较均匀的分布于各房间内倾倒的乱砖下。瓷器有碗、执壶、碟、盘、罐等，多带有晚唐宋初风格；陶器有大瓮、罐、盆、轮、盘、瓦、筒形器等；石器有杵、臼、球、轮等；铁器较少，腐朽严重，难辨器形，出有条状和长方形

---

① 安阳市文物考古研究所、滑县文物保护管理所：《河南滑县宋代古船的发掘》，《考古》2013年第3期。

图6-5 遗址投影照片

图6-6 遗址局部照片

器;出土6枚铜钱,其中开元通宝1枚、景德元宝3枚、至道元宝2枚(图6-7至图6-10)。

根据遗址地层关系、出土瓷器形制和出土铜钱的时代,初步判断该遗址的时代为北宋晚期。该建筑布局、建造方式、建筑结构、遗迹组成及出土遗物来看,此处建筑似为

图6-7 瓷白釉绿彩执壶

图6-8 瓷炉

图6-9 白釉瓷瓶

图6-10 陶镂雕莲花墩

半截墙体、半开放的棚户式建筑，这些建筑不应是日常居住用房，而可能为宋代初期的一个与水、与火有关，分工精细，工作过程中需要加温或发酵以及大量储物和晾晒的手工业作坊，初步推断可能是酿酒作坊。遗址房间内没有发现骨架或过多种类生活器物，也无贵重物品，应为从容撤退，房间内出土器物应为遗弃物品。遗址位于黄河的故道边，从考古发现的地层来看，遗址上即黄沙土，倒塌的墙体的方向具有一致性，这些都应是河水冲积所致。因此，遗址的废弃当与黄河改道泛滥等有关。

该遗址范围清晰、布局合理、保存完整、时代明确、出土器物较多，是近年来宋代手工业作坊遗址考古发现的代表之一。该遗址位于古滑州城南偏东方向约1.5千米处，也位于当时黄河的南岸,濒临古黄河。它的出现、功能、使用与古滑州城的繁荣发展应有着密切的关系。本遗址的发掘清理,揭示了滑县宋代一处手工业作坊遗址的面貌,对于还原北宋时期我国北方手工业作坊的范围、布局、性质、作用、价值等方面的历史信息,提供了不可多得的实物资料。该遗址的使用年代较短,从考古现场相关的遗迹及其他的信息来分析,其废弃的原因应当与黄河的某次泛滥有关。因此该遗址的发现对于研究豫北地区宋代古黄河河道变迁和黄河文化等具有重要的学术意义。

四、安阳地区医院东院区(卫校)宋代道路遗址

该项目位于安阳市北关区盘庚街东段路南原安阳卫生护理学校内,2015年9月,安阳市文物考古研究所配合该建设工地进行了考古发掘。此次共发掘清理宋代道路遗址2处,共布10米×10米探方8个,发掘800平方米,这8个探方内皆布满踩踏面,车辙印分布在踩踏面上,发掘区域地层以T1北壁为例现绍如下。

第一层:扰土层,灰黑色,松散,内含大量现代垃圾,厚0.3米;

第二层:黄土,松散,内含宋代至明清时期瓷片,厚0.3~0.45米;

第三层:红土,较致密,含宋代瓷片,厚0.3~0.45米,宋代道路遗址位于该层。

T1位于发掘区的西部,遗迹丰富。该探方原发掘100平方米,逐层清理,由于迹象不清楚继续向北扩方5米,实际发掘150平方米。道路遗址位于第三层内。踩踏面呈坡状,南高北低,质地致密,十分纯净,道路遗址位于踩踏面上,东北西南走向,共有车辙印10处,动物蹄印零散的分布其间。

此次发掘的道路遗址为宋代,地层清晰,时代特征明显(图6-11)。对宋代以来安阳地区道路的选址、形制、维护以及社会经济发展的研究提供了新的资料。漳涧古代地名称"张见",位于洹河岸边。唐宋之际,洹河水路运输十分发达,上游的善应段舟船如梭,风帆似林,由此地出产的煤炭、木材、粮食、山货等行销各地,到民国时期,洹

图6-11 T1~T4内道路情况

河的水路运输达到了顶峰。此次发掘出的宋代道路遗址应与洹河漕运有关,该区域位于洹河南岸,直线距离500米,所清理出来的道路遗迹规模十分巨大且规整,就道路的走向可直通洹河,从侧面可反映出宋代时期洹河漕运的规模。此次发掘的遗迹受发掘区域环境的影响,未能全部揭露,初步推测该处宋代道路遗迹应是宋代相州安阳城通往洹河码头的重要交通枢纽。

五、红旗路北段宋金钱币窖藏

2002年11月27日,安阳市政工程处在安阳市红旗路北段与洹滨北路交叉口施工时,发现一个宋金时期钱币窖藏。钱币窖藏位于安阳河南岸,距河堤约有20米的红旗路北段,地势较高。从现场发现情况来看,窖藏位于地表下约2米,未发现盛装器物。经过现场清理共发现钱币20.5千克,约5000余枚。钱币出土时部分锈结在一起,有穿系痕迹,穿系工具已腐朽。该窖藏主要为北宋时期铸行的各种铜钱,包括北宋早期宋太祖建隆元年(960年)始铸的宋元通宝,宋太宗太平兴国年间(967～983年)铸行的太平通宝等,至晚期宋徽宗崇宋年间(1120～1106年)铸行崇宋重宝(折十),大观年间(1107～1110年)铸行的大观通宝(折十、小平),政和年间(1111～1117年)政和通宝和宣和年间(1119～1125年)铸行的宣和通宝等各种年号钱、对钱及篆书、隶书、真书、草书、瘦金体、行书、宋体等书体钱币,尤其是北宋末期的"元丰、崇宁、大观、政和"等年号的钱币为多。总体上看,北宋时期钱币序列清楚,这一时期历朝铸行的各种钱币(铜钱)都有多少不等的存在,不存缺环现象。此外也发现了极少量唐末开元通宝以及南宋时期高宗建炎年间(1127～1130年)铸行的建炎通宝,金代早期铸行的正隆元宝、大定通宝等。钱币种类多、数量大,具有一定的文物与历史价值[①]。

六、安阳博书苑A地块宋代砖窑遗址

安阳市建源房地产开发公司开发的博书苑A地块11号楼、4号楼位于安阳市东效李家庄村,2009年1月14日至18日,安阳市文物考古研究所发掘清理宋代墓葬3座,宋代窑址1处。宋代窑址位于该小区11号楼的基槽中部偏南,编号Y1,南北向,由窑道、火门、火膛、窑床、烟道等部分组成。火门已坍塌,残高0.7米。窑道朝南,已伸到槽外,只留有约0.3米,由于安全的原因没有进行发掘,形状不得而知。火膛平面呈喇叭状,近窑膛处宽,火门处窄,壁为单砖平形错缝垒砌,膛底比窑床面低0.9米,内有少量的煤炭堆积,火膛经火烧已结成硬面。窑床平面略呈长方形,东西2.35米,南北2.4米,窑床东壁上残高1.00米为窑壁,外层为单立砖垒砌,北壁为单砖平行错缝垒砌,然后涂抹一层泥,已烧结,呈青色(砖为40厘米×15厘米×7厘米)。烟道位于北壁正中,距窑床0.4米,宽0.4米,高0.5米,进深0.8米,系掏挖在生土中,然后留有一0.3米×0.4米的口,供

---

① 常大立、孔德铭:《安阳红旗路北段宋金钱币窖藏及相关问题》,《中州钱币》,《金融理论与实践》(钱币专辑十八),2010年9月20日。

出烟所用。窑内未发现烧造物遗存，根据形制推测当为砖窑。填土中出有宋代的陶、瓷器残片，故而可定为宋代。通过此次的发掘对研究安阳市周边地区，宋代窑址的分布范围、形状结构、燃料等提供了新的资料。特别窑膛内发现少量的煤炭遗物，可为这一时期安阳地区烧窑用煤提供了有力的证据。

七、张河固遗址宋元古道路

该路位于京珠高速公路安阳段19.200～19.240千米处，由于在19.220～19.230千米中间有一个现代墓葬，因此在该处布探方三个，编号为2008AXGST1～T3，共计250平方米。T1、T2相连接。T3在现代墓南侧。该段地势平坦，原林木已砍伐。西边有国土资源局裁定的界桩，探方即依界桩线为西边基准线。探方方向为北偏东10°。

路面到地表的深度为0.25～0.5米，可分为两层。第一层为耕土扰层，厚0.2～0.25米，土质较松软，土色深灰色，含今现代砖瓦陶瓷片及腐朽物。第二层覆于第一层下，遍布全探方，深0.2～0.35米、厚0.15米，土质稍软、土色黄灰色。含很少明清时期陶瓷片。

三个探方路土可分为两部分，T1、T2为第一部分，T3为第二部分。第一部分（T1、T2）路土覆于第二层土下，第三层土上。路土走向为西北、东南向。由于北边发现有一条同时期灰土沟和灰坑，且路面碾轧较薄，应为路的北边沿，南边沿到现代墓边。路面碾轧坚实，0.1～0.25米，褐灰色，含很少宋元时期陶瓷片。共发现18车辙道，辙宽0.2～0.6米、深0.15～0.25米、轮距为1.3～1.5米。第二部分（T3）路土与第一部分在同一层位，走向相同。发现车辙8道，主要分布在探方南部，探方北部3米未见碾轧痕迹。探方南侧2米即路南边沿，南北宽10米，这应是与第一部分同时期走的两条路。

此次发掘的宋元时期的道路，碾轧坚实，厚0.25米，是长时期碾轧而成，路面宽，车辙多，排列密集，根据地层和出土少量陶瓷片初步认定应是宋元时期的道路。该道路位于安阳老城的东南方向，距离约7千米，车辙走向为东北至西南走向，综合判断应是当时安阳老城通向东部的主要交通要道，它对研究宋元时期安阳政治、经济、水陆交通等具有一定的价值。

第二节 宋金时期墓葬

自1986年安阳市文物考古研究所（原安阳市文物工作队）成立以来，配合安阳市城市建设及京珠高速、安林高速、南水北调等国家、省、市重点项目建设，先后在原安阳电池厂院内、龙安区郭里村、枫林水郡住宅小区、文源绿岛住宅小区、火车站、安阳县高平村、龙安区皇甫屯村等进行的考古发掘中共发掘宋金时期墓葬数百座，出土了一批瓷器、陶器及铜钱等文物，这些墓葬主要集中在安阳老城的西部、西北部一带，特别是以火车站为中心区域的范围内有大量的分布。安阳宋金墓葬主要以土洞墓为主，形制一般为直掏或靴形墓；少数为砖室墓，且发现有宋金时期的壁画。安阳宋金墓葬分布较广，在目前安阳地区的考古中宋墓发现的相对很多，除殷都区皇甫屯村北宋时期韩琦家族发现9座大型砖（石）室墓葬外，一般形制较小，墓葬破坏严重，完整甚少。出土器物数量也较少，种类单一，以瓷枕、瓷罐、瓷碗、瓷碟为主。

南宋建炎元年（1127年）金人占据攻占安阳，安阳成为金人统治的重要地区之一，金明昌三年（1192年）升相州彰德军为彰德府。宋金时期的墓葬延续性较强，除有明确的纪年外，尚不能完全加以区分，我们统称为宋金时期。

一、枫林水郡住宅小区宋代壁画墓

枫林水郡住宅小区位于安阳文峰大道西段与钢花路交叉口东北角。2006年6月安阳市文物考古研究所在小区基本建设中发掘宋金时期墓葬近10座，其中有代表性是M19。该墓为砖室墓，墓道位于墓室的南面，呈台阶状。墓顶为穹隆顶，墓门及墓室为仿木结构。墓室平面呈圆形，四周涂白灰泥，中间有砖雕花架等相隔，在墓壁上绘有大型的花卉（莲花）图案，但由于墓室进水，壁画脱落较严重。有砖砌棺床，骨架2具，但已散乱，其中一为成年男性，应系夫妻合葬墓。出有瓷罐、铁镜、铜钱等文物（图6-12）。

根据墓葬形制、壁画的图案及绘画风格、出土器物的时代特征等综合判断，该墓葬时代属北宋时期。墓内所绘壁画线条疏朗，布局开放，着色准确，内容生动，生活气息深厚，在宋代壁画墓中较少见，具有一定的艺术价值。

图6-12　M19出土文物

二、高平村宋金时期墓葬

2005年安林高速西高平段施工时发现一砖墓，墓道位于墓室的南面，墓顶为穹窿顶，但遭破坏，由于施工限制，墓门及墓道未能清理。墓室平面呈圆形，仿木结构，四壁有砖雕倚柱、斗拱、格扇门、直棂窗、桌椅及灯架。墓壁与穹窿顶之间有仿木砖雕斗拱，并施有黄、红及白色彩画。有砖砌棺床，棺床内填土，位于墓室中部偏北。骨架一具但零乱。出有瓷灯盏等文物。

根据墓葬形制、斗拱形式和出土的器物推测墓葬时代属宋金时期。

三、龙安区郭里村宋金时期墓葬

2005年安阳市文物考古研究所配合南水北调中线干渠建设工程，在龙安区郭里村东北地共发掘宋代墓葬20座，按形制和构筑方法可分为三种，即砖室墓、土洞墓和土坑竖穴墓。

比较典型和具有代表性的为M63。该墓台阶墓道南向，方向185°。墓道为台阶加斜坡，长4.25米，南端宽0.65米，深1.74米，北端宽2.2米，深4.95米。墓门南向，宽0.72米，深0.95米，高1.27米。门上砌成三组仿木结构斗拱门楼形式，至脊砖高2.25米。墓门用条砖平砌为一堵封门墙，部分嵌砌在甬道内，自底部起逐层做不均匀叠涩收分，与甬道口券砖下线持平。墓室砖砌八角形，边长0.9~1米，双砖错缝平砌墓壁，厚0.3米，高1.55米。八角砌有0.1米宽的角柱，柱上砌仿木结构砖雕斗拱。斗拱上为券顶砌法穹窿顶。下部七层为整砖横砌，上部均为半截砖券砌，外部顶高1.45米。墓底砌有棺床，高0.35米，床面一竖一横交替平砖铺砌。铺底砖36厘米×18厘米×5厘米，壁砖30厘米×15厘米×5厘米。除墓门外的七面墓壁中间砌有砖雕格扇门、窗、桌、橙、条几、灯架等，未见绘画。该墓设计巧妙，砌筑精致，砖雕精美，保存完整，为豫北地区较为典型宋金时期墓葬形制（图6-13）。

M15 系宋代长方形土圹砖室墓，四壁叠涩平砌，向上收拢后单砖平砌封顶，整体呈丘形，形制较小。骨架较小，应为一个女童墓葬。出有瓷罐、绿瓷盘、瓷碟、玉盒、铜簪、铜勺及铜钱。

四、龙安区龙泉镇安阳第十四中学宋代壁画墓

安阳第十四中学宋代壁画墓位于安阳市龙安区龙泉镇北部，安阳市第十四中学校园内东北角处，原为学校操场一角。2011年10月，为配合安阳市第十四中学学生食堂建设工程，安阳市文物考古研究所对该建设工地占地范围内的古墓葬进行了抢救性考古发掘。此次发掘区域内共清理墓葬3座。根据墓葬形制和器物推断，宋金时期的墓葬2座，有确切纪念的唐代墓葬1座。三座墓葬形制皆为带墓道砖室墓。出土器物15件。分别有：铜器、瓷器、陶器、铜钱、墓志铭等。其中M1、M2为两座宋代壁画墓。

图6-13　M63

M1　方向185°。该墓葬是一座墓道朝南单室砖室墓。由墓道、墓门、甬道、墓室组成。墓道南宽北窄，呈竖井式。残长2.2米，两壁加工平整光滑，墓道底部抹有白灰。墓门为单层券门，门内高1.3米，宽0.95米。券门有精美砖雕门框和门额，上部有砖雕仿木斗拱。门楼外侧砖雕上刷有白灰和红彩。甬道为过洞式，宽0.82米，长0.98米。墓室为砖砌，大致呈正方形。墓室内长2.6米，残高0.2～0.5米。内壁有门窗形状砖雕（残损），表面抹有白灰，白灰上有黑色花绘和人物彩绘（残损）。墓室内北部大部分为砖砌棺床，床高0.4米。床面由单层砖南北向或东西向平铺，而中部有一长方形空缺。墓葬出土随葬品有铜壶1件、瓷碗1件、瓷碟2件、铜钱6枚。从墓葬形制、出土器物、墓葬砌筑技术及随葬的铜钱等方面初步判断，该墓为宋代墓葬（图6-14、图6-15）。

M2　方向185°。该墓葬是一座墓道朝南的单室砖室墓。由墓道、墓门、甬道、墓室组成。墓道呈不规则形，残长2.4米。墓门为单层券，内高1.35米，宽0.86米。甬道长0.8米、宽0.82米。墓室为砖砌，大致呈正方形，砌筑工整。内长2.6米，残高1.54米。内壁有桌、椅、门、窗形状砖雕（残损），表面抹有白灰，白灰上有黑色花绘和人物彩绘（残损）。墓葬因盗扰严重，不见骨架和随葬品。该墓壁画保存较多，绘画水平较高，生活气息浓，是不可多得的绘画精品。M1与M2南北相对，方向一致，砌筑技术相同，应为宋代同一个家族的墓葬。

该墓壁画保存较好有四幅，第一幅为《夫妇对坐图》。东壁南侧壁画。上绘赭色幔帐，蓝色组绶，幔下一桌，桌上放置一酒坛，二果盘，二碟，二高足盘，其中一盘中置

图6-14　M1墓室

图6-15　M1墓门

一勺。男女主人左右对坐于方桌两侧。男主人头戴幞头，红颜有须，身着团领广袖袍，袖手坐于椅上，身侧立一男童。女主人头梳包髻，净面红颜，身着左衽长衫，袖手坐与方椅上，身侧立一女童（图6-16）。

第二幅是《伎乐图》，南壁墓门东侧壁画。上绘幔帐，帐下乐手十人，一女九男。女乐手持拍板，与一男鼓手坐于前排，右侧站立一小镲手。左侧和后排站立七人，分别手持，长笛、唢呐、木鱼、竹马等。女乐手身着右衽黄衫，男乐手皆为圆领长衫，腰束带。长衫颜色分别为，青、黄、赭三色（图6-17）。

第三幅是《门吏侍从图》，南壁墓门西侧壁画。上绘六男子。前排两人，左侧男子头戴黑色幞头，身着红色圆领长衫，腰束带。右手上举至面前，手持一花型物品。右侧为一青衫男子，左手上举于胸前，右手下垂于身侧，目视红衫男子，神色恭敬。后排有四名男子，皆头戴幞头，身着青、赭、黑色圆领长衫，双手拱与胸前（图6-18）。

第四幅是《消暑奉侍图》，西壁南侧壁画。图左上角有男主人坦胸露乳，大半身赤裸，仅下身穿一短裤，平躺在地上，右腿支起。右上角有一男侍从，头着幞头，身着青衫，肩扛长柄扇，快步走来。身后跟一女侍，束发高髻，长袖红衫，双手捧一物品紧随其来。右下角女主人袖手盘坐于蒲团之上，双目微瑕，有两位侍从，手捧白碗，跪于身侧。

安阳宋代壁画墓发现较少，而这种以墓主人生活场景为主题的壁画更是仅见。相同

图6-16　M2东壁南侧壁画

图6-17　M2南壁墓门东侧壁画

图6-18　M2南壁墓门西侧壁画

内容的壁画在登封黑山沟宋代壁画墓、巩义涉村宋代壁画墓等发现过,这种壁画墓主要流行在北宋时期。安阳第十四中学发现的壁画尽管遭到严重破坏,壁画保存质量也较差,但壁画内容大体可见,内容丰富,绘画的艺术水平较高,且具有深厚的生活气息,对于研究宋代安阳地区的社会政治、经济、思想、文化、生产生活等具有重要的价值。

五、安阳新安庄西地宋墓

1992年中国社会科学院考古研究所安阳工作队,在新安庄西地、省建七公司东侧配合基建工程,清理一批殷商至唐宋时期墓葬,其中有宋代墓葬6座,分南北两组,比较有代表性的有M36和M44。

M36　单墓道圆形单室仿木结构小型墓,南北向,由台阶墓道、甬道、封门及墓室组成。墓门为仿木建筑门楼,青砖砌出屋脊、瓦、椽、檐枋、斗拱、门额等。墓室平面呈圆形，直径3.3米，穹隆顶。墓室以四根倚柱分割为四部分，各部分分别雕出门、窗、椅、桌等图案。随葬器物有墓志、绿釉罐、铜钱等。

M44 位于M36的西部，二者基本平行。单墓道八角形单室仿木结构小型墓，南北向，由台阶墓道、仿木结构门楼、甬道、封门及墓室组成。墓门为仿木建筑门楼，青砖砌出屋脊、瓦、椽、檐枋、斗拱、门额等。墓室平面呈八角形，每边长1.4米，穹隆顶。墓室以八根倚柱分割为八个部分，各部分分别由青砖拼砌出门、窗、椅、桌、箱笼、衣架等图案造型，并嵌以砖雕人物图案和剪刀、熨斗、注子等生活日用器砖雕图案。随葬器物有墓志、铜簪、瓷瓶、铜镜、耳环、铜钱等。根据墓志记载，墓主人王现，相州人，小商贾为业，大观三年（1109年）葬于城郭西北黄堆原[①]。

六、灯塔路西段宋代墓葬群

该墓葬群位于安阳市灯塔路西段，博地苑小区的北侧，东西长约300米。2010年12月安阳市文物考古研究所在此处共清理墓葬16座，其中宋代墓葬9座。宋代墓葬编号为M1、M2、M3、M5、M11、M12、M14、M15、M16，皆为墓道朝南的土洞墓，墓道均因管道的铺设遭到不同程度的破坏，因此只清理墓室。从清理的情况看，多为夫妻合葬墓，出土器物以瓷罐和铜钱为主。

七、第七人民医院宋代窑址和墓葬群

该墓地位于安阳市铁西路中段安阳市第七人民医院东侧，南临文峰立交桥，东临京广铁路十线。安阳市文物考古研究所于2011年7月至9月对该范围内的遗迹进行了考古发掘。本次发掘共计发掘宋金时期墓葬23座，窑址2处。宋金时期的墓葬主要集中在发掘区的南部，排列较为密集、有序，属于一组墓葬，可能为不同时期的一个家族的墓地。这些墓葬均为直掏型洞室墓，墓形结构都有墓道和洞室。墓葬都是南北向，墓道皆朝南，少数有封门砖，出土了一批精美瓷器。

（一）窑址

2座，分别编号Y1、Y2。

Y1 有窑道、火塘、窑床，由南壁开有一个烟道，窑室平面呈铲形。方向187°。长7.9米、宽3米、窑底距地表3.2米。

Y2 因Y2被两座墓葬打破形制不完整，但从残迹可看出两窑道相对，共用一个工作面，在烧制时可同时对两座窑进行操作。

两处窑址均为宋代窑址，在填土中出有大量陶瓦、青砖及碎块，未发现烧制陶器的残块和痕迹。由此推测，这三处窑址在当时应是只烧制建筑材料所用。

---

① 中国社会科学院考古研究所安阳工作队：《河南安阳新安庄西地宋墓发掘简报》，《考古》1994年第10期。

（二）墓葬

M44 该墓葬是一座墓道朝南直掏型土洞墓。方向210°。现墓口距地表1.8米，墓道残长1.5米。呈竖井直至洞室。洞室口有砖封门，单砖南北向排砌，砖长0.3米、宽0.15米，厚0.05米。洞室平面呈长方形，长2.1米，宽0.4~0.7米（南窄北宽）。内有一棺，朽甚。葬一人，头南面上，仰身直肢。墓主为一成年女性，下颌骨磨牙M1、M2磨坝较浅、且颅骨颅缝未闭合，分析年龄35岁左右。出土铜镜1面、陶罐1件、瓷罐两件、铜簪一件。

发掘的两座宋代窑址形制特殊，为宋代陶窑的修建形制、技术、烧制工艺提供了重科学的资料。

八、殷都梁邵村西地宋金墓葬

2014年5月，安阳市文物考古研究所配合梁邵村新农村建设安置房项目，发掘清理一批宋代至明清时期墓葬，其中M1为1座宋金时期的壁画墓，保存较为完整。该墓为斜坡墓道的单砖室券墓，方向南北向，总深约5米，由墓道、墓门、甬道、封门墙、墓室五部分组成（图6-19）。

图6-19 M1墓葬形制

墓道位于甬道南端，长方形，阶梯式，因墓道上部分被取土挖掉，原墓道长度不详，墓道现长4.6米，宽0.8~1.76米。现发现有11级台阶，高0.16~0.26米。墓门，位于甬道与墓道之间，下部由立墙、门额、上额组成。立墙高1.4米，立墙内露出甬道内券顶；门额饰四个门簪，外侧两个方形，四边削成弧形，对角刻斜十字线，内侧两个为圆形。上部为门楼，普柏枋上置仿木砖雕铺作，栌斗上伸出华栱、泥道栱，泥道栱与华栱共同承托素枋，以上为橑檐枋、椽檐、门脊。墓门通高2.5米，宽1.75米。甬道，位于南壁正中，砖券，单层拱顶，两壁涂抹白灰，长0.9米，宽0.8米，高1.26米。

墓室，从地表向下挖一竖穴式土坑，然后在坑内砖砌墓室，墓室呈六边形，边长1.22~1.32米，直径2.25米。青砖铺底，单层，高于甬道0.32米，形成倒凹字形棺床。墓室中部有阑额、普柏枋，普柏枋上转角连接处有六朵仿木砖雕铺作。南壁中为甬道，北壁中设一仿木砖雕假门，假门东西两侧各有一扇仿木砖雕窗。

在墓门两侧、墓门上的斗拱、墓室的内部的墓门两侧、墓内斗拱、墓顶等分别发现有人物壁画、木作彩画及墓顶彩画三种。人物壁画、木作彩画绘在白灰面上，白灰面很薄，墓顶彩画绘在砖上。墓顶可以看出在青砖上饰有红彩、黑彩，最下饰一周白地黑彩方形云纹。斗拱上饰有白地黑彩缠枝花卉纹，斗拱与斗拱之间也饰有白地黑彩花卉纹饰，但保存较差，纹饰模糊。墓室四壁分别饰有不同内容的彩画，除墓门两侧外，其他保存情况较差，看不出壁画内容。墓室两侧壁画的主人着红袍，其他的彩画均为黑彩。墓室两侧分别绘制的可能是《韩伯榆行孝图》，左右两主人形象基本相同，头戴黑色翘脚幞头，身着红袍，屈膝，拱手施礼（图6-20、图6-21）。

图6-20　墓室内墓门左侧壁画

图6-21　墓室内墓门右侧壁画

九、殷都区文源片区安置房项目一期宋金墓葬

殷都区文源片区棚户区改造安置房项目一期位于安阳市殷都区铁西路中段路东，现安阳第七人民医院北侧，属于殷都区任家庄东地，前后共计进行了2次发掘。第一次发掘时间为2016年7月至9月，安阳市文物考古研究所在此发掘了宋金时期墓葬30余座，发掘其他商代遗址面积约100平方米。

M9 该墓为墓道南向的土洞墓，方向177°。墓道长2米，位于洞室的南部，南宽0.9米，近洞室处宽0.64米。洞室长1.85米，南高北低，洞口南宽0.64米，北宽0.5米，洞高1.1米。有棺1具，朽甚。骨架1具，为成年男性，仰身直至，骨架保存较差。出土编号器物2件，分别为瓷罐1件、铜钱3枚。就器物的特征及墓葬形式看，该墓为金代较为适宜。

M10 该墓为墓道南向的土洞墓，方向185°。墓道长2.2米，位于洞室的南部，宽0.84米；有台阶5处。洞室长2.2米，南最宽处1.25米，北宽0.9米，洞高1.1米。有棺1具，朽甚。从骨架等判断为老年男性。

出土编号器物5件，分别为瓷罐1件、铜钱5枚、铜管1件、铜簪1件。就器物的特征及墓葬形式看，该墓为宋代。

M30 该墓为墓道南向的土洞墓，方向185°。西侧为M31。墓道长2米，位于洞室的南部，南宽0.6米，近洞口处0.84米；有台阶3处。洞室长2.4米，南高北低，南宽0.84米，北宽0.6米，洞高1.1米。有棺1具，朽甚。骨架2具，东侧保存一般，仰身直肢，应为成年女性。西侧为二次葬，骨架保存一般，较凌乱，男性特征明显。出土编号器物2件，分别为瓷枕1件、瓷碗1件。该墓出土的瓷枕底部墨书"明昌柒年"，"明昌"是金章宗完颜璟的年号，明昌柒年即公元1196年，故此墓为金代。

M31 该墓为墓道北向的土洞墓，方向23°。墓道长1.8米，位于洞室的北部，近洞口处宽0.9米，墓道北端有台阶1处。洞室宽0.9～0.6米（北宽南窄），洞高1.2米。有棺1具，朽甚，骨架2具，东侧为男性，西侧为女性，骨架保存一般。出土编号器物2件，分别为瓷碗1件、铜钱1枚。就器物的特征和墓葬形制，并与M30对比，该墓也应为金代。

此次清理的33座墓葬，年代以金代为主，均为南北向土洞墓，且洞口明显高于洞室底端，呈斜坡状，特征比较明显。金代有明确纪年的墓葬的发现，对研究了解本地域宋金时期墓葬形制、丧葬习俗、分期断代，以及其演变规律、发展序列等都提供了新的资料。特别是M30中出土的带有"明昌柒年"墨书瓷枕的发现，非常罕见，也为宋金时期磁州窑瓷枕的分期提供了重要的实物资料。该瓷枕造型优美，保存完整，所绘人物故事线条流畅、简洁，刻画人物生动，有趣，生活声息浓郁，是金代磁州窑瓷枕的代表作（图6-22）。

第二次发掘时间为2017年6月至8月，对该小区地下车库部分进行了考古发掘，除发现一批商代遗址、墓葬、祭祀坑之外，还发掘了一批约40座宋金时期的墓葬，其中M27为金代小型壁画墓，保存较好，具有较高的考古价值。

M27 位于此次发掘区的中部偏北，南北向，由墓道、墓门、甬道、墓室组成，保

图6-22　M30出土的金代"明昌柒年"款孩童嬉戏瓷枕

存基本完整。墓道为台阶式，共10阶，较高，长约4.2米，宽0.92～2.38米，墓道有二次开挖形成的不同颜色的填土。墓门和墓室均为青砖砌筑，白灰沟缝。墓门迎风为砖砌仿木斗拱，施红色彩画，斗拱为一跳五铺，墓门通高为1.8米，直墙1.46米。甬道长0.8米，宽1.4米，内嵌有封门墙三层，砖缝间施白灰。墓室垒砌于南北长4米，东西宽3.8米不规则的长方形土圹内，墓室平面为八角形，穹窿顶，仿木斗拱，一跳四铺作，共计有17朵，施红色彩画。墓室八面下部为须弥基座，高0.56米，每面分别长1.4～1.6米，高1.1米；墓内有砖砌棺床，高0.25米。有骨架两具，保存较差。出土有铜镜2面，直径20厘米，其中1件为菱花镜。白釉多棱带盖钵1件，铜钱20余枚。

墓室内北、东、西壁分别为砖雕仿木门扇，也施赭色彩画。墓室东北、西北、西南、东南等四壁分别为白地黑彩，绘侍寝、备宴、采买、伎乐等内容的图案。

东北壁　正中绘一方形桌，桌左右各绘一条凳，均为直足、直枨，面心为一整板。桌后绘一椅，直足、直搭脑，正面有直枨和踏脚枨、侧面无枨，上搭椅衣，椅背右上角似有绳结。桌椅左侧绘一女右望，身躯向左，身穿窄袖长褙子，露出百褶长裙下部，衣着为素色，双手捧一圆盆状物，盆顶涂赭。桌椅右侧绘一衣架，直足、双直枨，搭脑两端上卷呈三瓣蕉叶状，上搭三件衣巾，枨下装饰成镂空壸门状，壸门中央似有卷云纹装饰，足设站牙，足下有瓣状支座。图中所绘女子手持盆状物，回头观望，主人衣服搭于衣架之上，不见主人，寓意主人已经上床休息（图6-23）。

图6-23　东北壁壁画

西北壁　正中绘一方形桌，直足、直枨，饰角牙。桌上左侧绘一圆形案板，上有一菜刀；右侧绘四盏托、五盏托，各自相叠置于桌上；再右绘一曲口形食盒。桌左绘一方形灶，灶上置锅，锅下有火，锅中所煮之物不详。锅上方绘一横杆，杆下自左向右以绳悬挂动物腿、鱼与兔，所绘三条鱼的鱼嘴相穿。灶右侧立二女，左侧女子身躯朝灶而立，向右转头，左手指灶，右手持一物向前伸出；右侧女子面朝左，右手弯曲伸出手指，左手侧向下指。再右侧又立二女，头均朝右，左侧女子身躯朝左，双臂向左弯曲，小臂平伸；右侧女子身躯朝右，双手平托一方形物，其上所置不详。四女皆梳发髻，左边三女似系围裙，围裙下侧露出百褶长裙下部，右边女子上身穿褙子，衣着均为素色。各女子按厨房分工，动作各异，面目表情专注，生动地表现出宋代晚期备宴时的厨房工作场景（图6-24）。

西南壁　正中砌一灯檠，顶部半砌出一抹角灯台，灯台下砌出一圆台，中间略微凹陷，圆台以上雕出五瓣蕉叶状装饰，底座为叉手形，座下雕出圭脚。灯檠右侧绘一男子右望，身躯朝左，左手挎一圆形藤条篮，右手肘弯曲向左、小臂向前伸出，右腿向左跨出。男子头上似戴黑色幞头或头巾，上唇与下巴有髭须，身穿赭色团领袍，左肩挎数串铜钱，袍下露出素色衫，下身穿素色裤，足登短靴。人物一脚高一脚低，做行走状，生活气息浓厚（图6-25）。

东南壁　绘五女伎演奏乐器。左边两女皆身躯向左，头转向右，最左侧女子双手持一横笛，做吹奏状；其右绘一女，左手屈臂向左，右手似执一牙板半向上举。右边三女皆左向站立，其中左侧女子半躬身，双手似持一笙作吹奏状；中间女子双手持一箫做吹奏状，箫孔隐约可见；最右侧女子左手持一筒形物，右手握一棍状物，微微举起，作预备

图6-24 西北壁壁画

图6-25 东南壁壁画

下击状。五女皆梳发髻，束赭色发带，身穿窄袖褙子，露出素色百褶长裙下部。最右二女所穿褙子为赭色，左边三女所穿为素色。五个人物表情不一，均作演奏状，生动活泼（图6-26）。

从墓葬形制、墓葬斗拱和出土铜镜、瓷器等来看（图6-27），墓葬时代大约属于北宋晚期或金代早期。此外，该墓葬出土铜钱20余枚，其中最早的为唐开元通宝，北宋时期的铜钱主要有宋元通宝及景德、天禧、天圣、景祐、至元、至道、皇宋、嘉祐、

图6-26　东南壁壁画

 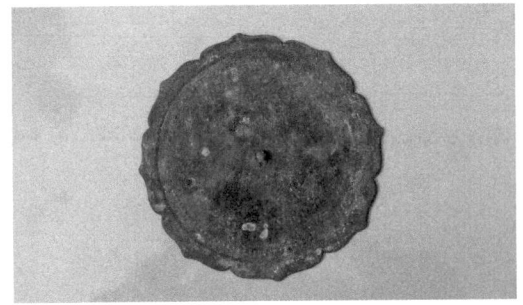

图6-27　M27出土的铜镜

熙宁、元丰、元祐、元符等各种年号钱，最晚的是大观通宝。大观通宝，是北宋徽宗赵佶在大观年间所铸造的年号钱，铸于公元1107~1110年。因此，墓葬的年代应该与公元1110年前后相当。安阳地区发现发掘宋金时期壁画墓较多，但保存完整的并不多见。此次发现的壁画墓，不仅形制保存完整，壁画也大多完整的保存下来。该壁画线条细腻，构思巧妙，人物刻画栩栩如生，生活气息深厚，真实反映了北宋时期人们的社会生活形态。

十、林州发现的宋金时期墓葬

林州市位于安阳市西部，属太行山东部的一个盆地。宋时属彰德府管辖。金贞祐三年（1215年）升林虑县为林州，设元帅府，属河北西路彰德府。宋金时期由于林州受太行山脉的阻挡，境内战乱较小，政治、经济、文化都得到了较大的发展。考古发掘也发现这一时期大量的遗址、墓葬等。林州宋金墓葬较为典型的是小型砖雕壁画墓，多为仿木结构，砖雕图案以二十四孝壁画为主，颇具地方特色。其中1992年12月，城区北关五龙庙北、大方陶瓷厂南端发现北宋宣和五年（1123年）赵翁墓，墓中二十四孝壁画均有黑书"××行孝"榜题。1992年5月在林州县城文明街还发现的一座带有金代皇统三年（1143年）明确纪年的壁画墓，该墓中也有砖雕彩画二十四孝图，且有榜题或短语。有明确纪年的宋金墓葬非常少见，它们的发现与发掘为安阳地区宋金墓葬分代、分期提供了科学的依据。

（1）据《考古通讯》1957年第2期《河南林县几处古墓葬》介绍，1956年小屯乡杨家庄发现一座仿木结构砖雕彩绘二十四孝壁画宋墓，可辨识的三幅分别为田真、陆绩、闵子骞孝行图。

（2）《考古与文物》1982年第5期发表的《河南林县城关宋墓清理简报》介绍了1971年在林县城西发现砖雕仿木结构的"二十四孝"宋墓。

（3）1976年3月，任村公社木家庄村南地发现一座金代仿木结构砖雕"二十四孝"壁画墓，是河南省博物馆刘建洲先生清理的。但报告至今未发表，现仅以几张留存的照片上隐约可辨认的孝行图有闵子骞、老莱子、曾参、元觉、蔡顺、陆绩、丁兰几个故事图。

（4）《中原文物》1990年第4期《河南林县一中宋壁画墓清理简报》，介绍了1979年1月在林县一中发现的一座砖砌四室的北宋壁画墓。其中壁画多被淤泥剥蚀，遗存的有十二幅孝行图，有榜题或可辨识的10幅。

（5）1982年3月，城南李家池村发现一座仿木结构砖雕的二十四孝壁画墓。

（6）1982年4月，合涧乡大付街北地发现一座北宋砖雕彩绘仿木结构二十四孝壁画墓。其中孝行砖雕16个，孝行壁画8幅，皆有榜题。

（7）1983年4月，县城西南二龙庙村内发现一座北宋二十四孝壁画墓。

（8）1998年第2期《华夏考古》中的《林县金墓清理报告》，介绍了1992年5月县城文明街发现的一座金代皇统三年（1143年）壁画墓中，也有二十四孝图，且有榜题或短语。

（9）1992年12月，城区北关五龙庙北、大方陶瓷厂南端发现北宋宣和五年（1123年）赵翁墓，墓中二十四孝壁画均有黑书"××行孝"榜题。

（10）1999年5月，林州市区龙山路西段北侧，城西幼儿园西，发现一座北宋砖雕二十四孝壁画墓。

（11）2010年4月30日，林州市文物部门在该市桂林镇三井村发现一座金墓，其结构为罕见的圆形楼阁式，攒尖顶。墓门朝南，墓壁上雕刻有门窗、斗拱、立柱，壁画精美，壁画使用朱红色颜料，用木线勾边，画有帐幔、流云和多个人物。部分墓砖有脱落现象，破坏了壁画的完整性。该墓是一座金代的夫妇合葬墓，壁画中坐北朝南的一男一女应为墓主人，旁边的为侍者。

第三节 宋代韩琦家族墓地

一、墓地概况

宋代韩琦家族墓地，历史上称为丰安茔，位于安阳市西北约十千米的龙安区皇甫屯村西地，东南距丰安村约500余米。该墓地南北长约360米，东西宽约450米，历史记载该墓地共占地1顷85亩。2009年至2010年随着南水北调中线总渠安阳段的开工建设，一处规模巨大，与宋代宰相韩琦有关的家族墓地的考古工作也取得了重大进展，并逐步呈现在世人面前（图6-28）。宋代韩琦家族墓地的考古发现是2009~2010年河南省南水北调文物保护工程中重要的考古发现之一，也被列入了2009年中国十大考古发现的备选名单。南水北调中线干渠从墓园中间穿过。墓地地处丘陵地带，西连凤凰岗，东接大平原，地势高爽；西部和南部分别有漳南总灌渠和洹水环绕，周围环境优美，沃野坦荡，是一处不可多得的风水宝地[①]。

图6-28　韩琦墓发掘一期航拍照片

二、发掘概况

2009年4月~2010年12月，为了配合南水北调建设工程，安阳市文物考古研究所对

---

① 河南省文物局、安阳市文物考古研究所：《安阳韩琦家族墓地》，科学出版社，2012年。

该墓地进行了大规模的考古发掘，发掘总面积3200平方米。发现并发掘照壁类建设基址1处，墓地前大型建筑基址（拜殿遗址）1处，大型宋代砖、石室墓9座（图6-29）。根据出土墓志推断M1为韩琦及夫人崔氏合葬墓，M3为韩琦长子韩忠彦及其夫人吕氏合葬墓，M4为韩琦二夫人崔氏墓，M2与M5不识，但根据墓葬的布局和韩琦诸子之间长幼有序的关系，推测M2的墓主人应为韩琦第二子韩端彦。M6为韩琦之孙、韩忠彦之子韩治及其夫人文氏合葬墓，M7为韩琦五子韩粹彦及其夫人陈氏合葬墓，M8为韩琦四子韩纯彦及夫人孙氏合葬墓，M9暂不清楚。

图6-29　韩琦墓全景照片

1. 照壁遗址

韩琦墓地照壁位于M2和M3墓道南部，平面呈长条形，较规则，长约25米，至东西两侧加宽，平面为长方形，两侧最宽处约2.5米，遗址内有大量的白灰点、墙皮，墙皮为白灰泥，上有彩画（主要为铁红色），推测"照壁"坍塌所致。东侧夯土保存较好，平面为长方形，东西长2.8米，南北宽2.2米，应是修建"值房"所用的地基。

2. 拜殿遗址

坐北朝南，方向190度。东南角坐标为北纬36°09′20.2″，东经114°16′0.59″，高程81米。房基平面呈方形，北边线长19.3米，西边线长18.5米，南边线长19米，东边线长18.6米。

西侧中部偏北的位置有一长3.7米，进深1.3米的缺口，缺口西侧分布着一大片的卵石，南北约15米，东西约6米。房基的西南角向西1米，有一南北1.7米，东西1的长方形池子，深0.8米，内侧用单砖垒砌，池子内充满了白灰。南端的西部有一斜出的长条状填土与房基面为一整体。中部偏东的位置亦有一长3米，进深1~2.5米的缺口，缺口内的填土分两色，最里处的填土颜色发黄，外侧的为褐红色。西部近东南角处有向内凹，呈弧形。房基面得西南部被一小型宋代的掏洞墓打破。房基的表面布满直径3厘米的圜型底夯窝，土质致密，内杂碎砖块。从发掘的情况看，房基中部深，两侧浅，中部最深2.5米，两边1.65~1.7米。该房基系先开挖基槽，然后逐层夯打形成现在的摸样，夯层厚度薄厚不一，在8~18厘米之间，从房基面往下逐层加厚，共计有18层，每层夯土间覆盖有一层1厘米左右的碎片石和碎砖块的混合物；夯土色黄，内含白灰块、烧土块、炭粒等之类的杂质，质地致密，夯窝明显，夯窝两两相挨，排列十分齐整，直径3厘米，深1~2厘米。

该建筑基址面积大，夯打较密。但破坏严重，原的建筑形制已无法确知，但从遗址中出土的大形建筑构来看，可以想像到当时建筑的宏伟。此房基规模宏大，建筑规格较高，但房基保存情况较差，出土文物较少。但在清理房基时，仍发现大量的琉璃构件、瓦当板瓦、筒瓦及石像生的残片等，此外还发现少量的石制构件。其中发现的大量的瓦当及瓦当残片，具有较高的文物价值和艺术价值。在清理建筑基址时，从回填土中出土了大量的瓦当及瓦当残片，经修复完整的有9件。9件瓦当均为兽面纹，但细部图案又不完全相同，有的制作精致，有的相对粗糙，各有特点。

3. 韩琦墓

编号M1，形制巨大，耕土下透口，方向185°。由墓道、砖封门、挡土墙、门楼、甬道、墓室、地宫等组成。墓顶从南向北有三条东西向的"木梁"，疑为地上建筑；墓道口长27.8米，宽3.5~5.4米，东西两壁加工齐整，墓道壁为黄沙土，内为黄红夯土，夯层20厘米左右，见夯窝直径8厘米，圜底，近甬道的东西两侧壁及挡土墙有夯土，土色为红色，与墓道壁有明显的区别，显然该墓建成后至少开启过一次；近甬道处的东西两侧有人物彩画（保存一般，只是随意的画出人的脸部轮廓）；甬道长4.1米，宽2.55米，内高3.54米，上为一立券，券顶上为仿木结构的三辅作斗拱（东侧被一现代盗洞破坏），甬道的正中处为石门（由门框、门坎、门额等组成，均为素面）外是砖制封门，石门残为几截，门的正中有一石制倚柱。墓室平面呈圆形，最大直径6.5米，正中有一石砌之地宫，上有16块宽0.5~0.7米，厚0.3米，长2.5米~3米的青石，南北铺砌，条石结合部开有35处束腰形的榫，用铁制的束腰形卯连接；其下为地宫，由一东西向的石梁分为南北两室，下有四石柱，东西长3.82~3.83米，南宽1.98米，北宽2~2.01米，深1.9米，底为条石铺底，总深在9米左右；墓壁为青砖平行错缝垒砌（砖与砖之间有白灰泥）上有一层1厘米的黑色墙皮；砖缝间有锈蚀的铁钉状物。该墓被扰严重，墓内填满各类垃圾，不见葬具，只是在地宫的填土中出有发黑的少量腿骨。在地宫上散落着两通墓志，分属韩琦与其夫人崔氏。

韩琦墓志长宽各1.53米，81行，满行82字，字6000余字。是同类墓志中较大者。志盖为篆书，共5行，行4字，计20字，内容为"宋故司徒兼侍中赠尚书令魏国忠献韩公墓志铭"，四周阴线雕刻龙、凤纹。墓志由陈荐撰文，宋敏求书，文彦博篆盖。墓志记载韩琦死于熙宁八年（1075年）六月二十四日，享年六十八岁，其年十一月二日葬于相州安阳县丰安村祖茔之西北，与史书记载相吻合。

4. M2和M3

韩琦墓地M2和M3位于M1（韩琦墓）的南面，两座墓东西并列，应为一组墓（图6-30）。M2被破坏严重，墓室为方形，墓底及墓壁为石砌，但墓壁及墓底的石块大部被盗走，仅在墓室北壁保存有高约0.5墙壁。M2墓道长16米，墓室南北长6.8米，东西宽7.1米。墓底距地表3.9米。M3略大于M2。M3位于M2的东面，方向185°，由墓道、甬道、迎风墙、墓室等组成，墓室为砖砌，穹窿顶，除墓顶被破坏外，大部保存完好。

M3略大于M2。M3位于M2的东面，方向185°，由墓道、甬道、迎风墙、墓室等组成，墓室为砖砌，穹窿顶，除墓顶被破坏外，大部保存完好。M3墓道为台阶式，南面打破了最南部的建筑基址。墓道长13米（南部一部分因与建筑基址叠压未发掘），宽3.6~4.6米。南半部分为台阶状，后半部分为斜坡，靠近墓门处变平。甬道长4.10米，宽2.55米，内高3.54米，上为一立券，券顶上为仿木结构的三辅作斗拱（东侧被一现代盗洞破坏）。斗拱上原有10层平砖，除东侧尚存外，其余的仅剩余3层平砖。平砖以下为仿木结构的三组砖雕斗拱，斗拱为三斗三踩，与M1基本相同。斗拱上原施有红、绿色

图6-30　M2和M3墓葬形制

彩画，脱落严重，仅存有"∞"和条状等纹饰。甬道中间靠南两侧有对称的壁龛，壁龛最上面为券顶，高0.6米起券，券砖12块。龛通高0.72米，宽0.58米。甬道内为立砖平行铺砌成地面。

墓室是穹窿顶，外圹直径为9.5米，内径为5.2米。靠近甬道口处2.44米处起券，其他地方1.9米处起券。墓顶下方正中间有一个圆形盗洞，几乎将整个券顶破坏，盗洞直径3.2米。墓内为砖砌棺床，棺床为方砖错缝铺地，中间有部分被破坏。棺床距地表6米，总深7.16米。墓内器物被盗严重，仅出土石盒1件。

M3规模较大，构筑复杂，墓葬形制保存基本完整，其为青砖砌筑，为北宋中期墓葬形制。据调查M3内出土有安康郡太君吕氏墓志，吕氏为韩忠彦二夫人，故推测该墓为韩忠彦及夫人合葬墓。

5. M4和M5

M4和M5位于韩琦墓的东侧，与韩琦墓大体东西平行。二座墓东西相邻，一前一后，东边的一座墓略偏北，二者应为一组墓。M4斜坡墓道南向，方向185°，墓道长12.16米，宽2.8米，墓室直径4.7米，墓总深4米。M5斜坡墓道南向，方向185°，长15米，发掘13.5米（墓道前段是机井，未清理到头），宽2.42米，墓室直径5.5米，总深4.3米。两座被盗挖严重，仅剩下墓圹，墓葬形制不清。M5出土有"宋故普安郡太君崔夫人墓志铭"，墓志由邓洵仁撰文，范坦书丹，孙斐篆盖。根据出土的墓志记载东边的是韩琦的二夫人崔氏墓，西边的可能是韩琦四子粹彦之墓。崔氏是其生母。

6. 韩治及夫人墓（M6）

韩治及夫人墓（M6）位于墓地的最西部，与M2和M3基本上处于东西一条直线上。2010年11月12日至12月10日发掘。墓葬由墓道、甬道和墓室组成。墓道，位于墓室南端，南北向，长约18米。墓道北端有一个1.5米高的土台上铺砌有青砖，台上为墓志。封门砖后有长方形平台，以上放置"宋故赠平阳郡君文氏墓志铭"墓志铭盖。墓道与墓室之间未发现甬道及墓门。与宋代其他墓室不同的是这座墓的墓室相对独立，墓室与墓道并不相通（图6-31）。

墓顶为南北向排列的三排青石构成，墓圹长8.2米。墓室为长方形，由青石垒砌而成，分为前、中、后三室。前室东西长3.1米、东边宽1.4米，西边宽1.44米。中室南边长3.08米，北边长3.12米，东边宽1.46米，西边宽1.49米。后室南边长3.13米、北边长3.14米，东边宽1.43米，西边宽1.4米。从盗洞打破铺底石的情况推测，当时墓室建筑时，先由三层青砖铺砌墓底，然后用石块砌筑墓室。

墓室西侧共有3个耳室，放置有3个石函。

墓葬由于早期被盗，出土器物较少。随葬器物有铁猪、铁牛，韩治墓志铭及墓志铭盖、文氏墓志铭及墓志铭盖。出土有较多的定窑的白瓷碎片，少量的定窑黑瓷片，经过修复可辨别器形的白瓷梅瓶、瓷盘、碗等类。所出土的定窑瓷片极其精美，应为定窑官窑的产品。

图6-31　M6（韩治墓）形制

7. 韩粹彦及夫人墓（M7）

位于发掘区中部，东南侧约95米处为一宋代大型的建筑基址（图6-32）。该墓为竖穴形土圹双室石室墓，南北向，墓葬由墓道和墓室组成。墓道位于墓室的南端，与墓室间有3米宽的原生土，呈竖井状，长1.86米，宽3.2米，深2.39米。墓顶形制特殊，由青砖和条石组成，分为上下两部分。上部青砖由两层；砖下铺有长方形条石，分东西两排，东西向顺铺。条石长宽厚度不尽相同，长约2.27～2.76米，宽约0.5～0.68米，厚约0.5米。条石表面粗糙，有斜向凿刻痕迹。两排条石中间对齐，边缘参差不齐。墓室修筑在土圹内，墓室四壁由长方形条石平行错缝垒砌而成，内净。中部有一条南北向条石垒砌的隔梁（紧挨底的中部留有一小过门，宽0.32米，高0.4米），将墓室分为东、西两室。

墓葬历经多次盗扰，破坏严重，墓主人骨架已不复存在，葬具、葬式不详。东、西墓室填土中均出土少量的黑、白瓷片（胎质较为细致）和琉璃残片。西室中层填土中出土数枚铜钱。出土一面铜镜，直径0.16米，胎质较薄，背面隐约有花鸟图案。西室还出土一块残剩1/3大小的墓志残块，墓志上从右至左横刻有小篆书体"铭氏淑"的字样。东室近墓底处出土一块较小的墓志残块，上面亦有小篆书体刻的"伶"的字样。分析两块均为同一块墓志的墓志盖。在墓道的北头发现韩粹彦及夫人陈氏墓志。

8. 韩纯彦及夫人孙氏合葬墓

方向180°。墓道向南，斜坡状的石室墓，墓室为方形。该墓底及墓壁由青石砌成，青石之间抹有白灰。四壁条石经人工打凿过，内平外粗糙。因被破坏严重，墓壁石块大部被盗走，墓底保存基本全好。墓室残存有高约0.34米的墙壁。M8从现存形制上看墓葬南北分前后两室。前室内长3.1米，宽1.36米，残深0.34米。后室长3.13米，宽

图6-32　M7（韩粹彦墓）形制

图6-33　M8墓葬形制

1.4米，残深0.34米。前后室整齐呈长方形，东北角向东倾斜。前室南部与墓道接口处条石有一缺口，宽1.1米，缺口处用青砖顺向立排而排。前后室的隔梁中部，同样也有一个缺口，使前后室相通，从缺口形状看极不规则。疑似盗扰或二次葬所至（图6-33）。

墓室内填土为花土（扰土），因盗扰严重扰土内含大量砖块、石块、白灰及少量瓷片。墓道内南部留有夯层，有明显夯窝，直径0.07米，夯层厚度0.08～0.11米，墓道北部被盗扰。在距墓口4.5米，距地表0.6米处出土了"宋故令人孙氏墓志铭"的墓志盖和志石。该墓被盗扰严重，形制不甚完整，葬具葬式不详。根据墓志记载，墓主人是韩纯彦夫人孙氏，因此该墓应该是韩纯彦及夫人孙氏的合葬墓。

9. M9

方向180°。斜坡墓道南向，斜坡状的砖室墓。墓道发掘6.60米（墓道前段是房屋，未清理到头），宽2.52~2.6米，深1.66~3.5米。墓室为圆形，直径5.48米，总深3.5米。该墓原为砖室墓，墓室砖及封门石多被盗走，仅在墓室内残存部分铺地砖（两层铺底）和用青砖砌成墓室门台。该墓被盗挖严重仅剩下土圹。

三、韩琦其人

韩琦（1007~1075），字稚圭，北宋相州安阳人。仁宗天圣五年（1027年），韩琦考中进士，后历任陕西安抚使、枢密副使，仁宗嘉祐年间任兵部尚书，封卫国公。英宗治平元年（1064年），封魏国公。治平四年正月，神宗继位，拜为司空兼侍中。熙宁八年（1075年）六月，韩琦去世，终年68岁。神宗"辍视朝三日，发哀于后苑"，亲篆其碑曰"两朝顾命，定策元勋"。谥忠献，赠尚书令。著有《安阳集》行世。韩琦一生"历事三朝，十年辅相"，在抗击西夏安定边境、庆历新政变法改革、立储君安众心以及兴修水利、发展农业生产等方面为宋代社会的发展做出了突出贡献。韩琦四世孙韩显卿于1197年渡过琼州海峡，定居在海南岛文昌县古路园村，是宋庆玲的先祖。

四、墓地时代

从目前发掘及调查发现的墓志铭来看，此墓地最早埋葬的是安国夫人崔夫人，入葬时间是嘉祐七年即公元1062年，但安国夫人死在韩琦之前，其应是韩琦死后迁葬韩琦墓中的；韩琦入葬的时间为熙宁八年，即公元1075年。忠彦二夫人安康郡吕夫人入葬时间是元祐五年，即公元1090年；普安郡夫人崔夫人，其入葬时间是大观三年十一月，即公元1109年。韩纯彦之妻孙氏葬于重和元年（1118年），韩粹彦死于政和八年（1118年），次年安葬（1119年），韩治死于宣和六年（1124年），次年七月葬（1125年）。这批墓葬中，最晚的是韩琦之孙韩治之墓，此墓建成于公元1125年，这一年距北宋灭亡仅有2年，此后随着北宋灭亡，韩氏子孙大批南迁，这一墓地便因此废止。韩琦及其家族墓地的延续时间在北宋的中晚期，具体时间为公元1062~1125年，前后约60余年。

五、韩琦墓地发现的学术价值与意义

韩琦家族墓地（丰安茔）是安阳市龙安区文物保护单位之一，也是河南省文物局南水北调2009年重点文物保护控制性项目之一。韩琦家族墓地的发现与发掘是近期我国宋代考古的重要收获之一，具有重要的意义。

韩琦家族墓地（丰安茔）占地范围大，特别是韩琦作为当地最有影响的历史文化名人和北宋时期最有影响的高级官员，在安阳当地具有较大影响，为安阳地区最重要的名人墓葬之一。韩琦后人在安阳分布较广，且自发建立群众性组织——安阳韩氏宗亲会。

2000年和2008年世界韩氏宗亲大会在安阳召开。通过与当地文物部门、韩氏后人及韩氏宗亲会的多方协调,韩琦家族墓地的发掘得到了上述各方的大力支持,考古发掘与韩琦墓的搬迁保护工作顺利完成。韩琦家族墓地的发掘与保护实现了国家重点建设工程、文化遗产保护、名人后裔要求与当地政府文化建设等多方共赢,是文化遗产保护与利用的一个成功的范例。

宋代韩琦家族墓地发现有大型砖室墓、石室墓和砖、石混砌墓(也称石藏墓)三种。墓葬形制大,结构复杂,建筑技术高超,是北宋时期中国北方高级官员墓葬的代表。据记载墓葬由当时北宋政府出动两河兵卒进行建设,墓葬气势恢弘,构筑复杂,代表了该墓地中墓葬建筑的最高规格,显示出了墓主人非凡的身份与荣耀。韩琦墓位居墓地的主要位置,规模宏大,独特的砖石构筑形制,地宫式的棺室设置,墓道写意式的壁画装饰,是宋代墓葬建筑的代表作之一,在中国墓葬建筑史上占有重要的一页。

通过此次发掘和钻探调查,确证了该处为宋代三朝宰相韩琦及其韩氏家族墓地,并基本上搞清了墓地的范围、布局、延续时代、墓葬主人和墓葬的形制等。墓地以韩琦墓为主线,左右排列,布局谨严,符合宋代法度,是北宋时期宋代家族墓地的代表之一。这是第一次对宋代宰相一级高级贵族墓葬的科学考古发掘,韩琦墓的地上建筑和照壁类建筑基址的发现,是宋代墓葬考古中第一次发现,对研究宋代宰相一级的高级贵族墓葬形制、陵园制度及其宋代丧葬文化习俗提供了科学的实物资料,具有重要的考古价值。

墓地内出土和发现了韩琦及其族人墓志共计9方,特别是韩琦及其四子粹彦、孙子韩治的墓志,志文撰写,志盖及志文书丹等分别由当时著名的文人和高级官员完成。墓志长宽分别为1.55~1.56米,是我们目前发现的宋代形制最大的墓志之一。墓志文字多,记载详备,书体精美,志文与历史文献相互印证,具有较高的史料价值、书法价值和文学价值(图6-34)。

第六章　安阳宋金考古

图6-34　韩琦墓志

第七章　安阳元明考古

金哀宗（完颜守绪）正大二年（1225年），蒙古人史天泽攻金，占领彰德、林州、汲县等地，安阳一带归入蒙古人管理。元初，安阳改为彰德路，属中书省。至元二年（1265年）复置彰德总管府，下辖录事司及怀、孟、卫、耀4州，安阳、汤阴、林虑、临漳、辅岩5县。元惠宗至元二年（1336年），知县荀凯霖在洹河上改建三墩四孔石拱桥，长12丈，可并行四车，名鲸背桥，今安阳桥，遗址尚存。成为安阳北行跨越洹河的主要通道。

明初，设彰德路，领磁州、安阳、汤阴、林县、临漳、武安、涉县1州6县。洪武九年（1376年），改属河南省，至今沿袭不变。

第一节　彰德古城

一、彰德府城遗址

明洪武二年（1369年）大将邓愈、汤和屯田安阳，决定改修安阳城，具体承办的是当时安阳县知县蔡诚。明代的安阳在宋元安阳城墙的基础上，进行修整，外砖内土，城围9里113步。此时期安阳城共设四门，东曰永和门，南曰镇远门，西曰大定门，北曰拱辰门。四座城门之外各置瓮城。四座城门之上各有三重檐歇山顶高大楼阁式建筑，巍峨壮观，俯视四方。城墙四角各建角楼，角楼之下是凸出的青砖砌筑巨大方形城墙地基，用以防御，至今安阳老城东南角城墙尚完整保存。城垣之外挖有城壕，阔约十丈，护城河水系宋时韩琦修高平渠（后改为万金渠），引洹水而入，绕城周围，水深一丈左右。九府十八巷七十二胡同，交通便利；州府县治、亭台阁楼、寺庙坑塘及民房大宅密布其间，极尽南北之繁华。其九府曰：平府、六府、林府、老府（马号）、娘娘府（甜水井）、洛阳府、西府、学儒府（二中东）、铁拐府。十八巷为豆腐巷、卜府巷、三义巷、巧家巷、小颜巷、西钟楼巷、东钟楼巷、丁家巷、唐子巷、竹竿巷、香巷、仁义巷、裴家巷、鹅脖巷、纪家巷、东冠带巷、西冠带巷、夹巷。

七十二胡同（街）：辉府胡同、县胡同、梯家胡同、大胡同、南家胡同、姚家胡同、新营街、二果园、北门东、红庙街、甜水街、仓巷街、后仓街、铁狮口、平安街、二朗庙街、鼓楼坡、神路街、御路街、鼓楼东街、县前街、县夹道、县东街、县西街、马号街、马号后街、西华门、渠口街、后渠、头道街、二道街、三道街、东马道、北马道、短街、井夹道、下凹街、东南营、东大街、影壁后、南门东、南门西、南马道、南大街、西马道、西大街、鱼市街、北大街、中三街、西南营、白塔寺、箭道街、雷家夹道（大院街）、学巷街、戏楼后、学后街、大寺前、西营街、大井街、大夫铃、西小花园、库口街、皮园街、东小花园、北门西、小回隆、南一道街、后卫街、大院子、马家夹道、毛家胡同（北门东）、十八罗汉街。

目前，安阳老城城墙虽然大多拆除，但东南角仍保存了一段老城墙。老城的街道大体上仍保持了明清时期的格局，上述九府十八巷七十二胡同，大多保存至今。

二、安阳鼓楼、镇远门遗址考古调查

2014年9~10月，安阳市文物考古研究所配合安阳南大街片区改造工程，对于原鼓楼遗址和镇远门遗址范围进行了考古调查，调查面积400余平方米。鼓楼遗址位于今安阳鼓楼广场附近，目前已找到了原来鼓楼部分基础建筑、南北过洞遗址，通过这些基本了解了明代鼓楼建筑形制、建筑方法等。明安阳鼓楼遗址位于现鼓楼广场中心区域，南侧位于西大街鼓楼东街交汇处路的北侧，东、北、西部分为民房占压，南北过洞位于遗址的正中间，现发现长度约20余米，宽4米。鼓楼的南部及过洞基础部底部为大型条石垒砌，条石上由青砖砌筑，南侧可以看出逐层内收，呈斜坡状。建筑基础部分之内由花土逐层夯筑而成。基础上部已全部破坏。

据记载，老彰德鼓楼始建于明洪武年间（1368~1398年），随城墙一起修筑。鼓楼位于古城中央，建在高台之上，三间重楼飞檐斗拱，十分壮观。坐北朝南的鼓楼高台下，有南北通衢的拱形门洞，南北大街得以贯通。楼内当时悬挂有中国古老的计时工具滴漏铜鼓，楼外四面明柱环立，走廊相绕。站立台上面南，重楼上悬有匾额，上书"邺镇"二字；北有匾额曰："洹光"；南面尚有长匾：时式南帮。公元1928年，北伐战争告捷，鼓楼改名为中山图书馆，楼上楼下两层，有13间房，藏有古今图书10533册，杂志35种，报纸16种，据说藏书中有《四库全书》《大藏经》等珍贵典籍等。1935年6月4日，安阳鼓楼毁于一场大火，珍贵图书一并焚毁。1956年，仅存的高台也被夷为平地，并加以整理，至今称为鼓楼广场。

镇远门遗址位于今安阳老城南大街与南护城河交汇处北部。目前，考古调查面积约有100平方米。发现有与瓮城、城市排水等相关的遗迹。

三、安阳老城南城墙及护城河遗址

安阳镇远门位于安阳市文峰区南大街南端，南临南环城。2016年3月，安阳市文物考古研究所对镇远门遗址进行了考古发掘。共发掘面积500平方米，发现安阳明清时期城墙一处。此次的发掘只是对镇远门与东侧城墙结合部进行了发掘，大致弄清楚了两者的关系，并发现一处地下排水设施。

1. 城墙遗址

墙址可分两大部分，墙基和护坡。墙基部分从剖面上时代可分两部分，由熟土夯筑而成，夯层在0.1~0.25米之间，较致密，截面呈梯字形，上窄下宽，上口宽度为9.25

米，底宽10.6米。最里层的夯土内出有明清时期瓷片和陶片，其年代下限为明清，上口宽度为5.35米，底部宽7.75米；往外又为一部分，从出土的包含物看，主要也是明清时期，上口宽为3.9米，底部宽2.28米，两部分年代相当，应是对第一部分的修补（图7-1）。

图7-1　城墙遗迹

墙基外为护坡部分，截面看亦可分为两部分，为熟土夯筑而成，上口宽4.25米，底部宽4.25米，紧挨墙基夯筑而成，较墙基松软一些，夯层在0.1～0.25米之间。

2. 排水设施

在此次发掘范围的东侧，从墙基中穿过，由麻石砌筑而成，已塌陷变形，宽2.5米左右，中间由竖条石分为两部分，顶部用条石棚盖（图7-2）。

3. 护城河及瓮城遗址

护城河及瓮城遗址位于此次发掘区的南部。现有的护城河内侧便是明清时期的护城河，宽度为20米左右，口大底小截面呈梯形，护城河北侧距明清时期城墙13米左右。在明清护城河的南侧发现了规模较大的青砖基础，开口层位与我们此次发掘墙基的层位相同，时代也应相同。由于叠压在南大街下无法进行下一步的调查工作，结合资料以及在附近的走访，可以肯定的是此段青砖基础应为瓮城的一部分。

从此次发掘情况看，基本弄清楚了镇远门东侧城墙基址的结构和建筑形制，初步确定了镇远门的位置，为下一步对镇远门的发掘提供了重要佐证。发掘的另一重要发现是发现了一处地下石砌排水设施，为研究安阳明清古城的排污防洪设施的研究提供了新的

图7-2 老城墙夯土层与城墙下的排水管道遗迹

资料。此次安阳古城墙遗址的发现与发掘，为研究安阳古代城墙的构筑与沿革，形制与规模，建筑技术及安阳古城的范围布局、历史沿革、传统文化等方面提供了重要的实物资料。

四、明赵藩王府遗址

明成祖永乐二年（1404年）四月，封其第三子朱高燧为赵王，置王府于彰德，传位袭爵7代，240年。据明嘉靖《彰德府志》记载，赵王府"在永和门内一里。洪熙元年，以彰德府署改建。门曰承运，曰宫，曰端礼，曰体仁。在左曰遵义，在右后曰广智。殿曰存心。宫曰内。宗庙在宫门内东。景泰三年以来，分封都曰临漳，曰汤阴，曰襄邑，曰洛川，曰南东，曰平乡，曰汝源，曰广安，曰江宁，凡十府，俱在府东南"。根据史书记载，赵王府东西宽30余米，南北长60余米。明洪熙元年（1425年），赵王朱高燧来到彰德后，一纸令下，府署迁往东大街，将原来的府署改建为赵王府。赵王府的大门也改建为左中右三个，府内设有宗庙、读书楼、粉妆楼、端礼宫、体仁宫等大大小小数十处宫殿。赵王府改建之前的规模已经不小了。据《安阳县志》记载，宋朝韩质赟治相州时，这里曾做过州廨。宋仁宗至和年间，魏公韩琦治相州时，又进行了扩建，改为亭堂圆池，当时的规模已较为宏大，颇为壮观。金朝时，彰德知府丰玉珣再次改建，命名为燕申堂。朱高燧的这次改建，让这里的规模达到了巅峰。而后经历清、民国战火兵乱，赵王府建设大多破败损毁，目前除高阁寺外，其他建筑遗址尚存。

高阁寺，又名大士阁，是赵王府中的一座大殿。建在梯形的方台基之上，通高20余米，为高台楼阁式建筑，面南背北，重檐九脊，歇山顶式，琉璃瓦顶。台基高约8米，长宽各为13米，平面为正方形，南侧中部为石质阶梯，其余全用青砖垒砌。石质阶梯共有32层，两侧为汉白玉扶栏，扶栏上雕有石狮，情态各异，栩栩如生。台基上的外围也圈有汉白玉的扶栏，同样雕有石狮，而在底基上约有1米高的石浮雕装饰，每面8条龙，相互对称。阁楼外壁有石雕游龙25尾，个个形象逼真，其上还刻有印度梵文，尽管久经风雨侵蚀，但依然清晰可辨。阁的正面置有阁扇门，阁内进深、面阔各三间，皆为9米。明间和次间共用4根圆木通柱，直达阁顶梁下，构成一座完整的大框架。从建筑学的角度来看，这种结构异常坚实，阁内壁上的丹青书画，色彩斑斓，惟妙惟肖，堪称一绝（图7-3）。

图7-3　高阁寺

第二节 元明时期的墓葬

一、徐家桥北元代樊氏家族墓

2011年9~10月，安阳市文物考古研究所配合殷都区公务员小区（现为文源名居住宅小区）建设，在徐家桥村北发掘了一批商代文化遗址和一批古墓葬，其中在小区的中部偏东区域发现有6座砖室墓，该批墓葬南北排列，分别为M10、M11、M12、M13、M9、M8，从墓葬形制及墓地布局看，M8和M10、M12、M13应为同一家族墓地，时代可能从金代延续至元代。其中M11出土元泰定三年（1326年）樊衍墓志1方，初步认定该批墓葬应属元代樊氏家族墓。

1. 樊衍墓（M11）

该墓发掘于2011年10月，墓葬位于徐家桥北，现文源名居住宅小区中部偏东区域，方向180°，小型砖室墓，早期被盗，破坏严重。墓口距地表3.1米，墓口距墓底4.26米。墓道长2.85米，南端宽1.15米，北端宽1.7米，呈斜坡状直至墓室；墓室长方形，南北长4.2米，东西宽3.88米，墓室四壁上涂有白灰；墓底南北向平铺一层铺底砖，只残余东部少许铺底砖，砖长0.31米，宽0.15米，厚0.05米。因盗扰严重，墓室内未发现墓主人骨架。在墓室填土中出有瓷器碎片，墓室东南角摆放石墓志一方。随葬品共计有5件白瓷碗，3件白瓷盘，1方石墓志。根据有关专家鉴定，该墓出土的2件白釉红彩瓷盘可能为曲阜窑烧制。

墓内出土石墓志1方，无盖。志石64厘米×62厘米，厚17厘米。志文24行，行22字。根据墓志记载，墓主人是元代樊衍，字伯达。元泰定三年（1326年）葬于安阳小孙平千金沟之阳。安阳地区元代有明确纪年墓葬不多，该墓葬的发掘填补了安阳地区元代墓葬考古的空白，也为安阳地区墓葬断代分期提供了标尺。同时墓志记载地点明确，特别是关于"小孙平千金沟"的记载，为研究安阳地方史志及地理变迁等提供了新的资料。

2. M10

位于M11的东北部，南北向，为一座带有台阶墓道的圆形砖室墓，由墓道、砖封门、墓室、棺床等组成，墓室为圆形，上半部分被破坏，下半部分尚存有砖雕灯台、门扇等图案等，灯台制作规整，分别施有红、黄彩画，墓门两侧下半部分尚存有红色彩画图案。墓室内满铺青砖，发现墓志砖1块，上有墨书文字，较模糊，最后两字为"灵柩"（图7-4）。墓室内发现蓝釉钧瓷盘4件，碗1件，蓝釉钧瓷炉1件，白釉褐彩鱼纹大盆1件，白釉盘1件（图7-5至图7-8）。

根据有关专家鉴定，该墓出土的1件白釉褐彩大瓷盆可能为曲阜窑烧制。另据M11出土的樊衍墓志记载，樊氏先祖居曲阜，为孔族之亲，"于至元元年（1263年），独于

图7-4　M10

曲阜负先祖遗骸,葬于安阳小孙平千金沟之阳"。该墓出土的1件白釉褐彩大瓷盆为曲阜窑瓷器,也可从侧面证明,该墓即为樊衍之先祖。该墓葬出土的瓷器较多,保存完整,具有重要的文物价值。特别是白釉褐彩大瓷盆,外施黑釉,内施白地褐彩,盆四周饰莲瓣纹,中间饰游鱼一条,水草三簇。游鱼刻画准确、生动,生活气息浓郁,具有较高的艺术价值。

附:善人樊君墓铭

> 君姓樊,讳衍,字伯达。其先金朝香河县巨族也。案宗支图载,厥胤蕃昌。远祖受金制宣武将军,其子五人,俱登仕板,散落他所。君之高祖兖州酒监,曾祖进士,咸失其讳。祖鑑,父国维,久居曲阜,为孔族之亲。后徙寿州。天兵南下,遂挈家始迁于相,因占籍焉,母董氏,二子,次德元,君即长也。外质朴内明敏,尝从乡先生刘教授学,颇涉经史,粗知义理,诚信结友,勤俭克家,乡党称善人,亦可为足矣。于至元元年,独于曲阜负先祖遗骸,葬于安阳小孙平千金沟之阳。及于二亲,生事死葬,俱中其礼,可谓孝矣。忽于

图7-5 白釉褐彩鱼纹大盆

图7-6 瓷盘

图7-7 蓝釉钧瓷炉

图7-8 钧瓷碗

泰定二年六月初十日,以疾终于所居之正寝,享年七十六。娶高氏,继室韩氏,俱先君卒,合葬于先茔之侧,礼也。子二人,长曰居敬,本路银匠提领,先亡,高氏所出也。次曰居义,酷嗜儒业,韩氏所出也。女三人,长适泽州知州宋元达,次适本路甲局副使赵显祖,幼女早逝。孙男二人,童儿宜儿。孙女一人。侄男一人杰,本路银匠提领,侄孙男海童。侄孙女二人。呜呼!传曰:积善之家,必有余庆,君之生平虽无禄,养家颇富饶,子孙绳绳,优游卒岁,永享清闲之福,俯仰无愧,岂非上世积德之致与!铭曰:

谨案系源,樊氏姓谱,以周之封,出仲山甫,厥胤滋昌,各散他所,唯此一枝,占籍相土。家业兴隆,子孙翘楚。吁嗟人生,天地逆旅。花落花开,谁宾谁主。卜其窀穸,先茔之宇。塞圹刻铭,以今由古。有元泰定三年六月初十日。

大兴路儒学教授高揆撰并书 石工安阳张□刊

二、明代赵藩王墓

1404年明成祖朱棣封其三子朱高燧为赵王(也称赵简王),就藩于彰德(现安阳),赵王在安阳先后有赵简王、赵惠王、赵悼王、赵靖王、赵庄王、赵康王、赵穆王、赵恪王等共传十一代。赵简王死后葬于丰安西北的凤凰岗上,他的儿子赵惠王在丰安的东南地为赵简王建祠，名曰"寿安山堂"。第十代赵王为赵恪王朱常澳（1632～1644），其为成皋昭裕王朱翊鐕子，初封成皋王长孙。万历十五年袭封成皋王。崇祯五年进袭赵王。崇祯十七年李自成陷彰德府后被杀，弘光时谥。最后一代赵王是朱由棪，是朱常澳的儿子，公元1646～1647年在位，隆武二年四月袭封，永历元年（1647年）十二月薨。安阳明代赵王的墓葬均在现安阳市西北的伦掌、安丰、洪河屯等乡镇的丘陵、山地一带。目前，可以确定的有赵简王、赵康王等的墓葬。赵藩王之下，又分先后分封有郡王，设有安阳、临漳、汤阴、襄邑、雒川、南乐、平乡、汝源、昆阳、清流、广安、江宁、光山、秀水、获嘉、成皋、寿光十七国，这些郡王有长有短，承袭多少不一。赵藩王及郡王等在安阳影响较大，目前安阳地区发现的明代遗址和大型墓葬许多都与安阳赵王府等有关。

安阳明代赵藩王墓主要集中在安阳老城的西部、西北部，今殷都区的伦掌、洪河屯、安丰乡一带的丘陵地区，规模宏大。目前可以确认有赵简王陵、赵康王陵、赵王朱由桂的陵墓等。在安阳市的考古发掘中也发现了诸如江宁王朱翊铦墓等重要的墓葬。其他的有洛川王二镇国将军朱见洺、明洛川王府教授登仕佐郎蔡玉、明南乐二镇国将军朱见渠暨夫人、皇明赵藩襄邑镇国将军岩溪公朱厚旬、赵藩襄邑昭和王第三子镇国将军岩溪公夫人张氏、大明成皋王长子镇国将军玄易君朱翊鐕、明赵藩襄邑王府辅国夫人张氏、赵藩内相楚洲王三湘、大明洛川王府镇国将军夫人杨氏、明赵藩洛川王府镇国将军翊鐕、明诰封武德将军绍洹张公元配宜人陈氏、大明成皋昭裕王及继妃李氏、明诰封武德将军人轩张公、明诰封赵藩雒川王府镇国将军筠墀公暨元配夫人郭氏暨元配宜人王氏、明诰封镇国将军朱厚、明赵府南乐王府辅国将军朱载墦之母李夫人等等。这些墓葬均为砖、石砌筑，建筑考究，一些大墓还有精美的壁画，出土有墓志，为研究明代藩王的陵寝制度、墓葬形制及安阳地方历史、文化和地理沿革等提供丰富的资料。

1. 赵简王墓

赵简王墓位于安阳县西北约20千米的安丰乡李家坡村南寿安山上。坐北朝南，地面上为圆形封土堆，高约3米，周长约25米（图7-9）。据记载，该墓地面以下为砖石墓，石墓门，向里为前厅后堂。堂之两侧为左右耳室。前厅正中置地供桌，上置祭器，堂后安放赵简王棺椁，左右耳室放随葬品。墓葬历史上多次被盗，目前该墓墓冢尚存，墓葬大部被淤土掩埋。在其东南约200米处，有赵简王妃翁氏墓，墓冢高2.5米，周长20余米。

赵简王，名朱高燧。明成祖朱棣第三子，明仁宗朱高炽之三弟。永乐三年（1405年）封彰德（今安阳）为赵王。死后谥号为简王。赵简王妃，翁氏，明代永乐年间武略将军、前常山中护卫镇抚翁子寿之女。明威将军、前常山中护卫指挥佥事翁星之姊。赵简王妃翁氏墓出土"大明赵简王妃翁氏墓志"一方，目前尚保存在李家坡村一个农户家中。从墓志上可知，翁氏生于永乐二十二年十月初八，于正统五年六月十二日因疾病去世，享年五十二岁。于□年十一月二十二日葬于寿安山。

图7-9　赵简王墓

2. 赵康王墓

位于安阳城西北27千米的伦掌乡康王坟村西寿安山南麓。赵康王朱厚煜是赵简王的第六代孙。康王陵位于赵简王陵西约15千米野马岭的龙王坡上，统称寿安山。《续安阳县志》载："康王坟，在县西北五十五里，其地即以康王坟名。查康王厚煜，在赵藩诸王中，学行最著，其茔兆北枕冈陵，四围峦岫廻绕，古柏参差，大小约百余株，前有石镌兽形等物。门外立有文武官员到此下马碑碣，祠宇宏壮，约计百楹。历经修葺，依然完整。世传明清鼎革，赵藩披缁，託迹空门，有善士化麟者，捐输劝募，遂就祠宇改为神龛云。"[1]康王陵是目前在安阳保存最好最大的明朝藩王陵墓。陵墓占地面积一百余亩，为规模宏大的陵园。中轴线上置神道，前有锣鼓桥，寿安山石坊，7对石象生分列两旁，后有弯窿状陵墓。康王坟居中，郭、邓二妃墓于前两侧。墓门口有一水井。由前殿、中殿、后殿组成，墓室平面呈"吕"字形，墓口距地表5米多，墓深4米多。墓室系青砖券顶，东西壁两侧有耳室，北侧有石供桌，壁面绘有云龙图案壁画。殿中间置石质棺椁，内装木棺，棺绘彩龙。右侧石椁正面浅雕阴阴鱼及八卦图案。

赵康王朱厚煜，明朝第二次封赵藩的第六代赵王，庄王嫡第一子。正德十六年袭封赵王，在位三十九年。嘉靖三十九年去世，谥康，长子嘉昭定王朱载培及长孙世孙朱翊锱早卒，五年后其曾孙朱常清就嗣位。墓葬早年被盗，但地面上尚存明代碑刻数通，墓内出土赵康王妃徐氏、彭氏、张氏等墓志4合，目前保存于康王坟文物保护所。

---

[1] 《续安阳县志》北平文岚簃。

3. 明代江宁王朱翊锯及夫人合葬墓

2007年10月,配合龙安区南辛庄村民自建楼工地,发现并发掘明代江宁端和王朱翊锯及王妃合葬墓。该墓葬位于安阳市殷墟殷都区南辛庄西南地,现钢城路与文源街交叉口西南部。该墓形制较大,由墓道、墓门、前室、后室等组成。斜坡墓道南向,长16米,29层台阶。墓室分前后室,墓顶为三层券顶,顶长6米。前后室均为青石铺地,有石门及顶石。前室穹窿顶正中有长方形盗洞。后室内有石棺床,上放置石椁两具,椁正面石挡板上阴线雕刻有莲花、莲叶等图案,内有木棺,木棺髹红色漆,棺正面上方有文字,不识(可能为道教咒语)。发掘时石椁及木棺前挡部分被破坏。石棺床前浮雕二龙戏珠及海水、祥云、火焰等图案,前后室顶部及墓室四壁均绘有龙、凤、祥云、海水等彩画,施朱、白、黑、蓝等彩,墓葬壁画除部分遭盗掘破坏外,大多保存较好(图7-10至图7-14)。

墓门前东西两侧各出土石墓志1合,墓内发现龙泉窑青瓷罐1件和铜镜1面。根据墓志记载此墓为明代万历二十八年(1600年)江宁端和王朱翊锯墓,万历年四十七年(1619年)妃王氏合葬。江宁王为明代彰德赵王府下的郡王,第五代赵庄王朱祐楪第三子朱厚炼始封,称江宁恭懿王(1521~1562),第二代为江宁庄惠王朱载塈(1565~1581)。第三代即是江宁端和王朱翊锯,其有一子朱常淹,早卒,无嗣,除。史书记载与墓志记载相吻合。此墓的发现与发掘,填补了安阳明代赵藩郡王墓葬科学考古的空白,也为安阳赵藩王及其沿袭、葬制、墓葬形制等研究提供了新的资料。墓内壁画疏朗大气、龙凤图案生动活泼,棺床石刻图案繁缛,二龙戏珠浮雕精美,具有一定的科学和艺术价值。

图7-10 墓门正视及出土墓志的情况

图7-11　后室东侧壁画（龙、祥云等图案）

图7-12　后室西侧壁画（凤、祥云图案）

图7-13 后室墓门上方壁画(祥云)

图7-14 石棺床二龙戏珠浮雕(从左至右)

附:
(1) 大明江宁端和王圹志

王讳翊铭,江宁庄惠王第一子也,嫡母妃杨氏,生母王氏生王于嘉靖四十四年二月二十七日,万历十二年四月二十八日册封为江宁王,十四年四月二十八日,选西城兵马副指挥王柯女享年三十六岁,子一常溰,先卒。上闻讣,辍朝一日,遣官谕祭,命有司治丧葬如制。在京文武官居皆致祭焉。以万历四十二年十二月初七日,葬于邵村之原。呜呼,王以宗室懿亲为国藩辅茂膺封爵,贵富兼隆,兹以令终,夫复何憾,爰述其槩,纳诸幽圹,用垂不朽云。

(2) 明江宁端和王妃王氏合葬圹志

妃王氏,西城兵马副指挥柯女,母张氏,隆庆六年二月十三日生,万历十四年四月二十八日册封为妃,万历四十七年四月二十日以疾薨,享年四十八岁,子一常溰,先卒。讣闻上赐祭葬如制,中宫皆遣祭焉。以万历四十七年十一月十一日合江宁端和王葬于邵村之原。呜呼/妃以淑德夙侍宗藩,叠受荣封,享有富贵,兹以疾终,夫复何憾,爰述其槩,纳诸幽圹,用垂不朽云。
孝姪常汜稽颡纲石

三、乾达盛世嘉园明代周氏家族墓地

该墓地位于文明大道西段路南约50米,东八里村东,原火柴厂院内,现为乾达盛世嘉园住宅小区。2013年11月至12月安阳市文物考古研究所配合该小区建设,共发掘明代墓葬16座,其中砖室墓10座(M11、M14为多室墓)、带墓道洞室墓4座、土坑竖穴墓2座。该墓地为明代安阳望族周氏家族墓,共出土文物共计80余件。其中墓志铭10合、瓷罐8件、铜钱70余枚。

M1 位于5号楼4.7米深的基槽内,开口层被破坏。墓葬形制为带墓道的洞室墓,方向180°。墓道位于洞室南端,墓道长2.8米,深1.55米,洞高0.9米,墓室位于墓道北部,长2.8米,宽1.16米,有木棺痕迹,葬一人,头北脚南,仰身直肢,骨架保存较差,身下有青灰,男性50岁左右。在木棺北随葬一瓷罐,身下有数枚铜钱。

M2 位于5号楼4.7米深的基槽内,开口层被破坏。墓葬形制为土圹砖砌双室墓,石板盖顶。方向185°。墓道大部分被破坏,仅余少许位于墓室南端,残长0.5米。墓室位于墓道北,砖砌双室墓,四壁用单砖平行错缝砌砌,有铺地砖,夫妻各葬一室。东室东壁有明显钩机钩毁痕迹,已无顶,内有木棺痕迹,葬一人,头北脚南,仰身直肢,骨架保存较差,成年女性。西室保存完整,墓顶为五块长方形条石盖顶,顶部南边有一方青石墓志。墓室内有木棺痕迹,葬一人,头北脚南,仰身直肢,骨架保存极差,成年男性。东室木棺内墓主人身下有20余枚铜钱。西室木棺内墓主人身下有10余枚铜钱,棺外南边有一黑釉瓷罐,墓室顶部出土1合青石墓志。志盖,篆书"故文林郎博野县知县周公墓志铭",4行14字。志63厘米×63厘米,厚12厘米。根据墓志记载,墓主人是明代文林郎博野县知县周全，正德戊辰年（1508年）葬于城西杨计村先茔。

M4 位于5号楼4.7米深的基槽内，开口层被破坏。墓葬形制为土圹砖室墓，石板盖顶。方向185°。墓道被破坏。墓室位于墓道北，砖砌双室墓，四壁用单砖平行错缝砌砌，有铺地砖，夫妻各葬一室。东室墓室保存完整，内有一棺，棺内有一骨架，保存较差，头北脚南，仰身直肢，成年男性。西室西壁打破M5东边，墓室内有一木棺，葬一骨架，头北脚南，仰身直肢，头骨碎，骨架保存较差，成年女性，两者身下均铺青灰。东室墓主人身下有8枚铜钱，西室墓主人身下有10余枚铜钱，在西室棺外南边出土1合墓志。志盖，篆书"明故夫人周母刘氏墓志铭"，4行11字。志51厘米×51厘米，厚11厘米。根据墓志记载，墓主人是明代江西左方伯周晟之继室刘氏，周宗之生母，正德丙寅年（1506年）合葬于方伯公之墓袝先陇。

M7 位于5号楼4.7米深的基槽内，开口层被破坏。墓葬形制为土圹砖室墓，石板盖顶，方向5°。墓室位于墓道北，砖砌双室墓，四壁用单砖平行错缝砌筑，有铺地砖，夫妻各葬一室。东侧墓室有明显的被破坏的痕迹，木棺盖板已移位，墓室毁坏严重，仅余西室保存完整，内有一木棺，棺内有一骨架，头北脚南，仰身直肢，骨架保存极差，成年女性。在东室南边竖有1合青石墓志。志盖，篆书"明故奉直大夫直隶苏州府同知周君墓志铭"，5行18字。志石69.5厘米×69.5厘米，厚24.5厘米。根据墓志记载，墓主人是明奉直大夫直隶苏州府同知周冕，弘治六年（1493年）葬于城西杨计村先茔。

西室南壁上也竖有1合青石墓志。志盖，篆书"明李宜人墓志铭"，3行7字。志石57厘米×58.5厘米，厚18.5厘米。根据墓志记载墓主人是苏州同知周冕之夫人，宜人李妙贵，南京户部右侍郎安阳李公和之季女，正德己卯年（1519年）与周冕合葬。

M11 位于5号楼4.70米深的基槽内，开口层被破坏。墓葬形制为带墓道的土洞三室墓，方向175°。墓道位于墓室南端，残长0.68米，宽1.2米，残深1.3米。墓室位于墓道北，大至为长方形，东西宽1.64～1.9米，南北长1.94米，洞室高1.3米，内有三具木棺，棺内各葬一人，均头北脚南，仰身直肢，骨架保存极差，为一男两女。在两女墓室各葬1对银簪，1件掏耳勺，墓室门口有1合墓志。志盖，篆书"明故周公合葬墓志铭"，3行9字，文字四周阴线雕刻四组缠枝花卉图案。志石52厘米×52厘米，厚15厘米。文字四周阴线雕刻四组缠枝花卉图案。根据墓志记载，墓主人是周全之子周俊，嘉靖壬辰十一年（1532年）与夫人合葬于先茔杨记村。

M16 位于5号楼4.7米深的基槽内，开口层被破坏。墓葬形制为带墓道的土圹砖砌室墓，方向175°。墓室被毁严重，只余下墓底，无骨架及随葬品。

通过此次考古发掘，基本上清楚了明代安阳周氏家族墓地的形制、布局及延续时代。该批墓葬分别为单室、双室和三室墓，形制较为特殊，大部分墓葬外椁四周由青砖垒砌，上覆盖长方形条石，中间置木棺，设计独特，墓葬坚固，砌筑技术较高，是安阳地区明代墓葬的典型代表。从安阳地区考古发掘来看，这一墓葬形制，从安阳北宋时期韩琦家族墓地开始，一起延续到明代，具有较强的地域性特点。这次发现的安阳周氏家族墓地，埋葬较深，排列密集，形制规模较大，前后左右按辈份排列有序，它的发现与发掘为研究当时安阳地区社会政治经济、葬风葬俗等提供了重要的实物资料。

乾达盛世嘉园小区明代周氏家族墓地共发掘了墓葬16座（其中M11、M14为多室

第七章 安阳元明考古

墓），一次性出土石质墓志共10合，这在以往安阳明代家族墓地的考古中仅见。根据出土墓志记载，该墓地为明代安阳望族周氏的家族墓地。周氏为相州安阳人，至周顒时为监察御使，其子六人：晟、昇、昌、昱、景、冕，其中景为附马，其他的皆有官职。M2墓主人为文林郎博野县知县周全，M3墓主人为平乡儒学训导周昌，M4墓主人为周晟夫人刘氏，M7墓主人是奉直大夫直隶苏州知州周冕及夫人李妙贵，M10墓主人为周冕之子周大光，M11墓主人为周全之子周俊，M14墓主人为周顒之子周昇，M15墓主人为周冕之子周太，M16墓主人为周晟之子周表，这些墓葬皆为周氏族人。从墓志记载来看，周氏在明代数人中进士，在安阳一带具有较大影响。M7墓主人为周冕。明《彰德府志》记载明成化元年进士，"冕，晟弟，解元，苏州同知"，与文献记载相吻合。《彰德府志·人物志》中周氏家族的周晟、周景有传。这批周氏家族墓志的出土，可与史书记载相印，又可补史书记载之不足。《周大初墓志铭》《明李宜人墓志铭》由《彰德府志》作者崔铣撰文，非常罕见。崔铣为相州安阳人，弘治十八年（1505年）进士，先后任南京吏部验封司主事、北京翰林院史馆、南京国子监祭酒、詹事府少詹事兼翰林院侍读学士、南京礼部右侍郎等职，著有《洹词》和《彰德府志》等。这些墓志由当时著名的官员撰文或书丹，言辞精炼，书体精美，具有较高的史料价值、文献价值和艺术价值。

附：
（1）明故平乡儒学训导安阳周公墓志铭

  乙酉科乡贡进士 愚弟周冕撰
  赐进士礼部主事 同邑崔陞书丹
  彰德府儒学训导 天台许霖篆盖
  平乡训导恕轩先生讳昌，字德隆，冕之三兄也。江右布政使伯兄讳晟卒于成化己亥秋，今年终制甫逾旬，先生又卒，呜呼哀哉！冕兄弟六人已失其二，哀痛迫切，不自堪忍，宁忍为兄铭乎？然知兄无如弟，弟若不铭则兄善不传反为不义，于罪曷赎，故含哀摅实泣笔而叙。先生姓周氏，安阳人，曾祖讳廷元，妣吴氏；祖讳澄，历赠鸿胪寺卿，妣杨氏，历赠恭人；考讳顒，鸿胪寺卿，妣宋氏，历封恭人。先生生于宣德乙卯十一月九日，其夜，母恭人梦半天星斗散落于寝室之上而生，故寓义于名。四岁始能言，老人曰此子他日必贵。实先考分教赵城时也。成童，伯兄授小学，即能成诵，有老成人气象。先考陞河间掌教，携诸兄从而冕始生。冕为儿时，嬉戏不知□否，先生教以修弟子职礼；及长粗知章句，每引习举子业，时先考进教国学，伯兄亦领乡荐。后先考受知于亚卿耿清惠公，保陞御史，先生又携侍养，始从莆田宿儒宋先生严先生游，期冕以必成。天顺改元，先考再陞山右少参，先生仍携冕从彭城王先生精壁经。越明年，先生领先考命携冕还乡补郡庠弟子员，其年同试秋闱，俱在孙山外，先生仍侍官山右。五年辛巳，六弟景尚重庆长公主，拜驸马都尉，先考赴召进鸿胪寺卿，先生始入学卒业。常教冕曰："为人当内敦孝友，外尚道义。作文须以理为主，学书必以楷为先，吟咏惟以宣其性情耳。"成化改元，再同入科，冕叨与选汴省，先生复不见收，主司退而叹曰："弟魁多士，吾虽不捷有何憾焉？"讵料继是屡不利于场屋。噫！以冕较诸先生，奚啻碱砆美玉，时之利钝，当奈何哉！六年冬，丁先考忧，先生哀毁踰礼。服阕，贡春官对大廷，具目者见其文惊曰："源委之学也！"遂授平乡学分教，教有成绩，人才辈出。伯兄时参东鲁转廉访使，迎养先妣于官所，先生两谒臬司定省晨昏，得先妣欢心，人咸曰孝子也。十三，年伯兄转江右方伯，先妣弃养，先生闻讣死而复者苏屡，守制一遵文公家礼。未几，伯兄继故，先生伤感愈甚，浸成痼疾，得寿仅四十有七而卒。配闻氏，生子一，曰马五，幼卒，以冕次子彰孙为嗣。女一，曰财，适彰德卫指挥使吴良。侧室陈氏亦一女，曰桃花，尚幼。昔先考在日性甚严毅，侍者不敢仰视，惟先生承颜侍侧，屡称其意，尝丐云间宪副朱公作庆寿诗文播扬潜德，祖考叹曰孝孙也。孝奉二亲，生事爱敬，死事哀戚，无一不致。奉叔父义官昂若奉父然，处义官兄昇弟昱及冕友爱尤笃。居家勤俭，抚孤恤幼，务使各得其所。噫！孝友仁爱，先生其无愧矣。先生卒于成化十七年十一月十日，卜以是年十二月二日葬于敕修先茔之侧。噫！先生于冕情系手足，且有师道存焉，故泣序而铭之。铭曰：

嗟嗟世事，十不一全，我六兄弟，两见客仙。譬诸大麓之下，有水同源，或潴为泽，或汇为川，或溉于田。潴泽者深渊，汇川者沸延，溉田者导余泽以秀坚。呜呼！水乎源同派脉异谁使然？

(2) 明故奉直大夫直隶苏州府同知周君墓志铭

赐进士奉政大夫湖广按察司佥事同邑唐鼎撰文
中宪大夫河南彰德府知府四明鲍恺书丹
奉议夫(大)夫河南彰德府同知勾余陈匡篆盖

君讳冕，字德中，别号便宜道人，家世安阳。高曾祖，隐德弗仕。祖澄，赠中宪大夫、鸿胪寺卿。祖妣杨氏，赠恭人。父顒，中乡试，礼经魁，历助教，升监察御史进鸿胪寺卿。母宋氏，封恭人。同胞昆季六人。晟，登甲戌科进士，累官江西左布政使。昇、昱，俱尚义冠带。昌，由监生，平乡县学训导。景，尚重庆大长公主，授驸马都尉，掌宗人府事。一门贵盛，世所罕比。君自幼聪敏，趋庭受教。迨长，师彭城王先生，授壁经，凡诸子百家之书，靡不涉猎，通其大义。居家笃于孝友，为乡人视效。天顺戊寅，补郡庠弟子员，中成化乙酉河南乡试第一，累试南宫，不偶。登太学，友天下士，闻见益博，造诣益深，乡之子弟从遊者多所造就。辛丑，司训兄物故乏嗣，君以第二子本继之，又分己产业与本，而以司训之业，悉让诸侄，非仁之尽义之至，孰能若是哉！甲辰，谒选天官，考居优等，授苏州府同知。君莅任，以光明磊落之资，行正大岂弟之政。督理一郡税粮，凡驻车列邑，喻官吏人等，以国计重务宜各尽心，催征勿□民，勿后期，示之以严厉，人莫不服明畏威，事克先集。巡抚巡按有疑难案牍，必委君勘理，勤励不惮，谘咨，询度力究其实，详审精密，以复抚按，每受奖与。其于细民颠连失所者，被豪民酷虐必为伸雪，俾得其平乃已，细民迄今德之。君出自盛族，虽有弟都尉在朝为戚畹名臣，未尝形诸言，亦未尝有所倚，处同僚敬且和，待列属正而直，人于是益重之。颇厌公务，丛脞，恒以归闲为心，吟咏之际，往往有山林清适之句。弘治戊申，今上初登宝位，都尉公祭告孝陵等陵，过姑苏，君适有赍进万寿贺表之行，兄弟连舟，光彩耀目，路人荣之。事峻，君念祭扫久旷，年力将衰，用恳于求归。既如其愿，时修葺茔园，躬勤祀事，仿唐司空图作宜休亭，慕宋周濂溪，起风月无边楼于别墅。每遇登垅之暇，风日晴明，约诸姻戚耆旧，诗酒赓酬，埙篪杂遝，相与为乐，身后事一毫不存于中。弘治六年闰五月初四日，偶感疾，遂卒，朝野缙绅士大夫一闻讣音，孰不伤悼，盖惜其优于才而劣于寿者如是耶。距其生正统乙未正月二十一日也享年五十有五。初配张氏，早没，继李氏，乃同邑亚卿李公本中之女。子男三，长曰奎，充郡庠生；次曰本即，次太，未冠。女二，长许聘都指挥郑俊长男，次幼。卜于卒之年八月十日葬于城西杨计村先茔之次，迁张氏柩祔焉。奎衰经持佥宪翟公以德所述君之行实，乞余为铭，纳诸圹中，余与君同窗友善，奎又余之婿也，呜呼！于情于义岂容固辞，宜为之铭。铭曰：

  嗟呼周君，博学多闻。美哉容止，蔚然有文。椿萱在堂，
昏定晨省，风木感时。终身悲哽，继兄以子。手足至情。
不利其业，取重旦评。夺魁乡闱，观光帝里。苏州别驾，
发轫之始。心勤夙夜，法尚公平。民安赋足，三载政成。
趋事入京，引年乞退。志乐林泉，耆英数会。楼名风月，
亭榜宜休。有诗有酒，且酌且讴。梦岁在辰，一疾不起。
悠然全归，丈夫事已。佳城郁郁，先垅之旁，灵秀攸钟，
百世允藏。

（3）明李宜人墓志铭

  赐进士出身翰林院侍读承直郎国史经筵讲官崔铣撰文
  彰德府学生从子表书丹
  锦衣冠带舍人从子会篆盖
  李宜人讳妙贵，南京户部右侍郎安阳李公和之季女也，母郭氏。郭氏三女，长即吾母，男子二人。李公为进士，时郭氏卒，吾母年十八，诸弟妹皆吾母抚。李公后为吏科都给事中。成化初上躬鳌万几，内谏容直，诸给事甚见宠，声势奕奕。李公厚质有量，自公卿以下皆以巨贵期之，李公□然若亡能。李公甚贤，诸女择对不轻字。邑人周公冕美姿容，善谈论，自少有俊才，发解河南，游太学，所友皆当世名士，声誉藉藉。丧其内张，来求妇于李公，遂以宜人妻之。周公伯兄晟为方伯，少弟景为驸马都尉，驸马所尚主，宪庙同母女兄也，赏赉亡虚日，侍郎公又鼎贵，宜人能节约不靡，性聪慧解事，宽博有容，凡与居者莫得其间而怨之已，皆称其贤。周公举进士不第，为苏州同知，人素知之，皆敬爱。未一考，谢病归安阳，出其赀买好田宅，日与族人故旧为乐，丝竹日闻，然宜人为治具，恣其意不沮。越数岁，同知公卒，宜人年才三十有八。宜人即钥其华衣美簪珥，曰："吾可复御是乎！"至死不复视。治家严，常扃中户男子十四以上虽有事不得辄入，女奴不得逾阈，虽宜人兄弟至，延入中堂挥，即命诸子于外庭燕。长子奎、季子太，俱生员，先宜人死，仲子本，出后同知公仲兄训导公昌，先宜人死。孙信伊侃儒俱稚，宜人竟以忧

瘵，正德己卯九月五日卒，生景泰甲戌二月十日，享年六十有六。长女适都指挥郑存；次女侧室出，宜人子之如女，适彰德卫经历王木。孙女三人，长为汤阴王府二辅国将军夫人，余幼。曾孙男一人。宜人疾革，封金簪钏付甥铣曰："货之治吾丧。"以后事託从子周表，表治丧如礼，启同知公兆，于其右作砖窟，下棺覆以巨石五。宜人好施予，多受其惠者，然能报之者表也。铣奉母命为铭。铭曰：

丰与约，义惟度；安且贞，德惟恒，为妇程兮！

（4）明故文林郎博野县知县周公墓志铭

赐进士出身 奉政大夫 湖广按察司佥事 进阶从四品邑人唐鼐撰文
赐进士出身 奉政大夫 山西按察使司佥事 进阶从四品 同邑翟政书丹
赐进士出身 亚中大夫 四川布政使司参政 进阶正三品 郡人崔陞篆盖

君讳全，字大用，世为河南安阳望族。曾祖考讳澄，赠中宪大夫，鸿胪寺卿，曾祖妣杨氏，赠恭人。祖考讳颙，中永乐癸卯乡试，历官监察御史，进鸿胪寺卿，祖妣宋氏，赠恭人。父昇，尚义冠带，母元氏，汤阴人，司训寅公之女。生君自幼聪敏，笃好诗书，早游郡庠，习举子业，尝受壁经于解元四叔父，亦能博通群书，中成化癸卯乡试，升太学。既而随方伯伯父于江西，从驸马六叔父于京师，朝夕奉承无异亲父，士大夫闻而重之。弘治己未，谒选铨曹，授山东临邑县尹，在任三载，政平讼理，事妥民安，治声为之赫赫。壬戌岁，述职于朝，铨曹以君才堪治繁，改任直隶博野县尹，抚字益勤操守益谨，六事聿兴，百里称颂，当道每加奖劝，推为直隶县尹之首。元氏先丧，欲迎父就任奉养老倦不果，乃分月俸一石及四时衣服之类供用不缺，但以不能躬奉为恨，拘于官守故耳。正德改元之初，诏令天下官员：愿还乡侍亲者听。君遂遵例还乡，定省供奉，无不尽礼。又能友爱庶弟，四人均平如一，略无閒言。城南源头村建别墅一所，筑台立亭，栽花种竹。每于侍亲之暇，约诸弟亲友，赏玩遊乐，诗酒赓酬以遣余年。不期一疾不起，讣闻于乡人，多为之伤悼。盖惜其优于德而劣于寿也。距其生景泰乙亥八月二十六日，卒于正德戊辰十月二十九日享年五十有四。配刘氏生子三人，长曰仁，尚义冠带，娶申氏；次曰俊，郡庠生，娶邵氏；曰杰，未冠，聘徐氏。女三，长适乡人推府梅霖之子盐；次一适临漳人判官黄锐之子汝成；一适乡人仪宾赵文之子廷璧。孙男二，长曰循，次曰衍；孙女一，俱幼。卜于卒之年十二月初七日葬于城西杨记村先茔之次。前期，君之堂弟表，郡庠造士也，状君之行实，付君之子。哀经泣血，持告于余，请为铭以纳诸圹。君平生存心制行之厚，科名继世之显，居官历履之善，状已详悉，余故不让，遂据其事以为之铭，铭曰：

世德流芳，君续其长。郎宿辉煌，民庇其光。
造化反常，哲人斯亡。宅兆惟良，百世其康。

（5）明故兄郡学生大光墓志铭

彰德府学生弟周太撰文

乡贡进士安阳李达书篆

正德壬申夏四月壬寅，伯兄奎以疾卒于正寝，太与仲兄本暨宗属，与阖城士大夫诸尝与交遊，有亲故者咸哭之恸。丧事一遵文公家礼，既歛月余将窆，欲求能文名家志以纳诸幽，以传诸后。仲兄曰："志者，叙其行实世系而铭之，以示不朽也。何必他人饰之文而累吾兄于地下耶！吾二人不幸，幼丧父赖兄理家政至成立，汝知之审矣。况吾家衣缨族，诗礼相承，汝攻儒业，宜自为铭。"太不容辞，谨摭所目击者以概其余。呜呼！吾尚忍铭吾兄也夫，吾尚忍铭吾兄也夫！盖吾周氏世为河南安阳人。曾祖考澄，赠中宪大夫、鸿胪寺卿，曾祖妣样封恭人。祖考顒，永乐癸卯河南经魁，历官监察御史，进鸿胪寺卿，祖妣宋封恭人，实生诸父六人，方伯公晟，义官，公昇，司训，公昌，伯父也；兵马公昱，驸马公景，叔父也。考行四，冕，成化乙酉河南解元，拜苏州府同知。母李氏，同邑亚卿公本中所生，兄与吾三人俱李出。兄行一，讳奎，字大光，别号忍菴，生而人品甚高，性格聪敏，事亲以孝，御下以严，勤以治家，和以处众，才优而识远，遇事善处断，虽家务辐辏，宾客满前，皆裕如也。且倜傥好吟咏，善射，游郡庠，补廪膳员，攻举业，治壁经，博览群籍，为文下笔立就，而命与时违，屡试场屋不中。父没时吾与二妹俱未婚聘，兄遵奉母命皆成就之。父所遗宅舍园圃，亭台花木及祖茔丘垅，垣墙树植，少有缺坏，即时修葺。凡亲友婚丧有不能举者，辄仗义随多寡，资给不吝。尝创西园，讲读暇即约亲友昆弟遊赏，畅情舒怀，赓赛诗酬酒为乐，略不以区区名利介意，人以为旷达，有晋人风度。距其生成化甲午五月十一日至此，得年三十有九。配唐氏，邑人金宪鼐女，有子皆早卒 以仲兄次子伊继。卜以是年六月十有九日葬城西杨记村先茔之次。呜呼！兄生平友出乎天性，谦恭雅饬，近乎人情，无纤芥过举，宜功名大成就，且有后有寿也。今若此，岂天道无知乖戾之甚耶？抑吾宗门衰祚薄而致然耶？是皆不可晓矣。尝忆吾幼从兄学，兄多造就；长与兄侍萱亲，同奉甘旨，今已矣！铭非吾而谁哉。铭曰：

天厚兄德，而啬兄之嗣与年。今之伯道，昔之子渊。诗狂酒兴，徒远慕乎谪仙。佳城欝欝，当为堕泪之阡。吁其可怜！

（6）明故周公合葬墓志铭

周公讳俊，字元进，相人也。粤自先大鸿胪后，书香相继。其大父昆玉六人，曰晟，以进士为江西大方伯，乃其伯大父也；公之大父曰昇，输粟散官；曰昌，以郡庠贡士分教平乡；曰冕，以乙酉科省元出为苏州二守；曰昱，以女戚赵府广安王官兵马指挥；曰景，尚英皇公主，皆叔大父也。其家世德业行实，子姓派系，俱载在诸志表，故不暇详。公父讳全，以书经中癸卯科河南乡试，始任山东临邑尹，再任直隶保定博野尹，深得民心，政声咸著。尝分俸养亲，后恨不能躬奉，愿弃官，恳乞终养得侍，孝敬备至。不幸忽而遘疾，于正德二年卒于正寝。再有诏复取，已辞世三年矣。公昆玉三人，公行二，兄曰仁，字元甫，锦衣散官；弟曰杰，字元简，亦锦衣散官。公幼而警敏，早承诗礼之训。及长，选补郡庠弟子员，志向上，勤厉不怠。因兄先逝，家事无托，有志未就，讵弃业退而归养，事母刘以孝闻。公初娶指挥舍余邵宣女，先逝；

再娶仪宾邵玺女，亦逝；再娶于典仗舍余崖杰女，亦逝；见所娶乃乡人韩云女也。生子四，长曰行，邵所生也；次曰偲，次曰律，皆崖所生也。今在襁褓曰佛保者，其韩之所生。公生于成化丁未岁，卒于嘉靖壬辰，得寿四十有六。合葬于先茔杨记村，勒石以志岁月云。铭曰：公年不寿，公业不就。胡为乎才，胡为乎垢？有子不死，公寿孔长。遗德在人，公业其芳！

鹤谷王文撰并书丹。

嘉靖十一年夏五月吉日立石。

第三节　汤阴宜沟镇长沙墓地

长沙墓地位于安阳市汤阴县宜沟镇长沙村西北，东北距汤阴县城约10千米，东距107国道约2千米，是南水北调中线总干渠河南省2006年度控制性文物保护项目之一。2006年4～6月，安阳市文物考古研究所在长沙墓地共发掘清理古代墓葬128座。其中土坑墓65座，砖室墓39座，石室墓24座。带墓道的大型墓12座，保存完整的有3座，编号M75、M76、M115，其他9座大墓均在20世纪70年代平整土地时被毁坏，西部部分小墓也遭到了破坏（图7-15）。

土坑竖穴墓发掘65座，单人葬47座，双人葬18座。砖室墓发掘39座，均为石板盖顶，其中单室葬20座。双室葬17座，三室葬2座，该墓顶有半数被毁。石室墓24座，单人葬12座，双人合葬11座，4人合葬1座，双人葬仅有6座保存完好。其他多数被破坏。此次发掘共出土各类器物91件，另有铜钱100余枚。所出器物质地主要有金、银、铜、铁、锡、瓷、石等，器形有金耳环、银耳环、银簪、铜镜、铁灯、锡罐、锡壶、锡香炉、锡烛台、锡盘、黑瓷罐及墓志等（图7-16至图7-18）。

M75　位于发掘区的西北部，砖室墓。台阶墓道南向，墓道南部被破坏，残长约7.2米。墓室一立二平券顶，墓室底近方形，东边长3.1米，西边长3米，北边宽2.75米，南边宽2.7米。石门为两扇，扇宽0.55米，高1.26米，门框高1.18米。门柱、门额、门槛、墓门均为青石。门眉中间线刻"幽堂"二字，门上有石质门楼（仿屋脊状），再上砌砖，八字形迎风墙。墓室内东、西、北三面有壁龛，北壁龛进深0.46米。中间砌有石棺床，棺床高0.25米。棺床上置放两具骨架，一男一女，应属夫妇合葬。东南角立放1合石质墓志，志石为长方形，长63厘米，宽56厘米。志文29行，满行32字。根据墓志记载，墓主人是汤阴长沙于大贤，卒于明嘉靖三十六年（1557年），万历六年（1578年）与夫人程氏合葬于旧茔（图7-19）。

M76　位于M75东北部，竖井墓道向南，墓室圆形。石板砌穹窿顶（略有变形），也为夫妇合葬。

M115　位于墓区东北部，斜坡台阶墓道向南，长8.88米，宽1.38～1.4米。石门，门上镶有门额，高0.79米，厚0.25米，线刻"幽堂"二字。落款为"万历陆年拾壹月贰拾伍日，于希尧、于希礼、于希舜"。石室墓，墓室呈长方形，底部长3.5米，宽2.8米。墓室东、西、北有壁龛，顶为长条石块券顶。墓室内前方置有一长方形石供桌，上放有锡香炉、锡烛台、锡壶及锡盘2件。砖砌棺床，置放4具骨架，中间为男性，两侧为女

第七章 安阳元明考古

图7-15　汤阴长沙墓地发掘现场照片

图7-16　M115

图7-17　长沙明代墓葬照片

图7-18　长沙墓地出土的铜镜、锡壶、黑釉瓷罐

性，东边两个为二次葬。墓壁三面砌有壁龛。

根据墓葬排列布局，墓地可分为三个家庭北部西侧以M111为主墓，东侧以M115为主墓，南部以M57为主墓。主墓以下埋葬4～5代人。M75出土墓志记载，长沙于姓是随着明赵简王南迁而开始聚住在此地的。墓主名于大贤，其父于安，其祖父于全，曾祖父于景。于大贤生于弘治十六年（1486年），是于安第三子，娶妻程氏，卒于嘉靖三十五年（1512年）八月二十日，寿六十三岁。妻程氏死于万历六年（1579年）十一月十三日，合葬于此。M115，门眉左侧落款为"万历陆年拾壹月贰拾伍日，于希尧、于希礼、于希舜"。万历陆年即1579年。时间与M75埋葬时间相同。根据M75出土的墓志和M115门额纪年的记载，该墓地为明代于姓随赵简王南迁而进住长沙村，死后埋葬于村西北地。M75、M115均为明万历六年建莹而葬。墓地使用时间应在明末清初，上下延续时间在120年左右。

附：明耆英于公暨配程氏合葬墓志铭

顺天府宛平县县令丞文林郎西峰曹从质撰
直隶府定州学正黎阳少伍王历书

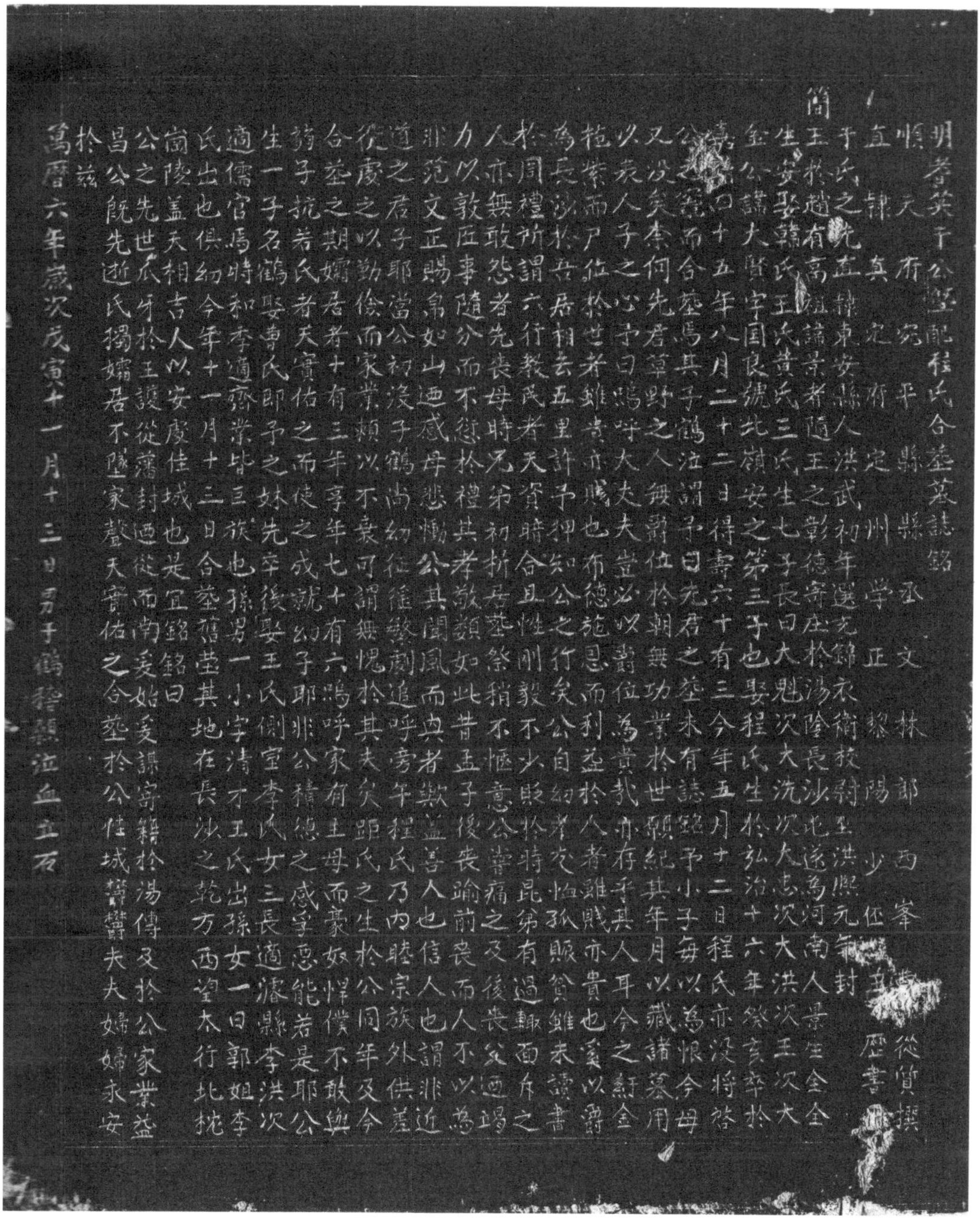

图7-19 明耆英于公暨配程氏合葬墓志

于氏之先直隶东安县人，洪武初年选充锦衣卫校尉至洪熙元年封简王于赵。有高之祖讳景者，随王之彰德，寄庄于汤阴长沙屯，遂为河南人。景生全，全生安，娶韩氏王氏黄氏三氏生七子，长曰大魁，次大洗，次大忠，次大洪，次王，次大金。公讳大贤，字国良，号北岭，安之第三子也，娶程氏。生于弘治十六年癸亥，卒于嘉靖四十五年八月二十二日，得寿六十有三。今年五月十二日程氏亦没，将启公之窀而合葬焉。其子泣谓予曰先君之葬未有志铭，予小子每以为恨，今母又没矣。奈何先君草野之人，无爵位于朝，无功业于世，愿纪其年月以藏诸墓，用以表人子之心。予曰：呜呼大丈夫岂以爵位为贵哉，亦存乎其人耳，今人纡金抢紫而尸位于世者，虽贵亦贱也。布德施恩而利益于人者，虽贱也贵也。奚以爵为！长沙于吾居相去五里许，予狃知公之行矣。公自幼孝友，恤孤赈贫，虽未读书于周礼，所谓六行教民者，天资暗合，且刚毅不少贬于时。昆弟有过辄面斥之，人亦无敢怨者。先丧母时，兄弟初析，居葬祭稍不惬意，公尝痛之。及后丧父，遁竭力以敦工莅事，随分而不悖于礼其孝敬，数于此。昔孟子后丧，踰前丧而人不以为非。范文正赐帛如山遁感母悲恸，公闻风而具者欤，盖善人也，信人也。谓非近道之君子耶！当公初没，子鹤尚幼，征徭繁剧，追乎旁午。程氏乃内睦宗族，外供差役，处之以勤俭而家业赖以不衰，可谓无愧于其夫矣。距程氏之生于公同年，及今合葬之期，孀居者十有三年，享年七十有六。呜呼，家有主母而豪奴悍仆不敢与弱子抗，若氏者天宝佑之而使之成就幼子耶，非公积德之感乎，恶能若是耶。公生一子名鹤，娶曹氏即予之妹，先卒，后娶王氏侧室李氏，女三，长适浚县李洪，次适儒官焉。时和李适齐业，皆巨族也。孙男一小字清才。王氏出孙女一曰郭姐，李氏出也俱幼。今年十一月十三日合葬旧茔。其地在长沙之乾方西望太行北枕岗陵，盖天相吉人以安处佳城也，是宜铭，铭曰：

公之先世，爪牙于王。护从藩封，遁从而南。爰始爰谋，寄籍于汤。传及于公，家业益昌。公既先逝，氏独孀居。不坠家声，天实佑之。合葬于公，佳城郁郁，夫夫妇妇，永安于兹。

万历六年岁次戊寅十一月十三日男于鹤稽愿泣血立石。

后 记

从1928年开始殷墟科学考古以来,安阳考古已经走过90余年的历史。在90年的科学考古发掘中,安阳殷墟遗址、内黄三杨庄汉代庭院遗址、安阳县固岸墓地、宋韩琦家族墓地等一个个重大考古发现震惊世界,奠定了安阳在中国乃至世界考古史上的重要地位。特别是随着考古发掘不断深入,一个完整安阳考古序列日趋清晰,逐渐展示在世人面前,成为中国城市考古的范例之一。

《考古安阳》一书编写始于2012年,至今已走过5个年头。该书以时代序列为纲,资料收集截止于2016年底,力求全面反映安阳地区各时期的重大考古发现,特别是对以殷墟遗址为代表的世界文化遗产的考古大发现进行重点报告,充分展示了安阳作为中国八大古都之一所代表的深厚的文化、文明和历史。《考古安阳》一书以安阳市文物考古研究所(原安阳市文物工作队)1986年成立以来从事考古发掘的成果为主,充分吸收了中国社会科学院(中国科学院)考古研究所、河南文物考古研究所(院)等单位在安阳进行的历次考古发掘成果,资料收集齐全,学术结论全面、客观。《考古安阳》一书主要由孔德铭编写,编写过程中得到安阳市文物考古研究所全体同仁的大力支持,特别是申明清、焦鹏、李贵昌、李阳、于浩、孔维鹏、梁宇、段艳彩、段晓朋等先生的帮助。本书照片主要由申明清、王志毅提供。涉及殷墟的部分照片由岳洪彬、岳占伟、何毓灵等提供。《考古安阳》也是安阳市文物考古研究所的阶段性成果和集体智慧的结晶。

《考古安阳》一书得到了"河南大学黄河文明与可持续发展研究中心"的大力资助,得到了中国社会科学院考古研究所、河南省文物考古研究院、安阳市文物管理局、汤阴县文物保护管理所、内黄县文物保护管理所、林州文物保护管理所、安阳县文物工作队、滑县文物保护管理中心等单位的领导和专家的大力支持,在此一并表示感谢!但是由于本书编者的水平等原因,书中难免有疏漏之处,敬请批评指正。

编 者

2017年11月6日